U0930031

1979

《中国考古学年鉴》编辑委员会

中国考古学年鉴

2011

中国考古学会编

文 物 出 版 社

北 京

封面设计　阚文青
责任印制　陆　联
责任编辑　刘　昶

图书在版编目（CIP）数据

中国考古学年鉴.2011/中国考古学会编.—北京：文物出版社，2012.11

ISBN 978-7-5010-3516-8

Ⅰ.①中…　Ⅱ.①中…　Ⅲ.①考古学-中国-2011-年鉴　Ⅳ.①K87-54

中国版本图书馆CIP数据核字（2011）第186227号

中国考古学年鉴
2011

中国考古学会编
文物出版社出版发行
北京市东直门内北小街2号楼
http://www.wenwu.com
E-mail:web@wenwu.com
北京联华宏凯印刷公司印刷
新华书店经销
850×1168　1/32　印张:25.625
2012年11月第1版第1次印刷

ISBN 978-7-5010-3516-8　定价：99.00元

目　录

考古学研究

考古文物新发现

山西省

内蒙古自治区

辽宁省

吉林省

黑龙江省

江苏省

浙江省

安徽省

福建省

江西省

山东省

河南省

湖北省

湖南省

广东省

海南省

广西壮族自治区

重庆市

四川省

贵州省

云南省

西藏自治区

陕西省

甘肃省

青海省

新疆维吾尔自治区

文物展览 学术动态

国内展览

国外展览

学术会议

对外学术交流

考古教学

本年逝世的考古学家

考古学文献资料目录

中国社会科学院考古研究所考古资料信息中心

考古学书目

考古学论文资料索引

新发表古代铭刻资料简目

考古学研究

旧石器时代考古与古人类学研究

刘景芝

2010年是中国旧石器考古和古人类学研究蓬勃发展的一年。周口店遗址被评为第一批国家考古遗址公园。上海世博会上周口店遗址博物馆与西班牙布尔戈斯人类发展博物馆结为姊妹馆。河南新密李家沟旧石器至新石器过渡阶段遗址入选“全国十大考古新发现”。

本年度召开了多个学术会议。第十五届“垂杨介与她的邻居们”国际第四纪学术研讨会在韩国召开；在湖北郧县召开了第八届中国古脊椎动物学学术年会，并召开了“郧县人”头骨化石发现20周年国际学术研讨会；浙江省文物考古研究所和中国科学院古脊椎动物与古人类研究所在长兴县联合成立了“旧石器考古长兴工作站”，并首次召开旧石器考古学术研讨联谊会。

一 古人类化石的发现与研究

浙江长兴合溪洞旧石器时代遗址发现首颗出自明确地层的晚期智人牙齿化石（徐新民等，《中国文物报》3月26日）。出土的人牙化石保存完整，石化程度较轻，是一枚成人下颌左侧中门齿或侧门齿。它的发现为现代人起源研究提供了珍贵资料。

有研究者认为南京直立人高耸的鼻梁是有西方人类血统的缘故。张银运等对此再一次论证认为南京直立人的高耸鼻梁不可能意味西方血统。南京直立人生存的时代，欧洲远古人类尚未具有像南京直立人那样的高耸鼻梁。欧洲远古人类具有像南京直立人那样高耸级别的鼻梁要比南京直立人晚近得多。因此，南京直立人的高耸级别的鼻梁不可能是与欧洲远古人类杂交的结果。所谓发现的 Bodo 高鼻梁化石人类谱系其实是一个未经论证的谱系，即使真的存在，南京直立人的高耸鼻梁与欧洲化石人类的基因或与这个 Bodo 的谱系基因并无关系，而应是适应气候的结果（《人类学学报》29 卷 2 期）。

刘武等综合有关学者的研究，提出牙齿使用痕迹的概念来描述人类为生存适应或其他需求，使用牙齿从事各类活动在牙齿表面留下的痕迹。他们对 2004～2006 年湖北郧西黄龙洞发现的 7 枚古人类牙齿磨耗与使用痕迹进行了专门观察分析，发现除具有咬合面及齿间邻接面磨耗痕迹外，前部牙齿还呈现出明显的釉质破损和崩裂现象，位置主要集中在切缘附近的齿冠唇面和舌面，推测生活在这里的更新世晚期人类经常使用前部牙齿从事啃咬、叼衔或剥离等动作，并可能将前部牙齿作为工具使用。此外，出现在上颌前部牙齿的齿间邻接面沟，可能是当时人类为缓解塞在牙齿间的残留肌肉或植物纤维带来的不适，经常进行剔牙动作造成的。研究者认为，黄龙洞人类前部牙齿的使用痕迹与当时人类获取、处理及食用附着在骨骼上的筋或肉的动作密切相关，当时人类的食物构成中可能包含有较多的肉类和粗纤维植物（《人类学学报》29 卷 1 期）。

此外，高星等介绍，在广西崇左木榄山的一处洞穴发掘出具有现代人解剖特征初始状态的下颌骨化石，显示从早期人类向现代人类过渡的性状，对研究现代人起源及其环境背景具有重要价值。2003 年，在周口店田园洞遗址发现早期现代人类化石，年代为距今 4.2 万～3.85 万年。这些化石证据表明中国乃至东亚直立人与早期智人、晚期智人是连续演化的。从古人类技术和文化发展的角度看，中国乃至东亚的古人类在整个旧石器时代直至新石器时代早期保持了行为和技术的连续性和稳定性（《中国文物报》10 月 15 日）。

二　旧石器文化遗存的发现与研究

（一）北方地区

2007 年，河北泥河湾盆地东端的调查发现 16 处旧石器地点（裴树文等，《人类学学报》29 卷 1 期）。其中 15 处埋藏于泥河湾层内，1 处埋藏于壶流河河流阶地内。据分析，分布于麻地沟一带的旧石器地点大致与东谷坨文化层同期；官厅村西南地点则相当于后沟文化层，处于泥河湾层堆积的最后阶段；发现于壶流河河流第三级阶地的小水梁地点的年代大致为晚更新世。其中庙梁沟、麻地沟 E2 和 E3，以及沙梁等地点文化层较厚，文化遗物丰富，值得进一步发掘。这些地点新发现的石制品个体以小型居多，锤击法剥片，石片为主要类型，刮削器多以石片为毛坯，制作简单。石器总体面貌显示华北小石器工业传统。

东坡遗址发现于河北泥河湾盆地中部的泥河湾层，2001 年试掘出土的石制品类型有石核、石片和各类工具。石制品原料有流纹岩、石英闪长岩、燧石、石英和板岩等。工具包括刮削器、端刮器、凹缺器和锯齿刃器等。石制品以小型和中型为主，剥片技术和修理技术皆为锤击法。石制品为原地埋藏，可能有意选择重度风化原料打制石器。东坡遗址的年代属于中更新世中期，为旧石器时代早期偏晚（刘扬等，《人类学学报》29 卷 1 期）。

三棵树遗址发现于河北泥河湾盆地东谷坨村东北，2008 年试掘出土 251 件石制品和一些碎骨与牙化石。石制品类型有石核、石片和各类工具等。石制品原料主要有石英砂岩、石英、页岩、燧石、白云岩、玄武岩和凝灰岩等。各类工具包括端刮器、刮削器、凹缺器、砍砸器、锯齿刃器、雕刻器、尖状器、石锥、石钻和鸟喙状器等。石制品以小中型为主，剥片技术和修理技术为锤击法。加工方向以单向背面加工为主，两面加工为辅。研究者通过地层对比分析认为，三棵树遗址年代应介于马梁和后沟两处遗址年代之间，为中更新世晚期的中后期，估计年代距今 30 万 ~20 万年（侯亚梅等，《人类学学报》29 卷 3 期）。

杜庄遗址位于山西大同杜庄乡杜庄村东。2008 年胡平对该遗址进行调查，在出露文化层剖面中采集石制品、骨制品和大量动物化石。石制品有石核、石片、石砧和石器等。石器类型有刮削器、尖状器、砍砸器、雕刻器和石钻等，原料有脉石英、燧石、角岩和硅质灰岩等。骨制品 5 件，类型有刮削器、尖状器和雕刻器等。动物化石有野马、披毛犀、原始牛，以及一些淡水软体动物。动物化石显示杜庄遗址的地质时代为晚更新世。石制品以小型为主，锤击法剥片。文化特征与峙峪、板井子等遗址具有一定的相似性。推测泥河湾盆地旧石器时代石器工业的发展在时间和空间上均具有相关性（董为主编，《第十二届中国古脊椎动物学学术年会论文集》）。

2001 ~ 2005 年，对山西吉县柿子滩遗址群中第 9 地点进行了三次发掘。出土文化遗物 2359 件，其中石制品 1652 件，蚌制品 12 件，动物化石 695 件。筛洗出文化遗物近 5000 件。出土石制品有石核、石片、细石核、细石叶和各类石器等。石器类型为石锤、刮削器、端刮器、尖状器、小型砍砸器、石磨盘、石磨棒等，以及研磨石和颜料。原料以各色燧石为主，石英岩为辅。蚌制品中有穿孔蚌饰等。还有一些骨制品。石料采自黄河流域，锤击法剥片，偶见砸击法。石器工具中以刮削器和端刮器数量最多。石器的加工主要为压剥法，以正向加工为主。小石片石器为其主要特征，应继承了中国北方小石器工业传统。出现了典型的细石核和细石叶，应属于旧石器时代细石器文化。第9地点文化层距今约1万年。根据地层堆积和文化遗物特征分析，该地点为一处原地埋藏遗址。根据出土的石磨盘和石磨棒分析，这种工具可能用于加工带硬壳类的谷物，也可能这一时期已经出现原始农业。（石金鸣等，《考古》10期）。

2006年，河南许昌灵井遗址进行了第二次发掘，获石制品5690余件，骨器113件，动物化石近万件。出土石制品有石锤、石砧、石片和各类石器等。石器类型为刮削器、端刮器、尖状器、砍砸器、雕刻器和石球等。原料以脉石英为主，石英岩为辅。骨器包括有刮削器、尖状器、尖刃器和雕刻器。石料采自遗址附近古河流砾石层。石器加工多为锤击法剥片，偶见砸击法。锤击法多数向背面加工，也有反向、两面、交互和错向加工者。石器以大中型为其主要特征。研究者认为，部分石器琢制技术的应用，是国内已知这一技术的最早发现，说明该遗址石器制作已达到相当高水平。盘状石核是灵井石器的一个显著特点。灵井石器具有北方石器特点。根据地层沉积物和出土遗物的推测和测年，灵井旧石器文化遗存上文化层不会晚于距今1.2万年。根据下文化层动物群的种类，以及典型的晚更新世动物成员，灵井动物群的时代与许家窑动物群的时代相似，绝对年代约在距今10万年。根据地层堆积和文化遗物特征分析，该地点为一处原地埋藏遗址。它的文化性质应是一处制作石器和骨器，进而分割肉食和加工兽皮的工作营地（李占杨，《考古学报》1期）。灵井遗址的旧石器时代文化遗存对研究我国旧石器时代中期文化，以及旧石器向新石器的过渡具有极其重要的学术价值。

2004年，在吉林省延边自治州和龙市石人沟调查发现旧石器遗址，次年，对该遗址进行试掘，获石制品1291件。根据地层分析，石制品应属于旧石器时代晚期。原料以黑曜岩占绝对优势，类型有石核、石片、石叶、细石叶和各类工具。其中细石核，可分为楔形、锥形和船底形。工具中第 2 类工具 95 件，为使用石片；第 3 类工具 98 件，包括刮削器、雕刻器、琢背小刀和石钻等。石器工业特征：器形以微小型为主；剥片技术有锤击法和间接打制技术；石叶和细石叶多保留中段，应镶嵌于复合工具之上；工具以石片毛坯为主，存在石叶、细石叶和块状毛坯；刮削器和雕刻器为工具的主要类型，石器修理主要采用锤击技术，压制法也占有一定比例；加工方式以正向加工为主，也有反向、复向、对向、错向和两面加工者。该遗址的文化特征同吉林和龙柳洞、珲春北山同属典型的细石叶工业（陈全家等，《人类学学报》29 卷 2 期）。

2006 年，在吉林省延边自治州和龙市龙城镇西沟村调查发现西沟旧石器地点，采集石制品 102 件，原料主要为黑曜岩。类型有石核、石片、石叶和各类工具。工具中第 1 类工具为石锤，第 2 类工具为使用石片，第 3 类工具包括刮削器、端刮器、砍砸器、锛形器和雕刻器等。石器工业中剥片技术以锤击法为主，偶用砸击法，可能也出现了间接打制技术；工具以石片毛坯占绝大多数，存在个别的细石叶和块状毛坯。石器修理主要采用硬锤技术，兼有压制和软锤技术；加工方式以正向加工为主，也有反向、复向和错向以及通体加工者；石器特征属于以小石器为主体的工业向以细石器为主体的工业过渡的类型，时代应属于旧石器时代晚期。文化特征同吉林珲春北山旧石器地点与和龙青头旧石器遗址相近。石器中黑曜岩端刮器具有代表性，与华北下川、虎头梁遗址发现的长型圆头刮削器形制相似，可能受到华北细石器工业传统的影响，但更多地表现为地方类型面貌（陈全家等，《北方文物》2 期）。

2007 年，在吉林省延边自治州和龙石人沟林场调查发现旧石器地点，采集石制品 30 件。对该遗址进行试掘出土石制品 86 件，属于旧石器时代晚期。石制品原料以黑曜岩占绝对优势，类型有石核、石片、细石叶和各类工具等。石核 1 件，为细石核，形状为楔形。石器工具中第 2 类工具 5 件，为使用石片，第 3 类工具 8 件，包括刮削器、尖状器、端刮器、雕刻器和残器等。石器工业特征：器形以小型和微型为主；剥片技术有锤击法和间接打制技术；工具以石片毛坯为主，块状毛坯较少；石器修理主要采用硬锤锤击技术，压制和软锤技术较少；加工方式以正向加工为主，反向加工次之。该地点的文化特征同吉林珲春北山和龙青头与石人沟等遗址同属于一个工业传统。根据该地点的位置和石制品出土情况，推测它可能是一处古人类临时活动场所（陈全家等，《人类学学报》29卷4期）。

2007年，发现吉林省长白山图们江流域和龙大洞旧石器地点，2010年发掘。经地面调查获石制品2万余件，遗址面积约100万平方米，是目前东北亚发现的一处最大的旧石器时代晚期遗址。石制品原料以黑曜岩占绝对优势，类型有石砧、石核、石片、细石核、石叶、细石叶和各类工具等。石器工具包括端刮器、雕刻器、尖状器、矛头和两面器等。石器工业特征：石器技术有锤击法、砸击法、压制法，以及间接打制技术。石器加工方式以正向加工为主，通体加工占有一定比例。赵海龙提到，大洞遗址黑曜石的元素分析及对比研究将有助于探索整个东北亚地区人类对黑曜石原料资源的交流与共享。地层中发现一件尖部带有磨痕的三棱角锥状石器，它的发现为向新石器时代过渡阶段研究提供了重要的实物资料。该遗址地处东北亚腹地，对研究现代人类在东北亚地区的迁徙与文化交流具有重要意义（《中国文物报》12月17日）。

近年对黑龙江省牡丹江海浪河流域的考古调查，发现旧石器遗址8处，其中杨林南山旧石器遗址是石器数量和类型最为丰富的遗址之一。发现石制品97件，其中地层出土13件，有石核、石片、石叶和各类石器工具。石核全部为锤击技术所生产。石器中第1类工具均为石锤，第2类工具为直接使用的石片，第3类工具为砍砸器、矛形器和尖刃器等。石器原料主要为角岩，工具中以大中型为主，剥片技术为锤击法，存在明显的对石核的预制修理，包括扁体石叶石核和圆体石叶石核。工具中的矛形器采用了软锤修理技术。石器的主要特征是石叶技术与砾石工具共存，这一特征与黑龙江上游的库玛拉II遗址和奥西诺夫卡遗址下层有些接近。推测杨林南山遗址的年代在距今5万~2万年之间（田禾等，《北方文物》3期）。

2006~2007年在伊洛河流域展开考古调查，发现旧石器地点21处，其中14处有明确地层关系。刘富良和杜水生在《华夏考古》第1期报道了其中的几个旧石器地点，有偃师2处，宜阳1处，洛阳市区1处，嵩县3处。发现的石制品包括石核、石片、石锤和刮削器等。选自伊洛河河床的砾石为原料，洛河流域主要以石英岩、砂岩和脉石英为主，伊河流域主要以硅质泥灰岩和砂岩为主。石片采用锤击技术，多数石核仅一个台面，少数使用了转向打法，石核的利用率有限，发现的石制品中石片和石器数量很少。洛阳地区黄土旧石器的分布范围相当广泛，在伊洛河流域的不同阶地上都有发现，其时代跨越旧石器时代早、中期。伊洛河流域旧石器文化特征与华南地区的砾石工业有相似之处，选用河滩砾石直接进行打片和加工工具，工具中以重型工具为主，轻型工具为辅，与蓝田和三门峡一带的旧石器时代文化连成一片，填补了砾石工业分布的空白点，为研究华南与华北旧石器文化的关系提供了重要资料。

以上调查工作中包括洛宁县的三处旧石器地点，它们皆发现在洛河两岸的黄土堆积中。LY03 地点位于洛宁县马店乡上沃村砖厂，属于洛河的二级阶地，其上为黄土堆积，采自该层的石制品 36 件，包括石核、石片、砍砸器、尖状器、凹缺刮器和刮削器等。LY09 地点位于洛宁县明珠村砖场，采集石制品 2 件，从形态特征上看它们应属于旧石器。LY16 地点位于洛宁县城至三门峡市的公路旁，发现石制品 2 件，均出自原生地层，为双台面石核，原料为石英岩，采用锤击技术生产。三个地点的文化性质相一致，LY03 地点的石制品出自 L1 下层古土壤中，相当于深海氧同位素曲线中阶段 3 的早期，绝对年代距今 5 万 ~ 3.5 万年，属旧石器时代中期之末。LY09 地点的石制品可能在旧石器时代中期范围。LY16 的石制品出自 S1，相当于深海氧同位素曲线中阶段 5，年代为 12.8 万 ~7.5 万年，属旧石器时代中期早段。以上地点文化性质可能与洛南、三门峡以及蓝田等地文化性质相近（杜水生等，《考古与文物》1 期）。

内蒙古金斯太洞穴遗址 2000 ~ 2001 年进行发掘，发现用火遗迹，出土石制品 4000 余件和大量动物化石。该遗址洞口朝向西北，洞前为缓坡形成自然院落，并见有摆放规则的类似石墙的石块。洞口最阔处宽 16、进深 24、最窄处 4 米，洞顶呈穹隆形。洞穴堆积厚达 6 米以上，分为 8 层，第 1 ~ 2 层为商代堆积，第 3 层以下为旧石器时代堆积，可分为上、中、下三个文化层。

7A ~ 8B 层为下文化层，出土石制品 1310 件，第 2 类工具 71 件；第 3 类工具 260 件，包括刮削器、石球、石钻和雕刻器等。文化特征：原料以玄武岩为主，石制品以小型为主，中型占有一定比例，器形多为宽薄型。石核均采用锤击技术，分为单台面、双台面和多台面，其中单台面数量最多。第2类工具数量较少，第3类工具中以刮削器数量最多，类型多样。工具加工技术均采用锤击法，加工方式以正向加工为主，也有反向、复向、错向和对向加工。

5A～6层为中文化层，出土石制品1355件，其中第1类工具3件，包括锤击石锤和研磨石；第2类工具244件，包括刮削器、薄刃斧和砍砸器等；第3类工具261件，包括刮削器、石球、石钻、舌形器、砍砸器、薄刃斧和手镐等。文化特征：原料以玄武岩为主，石制品以小型为主，中型占有一定比例，器形多为宽薄型。石核均采用锤击技术，剥片技术为锤击法，出现勒瓦娄哇剥片技术。第2类工具以刮削器为主，类型多样。第3类工具类型多样，其中石球数量最多，刮削器次之。工具加工技术均采用锤击法，加工方式以正向加工为主，也有反向、复向、错向和对向加工，同时，也出现了少量的交互加工。

3A～4层为上文化层，出土石制品1547件，其中第1类工具1件，为磨盘；第2类工具61件，包括刮削器、砍砸器、石钻和手锛等；第3类工具219件，包括刮削器、石球、石钻、舌形器、砍砸器、薄刃斧、手锛、大三棱尖状器、雕刻器、半月形器、石镞、锛形器和矛形器等。文化特征：原料以玄武岩为最多，石制品以小型为主，器形多为宽薄型。石核以锤击石核为主，砸击石核较少。出现了细石核及修理台面技术。工具加工技术以锤击法为主，包括有硬锤和软锤两种方法。加工方式以向背面加工为主，也有正向、复向、错向、对向和交互加工。

经^{14}C年代测定，遗址的旧石器层位年代为距今3.6万～1.8万年。研究者根据上文化层出土大量锥形细石核，与泥河湾黑土坡、于家沟、周家山遗址出土的同类器物类似，推测上文化层上限可能已进入新石器时代。遗址石器特征属于以小石器为主体的工业，晚期出现了细石器工业，并占主体地位（王晓琨等，《人类学学报》29卷1期）。

（二）南方地区

2002年，广西百色盆地百渡旧石器遗址发掘，出土石制品约1500件。石制品包括石核、石片和各类石器等。其中石核双台面和多台面者比例较高，打片采用锤击法和碰砧法。石器类型可分为砍砸器、刮削器和手镐等。石制品原料主要为砂岩、石英岩、硅质岩和石英等，以砂岩为主（谢光茂等，《人类学学报》29卷4期）。研究者分析认为，该遗址既是古人类的石器制造场所，又是生产、生活的地方。其石制品与百色盆地第四级阶地网纹红土中的石制品有一定差别，表现出比较进步的性质。通过地质、地貌和出土遗物的对比分析，遗址的年代可能为中更新世后段，绝对年代可能为距今40万~30万年。

近年对郧县曲远河口旧石器时代遗址进行了第五次发掘，累计出土石制品2041件，包括石核、石片和砍砸器等。通过对这些材料的拼合研究显示，它们是原地制作和原地埋藏。石制品的总体特征既有南方石器工业特点，又有北方石器工业特色，为研究南、北方石器时代早期文化的关系提供了有意义的信息（杜杰，《中国文物报》3月5日）。

郧县肖沟旧石器遗址的发掘，B区收获显著，揭露出一处圆形火塘遗迹，四周堆积有石核、石片和碎屑等。该遗迹应是一处原生堆积，为旧石器人类制作石器的场所。出土石制品160余件，原料和制作风格体现北方小石片石器工业文化特征，为丹汉流域旧石器晚期文化类型研究增添了新的文化因素，也是探讨南、北方石器工业文化碰撞与交流的又一批崭新资料（《中国文物报》12月31日）。

湖北建始高坪一带，2008年进行了洞穴调查和试掘，通过对16处洞穴调查表明，该区域700~950米高度发育有较多的更新世洞穴堆积物。通过对巨猿洞东洞口外和大岩洞的试掘表明，这里蕴藏着较多的动物化石和早期人类活动遗物（裴树文等，《人类学学报》29卷1期）。通过对巨猿洞东洞口外的试掘，出土一些动物化石，属于我国华南广义的大熊猫—剑齿象动物群。与动物化石伴生的人工石制品47件，包括石核、石片、石器、断块和断片等。原料取自围岩内的硅质脉或结核，石制品以小型为主，剥片方法为锤击法，石器类型全为刮削器，加工简单。古人类制作石器技术似乎还处于较原始阶段。对大岩洞的试掘，出土零星动物化石和2件石制品。以上地点值得今后进一步发掘和深入研究。

合溪洞遗址是浙江首次发现并发掘的旧石器时代晚期洞穴遗址，共5处地点。重点发掘了1、3、4地点，1号地点是遗址的主要部分，分6个文化层，第2文化层主要出土动物化石和骨制品，第3至5文化层出土大量动物化石、石制品和骨制品，第6层出土大量石制品。4号地点紧靠1号地点的北侧，可能是1

号地点的支洞，分为上、下两个文化层。人牙化石出于该地点的上文化层，并伴有动物化石和少量石制品。下文化层出土有动物化石、石制品和少量骨制品。经对部分动物牙齿的初步鉴定，全部为晚更新世的动物种属。出土石制品1000余件，岩性为砂岩、石英砂岩、石英岩和燧石等。石制品类型有石核、石片和各类石器。剥片和工具修理皆为锤击法，可能也存在碰砧法，这种技术在浙江地区为首次发现（《中国文物报》3月26日）。

近年来，海南省发现5处旧石器时代地点，1处脊椎动物化石地点。2009年，王明忠等对该地区的南渡江、昌化江和万泉河进行了史前考古调查，在海口市西秀镇南丰仍村附近发现台湾砖厂旧石器地点，在琼海市官塘温泉附近发现石角村旧石器地点，在昌江县王下乡钱铁村发现钱铁洞旧石器地点，获得石制品10余件，包括石核、石片、刮削器和砍砸器。石器加工方法为锤击法，石器特征为以砾石石器为主的工业，与华南的砾石工业具有密切关系（董为主编，《第十二届中国古脊椎动物学学术年会论文集》）。以上地点的发现说明，海南地区值得今后进一步开展旧石器时代的考古调查、发掘和研究工作。

三　过渡时期文化遗存的发现与研究

2009～2010年，对河南省新密市李家沟遗址发掘发现距今10500～8600年连续的文化堆积。下部发现旧石器时代末期典型细石器文化层；中部发现以压印纹粗夹砂陶与石磨盘等为代表的早期新石器文化；最上部是典型裴李岗文化遗存。新发现揭示了中原地区从旧石器时代之末向新石器时代发展的历史进程（《中国文物报》1月22日）。

该遗址发掘分南、北两区。其主剖面均包括了从旧石器时代晚期至新石器时代早期的地层堆积。北区文化层厚约3米，从上向下共分7层。第④至⑥层为新石器时代早期堆积；第⑦层是仅含打制石器的旧石器文化层。南区堆积自上向下亦分为7层，第②层含少量裴李岗陶片；第③层与北区第④层属同期堆积；第⑤层含与北区⑤、⑥层相同的夹砂压印纹陶片；第⑥层含船形、柱状等类型的细石核与细石叶等典型的细石器文化遗存，同时亦见人工搬运的石块及粗大石制品，并发现局部磨光的石锛与素面夹砂陶片。

遗址旧石器文化遗存中典型细石器与新文化因素共存。

遗址南区⑥层还发现局部磨制加工的石锛，以及烧制火候较低、表面无装饰的夹粗砂陶片。另外发现数量较多的人工搬运石块，当来自遗址附近的原生岩层，显然应与当时人类的居住活动有关。这些情况与稍晚的新石器时代发现比较接近，应是过渡阶段新出现的具有标志性意义的文化现象。

新石器文化遗存主要发现在北区④至⑥层，说明遗址使用规模与稳定性远大于南区发现的细石器文化阶段。北区还发现有很清楚的人类活动遗迹。其中最具特色的是石块聚集区，中心由磨盘、石砧与多块扁平石块构成，其间夹杂着数量较多的烧石碎块、陶片以及动物骨骼碎片等。虽然尚未发现柱洞等建筑遗迹现象，但石块聚集区显然应与当时人类相对稳定的居住活动有关。遗址早期新石器阶段的主要发现是较成熟的制陶技术的突然出现，以及细石器技术的明显变化。这两种情况显示本地区旧、新石器时代过渡与华南、华北北部已有的发现不同，具有本区的发展路径。赵辉认为，对于始终缺少华北地区两个时代交替资料的学术界而言，李家沟遗址的新发现堪称考古的一项重大突破（《中国文物报》6月11日）。

四 综合研究及其他

（一）区域性综合研究

2010年，刘庆柱主编了《中国考古发现与研究（1949—2009）》一书，高星等在该书中对中国古人类学与旧石器时代考古研究60年进行了全面的回顾与总结。

邵文斌通过华北主要的旧石器遗址和地点文化特征的分析，对华北旧石器两大文化传统进行了某些探讨。他认为两大文化传统中最大的不同就是石器原料岩性上的差别，石器的制作直接受到岩石性质的制约。在两大文化传统中石器技术都是以锤击法为主，石器类型也存在着共同的因素，它们的文化因素之间没有本质性差别。所以，这种大小石器的分布区域不是文化因素的结果，而是自然资源石料分布差异的结果。因此，华北旧石器文化中所表现出来的大小石器的差异并不是文化传统的不同（《考古》1期）。

马圈沟遗址的文化层已不再是泥河湾盆地发现最早的古人类文化遗存，黑土沟遗址等发现证明，泥河湾盆地存在年龄超过177万年的旧石器。卫奇指出，马圈沟遗址、马圈沟遗址群和马圈沟彼此应为下属关系或上属关系。为避免马圈沟遗址和马圈沟遗址群概念不清的问题，提出将马圈沟发现的古文化遗存按地层上下顺序的方式编排为Ma－h。Mh地点发现石制品1件、马牙化石1块和骨化石12块，以及粪化石2个。其中的一些石制品还存在争议，对此作者希望进行旧石器时代考古的科学研究规范讨论，并制定术语订名规则。同时指出，泥河湾盆地下更新统考古遗址的断代，古地磁测年是唯一有效的方法，但是，古地磁测年方法存在先天性局限，获得的结果仅是一个时段范围等问题（董为主编，《第十二届中国古脊椎动物学学术年会论文集》）。

1995～2005年，对三峡库区调查的近20处旧石器遗存及脊椎动物化石地点进行了系统发掘。高星和裴树文《三峡远古人类的足迹》（巴蜀书社）一书汇总了以上考古发掘和科研成果，勾画出该地区旧石器时代至新石器时代早期考古学文化发展的脉络和框架，提出了作者的观点和见解。

他们认为旧石器时代早期古人类选择靠近水源的洞穴和旷野为活动和居住场所；主要以丰富的石英砂岩河卵石作为原料制作石器；采用锤击技术剥片，打片前不对石核进行预制；石器以片状毛坯为多，个体较大；石器组合以刮削器和砍砸器为主，多数为单向加工，具有中国南方砾石石器工业的特征。旧石器时代中期遗址出土了丰富的石制品和部分动物化石。该期石器工业总体上显示了南方砾石石器工业的特点，与早期遗存相比蕴含了新的发展因素，主要表现在石片石器的增加和工具的小型化趋势。石料是以石英砂岩为主的磨圆度较高的河卵石，主要采用锤击法打片，出现摔碰技术，石制品类型有石锤、石砧、石核、石片和各类工具。多数工具以片状毛坯加工而成，工具组合仍以砍砸器和刮削器为主体，辅以手镐、薄刃斧和石球等重型工具，同时出现了一些小刮削器、凹缺器和尖状器等小型石器。加工石器用锤击法，加工方式多样，以单向为主，复向和错向占有一定比例，交互加工的石器较少。这一时期的古人类属旷野游动类型，利用长江的水资源、水产资源和两岸的动植物资源，狩猎、采集、迁移和繁衍。该地区旧石器时代晚期至新石器时代早期遗址属于旷野类型，石器工业总体上继承了早期南方砾石石器工业特点，同时蕴含了新的成分，发生了一些明显变化。先民已不仅仅选取河卵石作为石器原料，更多地从周围岩层中开采更适宜的原料，如石英、燧石和石英岩等。这反映出古人类开发资源的能力增强，有意寻找优质原料加工石器。剥片技术发生明显变革，摔碰法占主导地位。石制品类型有石锤、石砧、石核、石片和各类工具。工具以片状毛坯为主，工具组合以刮削器为主体，砍砸器占相当比例，小型石器工具数量较少。加工石器用锤击法，加工方式多样，以反向为主，复向和错向也占有一定比例。同时多数遗址中出土了局部磨光石器，并伴有陶片。有些遗址还出土了骨制品。这一时期的古人类掌握了制陶技术，狩猎采集的对象多样，为农业的诞生提供了条件。他们的生存方式和经济形态发生了变革，反映出对特定环境的开发能力和适应生存方略。

忻州位于晋西北中部，发现旧石器文化遗址 34 处。郭俊卿指出，这些遗址主要分布在黄河、汾河和桑干河等流域及其支流地区，包括旧石器时代早、中、晚期。石器中既有中型石器，也有细小型石器，表明忻州的旧石器文化处在“北京人”文化到“丁村人”文化的过渡地段，具有以上两种文化融合的特点。五台山旧石器遗址是华北地区发现的分布位置最高的古人类遗迹，说明当时的古人类对于环境的适应能力不仅相当强，而且具有多样性。忻州目前发现的旧石器类型大部分为石核和刮削器，岩性为脉石英、石英岩和燧石等，石器以采用石片向背面加工为主。对于两大传统理论，他认为“北京人—峙峪系”与“匼河—丁村系”，以及大石器和小石器传统等，似乎还应该深入揭示其真正的文化内涵（董为主编，《第十二届中国古脊椎动物学学术年会论文集》）。

王丽等对辽东半岛的旧石器文化进行了回顾、梳理和深入探讨。这一地区旧石器文化特征是从早到晚石器制作原料呈多样化趋势，有脉石英、石英砂岩、安山岩，以及石英岩、闪长岩、砂岩和玉石等。石器制作技术不断改进，早期主要为锤击法，还有砸击法和碰砧法等，中期出现了小石片或薄长石片，出现少量修理台面技术。晚期出现指垫法修理石器技术，石器的加工方式也从以单向加工为主向双向加工发展，包括交互加工、错向加工和复向加工等。辽东半岛的旧石器以中小型为主，与华北地区周口店北京人—峙峪系的小石器文化系统有密切关系。石器的主要类型是刮削器、砍砸器和尖状器，中期出现石球，晚期出现雕刻器和钻具，以及钻、磨、刮等技术生产的骨器。辽东半岛的旧石器文化从技术与类型学特征均未超出华北同期文化的范围（《人类学学报》29 卷 1 期）。

迄今江苏已发现确切的古人类和旧石器地点45处，包括旧石器时代早期地点23处，中期1处，晚期21处。旧石器时代早期有南京汤山葫芦洞直立人化石地点、茅山旧石器地点群，以及分布在南京郊县浦口、高淳等地的地点。属于旧石器时代中期的仅有莲花洞遗址1处，发掘出土人类牙齿1枚，属于人类发展阶段中的智人阶段。出土石制品7件。洞口处发现一处面积约3平方米，可能系人工堆积形成的砾石堆，用途有待研究。出土哺乳动物化石15种，依此推测遗址的时代为晚更新世或晚更新世早期。根据一些测年结果，主要含化石和石器的层位年代为距今30万~10万年之间。旧石器时代晚期地点有19处位于苏北地区，另外2处位于苏南地区，其中神仙洞、三山岛、将军崖和桃花洞进行过正式发掘，大贤庄进行过试掘。经过多年来的努力，江苏已经填补了旧石器时代早中晚各阶段的文化空白，建立了区域性古人类和旧石器时代文化的基本框架（房迎三等，《东南文化》6期）。

20世纪60年代以来，苏北鲁南发现旧石器时代文化遗存100余处。最近，刘锁强对这一地区晚更新世石器工业类型进行重新认识和区分，首先将这一时期的旧石器材料按不同区域划分为6个地点群：锦屏山、马陵山、沂沭河中游、沂沭河下游、日照沿海和汶泗河流域。然后将以上地区发现的晚更新世石器材料划分为4种工业类型：1. 砾石—石片石器工业；2. 传统小石片石器工业；3. 发达小石片石器工业，特指汶、泗河流域地点群的文化遗存；4. 细石器工业遍布沂、沭河流域，尤以下游地区最为丰富。研究者认为，苏北鲁南晚更新世石器工业与华北周边地区的石器工业关系紧密，而各石器工业类型在年代上存在相对早晚关系。各石器工业类型在工艺上的区别与晚更新世气候环境的变迁密切相关，可能反映了不同环境下古人类不同的适应策略。并指出，各石器工业之间的相互关系有待进一步研究（董为主编，《第十二届中国古脊椎动物学学术年会论文集》）。

（二）类型学、工艺以及拼合研究

近些年，吉林不断发现细石器遗存，为复原该地区古人类的生存环境及其适应生存模式具有重要的科学价值。刘扬首先列举了其中9处细石器遗存，然后主要从细石核的型式，以及工艺技术两个方面对该地区的细石器进行了分析。研究发现这一地区的细石核具有三种类型，楔形、船底形和锥形。剥片技术存在两种，锤击法和间接剥片法。细石叶剥片程序明显表现出预制修理、剥片、中止和废弃四个阶段。吉林地区的细石器工业技术可能来源于我国华北地区（刘扬等，《第四纪研究》2008 年 28 卷 6 期）。

小孤山遗址文化遗物中有一件用玉料制成的石片和一件玉质双刃尖状器，经检测为透闪石玉。这两件玉制品未使用磨制和抛光技术，其功能是工具，而不是具有象征意义的艺术品，因此，研究者称其为“玉制品”(傅仁义等，《中国文物报》12 月 24 日)。这是东北地区迄今为止发现的年代最早的玉质制品，距今 3 万 ~2 万年。

2007 年，对重庆市丰都县池坝岭遗址进行发掘，研究者对其中 A 区出土的 200 件石制品进行了拼合研究。根据拼合研究可知，古人类就地取材以河滩上丰富的河卵石为原料，用锤击法或碰砧法剥片，石核利用率不高，石片全部为自然台面，自然背面比例大，为初级阶段的产物。根据石制品较低的风化和磨蚀程度，可以确定石制品制作后被快速埋藏，受外界营力作用脱离原生层位，为近距离搬运（马宁等，《人类学学报》29 卷 2 期）。

（三）微痕和功能分析

张晓凌等用微痕分析，结合类型学和形态测量数据，研究虎头梁遗址尖状器的使用方式及其功能，进而探讨该时期古人类的行为能力。他们对 52 件标本进行微痕观察，结果发现 17 件经过使用，6 件经过装柄（其中 2 件保存有使用痕迹）。使用方式包括戳刺、钻孔、刮削和切割等，其中第一种方式最多见。加工的对象为硬性物质、肉和木头等。研究者研究认为，尖状器的使用情况与长度没有必然联系；尖状器的角度与其使用情况之间没有规律可循；装柄的尖状器在长度和厚度上都略小于不装柄的标本。并分析认为，尖底尖状器多用于戳刺，装柄使用的比例较高；斜底尖状器多用于刮削，以手握使用为主。这种工具的制作和使用都经过一系列的预先设计和组织安排，反映出更新世末期虎头梁人群通过提高工具的效能来应对环境变化的生存策略(《人类学学报》29 卷 4 期，《科学通报》55 卷 3 期)。

方启等最近对黑曜岩石器加工兽骨做了微痕分析实验。他们首先用黑曜岩石料模拟制成石片、石叶、细石叶、刮削器、尖状器和雕刻器，然后用它们对兽骨分别进行切、刮、钻、刻四种行为的模拟实验，并分别进行微痕观察与分析。实验表明，细石叶刮骨似乎收效不如其他器类。钻的微痕表现：尖状器和雕刻器皆表现为刃缘顶端变圆钝，两侧端崩裂痕较多，整个刃缘呈现一个不断“造尖”，同时钝化尖顶部的过程。刻的微痕表现：刃口持续被磨圆钝，并且刃部的一个侧面在使用过程中持续崩裂（董为主编，《第十二届中国古脊椎动物学学术年会论文集》）。

李占扬等应用微痕分析方法对灵井许昌人遗址旧石器时代的部分骨制品进行了初步观察。他们分别对实验骨制品和遗址出土骨制品进行微痕观察，并做对比分析。结果辨认出遗址骨制品上确有锥钻、穿刺、刮削等使用痕迹。研究确认中国北方晚更新世早期的旧石器遗址中，存在着有意识加工制作和使用过的骨制工具。这一发现也证实了骨制工具的使用与石器一样，是古人类技术发展和行为文化的一个重要方面（《科学通报》55 卷 10 期）。

20 世纪 70 年代，在西方发展起来的考古标本功能分析技术，极大地推进了对遥远过去的认知，使我们从考古标本中获得了前所未有的信息。目前，我国对旧石器时代石制品的此方面研究尚处于尝试阶段。关莹等选取水洞沟旧石器时代晚期遗址出土石制品，以提取植物性残留物为目的，在美国密苏里大学古人类植物学实验室进行了实验室处理。并简要介绍了处理流程、观测方法及其中的一些注意事项（《人类学学报》29 卷 4 期）。

（四）其他研究

探索早期人类用火的起源，以及不同地区用火现象的差异性、规律性和用火行为与区域文化的关系等，对认识史前人类行为模式、体质进化、文明演进等有着重要意义。目前把人类用火行为的起源确定为中更新世早期，晚更新世时期人类控制性用火现象已经较为普遍。中国是旧石器时代人类用火现象较多的地区之一，有 45 个人类用火或疑似用火地点。但是进行过实验室检测分析的地点只有 6 个。使用多种方法和多种标本进行实验室检测分析的地点只有周口店遗址和黄龙洞遗址（武仙竹等，《考古》6 期）。

房迎三等从 3 处江苏旧石器遗址中提取获得 55 粒火山玻璃，结合江苏及邻近地区相关研究成果，探讨了其可能来源和形成年代。在江苏南部的茅山附近，新生代以来曾有过两次时代较老的玄武岩喷发，一次形成于古近纪，一次形成于新近纪，前者在距和尚墩不到 10 千米的地方出露。和尚墩遗址的火山玻璃主要出现在两个层位，上层年代可能晚于距今 7300 年，下层年代等于或大于距今2.5万年，根据遗址中火山玻璃的形态、屈折率及微量包含物的研究表明，火山玻璃的来源可能与日本的火山喷发无关。江苏旧石器遗址中发现的火山玻璃对判断中国东部地区更新世沉积物时代以及埋藏其中的旧石器遗存年代具有标志意义（《第四纪研究》30卷2期）。

近来，武仙竹等利用先进的科学技术，实地采集白龙洞遗址地貌和洞穴形态三维数据，使用计算机建立起遗址地貌数字模型和洞穴居址数字模型。该遗址数字模型，初步实现了以三维空间的形式保存、处理多种考古遗存信息。它不仅能提供三维动态的观察视角，而且能够输出多种用途的三维数据。结果揭示出白龙洞古人类的一系列行为模式，另外，数据模型还表明洞穴中的自然堆积可能主要来源于洞穴深处裂隙（《第四纪研究》30卷2期）。白龙洞遗址数字模型的建立与初步分析，是国内将三维数字模式技术应运于古人类遗址研究的首次尝试。

新石器时代考古

栾丰实

2010年的中国新石器时代考古研究，可以说是内涵丰富、特色鲜明。本年度新发表的田野考古资料，包括专刊和散见于各类杂志的调查、发掘报告共100余篇（部）。比较重要的专刊有《灵宝西坡墓地》、《楼家桥、查塘山背、尖山湾》、《黄梅塞墩》（均文物出版社）、《邱承墩》、《垣曲上亳》、《西拉木伦河流域先秦时期遗址调查与试掘》（均科学出版社）等，国家文物局主编的《2009中国重要考古发现》（文物出版社，以下简称《考古发现》），也介绍了多处重要考古发现。研究性论著数量略多，约200余篇（部）。研究专著有《中国考古学·新石器时代卷》（中国社会科学出版社）、《陶器生产、聚落形态与社会变迁》、《新石器时代澧阳平原与汉东地区的文化和社会》、《香港考古学叙研》(均文物出版社)、《重庆地区的新石器文化》(巴蜀书社)等。而一些重要会议的论文集,则比较集中地收录了相关专题研究的内容,如《中国聚落考古的理论与实践(第一辑)》(科学出版社)、《中国考古学年会第十一次年会论文集》(以下简称《十一次年会》)和《中国考古学年会第十二次年会论文集》(以下简称《十二次年会》,均文物出版社)等。

一　考古新发现和基础研究

(一)中原地区

广义的中原地区是指以豫、晋、陕邻界为中心的黄河中游地区,在资料的归并上,以下把冀中南、豫南和陕北也包括在内。这一地区本年度公布的资料十分丰富,研究成果也引人注目。

南庄头遗址的新石器时代遗存,因接近新石器文化的产生年代曾引起广泛关注。本年度公布了1997年第三次发掘资料(《考古学报》3期),发现的遗迹有两条沟和两个灶址,遗物较前两次发掘更为丰富,发现陶片近50件,有夹砂灰陶和夹砂黄褐陶两类,可辨器形有罐和钵。石器种类不多,只有磨盘、磨棒、石锤,未发现周边其他遗址常见的细石器。22件骨角器是本次发掘的重要发现,器形有锥、笄、镞、针和匕等。

2009年秋发掘的河南新密李家沟遗址(《中国文物报》1月22日),主要收获为:发现了旧石器时代晚期、新石器时代早期和裴李岗文化依次叠压的地层堆积,新石器时代早期遗存的年代,经测定在距今10500~8600年之间;旧石器阶段遗存中,既有典型的船形和柱形细石核、细石叶、端刮器、琢背刀、石镞和雕刻器等细石器组合,也发现数量较多的大型石制品,两者共存;新石器时代早期出现了较为成熟的制陶技术,陶片均为粗砂陶,颜色不纯,从灰黄到红褐都有,烧制火候较高,陶器的器形简单,表面多数有以绳纹为主的纹饰,与直接叠压其上的裴李岗文化明显不同。李家沟新石器时代早期遗存的发现,是近年来中原地区乃至黄河流域新石器时代考古的重大进展。

《考古》5期公布了新郑西南13.5千米的唐户遗址2007年的发掘简报。唐户遗址面积达140余万平方米,是一处包含了裴李岗文化、仰韶文化、龙山文化、二里头文化和商周时期遗存的多重堆积的遗址,其中裴李岗文化遗存的分布面积约30万平方米。发现了41座裴李岗文化的房址。房址均为较浅的半地穴式,浅穴周边有一周柱洞,均有方向不一的斜坡式门道。房址在空间上成组分布，并且有围绕着较大房址布局的趋势，对于研究裴李岗文化时期的社会组织形态具有重要价值。

陕西华县梓里遗址的发掘资料（《文物》10 期），包含了老官台文化、仰韶文化和龙山文化三个时期的遗存。其中以仰韶早期 12 座葬式各异的墓葬较为重要。2004 年秋发掘的周原老堡子遗址（《考古学集刊》18 集），包含了仰韶中晚期和龙山时期遗存，其中以龙山时期由前庭、门洞和洞室三部分组成的地穴式庭院窑洞建筑较具特色。乾县河里范遗址的发掘资料（《考古与文物》1 期），包括了仰韶中、晚期和龙山文化早期的遗存，为区域研究提供了新资料。继七星河流域之后，2005 年周原考古队对毗邻的美阳河流域进行了拉网式区域系统调查（《考古学报》2 期），调查遗址 26 处，其中仰韶遗址 7 处，龙山时期遗址 6 处。

深埋于现今地表 8 米以下的河北廊坊北旺遗址的新石器文化遗存（《文物春秋》1 期），以直壁平底盆（盂）和倒靴形支脚为基本器类的陶器组合，与上坡一期和北福地一期文化相同或相近，测定年代在公元前 6000 ~ 前 5000 年之间，是同类遗存分布位置比较偏北的新发现。

《灵宝西坡墓地》全面公布了河南灵宝西坡遗址发掘的 34 座仰韶中期墓葬，可以划分为四个等级，其中 4 座大型墓，墓室面积均超过 12 平方米，终于捕捉到了与中原地区仰韶中期发达文化相适应的埋葬状况，其对于正确理解中原地区仰韶文化的社会分层乃至探讨中国文明起源均有重要意义。同时，该报告还对出土人骨、食性、植物遗存等进行了综合研究。

地处丹江口水库淹没区的淅川沟湾遗址，2007 ~ 2009 年进行了较大面积的发掘，本年度公布了部分仰韶文化的发掘资料（《考古》6 期、《华夏考古》3 期）。沟湾遗址的仰韶文化遗存十分丰富，主要有早晚两期环壕、房址和墓葬。环壕为圆角长方形，早晚两期的范围基本重合。发现 109 座房址，基本上为地面式建筑，平面形状以方形为主，有一定数量的圆形房址。发现的 80 座墓葬均为长方形土坑竖穴墓，以单人一次葬为主，未见葬具，随葬品也较少。公布的仰韶中晚期的资料还有渑池笃忠遗址 2006 年发掘简报（《华夏考古》3 期）。

在河南淮滨县进行的区域考古调查（《华夏考古》4 期），以当地面积较大的黄土城遗址为中心展开。调查面积约200平方千米，调查和发现仰韶早、中、晚期、龙山早、晚期、二里头时期、商代、西周、东周和秦汉等10个时期的76处遗址，为了解和研究这一地区古代聚落形态变迁等提供了重要资料。

山西省考古研究所发掘的晋南垣曲上亳遗址（《垣曲上亳》），揭露面积2750平方米，包括仰韶中、晚期，庙底沟二期和龙山等四个时期的遗存。发现的遗迹以灰坑为主，有少量仰韶中期的房址和陶窑。报告以附录的形式公布了王小娟的《上亳遗址陶器研究》，内容包括上亳遗址新石器时代陶器的类型学分析、绝对年代的推定和陶器制作方法与使用痕迹观察、陶器化学成分检测分析等。发掘的平遥弓村遗址（《中国文物报》10月22日），揭露面积2000平方米，发现了丰富的房址、祭祀坑、陶窑和灰坑等仰韶晚期遗存。

博爱西金城遗址2006～2008年经过四次较大面积的发掘（《考古》6期），该遗址的文化堆积以龙山文化为主。最重要的收获是发现了一座龙山文化中晚期的城址，平面略呈圆角长方形，西南角因地形的原因而内收，东西长超过500、南北宽400余米，城内面积25.8万平方米。城墙外侧有壕沟或小河环绕。《博爱西金城龙山文化城址的多学科研究实践与探索》（《华夏考古》3期）一文，围绕复原龙山时期的人地关系，将古地貌、古气候、植物、动物、石器、资源域等方面结合起来开展综合研究，取得了较好成效。

偃师灰嘴遗址的四次发掘（《河南偃师市灰嘴遗址2006年发掘简报》，《考古》4期；《2002－2003年河南偃师灰嘴遗址的发掘》，《考古学报》3期），明确了该遗址存在仰韶中晚期、龙山晚期、二里头二三期和东周时期的连续堆积。重要发现有：1. 找到了当地龙山时期加工和制作石器（以石铲为主）的场所，从数以千计的石料、毛坯、半成品和石片、石屑的发现情况看，此地的石器生产已经进入专业化阶段，甚至有可能是专门制作石铲的；2. 发现仰韶灰坑中埋葬整牲和龙山灰坑中埋牲、埋人的现象，显示了文明社会产生初期冲突的加剧。

《论裴李岗文化》（科学出版社）收录了2007年9月河南省考古学会等在河南新郑市召开“纪念裴李岗文化发现30周年暨学术研讨会”的20余篇论文。内容涉及裴李岗文化的聚落形态、生业经济、手工业、环境状况、分期与年代、地方类型、发现和研究史、与周边同时期文化的关系、发展去向、族属和刻划符号等，集中反映了学术界对裴李岗文化研究的现状。

郭小宁从白家村、大地湾、北首岭等典型遗址的分析论述了渭河流域老官台文化的分期问题（《考古与文物》6期），将老官台文化重新划分为早、晚两期五段，绝对年代推定在公元前5800~前5000年之间。程晓钟以大地湾遗址发现的仰韶文化房址为例研究和复原了大地湾及仰韶早、中、晚四个阶段的房屋，最后阶段的大型房址F901，被复原为有双重散水的“人”字形两坡加左右侧廊及门棚的高大建筑，为商周时期“四阿重屋”的雏形（《考古与文物》3期）。

韩建业将晚于新石器时代中期而早于半坡类型的一类遗存，称为“初期仰韶文化”，初期仰韶文化的分布和仰韶文化基本一致，年代约在公元前5000~前4500年之间，可以进一步划分为京冀地区的下潘汪、关中和汉中的零口、晋西南地区的枣园、豫中南地区的大张等四个地方类型（同时刊发于《十一次年会》和《古代文明》第8卷）。

豫东拓城山台寺是比较早地开展中外合作考古发掘的遗址，发掘成果一直未予发表。高天麟执笔撰文《山台寺龙山文化研究》（《考古》10期），将山台寺龙山遗存划分为早、中、晚三期六段，指出台基式建筑形式和连间排房是该遗址龙山文化房址的特色。同时，还探讨了与豫东地区同类遗存之间的关系。

魏兴涛探讨了目前发现的11座中原龙山城址的年代和兴废的原因（《华夏考古》4期），就龙山文化的考古发现而言，城址较多而高等级的大型建筑较少，新密古城寨龙山文化城址内的大型建筑F1和F4，是目前为数不多的重要发现。杜金鹏对古城寨龙山文化大型建筑基址进行了分析和复原研究（《华夏考古》1期），认为这是一座主殿与廊庑组合起来的四合院式建筑，可能是最高施政者的原始宫殿。董琦和方燕明围绕着登封王城岗报告公布的龙山城址资料，就大城的面积、城堡的性质和夏文化的探索等展开了讨论和商榷（《中国历史文物》2、4期）。靳松安在对王湾三期文化分期的基础上，提出王湾三期文化晚期向南扩张，在豫南取代石家河文化形成了杨庄二期和乱石滩两个新的地方类型，并认为这一变化与“禹征三苗”的历史事件有关（《中原文物》1期）。

张国硕从陶寺文化早、中、晚期文化的差异入手，结合相关文献记载，探讨了陶寺不同时期遗存的族属（《考古》6期）。

认为陶寺文化早期的主体是一种外来文化，陶寺早期小城为陶唐氏尧都；陶寺文化中期则受到来自南北方向文化的影响，其中包括晋西南有虞氏舜的族群。到陶寺文化晚期，年代已经进入夏纪年，但其文化性质并不属夏。

（二）海岱地区

海岱地区本年度新公布的田野考古资料和研究成果，明显少于中原地区，但也有亮点。

2001 年春发掘的济宁玉皇顶遗址，主要为北辛文化和大汶口文化早期遗存。遗迹有 5 座柱洞式、基槽式、半地穴房址和 400 个零散柱洞等。同时，发现了粟和黍的稃壳植硅体。西康留遗址是海岱地区一处重要的大汶口文化遗址。1999 年的勘探和发掘，又发现了早于大汶口的北辛文化遗存。大汶口晚期遗迹有 2 座夯土台基和 4 座墓葬等，未提及城址问题。枣庄建新遗址是一处重要的大汶口文化中晚期遗址。2006 年的发掘又发现大汶口文化晚期房址 1 座、灰坑 22 个、陶窑 1 座和墓葬 14 座，增添了新的资料（均《海岱考古》第三辑，科学出版社）。

2009 年发掘的临沭东盘遗址（《中国文物报》10 月 8 日），文化堆积历经北辛、龙山和岳石文化等多个时期，其中以龙山遗存最为丰富。在 1100 平方米的范围内，发现龙山文化房址 42 座、灰坑 146 座、墓葬 13 座。房址均为地面式建筑，面积多在 10 平方米左右，成人墓葬多为一棺。苍山后杨官庄遗址，包含了大汶口中晚期、龙山和岳石文化等多个时期的遗存（《中国文物报》8 月 13 日）。其中 1 座龙山墓葬，在男性墓主左膝内发现 1 枚角质箭头，应与战争有关。

江苏邳州梁王城遗址的第三次发掘（《考古发现》），发现面积达 3000 平方米的大汶口中晚期墓地，已清理墓葬 142 座。这批墓葬可以分为四期八段，为研究苏北大汶口文化的编年和社会变迁提供了一批重要资料。

安徽固镇垓下遗址大汶口文化晚期环壕城址的发现是一项重要收获（《中国文物报》2 月 5 日），城墙内圈面积约 15 万平方米，东墙基部宽 24.7、残存高度 3.8 米。北侧城墙基部宽 22.5、残存高度 1.5 米，城墙系堆筑而成。北侧壕沟宽约 15、深 5.5 米。在城内西北角发现一座西南—东北走向的台形基址，已揭露部分面积在 100 平方米以上，高 1 米左右。北城墙顶部发掘出一组五连间的排房，地面和墙壁均涂抹白灰。此外，还发现了大汶口晚期一次强烈地震的证据。蚌埠禹会村 2009 ~2010 年的两次发掘（《中国文物报》1 月 22 日和

10月4日），揭露出一座大型台基基址。台基位于遗址东北部，南北长100、东西宽25米，面积2500平方米。系挖槽堆筑而成，自下而上依次为灰土、黄土和白土。白土的现存厚度在7～30厘米之间，白土表面中轴位置分布着沟槽、圜底坑、火烧堆、方土台和长方形坑等遗迹。此外，还发现一条大型祭祀沟，总长35米，5座祭祀坑和3处建筑遗迹，其中F1东西长26.35、南北宽3.3米，面积达87平方米。从出土陶器分析，禹会村的主要遗存应属于龙山早中期，发掘者认为与“禹会诸侯于涂山”有关。

方拥比较了北辛、裴李岗和后李文化的房址和陶鼎之后也认为，北辛文化主要是继承了裴李岗文化而发展起来的，而裴李岗人东迁的主要原因是中原地区发生了大洪水（《中国历史文物》4期）。

孙波分析了龙山城墙的解剖问题（《文物研究》17辑，文物出版社），他从调查与勘探、解剖结构、城墙与壕沟的分期等方面，总结了山东地区龙山城址的分布规律及操作经验。这对于今后在黄河流域开展相同的工作具有参考和借鉴意义。

（三）甘青宁地区

河西走廊是甘青宁地区的重要组成部分，《考古学报》2期公布了20世纪80年代在河西走廊进行的考古调查资料。调查涉及24处遗址，包括了马家窑文化、半山文化、马厂文化、齐家文化、四坝文化等史前和青铜时代的遗存。这对于了解和研究河西走廊地区早期文化的分布以及与新疆地区早期文化的关系等，无疑是十分珍贵的资料。位于洮河流域的甘肃卓尼寺下川遗址（《考古与文物》2期），发现3座一字排开的半地穴式甲字形房址，为齐家文化增添了新资料。

丁见祥对马家窑文化的分期等问题进行了分析（《古代文明》第8卷）。该文以东乡林家遗址的分期为切入点，最终将马家窑文化划分为五期六段，并按期讨论了马家窑文化的类型与分布区域的变化，认同马家窑文化来源于石岭下类型。

临潭磨沟墓地的发现，以其多样而奇特的埋葬方式引起了考古学界的极大关注。以往的报道中，均认为其属于齐家文化，叶茂林对此提出了异议（《中国文物报》10月15日）。他认为这一墓地已不属于齐家文化，其年代较齐家文化晚，大约在距今3500年或更晚。

（四）长江中游地区

为了配合南水北调工程丹江口水库扩容而进行的考古发掘，在湖北郧西张家坪遗址发现了相当于仰韶文化早期的遗存（《江汉考古》3期）。历经多次发掘的郧县青龙泉遗址，2008年武汉大学等又发掘了1600平方米（《江汉考古》1期）。遗址的新石器时代遗存分为四期，分别为朱家台文化（仰韶文化）、屈家岭文化、石家河文化和龙山晚期阶段遗存。将少儿瓮棺置于成人土坑墓腰坑中的二次合葬现象，是石家河文化时期的一个新发现。李英华就汉水中游地区的同类墓葬进行了专门讨论（《江汉考古》1期），认为以往在这一区域发现的史前腰坑墓都有可能是这种成人与少儿的合葬。2008年对丹江口观音坪屈家岭文化遗址的大面积发掘（《江汉考古》2期），对于认识鄂西北地区屈家岭文化有一定价值。

本年度公布的三峡地区发掘资料中（《湖北库区考古报告集》第五卷，科学出版社），秭归缆子杆、独石子、大坨湾、何家坡和宜昌伍相庙等遗址有一部分大溪文化遗存，秭归缆子杆、何家岭、陶家坡等有少量石家河文化遗存。另巴东红庙岭遗址发现2座大溪文化墓葬（《巴东红庙岭》，科学出版社）。

湖南湘阴青山遗址，时代约当大溪文化中晚期（《考古发现》），发掘资料表明，该遗址的文化内涵丰富，文化因素复杂，可能代表了洞庭湖东南部地区一个相对独立的新文化类型。

湖北孝感郊区叶家庙发现一座屈家岭文化的环壕城址（《考古发现》），城址平面为规整的长方形，城垣外围有完整的环壕系统。城内外发现的遗迹主要有房址、灰坑和墓葬等。这一发现填补了鄂东北地区早期城址的空白。随州考古调查新发现和复查新石器时代遗址37处（《江汉考古》1期）。这些遗址基本上分布在涢水及其支流两岸，时代以屈家岭文化和石家河文化为主。湖北大冶蟹子地遗址2009年的发掘（《江汉考古》2期），增添了鄂东南地区石家河文化及其以后阶段的新资料。

王劲认为江汉地区早于屈家岭文化的主要有大溪文化和油子岭文化，两者大体以汉水为界，并且各具特色、各有自己的文化源流。屈家岭文化与油子岭文化的传承脉络十分清晰（《江汉考古》4期）。

（五）环太湖地区

以环太湖地区为中心的长江下游地区，本年度有一系列新资料面世。

浙中浦阳江流域的考古工作近年来获得迅速发展。《楼家桥、查塘山背、尖山湾》公布了楼家桥、查塘山背和尖山湾三处遗址的发掘资料。诸暨楼家桥遗址发现了一批时代与河姆渡文化相当的遗存，遗迹有房址、灰坑和石器制造场等，遗物也比较丰富。浦江蜇塘山背遗址分东、西两区，主要是在西区发现了一处良渚文化中晚期墓地，已发掘44座，均为东西向土坑竖穴，绝大多数墓葬的随葬品在6件以下。诸暨尖山湾遗址的新石器时代遗存晚于良渚文化，大体与钱山漾和广富林遗址时代相当。除了石器和陶器之外，还出土了一部分竹编和苇编，器形有篮、筐、箕畚、篾席等，木器残件也较多，器形有木桨、有柄木器及木器构件、玩具等。

江苏张家港东山村遗址的面积达25万平方米。2008～2010年的两次发掘，揭露面积2300平方米（《考古》8期）。遗址包含马家浜文化和崧泽文化两个时期的遗存。马家浜文化主要发现10余座小型墓葬，并在文化层中漂洗出炭化稻和瓜子等遗物。崧泽文化的居住区发现房址5座，面积均较大。最重要的收获是发现了9座崧泽文化早中期高等级大型墓葬，其与大房址同时共存，与小型墓葬分区埋葬，表明当时社会已经有了明显的分层。同时，也为良渚文化高度发达的玉器文化找到了源头。

位于无锡鸿山镇的邱承墩遗址，现存面积4000平方米，新石器时代遗存包括了马家浜文化、崧泽文化和良渚文化三个时期。马家浜文化的主要发现是2座房址和12座小墓。崧泽文化的2座祭坛均为方形，整体呈中心高四周低的慢坡形态，JS1的底部为一座四周有基槽的方形房址。良渚文化的发现比较丰富，有高土台遗迹和打破高台遗迹的贵族墓葬两部分。高台遗迹的范围东西约45、南北约24米，分5层堆积。台上发现10座良渚文化墓葬，多数出土玉器。其中M3出土3琮7璧21钺，M5出土2琮9璧10钺，M11出土6璧13钺。可见是一处等级较高的良渚文化晚期贵族墓地（《邱承墩》）。张敏撰文对邱承墩的2座祭坛进行了解读，认为双祭台应是男女生殖崇拜的祭祀场所（《南艺学报》1期）。

位于杭州市余杭区茅山南麓的茅山遗址，分为坡上的居住区和坡下平地的稻田区两个部分（《中国文物报》3月12日）。居住区经历了马家浜文化晚期—崧泽文化早期、良渚文化中晚期和广富林文化三个大的阶段。其中良渚文化时期又可划分为居住区和墓葬区，发现有房址、水井、灰沟和灰坑、墓葬等遗迹。茅山遗址突破性的重大收获是在坡下平地发现了三层农耕稻田。揭露出来的良渚文化中晚期稻田区，包括了单块面积较大稻田、田间道路系统和灌溉系统。在发掘的范围内，由红烧土铺成的南北向小路（宽0.6～1米，兼有田埂的功能）分割开的稻田，最长超过60、宽度在17～31米之间，单块稻田的面积超过1亩。此外，还发现良渚文化的组合大石犁和广富林文化稻田中的牛蹄印、人脚印。余杭区茅山之北的玉架山遗址，2008年以来发掘面积7700平方米（《考古发现》），首次发现良渚文化的环壕聚落，面积约2万多平方米，环壕内有堆筑土台、墓葬、居住址等，清理良渚文化中晚期墓葬155座，其中有出土玉琮、玉璧和石钺的较高等级的贵族墓葬。除此之外，还发现面积较大的疑似稻田遗迹。

2009年发掘的浙江海宁小兜里遗址（《南方文物》2期），发现了19座良渚中晚期墓葬，出土各类遗物273件组。值得一提的是，发掘者在墓葬清理过程中强调解剖性发掘实践和注重细节辨识的操作方法，获取了许多新颖的信息，如棺椁整体构造和细部结构、有朱绘木柄的石钺等。这些为学界认识良渚文化墓葬及其反映的社会和今后的墓葬发掘操作，都提供了有益并可借鉴的经验。

福泉山遗址再次发掘（《考古发现》），在福泉山北数百米的吴家场地点发现人工土台，台上清理出2座良渚文化墓葬，其中M204为出土2琮、7璧、2钺的高等级贵族墓葬。这一发现不仅对福泉山遗址有了新的认识，而且对良渚文化的社会结构和区域研究也有重要意义。

位于杭嘉湖平原的钱山漾，曾作为典型的良渚文化遗址而写进了包括教科书在内的各种出版物。2005年钱山漾遗址较大面积的第三次发掘（《文物》7期），从根本上颠覆了这一传统认识。以钱山漾第一、二期为代表的新石器遗存，在年代上晚于良渚文化而早于马桥文化，与黄河流域的龙山文化约略相当，与近年来新认识的上海广富林文化相同。2009年，上海广富林遗址又进行了较大面积的发掘（《中国文物报》，4月16日），发现的各类遗存十分丰富，新石器时代遗存大体分为三个时期：即崧泽到良渚的过渡阶段、良渚文化晚期墓地和广富林文化。广富林文化遗存与钱山漾一、二期基本一致，本次发掘除了发现丰富的广富林文化晚期遗存之外，还有比较多的与钱山漾一期相当的广富林文化早期遗存。其中一个较大的长方形浅坑内，堆放了大量鹿的各部位骨骼，当有特殊意义。

浙江新石器时代偏早阶段遗存的发现，是近些年来浙江史前考古的重大进展。蒋乐平依据上山遗址的地层关系（《十二次年会》），提出分布于浙中山地和浙东平原一带的三支考古学文化，在年代上依次为上山文化、跨湖桥文化和河姆渡文化。并从建筑、陶器、木器、骨器、石器和生业经济等方面探讨了内在的继承性。

跨湖桥文化的来源是学界关注的一个热点。韩建业在比较了长江中下游地区偏早阶段的各文化之后（《东南文化》6 期），推测跨湖桥文化是在当地上山文化的基础上接受了长江中游彭头山文化的影响而形成的，其后又反向影响长江中游，促成了彭头山文化向皂市下层文化的转变。从而形成了一个以釜、圈足盘和豆为主要特征的长江中下游文化系统。

太湖西侧的骆驼墩、西溪、神墩等遗址发掘之后，学界对马家浜文化的认识就成为环太湖地区史前文化研究的一个焦点。田名利认为可以将马家浜文化分为早晚两期，早期湖西和湖东分别存在着“骆驼墩—吴家埠类型”和“罗家角早期类型”。晚期文化面貌比较复杂，类型增多，有湖西的“西溪—神墩类型”、余杭地区的“庙前类型”、湖东南的“罗家角晚期类型”、湖东的“草鞋山—圩墩类型”和湖北的“祁头山—彭祖墩类文化遗存”。而金坛三星村遗存则纳入了宁镇地区的北阴阳营文化系统（《东南文化》6 期）。

地处鄂皖赣交界的黄梅塞墩遗址，地处长江中下游之间，从更高层面的文化面貌分析，其与长江下游的共性更多一些。1986 ~ 1988 年，中国社会科学院考古研究所三次发掘塞墩遗址（《黄梅塞墩》），揭露面积达 1680 平方米，发现了一大批新石器时代的遗迹和遗物。报告将塞墩早期定为“黄鳝嘴文化”，晚期则归属于薛家岗文化，两者具有内在的传承关系。由于塞墩的发掘资料一直没有公布，所以本报告的出版，对认识长江中下游之间地带的文化性质及其与周边四大区域新石器文化的关系具有积极影响。

（六）长江上游地区

位于四川西北部的马尔康哈休遗址（《南方民族考古》第六辑，科学出版社），2006 年经成都市文物考古研究所等单位的发掘，发现玉石器、骨角牙蚌器、陶器等大量遗物。认为哈休遗址的新石器文化包括了三类遗存，即与渭河上游一带近似的仰韶晚期因素、与马家窑文化类似的因素和川西北地方文化因素，其年代为距今 5000 ~ 4700 年。为研究川甘陕地区新石器文化的联系和交流增添了珍贵的新资料。

2009 年发掘的四川什邡桂圆桥遗址（《中国文物报》2 月 12 日），发现了宝墩文化和叠压于其下的新石器文化遗存。桂圆桥早期新石器遗存的发现，不仅填补了成都平原新石器文化的空白，并为寻找宝墩文化的来源提供了重要线索。《成都考古发现（2008）》（科学出版社）公布 3 处新石器时代遗址的资料：岷江上游的茂县波西遗址，时代约当仰韶文化中晚期；成都高新区的顺江小区和新都褚家村遗址，虽然不甚丰富，但增加了宝墩文化的资料。

四川屏山县叫化岩遗址的发掘（《考古发现》），发现了比较丰富的新石器文化遗存，遗迹主要有 7 座房址和 10 个灰坑。从陶器所反映的文化特征看，属于川南地区一种新的新石器文化遗存。这一发现不仅填补了该地区新石器文化的空白，而且为成都平原和三峡之间的文化交流增添了过渡地区的材料。

2005 年以来，为了研究该地区史前聚落模式，进而了解文化变迁和社会复杂化进程，成都市文物考古研究所、北京大学、台湾大学和美国圣路易斯华盛顿大学、哈佛大学组成联合考古队，在成都平原开展了区域系统调查。根据成都平原的实际地貌环境，调查工作采用了地表采集和钻探相结合的方法，钻探使用了“洛阳铲”、工兵铲和三种不同形式的人力钻，取得了较好的效果。此外，还尝试了地球物理勘探方法。调查采样按宝墩文化、商周和汉代三个时期进行记录［《成都平原区域考古调查（2005 ~ 2007）》，《南方民族考古》第六辑］。

孔明坟是贵州北盘江流域第一处经过大面积发掘的新石器时代遗址。该遗址的新石器时代石器制造场和大量打制石器的发现，为了解这一地区的新石器文化提供了重要资料。

三峡西部本年度公布了 2002 年的发掘资料（《重庆库区考古报告集 2002 卷》，科学出版社），其中属于新石器时代的遗存较少。丰都石地坝、秦家院子、沙溪嘴和涪陵蔺市等遗址有一定数量哨棚嘴文化（玉溪坪文化）遗存，丰都观石滩、忠县中坝遗址有少量中坝文化遗存。

白九江对重庆三峡地区的新石器文化进行了系统论述（《重庆地区的新石器文化》）。他在综述三峡地区的地理环境、考古发现和文化谱系研究的基础上，按四大时期（新石器时代早期、中期、晚期和末期）论述了三峡地区的新石器文化，后三期分别命名为玉溪下层文化、玉溪上层文化和玉溪坪文化、中坝文化。最后综合讨论了环境演变、聚落形态、生计经济和原始工业等。

江章华将三峡地区西部的哨棚嘴文化划分七期，绝对年代约在距今5000～3800年之间。同时，还讨论了关于文化命名及其来源等问题（《四川文物》2期）。赵宾福从老关庙遗址发现的4座土坑墓的年代分析入手，指出魏家梁子遗存应该晚于以老关庙下层和哨棚嘴等为代表的文化，前者相当于龙山时代，而后者则与仰韶时代中晚期相当（《江汉考古》4期）。于孟洲将峡江地区的中坝文化分为四期，结合文化因素分析，认为中坝文化在继承当地玉溪坪文化的基础上，也吸收了周邻地区的其他文化因素（《考古与文物》3期）。

（七）燕辽及东北地区

2009年对赤峰巴林右旗塔布敖包遗址进行的发掘（《中国文物报》7月30日），发现了一处包括4座房址在内的兴隆洼文化晚期居住遗址，特征与白音长汗等遗址的同期遗存相近。

西台遗址隶属于内蒙古赤峰敖汉旗，1987年发掘该遗址，揭露面积达5400平方米（《北方文物》3期）。发现2座并列的环壕，壕内发掘出兴隆洼文化房址5座和红山文化房址15座。其中位于北壕内的红山文化F202，出土了两副完整的陶范，F4出土了一件完整的女性塑像和残陶范。

基于完善文化序列和廓清各文化之间的关系，2002～2003年开展了西拉木伦河流域北部地区的考古调查（《西拉木伦河流域先秦时期文化遗址调查与试掘》）。调查涉及克什克腾、林西和巴林右旗3个旗县，调查遗址25处，可以划分为9种文化遗存，其中属于新石器时代的有小河西文化、兴隆洼文化、赵宝沟文化、红山文化等。

红山文化是燕辽地区新石器文化发展的高峰阶段，出于探讨红山文化社会复杂化进程及其与环境的关系等，辽宁省文物考古研究所等在以喀左东山嘴为中心的大凌河上游地区，开展了中外合作的“红山文化社区项目”（《考古》5期），在红山文化的核心区进行了面积约为200平方千米的区域系统调查。调查工作分红山文化、小河沿文化、夏家店下层文化、夏家店上层文化、战国至汉代和汉代以后等六个时代采集标本和确定采集区。在此基础上，运用区域密度指数法得到各个时期的人口规模，进而探讨社区行政组织和社会运行的机制。

位于内蒙古赤峰市元宝区的

哈啦海沟（《考古》2 期），是继大南沟和姜家梁之后发掘的又一处重要的小河沿文化墓地，清理墓葬 51 座。与大南沟相比，哈啦海沟墓地的显著特点是流行长方形土坑偏洞室墓，并且存在相当数量的男女合葬墓。5 例人骨标本测年结果显示，其年代在公元前 2600 ~ 前 2200 年之间。

辽宁长海县广鹿岛小珠山遗址，是辽东半岛南部几支考古学文化的命名地。2006 ~ 2009 年，中国社会科学院考古研究所再次发掘该遗址（《中国文物报》3 月 12 日），在聚落演变过程、贝丘的形成和废弃、生业经济的构成和精神文化等方面均有新的收获和认识。

杨虎和林秀贞归纳了兴隆洼文化小河西类型的文化特征，将其分为早、晚两期（《考古学集刊》18，科学出版社）。早期的年代早于兴隆洼文化一期，晚期晚于兴隆洼文化三期，两期之间的环节还需要继续探索。

张星德通过朝阳小东山遗址红山文化陶器的分期和比较（《十二次年会》），认为赵宝沟文化与红山文化早中期是并存的。陈国庆则从陶器、聚落、生产工具、玉器和埋葬习俗等五个方面探讨了红山文化的渊源（《边疆考古研究》9 辑，科学出版社），认为源自本地区的兴隆洼文化和赵宝沟文化。张星德的《小河沿文化的时空框架》（《北方文物》3 期）一文，将小河沿文化的陶器划分为三个组合，代表着早、中、晚三个阶段。她认为其早期曾与红山文化共存过一段时间，并且燕山以南多见早期遗址，不见晚期，而燕山以北早期遗址较少，中期以后增多。她还对分布于下辽河流域的新乐下层文化和偏堡子文化的陶器进行了分群探讨（《十一次年会》），认为构成新乐下层文化主体的筒形罐，直接来源于查海—兴隆洼文化，而北辛文化是偏堡子文化的直接来源之一。

赵宾福分析了鸭绿江和图们江两侧的新石器文化（《边疆考古研究》9 辑），将其划分为三个阶段，自早至晚分属南、北两个相对独立的文化区。

（八）华南地区

2009 年发掘的黔东南天柱县的坡脚、学堂背和月山背三处遗址（《中国文物报》6 月 18 日），发现了丰富的新石器时代文化遗存。三处遗址出土石制品近万件，其中绝大多数为打制石器，磨制者较少。从陶器反映的文化面貌和特征看，与湘西沅水流域的高庙文化中晚期遗存大同小异。

2005 年在福建晋江流域开展的考古调查和试掘（《福建晋

江流域考古调查与研究》，科学出版社），复查和新发现了一批新石器时代晚期遗址。认为福建南部沿海的新石器文化可以分为三个时期，即距今 6800 ~ 5800 年的富国墩文化、距今 5500 ~ 5000 年的腊洲山遗存和距今 5000 ~ 4300 年的大帽山遗存。焦天龙和范雪春则将福建沿海的新石器文化，统一划分为三个阶段（《福建与南岛语族》，中华书局），即早期的壳丘头文化，中期的昙石山文化（闽江口一带）和大帽山文化（闽南），晚期的黄瓜山文化。而西部内陆则有牛鼻山文化等。

何国俊对岭南地区新石器文化的宏观变迁进行了分析和归纳。他认为，岭南新石器时代早期为封闭的土著文化格局，中晚期由于外来文化（主要是北方文化）传入漓江、桂江、北江和珠三角的中轴地区，而分处东、西两翼的韩江和西江流域则继续维持着封闭的状态，所以形成了"两翼（土著）—中轴（外来）"差异的空间格局。新石器时代末期，由于东翼文化融入中轴，从而形成"东—西"差异的新文化格局（《东南文化》6 期）。

李珍从宏观角度讨论了广西地区新石器文化的格局（《十二次年会》），将其分为桂东北、桂中、桂南、桂东南和桂西等五区，并论述了每一区域的考古学文化发展序列，最后总结了各区域之间的文化联系。

商志西覃、吴伟鸿在其关于香港考古的新作中（《香港考古叙研》，文物出版社），按遗址综述了香港回归十年来新石器考古的新发现，并把香港的新石器时代划分为早、中（分前后段）、晚（分前后段）三大时期。

二　专题研究

（一）总括论述

中国社会科学院考古研究所编著的《中国考古学·新石器时代卷》，全面概括和论述了中国新石器时代的考古发现和研究成果，构建起一个比较完整的中国新石器文化的时空框架和发展谱系。书中把公元前 10000 ~ 前 2000 年前后的中国新石器时代，分为早、中、晚和末期四个时期，按黄河流域、北方地区、长江流域和华南地区四大区域依次展开予以论述和介绍。同时，还对中国新石器时代考古的发展历程、自然环境的变迁、居民的种系问题和社会发展阶段及文明起源等进行了专门论述。

在刘庆柱主编的《中国考古发现与研究（1949 ~ 2009）》一书中，朱乃诚对中国新石器时代考古研究 60 年进行了全面的回顾与总结。

钱耀鹏在以往柴尔德“新石器革命”、“城市革命”的基础上，提出了“居住革命”的概念。认为人类以生存资源开发为目的、以建筑资源及技术开发为途径的居住革命，最终导致各区域的旧石器文化过渡到新石器时代（《华夏考古》1 期）。

闫亚林通过黄河流域新石器时代四个时期文化格局变迁的历程，考察了华北北部到东北地区筒形罐系统文化不同时期的地域性分化，指出了两者之间的因果关系（《中原文物》3 期）。

区域文化之间的联系、交流、传播和影响，是中国新石器考古研究中的持久课题。随着时间的推移，各区域文化之间的联系不断强化，从而导致了各区域的社会发展进程逐渐加快，最终在一些先进区域率先跨入文明社会。许永杰从以陶器为主的遗物比较入手，勾勒出距今 5000 年前后的文化迁徙，涉及的区域遍及黄河、长江流域和北方地区（《考古学报》2 期）。

宋建忠分析了中国历史上三次南北格局之后，将其渊源追溯到 4000 年以前由良渚和陶寺所代表的史前末期。良渚和陶寺，两者有许多相似之处，如最大的城址、高等级墓葬或王陵、宫殿、祭坛等（《文物》1 期）。

郭伟民的《新石器时代澧阳平原与汉东地区的文化和社会》，是本年度出版的考古学研究古代社会论著中的一部力作。该书在详细占有基础资料的基础上，系统梳理、归纳、总结了澧阳平原和汉东两个地区史前文化的发展进程。随之用较大篇幅对这两个地区史前聚落形态的演进，分阶段进行了深入的具体分析和基本概括。进而对上述两个地区的地理环境、文化发展进程和聚落演进模式等做出详细的比较研究，并援引“中心—外围（边缘）”模式加以概括。在此基础上，整体考察了长江中游史前社会的发展进程，认为到屈家岭—石家河文化时期，以石家河城址为中心的超大型聚落集群，可能已经存在四级聚落结构。至此，社会复杂化很高，并且形成了长江中游经济—社会共同体。

甘肃临潭磨沟墓地的发掘，向世人展现了齐家文化多样的埋葬习俗和复杂的埋葬过程。钱耀鹏以甘肃临潭磨沟墓地的发掘为例（《中原文物》2 期），总结了解剖性发掘的操作及其收获，并进一步分析了破坏性解剖发掘的意义。闫亚林探讨了磨沟解剖性发掘方法、寻找早期墓葬封土和田野发掘的理念等问题（《考古与文物》4 期），认为为了解早期墓葬的埋葬过程而进行的解剖性发掘，这种由自发转变到自觉的活动是近年来田野考古的一个重要进展。

（二）聚落考古

2009年下半年，山东大学东方考古研究中心和中国社会科学院考古研究所等单位，分别在山东济南和河南新郑组织了两次聚落考古的专题会议，前者的论文主要发表在《东方考古》第7集（科学出版社），后者则出版了《中国聚落考古的理论与实践》第一辑。

收入《东方考古》第7集有关聚落考古的论文共6篇，涉及区域以黄河流域为主，兼及其他地区。马萧林以河南灵宝沙河和阳平河流域的新石器时代聚落变化为基础，着重分析了仰韶中期的中心聚落——西坡的聚落信息，如大型建筑基址的位置与功能，讨论了中心聚落的定位及其在社会发展进程中所担负的功能。运城盆地和赤峰地区是相距较远并且地貌环境差异较大的两个区域，周南和戴向明对两个地区的田野工作和分析方法、人口评估、聚落系统所反映的各自社会凝聚力的产生方式进行了比较研究，使人们从中可以得到有益的启示。孙波对龙山时期海岱地区两个超大型的中心聚落——两城镇和桐林的比较研究，是在分别分析了他们各自反映的聚落与社会的特质的基础上进行的。其对两个城址及所涵盖区域龙山时期聚落形态的划分、不同形态之间关系的认识、城址形态及其功能、社会对环境和资源的利用和适应、交通路线在社会演进中的价值等，经过充分的独立思考之后进行了发人深省的阐发和论述，学界应予以关注。

新郑会议聚落考古的论文主要分为两个专题：一是关于理念和方法的探讨。采用论文10篇，涉及方法论、环境与聚落、年代学研究、史前聚落群聚形态和目前中国开展的区域系统调查方法的讨论等。严文明先生认为聚落考古是以聚落为对象，来研究聚落形态所反映的社会形态及其发展轨迹。聚落考古的方法不可能是一个模式。首先要研究的是聚落的共时性和如何解决共时性的问题。在聚落内部，不但要进行功能区的划分，而且可以了解各功能区及单体建筑之间的联系，借以复原当时的社会。要做到这一点，就需要引入地面的概念。余西云和赵新平在淅川马岭遗址的发掘中，从对探方的灵活掌握、遗迹的确认、遗迹组的判断、聚落面的建立、遗迹的记录及思维模式等方面，记录和回放了聚落考古田野操作的实践和体会，可能对今后的同类工作有一定借鉴意义。夏正楷等认为，切实重视开展围绕着聚落和聚落群的环境考古，可以更好地探讨聚落形态及其文化内涵的形成机制。朔知则对目前国内开展的中外合作和独立实施的区域系统调查工作，从名称、方法和存在问题等方面一一进行了辨析。

二是区域聚落形态研究。采用论文 19 篇，包括单个聚落形态的研究，如唐户裴李岗文化聚落、沟湾仰韶文化环壕聚落等。也有区域聚落形态研究的案例，如渭河流域的仰韶文化聚落、河南的仰韶文化聚落、大汶口—龙山文化的聚落形态、长江中游的新石器时代城址聚落、汉水中游地区的新石器时代聚落调查、成都平原的区域调查等。张弛和樊力主持的南阳盆地白河流域的考古调查，着重复查了 51 处新石器时代遗址，从调查内容和重点都有新的考虑和设计，如 GPS 测绘成图、铲探确定堆积的范围、剖面和遗迹的测绘、不同时期聚落范围的确定和分层采土样等。调查按裴李岗、仰韶早期、仰韶中晚期、屈家岭、石家河早中期和龙山晚期等 6 个时期，讨论了各个时期聚落特点及其演变。郭伟民和方向明则分别对湖南西北部澧水流域的若干处典型聚落和浙北地区良渚文化的聚落模式进行了深入讨论。

从总体上看，中国的聚落考古研究，目前最大的发展和进步可以说是研究者观念的变化，即学界已经比较普遍地从思想和认识上重视了聚落考古研究。但无论是田野操作还是综合研究，尽管取得了一定成果，都还有待于进一步发展、完善和提高。

戴向明的专著《陶器生产、聚落形态与社会变迁》分析了垣曲盆地史前聚落形态的变迁。他首先对社会进化和聚落形态研究的理论和方法论模式进行了讨论，然后分裴李岗，仰韶早、中、晚期，庙底沟二期，龙山，二里头，二里岗等八个时期分析了垣曲盆地史前到青铜时代聚落形态所反映的社会复杂化进程，经历了从部落到酋邦再到国家社会的发展过程。而陶器生产的组织形态分别为家庭生产、个体作坊生产和专业作坊生产。

王芬从聚落内部的布局、结构和聚落的区域空间关系两个方面（《华夏考古》1 期），分析了崧泽文化的聚落形态所反映的社会组织和社会结构。

任式楠把中国史前整栋多间（3 间以上）地面房屋分为五类（《考古学集刊》18 集），其主要存在于公元前 3500 ~ 前 2000 年之间的黄河、长江两大流域的新石器文化之中。这种组合性住所是适应当时社会父权家庭（大家庭）内诸小家庭成员的居住需求而产生的。

（三）文明起源和形成研究

本年度文明起源的研究波澜不惊，整体上似乎没有前几年那么火热。但还是发表了一些有分量有内容的研究成果。

《历史研究》第6期发表了一组关于探索“中国古代文明和国家起源”的文章。晁福林认为中国早期国家的起源和形成，走的是一条基于氏族制度之上并且以“礼”作为相互关系准则的各部落各氏族和平共处的道路，而国家的管理功能要远远大于镇压功能。王震中对聚落等级层次的多少与社会组织形态简单对应的理论提出质疑，认为其有用简单方法解决文明起源和形成这一复杂问题之嫌，重申了将阶级阶层的分化和强制性权力的出现作为进入国家社会的标志。谢维扬认为应该推进中国国家起源研究中理论问题的探讨，包括国家定义和早期国家的证据、酋邦概念及相关理论的含义及其对中国个案的适用性等。

李伯谦讨论了文明形成的判断标准（《中国聚落考古的理论与实践》第一辑），认为抓住国家这个核心，采用聚落形态分析方法，着重围绕大型、特大型聚落及相关重要设施的产生等十项内容进行考察。李伯谦诠释了苏秉琦关于中国古代文明发展的“古国—方国—帝国”三阶段说（《古代文明通讯》47期）。他认为从社会复杂化到古国的诞生是第一个阶段；强制性权力的膨胀促成了古国向第二阶段王国的转化；集权的加强和维持统治秩序的制度化促成了帝国的建立。

宋建则运用苏秉琦先生的古国学说，论述了红山文化的原生型古国，其要素包括礼仪建筑和权贵阶层的存在。其政治权力结构属于神权古国（均见《苏秉琦百年诞辰纪念文集》，辽宁大学出版社）。郭大顺从牛河梁遗址的具体分析入手，探讨了东北南部地区早期聚落的演变和文明进程（《中国聚落考古的理念与实践》第一辑），认为积石冢反映的是“一人独尊”的等级社会结构，共同的先祖维系着整个文化共同体，而“坛庙冢台”则是文化共同体的最高层次的聚落中心。

林留根分析了江苏张家港东山村崧泽文化的房址与墓葬，认为大型房址的出现和大小墓分区埋葬的现象，证明距今5800年前后长江下游地区已经进入分层社会阶段（《东南文化》6期）。李伯谦分析了东山村早中期大墓之后，进一步认为距今5800～5700年，长江下游地区社会明显分化，初级王权已经产生，社会已经进入“古国”阶段。进而认为在中国古代文明的演进过程中，长江下游地区早于中原和北方地区而率先开始了社会重大转型（《历史研究》6 期）。

孙波把海岱地区发现的 9 座龙山城址分为鲁北山前和鲁东南苏北沿海两群（《中国聚落考古的理念与实践》第一辑），认为经济关系是形成以上两个地带城市群的基础，各城址周围均有属于自己的聚落群，城址为区域性中心；而在单个城址之上的两个城市群内，还存在着超区域性的社会系统。城内居民的社会和职业身份均已分化，专业生产者、商人和管理者已经产生，其社会结构亦非传统的“金字塔”式。进而认为城址的产生主要是基于经济条件的聚落现象，不能完全用战争来解释。

韩建业比较分析了良渚、陶寺和二里头三处都城遗址，指出良渚文化为内向和封闭的性格，以陶寺遗址早中期为代表的陶寺类型具有多元文化特征和外向性性格，而王湾三期晚期到二里头文化则具有鲜明的多元文化特点与包容性和开放性。同时，认为他们都进入了早期文明社会，只是在发展层次上分属于古国（或邦国）、雏形王国和真正王国三个阶段（见《考古》11 期与《中国聚落考古的理论与实践》第一辑）。

关于古代文明社会产生的理论很多，卡内罗认为其动因就是战争，与国家演进有关的条件限制主要有地理环境限制、社会限制和资源集中三种，这就是所谓的“限制理论”。吴文祥采用卡内罗的“限制理论”讨论了中国古代文明的产生，他从武器的出现和改进、埋葬信息、城堡的出现等三个方面，论述龙山时代战争不仅存在而且日益加剧。进而把夏王朝这一中国最早国家在中原地区出现的原因，归结为距今 4000 年前后的气候巨变（降温事件）（《华夏考古》2 期）。

陈杰运用“文化生态史观”的方法，分析了在距今 5000 ~ 4000 年之间中原与太湖两个地区文明化进程中文化生态系统若干因素的差异性，内容涉及组织机制、文化特质、社会意识、生态环境和发展时机等具体内容（《中原文物》1 期）。

朱乃诚对 21 世纪初的中国文明起源研究进行了归纳（《考古学集刊》18 集）。认为其特点主要是开展了中华文明探源工程、以学术会议为主的系列学术交流活动和总结了 20 世纪中国文明起源研究的认识。取得一系列关于中国文明起源研究的成果和重大发现，并从理论和实践等不同方面对中国文明起源研究进行了展望。

（四）环境考古

山东兖州王因大汶口文化早期遗址的发掘，收集了大量淡水蚌壳，经鉴定有10属34种，被命名为王因丽蚌动物群，为确定当时的环境与气候提供了弥足珍贵的可靠证据。邵望平回顾了这一批资料的鉴定和研究过程（《考古学集刊》18集），并希望当代年轻学者要“挖空心思”地去做一个多学科合作研究复原古代社会全方位面貌的开拓者。

刘恒武考察了环太湖地区史前社会演进过程中的地理因素（《考古与文物》3期）。从史前这一地区三面环海、西面有山的地理空间的相对闭合性，讨论了其对当地史前社会演进带来的四个方面的影响。

环境对人类生存方式的影响越来越受到学界的关注。韩茂莉以西辽河流域史前和青铜时代文化为例，就不同文化期聚落的环境选择、高程和地貌等环境因素对生业经济类别的影响、聚落持续使用时间与环境容量的关系等，进行了深入的分析和讨论，得出了一些新颖的看法。但把人口增加、农业发展和环境变化之间的关系归结为“气候变迁→动植物资源减少→原始农业发展→人口增加”这样一种因果关系，还需要更细致的研究（《考古学报》1期）。贾伟明采用稳定同位素分析和孢粉分析的方法，对上辽河流域全新世的环境进行了复原研究，涉及的内容包括气温与降雨量、植被复原和古地理复原等（《华夏考古》4期）。

靳桂云利用海岱地区各区域考古遗址中检测到的植硅体资料，讨论和分析了环境与农业的相互关系。她认为不同的区域环境条件与早期农业的类型、种植的农作物种类等具有紧密的关联度，而气候变化与土地资源利用的关系也十分密切。

娄欣利分析了东江流域的深圳咸头岭组（距今7000～6000年）和东莞村上组（距今3600～3000年）两组新石器遗存，试图复原其生态环境和分析当时人们适应环境的情况，归纳了各自不同的文化特质（《文物》11期）。

（五）史前农业及植物和动物考古

朱乃诚分析了兴隆洼、兴隆沟、南台子、白音长汗和查海等5个典型的兴隆洼文化遗址的经济结构后（《十二次年会》），认为兴隆洼文化时期原始农业与狩猎采集经济的比重大体相等，并且东部农业发展水平高于西部，当时并未饲养家猪。并指出在研究早期家畜或家畜起源过程中，开展动物考古分析研究和传统的考古学分析研究是不可偏废的两个方面（《中国社会科学院古代文明研究中心通讯》20 期）。

靳桂云等分四个阶段论述了近年来山东半岛地区早期农业的新进展（《十二次年会》）。认为该地区的农业产生于后李文化时期，到龙山时代粟、黍、稻、小麦、大豆等均成为栽培作物，其中粟和稻的数量最多，农业成为主要的生业经济来源。

苏海洋将渭河上游的史前农业分为三个阶段（《农业考古》4期），即前仰韶时期的“灰坑点种”、仰韶时期的“刀耕火种”和龙山时代的“休耕制”阶段。

笪浩波通过食物遗存及相关遗迹和工具的分析（《十二次年会》），揭示了长江中游新石器时代两湖平原、峡江和汉水中游三个区域的不同生计类型，并探讨了生计类型区域形成的环境因素。吴传仁等分析了湖北孝感叶家庙屈家岭文化环壕城址的植物遗存（《南方文物》4 期）。该遗址采集浮选样品 61 份，发现农作物和非农作物种子 1 万多粒，其中炭化稻米的比例高达 90% 以上。由于发现了大量炭化稻谷基盘和一些稻田杂草，所以可据此推测当时的稻作农业生产状况。

陈雪香等对河南博爱西金城遗址浮选出来的植物遗存进行了鉴定和分析（《华夏考古》3 期），龙山时期的农作物种类已经包括了传统的五谷，即粟、黍、稻、大豆和小麦。刘昶等分析了禹州瓦店遗址 149 份浮选样品的炭化木屑和植物种子两大类植物遗存（《南方文物》4 期），植物种子又分为农作物和非农作物两类。龙山晚期的农作物包括了粟、黍、稻、小麦和大豆五大类，从出土数量和概率来看，以粟最多，稻次之，大豆和黍再次之，小麦较少。这和黄河以北的西金城遗址既有相同之处，也存在显著差别。

食物加工是生业经济链条中的一环，植物淀粉粒方法在考古学中的运用，可以帮助我们获得更多的古人利用植物的信息。王强提取济南月庄遗址后李文化石磨盘和石磨棒上的残留物，进行植物淀粉粒的检测和分析，发现其中至少包含壳斗科栎属、禾本科稻属及禾本科黍属三种植物的淀粉粒，对探讨磨盘、磨棒的功能和了解古人的食谱有积极意义（《东方考古》7 辑）。葛威等的《食物加工过程中淀粉粒损伤的实验研究及在考古学中的应用》（《考古》7 期）一文介绍了以小麦、薏苡、粟和黍为材料进行的模拟实验结果，揭示了包括碾磨、各种加热方法在内的食物准备过程中淀粉粒的形貌变化。认为损伤淀粉粒对于考古研究更具价值。并据模拟实验后认为青海喇家遗址出土的齐家文化面条可能不是拉面。葛威等在另一篇论文中《小米能否制作面条的实验研究：兼论喇家面条的成分》（《南方文物》4 期）介绍了小米制作面条的模拟实验，实验表明，纯的粟黍面粉制成的面团不能拉伸成面条，煮过的粟黍淀粉粒形态与喇家面条遗存中的淀粉粒形态不符。所以他们对喇家面条的确实性存疑。

顾海滨对普通野生稻和栽培稻双峰硅质体峰间距、垭深、峰角度等形态参数的研究，建立了野生稻和栽培稻属性的判别公式，有助于判别考古遗址出土水稻的野生与栽培属性。陈辉等对现代小麦植株的植硅体形态、分类及分布情况进行了实验和研究，对于鉴定考古遗址出土的小麦类作物有一定参考意义（均见《东方考古》7 辑）。

吕鹏等从软体动物的用途入手，选取顶蛳山遗址发掘出土的627 件蚌刀，进行了蚌壳分区、选取部位和种属的动物考古研究以及制作工艺、流程的分析（《南方文物》4 期）。王良智对河南博爱西金城遗址出土的龙山时期圆田螺的采集季节进行了探讨，认为采集季节是食物短缺的春季，可补食物之不足（《华夏考古》3 期）。

蔡大伟等采用分子考古学研究方法，探讨了中国绵羊的起源问题（《边疆考古研究》9 辑）。

王炜林从泉护村发现猫骨遗骸，结合半坡等遗址发现的田鼠骨骼和文献记载，讨论了其与人类定居生活的关系（《考古与文物》1 期）。

（六）体质人类学和人口

王建华通过人均遗址占地面积的分析，进而探讨了河南地区仰韶时代各时期的人口规模，从早到晚呈现出一个不断增长的趋势。人口平均寿命的状况和变化，直接影响着我们对不同时期社会的主体——人的认识（《华夏考古》4 期）。辛怡华统计分析了东灰山、三星村、平洋等 8 处新石器时代墓地和 2 处青铜时代及以后墓地的人骨材料，得出这些墓地的人口平均期望寿命。从中可以发现，男性的平均预期寿命高于女性，新石器时代居民的期望寿命有延长的趋势，而黄河流域新石器时代居民的平均寿命可能高于长江流域（《华夏考古》4 期）。陈靓、薛新明在鉴定出土人骨年龄与性别的基础上，分析了清凉寺新石器时代墓葬的人口寿命和性别比例，结果是人口死亡高峰集中在中年期，男性平均寿命高于女性，而早晚期性别比有较大变化（《西北大学学报》6 期）。

张全超等检测了上海广富林遗址9例良渚文化墓葬人骨标本的微量元素，显示出以稻米为主的植物性食物是该组居民饮食结构的主体。同时，水网环境为当地居民提供了丰富的水产品，极大地补充了蛋白质的摄入（《东南文化》1期）。

（七）陶器和玉石器

段天璟探讨了陶器岩相分析在史前陶器产地和交流研究中的应用问题（《边疆考古研究》9辑）。郭明从分区、演变、制作工艺、功能和纹饰方面综述了东北地区新石器时代筒形罐的研究［《辽宁考古文集》（二），科学出版社］。

栾丰实从产生、发展和扩散以及社会功能等方面分析了大汶口、龙山文化的白陶，认为海岱地区的白陶主要流行于大汶口晚期和龙山文化，并且随着文化的对外扩张而传播到周边其他地区。白陶的存续期正值中国文明社会的产生时期，白陶的独特性和贵重性使其成为衡量社会分化的一项重要指标（《考古》4期）。

杨晶分辽西、辽东和吉黑三个地区讨论了东北地区史前玉器的编年（《十二次年会》），各自可以划分为三或两个阶段。在此基础上，分析了不同类别的玉器在时空上的存续情况。方向明选择红山文化两类典型玉器——玉雕龙和勾云形玉器（《十二次年会》），就其构图和展示方式进行了深入探讨。邓聪和刘国祥对牛河梁第十六地点M4的玉鹄（原称玉凤）、第二地点1号冢M27的勾云纹玉器，采用SEM精密观测了其片解技术（《苏秉琦百年诞辰纪念文集》，辽宁大学出版社）。刘景芝和赵越讨论了内蒙古呼伦贝尔地区恰克文化出土的玉器［《名家论玉（三）》，科学出版社］，并就其年代、产地、意义等问题进行了简要分析。

方向明归纳了崧泽文化玉器的特点，如主体为透闪石玉、璜和钺等礼玉开始出现、玉器已成为身份和等级的标志等。还就宁镇—芜湖地区早期玉器的地位、苏南沿江地区玉器的传播与传承、良渚玉器神人兽面像与崧泽文化圆圈、弧边三角组合图案的关系等，进行了相应探讨（《东南文化》6期）。黄翠梅的《再论中国新石器时代晚期玉琮形制与角色之演变》（《南艺学报》1期）一文在梳理中国新石器晚期玉琮的分类和分期的基础上，对玉琮的南传与北渐，特别是中国北方和西北地区玉琮的渊源关系及其发展进行了系统论述。

江富建介绍了河南南阳黄山遗址发现的独山玉生产工具，认为其时代从仰韶时代早期延续到屈家岭和龙山文化时期（《农业考古》1 期）。

栾丰实对晋南地区陶寺、下靳和清凉寺等遗址出土龙山玉器中的礼玉，按钺、刀、璧、琮、圭等类别进行了文化因素分析，认为其中相当部分与东方海岱地区大汶口—龙山文化关系密切（《文物》3 期）。

1982 年发掘的邯郸百家村遗址，发现了一处长约 5、宽约 2.5、高约 0.6 米的仰韶文化晚期石器堆。李海洋等公布了其中的研磨器、石钻、半成品和成品石环等，共 13 件，并探讨了石环的制作流程和工艺（《文物春秋》2 期）。科杰夫采用实验考古学的方法，对两城镇出土的龙山文化抛射尖状器（主要是石镞和石矛）进行了详细研究（《东方考古》7 辑）。实验采用三种硬度依次递减的石料，制作程序包括剥片、磨制、抛光、装柄等，对各种岩性的模拟品进行了穿射实验。他认为较软的滑石片岩制作的镞，可用于战争而不适于狩猎活动。

（八）宗教信仰与艺术

覃芳通过民族志中记载的屈肢葬埋葬习俗的比较，考察了顶蛳山遗址的屈肢葬和肢解葬。认为屈肢葬的目的是限制亡魂，而肢解葬则与当时的部落战争有关（《南方文物》2 期）。

王芬在比较了海岱与环太湖两个地区的宗教信仰和礼制之后，认为他们有着各具特色的社会复杂化发展道路，而两个地区的鼎盛期分属于两种不同的类型，即世俗型社会和宗教型社会。（《江汉考古》1 期）

赵春青由河南新密新寨遗址出土的猪首形陶器盖谈起，论述了各地发现的新石器时代猪形器物，由此推及猪的发现及对猪的祭祀，认为猪形器有礼器的性质（《考古学集刊》18 集）。

王仁湘由庙底沟文化彩陶艺术的解读，看到了中国史前彩陶艺术自中原向四方扩散的浪潮背后隐含着深刻的社会和历史背景。而彩陶研究的价值和意义，需要从考古学、艺术史、文化史和历史学等层面加以整体阐释（《中国史前艺术的浪潮》，《文物》3 期）。他还探讨了庙底沟文化彩陶艺术的原理（《考古学集刊》18 集）。费玲伢分黄淮和江淮两个地区讨论了江苏新石器时代的彩陶，认为黄淮地区以外彩为主的彩陶属于大汶口文化系列，江淮地区以内彩为主的彩陶可能来自仰韶文化（《东南文化》6 期）。邵明杰对青海大通上孙家寨墓葬出土的彩陶盆舞蹈图案进行了新的解读，认为其与武威磨嘴子和宗日的彩陶盆舞蹈图案表现女性舞者明显不同，用男性生殖器来表现舞者为男性（《四川文物》2 期）。

栾丰实的《中国史前文化中的八角星图案初探》（《南艺学报》1 期）一文梳理了中国新石器时代各地发现的八角星图案，对其分类、年代、相互关系、含义和功能等进行了分析和解读。曹锦炎和方向明将浙江地区出土的新石器时代刻画符号分为四大类，即非象形符号、象形符号、表意性符号和组合符号，这些符号主要见于良渚文化时期（《十一次年会》）。

崔乐泉的《原始形态体育器械的考古学分析》（《南方文物》3 期）一文，通过对史前劳动工具所表现出来的人类生产实践活动的分析，指出各类工具与原始形态体育器械之间的关系，并将其功能总结为：远射类、投掷类、技击和格斗类、卫体和护体类、水上活动类、娱乐游戏类。正是人类的原始生产和生活的活动，推动着原始体育形态逐渐从其他社会活动中分离出来。

夏商周时期考古

王　炜　孙　华

正如逢十总值得庆贺一样，2010 年的夏商周考古也成果丰硕，可喜可贺。据不完全统计，这一年共发表考古简报和论文 600 余篇，考古发掘报告 30 余部，研究专著与论文集 60 余部，召开了“中原地区古城、古都与古国学术研讨会”、“早期秦文化学术研讨会”、“二十年来新见古代中国青铜器国际学术探讨会”等重要学术会议。得益于《中国考古新发现年度记录 2010》的出版，本综述更全面便捷地获知了 2010 年度的考古新发现（文中未注明出处的考古发现均引自此书）。

一　夏代考古

近年来，越来越多的学者将王湾三期文化和“新砦期”遗存纳入到夏文化的探索中，因此本概述也从这一时期的发现和研究开始。

河南登封王城岗遗址在发现

小城外的大城后一直备受学界关注，董琦、方燕明等在本年度发表了多篇论文，围绕如何科学复原城址面积等具体问题乃至考古学如何探寻夏文化等理论问题进行了讨论（《中国历史文物》2、5期）。河南禹县瓦店遗址本年度在环壕范围内中部偏南处，发现东、西两处王湾三期文化晚期的大型建筑基址，部分基址可能与祭祀活动有关。刘昶等公布了瓦店遗址植物遗存的分析结果，发现粟、黍、稻谷、小麦和大豆等5种农作物，通过与王城岗遗址植物遗存的比较，他们认为瓦店遗址更有可能建立了黍、稻并举的农业结构（《南方文物》4期）。赵春青等撰文回顾了新砦遗址30年的研究历程，认为"新砦二期文化"的绝对年代是公元前1850～前1750年，充其量只能算是夏代中期文化（《中原文物》2期）。赵春青还对新砦遗址出土的猪首形陶器盖进行了分析，认为它是用于祭祀的陶礼器（《考古学集刊》18集）。在不少学者接受"新砦期"概念的同时，仍有学者对此持保留态度，靳松安就认为所谓"新砦期"的早期遗存应属于王湾三期文化，晚期遗存则属于二里头文化早期（《中原文物》1期）。

二里头文化在本年度的重要发现，首推河南新郑望京楼遗址发现的二里头文化城址，城址形状近似方形，面积约37万平方米。发掘者认为围绕城址北、东、南三面的面积达168万平方米的外郭也可能创建于二里头文化时期，如果按外郭面积计算，望京楼城址是目前规模最大的二里头文化城址；如果不考虑外郭面积，此城小于大师姑城址而大于孟庄城址，对研究二里头文化的聚落层级、城市结构和社会组织等问题具有十分重要的学术价值，也为寻找"葛"、"潜"、"昆吾"等古国提供宝贵线索（《中国文物报》12月28日）。值得注意的是，遗址的内城与外郭之间分布着丰富的二里头文化二、三期遗存，联想到平顶山蒲城店二里头文化城址城墙以北曾发现较为密集的房址等遗迹，后者也有存在外郭的可能（《文史知识》11期）。本年度还公布了二里头遗址以南20千米的灰嘴遗址2002～2004年的发掘资料，这些资料最值得注意的是出土了大量石铲半成品。发掘者推测，灰嘴遗址的居民从龙山时代晚期至二里头文化三期都可能通过制作石铲等石器以交换物资或完成贡纳；石器的生产规模在二里头遗址进入繁盛期后明显扩大，表明分工网络的中心应是二里头遗址（《考古》2期、《考古学报》3期）。河南郾城庙岗遗址发现了从龙山时代晚期至二里头文化早期的遗存，因为遗址位于环嵩山地区的东南边缘，对研究二里头文化的诞生和早期发展意义重大（《华夏考古》4期）。本年度还在荥阳薛村遗址发现了二里头文化三、四期遗存，结合该地区已经发现的二里头文化遗址，发掘者提出在郑州西北郊及荥阳东北部的开放型盆地内存在以大师姑城址为中心的夏文化遗址群网，这些遗址分布集中且规模不等，很可能构成一个二里头文化“方国”的典型标本，对探讨这一时期的国家结构及在夏商更替过程中的作用具有特殊意义（《中国文物报》3月5日）。

二里头文化地方类型的重要发现主要来自丹江流域。陕西商洛东龙山遗址位于丹江上游，本年度公布了1997～2002年考古发掘的部分资料。发掘者认为遗址Ⅰ区的“夏代晚期”遗存约当二里头文化三、四期，可称之为二里头文化“商洛类型”。进一步丰富了二里头文化地方类型的材料。东龙山遗址“夏代早期文化”的^{14}C－AMS测年数据在本年度公布，校正后的年代范围为公元前1900～前1665年（《考古与文物》4期），这对全面认识二里头文化的年代很有帮助。位于丹淅之交的河南淅川下王岗遗址本年度也有新发现，将下王岗类型的时代下限由二里头文化三期延至四期（《中国文物报》3月5日）。下王岗遗址附近的下寨遗址本年度发现了二里头文化早期遗存，墓葬中出土了具有中国西北文化特征的陶双耳罐、单耳罐等，应是接受了来自丹江上游地区文化影响的结果，表明了二里头文化商洛类型与下王岗类型之间密切的关系，丹江河谷应是西北地区文化因素向中原地区传播的重要通路。此外，山西绛县柳庄遗址的发掘为二里头文化东下冯类型增添了新的资料（《华夏考古》2期）。

二里头文化的研究在本年度从中心遗址到地方类型，从具体问题到宏观视野均取得了丰硕成果。许宏等对二里头遗址的考古资料进行了全面检讨，只选择可靠的出土器物进行分期研究，使二里头文化铜器和玉器的分期特征及演变规律具有更可靠的资料基础（《南方文物》3期）。许顺湛统计了晋西南、晋东南和晋中等地区夏时期的考古学资料，发现晋中地区聚落群在遗址规模等方面要远远落后于晋南地区，显示出两地区在聚落形态、发展水平等方面的差别（《中国聚落考古的理论与实践》1辑）。李维明《重访八里桥》一文指出八里桥遗址曾出土石钺、石范、甲骨文等重要遗存，这处豫南地区面积最大的二里头文化遗址可能是夏代缯国的都邑（《中国文物报》8月6日）。

本年度还有多篇从宏观角度研究二里头文化及夏王朝的论文。张国硕撰文分析了“夏王朝否定说”的成因，从夏史传说、考古学文化格局和晚期文献三方面反驳了“夏史周人杜撰说”（《中原文物》3期、《中国历史文物》4期、《华夏考古》4期）。但正如西周豳公盨铭文关于大禹治水的史料价值不能过高估计一样，只有发现早于周代的新史料才能彻底否定“夏史周人杜撰说”。二里头文化的“后来居上”和“一枝独秀”一直是研究者颇感兴趣的课题，本年度也有多篇论文采用不同的技术路线进行探讨。徐昭峰从地理区位的角度分析了夏王朝国家兴起于中原的有利因素（东北师范大学等《古代文明》3期）；张海和乔玉则尝试利用地理信息系统解答这一问题，张海从聚落布局的结构和交通运输的方式入手去解释二里头早期国家疆域的形成，细致分析了二里头文化政治疆域的架构形式和构建途径（《中国聚落考古的理论与实践》1辑）。乔玉从领地生产力、土地利用率等方面，对伊洛地区从裴李岗文化晚期至二里头文化末的人口数量变化和资源再分配状况进行了考察，试图揭示这一地区社会复杂化的过程（《考古学报》4期）。这两篇论文充分展示了地理信息系统将论证过程从模糊估计转变为数理统计的长处，尽管这种方法也有难以计量现实中所有变量的局限。

先商文化的重要考古发现有：河北赞皇南马遗址发现了先商和商代中期的文化堆积，其先商时期的文化遗存“表现出与冀南下七垣文化的诸多共性，同时又表现出与太行山西麓晋中地区夏时期文化的许多相似性”。河南鹤壁刘庄遗址发现了布局清楚、保存完整的先商文化墓地，这是首次大规模发掘先商文化墓地，赵新平从墓地布局、墓葬形制、葬式葬具、随葬品组合等方面描述了相关情况（《华夏考古》3期）。徐昭峰对河南郑州南关外遗址进行了重新研究，认为遗址壕沟内的中、下层应合并一期称为“南关外类型”，是早商文化的“直接先驱”（《中国历史文物》2期），其观点与早先邹衡的观点基本相同。

岳石文化是二里头文化时期东方地区重要的考古学文化，本年度的考古新资料主要来自其命名地山东平度东岳石遗址（《考古学集刊》17集）和苍山后杨官庄遗址。对于岳石文化的研究首先应提到方辉对该文化与下七垣文化关系的分析，他从二者墓葬都有石棺墓和葬石习俗、随葬品都是鼎罐组合且随葬海贝等现象出发，补充和强化了先前学者关于岳石文化与下七垣文化关系密切的观点（《中国历史文物》4期）。段天璟《二里头文化时期江淮分水岭地区的考古学文化遗存浅析》一文认为，“来自北方的二里头文化和岳石文化分别自东北和西北两个方向对该地区施加了强烈的影响”（《江汉考古》2期）。

马桥文化是东南地区最早的青铜文化，得益于周边考古学资料的积累和相关研究的深入，本年度发表了多篇相关论文。焦天龙将浙南闽北地区青铜时代的考古遗存命名为“葫芦山文化”，认为葫芦山文化虽较马桥文化略早，但文化面貌相差巨大，不可能是后者的“祖先文化”（《南方文物》1期）。曹峻通过对马桥文化陶器、石器等的分析，认为它主要是继承太湖地区新石器文化发展而来，也对马桥文化“西南起源说”提出了不同看法（《考古》11期）。曹峻还对马桥文化与夏商文明的关系以及泥质红褐印纹陶的来源等问题进行了研究（《东南考古研究》4辑、《南方文物》1期）。以上研究对传统的马桥文化“西南起源说”进行了反思，有助于马桥文化研究的深入。

夏家店下层文化是二里头文化时期北方地区重要的考古学文化。内蒙古赤峰二道井子遗址是已知的房址最多、保存最好的夏家店下层文化聚落遗址，为研究夏家店下层文化的聚落形态和发展规律提供了新资料（《考古》8期）。赤峰学院对内蒙古昭苏河流域的石砌建筑进行了系统调查，发现夏家店下层文化遗址14处，为认识这一地区的古代文化积累了资料（《边疆考古研究》9辑）。关于这些石构遗迹的功用，本年度有徐昭峰的论文进行论述，他继承并发展了苏秉琦的“早期长城”说，认为它们属于“护卫中心区域的外围整体防御体系”（《中原文物》3期）。徐昭峰还撰文分析了夏家店下层文化的卜骨，认为先商文化和早商文化的占卜技术与习俗多源于夏家店下层文化（《文物春秋》4期）。这实际上为商文化和商人起源于东北说提供了一条新线索。

青海海南宗日遗址3件出土铜器的检测报告在本年度发表，材质均为砷铜。这是我国西北地区迄今所知年代最早的砷铜器，对研究中国早期冶金的起源和东西文化交流具有重要意义（《西域研究》2期）。青海喇家遗址的面条状遗存在发现后引起了国内外学术界的浓厚兴趣，部分学者认为其“由未脱壳小米（包括粟和黍）面粉制成的面团经反复拉伸而成”，葛威等通过实验对这种说法提出了质疑（《南方文物》4 期）。

二 商代考古

河南郑州商城是商代早期规模最大的中心都城，本年度在郑州商城附近的新郑望京楼遗址发现了二里岗文化城址。望京楼商城的内城平面近方形，面积约为 37 万平方米，城内发现大型回廊式夯土建筑基址，城外还发现了面积达 168 万平方米的外郭。望京楼商城的发现，增加了商代前期王畿地区城址和聚落的层次，对于探讨当时的社会政治结构具有重要意义。本年度在郑州商城内及其周边也开展了一系列的考古勘探和发掘工作，如内城遗址东北部的三个地点、外郭东南部的凤凰台遗址、城址东南约 8 千米的梁湖遗址等，这些资料丰富了郑州商城的内容。刘彦峰等根据近年的新发现，对郑州商城的布局及外郭的走向提出了新见解，据该文介绍，郑州商城的外郭西墙中段以北分为内外两道（《郑州大学学报》3 期）。袁广阔注意到郑州商城遗址内小型房址偏少的现象，认为这是由于后期的破坏和发掘时将半地穴房基当作灰坑等原因所致（《中原文物》5 期）。郑州商城是“郑亳说”主张的商代早期“亳”都所在，本年度发表了三篇相关论文。刘琼系统梳理了关于商汤都亳的各种说法以及争论过程，为完整了解这段学术公案提供了一个窗口（《南方文物》4 期）。李维明对郑州大师姑遗址韦亳说进行了商榷，认为该说根本无法与郑亳说“对簿公堂”（《故宫博物院院刊》1 期）。郑杰祥则通过商兴起时瑞应地点“丕山”在今河南荥阳的考证，推断商代早期都城亳邑应在荥阳附近，以此支持他一直主张的郑亳说（《中国历史文物》6 期）。

河南安阳洹北商城是介于郑州商城与洹南殷墟之间的商王朝中心都城，本年度公布的 2005 年至 2008 年的考古新发现，大大推进了人们对都城布局的认识。洹北商城的平面近方形，平面呈长方形的宫城位于城的中南部，城的西南角发现一座近方形的小城，城墙的厚度超过了宫城。这种主城西南角规划防御色彩很重的小城的做法，与偃师商城如出一辙。唐际根等对宫城一、二号基址进行了复原研究，尽管这种复原在立面形态上还有可商之处，但他们提出的主殿台基现存高度接近原高、上殿阶梯为土木结合式、廊柱柱础露明或浅埋、承重墙为双柱木骨夯土墙、屋顶为窄木条上覆泥和苇秸等意见，都是基于现场观察和分析得出的判断，应当符合实际情况（《考古》1期）。侯卫东对洹北商城的年代、布局和性质进行了探讨，认为它的年代与小双桥遗址相当，它们在偃师商城和郑州商城衰落之后并列为商代中心都邑（《文物研究》17卷）。

殷墟遗址是商代考古永远的焦点，本年度公布了一批较为重要的考古资料。包括丁组建筑基址在内的小屯村附近三处建筑遗存1975～1996年的发掘资料全面发表（文物出版社），为深入研究宫殿宗庙区布局与功能提供了资料基础。本年度还公布了刘家庄北地的部分考古发现，规模最大的M33随葬2觚、2爵以及铜钺、铜镜等，这在相对缺乏较高等级铜器墓葬的殷墟晚期颇为引人瞩目。本年度关于殷墟的研究，在殷墟文化分期方面有范毓周的专文，作者试图构拟一个从盘庚时期至西周初年的综合分期体系（《中原文物》4期）。在殷墟宫室建筑方面，本年度有杜金鹏对殷墟宫殿宗庙区重要建筑基址的系列研究（科学出版社），他全面梳理了相关资料，提出甲、乙、丙组宫殿建筑基址的年代都在武丁至乙辛时期，四合院是复原殷墟宫殿基址的主要模板，殷墟宫殿布局遵循了中轴对称、前朝后寝、左祖右社的规划和建设原则等观点，这项研究无疑是近些年来对于殷墟宫室建筑基址最全面的研究成果。在殷墟墓葬方面，范毓周重新讨论了殷墟王陵的年代问题并提出了新的年代方案，只是这种方案目前缺乏更多材料的支持（《文史哲》1期）。井中伟利用铜镞、铜戈等小件铜器断代研究的新成果，通过对殷墟王陵区早期盗掘坑中遗留器物的分析，提出了王陵区在西周初年平定“三监之乱”时被周人破坏“以绝殷祀”的推论（《考古》2期）。胡进驻的专书对殷墟商代晚期墓葬进行了较为系统的研究，对商代晚期墓葬的特点和葬制中诸多具体问题进行了探讨（北京师范大学出版社）。唐锦琼则通过对殷墟花园庄东地M60与同时期墓葬和祭祀坑的比较分析，提出了它是祭祀遗存的推断（《考古》3期）。此外，本年度还有吴进甫等对于殷墟古地理的研究（《安阳师范学院学报》5期）、王树芝等对殷墟大司空村M303大口尊口部覆盖植物的种类及功能的分析（《考古》10期）等，丰富了殷墟研究的内容。

晋南地区紧邻商文化中心区，又有中条山铜矿和解州盐池，历来是研究中国早期国家形成与发展的重要区域。夏县东下冯遗址排列整齐的圆形建筑，先前就有学者推测是储盐之用，赵春燕等通过化学成分分析证实了这一推测（《考古学集刊》18集）。陈星灿等初步估计这些圆形盐仓总共可储盐12，075吨，并指出盐业生产的控制和垄断对早期国家的形成具有十分重要的意义（《中国盐业考古》2集）。武俊华比较了晋南地区商文化早、晚期遗存的不同，认为这既反映了商王朝在晋南的统治由直接转化为间接，也反映了商文化资源中心在南下游牧民族的逼迫下从晋南移向南方（《沧桑》2期）。考虑到商文化在晚期可能丧失了对湖北大冶地区铜矿的控制权，盐、铜等主要资源的来源地还需作进一步探讨，渤海南岸商代晚期盐业遗址群和安徽汤家墩、师姑墩等商代晚期矿冶遗址的发现为此课题的研究提供了吉光片羽。

山东是商文化另一重要分布区，商王朝的兴衰与该地区关系密切。本年度山东地区商代考古的发现和研究中，首先要提到济南大辛庄遗址新发现的商代夯土建筑基址和墓葬，属于早期的M139随葬铜礼器和兵器14件，其中大型铜鼎和铜钺的体量在同时期位居国内前茅，引起了不少研究者的注意。报告作者认为，这座墓葬的年代为二里岗向殷墟的过渡阶段或更早（《考古》10期），张昌平通过对出土铜器群的综合分析提出，墓葬年代应为殷墟一期（《古代文明研究通讯》47期）。徐基从大辛庄遗址入手，运用文化因素分析方法，对周边地区商人和夷人的关系进行了论述（《中国历史文物》4期）。这种把器物群的文化构成理解为使用该器群人们的族群构成的研究方法，其可靠性虽然还存在疑问，却不失为一种可能的解释。山东地区另一重要的商代遗址滕州前掌大遗址村南墓地1998～2001年的发掘报告本年发表，这批墓葬的文化构成既包含殷商文化因素，也包含本地传统文化因素，为认识该遗址及商代的东方提供了新资料（《海岱考古》3辑）。高江涛通过对泗水流域商代铜礼器的历史地理考察，指出泗水流域应是商王朝经营鲁南苏北等地区的重要通道，安徽地区的铜料则可能是商人极力向南扩张的目的所在（《考古学集刊》18集）。本年度还公布了山东阳信商代晚期李屋遗址的材料，简报作者认为该遗址是盐工在夏秋冬三季及亲属人员全年的居住地。这项发现对更全面和细致地了解商周时期海盐生产的组织形式及产业体系很有启迪（《考古》3期）。

陕西西安老牛坡遗址是商文

化分布区西部最重要的遗址，本年度该遗址发掘了具有商文化特点的小型墓葬和房址，为了解其聚落布局提供了重要资料。老牛坡以西的关中西部地区是商文化“京当型”分布区，本年度除公布2004年周原老堡子遗址的商文化材料外（《考古学集刊》17集），徐良高还对京当型商文化与郑家坡遗存的关系做了探讨，认为后者由前者演化而来，并在周人到达周原后逐步融入了周文化（《考古》9期）。淳化枣树沟脑是面积达300万平方米的商代晚期至西周时期遗址，本年度除进行了新的发掘外，还公布了2008年发掘的先周时期壕沟、墓葬、房址和夯土墙基等材料，为认识先周至西周文化的变化提供了新的资料（《西北大学学报》6期）。关中地区是周人的发祥地，如何从该地区商时期复杂的文化面貌中准确识别出属于先周族群的考古遗存，是学术界聚讼已久的问题。雷兴山《先周文化探索》（科学出版社）一书是解决该问题的新尝试，也是近年先周文化研究的重要成果。作者在对考古材料详细分期编年的基础上，通过对堆积单位、功能区、聚落乃至区域聚落等不同层面文化体的功能性质和具体背景的分析，论述了周原和丰镐遗址的碾子坡文化是先周文化，周原以外碾子坡文化的族属包括了先周和戎狄文化，“刘家一类墓葬遗存”属于姜姓之族，而郑家坡文化和孙家类型是否为先周文化尚难以定论的观点。

2010年商代中心地区综合研究成果还应提到由多位著名先秦史学者合力撰写的鸿篇巨制《商代史》（中国社会科学出版社），本年度出版了该丛书中的8卷，内容涵盖商代社会、都邑、经济、礼俗、宗教、军事和地理等众多领域，可以看作历史学视野中商代考古现阶段成果的一个概括。黄海烈从考古学和狭义历史学两个层面分析了民国时期殷墟遗址发掘对当时及以后中国古史研究的影响（《历史教学》11期）。苗利娟检索了与“舌”族有关的古文字资料和考古材料，试图恢复“舌”族从商代到西周的活动轨迹（《中国历史文物》2期）。本年度还有三篇专门讨论商文化铜器铸造技术的文章，一篇是张昌平等研究二里岗至殷墟文化青铜范型技术的论文，该文具体论述了早期青铜器发展中技术与造型纹饰的交互作用，这种作用为殷墟文化青铜器走向顶峰奠定了基础（《考古》8期）。一篇是岳占伟等分析殷墟陶范施纹方法的论文，将殷墟陶范的施纹方法归纳为陶模翻制法、陶范施纹法和模范结合法三种。还有一篇是刘煜等讨论殷墟几种铜礼器铸型设计的论文（均刊《考古学集刊》18集）。此外，谢肃收集整理了商代各遗址手工业作坊中普遍存在的祭祀遗存的资料，对认识当时作坊内人们的精神世界颇有帮助（《江汉考古》1期）。

在商代中心地区周边，本年度的考古发现和研究也颇多成果。江西属于距商文化分布区较近的南方地区，这里商代主要是吴城文化。本年度除了在吴城文化分布区中部发掘了樟树泉塘岭遗址外，还在吴城文化分布区西北的宜丰桂竹窝遗址进行了发掘，新资料为探讨吴城文化衰亡、后吴城文化以及周边文化关系等提供了线索。新干大洋洲大墓是吴城文化最高等级的墓葬，通常都将该墓归属于吴城文化二期。彭明瀚从大洋洲大墓出土陶器中挑选了7种进行了类型学分析，认为该墓葬的文化面貌与吴城文化三期最为接近，年代大致相当于殷墟三、四期。彭适凡等对大洋洲大墓的铜兵器作了进一步分析，认为其兵器组合是以矛为中心，形制以土著型为主（均刊《江西省博物馆集刊》1辑）。

四川盆地商时期的青铜文化是三星堆文化中晚期及十二桥文化早期，本年度除了有新都褚家村遗址十二桥文化的考古材料公布外（《四川文物》4期、《成都考古发现》2008），孙华还对三星堆器物坑最复杂的铜器"铜神坛"进行了复原分析，并对铜神坛的功能和象征意义进行了探讨（《文物》1期）。于孟洲将鄂西峡江地区夏商考古学文化命名为"朝天嘴文化"（《考古》3期），但是中堡岛、何光嘴、朝天嘴等遗址的出土遗物差异明显，其相似性似乎主要来自三星堆文化等周边较强盛考古学文化的影响。唐小勇对峡江地区夏商时期的青铜器进行了专题研究（《文物世界》2期）。与四川盆地邻近的汉中地区，商代是宝山村文化分布区，豆海峰的论文对该文化的典型遗址进行了重新分期和文化因素分析（《考古与文物》4期），他将宝山村文化的年代范围从原报告所说的二里岗上层至殷墟三期下移了一个阶段，这无疑是正确的。

东南地区是夏商文化影响波及的重要区域，该区域北到皖南、南至闽北都分布有大量土墩墓。张爱冰等通过对皖南7件代表性铜器的年代考证和汤家墩遗址铜容器陶范的分析，认为商文化从早到晚都对皖南地区有持续的影响，皖南地区自身的青铜冶铸工业是在中原文化影响的背景下发展起来的（《考古》6期）。本年度发掘了浙江长兴小山土墩墓和德清小紫山土墩墓，其中有的土墩墓据称可以早到商代甚至更早，为研究江南地区土墩墓和原始瓷的起源提供了新资料。浙江东苕溪中游的南山窑址是一处几乎纯烧原始瓷的窑场，其年代可到商代早期以前，可能是目前已发掘的时代最早的原始瓷窑址，郑建明等的报道使人们及时得知了该遗址的重要信息。

北方及东北地区，本年度也公布了一些相当于商代的考古发现，其中比较重要的是辽宁沈阳偏堡子遗址，本年度对该遗址的发掘进一步丰富了高台山文化/偏堡子文化的内涵，对研究东北地区南部青铜时代的文化序列和格局具有积极意义。豆海锋等分析了北京张营遗址早期铜器时代的文化遗存，认为该遗存应归属于大坨头文化（《北方文物》3期）。井中伟对商周时期青铜钉齿马具进行了较为系统的研究，认为这类器物应是中原地区固有的文化因素，并影响到夏家店上层文化及更北方的地区（《边疆考古研究》9辑）。

西北地区的卡约文化是延续年代颇长、文化变异较多的青铜文化，其年代分期和文化谱系迄今未能很好地解决。青海循化阿哈特拉山墓地出土的7孔卷角铜钺，是该文化罕见的大型铜兵器，张立文认为该铜钺应不晚于商代早期，其造型风格受到了西亚或南亚的外来影响（《边疆考古研究》9辑）。新疆伊犁汤巴勒萨依墓地和库克苏河西2号墓地在本年度进行了考古发掘，发现多座时代相当于中原地区商代的安德罗诺沃文化墓葬，这是新疆地区首次发掘该文化的墓葬，为新疆早期青铜文化的研究提供了宝贵资料。

三 西周考古

陕西关中平原在西周时期是周王朝的中心，本年度公布了岐山周公庙遗址佛爷殿墓地等5个地点2009年的发掘收获，新发现的西周中晚期居址遗存，有助于细化该遗址的分期编年；新清理出土的近百片刻辞卜甲，其上有超过100个可辨文字，大大丰富了西周甲骨文字材料（《考古与文物》2期）。周原联合考古队在2005年对扶风美阳河流域进行了系统的考古调查，确认了案板、大陈、刘家、吕宅、蔡马、强家等重要遗址（《考古学报》2期）。周原遗址2002年发掘的齐家制玦作坊和礼村遗址的资料在本年度出版（科学出版社），其中齐家制玦作坊遗址可以作为商周时期手工业作坊考古发掘和资料整理的范例。书中详细公布了与石玦生产有关的各种数据，使对制玦活动的工艺流程、组织形态、延续时间和工匠族属等问题的分析更加科学和可靠，细化和深化了西周手工业生产和周原遗址聚落布局的研究（《华夏考古》3期）。马赛通过对周原遗址埋葬现象的细致分析，揭示了周人和广义殷遗民在丧葬习俗方面的显著差别（《古代文明》8卷）。张礼艳撰文分析了丰镐地区历年发掘的车马埋葬类遗存，发现丰镐地区的不同区域在使用车马埋葬方面存在差别，并认为这种现象反映了殷遗民族群和周人羌人族群的文化差异（《中国历史文物》5期）。赵昊对少陵原西周墓地中墓葬长轴方向相同，但墓向相反的“长轴对立”现象进行了分析，认为这应是某种故意安排的结果，并以墓葬长轴方向为标准对墓区进行了重新划分（《文博》5期）。此外，王清雷对陕西长安马王村编钟进行了音乐学研究，认为该编钟是目前所知西周乐悬中音乐性能最佳的一套（《文物》9期）。

河南洛阳在西周时期是东都所在，按照文献记载，东都由王城和洛阳两部分组成，王城是周王朝宫室所在，而洛阳是殷遗民所居。本年度在传统认为的殷遗民聚居区域内开展了多项考古发掘，发现了西周时期殷遗民的祭祀遗址、墓葬、沟渠等文化遗存，为深入认识西周东都的结构和布局提供了新的信息。本年度还公布了2007年在洛阳老城北大街发掘的1座西周早期墓葬的资料，这是洛阳地区出土西周铭文铜器墓葬中位置最偏西的一座（《文物》8期）。郑州荥阳地区近年来有重要考古发现，荥阳蒋寨遗址发现了丰富的商代晚期至西周早期遗存，为研究这一时期普通聚落的结构及变迁提供了标本。官庄遗址是一处带有环壕的、等级较高的大型聚落，以西周晚期至春秋早期遗存最为丰富。娘娘寨城址是已经确认的为数不多的西周城址之一，始建年代虽然是西周晚期且规模较小，但仍具有重要的研究价值，马世之就认为该城应是“郑国东迁之都邑”（《中原文物》5期）。

汾渭谷地是周文化最典型的区域，晋国是其内的重要封国，北赵晋侯墓地一号车马坑的资料在本年度公布，这是西周时期已知规模最大、车辆最多的车马坑，显示出晋国当时的强大实力，对西周车马的种类、形制、结构及埋葬制度的研究具有宝贵价值（《文物》2期）。翼城大河口墓地是近年发掘的最重要的周代前期墓地之一，本年度共发掘墓葬300余座，其文化面貌与绛县横水墓地和侯马天马曲村墓地都有相似之处。发掘者根据出土铜器的铭文判断该墓地为“霸”国墓地，其国君“霸伯”

与周王室及晋、燕等国多有往来。陕西韩城位于汾渭谷地中央，梁带村芮国墓地也是近年发掘的最重要的周代前期墓地之一，本年度公布了2007年的发掘资料（文物出版社），墓地北区墓葬多属西周晚期，南区和西区墓葬多属春秋早期，墓葬中首次发现了西周时期的木俑与棺架等，为认识周代墓葬制度增添了新的内容（《文物》6期）。张天恩、高西省等对芮国故地、墓主身份、随葬器物等相关问题进行了专题研究（《文物》6期、《古代文明研究通讯》45期、《中国历史文物》6期）。位于山西浮山桥北"先"国墓地西南约15000米的梁家河遗址本年度发掘了多座西周早期墓葬，为认识这一地区的文化面貌增添了新的资料。王晓林公布了一批由山西闻喜县公安部门移交的董国青铜器，为确认董国地望提供了新证据（《中国文物报》4月16日）。以上发现为认识汾渭谷地周代前期的文化格局提供了前所未有的资料，张天恩对此进行了综合分析，提出了横水墓地、大河口墓地等应是晋卿家族墓地，倗、霸不是封国而是采邑的重要意见（《考古与文物》1期）。谢尧亭通过对天马曲村墓地的鼎簋随葬习俗的研究，认为西周早中期只有较为宽泛的"用鼎用簋礼"而无严格的"列鼎列簋礼"（《文物世界》3期）。此外，高西省发表了晋侯苏编钟应来自陕西关中地区，可能由三或四套编钟拼合组成的观点（《文物》8期）。汾渭谷地在西周前后流行一种陶大口尊，种建荣、孙战伟等在本年度进行了相关研究（《文博》6期）。

燕国是周王朝镇守北土的重要封国，本年度有多篇论文关注了燕国封建之前和之初的周边文化格局。围坊三期文化和张家园上层文化是冀北、京津地区商周时期重要的土著考古学文化，大部分学者将两者视为继承或替代关系，蒋刚等认为，前者可以分为塔照类型和围坊类型，后者可以分为镇江营类型和张家园类型，并揭示了它们之间复杂的文化联系和时空关系（《考古》5期）。乔梁指出辽西地区在燕文化进入之前至少存在7类考古遗存，可能分属东胡、貊和朝鲜等族群（《内蒙古文物考古》2期）。韩嘉谷将陈璋壶铭文中"燕亳"连读，论述了燕亳与分布在山西北部的燕京之戎的密切关系（《北京文博》4期）。

山东地区最重要的西周考古发现首推高青陈庄遗址，发现了西周早中期夯土城址、祭坛、包括甲字形大墓在内的贵族墓葬、车马坑、带"齐公"字样的有铭铜器、刻辞卜甲等重要遗存（《考古》8期）。围绕陈庄遗址的归属和性质，学术界至少有以下看法：一是王恩田、张富祥等主张的齐都营丘说；二是任相宏、张光明等主张的齐国贵族陵园说；三是方辉、孙敬明、张学海等主张的齐卿封邑说，他们认为遗址应是齐国姜姓贵族丰（或引）氏的封邑；四是魏成敏、王树明等主张的齐国军事城堡说，他们认为遗址应是周公在平定东夷叛乱时建立的军事城堡，后来成为“齐师”驻地。与第四说类似的是陈青荣对该墓地出土铜簋铭文中“引”的考证，认为他可能属于商代齐国的[illegible]族，西周齐国建立后依附周人并派管“齐师”（均刊《管子学刊》2～4期）。相信随着考古资料的逐步公布，城址、壕沟、祭坛、墓地等遗存之间复杂的时空关系会更加明确，必将有助于更准确的判断遗址的性质和归属。唐锦琼等报道了山东龙口归城遗址的调查收获，认为遗址时代为西周至春秋时期，可能是莱国都城（《中国文物报》6月18日）。孙进梳理了与莱国有关的铜器铭文，认为莱国在西周早中期与周王朝存在密切而稳固的关系（《烟台大学学报》2期）。本年度还公布了东营南河崖西周中期煮盐遗址的发掘收获（《考古》3期），李慧冬等以此为例综述了鲁北地区商周时期盐业考古的研究现状（《管子学刊》2期）。

楚国是周王朝的南方大国，应国则是周、楚之间重要的姬姓封国，本年度公布了2000年在平顶山西高皇鱼塘捞出的一批应国铜器，当出自西周中晚期的应侯见工墓（《中原文物》2期）。关于应国的灭亡，李乔认为是春秋早期灭于郑国之手（《中原文物》6期），李学勤则认为是在春秋早期被楚国所灭（《文史知识》11期）。本年度还公布了河南淅川下王岗遗址2008年发掘的西周时期遗存（《考古》7期），发掘者将该遗址西周时期遗存都归属楚文化的证据恐不够充分。早期楚都的地望问题一直受到学界关注。笪浩波从楚文化遗存的分布特点出发，论述了早期楚人在西周时期从陕西商洛地区逐渐迁移到湖北荆山一带的历史（《华夏考古》1期）。黄凤春则判断湖北郧县辽瓦店子遗址当为熊渠之世句亶王封地（《江汉考古》2期）。与下王岗遗址相距不远的下寨遗址发现一座西周时期的埋熊祭祀坑，这在先秦祭祀用牲中颇为罕见。此外，湖北大冶蟹子地遗址2009年的发掘资料也已公布，该遗址出土西周早期的陶范、炉壁等冶炼遗存，部分遗存的时代据说可能更早，为探讨商周时期南方地区铜矿的开发提供了资料（《江汉考古》4 期）。

东南地区在西周时期是“后湖熟文化”分布区，连接该文化区与周文化区的江淮地区是重要的文化走廊地带。安徽马鞍山小村遗址、小山遗址和孤山遗址等西周时期小型台地遗址在本年度进行了发掘，这些台地型聚落与中原地区一般聚落有较为明显的不同，其结构和内涵可以本年度公布了全部资料的霍邱堰台遗址为代表（科学出版社）。王峰利用最新的考古发现，对堰台遗址的聚落形态和霍邱地区的聚落层级进行了研究（《中国历史文物》6 期）。皖南是商周铜矿采冶遗址密集的地区，铜陵师姑墩遗址发现的大量西周时期青铜冶铸遗存初步证明，该地区的铜矿开采早在西周时期已达到一个高峰，为研究商周时期的铜料来源提供了重要资料。江淮地区以南的土墩墓分布区，本年度发掘了安徽南陵牌楼、浙江长兴南符小山等地的土墩墓，江苏镇江大港双墩 2 号墩 2007 年的发掘资料（《南方文物》4 期）、丹徒大墩和边墩土墩墓 2008 年的发掘材料（《东南文化》5 期）、浙江温州瓯海杨府山 2009 年发现铜鼎等可能是土墩墓的遗存（《东方博物》3 期）在本年度公布，为西周晚期至春秋早期土墩墓的研究提供了信息。张爱冰等分析了安徽繁昌汤家山出土的青铜器，认为其时代是西周中晚期（《文物》12 期）。土墩墓中大量出土的印纹硬陶的产地问题在本年度也有进展，浙江长兴龙山遗址发现了产品主要是印纹硬陶，兼烧少量原始瓷的窑址群，时代自商末周初一直延续到战国时期，为印纹硬陶的产地和分期问题提供了重要的信息源。

十二桥文化是西南地区西周时期最重要的考古学文化，该文化的中心位于成都金沙遗址，本年度在金沙遗址星河路西延线地点发现了居址和墓地，墓地中有 4 座随葬品较丰富的船棺墓，其中一座据说还有殉人，相当罕见（《成都考古发现》2008）。成都平原国际考古调查队在郫县周围的区域调查成果也在本年度公布，初步表明以十二桥文化为主体的商周时期遗址的分布密度与汉代相同（《南方民族考古》6 辑）。这个调查结果一方面揭示出成都平原在十二桥文化时期人口大增，聚落密度提高，达到了相当高的发展水平；另一方面也讨论了三星堆文化时期遗址较少，以及战国墓地与战国遗址不对等问题。江章华整理了金沙遗址已经公布的发掘资料，将该遗址分为从商代晚期至春秋晚期的六期，指出二至四期是遗址的繁盛期，并认为遗址的功能是古蜀人重要的宗教祭祀区而不是都邑（《文物》2期）。周志清也持相似看法（《中国聚落考古的理论与实践》1辑），认为金沙遗址是宗教中心的观点主要基于该遗址没有发现城墙，事实上该遗址如同三星堆遗址，都拥有大型宫室建筑群、手工业制作区域和墓地，它作为三星堆遗址以后的另一个中心都城的可能性不能轻易否定。本年度还有多篇研究金沙遗址祭祀区出土遗物和遗迹的论文，王仁湘研究了太阳神鸟金箔的制作技艺（《南方民族考古》6辑），施劲松辨析了被缚跪坐石人的身份（《文物》9期），杨鸿勋则对祭祀区内呈方形排列的九个柱洞遗迹做了复原（《文物》12期）。十二桥文化是具有超越三星堆文化辐射力的青铜文化，其文化影响波及周边广大地方。四川汉源麦坪遗址的墓葬就清晰反映了十二桥文化沿大渡河向上游山区传播，并同当地来自西北的青铜文化碰撞与融合的现象。乌江流域的清源遗址也是具有大量十二桥文化因素的遗址，李映福等判断该遗址代表的商周遗存应纳入石地坝文化系统，这种观点对认识乌江流域西周时期的文化格局具有开创意义（《考古》5期）。

华南地区的香港屯门扫管笏遗址在2008～2009年的发掘中有重要收获，发现了大量商至西周时期的活动面、房址、灶址、灰坑和墓葬等以往不见或少见的遗存（《考古》7期）。杨杰将广东早期青铜文化划分为粤东、北、中、西等四个区域，梳理了其文化谱系并推断了各文化类型的年代（《华夏考古》3期）。江西宁都下坑里遗址2008年的发掘资料在本年度公布，发掘者认为遗址属于西周早期（《南方文物》4期）。

东北地区的喀左铜器群是独特文化和历史背景下的产物，徐坚从行为考古学视角进行了新的研究，认为铜器群的主人应是游牧民族，性质应是窖藏（《考古与文物》4期）。赵宾福对分布于辽东半岛的双房文化进行了类型学和年代学研究，得出了其早期相当于西周，中期相当于春秋，晚期相当于战国的结论（《考古与文物》1期）。赵镇先则对公元前一千纪东北亚墓葬的头向进行了考察，认为墓葬头向的变化反映了人群流动和文化影响（《内蒙古文物考古》2期）。

四　东周考古

周人在相当广阔的区域内建立的向心式文化格局在春秋早期解体后，地方文化中心的发展和壮大一方面继续推动以周文化为代表的华夏文明向边远地区播化，一方面又将更多地区、更多民族和更多文化纳入规模空前的文化交融之中，形成了统一演化向多元，多元孕育着统一的文化格局和发展趋势。下面将以文化区为纲目，以先中心后边缘的顺序进行叙述。需要说明的是，学术界在周代考古中经常使用“晋文化”、“楚文化”等概念，但是对这些概念的理解并不完全相同，梁云撰文再次提出这个问题，认为应通过各文化间的大跨度横向比较以明确概念（《中国考古学会第十二次年会论文集》）。这里采用的“某文化区”是以某一大国为地缘中心的周文化的亚文化圈，列国文化圈外仍按方位区域进行叙述。

（一）中心地区

东周王室所在地洛阳王城本年度有多个地点进行了考古发掘，一是位于东周王城西北部的升龙广场附近发现了王城西墙的部分段落和成片的东周墓葬，二是洛阳市郊的原雉李村西部发掘了东周时期居址和少量墓葬。王城南墙南侧的翟家屯遗址2004～2006年的考古报告在本年度出版（文物出版社），主要有200余座西周晚期至战国中期的墓葬及1座战国中晚期的大型夯土建筑基址等材料。本年度还公布了王城中部、中州路南北两侧6座墓葬的资料（《中国历史文物》4期、《文物》8期、《考古》12期）。以上发现加深了对东周王城的布局及东郊聚落和墓地等问题的认识。徐昭峰等以翟家屯遗址的发掘经验为基础分析了建筑基址之外的夯土遗迹的性质，对先秦时期的建筑考古会有所启发（《中国文物报》2月5日）。聂晓雨等简要分析了东周王城的城市布局（《中原文物》3期）及其对我国早期都城规划理论的影响（《河洛文化论丛》5辑）。

郑洛地区是东周列国文化圈的中心，本年度最引人瞩目的是新郑华阳故城、荥阳小索城、项城南顿古城等多座地方级城址的发掘。新郑华阳故城发现了护城河、防御墙、防卫坑、城壕等防御设施，是目前所知城防信息最丰富、防御体系最完备的先秦时期城址。辉县古共城南城墙1994年的发掘资料在本年度发表，城的始筑时代为战国中晚期，采用两边夯打、中间填土的方法修筑，城墙内还发现有木质撑护的坑道，是较为罕见的攻城遗迹（《华夏考古》2期）。这些东周时期，尤其是战国晚期城址展示了城市攻防战的激烈和残酷，为诸侯争霸和统一战争提供了珍贵细节。新郑胡庄韩国王陵在本年度进行了钻探和发掘，取得重要收获，对了解战国晚期韩国王陵制度及周代贵族墓葬制度的演变大有助益。郑韩故城北侧的赵庄墓地在本年度发掘了多座春秋中晚期至战国早中期墓葬，同属郑韩故城外围地区的铁岭墓地近年进行了大规模发掘，本年度公布了该墓地3座春秋晚期墓葬的资料（《中原文物》1、5期，《文物研究》17卷）。此外，本年度还公布了郑州布袋李春秋中晚期至战国初期墓地的资料（《郑州文物与考古研究（二）》），以及郑州以东的商丘牛牧岗2007年发掘的6座战国晚期墓葬的资料，后者的随葬品既有齐文化常见的陶俑，也有晋文化习用的石圭，这种现象可能与当时宋地被齐、魏等国瓜分有关（《文物》12期）。

1. 晋及三晋文化区

晋及三晋地区本年度的重要考古发现首推河北邯郸赵王城的工作，赵王城北城西垣发现了由覆瓦坡台、陶制水槽及散水组成的完善的防雨排水设施，城外还发现了战国晚期修建的多道城壕。本年度发掘的晋文化居址材料见于山西襄汾大张、祁县温曲和兴县刘家峁等遗址，本年度出版的《垣曲上亳》（科学出版社）、《禹王城瓦当》（上海古籍出版社）等报告也包含有晋文化居址相关资料。本年度发掘的晋文化墓地有多处，如河南淇县宋庄墓地、山西襄汾大张墓地、左权石匣墓地等（《中国文物报》9月24日），这些墓地具有不同的等级和区域特点，对探索晋文化区东周时期的社会历史和族群关系具有很高价值。从20世纪50年代就开始发掘的山西长治分水岭墓地，其考古报告在本年度出版（科学出版社），为学术界争论已久的墓地年代、国别和族属等问题提供了较为完整的资料。河南辉县琉璃阁甲、乙墓在1936年发掘后资料流散，在多方努力下逐渐寻获，李琴公布了《辉县琉璃阁甲乙二墓》未收录的6件青铜器，进一步完善了这组墓葬的资料（《中原文物》6期）。李夏廷公布了1994年在赵卿墓以东的铜器墓中出土的吴王夫差鉴和有铭盖鼎，并讨论了太原出土的吴国铜器及相关问题（《上海文博》3期）。常怀颖将“操作链”的思路应用于侯马铸铜遗址Ⅱ号遗迹的研究，对当时存放模范的活动进行了细致复原（《古代文明研究通讯》46期）。贾莹对山西浮山桥北墓地和乡宁内阳垣墓地的人骨进行了研究（科学出版社），结论赞同林沄“戎狄非胡”的观点。

中山国地近三晋，关系密切，本年度对灵寿城遗址附近的中七汲村墓地进行了考古发掘。

曹迎春、常素霞对中山国的人口、玉器等问题进行了研究（《文物春秋》2、4期）。胡金华认为灵寿城西北部的钱币窖藏应与晋伐中山有关（《中国钱币》1期）。

2. 齐燕文化区

本年度公布的齐文化区考古资料主要有：2007年临淄国家村遗址发掘战国中晚期贵族墓葬22座（《考古》11期）；2008至2009年在青州齐王陵茔域内发掘战国晚期陪葬墓1座（《文物》7期）；2009年在潍坊地区的文物普查中发现多处东周时期盐业遗址，填补了该地区东周时期盐业考古的空白（《中国文物报》6月18日）。本年度齐文化的研究成果内容广泛，涉及城市、墓葬、铜器等多个角度。胡方将临淄小城的修建作为齐都临淄空间形态演变中的重要节点，认为城市空间形态从此由形式导向走向功能导向。毕经纬对比分析了中原地区和山东地区的鼎簋制度，认为鼎簋制度在山东地区并未严格推行（均刊《管子学刊》3期）。高广仁考察了莒国在东周时期夷夏交融中的地位和作用，认为它在夷夏矛盾中发挥了缓冲与调和作用（《考古学集刊》18集）。赵金分析了山东广饶出土的1件战国时期红陶罐上的陶文，认为其反映了先秦时期的乡里制度（《中国文物报》6月25日）。李鸿雁利用临淄商王战国墓出土的有铭铜器复原了齐国的度量衡制度（《文博》6期）。庄明军等提出青州西辛战国墓北墓道出土的齐刀币范是首次在墓葬中发现（《中国钱币》1期）。此外还有多篇文章讨论了与齐国铁业有关的问题（《管子学刊》4期）。

燕国的中都即北京房山窦店西古城遗址在本年度发掘了15座战国早期墓葬，为探讨中都城的始筑年代提供了线索（《文物春秋》5期）。河北宣化2000年发掘的6座战国晚期燕人墓葬的资料在本年度公布，M15出土的铜提梁壶内发现了目前所知年代较早的酒（《文物》6期）。北京军都山葫芦沟墓地和西梁垙墓地1985至1991年的发掘报告今年出版（文物出版社），其丰富的考古材料和检测数据必将推进京津地区东周时期文化的研究。辽宁袁台子遗址20世纪70年代末的发掘收获也在本年度出版（文物出版社），战国时期墓葬中出现大量燕文化因素，对研究燕文化的北扩具有重要意义。

3. 楚文化区

本年度楚文化区的考古发现主要是墓葬材料，湖北荆州川店镇从2007年以来已调查发现带封土堆的楚墓203座，大大丰富了熊家冢墓地周边地区及楚纪南城西北方向的楚墓资料（《江汉考古》4 期）。楚纪南城东北和东南方向的严仓、黄歇等地近年发掘了多座大型贵族墓葬，出土的战车、竹简、竹签等遗物引人关注（《江汉考古》1 期、《中国文物报》2 月 5 日）。河南淅川是另一个楚墓集中分布的地区，本年度在玉山岭发掘了 1 座战国早期楚墓，2007～2008 年发掘的马川墓地资料也在本年度发表（《考古》6 期），进一步增加了淅川地区的楚墓资料。安徽中部是楚国晚期的中心区域，2007 年发掘的蚌埠双墩战国晚期楚墓，完善了对这一地区楚文化的认识（《考古》9 期）。湖南沅江流域是楚文化向南开拓的重要走廊，分布有大量楚文化遗址和墓地，仅沅江下游的常德地区就已发掘楚墓 3000 余座，《沅水下游楚墓》（文物出版社）公布了约 1400 座墓葬的资料，为该地区楚墓和楚国历史研究提供了大量信息。本年度公布的遗址材料相对较少，安徽淮北相城 2009 年发掘的大型排水设施的规模和形制较为罕见，值得关注（《中原文物》2 期），此外在湖北丹江口观音坪、郧西张家坪等遗址也发现一些楚文化遗存（《江汉考古》2、3 期）。

本年度的楚文化研究论文数量众多，选题广泛。在都城方面，尹弘兵以纪南城附近的高等级墓葬的时代等为依据，判断其只是战国中晚期的“郢都”（《考古》9 期）；张钟云从推定蔡国下蔡的位置入手，认为寿县古城是经蔡国下蔡、楚国寿春宫城、汉、唐、宋历代叠压形成的（《中国历史文物》6 期）。在墓葬方面，高崇文从楚墓等级分类、楚国丧葬礼俗、楚式铜器体系等方面综述了相关研究成果，具有重要的学术价值（《古代文明》8 卷）。张闻捷认为高等级楚墓中常见的两套正鼎并非人器（祭器）和鬼器（明器），而是祭器和食器（《江汉考古》4 期）。本年度还有多篇论文讨论了湖北江陵雨台山墓地、马山墓地、襄樊余岗墓地的相关问题，以及镇墓兽的形制和功用等（《华夏考古》2 期，《江汉考古》1、3 期，《湖南考古辑刊》8 辑）。铜剑是楚墓中的常见器物，高至喜对春秋晚期楚墓出土铜剑的研究，对厘清楚式铜剑的文化来源很有帮助（《东南文化》5 期）。邵晓洁对楚国编钟进行了专题研究，成果值得重视（人民音乐出版社）。在技术方面，朱继平梳理了周人与楚人争夺鄂东铜矿的过程，认为楚人在春秋早中期终于掌控了鄂东铜矿（《中国历史文物》6 期）；中国科学技术大学等单位对湖北襄樊东周墓、郧县乔家院墓群出土的部分铜器进行了检测，认为这批铜器多应是本地铸造（《文物保护与考古科学》3 期、《自然科学史研究》3 期）。干福熹等检测了湖北出土的战国时期玻璃制品，认为它们分属钠钙玻璃、铅钡玻璃和钾钙玻璃，并对各种玻璃的技术来源做了推测（《江汉考古》2 期）；李会指出楚国长沙地区存在中国本土的玻璃制作工艺，技术特色是用模制法制作玻璃璧、剑首等器物（《四川文物》5 期）；傅举有总结出玻璃璧在湖南地区出现于战国早期，流行于战国中晚期的发展线索（《上海文博》2 期）。在楚文化与其他文化关系方面，朱萍有关楚文化西渐的专书（巴蜀书社）通过考察楚文化因素在不同时空中的消长态势，勾勒出楚国经营西方巴蜀地区的历史过程。

地处汉水中游以北的中原南部边缘地区，文化面貌兼有中原和南方的特色，后来都被纳入楚国版图。湖北随州文峰曾国墓地在 2009 年进行了发掘，M1 出土的编钟等铜器上有“曾侯戉”等铭文，有助于对曾侯世系和“曾随之谜”的研究（《江汉考古》1 期）。陈春对曾侯乙墓出土的部分漆木器的名称和用途进行了考证（《江汉考古》4 期）。石荣传研究了河南桐柏月河 M1 出土的玉器，认为其中包括楚、吴、越、东夷等多种风格，应与养国处于交通要道和大国夹缝有关（《东南文化》5 期）。

4. 秦文化区

以关中地区为中心的秦文化区本年度的考古发现主要集中在墓葬上。陕西凤翔雍城秦公 1 号和 6 号陵园的钻探收获在本年度见诸报道，为认识秦公陵园布局等问题提供了更科学、可靠的资料。陕西澄城居安墓地在本年度发掘了 5 座春秋中晚期至战国早期墓葬，对认识关中东部地区东周城址与墓地的关系具有启迪作用。甘肃张家川、秦安、天水一带多个依附于秦国的战国中晚期西戎高级贵族墓地的发掘，是近年秦文化区考古的重要收获。本年度公布了马家塬墓地 2008 ~ 2009 年的发掘资料（《文物》10 期）、张家川高崖村墓地 2007 年的发掘资料（《陇右文博》2 期），以及天水牛头河流域 2005、2008 年的调查资料（《中国历史文物》3 期）。高崖村墓地的文化面貌、墓主身份和等级与马家塬墓地基本相当，与马家塬墓地一山之隔的长沟墓地规模和等级可能也不低。本年度的继续发掘和资料公布为研究西戎族群的文化、社会及其与秦文化的关系提供了空前丰富的信息。

秦文化是周文化的“正宗”继承者，田延峰认为秦文化是在周文化的影响下完成了从巫术文化向史官文化的“早期的文化转型”（《西北大学学报》5期），但东周时期的争霸和变法又使秦文化在后期转型中成为最彻底抛弃先前传统的变革者。在秦文化联合考古队的努力下，秦文化考古近年来成果丰硕，王炜林等撰文综述了秦文化各发展阶段的重要发现和研究成果，并展望了未来的发展方向（《中国文物报》10月29日）。秦早期都邑的地望问题因为史料零散等原因，学术界长期存在争议，西山坪、大堡子等遗址的发掘为这些问题的研究提供了重要资料，郭军涛、史党社等发表了相关论文（《四川文物》3期、《中国历史文物》4期）。丁岩推定西安神禾原秦陵园的时代在公元前256年至前206年，间接支持了墓主为夏太后的判断（《文博》2期）。马利清等对西安尤家湾秦墓中的毁镜习俗进行了探讨（《考古与文物》2期）。赵吴成对张家川马家塬墓地出土的马车进行了复原（《文物》6、11期），杨建华认为这些墓葬中的草原文化因素应是通过天山通道，以婚嫁一类直接的方式传入（《西域研究》2期）。罗丰依据西安近郊秦工匠墓出土的牌饰陶模等资料，推断草原地区的铜牌饰有相当部分是中原地区生产的（《文物》3期）。凌雪等对陕西宝鸡建河墓地秦墓、凤翔孙家南头秦墓的人骨进行了同位素分析，初步推断了墓主生前的饮食结构等（《考古与文物》1期、《人类学学报》1期）。战国秦长城是秦汉长城的重要源头，对中国长城史和边防史的研究具有重要价值，张海报等结合实际调查收获，探讨了它的构筑方式、后世沿用等问题（《文博》1期）。

（二）南方地区

本年度东南地区的东周考古首先要提到淮河流域的钟离国大墓。安徽蚌埠双墩一号墓的发掘简报在本年度发表（《文物》3期），再加上《凤阳大东关与卞庄》（科学出版社）公布的2座春秋中晚期钟离国贵族墓葬的资料，使钟离国成为学术界关注的热点（《中国考古学会第十一次年会论文集》）。徐义华认为双墩一号墓的下葬时间约在春秋晚期前段，卞庄一号墓的下葬时间较之略晚（《文物》8期、《古文字研究》28辑）。胡飞、董亚巍等对双墩一号墓出土的铜器进行了检测和研究（《文物研究》17卷）。

吴越文化本年度最重要的考古发现无疑是江苏苏州吴国木渎古城，城址规模巨大、内涵丰富，周边分布有大量春秋时期高等级墓葬，为寻找文献记载中的吴国都城提供了重要线索。历史悠久的土墩墓仍然是这个时期东南地区重要的墓葬形式，相关资料近年来增长迅速，本年度又公布了江苏、浙江等地多座土墩墓的资料（《东方博物》3期、《文物》11期、《镇江博物馆考古报告集（2001－2009）》）。此外，浙江上虞牛山战国土坑墓、仙居湫山铜器窖藏的资料也于年内发表（《东方博物》3期）。浙江德清亭子桥遗址近年发掘了多座保存完整的战国时期窑址，时代与德清火烧山窑址基本衔接，为研究西周晚期到战国时期的原始青瓷烧造提供了系列资料（《东方博物》1期）。由于苏州木渎古城等考古新发现使吴文化研究获得重大突破，李伯谦专文概述了吴文化考古的主要成果，并展望了今后的研究方向（《中国文物报》6月11日）。刘延常等分析了山东地区的吴文化遗存，认为吴国与山东诸国间存在着会盟、人员往来、战争等多种形式的密切关系（《东南文化》5期）。杜佳佳等在土墩墓的研究历程、关键概念、存在问题等方面进行了系统分析和认真总结（《南方文物》4期）。徐少华将安徽舒城九里墩春秋墓的年代定在公元前500年前后，墓主可能是吴国贵族（《东南文化》1期）。张敏通过全面、细致的分类研究总结出吴越墓葬的甄别标准（《文物》1期）。陈元甫则主要分析了越国贵族墓葬的特点（《东南文化》1期），使吴、越墓葬的特点更加明确。铜剑和原始瓷都是吴越文化具有代表性的器物，王结华等著《古越遗珍研究》（科学出版社）、王屹峰著《中国南方原始瓷窑业研究》（中国书店出版社）对有关问题做了较为全面的探讨。朱华东对吴越系铜短剑的发展及影响进行了研究（《考古与文物》6期）。此外，还有多位学者对吴越墓葬出土铜句鑃及相关问题进行了研讨（《东方博物》3期、《东南文化》5期、《文物》12期）。

巴蜀文化本年度的考古发现首先要提到三峡库区的新材料。2010年度科学出版社出版的《湖北库区考古报告集（第5、6卷）》、《重庆库区考古报告集（2002卷）》及多个遗址的专门报告公布了大量考古资料，为峡江地区的考古学研究提供了海量信息。本年度发掘的四川屏山沙坝墓地兼具巴蜀文化和秦汉文化因素，发掘者推测墓主是南迁蜀人，实际上将其视作秦统一后向南扩展时期四川移民的墓葬更为合理。类似的墓葬还有1989年试掘的云南昭通张滩土坑墓，墓中出土典型巴文化遗物（《四川文物》3 期)，也是这一轮移民拓边的例证。本年度有关巴蜀文化的研究集中在墓葬、盐业、技术等领域。孟露夏通过对巴蜀文化墓葬的研究，试图复原墓主人的阶层、财富和社会角色。孙华从对埋藏现象的观察入手，对成都商业街大墓的布局与结构进行了复原，同时探讨了随葬器物定名、组合、纹饰符号等问题（均刊《南方民族考古》6 辑)。施劲松则对包括巴蜀船棺在内的中国南方东周时期独木棺合葬墓进行了考察（《考古学集刊》18 集)。傅罗文、陈伯桢、巴盐等将国际视野和方法应用到对中坝盐业遗存及相关问题的研究中（《南方民族考古》6 辑、《中国盐业考古》2 集)，成果值得关注。赵炳清认为争夺盐卤等资源是楚、巴关系交恶的重要原因（《考古》4 期)。金普军等分析了李家坝遗址出土铜器上残留的织物纤维，认为当时已经掌握了苎麻的平纹纺织技术（《农业考古》4 期)。宋艳则检测了宣汉罗家坝遗址出土的部分铜器（《四川文物》6 期)。

在巴蜀文化区西南的川西高原和云贵高原地区，本年度公布了四川会理雷家山 M1 的发掘资料，随葬器物兼有安宁河流域大石墓和金沙江流域石棺葬的文化因素（《考古》4 期)。杨勇根据贵州赫章可乐遗址的考古资料提出了“可乐文化”的命名，并从文化特征、分期年代、分布范围等方面讨论了其内涵（《考古》9 期)。文国勋、豆海锋等对云南地区的不对称铜钺进行了研究（《文博》5 期、《四川文物》6 期)。崔剑锋等检测了四川凉山盐源出土的青铜器，认为当地在青铜技术方面与西北少数民族、成都平原乃至东南亚存在广泛联系（《南方民族考古》6 辑)。李晓岑等指出云南祥云大波那木椁铜棺墓出土的铜器在材质和加工方法上都与中原地区差异明显（《考古》7 期)。此外，本年度还发表了云南昆明天子庙、石碑村等遗址出土的铜铁器的检测结果（《文物保护与考古科学》2 期)。

岭南地区本年度的考古发现主要来自广东博罗曾屋岭墓地和肇庆龙嘴岗墓地。郑君雷对岭南地区战国秦汉墓中的“柱洞”进行了研究，并推测了其功能（《四川文物》4 期)。

（三）北方地区

东北地区本年度东周时期的考古新材料较为分散，黑龙江宾县索离沟遗址 2006 年的发掘资料在本年度公布，发掘者认为遗址年代为战国至西汉时期，应是文献记载中的古“索离”人的遗存（《北方文物》1、2 期)。吉林通化桦树河口遗址在2003年发掘中发现东周至汉代的遗存，其中以东周时期石砌道路较为少见（《北方文物》4期）。此外，吉林柳河宝善遗址还发现了战国晚期遗存（《北方文物》4期）。

本年度北方长城地带的考古发现和研究集中在内蒙古的赤峰地区和岱海地区。在赤峰地区，西拉木伦河流域2002～2003年考古成果在本年度刊布，林西井沟子遗址西区墓地2002～2003年的发掘资料也在本年度出版（均科学出版社）。在岱海地区，凉城草号沟墓地2007年的调查收获在本年度发表，调查者认为墓地时代为春秋晚期至战国早期（《内蒙古文物考古》2期）。陈畅对凉城毛庆沟墓地的年代以及岱海地区出土的对称图案牌饰等进行了研究（《考古与文物》1期、《华夏考古》4期）。张全超、顾玉才分别对和林格尔新店子墓地和土城子遗址的人骨进行了体质人类学研究，在人种地理分布等方面提出了一些重要观点（科学出版社）。杨建华、陈全家对凉城小双古城墓地进行了专题研究（《内蒙古文物考古》1、2期）。此外，邵会秋等还对河套东部地区出土的青铜工具和武器进行了探讨（《中国历史文物》1期）。

在西北地区，本年度公布了甘肃马鬃山古玉矿遗址2007、2008年的调查资料，这是我国目前发现的时代最早的玉矿遗址（《文物》10期）。闫亚林据此推断“玉石之路”应形成于商周以后至战国之际（《考古与文物》3期）。新疆阜康臭煤沟墓地在本年度进行了发掘，墓葬属于吐鲁番苏贝希文化晚期的范畴。张凤研究了新疆东部地区考古学文化的分期和格局，张全超等对哈密天山北路墓地出土人骨进行了稳定同位素分析（均刊《西域研究》2期）。此外，杨建华对三叉形护手剑进行了专题研究，认为我国北方地区与西南地区之间存在持续而稳定的文化联系（《考古》4期）。

五　综合及专题研究

本年度的综合及专题研究涉及文明与国家起源、区域考古、专门考古、墓葬和器物研究等诸多方面。

在文明与国家起源方面，近年来，多位学者在新石器时代晚期至青铜时代早期的时间范围内探讨文明与国家起源、社会复杂化等重要课题，这一学术发展趋势跨越了新石器时代考古与夏商周考古的界限，为相关研究提供了更全面的视野和更完整的线索。李伯谦结合最新考古发现阐发了苏秉琦“古国—方国—帝国”三阶段说（《古代文明研究通讯》47期）。晁福林、王震中、吴文祥等也重新研讨了中国早期国家形成的理论、标准等问题（《历史研究》6期、《华夏考古》2期）。蒋晓春分别考察了西北、北方、海岱和中原等地区进入青铜时代的时间问题（《考古》6期）。戴向明以新石器时代至早期青铜时代的垣曲盆地为研究样本，重点关注了陶器生产方式和专业化生产在社会变迁中的发展状况（科学出版社）。方辉关注了青铜礼器从龙山时代晚期到商代的形成和发展过程，认为其在国家形成和发展中具有无可替代的作用（《文史哲》1期）。

在区域考古方面，湖南潇湘上游地区坐果山、望子岗等遗址的资料在本年度出版（科学出版社），为建立这一地区考古学文化序列奠定了坚实基础。福建晋江流域考古调查和发掘的收获也在本年度发表（科学出版社），有助于解决晋江流域考古学文化面貌不清、时代不明的问题。中原地区有李玉洁主编的《黄河流域的青铜文明》（科学出版社）和程有为的论文，后者着重探讨了夏商时期中原文化圈向外拓展的进程（《郑州大学学报》1期）。东北地区有朱永刚关于该区域青铜时代文化类型和谱系的综合分析和总体概括，梁会丽、张伟、汤卓炜等就东北地区一些较重要的地理单元进行了专题研究（《中国考古学会第十二次年会论文集》、《北方文物》2期、《边疆考古研究》9辑）。北方地区有蒋刚对冀西北和京津唐地区夏商西周时期文化格局的分析，以及对此地区文化演变进程与模式的归纳（《考古学报》4期）。韩立森等对河北地区夏商周时期的文化格局作了宏观考察。中南地区有徐长青对江西地区青铜文化分区和分期的概述（均刊《中国考古学会第十二次年会论文集》）。东南地区有俞珊瑛对浙江出土青铜器的专题研究（《东方博物》3期）。西南地区有余西云、郭立新等对峡江地区文化谱系和族群关系的全面论述（均科学出版社）。华南地区有娄欣利对先秦时期东江流域文化遗存的综合分析（《文物》11期），以及干小莉对九龙江流域商周时期考古遗存的系统分期（《考古学报》1期）。此外，宋治民还对四川地区蜀文化与夏商文化的关系和5条可能的交通道路进行了探讨（《洛阳师范学院学报》1期）。

在专门考古方面，本年度盐业考古成果最为突出。山东寿光双王城盐业遗址首次完整揭露了商代晚期至西周早期的制盐作坊单元，为全面了解这一时期制盐的流程和工艺、评估制盐的规模和产量提供了可靠资料。崔剑锋等以双王城遗址为例探讨了盐业考古中的检测标准、适用技术等问题，为正在迅速发展的盐业考古提供了分析规范和技术标准（《考古》3期）。燕生东系统研究了渤海南岸商周时期盐业遗址群的结构及其反映的海盐生产组织形式，勾勒出各遗址从商代晚期到西周早期的发展演变过程，为从宏观上认识这一区域盐业生产的规模和变化奠定了坚实基础（《古代文明》8卷）。本年度的冶金考古，最引人关注的是中国早期黄铜混合矿冶炼工艺的模拟实验，这为探讨中国黄铜冶炼技术的起源提供了重要参照（《南方文物》4期）。中国古代失蜡法铸铜始于何时何地的争论仍在继续，华觉明的文章强调和补充了他先前东周时期已有失蜡法的观点（《考古》4期）。此外，董亚巍等对商晚期圆形鼎和西周早期圆形尊进行了模拟铸造实验，并阐述了他们对商周青铜器纹饰技术发展脉络的认识（《中原文物》1期、《四川文物》5期、《南方文物》4期）。在遗传考古方面，本年度出版的周慧编《中国北方古代人群线粒体DNA研究》（科学出版社）一书收录了朱开沟等墓地出土人类遗骸的线粒体DNA研究成果，为研究青铜时代人群间关系提供了新的信息。

在墓葬研究方面，张明东发现商代墓葬等级差别要远大于周代，并推测这由社会结构、统治方式等方面的差别造成（《中国历史文物》1期）。董坤玉强调“古不墓祭”之“古”应理解为“三代以前”，认为三代不仅墓冢并存，而且存在墓祭制度（《考古》7期）。杨建军以广东佛山河宕、深圳屋背岭和博罗横岭山等墓地的资料为基础，研究了岭南地区商周时期的埋葬习俗（《江汉考古》2期）。张全超、曹建恩等对内蒙古中南部和东南部地区的居民情况和墓葬制度进行了探讨（《中央民族大学学报》3期、《内蒙古师范大学学报》5期）。贾海生则分别按照为君、为父母、为祖父母等11种亲友关系考察了相应的丧服制法和礼器制作，对《仪礼·丧服》的考古学观察作出了贡献（《考古学报》3期）。

在器物研究方面，本年度有关青铜器的文章很多，内容涉及方法、器类、纹饰、文字等诸多内容。彭适凡总结了南方古代青铜器的研究历程与成果，对研究思路、视野和方法等进行了讨论（《南方文物》1期）。马军霞通过比较研究，提出了罐形卣的形制可能来自陶壶的观点（《考古与文物》2期)。李成通过对青铜车器的研究，梳理了先秦马车的发展线索（《文博》6期），马永强则对商周时期车子的衡末饰进行了专题研究（《考古》12期)。白云翔全面分析了东亚地区的古代制镜技术，认为存在陶范和石范两个技术传统，前者派生于中国传统铜器铸造技术，后者可能受到来自西北的文化影响，并经北方草原地带和东北地区影响到朝鲜半岛和日本列岛(《考古》2期)。曹斌对商周时期的铜昜进行了细致分析，得出其为“西土集团”特征器物的结论（《古代文明研究通讯》45期)。吕学明对北方地区先秦时期的铜刀进行了全面研究，归纳了铜刀的发展演变脉络（科学出版社)。牛长立撰文分析了鄂尔多斯式铜刀的功用及特征（《内蒙古社会科学》6期)。韩金秋等对商周兵器上的乳丁纹进行了类型学研究（《文物春秋》5期)。傅玥、马强、徐婵菲等也对铜器纹饰进行了专题研究（《云南民族大学学报》3期、《中原文物》5期、《河洛文化论丛》5期)。张昌平以曾国青铜器为基础，对商周时期铜器铭文的制作方法进行了深入和细致的研究（《文物》8期)。玉器是本年度器物研究的另一重要部分，蔡庆良、褚馨等从艺术史角度出发，分析了商周时期玉器的造型变化和风格转变（《紫禁城》4、6、7期，《中国历史文物》2期)。刘云辉、邢富华分别研究了陕西和洛阳出土的东周玉器（《四川文物》5期、《河洛文化论丛》5期)，石荣传则对玉柄形器在西周时期的名称和功用提出了新说（《四川文物》3期)。此外，秦小丽在研究中国古代装饰品的区域艺术风格时兼取考古学和艺术史之长，别开生面，很值得关注（陕西师范大学出版社)。

秦汉时期考古

刘振东

2010年秦汉时期的考古发现与研究取得了丰硕成果，出版发掘报告、研究专著和论文集数十部，发表考古简报和研究论文数百篇。研究涉及的问题十分广泛，其中都城与聚落、帝王陵墓、区域墓葬、墓室图像、边疆考古学文化、简牍等文字以及科技考古等领域的发现与研究成为热点。

刘庆柱、白云翔主编的《中国考古学·秦汉卷》（中国社会科学出版社）是本年度秦汉考古的集大成之作。本书除分门别类对秦汉时期的各类遗址、墓葬、边疆地区考古学文化、中外文化交流、农工商业相关出土遗物以及文字资料等进行全面、系统的综合论述外，还十分注重运用考古资料和考古学研究方法对当时的社会状况，如秦代强化统一的各项措施、秦汉的经济发展水平等加以探讨，并详细论述了秦汉考古学史和有关秦汉考古的理论问题。其他综合性研究成果还有刘庆柱主编的《中国考古发现与研究（1949～2009）》（人民出版社）、马利清主编的《考古学概论》（中国人民大学出版社）、宿白的《汉唐宋元考古——中国考古学（下）》（文物出版社）、韦江的《广西考古六十年概述》（《广西考古文集》第四辑，科学出版社）、杨帆等编著的《云南考古（1979～2009）》（云南出版集团公司云南人民出版社）、商志𩡝、吴伟鸿的《香港考古学叙研》（文物出版社）、郭立新、夏寒的《峡江地区古代族群互动与文化变迁》（科学出版社）、朱世学、周百灵编著的《三峡湖北库区墓葬初步研究》（科学出版社）等。高崇文论述了岭南地区先秦至汉代考古学文化的变迁；朱海仁综论了香港汉代考古发现与研究的状况（《西汉南越国考古与汉文化》）。另有关于丝绸之路的研究专著，如刘文锁的《丝绸之路——内陆欧亚考古与历史》（兰州大学出版）、沈福伟的《丝绸之路——中国与西亚文化交流研究》和《丝绸之路——中国与非洲文化交流研究》（新疆人民出版社）等。

一　秦代考古

（一）遗址

1. 上林苑遗址

刘庆柱、李毓芳详细综述了秦汉上林苑的考古发现，并结合文献记载，对上林苑的兴建时代与规模、秦汉上林苑的内涵与功能等进行了论考（《西汉南越国考古与汉文化》）。

2. 陕西千阳尚家岭遗址

在陕西省千阳县南寨镇尚家岭发掘了一处秦汉时期的建筑遗址，遗址总面积约22000平方米，东西并列有两座建筑，东侧（Ⅰ区）的建筑规模较大，由一座长方形建筑基址和周围的夯土院墙构成，应属主体建筑，西侧（Ⅱ区）的建筑规模较小，属于附属建筑。Ⅰ区的建筑基址东西长32、南北宽17.7米，应是一座四周环绕廊道和散水的大型殿址，坐南朝北，其北侧设有两条斜坡门道。该遗址的西南部遭到破坏，这里曾发现一座由四节陶井圈叠置而成的井，井底连有三节陶排水管道，此井应为冰井。Ⅱ区的建筑由南北并列的三条东西向夯土基址组成，似为仓储类建筑，最南侧的夯土基址可能是Ⅱ区建筑的一段南围墙。遗址出土了大量建筑材料，有砖、瓦、瓦当、排水管等。据研究，该建筑始建于战国晚期，秦至西汉早、中期继续沿用，其性质可能是位于沿千河而行的古代东西交通要道附近的一处行宫建筑（《考古与文物》6期）。同刊同期还发表了发掘主持者田亚歧对该建筑遗址的形制布局以及年代、性质的认识。

3. 辽宁绥中姜女石遗址

姜女石秦汉建筑遗址发现于20世纪80年代初，八九十年代对石碑地、黑山头、止锚湾、瓦子地、周家南山和大金丝屯等六处遗址进行的考古调查、勘探、试掘和大规模发掘，获得了有关秦汉建筑遗址和窑址的极为丰富的考古资料，这些成果均收入了《姜女石——秦行宫遗址发掘报告》（文物出版社）。报告认为姜女石建筑遗址群应是秦始皇东巡碣石的行宫旧址，到西汉时又在秦代废毁的建筑堆积上进行了部分重建，亦作行宫之用。

（二）墓葬

1. 秦始皇陵

秦始皇陵的考古工作一直受到学界关注。《考古与文物》5期刊发了2009年度的勘探报告，在陵园南内外城垣之间勘探发现了一座陪葬坑（K0901），平面呈长方形，东西长8、南北宽6米；在西内外城垣之间也勘探发现了一座陪葬坑（K0902），平面亦呈长方形，南北长34、东西宽7.6～10米；在北内外城垣之间勘探发现了外城北垣的一座门址、内城北垣的两座门址和内外城垣之间较大规模的建筑遗址。但是，外城北垣与内城北垣西侧的门址形制均很奇特，且没有发现路土，又与其他勘探资料和认识存在差异（《文物》6期），所以，这两个“门址”的形制构造还有待于考古发掘来解决。

关于秦始皇陵的研究，朱学文讨论了陵园选址的相关问题（《考古与文物》6期）。王勇、叶晔对位于封土西南角的K0006陪葬坑的性质作了推论，认为该坑可能象征着秦代中车府或中车府的组成部分，代表的是一个政府机构（《文博》5 期）。张卫星、陈治国则重新考察了位于陵园以外东北部的鱼池遗址，认为应将鱼池水体与其附近的建筑遗址和陪葬坑（动物坑、K0007）放在一起考虑，这组遗存象征的可能是少府所属的一处皇家苑囿（《文博》4 期）。此外，张卫星还分析了陵园的建设过程，重点讨论了“骊山之作未成”问题（《文物》6 期）。

2. 其他墓葬

刘建安全面收集了洛阳地区的秦墓（东周与秦代）资料，通过洛阳秦墓与关中秦墓的对比分析，讨论了洛阳地区秦墓的形制、随葬品和分期，得到了一些新认识（《华夏考古》1 期）。

马利清、宋远茹研究了秦墓（东周至秦代）出土的铜镜，指出秦墓随葬的残镜可能系人为毁镜习俗的反映（《考古与文物》2 期）。

二 汉代考古

（一）遗址

1. 都城遗址

（1）汉长安城

20 世纪 50 年代开展汉长安城考古工作，对城墙、城门遗址作了调查、勘探，并全面或局部发掘了东墙北部的宣平门、南部的霸城门、南墙西部的西安门和西墙中部的直城门遗址。因为开展工作较早，遗址保存相对较好，因此获得了有关城门形制及沿革的重要资料。王仲殊重新整理了有关城门的发掘资料，配以图和照片，详细说明了各个城门的形制结构和历史沿革（《考古学集刊》17 集）。

汉长安城不仅是西汉的都城，十六国时期的前赵、前秦、后秦和北朝时期的西魏、北周均在此利用汉代旧城营建新都。近年来在城的东部出土了一些北朝佛教造像，《古都遗珍——长安城出土的北周佛教造像》（文物出版社）报道了其中的一次重要发现，对研究北朝时期长安城佛教遗迹以及汉长安城的沿革状况均有价值。

刘振东对汉长安城手工业和市作了概论，认为长安城内主要有东、西二市，二市地望的最终解决还有赖今后的考古工作（《西汉南越国考古与汉文化》）。

（2）汉魏洛阳城

汉魏洛阳城的南郊分布着一组礼制建筑遗址，自西向东分别为灵台、明堂、辟雍和太学遗址。20 世纪 70 年代到 80 年代初对之进行了大规模考古勘探和发掘，《汉魏洛阳故城南郊礼制建筑遗址 1962 ~ 1992 年考古发掘报告》（文物出版社）即是对上述考古工作的总结。报告除全面公布诸礼制建筑遗址的考古资料外，还对诸建筑的定名、沿革、形制布局和功能等作了考证。据对发掘资料的整合研究，灵台（东汉、魏、西晋）主要由四面环绕两层房舍的方形高台建筑和四周的围墙组成；明堂（东汉、魏、西晋、北魏）由中心的圆形主体建筑、四面的长方形附属建筑和四周的围墙组成；辟雍（东汉、魏、西晋）由中心的长方形主体建筑、四面的门屏和阙以及外围的近方形环水沟组成；太学（东汉、魏、西晋、北魏）主要由长条状的房舍建筑和四周的围墙组成。该报告对古代都城制度及礼制建筑研究有着重要价值。钱国祥的《东汉洛阳城灵台的勘察与形制复原》（《西汉南越国考古与汉文化》）一文是在整理上述资料的基础上对灵台遗址所作的进一步探研。

2. 南越国番禺城等

徐龙国和胡建对番禺城的相关问题作了探讨；蒋廷瑜论述了南越国的青铜冶铸业；杨勇对比分析了南越国与闽越国的部分建筑材料；王文建研究了象岗山南越王墓的丝缕玉衣；熊昭明对广西发现的南越国遗迹作了述评；梅华全概述了闽越国的建筑材料及制作工艺（《西汉南越国考古与汉文化》）。

3. 长城与边城

冯永谦调查了东北地区燕（北长城）、秦、汉的长城遗址，并进行了研究。郭添刚、王义调查了长城沿线的辽宁阜新西营子和高林台两座汉代城址。刘长江报道了辽宁沈阳宫后里遗址发现的一段城墙和城壕，认为是始建于战国、历经汉魏沿用至辽金元的一座城址的北墙，或即汉代的侯城县址。冯永谦、崔玉宽报道了辽宁凤城市刘家堡子西汉遗址的发掘情况，包括1座西汉房址和8座瓮棺墓，并考该遗址可能是西汉武次县及辽东郡东部都尉的治所。杜守昌、张丽丹报道了辽宁朝阳县松树嘴子汉代城址的调查概况，认为该城址是辽西郡狐苏县治所。方天新报道了辽宁台安县孙城子汉代城址的调查概况，认为该城址可能是辽东郡险渎县治所。佡俊岩介绍了沈阳上伯官汉魏城址的调查情况，认为该城址可能是汉代玄菟郡的第四个郡治。裴耀军、许志国、周向永分别对辽北地区燕秦汉时期遗存、长城及相关遗迹以及多民族文化交汇等做了研究。王成生从考古资料论证了西汉辽东等五郡治及都尉治的地望（《辽宁考古文集》二，科学出版社）。

在辽宁朝阳袁台子发现、发掘了一处西汉遗址，清理出残房址、粮仓、窖穴、水井、灰坑和窑址等遗迹，从出土板瓦带“柳城”戳印分析，这里应是西汉辽西郡西部都尉治柳城县故址（《朝阳袁台子——战国西汉遗址和西周至十六国时期墓葬》，文物出版社）。

在云南西部保安市南郊的汉营村有一座汉代城址，近年做过调查和发掘。城址平面呈长方形，东西约 370、南北约 315 米，城墙犹存，城角上可能建有角楼，墙外环绕壕沟。城内西部地势较高，分布有较多建筑遗址。城外也有一些遗址和墓葬。参与调查、发掘工作的何金龙认为此城应为东汉益州西部都尉及永昌郡治所在的嶲唐城，在汉晋时期共使用了232 年（《边疆考古研究》9 辑）。

王银田、何培综论了古代城市的城墙防御体系（《中原文物》2 期）。

4. 聚落遗址

河南内黄三杨庄汉代聚落遗址是一项十分重要的考古发现。自 2003 年下半年以来，在这里共勘探出 10 余处庭院及其他建筑、道路、农田、池塘、河道等遗存，前后发掘了约 1 万平方米，揭露出四处庭院遗址。这些遗存因为被黄河泛滥所携带的泥沙淹没、覆盖，所以保存良好。《华夏考古》3 期刊发了第二处庭院遗址的发掘成果。该庭院可分为南门、西门房、东西厢房、主房以及院前广场、水井、编制遗迹、铺瓦便道、院西池塘、院后厕所等遗迹单元。发掘出土了砖、板瓦、筒瓦、瓦当等建筑材料和陶器、铁器、石器等器皿。据出土遗物等情况分析，第二处庭院应始建于西汉晚期至新莽前期，可能在新莽后期或东汉初年被黄河洪水淹没。主持发掘工作的刘海旺对三杨庄汉代聚落遗址表现出的田中建宅、宅宅相望的“田宅”空间布局进行了探讨（《西汉南越国考古与汉文化》）。

在湖北郧县龙门堂遗址发现由房址、窑址、窖穴、水井和墓葬构成的汉代聚落遗址；在刘家洼遗址也发现了以房址和墓葬为主体的汉代聚落遗址（《湖北省南水北调工程重要考古发现 II》，文物出版社）。

5. 其他建筑遗址

在成都市西郊青羊区金沙村发掘出土一座汉代木构廊桥遗址，实为难得。木桥全长约 42、宽约 6. 8 ~ 8. 8 米，残存桥柱横向 10 排，纵向 6 列，间距约 1. 2 米。从出土其他的木构件和板瓦、筒瓦、瓦当看，桥柱之上应架设方木梁，梁上铺木板形成桥面，再上建有瓦顶桥廊，桥的两端还在河床上建有桥台。发掘者认为该桥始建于东汉，可能因火灾毁于两晋时期（《成都考古发现》2008，科学出版社）。

6. 冶铸遗址

在重庆云阳旧县坪遗址发掘出土了大量战国、两汉时期与冶铸有关的遗物，如范母、陶范、石范、鼓风管、炉壁、砖、砺石、骨角器、铜、铁炼渣等，范的品种有鼎足、匜、戈、镞、刀、钁、环、钩、柱形器、管形器、板形器等。发掘者从遗址规模大、延续时间长、铸造技术成熟、铸造种类丰富等情况分析，认为这里可能是一处战国至汉代官营冶铸作坊遗址（《重庆库区考古报告集》2002 卷·中，科学出版社）。

7. 排水设施

在安徽省淮北市相山区的相城故城南城墙内外勘探、发掘出土一战国至汉代大型排水设施，由城墙内（北部）的明渠、沉淀池、石砌水道和城墙下的石砌水道以及城墙外（南部）的砖券涵洞、明渠组成，呈正南北方向，石砌水道和砖砌涵洞全长 28.1、最宽处 12、最窄处 3.55 米。该排水设施的用途系将城内污水排往城外的护城壕，为研究先秦、秦汉城市的排水系统增添了新资料（《中原文物》2 期）。

8. 窑址

在北京市大兴区亦庄鹿圈镇头号村发掘了 8 座汉代窑址，均由火门、火膛、窑室和烟道组成，其产品可能主要是供应附近修墓所用的砖（《北京亦庄 X10 号地》，科学出版社）。在河南洛阳瞿家屯清理了 1 座汉代窑址（《洛阳瞿家屯发掘报告》，文物出版社）。在山西夏县师冯村西发掘了 2 座汉代窑址。两窑南北相对，共用一个前室，Y1 在北，由火门、火膛、窑室和烟道组成，窑室南北长 1.62、东西宽 1.33 米；Y2 在南，没有烟道，也没有使用痕迹，显然尚未完成。遗物均出土于前室，上层主要有砖、板瓦、筒瓦、瓦当等建筑材料和陶器残片，下层主要有陶范、坩埚残块和铁渣、炉渣等。所出陶范以五铢钱叠铸范为主，另有一些六角承、圆承、轮形器、鼎形器等叠铸范。从窑址西北存在可能属于同时期的夯土墙等建筑遗迹综合分析，这里应是一处铸铁作坊遗址，Y1 属烘范窑，所用燃料应是木炭，熔铁炉所用燃料可能是煤炭；从出土铁质五铢钱等情况看，该作坊的产品是铁五铢钱以及其他铁器。据发掘者研究，该遗址是一座西汉晚期的私营作坊遗址，是研究西汉地方手工业生产的重要资料（《考古》4 期）。在湖北秭归东门头遗址发掘了 5 座西汉、王莽时期的窑址，其中有的窑用于烧制瓦（《秭归东门头》，科学出版社）；在巴东旧县坪遗址清理汉代窑址 4 座（《巴东旧县坪》，科学出版社）。

9. 水井

在北京市大兴区亦庄鹿圈镇头号村发掘了1座汉代水井，残存6节陶井圈，井口直径0.86、残深1.6米（《北京亦庄X10号地》）。在四川成都市永陵公园发掘了6座汉代水井（《成都考古发现》2008）。在湖北巴东吴家坝遗址南区发现1座西汉水井（《湖北库区考古报告集》第六卷，科学出版社）。

10. 采石遗址

在江苏徐州市区西南部清理了一处西汉采石遗址，计有采石坑、踏步等遗迹64处，出土有建筑材料（砖、板瓦、筒瓦、瓦当）、日用器皿（陶瓮、罐、盆、釜、甑、钵）、铁工具（錾、凿、楔、锸）和铜钱（半两、五铢）、陶纺轮等遗物。此外，遗址区内还发现了1座可能是采石工匠的墓葬。发掘者对该采石场的性质以及采石工艺、所采石料的用途等问题进行了讨论（《考古》11期）。

（二）陵墓

1. 皇帝陵

为了给西汉帝陵保护提供陵区范围、内涵等基础考古资料，咸阳市文物考古研究所对咸阳塬上的8座帝陵（高祖长陵、惠帝安陵、武帝茂陵、昭帝平陵、元帝渭陵、成帝延陵、哀帝义陵、平帝康陵）作了初步勘探，勘探重点是陵园、封土、陪葬坑、陵寝建筑、陵邑和陪葬墓的范围与规模，取得了阶段性的新成果，如对陵园、封土和陵邑的勘探与测量比原来调查测量的数据更加准确，另外还新发现了一些陪葬坑、陵寝建筑和陪葬墓园、陪葬墓等，丰富了陵区的内涵。勘探主持者据最新考古资料，对西汉帝陵制度作了系统梳理，获得了一些新认识（《西汉帝陵钻探调查报告》，文物出版社）。需要说明的是，西汉帝陵的考古勘探、发掘和保护是一项长期的工作，现仍在进行之中，并且最新的勘探资料已陆续刊发了出来，如武帝茂陵的调查、勘探简报发表于《考古与文物》2011年第2期。

焦南峰以西汉景帝阳陵的考古实践为依托，讨论了西汉帝陵道路系统中的所谓衣冠道（或称宗庙道、游道）问题，认为勘探发现连接阳陵陵庙（2号遗址，即“罗经石”遗址）与寝园（3号遗址）的16号道路是阳陵的衣冠道，并提出在城址、陵墓考古工作中应充分重视对道路系统等线状遗迹的探寻（《文物》1期）。其他研究成果还有刘尊志的《西汉帝陵分布及相关问题浅析》（《中原文物》5期）等。

2. 诸侯王、列侯墓

（1）诸侯王墓

河南永城黄土山2号墓的发掘报告刊登于《永城黄土山与酂城汉墓》（大象出版社）。该墓位于黄土山北边，是一座崖洞墓，由墓道、前庭、车马室、甬道和主室组成，全长52.7米，主室南北8.5、东西5.6米。墓上封土高约8米。出土金、银、铜、铁、陶、玉石、漆木器等1200余件，文字资料有塞石刻字和朱书文字600余个以及铜器刻铭和封泥等。从墓葬地望、形制、出土遗物和文字资料分析，该墓墓主应是西汉中期偏晚的某代梁国王后。

湖南长沙望城坡西汉渔阳墓的发掘简报刊载于《文物》4期。该墓位于湘江西岸咸嘉湖西侧岳麓山余脉的丘陵上，东北与陡壁山、象鼻嘴西汉早期长沙王室墓隔湖相望。墓葬由主墓和墓东南（1号）、西北（2号）、南（3号）面的三个外藏坑组成。主墓地上存有高约5米的圆形封土，地下形制为带一条斜坡墓道的竖穴岩坑黄肠题凑墓，坐东向西，墓坑口长约15.98、宽约13.3、深10米。墓道内安放有一对头插鹿角的偶人，均呈两臂伸展的跽坐姿态，头和手系木质，身为木骨泥胎，表面残留朱红颜色。墓坑底部铺青膏泥和木炭，其上构筑黄肠题凑葬具。与其他地方的同类墓葬形制相似，该墓的葬具自内向外也是由套棺（二重）和棺室（内椁室）、前室、内回廊（外椁室）和题凑墙组成。棺下置移动装置——輁轴。题凑用材系楠木。前室对墓道处置门，使墓室构成开放的空间。外藏坑中1号坑放置陶器；2号坑可能放置车马，已朽毁；3号坑藏陶动物俑，有牛、猪、羊、狗、鸡、龟、蛇等。此墓盗剩的随葬品仍超过3000件，有金、铁、陶、玉石、漆木、骨角器和纺织品等，以漆木器的数量和种类最多，另有木楬、木签、封泥匣等百余件文字资料。从墓葬地望、形制以及“长沙后府”封泥等文字材料可断定墓主为西汉早期某代长沙王后。在同刊同期，发掘主持者宋少华对该墓的年代和墓主身份作了进一步考证，并探讨了黄肠题凑葬具的制作、安装以及埋藏顺序等问题，尤其是对埋葬过程的复原有助于理解汉代有关的葬仪。

汪景辉、杨立新介绍了安徽六安西汉六安国王陵的调查、发掘概况。据调查，在1号、2号南北并列的二冢周围，另有类似南北并列的双冢3处和数十座大小不等的墓冢，整体上构成六安国王陵区；1号、2号王陵的周围分布有陵园、道路、门阙和其他建筑遗址。1号墓经过发掘，由主墓和3座外藏坑（车马坑等）组成，墓西尚有3座陪葬墓。主墓地面存有封土，似为覆斗形，最高处11米；地下形制为带东西2条墓道的“中”字形竖穴土坑黄肠题凑墓，全长45米，墓坑口长17、宽12、深9.8米。黄肠题凑葬具自内向外由套棺（二棺，棺下置棺床）、棺室（木、石双层椁室）、内回廊、题凑墙、外回廊（分为15室）组成，棺室和题凑朝东墓道一侧设门，使墓室构成开放的空间。此墓被盗，剩余随葬品有铜（包括镜、钱）、铁、陶、玉、骨、竹、漆木器500余件（套）。从墓葬地望、形制、随葬品和“六安飤丞”、“共府”等文字资料分析，1号墓主应是西汉中期六安国始封的共王庆，2号墓主当为王后（《西汉南越国考古与汉文化》；《文物研究》第17辑，科学出版社）。

黄肠题凑是汉代帝王使用的一种最高级别的葬制，其考古实例目前只见于诸侯王墓。由于对文献记载该葬制的“梓宫”、“便房”、“正藏”、“外藏椁”的理解不同，产生了很多争论。高崇文从阐释“便”字的本意入手，认为“便”表示平安、适宜等吉祥之意，从而否定了唐代颜师古释“便房”为“小曲室”，“便殿、便室、便坐皆非正大之处”的看法，进而说明了黄肠题凑墓制中的“便房”是指题凑之内的整个椁室，也称为“便椁”，亦即“正藏”的观点，并对两汉皇帝陵园中用于祭祀的建筑——“便殿”作了考证（《考古与文物》3期）。在同刊同期上还发表了萧亢达对“便房”、“便殿”的新解，认为“便房”位于墓圹、墓室之外的墓道旁侧，与上文观点迥异。宋少华在讨论长沙望城坡西汉渔阳墓时也涉及了黄肠题凑葬制中的“便房”、“正藏”等问题（《文物》4期）。刘瑞、刘涛的专著《西汉诸侯王陵墓制度研究》（中国社会科学出版社）除了全面收集、整理已发表墓葬资料外，还运用大量文献资料，对西汉诸侯王墓葬制度作了系统论述，尤其是对“百官藏”的讨论颇具新意，另外还对多座王墓的墓主所属提出了自己的看法。

2008年底至2009年初，位于长沙市岳麓区与望城县交界一带的多座西汉长沙王室墓葬被盗，部分被盗遗物追回后移交长沙市文物考古研究所收藏，这批遗物有金、铜、陶、玉石、水晶、琥珀、琉璃、漆木器247件，以漆木器最多，且多有漆书、刻画或烙印戳记等铭文，另有“长沙王玺”和“长沙王印”

龟纽金印2方。同属被盗出土的另外12件漆耳杯入藏长沙市博物馆。何旭红与邱东联等分别著文，对被盗漆器及铭文进行了考释和研究（《湖南省博物馆馆刊》第六辑，岳麓书社）。

西汉诸侯王墓墓主的认定历来都是研究的难点所在，徐州一带西汉楚王墓的年代排序和墓主对应问题一直成为争论的焦点，但并未得到很好的解决。刘尊志从墓外设施方面说明徐州狮子山汉墓的主人以第二代楚王刘郢（客）的可能性最大（《南方文物》4期）；刘照建、边策则认为北洞山汉墓墓主以第四代楚王刘礼的可能性较大（《东南文化》3期）。

这里无法回避有关曹操墓的情况。曹操墓考古发掘的消息经媒体公布以后，引起了社会各界的广泛关注，由此引发的争论空前热烈，从中足可窥见社会群像和人生百态。墓葬简报刊登于《考古》8期。该墓地面上无封土，周围构筑垣墙形成陵园，平面长方形，北墙长100.8、南墙长108.2、东墙长68.8米，西墙遭到破坏，东墙外面有壕沟，东墙设有2个门道。形制为一条斜坡墓道的多室砖墓，方向110°，由墓道、甬道（内侧设墓门，外侧有厚1.45米的封门砖墙）、前室及南侧室、北侧室、后室及南侧室、北侧室组成，全长近60米。墓壁表面涂抹白灰，并分布有上下多层铁钉，从个别钉孔上残留的丝绳痕迹推测，当时沿着墓壁应悬挂有幕布一类的织物。墓室内共发现3个头骨及其他骨骼，经鉴定分属3个个体，一个为60岁左右的男性，一个为50岁左右的女性，一个为20岁左右的女性，结合在后室及其两个侧室内发现的木棺等葬具情况，可推测男性墓主居后室后部，二女性分居两个侧室。墓葬被盗，随葬品散落墓内各处，大多已失原位，计有金银器、铜器、铁器、陶瓷器、玉石器、骨器、漆木器以及水晶、玛瑙、珍珠等约400件。有不少研究者对该墓发表高见，可参考《曹操高陵考古发现与研究》（文物出版社）和《曹操高陵》（浙江出版联合集团浙江文艺出版社）等文集。

（2）列侯墓

在山东省滕州市大坞镇的染山上发掘了一座大型汉墓，地面原有封土，地下形制为一条斜坡墓道的竖穴岩坑石室墓，坐西朝东，由墓道、前室及南北侧室、3个并列的后室及南北侧室组成。墓葬被盗，出土铜、铁、陶瓷、玉石（包括342件玉衣片）、骨器和钱币549件，另出土画像石13块。据分析此墓墓主可能是西汉中期的郁郎侯刘骄

（《染山汉墓》，齐鲁书社）。

张闻捷分析了大量文献资料，对长沙马王堆1号汉墓的用鼎制度做出新解，认为该墓一共使用正鼎3套，即漆画鼎7件一套，酐羹9鼎、白羹7鼎并各有3件陪鼎（《文物》6期）。

3. 其他墓葬

在辽宁朝阳袁台子遗址发掘汉墓40余座，对于研究该地区汉墓分期以及区域文化均有价值（《朝阳袁台子——战国西汉遗址和西周至十六国时期墓葬》，文物出版社）。在大连前牧城驿发掘4座王莽时期及东汉墓，其中贝墓2座、贝砖墓1座、砖室墓1座，另在沙岗子发掘东汉墓5座，均为砖室墓（《大连土羊高速公路发掘报告集》，科学出版社）。在沈阳小东发掘东汉墓葬14座；在盖州农民村清理西汉贝墓多座，在沙沟子清理汉代砖室墓1座；在新宾旺清门镇龙头山清理了3座石盖墓，时代属于西汉中晚期；在康平五棵松沙场清理了6座小墓，可能是西汉早期生活在这里的乌桓族人的墓葬。张翠敏对大连营城子地区汉墓、王辉对营口汉墓作了探讨；潘玲对两汉时期匈奴和鲜卑考古遗存作了对比分析（《辽宁考古文集》二）。在辽阳肖夹河清理了3座汉代砖室、石室墓（《北方文物》1期）。

在北京大兴亦庄鹿圈镇头号村发掘58座王莽至东汉晚期墓，有土坑和砖室两种（《北京亦庄X10号地》，科学出版社）。在丰台王佐遗址清理两汉墓葬37座，亦有土坑和砖室两种（《丰台王佐遗址》，科学出版社）。在房山长阳清理了3座东汉墓（《文物春秋》2期）。在密云城关镇大唐庄清理了1座西汉墓（《密云大唐庄》，上海古籍出版社）。

在天津蓟县西关清理了东汉墓6座（《内蒙古文物考古》1期）。

在河北唐县高昌发掘了一个汉代墓地，共有两汉小型墓葬112座，对汉代区域文化研究有重要价值（《唐县高昌墓地发掘报告》，文物出版社）。

在陕西凤翔西白村发掘东汉墓4座，在西安市电子三路西京社区发掘东汉墓2座（《文博》4期）。在扶风纸白发掘汉墓24座，其中西汉墓18座，东汉墓6座（《文物》10期）。

在河南郑州清理了1座东汉墓（《文物研究》第17辑）。在禹州市梁北镇发掘了2座汉墓；在偃师市吴家湾清理了1座东汉墓，可能属于东汉帝陵的陪葬墓（《考古》9期）。在新乡市辉县百泉墓地发掘东汉墓11座、凤泉区郭柳墓地发掘东汉墓1座、卫辉山彪墓地发掘东汉墓12座

（《百泉、郭柳与山彪》，科学出版社）。在新郑发掘2座汉墓（《华夏考古》2期）。在民权牛牧岗遗址发掘西汉墓2座（《文物》12期）。在焦作白庄发掘2座汉墓，出土遗物较丰富；在南阳市建设东路发掘1座东汉墓（《中原文物》6期）。

在山东日照海曲发掘了一批汉墓，其中106号墓保存完好，为竖穴土坑木椁墓，一棺一椁，椁内分出棺室、头箱和足箱，棺为长方形，外涂黑漆，内髹红漆。在椁室之北另设一木椁，放置随葬品。该墓出土了大量铜器、陶器、玉石器、竹器和漆木器等，另有竹简39枚，据研究为武帝后元二年（前87年）视日简。据竹简纪年及印章资料可知墓主为西汉中期的公孙昌，因墓葬距汉代海曲县城遗址不远，推测墓主可能是海曲县的官吏（《文物》1期）。在淄博市国家村发掘两汉墓葬8座（《考古》11期）。在东平后屯发掘了18座西汉、新莽时期墓葬，形制有石室墓、砖石室墓和砖室墓等（《东平后屯汉代壁画墓》，文物出版社）。

在安徽淮北东山路清理西汉墓8座；在天长市汊涧镇釜山清理西汉、新莽时期墓葬12座；在长丰县发掘了王大包东汉墓；在铜陵县联丰村清理东汉墓1座、新风村风行山墓地清理西汉墓1座、观音山墓地清理东汉墓3座（《文物研究》第17辑）。在凤阳下庄清理汉墓多座（《凤阳大东关与下庄》，科学出版社）。在天长三角圩发掘了1座西汉墓（M27），为竖穴土坑木椁墓，椁内分成棺室、边箱和头箱，木棺外涂棕漆，内髹红漆。出土铜、陶、玛瑙、漆木器44件（《文物》12期）。

在江苏省徐州市拖龙山上发掘了5座西汉墓（M3～M7），墓上多存有封土，且封土周围多垒砌有石墙，其中M3封土外石墙呈方形，共有三重，内二重应是为了围护封土而设，最外面的一重东西长35、南北宽25米，应构成墓园，墓园内地面散布大量板瓦、筒瓦和云纹瓦当残片，表明当时存在建筑。此墓园内另有一座M4，封土周围也残存有石墙。M5、M7封土外的石墙呈圆形，前者直径11.6米，后者石墙有两重，直径为7.4和10米。5座墓除M6为竖穴石坑墓外，其余均为竖穴石坑洞室墓。据分析，5座墓中规模最大的M3可能是葬于附近南洞山楚王的家族成员墓，其他墓则属于M3的陪葬墓（《考古学报》1期）。在徐州黑头山发掘了西汉刘慎墓。墓上有封土，表面散布许多板瓦和筒瓦残片，在封土之南设一陪葬坑，已被盗。墓为竖穴岩坑木椁墓，内置二棺，为合葬墓。墓中遗物保存完好，有铜、铁、陶、玉石器 102 件（组）。据分析，墓主刘慎（印章）可能是楚国宗室成员。墓中出土的六博棋子中有 6 枚阴刻文字（《文物》11 期）。徐州小长山 4 号墓系竖穴岩坑墓，地面有封土。此墓被盗，但仍出土了 8 件玉器，尤以玉面罩形制独特（《中原文物》6 期）。在邳州山头墓地发掘东汉墓葬 45 座，均为砖室墓或砖石室墓，在墓地外围还发现大型隍壕，其东南角设有出入口。墓葬共分三期：东汉早期（或偏晚阶段）、中期、晚期。发掘者认为这里是一处东汉时期中小地主阶层的家族墓地。该墓地是了解东汉时期此地域埋葬形态、丧葬习俗以及区域文化较为典型的资料（《邳州山头东汉墓地》，科学出版社）。在扬州邗江王家庙清理了 1 座西汉墓，系竖穴土坑木椁墓，棺椁已被毁，在椁室之东另有一木椁，盛放随葬品。随葬品被盗后余 176 件，有金、铜、铁、陶、玉、竹、漆木器等。据出土玉质印章及其他文字资料推知此墓可能是西汉早期吴王家族墓，墓主名刘毋智（《文物》3 期）。在镇江辛丰金家坟清理东汉墓 1 座、高资乌龟山发掘汉墓 5 座、都天庙工地清理汉墓 3 座、银山公园清理东汉墓 1 座、香江现代名城工地清理汉墓 1 座（《印记与重塑——镇江博物馆考古报告集（2001～2009）》，江苏大学出版社）。淮安山头遗址发掘东汉墓 8 座（《考古与文物》6 期）。

在湖北南水北调工程的多个地点（丹江口玉皇庙遗址、金陂墓地、红庙嘴墓地、万家沟岭墓地、潘家岭墓地、牛场墓地、行陡坡墓地、连沟墓地，郧县李泰家族墓地、大坪遗址、乔家院墓地、刘家洼遗址、李营墓地，武当山柳树沟墓地等）发掘了秦汉墓葬，可参阅《湖北省南水北调工程重要考古发现Ⅱ》（文物出版社）。在巴东红庙岭发掘秦、西汉墓葬 47 座，东汉石室墓 7 座（《巴东红庙岭》，科学出版社）。在巴东旧县坪清理东汉墓葬 2 座（《巴东旧县坪》，科学出版社）。在巴东孔包村发掘东汉墓 5 座、杨家包发掘东汉墓 3 座、老茗田发掘东汉墓 2 座、店子坪发掘东汉墓 3 座，在秭归大沱湾发掘东汉墓 1 座、八字门发掘东汉墓 12 座、台子湾发掘新莽时期墓 1 座、乌龟包发掘东汉墓 15 座、王家岭发掘西汉、东汉墓各 1 座、小幺姑沱发掘东汉墓多座（《湖北库区考古报告集》第五卷）。在巴东红庙岭发掘两汉墓 28 座、雷家坪发掘两汉墓多座、杜公祠发掘东汉墓3座、焦家湾发掘西汉墓2座、王家湾发掘西汉墓4座、江北镇江寺发掘东汉墓1座、云盘发掘东汉墓1座，在秭归树坪发掘东汉墓1座、何家屋场发掘两汉墓2座，在兴山古夫发掘东汉墓4座、平邑口发掘东汉墓1座（《湖北库区考古报告集》第六卷）。在秭归东门头发掘多座汉墓（《秭归东门头》，科学出版社）。在秭归陶家坡发掘8座东汉墓（《秭归陶家坡》，科学出版社）。

同样是配合长江三峡工程建设，在重庆巫山麦沱发掘两汉墓12座、涂家坝发掘汉代瓮棺墓2座，奉节刘家院坝发掘东汉墓1座、头堂包发掘东汉墓2座、周家坪发掘东汉崖墓3座、丰获发掘东汉墓6座、云阳石家包发掘汉墓2座、张家嘴发掘两汉墓20座、马沱发掘两汉墓12座、打望包发掘汉墓5座、洪家包发掘汉墓多座、营盘包发掘汉墓30余座，万州老棺丘发掘汉墓11座、武陵发掘汉墓近10座、金狮湾发掘汉墓6座、胡家坝发掘汉墓19座、包上发掘秦汉墓5座（《重庆库区考古报告集》2002卷·上，科学出版社）；万州大坪发掘汉墓21座、礁芭石发掘汉墓11座，石柱中间包发掘东汉墓1座、砖瓦溪发掘汉墓8座，忠县罗家桥发掘汉墓3座、瓦窑发掘汉墓12座、松江发掘汉墓3座、洋渡沿江发掘汉墓3座、下白桥溪发掘东汉墓1座、崖脚发掘汉墓5座，丰都大湾发掘东汉墓10多座，涪陵横梁子发掘东汉墓多座、吴家石梁发掘汉墓6座、小田溪发掘汉墓2座（《重庆库区考古报告集》2002卷·中）；云阳佘家嘴发掘汉墓12座、涪陵蔺市发掘东汉墓1座，万州庙梁发掘东汉墓6座（《重庆库区考古报告集》2002卷·下）。在奉节宝塔坪发掘汉墓13座（《奉节宝塔坪》，科学出版社）。在合川南屏发掘东汉墓8座，在永川牌坊发掘东汉崖墓4座，在丰都县石宝寨发掘汉墓2座，在丰都县马鞍山和青岗岭发掘东汉墓2座，在云阳县江口发掘汉墓29座（《重庆公路考古报告集》，科学出版社）。在万州青龙嘴发掘汉墓多座（《华夏考古》1期）。

在四川成都市青白江区大同磷肥厂工地发掘了19座两汉墓葬，分木椁墓和砖室墓（《成都考古发现2008》，科学出版社），在茂县城关粮站发掘战国两汉石棺墓54座（《2009中国重要考古发现》，文物出版社），在武胜发掘14座汉晋时期的崖墓——山水岩崖墓群，出土遗物较为丰富（《四川文物》1期），在新津文山村清理一批东汉崖墓（《成都文物》1期），在昭觉县调查、清理了一批东汉砖室墓、石构墓等（《南方民族考古》第六辑，科学出版社），在汶川县布瓦村调查发现了一批石棺葬（《成都考古发现2008》）。

在湖南衡阳市兴隆村清理了2座东汉墓，其中一座墓出土有纪年墓砖（《考古》4期）。

在广西桂平大塘城清理两汉竖穴土坑墓6座，在荔浦县双江镇笔村清理东汉石室墓1座（《广西考古文集》第四辑）。

在浙江杭州市余杭区义桥村发掘两汉墓葬47座，分土坑墓和砖室墓，发掘者对之进行了编年研究，共分为六期：西汉早、中、晚期，王莽前后，东汉早期和东汉中晚期（《余杭义桥汉六朝墓》，文物出版社）；在安吉上马山墓地发掘了一批汉墓（《2009中国重要考古发现》）。

在香港屯门扫管笏发掘东汉竖穴土坑墓1座，出土铁斧、铜盘、铜耳杯各1件和玉玦2件，对于研究东汉时期香港地区的历史有重要价值（《考古》7期）。

关于区域墓葬的研究，蒋晓春的《三峡地区秦汉墓研究》（四川出版集团巴蜀书社）系统收集了三峡地区秦汉墓葬资料，在对墓葬形制和随葬品进行类型学研究的基础上，对三峡地区秦汉墓葬作了分期，并就墓地制度及与关中、洛阳地区秦汉墓的异同等作了探讨；作者还讨论了三峡地区秦汉墓葬分布与都邑的关系（《长江文明》第六辑）。肖健一对洛阳和西安两地的西汉中小型墓葬作了比较研究，阐述了两者之间相互的影响。田桂萍对湖北丹江口库区的东汉墓作了研究（《西汉南越国考古与汉文化》）。杨爱国以山东枣庄渴口汉墓为例，分析了汉代乡里聚落的丧葬礼俗（《东方考古》第7集，科学出版社）。韦正对襄阳地区汉末魏晋墓葬作了探讨（《古代文明》第8卷，文物出版社）。蒋璐研究了北方长城沿线西汉早期墓葬（《边疆考古研究》第9辑）。卓猛对湖南资兴东周两汉时期墓葬中越、楚、汉文化因素的消长作了综述，并从资兴西汉墓探讨了湖南与两广越族的关系（《四川文物》6期）。洪德善对东周秦汉时期岭南两广地区的所谓腰坑葬进行了概论（《四川文物》4期）。郑君雷对岭南战国秦汉墓葬所见柱洞的性质和用途作了分类整理，墓内分为封门排柱、椁盖顶柱、椁板壁柱、棺架立柱、甬道门柱和棺椁围柱六种，墓外则有墓上表木和墓上建筑（《四川文物》4期），文中所述封门排柱和甬道门柱应与墓室构造有关，棺架立柱、棺椁围柱与墓上表木等则与埋葬习俗有关。罗二虎、李晓从双层木椁墓的视角探讨了汉代岭南与巴蜀地区的文化交流（《西汉南越国考古与汉文化》）。

4. 壁画墓与壁画研究

在陕西西安曲江翠竹园小区发掘了1座西汉晚期壁画墓，由斜坡墓道、甬道、墓室和东西附设的两个侧室组成，两侧室又各附有一小室。墓室四壁和券顶上均绘有壁画，面积达62平方米，内容主要是人物等生活场景和日月等天象。该墓壁画时代较早，保存较好，内容新颖，是研究当时社会生活、丧葬观念和绘画技法的重要资料（《文物》1期）。

河南洛阳地区历年来发掘了不少壁画墓，《洛阳古代墓葬壁画》（中州古籍出版社）广为搜集，网罗了两汉以至金元各时期的壁画墓资料，集中展示了古代洛阳墓室壁画的风采。

在山东东平后屯发掘的18座西汉、新莽时期墓葬中，有3座是壁画墓，时代较早，保存较好，不仅丰富了汉墓壁画资料，对课题研究也有重要价值（《东平后屯汉代壁画墓》）。

黄佩贤对汉代壁画墓作了分区和分期的尝试（《考古与文物》1期）。王方就陕晋地区东汉至隋唐墓室画像的承继关系作了探究（《西汉南越国考古与汉文化》）。刘兰芝的《洛阳汉代墓室壁画研究》（中州古籍出版社）对洛阳汉代主要的壁画墓和壁画内容做了介绍，探讨了汉代壁画的绘画技法和艺术风格等问题。郭大顺的《〈辽阳壁画墓群〉学习笔记》论述了辽阳汉晋壁画墓的学术价值（《东北亚考古学论丛》，科学出版社）。

5. 画像石墓与画像石研究

在河南永城酂城发掘了4座东汉晚期画像石墓，保存较好（《永城黄土山与酂城汉墓》）。在南阳万家园清理了1座西汉画像石墓，出土画像石9块（《中原文物》5期）。

在安徽萧县新发掘了2座东汉画像石墓，出土了一批画像石；在江苏泗洪曹庙也出土了一批东汉画像石（《文物》6期）。

有研究者对画像石墓的年代重新加以考订，如张勇论述了河南唐河针织厂画像石墓的年代应为东汉早期偏晚或中期偏早，杨爱国则认为山东滕州第九中学画像石墓应是利用了东汉晚期墓室的西晋墓（《中原文物》6期）。又有研究者对汉画像石的题材进行了分类综论，如郑彤对象纹作了分类，讨论了其表现形式和象征意义（《华夏考古》1期），魏翔、陈洪与郑红莉则以为象纹、“驯象图”与佛教故事有关（《东南文化》4期、《考古与文物》5期)。欧阳摩一从汉画像石文字考察了墓地祠堂的名称、墓室的名称以及石刻工匠等问题(《四川文物》1期)。宋艳萍收集了汉画像石中有关的“鱼车图”资料,认为这种图像并非河伯出行图,其表现的内容应是墓主驾鱼车升仙(《四川文物》6期)。牛天伟对四川长宁“七个洞”崖墓画像中的南瓜、鸟啄鱼、二龙交体、联钱纹、“胜”纹等图像作了考辨,认为前三种图像表现的主题并非升仙,而与生殖崇拜有关;联钱纹表现的是人们渴求财富的世俗功利愿望;“胜”纹则是一种祥瑞符号(《考古》11期)。王煜对汉墓画像中的“虎食鬼魅”图像进行了解读,认为图像中的翼虎即为“穷奇”,而鬼魅则是指觅食死者肝脑的“方良”和“蝹”,这种图像是墓葬大傩的一种延伸,其目的在于保护死者的尸体和灵魂;作者进而认为汉代墓前石雕虎形翼兽与墓内“虎食鬼魅”图像是同一观念的产物,也是墓葬大傩的延伸(《考古》12期)。汪小洋主编的《中国墓室绘画研究》(上海大学出版社)概论了中国古代墓室绘画,作者还利用汉墓绘画资料讨论了宗教思想问题(《汉墓绘画宗教思想研究》,上海大学出版社)。贺西林探讨了汉代羽人图像及其象征意义。羽人造型有4类:人形,肩背出翼,两腿生羽;人首鸟身鸟爪;人首兽身,身生羽翼;鸟首人身,身生羽翼。羽人可起三种作用:接引升仙,赐仙药;行气引导,助长寿;奉神娱神,辟不详(《文物》7期)。王子今由文献记载结合画像石资料,论述了汉代劳动儿童的问题(《陕西历史博物馆馆刊》第17辑,陕西出版集团三秦出版社)。

6. 画像砖墓

山东烟台牟平汉墓出土了4块人物画像砖(《考古与文物》6期)。

在重庆市九龙坡区陶家镇发掘了一座东汉画像砖墓,出土画像砖的题材和内容较为丰富(《重庆公路考古报告集》)。

(三)边疆地区

1. 东北地区

经过对黑龙江省宾县满井镇索离沟遗址的试掘,发现早期半地穴式房址2座,房内有灶,出土遗物主要是陶器、另有石器和铁器。发掘者认为索离沟早期遗存的年代约在战国至西汉时期,与吉长地区分布的西团山文化存在较为密切的关系;该遗存即是史载的古索离人的文化遗存;由于该遗存的文化面貌与同一地区的宾县庆华遗存最为相似,且文化内涵单纯,更能反映索离文化的真实面貌,故可命名为“索离沟—庆华文化”（《北方文物》1期）。主持索离沟遗址发掘的李延铁和于建华著文《从索离沟的考古发现看古索离国的地望》，对上述观点加以申论。20世纪70年代在三江平原西北部的黑龙江省绥滨县发掘了属于同仁一期文化的四十连遗址，清理了3座房址，出土了一批陶器、石器和铁器。据^{14}C测年，时代约当两汉时期。张伟对分布于黑龙江和吉林两省嫩江流域的五支考古学文化作了综合论述，这五支考古学文化依年代早晚分别是小拉哈文化（夏至早商）、古城类型（古城文化，晚商）、白金宝文化（西周至春秋）、汉书文化（战国至西汉）和红马山文化（东汉），认为前四种文化是一脉相承的，属于同一文化系统的不同发展阶段，红马山文化则属于不同的文化系统（三文均见《北方文物》2期）。

在吉林省通化市的北郊有一座自安山城，整体呈南北长的倒三角形，周长2753.5米，其中西、南、北三面城墙依山势以土石混筑，共发现5座门址，城内分布有房址和给排水设施。据调查者研究，该山城是汉魏时期的一座边城，可能是西汉高句丽县治的故址（《北方文物》3期）。

在内蒙古通辽南宝力皋吐发掘了34座鲜卑墓（《华夏考古》2期）。

倪润安分析了呼伦贝尔地区两汉时期8处墓葬的文化因素、来源和相互关系，进而讨论了嘎仙洞遗址的性质（《边疆考古研究》第9辑）。

2. 西北地区

杨建华、张萌介绍了中亚天山七河、费尔干纳（吉尔吉斯斯坦）和帕米尔（塔吉克斯坦）地区早期铁器时代的墓葬遗存，探讨了三地区之间以及与周边地区，特别是中国新疆地区的联系（《边疆考古研究》第9辑）。

磨占雄对新疆巴里坤黑沟梁与东黑沟两个墓地进行了对比，认为它们所反映的考古学文化面貌基本一致，可能系同一族属的文化遗存（《考古与文物》5期）。席琳对甘肃马鬃山区的石板墓作了初步探讨，认为其年代应在公元前2世纪至公元前后（《考古与文物》2期）。

3. 西南地区

在云南澄江金莲山墓地发掘了266座石寨山文化墓葬，为东周两汉时期滇池区域文化研究增加了一批新资料（《2009中国重要考古发现》）。

杨勇对贵州赫章县可乐战国、西汉土著墓葬作了分析，认为它们代表了这一时期西南夷地区一种新的考古学文化类型，可命名为“可乐文化”。希望可乐文化的提出有助于推动相关领域学术研究的深入（《考古》9期）。覃芳依文献记载和考古发现阐述了秦汉时期广西境内西瓯和骆越两族的空间分布，即以南盘江、红水河为界，西瓯居北，骆越在南。肖明华分析了滇文化和越文化中存在的相同或相似文化因素，论述了两者相互影响的关系。吴春明介绍了越南中、北部东山文化的考古发现（如古螺城遗址和越窠、老盔墓地等）与研究现状，讨论了东山文化与“瓯骆国”问题（三文均见《东南考古研究》第四辑，厦门大学出版社）。谢崇安的专著《滇桂地区与越南北部上古青铜文化及其族群研究》（民族出版社）将考古与文献资料相结合，对中国云南、广西和越南北部的东亚南部地区商周以至两汉时期的青铜文化进行了区系类型、年代、族属、社会发展阶段以及与中原王朝的关系、中外文化交流等方面的探索。安赋诗论述了汉帝国向岭南和西南地区的扩张情况（《南方民族考古》第六辑，科学出版社）。

（四）专题

1. 文字

（1）秦汉简牍、帛书

作为基础性研究工作，距出土已有三十余年，《银雀山汉墓竹简》（贰）（文物出版社）终于出版了。另一项更为基础性的工作是《秦简逐字索引》（四川大学出版社）的编纂、出版，内容包括湖北云梦睡虎地秦简、甘肃天水放马滩秦简、湖北荆州周家台秦简、湖北云梦龙岗秦简、四川青川木牍、睡虎地秦牍和湖北江陵岳山秦牍。

陈治国、张立莹据里耶秦简和敦煌悬泉置汉简等新近出土的秦汉简牍资料，讨论了秦代和汉代大内与少内两个职官的沿革等问题。白于蓝对睡虎地秦简《为吏之道》的释文和注释进行了校读（《江汉考古》3期），还对《银雀山汉墓竹简》（壹）作了校释（《考古》12期）。王伟对岳麓书院藏秦简的律令文书中所见秦郡名称进行了补正（《考古与文物》5期）。许道胜、李薇对岳麓书院藏秦简《数》书的释文作了校补（《江汉考古》4期）。武家璧论述了秦简“日夕分”为地平方位数据（《文物研究》第17辑）。

《简帛研究》2007（广西师范大学出版社）收录了多篇研究云梦睡虎地秦简、敦煌悬泉汉简、居延汉简、随州孔家坡汉简、江陵张家山汉简等秦汉简牍的论文。《简帛研究》第五辑（上海古籍出版社）收录了10多篇研究睡虎地秦汉简牍、岳麓书院秦简、天水放马滩秦简、岳山秦牍、里耶秦牍、周家台秦简、张家山汉简、居延汉简、长沙东牌楼汉简、马王堆汉墓帛书等秦汉简牍、帛书的论文。《出土文献研究》第九辑（中华书局）收录了10多篇研究岳麓书院秦简、睡虎地西汉简牍、湖南阮陵虎溪山汉简、山东日照海曲汉简、甘肃永昌水泉子汉简、银雀山汉简、敦煌悬泉汉简、张家山汉简、马王堆汉墓帛书等秦汉简牍、帛书的论文。《出土文献》第一辑（《中西书局》）收录了两篇研究里耶秦简的论文。《湖南省博物馆馆刊》第六辑收录了多篇研究马王堆汉墓出土简帛的文章，内容涉及竹简《十问》、帛书《刑德》、《战国纵横家书》、《天文气象杂占》和《地形图》、《驻军图》等。

连劭名对银雀山汉简《定心固气》作了疏证、研究（《华夏考古》1期）。郝进军从考察先秦田制等入手，认为银雀山竹简《吴问》是战国最末年才出现的一件赝品（《四川文物》1期）。范常喜讨论了湖南长沙马王堆一号汉墓遣册中所载的“级绪巾”，认为此物可能是用来覆盖在裾上的用纻做成的蔽膝（《华夏考古》2期）。陈魏俊对武威汉代医简中的“加”和“五辰”作了考释（《四川文物》3期）。赵宠亮利用西北汉简资料，探讨了汉代边塞戍所的请销假制度（《文博》1期）。杨以平、王震对安徽天长西汉墓出土木牍作了部分释文和初步研究（《文物研究》17辑）。胡平生对荆州江陵谢家桥1号汉墓、纪南松柏汉墓新出土简牍的有关内容作出了释解；曹旅宁探讨了纪南松柏木牍与汉初法律的实施问题；王子今讨论了长沙东牌楼汉简所见的“津史”问题（《湖南省博物馆馆刊》第六辑）。孙闻博对长沙东牌楼汉简《桂阳太守行丞事南平丞印缄》的有关问题作了探讨（《文物》10期）。何有祖考释了广州南越国宫署遗址出土的几支西汉木简（《考古》1期）。

（2）石经

路远对西安碑林所藏的《熹平石经·周易》残石作了考述（《陕西历史博物馆馆刊》17辑，陕西出版集团三秦出版社）。

（3）买地券

赵振华、董延寿介绍并考释了洛阳新发现的1件东汉买地铅券（《中原文物》3期）。

（4）器铭

赵晓军、姜涛、周明霞介绍了两件可能出自洛阳西汉墓的有铭铜弩机，均为河内工官的产品（《华夏考古》1期）。秦臻运用带题记的东汉墓前石兽等资料，考察了当时石雕工匠人群的活动

(《文物世界》3期)。杨爱国论述了汉代文物铭文所见的吉祥语(《西汉南越国考古与汉文化》)。

(5) 印章

吕健、杜益华探讨了徐州黑头山西汉墓出土8方印章的功用和性质，进而论及汉初楚国的“内官体系”以及王国内属县封邑等问题(《湖南省博物馆馆刊》第六辑)。

2. 器物

徐承泰、范江欧美对东汉五铢钱作了类型分析和分期，是研究汉代五铢钱的有益尝试(《文物》10期)。

白云翔论述了古代东亚制作铜镜的两个技术传统——陶范铸镜和石范铸镜传统，初步勾画了两个传统发生及发展变化的过程(《考古》2期)，并对中亚发现的汉式铜镜作了归纳和研究(《文物》1期)，另外还论述了岭南地区汉代舶来的金银器(《西汉南越国考古与汉文化》)。

汪勃分析了汉代神兽纹铜镜纹饰配置的意义。陈静讨论了洛阳地区出土的汉代博局纹铜镜(《西汉南越国考古与汉文化》)。邓秋玲研究了湖南省博物馆收藏的四叶纹铜镜(《湖南省博物馆馆刊》第六辑)。

杨泓对比分析了古代东方的秦汉铠甲与西方的罗马铠甲，认为两地在军队中装备的铠甲系统完全不同，即秦汉铠甲是以甲片编缀而成，而罗马铠甲则是整甲制成一片或将大型长方形金属板组合而成(《文物》3期)。

彭卫将文献资料与考古发现相结合，探讨了中国古代的“羊车”，认为以羊为驾的“羊车”最迟出现于商代晚期，历两汉到晋时依然存在(《文物》10期)。赵海洲对秦汉马车形制进行了类型学研究，并作了分期、总结(《中原文物》4期)。

刘兴林对汉代铁犁安装方法和使用问题做了探讨，认为铁犁是平面朝下、脊面朝上安装的，试验结果与内黄三杨庄农田遗迹所反映的“田垄”情况一致(《考古与文物》4期)，另外他还论述了先秦两汉的织机具与纺织技术(《西汉南越国考古与汉文化》)。潘玲对两汉时期中国北方长城地带以至俄罗斯南西伯利亚和外贝加尔湖附近地区出土的矩形透雕青铜牌饰中的阶梯纹牌饰作了论述(《考古》7期)。巩文对汉代作为手指装饰品的戒指作了综合研究(《四川文物》1期)。富霞对广西合浦出土汉代青铜器作了初步研究(《广西考古文集》第四辑)。富品莹、路世辉探讨了鞍山地区出土的战国秦汉铁器。梁振晶探讨了辽东地区东汉时期的陶长颈瓶(《辽宁考古文集》二)。何志国从形制、功用、使用者身份、内涵和时空分布等方面论述了汉墓出土摇钱树与多枝灯的关系（《考古》1 期）。宋叶、刘晓婧对山东出土的汉代灯具作了探讨（《文物世界》4 期）。

傅举有讨论了战国汉代的长袖舞玉佩（《湖南省博物馆馆刊》第六辑）。

王京燕、畅红霞综论了汉代的陶胎漆器问题（《文物世界》4 期）。张抒系统收集了汉墓出土的鸱枭俑、鸱枭壶资料，总结了其分布地域（河南新乡、内蒙磴口、山西侯马）及流行年代（西汉早期至东汉初年），并分析了鸱枭俑、鸱枭壶在墓中的象征意义及变化（《考古与文物》2 期）。王睿探讨了两汉时期的陶盘口壶。李灶新对广东出土的秦汉瓦当做了研究。李龙章就汉代岭南地区出土的汉代香炉以及熏香习俗的起源展开论述（《西汉南越国考古与汉文化》）。王燕玲探讨了山东青州香山汉墓出土彩绘陶俑的制作工艺等问题（《文物春秋》2 期）。苏奎对汉墓出土的导引俑作了归纳，并分析了汉代导引术流行的原因（《中国历史文物》5 期）。王勇刚等介绍了陕西甘泉出土的汉代复色釉陶器，并与陕西宝鸡地区以及河南济源地区出土的同类器物作了对比分析（《文物》5 期）。张童心、黄永久对山西夏县禹王城遗址出土的瓦当作了综合研究，内容包括瓦当的分类、分期和制作工艺等《禹王城瓦当——东周秦汉时期晋西南瓦当研究》（上海古籍出版社）。

3. 科技

王子今据大葆台汉墓和汉长安城西南角遗址出土猫骨资料，结合文献记载揭示了古代饲养宠物猫或食用猫肉的一些信息（《考古》2 期）。胡松梅、杨武站研究了西汉景帝阳陵帝陵陵园外藏坑出土的部分动物骨骼，其中也有可能用于食用的猫（《考古与文物》5 期）。路文举等鉴定安徽合肥东郊东汉墓出土蜡质遗物的质地是蜂蜡，且蜂蜡经过了进一步的精炼加工（《南方文物》1 期）。王宜飞分析测试了马王堆汉墓出土漆器彩绘颜料的成分（《湖南省博物馆馆刊》第六辑）。张治国等对山东青州香山西汉墓陪葬坑出土彩绘陶俑上的紫色颜料作了测试分析，认为其主要为紫色的中国紫（《文物》9 期）。邹大海利用张家山汉简《算数书》等出土简牍资料，论证了中国早期的正负数概念，认为正负数和方程算法应出现于先秦（《考古学报》4 期）。

三国至明清时期考古

齐东方 倪润安

2010年三国至明清时期考古继续稳步发展，发表了一大批墓葬和遗址资料。表现出两个值得注意的现象：一是北京地区考古发掘报告集中出版，有《丰台王佐遗址》、《北京亦庄X10号地》、《大兴北程庄墓地：北魏，唐、辽、金、清代墓地发掘报告》、《鲁谷金代吕氏家族墓葬发掘报告》（以上均为科学出版社）、《密云大唐庄：白河流域古代墓葬发掘报告》（上海古籍出版社）5部，为解决北京地区北朝至清代墓葬考古学文化编年提供了重要资料。二是明清时期，尤其是清代墓葬资料的公布更加频繁、充分，研究关注度大增，中国考古学的时段框架趋于完整。有关研究论著的深度和广度进一步拓展。宿白《汉唐宋元考古——中国考古学（下）》（文物出版社）是对本时段研究的系统总结，涉及不同时期的考古学专题，包括城址、墓葬、手工业、宗教遗迹、少数民族遗迹、海外交通遗迹以及相关的历史文献和综合研究成果等。

一 城市与建筑遗迹的发现与研究

（一）都城

中国社会科学院考古研究所汉长安城工作队全面揭露了汉长安城东北部两座小城之间的2号建筑（宫门）遗址，遗迹主要有宫门南北两侧的墙垛和1个门道，时代为十六国至北朝时期（《2009中国重要考古发现》，文物出版社）。中国社会科学院考古研究所编著《汉魏洛阳故城南郊礼制建筑遗址：1962～1992年考古发掘报告》（文物出版社）报道了灵台、明堂、辟雍和太学遗址的发掘资料，对它们的布局特点有了基本的认识，认为东汉时期这四个建筑同时存在而且各自分立，魏晋时期可能都有沿用并得到重修，北魏时期只将明堂和太学进行了恢复，辟雍旧基没有修复，灵台废弃改为他用。2008～2009年，中国社会科学院考古研究所和日本奈良文化财研究所联合考古队发掘了汉魏洛阳城北魏宫城二号建筑遗址，是1座三门道殿堂式门址，除不设双阙外，规模大小、形制结构都与2001～2002年发掘的阊阖门相似（《2009中国重要考古发现》）。该考古队还于2009年，发掘了汉魏洛阳城北魏宫城三号建筑遗址，基本弄清该遗址主体部分的形制结构、建造和使用的大致年代，确认它也是北魏洛阳宫城主要轴线上的重要建筑，是经阊阖门、二号宫门，进入宫城核心区太极殿建筑院落群前的最重要屏障性建筑，进一步明确了宫城主要轴线上建筑设计的一致性（《考古》6期）。

丽景夹城是唐高宗、武则天时期潜通上阳宫的秘密通道，作为唐东都洛阳城的重要组成部分，对都城的形制布局，特别是宫、皇城布局变化起到至关重要的作用；韩建华考证丽景夹城位于西隔城之西，傍宫、皇城西墙，经由宫城穿皇城直达上阳宫，并探讨了夹城与唐代的政治，以及对长安城布局产生的深远影响（《考古学集刊》18集，科学出版社）。

山西省考古研究所等发掘大同操场城北魏二号建筑遗址，发现柱础石50多个、圆缸形粮窖遗迹5个，为北魏太官粮储遗址（《文物》4期）。钱国祥认为汉魏洛阳故城魏晋时形成的都城形制——单一宫城位于都城北部中间，明显影响到东晋南朝的建康都城，为隋唐王朝都城制度的形成奠定了坚实基础（《考古学集刊》18集）。

（二）地方城镇

扬州城在我国城市发展史上占有重要地位，中国社会科学院考古研究所等编《扬州城：1987～1998年考古发掘报告》（文物出版社）是扬州城址的第一本发掘报告，公布了蜀冈上、下城址的勘探和发掘成果；蜀冈上城址平面呈不规则的四边曲尺形，自战国筑城后，汉、六朝、隋唐扬州城皆在其基础上修建，一直沿用到五代末，北宋时荒废；蜀冈下城址是座规整的长方形城，始建于唐代，即唐代扬州罗城，城内还勘探出五代周小城、北宋州城、南宋大城和夹城，以及明代扬州旧城和新城，均是在唐罗城基础上缩小而建；报告的主要内容是隋唐两宋城址及城内建筑的考古发掘情况。

《巴东旧县坪》（科学出版社）报告了湖北省巴东旧县坪遗址2001～2003年的发掘成果，找到了六朝梁归乡县、信陵郡、北周乐乡县都位于该遗址的考古学证据，并完整地揭示出两宋巴东县治遗迹，布局保存完好，出土遗物丰富。《秭归东门头》

（科学出版社）介绍了湖北省秭归县东门头遗址1997～2002年的考古发掘成果，其中宋元时期的城墙、城门、道路、房址、排水沟等遗迹保存较好，出土遗物丰富。这两本报告为研究三峡地区县治变迁、城市规划、建筑艺术及社会风貌等提供了重要实物资料。青岛市文物考古研究所等对胶州市古板桥镇东苑府邸住宅小区进行了抢救性考古发掘，在宋代文化层揭露出多组建筑基址，并有砖砌排水沟、庭院、水井、灶址、东西大道等与之相联系，是布局相对规整的北宋时期城市建筑遗迹，其中二号建筑可能是通商口岸设置的客栈和转运仓储设施，一号建筑群应是当时管理商贸活动的官署机构（《中国文物报》8月27日）。成都文物考古研究所发掘了市区清安街城墙遗址，发现南宋、元、清三个时期的城墙夯土和包砌砖石，初步掌握了各时期城墙的修筑和保存状况（《成都考古发现（2008）》，科学出版社）。

天津市文化遗产保护中心在蓟县鼓楼遗址，发掘出墙基、水道、灰坑、房屋、道路、灶、水井等遗迹以及相关遗物，年代为金代至清代（《文物春秋》3期）。内蒙古自治区文物考古研究所等编著《包头燕家梁遗址发掘报告（上、中、下册）》（科学出版社）记录了2006年包头燕家梁遗址的发掘情况，主要为元代遗存，布局井然，出土遗物丰富，应与元代的水陆驿站有关。陕西省考古研究院等搞清了府谷县孤山堡古城的文化堆积、总体布局、城墙结构和排水设施，并清理城外砖瓦窑1座；该城最初是一座军事防御性质的城池，是明长城线上的军事重镇之一，明末清初是它的兴盛期，清代至民国逐渐转化为一般性的居住城（《考古与文物》6期）。

（三）其他建筑遗址

辽宁省文物考古研究所发掘了北票市金岭寺魏晋建筑遗址，清理出三组大型建筑址以及外围环壕，属于魏晋之际的慕容鲜卑遗存（《辽宁考古文集（二）》，科学出版社）。吉林省文物考古研究所抢救发掘了白城市永平村金代遗址，早期遗存以大型台基式建筑为主，出土鸱吻、神鸟、兽面瓦当等高等级建筑的装饰构件，晚期遗存以普通居民建筑为主（《2009中国重要考古发现》）。郑州市文物考古研究院等对登封观星台元代大殿基址进行发掘，对复原元代天文建筑并揭示其功能有着重要意义（《华夏考古》4期）。

河北首部以县为单元的《河北省明长城资源调查报告——涞源卷》（文物出版社），总结了涞源段明长城资源的调查成果，汇集了长城及相关设施勘察测绘成果，第一次较为全面地整理了涞源明长城敌台实测图及相关数据，对今后长城其他区段调查报告的整理具有重要示范意义。内蒙古文物考古研究所等对巴林右旗巴根吐三段并行的金代界壕进行了解剖发掘（《内蒙古文物考古》1期）。河北武安市新发现各类山寨遗址上百处，均建在相对独立的山顶上，依山势建有寨墙，并设有垛口、望孔，山寨内遗存有房屋基址及陶瓷器残片，最常见的遗迹是石臼，年代为金元时期（《文物春秋》4期）。

2007、2009年，江西省文物考古研究所等两次对高安市华林造纸作坊遗址开展考古发掘，该遗址是目前我国发现遗迹最多、最全的造纸遗址，有各类与造纸相关的遗迹28个、水碓遗址14座，时代可早到南宋，并历经宋、元、明三个时代（《考古》8期）。

二　墓葬的发现与研究

（一）帝王陵墓

2008～2010年，河南省文物考古研究所对安阳县安丰乡西高穴汉魏大墓M2进行了抢救性发掘，墓葬平面呈甲字形，为斜坡墓道多室砖室墓，出土可复原遗物约400件，其中有反映墓主人身份的刻铭石牌和铁甲、剑、镞以及时代特征明显的铁帐架构件等，初步认定是魏武帝曹操的高陵（《考古》8期）。

20世纪50年代以来，江西发现了近50座明代藩王系墓，无论从数量和等级数量方面均是全国其他封藩地的考古发现不可比拟的，江西省博物馆等编《江西明代藩王墓》（文物出版社）收录了相关珍贵文字和图片资料，多为首次发表；报告内容按江西三藩分封先后排列，即宁王系、淮王系、益王系，各藩王系按入葬年月先后排序，并尽量将有承袭关系的家族墓排列其后。武汉市文物考古研究所等在江夏区发掘了武汉地区第一座明代郡王墓——景陵王朱孟炤夫妻墓，该墓为同茔并穴砖室墓，残存有茔园基址，出土一批反映明代藩王丧葬礼制的随葬品（《江汉考古》2期）。成都文物考古研究所等在成都凤凰山发掘了明一世蜀王朱椿的王妃墓，该墓由陵园、封土、地宫三部分组成，地宫包括八字墙、前庭、中庭、后庭（棺室）及耳室，下葬时随葬品不多（《成都考古发现（2008）》）。北京市文物研究所对清和硕嘉公主园寝内部分遗址进行发掘，清理建筑基础1座、三合夯土墩4座、沟1条，出土石像生、石碑和柱础等遗物

（《北京文博》4期）。

河南省文物考古研究所编《曹操高陵考古发现与研究》（文物出版社）收录了至2010年10月中旬在专业学术报刊上发表的53篇研究文章，涉及内容主要有：关于曹操高陵认定的系统论证，关于曹操高陵“薄葬”、“不封不树”等葬制问题的研究，对曹操“七十二疑冢”说的辨析，安阳曹操高陵和洛阳曹休墓的比较研究，出土石牌等器物及所反映的名物制度研究，出土人骨体质人类学研究，出土人骨身份确定和相互关系推定，历史时期考古学理论与方法等。

《梁代陵墓考·六朝陵墓调查报告（附地图集）》（南京出版社）汇集了民国年间出版的研究南京和周边地区六朝陵墓及其神道石刻的两种专著，作为“南京稀见文献丛刊”的一种再版，解决了研究者资料难寻的问题。

魏坚认为山西左云五路山和内蒙古凉城境内山巅发现的高大封土堆，以及目前在五路山山麓地带发现的夯筑土墙等遗存，是寻找北魏金陵的重要线索（《边疆考古研究》9辑）。

北宋帝陵神道石像生组合承上启下，在中国古代帝陵石像生中占有重要地位；孟凡人对北宋帝陵神道石像生的组合、雕镌技法、主要纹饰题材以及形制进行探讨，将其分为六期（《考古学报》3期）。吴敬从金代陵墓选址、布局和墓葬的特征，探讨金代女真人的汉化情况（《边疆考古研究》9辑）。

韩佺对明代江西宗藩墓葬玄宫制度的发展变化及其变化原因进行讨论（《南方文物》4期）。刘毅对不同形式的明代亲王玄宫结构进行了型式分析，将其发展变化分为四期（《华夏考古》3期）。王峰在实地勘察的基础上，对明潞简王陵西侧次妃赵氏墓的建筑形制及价值进行了探讨（《中原文物》3期）。夏寒认为江南明墓出土的模型明器主要有木俑、木家具、铜锡器三类，其中帝陵、藩王、公侯等墓葬的明器由官方提供，等级差异显著，民间随葬明器则多依宋代以来传统（《江汉考古》2期）。

（二）一般墓葬

洛阳市第二文物工作队在孟津县卅里铺村发掘了曹魏时期的曹休墓，墓葬形制为长斜坡墓道砖券多室墓，后室北侧出土“曹休”铜印1枚（《中国文物报》9月10日）。襄樊市文物考古研究所在樊城区菜越居委会辖区内发掘了一座三国早期墓葬，为土坑竖穴多室砖墓，后室出土两具木棺，为夫妇合葬墓（《文物》9期）。

洛阳市第二文物工作队在洛阳市邙山“大汉冢”东汉陵区内发掘西晋墓葬两座，均为单室土洞墓，M1 墓主为刘长明妻石好，刻铭砖纪年为西晋惠帝元康八年（298 年），M2 中出土有兵器铜弩机，墓主可能为男性，推测两墓为夫妻异穴合葬（《考古》10 期）。洛阳市文物工作队在洛阳市吉利区河阳家园清理了 3 座西晋中晚期墓葬，其中 M2490 为子女袝葬于母亲，并发现鸡蛋壳残迹，这种葬俗比较少见（《文物》8 期）。洛阳市第二文物工作队在偃师市首阳山镇香峪村北四方砖厂、新庄村北六和饲料厂分别发掘清理西晋墓各 2 座，属于西晋帝陵陪葬墓；四方砖厂 M1、M2 和六和饲料厂 M4 的墓葬形制比较特殊，墓道巨大而墓室狭小，在洛阳地区乃至全国都属少见（《考古》2 期）。南京大学历史系考古专业发掘重庆巫山县江东嘴遗址，西晋大墓（M7）是该次发掘最重要的收获，墓中有 5 人合葬，出土器物的形制、种类与北方西晋墓所出十分接近（《江汉考古》3 期）。北京市文物研究所等在昌平区沙河镇清理西晋墓葬 3 座，其中 M41 形制特殊，墓道有 2 条，东西并列，主室平面呈方形，东侧有南、北两个长方形侧室（《北京文博》3 期）。

马鞍山市博物馆分别公布了上湖村、九井山和寺门口 3 处东晋墓葬的情况（三文俱见《文物研究》17 辑，科学出版社）；其中九井山东晋墓墓室除四角各有一角柱外，直壁中部也各设置一砖柱，砖柱左右两侧又各设置一扇直棂假窗，此种结构配置可能为长江中下游地区首次发现；寺门口东晋墓 M2 出土 1 件四乳弦纹镜，填补了长江中下游地区六朝铸镜史的空白，墓室前后壁灯台的设置形式也是长江中下游六朝墓葬资料中仅见。

镇江博物馆在句容市袁相村发掘一座南朝宋元嘉十六年（439 年）墓，墓内放置木棺两具，墓砖中发现 1 块纪年砖和 2 块草书砖，随葬玻璃杯为萨珊王朝的舶来品（《东南文化》3 期）。武汉市文物考古研究所等在江夏区龙泉发掘 3 座南朝墓，出土成组的青瓷日用器，其中青瓷蟾蜍供台为长江中游地区首次发现（《江汉考古》1 期）。杭州市文物考古所等编著的《余杭义桥汉六朝墓》（文物出版社）刊布了一批余杭区出土的两汉和六朝时期墓葬，发展序列完整，对研究浙江地区汉六朝时期丧葬习俗具有重要意义。泉州市博物馆在福建省南安市丰州镇清理了两座六朝墓葬，出土物皆为当地所产的青瓷器，其中五联罐为闽南地区首次发现（《东南文化》3期）。广西文物考古研究所等在全州至兴安高速公路沿线四处地点清理了6座两晋南朝时期墓葬，有两座出土纪年砖（《广西考古文集》第四辑，科学出版社）。

近年引人关注的平城地区北魏墓葬考古又有新的资料。1993年，山西省考古研究所等在山西怀仁县七里寨村发掘了北魏丹扬王墓，该墓由前室、后室和前室两侧的左右侧室组成，出土有"丹扬王墓砖"铭文砖以及花纹砖、画像砖等（《文物》5期）。大同市考古研究所在大同市城南田村发掘一座北魏砖室墓（《文物》5期）。山西省考古研究所等在大同富乔垃圾焚烧发电厂工地发掘10座北魏墓，其中M9为和平二年（461年）梁拔胡墓，甬道有题记，墓室壁画与沙岭壁画墓相近（《2009中国重要考古发现》）。

安阳市文物考古研究所在安阳县洪河村发掘了东魏天平四年（537年）赵明度墓（《考古》10期）。山西省考古研究所等发掘的朔州水泉梁北齐壁画墓，有两层穹隆顶，在以往北朝墓葬中尚未见到，墓室壁画的布局题材、内容等与娄睿墓和徐显秀墓相似，明显受到当时晋阳地区墓葬制度的影响，但表现形式相对简单（《文物》12期）。河北省文物研究所等在磁县刘庄村抢救发掘北齐高孝绪墓，墓道两壁人物仪仗出行壁画保存较为完整，出土石门、步摇冠金饰片、墓志盖、彩绘陶俑、拜占庭金币等珍贵文物（《2009中国重要考古发现》）。西安市文物保护考古所在长安区韦曲高望堆村清理1座北朝墓葬，年代判断为西魏初年，出土陶俑丰富，为目前薄弱的西魏墓葬研究提供了重要资料（《文物》9期）。

辽宁省文物考古研究所先后两次发掘北票市大板营子墓地，清理墓葬23座，大体为3世纪中晚期慕容鲜卑进入辽西并定居大棘城之北后不久的遗存（《辽宁考古文集（二）》）。吉林省文物考古研究所等对集安市洞沟古墓群禹山墓区1041号墓和901号墓、麻线一号墓、蒿子沟一号墓4座墓葬进行了发掘（《边疆考古研究》9辑）。

江西宜春市博物馆在袁州区樟树村清理3座隋墓，发现有"开皇八年"铭文砖（《南方文物》1期）。陕西省考古研究院在长安区韩家湾发掘了隋大业四年（608年）苏统师墓，棺内保存完整的5件白瓷器，可能是隋代邢窑的珍稀产品透影白瓷（《考古与文物》3期）。安阳市文物考古研究所在安阳市置度村发掘1座隋代晚期墓葬（M8），规模较大，保存基本完整，出土了较多随葬器物，在安阳隋墓中颇具代表性（《考古》4期）。

陕西省考古研究院等在西安雁塔区傅村发掘隋唐墓葬39座，其中M10出土的铜尺制作精良，并不多见，为唐代度量衡的研究提供了可靠实物资料（《考古与文物》3期）。西安市文物保护考古所在西安南郊发掘唐开元十二年（724年）秦守一墓，出土的庑殿顶石椁和三彩器比较重要（《2009中国重要考古发现》）。山西省考古研究所等在太原晋源镇清理3座唐砖室壁画墓，均绘有树下老人图，其中一座为开元十八年（730年）合葬的温神智夫妇墓（《文物》7期）。河南新乡市文物考古研究所在凤泉区王门村发掘唐墓24座，全为竖穴墓道土洞墓，多座墓葬以石块或条石封门，值得注意（《华夏考古》2期）。山东大学东方考古研究中心等在湖北郧县后房村调查发现两大群8组唐代崖墓，并对3组崖墓进行了发掘和清理，为研究崖墓的起源、族属以及反映的观念意识等问题提供了新的材料（《考古》1期）。广西文物考古研究所等在梧州木铎冲发掘唐墓2座、南明（明末清初）墓葬1座（《广西考古文集》第四辑）。

新乡市文物考古研究所在市区发掘5座砖室墓，均为仿木结构，墓室四壁采用雕刻、拼砌等手法装饰出桌椅、箱柜、衣架、灯檠、门窗等，年代为晚唐或至五代（《华夏考古》2期）。吉林省文物考古研究所在河北正定县永安遗址发掘两座彩绘圆形砖雕墓葬，年代为晚唐五代（《中原文物》2期）。江苏仪征都市枫林工地发现90座晚唐到宋的平民墓葬，出土器物中瓷器较为突出，尤以景德镇窑青白瓷器居多，为研究当时真州城的社会经济状况和平民的丧葬习俗提供了重要的实物资料（《东南文化》4期）。1975年，福州外兰尾山南麓清理五代闽国通文三年（938年）王绍仙墓，出土阴刻篆书墓志铭1块，陶俑也颇具特色（《南方文物》3期）。

河南省文物考古研究所在巩义市北宋太宗永熙陵东北抢救发掘了周王赵玄祐墓，墓室内有砖雕壁画。陕西省考古研究院在韩城市盘乐村发掘一座北宋晚期壁画墓（M218），无随葬品，用木榻不用棺，壁画内容有中医实景图、佛祖涅槃图、杂剧图等（以上两文均见《2009中国重要考古发现》）。陕西省考古研究院在蓝田县五里头北宋吕氏家族墓地清理北宋墓葬29座，出土遗物665件（组），还勘探出家庙遗址1处，其中3座墓葬的形制有“空穴”的设置；M2的主人推定为吕大临（《考古》8期）。南京市博物馆等在河海大学江宁校区发掘南宋殿前都指挥使王福妻、周国太夫人杨善庆之墓，墓壁镶嵌有精美的砖拼浮雕壁画（《东南文化》4期）。成都文物考古研究所在永陵公园遗址发掘22座宋代砖室墓，可分为火葬墓和非火葬墓，三墓出有纪年买地券；该所还在成都市龙泉驿区十陵镇大梁村发掘宋墓4座（以上两文均见《成都考古发现(2008)》）。

辽宁朝阳市西三家发掘了1座辽代壁画墓，绘有四神、侍仆、十二生肖和竹林幔帐等（《文物春秋》1期）。辽宁省文物考古研究所等发掘的法库县叶茂台23号辽墓，是一座砖石混筑的多室壁画墓，主室平面呈八角形，年代应在辽代晚期，墓主人可能与宰相涅里衮第六女有关（《考古》1期）。北京市文物研究所编著《大兴北程庄墓地：北魏，唐、辽、金、清代墓地发掘报告》（科学出版社）报道的辽代墓葬未遭到任何人为破坏，是新中国成立以来北京地区所发掘的辽金墓葬中保存状况最好的墓群。

北京市文物研究所编著《鲁谷金代吕氏家族墓葬发掘报告》（科学出版社）报道金墓10座，均为竖穴土圹石椁墓、火葬，据墓志记载，为辽金时期燕地汉人大族——吕氏家族墓地。陕西省考古研究院在西安市长安区夏殿村西发掘了一座保存较为完整的金代中晚期墓葬，出土的1套影青瓷盏托具有南方瓷窑窑口烧造的特点，为金统治时期陕西关中瓷器贸易来源提供了新的实物资料（《考古与文物》5期）。许昌市文物工作队在许昌市文峰路发掘金墓两座，属于同坟异穴夫妇合葬墓，其中M2为壁画墓，出土的钧瓷可作为钧瓷断代研究的参考（《中原文物》1期）。

西安市文物保护考古所在西安市南郊潘家庄发掘元代墓葬3座，保存完好，出土器物丰富，组合完整（《文物》9期）。陕西省考古研究院等在长安区夏殿村西发掘4座元墓，墓主人为刘黑马祖孙三代，形制完整、随葬品丰富（《2009中国重要考古发现》）。济南市考古研究所在市中区发掘墓葬3座，初步确认是一处元代家族墓地；墓室以“堂”命名，M1门楣刻铭“寿春堂”，M2门楣刻铭“幽邃堂”，这种做法在济南为首次发现（《文物》4期）。这几处墓葬均对研究元代丧葬文化具有重要学术价值。

《盐池冯记圈明墓》（科学出版社）总结了1999年宁夏文物考古研究所与盐池县博物馆联合发掘的3座明代砖室墓的情况，并针对出土丝织物进行了专题研究。南阳市文物考古研究所编《南阳明墓》（大象出版社）以明家族墓为单位，按墓志记载的年代早晚为序，对明代南阳的地方史、家族史进行研究。南京韩府山东麓的杨庆墓，是一座规格较高且形制独特的明代宦官墓葬，墓主杨庆曾参与过郑和七下西洋，墓中采用了铁索悬棺的奇特葬式，可能体现了宋元以来热衷道教的宦官对这种葬式的心理认同（《东南文化》2期）。

洛阳市文物工作队公布了20世纪60年代征集到的两批明清陶俑及其他遗物，分别出自洛阳老城北劳砖厂明墓和西工区苗沟清代张彦珩夫妇墓（《中国历史文物》4期）。湖北郧西县观沟口墓地发现明代墓葬7座，清代墓葬1座，除了1座明墓被盗外，其余保存完好（《四川文物》3期）。云南省文物考古研究所等在威信县发掘石室墓6座，在滇东北地区尚属首次，年代为明代晚期至清代初期（《四川文物》1期）。福建漳州市文物管理委员会办公室在蓝天开发区清理一批明清墓葬（《福建文博》3期）。北京市文物研究所在通州区大稿村清理明墓2座、清墓6座（《北京文博》1期）。

北京市文物研究所编著《丰台王佐遗址》报道清墓41座，其中1座墓出土"卍"字形金簪，造型精美，为北京地区首次发现。安徽怀宁县文物管理所在三桥镇抢救清理1座清代母子合葬墓，双石椁并置，内各有一木棺，老年女性古尸保存完好，年代为乾隆至道光年间，属当地潘姓家族（《文物研究》17辑）。黑龙江省文物考古研究所在讷河市尼尔基水库淹没区发掘了1座清代达斡尔族墓葬（《北方文物》2期）。

《百泉、郭柳和山彪》（科学出版社）报告了河南辉县市百泉、凤泉区郭柳和卫辉市山彪3处墓地的墓葬发掘情况，为探索豫北地区汉、唐、宋、金、明、清时期丧葬习俗和社会发展状况，提供了一批重要的实物资料。南京博物院在江苏淮安境大运河两岸发掘一批明清墓葬（《大运河两岸的历史印记——楚州、高邮考古报告集》，科学出版社）。《唐县高昌墓地发掘报告》（文物出版社）报道北朝至隋代墓葬6座、宋墓1座、清墓1座。《奉节宝塔坪》（科学出版社）是重庆市奉节县宝塔坪2000～2005年发掘资料的专题报告，以墓葬为主，唐宋墓数量最多，其中1座唐墓出土乌银下颌托，是我国首次发现的乌银工艺制品。《重庆公路考古报告集》、《巴东红庙岭》、《巴东旧县坪》、《秭归陶家坡》、《秭归东门头》、《湖北库区考古报告集》第五卷及第六卷、《重庆库区考古报告集》2002卷（此8书均为科学出版社）等也都刊布了一批三峡地区六朝至明清时期的墓葬资料。

三国时期墓葬制度是从“汉制”向“晋制”转变的过渡时期，韩国河等认为这一时期墓葬形制同东汉时期相比有较大的改变，突出表现在曹魏和东吴地区，“晋制”的形成主要源自于中原地区的曹魏墓葬，尤其在墓葬形制和葬俗方面，同时东吴墓葬中的随葬品种类亦被中原地区所接纳，成为西晋墓中典型的器物组合（《中原文物》6期）。韦正对襄阳地区汉末魏晋墓葬的序列、四隅券进顶的起源地以及相关历史背景进行探讨（《古代文明》8卷，文物出版社）。胡传耸叙述了北京地区魏晋北朝时期墓葬的基本情况，并结合前后时代、周边地区同时期的考古学文化，对各处出土墓葬进行了对比和分析（《文物春秋》3期）。耿朔发现南京地区东晋早、中期墓葬变化的重点是穹隆顶墓和墓壁假窗的消失，中、晚期的变化则主要体现在假窗的再度出现和流行，这两次变化分别与桓温北伐的成、败相关（《南方文物》4期）。韦正对南京东晋温峤家族墓地的相关墓葬年代进行探讨，认为温氏家族墓地明确包括M9、M10、M12三墓，墓主分别是温峤、温放之、温式之，M13的墓主不能确定（《考古》9期）。姚义斌《六朝画像砖研究》（江苏大学出版社）从画像砖墓的型式学分析、分期分区、画像砖中体现的儒释道内涵、“竹林七贤和荣启期”画像砖个案研究、画像砖工艺以及画像砖衰落的原因等方面，展现了六朝画像砖的历史风貌，揭示了画像砖的艺术和文化内涵。

张国文等对大同南郊北魏（拓跋鲜卑）墓群出土的人骨进行了稳定同位素分析，在揭示其食物结构的基础上探讨了农耕文化对其生活方式的影响，发现拓跋鲜卑的汉化之路比慕容鲜卑更为艰难（《南方文物》1期）。王银田考证山西怀仁丹扬王墓墓主是刘昶及诸位夫人（《文物》5期）。倪润安系统总结了北魏洛阳地区墓葬文化的特征，建立起一个参照系，再通过洛阳地区与其他地区的比较，全面把握洛阳时代墓葬文化的特点和演变趋势（《故宫博物院院刊》4期）。张全民探讨了关中地区北魏、西魏墓葬陶俑的演变（《文物》11期）。魏青利等认为以邺城为中心的京畿地区和以晋阳为中心的并州地区发现的东魏北齐墓葬陶俑存在较大的地域差异，前者在造型、种类上偏重展现等级制度，后者突出的特征是大量着胡服的不同种类的武士俑（《文物研究》17辑）。

齐东方对唐代县令墓做了研究，探讨了两京县令墓的时代特点及其演变，以此为比较的基础，进一步揭示其他地区县令墓的区域性特征，再整体考察县府官吏墓的群体特征（《古代文明》8卷）。北京地区已发现的唐代壁画墓共有9座，于璞将其分为三期（《文物春秋》6期）。梁勉将西安地区22座唐墓壁画中的乐舞图分成三期，并总结了各期的特点（《文博》3期）。

郑以墨认为目前发掘的五代吴越国墓葬多为吴越王室及大臣墓，可分早、中、晚三期，装饰与形制部分沿袭唐代，但也体现了吴越国独有的墓制特点和明显的地域特色，特别是中晚期墓葬中的十二生肖、天象图等图像，不仅是吴越陵墓制度的重要组成部分，而且具有辟邪祈福的深刻含义（《东南文化》4期）。崔世平推断闽国刘华墓为她与闽国第三代主王延钧合葬的王陵（《东南文化》4期）。

观风鸟是唐宋墓葬神煞类明器的一种，耿超对观风鸟进行型式划分和分期，认为唐代观风鸟主要集中在唐高祖至武则天时期，成对出土的很多；宋代观风鸟都是单个出土，集中在南宋，北宋没有发现；随葬观风鸟的墓主大部分为中级官吏，极少数见于平民墓葬（《华夏考古》2期）。韩小囡对晚唐至宋代墓葬中仿木建筑雕饰的来源进行探讨，推断其最早应是受到隋唐时期地上仿木砖塔建筑装饰的影响（《中原文物》3期）。

吴敬对宋墓进行了系列研究，分别讨论了成都地区宋墓陶俑的定名和性质问题（《四川文物》6期）、峡江地区宋墓分期及文化因素的形成原因与影响（《江汉考古》1期）、福建宋代葬俗（《福建文博》4期）、宋代厚丧薄葬和葬期过长问题（《贵州社会科学》8期）、宋代墓葬断代研究的主要方法及其利弊（《南方文物》4期）。北宋王洙等撰《地理新书》对丧葬习俗和堪舆术等方面的考古学研究有重要参考价值，沈睿文对其成书和版本流传情况进行考证，并分析它与前代堪舆术的关系（《古代文明》8卷）。

王大方推测吐尔基山辽墓女主人可能是辽太祖耶律阿保机之妹余庐睹姑公主（《东北史地》

2期）。董新林对辽代帝陵壁画、契丹贵族墓葬壁画和汉人墓葬壁画所反映的辽代社会生活情形进行了研究（《考古学集刊》18集）。梅鹏云对辽墓乐舞图像的阵形及舞姿进行类型分析，并探讨辽代乐舞在时空方面的变化规律、乐舞阵形的特点及其功用、乐舞图像的性质等（《中国考古学会第十二次年会论文集（2009）》，文物出版社）。霍杰娜分大同地区、宣化和北京地区两大区探讨辽统治区南部汉人墓葬壁画题材的构成因素和布局位置，分析两区之间的时代共性和地区差异（《古代文明》8卷）。

乔梁通过对陶器的排序与编年，将三江平原北部的女真遗存划分为自辽代到金代较晚时期的若干阶段，确认它们应属于同一谱系考古学文化的不同发展阶段，从主要文化因素的来源分析，应当属于黑水靺鞨直接的后裔（《北方文物》1期）。

张晓东、刘振陆通过比较蒙元墓葬的壁画布局、人物形象和题材三个特征，初步认为正壁绘有明显蒙古人特征的并坐图和以宴饮、牧猎等草原风情为题材的蒙元时期壁画墓应为蒙古人墓葬（《内蒙古文物考古》1期）。

三　陶瓷窑址与文物研究

王银田等对山西大同北魏西册田制陶遗址进行调查，采集了部分标本，主要为砖、瓦、瓦当等建筑类遗物（《文物》5期）。成都文物考古研究所等对四川崇州公议镇天福窑址进行考古调查，揭示其器物形态、生产工艺，认为其烧造年代主要属初唐、盛唐阶段，上限可早至隋代（《成都考古发现（2008）》）。2009年，河北省文物研究所、北京大学考古文博学院、曲阳县定窑遗址文物保管所联合对定窑遗址4个地点进行主动发掘；发现并清理了从中晚唐到元代各个时期的地层，大体判定定窑的创烧时代在中晚唐时期，元代后期结束；清理了一批重要遗迹，包括2座保存较完好的五代窑炉、1座宋代窑炉、3座金代窑炉，大都具有大而深的火塘，发达的通风道和宽大的烟囱，具有不同于北方其他地区馒头窑的独特特点；出土了一批代表定窑各时期贡御情况的重要遗物（《2009中国重要考古发现》）。江苏淮安市楚州区河下遗址发现了一处明成化时期的龙泉窑青釉瓷片堆积坑；霍华等进行了专文研究（以上两文均见《东南文化》2期）。

吉林集安国内城遗址体育场地点集中出土了一批青瓷器，是目前高句丽时期遗迹内发现的最大一批青瓷器；马健认为其烧成年代大致在西晋末年至东晋初年，较有可能是越窑类型窑场的产品（《考古与文物》3 期）。魏女通过分析西安近年来发现的、有明确纪年的两座北魏韦氏墓葬出土瓷器的特点，对其烧造地点做了初步判断（《考古与文物》3 期）。日本学者小林仁讨论了从北朝到隋唐时期陶俑和低温铅釉陶等明器的发展与兴盛，指出北齐邺城地区的明器生产及其发展系谱在中国陶瓷上具有重要地位，是唐代黄釉陶和三彩器的渊源（《中国古陶瓷研究》16 辑，紫禁城出版社）。王睿认为隋代白瓷主要集中生产于河北南部和河南北部地区，多与其他釉色或其他质地的器物共同随葬；与北朝晚期瓷器相比，隋代白瓷在胎质致密度上有所提高，并出现了雕塑、模印和黑彩点缀等装饰方法，还生产出了胎质极薄的“透影白瓷”（《考古学集刊》18 集）。易立考察了白釉绿彩器在北齐、唐、五代北宋（辽）三个时间段的大致面貌，及其产生、发展和流向问题（《四川文物》4 期）。

乔纪军借助近年的新材料，对“官”、“新官”及“易定”款瓷器的烧制时代、产地及字款含义等做进一步探讨（《文物春秋》3 期）。山东淄博磁村窑烧制年代为唐至金、元，董健丽概述了该窑的釉色品种、装饰特征和烧造历史，认为磁村窑特别受毗邻的河北、河南等北方著名窑口影响，同时也与同处鲁西南的本地窑口高度一致（《中原文物》3 期）。刘大川对珠江三角洲地区唐代窑址的特点进行了归纳（《东南文化》4 期）。李钰分析唐宋时期南方四川、江西景德镇和浙江地区窑炉的北方因素，探讨北方窑炉技术南传的特点及原因（《中国古陶瓷研究》16 辑）。

《中国古陶瓷研究》第 16 辑是磁州窑专辑，主要内容包括磁州窑窑址调查与试掘、磁州窑研究与探讨、藏品介绍、磁州窑系研究、磁州窑与其他瓷窑器物的比较研究等。陈馨以西汉南越王博物馆所藏磁州窑系瓷枕为例，从器物本身及陶瓷工艺学原理来详细探讨瓷枕的成型工艺（《考古与文物》3 期）。

杨玉璋等《安徽繁昌窑遗址发掘与研究》（中国社会科学出版社）对安徽繁昌窑遗址进行了系统研究，包括地理环境与历史沿革、历年的考古与研究工作、地层堆积、出土遗物、分期与年代、繁昌窑青白瓷的科学分析与研究、繁昌窑的性质、兴衰、历史地位和工艺等。王洪敏对湖北蕲春罗州城址出土的宋代陶瓷残片进行分析测试，认为青白瓷样品来自湖北武昌青山窑和江西景德镇，黑釉瓷是江西吉州窑的产品，绿釉陶表面的银釉含有较多的铅与磷，并且以磷酸铅的物相形式存在（《江汉考古》1期）。黄义军《宋代青白瓷的历史地理研究》（文物出版社）在总结考古学、陶瓷工艺学及社会经济史等研究成果的同时，对宋代青白瓷的起源、生产、销售等情况进行梳理和分析，讨论了与之相关的区域经济文化交流、区域开发等历史地理问题，为历史地理学与考古学的多学科交叉研究作出了有益的探索。

佟柱臣《中国辽瓷研究》（社会科学文献出版社）从阐述辽瓷的基本概念和辽瓷学兴起和发展的历史出发，系统地介绍了辽瓷产生的历史背景、辽瓷产地的自然环境与生产条件以及辽瓷的地理分布，详尽地叙述了辽代城址、陵址、塔基、辽墓出土的辽瓷、辽墓壁画和画像石上反映的辽瓷以及大量发现的辽代瓷窑址，在分析和研究上述资料的基础上，论述了辽瓷的编年、辽瓷的工艺、辽瓷的纹饰与作款以及辽代陶瓷产生和结束的时间和地域。陆博讨论了辽墓出土白瓷花口器的形制类型、年代和窑口等问题，认为大多来自定窑和景德镇窑，其次是辽本地窑和仿制中原窑的制品（《辽宁考古文集(二)》，科学出版社）。

河北省文物研究所在隆化县隆化镇鲍家营村发掘了兴州窑址，明确兴州窑是元代民窑，部分产品为官府定烧，在仿烧磁州窑、钧窑、建窑产品的过程中，形成了自己的风格（《中国文物报》7月2日）。秦晓杰等探讨了东北地区出土元代瓷器的窑口、运输和贸易等问题（《内蒙古文物考古》2期）。

王光尧《明代宫廷陶瓷史》（紫禁城出版社）重点讨论了明代宫廷用瓷的特点、生产窑场与外流扩散，以及明朝政府对全国瓷器生产的政策与影响、瓷器御用性的确立与影响等问题。肖丰《器形纹饰与晚明社会生活：以景德镇瓷器为中心的考察》（华中师范大学出版社）通过对明代景德镇瓷器的个案分析，解读瓷器器形、纹饰、铭文及款识所隐含的社会文化信息，全新地诠释了晚明器用的“瓷质化”现象以及瓷器纹饰的“泛俗化”问题，用以实证晚明社会生活的异变。王新天认为东南瓷业自汉晋六朝至明清均以仿烧名瓷为主要内涵，以民窑为主体，以海洋世界为市场，向海外用力，具有鲜明的海洋性特色（《中国考古学会第十二次年会论文集（2009)》）。

四 墓志、碑刻、印章、文书等研究

（一）墓志、买地券

张学锋对南京滨江开发区吴墓出土的“建衡元年”买地券做了补释，指出券文从形式到内容仿照现实生活中的地契，但其中的面积、地价和地主姓名仍可能出自虚构（《东南文化》1期）。马瑞等考释了前秦建元七年（371年）郑孙买地券（《中国历史文物》6期）。

章红梅校正了洛阳北魏杨机墓志录文在卒葬、仕历分析上的不足（《中国历史文物》5期）。马立军考证北魏延昌二年（513年）《给事君夫人韩氏墓志》和北魏延兴五年（475年）《元理墓志》为伪刻（《江汉考古》2期）。李森对清末出土的北齐逢哲墓志中提到的地理名称、逢哲里籍、逢氏家族成员活动地点以及墓志的形制特征等进行考证，认为该志出土于山东青州，并非沂水（《文物春秋》4期）。尔朱世邕墓志是北齐尔朱氏墓志的首次发现，陈瑞青等对其志文进行了考释（《文物春秋》1期）。

胡明曌介绍了3方唐代墓志，墓主分别是靖德太子李琮、韦府君夫人崔成简、李宗闵元配夫人韦氏，涉及大明宫十王院、大明宫留守、宣政前殿等内容（《考古与文物》5期）。张苹、马冬从晚唐墓志记载发现，内侍省各级官员是这一历史时期中占有“赐紫绯”份额最多的利益集团，反映了晚唐内官集团强化自身政治权威视觉外观的意志体现（《中国历史文物》6期）。唐李元轨墓志记墓主为北门学士，为今见最早与北门学士相关的资料，但梁尔涛从墓志所记李元轨仕宦、职事及任职时间等因素来看，认为他不可能是真正的北门学士，墓志称其为北门学士实为谀墓风气下的攀附之举（《中原文物》6期）。

西安大唐西市博物馆藏三方反映唐代义商事迹的墓志，龚静介绍了志文内容，认为反映了唐代商业文化中“仁以为富”的财富观（《考古与文物》2期）。刘琴丽通过墓志记载发现唐代部分比丘尼并非像佛教教义宣传的那样真正出家，而是与其家人保持密切的联系（《华夏考古》2期）。唐代李伦墓志记述了墓主生平及其次子仲和将其遗骨从陇西运回，祔葬河北昭庆（今河北隆尧）“唐陵东南三里”李氏祖茔的经过，进一步证实了李唐祖籍在河北隆尧之说（《文物春秋》3期）。

毛阳光通过对洛阳出土的《支彦墓志》和《支敬伦墓志》的考证，揭示了支彦这个月氏胡人家族自北朝隋唐以来迁居、仕宦和汉化的情况（《华夏考古》4期）。呼啸对唐代《罗州玠墓志》进行考证，认为志主的真实身份应当是西突厥或吐火罗人（《文博》3期）。曹建强等介绍了中国农业博物馆从洛阳征集的一合墓志，墓主康子相祖籍西域康居国，墓志撰写者是唐高宗宰相许敬宗（《中原文物》6期）。宁夏固原市原州区发现唐念子夫妇合葬墓，马东海对其墓志进行考释，认为念子为吐谷浑后裔（《考古与文物》1期）。张彦对西安碑林博物馆新藏《高铙苗墓志》进行考释，推测志主为唐高宗乾封年间，即高丽发生内讧后投诚唐朝的高丽将领，为研究在唐高丽遗民情况增加了新的史料（《文博》5期）。

刘莲芳研究北宋《郑荣墓志》，梳理了郑荣家族的传承脉络，获取了北宋初期宋夏战争和平定侬智高叛乱的一些侧面信息（《文博》2期）。杨超等探讨了北宋王蘧墓志未曾提及的王蘧久仕不偶的另外两个重要原因，对其生平作了一些补充（《中原文物》4期）。李森对新见北宋李颀墓志所载家世、地名、历史人物等进行考释（《考古与文物》3期）。

内蒙古巴林右旗发现1方辽代墓志，志文残缺，墓主人姓名缺失，都兴智认为墓主是辽韩知古之女，并对她的生平和家庭试作考证（《北方文物》3期）。

杨光介绍了河北廊坊市出土的两合明代墓志，志主分别为宣宗乳母奉圣夫人李氏及其子吕俊，志文涉及明代官职、诰封及洪武与建文纪年的使用等内容，更重要的是为确定明宣宗的生年提供了重要依据（《文物春秋》5期）。南京市江宁区博物馆收藏有四块明代陈瑄家族墓志，杨李兵对其进行了简介和考释（《东南文化》2期）。李峰对清台湾府知府蒋元枢墓志所涉其仕历、在台建设、德才舆评等事迹加以订补（《文物世界》5期）。丁岩考证西安凤栖原清代李维新夫妇墓所出一合墓志，可见清初一户自河北沧州迁居西安的家庭的社会生活状态（《陕西历史博物馆馆刊》17辑，三秦出版社）。

（二）碑刻

甘肃省宁县所出“大代持节豳州刺史山公寺碑”较详尽地保存了豳州地方职官、民族、地理等信息，可丰富对北魏地方行政制度、豳州地理与民族分布等的认识，高然等对碑中所见内容加以考释（《考古与文物》3期）。

沈睿文等考释“新添修昭陵

宫寝廊宇并使判厅七司院记”碑，该碑849年立于唐昭陵北司马门附近，记录了唐宣宗时期对昭陵的维修，披露了昭陵北司马门除了现有的主体建筑之外，很可能还有使、判两厅和七司院等管理陵寝的附属建筑（《中国典籍与文化》2期）。霍巍对西藏洛扎吐蕃石刻进行实地考察，明确了两处石刻的地点，对保存的文字重新比对、转写和翻译，并将石刻与附近的吉堆吐蕃墓地相联系，认为吉堆墓地和洛扎石刻都与吐蕃大臣得乌穷家族有关（《文物》7期）。

金永田考释辽代《建家塔记》残碑的残文，认为所记录的塔是一座建于义家之上或旁边的小型幢塔（《北方文物》2期）。李俊义等对翁牛特旗博物馆藏的《辽上京松山州刘氏家族墓地经幢》的残石文字进行解读，研究了刘氏家族世系及相关问题（《北方文物》3期）。

郝武华对金大定二十年（1180年）昊天寺妙行大师行状碑的基本情况、流传经过、昊天寺历史沿革、碑文用字特点等问题进行考证。金明昌三年（1192年）碑是辽义县奉国寺内现存年代最久的一块石碑，刘俭等对铭文有关问题进行考证，指出碑文记载的缺憾和历史谜团。齐伟依据金代圆通全行大师碑的内容，研究了昌平刘氏家族在辽金时期的政治地位、社会影响和通婚情况等，探讨了汉官大族对辽金燕云地区发展所起的特殊作用（以上三文均见《辽金历史与考古》第二辑，辽宁教育出版社）。

陕西户县文庙现存一通明代卧碑，是明代学规禁例的实物资料，党小娟等录其文字，并探讨其社会功用和相关问题（《文博》4期）。

（三）印章

辛蔚对比宋金两朝官印，确定“北库合同”为金代交钞印章，论证了宋金两朝左藏机构的承袭关系及该印与金临潢路界壕边堡修筑工程之间的联系（《北方文物》3期）。陕西新发现两方李自成政权官印，俱与河南有关，陈根远据此讨论了李自成政权颁铸官印的自名特点、尺寸规制、款识流变等，以及这两方官印遗落在陕西的原因（《中原文物》2期）。

（四）文书

敖特根《敦煌莫高窟北区出土蒙古文文献研究》（民族出版社）对现已刊布的莫高窟北区出土51件蒙古文残文书进行了较为深入的研究，重新对这些残文书进行释读、拉丁字转写、翻译与注解，分为回鹘蒙古文和八思巴蒙古文文书两类，时代早者属于忽必烈汗执政时期，时代晚者为北元初期。

五 钱币、铜镜、金银器等研究

（一）钱币

张鸿亮等初步探讨洛阳西晋墓出土钱币，统计数量达到万余枚，包括两汉、王莽、三国时期，主要有半两、五铢、大泉五十、货泉等，具有种类多、总量少、选择性强的特点，广泛用于俸禄、税收、赏赐、交易等（《中原文物》2期）。王义康认为7世纪导致萨珊银币东输的一个重要因素是唐朝向突厥等内附民族征收银钱（《中国历史文物》1期）。巴林左旗博物馆在十三敖包镇清理一处钱币窖藏，完整铜钱有37025枚，时代最早的有西汉“八铢半两”，最晚的是辽“天庆元宝”，可能是辽末战乱时掩埋的（《内蒙古文物考古》1期）。

（二）铜镜

陈根远讨论了隋纪年墓出土铜镜的制作年代与历史价值（《考古与文物》3期）。范淑英认为隋唐时期复古风格的铜镜绝大多数是据汉镜仿制和创新，这一过程从隋至初唐起至晚唐从未中断；而且由于唐人对“古镜”的年代、铭文及花纹认识皆不明确，造成了唐代工匠及道教术士假托古镜创造新镜的可能性（《故宫博物院院刊》6期）。她还总结了唐诗所见唐代铜镜流通的主要方式，并与考古资料相印证（《考古与文物》3期）。

（三）金银器

卢昉等通过分析契丹金冠的材质和纹饰，划分出契丹金冠的型式，并探究其文化内涵（《四川文物》5期）。姜勇报道了黑龙江省双城市文物管理所收藏的一处金代银器窖藏的5件文物（《北方文物》3期）。

（四）其他金属器

田立坤认为喇嘛洞墓地包含两种组合不同的马具，分别代表慕容鲜卑和夫余两种文化因素（《文物》2期）。王莉介绍了辽宁鞍山市千山灵岩寺窖藏出土的铁器和瓷器，应为辽金遗物，其中铁器带有高句丽民族特点（《辽宁考古文集（二）》）。大竹县文物管理所报道了一批1987年出土的明代铜器，专门用以祭祀孔子、四配和十二哲人，应是明末文庙被毁后埋藏（《四川文物》4期）。徐春燕对现存古代铁旗杆进行了统计和分析，认为铁旗杆的铸造经历了三个阶段的发展，其产生根源于我国的信仰文化，是清代铸造业发展的结果，也与清代商业的发达密切相关（《中原文物》6期）。

六 宗教遗迹与文物研究

(一)佛教

1. 石窟

2002～2005年河北省古代建筑保护研究所对北响堂石窟实施了加固保护工程，赵仓群主编《北响堂石窟加固保护工程报告》(科学出版社)重点介绍了这次工程的实施情况，同时结合石窟这一特殊类型文物建筑，对文物保护理念进行了探讨。四川广元皇泽寺寺庙创建于北魏晚期，历经北周、隋、初唐的发展，渐成规模，至盛唐时达到鼎盛；《广元皇泽寺文物保护维修工程报告》(文物出版社)收录了石窟调查与研究的情况，以及文物勘察与维修保护工程报告。

四川省文物考古研究院编《绵阳窟龛：四川绵阳古代造像调查研究报告集》(文物出版社)是绵阳地区现存隋唐时期佛教、道教摩崖造像的调查报告，并收有研究论文，其中7处龛窟的造像属于佛教，或以佛教为主，报告进行了科学的编号、绘图、叙录，为国内外学术界研究四川石窟摩崖造像提供了第一手资料。西华师范大学历史文化学院对四川省营山县太蓬山石窟进行了全面调查，蒋晓春等公布了石窟内容总录(《敦煌研究》1期)；还对太蓬山石窟的特征和年代进行了初步研究，指出其形制多为摩崖浅龛，造像题材以天龙八部、千手观音等最具特色，开凿时代主要集中在中晚唐，之后一直持续到南宋(《敦煌研究》4期)。

宿白《中国佛教石窟寺遗迹——3至8世纪中国佛教考古学》(文物出版社)系统探讨了早期佛教遗迹与石窟寺遗迹的分布，云冈、河西地区以外的早期石窟寺，敦煌莫高窟现存早期洞窟的年代问题，新疆克孜尔石窟的初步探索等内容。

刘建军报告了大同市鹿野苑石窟的调查情况，认为其开凿年代在北魏皇兴元年至四年(467～470年)之间，新发现的禅窟(第5窟)纵券式的窟顶形制与新疆石窟的影响有关。河北曲阳县八会寺石经龛的刻经时代为北齐到隋代，赵洲在全部识别其内容的基础上，探讨了该龛四面造像、刻经题记，以及形制和功能等问题(以上两文均见《石窟寺研究》1辑，文物出版社)。

贺玉萍《北魏洛阳石窟文化研究》(河南大学出版社)从洛阳石窟与佛典文化、石窟造像、石窟题记与社会情态、石窟艺术、石窟文学、石窟文文体等方面系统研究了北魏洛阳石窟文化。杨超杰通过对龙门石窟造像题记进行归纳、整理，对涉及妇女的造像功德主身份、造像目的、造像题材等进行分析，并讨论相关问题（《中国历史文物》4期）。龙门石窟的擂鼓台中洞和看经寺窟是武周时期的两座禅窟，其共同之处就是在石窟内刻有25或29祖师像，袁德领认为刻其像的原因与禅宗北宗的争立“法统”之说有关（《敦煌研究》1期）。刘景龙断定龙门石窟的开凿年代不是从孝文帝迁洛开始，而是在太和初年或之前。姚学谋等一反旧说，考证龙门石窟极南洞为唐代名相姚崇家族开凿，功德主是姚崇生母刘夫人，完工于武则天神龙元年。石松日奈子考察了龙门石窟和巩县石窟的汉服贵族供养人像，探讨“主从形式供养人图像”的成立情况及起源（以上三文均见《石窟寺研究》1辑）。

麦积山石窟艺术研究所编《麦积山石窟研究》（文物出版社）收录中日学者共18篇论文，大多数为麦积山石窟的专题研究，探讨了麦积山石窟的开凿年代、北魏晚期至西魏洞窟分期、北周窟、交脚菩萨与半跏思维菩萨、供养人、影塑、文献等方面的重要问题。王裕昌等认为麦积山石窟早期洞窟的造像中，弥勒造像是最为重要的题材之一，有交脚、半跏思维及佛装三种形式，其表现手法不一代表了不同的内涵和信仰（《敦煌研究》3期）。项一峰对北周时期麦积山第四窟七佛龛的“薄肉塑”、“沥粉塑”壁画详加辨析，识别出多种其他窟从未有的新题材，及组合经变的思想内容（《石窟寺研究》1辑）。

张善庆以中晚唐五代时期敦煌降魔变地神图像为线索，从佛教经典、图像及区域文化三个角度对其进行考量，指出于阗粉本的重要影响，由此揭示出归义军政权的社会历史、外交关系以及宗教艺术在政治生活中所扮演的角色（《西域研究》1期）。沙武田通过新发现于莫高窟第359窟的供养人画像题记的释读，表明该洞窟为吐蕃统治时期粟特九姓胡人石姓家族营建的功德窟，并就供养像所反映的服饰新现象、洞窟功德主、粟特胡人对吐蕃统治的态度等问题作了探讨，解释该窟供养人画像大量集中出现的原因（《敦煌研究》5期）。

白文以唐代麟游慈善寺第1窟三佛为例，从对唐代佛教美术中三佛体系的横、竖三世佛图像的讨论，追溯到三佛的产生与匹配过程，以及唐代的三佛图像在结构上的差异（《四川文物》5期）。巴中石窟中的观音菩萨造像窟（龛）多达100余处，何汇将其分为四期（《中原文物》3期）。

陈悦新将栖霞山石窟南朝佛衣类型分为四种样式，探讨其分期演变和对北朝的影响（《华夏考古》2期）。她还将龙门石窟北魏佛衣类型分为三种样式（《文物》7期）。费泳对东魏北齐佛衣样式进行了研究，认为北朝晚期佛像在这个时期发生了一次突发性的风格转变，除佛像体态变得丰厚饱满外，另一新变化就是“敷搭双肩下垂式”、“钩纽式”两种佛衣样式的兴起，并进一步揭示了这两款佛衣的基本披着方式、演化类型及大规模兴起的成因（《考古与文物》5期）。

董广强等对甘肃合水县安定寺石窟进行了详细介绍，并对年代、造像题材、与其他石窟关系等问题进行了讨论（《敦煌研究》4期）。方珂对大足石刻北山288号龛明代刑部尚书林俊像、290号龛相关碑文进行研究，认为288号龛乃是重庆府同知范府为仰慕林俊，而特意毁凿宋代佛像而刻，其左右两壁刻的是朝臣像与范府像（《文物世界》6期）。

2. 寺院

邺南城朱明门遗址东南赵彭城村西南有一处夯土台基，当地俗称“曹奂冢”；2002年，经中国社会科学院考古研究所、河北省文物研究所共同组成的邺城考古队的发掘，判定该夯土台基为东魏北齐邺城时期的佛寺塔基，初步确认了以塔基为中心的赵彭城北朝佛寺遗迹，该佛寺平面布局的基本特点是：以方形木构佛塔为中心，以壕沟围绕呈正方形的寺院，寺院内建筑呈中轴对称分布，具有多院落结构特征（《考古》7期）。中国社会科学院考古研究所等对山西太原市龙山童子寺遗址进行发掘，揭露了明代寺院的全貌，发现2座唐代洞窟，清理了佛阁的前廊、阁内北半部以及阁外北部和南部的建筑遗址，出土一批北齐和唐代石刻造像，对寺院的布局有了清楚认识，推断寺院遗址最早应是北齐创建的（《考古》7期）。中国社会科学院考古研究所新疆队对策勒县达玛沟托普鲁克敦3号佛寺建筑基址进行发掘，初步认定该遗址是一处塔克拉玛干地区首次发现起居、学习、论经的综合性建筑，与1、2号佛寺建筑遗址同属于一座大型寺院；广场式庭院、僧房、莲花形炊具等都是首次发现，壁画人物着装均为典型的唐代汉风装束（《中国文物报》12月17日）。

辽宁省文物考古研究所在朝阳市老城区发掘一座辽代石宫，清理出石函、石佛舍利铭记和瓷器、玻璃器、银器等，修造时间为辽统和二年（984年），修造人姚汉英为辽霸州刺史（《文物》11 期）。北京市文物研究所等发掘了大兴区黄村镇西北一处辽金时期塔林遗址，清理塔基25 座，其中 9 号塔基规模最大，尚存踏步、祭台和经幢座（《2009 中国重要考古发现》）。

张晓东将辽宁义县奉国寺大雄殿内的元、明时期壁画分为两组，分别讨论其布局、题材、造型特征，以及时代、风格等问题（《边疆考古研究》9 辑）。四川省剑阁县觉苑寺始建于唐代，明代维修时在大殿四壁绘制了 209 幅佛传故事绘画，共计 170 多平方米，是国内目前保存最好的、最完整的佛传图典，王振会等主编《剑阁觉苑寺明代壁画》（文化艺术出版社）详细介绍了这些壁画。陈凤娟介绍了宁夏彭阳县建于明嘉靖三十年（1551 年）的瓔珞宝塔的结构、旁侧寺庙遗址等情况（《文物》11 期）。

篠原典生通过对新疆脱库孜萨来佛寺伽蓝结构的分析，认为其年代为 3～6 世纪，有三个阶段变化，反映了犍陀罗地区、龟兹及西域东部地区的佛教伽蓝的影响。何利群结合北朝至隋唐时期佛教寺院遗址的发掘资料，揭示了中国古代佛寺由“前殿后塔”向“多院多殿”式布局的发展趋势（以上两文均见《石窟寺研究》1 辑）。王洁等从单体建筑、建筑群和院落三个层面，全面解读隋朝莫高窟的建筑图像，从建筑的形态和构成、群体组合以及院落布置三方面解读隋朝木构技术的进步、建筑组合的成熟以及院落布置的丰富（《敦煌研究》4 期）。

李静杰等详细调查了太原永宁寺明代壁画，发现壁画内容为完整的阿弥陀佛四十八愿图像，是迄今所知唯一的此类壁画遗迹，考证壁画由太原县和太谷县僧俗供养人出资绘制，是明代西方净土信仰流行和重视佛教修行实践背景的产物。故宫博物院等考察了甘肃永登连城鲁土司属寺，对现存文物的图像资料进行了全面采集和初步整理，明清时期的壁画、雕塑等反映了汉藏文化共融、共存现象的普遍存在（以上两文均见《故宫博物院院刊》1 期）。

3. 造像

中国社会科学院考古研究所编著《古都遗珍——长安城出土的北周佛教造像》（文物出版社）详尽介绍了近年长安故城内出土的一批北周佛教造像的形制和特征，汇集了西安地区历年来出土的北周佛教造像资料，对北周造像的题材与样式，北周造像与周边北齐、南朝、西方诸国造像的关系等问题进行了探讨，揭示了北周造像风格形成的缘由。

2009年，陕西富县发现一批北朝至宋代的佛教石刻造像，出土地点为一寺院遗址，从纪年铭文看有西魏、北周、隋代的造像碑及造像，从造像的风格看还有北魏、宋代的造像碑及造像（《2009中国重要考古发现》）。

李裕群认为神王浮雕石佛座为北魏承平元年（452年）八月雕造，文成帝兴安二年（453年）七月完成；佛座雕刻的神王和四天王像，属于佛教造像题材，而非摩尼教神像；造像功德主为陇西郡人，该造像大概出自陕西或甘肃（《文物》7期）。赵超通过对北魏永安二年（529年）张昙祐等造像上线刻画的研究，证实六朝画风从密体向疏体演变这一重大变化，反映了南朝画风对北朝造像的深刻影响（《考古与文物》6期）。渑池石佛寺石窟一般认为开凿于北齐时期，杨超杰认为当开凿于北周，属河南境内唯一的一处北周时期开凿的石窟（《中原文物》第5期）。李静杰认为四川南朝石刻造像浮雕佛传图像的内容，或非所谓的净土经变或观音经变，实际是凝聚四川风土气息的图像（《石窟寺研究》1辑）。王玉认为20世纪50年代以来，成都万佛寺、商业街、西安路三个地点先后出土的数十件有年代题记的南朝石刻造像，均是宋代仿家的作品，表现出隋、唐、五代、宋诸多造像元素，以宋代特征最显著（《华夏考古》2期）。

（二）道教

四川省文物考古研究院等对绵阳玉女泉摩崖造像进行调查，详尽介绍了四区31个龛的调查资料，总结了各区的龛窟形制和艺术特色；该处造像是四川境内时代最早的道教造像，保留有隋代、唐初造像题记，为研究道教造像在四川的传播和发展提供了重要材料（《四川文物》4期，也收入《绵阳窟龛》）。《北京寺庙宫观考古发掘报告》（科学出版社）收录3处道教建筑遗址的发掘报告，时代为清代至民国初年。

白彬从共存关系、疏文内容以及与道书文献进行比对三个方面，推定南方地区吴晋墓葬出土部分木方（衣物疏）乃道教性质的遗存，有的疏主本身就是道教信众（《华夏考古》2期）。张勋燎总结北朝道教造像的特点及其与佛教造像的区别，分析其类型、参与者身份、经费来源、斋会活动、祈愿内容和社会人际关系理念、邑义组织的职事分工、妇女在造像活动中的角色地位，以及佛道二教和不同民族之间的关系等，对北朝道教造像特殊地域分布状况的形成原因提出新的解释（《南方民族考古》六辑，科学出版社）。程义等介绍了苏州林屋洞出土的道教遗物，其中金龙、玉简、金钮等唐五代宋时期的道教投龙遗物是目前单一地点发现的数量最多、组合最齐全的投龙遗物（《东南文化》1期）。陈小三还专文讨论了林屋洞出土玉简的铭文（《东南文化》4期）。

（三）其他宗教

张小贵《中古华化祆教考述》（文物出版社）从祆教源流、唐宋时期在华祆祠分布、祆神偶像化现象以及祆教祭祀仪式、婚俗、葬俗等方面探讨了来自中亚的祆教在中古中国的传播和发展变异。邵明杰等考证莫高窟第23窟“雨中耕作图”表现了《妙法莲花经》“序品”中的“雩雨”场景，分析其中胡服、胡舞、胡乐、胡塔及“衔绶鸟”图案所蕴含的粟特（祆教）文化信息，剖析祆教逐渐由实体宗教蜕变为文化形态的过程（《西域研究》2期）。

七　边疆考古与中外文化交流研究

《东北亚考古学论丛》（科学出版社）是辽宁省文物考古研究所与日本奈良文化财研究所合作课题的研究成果，收入论文20篇，绝大部分与三燕文化相关，对壁画以及一些代表性器类如金步摇冠饰、金属马具、带饰、甲胄和铁兵器、工具、陶器等作了系列的比较，分析其所反映的埋葬制度、骑马文化特色，对三燕文化与中原文化的关系以及它在东西方文化交流中的作用，特别是对三燕文化与日本古坟文化之间的源与流关系、骑马文化传播的途径和方式，取得进一步认识。徐基等在考古学文化分期的基础上，分析汉晋北朝时期鲜卑慕容部和拓跋部的汉化过程（《中国考古学会第十二次年会论文集（2009）》）。

赵俊杰讨论了高句丽迁都平壤后王陵级墓葬的年代早晚关系，比定各王陵所对应的高句丽王，并探讨平壤期王陵外部形态与陵园的变化。魏存成讨论了朝鲜境内发现的高句丽山城的分布、规模、类型、构筑与设施等问题（以上两文均见《边疆考古研究》9辑）。张明皓对高句丽古坟壁画中的建筑形象进行分析，认为其题材主要包括城市形象和宫殿建筑形象，可以发现城市布局、防御体系以及宫殿布局方面的重要特征（《北方文物》3期）。

乔梁将渤海建国之前的早期靺鞨陶器分为黑龙江中游、牡丹江中下游、吉长三个地区，并进行分期和编年的研究（《边疆考古研究》9辑）。赵虹光具体探讨了渤海上京城“三朝制”所对应宫殿建筑年代的确定和产生及变化的过程，宫殿的殿堂、厅堂、余屋类型的划分，莲花纹瓦当类型的界定、排序等问题。王志刚对渤海墓葬类型重新划分，探讨渤海墓葬类型的演变和所受到的来自不同文化因素的影响。宋玉彬分析了渤海瓦当主题纹饰的主要类型及分布地域，尝试解读渤海国不同时期影响瓦当纹饰变化的各种文化因素的消长态势（以上三文均见《中国考古学会第十二次年会论文集（2009）》）。

陈凌对突厥贵族大型陵墓的形制及其发展演变进行初步的探讨，并讨论了唐陵“蕃臣像”与突厥“杀人石”的关系，以及突厥陵墓中的中原文化因素（《考古学集刊》18集）。张增祺《洱海区域的古代文明——南诏大理时期（上卷）》（云南教育出版社）设专章从官署与宫苑、城址、碑刻、摩崖、经幢、石窟寺与石刻造像、寺庙与古塔、桥梁、古窑址与砖瓦建筑材料、火葬墓等方面系统研究了南诏、大理国考古学文化。

万芳认为间色样式裙有横间裙与竖间裙两类：横间裙始于西汉前西域，多为高腰毛布裙，而竖间裙出现于两晋时期的中原，多为低腰样式，以丝织品制；北朝时期，高腰间裙开始占据主导，并相沿成习于隋唐；北朝隋唐时期间裙腰高掩乳，间色密如条纹，既延续了早期中原的竖间形式，也融合了西域高腰特点，是晋唐时期服饰东西交流、胡汉交融的体现（《考古与文物》2期）。她还对新疆地区汉唐时期三角形及长方形衣饰存在的时期、区域、主要用途和装饰性等问题进行了分析，认为长方形衣饰可能是贵霜大月氏人的服饰，而三角形织物可能早在汉晋以前，即是月氏、匈奴所共有的服饰或装饰手法（《西域研究》3期）。卓文静认为条纹裙流行于曹魏至盛唐时期，其产生与流行可能受到西域胡人服饰的影响，向东传播至甘肃、宁夏、陕西、山西、河北、山东和辽宁等地，并延伸至朝鲜半岛及日本（《西域研究》3期）。赵丰考证唐系翼马纹纬锦应该就是隋末何稠仿制的波斯锦类型，而且逐渐超越波斯锦织造技术，变得更精美、更复杂、更华丽（《文物》3期）。“对波纹”是丝绸纹样中的一种骨架构图的名称，扬之水认为这种图案在印度早期佛塔石雕上已出现，经犍陀罗艺术的融汇和演变后东传，被中土所接受，且骨架内外填充的诸般异域因素一步步中土化，而赋予纹样新的名称（《敦煌研究》4期）。

北朝至隋唐艺术造型中，屡屡出现牛车辕旁胡人侍立俑，葛承雍认为其实质是“辨名品、表贵贱、彰尊卑”的写实现象，既为研究当时胡风胡俗提供了更为细致的历史佐证，又为入华胡人多为社会下层役使对象提供了翔实的证据（《中国历史文物》3期）。翟晓兰考证舞筵应该是西域胡腾舞、柘枝舞和胡旋舞所用的舞台茵毾，开元天宝以后盛行于长安，后更遍及于中国各地（《文博》3期）。目前发现的来华胡人的石质葬具共有9件，其中有8件都与粟特人有关，张桢通过这些葬具图像中大量反映粟特酒文化的场景，讨论酒在这些胡人的日常生活、政治活动、宗教信仰中所体现的重要意义（《文博》3期）。

董波分析了早期白瓷中的西域要素，认为早期白瓷具有模仿西域银器和玻璃器的特征，吸收了西域碱金属玻璃配方及碱釉技术（《中原文物》6期）。金英美对韩国中央博物馆收藏的高丽遗址出土中国瓷器进行分类，通过与纪年资料的比较分为四期，对各期流入高丽中国瓷器的数量消长和品种变化的原因进行阐释（《文物》4期）。林梅村从15～16世纪景德镇青花瓷外销调查的情况探讨了大航海时代东西方文明的冲突与交流（《文物》3期）。马文宽论述了明朝瓷器与伊朗萨法维王朝陶器的相互影响（《考古学集刊》18集）。赵嘉斌等通过对马尼拉帆船贸易中陶瓷器遗存，尤其是水下沉船考古所取得的新资料的研究，探讨了明清华南陶瓷生产的繁盛及通过马尼拉帆船行销海外的过程（《东南考古研究》第四辑，厦门大学出版社）。

日本三角缘神兽镜的来源一直是中日两国学者研究的重点，杨金平根据徐州地区出土的一面“三角缘框架式神人神兽镜”，提出洛阳地区并不是日本三角缘神兽镜单一的溯源地（《文博》2期）。苏铉淑以南北朝造像背光上的单层方塔为例，对6～7世纪中国单层方塔作类型分析，将其与相应时期朝鲜半岛和日本的单层方塔进行比较，探讨古代东亚佛教文化、艺术的交流情况（《文物》11期）。汪勃通过对中国、日本、朝鲜半岛古代墓葬中四神图、十二支、天文图的比较，认为龟虎古坟壁画受到了盛唐文化的直接影响，属于盛唐时期的中国壁画谱系（《考古学集刊》18集）。高富子对韩国庆州龙江洞出土的土俑服饰进行考证，认为统一新罗的服饰从唐制（《考古与文物》4期）。

甲骨文金文研究综述

刘　源

一　新材料

(一) 甲骨文

中国社会科学院考古研究所编著的《殷墟小屯村中村南甲骨》收录1986～2004年安阳工作队在殷墟小屯村中、村南及小屯周围所获刻辞甲骨500多片，即将由云南人民出版社出版。刘一曼、岳占伟《殷墟近出刻辞甲骨选释》(《考古学集刊》18集，科学出版社)从中选取内容重要的20片(《村中南》451与452为一骨之正反两面，故选介甲骨总数为19片)，做了介绍和考释。其中，《村中南》212一版卜骨有“王作三师右中右(左)”(历组一类)，与此前的《粹》597同文，但多出“……在衣，十月卜”一条卜辞；《村中南》319是一版较完整的龟腹甲，契刻的卜辞新颖而重要。如有一组“即祊”、“即宗”相对应的祭祀卜辞及“戣屯”的记载；中甲部位“乙亥卜，【女?】五廿五，五示卌六，四示七……三示五，三示三……四示二，九【示】……”一条卜辞出现“五示”、“四示”、“三示”等多个集合示名；右前甲“上甲、大乙、大丁、大甲、祖乙”五位先王日名上分别刻有一个人名“䍜、衔、光、争、□”，前所未见；《村中南》451、452（师组）为一完整卜骨的正、反两面，正面有骨面钻凿，反面相应位置契刻有卜问“文邑受禾”的完整卜辞，正面有“禦禾兮河岳”、“巫帝犬三豖”等卜辞，很有助于研究甲骨文例与商代宗教。

甲骨文材料著录方面，台湾“历史语言研究所”编辑出版的《“史语所”购藏甲骨集》收录“史语所”早年购藏的全部甲骨338版，发表彩色照片、拓片、摹本及释文，多数材料为第一次发表。中国社科院甲骨学殷商史研究中心编辑出版《张世放所藏殷墟甲骨集》和《云间朱孔阳藏戬寿堂殷虚文字旧拓》二书(线装书局，2009年)。《张世放》一书著录甲骨385版，发表照片、拓本，小片居多。《朱孔阳》一书分为《殷虚文字》和《甲骨文集锦》两部分，各著录甲骨639和293片，前者有拓本和摹本，清晰程度超过王国维编著《戬寿堂》（石印本），拓本更完整，有的卜辞可多出十三字；后者有65版是首次发表。

（二）金文

发现的材料较为丰富的有如下几批：

1. 山东高青陈庄遗址出土有铭青铜器

山东省文物考古研究所《山东高青县陈庄西周遗址》（《考古》8期）发表两件铜器（卣M18:4、簋M18:6）的铭文拓本，称其内容有“豐启作厥文祖甲齐公尊彝”等。M18:4铭文为“（豐）启作文祖齐公尊彝”、M18:6“（豐）（般）作毕祖甲宝尊彝”。M18出土另一簋铭文为“（豐）启作毕祖甲齐公宝尊彝”，王恩田读“启”为“肇”，认为“齐公”即齐太公师尚父，“豐”是齐太公之孙乙公得（《管子学刊》3期）。

陈庄遗址M35出土一对铜簋（作器者名“引”）有长铭，已有拓本发表（《齐鲁日报·文化周刊》5月11日）。引簋铭文共71字（包括2个重文），记载周王在“龚大室”命引掌管“齐师”并赐予彤弓与矢之事，对于研究齐国早期历史有极高的学术价值。

2010年4月12日，“高青陈庄西周遗址发掘专家座谈暨成果新闻发布会”在济南举行。李学勤、林沄、朱凤瀚、李零、王恩田等专家与会，对M35出土引簋、M18出土簋等器铭文的释读及学术价值发表了各自见解，详见王戎的报道（《东岳论丛》7期）。

2. 陕西梁带村芮国墓地出土有铭青铜器

根据梁带村芮国墓地2007年的发掘简报，M502“甲”字形大墓出土西周晚期“毕伯鼎”（M502:96），有铭文5行25字，作器者“毕伯”称毕公为“皇祖受命毕公”。（《文物》6期）M18中型墓出土西周晚期“虢季鼎”（M18:19），作器者“虢季”称“季氏其万年子子孙孙永宝用享”，有助于认识“虢季”氏名之来源（《考古与文物》1期）。此外，M586出土“癸簋”盖有铭文3行14字；M586出土“隥簋”有铭文7行34字，其照片、拓片参见陕西考古研究院等单位编著《梁带村芮国墓地——2007年发掘报告》

(文物出版社) 及张天恩《新出土的芮国铜器铭文考述》(《古代文明研究通讯》总45期)。

3. 安徽蚌埠双墩春秋墓M1出土青铜器

安徽省文物考古研究所、蚌埠市博物馆《安徽蚌埠双墩一号春秋墓发掘简报》(《文物》3期) 发表9件编钟 (M1:1~9) 的相同铭文"隹王正月初吉丁亥童丽(钟离)君柏作其行钟童丽之金"、1件铜簠 (M1:376) 铭文"隹正月初吉丁亥童丽君柏择其吉金作其食匠"、1件铜戟铭文"童丽公柏之用戟"。

4. 安徽凤阳卞庄春秋墓M1出土有铭青铜器

《凤阳大东关与卞庄》(科学出版社) 发表有铭镈钟5件，其铭大致相同。如镈钟 (M1:10) 铭曰"唯正月初吉丁亥，余□乓于之孙童丽(钟离)公柏之季子康，择其吉金，自作龢钟之。""戭，謭謭趄趄，柏之季康是良，以从我师行，以乐我甫兄，其眉寿无疆，子子孙孙永保是尚"。刘信芳对铭文有所探讨(《纪念徐中舒先生诞辰110周年论文集》)。

5. 其他新出土、新见材料

2007年发掘的洛阳老城北大街西周墓地，出土一件有铭铜卣 (C2M130:8)，内容是"嵛族卂作宝尊彝" (《文物》8期)。平顶山文物管理局介绍了2009年在鱼塘内打捞的一批青铜器 (5种12件)，其中1件应侯见工鼎、2件应侯盨铸有铭文(《中原文物》2期)。王辉介绍了1件2009年西安新见西周早期"内史亳丰同"，此器为觚，却自名为"同"，较为重要。王辉、王占奎认为《尚书·顾命》提到的"同"就是此类器(《考古与文物》2期)。吴婉莉介绍了几件2008年西安发现的有铭西周铜器："长子方鼎"、"昔须甗"、"应监甗"、"仲岂父盆"，其中昔须甗提及"东征"，有重要史料价值(《考古与文物》4期)。王长丰《近出囸畁盉铭文考释》(《中原文物》6期) 发表西周中期"囸畁盉"铭文33字(含合文2)，铭文中"囸畁曰余小子无荐于公宗享"何意，可再讨论。朱凤瀚发表了西周晚期射壶甲、乙器及其铭文照片，并对铭文进行考释和研究(《古文字研究》28辑)。邓佩玲发表一件西周晚期颂父铺及其铭文照片，并据此探讨杜国古史(《古文字研究》28辑)。蔡丹、胡涛报告赤壁出土一件汉代铜鼎除锈后显现的铭文"六斤十二两沙羡一斗宿寺御一升"(《江汉考古》2期)。《沅水下游楚墓》(文物出版社) 发表宙易王鼎 (12字)、少梁府剑 (3字)、武王戈

(5 字)、铜戈镈等 4 件有铭铜器。黄锡全介绍了一件新见平阿造戈，释戈铭为“平阿右僕造戈”(《出土文献与古文字研究》三辑)。

此外，李琴指出琉璃阁甲、乙墓 26 器现藏于北京故宫博物院，有助于解决两墓部分青铜器来源不明的问题(《中原文物》6 期)。姜玉涛介绍了一批国博 2008 年购入的商代青铜器(《收藏家》2 期)。王晓琳介绍了山西闻喜东镇出土的一批 8 件西周铜器，作器者有“仲姃”、“仲姞”(《中国文物报》4 月 16 日 6 版)。张长寿、闻广介绍了闻宥藏端方砞拓十鬲，指出拓本规格一致且都是环形拓，乃刻意为之，有的改变了原铭文的行款和位置(《文物》5 期)。

二 文字释读

(一) 甲骨文

陈剑认为是“由”的异体，当释读为“堪”(《出土文献与古文字研究》第三辑)。裘锡圭认为“司”、“姛”释为“姒”是对的，义指商王及贵族配偶中之位尊者(《古文字与古代史》第二辑)。刘钊考释了 2004 年安阳殷墟大墓出土的“王田于麦麓”兽骨刻辞(《古文字与古代史》第二辑)。姚萱释花东甲骨“多丯臣”之“丯”为“介”，认为有副、次之义(《史林》6 期)。高岛谦一探讨了字的用法及释读，认为该字代表的词是“坐”(《中国文字学报》第三辑、《南方文物》2 期)。徐宝贵释为“狒”、为“斑马”、为“长颈鹿”、读为“鸵”(《中国文字学报》第三辑)。朱歧祥探讨花东甲骨文中的“新”、“折”二字(《中国文字学报》第三辑)。时兵释花东甲骨文中的为“状”、释为“服”，认为“服卜”即“重卜”(《中国文字学报》第三辑)。刘桓认为殷墟卜辞中“多毓”之毓当读为“胄”(《考古》10 期)。常耀华指出殷墟卜辞“王省田”意指“王观猎”(《殷都学刊》4 期)。何景成认为甲骨文中、等字可释为“华”，其异体或加食、酉、皀等意符、或加注声符“往”，可读为“饷”；此字也可表示“束”，甲骨文、金文中“茜”字以之为偏旁(《殷都学刊》4 期)。裘锡圭释读了殷墟卜辞中的字，认为有洒扫粪除的意思(《古文字研究》第 28 辑)。张玉金认为可释为“奉”，有奉献之义(《古文字研究》第 28 辑)。郭静云推论为“制”的本字

（《古文字研究》第28辑）。何景成认为是“股”的初文（《古文字研究》第28辑）。周忠兵指出为“兮”字（《古文字研究》第28辑）。孙亚冰补释（、、、、）为“衍”字，认为有衍溢、满出之义（《古文字研究》第28辑）。朱歧祥分析了“争”字的字形结构（《古文字研究》第28辑）。刘一曼对殷墟大司空村出土的5片刻辞甲骨做了考释和研究（《古文字研究》第28辑）。

相关文章还有陈炜湛《读花东卜辞小记》、彭邦炯《读契偶记三则》、王蕴智《郑州商城遗址牛骨刻辞的释读及其性质》、喻遂生《甲骨文历日释读校正五则》、刘风华《小屯南地甲骨残字补释廿例》、唐冶泽《洛阳新出西周卜辞考释及相关问题探索》等（《纪念徐中舒先生诞辰110周年论文集》）。此外，齐航福利用同文、同版及所卜同事卜辞，解释了六则疑难卜辞（《中原文物》5期）。

（二）金文

裘锡圭对复公仲簋盖铭中的“姷”改释为作为姓的“媿”，认为“寝小”不是人名而是“簋”字的定语（《出土文献与古文字研究》第三辑）。程鹏万将寿县出土蔡侯尊、盘铭中的“恩害訢旟”中“訢旟”改释为“慎良”（《出土文献与古文字研究》第三辑）。郭永秉辨认、考释了上博藏西周寓鼎铭文中几个不太清楚的字，重点讨论“羹”字（《出土文献与传世典籍的诠释》，上海古籍出版社）。刘桓认为郭沫若释为“摄”之说仍不可易（《古文字研究》28辑）。李家浩将伯戋父簋铭“桐”上一字释为“菁”，读为“角”（角城），并认为狗头山出土钩鑃铭中的“陭舍”两字可读为“奇邪”（《古文字研究》28辑）。曹锦炎考释了王子页俎与竞孙不命器铭文（《古文字研究》28辑）。蔡运章考释了秦国昭宫铜鼎铭文（《古文字研究》28辑）。程鹏万补释了曾姬无卹壶铭中“吾宅”二字（《古文字研究》28辑）。张振谦对司马楙编镈铭文作了进一步释读（《古文字研究》28辑）。周波指出战国文字中用作地名的“邙”可读为“许”，地在许县（《古文字研究》28辑）。韩自强考释了燕王哙戟铭文（《古文字研究》28辑）。张新俊将释为“臀”（《古文字研究》第28辑）。董莲池对金文中等疑难字做了辨析考释（《古文字研究》28辑）。周宝宏对《故宫青铜器》70、81及听簋等器铭文做了补释（《古文字研究》28辑）。罗卫东认为琱生尊铭中[illegible]可释为“祼”（《古文字研究》28辑）。邓飞对琱生簋“余献妇氏以壶”再作考辨解释（《古汉语研究》4期）。李家浩重新释读了战国楚墓出土忓距末铭文，并研究其历史背景（《古文字与古代史》第二辑）。李学勤释读了一件中山国铜戈铭文（《古文字与古代史》第二辑）。李家浩对仆儿钟铭文作了进一步释读（《中国文字学报》第三辑）。张振林认为金文中的[illegible]从八万声，或可读为“辨”（《中国文字学报》第三辑）。蒋玉斌认为令方尊、令方彝铭中[illegible]、[illegible]不是“金、小”二字，当从柯昌泗释为“稌”字（《中国文字研究》第十三辑）。苏建州释邢叔采钟铭中[illegible]为“寡”，读为“祜”，认为玄镠戟铭中[illegible]当释“錸”，可读为“镠”（《中国文字研究》第十三辑）。吴毅强重申“赵孟介壶”为春秋战国之际晋式铜器，肯定将铭中“禺”读“遇”、“邗”读“吴”，将“介”训“副”的观点（《考古与文物》1期）。禤健聪认为鄂君启节铭中的“[illegible]”字当释为“龟”（《考古与文物》4期）。周波改中山王器铭文中的“[illegible]”改释为“慎”（《出土文献与古文字研究》第三辑）。孔令远将珍秦斋藏一件越王戈命名为“州句”戈，将戈铭“先王”后一字释为“某”读为“谋”，“某”后二字释为“趣居”读为“州句”，将“差鈀”读为“佐徐”，认为徐指徐国（《考古》8期）。涂白奎认为周初何尊铭文中“复”是返回之义，“复禀武王豊祼自天”是说周王结束在天室对武王的祼祭礼后回到成周（《考古与文物》1期）。吴红松认为平顶山应国墓地出土柞伯簋铭中的[illegible]释为“见”读为“磬”，指乐器（《考古与文物》6期）。蒋书红在张光裕、董珊研究基础上对新见闻尊铭文中“[illegible]朕采[illegible]田外臣仆”一句话作了重点释读（《中国历史文物》3期）。侯乃峰认为新见鲍子鼎铭中“寿君毋死”的“君”是“君舅、君姑”省称，即指“仲匋姒”之公小婆；“勿或（有）柬已”之“柬”当读为“间”，有“间隙”之义。程燕认为据鲍子鼎铭“及”字可知郜子姜首盘铭中“及”也有“跟”、“同”之义（《中国历史文物》2期）。秦晓华将魏国十七年平阴鼎盖铭“叚工师”之叚读为“假”，将赵国十一年库啬夫鼎铭“贾氏”读为“五氏”，认为是地名（《江汉考古》2期）。

相关文章还有黄锡全《介绍一件新见铜戈》、王辉《珍秦斋藏元年相邦疾戈跋》、张桂光《金文札记两则》等（《纪念徐中舒先生诞辰110周年论文集》）。

谢明文讨论了秦公器“事”字、倗伯爯簋“旂”、“右告”（《古汉语研究》3期）。王兰、赵莹分别发表金文考释札记四则、二则（《古文字研究》28辑）。

（三）综合

沈培将甲骨卜辞中的“湄日”、金文中的“眉寿”等材料联系起来论证“眉”当读作“弥”（《出土文献与传世典籍的诠释》，上海古籍出版社）。冯胜君考察东周文字中“婴”及从“婴”之字的声符，并考释甲骨文中的“瘿”和“颈”字（《出土文献与传世典籍的诠释》，上海古籍出版社）。郭永秉讨论了甲骨金文及战国文字中的“要”及从“要”之字（《古文字研究》第28辑）。郭静云认为商周甲骨文、金文中的“幽”、“玄”等表示青色，并考察其用法演变（《历史研究》2期）。董莲池、毕秀洁考察甲骨金文中“圭”字构形演变（《中国文字研究》第十三辑）。

三 字形、语法研究

陈炜湛考察花东卜辞字形“晚期”写法，推测所谓“晚期”写法反而可能是“早期”写法（《中国文字学报》第三辑）。黄天树考察了殷墟甲骨文中的“变形声化”现象（《中国文字学报》第三辑）。施谢捷对金文及战国文字中㝬（㝬㝬㝬）等字的结构进行了考察（《出土文献与传世典籍的诠释》，上海古籍出版社）。刘志基在已有甲骨文字表的36个字头下补充《屯南》、《花东》字形56个（《中国文字研究》第十三辑）。洪飏、任莉莉对《殷墟甲骨文字表》中若干字形摹写失误做了辨正（《中国文字研究》第十三辑）。赵诚对“鸟虫书”、“鸟书”、“虫书”做了辨析（《古文字研究》28辑）。麦里筱对金文“簠”字构形进行了分析（《古文字研究》28辑）。张永山对金文中的“陶”与“陸”做了辨析（《古文字研究》28辑）。陈英杰考察了“尊”与“奠”、“烝”与“登”两组关系字，并研究了两周金文中“器主曰”开篇铭辞（《古文字研究》28辑、《纪念徐中舒先生诞辰110周年论文集》）。

黄天树探讨了商代甲骨金文中“同义连用”现象（《古文字研究》第28辑）。张桂光分析了商周金文的判断句（《古文字研究》28辑）。武振玉对商周金文动词做了分类探析，并考察赐予类动词（《古文字研究》28 辑、《陕西师范大学学报》3 期）。王秀丽考察与分析了周代金文叠音词语（《江汉考古》4 期）。

四 材料整理

（一）甲骨缀合

近年来甲骨缀合日益受到学界重视，成果很多。本年度黄天树主编《甲骨拼合集》出版（学苑出版社），收录新缀 326 组，书后附龟骨形态研究及 2004～2010 年甲骨新缀号码表。蔡哲茂发表甲骨新缀 20 则、蒋玉斌发表《合集》新缀 12 组、门艺发表黄组新缀 7 组，林宏明据甲骨新缀更正此前误释六例（《古文字研究》第 28 辑）。刘影发表甲骨新缀 4 则（《故宫博物院院刊》1 期）。蔡哲茂在《纪念徐中舒先生诞辰 110 周年论文集》中亦发表新缀 9 则。

（二）分期断代

崎川隆提出殷墟卜辞的字排特征，并论述其对字体分类研究之重要性（《古文字研究》第 28 辑）。刘风华指出《屯南》2667 非历草类，并据此讨论了历草类卜辞的时代（《古文字研究》第 28 辑）。严志斌对商代有铭青铜斝进行分期（《古文字研究》第 28 辑）。岳洪彬据形制、纹饰判断 Alfred f. Pillsbury 收藏的“亚醜”铜罍的时代属商代晚期，大致相当于殷墟三期（《殷都学刊》3 期）。刘华夏探讨了西周金文字体与铜器断代问题，并据此检讨夏商周断代工程铜器历谱（《考古学报》1 期）。王占奎据“伯懋父”讨论了西周成王到穆王前期的铜器断代。戴明德从“静”器月相问题提出铜器断代问题新解。彭裕商再论了嘉鼎的年代（《纪念徐中舒先生诞辰 110 周年论文集》）。叶正渤赞同将晋侯苏钟的时代定在厉王 33 年（《中原文物》5 期）。张俊成依据字体、书风特征将东周齐国金文分为三期（《殷都学刊》4 期）。吴良宝讨论了韩兵监造者“司寇”出现的时间（《古文字研究》第 28 辑）。

（三）辨伪

曹定云据“家谱刻辞”大骨上字口与裂缝墨线的关系，认为字是后刻，推断系伪作（《古文字研究》第 28 辑）。葛亮认为上博藏小子鼾簋器真铭伪，但有所本（《文博》4 期）。

五 历史研究

（一）国族地望

刘桓认为商周金文中的族徽“天黾”是夏族冥氏的自称，商代统治者在甲骨文中称之为“黾”，释为“天鼋”是错误的（《历史研究》1 期）。王建军综合利用殷墟卜辞及商周金文材料分时段考察𠦪（举）族在商周时期的分布、迁徙、兴替状况（《考古与文物》1期）。苗利娟考察商代舌族铜器出土地点，认为该族分布于荥阳与郑州之间，其成员曾供职于商王都（《中国历史文物》1期）。雒有仓据甲骨、金文材料考察“舟”人的源流兴衰、地望及族氏迁徙（《古文字研究》第28辑）。杜勇认为据文献、考古资料来看，将甲骨文中[illegible]方释为巴方并等同于古巴国或与事实相近。周初封巴于南土，未导致巴成为汉阳诸姬之一（《殷都学刊》3期）。穆洁对甲骨文所见山西及邻近地域的部分重要商代方国做了考察（《首都师范大学学报》2010增刊）。赵平安认为甲骨文、金文中的㽕当读为“鄜”，在今陕西富县（《出土文献与古文字研究》第三辑）。张礼艳对西周金文中𦾔京进行考古学考察，认为当在沣西一带（《东北师大学报》5期）。李学勤据湖北随州安居羊子山新出鄂国铜器，指出西周鄂国中心在汉东随州一带，而曾国（随国）是鄂国被周王朝攻灭以后才建立的；另据京师畯尊铭文，西周昭王时期楚国在汉南（《文物》1期）。冯时考证西周倗国历史（《纪念徐中舒先生诞辰110周年论文集》）。曹玮利用甲骨、金文材料判断商代陕北铜器属于鬼方文化，晋西北铜器属于𢀛方文化（《古文字与古代史》第二辑）。周亚据目前所见越王剑铭讨论越王世系（《古文字与古代史》第二辑）。徐少华据铜器铭文材料探讨商周时期彭国、楚国彭氏的地位、活动和影响（《古文字与古代史》第二辑）。张天恩综合利用山西浮山桥北、绛县横水、曲沃羊舌、黎城西关、翼城大河口等处西周墓地及所出金文资料考察晋南西周同姓、异姓封国及其他族姓地望及史迹（《考古与文物》1期）。何景成将西周师酉盘、师酉簋铭中旧释“身”之字改释为“瓜”并读为“狐”，认为铭中“弁狐”为地名，可读为“番吾”，地在今河北平山一带；“弁狐夷”指此地之夷族（《中国历史文物》5期）。郑清森认为山东泰安龙门口出土两件“商丘叔”簠为春秋早期宋国器，“商丘”属宋地，为阏伯之墟（《中国历史文物》6期）。徐少华探讨了童丽公诸器，并据之讨论钟离公的历史文化（《古文字研究》28辑）。

（二）史事

李凯认为五年师旋簋所载“羞追于齐”与史书所载夷王烹齐哀公事无关，而很可能是记述周王朝与淮南在齐国进行的战争（《华夏考古》2期）。叶正渤据金文探讨周公摄政与东征及共和行政问题（《古文字研究》第28辑、《纪念徐中舒先生诞辰110周年论文集》）。陈絜认为仲催父鼎可定名为鄂伯边鼎，其铭文反映了西周晚期鄂氏首领与仲催父征讨南淮夷的史事（《古文字研究》第28辑）。尹松鹏认为覞公簋铭文“王令唐伯侯于晋”中的“唐伯”是唐叔虞，而“王”是成王（《中国历史文物》5期）。

（三）政体、国家结构

雒有仓通过梳理殷墟卜辞材料考察了商代族氏联合与联盟关系，认为商代社会结构具有较明显的族氏联盟色彩（《殷都学刊》2期）。李忠林认为殷墟卜辞中从土之“封”基本义是“分封”，“三封方”、“四封方”指“受封之方”，“三封伯”是“受封的方伯”（《考古与文物》5期）。陈昭容据金文材料探讨了两周夷狄华夏融合问题（《古文字与古代史》第二辑）。张利军考察西周金文中“服”字用法，认为指西周王臣和诸侯的职事和贡纳，此外王室亦会考察“服”的执行情况，文献所载服区是“服”制落实的表现，理想中“五服”、“九服”并不存在（《考古与文物》6期）。

（四）称谓、人名、阶层

朱凤瀚重新考察殷墟卜辞中的“众”，指出不能将众视为单一社会等级群体（《古文字与古代史》第二辑）。毕经纬分时段考察了殷墟卜辞中“大子”和“小王”的内涵及其相互关系（《殷都学刊》1期）。王进锋认为小臣墻刻辞中“伯麇”为人名，是麇族之伯（《中国历史地理论丛》第25卷第2辑）。陈英杰认为商代金文中“女子”是宗妇的称谓，此前连劭名也发表此看法，但与陈文论述有异（《考古与文物》4期）。王宏认为㝢簋和㝢尊铭文中的㝢并非一人，前者为殷遗民（《殷都学刊》2期）。张懋镕对金文所见诸兄地位的变迁进行了考察（《古文字研究》第28辑）。寇占民对两周金文中“倗友”含义做了探讨（《东南文化》5期）。耿超认为鄁召簠铭文中“诸母”指宗族内小宗族长之妇，她们亦可参加宗族宴飨（《中原文物》3期）。史党社、田静认为大堡子山遗址出土秦子镈及珍藏斋秦子戈等器铭中的“秦子”指春秋早期秦文公太子静公（《中国历史文物》4期）。李学勤指出《楚系金文汇编》收录的两件春秋晚期簠铭中的“申文王之孙”、“申王之孙”，其中的“王”均为楚王，不可据此论申国复国称王（《江汉考古》2 期）。杜廼松也撰文探讨西周金文中父祖宗亲辈分称谓（《故宫博物院院刊》3 期）。

（五）官制

罗琨对商代寝官作了探讨。邓飞对甲骨卜辞中“宗工”进行了辨析（《纪念徐中舒先生诞辰 110 周年论文集》）。张磊结合《周礼》所载大、小司徒职事指出曶壶铭文记载冢司徒（大司徒）掌管成周八师的原因在于大司徒负责管理迁居成周的殷遗民（《中国历史文物》2 期）。陆德富指出三晋兵器铭文中的“冶尹”即“冶”，是冶铸工匠，其下还有一些工人；秦国兵器铭文中“更长”身份仍是刑徒，同时也是小头目。二者皆非“工吏”（《考古与文物》4 期）。

（六）土地制度、经济

蔡哲茂以殷墟卜辞中有关“牧”、“刍”之材料为中心，探讨晚商畜牧业经营问题（《古文字与古代史》第二辑）。连劭名认为殷墟卜辞“市日”为集市贸易之日，“次”为国家设立的馆舍（《殷都学刊》2 期）。白于蓝将西周时期师永盂铭中“厥率【履】厥强（疆）、宋句”中的第一、二个“厥”字分别解释为“周王”、“周王赐永之田”，将“宋句”读为“塍沟”（田埂和田间水道），并在此基础上探讨西周中后期土地转让制度，指出此时王室直辖领地已大幅减少（《考古与文物》5 期）。韦心滢指出季姬方尊铭文所记载的赏赐从总体上呈现一个完整生产单位尚属首见，其中“畋臣”为师夫及厥友（族人）的总称（《中原文物》3 期）。

（七）祭祀、占卜、礼制

胡辉平认为殷墟卜辞中的“大示”应是“七大示”，指上甲、大乙、大丁、大甲、大庚、大戊、中丁（《考古》3 期）。朱歧祥考察花东卜辞主体“子”的神权（《纪念徐中舒先生诞辰 110 周年论文集》）。沈培探讨了占卜主体、贞人、刻手对卜辞命辞表述的不同影响与占卜活动中不同的人我关系（《古文字与古代史》第二辑）。宋镇豪考察了殷墟卜辞所载商代乐器和音乐歌舞（《古文字与古代史》第二辑）。汪涛探讨了西周锡命礼所见赏赐物颜色反映的社会等级制度等问题（《古文字与古代史》第二辑）。章秀霞探讨了花东甲骨材料反映的甲骨占卜问题（《中州学刊》6 期）。任会斌以清华大学藏一坑甲骨为例考察骨面施凿问题（《纪念徐中舒先生诞辰 110 周年论文集》）。罗琨肯定“帝”为花蒂说，指出卜辞中的帝一指时王之考，一可读嫡，可证商代后期已形成宗法制度（《古文字研究》第28辑）。郭旭东考察了殷墟甲骨卜辞所反映的商代军礼（《中国史研究》2期）。冯时对琱生三器铭文的重点词句做了考释，并结合《仪礼·乡饮酒礼》进行解读，进一步阐释铭文蕴含的历史内容（《考古》1期）。景红艳探讨了西周中晚期王室对师官的赏赐（《宝鸡文理学院学报》1期）。朱其智提出"蔑历"即"加礼"之观点（《中山大学学报》6期）。夏麦陵讨论了伯唐父鼎诸器与西周水射礼（《纪念徐中舒先生诞辰110周年论文集》）。

（八）军事、战争

李宗焜据殷墟卜辞考察了沚戛参与的军事活动，并分析他与商王朝及其他方国敌友关系之演变（《古文字与古代史》第二辑）。王龙正讨论应侯见工鼎、簋与西周征三苗（《纪念徐中舒先生诞辰110周年论文集》）。商艳涛考察了西周金文中有关俘获物的几个问题，重点分析了俘获物与器主身份之间关系，认为当时战争主要目的是争夺人口和资源（《古文字研究》第28辑、《华夏考古》2期）。刘源认为何簋铭文中的"三族"指较稳定的军队，不一定是三监之族（《古文字研究》第28辑）。

（九）历法、科技、工艺

刘桓讨论了殷商历法中的日至问题。黄盛璋对周初卜甲刻辞中"哉死霸"做了研究。杨升南考察商代雨量问题（《纪念徐中舒先生诞辰110周年论文集》）。祝振雷肯定铸叔皮父簋铭中"二月"之释，据此判定《逸周书》等文献中"一月"为"二月"之误（《西华大学学报》1期）。李建西重申西周金文"帛金"当读作"白金"，援引科技分析数据指出西周金文中白金指锡（可能包括铅）（《考古与文物》4期）。李建西认为周代金文中的"鏞"是西周晚期至战国时期金属铜及其合金的统称（《江汉考古》4期）。张昌平以曾国青铜器材料为中心，探讨了刻铭、铸铭等商周青铜器铭文的几种制作方式（《文物》8期）。蒋文孝考察秦俑坑出土刻辞纪年兵器，探讨了秦代兵器刻铭制度（刻铭方法、刻铭格式等）及兵工生产制度（《中国历史文物》3期）。

（十）学术史

李学勤先生对建国60年的甲骨学研究做了回顾与展望（《殷都学刊》1期）。刘钊具体评价了饶宗颐在甲骨学研究上的贡献（《中国图书评论》3期）。彭邦炯介绍了桂琼英先生的甲骨缀合成就及其对《甲骨文合集》编辑工作的贡献（《中国社会科学报》7月27～

29日19版）。成家徹郎论述了花东卜辞发现与公布的意义（《纪念徐中舒先生诞辰110周年论文集》）。王蕴智也简要总结了花东卜辞研究成果及其学术价值（《中国社会科学报》4月22日7版）。刘源总结了近两年的甲骨学研究状况（《史学史研究》3期）。

六 论文集、专著

朱凤瀚《中国青铜器综论》（上海古籍出版社）是一部全面、系统、深入介绍和研究中国古代青铜器的著作。研究对象为史前至战国时期青铜器，引用资料下限至2009年，约300万字。在铜器断代方面，该书排出了穆王以降西周金文历谱。常玉芝《商代周祭制度》（线装书局，2009年12月）是作者同名专著的增订版，补充了诸多新材料，并完善周祭祀谱。方稚松《殷墟甲骨文五种记事刻辞研究》（线装书局，2009年12月）、邵英《古文字形体考古研究》（科学出版社）均是在作者博士论文基础上修订而成。葛英会《古汉字与华夏文明》（上海古籍出版社）收录作者甲骨学论文18篇，其中《〈花东〉甲骨的卜辞》一篇为首次发表。张懋镕《古文字与青铜器论集》（科学出版社）收入作者探讨金文中日名与族徽及释读铜器铭文的文章多篇，其中《新见西周金文丛考》为首次发表。许进雄《许进雄古文字论集》（中华书局）将作者此前发表的甲骨学论文结集出版，有多篇论文讨论周祭和钻凿形态。王蕴智《殷商甲骨文研究》（科学出版社）对商代甲骨文做了系统介绍。

会议论文集方面，李宗焜主编《古文字与古代史》（“历史语言研究所”，2009年）收录2008年召开的“第二届古文字与古代史学术讨论会”论文。复旦大学出土文献与古文字研究中心编《出土文献与传世典籍的诠释》（上海古籍出版社）收录2009年召开的“纪念谭朴森先生逝世两周年国际学术研讨会”论文。四川大学历史文化学院编《纪念徐中舒先生诞辰110周年学术讨论会论文集》（巴蜀书社）收录2009年召开的“纪念徐中舒先生诞辰110周年国际学术研讨会”论文。这几种论文集中有关甲骨、金文的研究论文，上文已分别介绍。

上海博物馆、香港中文大学文物馆编《中国古代青铜器国际研讨会论文集》收录2009年“中国古代青铜器国际研讨会”论文21篇，主题多集中于“首阳斋”藏青铜器：周亚《爨册诸器梳理》、李学勤《父丁母丁鸟纹戈研究》、朱凤瀚《滕州庄里西滕国墓地出土䰞器研究》、李伯谦《晋伯卣及其相关问题》、张长寿《首阳斋藏◇刀鼎》、胡嘉麟《论西周时期◆ᆫ族铜器群》、冯时《芮伯簋铭文研究》、张懋镕《首阳斋藏金两议》、陈佩芬《再议曶簋》、汪涛《曶簋铭文中的“赤金”及其相关问题》、罗泰《论应国铜器及其铭文》、王世民《略说首阳斋收藏的西周编钟》、夏含夷《由眉县单氏家族铜器再论膳夫克铜器的年代附带再论晋侯苏编钟的年代》、马今洪《首阳斋藏逨钟及其相关问题》、沈培《再谈西周金文“叚”表示情态的用法》、陈昭容《秦公器与秦子器——兼论甘肃礼县大堡子山秦墓的墓主》、曹玮《周秦之间的承袭和发展——从范季融先生收藏的秦器谈起》、高西省《秦式铜鍑及相关问题——从新见的垂鳞纹铜鍑谈起》、施谢捷《首阳斋藏子范鬲铭补释》、刘钊《首阳斋藏商鞅铍小考》、李零《读〈首阳吉金〉》。

工具书方面，李圃、郑明《古文字释要》（上海教育出版社）在《古文字诂林》基础上精选考释要点编成一册。刘志基主编《古文字考释提要总览》（上海人民出版社）编纂“支部～木部”部分。

考古文物新发现

2010年十大考古新发现名单

一　河南新郑望京楼夏商时期城址
二　山东济南大辛庄商代遗址
三　山西翼城大河口西周墓地
四　江苏苏州木渎古城遗址
五　陕西西安凤栖原西汉家族墓地
六　新疆鄯善吐峪沟石窟群和佛寺遗址
七　陕西蓝田北宋吕氏家族墓园
八　湖南永顺老司城遗址
九　江苏南京大报恩寺遗址
十　广东汕头“南澳Ⅰ号”明代沉船遗址

北　京　市

房山区窦店镇战国墓地

发掘时间：2010年7月~8月
工作单位：北京市文物研究所

墓地位于房山区窦店镇东部约3千米处。为配合房山区街区项目建设，对该墓地进行了考古勘探和发掘，共清理战国时期墓葬15座，出土器物10余件。

此次发掘的墓葬全部为长方形竖穴土坑墓。其中6座墓葬有壁龛，壁龛内放置陶鬲；不带壁龛的墓葬共9座，仅1座有随葬品。均为单人葬，仰身直肢，葬具为木棺，棺外四周有夯土。

带壁龛墓一般在墓室北壁或南壁中下部挖一壁龛，龛内放置随葬品，头均向北。不带壁龛墓除一座墓主人头向南且随葬1件陶罐外，其余墓主人均头向北。

出土器物均为陶器。器形仅有鬲和罐两种，其中陶鬲均为夹砂红陶，陶罐为泥质灰陶。夹砂红陶器系在陶泥中掺有粗砂和云母颗粒。

上述战国墓葬的发掘，为研究北京地区战国时期的历史提供了一批实物资料。（刘乃涛）

海淀区马连洼汉代及明清墓地

发掘时间：2010 年 9 月 ~11 月
工作单位：北京市文物研究所

墓地位于海淀区马连洼街道树村。为配合小区建设，对工程占地范围内的汉代及明清墓葬进行了抢救性考古发掘。共发掘墓葬 136 座。其中汉代墓葬 39 座、明清墓葬 97 座。墓葬出土的随葬品主要有青铜镜、铜带钩、陶鼎、陶罐、陶壶、陶磨、陶狗、陶鸡、耳杯和银簪等。

汉代墓葬可分为西汉和东汉两个时期。西汉时期墓葬均为竖穴土圹墓，四周用土夯实。其中一座墓葬带有头箱，头箱内有陶器随葬品。东汉时期墓葬均为砖室墓，墓葬被扰严重，墓顶部分均已破坏，仅存墓室底部，随葬品较少。

明清时期墓葬均为竖穴土圹墓。其中墓葬密集区发现大量未成年墓葬，推测为非正常死亡。

此次出土的器物以及墓志，具有较为重要的历史价值，为研究该地区汉代及明清墓葬的形制和结构提供了证据，为今后研究该时期的社会形态及丧葬习俗提供了实物资料。（刘乃涛）

丰台区南苑汉代窑址

发掘时间：2010 年 10 月 ~11 月
工作单位：北京市文物研究所

窑址位于丰台区东南部东北距南苑镇约 2 千米。为配合棚户区改造基本建设，对工程范围内的汉代窑址进行了抢救性考古发掘，共清理汉代窑址 7 座。

此次清理的窑址均为半地穴式。根据形制以及遗物判断，为汉代窑址。窑址平面呈马蹄形，由操作间、窑门、火膛、窑床和烟道组成，窑室顶部已破坏。

操作间位于窑室前部，与火门相接，由上至下斜收。窑门与火膛相接，呈圆角方形。窑室平面呈马蹄状，由火膛和窑床组成。窑室内前部为火膛，后部为窑床。火膛与窑床相连，两壁内弧，底部平整，白灰色硬面，周壁烧结程度较高，呈青灰色烧结面。火膛底部有草木灰堆积。窑床由于长期烧烤形成较为致密的青烧壁。烟道共有 3 个，排列规整，修建于窑室后壁。窑内堆积较杂，残存红烧土，有少量陶器残片及瓦片。

本次发掘的窑址具有一定的研究价值，为研究该地区汉代的窑址形制提供了实物资料。（刘乃涛）

昌平区沙河镇汉代至明清墓葬

发掘时间：2010 年 1 月 2 日 ~4 月 30 日

工作单位：北京市文物研究所

为配合北京市昌平区沙河镇规划北区工程建设，对规划区内的古代墓葬进行了考古发掘。发掘地点位于昌平区沙河镇巩华城镇辽门以东 1.3 千米处。此次考古发掘汉代墓葬 5 座、唐代墓葬 9 座、西晋墓葬 3 座、元代墓葬 4 座、明清墓葬 103 座。

汉代墓葬均为砖室，均破坏严重，顶部已无。其中 M127、M128 的墓道均朝东，规模较大，东西长 9.96 ~ 10.8、南北宽 8.9 ~ 9 米，墓室皆为四室，分别为中室、后室和南北两侧室。M122、M123、M124 墓道均朝北，东西并列分布，为“刀”形单室墓。这 3 座墓的墓室平面均为长方形，墓道偏于墓室北部一侧，其中 M122 墓道偏东，其他两座墓的墓道偏西。除 M128 出土 20 余枚五铢铜钱外，均未发现随葬品。

西晋墓皆为砖室墓，均遭破坏，墓顶已塌，墓道皆南向，东西排列整齐，应为家族墓葬。M42 由墓道、墓门、甬道和墓室组成。墓室长 2.6、宽 1.88 米，墓内尸骨位于墓室西部，仰身直肢，头向南。墓室东南部出土 1 件双夔纹“位至三公”铜镜；另一面博局镜与 1 件铜熨斗发现于墓室西北部，铜镜上附着有红色漆器残留痕迹。博局镜不仅体形较大，而且镜面的铭文为反铸。在墓室西南部出土有夹云母红陶罐、铜发簪、铜钱。墓内底部发现有白灰与木器的痕迹。M41 为东西并排的双墓道。从现场发掘情况分析，西侧墓道较早，其主室为长方形，长 2.8、宽 2.56 米，内发现有零星碎骨，出土 双夔纹“位至三公”铜镜、陶狗、陶鸡和陶灶；在主室的东侧分别有两侧室，北侧室较大，长 2.9、宽 1.72 米；较小的南侧长 2 米，宽 0.3 ~ 0.54 米。

唐代墓葬皆为砖室，均遭到破坏，顶部已无，由墓道、墓室组成，少数有甬道。墓道均朝南，墓门多数遭到破坏，M117、M119 的墓门的两侧残留立颊、榑柱等仿木结构。墓室平面可分为长方形、方形、弧角长方形三类。棺床大多位于墓室北部，与墓壁相接。M119 的墓室内东壁有仿木的假门、桌，西壁有仿木的灯檠、假门，其中仿木结构的假门上做出了门砧、门额、立颊、槫柱、上额、门簪、门钉等。出土器物有灰陶罐、铁鐎斗、三足炉，其中三足炉下鼓腹，圜底，腹部有三个兽蹄形足，肩、腹部有三彩的流淌痕迹。

元代墓葬 4 座，均为砖室墓，墓葬均遭到较严重的破坏，但墓葬结构较为完整。明清墓葬均为长方形土圹墓，分为单棺葬和双棺葬类。出土器物有陶罐、青花瓷瓶、玉蝉、玉梳、玉璧、银簪、铜镜、铜钱等。其中 M39 出土有明代早期的磁州窑盖盒和南宋理宗时期的绍定通宝铜钱，为北京地区明清墓葬所少见。（于璞　韩鸿业）

房山区长沟镇汉代与清代墓葬

发掘时间：2010 年 5 月 21 日 ~7 月 16 日

发掘单位：北京市文物研究所

发掘区位于房山长沟镇政府的西部，属于紫云庭住宅小区工程建设占地范围。共发掘清理古代遗迹 112 座，其中汉代窑址 5 座、汉代灰坑 1 座、汉代墓葬 64 座、清代墓葬 42 座。

汉代墓葬均为竖穴土圹墓，规模大小不一。其中 M34 墓室平面呈“甲”字形，由墓道、墓门和墓室组成。该墓壁及底用卵石和小石块混合砌制比较特殊。随葬品放在墓室的北部，出土随葬品有盘口灰陶壶、夹云母红陶锅、夹云母红陶灶、夹云母红陶壶、夹云母陶墩、夹云母红陶鼎、夹云母红陶盘、夹云母红陶盆、夹云母红陶灯等。M85 平面呈刀形竖穴土圹合葬墓，由墓道和墓室组成。墓室平面呈长方形，南北长 4、东西宽 2.22 ~ 2.34 米；墓道平面呈长方形缓坡状。内置双棺。出土随葬品有陶罐、陶盘、陶灶、陶猪圈、陶盒、陶器盖和铜钱等。

汉墓共出土陶器 200 余件，器类有罐、壶、盆、鼎、盘、瓮、灯、灶、锅、豆、盒、鬲、奁和猪圈等；铜器类有铜镜、铜带钩、铜印和铜钱等；铁器有铁环等。

5 座汉代窑址均保存比较完好。其中 Y1 平面呈近“葫芦”形，半地穴式，南北长 4.4、东西宽 0.4 ~1.79 米，窑底距窑口 0.9 米。由操作坑、火门、窑室、火膛、窑床和烟道组成。操作坑平面呈椭圆形。坑壁较直，底较平。操作坑内由上而下设有两步台阶，台阶呈斜坡状。火门平面呈椭圆形，窑室平面呈马蹄形。火膛呈半圆形，底部残留有少量黑灰。窑床床面较平，窑床边稍斜。烟道共有两个，下口部呈方形，烟道上口部呈圆形，直径0.16米，烟道内壁呈斜状。

清代墓葬分为两类：一类为平面呈长方形竖穴墓，墓壁用青砖砌制的合葬墓；另一类为平面呈长方形竖穴土圹单棺墓。出土随葬品有金耳环、金戒指、银镯子、银簪、铜钱和铜饰等。

长沟镇西部发现汉代、清代不同历史时期的墓葬、陶窑等遗迹，尤其汉代墓葬比较集中，规模较大，而且发掘出土了大量汉代陶器、铜镜、铜钱（铜钱有“半两”、“汉代五铢”）等一批重要文物，这为研究北京房山区的社会变迁及丧葬习俗等提供了实物依据。对此次墓葬出土人骨做了初步鉴定，这为将来研究该地区历史人群生老病死等方面提供了实物线索。（韩鸿业）

房山区篱笆房唐代墓葬

发掘时间：2010年11月~12月
工作单位：北京市文物研究所

墓葬位于房山区长阳镇篱笆房村。为配合轨道建设的顺利进行，对工程占地范围内的唐代墓葬进行了抢救性考古发掘。此次发掘共清理唐代墓葬1座，出土器物主要有白釉执壶、陶罐等。

该墓葬为砖室墓，坐北朝南，平面近“甲”字形。由墓道、墓门、甬道、墓室和棺床几部分组成。墓道呈台阶状延伸至墓门处，墓门用平砖纵向错口砌制，两壁分别采用四竖四横、四竖两横砌法，顶部采用瓦形砖扣盖。封门位于甬道内，用长方形砖南北错口斜放。墓室壁采用青砖垒砌，顶部内收部分采用平放错缝垒砌，棺床做工讲究，迎面底部砌制两层横砖，中间垒砌砖雕构件，上部砌制两层横砖，砖一个宽面饰条棱纹，余皆素面。

轨道交通房山线长阳镇站7号地块的考古发掘，对于研究该地区唐代墓葬的形制和结构提供了证据，为今后研究该时期的社会形态及丧葬习俗提供了实物资料。（刘乃涛）

大兴区天宫院辽金及明清墓地

发掘时间：2010年7月~8月
工作单位：北京市文物研究所

墓地位于大兴区北臧村镇天宫院村。此次为配合工程进行考古发掘。发现辽金及明清时期的墓葬14座，出土了一批重要遗物，其中辽金墓葬8座、明清墓葬6座，出土遗物50余件。

辽金墓葬全部为砖室墓。其中圆形穹隆顶砖室墓3座、长方形砖室墓3座、双室券顶砖室墓1座、单室券顶砖室墓1座。出土器物主要有白釉瓷瓶、瓷碗、铜镜、灯碗、绿釉罐、香炉等。

明清墓葬分布比较集中，排列也较为整齐，应属于家族墓地。墓葬为竖穴土坑墓，葬具为木棺。依内葬人数多寡分为双人合葬墓、三人合葬墓、五人合葬墓、六人合葬墓。其中双人合葬墓1座、三人合葬墓3座、五人合葬墓1座、六人合葬墓1座。出土器物主要有白釉瓷罐、头饰、帽饰等。

通过对上述辽金及明清墓葬的发掘，我们对该地区墓葬的形制、结构特点有了明确的认识，为进一步研究该地区当时的社会发展状况、丧葬习俗提供了资料。（刘乃涛）

丰台区丽泽商务金融区金代遗址

发掘时间：2010年5月~7月
发掘单位：北京市文物研究所

遗址位于丰台区凤凰嘴村北。为配合建设，对遗址进行了抢救性的发掘工作。此次发掘共发现金代房屋遗址57排、水井1口、金代道路2条，发掘面积约37000平方米。

出土遗物：金代铁铠甲1具，以及瓷罐、瓷碗、瓷水盂、瓷盏、三彩罐、铜钵、瓦当等一批珍贵文物。出土瓷器主要有定窑、钧窑、磁州窑等处生活日用瓷器。

金代房屋遗址共发现57排，分布于整个发掘区，均坐北朝南，其中3排房址做了完整的发掘，其余54排房址已探明具体位置，并做了局部解剖。根据柱网结构的差异，房屋遗址可分为两类：第一类，进深三间，宽度为7.5米，面阔最少的为二十六间，长度愈100米，共发现55排。房屋内有灶的遗迹，根据灶内遗物观察，灶以煤炭为燃料。第二类房屋进深五间，根据解剖结果，房屋进深宽度12~14米，面阔不详，共发现2排。

井1口，位于发掘区的西北部，平面呈椭圆形，口径长2~2.3、深2.6米，深1.9米处内收近圆形，径1.1~1.3米。井内出土铁铠甲一具及磁州窑、定窑瓷罐、瓷盏、瓷盘、瓷碗等残件。铠甲已锈成数块，铠甲铁片呈长方形，长8.5、宽2.5厘米，两端有穿孔。

大型建筑遗址的发现、铁铠甲的出土，为判断遗址的性质提供了重要的证据，我们认为该遗址为金代的营房遗址。根据遗址内房屋结构的差异，我们进一步推断，55 排进深三间的房屋遗址为士兵的住所，而两排进深五间的房屋则为将军住所或衙署。结合《永乐大典·顺天府》“燕京西南隅常清坊，用白金千两得宅一区，建观曰东阳”，及《析津志》“东阳观俗号左府宅，在西营之北”等文献记载，初步推测丽泽商务金融区 B6 ~ B7 地块所发现的大型建筑遗址为金代西营遗址。

本次钻探与发掘摸清了丽泽金融商务区 B6 ~ B7 地块大型建筑遗址的四至范围与基本布局，并确定了该建筑遗址的性质为金代西营，对研究金代营房制度、金代建筑考古、金中都城市布局提供了大量可供参考的资料。金代铁铠甲的出土，在国内尚属首次，具有十分重要的科研价值与文物价值。（韩鸿业　冯双元）

房山区焦庄清代墓地

发掘时间：2010 年 11 月 ~ 12 月
工作单位：北京市文物研究所

墓地位于房山区阎村镇焦庄村。为配合房山工业园建设，进行了抢救性考古发掘。共发掘清理清代墓葬 6 座。出土器物有瓷碗、铜钱。

M1 ~ M6 为长方形竖穴土圹墓，东西向，双人合葬，墓主人均头南脚北，面向东，仰身直肢。M5 ~ M6 为长方形竖穴土圹墓，东西向，单棺葬，墓主人均头南脚北，面向东，仰身直肢。

此次发掘的墓葬分布比较集中，墓葬均为长方形竖穴土圹墓，分合葬与单葬两类。大多为双棺葬，少量为单棺葬。葬式多为仰身直肢，少量为仰身屈肢。为研究清代时期本地区的丧葬习俗与墓葬形制提供了实物资料。（刘乃涛）

天　津　市

静海县谷庄子战国遗址

调查时间：2010 年 4 月 30 日
工作单位：天津市文化遗产保护中心

遗址位于静海县梁头镇谷庄

子村西约1.5千米，黑龙港河东面0.2千米处，地理坐标为北纬38° 58′ 34.8″，东经116° 50′ 44.4″。

2010年4月29日，静海县梁头镇一农田里挖掘鱼塘时发现文物，据此线索，遂赶赴现场进行实地调查，发现遗址为一处平坦农田，陶片出自两个正在修建的东西向排列的鱼塘，面积约1200平方米，从鱼塘剖面看，文化层呈黑灰色，距地表深约1米，厚约30~40厘米，鱼塘周围挖掘出来的泥土中发现了较多的泥质绳纹灰陶片、褐陶片等遗物，器形有罐、釜、豆等，其文化属性与静海县古城洼、鲁辛庄等遗址相近，初步判断为战国时期遗址。该遗址已被列为第三次全国文物普查新发现地下文物点。（赵晨　相军　姜佰国　祖红霞　孙德民）

静海县程庄子唐代遗址

调查时间：2010年4月2日
工作单位：天津市文化遗产保护中心、静海县文化局

遗址位于静海县唐官屯镇程庄子村北。地理坐标为北纬38° 43′00.2″，东经116°52′48″。

2010年4月，当地村民在建设取土中发现地下文物埋藏现象，遂赴现场对该遗址进行了实地调查。

遗址现被辟为耕地，地势平坦，文化层距地表深约0.9米，其上为耕土层、黄褐色土层。现场发现一段保存较好的砖墙，南北向，墙体厚0.6、南北厚0.42、残高0.3米，青砖有两种尺寸，分别为28×14×6厘米、25×12.5×5厘米，应为一处房址遗迹。遗址中出土大量泥质布纹板瓦残片，另有少量泥质红陶片、铁器残片等。经地表实地踏查，判断该遗址范围南北长约200、东西宽约100米。根据文化堆积的包含物初步判断该遗址为唐代时期聚落遗址。（甘才超　赵晨　姜佰国　祖红霞　孙德民）

东丽区大宋庄清代遗址

勘查时间：2010年6月~7月
工作单位：天津市文化遗产保护中心

遗址位于东丽区无瑕街大宋庄村南。据相关资料记载及村民口述，该处原为大宋庄娘娘庙（又称娘娘庙），始建于明，清末重修，民国配为学堂，

1950 年后成为遗址。

为确认该遗址年代及文化性质，为保护工作提供依据，对其进行考古勘查，考古勘探面积约 10000 平方米。

获得了关于大宋庄遗址如下认识：根据现场地层剖面观察、采集遗物以及考古钻探结果显示，大宋庄遗址为一处包含明清、民国几个时期的祭祀性建筑基址，考古调查采集遗物不排除该遗址存在年代更早堆积的可能。考古勘探共发现 5 处砖砌建筑基址，伴出有较多的柱顶石、青砖、筒瓦与板瓦、青花瓷片等遗物，建筑基址年代推定为清代，晚期沿用。将勘探发现的 5 处建筑基址的位置、形状、结构及布局与当地居民口述史调查成果相拟合，推定上述 5 处建筑基址为清代大宋庄娘娘庙山门，东、西配殿与围墙建筑基址的组成部分。受现场作业条件所限，遗址分布范围待定。（盛立双　赵晨　相军　戴滨）

蓟县龙庭庄园清代墓葬

发掘时间：2010 年 10 月 ~11 月
工作单位：天津市文化遗产保护中心

墓葬位于蓟县城关镇燕山东大街南侧。为配合工程建设，对工程所占区域进行考古勘探，并对勘探出的 11 座墓葬进行了考古发掘。

这些墓葬分布在两个比较集中区域，排列整齐，应为两处家族墓地。墓葬均为长方形土坑竖穴墓，多为合葬、双棺，个别三棺，葬式为仰身直肢，有两座墓葬为迁移葬。墓葬内出土黑釉瓷罐、瓷碗、砂壶、银簪和铜钱等随葬品。根据出土铜钱，可判断这些墓葬年代为清代早中期，其墓葬习俗与蓟县城关其他地区基本相同，为研究清代时期蓟县地区的丧葬习俗与墓葬形制提供了实物资料。（姜佰国　刘健　张俊生）

河　北　省

沙河市马庄先商遗址

发掘时间：2010 年 3 月 19 日~6 月 15 日

工作单位：河北省文物研究所、邢台市文物管理处、沙河市文物保护管理所

沙河马庄遗址位于沙河市北20千米的马庄村东南400米处，地处太行山东麓，河北平原西缘。为配合邢汾高速公路建设而对该遗址进行发掘。

此次发掘面积2000平方米。发现了商代文化遗存，出土了一批重要遗迹和遗物。分为三个文化期。第一期：先商期，发现的遗迹主要为袋状和椭圆状的灰坑。出土的陶器绝大多数是生活用具，极少数为纺织、制陶等生产工具。生活用具以泥质陶为最多，一般外施黑色陶衣并抹光，红褐色胎，多见于瓮、盆、器盖等。夹砂陶夹砂粒较细，多呈白色，质地松脆，主要是鬲、罐等器物。陶器有纹饰的占大多数，少量为素面磨光。纹饰有绳纹、旋纹、弦断绳纹、平行旋纹带、附加堆纹等。器身一般模制，内壁有修整或压抹痕迹；口沿多经轮修，有的在颈部可见轮修的旋痕；器物的足、耳多为手制。可辨器形有鬲、甗、罐、盆、瓮、豆和杯等。其中鬲数量最多，次为罐、盆、瓮；生产工具仅见纺轮、陶垫等。石器多为石斧、石镰和石铲等。骨器多为锥、簪等。第二期：商代中期，该期的遗迹有灰坑和兽坑两类。出土物以陶器为最多，次为石器、骨器等。陶器以假腹豆、小盆和方唇粗绳纹高档鬲为最多。石器出土有铲、凿、斧等。骨器有簪和锥等。第三期：商代晚期，该期的遗迹有灰坑、灶和房址。出土有平弧裆粗绳纹鬲、粗绳纹深腹盆、三角纹簋、粗绳纹罐等陶器，出土石器多为铲、镰、石锛、刀、凿等，出土骨角器有锤、簪、锥等。

马庄遗址地处冀南之地，是先商文化分布的重要区域。此次马庄遗址的发现充实了该地区先商文化研究的资料。（赵战护　杨景峰　贾金标）

赞皇县南马商代及汉代遗址

发掘时间：2010年4月30日～8月2日

工作单位：河北省文物研究所、石家庄市文物局、赞皇县文物保管所

南马遗址位于赞皇县邢郭乡南马村东北175米处。为配合南水北调中线工程，对该遗址实施

抢救性发掘，发掘面积共计2050平方米。

发现灰坑、灰沟、窑址、土坑墓和瓮棺葬5类遗迹。以灰坑为主，坑口形状有圆形、近圆形、长方形和不规则形四类，以不规则形为主，坑体结构有斜壁圜底、斜壁平底、直壁平底和斜壁不规则形底四种，除少量属西汉外，余皆属先商和中商时期。

发现陶、石、骨、铜、铁、瓷等六类遗物，以陶器为主。陶器以夹砂灰陶为最，次为夹砂黑皮红陶、夹砂褐陶及泥质灰陶、泥质磨光黑陶、泥质磨光褐陶等，器类有鬲、甗、豆、盆、罐、瓮、鼎、斝、爵、角、钵、器纽、纺轮及釜、板瓦、筒瓦、井圈等。其中属先商时期的陶鬲为宽卷沿圆唇、肥袋足略垂、锥状实足根，颈以下饰僵直的细绳纹，颈部绳纹有抹掉痕；甗多为腰部和甗鬲部分残片，甗腰带腰隔，外饰索链状或圆窝状附加堆纹；瓮为圈足或假圈足敛口蛋形；斝有两种：一种为圆口微侈、长颈、颈部有环耳、肥袋足，或称为鬲式斝；一种为薄胎、侈口、外壁饰刻划纹、圜底、三空足或平底。属中商时期的鬲为宽折沿方唇、唇下缘有勾棱或上缘起榫凸、颈以下饰粗绳纹；豆为假腹式；盆为折沿方唇、弧腹。

南马遗址发现的先商时期文化遗存，与冀南下七垣文化有诸多共性，同时又与太行山西麓晋中地区夏时期文化有许多相似性，反映出商先民利用横切太行山脉的河流谷地向东迁徙并发生互动式的文化交流的状况。而发现的中商时期遗存，与已发现的藁城台西、北龙宫、正定曹村等中商时期遗存具有许多相同或相似性，这一较密集的中商文化分布区，说明冀中石家庄地区是商王畿之外的又一个中心聚邑区。（徐海峰　佟宇喆）

内丘县南中冯商至明清遗址和墓地

发掘时间：2010年3月26日~6月15日

工作单位：河北省文物研究所、内丘县文物旅游局

墓地和遗址位于内丘西关村西约1200米，南中冯村东1500米，2009年秋、冬发掘了南半部分的墓地，发掘面积约60平方米，墓葬36个，年代大致从十六国时期至北朝、唐、金代、明清几个时期。这次发掘了北半部分，主要是遗址，发掘面积800平方米。

遗址发掘共布10米×10米

探方8个，方向20°。遗址内发现墓葬13座，灰坑41座，井1口，灶1个，少数开口在②层和③B层下，大多开口在③A层和③A层下开口的H24之下，其堆积皆为商代时期形成。遗物见有陶盆、罐、瓮、豆等几种，以灰陶为主。纹饰多粗绳纹，另有旋纹、附加堆纹、磨光等。

13座墓葬，其中商代墓葬1座、隋唐墓葬6座、金代墓葬2座、元代墓葬2座、年代不明墓葬2座。墓葬或填土中共出土编号随葬品20多件套，有陶、瓷、铜、铁、泥质等。

这次发现的墓葬与上次的一样，十六国时期以后墓葬盛行带墓道的洞室墓，但每座墓形制各不相同。唐代较大的墓葬虽然不使用洞室，也都在甬道处从生土下掏通，作洞室之意；金代以后洞室墓更是流行，且多小型的墓葬，随葬品也很不丰富。商代墓葬为土坑竖穴墓，发现在遗址灰坑下，有棺木朽痕，头前和胸下分别出有残陶豆1和石铲1个。

这次发掘丰富了南中冯遗址的内容，墓葬和遗址肇始皆由已知的十六国时期提早自商代，而且留下了商代至十六国时期大段的空白；洞室墓是该墓地的主旋律，从十六国时期起始到清代早期结束流行了1000多年；唐时期墓葬是该墓地数量最多、随葬品最丰富和最精美的时期，也间接反映出邢窑隋唐时期的盛况和该地区经济的阶段性繁荣；金代至明清时期家族墓数量也不少，规模较小，随葬品不丰富，但仍不失为墓葬和随葬品断代方面很好的资料。（王会民　胡强）

正定县新城铺北晚商及西周遗址

发掘时间：2010年12月7日～2011年1月10日

工作单位：河北省文物研究所、石家庄市文物局、正定县文物保管所

遗址位于正定县新城铺村北750米处。为配合机场改扩建工程，对该遗址实施了抢救性发掘，发掘面积共计850平方米。

发现有灰坑、井、灶和窑址等四类遗迹。除少量遗迹属晚商和西周晚期外，余皆属西周早期。灰坑根据平面形态分4种：椭圆形，坑体结构有直壁平底、斜壁平底或圜底等；圆形，坑体结构亦为直壁平底、斜壁平底或圜底等；不规则形灰坑，坑体结构为直壁平底或斜壁平底等；长方形灰坑，坑体结构皆为斜壁平底。井，平面为圆形，直壁，上

部略内收，有的底部残留井盘痕迹。窑址顶部塌毁，由操作间、火门、火膛、窑箅和窑室五部分组成。

共发现有陶、骨、石、蚌等四类遗物，其中以陶器为最，骨器、石器次之，还有少量蚌器。陶器器形有鬲、簋、盆、罐、杯、缸、纺轮、圆形陶片及陶拍等，骨器有骨簪、骨铲、骨锥、骨锛、骨角及卜骨等，石器有石刀、石镰等，蚌器有蚌镰、蚌锯等。陶鬲有两种：一种为分裆鬲，一种为平裆鬲。分裆鬲，夹砂灰陶，扁方体，方唇，宽折沿，沿面有一周凹槽，束颈，鼓腹，有乳突状实足根，颈以下饰中绳纹，有的颈部绳纹地上饰一周戳印纹。平裆鬲，夹砂灰陶，扁方体，斜折沿方唇，沿面有一周浅凹槽，束颈，鼓腹，裆近平，柱状实足根，颈以下饰细绳纹。

新城铺北遗址是迄今为止石家庄地区继元氏西张村西周遗址和墓葬后正式发掘的又一处西周时期遗址，是研究太行山东麓西周文化遗存性质、内涵和探寻周人统治经略思想的重要资料。（徐海峰　张晓峥）

平山县朔黄铁路三汲站货场战国至清墓群

发掘时间：2010年5月~9月
工作单位：河北省文物研究所、石家庄市文物研究所、平山县中山国古城遗址保护管理所

墓群位于平山县上三汲乡中七级村西约1千米的岭地上，朔黄铁路东侧。为配合工程进行了抢救性发掘。共发掘墓葬101座，其中包括战国墓9座、西汉墓50座、东汉墓13座、唐代墓11座、金代墓8座、清代墓10座，出土各类文物2000余件。

战国墓均为长方形土坑竖穴墓，葬具为棺或棺椁。随葬品以陶器为主，数量多寡不等，有鼎、豆、壶、盘、匜、鸭形尊、碗、尊、匜、盘、鸟柱盘，另有铜带钩、削、刀币等。

西汉墓分为砖椁墓、土坑墓、砖室墓三种，砖室墓有墓道。均长方形，少数有头箱或脚箱、壁龛、壁柱。随葬品以陶罐为主，个别墓有铜镜、带钩和五铢钱。M40中出土了一套六博棋和博箸，是较为重要的发现。

东汉墓均长方形砖室墓，墓道在墓室的一侧或中部，有的有耳室，葬具为木棺或石灰棺。随葬品有陶仓、壶、罐、盆、盒、灯、水井、狗圈、灶、案、耳杯、五铢钱等。

唐代墓分洞室和圆形砖室两种。仿木结构，底有半圆形棺床，前面有短墓道。随葬品有灰陶罐、白瓷碗、塔式罐、铁刀、铁剪、漆器、钱文为开元通宝的铜钱等。

金代墓均为圆形仿木结构砖室墓，前面有长墓道。随葬品有瓷碗、盏、盘、罐、鸡腿瓶等。

清代墓分土坑竖穴墓和洞室墓两种。土坑竖穴墓有单人葬和双人葬、三人葬，洞室墓为单人葬，葬具均为木棺。随葬品以镇墓瓦、镇墓石和铜钱、瓷罐为主，也有铁、瓷灯盏及铜烟袋等。M53 中出土了一方康熙十六年（1677）的阴宅买地券，券文共12 行 196 字，记载了死者的身份、年代以及死者家属为埋葬墓主而购买阴宅的地点、大小等。

墓葬的相对时代为：战国中晚、晚期，西汉早、晚期，东汉早、中期，唐代中、晚期，金代早期，清代早、晚期。

从发掘情况看，该墓地中的墓葬分六个时代，至少存在 10 个以上的家族单元。（樊书海）

元氏县赵村西汉晚唐五代及金元遗址

发掘时间：2009 年 11 月 28 日～4 月 15 日

工作单位：河北省文物研究所、石家庄市文物局、元氏县文物保管所

遗址位于元氏县殷村镇赵村东 200 米，西北距常山郡故城址 1.3 千米，东距石武高速铁路 230 米，东南距元氏县城 6.3 千米。为配合南水北调中线工程，对该遗址实施了抢救性发掘，实际发掘面积 2010 平方米。

共发现灰坑、灰沟、窑址、水井、墓葬五类遗迹。以灰坑为主，坑口形状有圆形、近圆形和不规则形三类，坑体结构有斜壁圜底、斜壁平底、直壁平底和斜壁不规则形底四种，除少量为战国末期至西汉初期外，余皆属西汉时期。窑址为横穴式，系二次使用，下层窑址由操作坑、火膛、窑床组成；上层窑址在下层窑床的基础上垒筑，由操作坑、火门、火膛、窑床、烟孔及烟囱组成。水井皆为瓦井，圆形土圹内以外壁绳纹内壁圆涡纹的板瓦层层叠砌。

墓葬分土坑墓、瓮棺葬、瓦棺葬、砖室墓和土洞墓。土坑墓皆为小型长方形竖穴土坑墓，未见出土物，初步推断时代属西汉时期。瓮棺葬为使用釜作葬具，瓦棺葬则用板瓦作为葬具，二者

皆属西汉时期。砖室墓发现2座，一座为小型船形墓室，出土有白瓷碗和塔式罐；一座为带台阶式墓道圆形砖室墓，盗扰严重，仅残留底部砖壁，有简易的仿木结构，出土有塔式罐盖和“开元通宝”钱。根据出土物及形制初步推断属晚唐五代时期。土洞墓为带台阶式墓道长方形墓室，墓顶塌毁，葬具葬式不清，出土有铜钱及残陶器，初步推断属金元时期。

共发现陶、铜、铁、瓷、石、蚌等遗物，以陶器为主。陶器以泥质灰陶为主，器类有釜、碗、钵、平底盆、罐、豆及瓦、支钉等。铜器有铜钗、饰件及铜钱等；铁器有铁锛、铁带钩等；瓷器仅有碗；另发现有残石器和残蚌器等。

赵村遗址地处常山郡故城址以东，遗址内发现的战国末期至西汉初期的遗存，是研究常山郡故城肇建及赵国文化的重要实物资料。两座晚唐五代砖室墓，为石家庄地区所不多见，对于该地区唐代墓葬的分期研究具有重要价值。（佟宇喆　张兆峰）

元氏县小留汉代遗址及宋元明清墓地

发掘时间：2009年12月～2010年3月

工作单位：河北省文物研究所

遗址与墓地位于元氏县殷村镇小留村西200米处，西距常山郡故城278米，中心点坐标北纬37°49′09.6″，东经114°27′35.5″，高程76.3米，发掘面积1000平方米。

本次发掘共发现战国及汉时期水井6口，其中土井2口、陶圈井2口、陶砖混合井1口、砖井1口；战国及汉时期灰坑8个，口部形状可分为圆形、椭圆形、不规则形，形制可分为斜壁平底、直壁平底等；宋金时期灰坑20个，口部形状可分为圆形、椭圆形、不规则形，形制可分为斜壁平底、斜壁圜底、直壁平底等，所有发现灰坑多为人工挖掘以倾倒废弃物或利用自然坑穴堆积遗弃物；宋元时期墓葬16座，其中3座（M3、M4、M6）为中型墓葬，均为长方形墓道，圆形墓室，1座墓室有砖砌，其余虽在发掘时发现碎砖，但未发现砖砌痕迹，出土随葬品有酱釉碗、白釉瓷枕、铜钱等；余下13座均为小型单葬土坑竖穴墓，其埋葬均为小孩，出土随葬品有白釉葵口碗、紫釉葵口碗、酱釉瓷碗、陶罐等；明清时期墓葬12座，11座为双人迁葬土坑竖穴墓，1座为穹隆顶砖室墓，出土随葬品为酱釉瓷罐、铜钱等。

小留墓地遗址出土的器物以陶器、瓷器为主，也兼有骨器、铁器和角器，其中战国秦汉时期遗迹中出土的可复原陶器26件，宋元时期墓葬出土可复原瓷器32件，明清时期墓葬出土可复原瓷器16件，铜钱百余件。

小留遗址墓地的发掘不仅初步搞清常山郡故城外的村落面貌，使我们对常山郡故城以及其周围村落的演变产生了更加深入的了解，而且在发掘区内区区100多平方米内发现了15座宋元时期小孩墓葬，为今后研究冀中地区宋元时期墓葬习俗增添了新的资料。（任雪岩　樊书海　李楠）

隆尧县唐祖陵

勘探时间：2010年11月～12月

工作单位：河北省文物研究所、邢台市文管处、隆尧县文化局

隆尧唐祖陵位于河北省隆尧县，乃唐代建初陵和启运陵共茔的统称。为制定保护规划，对所涉区域进行了勘探。确认了陵园的基本布局，明确了献殿、陵台、下宫、陵铺及陪葬墓的位置。

整个陵园北偏东7°，地表仅见部分石像生，夯土位于地表以下1.5～2米处，存高1～2米。陵园由内垣、外垣和封堠界自内向外相套分布，封堠界北界由外垣北界及其延长线形成。内、外垣为夯土围墙和四角台构成，封堠界以四个曲尺形角台及其间断续分布的夯土台组成。三垣均开南门，门前对称分布东西双阙，内垣南门开三个门道。

陵台、献殿位于内垣内。献殿台基南距内垣南门30米。陵台位于献殿北部及东北。M1南距献殿台基69米。墓圹在地表以下0.6米，深5米，平面长方形，东西23、南北25米，墓道在南部正中，长20、宽2米。砖砌墓室，前、后室并前室带左右侧室。M2位于M1东南约10米处。夯筑覆斗形封土，深0.8～1.5米，残高1.2～1.3米，平面正方形，边长约40米。墓圹及墓室在封土下西部，平面长方形，东西18、南北25米，墓道在南部正中，长约15米。砖砌墓室。

内垣夯筑，平面呈方形，南部开门，四角内侧加宽形成角台。方向187°，边长176.5米。由夯土围墙、南门、南门阙台、四角台组成。外垣位于内垣外圈，平面长方形，南北853、东西574米。由夯土围墙、南门阙

台、四角台组成。封堠界位于外垣外侧，四角台连线呈长方形，东西 2204、南北 2030 米。由南门墩台、阙台、四角台与多个土台组成。

内垣外、外垣内分布有神道、石像生、铺屋。石像生夹神道分布，基线东 25 米处有夯土台基，推测为守陵值班的岗亭铺屋遗迹。

外垣外、封堠界内分布有陵道、下宫、光业寺、陪葬墓。陵道在外垣门前双阙间南延，北与神道相接，南至兆域南门。下宫位于陵道西侧，外垣西南方位。陵园附属建筑光业寺位于外垣东侧，呈西院主院和东院别院分布，主院依中轴线自南往北分布山门、方台、水池、前殿、中殿、后殿，中后殿东分布侧殿。陪葬墓位于兆域内陵园东南部。

经勘探，陵园内、外垣和封堠界的方位关系与唐代长安城宫城、皇城、郭城如出一辙。根据兆域的三层布局、门前立阙、内垣方形等情况，可知唐祖陵为帝陵建制。勘探为帝陵考古增添了新的资料，为唐代宗室祖籍所在提供了证据。（郭济桥　任京国　李楠）

元氏县西于科北宋遗址

发掘时间：2010 年 5 月 ~9 月

工作单位：辽宁省文物考古研究所、辽宁省朝阳市博物馆

遗址位于河北省元氏县赵同乡西于科村村南 300 米及村西 100 米处。发掘面积 1720 平方米，发现房址 5 处、灰坑 26 个、井 1 个、路 1 条、沟 1 条。

此次发掘分为Ⅰ、Ⅱ及Ⅲ三个区域，其中Ⅰ、Ⅱ区发掘面积 1000 平方米，开 5 米 ×5 米探方 40 个，发现房址 1 处、灰坑 11 个。Ⅲ区发掘面积 720 平方米，开 5 米 ×5 米探方 28 个，发现房址 4 座、灰坑 15 个、井 1 个、路 1 条、沟 1 条。

该遗址Ⅰ、Ⅱ区地层堆积及遗迹所出遗物说明其第①层、第②层为现代文化层，在这两层中也出一些较早的遗物，是生产过程中扰动上来的或生产垃圾带来的，如标本十二的铜钱为“康熙通宝”。而第②层下的遗迹除了ⅡH2 出有明代的碗口沿可定为明代外，其他遗迹及第③层所出的瓦和陶片其形制可早到汉代。Ⅲ区整体遗存较Ⅰ、Ⅱ区遗存晚，根据出土遗物特征，Ⅲ区第①层为现代文化层，第②层出有青花瓷片等元明遗物，可确定为元明时期，与之同时的还有Ⅲ区

H7、H15；其他开口于第②层下的遗迹均可定为金代。第③层遗物及其下的遗迹均可定为北宋时期。第④层没有遗物，为淤积层。第④层下遗迹只有ⅢG2，出土遗物具有较早特征，但是多数仍是宋辽时期的遗物，故仍然只能认定为北宋时期。（梁振晶 邓晓纯）

东光县赵庄金代遗址

发掘时间：2010 年 11 月 ~2011 年 1 月

工作单位：河北省文物研究所、沧州市文物局、东光县文物保管所

遗址位于沧州东光赵庄村北约 300 米，为配合邯黄铁路工程发掘，发掘面积 750 平方米。

发现遗迹有灰坑 13 座，从形状上分为圆形、方形、长条形和不规则形几种。用途上分取土坑、灶台残底、地道塌下坑、用途不明等。灰沟 1 条，方内总长约 33 米，上口大下口小，整体壁面稍斜直，无加工痕迹，凹凸不平。井 1 座，壁面光滑，有人工挖掘的工具痕迹。

地道 1 座，位于发掘区的西部，分布在 8 个探方中，探方内地道总长度超过 43 米，总体分布范围不清。地道开口至底约深 2.4 米，内顶高度约 1.5 米，宽 0.75 ~ 1.52 米不等。主干道外还有两个岔道，三处未塌的残顶，一个出入口和两个稍大的转岔空间。地道出入口底面见有土台阶一个，往北缓坡而下，可见踩踏面。

出土遗物及残片 3000 多片，可复原器物 50 多件。遗物中陶器以灰陶为主，红陶次之，器形有盆、罐、瓮、壶、灯、陶俑、圆形陶片等，纹饰有旋纹、附加堆纹、绳圈印纹等；瓷器以白瓷为主，另有黑、酱、黄、钧等瓷，器形有碗、盆、盘、杯、罐、瓶、缸、瓮、围棋子、俑等，装饰手段有印花、刻划花、白瓷黑彩、白瓷黑绘以及少量的化妆土出筋、油滴等；铜器见有钱币和铜环，钱币皆宋、金代；骨器有骨簪、骨管；石器仅石球；砖质器物有亚腰形砖坠、少量砖雕残件；另外还发现有铁钉、六边形铁具、蚌壳等。

从此次发掘出土的遗迹遗物看，赵庄遗址是一处金代遗址。在该聚落北边缘，出土了结构比较复杂的地道，四通八达。从层位堆积看，地道开口在①层下，打破了金代文化层，但地道内和塌陷土中未见晚于金代的遗物，

推测其年代已进行到金代后期，此时此地可能已遭蒙古兵入侵，地道可能是为躲避战乱而新出现的地下工事。（胡强　梁纪想）

隆化县鲍家营金末明初瓷窑址

发掘时间：2010年4月~10月
工作单位：河北省文物研究所、隆化县文保所

鲍家营窑址位于隆化县隆化镇，为配合基建，对所涉区域进行了发掘。发掘区位于窑址中北部，面积1400平方米。共发掘灰坑37个、瓷窑15座、陶窑1座、作坊3处、墓葬1座。遗物包括多种陶瓷产品、生产工具和生活用品。时代为金末至明初，可分为早、中、晚三个时期。

Y1为中期遗迹，较为完整，为平面马蹄形半倒焰式馒头窑，以柴草为燃料。以窑室为中心，由风道、窑门、火膛、灰室、窑床、烟囱、护墙7部分组成，方向北偏东20°，总长8.5、宽6.2米，窑壁残高0.2米。早期仅发现陶窑，晚期瓷窑除风道变短或消失，其余相近。

出土瓷器中绞釉碗、点褐彩山水四系瓶、黑绘花题文字大口缸、青花盖碗为典型器物。烧造器物多为日常用品，少量文玩摆件。以匣钵单烧、套烧、涩圈叠烧、支圈覆烧等方式装烧。胎体分红褐、白中偏黄（白）、灰黑几种。釉色有白釉、酱釉、黑釉、钧釉、茶叶末釉等。装饰多见两釉、釉下黑绘花、青花、釉下题字、釉上题字、点彩、搅釉、油滴等。釉下绘花草或题字和透明釉配合，并以釉下绘弦纹为地。黑绘花以弦纹勾勒天地，中间部分作画，母题有花、鸟、鱼、虫。题字位置及组合与黑绘花相同，多为草书，次或行或楷，内容则有诗文、窑人、型号、年号、室名、吉言赞颂等，不同文字约50种。

点彩和白釉褐彩为釉上彩绘，为中后期的主流。其彩面略有凸出。彩绘多晕染，顺烧造时重力向下洇渍，施釉未干即点彩或彩绘，在釉面上直接施彩入窑高温烧成。釉彩结合致密，呈熔融质。多见四系瓶、玉壶春瓶、胆式壶等外壁，以酱、褐彩断续点绘连缀成山水、花卉、树木、几何纹等纹样，彩绘向内、向下渲染，富于层次变化。绞釉仅见于碗、盆底心及内壁，酱釉在透明釉中自然流淌，相伴随行，依次呈现黑、酱、红几种层次。

窑址出土肩部白彩直书“内府”黑釉梅瓶、肩部白彩直书“□顺官”酱釉梅瓶、题“兴州

公用”款白釉盘、题“官”字款白釉碗，说明该窑产品部分供应官府。另见三彩建筑构件、元青花盖碗、钧釉盘等，因残片多见，推测亦为该窑产品。（姜振利　郭济桥　王小强　吴利军）

山　西　省

吉县柿子滩旧石器时代遗址

发掘时间：2009～2010 年

工作单位：山西省考古研究所、山西大学文博学院、吉县文物管理所

吉县柿子滩旧石器时代遗址群位于山西省吉县，分布在从西村到大田窝村 15000 米范围内的清水河两岸，是一处旧石器时代晚期遗址，时代大约距今 2 万～1 万年。

该遗址发现于 1980 年，2000～2007 年曾对其展开过系统的考古调查和连续的考古发掘。本年度高速公路建设，对该遗址群再次进行了抢救性发掘，在“大田窝村—霍家嘴”的 6 千米范围内，发现了以狮子河村为中心的第三处更为丰富的原始人类活动中心营地，并对其中集中分布的 7 个区域进行了大规模发掘，其中以 S5 和 S29 地点为代表。

S29 地点位于狮子河村东 500 米。发掘面积 1200 平方米，发掘深度 15 米，发现了 8 个文化层，共清理出相对集中的旷野类型用火遗迹 285 处，出土动物化石、装饰品、研磨石、石墨盘等文化遗物 3 万余件。S5 地点与 S29 地点隔河相望，发掘面积 800 多平方米，发掘深度 4 米，出土两个用火遗迹及石制品、动物化石等 1000 余件文化遗物。

2009～2010 年度新的考古发掘使我们对柿子滩遗址时空分布范围有了新的认识。不仅发现了早于距今 2 万年的旧石器时代晚期文化遗物，而且在更早的离石黄土地层中发现了人类文化遗存，为研究柿子滩文化的起源和发展提供了线索。从出土石磨盘表面提取的植物淀粉遗存，成为我们研究史前人类的食物结构、解决我国原始经济类型从采集渔猎向农耕的过渡形式，以及研究原始农业的起源等问题的重要依据。近 300 处用火遗迹的成组发现不仅是探索遗址群功能和古人类生活方式的宝贵材料，也有助

于研究距今 2 万年以来人类用火技术的发展和进步，以及人类对火的控制和利用。

柿子滩遗址成为近年中国旧石器时代晚期露天营地遗址的一处重要发现。（宋艳花）

晋中市北合流新石器时代及西汉遗址

发掘时间：2009 ~ 2010 年

工作单位：山西省考古研究所、晋中市考古研究所、榆次市文物管理所

北合流遗址位于潇河与涂河交汇带的北岸，北合流村西北角的山前台地上，行政上隶属于晋中市榆次区郭家堡乡。为配合龙城高速工程建设，对北合流遗址进行了抢救性发掘。

发掘面积 1150 平方米，以仰韶时代晚期遗存为主，其中灰坑 51 座、陶窑 2 座、房屋 4 座。出土大量陶器标本，其中双鋬罐、敞口碗、敛口钵出现频率最高，其次是敞口双耳壶、小口高领罐；此外，还有少量豆、器盖、敛口瓮、双鋬盆、土鼓残片等。夹砂类陶器以罐居多（特别是双鋬罐），且多为褐胎的夹心陶，而双鋬罐又以夹岩粒者占主导；在器表装饰上，夹砂类陶器以绳纹为主，极少量饰斜篮纹，也有素面的。碗、钵、壶、瓮、豆、盆基本为泥质，且灰陶较多，这类泥质陶器多饰斜篮纹，钵、壶、瓮整体或局部磨光，也有少量素面者，横篮纹极少见。

此外，本次还发掘西汉晚期土洞木椁墓 1 座、围沟 1 条。墓葬平面呈“凸”字形，斜坡墓道，方向 0°。墓室内一椁两棺，椁室系沿墓壁用圆木搭架而成，两棺并排放置于椁室南端，棺内各置一人，均为仰身直肢葬。随葬器物共 95 件，主要为明器，包括装饰品、兵器、车马器和漆器等；除此，还有部分实用陶器，其中装饰品和车马器均在两套以上。

围沟 G1 位于 M1 东南方向约 11 米处，整体呈长方形，南北长 30、东西宽 20 米，其朝向与 M1 方向一致，北边还有一宽约 1.5 米的豁口，可能为门道。沟内出土少量汉代筒瓦，可能是一被破坏殆尽的汉代建筑的附属设施，但也不排除与 M1 存在一定联系。

宋代土洞墓 2 座，方向均朝南，墓道开口较窄，两壁有对称的脚窝，石板封门，洞室为弧形顶，单棺，随葬品有铜钱或瓷罐。（王俊　张光辉）

绛县周家庄新石器时代遗址

发掘时间：2010 年 9 月 ~ 10 月
工作单位：中国国家博物馆田野考古研究中心、山西省考古研究所、运城市文物保护研究所

遗址位于山西绛县横水镇周家庄、崔村之间。遗址总面积近 500 万平方米，是一处以龙山时代遗存为主，兼有仰韶、庙底沟二期、二里头、二里岗等时期遗存的大型遗址。2010 年除发掘外，还组织人力对该遗址的中心区域进行了钻探。

2010 年在周家庄村东北进行了一定规模的发掘，共发现龙山时期陶窑 1 座、房址 1 座、灰坑若干及近代墓 1 座。出土大量龙山时代陶片，少量石器、骨器，还发现有龙山时代卜骨等遗物，为研究晋南地区龙山时代考古学文化、进一步探索周家庄遗址的内涵与结构提供了重要材料。

钻探为本年度工作的重点。对遗址核心区北崖、六十亩地、走马岭、小学南等地进行了系统钻探，钻探面积近百万平方米，从宏观角度研究了遗址功能区分布状况。2010 年的钻探工作基本达到了预期目的，为以后继续在周家庄遗址开展进一步的考古工作奠定了基础。（戴向明　田伟　王立忠）

阳高县曹庄新石器时代遗址

发掘时间：2010 年 4 月 ~ 5 月
工作单位：山西省考古研究所、大同市考古研究所、大同市博物馆

为配合天大高速公路建设，对位于阳高县大白登镇曹庄村东南 300 米处的一个新石器时代遗址做了简单钻探和考古发掘。

曹庄新石器遗址位于曹庄村外正南数百米处，地形东南高呈缓坡状向西北倾斜，遗址面积大约 25000 平方米。经初步钻探后，布 10 米 × 10 米探方 10 个，经发掘，地层主要为现代、明清、辽金汉代和新石器时代，主要遗迹在新石器时代地层，发现灰坑 7 个、道路遗迹 2 条。

7 个灰坑中一个为圆形袋状，一个为方形圆角，南、北各有一个壁龛，还有一个为长方形圆角带壁龛，剩余 4 个为不规则形的灰坑。

发现道路遗迹2条，一条为东西走向，长约50、宽约3～3.5米；还有一条为南北走向，破坏严重，现存长3、宽2.5米左右。路土厚约2～8厘米，褐色，层层叠压紧密。

灰坑出土部分遗物，主要有石器、陶器和骨器。陶器是泥质灰陶篮纹双耳小口折肩罐、泥质灰陶绳纹罐、夹砂灰陶篮纹双耳罐、陶纺轮等；石器有石刀、石镰等；骨器有骨锥、骨针等。器物中陶器较少，石刀、石镰较多，保存也较完整。根据出土遗物分析，应该是龙山文化遗存。这是雁北地区目前发掘的唯一一处龙山时期遗址。（张庆捷　曹臣明）

河曲县坪头龙山文化遗址

发掘时间：2009年10月、2010年5月

工作单位：山西省考古研究所、忻州市文物管理处、河曲县博物馆

为配合准朔铁路建设，对河曲坪头遗址进行抢救性发掘，共发掘700余平方米。

坪头遗址位于河曲县刘家塔镇坪头村西约300米处，分布在坡地上。该遗址北高南低，背风向阳，东倚山丘，西与内蒙古自治区准格尔旗隔黄河相望，南北有与黄河相通的冲沟。坪头遗址的文化堆积及内涵较为单纯，全部为龙山时期，未见其他时期的遗存。两次发掘清理出土了一大批较为丰富的实物资料，有房址5座、陶窑4座、墓葬1座、灰坑或疑似窖穴的遗迹单位36个，同时，还出土了大量陶器、石器和骨器等。

发掘之余，我们对发掘区外围还进行了调查，发现至少还分布有9处房址。从单个房址及其与陶窑的结合，再到成排的组群建筑，坪头遗址完整的揭示了晋西北地区龙山时期聚落的主要特点。一直以来整个晋西北地区的考古工作都比较薄弱，坪头遗址龙山时期聚落的发现弥补了该地区的空白，为该地区龙山时期聚落研究提供了丰富的资料。过去，在陕北、内蒙河套一带也多有窑洞式房址发现，但像坪头遗址这种每座都有独立院落的房址并不多见，这种窑洞式房址也不同于后来晋西北房址的特点，所以，这批材料的发现尤显珍贵。（张春雷　王继平　郭银堂　杜萍）

中条山地区古代矿冶遗迹考古调查

调查时间：2010 年 7 月 ~9 月
工作单位：山西省考古研究所、中国国家博物馆

2010 年 7 月以垣曲县同善镇为中心，对周围山区进行走访，并对可能的古代矿冶遗址进行实地勘察核实。首先在当地村民中进行走访，根据收集的情报进行实地勘察核实，对证实的古代矿冶遗址进行拍照、采集标本和 GPS 三维坐标记录。此次调查共发现新的古代采矿遗迹 10 余处。古矿洞多数较浅，个别较深，大多因现代采矿活动而被发现。其中以闻喜县玉坡村少比沟铜矿附近发现的“千斤耙”采矿遗址尤为重要。目前此地区正在对古人采矿废弃的毛石进行拣选，试图二次利用。在地表采集到一些绳纹灰陶、红陶、黑皮陶，亦有 S 纹、方格纹印纹陶，属夏纪年或早商时期的。此外还发现有一小块炼炉残壁，近旁发现采矿竖井，但已被机械挖开，井壁古人开凿痕迹清晰可见。种种迹象表明，此处很可能是一处采矿冶炼遗址。

2010 年 9 月在千斤耙采矿遗址进行了大范围的勘察。在距离第一次调查所发现竖井不远处的山坡剖面上发现半圆形和长方形灰坑两个（此剖面为露天采矿挖掘所致）。从灰坑剖面中可清晰看到包含的陶片及绿色的铜矿石。此外，在灰坑附近的坡面上，采集到亚腰石碓和石钎 14 件。亚腰石碓是典型采矿活动的遗物。这些发现充分证实此地为一处典型的早期采矿遗址。

晋南地区发现不少与早期炼铜技术有关的遗址遗物，如：夏县东下冯遗址发现的铜凿、铜镞、铜器及石范等，铜制品经鉴定为红铜和青铜；侯马发现的大规模东周铸铜遗址，出土陶范 3 万多块，但该地区早期铜矿的开采遗迹却未得见。千斤耙采矿遗址的发现为夏商时期铜矿的开采和流通提供新的证据，为中原早期青铜器的原料产地研究提供一个比较全面的候选证据，对探索中国冶金技术的起源及夏文明的研究等课题具有重要的意义。（南普恒　李刚　王晓毅　高振华　陈斌）

翼城县大河口西周墓地

发掘时间：2009 年 5 月 ~ 2010 年底

工作单位：山西省考古研究所、临汾市文物局、翼城县文物旅游局

大河口墓地位于翼城县城以东约 6 千米处，地处北高南低的向阳缓坡，北部为太岳山余脉和尚公德山，东南为太行山余脉翔山，浍河干流和支流分别萦绕其西南两侧流过。

2007 年 5 月大河口墓地因被盗发现，历年来一直对该墓地进行考古勘探和发掘工作。2007 年 9 月至 2008 年 5 月，共清理包括 M1、M2 在内的 6 座墓葬。2008 年 9 至 12 月进行了全面普探，2010 年主要进行了大规模抢救性发掘。墓地共分 6 个发掘区，共揭露面积 15000 平方米，发现墓葬 615 座。其中大型墓葬 7 座、中型墓葬 40 座、小型墓葬 568 座、车马坑 22 座、圆形灰坑 31 座。目前已完成大中型墓葬发掘，开始小型墓葬清理，共清理墓葬 305 座。

墓葬形制均为长方形土圹竖穴，多口小底大。绝大多数为东西向墓葬，以头向西为主。区域内墓葬聚群特征明显，大中型墓葬分布没有明显规律。车马坑均位于大中型墓葬的东侧，多为东西方向。葬具有使用单棺、也有棺椁兼备。墓主多为仰身直肢，个别为屈肢葬。出土青铜器种类有食器、酒器、水器、兵器、工具、车马器、乐器等。陶器组合主要有：鬲、鬲罐、罐、鬲盆罐等。玉、石、骨、蚌器、贝和串饰较多，部分墓葬随葬锡器或漆器，个别墓葬发现有金器。

青铜器铭文显示，大河口墓地墓主的国族名为“霸”，“霸伯”是这里的最高权力拥有者。墓葬时代横贯西周，晚期进入春秋初年。资料表明“霸”与燕、晋等国和周王朝曾有往来关系，商、周文化因素都比较明显，并具有自身文化风格。其人群应为狄人系统的一支，是被中原商周文化同化的狄人人群。大河口墓地的发现让我们有机会认识不见于历史文献记载的西周“霸”国的历史及文化，并为研究西周时期的分封制度、器用制度和族群融合等问题提供了宝贵的实物资料。（谢尧亭　王金平　杨及耘　李永敏　李建生）

兴县刘家峁东周遗址

发掘时间：2010 年 11 月 3 日 ~ 12 月 10 日

工作单位：陕西省考古研究所等

刘家峁遗址位于吕梁市兴县刘家峁村西侧的一个小山包上，属顶部浑圆、斜坡较陡的黄土丘陵，位于岚漪河二级台地。遗址共分为三区，Ⅰ区坐标北纬 38°39′140″，东经 111°22′375″；Ⅱ区北纬 38°39′131″，东经 111°22′370″；Ⅲ区北纬 38°39′141″，东经 111°22′362″。为东周时期的文化堆积，内涵丰富。

此次发掘共布探方 57 个，Ⅰ区 3 个，Ⅱ区 50 个，Ⅲ区 4 个，除Ⅰ区 T1 探方为 10 米×10 米的大探方外，其余皆为 5 米×5 米的探方，发掘面积共 1500 平方米。

此次发掘所获遗迹颇丰，主要包括灰坑 98 座、排水沟 2 条、清代墓葬 2 座。

灰坑共发掘 98 座，依平面形状差异可分为圆形、半圆形、椭圆形、圆角方形、圆角长方形、长条形和不规则形等 7 种，其中以圆形和椭圆形的灰坑最多。坑内填土多为黄褐红花土、黄褐黑花土和黄褐色灰土等。

用火遗迹共发现两处，均为圆形，底部清理出呈灰色的烧结面，质地较硬，烧结面的边界周围有红烧土。

遗址出土的遗物有陶鬲、陶豆、鬲足、鬲和罐的口沿残片、甑的残片以及兽骨、陶支钉等。

此次发掘中另发现有 2 座清代墓葬，均为土洞墓，随葬器物较丰富。墓葬出土有买地券、黑釉瓷罐、侈口鼓腹罐、锡壶、瓦片、五色石、铜钱、铁犁、灯盏、铁饰件和蛋壳皮等。M1 位于 T1 的西北角，根据出土的买地券可知该墓为道光十年(1830)；M2 位于 T1 的西南角，出土一枚嘉庆通宝，年代不早于清代中晚期。

兴县的考古发掘工作历来很少，此次发掘所获得的东周时期遗存，在揭示该地区东周文化面貌、完善该地区文化谱系以及探究与晋文化的关系方面具有重要意义。两座清代墓葬对于我们了解兴县，乃至整个吕梁地区当时的社会经济、埋葬制度及风俗面貌提供了不可多得的实物资料。

（郭智勇　王江）

左权县石匣东周金代及明清墓地

发掘时间：2010年4月～6月

工作单位：山西省考古研究所等

墓地位于晋中市左权县石匣乡石匣村北，清漳河西源北岸的山前台地上，西邻石匣水库，东距石匣县城约10千米。该批墓葬是在配合和榆高速基本建设工程的调查和勘探中首次发现的。为切实做好公路沿线文物保护工作，我们对工程所涉及的石匣古墓葬进行了抢救性发掘。

本次发掘共清理墓葬29座，其中东周时期墓葬15座、金代墓葬11座、明清时期墓葬3座。

东周时期墓葬均为无墓道土坑竖穴墓，墓向多为340°～355°，单人葬较多，并穴合葬和同穴合葬墓各1座。墓口平面多呈长方形，个别为圆角方形，面积最小者2.4米×1.2米，最大者4.5米×3.5米。墓室多口大底小，少部分为口底同大，且四壁多较光滑，墓室填土亦经不同程度的夯打。葬具多一椁一棺或一椁双棺，仅M7为一棺；葬式为仰身直肢，头偏北，面朝上；人骨除部分被破坏外，一般保存较好，死亡年龄多30～45岁，个别墓葬死者存在龋齿、牙周炎及骨刺等现象。墓室中均见有数量不等的随葬品，主要为陶器，有鼎、豆、壶、盘、匜等仿铜礼器或鬲、罐、盂等实用器，多置于墓底的椁内棺外的一侧，M23陶器位于椁室盖板上，而M4、M7和M10随葬陶器发现于墓室填土中。个别墓葬（如M22和M27）随葬的鼎、鬲内残留有经烧煮的狗或兔等动物骨骼，应是下葬时特意放置的熟食，而M24直接以整只小狗随葬。此外，偶见有骨簪、铜带钩和玉器等贴身饰品与陶器伴出。陶礼器墓均在死者脚端，棺外堆放有若干石圭。根据随葬品组合与特征、墓葬形制，推测墓地的使用年代约在春秋晚期至战国早期。

金代墓葬共计11座，均为土洞墓，宽大的土圹竖井式墓道；分四排，第一排1座，第二、三排分别3座，第四排4座。整个墓地排列整齐，显然是经过严格规划的家族墓地。墓葬方向多在180°左右，洞室略呈弧顶，少数已坍塌，墓门均以当地盛产的大块红色砂岩石板封堵；墓道两侧经常可见两组对称的脚窝，壁面亦较光滑。葬具多为一棺，M26为多人并室合葬，其他各墓都是多人同室合葬。

在各合葬墓中除M18和

M20外，其他各合葬墓内西侧死者均为一次葬的女性，仰身直肢，头向北，面朝上，其旁通常有多具二次葬的成年男性；一次葬的女性死亡年龄一般大于同室合葬的男性，男性死亡年龄在30～45之间，女性死亡年龄在40～60岁之间。墓室内随葬品以瓷碗、瓷灯盏、铜钱和石球为基本组合，瓷碗、灯盏多置于棺内，石球置于墓底四角，以作镇墓之用；此外，还有一些陶器和铜钱。

明清时期墓葬共清理3座，其中1座为土坑砖室墓，另外2座为土洞墓。均为合葬，随葬品有瓷碗、铁灯盏以及“乾隆通宝”和“嘉庆通宝”等铜钱。

襄汾县大张战国遗址

发掘时间：2010年10月～2011年1月

工作单位：山西省考古研究所、临汾市文物局、襄汾县博物馆

大张遗址位于襄汾县南贾乡大张村西南约100米处，西邻大运高速。为配合山西省重点工程项目大西客专高速铁路建设，对该遗址进行抢救性发掘，共发掘3800平方米。

发现灰坑211个、墓葬2座、灶1座。灰坑多开口于②层下，平面形状不一，有圆形、椭圆形、长方形、不规则形等，灰坑最浅不足20厘米，最深达3米。灰坑内包含物丰富，陶器为主，器形有鬲、高领罐、盆、瓮、豆、盘和纺轮等。有的灰坑中还有石器、骨器等遗物。

M1为竖穴土洞墓，葬具有4棺，随葬品有瓷罐、瓷瓶、铁灯盏等，年代为明代。

在本次发掘之前，1994年和2001年，山西省考古研究所曾对大张遗址的其他区域进行过系统发掘，对大张遗址的文化内涵已经有了初步认识。1994年山西省考古研究所对该遗址发掘700平方米，发掘战国墓19座，其中大型墓7座。出土青铜器近200件，其中有狩猎纹大铜壶、鼎、匜、扁钟等。2001年5月为配合大运高速的建设，山西省考古研究所对大张遗址也进行过大面积发掘，清理了陶窑、房址、灰坑等各类遗迹，出土遗物250余件。

通过本次发掘可以进一步加深对大张遗址的整体认识，并为研究晋南地区战国时期的文化面貌提供新的实证。（高振华　王晓毅）

祁县温曲战国西汉宋元遗址

发掘时间：2010年
工作单位：山西省文物考古研究所

遗址位于祁县东南的古县镇温曲村附近，距祁县县城约3.5千米。本次工作是为配合大西客运建设进行的抢救性发掘，总计发掘面积1550平方米。

发掘清理战国晚期至西汉时期灰坑15座、壕沟1条、墓葬6座，除出土大量建筑材料和陶器外，还发现不少文字材料。板瓦、筒瓦数量较大；陶器以釜、盂、盆、罐最常见，此外还见有少量豆、甑、鬲。文字材料如地名类的“祁”，见于板瓦残片上；工官性质的“王之上士”和“市”，分别见于豆柄和筒瓦；刻划符“▦”和“个”，分别见于筒瓦和豆盘。

6座西汉时期墓葬，方向集中在50°~80°之间，个别在170°左右；葬具多为一棺，死者仰身直肢，面朝上，或侧向一方。其中M4、M5、M6为儿童墓，墓坑略短；M4、M6各在死者头部放置陶罐1件，M5死者身覆三块两两相接的板瓦，头尾两端用方砖封堵，而在死者左胸前则放置3枚五铢钱。M2、M3、M7为成人墓，在头龛内或头端放置陶罐1~2件。

宋元时期墓葬22座，方向均在160°左右。墓葬形制主要分三型，A型12座，带墓道的圆形土圹砖室墓；B型5座，带墓道的棒槌形或“凸”字形土圹砖室墓；C型2座，无墓道的方形大土坑墓；此外，长方形土坑墓1座，洞室墓1座（M18），未完工或未投入使用仅有墓圹的1座（M3）。A、B型墓圹近似圆形，直径2~3米，直壁方角穹隆顶砖室，因其墓室内壁呈八边形而被当地村民俗称“八卦墓”。这类墓葬多数在墓底北面用方砖平铺一棺床，部分墓葬内还有木棺；墓道为长方形竖穴直壁，底面微斜直通墓底；墓门位于墓室南端，拱形券顶，券角起至墓底，距墓底约0.5米处起券，部分券门两侧有立颊，其上为平砌的门檐，券门一般采用条砖竖向或顺置侧立，间以横向平铺的形式封堵。

该批宋元时期墓葬均为合葬墓，死者2~8名不等，一般墓室内有1名死者为一次葬，多数是二次葬。随葬品一般置于死者头部附近，以放置两件瓷罐最常见，瓷罐和瓷钵各一的组合其次，还见有两瓷碗的情况，个别墓葬还有铜钱随葬。

大同县康店汉代遗址

发掘时间：2010年5月13日～6月10日

工作单位：山西省考古研究所、大同市考古研究所、大同市博物馆

为配合天大高速公路建设，对位于大同县西坪镇康店村汉代遗址做了简单钻探和考古发掘，现将情况简要报告如下：

大同县西坪镇康店村汉代遗址，位于该村西南100米处。对该地再次钻探后，布10米×10米探方10个。该遗址地层为现代、明清、辽金和汉代，遗迹主要为汉代的水井和灰坑。在明清地层中，主要有残青花瓷片。在辽金地层，共有辽金灰坑17座，多为不规则圆形，土质松软，土色浅灰，内含煤渣，砖瓦、瓷片和陶片等，器形可见碗、罐、盆和壶等，皆为素面。

在汉代地层发掘灰坑52座，包含3座圆形水井，深度分别为6、5.8、1米不等。灰坑为不规则形24座、圆形18座、长方形10座，土质松软，土色浅灰，多数长方形坑坚硬。坑内含草木灰、石块、钱币、骨器、箭镞、陶片和残碎瓦片，器形主要有碗、罐、盆、甑和瓦片、瓦当，纹饰有云纹、旋纹、附加堆纹、细绳纹等。

据种种迹象和出土器物分析，该地是一处与作坊有关系的附属建筑遗迹，应该与附近的小方城汉代城址有关，也是大同地区首次专门发掘的汉代遗址。（张庆捷　李淑云）

临猗县铁匠营汉代遗址

发掘时间：2010年7月～9月

工作单位：山西省考古研究所、运城市文物局、临猗市文物旅游局

为了配合运城至河津高速公路的兴建，对临猗铁匠营汉代遗址进行了为期两个月的考古发掘。本次发掘面积1300平方米，发现汉代陶窑8座、道路1条、灰坑数座。在发掘同时，我们还对附近的铁匠营古城即猗氏故城进行了实地测绘。

陶窑均经过长期使用，窑壁和火塘均烧结呈青砖色，厚度十多厘米不等。陶窑基本结构由窑室、火塘、窑门、烟道、工作面

五部分构成。窑室平面为方形、横长方形或竖长方形，直壁，上部均无存，底面平整。烟道均为3个，紧贴在窑室后壁之外，分布在窑室后壁两端和中部，底部与窑室底面齐平，一般分明道与暗道，平面为长方形或楔形，或明或暗。火塘底面低于窑室底面，上部形状为半穹庐形与窑室相连。烧窑工作面在火塘之前，没有固定的形状。

道路由主干道、人行道、排水沟组成，方向为近正南北，向北通往古城。

灰坑分方形、圆形和不规则形。规则形的灰坑，坑壁多齐整，其主要为制作砖瓦陶器取土而成，在取土后，其作用有二：一为淋泥坑，二为垃圾坑。

出土有陶器、砖、瓦、钱币、铁器、骨器等。陶器均为灰陶，有泥质、夹砂两种，以泥质为主。器类有陶盆、罐、瓮、釜等。另出土一块戳盖有“安亭”印文的陶片。铁匠营遗址“安亭”印文的释读，对我们认识汉代临猗猗氏一带的历史、地名以及相关问题能提供重要且宝贵的资料。

砖分长条砖、榫卯砖、带边框砖、花纹砖等几类；瓦有板瓦、筒瓦及云纹、几何纹瓦当等；钱币为半两、五铢钱；铁器主要有铁剑、铁质工具等。（吉琨璋　梁青民　吕小明）

孝义市汉代及金元墓葬

发掘时间：2010年9月21日～10月5日

工作单位：山西省考古研究所、吕梁市文物调查考古勘探队

为配合孝义市梧桐新区建设工程，对建设范围内的古墓葬进行了发掘。

此次发掘汉、金元时期古墓葬共计5座，发掘面积共95平方米。出土器物类别为陶器、瓷器、青铜器、铁器、砖雕等，共计20余件。

1号墓为汉代砖室墓，由墓道和墓室组成，墓道大部分已被破坏。墓门位于墓室北端，宽1、残高0.85米；墓室长3.6、宽1.8、高约1.7米。墓室为早期塌陷，从残留痕迹看，为砖券顶。墓壁为单层砖错缝平砌。墓底地面由砖块呈“之”字形平铺。有器物4件皆为陶器，陶壶2件、陶灶1件、陶杯1件，置于墓东北角处，未见棺木痕迹，无人骨。

2号墓为汉代洞室土墓，由

墓道和墓室组成。墓道位于墓室北端，为斜坡状，长方形，宽0.9米。墓室长3.5、宽约1.3米。有棺椁痕迹，未见人骨。器物有陶壶3件，置于墓葬东壁中部。

3号墓为汉代砖室墓，由墓道及前后室、耳室组成。墓道为斜坡状，长方形，位于墓室北端。墓门封门砖呈“之”字形交替立砌，部分被打开杂乱堆砌散落于墓门内部。墓室整体长8.1米，最宽处9米。前后室顶部皆为早期坍塌，两耳室残留部分砖券顶痕迹。墓壁皆用砖错缝平砌。地面都用砖错缝平铺。从保存痕迹看，该墓被盗过数次。墓中有人骨四具，都被扰乱，散落于所有墓室中，有陶罐残片数件，绿釉陶片数件，器形不可辨。五铢钱币数枚，腐朽严重。未见完整器物。西耳室有小动物骨骸。

4号墓为洞室土墓。墓道宽0.9米，长方形。墓室长3.2～3.6、宽1.5、高1.5米。未见人骨、器物。

5号墓为金元时期砖砌八角形单室墓。已被破坏，残高0.64米。墓道最宽处为1.2米，楔形。墓室为八角形，宽为2.8米。东西壁有砖雕图案，并东壁两角立置2块画像砖，上画一侍女，一侍人。东壁中置一铁牛，西壁角也立置一画像砖，画有侍女。并在墓室填土中发现白釉瓷枕残片数片。铺地砖大部分被破坏。有人骨，扰乱不完整。

此次发掘对研究孝义市及吕梁市汉代及金元时期的经济、政治、文化等提供了极有价值的实物资料。（郭智勇　李海龙）

闻喜县西宋东汉明清墓葬

发掘时间：2010年

工作单位：山西省考古研究所

西宋墓地位于闻喜县城西南5000米郭家庄镇西宋村西北，地理坐标北纬35°20.237′，东经110°10.399′，海拔高度490米。为配合大西铁路客运专线闻喜火车站的建设，对墓葬进行了考古发掘。本次共发掘墓葬16座，其中13座小型墓，3座大型墓葬，小型墓葬均为清代墓葬，大型墓葬为东汉时期墓葬。

东汉时期的墓葬编号分别为M10、M13和M14，并排排列，M14较大，M10最小。3座墓均为长斜坡墓道洞室墓，方向为280°左右。墓葬均被盗掘，并损毁严重。墓葬由墓道、墓门、甬道、前室及后室组成。墓道平面为长方形，前端较缓，后端陡直。

墓门已经坍塌，仅剩残余。甬道平面为长方形，两侧残留错缝砌砖，甬道地面错缝平铺砖，部分残砖墁铺，无规律。前室与后室平面均为近方形。因墓葬被盗扰，随葬品不存，仅仅在墓道填土及墓室中出土部分釉陶片。墓室东部发现零散人骨，无葬具。

清代墓葬共13座，均为长方形竖穴土洞墓，墓室构造基本相同。墓葬墓底距现地表最深5米，最浅3米，方向多西向。墓葬中发现人骨架有的两具、有的三四具不等，但男性均为1具，葬式除少数二次葬骨骼散乱外，均仰身直肢。葬具均为木棺，多数已朽，少数保存较好。这批墓葬随葬品少，有灰陶罐、黑釉碗、铁灯、铜烟杆、铜纽扣、铜发饰等。

西宋墓地的发掘为揭示东汉时期以及清代闻喜当地的埋葬方式、葬俗、社会生活等有重要的参考价值，更为进一步研究汉及清代家族墓地布局提供不可多得的资料。（韩炳华）

阳高县管庄北魏墓葬

发掘时间：2010年5月29日～6月16日

工作单位：山西省考古研究所、大同市考古研究所、大同市博物馆

为配合天大高速公路建设，对位于阳高县下深井乡管庄北魏墓葬做了考古发掘。

这次共发掘北魏砖墓3座，近代圆形水井1座。墓葬均坐东朝西，开口在0.3米的耕土层下，深度2.8～6米。保存情况不好，有的历史上多次被盗，有的被施工队破坏。最大一座，墓道和墓室长约20余米，由墓道、墓门、墓室组成，深6米，顶部坍塌。

因早年被盗，出土器物较少，共21件，其中陶壶和罐14件、指环1件、耳环1件、铁刀1件、骨锥4件。应当地县委、县政府请求，已经移交阳高县文物单位。（张庆捷）

云冈石窟顶试验一区北魏寺庙遗址

发掘时间：2010年5月～10月

工作单位：山西省考古研究所、云冈研究院、大同市考古研究所

配合云冈石窟顶部的防渗水工程，发掘了石窟顶部一区的北魏寺庙遗址。遗址位于云冈石窟窟顶防渗水工程一区南部，定为

1区5号地点。

其中北房遗迹长61.5厘米，方向南偏西，由15间房组成，其中辽金的两间，北魏的13间。北魏房有套间，也有单间。最大套间东西为7.4、南北为3.4米。正房前面为柱础和散水，现存柱础12个，柱础与柱础之间距离不等。由遗迹观察，这排房应为前廊后室的廊房式建筑。

西房位于中部F6和F7南部，南北为13.5、东西为5.9米，有房两间，前面发现柱础，布局与北廊房的相同，推析原来也为前廊后室。

东房位于北廊房东端南部，长约18、宽约4.4米，被一条现代沟打破，有3间房。

在这组建筑的西南部分，南邻砖瓦窑，还有房基遗迹，仅能看出大致轮廓，暂定名南房。

塔基位于东西廊房中间靠南的位置，残留一方形台基，边长南北长约14、东西长14.3米，现存高约0.35~0.7米。台基四周是1.5米厚的夯土，夯土外包有片石，南面正中有一斜坡踏道，宽约2.1、长约5米。台基表面已经严重破坏，据周边环境、布局和本身形状和结构分析，这个方形台基，可能是一座塔基。

砖瓦窑位于这组建筑群遗迹的西南角，共有2个，编号Y501和Y502，窑内尚有烧扭曲的瓦当和板瓦，窑口前面是北魏工作面，土中夹杂有不少的木炭碎屑。

在北房建筑遗迹中部，有两间辽金建筑遗迹。叠压于北魏北房遗迹之上，编号F1和F2。

这次出土的遗物主要是北魏建筑材料，残瓦最多，据初步统计，板瓦块大约为180000块，筒瓦块约为30000块，还有“传祚无穷”文字瓦当和不少带釉板瓦，也有少量北魏器物陶片，有1片北魏陶器上还有“四窟”戳印。另外发现一些石质佛像和供养人残片。

目前对遗址性质的认识基本清楚，这是一个北魏寺庙遗址，是北魏云冈寺院的重要组成部分。它的发现，有助于了解北魏云冈寺院的结构、布局和范围，并引起我们对云冈山顶寺庙遗址的重视。(张庆捷　吕金才)

壶关县上好牢宋至清代墓群

发掘时间：2010年5月~9月

工作单位：山西省考古研究所

墓群位于壶关县黄山乡上好牢村西北约800米的台地上。

2010 年 5 月中旬，墓群中的 9 座墓葬被盗掘，后对被盗墓葬进行了抢救性发掘。

9 座墓葬分属宋至清代。其中宋墓 M1 精美的仿木构砖雕，色彩鲜艳，富有浓郁生活气息的壁画生动地展现出宋代社会生活场景。

M1 规模较大，坐南朝北。由墓道、墓主室、耳室以及墓券顶几部分组成。竖式斜坡墓道，长 3.8、宽 0.63 米。墓道与南壁券洞相连，墓葬外壁条砖垒砌，无斗拱装饰，较为简单。墓室呈近方形，南北长 26.5、东西宽 25.3 米。墓室总高 3.6 米。平面砌出须弥座，座高 0.25 米，砌出束腰壶门，门内空白无装饰。须弥座之上四壁均砌出二根倚柱，柱间砌出耳室门洞，柱上砌斗拱铺作。墓室四壁均砌柱、枋、斗拱、及椽檐、板瓦滴水，券顶呈穹隆形向顶部收口。仿木结构非常精致，根据四壁情况而砌法有所不同。

墓室内以壁画的形式来描绘墓葬主人的愿望。内容较为丰富，主要有生活劳动场景，孝感人物故事。另外还有娱乐题材的相扑图。

墓室西、北壁二壁耳室内均绘有人物壁画，全为挂轴条幅画形式。由于年久土水浸泡部分漫漶不清。从人物服饰神态内及内容上分析，除有守卫人外，应为传说神仙人物。

墓室内四壁原镶嵌砖雕，已被盗劫。

随葬品有白釉粗瓷小碗 1 件，粗瓷灯盏 1 件。

发掘结束后，对 M1 就地保护以便今后对公众开放参观，对其余墓葬回填保护。（杨林中）

朔州市窝窝会辽金遗址

发掘时间：2010 年 5 月 ~7 月
工作单位：山西省考古研究所、平鲁区文管所

遗址位于朔州市平鲁区白堂乡窝窝会村西约 500 米的台地上，地势西高东低，南、北面临沟。遗址的时代为辽金时期。

为配合朔州环线高速公路建设，对该遗址进行抢救性发掘，发掘面积 1325 平方米。清理各类遗迹 46 处，其中房址 4 处，灰坑 41 处，陶瓮 1 处。出土器物有瓷碗、瓷杯、瓷缸、瓷盘等，其中可复原器物约 105 件。

发现并清理的 4 处房址中，有 3 处位置相邻，分别是 F1、F2 与 F4，位于发掘区的北部。这三处房址都是长方形，朝向为坐北朝南，其中面积最大的为 F1，约 29 平方米，面积最小的

为F2，约20平方米。这三处房址都是在耕土层下开口，被损毁得非常严重，屋顶及墙体上部建筑均没能保留，现存的只有部分墙基，屋内地面及墙体四周的柱洞和柱础石也有部分残存。房子内均有火炕，火炕烟道走向规律，F1与F4中火炕烟道上还有坍塌的炕板石，根据烟道的走向及炕板石的位置推断，这种炕就是目前当地老百姓还在使用的“白菜卷心土炕”。在清理火炕灶坑、烟道的过程中，发现有大量的草木灰和少量炭块。这些燃料残渣的发现为我们研究晋北地区辽金时期的能源来源、能源使用等课题提供了新的依据。

F3位于发掘区中部，与以上三处房址形制不同，F3为套间，朝向为坐西朝东，总面积约40平方米。在F3周围没有发现柱洞，屋内也有火炕，根据火炕烟道的走向判断，此种火炕现在称为“直洞炕”。

清理的灰坑多数位于发掘区南部，紧临冲沟。灰坑平面形状有圆形，椭圆形，不规则形等。灰坑深度差别甚大，浅的只有十几厘米，而深的有2米多。大多数灰坑包含物丰富，值得注意的是，包含物中以瓷器为最多，且器类比较简单，出土器物有瓷碗、瓷杯、瓷缸，瓷盘等。时代多为辽金时期。

目前，朔州地区发掘的辽金时代的遗址较少，公开发表的材料更少。本次发掘，填补了朔州地区辽金时期考古资料稀缺的空白，使我们有机会深入了解该地区的文化内涵。（王晓毅　高振华　高平如）

广灵县望狐辽代遗址

发掘时间：2010年7月14日～8月23日

工作单位：山西省考古研究所、暨南大学历史系考古专业

遗址位于广灵县望狐乡望狐村东北300米处，遗址在广灵—浑源高速公路占地范围内，东西长113、南北宽50米，面积约5650平方米。

本次考古发掘共设5米×5米探方40个，发掘面积1000平方米。探方按该路段公路走向东西方向布方，北偏西5°，因遗址所处区域位于两块农田之间，北高南低，依地形在两块农田中布方3排，分别编号T101～114，T201～113，T301～313。发掘按照由上至下逐层揭露的方法进行，全部文化层共分为

5层，其时代涵盖了现代、清代和辽代，收集各类标本共计1645件，包括陶片、瓷片、铁器、动物家畜骨骼等。发现清代灰坑7座，包含物为当时居民的生活废弃物；发现清至民国河沟沿边砌石一道，南北向跨越T101、T201和T301，长达21米。

广灵县战国时称平舒邑，属赵国。秦汉时期属代郡平舒县。辽统和十三年（995）置广灵县，隶属西京道蔚州。望狐遗址地处恒山山脉殿顶山和石人山之间的山谷地带，遗址北临殿顶山，南眺壶河水，处于该山南麓的洪积扇区域，历代洪水冲积，在遗址形成大量淤土层、泥沙层、砾石层等不同类型的地层堆积，生动直观地反映了该地区的自然历史变迁状况，望狐遗址的考古发掘对广灵地区古代至近现代自然环境的研究具有重要意义。此次发掘发现的大量宋辽时期的瓷片等遗物增加了我们对于本地区辽代历史文化的认识，据近年广灵县“三普”信息披露，望狐遗址西侧200米处有一处辽代早期墓葬区，结合该遗址辽代地层以及大量辽代遗物的发现说明，望狐村附近存在有辽代村落遗址。（王银田）

汾阳市小相金元时期墓地

发掘时间：2010年12月～2011年1月

工作单位：山西省考古研究所

为配合山西汾阳杏花酒业建设工程，对小相墓葬进行了考古发掘。墓葬位于汾阳市杏花村镇小相村北约500米，青银高速公路南约200米，分布面积约10万平方米。

共发掘古墓葬13座，其中砖室墓12座，土洞墓1座，出土随葬品50余件。砖室墓均为单室墓，由墓道、甬道和多边形墓室三部分组成，墓室内均有简单的仿木结构建筑，均为穹隆顶。墓葬开口都在耕土层下，方向多为340°左右。墓葬均为夫妇合葬墓，有两座墓葬发现有保存较好的壁画，壁画内容较为简单。墓葬出土随葬品较少，主要以瓷器为多，包括瓷罐、瓷碗、瓷灯盏三类。另外出土两枚铜钱和一件铁灯，锈蚀严重。

从墓葬形制看，特别是砖雕等仿木结构，具有金元时期的风格。墓葬中出土的黑釉瓷碗、瓷罐等随葬品也具有金元时期的特点。在M8中出土的买地券中有“至元贰拾三年”字样，说明该墓为元代早期墓葬。这批墓葬除个别墓葬外，呈“一”字分布，间距3~4米。这批墓葬的发现为研究晋中地区金元时代的葬俗以及了解当时的社会历史提供了资料。(韩炳华)

内蒙古自治区

化德县裕民新石器时代遗址

发掘时间：2010年7月~8月
工作单位：乌兰察布市博物馆

遗址位于化德县德包图乡裕民村东北2.5千米处。为配合集通铁路复线建设工程，对遗址进行了抢救性考古发掘。遗址三面环山，南部较开阔，呈簸箕状，地势北高南低。经调查、钻探，遗址总面积为3万平方米。此次发掘布5米×5米探方4个，揭露面积100平方米。清理房址2座、灰坑1座、墓葬1座，出土陶器、石器等50余件。

该遗址文化层堆积较厚，厚1.4~1.8米，可分为5层。两座房址均开口于第④层下。

F1为圆形半地穴式，房址东半部被水冲沟破坏，居住面较硬，房址内出土有石磨盘和石磨棒、圆形带孔磨石、细石器等，还有少量夹砂红陶素面陶片和鹿骨骼。在该房址居住面下发现1座竖穴土坑墓，编号M1，平面呈圆形，墓深0.6米，葬式为屈肢蹲坐式，人骨保存完好，无葬具与随葬品。

F2亦为圆形半地穴式，门向东。在居住面中心有一圆形地面灶，直径0.5米，灶面不平，中间高四周低。房内出土泥质红褐陶“之”字纹圜底筒形罐，还有泥质红陶饼形器，中间厚，边缘薄，一面平，并饰有草编纹。还出土有石磨盘、磨棒和部分的细石器制作剩余的料坯。

结合以往对内蒙古地区史前文化的认识，对该遗址出土遗物进行分析比较，初步认为裕民遗址的时代在距今6500~6000年之间，可能代表了一种新的文化类型。该遗址的发掘，为研究内蒙古中南部地区的新石器文化提供了一批非常重要的实物资料。(胡晓农)

赤峰市魏家窝铺红山文化遗址

发掘时间：2010年7月~10月
工作单位：内蒙古文物考古研究所、吉林大学边疆考古研究中心

魏家窝铺遗址位于赤峰市红山区文钟镇魏家窝铺村东北约2千米处的丘陵台地上。2010年发掘区域位于遗址的东部。地理坐标为北纬40°08′28″、东经118°57′46″，海拔高程为725~726米。共布5米×5米探方30个，10米×10米探方33个，连同扩方在内，共发掘4117.25平方米。共发现红山文化时期房址36座，灰坑62个，灰沟2条，灶4座。

遗址内红山文化灰坑的坑口形状有圆形、椭圆形、圆角方形和不规则形等，坑体结构有直壁筒形、倒梯形、袋状、锅底形等，坑底形态有平底和二层台等样式。房址均为地穴或半地穴式，平面形状呈圆角方形、梯形和平行四边形等，面积在10余平方米至50余平方米不等。墙残高数厘米至60余厘米不等，剖面形状基本为直壁。

遗址内出土红山文化时期遗物丰富，以陶器为大宗，按用途可分为陶容器和陶制品，另有一定数量的石器和少量骨角制品。陶容器可分夹砂、泥质两大类。根据典型单位（G1、G2、F2等）的统计，夹砂陶占60%以上，泥质陶次之。纹饰以“之”字纹最多，据典型单位陶片统计，“之”字纹陶片占20%以上。刻划纹、戳印纹、压印纹次之，还见有少量的编织纹、弦纹和彩绘陶。彩绘陶以红彩为主，图案有弧线条带纹、折线纹、几何状方格纹、三角纹等；亦有少量的黑彩，图案有弧边三角纹、平行折线纹等。陶器以平底器为主，还包括少量圜底器和有足器。器类有筒形罐、斜口器、釜、双耳罐、瓮、鼓腹罐、盆、钵、碗、鼎、器盖、杯等，以及陶纺轮、陶球等陶制品。石器主要有磨制石器、打制石器和细石器，包括石磨盘、石磨棒、石斧、石锛、穿孔石刀、石耜、石砧、磨石、石镞、石饰品、石叶、刮削器、砍砸器等。从遗址2010年发掘材料显示的情况来看，其年代大致相当于红山文化早、中期。从该遗址早、晚期遗存中各类文化因素交替出现的情形可以看到，面向海洋的后岗一期文化与后来传播至燕山以北的庙底沟文化因素相继影响了魏家窝铺遗址红山文化遗存。

2010年度的发掘资料，为研究魏家窝铺遗址红山文化时期遗存的分期与年代、文化成分、居住情况以及生业方式等问题提供了线索。（曹建恩　段天璟　成璟瑭　孙金松）

科左中旗哈民忙哈新石器时代遗址

发掘时间：2010年5月~9月

工作单位：内蒙古文物考古研究所、科左中旗文物管理所

哈民忙哈遗址位于通辽市科左中旗舍伯吐镇东南约20千米，西距哈民艾勒5.5千米，西南距通辽市城区30千米。这里是科尔沁草原的腹地，遗址地貌为半沙化坨甸景观。遗址南北长约900、东西宽约200米，平面呈不规则椭圆形，总面积约为18万平方米。

为配合通（辽）霍（林河）铁路建设，对遗址进行了抢救性发掘。开5米×5米探方64个，总计发掘面积1600平方米。清理房址14座，灰坑30余座，墓葬3座，出土陶、石、骨蚌器等遗物近200件。

遗址内房址东西成行，南北成排，布局规律整齐，少见打破关系。房内堆积包含丰富遗物，包括陶器、石器、骨蚌器以及大量动物骨骼。灰坑及少量墓葬多集中在房址附近。

房址开口于①层或②层下，平面圆角长方形，为半地穴式建筑，呈带有狭长斜坡门道的“凸”字形，间宽和进深没有一定规律，进深大于间宽者略多，面积最大20余平方米，小者近10平方米。筒形灶坑多位于居住面中央，或偏向门道一侧。柱洞一般沿穴壁下排列，个别发现有筑于穴壁内者，数量不等，最多的10多个，少则5~6个，一般直径为20、深20~30厘米。居住面为细白黏土，经夯实平整处理，较坚硬，厚2~3厘米。房址间距一般3~5米。长短不一的门道方向在120°~150°之间，朝向东南。房内堆积分为2层，上层为红褐色沙土，下层为黑褐色沙土，遗物多见于下层堆积内。陶器一般放置于北穴壁或东北穴壁下，亦见有陶器置于灶内者，其他遗物散见于居住面各处。

灰坑平面有圆形、椭圆形和不规则形，一般直径0.4~1.5、深0.5~0.8米。坑内填土多呈灰褐色，出土大量动物骨骼、陶器残片等。

墓葬均为单人仰身屈肢葬，分为竖穴土坑葬和室内葬，不见随葬品。

出土遗物中陶器40余件，有筒形罐、壶、钵、盆。石器近70件，主要有斧、锛、凿、磨盘、磨棒、杵、饼形器、耜等。骨蚌器100件，器形有刀、锥、角形器、镰、匙形器、坠饰件等。陶器组合是筒形罐、小口双耳壶、钵，少见斜口器或盆等。

经吉林大学考古系陈全家教授在遗址现场的初步鉴定，出土的动物骨骼至少包括以下种属，即牛、马、野猪、狍子、犬科动物、野兔、野鸡和各种蚌类等，其中尤以野兔和野鸡发现最多。

发掘结果表明，这是一处分布于辽河以北、嫩江以南、开鲁至阿鲁科尔沁旗以西的新石器时代遗存，是近年来科尔沁地区发现的最重要的史前遗址之一。从出土的少量斜口器、“之”字纹、彩陶片等因素来看，这类遗存与红山文化存在着密切的关系。出现的大量麻点纹陶器，以往零星有过发现，但像这样大面积的保存尚好而且进行大规模发掘的遗存，在内蒙古地区还是第一次发现，意义重要。

这类遗存的发现与发掘，为建立东北地区新石器时代文化序列提供了重要的资料，同时也有助于整个东北地区新石器时代考古研究的发展。(吉平)

扎鲁特旗道老杜粮库新石器时代遗址

发掘时间：2010年6月初~7月中旬

工作单位：内蒙古文物考古研究所等、乌兰察布市博物馆

遗址西北距扎鲁特旗约40千米，东南距通辽市约150千米；为配合通（辽）霍（林河）铁路改扩建工程，对遗址进行了抢救性发掘。中心坐标为北纬44°28′55.8″，东经121°25′35.1″，海拔高度216米。发掘前，地表即可见30多个排列有序的灰土圈，判断是房址。由于耕种和风蚀等原因，保存情况极差，且大部分已被盗掘破坏。

此次发掘布5米×5米探方40个，揭露面积1000平方米。遗址地层较为简单，耕土层厚5~15厘米，黄褐色，土质疏松，内含有少量夹砂陶片、残碎石器和动物碎骨，地表可见辽金时期陶瓷残片。遗迹皆在耕土层下开口，直接打破生土。

共清理半地穴式房址7座，灰坑15个。出土了大量的陶器残片，可辨器形有筒形罐、小口双耳壶、盆、钵等。石器可辨器形有刀、磨棒、磨盘、饼形器等，以及石镞、石叶、石核、玛瑙石、

绿松石、颜料块等，部分器物可复原。此外还发现了蚌器。

房址均为半地穴式，平面形状大体可分为方形、长方形两种。面积一般在10~25平方米左右，方向110°~150°之间。圆形灶基本位于居住面中央，个别靠近门道，直径50~60厘米，多见一个深不到15厘米的浅凹。门道较短，坡状斜出，长一般80~110、宽50~60厘米。柱洞均环穴壁内挖筑，3个或4个，有些房址未见柱洞。

从遗址平面布局来看，房址间距4~6米，大部分灰坑位于房址附近，见有圆形、椭圆形，个别为长方形。圆形者直径一般都在30~60、深15~25厘米。椭圆形者，长70~120、宽45~60、深15~30厘米。

根据遗迹和遗物分析，初步认为这是一处新石器时代晚期遗存，与南宝力皋吐D地点遗存十分相似。该遗址的发现与发掘，为研究当时生产、生活及生业方式提供了新资料。（江岩）

扎鲁特旗南宝力皋吐D地点新石器时代遗址

发掘时间：2010年7月~8月
工作单位：内蒙古文物考古研究所

该地点位于通辽市扎鲁特旗南宝力皋吐村南2千米，西北距扎鲁特旗鲁北镇约3.5千米，东南距通辽市约150千米。遗址地处村西南的沙梁上，西高东低，属于半沙化草甸地貌，牧民居住分散。为配合南宝力皋吐遗址学术研讨会的召开，对南宝力皋吐遗址D地点进行了第二次发掘。此次发掘布5米×5米探方16个，揭露面积近400平方米，清理出半地穴式房址2座。

DF10平面凸字形，直壁平底，长方形圹，长495、宽390、深55厘米；居住面19.3平方米。长斜坡门道，长145、宽80、深25~30厘米。室内近中部有圆形灶，口径70、底径50、梯形平底、深45厘米。灶分二层，上层20厘米灰黑土，下层灰白土25厘米。柱洞5个，锥形底，直径16~20、深15~20厘米，均设在穴壁内围。壁面较直，有烟熏痕迹。居住面厚4厘米，过火后形成板结。

遗物散处于房址内，计有陶器16件，器形有筒形罐、双耳壶、钵、矮领壶和纺轮；石器7件，有耜、杵、饼、斧等，另有蚌器1件。

此次发掘表明，这类有别于南宝力皋吐新石器时代晚期墓地的遗存，是我们在科尔沁草原发现的又一种新的考古学文化类型，这对于研究本地区新石器时代晚期的文化编年及序列，无疑将会起到较大的推动作用。（吉平　江岩）

库伦旗哈图他拉史前遗址

发掘时间：2010年4月～6月
工作单位：内蒙古文物考古研究所、库伦旗文物管理所

遗址位于通辽市库伦旗库伦镇哈图他拉村东北1千米，西南距库伦镇约10千米，东北距通辽市约170千米。遗址中心坐标为北纬42°45′57.2″，东经120°52′59″，海拔高度260米。为配合甘（旗卡）—库（伦）铁路建设，对哈图他拉遗址进行了抢救性发掘。

遗址面积达4万平方米；地表散见大量陶器残片及石器残块，主要有“之”字纹陶片，石刀、石斧、石饼、石磨棒等残块。此次发掘在遗迹分布较集中的区域布5米×5米的探方40个，揭露面积1000平方米。

此次发掘共清理灰坑19个。大部分为圆形，直壁平底，直径70～180、深25～30厘米；个别为椭圆形，一般长110～200、宽50～90、深20～50厘米，未见其他遗迹现象。

灰坑内出土陶钵、双耳罐、筒形罐、陶壶、堆纹罐等残片，其中口沿残片较多。总计出土遗物百余件，其中残坏陶器20余件，各种石器100余件。

此次发掘表明，这里曾经是红山文化发育十分丰厚的区域。三袋足器以及横錾耳的发现，证明这里同样分布有夏家店下层和夏家店上层文化，这对于研究科尔沁沙地南缘的史前文化具有积极的意义。（江岩）

赤峰市二道井子夏家店下层文化遗址

发掘时间：2010年5月～10月
工作单位：内蒙古文物考古研究所

为配合课题研究，对二道井子夏家店下层文化聚落遗址进行了第二次发掘。

发掘区位于2009年度发掘区南侧一处东高西低的坡地之上，与2009年度发掘区隔沟相望。2010年发掘面积7800平方米，清理房址2座、灰坑86座、墓葬268座、陶窑2座、灰沟1

条，出土陶器、石器、骨器、玉器、青铜器等近300件。

2010WEG1位于2010年发掘区中部，呈不规则形，东西走向，长24、宽1.1、深0.88米，制作不甚规范。从遗址整体布局来看，其起到“分界线”的作用，即G1南侧为墓葬主要分布区，G1北侧则为房址、灰坑等遗迹单位分布区，此外随葬彩绘陶器的M138亦位于G1北侧。综合考虑遗迹间的地层与打破关系，初步认定G1初始时应为贵族墓葬（M138）与一般平民墓葬的分界线，后发展为墓葬区与生活区的分界线。

清理的86座灰坑均位于G1北侧，多呈不规则形，制作粗糙，内壁及坑底均未见明显的人工加工痕迹，与2009年度遗址聚落内发掘的制作规整之灰坑存有明显区别。个别灰坑底部存有分布不均的类似料姜石的沉积层或粗大的白色颗粒沉积物，似制作某种器物时所用的沉淀池。

2座位于G1北侧的房址，均属长方形半地穴式，保存不甚完整。斜坡式门道向南；半圆形龛状灶坑均位于房址北侧墙体中部，烟道保存完好，烧结面清晰可见；部分墙壁上可见少量草拌泥抹痕；室内踩踏面保存完好，经解剖均存有反复使用之痕迹；F1内西侧存有一直径28厘米圆形柱洞，内壁贴有陶片；门道周边踩踏面保存较好。

墓葬是2010年发掘工作的重点，除M138以外，其余267座墓葬均成排分布于G1南侧。该片墓地内打破关系较少，可见应属整体规划的产物。位于G1北侧的竖穴土坑墓M138是2010年发掘的等级最高的夏家店下层文化墓葬，长330、宽140～178、深230厘米，尤其以墓圹东侧头龛内随葬的3件彩绘陶器最为精美；G1南侧为墓地主要分布区域，在所发掘的267座墓葬中，除7座为偏洞室墓外，其余均为中小型竖穴土坑墓。偏洞室墓葬均墓向东南，除2座墓葬出土有鬲、鼎、豆、罐、甗、杯等陶器外，其余均未见任何随葬品。所发掘的260座竖穴土坑墓是本墓地构成的主体部分，除少数墓向向北或东北外，其余绝大多数墓葬均向东南。墓圹成窄条形，长70～250、宽30～70、深7～150厘米；尸骨均为仰身直肢葬，下肢并拢，可能存有捆绑脚踝的习俗；除极少数墓葬随葬有蚕、蝶、玦、环、凿等玉器及少量陶器、骨器外，绝大多数墓葬均未见随葬品出土。

此外，在G1南侧分布的267座墓葬中，偏洞室墓葬与竖穴土坑墓葬均未见集中埋葬的特点，而是两种墓葬混杂于一起成排分布，可见在二道井子遗址中使用两种不同埋葬习俗的居民已紧密地结合在一起。

2010 年所发掘的 2 座陶窑均位于发掘区西侧坡下，火塘均呈直径 140 厘米左右的圆形；两个烟道位于火塘东侧，长 60、宽 40 厘米左右；窑顶、窑箅、火门等均未发现；窑壁四周由于长期火烧，形成厚度不等的淡蓝色烧结面。

本次发掘工作是继 2009 年后再一次对该遗址进行的大规模的考古发掘，重点对遗址环壕聚落外围的遗迹现象进行了发掘。通过本次考古发掘工作，使得我们对二道井子夏家店下层文化聚落遗址有了更为全面的认识，掌握了其早期居址、窖穴、作坊区、墓葬区等遗迹的第一手材料，极大地丰富了夏家店下层文化研究的内涵，为全面复原当时的社会生活、生产结构奠定了坚实的基础。

尤其是墓地的全面揭露，使得我们能够更为深层次地研究夏家店下层文化的聚落布局及文化源流，偏洞室墓与竖穴土坑墓的并存成排现象、随葬陶器的组合特点、成组玉器的出土以及葬俗制度的特殊性（与大甸子墓地存在诸多明显区别），为深层次地思考夏家店下层文化的分布格局及亚文化或类型的划分奠定了基础。（曹建恩　孙金松　党郁）

和林格尔县盛乐古城周边战国秦汉墓葬群

发掘时间：2010 年 4 月 7 日 ~11 月 25 日

工作单位：内蒙古文物考古研究所、和林格尔县文物保护管理所

为了配合翔宇盛乐星城二期工程的建设，对其建设区域钻探出的墓葬进行了考古发掘。

此次考古钻探面积 3 万多平方米，发掘清理墓葬 110 座，出土各类器物 300 余件。

1. 战国时期墓葬

95 座，均为长方形土坑竖穴墓。部分墓设有头龛、壁龛等。部分墓有葬具，以单棺为主，平面呈长方形。部分墓带有头箱。部分墓有祭骨。骨架大多保存较好，以单人仰身直肢葬为主。随葬陶器有罐、釜、壶、钵等，其中钵扣罐较为特别。铜器有带钩、铜璜等。玉器有环、璧等。

2. 秦式墓葬

3 座，以 Ⅱ M2314 为例，长方形竖穴土坑墓，方向 110°，内填黄灰色花土，土质较硬。墓壁规整且光滑，四壁斜下内收。

墓口长420、宽380厘米，底长380、宽340、深330～400厘米。墓室北侧有山石。长方形棺椁，椁长324、宽144、厚4、残高50～60厘米，棺长208、宽78、厚4、残高20厘米。带有头箱，位于木椁内，平面呈长方形，长144、宽100、厚4、残高50厘米。骨架仅存少量的头骨及下肢骨。头骨东侧出土有彩绘陶器，分别为带盖陶壶2件、陶豆2件、豆柄壶2件、陶盆2件、陶鼎2件、陶盘1件、陶耳杯1件、陶杯1件、陶勺1件，头骨处出土有铁器残片。

3. 汉代墓葬

7座，分为带墓道土坑墓、土洞墓、砖室墓三类，平面有长方形、甲字形等，墓道有斜坡式、台阶—斜坡式等。砖室墓为多室墓，被盗扰。骨架保存一般，以单人仰身直肢葬为主。随葬品以陶器为大宗，器类有罐、壶、小罐、灶、井等。

4. 唐代墓葬

5座，分为砖室墓和土洞墓两类。墓道向南，有斜坡式、台阶—斜坡式之分。土洞墓平面有长方形、梯形等，大部分为单人葬；砖室墓为单室墓，平面呈近方形，为双人合葬墓。葬式以仰身直肢葬为主。随葬有陶罐、塔形器、白瓷碗、铁剪子、铜镜等。部分墓葬出土有石质墓志。

此次发掘的盛乐古城周边墓葬群，时代有战国、秦汉、唐代，以战国墓居多。此次发掘，为进一步研究战国以来以盛乐古城为中心的土默特平原地区的历史、文化等，提供了一批丰富的实物资料。（李强）

卓资县城卜子古城遗址

发掘时间：2010年6月～8月
工作单位：内蒙古师范大学历史文化学院考古文博系

古城遗址位于乌兰察布市卓资县六苏木乡城卜子村。为配合110国道扩建工程，对遗址进行了第二次抢救性考古发掘（第一次发掘为1995年）。

遗址地层一共分为4层，①、②层属现代表土层，③、④层为战国文化层。此次布5米×5米探方25个，揭露面积625平方米，发掘灰沟2个、灰坑5个。出土遗物包括陶器、石器、青铜器、铁器及大量建筑构件。陶器主要有盆、碗、罐、瓮、甑、纺轮等，均残，有的陶片上有戳记文字“□□市”、刻划文字“王”、“十”。石器主要有石斧，极小，磨制光滑，应为礼器。铜器主要有镞、布币、圜钱、刀币等。镞均为三翼镞和三棱镞；布币为平首布，有尖足、方足之分，文字可辨识的有“大阴”、“中阳”、“城襄”、“寽阝”、“□邑”、“□氏”、“平阳”；圜钱有“半两”钱和“明刀”钱，刀币残损严重。铁器主要有镞铤、铁刀、铁环、铁锛等，均残。建筑构件为陶质，多为筒瓦、板瓦、瓦当，瓦当均为圆瓦当，瓦当面上多为勾云纹和璜纹。（齐溶青）

早期长城资源考古调查

调查时间：2010 年 5 月 ~ 11 月底

工作单位：内蒙古文物考古研究所

5 月 18 日至 19 日，内蒙古文物局专门召开了 2010 年全区长城资源调查工作会议，安排部署了 2010 年全区长城资源调查工作。

通过本次会议，内蒙古组建了 21 支早期长城调查队，确定了各队的调查分工以及以老带新的培训方法。投入专业人员 150 余人，经过近半年的艰苦奋战完成了全区早期长城的田野调查工作。调查早期长城墙体 5400 余千米，相关遗存近 7400 处。

经初步统计，内蒙古自治区的全部早期长城涉及 73 个旗县，共有墙体 6700 多千米，相关遗存 8100 余处。时代包含了战国燕赵秦、秦、汉、北魏、隋、西夏和金等多个时期。（张文平）

乌兰察布市白家湾匈奴窖藏

发掘时间：2010 年 9 月中下旬

工作单位：内蒙古文物考古研究所、乌兰察布市博物馆、察右前旗文管所

2010 年 9 月 8 日，察哈尔工业园区白家湾村在引水入户工程的施工中，挖掘出金牌饰和金项圈等一批重要文物，9 月中、下旬，对文物出土点进行了抢救性清理发掘。

发掘面积 42.5 平方米，没有发现任何遗迹现象，只在回填土中发现绿松石串圆形金片 1 件、贝饰 3 件。收缴的文物包括金牌饰 3 件、金项圈 1 件（残）、锥状金耳坠 1 件、圆形小金饰片 1 件、“8”字形小金饰片 1 件（残为两段）、圆珠形小金饰坠 1

件、瓦棱形金饰件1件（残）、贝饰16枚。

金牌饰中虎咬鹰牌饰2件、虎咬马牌饰1件。两件虎咬鹰牌饰的大小大体相同，为长方形，长15、宽10.1、厚0.1～0.2厘米，重量略有差异，分别为431.24、553.45克。两牌正面为浮雕状，猛虎仰首咬噬鹰的头部，纹饰有叶状、心纹、圆圈纹凹坑等，镶嵌有绿松石和料石。虎咬马牌饰略小，虎头反向，嘴咬马背。金项圈为圆柱长条状，残长140厘米，重1050克。锥状金耳饰为金丝盘旋圆锥状。

初步判断，该出土地点可能为窖藏，级别很高，时代在公元前2世纪左右，北方民族特色浓郁，推测可能为匈奴单于所用之重器。（包青川　胡晓农）

杭锦旗顶盖敖包汉代墓葬群

发掘时间：2010年

工作单位：内蒙古文物考古研究所、鄂尔多斯青铜器博物馆

墓群距顶盖敖包村1千米，位于地势较平缓处，地表风沙化严重，植被稀少。为配合公路建设，对墓群进行了抢救性考古发掘。本次发掘共清理墓葬7座，均开口于表土层下。其中有斜坡式墓道土洞墓3座、斜坡式墓道土圹砖室墓1座、斜坡式墓道土坑墓3座。出土器物包括陶器、铜器、铁器等。陶器器形主要有罐、瓶、壶。铜器为壶、钫、车马器、鼎、灶等。铁器出土较少，为车马器及棺饰。（刘建忠、徐磊）

和林格尔县厂圪洞汉代墓葬及辽金元遗址

发掘时间：2010年6月3日～9月15日

工作单位：内蒙古文物考古研究所、和林格尔县文物保护管理所

遗址及墓葬位于和林格尔县城关镇二道河行政村厂圪洞自然村，东距和林格尔县城约3.5千米。为配合209国道的建设，对厂圪洞遗址及墓葬进行了抢救性考古发掘。遗址面积约十余万平方米，地表散落有陶瓷片、瓦当、滴水等遗物。墓葬位于厂圪洞自然村村东及村北的山坡上，地表散落有陶瓷片、青砖等。

遗址的文化堆积厚度约1.2米，发现遗迹较少，共清理灰坑9个、灰沟1条、房址1座。灰

坑平面近圆形或椭圆形，直壁或壁略斜，平底。H7平面圆形，壁略斜，平底，直径1.16、深0.6米，近底部有人骨架1具，葬式为侧身屈肢葬。灰沟G1平面呈长条形，口略大于底部，底较平，发掘部分长9、口宽1.1～1.4、底宽0.9～1.2、深0.6～0.8厘米。出土的遗物仅有一些陶瓷碎片，没有完整器物。

房址为半地穴多室房屋，方向180°，由门道、前室、后室及东西耳室组成，纵长7.2、横长7.6米。房址墙壁抹有厚约1.5厘米的白灰。门道位于前室中部偏西，前室平面呈不规则形。前室与后室相连有过道。后室平面呈长方形。后壁设有灶台，近西北设有灶坑，平面呈圆形；火灶前设有火门，呈方形，边长15厘米；烟洞通过隔墙通往西耳室。东耳室门道位于后室东北近中部；设有灶坑，圆形。东耳室平面呈长方形，其内全为火坑；烟洞位于东南角，平面呈方形，边长20厘米。西耳室门道位于后室西北中部偏南。西耳室平面呈梯形，其内全为火坑。烟道呈“川”字形，烟洞位于房屋西南角，近方形，边长80厘米。出土有陶瓷片等。

墓葬为斜坡墓道土洞墓，被前文所述房址打破，方向103°，有封土堆，圆形，覆斗状，直径23、残高3.8米；夯筑而成。该墓由墓道、壁龛、墓门与墓室组成，总长19.6米。斜坡墓道，平面呈长条形。墓道北壁近中部有壁龛，平面呈长方形，近平底。墓门呈拱形，平底。墓室平面呈长方形，拱形顶，平底。在墓室的南、北壁近中部设有壁龛，壁龛平面呈长方形。有葬具木椁，残，平面呈长方形，椁板厚约20厘米。人骨散乱不全。随葬有陶罐、壶、鼎、灶、井、灯、勺、碗，釉陶壶、罐、鼎、灶、井，铜车马具等。

根据出土以及散落在地表的陶瓷片、滴水等遗物判断，厂圪洞遗址以及建在墓葬封土堆上的房址的时代为辽金元时期，厂圪洞墓葬为汉墓。（李强）

化德县陈武沟东汉鲜卑族墓葬群

发掘时间：2010年6月～8月

工作单位：内蒙古文物考古研究所、乌兰察布市博物馆、化德县文物管理所

墓葬群位于乌兰察布市化德县德包图乡裕民村东北2千米处。墓地位于丘陵环绕的山湾坡

地上，其西南形成较为狭窄山湾口，中部有一条蜿蜒曲折的冲沟，地势为东北高西南低，地表覆盖着由山上流失下来的砂石层，厚0.4米。墓地东西宽50米，南北长100米。为配合集通铁路复线工程建设，对该墓葬群进行了抢救性考古发掘。揭露面积2500平方米，共清理墓葬15座。

墓地揭露表土层后，暴露出有圆形锥状、长方形、条形石堆，大小不等，排列有一定的规律。墓葬开口于石头堆下，墓向西南方向，多在135°左右。其中14座墓为长方形竖穴土坑墓，1座为偏洞室墓。3座有木棺，木棺保存较好，形状为前宽高、后窄低。无木棺者则用石板在墓底四周砌成高0.35～0.4米的长方形石框。发掘了3座小孩墓葬，葬式均为仰身直肢葬，人骨保存较差。

除6座墓葬无随葬品外，余者共出土各类随葬品180余件，包括陶壶1件（口残）、金项圈1件（残）、大量铜器小件（手镯、指环、耳环、发箍、铜铃、带扣、带饰件、饰件、“大泉五十”铜币等）、铁环、铁钉等，还出土有玛瑙珠、料珠、漆器等。这批墓葬没有发现殉牲。

从墓葬形制和出土遗物分析，应为东汉时期鲜卑族墓葬。陈武沟墓葬群的发掘为研究东汉时期鲜卑族的历史文化提供了一批新的实物资料。（胡晓农）

锡林郭勒盟正镶白旗北朝墓葬

发掘时间：2010年6月中下旬
工作单位：锡林郭勒盟文物站、
正镶白旗文物管理所

2010年6月中旬，正镶白旗公安局破获了一起古墓葬被盗案，并追缴回一批珍贵文物。随后文物部门对该墓葬进行了抢救性清理发掘。

墓葬位于正镶白旗伊和淖苏木境内，东距元上都遗址80余千米，北距浑善达克沙地边缘20余千米。墓葬遭盗掘破坏，大体可知为土坑竖穴偏洞室墓，墓室顶部距地表高5.5米，墓室长3.5、宽2.5、高3.1米。木棺置于墓室中央，为松木木质，外表涂有黑色漆，棺外包裹一层丝绸，棺外四周装饰有鎏金铜泡钉，棺板外侧饰有柿蒂形铺首衔环14件。木棺外随葬品有陶器、铜器、银器、铁器等，共出土文物200余件。

该墓葬出土文物较为珍贵、罕见，且异域特征明显。根据遗物特征判断，年代大致相当于北魏太和初年至迁洛以前（496

年)，应为北方民族的贵族墓葬。它的发现和清理，对研究北朝时期的北方民族历史具有重要意义。(刘洪元)

和林格尔县鸡鸣驿北魏遗址群

发掘时间：2010年9月15日~11月30日

工作单位：内蒙古文物考古研究所、林格尔县文物保护管理所

经过前期考古调查得知，和林格尔县大红城乡榆树梁行政村鸡鸣驿自然村周边北魏时期的遗址较为密集。此次主要是对遗址群进行抢救性考古发掘。

发掘的三个地点，一处为墓葬，在鸡鸣驿自然村东北；一处为窑址群，在鸡鸣驿自然村西北；一处为一组大型的房址群，在鸡鸣驿自然村南部。

清理墓葬1座，为单砖室墓，平面呈“甲”字形，方向165°，由墓道、墓门、甬道与墓室组成，总长11.6米。斜坡台阶式墓道，平面呈梯形，两壁较直，底部由斜坡与两个台阶组成。长6、宽1~1.6、深0.5~2米。墓门、甬道、墓室用长32、宽15、厚4.5~5厘米的砖，以两平一竖的建筑方法垒砌而成。墓门为两层拱形顶，宽1、高1.4米，用条形砖呈“人”字形不规则封门。甬道为拱形顶，长1.7、宽1、高1.4米。墓室顶部已坍塌，平面呈弧形长方形，从残留的顶部可推测出墓顶是穹隆顶，东西长2.48、南北宽2.3、残高1.7米。墓室底部的铺地砖为两横两竖平铺。墓室东部有1具人骨，为成年男性，头朝南，面向上，仰身直肢葬，大部分骨骼移位，为迁葬。头骨上方有1具狗头骨，脚骨下方有1件陶壶。

清理窑址1座，已遭破坏，开口于表土层下，距地表15厘米，残存部分窑室与烟洞，方向165°。窑室平面梯形，略作前窄后宽状，前宽1.4、后宽1.9、进深1.7米，直壁，残高15~80厘米。三个烟洞位于窑室的后面，其中中间与西边的烟洞为土洞，平底，直壁，拱形顶；西边的烟洞宽20、高66厘米；中间宽90、残高80厘米；东边的烟洞用砖垒砌，宽22、高30厘米。最后三个合为一个。填土为黄灰色的沙土，出土物有大量的砖块以及较少的陶器残片。

大型房址群开口于表土层下，距地表深15~20厘米，由三组房址组成，编号分别为F1、F2、F3。

F1 被灰坑打破，总体平面呈圆形，直径 23.4 米，面积约为 434 平方米。房址墙体夯筑而成，夯层厚 10 厘米，夯窝直径 8～10 厘米。墙宽 5.5～6.4、外侧残高 0.5～0.8、内侧残高约 2 米。墙体外侧局部用砖修补以加固墙体。房址内部呈袋状，口径长 10.8、宽 10.2 米，底径长 10.4 米，残高 1.5～10.7 米。房址门道朝东南，方向 165°，长 6.4、宽 4.1 米。房址墙体内侧有柱洞 11 个，直径 15～20 厘米。房址的填土为黄灰褐色的沙土，出土铜器、铁器、石器、陶器以及建筑构件砖等。

F2、F3 平面均呈长方形，后墙宽 5 米左右，F2 长 28、间宽 12.6 米；F3 长 28、间宽 13.7 米，墙体残高 50～80 厘米。F2 与 F3 的隔墙宽 1.65 米。在 F2 的西北部发现有两个灶：一为地面灶，平面呈椭圆形，东西长 85、南北宽 60 厘米；一个为坑灶，平面呈长方形，南北长 50、东西宽 44、深 12 厘米。F2、F3 只清理了一层，出土器物较少，有陶罐、陶盆等陶器的残片。

在房址的西边间隔 60 米有一处小型的建筑基址。清理的 H1 平面呈椭圆形，口大底小，平底，带有台阶；口部长 5.6、宽 5 米，底部长 4.4、宽 4 米，深 2.7 米；台阶长 0.9、宽 2.5、深 1 米。灰坑出土物有带花纹的砖以及陶罐、陶盆的残片等。

墓葬、窑址及房址群所出遗物，均为北魏时期典型器物。墓葬的北边 1991 年曾发掘清理一座大型的北魏贵族壁画墓，等级较高。大型的房屋基址 F1 在墙体内侧有夹骨木柱的残存，屋内地表铺有豪华的砖块以及出土的大型的陶瓮等，表明该房址为一处圆形“穹庐”式的建筑，等级较高。该遗址群位于盛乐古城的南边，单就房址群本身来看，初步推断应是北魏时期盛乐都城附近的一处皇族行宫所在，意义重大。(李强)

清水河县前塔儿梁五代壁画墓

发掘时间：2010 年 11 月
工作单位：内蒙古文物考古研究所

墓地位于清水河县窑沟乡前塔儿梁村东北约 0.5 千米一南高北低的坡地之上，北侧临近黄河。由于煤矿施工对墓地造成了破坏，遂对该墓地进行了抢救性清理发掘，共清理两座墓葬。

两座墓葬墓向皆朝北，均由

墓室、甬道、墓门构成。墓室皆为圆形穹隆顶仿木结构砖室，墓壁绘有精美壁画，地面多用长方形灰砖铺砌；甬道位于墓室北侧，呈拱券式；墓门用长方形灰砖封堵，一侧保存有红彩门柱。

M1墓道因工程施工破坏殆尽，墓门砖砌，用数层长方形灰砖横向垒砌封堵，高120、宽50～70厘米；甬道呈拱洞形，残长120～160、高140、宽70～80厘米；墓室平面呈圆形，直径300、高240厘米，地表铺以长方形灰砖。6组柱头铺头将墓壁分为大体均匀的6个壁面，立柱使用红彩绘制表示，立柱之上为栌斗、耍头，耍头上置3个散斗，散斗之间的泥道拱以红彩勾边，内填彩。散斗之上用一层平砖以示橑檐方。所有仿木构件均抹白灰面，其上施以红彩。墓内保存有砖雕，题材有格子门、格子花窗、带流勺、熨斗、剪子、灯架、箭囊等。被6组柱头铺头均分的6个壁面上保存有题材丰富、色彩艳丽的壁画，可见有宴饮、出行、出殡、商旅、修行、耕作、四神、伏羲女娲、力士、动物等题材和形象。此外，随葬品见有塔式陶罐、盘口瓷瓶、瓷碗、瓷罐、木质马鞍等，未见人骨出土。

M2形制、结构与M1大体相近，但规模较M1略小。墓道因工程施工破坏殆尽，墓门砖砌，高100、宽50厘米，墓门仅存数层大小不一的长方形灰砖横向垒砌封堵。甬道呈拱洞形，残长60、高90、宽50厘米。墓室平面呈圆形，直径210、高200厘米，地表铺以大小不一的长方形灰砖。4组柱头铺头将墓壁分为大小不一的4个壁面，仿木结构与M1较为相似。墓内砖雕题材有格子门、格子花窗、带流勺、熨斗、灯架等。壁面上壁画数量较M1相比略少，可见有宴饮、出行、耕作、四神、伏羲女娲、力士、动物等题材和形象。此外，随葬品见有塔式陶罐、瓷碗等，未见人骨出土。

依据前塔儿梁墓葬内出土的器物及壁画上的内容，基本上可以断定该墓葬年代大体属五代时期。该批墓葬的发掘为研究内蒙古中南部地区五代时期墓葬制度、经济形态及生活方式提供了崭新的材料。（孙金松　党郁）

巴林左旗辽祖陵陵园黑龙门和四号建筑基址

发掘时间：2010年7月～10月

工作单位：中国社会科学院考古研究所、内蒙古文物考古研究所

2010年发掘了内蒙古巴林左旗辽代祖陵陵园黑龙门址（即一号门址）和四号建筑基址，取得了重要考古新收获。

“黑龙门”由门道、墩台、陵墙、慢道、涵道等和高大的城楼建筑组成，保存较为完整。城门主体应为一门三道建筑，其两侧连有夯土陵墙，东陵墙内侧（北面）有慢道；门道、墩台和陵墙上面均有高大的城楼建筑。“黑龙门”现存东、中两个门道，保存较好。门道均采用梁架木结构，东西两侧下铺有石地栿，其上置木地栿，木地栿上有卯口，上插13或14根排叉柱。这种门道基础结构为中原汉唐宋诸朝所不见，独具特色。

四号建筑基址位于一号陪葬墓的东南，应是其“献殿”性质的建筑基址。建筑坐西朝东，为面阔五间，进深五间，地面铺方砖。内部房屋布局结构独特，特点鲜明。慢道南侧发现一个小坑（编号K1），出土了一组重要器物。

本次考古发掘，是第一次对辽代帝陵陵门址进行科学的考古发掘，具有重要的学术意义。黑龙门址主体保存之完好，为国内所罕见。门道基础建筑做法独具特色，开启了有辽一代特有的建筑规制，为古代城门（或陵门）考古研究和古建筑复原研究等提供了珍贵资料。黑龙门门道南端的五面坡慢道，独树一帜。这与《营造法式》所载“五瓣蝉翅慢道”相仿，是较为重要的考古发现（董新林　塔拉）。

开鲁县民主屯辽金遗址

发掘时间：2010年6月~7月

工作单位：内蒙古文物考古研究所、开鲁县文物管理所

遗址位于通辽市开鲁县开鲁镇民主屯西北约0.5千米，地处一较高山坡的中部。地表沙化较严重。在遗址地表发现有很多辽金时代瓷碗、陶罐、陶瓮残片，以及沟纹砖、动物骨骼等。

为配合集通铁路复线工程的建设，对该处遗址进行了清理发掘。此次发掘采用布探方法，发掘面积约650平方米。发现了一处保存较完好的辽金时期居住遗址，清理房址两座及灰坑多座，出土了一批瓷器、陶器、铜铁器、动物骨骼等遗物。

两座房址平面形状为长方形，外墙大部已不存。各房内均见有炕洞、灶坑，炕洞内存有大量烟灰。房址中以F1保存较完

整，F1残长约6.9、宽4.6米，有上、下两层居住面。F1内出土遗物主要有瓷器、陶器、铜铁器、石器、筒瓦、板瓦以及动物骨骼等，其中以瓷器最多。瓷器器形有碗、盆、罐、瓶等，釉色以黑釉、白釉为主。陶器主要有罐、盆、瓮，铜器有铜片及铜钱，铁器有刀、钉等，石器主要有磨盘、石臼。

F2房址墙体已不存，仅见炕洞和灶坑遗迹。F2房址平面形状亦呈长方形，灶近圆形，有3股火道。F2居住面上出土少量陶瓷残片及动物肢骨、牙齿等。

经过此次发掘，对该地区辽金时期房址的结构、建筑方法等有了一定的了解。辽金时期居住遗址的发现，为研究该地区辽金阶段的社会经济、生产生活等提供了新的实物资料。（连吉林）

察右后旗石门口辽金遗址

发掘时间：2010年8月~11月

工作单位：内蒙古文物考古研究所、乌兰察布市博物馆、察右后旗文物管理所

遗址位于察右后旗白音查干镇东南12千米杨上山村南，地处矮丘陵地带，遗址地势是由西北向东南缓坡而下，其南端至集通铁路，西北临石门口水库，北面依缓丘陵坡地。遗址总面积约2万多平方米，文化层厚0.4~1.6米。

1993年为配合集通铁路建设，乌兰察布市博物馆曾对该遗址进行了考古发掘工作。2010年为了配合集通铁路复线工程建设，对该遗址再进行考古钻探发掘。铁路复线从东至西穿过遗址南部，布10米×10米发掘探方32个，发掘面积1500平方米，发掘房址6座、灰坑3座。

发掘的房屋有方形和长方形、单间和双间组合，之间存在叠压打破关系。灰坑有圆角长方形和不规则形两种。出土了大量瓷器残片和少量陶器残片。瓷器主要以定窑系产品为主，大量为白釉细胎瓷，兼有黑釉油滴瓷、兔毫、黑定和钧窑瓷、龙泉瓷等，器形有罐、盆、盘、碗、盏、钵等，现已整理出可复原器物15件。还出土陶纺轮2件、铜钱币5枚和一些动物骨骼等。

根据出土遗迹现象和遗物判断，该遗址为辽金时期的村落遗址。该遗址面积大，房屋分布密集，出土瓷器精品多，是该地区较少见的文化内涵单一的辽金时期遗址。（胡晓农）

正蓝旗元上都遗址

发掘时间：2010 年
工作单位：内蒙古文物考古研究所

为配合元上都遗址申报世界文化遗产工作，对元上都遗址继续进行了考古勘探与发掘工作，取得了重大成果。

首先，对元上都遗址进行了大面积的考古勘探。其次，对元上都遗址的外城城墙、宫城御天门和穆清阁的考古发掘，取得如下对城址内涵的认识：

其一，经过对外城墙与道路交汇处发掘，了解了城墙的结构与构筑方法、道路的建造与特点，特别是解决了城墙修建晚于道路兴建的关系，对认识元上都遗址外城的变迁和功能的演进具有重要意义。其二，对穆清阁殿址的发掘，发现了殿址顶部柱础与铺砖地面，从而进一步确知穆清阁基础之上的建筑格局与特点，对研究穆清阁整个建筑起到了至关重要的价值。其三，对御天门外侧西部的发掘，为全面了解该处门址意义重大，明确解决和纠正了以往人们对门址外侧的堆积的不同认识和看法，御天门外侧瓮城的发现，对研究元上都遗址宫城城门遗址具有积极的意义。此外，通过对上述地点的发掘，出土了较多的建筑构件与瓷器残片，对研究元代早期建筑用材和日常用器有较大价值。还出土了大量的砲石，对研究元代武器和元末战争有一定的价值。

总之，通过勘探工作，对全面了解遗址建筑布局、分布数量、城市功能区域的划分等，具有重要意义；通过考古发掘，进一步加深了对城址内涵的认识。通过 2010 年的考古工作，对推动元上都遗址的考古学研究将产生积极影响，对深入开展元上都专项课题研究奠定了坚实的基础资料。（杨星宇）

辽宁省

大凌河上游流域田野考古调查

调查时间：2010 年 6 月 ~7 月
工作单位：辽宁省文物考古研究所、美国匹兹堡大学、美国夏威夷大学中美合作大凌河上游流域田野考古调查项目于2009年开展，调查区域以喀左县东山嘴遗址为中心的大凌河上游流域。2009年进行了第一季野外工作，采用全覆盖式田野考古调查方法，调查总面积约205平方千米，初步成果已经在中美两国的专业学术期刊上发表。2010年的第二季野外工作是在2009年调查和初步研究成果的基础上，进行精细调查和地表采集。调查、采集区域集中在东山嘴、南哨和二布尺3处红山文化遗址周围。

调查采集程序可分为以下三步：首先，调查队员以5米的间隔对经过选择的红山文化遗址进行系统调查，在每一个被发现的遗物旁边插上颜色鲜艳的调查旗，这样可以很容易和明显地描绘地表遗物的分布状况。其次，对经过选择的遗物分布密集区仔细搜寻，去除杂物和植被，以便发现更多遗物。在这一阶段，每件可见遗物都将用小旗标示，每个遗物集中分布区将被划分成5米×5米的采集单位。最后，对这些采集单位仔细搜寻，采集地表所有可见遗物。对地表浮土进行筛选，采集所有遗物。本次调查共确定了404个采集单位，采集总面积2000平方米。

通过这样的工作，将会提供足够精度的与社会地位、财富和经济活动有关的手工制品的资料，可以区分每一个独立的家庭，并比较他们所生产的器物组合。（吕学明）

新民市偏堡子青铜时代及辽金遗址

发掘时间：2010年7月~9月

工作单位：沈阳市文物考古研究所、吉林大学边疆考古研究中心

本年度发掘该遗址500平方米，第Ⅰ发掘区共清理遗迹122个，其中房址1座、墓葬1座、灰坑112个、灰沟5条、灶3个。第Ⅱ发掘区共清理遗迹94个，其中墓葬6座、灰坑77个、灰沟10条、灶1个。

从辽金时期遗物来看，以陶器为大宗，其次为瓷片、铁器、铜器、石器、骨器及铜钱，并有大量的动物骨骼。陶器绝大多数为东北地区辽金时期流行的泥质灰陶，器形有罐、盆、瓮等，瓷器中多数为本地产的粗白瓷和黑瓷，也有少数的定窑白瓷和青瓷片，铁器有斧、凿、镞、刀、马掌、马镫等，铜器有发簪、鱼钩等，石器有石杵、石臼等，骨器有骨簪、骨刀、鱼钩等，铜钱多为开元通宝和北宋铜钱。

从青铜时代遗物来看，以陶器为最大宗，另有少量石器和骨器。陶器以夹砂红陶最多，其次为夹砂红褐陶和灰黑陶，多为碎片，可辨器形有鬲、鼎、壶、碗、罐、钵、甗、盆等，石器有镞、锛、斧、穿孔石刀等，骨器有匕、镞等。从文化属性上看，具有高台山文化与新乐上层文化特征。（刘焕民　吴敬　蒋璐）

普兰店市姜屯汉墓

发掘时间：2010 年 3 月 ~10 月
工作单位：辽宁省文物考古研究所

墓群位于辽宁省大连普兰店市铁西办事处西北山村姜屯南约 300 米处，南距普兰店市区约 5000 米。墓地地处丘陵地区，四面分布一些低矮小山。

此次发掘的墓葬都位于皮炮高速公路的占地范围之内，是一条长 1500、宽 100 米的狭长地带。这一地带东起一座矮山南坡，其坡上为县级文物保护单位——孤堆子古墓群，在墓地发掘区南 100 米还有一座城址，有学者考证此城为辽东郡沓氏县治所，故名张店汉城。

迄今共发掘墓葬 207 座，出土各类遗物 2000 余件。按照墓葬形制，可分为土坑墓和砖室墓两种。

土坑墓 94 座，多为并葬墓，即两个单人葬的墓穴紧挨或存在打破关系，少数为单人葬和双人合葬墓。根据墓穴内填埋物的不同，又可分五种类型：A 型，填埋物为回填土；B 型，填埋物均为贝壳；C 型，堆积大量瓦片；D 型，墓穴底部铺瓦，上部填埋贝壳；E 型，填埋石子和贝壳的混合物。其中 B 型数量最多。

随葬品多为陶器，另有少量的铜器、铁器、骨器和玉器。陶器多为壶、罐、鼎等；铜器有铜镜、铜盆、带钩、鎏金明器车马具、鎏金铜蒂饰、铜钱等；铁器有环首铁刀、铁剑等；玉器有璜、剑璏等。

砖室墓 114 座，可以分为单室、双室和多室三种类型。

单室墓，多遭早期盗掘，破坏较严重。由墓道、墓门和墓室组成，规模较小。墓道均为斜坡式，墓门呈拱形，墓顶均已坍塌，结构不详。单室墓的砌砖多为素面砖，仅有一座用花纹砖砌筑。墓内人骨多数腐朽。出土陶器、铜器、铁器、琉璃器和琥珀饰件等。陶器多为罐、瓮、仓、井、灶、奁、灯、俑等；铜器有铜镜、带钩、铜钱等；铁器有铁剑、铁钉等；琉璃器有耳瑱。

双室墓，多遭盗掘，保存情况差。由墓道、墓门和双墓室组成，规模较大。墓道均为斜坡式，墓门呈拱形，两墓室之间由过道相连。墓葬砌砖多为素面砖，少量为花纹砖。墓室呈前后排列者较多，且前室小，后室大；左右排列者仅发现一座，与墓道相连的左室大，右室小。墓内人骨腐朽严重。随葬品有陶器、铜器、琉璃器等。陶器有罐、仓、井、灶、盘、瓮等，铜器有铜镜、铜钱等，琉璃器有耳瑱。另外，在 M26 前室内发现一副较完整的无头鹿骨架。

多室墓，保存情况差，规模较大，多为三室墓。由墓道、墓门和三个墓室组成，三墓室多呈前、中、后排列或呈“品”字形排列。仅有一座墓葬为双墓道四室墓，两条墓道均位于墓葬南侧，都与共用前室相连，两个中室相互独立，后室又为共用。大部分多室墓中人骨已不存。出土陶片、铜镜残片和铜钱等遗物。

此次发掘出土了大量陶器，也有少量铜器、铁器和玉器等。尤其是在积贝墓中发现了大量的重要遗物，其中 M41 出土鎏金铜蒂饰、鎏金铜贝鹿镇和成套的鎏金明器车马具。另外，M156 出土印章一枚。

通过对墓葬形制和出土遗物的分析，该墓群的年代上限可到西汉中期，下限可达东汉中晚期。此次发掘的墓葬形制较全，所得材料丰富，对于研究辽东地区的汉代历史以及汉代墓葬的分期、断代都提供了新资料，尤其对于研究墓地南侧汉代城址的性质提供了更多的线索。（李龙彬　白宝玉）

绥中县崔家河沿汉至明清遗址

发掘时间：2010 年 3 月 ~5 月

工作单位：辽宁省文物考古研究所、葫芦岛市文化局、葫芦岛市博物馆、绥中县文管所

崔家河沿遗址位于绥中县高台镇腰鼓城寨村崔家河沿组前屯、后屯之间的高地上，遗址周边两河环绕，其东、北有六股河，西、南有王宝河，绥中至三道沟的公路从遗址西部边缘经过。为配合秦皇岛至沈阳天然气管道工程建设，对遗址进行了抢救性发掘。

该遗址 1985 年被锦州市政府确立为市级文物保护单位。遗址保存状况较好，早期测定其南墙长约 264、北墙长约 210、东、西墙长约 206 米（现东墙已被六股河水冲毁）。遗址南部为民居

所覆盖，中间有小部分为蔬菜大棚，其余部分为玉米地。地理坐标为：北纬 40°21′907″，东经120°18′48″，海拔23米。

发掘区域以管道沟为界，北为Ⅰ区，开10米×10米探方14个，南为Ⅱ区，开5米×5米探方14个。发掘面积约2000平方米。地层堆积分为五层：①层：耕土层，厚0.2米，灰褐色土，土质松软。②层：明清文化层，厚1米，黄褐色土，土质较硬。③层：辽金文化层，黑褐色土，厚0.5～0.65米，土质较硬。④层：魏晋文化层，黄褐色土，厚0.4～0.5米，土质较硬。⑤层：汉代文化层，浅黄色土，厚0.45～0.6米，土质致密坚硬。⑤层下为生土。共清理房址12座、灰坑9个、墓葬1座、窖穴1个、灶2个。出土文物约500件。

通过发掘，初步认识如下：1. 地层堆积厚。文化层深近3米；2. 使用时间长。从汉代到辽金的遗迹，尤其是房址均有发现，表明该遗址自汉代至明清长期被使用；3. 遗迹类型丰富。本次发掘区域为遗址区的西部边缘，即已清理出遗迹现象多处；4. 出土遗物数量多，且类型丰富，有石、玛瑙、骨、角、陶、砖、瓦、瓷、铁、铜等各种质地小件标本。

崔家河沿城址所处地区汉时为辽西郡辖境，其在汉代县制的问题，有待历史地理学层面的进一步考证。本次发掘为以后的考古发掘工作及大遗址保护提供了重要的科学依据，同时，对于辽西地区的历史文化，以及历史地理的研究都有重要意义。（赵少军　梁振晶）

凤城市高句丽凤凰山山城

发掘时间：2010年7月～12月
发掘单位：辽宁省文物考古研究所

凤凰山山城位于辽宁省丹东凤城市东南约3.5千米的国家级风景名胜区凤凰山的东麓，现为全国重点文物保护单位。山城随山势而建，由城门、城墙、天然屏障和瞭望台等设施组成，计有86段人工城墙和87段天然屏障，周长约16千米，面积约10余平方千米，是地处鸭绿江右岸规模最大的高句丽山城。

为配合凤凰山山城北城墙维修工程，对该城址3、4号门址进行抢救性发掘。

3号门址位于凤凰山山城北部，北城墙西段，修筑于基岩上，西高东低。其形制独特，结构复杂，且保存较好。以门道为中心，西侧墙体延伸至山体，相距仅 22 米。整个门址由门道、门墩、东西护壁、护坡石、东西两侧墙体组成，大体呈“凸”字形。根据门道清理时发现的火烧后排插柱痕迹、柱洞及铁构件等推测，在3号门址上应建有木构建筑。废弃后经过特意封堵，门内侧用碎石块垒砌，门道内用砂石填充，门道外侧已遭破坏，封堵情况不详。另外，在门道内侧发现一辽金时期房址，该房址借助西侧门墩南壁和西侧护壁分别为东、西墙壁而建，房内有炕、灶址。

门道东北向，25°。长 4.2、宽 4 米，门道内侧为基岩，且高于门外，两侧用楔形石砌筑，门道底部路面南端为基岩，北端已遭破坏。南北各有一条东西向凹槽，南部直接开凿于基岩上；北部凹槽系用石块砌筑而成。东、西侧护壁位于城墙内侧，上部破坏严重，向南延伸至基岩，基础部分逐层内收，弧壁，用楔形石错缝叠砌，分别与东、西护坡石相接。

清理 3 号门址时，在门道、门墩、护壁、护坡石、及两侧墙体的堆积中出土有一定数量的遗物，有筒瓦、板瓦、陶器、铁钉、铁镞、铜钱、铁器等遗物。根据门道内出土遗物及周围附属设施的砌筑方式推测，3号门址为一处高句丽时期门址，且上有木结构建筑，经一场大火烧毁后废弃，后经人为特意封堵。

4 号门址位于凤凰山山城北城墙东段，“大芹菜沟”顶部。地势东端高西低，倒塌较严重。门址由门道、门墩、护坡石、东西两侧墙体组成，结构较简单。

门道呈东北向，18°。长 2.7、宽 2.42 米，门道两侧用楔形石砌筑，底部路面石头不甚规整。东、西侧壁与墙体连成一体，墙壁上部破坏严重。清理该门址时，在门道、门墩、护坡石及两侧墙体的堆积中出土有一定数量的遗物，有陶器、铁钉、铁镞、铁器等遗物。根据门道内出土遗物及周围附属设施的砌筑方式推测，4 号门址为一处高句丽时期门址，后经辽金时期沿用。

（李龙彬　司伟伟）

灯塔市高句丽燕州城山城

发掘时间：2010 年 5 月 ~11 月

工作单位：辽宁省文物考古研究所

燕州城山城位于辽宁省灯塔市西大窑镇官屯村东南，是辽宁地区保存比较好的高句丽山城之一。经发掘，发现城门址一处，马面5座，马道1座。出土大量高句丽到辽金时期的陶、瓷、石、铁、铜、骨等材质的遗物300余件。

门址位于山城的西南角地势最低洼处，南临太子河。门址长7.6、宽5、残高0.4～2.8米，方向305°。门道路面破坏比较严重，仅存门道南侧宽约2米的范围。门址南、北、东三边发现有沟槽，沟槽内发现有木炭痕迹。西端虽然没有发现沟槽，但是发现有南北向分布的木炭痕迹。门道南侧路面上发现有席子一类的编制物痕迹。在门址中部偏西处的铺路石上有三处圆形小坑，当为门枢位置所在。其中两处靠近门址两侧墙壁，相距4.1米，对称分布。另一处则位于门址中部偏南，较上一组位置后移（向东）0.8米。在南侧两处圆坑附近都出土有排列有序的门钉，靠近南侧墙根位置出土的门钉较大，长度为25厘米，不附带贴片。而出土于门道中部偏南的圆坑附近的铁钉则较短，长度为16厘米，且附带有贴片，出土时成长方形分布。表明门道中有大小两种门。

门址两侧墙壁表面还贴筑有大小不等的石板10块，面积0.22～0.72平方米，厚0.08～0.12米。在门址保存较好的西北角和东南角发现有大量使用河卵石的现象。在门址的西南角修筑有矮墙。

门道遗物集中出土于门道南侧宽约2米的范围内，全为铁器，除和城门有关的铁钉之外，主要是大量的武器和甲骑装具。有不同类型的铁矛20余件，铁镞约100件，铁刀3把，铁甲1组、马镫1副、马面帘1具，还有铁锄板2件，铁质门枢1件。其中以甲衣和铁镞数量最大，皆成组出土。铁镞不仅数量大，而且种类丰富，种类有铲形、矛形、蛇头形等，尤其以方头铲形数量最大。另外门道还出土一枚“乾元重宝”钱币，为门址的断代提供重要参考标尺。

马面　新发现5座，分布于城址的西侧，加上原有位于北城墙上的4座，共9座。将新发现的马面依次编号为59号马面。9座马面可以分成两种类型，一种为长10、宽约8米的纵长型，一种为宽约8、长约5米的横宽型。纵长型马面2座，分别是位于东城墙和北城墙拐角处的1号马面、北城墙和西北城墙拐角处的5号马面。其余7座为横宽形马面。其中北墙上的马面间距在55～61米之间，而西北墙上的马面间距则在38～42米之间。除了6、7、8号马面之外，其余马面均有二次修筑痕迹，二次修筑时使用了白灰作为黏合剂。可见6、7、8号马面在第一次损坏之后便被废弃，此次发现为燕州城山城损毁时代的探讨提供了重要的参考资料。

在马面附近出土数目最多的是铁镞，形制比较统一，主要是一种锋似铁凿的凿形镞。也有少量的铁锨、铁镐等工具和大量的白灰颗粒。后者应该是修补城墙时遗留的遗物。

马道　发掘一座，位于5、6号马面之间城墙内侧，依城墙砌筑，长17.8、宽4.7、残高2.9米，北端有台阶式踏步。

排水涵洞　在西门址外侧发现高句丽时期修筑的排水涵洞一段，洞壁砌石，顶覆石板，宽0.75、深0.8、残长约10米，覆顶石板大小不一，厚度为0.1~0.2米。

城址出土遗物丰富，除了上述大量的铁镞等兵器外，还出土有一定数量的兽面纹瓦当、莲花纹瓦当等。（苏鹏力）

阜新蒙古族自治县乌兰木图山辽墓群

发掘时间：2010年10月~12月
工作单位：辽宁省文物考古研究所、阜新市文物管理办公室

墓群位于辽宁省阜新市阜新蒙古族自治县八家子乡果树村的梯子庙和解家烧锅两个村民组村北面乌兰木图山的南麓。墓群东南距阜新市区约4.5千米，距八家子乡约6千米，县级路（宫八线）直达山前。

该墓群从发现至今，历经多次发掘。此次共发掘了2座墓葬，编号为梯子庙4号墓和解家烧锅3号墓（即平原公主墓）。

同时，又对乌兰木图山南麓的山坡地带进行了考古调查和勘探。已确认该墓群由12座墓葬组成（包括已发掘的），另发现一处建筑遗址。建筑址位于在平原公主墓的下方及两侧冲击沟中间的空地上，在地表分布着大量的青砖、灰布纹瓦、琉璃瓦、瓦当、琉璃建筑构件等，推测可能为墓地内的祭祀设施。

梯子庙4号墓位于乌兰木图山墓群的西部，地势西北高，东南低，南距梯子庙村民组约150米。地理坐标为北纬42°18′095″，东经121°27′54.2″，海拔493米。该墓为砖筑单室墓，由墓道、墓门和主室三部分组成。墓圹平面呈“凸”字形，全长20、最宽处7.2米，距地表最深达7.6米，墓向为135°。该墓经多次盗掘，出土遗物较少，种类有陶瓷器、

铁器、铜器和琥珀器等。

平原公主墓位于乌兰木图山墓群的东部，地势西北高，东南低，东距解家烧锅村民组约1500米。地理坐标为北纬42°18′26.8″，东经121°27′53.2″，海拔505米。该墓为砖筑双室墓，由墓道、墓门、前室、左右耳室和主室五个部分组成。墓圹平面呈“凸”字形，全长25.4、最宽处6.8米，距地表最深达7米，墓向为135°。该墓经两次盗掘，还保留了许多珍贵遗物并出土了一合墓志。遗物种类有陶瓷器、铁器、铜器、玉器和玻璃器等。在墓道两侧壁和墓门上方有彩绘壁画，壁画内容为祥云、飞鹤和车马出行归来图。

梯子庙4号墓未出土墓志，但根据出土遗物特征和墓葬的形制特点，可以确定其应属于辽代晚期墓葬。平原公主和驸马合葬墓的年代根据墓志志文记载，公主卒于辽兴宗重熙二十年(1051)，于当年四月启驸马萧忠之莹合柎，则知该墓的营建时间，应是驸马萧忠的死葬之年。

(李龙彬　樊圣英)

吉林省

延边朝鲜族自治州大洞旧石器时代遗址

发掘时间：2010年6月~8月

工作单位：吉林省文物考古研究所、和龙市博物馆

遗址位于延边朝鲜族自治州和龙市崇善镇大洞村。地处长白山东麓，中国与朝鲜两国界河图们江上游的左岸，图们江与其支流红旗河交汇处的平缓玄武岩台地上，西距长白山天池约80千米，北距和龙市约40千米。

2007年调查发现该遗址为一处旧石器时代晚期的旷野遗址，地表散见大量以黑曜石为原料的打制石制品约两万余件，遗物分布面积达100万平方米，考古学文化面貌主要体现了石叶和细石叶工艺特征，包括石叶、细石叶石核、细石叶，同时还伴生大量细石器，如端刃刮削器、雕刻器、尖状器、两面器等，以及加工石器过程中产生的碎片和断块。文化特征分析，该遗址可能距今1万年左右。

2010年发掘面积50平方米。文化层属性单一，表土下仅存在旧石器时代晚期文化层，发现石砧、石叶、细石核、细石叶、雕刻器、刮削器及断块和碎

片计1030件，在文化层底部还发现了人类用火留下的少量红烧土块和炭屑、表面有烧灼痕迹的动物骨骼残块以及一件加工精美局部磨光的角锥状石器。这些都为进一步了解当时人类生产生活提供了重要实物资料。（赵海龙　顾聆博　赵玉峰）

通化县秦汉长城资源调查

调查时间：2010年5月～11月

工作单位：吉林省文物考古研究所、通化县文物与文化市场管理所

2010年，吉林省正式纳入国家长城资源调查项目中，吉林省境内的早期长城的存在形式与辽东地区相近，主要为烽燧，其次为关堡和山城，也包括相关的遗址。本次调查在2009年度调查基础上，经过排查，累计发现烽燧及相关遗存15处自西向东分别为：狍圈沟南山烽燧、川排沟烽燧、南台子古城、三棵榆树一队北山烽燧、欢喜岭南山烽燧、山头村岗上岭烽燧、庆生后山烽燧、八岔沟西山烽燧、砬缝后山烽燧、小西沟西山烽燧、大南沟东山烽燧、河夹信西南山烽燧、平顶山遗址、大茂山烽燧、赤柏松古城。多数烽燧依照天险，自然地貌稍加修整而成，少数为土石混筑而成。烽燧周围可见散落的夹砂红褐陶器残片，偶在城址中发现汉式特征的泥质灰褐陶片。在地理位置险要地段的大南沟东山烽燧周围，不但筑有带火炕的房屋，还有环墙和环壕等防御设施。

通化县汉长城的发现与确认，进一步充实了我国长城资源调查工作，同时也成为汉代东北边疆史地研究的重证实据。（赵海龙　顾聆博　王利）

柳河县高句丽罗通山城

发掘时间：2010年6月～10月

工作单位：吉林省文物考古研究所、柳河县文物管理所

罗通山城位于柳河县东北25千米的罗通山镇与圣水镇交界处的罗通山顶部。山城由东、西两城组成，周长7.8千米。山城凭依着山势而构筑，充分利用了自然山险。筑城所用石材，均系此山所产石灰岩，经人工修整成较规则的石条，城垣保存较好，构筑严谨。

此次结合文物本体保护维修

工程对西城北门址、西门址、“东北角楼”进行了进一步的发掘和清理。

1. 西城西门、北门形制相似，门道平面略呈“凸”字形，门道下部均为砌石，与两侧墙体相连；两侧为大型块石砌筑的边石，边石大部分叠压在两侧门垛下；两侧门垛已坍塌，残余少量砌石。

2. “东北角楼”遗迹，经过对现代建筑残基及自然堆积的清除，仅发现一块20余平方米的基岩面，表面凹凸不平，东北两侧为石砌墙体，转角为圆弧状，未发现角楼建筑遗迹。

3. 北门西侧发现排水设施1处，分为城内部分的石砌“喇叭”状引水沟、城墙下部的涵洞、城墙外侧的排水沟三部分。

此次发掘出土遗物较少，均发现于西城北门东侧台地的腐质土中，主要有陶器残片和铁器碎块，陶片为罐类口沿和底部，铁器锈蚀严重无法辨认器形。

经过对西城北门址和西门址的清理，为进一步确认罗通山城始建于魏晋时期（即高句丽中期）提供了佐证，也对山城的进出交通孔道和防御设施有了进一步了解；北门西侧排水设施的清理是高句丽山城考古发掘中的重要发现；“东北角楼”虽未发现上部人工建筑遗迹，但其作为全城的制高点，视野极为开阔，对于山城的预警作用毋庸赘言。（徐坤）

白城市永平金代寺庙遗址

发掘时间：2010年6月~10月
工作单位：吉林省文物考古研究所

遗址位于白城市洮北区平安镇永平村东南，配合珲（春）—乌（兰浩特）高速公路白（城）—石（头井子）段的建设，对范围内的遗址进行抢救性发掘，发掘沿原发掘区向南侧推进，发掘面积2600平方米，发掘2座台基、1条甬路、1条排水设施及环绕两座台基之间的院落铺砖。

5号台基位于发掘区北部，其北正对3号台基建筑址，两者间距约13.6米，其南正对6号台基建筑址，两者间距约31米，三个台基建筑址处于同一中轴线上，中轴方向为北偏西5°。台基利用原生河床人工修建而成，台基平面呈长“凸”字形，南北26.5、东西19、残高0.35~0.8米。南北两侧设有月台，北侧月台向内收分，台基顶部分布有横纵各4排共16个磉墩，磉墩内部土石混夯。台基四边包墙，外接散水及砖钉。台基包墙和散水发现有多次修补迹象。

6号台基位于5号台基南侧，系采用垫土形成，平面呈长方形，其东西14.3、南北8.2、残高0.35米。南北设有踏步，顶部分布有横三纵四共12个磉墩，台基四周包砖已佚，仅发现了踏步包砖及散水。

两座台基之间有甬路连接，长19.6、宽1.9、残高0.11米。

甬路北侧有一处排水暗沟，平面呈“⌐”，走向为自西向东，在东侧北折后未发现迹象，西侧为进水口，东侧为出水口。残长5.49、宽0.19、深0.14米。

环绕台基四周铺设有砖铺路面，铺砖规整有序，5号台基四周的砖面在铺设时，将台基的部分散水侧砖及砖钉废弃，直接连接散水平砖。

遗物多出土于台基四周的倒塌堆积中，出土了大量板瓦、筒瓦、压当条等砖瓦类构件，鸱吻、凤鸟、兽头等精美的屋脊类建筑构件，铁器多为钉、甲片。陶瓷器等日常生活类用具较少出土。见有红绿彩壁画和涂金粉的佛像饰件。

永平遗址在金代属临潢府路管辖，遗址面积大，布局规整，出土遗物造型优美，使用兽头、凤鸟等在宗教寺庙类高等级建筑中方可使用的建筑饰件，同时发现了红绿彩绘和涂金粉的佛像饰件，结合两年度的发掘情况，推测遗址为一处寺庙址。（李丹　解峰　刘玉成）

辉南县明代辉发城址

发掘时间：2010年5月~10月
工作单位：吉林省文物考古研究所、辉南县文物管理所

城址位于通化市辉南县朝阳镇东北约17千米处，为了配合大遗址保护规划的编制，对辉发城进行了主动性考古发掘。

辉发城的形状为不甚规整的长方形，由内中外三道城墙构成，三道城墙将整个城址分为内城、中城、外城三部分，内城和中城位于城址的南部，测得内城城墙长度为598米，中城城墙长度为892米，外城城墙长度为1884米。其中内城位于辉发山的山顶，辉发山的西侧、南侧为断崖，北侧为陡坡，唯东侧相对略缓，整体地势为西南高、东北低，其西南部有一地势相对平坦的平台，平台的边缘较为规整，东侧、北侧有二层台，内城的东北角处有一门址，系内城通往中城的主要通道。辉发城的内城为

本年度的主要发掘区域，择西南部的平台为第一发掘区，内城东南部城墙与平台之间的平整地带为第二发掘区，同时对平台的北侧、东侧边缘及内城北城墙墙体进行了解剖，并对内城东北角的一号门址进行了清理，实际发掘面积近2000平方米。共清理出房址20余座，灶址11个，灰坑30余个，出土有陶器、瓷器、铜器、铁器、料器、石器、骨角器等近千件。

辉发城系明代海西女真扈伦四部之一辉发部落的王城，同时也是东北地区保存最好的一座明代城址，此次发掘为明代东北地区考古、明代女真民族及满族文化的研究提供了丰富的材料。（刘晓溪）

黑龙江省

齐齐哈尔市滕家岗青铜时代遗址

发掘时间：2010年7月~9月
工作单位：中国社会科学院考古研究所、黑龙江省文物考古研究所

为纪念梁思永先生发掘齐齐哈尔昂昂溪五福遗址80周年，对昂昂溪滕家岗遗址进行了考古发掘，发掘总面积为411平方米。清理遗迹包括：半地穴房址1座、灰坑19个、灰沟3条、墓葬9座。出土陶、骨、石、角、玉等质料遗物100余件。

由于当地风沙侵蚀比较严重，导致该遗址的文化层在自然力的破坏下已基本被剥蚀殆尽，遗迹大多出露于表土层下，整个遗址的地层堆积极为简单，仅见有一层地表土。该层土为黄灰色粉沙土，质地松散，厚约10~20厘米。内含少量夹蚌陶片、石片及大量的植物根茎。遗迹现象大多开口于此层下。向下即为黄色沙质生土。

房址仅发现1座，现仅存留西南角，如从现有存留形状推测其整体形制可能为一平面呈圆角长方形的半地穴式建筑。南北残长5、东西残宽4、深0.4米，现存面积约12平方米。居住面较为平整。因存留面积太小，该房址没有发现柱洞、灶、门道等其他设施。堆积中含有大量的蚌壳、鱼骨、兽骨、骨器废料、陶片和小碎石块。陶器可辨器形有罐、豆、碗等。动物鉴定种类有牛、马、猪、狍子、兔子、鼠、

鸟、鱼、蚌、螺等。

墓葬共发现9座，皆为土坑竖穴。墓葬分布较为有序，由北而南，大致可分为3排。每排呈东西向排列，数量不等。墓葬之间少有打破关系。墓向基本一致呈东北—西南向，在348°~28°之间。墓葬形制除个别不甚规则外，大多呈长方形。规格都不大，一般为南北长1.7、东西宽0.6米左右。因风沙侵蚀的原因，墓坑都很浅，大多在0.2~0.4米之间。墓葬以单人葬为主，合葬有两例。葬式均为仰身直肢葬。各墓的随葬品数量都很少，一般是每座墓1~3件，最多者也仅仅24件，种类有石、骨、蚌、玉等。个别墓中出有零星陶片。该批墓葬多数采用了特殊的“红土葬”葬俗。

发现灰坑19个，以椭圆形竖穴坑体为主，另见少量的圆形锅底状、袋状坑体。深度在0.2~0.7米之间。填土中大多包含有一定数量的鱼骨、兽骨、蚌壳等动物遗骸，出土遗物数量极少，仅见有骨器、石器等小件器物。

灰沟共发现3条。G1大体呈东北—西南向分布，直壁平底。出土遗物见有陶豆、陶尊形器、骨锥、骨笄、细石核、刮削器等20余件。G2大体为西北—东南走向，平面呈不规则长条状，底部较为平整，剖面呈倒梯形。包含物见有陶纺轮、端刮器、石片等。G3大体呈东—西走向，平面呈不规则长条状，底部较为平整，剖面呈倒梯形。这3条沟的填土中都包含有数量较多的鱼骨、兽骨、灰黄色砂质夹蚌陶片、黑褐色砂质陶片、石片、小碎石块等生活遗物。

该遗址出土遗物整体较少，种类有陶、石、骨、角、玉器等。陶器除2件可复原外，其余均为残片。陶色以灰黄色为主，黑褐色较少，部分陶片表面颜色斑驳。陶质全部为砂质陶，绝大部分掺杂蚌粉，但也有约10%的陶片不掺杂蚌粉，呈灰褐色并表面龟裂。所有陶器均为手制，火候较低。一般采用泥圈套接筑法，器表和内壁套接的痕迹十分明显；少部分采用捏制而成。大部分陶器为素面，有少量的附加堆纹、指甲纹、篦点纹、几何纹等，部分器表见有红彩和饰有泥突等器表装饰。可辨器形有尊形器、罐、豆、碗等。石器种类有石核、细石叶、石片、石叶、镶嵌石刃、雕刻器、尖刃器、石镞、边刮器、石锛、小石璧、石凿、石管、砺石等。骨器以小型器物为主，种类有锥、钻、镖、管、环、镞、铲、匕、匕首及骨器废料等。角器有凿、锥和多环槽狍角器等。玉器见有碧玉环、圆柱状管珠等。

此次发掘，使我们对滕家岗遗址的文化性质和年代有了区别于以往的认识。该遗址此次发掘材料的文化面貌与1930年梁思永先生提出的属于新石器时代的“昂昂溪文化”不同，也不能纳入目前嫩江流域已确立的青铜至早期铁器时代诸考古学文化的范畴，是一种新的文化遗存。这种新的文化遗存的年代应属于青铜时代，它的识别为嫩江流域考古学文化的编年与谱系研究增添了新的内容。(田禾　李有骞)

宁安市渤海上京城宫城北门址

发掘时间：2010年5月~12月

工作单位：黑龙江省文物考古研究所

渤海上京城是唐代渤海国的都城，故城址位于今宁安市渤海镇，地面遗迹清晰。可见外郭城、皇城和宫城等遗迹。宫城北门址位于宫城北墙中部，在宫城南北向中轴线上，北距外城正北门215.1米，南距第5号宫殿92米。

为了配合遗址的保护工作，对宫城北门及其两侧的墙址和护城壕进行了考古发掘。

一、门址结构

门址构筑在地面上，系由东门墩、东门道、中央门墩、西门道、西门墩等遗迹组成双门道的城门，门址两侧与宫城墙相连。

东门墩由玄武岩石块砌筑而成，平面呈长方形，南北长6.65、东西宽3.35~3.5、残高0~0.6米，其东侧中部与宫城墙相连，平面呈“凸”字形，门墩南、北两侧向外凸出的部分均为1.5米，南侧有石散水，北侧有黄土护坡。

东门墩与中央门墩之间为东门道，南北长6.6、东西宽4.1~4.2米，其上有门道铺石、将军石、柱洞、门枕坑等遗迹，南北两端存有黄沙土垫的地面。

中央门墩平面呈长方形，南北长6.5、宽约5.2、残高0~0.35米，南侧保留了部分散水遗迹。

西门道保存较好，南北长6.7、东西宽4.1、高0.5米，门道铺石保存完好，西侧有木地袱遗迹，中部有将军石，将军石两侧各有一户枢石，户枢石南北两侧有柱洞，门枕石与将军石之间有柱洞及沟痕，南、北两侧有7.5米长的黄土慢道。

西门墩平面近长方形，南北长6.5~6.7、东西宽3.5、残高约0.4~1.85米。西门墩西侧与宫城墙相连接，平面呈“凸”字形，南、北两侧向外凸出的部分均为1.5米，其南侧、西侧有石制散水，北侧有黄土护坡。

二、宫城墙址

门址东侧宫城墙发掘部分东西长约7.8米，西端与东门墩中部相接，残高1.25~1.65、宽约3.55米。残存部分的墙体北高南低，北侧向外倾斜0~0.2米，废弃后向南北两侧倒塌。从残存的墙体可见，其外侧多用大块玄武岩错缝垒砌，墙面较为平整，内部用大小不等玄武岩石块及黄黏土砌筑而成。

门址西侧宫城墙发掘部分东西长约6.7米，东端与西门墩中部略偏北处相接，残高1.3~1.65、宽约3.75米。残存部分的墙体北高南低，北侧向外倾斜0~0.4米，废弃后向南北两侧倒塌。墙体砌筑方法与东侧宫城墙相同。

宫城墙南北有护坡，墙体南壁下平砌有宽0.25~0.3米石块护基。

三、护城壕遗迹

护城壕位于宫城墙北侧2.4米处，由断面观察，可见护城壕开口处南高北低，南侧高出北侧约15厘米，剖面近半椭圆形，上口宽2.5~2.7米，弧形壁，底亦为弧形，最深处距开口2.1~2.25米，护城壕打破宫城墙北侧护坡土。

渤海上京城宫城北门址的发掘，对研究渤海上京城的建筑格局、用门制度，提供了新的资料，对唐代长安城的建筑格局、城市规划和唐代渤海国的历史的研究，亦有着重要意义。（赵哲夫　刘晓东　李陈奇　朱春雨）

哈尔滨市侵华日军第七三一部队遗址

调查时间：2010年7月~10月
工作单位：黑龙江省文物考古研究所、哈尔滨市侵华日军第七三一部队罪证陈列馆

遗址位于平房区新疆大街25号。本次工作主要是对平房区兴建路以西、东北轻合金加工厂铁路专用线以东区域，进行了考古调查勘探工作，勘探面积2500平方米。

考古调查勘探工作主要分为南、中、北3个区域。南部区为Ⅰ区，中部区为Ⅱ区，北部区为Ⅲ区。

遗址地层分可为5层，七三一遗存位于第3层。主要遗迹有以下三个：

1. 地下蓄水池，位于Ⅰ区，主体呈长方体，距地表深约2米，南北长38.2、东西宽25.6米，方向为南北向，北偏东

150°。在蓄水池的四角上各有1个竖井，在水池上分布着39个通风口。

2.Ⅱ区，长约34.5米，其内有东西向的墙基、方形水泥柱基础、水泥平面、输水管道等遗迹。

3. 晾水池位于Ⅲ区中部，与地下蓄水池平行，相距92米。晾水池主体为水泥建筑，整体呈“曰”字形，在中间隔梁的东侧有一处1.99米宽的缺口，在中间隔梁的东端及其对应的东边框上有个0.07米的凹槽。水池南北长34.9、东西宽31米，中间隔梁长27.8、深约1.5米。水池四周边框宽0.55、中间隔梁宽0.7米。

本次工作较好地了解了该区域内地下遗迹情况，为七三一部队遗址的保护规划的制定及其相应工作提供了准确的考古学依据。（魏明江　尤洪才）

江苏省

泗洪县顺山集新石器时代遗址

发掘时间：2010年6月～2011年1月

发掘单位：南京博物院、宿迁市文管办、泗洪县博物馆

遗址位于宿迁市泗洪县梅花镇顺山集，西邻赵庄遗址。该遗址位于北高南低的坡地之上，平面近椭圆形，总面积约150000平方米，环壕内面积75000平方米。环壕平面呈长圆形，东西两侧环壕南部皆向南伸入今赵庄水库之中。环壕宽1～24、深0.5～2.7、长约1000米。

通过考古勘探和试掘，基本了解了该遗址的功能分区，确定了遗址较早期、晚期墓地，生活区的位置与范围。此次试掘共发掘探方12个，探沟10条。发现并清理各类遗迹单位82个，其中墓葬48座、房址5座、灰坑25个、灰沟2条、灶坑2个。2处新石器时代墓地时代分别为遗址的晚期和较早时期，皆长方形竖穴土坑墓，其中早期墓葬中发现有双人合葬墓和多人合葬墓；房址有浅地穴式和平地起建式两种；灶为长方形。

遗物以陶器为主，石器次之。陶器器形较单一，以釜、罐、盆、支脚、钵等为主，其他器形较少，而且器形独特，多为夹砂陶，陶色多内黑外红或红褐，皆素面。石器有斧、锛、砸

器。时代为新石器时代早期。

经过考古勘探和试掘，顺山集遗址文化发展至少经历了三个大的阶段。此次发掘出土了一批有别于周边已知考古学文化的新材料，显示出其独特性和重要性。遗址中还发现炭化稻和炭化米遗存，说明该遗址是淮河流域较早的稻作农业聚落遗址。顺山集遗址是江苏新石器时代考古中迄今所发现的时代最早的遗址，也是该时期一处大型的环壕聚落遗址，这对于江苏新石器时代，乃至于淮河流域新石器考古工作具有重要意义。(马永强)

新沂市花厅大汶口文化遗址

发掘时间：2010 年 6 月 ~9 月
工作单位：南京博物院

为配合大遗址保护规划，对新沂花厅遗址进行考古发掘。发掘地点主要分为两处：一处在北区墓地的北面进行布方；另一处在北区墓地西边的小坡地上进行布方。共布探方 7 个，加后期扩方，共发掘面积 700 平方米。

本次发掘的主要收获是在以往北区墓地西侧的小坡地上发现了若干座房址。此外，在北区墓地的北面清理了 3 座大汶口文化时期的墓葬，以及 1 座房址和若干个灰坑。

此次清理的房址比较明确，均发现有基槽和柱洞。完整揭示的房址有 F7 和 F8，其中以 F7 保存较好，结构比较清楚。F7，开口于耕土层下，平面近方形，西侧基槽被两座明清墓葬打破。房址的方向偏西南，东西长 6.75、南北宽 6.10 米，总面积约 40 多平方米。四周有基槽，宽约 0.4 ~0.6、深约 0.65 ~0.85 米。基槽内共发现有柱洞 59 个，柱洞直径 0.15 ~0.3、深约 0.15 ~0.9 米。多数柱洞内堆积为细腻的红烧土，估计是经火烧所致。在南面的基槽内有一段宽约 1 米的空白，未发现有柱洞，估计是房址的门道所在。

本次发掘又在以往北区墓地的北面清理了 3 座大汶口文化时期墓葬。M64，仅存西北部，未发现人骨，仅出土了 1 件夹砂袋足红陶鬶；M65，东部被盗洞破坏殆尽，西半部残存零星的人骨，少量陶器、玉器，另外在墓葬的西部陪葬有 1 具狗骨架；M67，平面近椭圆形，弧壁圜底，墓葬内有人骨架 1 具，未见头骨。墓主仰身直肢，头向东，左右上肢骨各套有 1 件玉镯，其中 1 件质地保存良好，另 1 件保存较差，呈粉末状。墓葬内随葬有鼎、豆、壶、鬶等陶器。

本次考古发掘，主要揭示了一批大汶口文化时期的房址，以及清理了若干座墓葬。尤其是房址，属首次比较完整地揭示，进一步丰富了花厅遗址的文化内涵，为研究花厅遗址的聚落形态和平面布局提供了新的重要考古资料。(周润垦)

苏州市彭家墩良渚文化遗址

发掘时间：2010 年 3 月 ~12 月
工作单位：中国社会科学院考古研究所、苏州市考古研究所

彭家墩为一处长约 110、宽约 85 米的规模较大的土墩。土墩高出周围地面约有 2 ~ 3 米。在墩子顶部发现两处红烧土台基遗迹。西侧的红烧土台（HST1）为东西向长方形，长约 13.7、宽约 9.7 米，总面积约 130 平方米。在 HST1 的西侧和北侧边缘发现有打破红烧土的一排柱洞，在台基中部和北部埋有陶器。东侧的红烧土台（HST2）呈南北向曲尺形，东南角内凹。南北长约 15.3、东西宽约 6.1 ~8.5 米，总面积约 110 平方米。两块红烧土台均挖有基槽。HST1 的基槽深约 0.4 米，基槽下部填土为含大量砂粒的亮黄色堆积，上部为厚约 0.2 米的红烧土。而 HST2 基槽上部也填以红烧土，下部却为灰黑色胶泥土。两者有着明显的区别。两座红烧土台基的方向较为一致，均在 18°左右。两块红烧土台间隔约 4.2 米。两红烧土台的南侧边缘基本呈东西一线分布，显然是预先经刻意规划的。根据过去的良渚文化同类遗迹的发掘和研究，这两处红烧土台基的性质应属于祭坛。祭坛南侧存在可能属祭祀坑性质的遗迹。

在 HST2 周围发现 8 座良渚时期的墓葬。这些墓葬中除 M2 位于北侧外，其余均位于 HST2 的西南部和外侧西部。墓葬大致呈南北向纵向分布，可分为三列。墓葬间有明显的叠压打破关系，均为北侧墓葬打破南侧墓葬，即埋葬顺序是由南向北。墓葬均为南北向长方形土坑竖穴墓，长度在 2 米以上，宽度在 1 米左右，深约 1 米。墓葬内随葬品以玉石器、陶器为主，并有少量的漆器和象牙器等。玉器包括玉璧、玉钺、玉锥形器、玉镯、玉纺轮、玉管、玉珠等，共计 60 余件。陶器器类有鼎、盆、豆、宽把杯、壶等。其中以 M10 出土物较为丰富。M10 南北残长约 2.4、东西宽 1.45 米，葬具

为一棺。墓内出有玉璧2件、玉锥形器2件、玉纺轮1件，若干玉管珠以及象牙器等。根据墓内出土的陶器推断，墓葬的时代约在良渚中晚期时期。

以往发现的多为单体式的祭坛，此次发现的两座祭坛并列分布的布局方式在以往的考古发掘中甚是少见。同时与祭坛密切相关的良渚墓葬发现，为良渚文化的深入研究提供了新的资料。（唐锦琼　孙明利）

苏州市大墩商周明清墓葬

发掘时间：2010年4月~6月
工作单位：苏州市考古研究所

墓葬位于高新区科技城朱庄村，南距严山约200米，为一处长方形覆斗状土墩。由于开发建设需要，对土墩进行了抢救性考古发掘，发掘面积合计930平方米，共清理墓葬9座，另外还发现3处坑状遗迹。

竖穴土坑墓4座，其余均为砖室墓。其中M1~M3、M9均为竖穴土坑墓，为中小型墓葬。墓坑长度约200、宽度80厘米，墓主骨骼基本无存，在墓坑底部能发现棺木痕迹。出土印纹陶罐、泥质陶罐、豆、盆、原始青瓷盖碗等30多件。从墓葬形制以及出土器物来看，均为东周时期的墓葬。

竖穴土坑砖室花岗岩石顶墓5座，均为明代平民夫妻合葬墓。长230~260、宽200~210、深80厘米左右，多南北向。随葬品一般置于墓主头部或胸前，一般为2件青花瓷碗。共出土青花瓷碗、釉陶小罐等25件。

坑状遗迹3处，其中K3位于土墩底部，上口较宽，向下逐渐内收，呈上宽下窄的沟状遗迹。长3360、宽度在350~450、深度在40~110厘米。填土内有少量陶片，多为釜、鼎一类器物，器表多有灰炙痕迹。该遗迹颇似大型墓葬，但未发现有埋葬或其他行为；从坑内填土来看，坑内下层有厚20厘米左右的灰黑色淤土层，表明该遗迹挖成后，曾放置过一段时间，然后才被掩埋，进而建造成土墩。该遗迹性质有待进一步研究。（孙明利　王霞）

徐州市韩山西周早期墓

发掘时间：2010年10月~12月
工作单位：徐州市博物馆

墓葬编号为 M6，为长方形石坑竖穴洞室墓，竖穴墓道顶部为封土，呈浅黄色，部分已为开山取土破坏；在主墓室部分为现代修坟取土破坏，西部残留封土残 0.3～0.5 米厚，具体厚度已不可知；墓壁石质较差，基本为页岩石，非常疏松。竖穴墓道顺着山势，东高西低，修造墓葬时在墓道顶部用中小型块石错缝平砌一列，墓道东西长 2.9、南北宽 1.23、深 7.84 米，方向 105°。墓道内用花土封填，其间用大型球状块石封填防盗，第二层块石下，距墓口 6.3 米处为石椁，由盖板和边板扣合而成，棺底垫土。由于石质较差，石壁均较粗糙。

竖穴底部葬 1 人，木质葬具，随葬有鼎、盒、壶、钫、仓、灶、井、磨、锺、茧形壶、盘等陶器，剑、镞等铁器。

洞室位于竖穴南侧，与竖穴平行，较竖穴稍短，长 2.74、宽 1.1、高 1.54 米，竖穴石椁的边板同时作为洞室的墓门，洞室内葬一人，头东向，葬具为木棺，内髹红漆，外髹褐漆，棺长 2.2、宽 0.8、残高 0.12～0.2 米，棺边板厚 10 厘米。

在洞室东部南侧开一近长方形龛室，龛室与洞室平行，龛室南壁较洞室内缩进 0.08 米，东西长 1、西壁宽 0.5、东壁宽 0.6、高 1.54 米，主要放置陶质生活明器，包括陶器、铜器、漆器、半两钱等，陶器多髹红漆，纹饰主要为焦叶纹、三角纹、条带纹、变形云纹等，纹饰笔画规整，构图对称精细。

M6 为一座夫妻合葬墓，出土的随葬品均为西汉早期习见的器形及组合，另外，洞室内出土的四铢“半两”也说明此墓时代较早。（耿建军　郑洪全）

徐州市庙台子西周遗址

发掘时间：2010 年 4 月

工作单位：徐州市博物馆

遗址位于徐州市贾汪区贾汪镇泉东村东北，20 世纪 50 年代由南京博物院调查发现。2002 年 11 月，曾对遗址进行第一次发掘。本次发掘对该遗址进行了较为全面的揭露，共布方 14 个，发掘面积 350 平方米。该遗址文化层厚 1.5～2.6 米，共分 7 层，遗址的主体年代应为西周早期到中期。

该遗址文化内涵丰富，地表即有大量的陶片堆积及建筑遗存。其中所发现的建筑遗存共有 8 间，保存相对完整，为联排式房屋建筑，有的房屋之间有相通的门道。房屋大的约 20 平方米，小的也有10平方米左右。房屋的建筑方法较为常见，即先在地面开挖基槽，宽度0.3～0.4米，然后在基槽内挖洞填埋木柱，后用草拌泥涂抹以形成墙体，以上工作完成后即用火对墙面进行烘烤以加固墙体，最后在居住面涂抹青膏泥以适合人居。房址内还发现有踏步、灶坑、窖坑（坑内保存有大量炭化麦粒）等，特别是房内发现的一批陶器，虽大多已破碎，但多数能修复，而且基本上保留了原来的位置，对了解各房间的功用提供了重要依据。

除上述建筑遗存外，该遗址内还发现有灰沟、灰坑等遗存10余处，并有大量遗物出土，大致可以分为陶器、骨角蚌器、石器、青铜器等几类。其中陶器发现最多，陶质以夹砂居多，泥质较少，陶色则红、灰、黑、褐兼有之，可辨器形有鬲、瓮、罐、豆、盆、杯、甗、纺轮、陶拍等；骨角蚌器以蚌镰、骨针、骨镞居多，另有少量的骨笄及兽牙饰等；石器则以锛及镰为主；青铜器发现极少，仅有2件，分别为青铜箭镞及小青铜刀。

庙台子遗址地层复杂，文化内涵丰富，特别是发现的西周时期房屋遗址保存较完整，是江苏省内不可多得的重要发现。该遗址对研究西周早中期社会生活及文化等方面内容具有重要的参考价值。（吕健　田二卫）

苏州市春秋古城址

发掘时间：2009年秋～2010年

工作单位：中国社会科学院考古研究所、苏州市考古研究所

本年度对苏州西部山区及周边地区的先秦时期遗存进行了综合考古调查、发掘。考古工作区域位于苏州市西南部，太湖东北侧，由灵岩山、天平山、天池山、五峰山、砚台山、穹隆山、香山、胥山、尧峰山、七子山等一圈山脉和由这些山脉所围成的山间盆地构成，包括苏州市吴中区木渎镇、胥口镇和穹窿山风景区3个乡镇的部分地区。

2010年3月开始，在多处地点进行了考古发掘，发现了古城墙、护城河、水城门等遗存。

五峰村北城墙、城壕遗址：城墙长1150米，现存宽度20～26米之间，高于地面0.5～3米。墙体为分段分块筑成。残存墙体最高处约3米。城墙外侧为护城河遗迹。

新锋村城墙、南水门遗址：新锋段城墙东西走向段长560

米，折向南后的南北走向段长360米，现存墙宽15~45米。本次发掘地点位于新锋段城墙的一豁口处，发现城墙、古河道等遗迹。古河道位于两段城墙之间，宽约14米，自深1.9米以上，河底距现地表2.9米。在河道的淤积层内出土有春秋晚期陶片、木构件、铜箭头、原始瓷碗、板瓦残片等。其中发现的东周时期重要的建筑材料——瓦，是首次在东南吴越地区发现这种高等级建材。初步推测此处为水门遗迹。

在刘庄、堰头村一带发现了推测为东、西城墙的遗迹。

南、北两道城墙之间相距6728米，城墙和水门的时代均为春秋晚期。

通过对此次考古调查和发掘发现的城墙、城门、护城河、手工业作坊遗址、一般居址和历年在周边发现的墓葬、窖藏等遗存的年代、等级和性质的研究，以及对各类遗存所构成的聚落群分析，目前可初步认定苏州西南部山区木渎、胥口一带山间盆地内存在一座具有都邑性质的超大型春秋晚期遗址。（徐良高）

苏州市观音山D1东周汉代墓葬

发掘时间：2010年12月12日~2011年1月20日

工作单位：苏州市考古研究所

观音山原名支硎山，位于苏州市高新区枫桥镇，D1为观音山北端一座直径约20、高3米，海拔114米的土墩。在墩中心部位森林防火工程建了一座蓄水池，破坏严重，遂对D1进行了抢救性考古发掘，发掘面积约120平方米，清理了一座汉代墓葬及一春秋器物坑。

墓葬盗掘严重，仅墓底局部未被盗掘。土墩边缘的覆盖土上中发现釉陶片，墓室底部残存仅玉印章、玉珌、玉带钩。而墓坑外器物坑所出器物为东周时期，出土器物21件：原始瓷碗、豆9件、印纹陶罐2件、盂1件、泥质印纹陶罐2件、泥质陶罐1件、盆1件、纺轮4件、青铜片1件等。

观音山D1的发掘发现证实土墩墓存在重复利用的现象。观音山D1竖穴岩坑墓室较大、有“石椁”（挡土墙）与器物坑，从其形制与规模及所处位置等推测，该墓当为贵族墓葬。从墓葬的形式与结构推测，应为东周时期，但汉代有人又利用该墩（墓）再次埋葬。（王霞　丁金龙）

昆山市勤丰东周遗址

发掘时间：2010年7月~9月
工作单位：苏州市考古研究所

遗址位于昆山市巴城镇巴城湖和鳗鲤湖之间，是全国第三次文物普查中发现的一处文化遗址，为配合临湖路蟹市场项目工程建设，对遗址进行了抢救性考古发掘。

本次发掘面积为200平方米，发现了分属马桥文化时期、春秋时期、宋代、明代和现代的文化层；共清理水井、灰坑、池塘遗迹单位35个。其中春秋时期遗迹单位33个，包括水井2口、灰坑31个；宋代遗迹单位2个，包括灰坑1个、池塘1个。出土原始瓷、印纹硬陶、泥质陶和夹砂陶等不同材质的标本461件，主要为网坠、盆、豆、碗、盖、钵、鬲、簋、罐、釜、坛、盘等生活用品，纹饰主要有大席纹、中席纹、小席纹、中方格纹、小方格纹、绳纹、菱形纹、菱形填线纹、凹弦纹、刻划纹、云雷纹、米筛纹、水波纹等，其中修复完整器21件。

该遗址发现的文化遗存集中于春秋时期，这些材料为研究春秋时期吴地文化生活内容提供了丰富的实物资料。（张铁军）

宿迁市青墩战国两汉遗址

发掘时间：2010年9月~11月
工作单位：南京大学历史系

为配合田野考古实习，对宿迁市青墩遗址进行了第五次发掘，本次发掘在前四次的基础上又有了新发现，丰富的遗迹和遗物为推断青墩遗址为汉代一处冶炼遗址提供了新的有力证据。

整个发掘区分成东西两区。东区为窑、炉分布区，西区是工棚建筑及生活区。

东区发现了2座窑址和3座炉址，中间还分布有一些灰坑和灰沟等遗迹。

其中Y3残存有窑腔和烟道以及周围的附属遗迹，窑腔平面形状呈圆形，两条烟道一端和窑腔相连，另一端向外对称延伸分布，呈“Y”字形。在Y3四周还分布有一圈柱洞，可能为其附属的建筑遗迹。

L1、L2、L3并列分布，平面形状均为椭圆形，其中L1较大且保存较好，炉内堆积为黑色黏土以及大量的红烧土和草木灰，包含少量板瓦片及碎陶片。

西区发现了大量的基槽和柱洞，从整体上看应为一个建筑性质的遗迹，初步推断可能是冶炼作坊区内的简易工棚建筑。

在西区的南部还发现一口保存完整的水井，由井台、井坑、井圈三部分组成，深6米。井台是用大块的板瓦残片圈围而成，井坑为不规则圆形，口大底小，井台下面为逐层叠放的陶制井圈，从上至下共计13层。井内堆积共分5层，包含物以陶罐为主，有完整及可复原陶罐30余件。另外还发现了大量的植物种子、动物骨骼、贝壳及竹木碎片和藤条等。种子主要有桃核、枣核、梅核、花椒和甜瓜子等，动物骨骼主要有鸟骨骼和鱼骨骼等，植物遗存有人工痕迹的竹、木片以及可能用来编制篮或筐之类的藤条。从地层堆积判断，该井经历过二次修补和再利用，延续使用时间较长。在当时的生产生活中发挥着重要的作用。

发掘共出土铜、铁、陶、石、贝壳等遗物2000余件。铜器主要有铜钱、铜饰件、铜箭镞、车马器、铜镜残片等。铁器有铁镢、铁臿、铁环等。陶器可分为生活用具、生产器具和建筑材料。生活用品包括盆、罐、豆、甑、瓮、碗、钵等；生产工具有纺轮、网坠、陶球等；建筑材料主要有板瓦、筒瓦、瓦当、陶饼、井圈等。石器有石锛、砺石、石门束等。另外本次发掘还发现了多种类的贝壳。

本次发掘所发现的性质明确的遗迹和大量的遗物为研究该地区战国至两汉时期的手工业制度和社会发展提供了丰富的实物资料。此遗址连续五次的科学发掘，对于宿迁地方历史的研究以及该地域范围内早期社会发展、区域间文化因素的交流互动都具有十分重要的意义。（李彦锋）

宿迁市郭嘴汉墓群

发掘时间：2010年9月～12月

工作单位：南京大学历史系、南京大学文化与自然遗产研究所、宿迁博物馆、泗洪博物馆

墓群位于宿迁市市区以南约40千米处的泗洪县梅花镇郭嘴村。为配合宿淮铁路（宿迁至淮安）建设，对宿迁辖境范围内的铁路建设沿线进行了考古调查、勘探，在泗洪县梅花镇郭嘴村发现有10余座隆起的包状土墩，明显突起地表，经过对调查资料的分析及钻探，发现该区域内可能有早期文化遗存和古墓葬，遂确定对铁路建设范围内的3座土

墩进行发掘，分别编号为1号土墩（D1）、2号土墩（D2）、3号土墩（D3）。

D1位于铁路沿线上，土墩高于周边的地面约0.5米，呈馒头状，土墩直径约30米。D2位于1号土墩南部约200米处，土墩较大，呈馒头状，明显高于周边地区约1米，土墩直径约50米。D3位于1号土墩的东北约500米处，经过多年的耕种及水土的流失，土墩稍高于周边地面，直径约20米。此处共计发掘面积约1000平方米，发掘、清理墓葬50座。其中D1为8座墓葬，D2为38座墓葬，D3为4座墓葬。该古墓葬群除6座长方形砖墓外，其余的墓葬均为土坑竖穴，无墓道，平面呈长方形。墓内出土文物主要为陶质明器。陶质随葬品多放于墓主身体一侧，少数墓坑内的随葬品放置于脚、头处；小型玉器、铜镜等大部分出土于头部。在发掘过程中，发现规模稍大的墓葬在早期都已遭到盗扰，但本次对铁路沿线3座土墩汉墓群抢救发掘中仍出土了釉陶器、陶器、铜器、铁器、玉器等文物共100多件。陶器有壶、鼎、盒、俑等；铁器有剑、匕首等；青铜器有铜镜、钱币、带钩等；玉器有玉蝉、玉塞等。

根据此次墓葬的形制特点及出土器物的造型、纹饰等判断，该处土墩墓时代应为西汉晚期至东汉早期。此次考古发掘对研究江苏淮河以北地区两汉时期的葬俗及社会下层人士的生活状态提供了实物资料（贺云翱　张萍萍　王碧顺）。

宿迁市灵杰山西汉墓群

发掘时间：2010年4月~7月

工作单位：南京大学历史系、南京大学文化与自然遗产研究所、宿迁博物馆、宿城区博物馆

墓群位于宿迁市区中心，北临鱼市口路，东临幸福中路，西为中山路，南面毗邻时代广场。为了配合宿迁市苏豪银座商住楼基本建设，对其进行抢救性考古发掘，发掘面积约1000平方米。

共清理墓葬109座，除1座砖室墓以外，其余均是竖穴土坑墓。出土墓葬均无墓道，平面皆呈长方形，墓葬方向较杂乱。有的墓葬为夫妻合葬墓，有的墓葬为带边箱的棺椁墓，有的墓葬之间打破现象严重。在此次墓葬的发掘过程中，发现规模稍大一点的墓葬早期都曾受到不同程度的

盗扰。发掘中出土文物有300多件，陶器有壶、鼎、盒、俑等；铁器有剑、匕首等；青铜器有铜镜、钱币、带钩等；玉器有玉蝉、玉塞等。同时，在发掘区西部发现1条明清时期的古河道遗迹，为南北方向，宽约12米，残深最深处约2.5米。

根据此次墓葬的形制特点和出土的器物作判断，该墓葬群属于西汉时期。通过此次考古发掘，确保了基建施工中地下文物免遭破坏，发现了一批西汉墓葬及文物，为研究汉代宿迁地区的丧葬习俗和物质文化面貌提供了宝贵资料。（贺云翱　张萍萍 王碧顺）

盱眙县大云山西汉墓

发掘时间：2010年2月~12月
工作单位：南京博物院、盱眙县文广新局

墓葬位于盱眙县马坝镇云山村大云山山顶区域。西距盱眙县城30千米，南距汉代东阳古城遗址1000米，西南与小云山汉代墓地相距1800米。本年度继续对大云山汉墓进行勘探发掘，出土了一大批精美文物。

揭露出大云山山顶区域为一西汉诸侯王陵园。陵园平面近似正方形，结构完整，遗迹清晰，东西、南北各相距约500米。陵园内共发现大墓3座（一号墓M1、二号墓M2、八号墓M8），兵器坑2座，车马坑2座，陪葬墓8座，此外陵园内外钻探出多处夯土台基及瓦砾堆积，表明陵园内曾有大量建筑。

发掘表明，M1墓室结构为黄肠题凑。尽管受早期盗墓影响，墓室内还是出土了大量精美文物，尤其是外回廊内，随葬品几乎未受盗扰影响。其中西回廊内出土了一套完整的铜编钟及编磬，并首次出土了两套完整的鎏金龙纹铜架。此外回廊及墓室内出土的陶器、铜器、金银器、玉器、漆器等为了解西汉诸侯王的随葬品制度提供了全新资料。

M2受到近代盗扰，但仍出土了大量陶器、漆器、铜器等，其中玉棺是最为重要的发现之一。尽管墓室中心部位遭遇盗扰，但玉棺主体结构明确，是迄今为止发现最为完整的玉棺，为研究汉代玉器殓葬制度、玉匣制度等相关课题提供了材料，并为解决诸如玉片是粘贴在漆棺内壁而不是外壁的争议首次提供了直接证据。

通过本年度的考古勘探与发掘，已基本明确了大云山西汉诸侯王陵园的基本结构和平面布局，陵园内的主墓基本发掘完毕，建筑基址、陪葬坑正在发掘中。M1与M2出土了大量铜器、玉器、漆器、陶器等精美文物，而M1出土文物中含有“江都”铭文的发现，表明大云山西汉陵园可能与汉代江都王有关。（李则斌）

苏州市谢家坟汉至明清土墩墓葬群

发掘时间：2010年6月~7月
工作单位：苏州市考古研究所

石湖景区谢家坟土墩为一处汉代以来的古墓群，此次抢救性发掘主要清理了土墩上的古代墓葬，发掘面积近2000平方米。

共发现并清理墓葬30座，主要为竖穴土坑墓、砖室墓以及砖石墓等。其中汉代墓葬4座，均为竖穴土坑墓，随葬器物有釉陶壶、鼎、罐、瓿、盒，灰陶罐、红陶罐等；唐代墓葬3座，均为船形砖室墓，出土器物有黄釉盘口壶、青瓷水盂、钵以及“开元通宝”等；宋代墓葬6座，其中2座为单室墓，分土坑墓与砖石墓两类，出土器物有青铜镜、青瓷执壶、粉盒、龙泉窑盖罐、砚台、木梳等；明清墓葬17座，多出灰陶小盖罐以及压发、头簪等头饰。墓葬合计出土器物100多件。另外还出土了宋代与明代墓志多方。另发现唐代“馒首窑”1座，保存较为完好，形制完整，出土釉陶碗1件。

此次发掘的墓葬年代跨度长，从汉代一直延续至明清。出土器物种类丰富，器形多样，在一定程度上能反映历史时期苏州地区民间的葬俗与物质生活情况。出土的多块墓志不仅提供了关于墓主生平丰富翔实的文字资料，还为研究苏州地名、墓葬以及器物的断代提供了依据。（孙明利　周官清）

徐州市晓山汉墓群

发掘时间：2010年8月~11月
工作单位：徐州博物馆

此次发掘墓葬主要为中小型墓葬，墓葬形制主要为竖穴石坑墓，此外少量为砖室墓。

西汉墓共计65座，多位于山坡之上，可以分为两类：

一是石坑竖穴墓，61座，墓葬一般较小，头向山顶。用疏松黄土封填，墓室内大部分只葬一人，多为素面单棺殓葬，亦有夫妻合葬于同一墓坑内的；部分墓葬底部用白石灰铺垫。随葬品主要为生活明器400余件，数量多寡不均，陶器类主要有鼎、盒、壶、钫、仓、灶、井、磨、猪圈、鐎斗、水井、罐等，仅有少量施白底红色彩绘；铜器有铜镜、带钩、眉刷、提梁壶以及钱币等。铁器为铁剑、铁凿、铁锤等，有的有铜质剑格，玉器主要有口琀、耳鼻塞、串珠、环等。

二是土坑竖穴墓，一般宽0.8～2、长2.3～4、深3～5米，大部分墓葬用白石灰铺底，或者涂抹在棺内；随葬品为鼎、盒、仓、灶、井、磨、猪圈等灰陶器的组合；同时，此组墓葬内均随葬有铜镜、五铢等。

东汉墓共发现9座，破坏3座，发掘6座，墓顶均不见，发掘时多已暴露在地表，仅残留墓底，按照建墓材质不同，可分为砖石墓、土坑墓两种：

砖室墓，均位于山脚部，将山石凿平，然后用长条形砖砌筑墓坑，长度一般在3～4、宽2米左右，用长方形砖砌筑墓壁和墓底。出土物主要有奁、圈厕、灶、井、釜、罐、五铢、铜镜、带钩等，部分陶器施薄铅绿釉，易剥落。

石坑竖穴墓在施工范围内发掘2座，竖穴长2.7～2.9、宽0.8～1、深3～5米，用疏松黄土封填，底部只葬1人，葬具均为木棺，出土物为钱币。

此次发掘发现了数量众多的西汉和东汉墓葬，该批墓葬形制多样，出土器物丰富，器类齐全。通过对这一墓葬群的发掘，提供了丰富的资料，揭示了本地区当时的社会习俗、埋葬习惯以及折射出的埋葬观念等，为徐州地区汉代中小型墓葬的研究做出了贡献。（田二卫　郑洪全）

徐州市绿地东汉墓

发掘时间：2010年4月～5月
发掘单位：徐州博物馆

绿地东汉一二号墓位于徐州市云龙区绿地世纪城小区七期工地内，北距三八河约100米，编号为绿地M1、M2，现将情况简报如下：

M1位于地表以下6.5米，上为黄泛区淤泥层，该墓为石室墓，用造纸精细规整的石板砌筑而成，由于以前受到盗扰和现代施工破坏，墓室顶部已不存。该墓门东向，由墓道、前室、耳室和后室组成，总长约7米。

墓道为砖石混砌，上面为较大的青砖，下面用粗糙的石块砌筑。墙宽约40、残高130厘米，墓道内宽168、残长108厘米，前室仅存门和墙面，门垛内侧凿有凹形弧形槽，两块门板与其结合部亦为抹角相连，以便转动开启，门宽1.2、高1.16米，前室石板铺地，北墙由两块凿制平整的石板组成，南侧则为一向南延伸的耳室。

前室内东西宽2.16、南北长1.88米，耳室位于前室南侧，保存较完整，其地面、墙体和室顶均为石板，门宽0.9、高0.98米，耳室内东西宽1.7、南北长1.4、高1.2米。

后室为主墓室，三面均用青石板砌筑，前后室之间有门相通，偏于南侧，未见门板石，宽0.8、高1.1米，室顶为叠涩顶，约3~4层，每层内收16~21厘米，顶面留下的空隙，再用石板封堵，封顶石板地面靠近边缘凿有宽6、深3厘米的弧形凹槽，每层四周石板弧槽连成一线；地面用四块石板平铺，墓室边缘有一周排水设施，沟槽由墙下放置的凿有弧槽的石板和铺地石板形成，深5、宽5厘米。内室东西长3.34、南北宽1.82、高1.07米，M1前室发现有零星的头盖骨和腿骨，后室发现有头盖骨及红色棺漆残片，随葬品有陶耳杯、陶罐、铜质弩机及20余枚五铢钱币，可见墓主为东汉时期的小官吏或者小地主。

M2位于M1东南25米，墓室全部为青砖砌筑，顶部坍塌不存，门东南向，宽1.3米，封门石板原当为两块，现存一块，门外有斜坡墓道，残长1.6、宽1.3米，墓室仅一间，东西长3.4、南北宽2、残高0.8~1米，一顺三丁法砌墙，在墙高0.7米处起券顶。墙砖为长方形，长34~37、宽14、厚6.4厘米；券顶砖为楔形，长32、顶宽13、底宽18、厚6.4厘米，砖的纹饰有太阳纹、菱形纹、斜格纹等。由于早年被盗，仅存头盖骨等，随葬品有陶罐、壶、盘等，铜镜有圆形、方形神兽镜和凤鸟镜各1面，均残，另有五铢钱10余枚。该墓的时代为东汉末至三国时期。（李祥）

南京市清凉山六朝石头城遗址

发掘时间：2010年11月22日~2011年1月26日

工作单位：南京大学历史学系、南京大学文化与自然遗产研究所

清凉山位于今鼓楼区清凉山公园内，最高海拔约64.8米，地理坐标为北纬31°58′60.4″，

东经 118°44′24.7″。

本年度的发掘面积为 120 平方米。文化堆积最厚约 3.3 米，共分 4 层，其中②层为唐宋堆积，出土有唐代瓦当、瓷片及宋代墓葬等遗迹；③～④层为南朝至六朝早期地层，出土南朝砖瓦、瓷片，东晋包砖墙、纪年砖、文字砖以及六朝早期挡土墙、夯土等遗迹。其中包砖墙残存基础部分，宽为 1.2、残存高约 0.7 米，墙外侧有散水砖。

发掘结果证实，石头城为利用清凉山（五代时期，“石头山”被改名为“清凉山”）的自然山体形势，在山体岩石上进一步填土或夯土筑成，并在夯土外砌以砖石。发掘区内六朝石头城遗址的主要遗存有东垣和北垣，呈北高南低的形势，长约 760 米。其中东垣遗迹呈西北至东南走向，南起武侯苑北侧，向北至八角亭南侧，呈直线状，现存长约 190 米；东垣遗迹外侧由上垣、二层台面及下垣构成，顶面海拔 43 米，顶面宽 5.5～8 米，上垣坡度 45°，下垣坡度约 50°。北垣遗迹，东起八角亭，沿山势至原移动塔基的西侧，全线长约 570 米，呈曲线状，其中利用山体的部分长约 200 米，人工筑成的长度约 370 米。

发掘出土砖多为绳纹砖、楔形砖，少量砖有其他纹饰，如莲花纹、重圈纹、几何纹等，最厚为 7.3 厘米，最薄的也有 3.2 厘米，最宽为 25.2 厘米，最窄为 10.5 厘米；出土的瓦块多为板瓦和筒瓦，板瓦厚度为 1.2～1.7 厘米，筒瓦厚度 1～1.2 厘米，同时还有少量人面纹瓦当、兽面纹瓦当、莲花纹瓦当出土。青瓷片均为残件，器形有盏、罐、碗、壶，均具有南朝至六朝早期的特点。

本次考古获知的城垣走向、结构及相关遗迹，为判定六朝石头城遗址的真实所在和初步情况提供了珍贵资料，该发现对研究六朝都城史、城墙建筑技术等有重要价值。（贺云翱　周桂龙）

泰州市宋代水关遗址

发掘时间：2009 年 12 月～2010 年 6 月

工作单位：江苏省泰州市博物馆

本次发掘面积达 600 平方米，水关遗址南北长 28.6、东西宽 14.15、残高 3.36 米。坐标为北纬 32°28′44.8″，东经 119°55′2.8″，方向北偏西 2°。

发掘的第一阶段，清理了水关的主体部分；第二阶段清理了水关的东南、东北摆手，并对内部进行继续清理。

水关遗迹平面呈“〕〔”状，分早、晚期。前期水关遗迹内壁宽度为4.92、残高2.45米，密布地丁为基础，上铺木方，木方上逐层垒砌石板，石板水平方向以榫卯连接，上下以糯米砂浆粘接，闸槽近城墙内侧，槽口不到底。

晚期水关为砖石混合建筑，残高4.3米，内壁上宽下窄，宽2.6~3.64厘米，闸槽近城墙外侧，水关底部密布地丁，上铺石板，石板南端铺设地砖，外用石条封挡，水关内壁有穿透石板打入地下的护壁木桩。水关始建时为石质建筑，内壁嵌有嘉定年间修补的“甲戌城砖”、“海陵陆四五”铭文砖，水关南端为明清时期修补，水关北端为用水泥粘接的现代青砖。在早晚两期摆手之间，出土了数枚宋代钱币、陶储蓄罐、少量古代瓷片；在河道底部发现有明清瓷器和瓷片。

在早期水关东北摆手内侧，有一处砖砌四边形建筑，外侧用砖砌筑，中央填土，西侧和早期水关内壁平行，推测可能是吊桥基座。

根据早期水关的修筑方式，早期水关当在筑城时修筑，为北宋时期。晚期水关年代为南宋淳熙十年（1183），由知州万钟修筑。第一次维修为南宋嘉定六年（1213）。其后明清时期和近现代均有维护。

宋代水关遗迹是目前泰州保存最早的城市建筑，保存了不同时期的水关遗迹，根据残留的部分券顶可准确地复原券顶，再现宋代水关的风采，有很高的文物和历史价值，是研究宋、明时期泰州城重要的实物资料，为泰州的城市考古和城市规划提供了参考。（王为刚）

徐州市明代东城墙遗址

发掘时间：2010年10月20日~11月30日

工作单位：徐州博物馆

城墙位于原徐州城的东门（正式名称为河清门，具体位置在大同街东端）南边，东临黄河故道，北距淮海东路200米，地表可见用青砖改建的现代围墙，发掘的明城墙距现代地表约5米，地层堆积较简单，按照堆积的土质土色和包含物，可分为三层：

第①层：为现代地层，厚度不均，北部较厚约3米；西部较薄（为施工所取），厚0.5~1米，地层内包含物主要为现代砖块、垃圾以青砖等。此层下开口的遗迹主要为夯土层、夯窝等。

第②a层：为黄河淤积的细沙土，距地表0.5米左右，厚度不均，在1.2米左右，土质疏松纯净，在此层中散见黑色粉状掺杂物。

第②b层：为颜色暗红的黏土，土层厚薄不均，土质较硬，厚度不均，在0.3～1.23米之间，城墙遗址位于此层下。

第③层：城墙地层，叠压于②b层下，距地表1.8米，具体深度（高度）不详。

此次发掘的城墙长70米，宽度在施工范围内尚不能确定，方向335°，城墙表层以下均被淤土覆盖掩埋。城墙外壁包砖，先用长方形大砖横铺，内侧用大砖以及砖块纵铺，砖缝之间用石灰拌米汁混合填充；城砖为长方形大砖，长46、宽23、厚12厘米，城墙外壁砖至底到顶依次向内缩进，每层缩进约1厘米；城墙地面向内倾斜，与水平线的夹角约5°。

马面遗迹位于此次发掘的城墙中部偏南，与城墙垂直，呈内宽外窄的梯形，东西长9.2、南北内宽13.4、外宽12.7米，高出城墙地面1.1～1.3米，包砖墙砌筑方式与城墙同，内为小砖以及不规则大砖铺砌。

出土遗物主要有青花瓷碗、盘、紫砂壶、茶叶末釉碗、砂缸等，主要出土于城墙外的淤土中以及城墙地表淤土中，部分青花瓷器物上写“古斋”、“福”等款铭。紫砂壶刻铭不清。

此次发现的城墙，保存较为完整，结构清晰，特别是马面的揭露，为徐州城墙的首次发现，具有重要的价值，丰富了徐州作为历史文化名城的内涵。（郑洪全　耿建军）

浙　江　省

桐庐县方家洲新石器时代玉石器加工场

发掘时间：2010年10月～2011年1月

工作单位：浙江省文物考古研究所、桐庐县博物馆

遗址位于桐庐县瑶琳镇潘联村，富春江支流——分水江流经此地，呈“U”字形大拐弯，形成一个相当面积的长岗形三角洲台地。方家洲遗址是桐庐县第三次全国文物普查工作新发现的，

遗址主要分布在长岗形台地的东西两侧，整体面积逾2万平方米，地表分布有相当数量的与石器制作、废弃有关的遗物，由于遭受了土地平整等破坏，为探明其文化性质、年代等重要学术问题，对遗址进行第一期考古发掘，实际发掘750平方米，已确定遗址是一处距今约五六千年前的玉石器加工场。

目前正在发掘的区域，除了揭露了与石器加工有关的石片堆、河砾石断块堆等固定迹象外，地层中还出土了大量与石器加工作业有关的遗物。石片堆以数量众多、较为集中分布的废弃石片为主，或另伴有石锤、磨石、石砧等加工工具出土。如SPD1（“石片堆”），30～40厘米见方，清理了石片上千件，经过筛洗，石片材质基本为流纹岩，这也是石锛的主要材质。

所发现的灰坑单元堆积比较独特，坑口外径一般在80～100厘米之间，现深在40厘米左右。如H5出土了磨石、石锤、石片、钻芯，还有釜、豆、罐、支座等陶器残片；如H12，坑内堆积的石片碎屑厚达27厘米。初步判读这些坑状遗迹可能也与石器加工作业有关。

发掘区内虽然没有发现规律有序的柱洞等建筑迹象，但是已清理了红烧土坑遗迹3处，烧坑内周壁烧结程度较高，局部呈青灰色，一处烧坑内还出土了1件可修复的粗泥铲形足鼎。

方家洲遗址濒临分水江，石器加工工具、加工对象就地取材，就目前大体观察，石材主要有石英岩和石英砂岩、角岩、流纹岩和少量凝灰岩。石器加工工具主要有石锤、石砧、磨石等，其中含粗石英的磨石数量最多，形态多为横截面为多棱形的棒状。石器半成品和残品主要是石锛，石锛以体形修长的斜脊式为多，没有发现有段石锛。另外还有少量石斧、石刀、石钺等残件出土。

石英质地的玦从原料到成品，制作工艺流程完整，是本次阶段性考古的又一重要收获。目前已出土了与玦制作有关的标本20余件。其中TN1W1②:24玉玦初坯料外径约6.5、厚约3厘米，形态打制非常完整；已经成形的玉玦坯件多数为打制成形，外径在3～4厘米，少量用管钻成形。所出土的玉玦钻芯、钻孔未成或其他留有钻孔、打磨的玉玦残件为该时期的玉玦加工工艺研究提供了极为重要的材料。

两端或一端有乳突状旋痕的棒条状石器目前已经出土了近20件，它也用天然的条状河砾石制成，其使用方式目前在考古学界尚未达成共识，名称也有

“钻头”、“环砥石”、“手持砺石”、“辘轳承轴器”等多种不统一的定名，但它与玉玦制作有关是一个无可争议的事实。在本次发掘前，由于已采集到了这类石器，我们曾预测方家洲遗址可能会有玉玦的加工，结果得到了验证。

相对于我省浙北地区的史前考古工作而言，钱塘江中上游的史前文化面貌、文化谱系并不清晰，在整个长江下游地区的新石器时代考古学文化中的地位和意义的认识上自然也存在着相当的不足。分水江是富春江的主要支流，从方家洲遗址目前的遗物出土情况判定，遗址主体年代相当于浙北地区的马家浜文化晚期至崧泽文化阶段，距今5900～5300年，但文化面貌上地域特色明显，如马家浜文化的外红里黑大喇叭圈足豆、柱形足鼎与釜、支座共存，晚期阶段的夹砂鱼鳍足的数量远远高于浙北地区的崧泽文化中晚期阶段。

方家洲遗址是迄今为止长江流域第一处考古发掘的新石器时代玉石器加工场，对于当时的石器生产过程研究，如人类行为特点、技术差别等具有非常重要的学术意义。方家洲遗址所处的年代约距今五六千年，也正是环太湖流域新石器时代考古学文化繁荣兴旺的时期，本次发掘也是钱塘江中上游这一时期新石器时代考古文化面貌的第一次较大规模揭示，进一步证明，钱塘江流域也是浙江古文化的摇篮，该遗址作为专业性的加工场也势必涉及原始交换、原始贸易等许多课题研究，其意义自不待言。（方向明）

海宁市小兜里新石器时代遗址

发掘时间：2009年4月～2010年7月

工作单位：浙江省文物考古研究所、海宁市博物馆

小兜里遗址现位于海宁市海昌街道火炬村7组，遗址分为东、西两区，东区紧邻西区，是面积相当的两个长方形土墩遗存，但东区已遭受取土破坏。

海宁市经济技术开发区文苑路北延工程涉及遗址西区，2009年上半年对遗址东部进行了第一期考古发掘，清理崧泽至良渚文化时期墓葬19座，出土陶、石、玉、牙、漆器等273件（组）。之后又对遗址西部先后进行了第二、第三期的连续发掘。后两期发掘清理了崧泽至良渚文化时期墓葬33座、红烧土遗迹1处以及东西向的块石两列一排等重要遗迹。

红烧土遗迹 A 所依起始土台直接营建在遗址西南区域的生土层上，起始土台主体南北长约 10 米，东西现长约 12 米，边缘为缓坡或局部有土台阶，土台顶面有约 8 米见方范围较为平整。起始土台高 1.6 米，以 T18 西壁剖面为例，土台堆积可以分为 6 层，期间夹杂有烧结面 3 处，与烧结面遗迹共时的有分别位于土台西、东两侧 7 座崧泽文化晚期墓葬，其中位于东侧的墓葬保存完整，计有埋设大口缸的大墓 M35、M33 两座、小孩墓 3 座，以 M33 的葬制最具特点。

M33 墓圹南北长 2.76、东西宽 0.85 米，墓圹两端浅中间深，两端深 0.6 ~ 0.65、中间最深 0.85 米，墓主仰身直肢，盆骨部位高度明显低于头部和脚端。葬具为一两端上翘中部凹弧的独木棺，形似独木舟。M33 清理随葬器物 9 件组，其中大口缸位于墓圹东南角；头端部位随葬带盖彩绘壶、盆各一；不明动物掌骨 1 副以及包含多颗小石英籽的骨器 1 件；墓主右耳郭部位发现隧孔珠。

红烧土遗迹 A 平面呈长方形，北部为一印纹陶时期水井 H1 打破，遗迹南北长 7.2、东西 5.4 ~ 6.8 米，红烧土堆积最厚部位约 20 厘米，红烧土遗迹近中心部位的烧土块大而坚硬，部分为坯料形红烧土，烧土中夹杂的陶片除了遗迹边缘部位有极少量外，余均为两次氧化，其中在遗迹北部出土有二次氧化的崧泽文化晚期盆 1 件、鼎 2 件。由于仅在偏北部位发现柱痕 1 处，该遗迹的具体性质尚不清楚。

与红烧土遗迹 A 共时的是位于南部的块石遗迹和东部的“草木灰”、陶片堆积面堆积。块石遗迹南距红烧土遗迹 A 约 3.6 米，红褐色火山岩块堆置为东西向的两排，宽约 1.5、现长约 14 米。东部的“草木灰”、陶片堆积呈南北向的凹弧状，直接叠压在所依起始土台的东部 M33 等五座墓葬上，“草木灰”是有机质草、茎叶等炭化后呈黑色堆积的暂称，应非火烧后所致。陶片面堆积夹杂于“草木灰”间，主要为崧泽文化晚期大口缸、罐等个体的碎片，均集中分布，碎片的个体应可基本复原完整为整器，碎陶片面未发现有踩踏痕迹，陶片集中分布面积约 3.5 米 ×4 米。

位于红烧土遗迹 A 东西两侧、且均在表土层下开口的还有崧泽文化晚期墓葬各两座，其中位于东侧的两座 M20、M21 直接叠压在下层墓葬 M35、M33 的上方，是巧合还是有意原因不明。

第二、三期发掘的良渚文化时期遗存主要位于叠压在北部的崧泽文化晚期堆积上，共清理墓葬20座，以M27保存最为完整。M27墓圹口南北长2.28、东西宽0.82、深0.96米，是小兜里遗址墓圹保存最深的墓葬。墓内堆积分3层，每层底均为凹弧状，其中墓主骨骸位于最下层的青灰色淤泥中，最厚约6厘米，结合凹弧墓底和淤泥堆积，判读葬具应为独木凹弧底棺。M27随葬器物13件组，头端上方和脚端部位有"耘田器"各一，头侧部位有带盖双鼻壶、盆等，下肢部位另有带盖鼎、罐等，最有特点的是高于墓底0.65米，且紧贴墓穴西壁的一侧置的完整红陶小盆，应该是葬具填埋后再行随葬的陶器，良渚文化葬制中首次发现此类现象。

通过对小兜里遗址的三期发掘，基本厘清了遗址的主体堆积范围和堆积过程，遗址最早于西部开始营建南北分割的土台，营建土台的部分堆筑土就地取土。整体上，小兜里遗址的土台营建、使用和废弃堆积之后的拓展主要面向东部和东北方向，第一期发掘的以M2、M5、M6和M8、M14等墓为代表的遗存即是土台由西向东拓展营建之后的代表性遗迹。约至于良渚文化中期阶段，小兜里遗址最后形成一个南北长约60、东西约40米的长方形土墩型遗址，这类遗址的聚落形态在浙北嘉兴地区的崧泽文化晚期至良渚文化早中期阶段十分典型。

小兜里遗址经过2009～2010年度的三期考古发掘，丰富了浙北嘉兴地区该时期的聚落考古内容。（方向明　周建初　盛文嘉）

杭州市玉架山良渚文化环壕聚落遗址

发掘时间：2010年3月～2011年1月

工作单位：浙江省文物考古研究所、中国江南水乡文化博物馆

遗址位于杭州市余杭区东部，西距良渚遗址群20余千米。遗址面积近25000平方米，今年发掘约1800平方米。在环壕内清理墓葬52座、房址1座、灰坑9座。

在环壕的东北转角清理出一条向北延伸的通道，解剖显示通道的形状与环壕类似，通道宽约10、深约1.6米。在通道的北侧发现了一处小型墓地，清理墓葬一座。对土台的营建过程进行探索，初步确定了土台的北缘。

在“砂土遗迹一”的北侧清理了墓葬52座，出土陶、石、玉器等各类遗物近700件(组)。鼎、豆、罐为陶器的基本组合；玉器主要有琮、璧和管珠；石器以石钺为主。

贵族墓地位于土台的中心区域，又清理了10座较高等级墓葬。其中200号出土遗物数量最多，出土了陶鼎、豆、罐、过滤器及镯式琮、冠状玉梳背和大量的管珠等近200件遗物。其中平顶透雕刻纹冠状玉梳背、成双玉箸为首次发现，玉匕形器为野外首次出土。该墓是继反山、瑶山之后发现的良渚文化早期最高等级的显贵墓葬，这位女性贵族随葬玉器总量虽不及反山、瑶山一些墓葬，但种类极其丰富，雕琢精美。

玉架山环壕聚落的发现和发掘，是长江下游新石器时代完整环壕聚落认识上的突破，其重要性已逐渐显现在我们面前。遗址周边地区近年开展过多项考古工作，已有迹象初步表明临平山的西、北部地带在良渚文化时期存在过一个高等级的聚落，该聚落或以玉架山遗址为中心墓地。(楼航)

杭州市美人地良渚文化遗址

发掘时间：2010年3月~12月

工作单位：浙江省文物考古研究所、良渚管委会

为了搞清良渚古城的城外布局，对良渚古城东面的美人地台地进行了解剖发掘，布南北120、东西25米的解剖探沟，发掘面积共计800平方米。通过解剖发掘，发现了良渚时期的临河而居的建筑基址和古河道，开始这里是临河而居的两排房子，河岸用木板砌成，在T3546南侧⑩层下发现一排整齐竖立的木板，木板宽约20~30、厚约8~13、高约170厘米，木板下部垫有横木。在T3446和T3146④层下也各发现一排东西向分布的木板，T3546与T3446两排木板间距11.4米，T3446与T3146两排木板间距约37米。良渚晚期为了扩大居住地面积，将河道有意填埋。在河道堆积中出土了大量的陶片，许多黑陶上刻画有精细的纹饰。

美人地遗址的发掘，截止2010年底还在进行中。虽然发掘面积有限，但已初步揭示了一幅良渚古城城外整齐的水街景象，为理解长江下游江南水乡居住生活模式的文化渊源，提供了十分珍贵的资料。(刘斌)

杭州市小山桥良渚文化遗址

发掘时间：2010 年 5 月 ~9 月
工作单位：浙江省文物考古研究所、良渚管委会

遗址位于杭州市余杭区良渚镇荀山村之小山桥自然村，旧 104 国道以南，良渚港以北，良渚博物院东约 300 米，处于良渚遗址保护范围内。文化堆积分布于一座名为周山的孤立小山西侧和南侧。其中南侧现为村庄占压，西侧原属两家工厂范围。因良渚博物院周边环境整治，拟将工厂搬迁，联合考古队遂对遗址进行抢救性发掘。发掘面积共 600 平方米。

发现文化堆积由上到下基本分宋代、马桥文化、良渚文化 3 个阶段。遗迹有马桥文化灰沟 1 条，灰坑 4 个；宋代井 2 口，馒头窑 2 个。宋代文化堆积厚约 150 厘米，对下部地层破坏较大，马桥时期的遗存主要是灰沟和灰坑。发掘区内马桥地层以下为一层良渚时期的人工堆筑层，该层内包含物甚少，但是其上部已被破坏，性状不明。因发掘区南部靠近良渚港 5 ~6 米的范围内，发现倾斜状分布的良渚文化晚期生活废弃物的水相堆积，推测北部的人工堆筑层可能是居住等基础台基。其位置当为古代良渚港的北岸。

小山桥遗址的发掘增加了良渚文化晚期阶段遗址群内的一处分布地点，尽管保存不佳，但是比较重要的意义在于：遗址南侧的良渚港迄今向西仍然联通到良渚古城内，同时小山桥良渚时期堆积和良渚古城年代一致，可以证明良渚港的布局在当时可能就已经形成，并已经是两地间交通的重要途径。这一发现对于良渚古城的格局研究具有重要意义。（王宁远）

东苕溪中游商代原始瓷窑址群及南山商代窑址

发掘时间：2010 年 3 月 ~12 月
工作单位：浙江省文物考古研究所、湖州市博物馆、德清县博物馆

东苕溪位于浙江省北部，是西部天目山脉向东部太湖平原过渡的丘陵地带，制瓷条件优越。这里是商周原始瓷窑址的重要分布区，尤其是春秋战国时期窑址，不仅规模大、产品质量高，而且大量烧造仿青铜礼器与乐器的高档产品，许多器物几乎可以

与汉代青瓷相媲美，将中国制瓷史推向了第一个高峰。但早期的商代窑址是个薄弱环节。

本年度对商代原始瓷窑址进行了专题调查，共发现窑址20多处，集中于两个区域：德清龙胜片区与湖州青山片区。龙胜片区与春秋战国时期窑址基本重叠，在2平方千米左右的区域内发现窑址近10处，产品以印纹陶为主，少量原始瓷，时代在商代中晚期。青山片区毗邻毗山遗址、下菰城址等一批商周时期遗址与城址，分布面积与龙胜片区相当，已发现10多处地点，按产品分为两种类型：一类接近于龙胜类型，以印纹陶为主；另一类几乎纯烧原始瓷，产品主要有豆、罐及盖、尊等，其烧制年代从商代早期持续到商代晚期。

同时配合新农村建设，本年度对青山片区的南山商代窑址进行了抢救性发掘，发掘面积600多平方米，揭露窑炉遗迹3条、灰坑2个，出土了原始瓷器。

揭露的3条窑炉遗迹均为长条形斜坡状龙窑。以3号窑炉保存最好，通斜长7.1、宽2.2~2.4米。窑炉具有相当的原始性：整体较短，火膛狭长而窑床短，窑床不平且不见窑底砂，处于龙窑发展的初期阶段，也是目前已发掘最早的原始瓷龙窑。

出土的产品标本基本为原始瓷，器形有豆、罐及盖、簋、尊、盆、盘、钵、盂等，大部分器物应该作为礼器使用。多数器物胎质较为细腻坚致，胎土经过精心选择，但胎中包含有一定数量的杂质，处理上尚需进一步提高；人工施釉痕迹明显：少量器物内外满釉，釉色青翠，釉层均匀，胎釉结合好，玻璃质感强，但多数器物釉层极薄、呈色不均匀、仅局部有釉，施釉技术仍处于摸索阶段；在成型上，轮制成型与手工修刮相结合。

南山窑址最早在商代初期开始烧造，一直持续到商代晚期。

此次专题调查与发掘表明东苕溪中游商代原始瓷窑址群具有以下两大特征：一是窑址数量众多，分布密集，时代早，是国内首次发现大规模商代原始瓷窑址群，也是目前时代最早、唯一的一处原始瓷窑址群；二是南山商代窑址窑炉遗迹完整、产品堆积丰厚、地层关系清晰、产品种类丰富、原始瓷胎釉成熟。因此其对于探索中国瓷器的起源、解决南北方原始瓷产地、建立商代原始瓷编年、探索江南商代考古学文化等方面具有重要意义。（郑建明）

长兴县李家巷长岭山商周土墩墓

发掘时间：2009 年 12 月 ~2010 年 5 月

工作单位：浙江省文物考古研究所、长兴博物馆

为配合 318 国道建设工程，对长兴李家巷镇南，长岭山上的土墩墓进行抢救性发掘。在工程建设范围内，有 5 座土墩，共清理商周时期墓葬 7 座，出土随葬器物 64 件，其中原始瓷 24 件、印纹硬陶 38 件、泥质陶 2 件。

在这 5 座土墩中，有 4 座是一墩一墓，1 座是一墩三墓。墓葬的埋葬形式，其中一墩一墓的都是石室型的，石室都建在略加平整的山脊上，基本呈东西向。一墩三墓中 1 座是石床型的，2 座是平地掩埋型的。

由于后期的人为扰动及盗掘的破坏，大多数土墩已不具原有的形状。只 3 号墩保存较好，墩中的石室基本保持原有的结构，石室顶部可能因地壳变动等原因，略有变形和坍塌，其南北两壁最高处仍有 180 米以上。封门是用长条形石块，在两石壁之间垒砌而成，封门石垒砌的长度有近 350 厘米。靠近墓室的一排封门石垒砌得较整齐，所用石块都是长条形的。后面的石块，大小不一，垒砌较随意。后壁是用 3 块较规整的大石块垒砌而成。石室南北两壁底部 1 层石块都较大，上面的石块或大或小，朝向墓室的一面大多较平整。北壁保存较好，南壁略低，可能有所倒塌。南北两边石壁都向内倾斜，剖面呈口小底大梯形状。由于地势东高西低，两边石壁是后段较高，封门处较矮，这样顶部基本平整。石室顶部没有封盖石，盖顶的可能是竹木类的易朽材质。石室底部有石床，较平整，石块间的缝隙较小。石床与后壁、南北两壁连接紧密，在靠近封门处有一小段约 90 厘米没有石床。石室周围都有护坎，保存也较好。护坎呈“U”形，只封门前没有。

随葬器物在墓室里分 3 组摆放。靠近后壁的一组，主要是印纹硬陶器，6 件全是罐瓿之类的。墓室中间一组，紧靠北壁，共有 7 件原始瓷盖碗。在封门边上一组，离封门有 90 厘米左右，放在石床上，有印纹硬陶罐五件，原始瓷盖碗七件。这批土墩墓，对于研究该地商周时期的土墩墓形制、葬俗等提供了新的资料。（孟国平）

德清县小紫山商周土墩墓群

发掘时间：2010 年 10 月 ~ 2011 年 1 月

工作单位：浙江省文物考古研究所、德清县博物馆

为配合德清县武康镇经济开发区的建设，对小紫山商周土墩墓群进行了抢救性发掘。共发掘商周时期土墩 14 座，有墓葬 50 多座，出土 100 多件商周时期各种类型的原始瓷、印纹硬陶、石器、玉器等文物。

商代早期的马桥时期土墩墓及商代中晚期墓葬的发现，是此次发掘的最重大收获。以往的考古发掘资料表明，富有南方特色的土墩墓主要出现在西周早期。此次发掘集中清理了一批商代墓葬，其中商代早期（甚至更早）墓葬 2 座，商代中晚期墓葬 9 座，并明确商代土墩的存在。商代墓葬有两种形制，一种是传统的土墩墓，不挖坑，平地掩埋；另外一种在基岩上开凿长方形竖穴墓坑。随葬品也有 2 种类型：一种仅随葬原始瓷，一种仅随葬印纹硬陶。分别与湖州青山商代窑址群与德清龙山商代窑址群的产品相当。这是首次在商代土墩墓中正式发掘出土原始瓷器。

小紫山土墩墓群墓葬结构相当丰富，有土墩墓、石室土墩墓、石床型土墩墓、土坑墓、岩坑墓等。墓葬形制可分成两种：平地掩埋型与土坑型。不挖坑而平地掩埋的墓葬形式被认为是江南先秦时期土墩墓的最主要特征之一，此次发掘不仅发现了商代土墩墓中挖坑埋葬的岩（土）坑墓形式，而且此种葬式完全与土墩墓相始终，如此普遍地挖坑埋葬的情况，在两周时期的江南土墩墓考古发掘中尚属首次。因此商周时期土坑型土墩墓的普遍发现是此次发掘的第二大收获。

小紫山商代土墩墓为目前南方正式发掘的最早土墩墓，而且延续时间相当长。从商代早期、历商代中晚期、西周早期、西周中期、西周晚期、春秋早期、春秋中期、春秋晚期、战国时期的各个时期，序列相当完整。

小紫山土墩墓群出现时期早，年代跨度大、墓葬结构复杂、随葬文物丰富多样，特别是商代墓葬、商代原始瓷随葬品、商周诸时期土坑（岩坑）墓葬的发现，对于探索商周时期江南土墩的起源、演变、墓葬制度的发展、原始瓷与印纹硬陶的制作工艺等方面，具有重要意义。（郑建明）

长兴县南符小山西周春秋土墩墓

发掘时间：2010 年 7 月 ~9 月
工作单位：浙江省文物考古研究所、长兴县博物馆

为配合长兴城市开发建设，对雉城镇龙山街道西峰坝村南符自然村小山上的土墩墓进行了考古发掘。共发掘土墩 7 座，清理西周、春秋时期的墓葬 10 座，出土随葬器物 75 件。

小山上的土墩基本呈南北向线状排列，单个土墩范围不大，直径在 15 ~ 25 米左右，高度在 1.3 ~ 2.8 米。在发掘前，土墩大多已在一定程度上被人为扰动过，有几个墩有明显的盗掘痕迹。2 号墩保存较好，清理了 3 个墓葬，出土 31 件随葬器物，占本次发掘全部出土器物的三分之一强。其中 2 号墓的埋葬时代约在商晚期，这在浙北地区的土墩墓发掘中，是首次发现。

因后期的人为扰动及盗掘的破坏，小山土墩墓出土的随葬器物数量不多。从大的器类上分，有原始瓷器、硬陶、泥质陶、夹砂陶、石器等。原始瓷器的器形主要是豆、碗、盂等。泥质陶主要是豆、鼎、罐、坛、钵、纺轮等。夹砂陶主要是鼎、罐等。硬陶在数量上较多，占全部出土器物的一半还多，其器形一般主要是罐、坛、瓿等较大的盛储器，这次还发现了 1 件豆、1 件尊。豆这种日常使用的器皿出现的时间较早，以后一直都有使用，但在西周时期，由硬陶制作的豆，在土墩墓中基本不见。这件豆造型古朴敦厚，应是仿青铜器之作。在硬陶尊的器身上有 5 条扉棱，呈螭龙状，也明显是对中原青铜礼器的一种仿制。这两件器物都出土在 3 号墩 2 号墓中。3 号墩在小山的 7 座土墩中，范围最大，所处位置相对最高。因此，我们推断 3 号墩 2 号墓的墓主应该是具有相当的身份与地位。

本次发掘已清理的墓葬数量虽然不多，但其埋葬形式较多样，有平地掩埋型的，有石床型的，有石室型的。有一个土墩包含了多种形式墓葬，这对研究商周时期吴越地区流行的土墩墓具有重要的资料价值。（孟国平）

宁波市小横山西麓两汉至南朝墓葬群

发掘时间：2010 年 3 月 ~5 月
工作单位：宁波市文物考古研究

所、北仑博物馆

墓地位于宁波市北仑区大碶街道小横山西麓，墓地东北为北仑陈华两汉墓葬群。本次发掘共发现、清理各历史时期墓葬24座、窑址2处，出土陶器、瓷器、铜器、铁器、石质器物等各类文物90余件。

墓葬分土坑木椁墓、土坑砖椁墓、砖室墓三类。土坑木椁墓、土坑砖椁墓长度以3米左右居多，一般不超过4米；宽度一般在1～3米之间，其规模均为中小型墓葬。随葬品组合以陶鼎、瓿、罐、盘口壶、罍为主。砖室墓占大宗，规模均为长度在8米以下的中小型墓，多被盗破坏，时代上以东汉至南朝时期墓葬为主，依平面形制也可分为凸字形、刀形和长方形墓3种。宋代双室合葬墓也发现1座。

两处窑址皆为宋代砖瓦窑，火膛、窑室、烟道等保存较好，窑室内出土的砖瓦为我们判断其时代、用途提供了依据。

本次发掘为我们研究宁波地区的两汉至南朝墓葬、宋代墓葬和窑址又提供了一份新的材料。(许超)

杭州市文一西路古钱币窖藏

发掘时间：2010年12月

工作单位：杭州市文物考古所

窖藏发现于杭州市西湖区文一西路蒋村某建筑工地，窖穴穴口距地表深约2米，为一长方形土坑，土坑长1.5、宽0.7、深0.6米，出土铜钱约有1000余千克。

该窖藏出土钱币保存较好，种类丰富，至少有97种，且时代跨度大，始于汉代，止于明洪武年间，有西汉、新（王）莽、三国、北齐、唐代、五代、北宋、南宋、元代、明代，以及辽、西夏、金和朝鲜、越南等铸造的钱币。其中，数量和品种以两宋时期最丰富，其次是明代大中、洪武钱，大小又可分五品，数量较多。另发现部分珍贵铜钱，有三国时期孙权吴大帝铸造的“大泉当千”，北齐“常平五铢”，隋代“五铢”，五代“汉元通宝”、“天汉元宝”、“光天元宝”、“乾德元宝”、“咸康元宝”，南唐“开元通宝”，北宋末年“靖康元宝”，元末农民起义军铸“龙凤通宝”等。整理中还发现铜钱间夹有已腐烂的类似麻线的物质，结合出土时铜钱层叠粘连情况，推测入藏时应为成串放置铜钱。

该窖藏古钱币出土量如此之

大，为杭州地区首次发现，国内罕见。而且，部分铜钱因发行时间短、流通范围小、存世量少，显得尤为珍贵，具有极高的研究和收藏价值。(梁宝华)

杭州市茅山汉六朝宋元明墓群

发掘时间：2010年2月~8月
工作单位：浙江省文物考古研究所

墓葬分布于茅山南麓，共清理60座，以汉六朝墓为主，宋墓、元墓、明墓较少，出土器物344件。

汉墓分土坑墓、砖椁墓、砖室墓3种，均为中小型墓，墓向多为东西向，出土物多为高温釉陶器、五铢钱、铜镜、铁剑等。

六朝墓均为券顶单室墓，墓葬由墓室、甬道、封门、排水沟构成，墓向均为南北向，盗扰严重，出土物多见青釉瓷碗、瓷盏、盘口壶等。M49为东晋范氏家族墓中规格最大者，劫余出土物有铁刀、青瓷盏、铁镜、铜棺钉，墓砖分长方形、楔形两种，纹饰有钱纹、莲花纹、神兽纹、佛教图像莲花化生等，铭文有“晋升平二年秋七月一日范氏造”、“升平二年秋七月一日范氏造”、“徐令作”3种。

宋墓用香糕砖砌筑，营造简单粗糙，墓向均为南北向，出土物多见陶瓶、陶罐、青釉瓷碗。M29为并穴合葬墓，东、北、西墓壁各设1龛，墓底四角置方形石板以垫棺，盖顶石板以搭口隼拼合，东西墓穴隔墙中间设门扉，出土物有陶瓶、青瓷碗、瓷盏等。

明墓为合葬石椁墓，墓壁用石条叠砌，盖顶石板以搭口隼拼合，出土物为青花瓷碗。

元墓为火葬墓，以4块长方形砖围成椁，以陶钵为棺盛骨灰，钵内随葬若干枚铜钱，盖顶的1块砖为墓志，记载有墓主籍贯、身份、埋葬时间及葬地方位，墓志文“仁和县”、“茅山”等地理名词为元代政区研究提供了新材料。(刘建安)

上虞市道墟积山东汉至六朝墓葬

发掘时间：2010年3月~6月
工作单位：浙江省文物考古研究所

为配合绍诸（绍兴至诸暨）高速公路建设，对上虞市道墟镇长娄村附近山麓进行了二期考古发掘。发掘区域位于积山下丘陵地段，所处山麓地段约长400余米，2010年发掘勘探面积约3000平方米，发掘东汉至六朝墓葬15座，其中土坑墓1座，券顶砖室墓14座，全部墓葬都曾被盗掘，发现东晋太元六年（381）纪年墓1座。出土有随葬品的墓葬9座，共出土铜器、铁器、青瓷器、陶器22件组，有东晋时期的早期越窑青瓷耳杯、盂、罐、熏、炉、勺、盘口壶、钵等。发掘所获对于研究三国两晋时期上虞地区的墓葬形制、埋葬习俗以及早期越窑青瓷的研究都有着重要的资料价值。（徐军）

宁波市栎斜老虎岩东汉窑址

发掘时间：2010年
工作单位：宁波市文物考古研究所、鄞州区文物管理委员会

窑址位于浙江省宁波市鄞州区横溪镇栎斜村东南500米的西山坡上，西南距横溪镇约2千米。为配合象山港大桥连接线工程建设，两个考古单位联合对该窑址进行了抢救性考古发掘。总发掘面积276平方米，清理窑址2座，编号2010YLY1、Y2，出土各类文物270余件。

废弃堆积T1中无废弃堆积层发现。T2堆积分2层，第①层为山体表土层，厚10～20厘米；第②层为窑址废弃堆积层，厚0～120厘米，主要分布于T2南段。土质较硬，土色偏黄，出土有罐、盆、缸、坛等酱色釉粗瓷器以及筒形、覆钵形、覆盆锯齿形窑具。两座窑址（Y1、Y2）皆发现于T2北段，相距约2米，窑床均系在黄色砂土（生土）层上直接挖槽修筑而成，并叠压于山体表土层下。

窑址均为斜坡式龙窑，头西尾东，方向245°。长22～27.5、宽2.16～2.26米，坡度16°～20°。修筑时系先在自然山坡上掘一浅槽，然后紧贴基槽以土坯砖砌成。由于窑头已被破坏，仅发现有窑室、窑门、窑尾、排烟道和排水沟。出土器物多为大型的盛贮器，有瓮、缸、盆、罐等，窑具有筒形、覆盆形、覆钵形窑具和锯齿形支座，器物均有施釉现象，部分窑具上有“杜”、“费”等姓氏和“廿”等数字。

老虎岩发现的两座窑址彼此相距不远，窑的形制结构、砌筑方法、长度、宽度、坡度、方向等都基本相同，窑室内出土的器

物和窑具也完全一样，应为同一时期建造。窑址废品堆积不厚，几无层位可分，且堆积中器物碎片不多，说明老虎岩窑烧造延续时间不长。从出土窑具上看，老虎岩窑所出覆钵形、筒形窑具在宁波地区其他一些烧制原始瓷器的东汉晚期窑址中普遍有发现，覆盆锯齿形窑具和奉化山头朱东汉晚期窑址中发现的锯齿形窑具一样；从出土器物上看，老虎岩窑所出器物以大件实用器为主，器物造型、器表装饰、制作方法及其胎釉工艺等也都大体符合东汉时期原始瓷器的特征。据此，我们初步推断老虎岩窑的使用时代应为东汉晚期。

宁波地区汉代窑址通过调查有17处，但是均未发掘过，本次发掘也是近年来在宁波地区第一次正规、全面的发掘汉代窑址，为研究宁波地区陶窑结构、窑址的发展提供了第一手研究资料。(李永宁)

宁波市唐至明崇教寺遗址

发掘时间：2010年9月~12月

工作单位：宁波市文物考古研究所

为配合宁波市历史文化保护区——月湖西区的保护与开发工作，对位于偃月街和中山西路之间的地块进行了考古勘探和发掘。在位于青石街和迎凤街之间的中区发掘了崇教寺遗址，并取得了重要收获。

本次发掘面积约1000平方米，清理出宋代瀐骨池1座、浮石池1座、水沟2条、水井3口和房基3座，出土瓷器、瓦当、铜钱和石构件等各类文物800余件，其中的宋代瀐骨池比较重要。该池中堆积了一层厚约80厘米的骨灰，并出土了一批与佛教有关的精美瓷器、“避邪牌”和“骨灰匣”等。

据宁波的地方历史文献记载，崇教寺位于明州西南隅的兖绣坊，始建于唐僖宗乾符元年(874)，历经宋、元、明三代的毁坏和重建，于明嘉靖以后逐渐湮没于地下。

通过此次发掘可知，该遗址的年代跨度从唐末以至清末。从出土的界址石及少量明清瓷片中均刻有“崇”和“教寺”等文字，以及佛造像、浮石池和佛塔构件等可知，该区域就是文献记载中的崇教寺的寺院原址所在地。本次发掘确定了崇教寺的具体位置，对其布局也有了一个基本的了解。特别是出土的一批佛教文物，对于研究古代明州城佛教文化的发展具有重要的意义。

（雷少）

宁波市唐至清代墓葬

发掘时间：2010 年 11 月 ~2011 年 1 月

工作单位：宁波市文物考古研究所

在配合铁路宁波南站改造工程周边配套项目建设中，对南郊盆景园进行了抢救性考古勘探与发掘。勘探面积 30000 多平方米，考古发掘 800 平方米，清理了唐代至清代不同时期的墓葬 13 座，其中 1 座为罕见的墓底铺六款吉祥纹和 1 组星象图的明代双室砖墓，编号 2010NNPM6。

M6 距地表深 1.01 米，平面呈长方形，长 2.04 米，中间有隔墙，将墓分为东西 2 室，西墓室宽 0.84、东墓室宽 0.74、残高 0.32 米，墓向 330°。墓壁由素面青砖顺砖错缝平砌而成。墓底铺砖差异明显，各有寓意。西墓室底部铺砖呈东西向 3 列，中间列铺设青砖 8 块，除首尾 2 砖为素面外，其余 6 砖均镂空雕刻吉祥纹饰图案，自北向南依次为："方胜"、"万字"、"宝瓶"、"银锭"、"法螺"、"金钱"。东墓室底部铺砖近似呈东西向四列，中间二列较宽，共铺 12 砖，镂 10 星，刻 7 线，呈 3－1－6 式星象图案。墓底铺砖尺寸不一，有 30×28－3、22×20－3、28×14－5 厘米三种。棺木已朽，人骨被扰乱，随葬品被洗劫一空。

这种在墓底雕刻星象图案和铺设吉祥纹饰砖的做法在宁波尚属首次发现，表达了墓主人希望死后能往生极乐世界和保佑子孙后代富贵平安的美好愿望。该墓葬的发掘清理，为研究明代宁波地区的宗教文化、丧葬习俗与墓葬形制等提供了宝贵的第一手资料。（罗鹏）

宁波市莲桥街宋代佛教文化遗存

发掘时间：2010 年 4 月 ~7 月

工作单位：宁波市文物考古研究所

为配合市区莲桥街历史街区改造工程进行抢救性考古发掘时，在宋代地层中出土了佛像残件和 1 块纪年铭文砖。铭文砖方形，边长 30、厚 4.5 厘米，中部有一长方形剔地框，内中有直排五行阳文共计 61 字"光同乡孝义管仲夏里寺基下保弟子张惟晟妻苏八娘男□守明孙子四十四三同舍钱两戒坛地面两层乞(截?)罪业增(殍?)福寿(庄?)严净土绍圣五年二月记”这是宁波地区首次发现的佛教戒坛铭文实物。另外，发现了宋代4座形似僧塔的塔基，方形，边宽1.2米左右，残高1.3米，用块石垒砌。这将是宁波发现最早的僧侣塔林，为宁波佛教文化研究增添了新的资料。(丁友甫)

宁波市东钱湖砖瓦场宋金墓群

发掘时间：2010年1月9~31日

工作单位：宁波市文物考古研究所

为配合宁波市东钱湖砖瓦场地块建设，对该地块地下古墓葬进行了抢救性考古发掘。共发掘古墓葬7座，其中宋代墓葬2座，金代墓葬1座，清代墓葬4座。宋墓平面呈长方形，双室砖室墓，由墓室、排水道、排水管3部分组成。长方形石板盖顶。墓壁由素面青砖错缝平砌而成。墓室的建造方式系先挖一土坑，在坑底进行夯平，再在其上起墓室。墓室南侧有排水道，排水道西部有一条由筒瓦串接而成的弧形排水管。无人骨，出土残损的“熙宁元宝”铜钱，其他被盗。

金墓平面近似呈长方形，双室砖室墓。仅剩墓底砖框和排水道。墓壁由青砖错缝平砌而成。墓室的建造方式系先挖一土坑，在坑内砌砖室墓。排水道较长，长39.7米，呈“之”字形分布。这样长的排水道在宁波还是首次发现。无人骨，棺椁腐朽，墓底除了10余枚“正隆元宝”铜钱外，其余被盗。该墓的墓主人或为金人，或者当时金国的势力范围曾经延续到东钱湖这里。对于研究北宋末至南宋时期宁波的历史提供了第一手的资料。

清墓平面均为长方形，分单室墓和双室墓两种。墓底大多铺石板。墓壁均由素面青砖错缝平砌而成。墓室的建造方式均系先挖一土坑，在坑内铺石板，再在其上砌砖室墓。

宁波市东钱湖砖瓦场地块古墓葬保存较差，被盗严重。随葬品大部分被洗劫一空。但这次发掘还是有一定收获，此次发掘丰富了宁波地区宋金时期的墓葬资料。发掘的古墓葬虽然被盗和破坏比较严重，但是此次发掘的宋代墓墓室结构、金代墓前长而弯曲的“之”字形排水道均保存较好，为研究宁波东钱湖地区的宋金墓葬形制提供了宝贵的第一手资料。(罗鹏)

杭州市中山南路东侧宋元遗址

发掘时间：2010年4月~5月

工作单位：杭州市文物考古所

因中山南路东侧地块改造需要，经考古勘探和发掘，发现宋元时期水池、灶、房址等重要遗迹，以及部分晚期遗存，出土大量遗物。

南宋时期遗迹有水池、房址、灶等。水池共3个，做法相同，平面均呈长方形（内长1.57、宽1.2米），池底以方砖（31×31－5厘米）错缝平铺，四壁以长条砖（28×8－5或28×10－5厘米）错缝垒砌，三池相邻处共用池壁，且以长方形小水口连通，西北角设一平面扇形的砖砌结构。房址位于水池北，仅存台基（高约0.75米），基础部分以黄褐、灰褐色土分层夯筑，台壁以长条砖叠砌，室内方砖墁地，柱础石2个（中心间距2.45米）。灶位于房址与水池之间，平面近圆形（直径1.5米），灶壁以长方砖及断砖叠砌，外壁抹石灰，火膛深约0.9米，内圜底，可见火烧痕。于房址南侧、灶东西两侧各发现陶缸1口。元代遗迹有房址和灶基。房址仅发现1柱础石及砖墙，以粉沙土为基础，分两层夯筑，局部夹有细碎黄褐色瓦砾。灶基（内长1、宽0.5米）位于柱础石北侧，底部长方砖平铺。

另发现部分明至民国时期遗迹，有房址、池、排水沟、墙基、灶基、道路等。其中，明代水池（内长1.85、宽1.0、残深0.35米）砖砌部分仅存南壁，以长方砖、长条砖及断砖垒砌，有收分。明代灶基呈多边形（直径0.7、残深0.25米），内底可见炭灰。

出土遗物有建筑构件、瓷器、铜钱等。其中，瓷器以青瓷为大宗，白瓷、青白瓷及青花瓷次之，器形有碗、盏、盘、碟、盅、洗、盆、炉、瓶、觚、篹、罐、粉盒等，另有少量粗瓷器和陶器。

通过对遗址内采集样品的检测分析，结合文献中怀信坊（俗呼糍团巷）的相关记载，推测南宋时期遗存的性质应与食品加工有关。此次发现对研究南宋御街周边坊巷的建筑类型和特点、商业经济、市民生活及其在元明清历代的传承与演变等均具有较重要的价值。（王征宇）

宁波、舟山和温州海域水下考古调查

调查时间：2010年6月~7月
工作单位：中国国家博物馆水下考古研究中心、宁波市文物考古研究所

本年度开展了宁波、舟山和温州海域的水下考古调查工作。调查以多波束声呐仪、浅地层剖面仪、旁侧声呐仪与水下潜水探摸相结合，发现了3处沉船遗址、其他水下遗存5处，并对渔山一号清代沉船做了船体取样。

其中，3处沉船遗址分别为渔山沉船、江礁清代沉船、白节门沉船，发现了相对较为集中的瓷片堆积及相关遗迹。江礁清代沉船出水遗物以瓷器为主，多为青花，器类以碗、盘为主，胎质较粗，白釉泛灰，青花色泽泛灰黑，纹样以花卉纹为主，部分内底有因涩圈支烧法而形成的涩圈痕迹。宁波渔山的坟碑礁、小白礁北侧、温州苍南炎亭湾等地出水了数量丰富的铜钱、瓷片等遗物，延续时代较长，反映了以宁波港为中心的宋至清代的海外贸易货物，颇具代表性。（赵嘉斌　孟原召　林国聪）

宁波市永丰路明代寺庙基址

发掘时间：2010年10月~11月
工作单位：宁波市文物考古研究所

遗址位于宁波市永丰路地块，北临永丰路，西临宁波市图书馆，发掘面积计400平方米。发现的明代寺庙基址位于发掘区西南角，为两间墙基，F1为房屋东北角基础，东墙长1.2米，北墙长1米；F2为房屋东侧墙基，长7米。两段墙基均由砖块、石块垒砌，宽0.5~0.7、残高约0.5米。在基址附近发现有散乱的石刻经幢幢身和基座。经幢为灰色砂岩石质，幢身呈六边形，边长57、高25~27厘米，各面分别刻有“多闻天王”、“广目天王”、“增长天王”、“持国天王”、“□　大明万历丁亥　岁五月吉旦　信官余建　比丘”、“南无多生如来　南无宝胜如来　南无妙色身如来　南无广博身如来　南无离怖畏如来　南无甘露王如来　南无阿弥陀如来”字样。由出土的经幢来判断，F1、F2应为一处明代寺庙基址。

该地块北临宁波古城墙，居于城内一隅。该地块的发掘对于我们了解古代宁波城内布局提供了资料，为研究宁波城市发展史提供了新的素材。（许超）

丽水市明清处州府城墙行春门遗址

发掘时间：2010 年 5 月 ~9 月
工作单位：浙江省文物考古研究所、丽水市博物馆

为了给处州府城墙修复提供基础资料与设计依据，对行春门遗址进行考古发掘。

行春门是省级文物保护单位处州府城墙六门的重要城门之一。行春门（又称厦河门）为处州府城的东门，临近瓯江，承担了明清处州府主要的军事防御、防洪功能，至今城壕（大洋河）保存尚完整。自元代筑城以来，明清两代续有修缮。直到近代，其军事防御功能日益弱化，逐渐成为发展交通的阻碍，出现了城墙陆续被废弃的状况。

四个月的考古发掘，探明行春门瓮城、城墙基址基本完整，方位、走向清晰。城门南北走向，砌筑规整的城台基石。行春门东面设瓮城，占地面积约 2000 平方米，现存墙基高约 2 米，墙体宽约 12 ~ 13 米。瓮城遗址内发现的建筑遗存有卵石路面等，并出土了大量文物，多为宋元明时期的龙泉窑瓷片，如元代龙泉窑梅子青双竖耳三足炉，堪称精品。目前，全部出土文物已移交于丽水市博物馆。

瓮城东侧发现了明代大士阁遗址，面积约 140 平方米，规整小鹅卵石墁地，柱顶石布列清晰。据《丽水县志》记载：“大士阁，在行春门外。明建，跨濠架木，缭以水榭。嘉庆五年（1800）坏于水，十九年里人醵金重建。”

行春门段环城河的出水口，设有闸门，江水（洪水）高于城内之水时，关下闸门可防溪水倒灌；江水低于（正常水位）城内之水时开启闸门，又可排城内之涝，是古代劳动人民抵御洪涝灾害的成功范例。

处州府城墙是浙西南山区仅存的古代防御防洪双重功能的古城墙，是研究古代丽水政治、经济、军事、文化不可多得的文物，具有重要的历史、艺术、文化价值。行春门遗址的发掘和今后的完整保护，将使之成为丽水市重要的历史文化景观，对提升城市文化品位有重要意义。（郑嘉利）

长兴县六十亩山清代窑址

发掘时间：2010 年 6 月 ~9 月
发掘单位：浙江省文物考古研究所

为配合长兴县小浦至新槐公路改建工程项目，对窑址进行了抢救性发掘。窑址位于长兴县新槐乡六十亩山的北坡上，地理坐标为北纬 31°02′44.0″，东经 119°47′7.4″。发掘面积 300 平方米，发掘清代斜坡式龙窑一条，残长 42.5 米，出土较多夹砂陶质器物，器表有黑釉和青釉，器类有罐、缸、盆、壶、器盖、研钵、煎药罐等。器物明火叠烧，支具除泥钉外也使用齿状支具。为研究清代缸窑提供了较为完整的资料。

另外，对该工程项目中涉及的一处土墩墓遗存和一处建筑遗存进行了抢救性发掘，发掘面积 220 平方米。土墩墓遗存年代为西周，已被破坏，无遗物。建筑遗存为宋代遗存，只残留石构基础部分。（徐军）

安 徽 省

蚌埠市禹会龙山文化遗址

发掘时间：2010 年 4 月 ~6 月
工作单位：中国社会科学院考古研究所

遗址位于安徽省蚌埠市西郊的涂山南麓，本年度共发掘面积 1295 平方米，既对需要继续揭露的部位进行发掘，又对重要区域进行揭露。获得了丰硕成果。主要有以下两点：

2009 年度，一区部位，在大型祭祀台基西侧发现的祭祀沟，由于当时的雨雪天气和大部分被水泥路叠压的原因，没有完全清理。本年度揭开水泥路面，发掘了 400 平方米，完整地揭露了总长度为 35、最宽处为 6、深 0.8 米的祭祀沟，获得了预想不到的收获。清理出了大量的与祭祀台基有密切关系的各种器物。虽然陶质极为酥松，修复难度很大，但到目前为止，已经修复起来的器物达 50 多件。比较清楚地反映出祭祀沟与祭祀台基的关系以及祭祀过程中所用的主要器具。其中，最引人注意的是沟内出现的成组的祭祀用具——假腹簋以及具有礼器性质的陶器——蛋壳黑陶杯和蛋壳红陶壶等遗物，尤其是假腹簋，不仅数量多，而且形式多样，为考证祭祀台基的性质提供了重要佐证。可以说，祭祀沟与祭祀台基是一个不可分割的整体，两者之间有着密切的关系。祭祀台是祭祀时的主要场所，而祭祀沟又是在祭祀过程中或祭祀完毕后随时掩埋人为破碎的祭祀用器的地方，从沟内掩埋的各种器物包括不能修复起来的器物可以看出当时祭祀活动的规模之大。

二区的发掘又出现了很多新的迹象：第一、在二区揭露的895平方米的范围内，上层揭露出成片的灰坑群和灰沟多达14个，在每个坑（沟）中，都有较完整和破碎成堆的器物，这在前几次发掘中尚未见到。第二、下层又揭露出与以前形式有别的祭祀坑2个，即“平底深坑单层埋藏完整器物”和“圜底深坑单层抛弃埋藏器物”，与以前清理的“竖穴深坑上下叠压埋藏完整器物”、“圜底深坑分层抛弃埋藏器物”和“平底浅坑单层埋藏完整器物”相比，丰富了祭祀坑的形式和埋藏方式。第三、下层新揭露出简易式工棚式建筑3处，每处均为长方形，面积为80平方米和100多平方米不等。该建筑无墙基，未见刻意加工居住面现象，室内无灶址和相关的生活用具，是由沟槽和沟槽内的柱洞组成的临时性简易性建筑，对考证该迹象在遗址中的意义具有重要的价值。

遗址中的祭祀台基、祭祀沟、祭祀坑和简易性的工棚式建筑等表明，禹会遗址是一处以祭祀为主的礼仪性基址，这是专家团现场考察给予的定位。^{14}C和加速器测定的年代为距今4300～4100年，根据年代和地域，更进一步证实了禹会遗址在中华文明探源工程中，是关键时期的关键遗址，因此对它的发掘和研究，是揭开淮河流域文明化进展的一把钥匙，同时，对江淮地区的文明探源起到重要的支撑作用。（王吉怀）

马鞍山市小山新石器时代及周代遗址

发掘时间：2009年11月～2010年5月

工作单位：安徽省文物考古研究所

遗址位于马鞍山市雨山区银塘镇宝庆村竿子自然村东侧，北距采石河路约1.2千米，为一狭长岗形台地，面积7000多平方米。本年度发掘面积2000平方米。共清理灰坑62座、灰沟13条、房址1座、明清墓葬39座、红烧土坑2个，出土铜器、石器、陶瓷器等各类可修复文物标本达200余件。

小山遗址的主要文化遗存为西周中晚期至春秋时期文化堆积，部分探方存在新石器时代晚期的文化堆积。

西周中晚期至春秋时期文化堆积较厚，遗迹主要有灰坑、房基和少量残存的柱洞，遗物主要有石器、陶器和原始瓷器，有少量铜器。泥质灰陶、夹砂红褐陶为主，有部分印纹陶，同时出土少量原始瓷器。陶瓷器主要有鬲、甗、罐、盆、钵、豆、盘、原始瓷豆、碗等，工具有纺轮、网坠、陶拍等；石器有钺、斧、锛、刀、镰、镞和砺石等；铜器有镞、削和矛等。在遗址的中心部位发掘了一个大型灰坑（H24），平面为不规则圆形，南北长径约16.85、东西短径约12.95米，填土可分7层，文化堆积厚度达1.75米。出土大量的陶片、印纹硬陶、原始瓷片等（近万片）。此外，还有陶纺轮、石刀、石凿、石锛、石网坠、铜削、铜镞等生产、生活用具。

新石器时代晚期文化遗存较少，陶片以夹砂红陶最多，夹砂灰陶其次，有少量泥质红陶和灰陶，器类有鼎、釜、缸，罐、豆和鬶等，石器有钺、斧、锛、凿、镞等。鼎足多为夹砂红陶侧扁三角形鼎足和横截面呈“T”字形的鼎足；缸的腹片则为饰粗篮纹厚胎夹砂红陶片。时代相当于良渚文化中晚期和广富林文化时期，也有少量遗存的时代可早到崧泽文化中期或中期偏早。

小山遗址发掘的收获主要有两点：

1. 小山遗址发现了新石器时代晚期的文化遗存把马鞍山地区的史前文化提早到了崧泽文化中期（距今5600～5500年）。

2. 小山遗址是一处典型的西周岗形遗址，文化遗存丰富，出土了种类丰富的遗迹和大量富有特点的文化遗物，为研究江南地区西周吴文化面貌、文化谱系和这一时期人们的生产、生活状况等提供了重要资料。（叶润清 罗虎）

歙县下冯塘新石器时代至夏代遗址

发掘时间：2010年8月～9月

工作单位：安徽省文物考古研究所

冯塘遗址位于歙县西北部的

富堨镇，距县城约8千米。这一地区处于黄山东麓，四周群山环抱，沿富资河两岸有小面积的河谷盆地相对较为平坦。下冯塘遗址就坐落在富资河东岸二级台地边缘的一处岗地上，富资河位于遗址西南方向约350米，遗址向北约200米处为富堨村冯塘村民组。京福高铁（施工中）以北偏西50°方向从遗址中部穿过，为配合高铁工程进行发掘，实际发掘面积300平方米，共发现遗迹6处，其中灰坑4处、沟1处、房1处。这次发掘的区域在遗址中部，文化层厚度一般在0.8米左右，部分地方稍厚，约达1米，包括耕土层在内可分3层。出土遗物有石器、陶器两大类。石器有铲、锛、刀等，陶器以夹砂红褐陶为主，泥质陶次之，另有少量印纹陶。陶器种类主要有鼎、豆、盆、钵等。初步判断其年代约相当于新石器时代末期至夏代。（宫希成）

铜陵县师姑墩青铜时代遗址

发掘时间：2010年3月~8月
工作单位：安徽省文物考古研究所

因南京—安庆城际铁路和北京—福州高速铁路建设，对该遗址进行发掘。遗址地处长江南岸冲积平原的边缘。遗址呈墩形，高1~3米，现存面积约7500平方米。发掘面积近1300平方米，发现商周时期房址2座、灰坑10个、沟7条、水井1眼，另有大量柱洞和少量木头、石头堆积。出土陶、石、铜类“小件”文物250余件，另有较多的铜渣和炉壁残块。

遗址的堆积大致可分为两个大的时间阶段，早期相当于中原的夏商时期，晚期为西周至春秋时期。

遗物以陶器为主，接近于二里头文化时期的陶器以夹砂灰陶为主，纹饰以方格纹和弦纹居多，代表性器物有侧三角足罐形鼎，粗长颈凹圜底罐，陶铃，盘形豆，白陶缸，觚形杯等。商时期的陶器主要有三类，夹砂灰陶、夹砂红陶和泥质黑皮陶，另开始出现极少量纹饰简单的印纹硬陶。代表性器物有花边底缸、锥状足粗绳纹鬲、假腹豆、高柄壶形豆、觚形杯、圈足盘等。西周至春秋时期的陶器以夹砂红陶为主，印纹硬陶和原始瓷的数量逐渐增多。器类以鬲、盆、罐、甗为主，另有鼎、豆、钵、圈足盘、缸、盉、斝、簋等。石器较少，有锛、钺、斧、矛、凿、斜柄刀、穿孔条饰等。

此外，发现了一大批与青铜冶铸有关的遗物，在商代晚期地层中出土了少量铜渣和一件铜矛头残块。从西周早期的地层开始，与青铜冶铸有关的遗物逐渐增多，基本涵盖了青铜冶铸的各个环节，如作为原料的矿石，作为冶铸设施的粘铜炉壁、支座，作为冶铸废物的铜渣，作为浇铸工具的陶和石制的范和作为浇铸成品的小件铜器。在不少炉壁上，残留的铜可以分多层，应为多次熔铸使用形成。

师姑墩遗址的发掘，填补了皖江中下游无夏商时期文化遗存的空白，首次确立了皖江沿岸和皖南地区较完整的夏商至春秋时期的年代框架。青铜冶铸遗存的发现首次明确证明了皖南铜矿的开发早到商代并对研究商周时期青铜生产的社会化问题提供了丰富材料。（朔知）

南陵县牌楼及新义士西周至春秋土墩墓群

发掘时间：2010 年 5 月 ~ 2011 年 1 月

工作单位：安徽省文物考古研究所

配合京福高铁建设工程进行抢救性发掘，涉及两处土墩墓群。牌楼土墩墓群位于安徽省芜湖市南陵县三里镇牌楼行政村与漳西行政村交界处的丘陵地带。中心位置地理坐标为北纬 30°50′16.2″，东经 118°17′31.9″。这一地区土墩墓数量众多且均分布在海拔低于 90 米的低山上。这一地点此次共发掘土墩墓 60 多座。

综合发掘情况来看，牌楼土墩墓的土墩结构有以下特点：

1. 土墩现多呈馒首状，外观浑圆，底径 6 ~ 20 米，现存高度在 1 ~ 5 米之间。2. 土墩的堆积一般分为 3 ~ 4 层，偶有陶片、石器出土。封土中含有大量的石块，大小不一，分布不均，与山脊周围的土中包含物一致，应是就地取土堆筑，没有刻意将封土中的石块筛去更有利于防止水土流失。3. 土墩均为堆筑，未发现夯筑的现象。4. 有一墩一墓、一墩两墓和一墩三墓三类。

土墩中的单体墓葬有浅坑型、石床型、无坑型 3 种。浅坑型墓是先将原活动面清理到生土层，然后铺上一层垫土，在垫土上挖一浅坑，再在浅坑里放置器物后堆土成墩；石床型墓葬是先将地表清理至生土，稍加平整，然后铺垫一层大小不均的石块，形成石床，再在石床上放置器物；无坑型墓葬是将原活动面稍加平整，直接放置器物堆土成墩。大多数墓葬为东西向，与山脊走向保持一致；少数为南北向。在所发掘的墓葬中，均未发现葬具和人骨。

出土随葬品有印纹硬陶器、泥质陶器、夹砂陶器、原始瓷器、石器、玉器等，其中以印纹硬陶和泥质陶器数量最多，约占总数的三分之二；原始瓷器、夹砂陶器、石器、玉器数量均较少，另有少量铜器残件。

新义土墩墓群位于安徽省芜湖市南陵县三里镇新义村画眉组，中心位置地理坐标为北纬30°49′2″，东经118°18′15″。这一地区土墩墓数量也很多，基本上都分布在海拔低于60米的低山及山坡上。这一地点此次共发掘土墩墓20座。

因离居民生活区较近，部分土墩就在民房之间，破坏严重，加上农民不断耕作，如今大部分墩子只保留有1个凸起，呈不规则形，底径6~13米，现存高度在0.3~3米之间。土墩封土纯净细腻，与土墩周围的土完全不同，应是经过刻意筛选。土墩均为堆筑，未发现夯筑的现象。有一墩一墓和一墩两墓两类。

土墩中的单体墓葬均为浅坑型，其形制与牌楼土墩墓中的同类型墓葬特点基本相同。多数墓葬为南北向，少数为东西向。均未发现葬具和人骨。

出土随葬品包括泥质陶器、印纹硬陶器和原始瓷器。

在文化面貌上，牌楼土墩墓群和新义土墩墓群都与千峰山土墩墓群较为接近，时代大致在西周中晚期到春秋中期，与以漳河流域为中心，范围包括繁昌、铜陵、南陵等地的土墩墓群同属一区，是一个与宁镇地区同时期文化关系较为密切但又极具地方特色的区域文化类型。（陈小春）

马鞍山市孤山周代遗址

发掘时间：2010年6月~9月

工作单位：安徽省文物考古研究所

遗址位于马鞍山市雨山区银塘镇前进村秦坳村民组。遗址分布在东西向的岗地上，总面积约2万平方米。2009年6月调查发现。调查时在地表可见丰富的陶片和红烧土，陶片中可辨器形有鬲、罐等，多为印纹硬陶。

此次发掘约1500余平方米。布置探方15个，规格为10米×10米。发掘区域位于整个遗址的东南部边缘。此次发掘得到了较丰富的陶片（器）及少量的石器。遗址的时代包括清、宋代和周代三个时期。地层共分为7层。其中第①层为清至现代的地层，第②至④层为宋代地层，第⑤至⑦层为周代地层。发掘2个清墓、1座宋墓及7个周代灰坑和1个灰沟。

遗址以周代遗迹为主体。灰坑形制不一，分长方形、圆形及不规则形三种。小的直径仅60厘米，大的灰坑直径有600厘米。一般灰坑内出土有夹砂陶片、印纹硬陶片和原始瓷器等。周代地层中出土的遗物有陶器和石器等。陶瓷器器形有鬲、豆、碗、罐、甗、陶网坠、陶纺轮、陶饼等。陶质是夹砂陶、灰陶，另有原始瓷。其中鬲占主体，口沿多尖唇平沿，鬲足分为锥状和柱状两种，且纹饰均为绳纹。印纹硬陶的纹饰有云雷纹、回纹等。石器有斧、锛、刀、镰及纺轮等。清墓里出土铜钱及棺钉。宋墓内出土瓷碗及釉陶壶。（王峰）

宿州市亮山战国两汉及明清古墓群

发掘时间：2010年7月~9月
工作单位：安徽省文物考古研究所、宿州市文物管理所

墓地位于宿州市曹村镇前旺村东亮山脚下，为配合水泥厂建设工程，在此范围内进行考古勘探和抢救发掘工作，累计完成勘探面积3万多平方米，发掘清理古墓葬72座，出土各类文物标本500余件。

72座墓葬可分为土坑墓、砖室墓、石室墓等，时代有战国、两汉及明清时期，以汉墓居多，部分墓室带有斜坡式墓道；墓室长（土坑墓）2.5~3.2、宽1.62~1.86、深2.7~4.6米；砖室墓长3.96~7.2（含墓道）、宽1.6~2.1、残深0.58~1.78米；石室墓长3.28~4.1、宽1.4~1.8、深1.46米，上述墓葬均以南北向居多，葬具、人骨保存较差。

出土文物种类繁多，内容丰富。有陶器、铜器、铁器、玉器、骨器、银器、漆器、木器、金属器、石器等10多个品种。在出土的遗物中以陶器为主，常见的有罐、壶、钫等实用器及圈、厕、灶、仓、楼等形象逼真的一些明器；铜器见戈、铜镜、铜剑镞、钱币等，所出铜戈刃部锋利较为完整，钱币有五铢、大泉五十，多数钱币锈蚀严重，无法辨认；玉器仅出土1件玉蝉，玉质呈碧青色，线条简朴有力，风格简练、造型准确，仅是1件小玉器但可体现墓主人的身份地位；料器30多颗，质地较软，体型较小，对穿小孔，为墓主的

随身饰物；铁器有剑、削等，多数已锈蚀，保存较差，部分兵器带有剑鞘；所出土金属器多为棺木上的泡钉。

该墓群时代跨度较大，延续时间较长，从已发掘墓葬的排列、随葬器物的特征来看，其分布具有一定的规律性，体现了家族墓地的特点。此次发掘出土的历史文物较为珍贵，除一些常见的器物外，还出土了一些并不多见的文物及部分器物组合，不仅丰富了我们对这一时期物质文化的直观认识，也为研究当时埋葬习俗和社会的发展规律提供了较为珍贵的实物资料。（任一龙）

怀远县荣军医院两汉及唐宋墓地

发掘时间：2010 年 6 月 ~8 月

工作单位：安徽省文物考古研究所、怀远县文物管理所

墓地位于怀远县涡北新区卞河路东，西邻 206 国道，北距县交警大队 500 米，现为新建荣军医院新址。

墓地西高东低，呈缓坡状，南北长 250、东西宽 150 米，总面积近 4 万平方米。根据勘探报告，在此范围内清理古墓葬 200 余座，时代历经汉至唐宋时期。因墓葬时代不同其所分布的位置亦有所差异，汉墓多分布在发掘区东北、东南部，多砖室墓，由斜坡式墓道、墓门、墓室组成，墓葬早期被盗严重，墓顶坍塌，断面砌法为三顺一丁、平铺错缝两种，铺地砖为人字形。墓室长 2.3 ~6.5（含墓道）、宽 1.35 ~ 2.4、深 0.8 ~ 2.4 米，方向为 160° ~268°，随葬器物多以组合器出土，陶质有陶楼、罐、壶、灶、圈、井、磨；铁质有铁剑、铁销等；铜质有铜镜（昭明镜、日光镜）、带钩（马头状）、钱币等；玉质见玉镯、玉指环；另有一些不常见的器物，如石质印章，方形、底阴刻三字，字迹模糊不清；墓室内人骨保存较差，其葬式、葬具不详。

唐宋墓葬多分布在东北、东南部，多为砖室墓，形制各异，有船形、腰鼓形、龟形等，部分墓室带有墓道，墓道采用台阶与斜坡结合法，向下延伸至墓室。断面用素面砖平铺错缝法，逐层上砌，亦有把砖雕刻成锯齿状用以装饰。墓顶坍塌，从残留断面推测为穹隆式顶。墓室内人骨已朽、葬式不详，葬具多见木棺。墓室长 2.3 ~ 4.5、宽 0.86 ~ 2.6、深 0.45 ~ 2.3 米，方向 150° ~ 195°之间；竖穴土坑墓 3 座，均为双棺合葬墓，墓壁有一

小龛，龛内有陶罐，罐内有类似人骨的残骸。墓室长 2.26 ~ 2.5、宽 0.78 ~1.3、深 1.56 ~ 4.56 米，方向 340° ~354°之间，墓室内人骨保存完好，仰身直肢葬，木棺。出土遗物有双耳罐、壶、瓶、青花碗、墓志铭之类的遗物，另出土数枚开元通宝、祥符通宝、政和通宝、元丰通宝等年号钱币。

该墓地的发掘对研究淮河流域汉至唐宋时期墓葬的葬制、葬俗乃至生产、生活提供了大量的实物资料，进一步丰富了怀远县的地方史资料。（任一龙）

霍邱县如意汉代聚落遗址

发掘时间：2010 年 3 月 ~5 月

工作单位：安徽省文物考古研究所、霍邱县文物管理所

遗址位于霍邱县河口镇林桥村如意自然村东。该遗址是一处汉代聚落遗址，分布面积较广，地势南高北低，地域开阔，如意自然村为该遗址的主要分布范围，相对高度 1 ~ 1.5 米。为配合阜（阳）—六（安）铁路建设工程，对该遗址进行了抢救性考古发掘，共计 300 平方米。

遗址文化层厚 0.5 ~ 1.75 米，主要遗迹有陶窑 1 座、作坊 2 处、灰坑 13 个、沟 2 条，出土遗物 137 件，主要有陶器、铁器、钱币等，器形有罐、盆、铁刀、剑、网坠、锸等，就其使用性质可分为生活用具，生产工具，狩猎器具，建筑构件等，纹饰有绳纹、几何纹、方格纹、凸弦纹、素面多种。

该遗址的发掘，较为完整地反映了当时社会的各个侧面，为研究当时的制造工艺、建筑风格、风俗习惯以及文化发展提供了宝贵资料。同时也为了解汉代当时的庭院经济生活提供了新的实物资料。（贾庆元）

萧县陈沟汉代墓地

发掘时间：2010 年 8 月 ~11 月

工作单位：安徽省文物考古研究所、萧县博物馆、文物所

墓地位于萧县县城西北 2 千米处，南北呈缓坡状，紧靠岱山脚下，总面积约 4 万平方米，201 县道从墓地中部穿过，把墓地分成东、西区。

为配合安徽柏星、蓝石两公

司所开发的建设工程，对墓地进行抢救性发掘。经考古钻探在此范围内共发现墓葬116座，有土坑墓、砖（石）墓、石室墓、洞室墓四种类型。

土坑墓主要分布在发掘区西部，有两种形式：一种为口底同大，另一种带有二层台，这类墓葬前者深度近5米，后者最多2米，在随葬器物的种类、数量上亦有一定差异，前者多且丰富，后者单调，仅2~3件实用器，两者葬具均为木棺，葬式不详。方向117°~360°。

砖（石）墓主要分布在发掘区中部，被盗严重，砖石墓由斜坡式墓道、墓门、墓室组成；均无墓道，多单室墓，两者断面砌法相同，为三顺一丁，逐层上砌封顶，人字形砖铺地。葬具、人骨保存较差，多南北向。墓室长3.5~7.86、宽0.98~1.5、残高0.54~1.8米。

石棺墓分布在发掘区东部，长方形单室墓、无墓道。用数块加工过大小不等的石板立砌而成，上部用石板封顶。墓室内刻有常青树、玉璧状、箭镞之类图案，石板相连处有凹槽，以保持其结实性。墓口距地表2.3、墓室长2.3、宽1.18、深1.1米。

土洞墓分布在发掘区最东部，有两种结构：土圹洞室和土圹洞砖室两种，两者建造方法相同，均是在土圹中下挖至一定深度时，再向一侧掏洞形成洞室，洞室内略高于外，以保证墓室的干燥性。这类墓葬带有墓道，墓道陡直，两侧留有脚窝，墓底铺一层厚约6厘米的青膏泥，方向110°~310°之间，墓葬保存基本完好。

本次发掘计出土各类珍贵文物200余件，陶器多以组合形式出土，有陶罐、壶、灶、鼎、磨、井、圈、溷等；铜器有镜、带钩、指环、刷等；铁器有剑、削、鼎，部分剑虽已断裂，但刃部仍很锋利；玉器主要是一些料器，有口琀、眼罩、肛塞等；石器仅一件黛砚，表面光滑，残留有朱砂痕迹。这些遗物涉及生活诸多方面，较为完整地反映了当时社会各个层面，为研究当时社会的制造工艺、风俗习惯以及文化发展历程提供了较有价值的实物资料。（任一龙）

繁昌县茶亭宋代遗址

发掘时间：2010年3月~5月

工作单位：安徽省文物考古研究所

遗址位于芜湖市繁昌县峨桥

镇茶亭村民组的东边。该遗址的面积较大，绵延2500米长，面积约为30000平方米。周围地势平坦，旁边有一条东西向铁路穿过。2009年10月调查发现，调查时在遗址的地表存有少量的陶瓷片、砖块及瓦片。本次发掘面积共800平方米，共布8个10米×10米的探方。

发掘遗迹比较丰富，有4座宋墓、17个灰坑、2个柱洞、1条灰沟、2条石路。地层分为5层，除第①层年代稍晚些。②至④层为宋代地层，第⑤层为新石器时期地层。墓葬分为长方形竖穴土坑墓、长方形砖室墓和石室墓三种。墓内出土遗物有注壶、瓷碗、釉陶壶、四系罐、陶盆、铜镜和铜钱等。瓷的釉色有青瓷、白瓷和黑釉瓷。铜钱有元祐通宝、皇宋通宝、天禧通宝和开元通宝。灰坑形状有圆形、椭圆形及长方形。体量大小不一，大的直径有1.4、深1.1米，小的直径仅有0.5、深0.2米。灰坑内一般出土青瓷片、白瓷片等。柱洞较小，圆形为主。灰沟呈曲尺形，出土一些青瓷、白瓷片。石板路残缺不全，小石板铺成。地层中出土的器物有瓷碗、釉陶壶、陶缸、陶瓶等。以青瓷为主，另有白瓷、釉陶及泥质陶等。第⑤层地层较薄，仅10厘米厚。出土少量夹砂红褐陶片，可辨器形有扁鼎足。(陈超)

颍上县八里庄宋代及清代墓地

发掘时间：2010年3月~5月

发掘单位：安徽省文物考古研究所、颍上县文物管理所

墓群位于颍上县南照镇闫庄村八里庄自然村西北部，为配合阜（阳）—六（安）铁路建设，对该墓群于铁路路基占压范围、东西宽40、南北长200米，近8000平方米范围内的古墓葬进行了抢救性考古发掘。清理清代墓8座，宋代墓18座，出土文物近50件。

清代墓葬均为长方形土坑竖穴，葬具皆木质单棺。有一室一棺、双棺、三棺三种，少许墓葬有骨架残存，出土遗物有：釉陶罐、瓷碗、瓷杯、铁灯、砚台和清代纪年铜钱。

宋代墓是八里庄墓群发掘墓葬的主流，18座宋墓均系竖穴土坑砖室结构，形制多样，有船形、蝉形、腰鼓形等。多数墓葬是由墓道、墓门、甬道、墓室组成，墓室内人骨摆放凌乱、相互叠压，部分墓室内发现多个头

骨，由此推测这类墓葬为二次葬。保存完整的墓室内砌有仿木结构建筑，制作考究，多反映出墓主人生前的居住环境和部分生活用具。尤以 M21 最具代表性。该墓葬墓室为双层穹隆顶式建筑。墓室四弧角均设有斗拱，室内分别建有棺床、假门、亮窗、花边窗、条桌和方凳。墓室西墓壁分别嵌有砖雕熨斗、砖雕剪刀各一。

八里庄墓群发掘的清代墓葬形制相同、出土文物颇丰，器形多以釉陶罐、铁灯为主，且有纪年铜钱出土，宋代墓葬出土文物虽然单一，但墓群墓葬的时代和特征却甚为明显。根据发掘掌握资料可以确认：该墓群以宋中晚期墓葬为主，墓室底部均无随葬器物出土，仅于填土中出土少许的圈足瓷碗和陶瓮、陶盆，M19、M21 墓室内壁的砖雕熨斗、剪刀与河北省平山县两岔宋墓墓内熨斗、剪刀相似。这批宋代墓葬的建筑结构、工艺和建筑特色是本次发掘的最大收获。墓室内部的建筑风格和建筑工艺更具特色。棺床的设置和构造甚为独特。室内的整体布局合理、人性化。体现出当时居住环境室内的整体面貌，展现了墓主人生前的生活用具。

八里庄墓群这批宋代墓葬的发掘，为我们研究该地区的人文、生活居住环境和环境的整体布局提供了一套较为完整的实物资料和依据。它的建筑结构、工艺、风格和建筑特色于皖北地区发掘的宋代墓葬中独成一派、又立于淮河之滨，为淮河流域宋文化的研究再添新篇。（贾庆元 任一龙）

明光市坝陈宋代遗址和清代墓葬

发掘时间：2010 年 12 月 ~2011 年 1 月

工作单位：安徽省文物考古研究所

遗址位于明光市明西街道岗集行政村坝陈村民组东 50 米，总体地貌特征为低丘岗地地区，遗址位于岗地的坡脚处。

总计发掘面积 290 平方米，文化堆积厚 60 ~90 厘米。发掘显示该遗址为一处典型的宋代聚落遗址。共发现房址 1 座、灶址 2 个、灰坑 3 个、灰沟 1 条，出土 30 余件可复原的青白瓷碗和少量铜钱，另有较多的青白瓷片、灰陶片及石头、碎砖、铁制品等。

另发现 3 座清代墓葬，均为竖穴土坑墓，其中 2 座为合葬墓。棺木、人骨保存较好，在墓坑内撒有 10～40 枚铜钱（主要为康熙通宝、乾隆通宝、道光通宝），盆骨下垫有瓦片，头端置一釉陶壶或瓶。

本次发掘对研究淮河流域宋代的普通村落、民间用瓷和清代的平民墓葬习俗提供了第一手材料。（张小雷）

铜陵县团山宋代遗址和龙干清代墓葬

发掘时间：2010 年 10 月～11 月
工作单位：安徽省文物考古研究所、铜陵县文物管理所

因修建北京—福州高速铁路，对这两处文物点进行钻探和发掘。

团山遗址位于铜陵县钟鸣镇金山行政村金山盛自然村东南 100 米的团山东北坡，地处皖南山区北端的山间盆地中。

在长 100 米的路基范围内共清理宋代墓葬 4 座、陶窑 1 座，出土陶、瓷、铜类文物 19 件。

4 座墓葬中有 1 座为竖穴土（岩）坑墓，在墓坑之外的脚端用墓砖围护随葬品，3 座砖室墓，砖室墓中有 1 座为并列双室券顶墓。出土瓷器以青白瓷为主，器形以碗、盏为主，另有执壶、釉陶壶等，为繁昌窑产品。M2 出土 1 面葵瓣形湖州镜，有“湖州真石家念二叔照子”牌记。另有少量铜钱。

陶窑平面形状为长方形，烟囱在南、窑门在北，窑室内堆积大量红烧土块。

龙干墓地位于钟鸣镇金龙行政村龙干自然村东北 300 米处，墓地的地貌环境为略高于周围水田的长条形岗地。

在 50 平方米路基范围内共发掘墓葬 5 座，其中 4 座为竖穴土坑墓，1 座为砖室墓，4 座土坑墓中有 3 座是单棺，有 1 座为双棺合葬墓。出土 4 件釉陶带把流口罐和 2 枚铜钱（康熙通宝和顺治通宝）。这 4 座清代墓葬的最大特点是棺内堆置炭屑、头端置一带流罐。（张小雷）

福　建　省

武夷山市赤石渡头岗史前聚落遗址群

发掘时间：2010 年 7 月～8 月
工作单位：厦门大学人文学院历

史系、福建省南平市博物馆

配合宁武高速公路建设，对武夷山市武夷镇赤石渡头岗遗址进行了抢救性发掘，发现了一组重要的新石器时代及周代遗址群。遗址群位于闽北最大水系建溪支流崇阳溪西岸，赤石渡口东面河岸南北向排列的5个低矮丘陵顶部，自南而北依次命名为I～V号遗址点。

结合地面采集与钻探资料，对5个遗址点进行了不同程度的发掘，发掘面积计1004平方米，分别揭露了新石器时代晚期和周代两个不同时期的文化堆积，清理各类遗迹共计45处，出土不同时期的陶、石器文物标本150余件，为重建闽中地区早期古文化的发展序列、研究闽中早期土著文化的内涵及聚落形态发展，提供了新的重要资料。

发掘表明，新石器时代晚期堆积见于第III遗址点，发现房屋残迹2处（F1、F2）及一些零星的柱洞。从建筑残迹上看，该时期的房屋应为浅穴式、木骨泥墙结构，多以平整的鹅卵石做柱础，房屋内部有石块围砌的火塘。所出遗物虽然不多，多为陶器残片，从陶质陶色上看，以夹粗砂和泥质的灰色软陶为主，陶质较脆，多为素面，可辨器形有鼎、罐等，尤其以形式各异的鼎足为特点。这些内涵具有鲜明的区域特点，与闽北浦城牛鼻山、石排下下层、武夷山三姑、岩头子前、黄土溪、建阳麻沙冬瓜山等地发现的新石器晚期文化内涵基本相同，反映了这一时空文化的区域特点与繁荣发展的态势。

主体堆积以印纹硬陶为代表的周代遗存，遍及5个遗址群。发现有房屋残迹、包含大量红烧土的灰坑及墓葬。其中M1以河卵石铺底、竖穴土坑墓，随葬品为席纹硬陶罐等，具有两周时期吴越土墩墓文化的特点。该遗址的青铜时代遗存以几何印纹硬陶为主，伴有少量的原始瓷，器形以罐、豆等为主，石器以锛、镞和网坠为主，未见青铜器。这些内涵，与闽江流域已经发现的“铁山类型”周代古文化土著性与吴越文化融合的特点一致，丰富了闽北地区青铜时代初期，即“闽越形成期”的考古资料。（佟珊）

龙岩市龙顶山商周遗址

发掘时间：2010年3月～4月
工作单位：福建博物院

龙顶山遗址位于新罗区铁山镇林邦村东面的一个山坡上，遗址面积约6000平方米，由于当地居民修建机耕道以及养猪场等破坏，残存约1500平方米。为配合双永（永春—永定）高速公路建设，对该遗址中心区域进行考古发掘。共发掘面积500平方米，揭露2座房屋和一批灰坑遗迹。房屋均为干栏式建筑，平面呈圆形，仅存内外二圈圆形柱洞，面积6平方米左右。

此外还出土一批陶器、石器、原始青瓷器等标本。陶器有夹砂、泥质和印纹硬陶3种。器形以罐、釜、豆为主，还有少量尊、杯、纺轮等。纹饰有云雷纹、方格纹、菱形纹、曲折纹、席纹、篮纹，还发现较多的黑衣陶和少量彩陶，彩陶均为褐色点彩。石器以石锛、箭镞、石刀、石环为主，其次为网坠、石矛、砺石、磨盘、石锤、石砧等。值得注意的是，遗址中发现较多的砺石、石器残片以及石器半成品等。因此，初步判断该遗址可能曾经作为石器加工场所。（羊泽林　廖富魁）

长泰县后厝山商周石器制造场

发掘时间：2010年10月~11月

工作单位：厦门大学人文学院历史系、福建省漳州市文物管理委员会办公室

长泰县龙津溪为闽南九龙江下游北岸的最重要支流之一，为商周时期浮滨类型文化的重要分布区。为配合厦成高速公路漳州段建设工程，开展了沿线考古调查和发掘，调查发现遗址20处，并对后厝山、覆顶金山、无林山、宫前门口山等4个遗址进行了发掘，发掘面积总计2020平方米，4个遗址均发现了内涵基本相同的浮滨文化石器制造场，其中后厝山遗址保存较好，出土数万件石制品，为粤东闽南商周时期浮滨文化考古的重大发现。

后厝山遗址位于长泰县枋洋镇科山村南约930米处一个相对独立的低丘上，西北距九龙江支流龙津溪约950米，属于戴云山脉南段的山前地带。其他3个同时期制造场遗址和浮滨文化遗址，也都分布在龙津溪两岸的这些低矮丘陵上。

后厝山遗址共发现8个遗迹单位，其中灰坑H1~H3，坑内出土大量石器毛坯、废料和加工工具，少量碎陶片。其他遗迹5个，均为有一定分布范围、形状不规则、大小不一的层状石制品堆积，其中遗迹1、遗迹2和遗迹4包含石器毛坯和废料，出土陶片较灰坑更少，遗迹5和遗迹

6发现单纯的石料堆积。除了遗迹5和遗迹6，其他遗迹中的石制品都非常密集，如遗迹2中出土石制品约有万余件。

后厝山遗址出土的石制品，包括了从石料、剥片、加工毛坯到磨制成型各个阶段的标本。其中磨制成型特别是刃部经过磨制的石器成品非常少，但从毛坯观察该石器制造场的绝大多数终端产品都是石锛，也有少量石镞。加工工具主要包括石锤和砺石，此外还有少量砍砸器、石球等用途不明的工具。

后厝山山顶有与大多数石制品相同岩性的玄武岩出露，因此石器生产很可能是就地取材；石锤和砺石等加工工具则可能取自龙津溪边的砾石。

后厝山遗址是福建地区首次大面积发掘的石器制造场遗址，这样规模巨大的石器制造场在浮滨文化中是首次发现。该遗址的发现为探讨浮滨文化聚落间功能上的联系和石器生产流通消费的方式具有重要意义。（林壹　吴春明）

建瓯市东峰镇六朝墓地

发掘时间：2010年1月~5月
工作单位：厦门大学人文学院历史系、福建省南平市博物馆

为配合松建高速公路建瓯段的建设，对建溪东岸支流松溪流域东峰溪沿岸进行了调查，并在春坑口、牛头山、九朗科3个遗址开展了抢救性发掘。

其中春坑口、牛头山两个相邻的遗址发现西晋前后的砖室墓葬58座，发掘、清理其中的22座。春坑口墓地有2个发掘区，其中Ⅱ区成片发掘44个探方1100平方米范围内，揭露出整齐分布、显示出曾统一规划的晋代砖室墓葬18座，Ⅰ区发现1座墓葬。牛头山墓地的Ⅱ、Ⅲ区内发掘4座晋代砖室墓，还在公路规划区外调查发现大致同时期墓葬36座。因早期盗掘与破坏严重，本次发掘的墓葬多为残迹，以砖室墓为主，平面结构有长方形、“凸”字形和“刀”形3种，墓室多为长方形券顶结构，沿墓室内壁和转角处相间一定距离筑砌砖柱，柱上起券与顶券相重叠以加固墓壁和撑托券顶，形成多砖柱多券门墓室，券顶均残。墓葬均为西南朝向，红砖垒砌，墓室多以花纹砖组合垒砌，常见花纹有米字纹、叶脉纹、平行线纹、凤鸟纹、对角交叉线纹、圆形莲瓣纹等。随葬品

以青瓷器为主，常见盘口壶、四系罐、双系罐、小盅、钵的组合，个别墓中随葬青铜镜、铁鼎、铁剪刀、铁刀、陶纺轮等生活用具。

九郎柯 M1 是本次发掘清理的最大的一座砖室墓，为青灰砖垒砌的短甬道“凸”字形墓，券顶残。砖墓全长约 6 米，甬道宽约 1 米，主室宽约 1.8 米。墓壁以四顺一丁法砌筑，多为带铭文的花纹砖。墓底以平砖相间斜错作“人”字形铺设。墓室残存青瓷碟、铜镜和铁剑等随葬品。该墓墓砖多有铭文，内容或为造砖纪念以及姓氏名字、吉祥用语等，如“太康五年九月十六日余”“永安元年七月”“太康七年八月廿四日”“徐盛”“太岁在甲子”“建安叩头”等。

处于闽浙赣交界地带的建溪流域，是福建早期古文化比较发达的地区，也是汉晋以来中原北方汉人大规模南迁、开发闽中的第一站，春坑口、牛头山、九郎柯六朝墓群的发现是松溪流域六朝墓葬密集分布的缩影，集中反映了六朝前后中原汉人族群迁徙、聚族而居的人文繁盛景象。福建建瓯东峰镇六朝墓葬的发现为研究闽中地区六朝时期汉人扩张、区域开发历史提供了重要的实证资料。（亓慧林　王新天）

闽侯县碗窑山宋代窑址

发掘时间：2010 年 7 月 ~11 月

工作单位：福建博物院

碗窑山宋代窑址位于闽侯县南屿镇双龙村东，配合福（福州）永（永泰）高速公路建设，对碗窑山窑址进行抢救性考古发掘。实际发掘面积约 2500 平方米，发现 4 座宋代龙窑的窑炉遗迹，分别编号为 Y1 ~ Y4，Y1 位于碗窑山窑址东部，其窑炉是在风化基岩上挖槽，在槽内用红砖砌成的半地穴式龙窑。已发掘清理的部分斜长 70、水平长 58 米，窑内宽度 1.8 ~2.4 米，窑墙残存高 0.2 ~0.97 米。窑头方向 94°，窑底坡度 20° ~35°。Y1 除窑尾段的坡度较缓外，其余部分的窑底坡度均在 30°以上，是目前我省乃至全国已发现的窑底坡度最大的宋代龙窑。Y1 窑炉遗迹保存较完整，窑旁遗迹大部保存较好。清理出了 13 个窑旁工作平台，大部分平台建造讲究，形状较规整。

Y1 窑内和窑外堆积出土的产品有青瓷、青白瓷和黑釉瓷。早期烧制青瓷、青白瓷，器类以碗为大宗，还有少量的盘、壶、罐、器盖和瓷枕等。后期烧制黑釉瓷，器类以碗、盏为主，另有少量的罐、壶和器盖等，部分黑釉盏内外壁有兔毫。

Y2 位于碗窑山窑址东北部，Y2 是利用 Y3 的中、前段窑炉，将其窑尾取直改造而成，已发掘、清理部分斜长约 80 米。窑内宽度 2.5 ~ 2.73 米，窑墙残存高度 0.04 ~ 1.2 米；窑头方向 55°，窑底坡度 10° ~ 24°。Y2 的窑炉遗迹保存较完整，窑旁遗迹如窑门、护窑墙、窑外工作平台等均保存较完好，且部分窑墙及窑顶的倒塌堆积保存基本完整，这在以往的窑址考古发掘中较为罕见。

Y3 被 Y2 打破，现仅存窑炉尾部遗迹。已发掘、清理的部分残长 14 米，窑内宽度 1.98 ~ 2.55 米，方向 350°，窑底坡度为 10° ~ 16°。

Y4 位于碗窑山窑址南部，已发掘、清理的窑炉遗迹斜长约 37、水平长 35.5 米，窑炉内宽 2.5 ~ 2.75 米，窑墙残存高 0 ~ 1.4 米。窑前段方向 153°，窑底坡度 13° ~ 16°。Y4 窑炉遗迹保存较完整，窑旁遗迹大部保存很好。清理出 6 个窑旁工作平台，平台建造讲究，形状规整。

Y2、Y3、Y4 出土的产品均为黑釉瓷，器类以大小不一的碗、盏为大宗，少量的碟、灯、罐、壶和器盖等，部分黑釉盏内外壁有兔毫。

碗窑山窑址是目前为止福州地区考古发掘面积最大的宋代窑址，已经发掘揭露的 Y1、Y2、Y3、Y4 均保存有较完整的大部分窑炉遗迹（窑墙倒塌堆积、窑门、护窑墙、窑旁工作平台等）。此处发现如此相对集中又保存较完好的宋代窑址，在以往我省的窑址考古中是首次，在全国也不多见。

Y1 窑底坡度最大达 35°，这是目前国内已知宋代龙窑中窑底坡度最大的，这对我国古代龙窑构筑技术、烧成技术的研究提供了重要的考古实物资料。

Y2 的窑炉遗迹，尤其是其部分窑墙及窑顶的倒塌堆积保存基本完整，这在我国南方龙窑考古中极为罕见。根据这些考古遗迹可以基本复原该龙窑的窑室结构及其构筑工艺，是难得的窑业考古实物资料。（温松全）

龙海市半洋礁一号宋代沉船遗址

调查时间：2010 年 5 月 ~ 11 月

工作单位：中国国家博物馆水下考古研究中心、中国文化遗产研究院、国

家水下文化遗产保护中心、福建博物院文物考古研究所、漳州市文物管理委员会办公室

半洋礁一号沉船遗址位于福建省龙海市隆教畲族乡东南海域半洋礁的北面，半洋暗礁群分布面积较大，只有少数礁石在低平潮时才露出海面。此处靠近主航道，海况复杂，因此历代过往船只容易发生海难事故。该遗址于2008年多次被盗捞，破坏较严重。初步调查，发现船体残骸，之后又对该沉船遗址进行了重点调查，已基本了解沉船环境、船体保存状况和船货种类等情况。

沉船遗址水深19~23米，海床为泥沙底，表面较平坦。船体仅存部分龙骨以及北侧部分船体，残骸长约9.2、宽约2.5米。船体方向330°，西北部埋藏较浅、距海床表面约0.05~0.1米；东南部埋藏较深、约0.3~0.7米。龙骨的西北端和东南端已出露，两端均残，横剖面呈“凸”字形，残长约9、直径约0.25米。此外还发现桅座一个，呈倒梯形，长1米多、高0.4、厚0.3米左右，上面有2个长方形桅夹板孔，孔长约0.12、宽0.08米。从其位置来看，应为主桅座。

遗物主要为黑釉碗，其次为青白釉碗、陶盆、陶壶、铜钱等，此外，还发现有石碗残片、铜刀格、铜碗、漆器、木勺等。其中铜钱年号最早的为“乾德元宝”（五代、前蜀后主919~924年），最晚的为南宋“庆元通宝”（宋宁宗赵扩1195~1200年），大部分为北宋年号，如“淳化元宝”（太宗990~994年）、“熙宁元宝”（神宗1068~1077年）、“皇宋通宝”（神宗1038~1040年）等。

漳州海域地理位置重要，为我国古代海上丝绸之路的必经之地。半洋礁一号宋代沉船遗址亦是目前此海域发现年代较早的水下文化遗存，出水的遗物均是当时海上丝绸之路贸易的重要品种。因此，该遗址对研究我国古代海外交通史、造船史等有着重要意义。（羊泽林　宋蓬勃）

平潭及漳州海域水下考古调查

发掘时间：2010年4月~5月

工作单位：中国国家博物馆水下考古研究中心、福建博物院文物考古研究所

此次工作，采用物探设备扫

测和水下探摸相结合的方法，首先复查了2009年在平潭发现的大练岛西南屿宋代沉船遗址，并新发现2处水下文化遗存；在漳州海域亦新发现2处水下文化遗存。其中的2处沉船遗址概况分别如下：

（1）平潭分流尾屿五代沉船遗址：位于分流尾屿北，低平潮时水深约7～9米，泥沙底，曾遭盗掘。调查发现的沉船遗物均为五代越窑青瓷器，胎体较薄，釉呈青褐色，器形以碗、碟、盏托为主，部分器物为花口，腹部出筋。这也是我国水下考古第一次发现五代时期沉船遗址。

（2）大练岛西南屿宋代沉船遗址：水深35～38米，遗物散落面积较大，此次调查采集遗物为龙泉窑青瓷，器形以青釉碗为主，少量青釉盘。大部分内壁刻划花，亦有少数素面。其年代为南宋时期。（赵嘉斌　孟原召　羊泽林）

江　西　省

靖安县老虎墩新石器时代遗址

发掘时间：2010年9月～12月

工作单位：江西省文物考古研究所、厦门大学、靖安县博物馆

此次发掘在原发掘区的北部、东部布方，共布方14个，发掘面积350平方米，清理了新石器时代晚期墓葬54座，鹅卵石道路、早期红陶、彩陶遗存等。新石器时代遗存可以划分为早、晚两个时期。

下层文化遗存分布在发掘区下层（7层和8层）。东部最厚有50厘米，呈沟状分布，西部厚30～40厘米，呈坡状分布。由于发掘限制，遗存性质不明。土质紧密，呈黑褐色。出土石器和陶器。石器有石斧、石锛、石针、石犁、石镰、石镞等。石器以磨制为主，少量局部打制。石犁长18、宽9.8、厚1.5厘米，系采用自然扁平砾石加工而成，两侧刃部磨制精细，前锋部残断。石镰用剥落的石片加工而成。刃部内凹，磨制出锯齿多个，残长7、宽2～5.5、厚0.4厘米。石针长7.5厘米，磨制精美。陶器绝大多数为夹砂红陶，少量灰黑陶，灰黑陶可能夹炭。红陶表面均饰红衣。器表主要装

饰粗绳纹，有的在口沿刻画交叉纹饰，纹路较粗。陶器器壁较薄，种类单调，只见宽沿釜、圈足盘等器物，不见鼎足类。还见少量彩陶。彩陶均白衣红彩或褐彩，有细线网格状纹饰，也见宽窄不一的带状纹饰。器形不明。

在6层下开口的遗迹，发现一组由鹅卵石铺成的道路遗迹。道路由南往北走向，残长4、宽0.9米，呈直线状分布。在道路两侧还发现残存的红烧土建筑遗迹、石块和方形柱洞。种种迹象判断，这是一组重要的建筑遗存，由于发掘限制，分布范围不清楚。

上层文化遗存主要指的是5层以及5层下开口的墓葬、祭祀坑和人工土台。经过两次发掘，人工土台的分布范围尚不明晰。在遗址西侧的断崖上，也可以清晰地看到人工搬运土的痕迹，因此，人工土台的分布范围可能超出原来的推测，土台与墓葬的关系也还未明白，还需要做大量的工作。

上层文化遗存出土石器和陶器。石器主要以打制为主，磨制相对较少。石器品种有双肩石斧、石锛、穿孔石刀、石镞等。石斧、石锛主要采用河床中的鹅卵石打制而成，充分利用卵石的自然光滑面，只在刃部稍加磨制。遗址中大量出土人工剥落的石片，石片上可见少量的磨制痕。陶器主要为泥质灰陶、泥质红陶、夹砂灰陶和黑皮磨光陶，还出土少量的白陶。器物表面主要为素面磨光，少量装饰篮纹、绳纹、弦纹，流行穿孔装饰。流行三足器和圈足器。大量出土鼎足、壶圈足、罐口沿和鬶袋足。

从两次发掘的资料分析，老虎墩下层文化主要出土夹砂红衣陶、彩陶，器形主要有宽凹面沿釜、圈足盘，不见鼎等炊器。其时代可能早于新余拾年山一期文化，却与大溪文化和湖南洞庭湖周围的汤家岗文化具有一定的相似性，因此，初步推断其年代在距今6000年。

上层文化与屈家岭文化有一定的相似性，如高圈足壶、垂腹壶等，但是，又具有一定的地域特征和鲜明的自身特点。使用火烤壁的二次葬习俗与我省赣中赣西的新余、樟树一带的习俗一致，表明其文化传承的一致性，它们同属于一个大的古文化圈。出土的石器大量使用双肩石斧，大石斧、有段石锛等，以打制为主，局部磨制。双肩石斧主要流行于我省的赣西北地区，在其他地区十分少见。因此，其石器制作技术又源于赣西北地区。值得注意的是，墓葬随葬品基本不见鼎类器，与江西省史前时期的埋葬习俗迥异；圈足壶的造型也明显异于其他新石器时代遗址的同类器物；高圈足带盖壶、镂孔觚等器形在以前的发掘中也是见所未见。因此，我们初步推断，上层文化遗存可能是江西省一支新的文化类型，其时代距今5000～4500年。（徐长青　刘新宇　余志忠）

铜鼓县平顶垴新石器时代至汉代遗址

发掘时间：2010年7月～9月

工作单位：江西省文物考古研究所、铜鼓秋收起义纪念馆

遗址位于铜鼓县温泉镇金星村委刘庄自然村南面的平顶垴上，南侧的温泉河由西向东流入定江河最后汇入修河，遗址高出温泉河约30米。因南昌—铜鼓高速公路建设的需要，对该遗址进行了考古发掘。先后布方54个，发掘面积近3000平方米。

发掘清理了从新石器时代晚期至商代、周代、汉代四个时期的各类遗迹数十处，出土了一批珍贵的陶器、石器以及少量的铜器、玉器。制作陶器的作坊遗迹和窑炉遗迹、磨制石器的手工作坊以及制作小件青铜器的青铜制作场所的发现是此次发掘的最大收获。

新石器时代遗存主要分布在遗址西侧的斜坡上。成片分布的大型灰坑，出土了大量的石器和陶器。石器有石镞、石斧、石锛等，磨制较精致，但个体普遍较小，发现大量的成品半成品堆积。陶器有夹砂陶、黑皮磨光陶等。夹砂陶占90%以上，夹细砂，主要为橙黄色陶，少量灰陶。陶器主要器形有鼎、豆、壶、鬶以及纺轮等。多见扁平式盆形鼎及锥状足罐形鼎。鼎足的装饰丰富，足外侧多饰数道纵沟。鬶为粗壮的大袋足鬶。黑皮磨光陶主要见于镂孔豆，器表磨光发亮，镂孔不规则圆形。种种迹象表明，平顶垴遗址的新石器时代遗存属于修水流域的山背文化范畴。

商代文化遗物有石器、陶器。梯形石锛、马鞍形穿孔石刀较为常见。敞口折肩罐制作规整，烧成温度高，有的器物表面还施以黄褐色青釉，具有商代吴城文化的典型特征。

平顶垴遗址周代文化遗存分布广泛，可以划分为两个时期。

前期遗存顺着山势从上往下、由东往西排列。东部山顶较为平坦，主要是手工作坊区，现已发现作坊遗迹6座，分布在面积约200平方米的范围内。由多座半地穴式房子组成。房子呈不

规则圆形，深20～60厘米，面积5～10平方米，有门道供出入。地穴外围有大小不等的圆形柱洞环绕，有的柱洞明显向内侧倾斜，说明半地穴式房子是圆形尖顶简易工棚。F1平面呈不规则圆形，面积5.3平方米，四周分布有4个柱洞，南面有1台阶。F2为1座长方形的房子，周围排列有圆形柱洞，房子底部有一层比较细腻的黄色黏土，可能是制陶时储泥或者练泥的场所，中央也放有1块平整的大石块，不见磨砺面，应当就是在练泥之后，用于制陶揉泥或者制陶时修坯之用。F3平面呈近圆形，面积约5.2平方米，南面有1台阶，周围分布有数个柱洞，房址中部放置1块较大型的砺石，磨砺面清晰，显然经过长期的磨制活动。周围发现有大量的石器成品或废弃的半成品，房址内出土了7块陶范，可见该处遗迹是用于制作、磨制各式石器和铸造青铜器的手工作坊。几座房子紧密相连，可能是一个分工明确、又互为补充的手工业作坊团体。在离作坊区约10米的西侧斜坡地上，有2座相互叠压的圆形窑炉残迹。其一面积约10平方米，窑炉结构不详，仅残留有灰黄色的烧结面。从坚硬的烧结面分析，窑炉废弃前曾经长期的烧制活动，可能是一种平地堆烧的圆形窑炉，近似于鹰潭角山商代窑场的窑炉形式。在窑炉区的西侧，也就是发掘区西部，发现有大量的窑业活动的废弃物堆积坑。堆积坑大小不一，有的分布面积达20平方米以上，普遍向山下面倾斜。堆积坑内全部是红烧土和残破陶器，填土十分紧密，陶器品种单纯，数量较大，基本属于夹砂陶器，器形有鼎、豆、壶、罐等，许多器物都可以分辨出完整的器形。说明是在陶器的烧制过程中，器物破碎，然后被集中倾倒所致。

后期的遗存分布也有鲜明特点。在东部的手工作坊活动停止后，这一带可能主要从事埋葬活动。发掘出土的两座东西向排列的长方形大型土坑墓。M3长3.2、宽1.2、深0.6米，墓内填土较纯净，掺杂少量印纹陶片。墓底填土深灰色，没有发现骨渣或随葬品。M2长2.8、宽1.5、深达2米以上。墓葬填土为就近开挖的岩石碎片，墓底随葬硬陶罐和敛口钵各1件。发掘区西侧的后期遗存，主要是发掘了一些地面房屋遗迹。其中F4为典型的长方形地面建筑，地面柱洞布局有序，排列整齐。柱洞明显是先挖建大型柱坑，然后在坑中挖圆形柱洞，直径约30厘米，坑内全部填满红烧土。建筑结构紧密，体量巨大，应是该聚落的最重要建筑。

汉代遗迹主要有土坑墓1座。出土陶瓷器、铁器等各类文物20余件。

发掘表明，平顶垴遗址延续时间长，遗存类型丰富，出土文物较多，是江西西北地区一处重要的先秦时期遗址。该发掘不但将铜鼓县的人类活动历史上推至4500年前，也极大地丰富了赣西北古文化面貌，对于研究江西省先秦时期聚落形态和手工业制作技术具有较重要的意义。（徐长青　张淑英　饶华松）

奉新县泥家庵与亭子山商周遗址

发掘时间：2010年8月~9月

工作单位：江西省文物考古研究所、奉新县文管所

遗址位于奉新县罗市镇，位于黄港盆地西面的低丘上，由3个小山包组成，这一带商周遗址较多，南面1千米是亭子山遗址，往北4千米是杞子垴西周遗址。遗址总面积约1万平方米，在公路红线通过泥家庵遗址范围内的3个小山包分3个区布开5米×5米探方32个，揭露面积约1000平方米，清理灰坑4个，在探方外围清理了南宋墓2座。

亭子山遗址处黄港盆地南部，分布范围约1万平方米，我们在公路红线通过亭子山遗址1000平方米的范围内布5米×5米探方32个，揭露面积800平方米，清理3座砖室墓。

2个遗址的文化层堆积简单，揭露的遗迹除墓葬外，有圆形、椭圆形、不规则圆形等不同形状的灰坑。出土遗物基本相同，有陶器、石器和青釉瓷。陶器可分为夹砂灰硬陶、夹砂灰软陶和泥质红软陶，纹饰有方格纹、菱格纹、网格纹、S形纹、篮纹、绳纹、错乱绳纹、弦纹和云雷纹等，可辨器形有折沿釜、罐、方格纹平底罐、甗形器、纺轮、陶垫等。石器主要是石斧、穿孔石刀、穿孔石钺、镞、锛、砺石、长方形垫板等。青釉瓷器数量很少，有双唇罐、瓮和钵。

5座墓葬分别是：位于亭子山遗址的3座东汉墓及位于泥家庵遗址的2座南宋墓。

东汉墓葬采用长方形青灰砖砌筑，墓室平面呈长方形。其中亭子山M1采用对角几何纹、车轮纹、叶脉纹、半圆圈纹砖砌筑，伴出铁刀、陶罐、陶烛台、青褐釉罐以及青褐釉瓷片。亭子山M2采用对角几何纹、网钱纹砖砌筑，没有出土遗物。亭子山M3采用叶脉纹青灰砖砌筑，随葬品有泥质陶灶、硬陶罐等。从

墓葬的形制、用材以及出土遗物的特点分析，墓葬的时代约在东汉中晚期。

泥家庵遗址 B 区 M1、M2 分别是两个大小、形制相同的梯形墓室并列的砖石墓，墓底和墓壁用长方形砖叠砌，墓顶覆盖麻石板，墓中分别出土黑釉双系罐、双系壶以及圣宋元宝、熙宁元宝、景德元宝、治平元宝、嘉祐元宝、天禧通宝、绍圣元宝、开元通宝等铜钱。依据墓葬形制特点以及出土遗物推断为南宋夫妻合葬墓。

另外在泥家庵 C 区探方外清理一组青釉平底钵、青釉盘口壶和硬陶双唇罐，可能是一座墓葬的随葬品，惜被破坏，时代当为西晋时期。

从地层堆积和出土遗物的特征分析，这两处遗址应是商周时期的村落遗址，周代以后废弃成为汉六朝乃至南宋时期的墓葬区。遗址的发掘，为了解奉新潦河流域商周时期遗址的分布规律、特征及其文化内涵提供了重要资料。墓葬的清理发掘为研究奉新县东汉、南宋时期的墓葬形制、随葬品特征和丧葬习俗增添新的资料。（张文江）

宜丰县桂竹窝商周遗址

发掘时间：2010 年 8 月 ~10 月

工作单位：江西省文物考古研究所、宜丰县博物馆

遗址位于宜春市宜丰县天宝乡草坪村委太子庙西南约 500 米的桂竹窝山冈上，草坪村级公路沿遗址北缘穿过，付家河从遗址北面约 50 米处流过，注入锦江支流的耶溪河。遗址即处于耶溪河流域河谷盆地周围岗地上，属山冈类遗址。遗址总面积约 1 万平方米，因地表桂花树、小山竹等植被生长茂密而得名。因为奉铜（江西奉新县至铜鼓县）高速公路工程建设和文物保护的需要，对遗址进行了抢救性考古发掘。在公路通过遗址一带（公路桩号为 B－66 附近）依公路走向共布 5 米 ×5 米探方 40 个，方向北偏东 25°，发掘面积总计 1000 平方米。该遗址文化堆积共分 5 层，文化层堆积最厚处达到 2 米：第② ~ 第③层属西周时期文化层。第④ ~ 第⑤层属商周时期文化层。文化堆积为商周时期遗存，其中西周时期文化堆积是主要的。

遗迹共清理残破龙窑 1 座，灰坑 4 个。遗物出土较多，主要为商周时期的石器、陶器和原始瓷。石器材质多为青石质，少量为砂岩。器类有斧、铲、刀、

镞、杵、刮削器、凿、矛、锛和砺石等。陶器陶系以印纹硬陶为主，软陶次之。可辨器形有鼎、甗形器、釜、鬲、豆、盂、罐等，纹饰有方格纹、网格纹、曲折纹、云雷纹、菱形纹、弦纹、锯齿状附加堆纹和刻划纹。原始瓷可辨器形有罐、尊等，纹饰以方格纹为主。

此次发掘的主要收获及意义

1. 该遗址位于草坪盆地内，适合早期人类居住，商代、西周的遗迹、遗物较为丰富，地层叠压、打破关系清楚且年代相互衔接，中间无缺环，对丰富宜丰县乃至赣西北地区先秦考古学文化序列提供了可靠的年代标尺。

2. 根据层位关系并结合出土遗物的特征初步分析，该遗址主体时代约在商周时期。抢救发掘的价值在于可进一步弄清锦江支流耶溪河流域商周时期遗址的分布规律、特征及其文化内涵，为研究赣西北锦江流域商周文化类型提供新的资料。

3. 依据桂竹窝遗址考古发掘资料，综合考古调查掌握的公路红线外草坪盆地内碉堡岭等大小不等的数处商周遗址，可以耶溪河流域为中心的草坪盆地为载体开展聚落形态的考古研究。（余江安　赵文杰　朱永生　罗宇凌）

樟树市羊荀山商周遗址

发掘时间：2010年7月~8月

工作单位：江西省文物考古研究所、樟树市博物馆

遗址位于江西省樟树市中洲乡羊荀山山坡，为配合西气东输工程建设的需要，对遗址进行抢救性发掘。遗址面积约2000平方米，在西气东输二线樟树至湘潭联络线工程范围内被破坏面积为1000平方米。由于雨水冲刷，以及耕种破坏，文化堆积较薄，很多陶片都是直接裸露在地层表面。考古发掘共布5米×5米探方40个，方向为正南北，共计发掘面积1000平方米。

考古发掘出土了陶器、石器等。陶器器形有鼎、罐等，装饰纹饰有方格纹、细方格纹、米字纹、篮纹、席纹、叶脉纹、网纹、回字纹等；石器有石镞、石锛、石斧等。从出土遗物的文化特征分析，其时代应当在西周至春秋时期。

羊荀山遗址离著名的吴城遗址15千米，该遗址的发掘对了解吴城文化的分布范围有较重要意义。（胡胜　马思义）

樟树市泉塘岭商周遗址

发掘时间：2010 年 7 月 ~9 月
工作单位：江西省文物考古研究所、樟树市博物馆

为配合西气东输湘赣联络段工程建设，对樟树市黄土岗镇丁皮村泉塘岭遗址进行了抢救性的发掘。遗址面积约 5000 平方米，发掘面积 1000 平方米。地层堆积简单，表土层下为商周地层。

清理商周时期灰坑 3 个。灰坑均为圆形，锅底状。在地层和商代灰坑中出土物为少量石器和印纹硬陶。石器主要是生产工具，有石镞、石锛、石斧和砺石。陶器无完整器，灰陶占较多数，红陶较少。器形以三足器为主，有部分圜底器。器物表面多压印纹饰，可见到凸点纹、方格凸点纹、叶脉纹、曲折纹、错落细方格纹、云雷纹、弦纹、附加堆纹和绳纹等纹饰；以凸点纹、曲折纹、云雷纹和叶脉纹最为丰富，组合纹饰比较常见。陶器器形有罐、鼎、鬲、甗形器、缸、斝、钵、器盖、纺轮等。出土器物与吴城文化完全一致，属于吴城三期文化。泉塘岭遗址的发掘，为研究吴城文化的传播和在江西的分布提供了很好的材料。(王意乐)

靖安县三爪仑廖家边—滑渡商周遗址

发掘时间：2010 年 5 月 ~6 月
工作单位：江西省文物考古研究所、靖安县博物馆

遗址位于靖安县三爪仑廖家边—滑渡自然村平地上，属于山间盆地类型的古文化遗址。为配合洪屏抽水蓄能电站工程建设，对靖安县三爪仑廖家边—滑渡自然村商周遗址进行抢救性考古发掘，发掘面积 300 余平方米。

考古发掘出土少量遗物，主要是商周时期的生活用器及陶器，器形有鼎、罐、鬲等，纹饰有云雷纹、方格纹、曲折纹、篮纹等。

根据发掘出来的遗物来看，年代当在西周中晚期。这次发掘是在北潦河北支河流域进行的首次发掘，获取了较多的信息。赣西北地区毗邻湖北湖南，靠近长江，区域地理位置特殊，是研究江西早期社会的一个重要区域，而潦河流域又是其重心所在，近几十年来在潦河流域发现的早期遗存层出不穷，如北潦河南支河

流域的郑家坳墓地、李家村铜器窖藏、李洲坳东周墓葬等。这次发掘对于了解潦河流域的早期社会具有比较重要的意义，为赣西北地区同时期文化研究提供了实物资料。（胡胜　饶华松）

南昌县李家山西周遗址

发掘时间：2009 年 1 月 ~2 月
工作单位：江西省文物考古研究所、南昌县博物馆

遗址位于南昌县广福镇板湖村的李家山，地处抚河平原向西部丘陵的过渡带，属山坡类遗址。青峰山溪从遗址南缘西注入抚河。因自然冲刷和人为破坏，遗址现存总面积约 1.5 万平方米。为配合向莆铁路工程建设对该遗址进行了抢救发掘。发掘区位于遗址的东北部，共布 5 米 × 5 米探方 60 个，方向 135°，循铁路施工辖区展开，发掘面积约 1500 平方米。

从已揭露的探方情况看，李家山遗址文化堆积较厚，深度在 0.45 ~2 米之间，共分 3 层。根据层位关系并结合出土遗物的特征，该遗址时代约为西周早期。遗迹主要有灰坑，分圆形和长方形 2 种。遗物主要有陶器、石器和玉器，完整和可复原器物达 60 多件。

陶器按陶质分夹砂、泥质 2 类。其中夹砂和泥质陶还可以分为硬陶和软陶。陶色基本为灰陶、红陶和黑陶，有的上一层灰衣和黑衣，并有一定数量的黑皮磨光陶。纹饰有曲折纹、篮纹、方格纹、云雷纹、叶脉纹、网结纹、凹弦纹、云雷凸点纹、凸棱纹、菱形纹、绳纹、目纹、刻划纹、按窝纹、燕尾篦点纹和镂孔等，有的纹饰比较错乱，器形有盆形鼎、罐形鼎、钵、圈足豆、高柄豆、盂、直腹罐、釜型罐、圆腹罐、折腹罐、鬲、壶、尊、器盖、缸和纺轮等。总体上看，器形以圜凹底、三足器、圈足器为主，平底器较少。

石器质料为硅质板岩、泥质砂岩、石英砂岩等。器类主要有镞、锛、斧、铲、刀和砺石等，均磨制。

李家山遗址是赣鄱腹地一处重要的周代遗址。中原西周王朝的文化因素和赣江鄱阳湖流域自新石器晚期到商周延续下来的一些本土文化因素共存，进一步表明赣江鄱阳湖流域西周社会文化的多元性。

李家山遗址西周早期遗存的发现和发掘，为研究赣江鄱阳湖流域西周文化类型和内涵增添了新的资料。（杨军）

奉新县枸子垴西周遗址

发掘时间：2010 年 8 月 ~10 月
工作单位：江西省文物考古研究所、奉新县文管所

遗址位于宜春市奉新县罗市镇梧岗村委阴村涂家小组，总面积约 1.5 万平方米。遗址地处南潦河支流的低丘上，南潦河支流——大河从遗址东南面流过。为配合奉铜高速公路的建设，对该遗址进行抢救性发掘，布 5 米×5 米探方 80 个，发掘面积约 2000 平方米。

根据发掘所揭示的文化堆积层位关系和出土遗物分析，枸子垴遗址共分为 3 个时期。

西周时期目前所揭示的遗迹主要有壕沟、灰坑、房基、路面、陶窑等；聚落北面依山，南面有路面通往村外，东、西两面有壕沟环绕。陶窑位于聚落东北边缘。遗物有石器、陶器、铜器等。石器主要有锛、刀、镞、钺、砺石等；陶器主要有鼎、甗形器、罐、豆、钵、盂、纺轮、网坠等。纹饰有篮纹、曲折纹、方格纹、圈点纹、云雷纹等，常见复合纹饰，并有圆饼形贴饰，有较多仿铜器纹饰，有浅浮雕般的感觉。铜器为残件。

汉晋时期主要有对角几何花纹、网钱纹砖室墓。出土遗物为青铜鐎斗、双鱼洗等。

明清时期主要是长方形砖室墓和石板墓，出土随葬品仅见玉镯、银耳环等。

枸子垴遗址是一处江西南潦河流域典型的西周时期聚落遗址。从目前所揭示的遗迹和出土遗物看，反映了西周时期人们生产、生活、信仰的诸多信息。

奉新南潦河流域西周时期遗存以往曾有发现，但至今为止仅限于调查材料。枸子垴遗址抢救发掘的价值在于可进一步弄清奉新南潦河流域西周时期遗址的分布规律、特征及其文化内涵，并可依托阴村盆地，把分布于盆地周围的遗址联系起来作为一个整体开展聚落形态的考古研究；同时也可依托奉新南潦河流域及其支流所形成的不同地理单元，把这些不同地理单元内的遗址群联系起来作为一个整体，在一个区域性的层面和平台上，开展区域聚落的考古研究。

南潦河流域作为赣江、鄱阳湖流域西周文化重要分布区域，枸子垴遗址的发掘为研究该区域西周文化类型和内涵增添了新的资料。

奉新汉晋至清代的社会、经济和文化十分繁荣，作为考古学

研究对象的汉晋至清代墓葬，是这一时期社会、经济和文化繁荣的缩影，本次发掘可为研究奉新南潦河流域汉晋至清代的墓葬形制、随葬品特征和丧葬习俗增添新的资料。（杨军）

抚州市药山西周至元代遗址

发掘时间：2009 年 2 月 ~4 月

工作单位：江西省文物考古研究所、抚州市文管所、抚州市博物馆、临川区文管所

遗址位于抚州市大岗镇乔山村的药山，地处抚河西岸，为抚河平原向西部丘陵的过渡带，属山坡类遗址。遗址现存面积约 2 万余平方千米。为配合向莆铁路工程建设，对该遗址进行了抢救发掘。发掘区位于遗址东南部，共布 5 米 ×5 米探方 80 个，方向 340°，循铁路施工辖区展开，发掘面积约 2000 平方米。

药山遗址所包含的遗存可分为 4 个时期。

西周遗存遗迹有房址和灰坑。房址分半地穴和地面建筑两类。房基建在第⑥层或生土面上，由垫土和柱洞构成，柱洞打破第⑥层、生土或垫土。灰坑平面形状有方形和不规则形 2 种。遗物有陶器和石器。陶器陶质分夹砂和泥质两类，其中夹砂和泥质陶还可分为硬陶和软陶。陶色基本为灰陶和红陶，有的上一层灰衣和黑衣，并有一定数量的黑衣磨光陶。纹饰有曲折纹、篮纹、方格纹、编织纹、云雷纹、蕉叶纹、网结纹、雷纹、回纹、菱形纹、复线菱形纹、复线菱形凸点纹、方格纹、复线交叉纹、弦纹、刻划纹等。器物有鼎、钵、瓮、豆、圆腹罐、釜形罐、器盖、尊和纺轮等。总体上看，器形以圜凹底、三足器、圈足器为主，并有平底器。石器有锛、镞、戈、凿、砺石、石料等。

汉晋遗迹主要为墓葬。遗物主要是青瓷双系罐。

隋唐遗迹主要为 2 座窑址和地面建筑房址。其中 Y1 位于 T41 内，开口于第②层下，打破第⑥层。方向约 340°。窑室呈椭圆形，底由南向北倾斜。烟道呈方形，位于窑室南部，窑室北面为火膛和工作坑，火膛呈椭圆形。窑内堆积共分两层。遗物主要是青釉和酱褐釉瓷器。器形有碗、盏、盘、罐等。其中碗直口，鼓腹，饼足，有泥丁烧制痕。外壁素面，内底一凹弦纹。盏侈口，尖圆唇，弧腹，饼足，有泥丁烧制痕。外壁素面，内底一凹弦纹。盘侈口，尖圆唇，浅

腹，饼足，内底一凹弦纹。罐厚胎，深腹，玉璧底。

宋元遗存遗迹主要为长方形土坑墓和长方形砖室墓。遗物有瓷器、铜器和陶器。瓷器主要是青白釉碗、酱褐釉盏和耳环。铜器主要是葵口，桥形纽铜镜。陶器主要是罐。

西周时期是该遗址的主要文化堆积之一，但遗存中很多因素源于江西的史前文化并顽强的保留下来，反映了中原商周文明对赣江、鄱阳湖流域影响的情况。

隋唐窑址的发现，是本次发掘的主要收获之一。窑床保存得非常完整，产品不仅仿烧江西丰城洪州窑的青瓷器，而且还烧造江西抚州临川的白浒窑的酱褐釉产品。该窑址在地理位置上也正处于洪州窑和白浒窑之间，为研究洪州窑和白浒窑的烧造工艺、产品特征及市场提供了新资料。（杨军）

瑞金市观音石西周及明清遗址

发掘时间：2010 年 3 月~5 月

工作单位：江西省文物考古研究所、瑞金市文物管理所

遗址位于瑞金市叶坪乡山岐村南部的山冈上，海拔 290 米。为配合隘岭至瑞金高速公路基本建设需要，对遗址进行了抢救性考古发掘。

在观音石岭上脊背处，东西沿线残留有两处山寨建筑痕迹。山冈东边的 1 个呈半圆形高台上，残留的寨墙面积较小，称之为小寨岽。西边的长条形高台上，残留的寨墙房基较多，面积较大，称之为大寨岽。2 个高台相距约 200 米。遗址总面积约 15000 平方米。此次发掘按地形分三个区进行布方发掘，A 区在西边，布方 10 个，B 区在中间，布方 44 个，C 区在东边，布方 10 个，总计布 5 米 ×5 米探方 64 个，发掘面积 1600 平方米。

从发掘出土的遗迹与遗物来分析，观音石遗存可分为两个历史时期：西周时期与明清时期。

1. 西周时期

西周时期遗存位于 B 区与 C 区。遗迹仅发现灰坑 1 个。出土遗物有石器与陶器两类。石器有斧、锛、凿等。陶器多为夹砂陶，少量泥质陶，按颜色分有灰陶、红陶、白陶 3 种。器形有罐、鼎、钵、器盖、圈足器、折肩器，陶器纹饰有网结纹、方格纹、细方格纹、菱形纹、网窝纹、弦纹、篮纹、菱形凸点纹、回纹、云雷纹、梳篦纹、刻划纹

等。从出土器物特征看，有西周时期的圈足器与平底器，陶片纹饰多为西周初期、中期常见的大方格纹、菱形凸点纹、方格纹、网结纹、变体云雷纹等。遗存应为西周早中期，且受赣中吴城文化影响较深。整体看来观音石遗址西周时期遗存埋藏特点为面积广，堆积薄，文化内涵单纯，为南方印纹陶的研究提供新的文化内涵。

2. 明清时期

明代遗存几乎不见，只有观音寺庙碑纹记载，在明万历时期开始在此搭建过几间僧房。

清代晚期遗存揭露出营房12间、灰坑2个、护墙2条、清理寨墙1条、墓葬4座。出土遗物多为青花瓷器，少量釉陶器、铁器、银器、铜器等。

营房在A区发现48间，在东部揭露清理12间。营房分南北两排，北高南低，东西相连。南排营房直接依山开凿岩石而成，北墙即为岩壁，为山体下凿1.5～1.7米而成；东西两墙顺山势北高南低向南倾斜，残高0.5～1.7、宽0.35～0.4米；南侧墙体用开凿出来的长条石垒砌，在南墙靠东侧一端留出一个宽约0.85～0.9米的门道。北东西三面墙体上可以清晰看见细密均匀的长条形凿痕。开凿的长条石，长宽厚基本为80厘米×35厘米×40厘米，直接用于垒砌墙体。北排营房直接建在平整之后的山体岩石上，墙基用开凿出的长条石垒砌，其上以泥土夯筑土墙，部分地方还可能用三合土抹墙面。在两排营房前都修筑有通道，通道的宽度为1米，局部不平坦处均用泥土填实填平。在通道内有排水沟渠，沟宽0.1～0.5、深0.1～0.3米。在营房区东侧和南侧断崖处均筑有宽约1米的石砌护墙，护墙高度从通道往上为0.5～1米，护墙之外即为险峻陡峭的山坡。在营房区东南角为进入营房的入口，在入口处建有门道，在门道处发现了门楼上的人字形大条石盖板及石砌门槽。

从发掘清理的房基来看，营房区的每间房间结构基本一致，均为长方形，四墙体，单开门结构，门一般开在南墙东端与东墙交接处。每间营房大小相当，南北长4、东西宽3.25米（内空）。从发掘中出土的大量瓦砾可知，房屋均用瓦盖顶，用小砖压瓦。该处营房区设计周密，结构合理，易守难攻，是一处极佳的防守型据点。

寨墙位于B区山凹处，呈长条状。横断面呈近“凸”字形，为石、土混筑结构，总长度为39米，顶部宽2.7、底部宽4.3、高1～3.7米，在顶部还有一条宽 0.5 米的石墙呈脊状突起。整个寨墙依山势而建，利用两侧山体拦断山谷而成。其建筑方式为首先用大小 40 ~ 50 厘米直径的岩石双排垒砌作为骨墙，内排直砌，外排斜依内排石，形成一个截面近直角梯形的石砌墙，下部宽约 1 米，顶部宽 0.5 米。修筑骨墙的同时在外侧和内侧分别垒石作皮墙，皮墙与骨墙之间填筑泥土，泥土厚度为 0.5 ~1 米，在内外侧皮墙均依骨墙斜筑，内外皮墙单排大石砌筑。外皮墙倾角大于内皮墙。外皮墙基部宽 1.2 米，其用石料较大；内皮墙基部宽 0.6 米。在外侧墙面可见石墙缝隙均用小块鹅卵石填实。寨墙有 4 处垮塌，形成几个大的豁口。整体看来，寨墙既是坚固的防御工事，也是连接两寨之间的快捷通道。

出土遗物多为简单的生活用具，如碗、盘、杯、钵、罐等，碗上多凿刻有字，作为个人生活用具的标记，以免混乱。还出土少量的铁器，如长矛、火钳等。

清理的墓葬都散落在营房南侧坡地上，每座墓都是土坑竖穴砖室墓，有封土，墓前修有明堂，讲究墓葬风水。

观音石上的营房建筑坐落在崖石岭上，开山劈石，规划完整；凿石成基，夯土成墙。需要大量的人力、物力与时间才能修筑成形。从出土遗物特征与史料结合来分析，这处军寨建筑应是清代晚期当地豪绅组织乡民捐资修建的对抗太平军的军事堡寨。其作用一是躲避太平军，实行坚壁清野，使之得不到物资补助，造成军资匮乏；二是打击太平军，利用险要的地形工事，狙击之。（李育远　饶华松　胡胜）

奉新县冶城东周至汉及明代遗址

工作时间：2010 年 9 月 ~ 10 月
发掘单位：江西省文物考古研究所、奉新县文管所

遗址位于奉新县罗市镇冶城村委北约 300 米，当地俗称为岗上的地方。配合南昌至铜鼓高速公路奉新至铜鼓段建设，对冶城遗址进行了考古发掘。此次发掘分为 3 个独立的小区，即Ⅰ区（汉代城址）、Ⅱ区（东周遗址和东汉、明代墓葬）、Ⅲ区（东汉夫妻合葬墓），总发掘面积为 1602 平方米。

Ⅰ区属山坡台地，平面分布呈椭圆形，高出周边的农田 3 ~ 6 米，面积约 3500 平方米。布列 5 米 ×5 米探方 5 个，方向为北偏东 50°，发掘面积为 125

平方米。

遗迹单位有陶瓦残片堆积三处，编号为 D1 ~ D3。堆积主要由土较紧密的灰褐色土、陶瓦残片和鹅卵石块相杂组成。陶瓦残片多在上层，大多已脆化破碎而不易复原。下层主要为鹅卵（岩）石块。

出土遗物只见 D1 ~ D3 中发现的板瓦、筒瓦、卵石及加工过的岩石块。陶瓦均为泥质灰硬陶，瓦面拍饰绳纹，整体制作规范。卵石直径 5 ~20 厘米，形状各异，主要有圆形、椭圆形、锥形、圆饼形等，另有部分岩石和鹅卵石加工成月牙形、“7”字形、楔形等。

发掘表明厚达 2 米有余的第②层为其原生堆积，系较纯净的红褐色土一次性垫筑而成；陶瓦残片堆积分布有序，上层瓦砾是建筑垮塌废弃所致，下层各种类型的鹅卵石及经过加工的岩石显然是起稳固建筑基址作用的辅助材料。综上所述，我们认为发掘区属城址的城墙部分，而陶瓦残片堆积则为城墙上的建筑废弃所致。通过与河南省内黄县南部梁庄镇三杨庄西汉晚期村落遗址发现的大量陶瓦相比较，我们基本可以判断该城址和它的时代应该是非常接近，当属汉代无疑。由于没有生活陶器的佐证，其绝对年代尚不好定论。

Ⅱ区属山区凹形小盆地。根据调查采集的遗物初步判断其为东周遗址，另有东汉、明代墓葬各一座分布其上。发掘区共布 5 米 × 5 米探方 56 个，方向为北偏东 50°，发掘面积为 1400 平方米。

遗迹单位共有灰坑 5 处（编号 H1 ~ H5）。以近圆形口、弧壁、圜底者居多。坑内堆积一般为质地松软的灰黑色土，有的夹杂有少量炭屑、红烧土块及颗粒等。包含物及可辨器形与地层所出遗物一致。

出土遗物主要有陶器、铁器和石器。陶器有釜、钵、垫、（鼎）足、（豆）柄、器盖、纺轮等；铁器有锄、斧、犁、镢等；石器有斧、刀、锛、镞、砾石等。

铁器均为农具，属木质铁口形态，此类铁器农具时代跨度较大，约在春秋至西汉中晚期之间。陶器纹样多见方格纹、席纹、蕉叶纹、米字纹、复线交叉十字纹等，在江西地区西周至战国时期较常见。据此我们判断该遗址的年代应在东周时期。

东汉墓葬系长方形券顶砖室墓，编号ⅡM2。墓顶和前、后端被毁。两侧墓壁因长年受挤压向内倾斜。墓壁采用平铺错缝叠砌、黄泥勾缝的砌法。墓底无完整的铺地砖，基本用半块或残缺砖块平铺而成。

随葬器物分布在墓葬两侧，计有10件。其中罐5件，双唇罐、双系罐、盘口壶、砚板、带钩各1件。据墓砖的规格、纹样及伴出器物的特点判断该墓的时代应属东汉中晚期。

明代墓葬系长方形砖室墓，编号ⅡM2。方向东偏南65°。墓顶被毁结构不明。墓四壁采用青灰色素面砖立砌，前、后各1块，两侧各4块并紧贴前后的墓砖，底部无铺地砖。

在墓葬南端发现1件随葬品，为明代仿龙泉釉瓷碗。圆唇、口略内敛、斜弧壁、圈足。胎质灰黑。内底及圈足涩胎，余皆施青黄釉。

Ⅲ区分布有两座形制相同的并列长方形砖室券顶墓，自西而东编号ⅢM1、M2。正南北方向布7米×11米方一个，发掘面积为77平方米。两座墓葬在形制上一致，采用先挖墓穴再在铺地砖上砌建墓室的方式。由墓门、前室和后室组成。

墓室屡遭盗扰，只在M2墓门外右侧发现可复原青釉瓷碗1个，侈口、尖唇、弧壁、饼足。腹下部近足处因旋削成阶梯状，内底略内凹。施釉内满外及足、腹交界处，釉面有剥落现象。

两座墓葬并列而建，从墓门可以观察到铺地砖连为一体，加之后室前端左侧砌有甬道相互连通，且为一次性砌建而成，因此我们判断它们属夫妻合葬性质。由于仅见1件青釉瓷碗，且不在墓室内，如把它看作和墓葬同一时代，通过和江西同类墓葬出土的器物相比较，其时代应介于东汉至三国时期；从墓砖的纹样观察，网钱纹居多，亦见一定数量的几何纹，这和江西东汉时期的砖室墓特点一致。

在如此小的区域内发现众多的遗存，这为研究这一地区的文明发展史提供了实物资料。（王上海　严振洪　余志忠）

新建县杜家山东周遗址及汉代墓葬

发掘时间：2010年9月～10月

工作单位：江西省文物考古研究所、新建县博物馆

遗址位于新建县石埠镇霞源村东南面杜家山上。杜家山为一小山坡，海拔高约为70米。配合沪昆客运专线的建设，对该遗址进行抢救性发掘，共布5米×5米探方39个，方向北偏东32°。发掘面积975平方米。遗址是一处东周遗址和汉代墓葬结合的综合性遗址，而且分区较明

显，发掘区的西南部为东周遗存，发掘区的西北部为汉代墓葬遗存。

从发掘情况来看，大多堆积不厚，为10～32厘米，大多只有第①层，①层下为生土。

此次共清理遗迹7处。其中房址1座、灰坑3个、墓葬3座。共出土遗物26件。从各遗迹出土的器物来看，可以把整个发掘区分成两部分，南部为东周居住基址，北部为两汉墓葬群。

其中东周居住基址分布于发掘区的南部、西南部。位于T1、T2、T3、T4、T5、T6、T7、T8、T9内，主要遗迹现象有F1、H1、H2。主要出土遗物有石器、陶器，其中石器有石锛、石镞、石刀、砺石等；陶器有带把釜、圜底罐、钵等；此处出土的遗物主要出自于H1、H2，地层中只出土少量的残片，器形主要有石刀、石锛、石镞、砺石、罐、钵、釜等。

从东周遗址出土遗物来看，除生产工具石锛、石镞、石刀外，其余均为生活用具，如罐、釜等，其虽然数量较少，器形单一，但足以说明该聚落生产、生活有序，不同于此遗址的是，其东北方约1.5千米处发掘的大堖头东周遗址除出土大量生产生活用具外，还出土了手工业生产工具，如石范等，二者的遥相呼应为当地历史文化的探索研究提供了充分的历史依据，对研究东周时期社会生产力的发展有着重要的作用，为江西东周时期考古研究提供资料。

从汉代墓葬的发掘来看，其中M1、M2为砖室墓，未见遗物，从其墓的形制、墓砖的规格以及墓上的网钱纹来判断，此2墓应该为东汉墓葬。M3为土坑墓，出土遗物均为清一色的灰硬陶罐，统一饰细方格纹，其器形和江西婺源茅坦庄遗址中汉墓出土的灰硬陶罐相似，又与江西修水山背大岭上东汉墓出土的硬灰陶罐相似，由此可以推断，此墓葬年代应该为西汉末东汉初。此处墓葬的发掘为研究当地汉代墓葬的形制、规格以及葬俗提供了资料。（赖祖龙　梁朝阳）

龙南县围角头晚唐至北宋瓷窑遗址

发掘时间：2010年9月～10月

工作单位：江西省文物考古研究所、龙南县文管所

为配合高速公路工程建设，对龙南县大稳村围角头遗址进行了抢救性考古发掘。本次发掘布5米×5米探方80个，方向为北偏西10°，发掘面积2000平方米。

此次发掘共清理灰坑2个，窑炉一处。窑炉位于T7、T8、T9、T14、T15、T16内，方向为北偏东20°，开口①层下，呈馒头状，窑身及火膛破坏严重，残存窑尾，窑尾有三个排烟口，中间直，两侧从下往上斜向中间靠，火膛呈八字口，由青砖铺成。窑身长4、宽2.9米，中烟道宽18、口宽60厘米。

遗址内出土大量青釉瓷器和青白瓷，青釉瓷器有执壶、盏、碗等。胎质较疏松，胎色较灰白，釉色黄褐色，胎釉结合紧密。器物造型规整，碗心有6个椭圆形支丁痕，沾釉，碗底露胎。青白釉器物有碗、盘、碟、盏、罐、壶、网坠等。唇口碗、花口碗、外壁雕刻仰莲纹的大口碗最有特色。瓷器胎土较白，胎质细腻，釉色青白带黄；器形造型工整，修足规范，足部纤细，矮小；器物造型流行大碗心，有的有折腹现象；器物内壁不见装饰纹样。有些出土器物底部墨书款。

发掘表明，围角头遗址是一处烧造青釉瓷器和青白釉瓷器的窑场，时间跨度从晚唐至北宋时期一直延续烧造。其青白釉瓷器的造型、釉色与南丰白舍窑的同类器物比较一致，表明其间可能存在一定的联系。

赣州历来发现窑址较少，此次发掘为赣州地区古代的制瓷工艺、窑业技术的研究提供了重要的实物依据。（胡胜　王琼）

吉安县葫芦山宋代窑址

发掘时间：2010年4月~5月

工作单位：江西省文物考古研究所、吉安县博物馆

葫芦山窑址位于吉安县南安村西南面的葫芦山上。为配合衡茶吉铁路工程建设，对吉安县南安村葫芦山窑址进行了调查，并对高速公路经过范围内的遗存进行了抢救性考古发掘。总面积约1000平方米，此次发掘区位于葫芦山窑址的山坡及山顶上，布5米×5米南北向的探方13个，发掘面积325平方米。

文化遗存主要分布在山顶及山腰以上，北厚南薄。遗存堆积单纯，以窑址的废弃物为主要的文化堆积。此处窑址，出土并采集的遗物有近百件。主要器形为碗、盏，另外还有壶、炉、罐、枕、擂钵、装烧工具匣钵等。

总体看来，葫芦山窑址包含物少，主要器物明显表现出吉州窑的特征。吉安县南安村葫芦山窑址是一处比较特殊的古窑形制，有以下几点可以说明。首

先，该窑呈不规则椭圆形，没有马蹄形、馒头形、龙窑等古窑形制的痕迹。其次，该窑窑壁不用石块或砖块堆砌，而是依天然的石灰岩岩体挖凿而成。窑壁成坡状，与其他窑的直壁相比有明显的区别。再次，该窑底部形制更加特殊，底部周边凿沟一圈，在圈内凿一“十”字，而且周边的沟浅于“十”字沟。另外，该窑出口仅容一人进出，而且在近口处有一石砌的横梁，横梁下仅留一很小的口，人是无法从容进出该口的。

该窑的发现和发掘为我们进一步研究古窑的形制提供了实物依据。同时，据采集的标本，剪纸贴花和油滴斑等特征来看，此窑与永和吉州窑有一定的内在联系，也为吉州窑的深入研究提供了一些有效的依据。（赖祖龙　谢小林）

玉山县凉亭山宋元遗址

发掘时间：2010年7月～9月
工作单位：江西省文物考古研究所、玉山县博物馆

凉亭山遗址位于江西省玉山县四股桥镇大洋村东南方的一处山丘。为配合国家西气东输的建设，对遗址进行了抢救性发掘。此次发掘依西气东输路线走向共布5米×5米探方80个，方向北偏东19°，发掘面积2000平方米。发掘共清理房址1座、墓葬1座，出土遗物标本不多。遗址由于依山体向下延伸，文化层保存状况相对较差，遗物基本暴露在地表上。仅西南部保存较好。

发现的遗迹有房址1座、墓葬1座。房址F1，因年代久远，保存不完整，大多只存留局部墙基，整体布局较为壮观。墙基内填土以灰黑色土居多，较松散，里面夹杂有大量的青砖碎块和青灰色的碎瓦片，见少量的青白瓷片，只有残留在T17的一段墙基以当地的紫褐色山岩粉碎颗粒填充而成，墙基宽25～60厘米。房基内有一东北至西南走向的排水管道，管道内断断续续以子母口的青灰色陶管组成，残长约1010厘米，其最东南端一块条形青灰色砖横搁于管道口中部，管道内为比较纯净的沙性土，并清理出少量青白瓷片。房址与陶水管内的青白瓷片具有典型的宋元特征，特别是横穿西南至东北的陶水管，与距其不远的上饶市玉山县渎口窑揭露的陶水管有异曲同工之妙，以此可判断此遗址为宋元时期的遗址。墓葬梯形，墓长220、宽60～80厘米，残高10厘米。已经受到严

重破坏。

凉亭山遗址因破坏较为严重，出土遗物标本不多，有陶器、瓷器和青砖。陶器数量不多，主要器形有水管、瓦当；瓷器数量相对较多，主要器形有碗、碟、壶、罐、缸、擂钵等，以日用瓷器为主，据此判断此遗址很可能为居住遗址。

玉山凉亭山遗址的发掘为我省居住遗址的研究以及上饶玉山地区历史文化研究提供了新的资料。(赖祖龙　毛传寿)

新余市刘家山宋代墓葬

发掘时间：2010 年 7 月 ~9 月

工作单位：江西省文物考古研究所、新余市博物馆

遗址位于新余市渝水区罗坊镇陈家村西北约 300 米的刘家山上，附近遗址众多，重要的有新余陈家战国遗址和棋盘山遗址。因配合西气东输工程建设，对刘家山宋代墓葬进行了抢救性考古发掘。

此次发掘共计布 5 米 ×5 米的探方 88 个，发掘面积 2200 平方米，揭露陶窑 2 座，发掘宋代墓葬 3 座。

3 座宋代墓葬均为长方形土坑竖穴墓，头部置枕瓦 6 ~7 片，棺木已腐朽，但残留有铁制棺钉。M1 随葬 1 陶罐，M2 随葬半边铜镜和半把铁剪，M3 无随葬品。3 座墓葬墓坑边缘的填土中都有一些石灰和沙子。这在一定程度上反映了当地的埋葬习俗。(崔涛　习刚峰)

玉山县窑坞明代砖瓦窑址

发掘时间：2010 年 10 月 ~12 月

工作单位：江西省文物考古研究所、玉山县博物馆

窑址位于玉山县怀玉乡马路村委境内的窑坞，东南距怀玉乡政府驻地约 3000 米，南距白泥村委约 2000 米。窑址规模巨大，分布在塔山和石煤山东西两面山坡上，南北长约 500、东西宽约 100 米，总面积达 5 万余平方米，仅地表暴露的窑炉痕迹就达 13 处之多。窑址经现代砖瓦厂取土和居民开荒后，形成了旱地与水田交错的梯田格局地貌。

由于德上（江西德兴至上饶）高速公路工程建设和文物保护的需要，对窑址进行了抢救性

考古发掘。依公路走向共布10米×10米探方12个，方向北偏西30°，发掘面积总计1200平方米。共清理窑炉5座、储（练）泥坑3个、储煤坑1个。出土大量明代中期砖瓦和数量极少的罐、壶和仿铜陶镜等产品，以及窑工日常生活用的青花瓷碗盘等标本。根据发掘资料显示窑炉形制均为馒头形，储（练）泥、储煤坑皆为近圆形。烧制的砖、瓦胎质细腻，砖均为青灰色，有大小两种形制；瓦多为红褐色，部分呈青灰色。在主烧砖瓦的同时，亦伴烧极少的陶质罐、壶和仿铜陶镜等产品。

窑坞窑址群规模巨大，是江西省迄今发现的最大一处古代烧制砖瓦的窑场，也是江西省对古代烧制砖瓦的窑址进行的首次考古发掘，该窑址以烧制砖瓦为主，伴烧极少量的日常生活用具。该窑址的烧造年代为明代中期。从窑址的规模分析，该窑场产品的辐射范围较广大，背后应该有一个巨大的消费群体。

发掘清理的5座窑炉，均保存完好，包括窑顶、焚口、火膛、火路、烟道等结构均清晰可见。窑炉的形制均为馒头型，形制大体相同，但因烧制的产品不同或窑户之间烧制技艺的区别，导致每个窑炉内部结构都有细微区别，各有各自的特色。馒头形窑炉具有升温慢降温也慢的特征，保温时间较长。南方大多使用龙窑烧成系统，馒头形的窑炉主要分布在北方。南方窑炉一般以柴薪料为燃料，北方主要是用煤烧。这次发掘揭示的储煤燃料坑和窑炉内发现的柴薪和煤渣遗存证实，该窑场采用了煤和柴薪为燃料的结合，说明它既吸收了北方的优点又继承了南方烧造技术的特点。

该窑址的发掘一方面对于理解、诠释和印证宋应星编著的《天工开物》中陶埏篇关于明代砖瓦窑的记载和论述提供了重要的实物证据，同时也弥补和充实了该文献记载的不足；另一方面对于研究中国建筑的构件及材料来源具有重要的意义；也为研究窑业技术发展史提供了重要的佐证；此外，对于当地白泥村、窑坞等地名的来源提供了重要线索。（余江安　赵文杰　张巍　朱永生）

会昌县坑窝明清遗址

发掘时间：2010年1月~2月

工作单位：江西省文物考古研究所、会昌县博物馆

为配合瑞寻高速工程建设，

对位于赣州市会昌县站塘乡社山坝村委桥坑自然村东的桥坑窝遗址进行抢救性考古发掘。此次发掘布5米×5米探方40个，分为A、B两区，发掘总面积为1000平方米。发掘共清理清代墓葬2座，均为砖室墓，墓葬中没有发现随葬品。遗址中出土有少量明清时期瓷片，有青花瓷片、仿哥窑瓷片、青釉瓷片、白瓷片、褐釉瓷片、素胎瓷片。这些瓷片按器形，可分为碗、盘、盏、罐等几类。

M1墓向偏西北，由墓室与拜场两部分组成。拜场由鹅卵石铺砌而成，形成一个直径为210、高约40厘米的近圆形空地，场内中间为红土地面。墓室位于拜场之后方，与拜场间距70厘米，该处空隙用于立碑之用。墓室分为主、侧两室。主室有券顶，券顶由立砖券成，券顶上用平砖顺铺，由前往后共铺8圈，后侧用砖平砌封堵。墓室左侧建有1侧室，侧室顶用平砖顺券而成，外侧沿用鹅卵石压牢加固。主室发现棺钉1枚，侧室出土青瓦2片，一片上由墨书铭文，另一片盖在铭文瓦之上。铭文瓦上除个别字迹模糊不清外，大体均能辨认，其内容为："清故伯门□□，□生殁□□，背海螺□□，三分卜取，嘉庆十一年十二辰时重修大吉，阳上侄曾孙廖元和、裕学、胜和、清和仝立。"从铭文瓦的内容可知为清嘉庆十一年（1806）葬墓。

M2已被扰乱破坏。方向坐北朝南。在扰乱层中出土墓碑墙柱石两根，为红色丹霞岩质长条形石柱。一根刻有"艮山人丁旺"楷书5字，另一根刻有"坤向科甲第"楷书5字。还发现墓碑上方的横长石一根，已残断成数段，亦为丹霞岩质，其上刻有"钟灵毓秀"楷书4个大字。M2也由拜场和墓室两部分组成。拜场由青砖铺砌而成，形成一个直径为320、高12厘米的近圆形空地，场内用平砖错缝顺铺。拜场近墓室部分用丹霞岩长石板砌成两步台阶及一级护阶，护阶后为单片平砖竖铺一排，形成一个长190、宽50厘米的平台，碑即立于平台之上。台阶两侧各有1龛，用砖砌成。墓室有3个，左中右并排，均为券顶，券顶外亦用平砖外包。该墓清理未发现遗物。该墓系合葬墓，该合葬墓为乾隆二十三年（1758）墓。

从地层堆积和出土的遗物来看，明末就应该有人在附近居住生活。清理发掘的两座清代墓葬无随葬品出土，均为清中晚期墓葬。其中，M1的在主室旁边另起小侧室来安置迁葬的墓葬形制是迁徙文化的一个侧面体现，江西赣南地区的客家迁徙活动是一个动态的过程，随着社会各方面因素影响而不断的迁徙，或回流，或迁出，或来回往返迁徙，而M1侧室中的铭文瓦正是这种客家移民的一个实物证据，对于研究客家地区移民活动具有一定史料价值。M2为三室墓，从墓葬形制等级上看，等级稍高，构造讲究，这也反映了乾隆年间社会相对富庶。

本次考古发掘所取得的资料，丰富了会昌地方历史，为研究赣闽粤三省交界地区的移民史和客家民俗提供了实物资料。（饶华松）

山 东 省

苍山县后杨官庄大汶口文化至汉唐遗址

发掘时间：2010年5月～7月

工作单位：山东省文物考古研究所

为了做好枣（庄）—临（沂）高速公路建设工程中的文物保护工作，对位于苍山县神山镇后杨官庄村北约700米的后杨官庄遗址进行了考古发掘工作。

遗址所处地势平坦，中间略为隆起，燕子河穿越遗址西部，平面呈椭圆形，东西长约400、南北宽约250米，面积10万平方米左右。这次考古发掘，共开5米×5米探方22个，连扩方在内发掘面积近573平方米。发掘区位于遗址北部边缘地带路基上面，地层较浅，而且比较简单。遗迹主要有沟3条、灰坑21个、墓葬5座。灰坑形状分为圆形、椭圆形、不规则形和长条形。大部分灰坑较浅，一般30厘米左右，也有的灰坑深达140厘米。

墓1结构为长方形土坑竖穴，长2、宽0.55、深0.6米。墓内填土呈黄褐色，质松软。死者仰身直肢，头向南，骨架保存较差，一触即碎。随葬瓷罐、瓷碗及铜簪各1件。时代为唐代。墓3结构为长方形土坑竖穴，长2、宽0.46、深0.8米。墓内填土呈灰褐色，质松软。死者为成年男性，仰身直肢，头向东北，面向左，方向74°。骨骼粗壮，保存非常好。无随葬品，左膝处插有一角镞，死亡原因可能与箭伤有关。时代为龙山文化时期。

沟3条，沟1是取土沟。沟2、沟3为排水沟，位于遗址北部边缘，呈东北—西南走向，沟上口较敞，沟壁较缓，沟底较平。沟2上口宽约30米，底部宽约12米，沟深1.7米。根据沟内出土陶片看，时代为周代。

出土器物300余件。器类主要分为陶器、石器、骨器、蚌器、角器、铜器、铁器等。陶器可辨器物有鼎、盆、罐、甗、碗、豆、鬶、杯、器盖、纺轮、陶拍、陶球弹丸和网坠等。遗址中还发现少量岳石文化的遗物，如陶甗腰部、蘑菇形器纽、瓮的腹片等。

该遗址的延续时间，从大汶口文化、龙山文化、岳石文化一直延续到周、汉时期，到唐代还有居民在此居住。从出土陶器来看，遗址中最早的文化遗存为大汶口文化，其年代大致距今5500~5000年，属于大汶口文化中期阶段；一直延续到大汶口文化晚期。其后的山东龙山文化年代在距今4400~4200年前后，属于龙山文化的中期偏晚阶段，也发现有龙山文化早期阶段的遗物。

本次工作，所获资料相当丰富，出土文物精品众多，有些文物属于首次发现，对于深入研究临沂地区大汶口文化、龙山文化、岳石文化的面貌特征和文化内涵以及周、汉时期的历史提供了丰富难得的实物资料，具有重要的学术价值。（何德亮　宋彦泉　王树栋　李钰）

新泰市地主祠调查

调查时间：2010年3月~4月

工作单位：山东大学东方考古研究中心、国家博物馆、山东省文物考古研究所

本年度对泰安新泰市的“地主祠”调查工作属于“齐地八主祠调查和研究”项目的组成部分。工作主要分两部分，首先是对位于新泰市天宝镇古城村的梁父城遗址进行考古钻探；其次是围绕着记载中的地主祠（梁父山区域）进行区域系统调查工作。

本次考古钻探基本搞清了梁父城的分布范围，城墙走向，城墙、壕沟及两者间空白地带的具体情况；同时在东城墙中部发现疑似城门遗迹。城内、外可见东周、西汉文化层，在城内还发现有汉代手工业作坊遗存；在东城墙附近地表采集到数量较多的东汉时期板瓦等建筑材料，推测东汉时期城墙已部分损毁。此外，在城内还发现有宋元佛寺遗址。

本年度在地主祠周围进行的系统调查主要集中在梁父山（映佛山）及其以南和柴汶河以北的区域，调查面积约为 50 平方千米。此次调查发现大汶口文化、龙山文化、周代、汉代、北魏、明清等遗址、墓葬、寺院、碑刻遗存多处，为进一步研究地主祠祭祀源流、发展传承等提供了丰富的田野资料。（聂政）

鲁东南地区考古调查

调查时间：2010 年 11 月 5 日 ~ 12 月 12 日

工作单位：山东大学东方考古研究中心、美国芝加哥费尔德自然历史博物馆

本年度继续在鲁东南地区展开区域系统调查。调查区域主要集中在胶南市的泊里、藏南、张家楼和琅琊台四个乡镇，涉及横河和甜水河等水系，覆盖面积约 140 平方千米。

此次调查对已记录的遗址做了密集调查，包括崖上（龙山、两周、汉代）、高戈庄（龙山、东周、汉代）和台后遗址（汉代）。调查新发现的史前至汉代遗址共二百多处，其中龙山遗址 58 处、岳石遗址 1 处、西周遗址 13 处、东周遗址 26 处、秦汉遗址 187 处，并在下村、潘家桃园、丁家寨、张家疃发现汉墓 4 座，在台西沟和下村发现夯土台基 2 座。比较重要的遗址有后沟（龙山、两周、汉代）、小北沟（龙山、两周、汉代）、大新庄（龙山、东周、汉代）等。

本次调查发现的遗址数量以汉代居多，龙山次之，周代最少，尤其是西周遗址十分罕见，与往年发现周代遗址较多的情况大不相同。从自然地理上来看，这一区域靠近地理分界线山口一带，周代遗址分布稀疏，可能与该区域在周代地处方国（如齐、莒、莱等）交界处有关。而在秦汉时期，伴随着山东沿海地区与内陆地区的整合及资源开发，尤其是琅琊郡的设立，这一区域最终纳入帝国控制之下，文化出现了前所未有的繁荣。本年度的调查在琅琊台遗址的北部地区发现了许多中小型聚落遗址，为琅琊地区的聚落形态和社会组织的复原提供了宝贵资料，也为鲁东南沿海地区史前至秦汉时期的考古学研究提供了更加全面的背景信息。（杨谦）

平邑县邱上北墩龙山文化东周汉代及宋元遗址

发掘时间：2010 年 7 月 ~9 月
工作单位：山东省文物考古研究所

遗址位于平邑县资邱乡邱上村西北约 50 米，浚河支流银线河的东岸。整个遗址平面呈椭圆形，南北长约 300 米，东西宽约 200 米，面积 6 万平方米左右。为配合日照至东明输油管道建设工程，对邱上北墩遗址管道占压部分进行了发掘。发掘面积 575 平方米。

遗址内文化堆积普遍厚 1 米左右，涵括龙山、东周、汉、宋元时期的文化遗存。共清理灰坑 105 个、墓葬 2 座、水井 2 眼以及 11 条沟等，并出土大量遗物如陶器、瓷器、石器、骨器，料器以及部分铜制品等。

龙山时期遗迹有灰坑、墓葬。灰坑形状有圆形、椭圆形和不规则形。圆形灰坑一般直壁平底或斜壁圜底，壁面、坑底比较光滑，形状比较规整，不规则形坑应为自然形成而被人类稍微加工利用。龙山灰坑出土遗物不多，能复原者更少，多见罐、杯、豆、鼎、鬶、器盖等陶器残片以及石凿、石锛、石斧、石镞、石铲等石器；另有墓葬 2 座形制相似，如 M2，为长方形土坑竖穴墓，墓口长 3.2、宽 1.5、深 1.1 米，头向东，面向北。葬具为一椁一棺，棺椁现仅存淤土板痕。人骨保存较差，骨骼多已朽烂，应为仰身直肢葬。随葬器物多置于身体左侧棺椁之间，部分放在椁东端熟土二层台上。陶器多已破碎，陶质很差，应为明器，器形有夹砂黑陶背壶、瓶，磨光黑陶豆、高柄杯、壶，夹砂红陶鬶等，另伴出石钺。从出土器物形制及组合看，墓葬属于龙山早期偏早阶段。

东周时期的遗迹有灰坑、井、灰沟等。灰坑有圆形、长方形、不规则形等，壁有直壁、斜壁，底呈平底或锅底状。井有 2 眼，口部平面呈圆形，井口部外敞，下半部呈直壁桶状，加工规整。灰沟为口宽底窄的长条状，直壁下斜，底部较平。东周时期文化遗物丰富，常见泥质灰陶和夹砂红陶，器形有盆、罐、豆、鬲、陶拍等，并出有少量骨器、石器。

汉代遗迹仅见灰坑，灰坑有圆形、椭圆形等，多为斜壁，底部较平。出土大量遗物，有盆、缸、豆、瓮、筒瓦、板瓦等陶器，有铁锸、铁犁等铁器，另有“五铢”铜钱。

宋元时期遗迹见少量灰坑，遗物多出于文化层中，有瓷碗、铜簪、铜钱、端砚等。

邱上北墩遗址龙山文化遗存的发掘，对研究汶、泗流域与沂、沭流域交汇的鲁中南地区龙山时期的文化面貌、聚落形态、生业环境等具有重要意义。东周、汉、宋元时期的遗存也为深入了解本地区历史时期的社会生活提供了重要资料。（崔圣宽　王子孟　宋彦泉　王相臣）

临朐县古城龙山文化至周代遗址

发掘时间：2010年4月19日～5月9日

工作单位：山东省文物考古研究所、临朐县博物馆。

遗址位于临朐县辛寨镇古城村西南约200米处。遗址东西长约350、南北宽约250米，总面积约有87500平方米。为配合山东天然气管网泰安至青岛段干线的工程建设，在调查钻探的基础上，对该遗址进行了考古发掘。共布有5米×10米探方10个。

该遗址的地层堆积简介如下：第①层为耕土层，厚20～25厘米，内含现代植物及杂草根茎，其土质松软，土色黄褐。第②层为淤积层，内含较纯净，自东向西逐渐延深。厚110～150厘米。土质板硬，土色灰褐。第③层为东周文化层，厚16～28厘米，土质坚硬，土色黑褐。内含东周时期的一些陶片及瓦片。另在该层东部的探方T1、T2内还分别发现2条灰沟及5座瓮棺葬。第④层为龙山文化层，厚20～30厘米。该层土质坚硬，土色深灰；内含龙山文化的大量陶片；并在该层中发现龙山文化灰坑19个，灰沟7个。其灰坑形状有圆形、椭圆形及不规则圆形；灰坑直径一般100～180厘米。在发现的灰坑、灰层中，出土龙山文化石斧、石凿、石铲及磨石等6件石器，以及龙山文化陶鼎、陶鬶、陶盆、陶杯、陶罐等30余件能够复原的陶器。第⑤层，为深灰色生土层。其土质坚硬，土色深灰，内含较为纯净。

另外，在T6的北部，还发现一座被破坏的龙山文化房基，在其房基中间发现4个排列有一定规律的柱础；该柱础均为圆形，直径一般在15～18厘米左右，柱础底部土质非常坚硬，均经过棍棒夯击等特殊加工；柱础底部并垫有碎陶片，上部留有柱础朽木痕迹。此外，在T7的龙山文化地层中，还发现1座龙山文化墓葬。该墓葬形制为长方形竖穴土坑墓，墓室面积为185厘米×75厘米，头向东北。墓内置有木棺葬具，但木棺已朽，痕迹清晰可辨。在其棺盖上随葬有陶罐、陶壶、陶杯等器物。

临朐古城遗址这次考古发掘，对探讨研究临朐古城一带史前至周代的政治、经济、文化艺术等具有重要的意义。（孙波　李曰训　衣同娟）

济南市大辛庄商代遗址

发掘时间：2010年3月～12月

工作单位：山东大学考古系、山东省文物考古研究所、济南市考古所

为配合大遗址保护规划编制和学生实习，进一步了解大辛庄遗址文化内涵，本年度在大辛庄遗址中心的蝎子沟两侧共发掘2000平方米。

商代墓葬136座，分属商代前期晚段和商代后期。前者多为中型墓，墓圹面积7～9平方米，殉人3～8具不等。早期曾被盗扰，如M216盗洞中可见金箔片和大量绿松石碎片。另有M139出土14件青铜器，组合齐全，鼎、钺等器形厚重，为同时期我国东部地区所仅见。后者分布集中，排列有序，高规格墓葬中出土了一批精美铜器，并有新出族徽铭文。可分为两级三类。中型墓A类墓圹面积6～9平方米，存深一般大于4米，随葬品规格较高。M225随葬品共23件，其中青铜器16件，一件小鼎的口部内侧和一件铜爵的鋬内侧有族徽铭文，与2003年所见铭文不同。M256出土31件青铜器，鼎、觚、爵均为2套，其他礼器还有甗、罍、簋、卣，双鸮卣造型生动，在山东地区同时代的考古发掘中极为少见。中型墓B类墓圹面积4～5平方米，出土的青铜礼器组合多为觚、爵，兵器组合包括戈、矛、钺，陶器组合为鬲、豆、簋或鬲、瓿等，均有熟土二层台和腰坑，盛行殉狗葬俗。小型墓墓圹面积1平方米左右，随葬陶器有单件鬲或盆，或鬲、盆与簋、罐等陶器组合。

房址2座。其中F61为大型夯土基址，平面呈长方形，西北—东南走向，复原长度东西约23、南北约11米，总面积约253平方米。四周均有回廊，南北回廊宽约2.5、东西回廊宽约2米。该基址被属于殷墟三期的墓葬和灰坑遗迹所打破，属于殷墟二期的可能性极大，与大辛庄

甲骨卜辞同属殷墟早期。

商代灰坑和灰沟近300个、水井1眼、窑址3座，保存各类标本丰富，为研究大辛庄遗址商代先民生活提供了重要研究资料。（方辉　王兴华　陈雪香）

寿光市双王城商代及宋元盐业遗址

发掘时间：2010年4月~11月
工作单位：山东省文物考古研究所、寿光市博物馆

为做好南水北调工程的文物保护工作及课题研究，对双王城水库工程范围内的遗址进行了有计划的大规模发掘，本年度继续对SS8、07遗址进行了发掘，清理商代和宋元时期大量与制盐有关的重要遗迹。

SS8遗址位于遗址群西部，面积约1.5万平方米。此次发掘区域位于遗址中部，发掘面积2100余平方米。遗址地层堆积较简单，中部高地耕土层下即为商和宋元时期的遗存，四周地势较低处耕土层下为湖泊淤积形成的黑黏土层，黏土层下为宋元时期的遗迹。

商代遗存主要位于发掘区南部地势较高的地区，主要为商代晚期的制盐作坊遗址，其基本布局为：以盐灶为中轴线，南北两侧对称分布有储卤坑，蒸发池位于西部，而生产垃圾如盔形器碎片、烧土和草木灰则倾倒在盐灶南北两侧和东部的大型灰坑内；卤水井位于盐灶北侧，近底部填有厚近1米的草木灰。出土遗物多为制盐用具——盔形器，多为残片，生活用器极少。

宋元时期遗存主要位于发掘区北部地势低洼的区域。清理的遗迹多为与制盐有关的井、灶、沟、灰坑等，出土的少量瓷片如碗等为生活器具，而体型较大的盆、瓮等器具，应与制盐有关。

07遗址位于遗址群东北部，面积约2万平方米，发掘面积近10000平方米。文化遗存分属商周和宋金两个时期。商周遗存主要为制盐作坊，基本布局为：盐灶、储卤坑等位于地势最高的北部，卤水井分布在南侧，而生产垃圾如盔形器碎片、烧土和草木灰则倾倒在盐灶南侧。宋元时期遗迹有盐灶、沟、灰坑等。

遗址的发掘，对商代及宋元时期的盐业工艺研究具有重要的意义。制盐作坊的布局与014遗址的不同，对制盐方式的研究提供了新的非常重要的资料。宋元时期的盐井、盐灶、沟等遗迹以及体型较大的盆、瓮等制盐器具的发现，为我们研究当时的制盐

工艺提供了重要的实物资料。（党浩　袁庆华　王德明）

昌邑市辛置西周汉代及清代墓地

发掘时间：2010年10月～12月
工作单位：山东省文物考古研究所

墓地位于昌邑市区都昌街道辛置村西。平面略呈东西长、南北宽的长方形，面积约为6万平方米。墓地所处地势较高，为昌北平原突起的一块土埠。多年来周边群众的取土、基建，使一批墓葬受到破坏，同时也清理出大批随葬器物。鉴于此，对该墓地进行勘探和抢救性发掘。发掘区位于墓地西部边缘，共清理墓葬54座，出土各类文物350余件。根据墓葬形制及出土器物，可辨明时代的有53座，年代分别为西周、汉和清三个时期。

西周墓1座，为竖穴土坑墓。死者为侧身直肢葬，头向东，面向北，骨骼保存较差。随葬鬲、罐、豆、纺轮和骨笄各1件。据器物组合及形制特征可断定为西周中期。

汉墓40座，除6座为土坑墓外，其余皆为砖椁墓。个别墓有打破关系，多见两墓并列情况，墓葬排列呈现一定规律；土坑墓均为长方形小型墓，接近墓室底部两侧或四周有生土二层台，其中1座设有头箱；砖椁墓是在土坑墓二层台内以单砖砌椁，墓底铺砖，也有用碎陶片砌筑椁室者，均为单椁单棺，部分墓设有壁龛或脚箱；墓向多朝东，少量朝北，墓内填土均经夯打，墓主皆仰身直肢，尸骨保存较差；墓葬多数被盗，随葬品以陶器为主，另有少量铜、铁、石和漆器等；随葬品组合中，个别墓见有成组的陶礼器如钫外，绝大部分墓随葬陶壶2件或陶罐1件，且未见罐、壶共出情形，铜薰炉、铜镜、铜带钩、铜钱和印章等少量铜器也分别在部分墓葬中出现。依据墓葬形制、随葬器物组合及特征分析，此批汉墓时代当为西汉中晚期。

清墓12座，7座土坑墓、5座砖椁墓。土坑墓中单人葬4座、双人葬3座，前者为长方形小型墓，后者近方形；砖椁墓平地下挖稍浅，直接贴壁砌椁，部分椁室用石灰抹缝，墓底铺砖，个别椁室设有壁龛或脚箱；墓向多朝东南，多见板灰和棺钉，墓主皆仰身直肢，尸骨保存较好；随葬器物多为酱色瓷罐、灯盏、板瓦、铜钱等。此批清墓分布较密集，分组成片现象甚为明晰，应为聚族埋葬所致，依据墓葬形制及随葬器物，可知其年代当为清代晚期，个别石灰砌筑砖椁墓或下延至民国时期。

本年度是对辛置墓地的首次发掘，墓葬分布密集、形制多样，出土文物时代特征明显，为鲁北地区历史时期葬俗和社会形态研究提供了有价值的考古资料，彰显出辛置墓地是鲁北地区面积较大内涵较为丰富的一处墓地。（何德亮　王子孟　刘乃贤　王伟波）

临朐县青石崖东周遗址

发掘时间：2010 年 5 月 10 日 ~ 24 日

工作单位：山东省文物考古研究所、临朐县博物馆

遗址位于临朐县五井镇青石崖村西北约 200 米处。遗址东西长约 250 米，南北宽约 200 米，总面积约 50000 平方米。为配合山东天然气管网泰安至青岛段干线的工程建设，在调查钻探的基础上，对该遗址进行了考古发掘。该遗址的地层堆积共分四层：第①层为耕土层，厚 20 ~ 22 厘米，内含现代植物及杂草，其土质松软，土色浅黄。第②层为扰土层，内含一些古今陶瓷片等，厚 18 ~25 厘米。土质板硬，土色灰褐。第③层为东周文化层，厚20 ~25 厘米，土质坚硬，土色黑褐。内含东周时期的一些陶片、瓦片等。第④层，为深灰色粘胶生土层。其土质板结坚硬，土色深灰，内含较为纯净。

这次发掘共布 5 米 ×10 米探方 13 个。发现东周时期各类灰坑 32 个、灰沟 2 个，其灰坑形状有圆形、椭圆形、袋状形等。在遗址灰坑中出土有陶豆、陶鬲、陶盂、陶盆、陶杯、陶罐、陶拍子、陶纺轮、圆陶饼、石铲及残石器等 30 余件。在该遗址第②层下，还发现清代墓葬 4 座。2 座为土坑竖穴墓，2 座石椁墓。土坑竖穴墓的墓室面积一般为 1.8 米 ×0.7 米左右，墓深 1.5 米左右。墓葬随葬品，一般随葬数枚铜钱及 1 ~2 件瓷器。而石椁墓的形制也为长方形，墓室面积一般在 2 米 ×0.8 米，深 1.2 米左右；这种石椁墓的墓室，是由数块不规则的石块垒砌而成。墓室随葬品一般随葬 2 枚铜钱，以及 1 ~2 件瓷罐及瓷灯碗等。

该遗址的发掘，对研究临朐青石崖一带东周时期的政治、经济、文化艺术，以及清代墓葬的葬制葬俗等提供了实物资料。（李曰训　衣同娟）

莒南县楼里东周汉代宋元遗址

发掘时间：2010年7月17日~8月4日

工作单位：山东省文物考古研究所、莒南县博物馆

遗址位于莒南板泉楼里村西北约300米处，地势南高北低，遗址南北长200、东西宽150米，总面积约30000平方米。为配合工程建设，在详细的考古调查与勘探上对该遗址进行了科学的考古发掘。该遗址的地层堆积共分四层：

第①层：为耕土层。厚为20~30厘米，其土质松软，土色浅黄，内含现代植物根茎及杂草等。第②层：为宋、元、明文化层。厚为20~30厘米，距地表深20~30厘米，土质紧密，土色灰褐、细腻，夹有砖块、及宋、元、明青花瓷片等。第③层：为东周、汉代文化层。厚为15~35厘米，距地表深30~60厘米；土质较硬，土色黄褐，出土东周、汉代陶片及碎瓦片等。第④层：为黄沙生土层。其土质板结，土色灰黄，土质内含较为纯净。

发掘面积为700平方米（含隔梁）。共清理灰坑27个，其中东周、汉代4个，宋、元、明23个。灰坑的形制一般均为圆形，但也有椭圆形及不规则的圆形等。灰坑直径一般为150~180厘米，深20~60厘米。该遗址共清理灰沟15条，其中，东周、汉代3条，宋、元、明时期的12条。灰沟一般长500~700、宽80~160、深20~60厘米。该遗址在灰坑灰层中出土大量的陶、瓷片，以及铜镞、铜钱、铁器等。已复原的有陶权、瓷碗、瓷盘等10余件器物。

本次考古发掘，对研究莒南楼里一带东周、汉代、宋、元、明时期的政治、经济、文化艺术等提供了一批重要实物资料。（李曰训　张文纯）

泗水县历山东周汉代宋元明遗址

发掘时间：2010年8月5日~9月16日

工作单位：山东省文物考古研究所、泗水县文物管理所

遗址位于泗水县泉林镇历山村村北500米处。遗址东西长250、南北宽200米，总面积约

50000平方米。为配工程建设，在调查钻探的基础上，对该遗址进行了科学的考古发掘。

其地层堆积共分为8层。该遗址共发现2个汉代大型灰坑，均为椭圆形，其中一个灰坑长径为340、宽径为150、深60厘米。发现3条灰沟，其中一条长660、宽130、深130厘米。发现3个汉代的灶坑，位于探方T8、T9第⑥层下。灶坑均为圆形，上面呈现较明显的红烧土痕迹，灶坑直径一般长70厘米左右。此外，在探方T5、T6第⑤层，还发现了2条宋元时期的路基。其中一条宽660、残长400、厚30厘米。该路基有明显的路土特征及车辙痕迹。发现墓葬3座，其中1座为汉代墓葬，2座为宋代墓葬。汉代墓葬形制为长方形竖穴土坑墓，墓室长200、宽110、深76厘米，在墓室的一侧随葬有2件陶罐。发现的2座宋代石椁墓葬，其形制均为用不规则的石块或石板垒砌而成。其中一座墓室长280、宽140、深86厘米。

墓葬出土了10余件器物，在各探方中出土铜簪、瓷碗、瓷盘、瓦当、铁环等20余件器物，同时探方中还出土了大量的陶片及瓷片。

本次发掘，对研究泗水历山一带东周、汉代、宋、元、明时期的政治、经济、文化艺术等提供了一批实物资料。（郑同修 李曰训 闫鑫）

烟台市月主祠遗址

调查时间：2010年4月~5月
工作单位：国家博物馆、山东大学东方考古研究中心、山东省文物考古研究所

本次工作分三部分进行：首先对莱山脚下的庙周家秦汉建筑基址进行钻探和试掘。庙周家秦汉建筑基址历来被研究者认为是秦始皇东巡时所建造的行宫。1980年代在该遗址曾发现长达1.08米的大型板瓦及直径0.6米的瓦当。本次工作主要是对现存的夯土台基遗址及其周围地段进行详细钻探，以了解现存夯土台基的分布范围、周围是否还存在其他遗迹等。钻探之后在夯土台基东侧开探沟2条，了解夯土及夯土下垫土堆积情况。

其次是对秦汉建筑基址西南的窑址进行发掘。窑址位于河边断崖边，80年代发现时尚保存三四座，近年来被扩修道路等活动严重破坏，现仅存1座，且火

膛等部分也已遭到破坏。窑内出土较多汉代板瓦、筒瓦及铺地砖等，遗物同秦汉建筑基址内出土物基本相同，推测该窑址可能是专门为该建筑烧制材料。

本次工作最重要的部分是莱山月主祠的发掘。月主祠遗址在80年代曾经进行过发掘，本次发掘是在当时发掘的基础上进行的。本次发掘将山顶全部揭露，发现房址1座，人工开凿的沟1条，另有一个特殊形制的坑。就房址和沟内发现的遗物分析，月主祠遗址主要经历了汉代及唐宋两大时期。（聂政）

费县西毕城汉代墓地

发掘时间：2010年7月31日～11月17日

工作单位：山东省文物考古研究所、临沂市文物管理办公室、费县文物管理所

墓地位于费县故城以北的丘陵地区。为配合日照—东明原油管道工程，对费县上冶镇万仓庄、西毕城以北、大青太以西的部分墓葬进行了考古发掘。

发掘是顺着原油管道的走向，在东西跨越2.5千米，宽约4米的范围内进行的。共清理汉代墓葬121座，战国灰坑1个。出土陶、石、骨、铜、玉等各类文物150余件。

这次发掘的121座墓都是开凿岩石而成的长方形中小型岩坑竖穴墓。墓一般长3、宽2米左右。较大的长4、宽3米左右。深度不一，有的深1米，深者4～6米。一部分在墓底的四周留有岩石的二层台，少数墓葬挖有壁龛，内置随墓器物。墓内填土大多掺杂大量的碎石块，少数则从它地运来，是较纯净的黄花土，填土多经夯打。墓葬往往两座一组，并行排列，更有甚者三座一组，并行排列。两座一组者，一部分墓葬存在打破关系。多数墓有木质葬具，但都已腐朽，仅存朽痕。葬具一般为一棺，有的还有椁，更有甚者，还有一椁双棺的双人合葬墓。仅有一座墓，椁有镶嵌鎏金铜质椁饰的情况。墓内的骨架保存普遍较差，大部分朽成粉末。从整体来说，墓葬时代从西汉中晚期到东汉。在最东边的大青太以西地区，墓葬呈分散分布，隔很远即为一座或两座并排的墓，墓向以南北向（或向南或向北）为主。在其他区域则呈片状分布，大多数墓葬为南北向，其中也穿插东西向的墓，这在日东高速公路连

接线以东和万仓村以北最为典型。在日东高速公路连接线以西有一批墓葬呈东西向。这也是出遗物最丰富的墓葬区。西毕城墓葬保存十分完整，没发现被盗现象。遗物以陶罐和陶壶为多，还有铜镜、铜钱、铜带钩、石黛板、研磨器、铁剑、玉环、陶罐、陶壶、扁壶、釉陶壶、陶猪圈、陶豆、陶熏炉、陶灶、陶井等随葬器物。其中，有铭文的铜镜十几件。铜钱则以五铢钱为多，有的陶器上有彩绘。有一部分墓葬的上层填土中发现铁夯具、铁锸等遗物。

战国时期的遗迹只有一个灰坑，为圜底的圆形坑，被汉代墓葬打破。在出土的一陶罐残片上有一戳印文。

西毕城墓地的南边不远即为费县故城，墓地应与其有关。这批墓葬的发掘为研究鲁东南地区的丧葬习俗提供了新资料，同时对费县故城布局的研究具有较为重要的意义。（郝导华　张子晓　王岐　尹传亮　作正）

临朐县双沟汉代遗址

发掘时间：2010年4月26日~5月5日

工作单位：山东省文物考古研究所、临朐县博物馆

该遗址位于临朐县辛寨镇双沟村北约100米处。遗址东西长约200、南北宽约200米，总面积约40000平方米。为配合山东天然气管网泰安至青岛段干线的工程建设，在调查钻探的基础上，对该遗址进行了科学的考古发掘。在遗址保存较好的地段，发掘、清理了5米×1米两条探沟。其探沟发掘的地层堆积共分四层：第①层为耕土层，厚约20厘米，内含现代植物及杂草根茎，其土质松软，土色黄褐。第②层为扰土层，内含古今陶瓷片等，自东向西逐渐延深。厚约30厘米。土质板硬，土色灰褐。第③层为汉代文化层，厚约20~28厘米，土质坚硬，土色黑褐。内含汉代的一些陶片及瓦当残片等。第④层为深灰色生土层。其土质坚硬，土色深灰，内含较为纯净。

在该遗址的东部管道北侧，清理了四座已暴露出部分墓室、而稍有破坏的清代券顶砖室墓。这四座墓葬，其形制均为长方形竖穴券顶砖室墓，墓室面积长宽一般在2米×1米左右。在其墓室中，出土有铜钱、玉珠、瓷罐、铁器等各类随葬器物10余件。我们根据这批墓葬的形制特点及出土器物判断，临朐双沟墓

地的时代可为清代中期前后。

该遗址、墓葬的发掘，为研究临朐辛寨双沟汉代的政治、经济、文化艺术及清代墓葬的葬制葬俗等提供了一批实物资料。（衣同娟　李曰训）

沂南县宋家官庄汉代墓

发掘时间：2010年3月

工作单位：山东省文物考古研究所、沂南县文物管理所

墓地位于临沂市沂南县杨家坡镇宋家官庄村东。为配合青（州）临（沭）高速公路建设，对宋家官庄墓地进行了考古发掘。共清理汉代墓葬16座，出土文物70余件。

墓葬均为长方形土坑竖穴，属中小型墓葬，个别墓室底部四周有生土二层台；部分墓葬有方形或长方形脚箱，内置陶器、漆器等。其中6座墓为一棺一椁，9座为单棺，1座遭破坏。葬具均已腐朽，墓内均葬1人，头向北。骨骼多已腐朽不可辨。随葬品多置棺内、棺椁之间和脚箱内，出土70余件随葬品，有铜镜、铜镜刷、铜带钩、铜钱、铁镜架、铁剑、铁削、玉剑格、鼻塞、耳塞、蝉形口琀、陶壶、陶罐等。

依据随葬品分析，墓葬年代为西汉中晚期。墓葬排列有序，应属一处家族墓地，为研究汉代封土下的家族墓地提供了一批新的资料。（摘自《中国文物报》2010年12月17日）

博兴县疃子唐宋遗址

发掘时间：2010年10月~12月

工作单位：山东博物馆、博兴县博物馆

遗址位于博兴县锦秋街道疃子村北，处于小清河与支脉河之间。20世纪60年代村民取沙时破坏该遗址，出土石质佛像4尊。为配合南水北调工程，对遗址进行了抢救性发掘。勘探面积35000平方米，发掘面积1000平方米。遗址分A、B两区，文化层时代为唐至明清时期，其中A区为重点发掘区域。此次共发掘遗迹32个，其中墓葬2座、房址2座、灰坑21座、灰沟6条。墓葬为唐代中晚期，位于A区。其中M1破坏较严重，为砖结构圆形墓，上部破坏殆尽，有铺地砖，保存有长方形甬道及墓道，呈南北向，墓道朝南。双人

合葬，骨骼较凌乱，东西向。随葬品较为破碎。2 号墓为长方形砖室墓，单人仰身直肢葬，南北向，头向北。

建筑基址 2 座，位于 A 区。时代为唐，破坏严重，仅存少量断续的砖构遗存。

灰坑 21 座，其中比较重要的为 H2，位于 A 区，坑底有大量倒塌的青砖，坑内较多瓷片。

本次发掘共出土遗物 76 件，其中 A 区 64 件，B 区 12 件。出土于文化层、灰坑、灰沟、墓葬中，大部分为能修复的复原器物，少数完整。有陶器、瓷器、铜钱、铁器、玉石、漆器等，其中以瓷器为多，器形中以碗为主，另有罐、钵、盆、饰件等。初步判断，大部分器物为唐至宋时期的遗物，少部分为明清以后遗物。H2 出土大量陶、瓷器及骨、石制品等，复原器物多达 26 件。其中包括部分较为精美的白瓷和青瓷器，分属多个窑口，如耀州窑、景德镇窑等。

此次发掘基本弄清了该遗址的性质及时代，遗址以唐宋遗存为主，虽然以前出土有佛像，但暂不能判定其为寺院遗址。这次出土的一批瓷器较为重要，对山东地区瓷器的研究有着重要意义。(卫松涛)

烟台海域水下文物普查

调查时间：2010 年 8 月 2 日 ~27 日

工作单位：中国国家博物馆水下考古研究中心、山东省文物局、青岛市文物局

本年度调查工作是在前期陆地调查的基础上，围绕烟台、青岛尤其是长岛海域进行的，充分利用渔民提供的线索，采取仪器探测与人员潜水探摸相结合的方式，完成对水下线索的确认工作。首先利用多波束声呐仪、旁侧声呐仪、浅地层剖面仪等仪器进行探测，确定疑点具体位置，记录经纬度和参照物。然后进行潜水探摸，以圆形搜索和扇形搜索方法为主，确认水下遗存。对已确认的遗迹，开展进一步较为细致的调查工作，初步搞清遗存年代、性质、分布范围、保存状况、海底地理环境等基本情况，并采集相关遗物，做好文字和影像资料记录工作，完成电子与书面水下文物普查登记表。

此次工作，共调查烟台、青岛海域水下文化遗存线索点近 20 处，其中长岛 10 余处、牟平 1 处、海洋 1 处、青岛 3 处，共潜水 1000 多分钟，水下搜索范

围达5000平方米，对调查海域的水下文物遗存面貌有了初步了解。（赵嘉斌　孟原召　尹锋超　梁国庆）

聊城市西梭堤金代遗址

发掘时间：2010年10月～12月
工作单位：山东大学东方考古研究中心

遗址位于聊城市区北约1.5千米的梁水镇西梭堤村村西约300米处。东距小运河约600米，南距西新河约2300米。遗址中心坐标：北纬36°33′33.62″，东经115°56′11.72″，海拔32～33米。遗址破坏严重。据当地老人介绍，该遗址在70年代以前是一处高约1米，荒草丛生的“岭子”，后来被辟为耕地。目前所见遗址已基本与周围耕地相平。

为配合南水北调工程山东段的文物保护工作，对西梭堤遗址进行了抢救性考古发掘。布设10米×10米探方，实际发掘面积2700平方米。

此次发掘出土了丰富的遗迹，主要有房址5座、灶址12座、灰坑41个、墓葬5座、活动面2处、道路1条、沟6条。出土了具有明显金代晚期特征的瓷器、陶器、石器、铁器、骨器等文物三百余件。瓷器以磁州窑系的为主，定窑系瓷器也占一定比例。陶器多为泥质红陶盆。石器多为粗砂岩的石磨残片。

根据遗迹和遗物所反映的特征，确定这是一处以金代晚期遗存为主体的小型乡村聚落遗址。

菏泽市元代沉船

发掘时间：2010年9月
工作单位：山东省文物考古所、菏泽市文物管理处

在菏泽市国贸中心工程建筑工地发现部分文物和古代沉船，随即对沉船现场进行了抢救性发掘。沉船为一木质内河船，船头向北。船左侧木质基本腐朽，底部及右侧保存基本完整，可以复原。船体残长21、宽4.82、高1.8米，除去船头、船尾独立船舱外，共分为10个船舱，大小不等，宽在1.3～1.8米之间。推测1～2舱是船员休息的地方，出土有酒器等；3～7舱为货舱；8舱为主人休息处；9舱为就餐之处，许多精美的文物大多出土于该舱；10舱为厨房，出土大量饮具。

沉船及周围出土文物110余件。包括陶器、瓷器、漆器、玉石、玛瑙、石器、铁器、铜器、金饰等主要类别。典型器物包括元代青花龙纹梅瓶，钧窑影青釉杯盏等，其生活用的瓷器包括景德镇、龙泉窑、钧窑、磁州窑、哥窑等窑系。据出土物分析，沉船年代应为元代，是当时官员或商人在内河行驶时使用的船只。

菏泽沉船的发现为研究元代木船形制及制作工艺提供了实物资料；对菏泽地区的漕运史、运河交通及蒙元时期黄泛区之地形地貌等研究均有重要意义。（摘自《中国文物报》2010年12月3日）

聊城市土桥闸明清遗址

发掘时间：2010年8月~12月

发掘单位：山东省文物考古研究所、聊城市文物局、东昌府区文物管理所

遗址位于聊城市东昌府区梁水镇土闸村中，为京杭大运河的重要设施。土桥闸始建于明成化七年（1471），清乾隆二十三年（1758）拆修。

为做好南水北调东线工程的文物保护工作，对土桥闸遗址进行了全面的发掘。对船闸进行了全面的清理发掘，对东侧闸墩上的大王庙进行了部分发掘。调查与试掘相结合，确定了月河的位置与深度。对下游的减水闸进行了确定，并调查清代穿运涵洞1座。出有瓷器、陶器、铜器、铁器、玉石器近万件、石碑两方。

船闸由大石块垒砌的燕翅、迎水、闸口、分水、燕尾、裹头、东西闸墩及南北侧底部的保护石墙和木桩组成。燕翅和迎水，位于闸口的南侧，呈南宽北窄的梯形，东西裹头宽36.8米。闸口，呈南北长方形，南北长6.8、东西宽6.2、深7.5米。闸槽宽0.25~0.3、进深0.2~0.25米。燕尾和分水，位于闸口的北侧，呈北宽南窄的梯形。东西裹头间宽56.3米。闸底板南北两侧用成排木桩与侧立石板相结合，起保护作用。闸墩北侧底部砌筑斜弧形石墙、立有成排木桩以保护闸墩。东、西侧闸墩，在石墙内用原闸废旧石料垒砌并用三合土夯打形成。

月河，位于闸的东侧，呈南北长的不规则半圆形，南北长350、东西宽180米。大王庙，位于东侧闸墩上。暴露部分南北长7、东西进深5米。房子坐东朝西，用青砖砌成。东侧墙基内平铺一“康熙二十八年抚院明文”石碑。

在闸北运河东岸确定减水闸

一个。其北400米有一清代穿运涵洞，用青砖垒砌直墙、石块券顶，发现“中华民国二十六年马颊河北支穿运涵洞”石碑一方。

该次发掘，发现了丰富的文化遗物。出土瓷器近万件，主要有明清时期的青花瓷、青瓷、白瓷、青白瓷、霁蓝釉瓷器、粉彩、釉上彩等，器形有碗、盘、壶、杯、盒、人物塑像等。瓷器底款繁多，有年号款、陶人款、吉语款、符号款等；铁器数百件，有生活用具、船上用具、造船或加固船板器具、闸相关设施附件等，主要有铁锔钉、木桩铁套、戈状勾刺、铁箍、环、钩、网坠、刀、锯、锚、锔钉等；铜器上千件，主要有铜钱、烟锅、耳勺等。石器有网坠、石球、镇水兽及少量的玉器。建筑构件有砖、瓦、鸱吻等。

对船闸的基本结构、建造和维修时代及其建造程序有了比较清楚的认识：在河底砸木桩做好基础，其上用大石块平铺闸口底板；用石块垒砌闸墩外墙，内侧用三合土填塞夯打形成闸墩；石块上凿燕尾槽，上下、前后或左右间用铁锔钉连接。在闸的南北侧底部，用木桩、石板、石墙相结合，形成坚实的保护设施。

聊城土桥闸的发掘，是京杭大运河山东段船闸的首次发掘，也是大运河上完整揭露的第一座船闸，对于研究大运河的水工设施，运河沿岸的物质文化习俗，认识大运河在我国古代交流与沟通中的重要作用具有重要意义，也为京杭大运河申报世界文化遗产提供了一批新的重要资料。（李振光　吴志刚　孙淮生　于忠胜）

临清市河隈张庄明清窑厂遗址

发掘时间：2010年11月~2011年1月

工作单位：山东省文物考古研究所

遗址位于临清市东南部的戴湾镇河隈张庄村周围的小运河左岸，村东、西南、东北及东南部皆有分布，西北距临清市区约10千米。窑址均分散于京杭运河左岸，沿河分布，东西绵延约1500、南北跨约700米。在100多万平方米范围内，地表尚存多处长条或近圆形的土岗，即为窑址，高者2~3米，矮者略凸出周围地表，有的已被夷为平地。每一处土岗，除个别为孤窑外，多2~4座窑集中成排，地表散见大量红烧土、砖块、炭灰等烧窑杂物。村西南铁路西侧运河沿岸发现数座窑址，村东北也有零星发现，其余均集中于村东及东南部。窑址距河道直线距离一般不超500米，近者仅有几十米，远者可达700米。

为配合南水北调东线工程鲁北输水的建设，发掘揭露了4000平方米，发现了9座窑址、2条道路、1座取土坑、3座灰坑及一段左侧河堤，另在村东约1000米处清理了窑址1座。

由于季节性原因，发掘工作尚未全部完成，从平面分布看，发掘区内有1条南北向道路通向河内，在该道路东侧的9座窑址东北—西南向排成列。北部3座窑址成1列，窑室间距约2~3米，工作间朝东南。南部6座窑址成1列，靠近大堤，其中5座的工作间朝西北，窑室间距2~4米不等，1座朝东南。这9座窑址均遭严重破坏，耕土层下20~30厘米即暴露，窑室仅存底部，有的还保留5~30厘米高的窑室壁，有的仅存底部的烧结面，火塘和工作间尚深1米多。形制结构基本一致，窑室为圆角长方形或马蹄形，火塘为长方形深坑，长条斜坡式工作间，窑室后部砖砌3个方形柱状烟囱，每个烟囱与窑室间以砖砌出2条烟道。大小有别，窑室横宽6~8、进深2~3.5米。由于尚未清理完毕，其结构、构筑方式、尺寸有待进一步工作。

遗物主要为大量青砖块，完整者较少，少量在砖侧面戳印款铭，如“万历四年……”、“顺治……户孟守科作头崔文举造”、“康熙二十八年临清砖窑户孟守科作头崔振先造”等，另有出土少量青花瓷片。据乾隆十四年《临清州志》记载，明永乐初，“临清设营缮分司督之，岁额城砖百万”，可见临清乃明、清两代京城建筑主要供砖基地。如北京故宫、天坛、定陵等建筑上就有印刻来自临清窑户的青砖。该遗址应为明清时期的官砖窑址之一，为研究烧砖官窑的生产状况提供了宝贵的实物资料。（高明奎　朱超　董博　魏輝）

河　南　省

新郑市唐户裴李岗文化遗址

发掘时间：2009年11月~12月

工作单位：郑州市文物考古研究院

遗址位于新郑市西南13千米处的观音寺镇唐户村西部和南部，溱水河与九龙河（又称石洞寺河）两河交汇的夹角台地上，历代相传又称该地为“黄帝口”。遗址面积140余万平方米，文化遗存堆积丰富，包含有裴李岗文化、仰韶文化、龙山文化，二里头文化及商、周文化，是一处多时代的聚落群址。

南水北调中线干渠工程唐户遗址的考古发掘工作，在2008年考古发掘的基础上继续进行。本年度共发掘面积700平方米，清理裴李岗文化时期房址5座，沟2条；出土一批裴李岗文化时期文物，在裴李岗文化地层内发现了玉器，是唐户遗址裴李岗文化考古发掘的重要发现。

唐户遗址发掘裴李岗文化时期各类房子65座，布局具有向心式和环壕布局的特征，这对于研究新石器时代早期房屋的建筑方式及早期聚落形态具有重要意义。唐户遗址裴李岗文化时期房址的发现进一步丰富了嵩山地区裴李岗文化的内涵，对深入研究新石器时代早期裴李岗文化的聚落形态、家庭、社会组织及裴李岗文化的性质、分期等具有重要学术意义。（信应君）

郑州市站马屯仰韶文化遗址

发掘时间：2010年
工作单位：河南省文物考古研究所

遗址位于郑州市管城回族区十八里河镇站马屯村南。一条南北走向的站马屯沟将遗址分成东西两部分：以东为I区，以西为II区。南水北调总干渠穿过I区东北部、II区西南部。

从2009年7月底开始，已对站马屯遗址进行了考古发掘。本年度主要对II区进行发掘，共完成勘探面积15000平方米，发掘面积3404平方米。发现灰坑270余座、墓葬84座、灰沟18条、瓮棺40余例、房基12座、水井1眼。另有陶窑1座、陶灶1座、围栏2条。除1座墓葬为唐代外，其余皆为仰韶时期遗存，层位关系复杂，遗迹丰富，遗物众多，文化内涵一致，为此次发掘的重要收获。根据对出土物的初步观察，II区仰韶遗存的年代绝大多数为大河村三、四期遗存，属秦王寨类型。

特别是灰沟及围栏的发现，为探讨聚落不同时期的边缘提供了线索，从分布上看，围栏在西部、南部的范围较灰沟小，表明早期聚落范围的西、南缘要小于晚期聚落。但是在遗址东部，晚期聚落的东缘虽然可到站马屯沟，其文化堆积却并未分布到此，而站马屯沟附近（西部），其下仍有早期墓葬分布。

从更大的范围来看，围栏与灰沟的分布基本一致，在南部还有重合，说明早、晚期聚落的分布范围大体一致，仰韶晚期不同阶段的人们一直生活在此，繁衍生息。

站马屯遗址仰韶晚期遗存的发现，进一步补充了郑州地区仰韶文化秦王寨类型的文化内涵。此外，成组瓮棺葬、成人墓地、房基以及整羊、整狗的发现，为聚落布局的分析提供了可靠的材料。不仅如此，通过对遗迹性质的重新审视，必将为郑州及其邻近地区仰韶晚期聚落的空间结构及人们行为方式的研究提供新的视角。（武志江）

郑州市华润印象城仰韶文化及商代遗址

发掘时间：2010 年 10 月 ~ 12 月
工作单位：郑州市文物考古研究院

为配合工程建设，对郑州市华润印象城工程区内古文化遗迹进行了抢救性考古发掘，发掘面积 3000 平方米，发现仰韶文化、商代二里岗期文化及汉代、宋代墓葬等文化遗存。共清理墓葬 52 座、灰坑 91 座、沟 1 条、夯土遗迹 1 处。

墓葬 52 座，其中仰韶墓葬 1 座，为瓮棺；商代墓葬 3 座；汉代墓葬 7 座；宋代墓葬 36 座；清代墓葬 5 座。商代墓葬多竖穴土坑墓；汉代墓葬为斜坡墓道砖室墓，出土有铜镜、铜钱、陶罐、陶壶、陶楼、耳杯等遗物；宋代墓葬均为竖穴墓道土洞墓，随葬有瓷枕、瓷碗等。清代墓葬均为偏室土洞墓，无随葬物品。灰坑主要是仰韶文化时期和商代二里岗文化时期。仰韶文化时期灰坑 68 座，多为圆形、椭圆形。商代二里岗时期灰坑 23 座，有圆形、椭圆形、长方形，另有不规则灰坑，多为取土所致。坑内填土多为一次性堆积，有少部分经多次堆积形成。商代灰沟 1 条。夯土遗迹 1 处，呈西南—东北向，发掘长度 50、宽 13 ~ 16、现存厚度 0.8 ~ 1.6、夯层 0.08 ~ 0.1 米。破坏较为严重。结合以前该区域考古发掘情况推断，应为郑州商城的外郭城。

出土了一批陶器、石器、骨器、蚌器、瓷器等遗物。陶器分夹砂陶和泥质陶。夹砂陶多为炊器，多有烧熏痕迹，陶色有灰、红褐及红色等。器形有罐、小口尖底瓶、大中尖底缸、鬲等。一些大型器物亦为夹砂陶，如瓮。泥质陶多为盛储器及食器，如豆、簋、盆、罐等。早期陶器如仰韶文化小口瓶、红陶钵等陶胎细腻、火候较高，陶泥经过筛选。商代陶器多为二里岗期文化遗物。纹饰多中细绳纹，口沿流行折沿折唇或折沿垂唇等。石器主要是农具，皆实用器，器形有石铲、石刀、石镰、石凿等。骨器有骨锥、骨簪、骨镞、骨饰品等。蚌器有蚌刀、蚌镰等。

该区域的文化遗存从距今6000年左右延续至今，时间跨度长，遗迹内涵丰富，发现的较为丰富的仰韶文化时期遗存为研究郑州地区仰韶时期的历史、文化等提供了资料。特别重要的是发现了郑州商城外廓城。城墙呈西南—东北走向，版筑，夯土系用仰韶文化遗存堆积土和红烧土块加工夯打而成。外廓城的发现对于研究郑州商城的外城的走向及布局结构具有重要意义。（信应君　刘青彬）

邓州市八里岗新石器时代遗址

发掘时间：2010年9月~2011年1月

工作单位：北京大学考古文博学院、南阳市文物研究所

为了解八里岗遗址此前10次发掘发现的仰韶中晚期南排房屋向南和向西同时期房屋的分布情况，本次发掘在遗址西南部共发掘1250平方米。共清理各种遗迹包括：灰坑418座（含窖穴和各种坑状堆积）、瓮棺10座、圆形房屋基槽7座、长方形房屋22座、沟20条、陶窑1座、墓葬9座、祭坑4座。

其中历史时期的遗存有明清时期墓葬6座，东周时期的壕沟1条以及少量窖穴、祭坑等。新石器时代龙山文化、石家河文化和屈家岭文化时期的遗存比较丰富，其中龙山文化和石家河文化遗存主要是大量的圆形窖穴和少量墓葬等。屈家岭文化时期则还有长方形房屋基址14座、圆形房屋基槽5座和瓮棺10座。

仰韶文化遗存是本次发掘的主要目的，共清理仰韶中晚期长方形房屋8座、圆形房屋基槽2座。都分布在仰韶晚期南组房屋的南北两排的位置上。其中长方形房屋多为双开间，也有3开间以上的。至此，八里岗遗址的发掘已经揭露的面积近1万平方米，对遗址仰韶文化中晚期聚落的大致情况已经有了比较全面的了解。这个时期的聚落主体占地面积1万多平方米，房屋分为南北两组，每组都有东西成排的两排房屋，两组之间为宽20米的

空场，空场的东部中间则有与房屋同时期的墓地。（张弛）

宝丰县小店新石器时代至隋唐遗址

发掘时间：2010 年
工作单位：平顶山市文物局

小店遗址位于河南省平顶山市宝丰县杨庄镇小李庄村西北约 500 米的应河台地上，地势西高东低。遗址北临应河，大致呈东西向，东西长约 200、南北宽约 300 米，总面积约为 60000 平方米。南水北调中线工程主干渠从该遗址东部边缘穿越，占压面积约 3000 平方米。遗址发掘分南北两个区域，共布 21 个探方，发掘面积总计 2100 平方米。

小店遗址共发现各类文化遗迹 401 处，包括壕沟 1 条、灰坑 365 座、灰沟 9 条、排水沟 2 条、陶窑 2 座、灶坑 2 座、水井 3 眼、房基 7 处、墓葬 17 座。依其年代大致可分为仰韶、龙山、二里头、殷商、西周、春秋、汉魏、隋唐八个时期，尤其以仰韶、二里头及商周时期的遗存最为丰富。其中仰韶文化时期的遗迹 112 个，包括房址 3 处、祭祀遗迹 1 处、灰坑 106 座、灰沟 2 条。

仰韶文化大致可分为早晚两期，其中早期遗存以 2 座长方形房基与 1 处集中埋葬的瓮棺群为代表。房屋基址属于较大型地面式建筑，但上部破坏较为严重，以形状不一的柱坑内放置一青石块作为柱础石。在房基附近排列有序且集中埋葬泥质红陶钵、夹砂红陶罐等。推测可能是某一次较大型祭祀活动所用盛装祭品的器具，或者说是一批由于某种流行疾病而导致多人死亡的瓮棺葬群。晚期遗存则以 1 座近椭圆形房基与一些灰坑为代表，分别打破早期的长方形房基与瓮棺群。另外，在遗址的南部边缘有两道较深的聚落环壕，是否分属于仰韶文化的早晚两期尚待研究。

另外发现有引应河水灌溉农田，兼防洪排涝等双重功能于一体的水利设施，大约在西周晚期至春秋时期挖成至隋唐时期废弃。它由东西流向的应河、一条西南—东北走向的大渠、两条东西走向的小沟槽以及沟槽上所挖的数个用来蓄水的池塘四部分组成。其中大渠的北端与应河相接，中部特意设置有一个向西拐折的 U 形弯道，而两条小沟槽恰好嵌入弯道之中。当天旱之时，人们首先引北侧的应河水流入大渠内，即所谓一级提灌；然后再从大渠内的三个方向往 U 形沟内注水，即所谓二级提灌，由于西高东低的地势，致使河水通过小沟槽顺势东流；最后再用盛具从小沟槽上的池塘内舀水灌溉农田。当多雨季节来临，由于大渠底部南高北低的地势，可将位于台地上聚落内的积水排泄于北侧的应河之中。

文化遗物主要以陶器为主，另有瓷、铜、铁、石、骨、角、蚌等。这些遗物可分为生活用具、生产工具、兵器、建筑材料、其他等。其中生活用具除一件为青瓷碗之外，其他有陶罐、缸、瓮、罍、鬶、盂、鬲、甗、鼎、壶、豆、甑、爵、钵、簋、盒、洗、盆、盘、碗等；生产工具有石斧、石刀、蚌镰、陶纺轮、支垫等；兵器有铜镞、铁镞等；建筑材料有板瓦、筒瓦、瓦当、砖块等；其他有铜钱（货币）、骨笄（装饰品）等。

仰韶文化时期出土有彩陶红顶钵、红陶釜形鼎、红陶外卷唇大口罐等大河村乃至后岗类型文化遗物；二里头文化时期的灰坑与墓葬中出土了诸如平口白陶鬶、三足盘、大口尊、深腹圜底罐等一批典型的二里头三期文化遗物。在商周之际的灰坑内发现了高圈足陶簋、素面陶罍，与数块经钻凿且灼烧过的用于占卜的龟甲及陶坩埚残片。在西周晚期至春秋时期的墓葬或灰坑里出土了折沿矮裆空足绳纹陶鬲、宽折沿折腹陶盂、矮柄豆等器物。在隋唐时期的灰坑与灰沟中出土了饼状底足陶碗、圆形薄胎陶粉盒等器物。

小店遗址是一处地势较高的台地，北侧紧临应河，是古代社会人类生存发展的理想场所。该遗址不仅使用时间较长，而且遗存所属年代前后衔接紧密，自仰韶至春秋时期基本上没有中断。就发掘区的文化主体而言，该遗址属于仰韶、二里头和商周三个不同时期的大型聚落遗址。尤其是仰韶文化时期的埋葬有 15 个红陶瓮或缸、罐的祭祀遗迹（或认为是瓮棺墓），揭示了当时人们的朴实的思想或宗教情结；而埋有许多柱础石的长方形房屋基址，则反映了当时社会的科学技术水平与人们的生存能力；至于两周之际的兼抗旱、排涝于一体的双重功能水利设施，凸显出古人利用自然、改造自然的能力。

发掘出土的自仰韶至春秋时期的大量遗迹遗物，揭示出当时平顶山地区的政治、经济、丧葬习俗等古文化面貌，简直就是一部埋在地下的反映平顶山地区先秦时期社会生活、物质文化水平的史诗，为建立平顶山一带的考古学文化编年谱系提供了宝贵的实物资料。（王红卫）

淅川县下寨新石器时代夏两周及汉唐遗址

发掘时间：2009 年 3 月 ~ 2010 年 12 月

工作单位：河南省文物考古研究所

遗址位于南阳市淅川县滔河乡下寨村北。遗址现存面积约 60 余万平方米。地理坐标为北纬 33°01′01″，东经 111°16′13″，海拔高程 159 ~ 165 米。为配合南水北调丹江口库区建设，对其进行发掘，两年完成考古发掘面积 6700 平方米。

发现仰韶文化小型环壕聚落 1 处。主要遗迹有壕沟、灰坑、陶窑等，出土遗物有小口尖底瓶、钵、夹砂罐、鼎等陶器和各种石器。发现石家河文化长方形土坑竖穴墓 24 座，随葬品主要是玉璜、玉钺或石钺、少量的红陶杯、黑灰陶簋形器等。王湾三期文化晚期聚落和瓮棺墓地各一处。比较重要的是 H189 内发现了骨头雕琢的“C”形骨龙 2 件，其中较完整的 1 件长约 2.7 厘米。发现二里头时代早期土坑竖穴墓 28 座，其中 5 座墓有随葬品。M7 出土了陶豆、陶觚、陶双耳罐、石斧和石凿，其他墓葬出土单个的壶形器或双耳罐。西周晚期遗存只有少量的灰坑，遗物主要是鬲、盂、豆、罐、瓮等陶器。另外，祭祀坑 H380 出土完整的熊牲骨架 1 具，这在先秦以前用牲祭祀中非常罕见。东周遗存在遗址中普遍发现，属于楚文化性质遗存。出土遗物主要有鬲、盂、罐、豆、盆等陶器。汉时期遗存主要是大量窄长方形坑，排列整齐，成片集中分布，类似窄长方形土坑竖穴墓的形制，但清理皆未见人骨、葬具和随葬品等墓葬的一般要素，且填土都是青灰色，比较纯净，极少出土遗物。其性质有待进一步对其填土做分析测试后判断。东晋至唐代时期发现各种形制的砖室墓共 27 座，随葬品主要有青瓷盘口壶、假圈足青瓷碗、陶罐、铜镜、银发饰等。

下寨遗址地处豫陕鄂三省文化交流地带，自古是文化交流的重要通道。遗址多个时期的文化堆积内容和呈现的较为复杂的文化因素，是研究边缘和交汇地带文化的极好个案，为丰富和完善丹淅地区的文化序列以及聚落考古研究提供了重要资料。此外发现的西周晚期遗存对探讨早期楚文化也有重要意义。（曹艳朋 楚小龙）

中牟县前杨与大李庄新石器时代至明清遗址

发掘时间：2010 年 8 月 ~11 月
工作单位：河南省文物考古研究所

为配合郑州至民权高速公路工程（中牟段）建设，对中牟前杨遗址、大李庄遗址进行了考古发掘。共发掘 1350 平方米，其中前杨遗址 400 平方米，大李庄遗址 950 平方米。

前杨遗址位于中牟县郑庵乡前杨村南部，拟建郑民高速公路从遗址东北部穿过。遗址范围内地势略有起伏，中部有凸起的岗地。断壁上可见明显的文化层堆积，包含有大量红烧土及仰韶时期的红陶片，红烧土中有较多房屋坍塌后的墙块。

大李庄遗址位于中牟县东南 5000 米的韩寺镇大李庄村北。遗址南部被民房叠压，地势较高，向北渐低。遗址中部原有地势较高的土堆，现因取土在南部靠近村庄的位置形成深坑。取土坑断壁上可观察到明显的文化层堆积，包含有大量红烧土、炭粒及仰韶时期红陶片。

此次发掘，共清理灰坑 16 个、墓葬 3 座、房基 1 座、灰沟 2 条等，年代跨度从仰韶中晚期至明清时期。仰韶晚期遗存的发现最为重要，出土器物以素面为主，另有线纹、弦纹、篮纹、附加堆纹等，器形主要有小口高领瓮、敛口钵、弦纹罐、卷沿盆、粗绳纹折肩罐等。

通过发掘，获得了一批仰韶晚期的遗存，进一步搞清了郑州地区仰韶文化时期的文化面貌、聚落的分布和发展。（武志江）

平顶山市陶庄新石器时代汉及明清遗址

发掘时间：2010 年 10 月 ~12 月
工作单位：西北大学文化遗产学院

为配合南水北调工程，对陶庄遗址进行了发掘。在 2500 余平方米的范围内，共清理灰坑 70 个，其中史前时期灰坑 6 个、汉代灰坑 64 个。墓葬 38 座，其中汉代墓葬 34 座，除 1 座土坑墓外，余皆为带墓道的砖室墓，随葬品以陶器为主，也有铜器及铁器。明代和清代墓葬各 2 座。房屋基址共 7 座，其中史前房址 1 座，汉代房址 6 座，皆为半地穴式，平面多作圆形。还发现史前陶窑 2 座，汉代沟渠遗迹 4

条，明清时期道路 1 条。遗址内出土史前时期遗物主要有陶器和石器，包括陶缸、陶罐、陶豆、陶杯、陶纺轮、器盖，石刀、石镰、砺石等。周代遗物多见陶鬲足。汉代遗物有陶罐、陶壶、陶盆、陶仓、陶磨、陶井、铜镜、铜刀、铁镞等。明清时期遗物有瓷罐、铜纽扣、铜钱等。

该遗址史前时期遗存的发现尤其重要。据陶器等遗物特点分析，陶庄遗址史前遗存的时代基本可认为属庙底沟二期文化至龙山时期。陶缸、罐、甑、豆的器形特点与豫西三里桥等遗址出土同类器相同或相近，绳纹和附加堆纹发达，并有一定数量的方格纹，这些都是中原龙山文化的典型特征。值得注意的是，陶器中薄胎体折腹杯以及宽扁形鼎足等陶器的存在，可看出其与石家河文化联系较密切。石家河文化主要分布于江汉平原和鄂西一带，平顶山地区在地理上处于中原和江汉平原的交接地带，陶庄龙山时期遗存内涵既具中原文化典型特征，又具有长江中游文化特点，说明平顶山早在史前时期就是南北方文化的碰撞地。其丰富了学界关于这方面的认识，为深入研究龙山时代乃至中国史前时期南北方文化的交流与融合，提供了值得重视的资料。

陶庄遗址汉代墓葬的发现丰富了该地区相关考古资料，墓葬形制有别于中原同时期墓葬而具自身特色，为该地区汉墓与中原墓葬对比研究增添了新的实例。灰坑众多，并有一定数量房屋基址发现，为认识该遗址的内涵与性质提供了依据。（赵丛苍）

汝州市李楼龙山文化遗址

发掘时间：2009 年 8 月 ~12 月
工作单位：河南省文物考古研究所、汝州市文物局

为配合西气东输的建设，对管道占压部分两侧进行考古勘探与发掘。前后两年发掘总面积为 900 平方米。

发现遗迹计有 154 个，计有环壕 1 条、灰坑 107 个、灰沟 6 条、房基 10 座、墓葬 13 座、瓮棺墓 16 座、水井 1 眼、灶 1 座。出土遗物有石、陶、骨、蚌四类。除大量的篮纹、绳纹、附加堆纹、磨光陶器残片外，还有田螺、兽骨、鹿角等食用动物遗骸。其中完整或可复原小件器物共 115 件，计有石斧、石锛、石镰、石刀、砺石、石纺轮、陶纺轮、骨锥、蚌锥、蚌镰等生产工具和加工工具；石球、石镞、骨

镞等狩猎工具；陶鼎、罐、斝、豆、壶、杯、瓮、盆、器盖等生活用品；骨笄、蚌饰等装饰品。

在遗址西南边缘的发掘区内发现了一段大致呈东西向的长约110、口宽6～8、深度3米以上的壕沟，它应是围绕此聚落遗址的环壕的一部分。由于地下水位较高等原因，整个环壕的形状与周长乃至深度尚不明确。

在遗址南边缘靠近环壕的内侧（即北侧），发现一处东西长约80、南北宽约25米的近长方形夯土台基，夯土厚度为30～80厘米。夯土台基上面分布有很多柱坑或柱洞等房屋建筑遗迹，被王湾三期文化煤山类型的灰坑与灰沟打破。这一大型夯土台基原是一宫殿式建筑基址，在废弃之后出现了很多灰坑与灰沟，继而又在上面建筑房屋。

该遗址是王湾三期文化煤山类型的一个聚落。遗址所出土生产工具、生活用具以及食物品种表明：龙山文化时代的人们过着以农耕为主，兼以狩猎与采集等多种经济模式相辅助的定居生活；其宫殿式建筑形式开辟了二里头文化宫殿建筑的先河。为研究河南龙山文化时期汝河流域古代先民的生产方式、生活状况与丧葬习俗提供了实物资料。（王龙正　王利彬）

郑州市梁湖龙山文化与商代遗址

发掘时间：2009年4月～8月；
　　　　　2010年5月～9月

工作单位：郑州市文物考古研究院

遗址位于郑州市区东南部经济技术开发区梁湖村以东，南三环以北区域。遗址西北距郑州商城约8千米，北边距祭伯城4千米左右。配合工程建设，对工程区进行了考古调查和发掘，取得了重大收获。

梁湖遗址西部地势较高，东部地势低洼，为起伏不平的岗地，处于郑州东部湖泊西南的边缘地带，遗址面积达20万平方米，是一处包含有龙山、商代及汉代、唐宋、明清时期的文化遗存。两次发掘的重要收获是发现商代不同阶段文化遗存，主要有商代二里岗期环壕聚落、白家庄期祭祀遗存及殷墟三、四期的大型建筑基址。

2009年发掘区域主要集中在遗址东部，发掘面积5600平方米。清理灰坑窖穴177座、房址7座、墓葬17座、灰沟4条、水井3眼、古路1条、窑址1处。出土大批文化遗物。发现有龙山、商代、汉代、唐宋和明清时期文化遗存。重要的是发现了商代白家庄期和殷墟三、四期文化遗存，有房址、灰坑、祭祀坑和墓葬等遗迹。特别重要的是发现了殷墟三期大型建筑基址（F6）和其周边的人祭坑。

龙山文化时期的遗存主要分布在遗址西南部，发现房址1座、灰坑19座、灰沟1条。房址为半地穴式建筑，由门道、居室、柱洞等组成。灰坑比较规整，多为圆形袋状，斜壁，近平底。灰沟G4东北西南走向，发掘长度42米，开口宽1.05～1.4米，沟深3米左右，此沟可能是龙山时期该遗址的防御设施。出土遗物以陶器和石器为主，少量骨器和蚌器。陶器以泥质灰陶和砂质灰陶为主，砂质棕陶、砂质黑陶和泥质黑陶较少。器表除素面磨光者外，以拍印绳纹居多，篮纹次之，少量方格纹和弦纹。主要器形有鼎、甗、深腹罐、鬲、深腹盆、碗和纺轮等。石器有石铲、镞、镰、凿等。

商代遗存在遗址各处均有分布，发现房址6座、灰坑153座、墓葬7座，此外还有水井等遗迹。发现的6座商代房址，以大型建筑基址F6、F7最具代表性。F6平面呈长方形，方向为南偏西，东西长20.75、南北宽15.25米，采用中间立柱，周围用夯土打墙，上部起架而成。屋内发现残存柱础（磉礅）35个，其布局东西8排，南北6排，形制有椭圆及近圆形，有明显的夯打痕迹。房址墙体仅残存东墙和北墙东端部分，墙壁较直，土质致密，经过夯筑。房外西南部、东部和东北部发现有宽0.5、残深0.1米的小水沟，可能是F6的散水。室外地面平坦，西部有一椭圆形蓄水池，池的东边缘中间有一斜坡台阶，可能为方便上下。西南部有一个大水坑，利于排水和蓄水。房址的西南、西北和东北部发现有瓮棺和陶器坑，瓮棺内葬有小孩骨骼或人头骨，应是建筑基址奠基坑或祭祀坑。F7为一双间式建筑，紧临F6东侧，推测可能为F6的配房。

灰坑、窖穴分布较为密集，有圆形、椭圆形、长方形。7座墓葬中长方形竖穴土坑墓4座，均仰身直肢。椭圆形1座。瓮棺葬2座。这些墓葬与F6关系密切，应是F6的奠基或祭祀坑。出土遗物主要有陶器、石器、骨器、卜骨等。陶器以夹砂灰陶为主，另有夹砂红褐陶、泥质灰陶。器表纹饰多绳纹，其次为弦纹。器形有鬲、罐、瓮、盆、簋、尊等，其中以鬲最为典型。石器有石铲、石镰、石凿、石斧等。骨器有骨锥、骨簪、骨镞等。蚌器有蚌刀、蚌镰等。另外还出土有数量较多卜骨、牛角和鹿角等动物骨骼。

2010年发掘区位于2009年发掘区的西南部，发掘面积8000平方米。共发掘灰坑159个、墓葬17座、灰沟4条、水井5眼、陶窑3座、房址3座。发现有龙山、商代、汉代、宋代和明代文化遗存。重要的是发现商代前期的环壕聚落和白家庄期祭祀遗存。

龙山文化时期遗存主要分布在发掘区东北部，与2009年发掘的龙山文化遗存相连。发现龙山文化时期灰坑11座、灰沟2条。灰坑多为圆形袋状坑，另有2座长方形坑，坑壁陡直，可能为窖藏坑。灰沟为长条形，其中G4为2009年发掘的同一条沟，东北西南向延伸，可能为排水或供水系统。

商代遗存分布密集，发现有壕沟、灰坑、水井、墓葬等文化遗迹。其他遗迹主要分布于环壕G5之内，壕沟的外围也有分布。

G5位于遗址西南部，平面形制近圆形。北部边长140米，东、西各长120米，南部边长140米，周长500米，面积近2万平方米。沟宽2~7、深1.5~2.2米。壕沟西部和北部较宽和深，东边南北向渐窄，东南部最窄，可能是与外界来往的出口。壕沟内部分布有灰坑、墓葬等遗迹现象。壕沟外部北、东、南三面均有商代文化遗存分布。沟内堆积分3层，出土遗物主要有陶器、石器、骨器、卜骨等。陶器以夹砂灰陶为主，另有夹砂红褐陶、泥质灰陶。器表纹饰多绳纹，其次为弦纹。器形有鬲、罐、瓮、盆、簋、尊等。石器有石铲、石镰、石凿、石斧等。骨器有骨锥、骨簪、骨镞等。蚌器有蚌刀、蚌镰等。另外还出土有数量较多的卜骨、牛角和鹿角等动物骨骼。

灰坑114座，以圆形、椭圆形、长方形为主；坑内填土多为一次性堆积，有少部分经多次堆积形成。墓葬9座，多竖穴土坑墓，其中带腰坑的墓1座，瓮棺葬1座。

梁湖遗址地处郑州商城的东南部，是目前发现距郑州商城最近的一处商代中小型聚落遗址。文化遗存以龙山晚期、商代早、中、晚期为主。本次发现的商代早期环壕聚落，作为郑州商城的外围最近的一个聚落遗存，对商城的作用初步推断具有军事防御体系的性质，极有可能是拱卫郑州商城的军事堡垒。白家庄期文化遗存主要是围绕一个大型水塘（H292）的祭祀场所，发现了牛头坑、马坑、人祭坑等遗迹。这种水祭特征在郑州凤凰台商代遗址中也有发现。白家庄期遗址以往发现的有郑州西北小双桥遗址，这次在郑州东南部发现同期的文化遗存，对于郑州地区白家庄期文化遗存分布、聚落结构的认识和探讨提供了新的研究材料。郑州地区的晚商聚落遗址，以往曾在郑州西北发掘过荥阳关帝庙遗址。梁湖遗址晚商聚落的文化特征与荥阳关帝庙遗址具有一定的承袭关系，其年代主要是殷墟三、四期遗存。大型建筑基址和基址周围的奠基或祭祀坑的发现，表明商代晚期郑州商城区域政治、经济再次达到相当繁荣的水平。为探讨商代晚期中小型聚落遗址的性质、布局、建筑方式等提供了新材料，同时对研究郑州商城的衰退和商晚期的再次兴盛提供了重要线索。对于郑州地区晚商中小聚落的研究具有重要意义。（信应君）

禹州市后屯龙山文化遗址及汉唐墓葬

发掘时间：2010 年 8 月 ~11 月
工作单位：南京师范大学文物与博物馆学系

遗址地处禹州市后屯村北颍河南岸的二级台地上，西距瓦店遗址约 4 千米，经过勘探，确认文化遗存面积约 3 万平方米。这次在南水北调干渠占压范围内发掘2140 平方米，堆积有龙山文化、汉、唐三个时期，出土各类珍贵文物 500 余件。

遗址的堆积分四层，第①为耕土层；第②为褐土层，清理汉代墓葬 15 座、灰坑 8 座、灰沟 3 条，唐代墓葬 2 座；第③ ④为灰土层，清理龙山文化房址 4 座、灰沟 2 条、灰坑 44 座、墓葬（含瓮棺葬）8 座。龙山文化遗存是这次发掘的重大收获：（1）G2 纵贯发掘区西部，已揭露长约 40、宽 5、深 2.5 米；G4 长 8、宽 1.5、深 5 米；这些灰沟的地层关系清楚、开挖规整、规模大、沟内出土遗物丰富，对探讨龙山时期聚落布局中的沟壕现象有十分重要的意义；（2）发现多座完整的瓮棺葬，其瓮棺完整、骨骸（婴儿）犹存，是了解此时人们丧葬习俗的典型材料；（3）发现的房址和典型的白灰面遗迹，为了解此时期先民居住特点提供了新资料；（4）灰坑形式多样，其中新发现的圆形袋状带长条形洞室的灰坑（H40）形制十分奇特；（5）出土的典型陶器有鬶、斝、壶、研磨钵、夹砂厚胎罐、彩陶纺轮、红陶杯形器等，丰富了禹州瓦店遗址的龙山文化陶器类型，为河南龙山文化王城岗类型的研究提供了很有比较价值的资料。

清理汉代墓葬15座，形制有石椁墓、三竖穴式过洞式砖室墓、双竖穴式过洞式砖室墓和竖穴式“刀”字形砖室墓等。其中三竖穴式过洞式砖室墓的形制奇特，三竖穴深挖后前后相通，依次为“墓道”、“天井”、“砖墓室”三部分，这是根据当地特有的土质特性进行科学设计、巧妙构思的产物，符合汉代“深埋厚葬”的特点，这种结构形式对唐代墓葬有重要影响。这批汉代墓葬虽多已被盗，但也出土了一些随葬品，陶器有壶、耳杯、碓、磨、灶垫、猪圈及花纹砖与空心画像砖等；铜器有镜、带钩、盆、刀、钱币（有“五铢”“大泉五十”、“小泉直一”、“契刀”）；铁器有刀、剑等；玉器有蝉、眼罩等；画像石墓门等。墓葬大都用花纹砖或带有花纹图案的空心砖垒砌而成，其中M11的墓门是由11块印有人物建筑及车马出行等图案花纹的空心砖组合拼砌而成，图案精美；画像石墓门的楣、框、扉、栏、槛组合完整，实为难得，其图案雕刻粗犷奔放，时代特点鲜明。（周裕兴　王根富）

淅川县老人仓龙山文化东周汉晋及元清遗址

发掘时间：2010年7月~11月
工作单位：四川大学考古系

遗址位于淅川县滔河乡老人仓村五组，地处属丹江南岸的一级台地、在老人仓村北部约300米的高台地。地理坐标为北纬32.59°，东经111.18°，高程159~162米。

此次发掘面积2100平方米，清理出大量的遗迹遗物。灰坑47个，其中清代8个、元代32个、东周6个、龙山1个。清代灰坑均为不规则形，主要分布在东区；元代灰坑有圆形和不规则形两种，圆形较少，两区都有分布。东周时期灰坑则以圆形居多，主要分布在东区的西部；龙山时期灰坑仅发现1座，为袋状，在东区的西北部。沟有17条，仅1条属东周，余为元代。东周时期的沟分布在东区的西部，贯穿3个探方并向西北延伸，其沟壁光滑，有明显的加工痕迹。元代沟两区均普遍，部分光滑、部分属自然沟之类。灶15座，均属元代，灶坑小，集中出土在南区和相邻地区。由于上半部多遭到破坏，仅剩余底部很小一块红烧土。墓葬12座，清代9座、汉晋3座。清代墓葬均分布在东区的北部，均为竖穴土坑墓，以灰瓦为枕，发现朽棺。出土有道光通宝、乾隆通宝。汉晋墓葬则有3座为砖室墓。汉墓有1例为券顶，1例由于遭到破坏不明，1例晋墓出土陶质盘口壶，其起券至顶部时再平铺一层横砖为顶。3墓集中在南区和其相邻的东部地区，此外，还发现1例汉代瓮棺葬，用大灰陶瓮倒置。由于遭到破坏，仅剩底部，地处东区的东北部。井1座，元代，砖构井圈，地处东区的最西南部。

遗物时代分为清代、元代、汉晋、东周和龙山五个时期。清代遗物有"乾隆通宝"、"道光通宝"两种铜钱，还有青花瓷碟和瓷片等。元代遗物最多，有大量的青、白瓷片，器形有碗、碟、盏、罐、壶等，还有点彩的碗、佛像，此外还出土铁杈、铁钱、锄头、锅等及各种陶质建筑构件。汉晋遗物出自墓葬，有陶盘口壶、陶瓮、仓、罐、魁、耳杯和五铢、货泉等铜钱。东周时期遗物也多，但器形多残，可辨识有鬲、盂、豆、罐。龙山时期遗物甚少，唯发现陶片，有圈足盘底、鼎足、罐口沿，或素面，或施篮纹。(吴小平)

郑州市升龙凤凰城商代遗址

发掘时间：2010年9月~10月
工作单位：郑州市文物考古研究院

共发掘面积2900平方米，清理商代灰坑138座、汉代灰坑2座、商代墓葬3座、汉代墓葬1座、商代灰沟4条、明代2条、汉代陶窑1座、明代水井1处。重要的是发现商代二里岗期灰坑、墓葬及灰沟。

商代灰坑分布较为密集，形状有椭圆形、圆形、长方形和不规则形。坑壁规整，底近平。出土了较为丰富的遗物，有大量的商代陶器、卜骨、骨器、石器、蚌器、动物骨骼等。陶器数量较多，以泥质灰陶为主，夹砂陶所占比例较大，另有少量褐陶，纹饰以绳纹为主，另有弦纹、附加堆纹等，器形有簋、鬲、大口尊、盆、钵、罐等。骨器有骨锥、骨镞、骨簪、骨匕等，石器有石斧、石铲等。

灰沟多为长条形。特别是G4，发掘暴露长度49.5、宽1.2~2.3米，沟内出土大量二里岗时期的陶片，其性质有可能是防御性质的沟壕。

商代墓葬均为长方形竖穴土坑墓，形制规整。葬式仰身直肢。随葬品有陶器、铜器等。陶器一般放置在头前端或脚端，铜器放置在胸部。陶器均为灰陶，器形有鬲、簋、爵、斝等，铜器有铜箭头、铜铃、铜刀、铜泡等，另出土有骨珠等饰件。汉代墓葬形制呈刀形，破坏严重，墓底铺有一层板瓦、陶片等。

凤凰台商代遗址 2008 ~ 2009 年曾进行过考古发掘，发现大面积商代二里岗期文化遗存。本次考古发掘又有重要考古发现，特别是该处遗址位于郑州商城外廓城的东南部，为研究郑州商城的布局、自然环境和埋葬习俗等提供了重要的实物资料。

（信应君　刘青彬）

郑州市西绕城公路商代及战国汉代墓葬

发掘时间：2010 年 1 月 ~ 3 月

工作单位：郑州市文物考古研究院

墓葬位于郑州市高新经济技术开发区和柳林镇连接区域，后庄王村和小双桥村之间约 2 千米的范围内。为配合郑州市西绕城公路改建工程建设，对路基占压区域古文化遗迹和墓葬进行考古发掘，共清理商代灰坑 28 座、墓葬 253 座。墓葬包括战国墓葬 175 座、汉代墓葬 77 座、晋墓 1 座，出土了大量遗物。

商代灰坑包含有椭圆形、圆形、不规则形、长方形等，结构大多为直壁平底，少数为斜壁平底。长方形灰坑一般均很深，且出土大量的陶器，应为当时的高级窖藏坑，其余形状的灰坑较浅，应为当时倾倒垃圾的垃圾坑或取土坑。商代陶器有鬲、罐、盆、瓮、尊、簋、捏口罐，石器有铲、斧、刀等，骨器有骨簪，蚌器包括蚌壳和蚌刀等。

战国墓葬保存较好，形制多为土圹墓，少量空心砖室墓，多数墓葬带有二层台，结构大多为斜壁平底，少量直壁平底。墓中一般有人骨架，葬式仰身直肢、仰身屈肢、侧身直肢、侧身屈肢等。出土有陶器、玉器、铜器等。陶器包含罐、鼎、壶、豆、盘、匜、敦等，玉器有环、璧、珠等，铜器有铜带钩、铜璜、铜钱等。

汉墓大多数被盗扰，均带有长方形墓道，结构基本为直壁平底，墓室分为土洞和空心砖室。出土有陶器、铜器、铁器等随葬物品。陶器有罐、釜、壶、瓶、杯、瓮、仓等，铜器有铜洗、铜剑、铜镜、铜钱等，铁器包括铁削、铁带钩等。

这些遗迹现象及出土遗物所

蕴含的文化信息，反映出当时的生活形态以及社会发展水平，对于研究当时的自然环境、社会生产、生活状况等提供了实物资料及科学依据。（信应君　吴倩　刘青彬　靳晓倩）

郑州市银江实业商务楼商周遗址

发掘时间：2010 年 5 月

工作单位：郑州市文物考古研究院

对郑州市银江实业商务楼工程区内古代文化遗存进行了抢救性考古发掘，发掘面积 500 平方米，清理古代灰坑 64 个，墓葬 6 座。其中商代灰坑 4 个、西周灰坑 22 个、东周灰坑 38 个；墓葬均为商代。出土的文物有陶器、骨器、石器、蚌器、玉器、贝币及鹿角等，数量众多，种类丰富。H15 出土的薄胎卷沿细绳纹陶鬲为二里岗下层一期典型器物。商代的玉戈玉饰件及贝币保存较好。西周的骨匕、石刀及战国的蚌镰制作精致，均有使用痕迹。这批文物不仅有较重要的历史文化价值，还有着较高的艺术价值。

本次发现的用牛、羊、人进行祭祀的 3 座西周祭祀坑，不仅为我们研究西周时期的祭祀制度提供了极珍贵的材料，更反映出该区域可能是西周时期较为重要的一处政治活动场所。根据对墓葬内人骨架的鉴定，发现 M5 墓主人的第二、第三节颈椎融合，推测其生前可能患有颈椎病，这为骨骼病理学的研究提供了重要的实物资料。

本次发掘为研究郑州地区商周时期的祭祀、埋葬习俗、社会生产、生活状况等提供了一批较重要的实物资料。（信应君　鲍颖建）

荥阳市官庄两周遗址

发掘时间：2010 年 10 月 5 日～2011 年 1 月 20 日

工作单位：郑州大学历史学院考古系

遗址位于荥阳市高村乡官庄村西部，平面形状略呈东西长方形，重点区域东西长约 1300、南北宽约 900 米，面积约 117 万平方米。为配合南水北调中线工程建设对该遗址进行了考古勘探、发掘。

本次发掘总面积 4000 平方米。文化堆积可分为④层：①层为耕土层，土呈浅灰色，内含有现代砖瓦残块和植物根系；②层土呈浅黄色，土质较细腻，结构疏松，包含有少量的炭屑、红烧土颗粒及唐、宋代白底黑花瓷片；③层土呈褐色，土质较硬，结构紧密，内含有少量的炭屑、红烧土颗粒，发现有西周晚期至春秋时期的各种陶片等遗物；④层为次生土，土呈深褐色，土质结构紧密，内含有少量的红烧土颗粒、木炭屑等。

官庄遗址遗迹现象丰富，叠压打破关系复杂。截至目前，共发掘各类遗迹241个，其中西周及春秋时期的灰坑199个、灰沟3条、房址1座，西周时期的防御性环壕1条，明清、唐宋、东汉及西周春秋墓葬37座。出土遗物丰富，有青铜、陶、石、骨、蚌等质地的文化遗物。

灰坑以西周时期的占绝大多数，其形态有圆形、椭圆形、长方形、不规则形等几种，以圆形为主。圆形灰坑根据其结构可分为直壁、斜壁、袋状等几种，平底者居多，也有斜底和圜底者。共发现西周墓葬15座、春秋时期墓葬12座、东汉墓葬3座、唐宋墓葬3座、清代墓葬及近代墓葬各2座。从考古发现看，西周和春秋时期的墓葬皆为土坑竖穴墓，东西向居多。所发现的东汉墓也为长方形土坑竖穴墓，唐宋及近代墓则基本为带墓道的洞室墓。

勘探与发掘表明，荥阳官庄遗址外围有大型环壕。据钻探知，环壕南北长849、深2.7～4.2米，为一规整的东西长方形，其面积为107万平方米，人工构筑痕迹明显。12月初又在发掘区北侧发现了保存完好的春秋时期的贵族墓地，发现有保存完整的、棺椁齐备的青铜器墓及仿青铜礼器的陶器组合墓多座，出土的青铜器有鼎、敦及舟型器，更说明该遗址自西周至春秋时期的政治重要性。（陈朝云）

荥阳市穆寨西周春秋汉唐遗址

发掘时间：2010年11月6日～2011年1月6日

工作单位：郑州大学历史学院考古系

穆寨遗址又称官庄遗址B地点，位于荥阳市高村乡穆寨村北约300米。遗址处于平原地带，地势较周围稍高，现为耕地。为配合南水北调中线工程建设，对该遗址进行了考古勘探、发掘。地理坐标为北纬34°5′6″，东经113°22′28″，高程116米。

本次发掘面积2000平方米。遗址的地层堆积：①层为耕土层，厚为15～25厘米，深灰色，结构疏松，包含有近现代砖瓦块和大量植物根系；②层为唐宋时期文化层，厚30～45厘米，浅黄色沙土，土质较软，结构疏松，包含有唐宋时期的瓷片；③层为汉代至春秋时期文化堆积层，厚35～55厘米；④层为春秋至西周晚期文化层，厚20～45厘米。目前发现的遗迹可分为三个时期，即西周晚期至春秋时期、汉代和唐代。

目前已发现的遗迹主要以西周晚期至春秋时期的最为丰富，其中灰坑234座、灰沟7条、房址1座、水井2座，出土大量陶片、少量石器、蚌器、骨器和铜器等。另外还发现有春秋早期陶窑1座、墓葬4座。

出土的遗物主要为陶器、石器、蚌器、骨器、铁器、铜器，其中小件数量为63件。陶器主要有鬲、盆、罐、豆、鼎、瓮、釜、纺轮、甑、拍子、祖形器等；石器主要有铲、锛、凿、网坠、圭、璧等；蚌器为蚌刀和蚌镰；骨器为骨簪和骨锥；铜器为铜箭镞2件、铜剑1件；铁器为1件汉代的铁臿。

此次发掘取得了阶段性成果，对遗址的范围、地层堆积情况以及文化面貌有了进一步的了解，为今后的研究工作奠定了基础。（韩国河　朱津）

潢川县黄国故城

调查时间：2010年11月～2011年1月

工作单位：河南省文物考古研究所

黄国故城位于信阳市潢川县西北6千米的隆古乡，南临老龙埂水库，宁西铁路从遗址北部穿过。遗址北高南低，略向东南倾斜，寨河流经黄国故城经堡子口注入淮河，为三级流域区。属全国重点文物保护单位。

为实施国家文物局课题——“信阳地区先秦城址考古学调查”，对黄国故城进行了调查、勘探，勘探面积280余万平方米，取得了重要收获。

共发现灰坑34座、灰沟24条（城壕除外）、陶窑4座、水井1眼、道路1条、夯土基址7处（城墙与黄君台除外），确定了6处城门（或出口）。发现道路与排水系统。传统意义上的“路土”仅发现很小的一段，而城内、外发现的20余条灰沟相互贯通，并通过城墙的缺口与城外水系相通，可能起到了水道或航道的作用，构成黄国故城独特的排水与交通系统。城内的大型建筑基址集中在城址南部及西南部，如黄君台及城址西南组夯土，夯土基址周围都有灰沟环绕，形成相对独立、封闭的区域。（武志江）

新郑市赵庄东周墓地

发掘时间：2010 年 5 月 ~12 月
工作单位：郑州市文物考古研究院

墓地位于新郑市新村镇赵庄村西的一条南北向沙岗之上。赵庄墓地海拔高度 136 米，地理坐标为北纬 34°26′45″，东经 113°44′8″。赵庄墓地南距郑韩故城北城墙约 3 千米。墓地南北长 560 余米，东西宽近 200 米，总面积超过 10 万平方米。为配合南水北调工程建设，对墓地进行考古发掘，发掘各类遗迹 209 处，出土了一批精美器物。

灰沟 2 条，战国时期，西北—东南走向穿过墓葬区，G1 宽 5 ~6、深 2. 5 ~2. 8 米，G2 宽 1. 5 ~2. 5 米，G1 叠压并完全覆盖 G2。沟分两期，均为战国时期，G2 淤平后又再次在同一位置被疏通开挖 G1，宽度、深度均有所扩大。两条灰沟长达 500 余米贯穿墓葬区，与墓葬区同时期，初步分析可能为墓葬区排水设施兼具宗族（公共）墓地范围分界的标志。马坑 1 座，葬 3 匹马、1 只狗，战国时期。马头西尾东面南依次躺卧；狗头西尾东，躺卧于中间马匹的尾部，狗的颈部有一串骨珠。马及狗均为杀死后摆放成形陪葬，具有典型的周人遗俗。墓葬 206 座，宋墓 2 座。均为土坑竖穴墓道洞室墓结构，迁葬墓。墓道长方形，南向，墓室近方形，穹顶。其中 M28 保存局部壁画，为夫妻宴饮图，出土 1 买地券砖。M63 坍塌盗扰严重；汉墓 4 座。均为带墓道砖室墓，墓砖为子母砖，侧面饰花纹，出土铜镜 2 面，大权五十 10 余枚，陶器有陶灶、陶量、陶甑、陶缸、陶罐、陶碗等。墓道为斜坡状，方向有南有北，其中墓道的一侧大多与墓室一侧在一条线上。平面呈不规则“凸”字形；东周墓葬 200 座，均为土坑竖穴墓，大多口大底小，个别带墓道，且墓道大于墓室。墓葬盗扰严重，南北向分布占比达 70%，余为东西向分布。按墓葬结构分，大致分三类：无棺椁、一棺、一棺一椁；按陪葬品结构分，大致分三类：腰坑墓、壁龛墓、无腰坑壁龛墓（此类墓又可分为有无头箱类）。葬式主要为仰身直肢和屈肢葬。

出土遗物陶器有鬲、罐、豆、壶、盂、鼎、敦、盘、罍、匜、舟、尊、灶、量、瓮、甑、钵等。其中仿铜器墓陶器组合大多为鼎、盘、舟、匜、敦、罍或尊。仿铜陶器大多为白衣素面，部分仿铜陶器饰有暗纹彩绘。器足流行兽首纹蹄形足，耳多饰兽首纹。玉器有牌、柱、琀、璧、璜、玦、环、圭等；另有水晶珠、水晶环、玛瑙珠、玛瑙环等。青铜器有镜、箭镞、铃、带钩、铺首、环、舟、敦、戈等。骨器有贝、镳、珠、梳、笄等。

通过发掘和地形地貌分析，赵庄墓地南距郑韩故城约3千米，墓地东周墓葬具体时代为春秋中晚期至战国早中期。墓葬中出土较多铜铃及成套的仿铜陶器组合，器足及耳饰流行兽首纹，与郑韩故城内及其周边出土各类青铜器、陶器文化风格类似，初步推测这是一处郑国宗族公共墓地，一直延续至战国中晚期。大型公共墓地的出现有可能与郑韩故城内某一宗室有关，这为郑韩故城周边族属分布及郑文化发展与演变的研究提供了重要科研素材。(黄富成)

淇县宋庄东周墓地

发掘时间：2009年2月~2010年5月

工作单位：河南省文物考古研究所

墓地位于鹤壁市淇县西岗乡宋庄村东、方寨村南，淇河西岸的一级台地上。盗墓者疯狂盗掘，极难保护，对其进行抢救性考古发掘。

共发掘墓葬19座，其中17座为东周时期，2座为汉代。东周时期墓葬分为大墓、中型墓和小型墓。

大墓7座，4座被盗。为甲字形，由墓道和墓室两部分组成，全长25~40米。墓道呈斜坡状，宽2.6~3.9米，直壁略内收，加工规整。墓室位于墓道西部，平面呈方形，5~8米见方，直壁，平底。填土五花夯土。墓底有边箱，椁室，殉人和腰坑。随葬品多数放在边箱内，有铜器、陶器、石器、骨器等，铜器组合为鼎、敦、豆、壶、盘、匜，均有乐器编钟、磬，车马器等。青铜鼎为列鼎，多则7，少为3。陶器组合为鬲、豆、罐。玉器均随葬在棺椁之间。

中型墓6座，保存较好，仅M11早期被盗。均为土坑竖穴，3.5~4米见方，墓室结构布局与“甲”字形墓近似，有边箱、棺椁、殉人、腰坑。随葬品有青铜器、玉器、陶器等。但数量和级别较“甲”字形墓低。

小型墓4座，均为土坑竖穴，长3米以下、宽2米以下，有单棺，随葬有陶器、牺牲，陶器组合为鼎、盂、鬲、豆、罐。

通过发掘抢救了面临被盗的文物，了解到宋庄墓地是一处保存完整的东周时期贵族墓地；墓葬分布排列规律；结构特殊；殉人盛行；殉葬大量牺牲；共出土铜、玉、陶、石、骨、贝等各类文物1000余件套，其中青铜器260余件套。具有很高的学术、艺术价值。已经发现部分青铜器上有铭文，为研究东周时期该地区的历史、政治、经济、文化、葬制、葬俗提供了重要线索和实物资料。(韩朝会)

淅川县玉山岭战国贵族墓

发掘时间：2010年12月初～2011年1月

工作单位：河南省文物考古研究所

2010年底，淅川县公安局破获一起盗墓案件，追回被盗青铜随葬礼器一组，从出土器物分析这应是一战国早期贵族墓葬的随葬青铜礼器组合。

墓葬位于淅川县仓房乡沿江村陈家沟口北玉山岭东部一台地上。北侧隔赵家沟岭与徐家岭相望；南侧过郑家沟口岭就是著名的下寺东周墓楚墓群。抢救性发掘情况如下。

墓葬东西向，东侧有墓道，墓口长11、宽10.4米，墓道宽2.7、残长1.5米。现墓口距墓底深7.9～8米，三层台阶，墓壁倾斜内收，墓壁上有一层光滑的黄黏土涂层，墓底长5、宽4米。盗洞在墓室中心部，长1.42、宽0.7米，直达墓底后向周边外扩，基本掏空了椁室及外侧二层台，3个支撑土柱下残存3块黑红相间的椁板彩绘，椁室头部劫后遗存1件青铜盖豆和两件青铜杯。

玉山岭楚国贵族青铜器墓葬从建墓方式观察，墓葬上部覆盖一层白膏泥，应是防止地表降水的下侵。上部每层台阶和四侧台阶的宽度相等，台阶高度等差递加，墓壁倾斜角度统一。墓壁加工，表面光滑。规范的建墓技术显示战国时期楚国严谨的墓葬制度，亦说明在战国时期楚国贵族对墓葬制度的重视。

器类复杂，组合完整，包括了礼器类的食器、酒器、水器，还有车马器、兵器。完善的青铜礼器组合表述了战国时期楚国贵族严格规范的礼器制度，镬鼎1件及列鼎3件确认了墓主人的等级身份为士，没有青铜乐器出土也说明墓主身份到不了大夫等级，但是组合中包括盘匜、鉴匜两套水器及杂器青铜箕又透露出墓主地位的特殊，或者可以认为是战国时期楚国特有的青铜礼器组合方式。

从出土器物观察，镬鼎（附耳鼎）腹部和耳部都装饰有精美的粗线条蟠螭纹，腹部有一纵贯的修补加固痕迹，可以确认其为一实用器物，结合整个随葬器物群器壁大都较薄，说明战国时期楚国青铜器铸造技术的进步，亦从一个方面说明随着青铜礼乐器制度的涵盖范围的泛化、制度本身的固化以及其他一些因素造成制度本身的淡化，泛化与淡化又使得这一时期楚国贵族阶层各等级经济实力的普遍下降的现象。青铜杯器身镂空，遍布纹饰，相当精美，充分展现了东周楚国青铜文化的飘逸与华丽。墓葬出土青铜盖豆与辉县甲乙墓、洛阳西工区M203等出土同类器物器形相近，该器物显然不是楚文化体系器物，应是接受中原青铜文化影响后楚国生产的青铜礼器，结合随葬组合中其他中原风格器物和纹饰可以从器物层面说明东周后期中原青铜文化与楚青铜文化的交流。

综合分析，玉山岭战国青铜墓葬墓主为一楚国士等级贵族，随葬青铜礼器组合完善，中原因素的出现显示战国时期北方中原青铜文化影响力的扩大，这与春秋时期楚青铜文化的强势北进形成了对比。相信随着对出土器物及墓葬本身的深入研究能够更好地了解东周后期楚国青铜礼器随葬制度的特性，进而分析当时楚国贵族身份等级、社会形态的特征与变化，这也正是淅川玉山岭楚国贵族青铜器墓葬发现的意义与学术价值。（杨文胜）

新郑市战国华阳故城

发掘时间：2010年4月~11月

工作单位：郑州市文物考古研究院

华阳故城位于新郑市郭店镇华阳寨村东北。为配合郑新快速通道工程建设对该城进行考古调查和发掘，发掘面积2500平方米，发现护城河、防御墙、城壕等重要遗迹。

该城方向10°，为一处战国时期城址，坐北朝南，东南部向外凸出，城西南部内凹，平面呈束腰式曲折长方形。城墙南北长660~750、东西宽

570～630米，周长约3千米。北城墙、东城墙、西城墙保存较好，南城墙西段被村庄占压破坏较甚，但地下城基尚保存较好。北城墙基宽15～30、城墙高6～8米。城墙及其四角共筑有10个向外凸出的马面高台。北墙、西墙、东墙之马面保存较完整。各面城墙中间的缺口，我们做了重点考察和勘探工作，北缺口、南缺口、西缺口均有古代的道路连接，应为城门，东缺口因为长期冲刷较甚，地面已为深沟或凹地，是否为城门尚需继续工作。西、南两个城门的右侧有前伸的马面、左侧有城墙作环护，北城门右侧有前凸遗迹、左侧有马面拱卫，对城门安全防护极为重视，具有明显的军事防守作用。

另外，对该城的东北角、东城缺口南侧的城墙及西墙局部进行解剖，了解了该城的建造情况。其方法是，先平整墙基的地面，挖制基槽，基槽呈上宽下窄的梯形，然后夯土筑基，墙基夯出地面后墙体加宽。夯土为浅黄灰色花土，含沙量大，土质因夯打而非常坚硬、致密，夯层厚7～10厘米。夯窝大小不均，分为两种，首先采用圜底夯，此种夯窝大小、深浅不一，一般为6～13厘米，深2～5厘米，圜底夯上部铺垫薄土，再用圆形平底夯夯打平实，夯窝径为5～6、深0.1～0.2厘米，使其结合为一层，并且更加坚实，然后再用铁铲之类的锐利工具将夯层表面打毛使上下层咬合的更坚固。

城壕（G2）居于城墙和马面的外侧，倒梯形状，口宽4、底宽0.6～0.9、深4.25米，壁斜收，挖制规整。这条城壕被1米的生土隔梁分为若干段。据发掘情况分析，城壕内堆积三层，上层含有烧土块、石块等。烧土块多呈长方形，以细泥、砂石粉的掺和物为坯料，模制夯砸而成。这些烧土地层分布于护城河内侧区域，可能是城内大型窑炉遭到战争破坏后的废弃物。城壕中层为五花土，有较多的箭镞、箭杆，可能是战争的遗物。发掘长度22米，勘探长度110米。

护城河发掘长度27、宽21.2、深5.7米，河沿内侧高于外侧，壁面陡直光滑，底部平缓且有一道沟槽。护城河外侧面出土有较多的箭镞、箭杆。通过勘探，护城河距城墙及马面25～40米环绕一周。

防御墙建于护城河内沿岸上，挖槽筑基夯打而成，发掘长度68、宽1.8～2、残高0.8～0.9米。发掘区内对着马面的防御墙有宽30余米的缺口。勘探证明，防御墙仅城西部分尚完整保存。

防卫坑（H4）系修建马面时就近取土的取土坑，位于马面与防御墙的缺口之间，打破城壕（G2），呈长条形，长约80、宽12、深5.7～6.2米。取土坑正好封堵住防御墙的缺口，应是规划的防御体系的组成部分。

华阳故城的城南、城东是一条古河道，宽20～70、深4～8米，据《水经注》、《新郑县志（乾隆版）》记载："为七虎溪，亦谓之为华水也"，"华阳"因此得名。城南沟两侧为龙山、商代文化的遗存，城东沟西侧是西周时期遗存，华阳故城就坐落在古华水北面较高的岗地，距其源头郭店村南仅1.5千米。

此外还对华阳故城及周围环境进行了考古调查，发现城南有丰富的商代二里岗期、龙山文化遗存，城东及东北部为西周时期遗存，城壕上层还出土有仰韶时期遗物。这些重要的收获，不仅填补了华阳故城遗址以往无新石器文化及商周时期文化遗存的空白，并且对研究商周时期华族华国历史及古代战争史提供了重要的实物资料。

据文献记载，这里是炎帝诞生地和商周时期的"华邑"、"华国"、"华城"所在地。华阳故城是东周时期郑国韩国的北部门户，著名的华阳大战发生在这里。华阳故城东墙、西墙、南墙虽然仍有东周古城转折收缩的遗风，但在四面城墙及城角加筑了马面，数量达10个之多，是目前所知最早全方位配置马面的一座古城，也是当时城防体系最完备的中原战城。防御墙是中原东周古城考古的首次发现。这次考古发掘发现的完整系统的城防设施和大量的烧土块堆积，不仅说明华阳城是韩国的军事重镇，也是其一处重要的冶炼工业基地。（索全星）

郑州市城李战国至西汉墓群

发掘时间：2010年7月～11月

工作单位：郑州市文物考古研究院

墓群位于郑州市航空港区新港办事处（原属新郑市龙王乡）城李村东南部，其东部、南部分别为两个巨大的沙岗。配合南水北调工程，在对墓区及东沙岗、南沙岗作了文物勘探的基础上进行了考古工作，清理战国、汉代墓葬156座、灰坑3处，发掘面积5000平方米。

城李墓群地表为耕土层，黄褐色沙土，松软，厚0.3~0.45米，其下为生土。古代墓葬开口于耕土层下，均打在生土上。最深4.3、最浅0.9米，平均深度为2.6米，为战国、西汉时期墓葬。墓葬可分竖穴土坑墓、空心砖墓、带墓道的砖室墓。墓向以东西向为多，多数砖室墓为斜坡墓道，也有一些墓道呈转折式，这类墓葬的形制一般较大。墓葬均遭盗扰，但仍出土器物110件，分铜、铁、铅、陶等类，有“尚赏私印”铜印章、铜钱、铜镜、铅饰件、铁刀、陶壶、陶瓮、“五鹿”刻字罐、“宋公”刻字罐、陶灶、陶盆等，其中3面铜镜较为精美。

城李墓群北部是东周时期的苑陵故城，这次考古发掘的墓葬从战国时期延续到西汉晚期，对研究该时期的葬制葬俗及苑陵故城的文化内涵具有重要意义。（索全星）

宝丰县史营战国至两汉遗址

发掘时间：2010年6月~9月
工作单位：郑州大学历史学院考古系

史营遗址位于平顶山市宝丰县肖旗营乡史营村东南，地理坐标北纬33°53′，东经113°04′，海拔117米。遗址位于岗地上，最高处高出周围地面约4米，面积为72万平方米，其中干渠占压面积13万平方米。为配合南水北调工程中线干渠建设，对该遗址进行了考古勘探、发掘。

本次考古工作钻探面积1.3万平方米，布置10米×10米探方24个，实际发掘面积2000平方米。地层堆积可分四层：第①层为耕土层，厚0.15~0.25米。第②层为扰土层，厚约0.2米。第③层为汉文化层，厚约0.15米。浅灰色土，墓葬、灰坑等遗迹多开口于该层下。第④层亦为汉文化层，厚约0.15米。灰黑土，分布于部分地段。第④层下为次生土和生土层。共发现灰坑37个，灰沟3条，墓葬42座。出土遗物近百件，有陶器、青铜器、铁器、瓷器、骨器、石器等，以陶器为主。其中陶器有壶、罐、钵、瓮、盆、瓶、狗、井、灶、俑头、空心砖、小砖、印纹小砖、画像砖、绳纹瓦等；铜器有鉴、带钩、钱币等；铁器有釜、锛、犁、镬、刀、剑、铁块等；瓷器有罐；骨器为带刻花纹的装饰品；石制品为画像石墓门。对墓葬形制及出土遗物的分析，该遗址的主要年代应为战国晚期至两汉时期，部分遗存为宋至明清时期。

通过发掘，发现了较为丰富的汉代文化遗存以及少量东周、明清时期的文化遗存，对于了解豫中南地区的古代文化面貌具有重要意义。遗址中发现了不少别具特色的汉墓，形制可分为空心砖墓、小砖券墓、土坑竖穴墓等类型；出土一批纹饰精美的空心砖、画像砖、画像石和栩栩如生的陶俑头等文物，为了解汉代墓葬形制、葬俗以及墓葬制度提供了重要的实物资料。（张国硕　赵俊杰　孙明）

宝丰县廖旗营战国至明清墓地

发掘时间：2010 年 10 月 5 日 ~ 12 月 31 日

工作单位：郑州大学历史学院考古系

墓地位于平顶山市宝丰县城关镇村西北，净肠河西，宝丰—汝州公路西，地理坐标北纬 33° 53′，东经 113° 04′，海拔 117 米，面积为 720 平方米。为配合南水北调中线工程建设，对该遗址进行了考古勘探、发掘。

本次发掘分为 A、B 两个地点，A 地点发掘 4100 平方米，发现墓葬 57 座、陶窑 3 座、灰坑 1 个；B 地点发掘 6600 平方米，发现墓葬 76 座。

墓地的地层堆积 A 点与 B 点基本相同，①层为耕土层，厚度为 23 ~ 30 厘米，灰褐色，结构疏松，包含有近现代砖瓦块和大量植物根系；②层为明清文化层，厚 45 ~ 60 厘米，深褐色，土质较软，结构疏松，包含有明清时期的瓷片；②层下为生土。

在发掘的 135 座墓葬中，战国墓 4 座、汉墓 68 座、宋墓 18 座、明墓 13 座、清墓 27 座、瓦棺 2 座、不明时代墓 3 座。出土陶、瓷、铜、铁、金、银、石、骨等质地不同的遗物 700 余件。陶窑分别为汉代 1 座、宋代 2 座。灰坑为宋代遗迹。汉墓形制主要有土坑墓 5 座、砖室墓 60 座、石室墓 1 座和砖石混合墓 3 座。唐墓均为竖穴土坑，保存状况较差，出有铜钱、铜饰、瓷罐等。宋墓有土坑墓和砖室墓两种。明墓均为石室，墓口以石板覆盖。清墓均为竖穴土坑，分单人葬和双人合葬两种，葬式均为仰身直肢，分布集中，方向比较一致，应属家族墓地。陶窑 3 座，均由操作坑、火膛、窑室和烟道组成。其中汉代窑内发现大量成型的砖瓦，该窑应为烧制砖瓦所用。两座宋代窑共用一个工作面，窑室内发现 1 件瓷碗。

本次发掘的墓葬年代跨度较大，为研究该地区不同时期的葬制葬俗和社会生活状况提供了比较丰富的实物材料，同时为建立本地区的文化序列提供丰富资料。汉墓中出土的画像石和画像砖具有重要的研究价值，明代家族墓地的发现对于研究当地的葬俗和社会组织结构提供了科学资料。（李锋　王芳）

中牟县张庄战国宋元及明清遗址

发掘时间：2010 年 7 月 8 日 ~11 月 12 日

工作单位：郑州市文物考古研究院

遗址位于中牟县张庄镇西南部，与张庄镇开发区新修机场公路相邻，海拔高程 115 米，地理位置为北纬 34°33′391″，东经 113°52′368″。遗址南北长 300、东西宽 210 米，面积为 63000 平方米。本年度发掘任务主要对南水北调总干渠占压遗址区建设用地范围内全面进行考古勘探及考古发掘，勘探面积 49000 平方米，实际发掘 2565 平方米。共清理各类遗迹 54 处。其中战国时期灰坑 13 处、灰沟 1 条；宋代灰坑 1 处、灰沟 1 条、陶窑 1 座；明清时期墓葬 6 座、陶窑 2 座、灰坑 24 处、灰沟 4 条、道路 1 条。

出土陶、瓷器残片甚多，完整器物仅 16 件。从出土器物看，遗址的西北部即发掘范围Ⅱ区，年代早到战国中晚期，晚到宋元至明清时期，战国器物多为实用器，可辨器类中多为泥质灰陶、红陶，另见夹砂红陶，纹饰有绳纹、旋纹，器形有盂、豆、甑、釜、罐、瓮等，另见石器、兽骨等遗物；宋元时期器物多为生活生产实用器，可辨器形有白釉碗、盘、碟、黑釉瓷罐、白底黑花碗等；明清时期器物多为随葬品，其中 M2 出土陶罐、黑釉双系罐各 1 件、铜钱 1 枚，M3 出土陶罐、褐釉罐各 1 件，M4 白釉罐 1 件、铜钱 1 枚，M5 墓志砖一方、绿釉罐 1 件，M6 出土铜镜、铜钱、瓷壶、石砚、铁灯盏、铁犁铧等一批精美的随葬品。发掘所得到的实物资料为我们了解该遗址东周时期及宋元至明清时期文化遗存的分布和保存状况提供了重要线索。

遗址中南部即发掘范围Ⅰ区，也是本次发掘范围的中心区，清理出多处灰坑、道路、陶窑等重要迹象，其内出土大量红烧土块、砖块、瓦当、瓷器残片等生活生产工具。有明清时期黑釉瓷及青花瓷器残片，器形可辨有碗、碟、杯等；有宋元时期白釉、黑釉瓷，白釉类装饰有白底黑花、篦划花，器形可辨有碗、盘、碟等。

通过这一阶段的发掘，我们对张庄遗址的文化堆积状况有了初步的了解。遗址文化堆积大致可分为三个不同的历史时期：战国时期、宋元时期和明清时期等。战国时期应是一处小型聚落遗址；后经宋元时期人类活动，遗留下部分遗存，到明清时期这里形成了一处以小型竖穴土坑墓葬为主的墓地；同时发掘范围I区应是一处早至宋代，晚到明清时期延续时间较长、规模较大的一处陶窑遗址。（刘彦锋　高赞岭）

方城县大关口遗址

发掘时间：2009 年 12 月 ~2010 年 1 月

发掘单位：河南省文物考古研究所

大关口，又称仙翁关、缯关。其西为对门山、旗杆山、香布袋山，东与叶县各辖一半的黄石山擂鼓台、北岭头、尖山诸峰相对形成隘道，故称“大关口”。1985 年公布为县级文物保护单位，2000 年公布为省级文物保护单位。为配合西气东输二线管道工程，对其进行了抢救性考古发掘。

本次发掘共揭露面积 200 平方米。其中，南北关墙处布探沟 2 个，面积为 110 平方米；另利用自然冲沟，做剖沟 2 个，面积为 90 平方米 。

通过此次发掘，主要有如下收获：一、南墙西侧探沟的地层堆积大体可分为三层。第①层厚 0 ~45 厘米，为近现代层，含有大量的石块、植物根茎、草木灰烬等；第②层厚 0 ~30 厘米，含有大量碎石、红烧颗粒、炭粒，并发现民国铜元 1 枚；第③层，土质较硬，红色黏土夹杂小碎石和少量毛坯石块，未见包含物。二、北墙西侧探沟的堆积较厚，大体上可以分成三大层，第①层厚 0 ~15 厘米，为近现代层，含有大量植物根茎等；第②层厚 0 ~130 厘米，可以分成若干小层，堆筑而成，含有大量碎石、红烧颗粒、炭粒，并发现铁器（凿）1 件；第③层，与南墙第③层土质、土色相同。三、为进一步了解墙体结构，又利用自然断面和冲沟做剖沟两条，结构与上述相同。

大关口遗址较明确也较重要的是南北两道关墙，关墙内尚未发现其他遗迹，但关墙历经风雨，大多塌落，部分地表不存痕迹。大关口遗址多被认为是楚长城，且不少学者对此做过简单踏查。但目前学术界对于楚长城的走向、建筑形式及修筑年代还存在争议，大关口遗址的发掘，是首次对墙体进行的正式发掘，尽管遗物不多，但为了解墙体的结构、筑法以及遗址的年代、性质提供了直观的资料。(杨树刚)

淅川县新四队汉代墓葬

发掘时间：2010 年 5 月 ~9 月
工作单位：南开大学文物与博物馆学系

墓葬位于淅川县仓房镇党子口村东南部，属丘陵地带。为配合南水北调工作的开展，对该处墓葬群进行了全面调查和钻探，并开展了正式考古发掘。

本次考古工作共发掘墓葬 29 座。其中 3 座埋藏较浅，土坑内有木棺残余，伴出有明清时期的钱币等物，时代为明清时期。2 座为横穴砖室墓，墓葬形制及建材与中原地区的东汉墓葬基本一致，时代当属东汉。其余 24 座均为竖穴土（石）坑墓，分布相对集中，但埋葬深浅不一。墓葬分为夫妻同穴合葬、两两并列的异穴合葬及单人葬三种不同形式。墓葬内多有木棺，部分还有木椁，髹漆简单，基本为红、黑二色。部分墓葬的墓底和棺的四周以青砖修砌，砖上多有模印的几何纹及其他纹饰。墓群被盗严重，出土陪葬品以陶器为主，另有少量铜、铁等质地器物，计有 130 余件（组）。陶器组合有鼎、壶、钫等礼器，仓、灶等模型明器，罐、盘、釜、甑等仿生活用品器物。铜器有带钩、镜等，铁器有削、构件等，个别墓葬还出土有五铢钱币。从墓葬形制及陪葬品等分析，这 24 座墓葬的时代当属西汉时期，其具体时代从西汉早期延续至西汉晚期。

新四队墓葬群中汉代墓葬数量较多，分布也相对集中，而其中又多为夫妻合葬墓，表明此处当为家族墓地。从墓葬形制、葬具及陪葬品等分析，家族墓葬中墓主的等级略有差别，高者可能为低级官吏或地主，低者则为一般平民，体现出家族墓地的基本特征。

新四队墓群尤其是汉代墓葬的发掘为研究汉代这一地区中小型墓葬的综合特征，夫妻合葬墓及家族墓地的发展以及相应的葬制、葬俗及物质文化等提供了较为丰富的实物资料。(刘毅 袁胜文)

郏县黑庙汉墓

发掘时间：2010 年 7 月～2011 年 1 月

工作单位：河南省文物考古研究所、平顶山市文物局

墓群位于平顶山市郏县白庙乡黑庙村西北的台地上，南水北调中线工程主干渠从墓群的中部穿过，占压墓群面积约有 40000 平方米，对墓群进行发掘，共发掘探方 107 个，清理战国末年至东汉墓葬 190 座。

墓葬大部分都被盗掘过，遭到严重破坏。就墓葬形制而言，少数为土坑竖穴墓，约占 5%，也有不少土坑竖穴空心砖墓，约占 30%，绝大多数是带有长梯形斜坡墓道的小砖券室墓，约占 65%。其中小砖券室一般都建筑在墓道前方或两侧的洞室内。除少数较大型墓葬为由墓道、甬道、前室、后室组成的多室墓外，一般都是单室墓，规模最小的墓葬长度只有 1.5 米，可能是小孩墓。在较大型或中型墓葬中，往往有石门、石门楣等画像石类建筑物，其正面大都雕刻有双龙食鱼、龙虎争羊首、伎人乐舞、武士执盾守门、武士脚踏厥张弓弩、文吏迎客、朱雀、龙、虎、铺首衔环等内容。在空心砖上大都模印有乳丁纹、树叶纹、松树纹、卷云纹等，并有 1 座空心砖墓仿自画像石墓，在其墓门上模印有铺首衔环图案；小砖绝大多数是长方体的平砖，也有少量的子母砖与楔形砖，不少砖的侧面模印有五字形纹或重叠人字形纹。

M79 是很少几座没有被盗掘过的画像石墓之一，它不仅形制规模最大，连同墓道总长度计有 11.8、宽 4 米，而且出土有金、银、铜、铁、陶器等 60 余件。推测为东汉时期一位庄园主的墓葬。该墓由长梯形斜坡墓道、甬道、前室、后室 4 部分组成，除墓道外皆由小砖垒砌券顶铺地，前后室皆设置有画像石的墓门与室门。前室为横长方形，后室可分为南北并列的 3 个棺室，且设有 3 个室门。每个棺室的人骨架虽然已经腐朽，但根据随葬器物可推知其中间的棺室的墓主人应为男性，南北两个棺室的主人为女性，是男性墓主人的嫡妻与侍妾。据发掘时对填土的观察，此 3 具木棺应是先后分 3 次埋入这座墓葬中的。估计在为男性墓主人建造墓穴时，特意为另外 2 个棺室预留了位置。前室主要放置陶罐、瓮、盘、豆、灶、井、釉陶盘口壶、铜簋、铜盘、铜樽、

铁剑等器物；后室中3个棺室的随葬器物因性别的不同而有较大差异，在中间的棺室内放置有1柄铜剑、铁削、铁刀等，墓主人戴有2枚金戒指，两旁的墓主人戴的是银戒指、银手镯与水晶、玛瑙、琥珀串珠串联而成的腕饰；3个棺室相同的是各随葬有1面铜镜和数十枚五铢铜钱。

墓地中还发现1座战国晚期墓与1座秦人墓，战国晚期墓中的鼎、盒、壶、盉陶器组合显示出战国末期的特征，秦人墓所出小口广肩陶罐明显带有秦民族的风格。

随葬器物计有485件，可分为陶、铜、金、银、铁、玉、水晶、玛瑙、石器九类，其中陶器计有罐、壶、仓、瓮、樽、灶、豆（灯）、钵和耳杯等；铜器计有樽、簋、洗、釜、镜、剑、钱币等，其中铜钱币皆为五铢钱；铁器有剑、削、刀等；金银器有金戒指、银戒指、银手镯等；玉石、玛瑙、水晶器主要是串联成组的腕饰等；石器是指墓内建筑的石门、石门楣、石门框等画像石而言。

墓葬的埋葬年代始于战国末年，历经秦代、西汉早中期至东汉时期。此次考古发掘，为研究郏县乃至平顶山一带两汉时期考古学文化面貌，与东汉时期的地主庄园经济以及地主、平民的生活状况提供了较为重要的实物资料，为建立汝颍河流域平顶山地区的古文化编年谱系增添了一批新材料。（王红卫）

郏县芦河汉及宋金元遗址

发掘时间：2010年4月～10月
工作单位：平顶山市文物管理局

遗址位于平顶山郏县北8千米安良镇南芦河行政村东南约500米处，西邻郏神路，北邻前石路。遗址东西长约200、南北宽约150米，面积约3000平方米。南水北调工程从遗址穿越而过，对其进行了文物勘探与发掘工作，实际发掘面积为1600平方米。

发现遗迹共计224个，除少数几个灰坑为宋、金、元时期外，绝大多数都属于汉代。其中灰坑186个、窖藏坑1个、房基8座、灶2个、水井5眼、灰沟10条、道路1条、墓葬11座。其中灰坑依其形状可分为圆形、椭圆形、长条形、长方形、不规则形等。窖藏坑内储藏有一批放置整齐的汉代板瓦。房基可分为地面柱桩式建筑、地面挖基槽式建筑、半地穴石砌式建筑3种，根据附近坑内发现较多筒瓦、板瓦残片分析，这些房屋的屋顶可能有板瓦屋顶结构，也有草、瓦混合屋顶结构，其建筑年代既有汉代的，也有宋金时期的。在这些房屋基址中，有1处汉代用于加工粮食的近半地穴式槽碾作坊基址十分引人注目；另有1处汉代的半地穴式河卵石砌围墙类房基显得十分坚固，因位于连间排房的旁边，推测可能是猪舍一类建筑物。该遗址发现墓葬较少，大致可分为长方形竖穴土坑墓、瓦棺葬与“刀”形墓三种，其中第一种位于遗址东部，皆为汉代墓，无棺无随葬品；第二种瓦棺墓以汉代绳纹大板瓦拼对扣合作棺，内葬小孩骨架；第三种墓葬为宋金时期墓葬，随葬器物很少。

该遗址共出土小件器物与器物标本200多件，依质地可分为陶、瓷、骨、石、铁、铜等。其中陶器数量较多，所占比例较大，其次是瓷器类，大多为瓷片，其他如铁、铜、石、骨器类数量最少。这批遗物按年代可分为汉代与宋金元时期两部分。

其中汉代遗物主要有陶容器残片、筒瓦、板瓦、瓦当残片、碎砖块、铁器等，尤以筒瓦、板瓦数量最多。其中板瓦的装饰纹样以外饰绳纹内饰布纹为主，另有少量外饰绳纹而内饰篦点纹和菱形纹；青灰小砖块和空心墓砖残块的装饰纹样有“五”字形几何纹与重叠“人”字形纹。陶容器残片所占比例相对较少，多为泥质灰陶，也有一定量的泥质红陶，器形有瓮、盆、罐、碗、钵等，其纹饰主要有素面、弦纹、附加堆纹、指甲纹、刻划纹等。生产工具计有斧、锛、凿等铁器残件。尤其是石磨与石槽碾的发现，使我们对汉代的粮食加工业状况有了一个较为清晰的认识。

宋、金、元时期的遗物主要有建筑材料、陶容器、瓷器等。其中数量最多的是建筑构件中的筒瓦、板瓦，其次是陶容器残片，再次是瓷器残片。其中瓦类纹饰绝大多数是外素面内布纹；其外绳纹内布纹者数量较少，可能是被扰乱于该层的汉代遗物。陶容器残片大多为泥质灰陶，也有很少量的红陶和夹心硬红陶片；器形计有折沿盆、卷沿罐、盘口壶，钵等；其装饰纹样计有素面、弦纹等。在瓷器残片中以白瓷为主，其次是青瓷和黑瓷、钧瓷、白地黑花瓷片，最少的是三彩残片。据观察，这些瓷器的器形计有碗、盘、盏、杯、瓷枕、缸等，能够复原的很少。

遗址出土的较为丰富的遗迹遗物，揭示了汉代与宋金元时期位于我国中原地区的古村落遗址的考古学文化面貌，增进了我们对郏县乃至平顶山一带的历史文化的了解与认识，为研究平顶山地区汉代与宋、金、元时期的中原农村的社会经济状况提供了珍贵的实物资料。（王宏伟）

中牟县白庙汉至六朝遗址

发掘时间：2010年7月13日～11月2日

工作单位：武汉大学考古系

遗址位于中牟县三官庙乡白庙村西南约100米的高岗地，地理坐标北纬34°29.303′，东经113°53.378′，海拔122～128米。遗址南北长350、宽约260米，面积约90000平方米。

为配合南水北调工程，对该遗址进行了发掘，共清理陶窑5座，砖结构水池1座。

在清理的5座陶窑中，除Y4破坏严重外，其余4座陶窑都保存较好。5座陶窑均由操作坑、火门、火膛、窑室、烟囱5部分组成。Y1窑身长7.5、窑身宽3.5、残高0.76～1.66米。Y5通长6.44、最宽2.68、操作坑深1.16、火膛深2、窑室残高1.25米。

在Y1的窑室内出土了大量陶片及瓦片，器类包括陶罐、瓮、钵、盆、甑等。其时代大致属汉至六朝时期。（徐承泰）

荥阳市后真汉至清代墓地

发掘时间：2010年10月～2011年1月

工作单位：郑州大学历史学院考古系

墓地位于郑州荥阳市高村乡后真村与前真村之间的两处岗地上，地势较周围略高，所在地属黄淮平原的西部边缘地带。枯河自西南流向东北从墓地中东部穿过。整体地势由西南向东北倾斜。地理坐标北纬34°51.481′，东经113°21.269′，海拔120米。为配合南水北调中线工程的建设，对该遗址进行了考古勘探、发掘。

本次发掘面积6000平方米。发现了一批汉代、唐代、宋代、元代和清代的遗迹和遗物。清理出各类遗迹92个，包括墓葬43座、陶窑6座、水井29眼、灰坑12个、沟2条。出土有陶、瓷、金、银、铜、铁等不同质地的小件560余件和一大批陶片等遗物。

墓葬有砖室墓6座，其中汉墓2座、宋墓3座、清墓1座；土洞墓共8座，其中唐墓1座、宋墓6座、清墓1座；竖穴土坑墓共29座，均属清墓。

后真村墓地还发现有分布较为集中的汉代陶窑6座，形制相似，均由操作坑、火道、窑室、烟道组成，除Y1保存较差外，其余保存较好。出土有板瓦、筒瓦及一批汉代铁器。陶窑周围分布有同时期的灰坑、水井，水井应为烧窑供水之用，灰坑多为陶窑处理垃圾所用的垃圾坑。值得一提的是，不同陶窑所烧制器物不同，如Y1～Y4以烧制板瓦、筒瓦为主，仅见极少量碎砖，Y5兼烧制青砖、板瓦及筒瓦，Y6仅烧制青砖，表明当时陶窑生产已经出现专业化分工。

此外，在墓地西部发现宋元时期的水井18眼，分布密集，深度在7.4～9.8米之间，出土有瓷器和陶器等。部分水井有相互打破关系，表明长时间内此地的地下水源是比较丰富的，这对研究当时的水文地理有相当大的帮助。另外，水井所处地势较周围略高，在J18内还发现有水车，说明大部分水井应是作为灌溉农田使用的。

后真墓地的发掘，不仅为研究该地区不同时期的葬制葬俗以及农业发展水平和社会生活状况与组织结构提供了比较丰富的实物材料，同时也为探索当时人们与自然环境的关系，研究当地自然环境的变迁等问题，提供了较为可靠的科学信息。（靳松安 孙凯）

郑州市双汇新建场区汉晋唐墓葬

发掘时间：2010年4月～5月

工作单位：郑州市文物考古研究院

墓葬位于郑州市经济技术开发区，航海东路以南，二十三大街以东，二十五大街以西区域。共发掘古代墓葬13座，其中汉代墓葬3座、晋代墓葬3座、唐代墓葬4座、宋代墓葬3座。灰坑3座，年代为宋。

汉代墓葬均为长方形竖穴土坑墓道砖室墓，方向100°～300°。出土有陶罐、灶、碗及钱币等遗物。晋墓形制较大，为长方形竖穴土坑墓道砖室墓，随葬物品丰富，主要有陶罐、陶盆、陶楼、陶灶、人物俑和动物俑等，另出土有铜镜、钱币等。唐代墓葬均为砖室墓，盗扰严重，仅1座墓内出土有瓷壶、瓷碗、钱币等物品。宋代墓葬均为竖穴墓道土洞墓，盗扰破坏严重，无随葬物品。

灰坑均为宋代。平面形状有椭圆形、半圆形和不规则形，出土有陶器、瓷器残片。

该区是一处从汉代延续到宋代的墓葬区，时代特征较典型，这为研究当时的葬制、葬俗、社会生产、生活等提供了一批实物资料。（信应君　鲍颖建）

荥阳市星河名城住宅小区魏晋宋明墓葬

发掘时间：2009 年 4 月 ~5 月；2010 年3 月 ~4 月

工作单位：郑州市文物考古研究院、荥阳市文物保护管理所

为配合小区工程建设，对墓葬进行了抢救性考古发掘。墓葬位于荥阳市乔楼镇乔楼村西部，共清理各个时代墓葬27 座。

魏晋墓葬6 座，分两类。第一类2 座，由墓道、甬道、墓室组成。长方形斜坡墓道，墓室为青砖所券，单室单棺。出土有陶罐、铜镜等。第二类墓葬4 座，形制较大，由墓道、甬道、前室、过洞和后室组成。长方形斜坡墓道，较宽，两侧自上而下递减形成台阶。均被盗掘，仅出土有少量剪轮五铢、衔环钱、陶罐2 件和釉陶小壶1 件。M23 形制最大，由墓道、甬道、前室、耳室、过洞、后室组成。墓道口长14、宽 1.9 米，底长 15.6、宽1.5、深 0.3 ~ 9.1 米；前室长3.5、宽3.82、残高 1.8 米；过洞宽 1、高 1.3、进深 0.8 米；后室长 3.7、宽 2.7、残高 2 米；耳室位于前室东南角，宽 1.5、高 1.6、进深 1.26 米。墓门青石质，仿砖结构，由门额、门楣、门扇、立颊、门下坎组成。门额呈半圆形，径 1.25、高0.4、厚 0.13 米。门楣长方形，长 2.04、宽 0.3、厚 0.34 米，两端各凿一圆形门轴窝，径0.1、深 0.05 米。门两扇，长1.4、宽0.62、厚0.12 米，上下两端有圆柱形门轴，面向墓室一面饰浅浮雕铺首衔环。两立颊为长方形柱，长 1.4、宽 0.36、厚0.29 米。门下坎分为两块，长条形，东边一块长 0.54、宽0.34、厚 0.08 米，西边一块长0.72、宽 0.34、厚 0.08 米，每块一端凿一圆形门轴窝，径0.1、深 0.05 米。

宋代墓葬6 座，分两类。第一类5 座，长方形竖穴墓道土洞墓。墓室狭小，弧形顶，有棺床，无葬具，均为迁葬墓。仅1 座墓葬随葬瓷罐、铜钱等。第二类1 座，长方形斜坡墓道土洞墓。墓

道狭窄，墓壁规整，底部有脚窝。墓门较高，呈拱形。墓室较大，为土洞，弧形顶。无葬具。出土有砖墓志1方，志文为朱砂所书。

明代墓葬15座，分两类。第一类4座，长方形斜坡墓道土洞墓。墓室拱顶，单室双棺。均为迁葬墓，墓主骨架凌乱。部分随葬铜钱等。第二类11座，长方形竖穴墓道土洞墓。墓室拱顶，单室单棺或单室双棺。大多无随葬品，部分墓葬出土有瓷罐、铁犁铧、铜钱等。

该墓葬区发现的魏晋墓葬规模宏大，规格较高，且分布较集中，为荥阳地区首见，为研究当地魏晋墓葬形制及历史文化提供了新的材料。（刘良超）

郑州市普罗旺世住宅小区唐墓

发掘时间：2010年3月~4月

工作单位：郑州市文物考古研究院

墓葬区位于郑州市国基路北侧，索凌路西侧。共清理唐代墓葬13座、灰坑1处、窑址1处。墓葬形制均较规整，排列无序，方向多在180°~190°之间。可分为三类：“甲”字形砖室墓、竖穴砖室（含空心砖）墓及竖穴土圹墓。分为墓道、墓室两部分，少量土圹竖穴墓及空心砖墓，无墓道。墓葬大多被扰，结构不甚完整，内填黄褐色花土及黄色淤积土，土质较疏松，包含有碎砖块、陶片等，时代皆为唐代中晚期，出土物较为丰富。主要以陶器、瓷器、铁器为主，少量铜器、漆木器及铅器、蚌器等。出土的器物主要有罐、碗、钵、盂、壶、铜钱、铁鐎斗、铁剪、铜镜、粉盒、蚌壳等，其中瓷器制作精美，漆木器保存较好。

灰坑近似长方形，结构不规整，出土物包括少量陶器残片、板瓦及碎砖块。窑址平面呈长条形，由操作室、窑门、火膛、窑室和烟道组成，保存状况较为完整。窑址内出土大量残碎陶器、板瓦及空心砖，并于窑室内发现大量陶制品，可能为建筑构件。

该墓葬的发掘对于研究当时的葬制、葬俗、社会生产、生活状况等提供了一批实物资料。（信应君　靳晓倩）

郑州市黄岗寺北宋墓

发掘时间：2010年3月

发掘单位：郑州市文物考古研究

院

黄岗寺村南水北调工程施工区发现古代砖室墓1座，墓葬部分破坏，对墓葬进行抢救性考古发掘。确认该墓葬为一砖室结构壁画墓，由墓道、封门、甬道和墓室组成。墓道位于墓室北部，由于北端压于路基下，未进行发掘。甬道位于墓道南侧，砖砌，券洞式。宽1.5、进深1.8、高2.1米，券顶及甬道东壁被施工破坏，底部北端用3排青砖分3层侧立叠砌。墓道与甬道上部连接处用砖砌一凹槽，内置墓志一合，墓志盖被挖掘机钩掉。下部用9层土坯作封门，高1.35米。墓室平面呈圆形，直径4米。墓室上部为仿木结构建筑。但毁坏严重，形制不明。墓室后砌棺床，棺床用6层砖砌筑，人骨与棺板腐朽严重，不可辨识，葬式不详，随葬钱币10余枚。墓室东南部放置墓志一方，篆书。甬道和墓室壁绘有壁画，但均损毁。两方墓志均青石质，正方形。甬道前端墓志，边长0.8米。盖呈盝形顶，中间楷书阴刻“有宋贾正之墓志铭”8字，每行2字。文为楷书，竖行，39行，满行39字，共1370字。从墓志上看，墓主人贾正之，原籍沧州南皮人，曾任殿中丞，赠工部侍郎，卒于崇宁四年，享年61岁。墓室内墓志边长0.6米，文为篆书，竖行，22行，满行21字，共626字。

墓主人贾正之，葬于宋徽宗崇宁四年，即1105年，是郑州地区近年发现的有确切纪年的墓葬，其墓葬形制可作为认识北宋墓葬的一个标尺，对宋代墓葬的分期具有较重要意义。两方墓志的出土，对研究宋代的地望、官制、葬俗及书法艺术等有一定的学术价值。（信应君）

郑州市白佛宋墓

发掘时间：2010年8月

工作单位：郑州文物考古研究院

墓葬位于郑州市管城回族区圃田乡白佛村，对其进行了抢救性发掘。

该墓葬形制为小砖结构六角仿木砖券多室墓，编为10ZMBM1，方向185°，坐北朝南。由墓道、甬道、主室及西北、西南、东北、东南、四个侧室，共七部分组成。其上顶部已经坍塌无存。

墓道位于甬道南端，现仅清理探方内暴露范围，为竖穴式土圹结构，残长0.7、宽1.3米；墓门宽1.3、残高1.45米，封门砌内外两层，外层正面为横竖砖，平砌四层；内层为纵砖，侧立残存七层。甬道砖砌单券拱顶，宽 0.96、残高 1.5、进深 0.7 米。

墓室呈六边形砖砌结构，残高1.2、边长 1.3 米，直径东西 3、南北 2.8 米。北壁见仿木结构砖雕槛窗，四个侧室均为拱顶砖券仿木结构，其墙壁各角砌出六个抹角倚柱，残高 1.3 米。东西各两处侧室，形制均相同，除西侧两处被施工毁坏严重外，东侧现保存较好。现仅介绍东北方位侧室，东西长 1.8、宽 1、高 1.2 米，底部用小砖平铺，门为仿木砖雕，部分结构保存上额、门额、槫柱、门簪、立颊。

东侧 2 处侧室各暴露 2 具骨架，保存较完整，葬式均为仰身直肢葬。在其各侧室未清理出随葬品。仅在主墓室内清理暴露 1 具较为完整的陶棺，棺下见陶质棺床，东西方向，床作须弥座式，束腰，底部四床脚外撇雕刻为卷云纹由下向上连接四底边。长 1.75、宽 0.7、高 0.26 米。另棺体因早期遭受水浸，倾斜扭动。棺体其上盖板分 2 块，前端已塌陷，后端较完整，棺体呈长方棱形，西北至东南向，长 1.7、宽 0.4 ~0.6、高 0.6 ~0.8 米，棺体上部前斜，盖前棺头施以悬山式建筑装饰，屋面四角均施有垂兽，屋脊呈弧形，两端升起；屋面瓦垄分明，雕刻细腻；檐下施两跳转角铺作两攒，承托着向外挑出的屋檐，两铺作之间的拱眼壁上施有卷云纹雕饰；建筑当心间施四路门钉板门，门上雕刻兽面铺手衔环；门楣施两个花形门簪；两梢间施槛窗，其下有槛墙，表面红粉彩脱落殆尽。

此墓未见纪年题记，年代只能根据墓葬形制及出土物的特征初步认为在北宋时期。该墓葬出土的陶棺在中原地区不多见，其外形显得格外庄严与雄伟，为研究中原地区宋代社会政治状况、艺术等提供了实物资料。（高赞岭　秦德宁）

中牟县宋庄宋代遗址

发掘时间：2010 年 8 月 ~11 月

工作单位：郑州市文物考古研究院

为配合南水北调中线工程建设，对宋庄遗址进行勘探和考古发掘，发掘面积 2300 平方米。发掘遗迹 106 处：灰坑 81 个、灰沟 5 条、灶 10 个、房址 3 座、陶窑 3 座、水井 2 眼、墓葬 2 座。遗迹年代主要为宋代，少量汉代及龙山。另外，在遗址北部新发现裴李岗文化层及遗迹。

宋代灰坑68个、灰沟5条、灶10个、房址2座、陶窑1座、水井2眼、墓葬2座。灰坑呈长方形、圆形、椭圆形、圆角长方形、不规则形。房址呈不规则形与长方形，其中F1面积甚大，横跨8个探方，为不规则形，发现柱洞20余个，室内及周围分布灶坑10个。Y2保存完整，由工作间、窑门、火膛、窑室和烟道组成。墓葬均为长方形砖室墓，M1保存较好，疑为迁葬，随葬铜钱18枚，钱文清晰的有“崇宁重宝”、“皇宋通宝”等。

汉代遗迹陶窑2座、房址1座、灰坑1个。两座陶窑形制结构相同，包含物基本一致，均为烧制陶器的窑址，Y1保存较好。F3为一座半地穴式的砖砌房址，呈正方形，由门道、活动面、砖墙等组成，门道朝南。在遗址西南部还发掘龙山灰坑1个。

裴李岗灰坑11个，多为椭圆形，少量圆形。

从出土遗物看，宋代有陶器、瓷器、铁器、铜钱等。陶器以盆、瓮为主，少量陶罐。瓷器以碗、盏居多，少量注、壶。汉代遗物主要为陶器，有壶、盆等。龙山遗物均为陶器，主要有盆、澄滤器、罐等。裴李岗遗物有陶器、石器。陶器有罐、三足钵、鼎足等；石器有斧、铲、磨盘等。

宋代、汉代房址及陶窑的发现是这次发掘的重要收获。宋代F1应为一处民众集中居住区，结合Y2的发掘（我们在干渠西侧也钻探到多座同时期的陶窑），初步推测F1为制陶工人的起居地。汉代房址及陶窑在功能上应是相配套的，陶窑烧制时间较长。裴李岗及龙山文化遗存的发现是这次发掘的又一新收获，使我们对该地区早期文化面貌有了新的认识。（张松林　鲍颖建）

叶县魏岗铺金代遗址

发掘时间：2010年11月～2011年1月

工作单位：河南省文物研究所、平顶山市文物管理局

遗址位于叶县保安镇魏岗铺村南地，地理坐标北纬33°40′，东经113°26′，海拔128米。南水北调中线工程的主干渠自南而北从遗址的西部穿过，对其进行了抢救性发掘，实际发掘面积为2100平方米。

这次发掘共清理出各类遗迹45处，皆为金代早期遗存，计有灰坑30个、灰沟6条、墙基2

处、墓葬2座、灶2处、井1处、台1处、路1处。其中最为重要的遗迹是，位于这处村落遗址西边缘的一条道路与一道用石块与夯土建成的寨墙。其中道路大致呈南北走向，其南部向西南方向延伸，路面有清晰的车辙痕迹，应为村外西边的一条主要道路，其总长度达80余米，平均宽度8米。由于该遗址中心区域也就是此村落遗址的中心位于发掘区的东部，所以寨墙同样也位于村子的西部边缘，大致呈外弧形的西北—东南走向，它在发掘区内的总长度约为47、宽0.6~1.2米不等。寨墙由南北两段组成，其南段为挖有基槽的夯土建筑（推测应为夯土墙）形式，北段为基槽内填以石块的石墙与夯土相结合的建筑形式。寨墙（或称围墙）曾经在其北半部损坏后经过二次改建，寨墙的中部在改建后特意设置了一个宽5米左右的大门，大门的两侧各有一个带柱窝的柱础石。

出土遗物按质地可分陶、瓷、铜、铁、石五大类，绝大多数是瓷器残片，按釉色可以分为白、黑、青、三彩四种，尤以白瓷数量最多，黑瓷次之，青瓷与三彩很少。据不完全统计，这次发现的可复原小件器物总计247件。其中瓷器为207件，计有碗、盏、盘、罐、盅、灯、盂、壶、炉、盆、盒、枕、瓶、缸、玩具等；陶器次之，仅有7件，计有盂、器盖、盅、俑、建筑构件等；铁器6件，计有犁铧、刀、剑、斧、铁狮子等；铜器25枚，计有钱币、簪子等；石器2件，计有砚台、饰件。从出土器物看，除少数可能为北宋时期外，绝大多数都是金代瓷器，很可能属于金代早期。

此次发掘新发现了一处金代早期的村落遗址，发现有寨墙和道路，并出土了一批瓷器等重要文物。遗址中发现的龙泉窑生产的青白瓷器（即影青瓷），应是通过商品流通渠道，揭示了宋金对峙期间南北方商品流通领域的经济文化交流与融合状况。为研究宋、金时期的道路交通、村寨建筑以及瓷器的发展与演变情况提供了一批新资料，为建立平顶山、叶县一带宋、金时期的考古学文化遗存编年谱系增添了新材料。（米柯莱）

叶县文集金元明清遗址

发掘时间：2010年4月~10月

工作单位：河南省文物考古研究所、平顶山市文物管理局遗址位于叶县常村乡文集村及其西南地，汝河支流澧河北岸的二级台地上，为配合南水北调中线工程，本年度进行了发掘，实际发掘面积为3600平方米。

发现遗迹233处，计有房基14处、灰沟13条、窑4座、灰坑168个（其中瓷器窖藏坑2个）、灶5座、池1处、井1座、磉墩16个、墓葬11座。值得一提的是，在南发掘区原有的第四建筑基址（即建Ⅳ）下面新发现了属于金代的第八建筑基址（即建Ⅷ），在北发掘区新发现了属于明清时期的第九建筑基址（即建IX）与属于元代的第十建筑基址（即建X）。此外，在这次发掘中还发现了两个金代瓷器窖藏坑，出土了一批保存基本完好的薄胎白瓷器和青瓷盘。从发掘情况来看，北发掘区内发现的一处明末清初的寺院类建筑群落基址，显然是经历了相当长的一段时间才最终建成，不排除是信徒们通过募捐等方式陆续集资而修建的可能性。北发掘区内一批清代墓葬的出现，可能揭示了该遗址的最终废弃年代。

出土遗物582件，按质地可分瓷器378件、陶器44件、铁器37件、铜器114件、骨器4件、玉石器5件。其中瓷器计有罐、碗、盘、碟、盅、盂、钵、瓶、盏、盏托、炉、灯、人俑头、球、骰子、棋子等；三彩器计有炉、枕等；陶器计有罐、盆、缸、扑满、纺轮、俑头、兽头、瓦当、建筑构件等；铁器计有斧、铲、镰、犁铧、三足炉架、瓢、马衔、杈、勾、钉、钱币等；铜器计有镜、环、烟斗、钱币、饰件等；其他还有玉饰件、玉珠、石斧、骨笄等器物。

值得注意的是，这批遗物除少数为元、明、清时期之外，绝大多数都属于金代，尤其是其中一座窖藏坑内出土的6件薄胎白瓷碗显非河南本地瓷窑所生产，似应是从河北等地运销于此处的外来商品。至于北发掘区内数量较多的制作十分精美的青花瓷片的发现，显然与明清两代寺院经济的发展有着十分密切的关系。

这次发现的2个瓷器窖藏坑，有力地支持了叶县文集遗址是金代达到鼎盛时期的农村集贸市场的结论。通过这次发掘，出土了一批重要遗迹与遗物，尤其是新发现了一处明末清初的寺院房屋建筑群落基址，除在原来发掘工作基础上增添一批新材料之外，为研究宋、金、元、明、清诸时期农村商品流通市场的发展状况，以及当时的社会经济，乃至最终建立平顶山、叶县一带自唐代至清代诸时期的考古学文化遗存编年谱系提供了有利条件。（米柯莱）

湖 北 省

丹江口市外边沟旧石器时代遗址

发掘时间：2010年4月~5月

工作单位：中国科学院古脊椎动物与古人类研究所

外边沟是一处旧石器时代早期的遗址，地点的地质时代属于中更新世。它位于汉水右岸三级阶地，行政隶属于湖北省丹江口市均县镇罗汉村，地理坐标为北纬32°36′02″，东经111°09′26″，海拔约150~158米。

配合南水北调工程，对该地点进行抢救性发掘。发掘面积500平方米。在A区和B区考古发掘发现石制品121件，其中包括备料、石核、人工石块、石片、石屑、石锤、石砧、刮削器和手斧等。

在T1中发现了手斧，它是研究汉水流域区域性文化特点和发展的重要材料，同时，在中、西方旧石器文化的对比研究方面也具有重要的学术意义。在T4探方发现人类加工石器的遗物，其中包括了石核、人工石块、石片、石屑、刮削器、石锤和石砧等。这些信息说明遗址为原地埋藏，是一处旷野遗址，是人类活动的临时场所。这些信息有助于了解遗址地层的原地埋藏与人类的行为活动，进一步了解远古人类制作石器的方法，复原史前人类加工生产工具的技术过程，复原可分析工具生产、使用和废弃过程。

外边沟旧石器遗址的发掘，表明该遗址地层清楚，文化遗物丰富。它的发现为研究我国的旧石器文化提供了重要的研究信息，对研究汉水流域的古人类活动具有重要的学术意义。（李超荣　李浩）

丹江口市大土包子旧石器时代遗址

发掘时间：2010年5月~6月

工作单位：中国科学院古脊椎动物与古人类研究所

大土包子旧石器地点是一处旧石器时代早期的遗址，地质时代属于中更新世。它位于汉水右岸三级阶地，行政隶属于湖北省丹江口市均县镇罗汉村，地理坐标为北纬 32°36′40″，东经 111°09′12″，海拔约 152 米。

配合南水北调工程，对该地点进行抢救性发掘。发掘面积 300 平方米。考古发掘发现石制品 58 件，其中包括备料、石核、人工石块、石片、砍砸器、刮削器和石锤等。考古发掘从地层发现有中外学者关注的石器类型——手斧和薄刃斧，这些标本加工精制。它对研究中、西方的手斧文化具有重要学术意义。

大土包子旧石器遗址的发掘，表明古人类在汉水流域活动频繁。它的发现为研究我国的旧石器文化提供了重要的研究信息，对研究汉水流域的古人类活动具有重要的学术意义。（李超荣　李浩）

郧县曾家窝旧石器时代遗址

发掘时间：2010 年 4 月 ~6 月
工作单位：湖北省文物考古研究所

遗址位于郧县茶店镇长岭沟村十二组，西北距郧县城关约 20 千米 。地处汉江南岸的二级和三级阶地，为缓坡地带。

为配合南水北调工程，对该遗址进行了发掘，布设 10 米 × 10 米探方 4 个，发掘面积 400 平方米，在调查中，采集的人工石制品分布范围极广，在汉江南岸长达 4 千米，海拔高度 163 ~ 205 米的区域内，都采集到人工石制品。

发掘区域自然地层可分 4 层：第①层：厚 20 ~ 25 厘米，耕土层，黄褐色，土质疏散；第②层：厚 25 ~ 50 厘米，浅黄色，含有较多钙质结核。出土有石片、石核等人工石制品；第③层：厚 30 ~ 85 厘米，红褐色，较纯。出土有少量的砍砸器、石片等人工石制品；第④层：80 ~ 120 厘米，淡黄色，粉沙性黄土。出土有少量的石片和碎块。其下为砾石层。

采集和发掘出土人工石制品共 40 余件。石制品原料主要是脉石英和硅质岩。既有砾石加工的重型大型石器，如砍砸器等，也有用石片加工而成的轻型小型石器如刮削器等。脉石英类岩质多为石核、石片和碎块等小型石器，硅质岩类多为大型石器，如手镐、砍砸器等。

该遗址的发现和发掘，为研究我国旧石器文化提供了重要的材料，对研究汉水流域的古人类活动具有一定意义。（张君）

郧县肖沟旧石器时代遗址

发掘时间：2010 年 10 月 ~12 月
工作单位：吉林省文物考古研究所、十堰市文物局、郧县文物局

该遗址位于汉江下游左岸的二级阶地上，此处汉江回旋向东南方向流去，汇入丹江口库区。遗址背靠高山，东侧嵋峪河由北向南注入汉江，河口处视野开阔，西侧为一南北向的自然冲沟，遗址所在阶地如长舌状伸入汉江，三面环水。该遗址隶属于郧县安阳镇嵋峪乡钟家河村（移民工程及村屯合并前属肖沟村）。属于南方主工业传统的大型砾石工具散见于地表，器形主要包括砍砸器、手斧等。文化年代应属于旧石器时代早中期。在临近汉江的二级阶地南缘，在夹杂黑色铁锰结核的更新世晚期黄土堆积中，发现了一处人类活动面的原生堆积。该处活动面由一处火塘和六处石器加工场组成，火塘居中，石器加工场呈半椭圆形环绕周围。遗迹整体分布面积约 30 平方米。石器原料以小型石英卵石为主，反映了北方小石片主工业传统。火塘内可见红烧土块和黑色烧石。

遗址为研究该地区旧石器时代晚期的环境变化、人群活动、文化交流提供了实物参考资料。旧石器时代晚期人类活动面首次在汉江流域发现，为研究当时人类对原料资源的利用及其石器加工行为提供了重要的对比材料。

（赵海龙　姚启龙　苏作巍）

郧县店子河新石器时代至明清遗址

发掘时间：2010 年
工作单位：武汉大学

遗址位于湖北省郧县青曲镇店子河村四组，汉江北岸的二三级台地上。地理位置为北纬 32°46′，东经 110°39′，海拔高程为 150 ~158 米。

此次发掘主要集中在遗址中部，发掘面积 2000 平方米。地层堆积、文化内涵与第一次发掘基本相同。发现有后冈一期文化、煤山文化、二里岗文化、东周楚文化以及汉六朝时期、隋唐时期、明清时期的文化遗存。

遗址中的遗迹比较丰富，发掘后冈一期文化陶窑 1 座、灶 4 个、灰坑 39 个；煤山文化灰坑 1 个、瓮棺 1 个；二里岗文化灰

坑1个；东周时期灰坑99个、灰沟4个；汉代瓮棺23座、灰坑147个、灰沟9条；隋唐时期墓葬4座；明清时期的灰坑4个、瓮棺3个。

后冈一期文化遗存是这次发掘的主要收获。陶器以红陶为主，灰陶所占的比例较小，黑陶所占比例极小。陶质以泥质为主，夹砂次之。器表绝大多数素面，只有极少的细绳纹。器类主要有圆锥足圆鼓腹鼎、圜底钵、平底钵、假圈足碗、盆、小口壶、器座、锉形器等。其陶系、器表装饰，特别是器类组合，均未超出豫北冀南以安阳后冈遗址为代表的后冈一期文化的范畴。（余西云　宋海超）

郧县刘湾新石器时代东周宋代遗址

发掘时间：2010年10月31日～2011年1月10日

工作单位：湖北省文物考古研究所

遗址位于郧县杨溪铺镇刘湾四组，汉江北岸一、二级台地上，遗址总面积约3万平方米。北距郧县县城约10千米，距青龙泉遗址约3千米，与青龙泉遗址隔江相望。西、南为汉江。

本次发掘在Ⅰ区共布10米×10米探方8个，在Ⅱ区布10米×10米探方22个，总发掘面积3000平方米。

清理新石器灰坑68个（H123～190），窑址1座，编号Y2，残存窑室和工作室。清理墓葬41座（M46～M86）。墓葬有土坑墓和瓮棺，新石器土坑墓葬36座、东周土坑墓葬4座、宋代土坑墓1座、新石器瓮棺葬1座。

2009年发现的新石器墓葬主要集中在西部，2010年发现的墓葬在西部和南部。另在南部发现较多的很规整的方形灰坑，坑中放置有陶器和较多石块和兽骨。一条南北走向的沟从台地东部穿过，已将整个台地围住，应是一条壕沟。从整个遗址墓葬的方向和分布来分析，此处应是一典型的新石器时代小型墓地。

该遗址出土的新石器时代陶器主要有鼎、罐、红顶钵、敛口瓮、盆、杯、缸、器盖、器座等；石器主要有斧、锛、钺等。这些遗物中，如鼎、罐、红顶钵等陶器，反映出中原地区对汉水中游地区的影响。

刘湾遗址位于长江和黄河流域交汇之地的汉江中游地区，刘湾的发掘为研究汉江中游新石器时期的区域性文化、黄河流域和长江流域的文化交流提供了重要的考古实物资料。（胡文春）

郧县郭家道子新石器时代至汉唐遗址

发掘时间：2010 年 7 月 ~12 月

工作单位：湖北省文物考古研究所

遗址位于郧县安阳镇崛峪村与槐树村，西距郧县城关镇约 22 千米，南距汉江约 5000 米，遗址处于河边阶地，为较典型的河流宽谷地貌，中部和东部各有一条小河在遗址南部汇合，称岔河，注入汉江。东、西、北三面均为山脉，南面的宽谷与汉江相连。遗址中心坐标北纬 32°50′18″，东经 110°57′56″，海拔高度 164 ~ 172 米。遗址以中部的小河为界，分为东区和西区。

本年度西区布设 10 米 ×10 米探方 16 个，扩方面积 50 平方米；东区布设 5 米 ×5 米探方 15 个。发掘面积 2025 平方米。

整个发掘区域地层堆积较厚，最深 280、最浅 100 厘米，平均深度 230 厘米左右。不过整个遗址的上部扰乱堆积也很厚，最浅 90、最深达到 180 厘米。西区分为上、下两区，地层堆积稍有差别：西上区可分 12 层：1 ~4 层为扰乱层；5 层为唐宋时期；6 层为汉代地层；7 层为周代地层；8 ~12 层 为新石器时期。西下区地层可分 13 层：1 ~ 4 为扰乱层；5 层为汉代地层；6 层为东周时期；7 ~ 11 层为新石器时期；12 层为砾石层；13 层为新石器时期。地层堆积也为坡状堆积，西北高，东南低。东区地层可分 7 层：1 ~ 2 层为扰乱层；3 层为汉代地层；4 ~ 7 层为东周时期。

本次发掘共清理出灰坑 48 个、灰沟 14 条、房址 5 座、瓮棺葬 3 座、路 1 条、水井 1 口、窑 1 座。新石器时代遗物以石器和陶器为主，石器有斧、锛、刀、凿、石坯料等；陶器有夹砂和泥质之分，器形有仰折沿的釜(鼎)、罐、圈足盘、敞口杯、器盖、纺轮、陶拍、钵等，流行篮纹。遗迹类型有灰坑 14 个、灰沟 8 条、水井 1 口。主要分布在东区，西区也有部分发现。出土遗物以陶器为主，陶质分夹砂和泥质 2 种，器形主要为鬲、盂、罐、豆等，鬲、罐多饰绳纹，豆多为素面。汉唐遗存较少，仅发现墙基 1 座、窑 1 个、灰坑和灰沟各 1 个。出土物多为砖块和瓦片，其中灰坑里出有“开元通宝”钱。

发掘揭露出了新石器时代晚期至二里头文化时期、西周晚期至东周早期以及汉唐时期的文化遗存，丰富了其文化内涵。此外，在西区，我们清理出了史前的砾石层（即西区下区第12层），高出现有河滩2~3米，推测为大洪水后留下的痕迹。这为我们研究古代环境的变迁与人居环境的关系提供了实物证据和资料。（张君）

浠水县忠三湾新石器时代及西周遗址

发掘时间：2010年4月~6月

工作单位：湖北省文物考古研究所、浠水县博物馆

遗址位于浠水县清泉镇壕地村忠三湾自然村，东距省道201约60米，北距京九铁路约2000米，南距浠水河支流马桥岗河约160米。遗址现为小山丘，大体呈不规则圆形，四周多为水塘、沼泽和水田。该遗址现存面积约5000平方米，文化层厚度约0.5至1米。西气东输工程管线经过遗址东部，大约覆盖遗址面积900平方米。此次发掘5米×5米探方12个，发掘面积共计300平方米。

遗址各探方地层堆积较为一致，共分5层，第①、②层为近现代堆积，第③层为西周时期堆积，第④、⑤层为新石器时代末期堆积。本次发掘共清理西周时期的灰坑2个，灰沟1条。出土物最多的为陶片，另外出土石器、陶器、炼渣等21件。可以复原的陶器数量较少，属于新石器时代遗存中出土的陶片以夹砂灰陶和灰黑陶为主，夹砂红陶、红褐陶和泥质灰陶、灰黑陶占少部分，器表装饰以素面为主，占到一半以上，其次为篮纹、弦纹和各类绳纹等，可辨器形主要有：缸、鼎、罐、盆、豆、盘、杯、澄滤器、器盖、甑、鬶等。西周时期遗存中出土的陶片以夹砂灰陶、灰黑陶和夹砂红陶、红褐陶为主，泥质灰陶、灰黑陶只占到很少部分，器表装饰以素面为主，占到将近一半，其次为各类绳纹，篮纹、弦纹、附加堆纹、方格纹、叶脉纹等占很少部分，可辨器形主要有鼎、鬲、甗、罐、豆、钵、尊、盆、盂和缸等。

从发掘的情况来看，该遗址是浠水流域一处比较重要的遗址，其遗存堆积主要为新石器和西周两个时期，其中以西周遗存为主体。目前鄂东南地区田野工作开展还比较少，基础较为薄弱，文化谱系和年代框架尚未完全建立，本遗址的发掘为夯实上述基础提供了新的重要材料。（罗运兵　席奇峰）

房县向家湾新石器时代东周汉宋遗址

发掘时间：2010 年 11 月 ~ 2011 年 1 月

工作单位：湖北省文物考古研究所

向家湾遗址位于房县县城西北 11.2 千米处，易沟河左岸的二级台地上，隶属何家村遗址位于湖北省十堰市房县军店镇向家湾三组，中心地理坐标北纬 32°02′19″，东经 110°38′51″，海拔 467 ~ 480 米。通过初步的调查勘探，该遗址保存面积 60000 平方米。

调查时从高速公路破坏的残壁上发现有土坑墓、东汉砖室墓，在地表发现有红褐陶夹砂鬲足、陶器器底、豆柄、鼎足、罐口沿等。从调查情况来看：该遗址包含了新石器时期文化遗存，周代时期文化遗存，汉代时期文化遗存。由于高速路刚好从遗址中间通过，遗址和墓地破坏比较严重，进行了抢救性发掘。

经过两个多月的发掘，共布探方发掘近 900 平方米，已经清理遗迹共计 51 个：其中墓葬 40 座、灰坑 5 个、灰沟 3 个、瓮棺 2 个、窑 1 个。经初步判断，石家河文化遗迹 11 个、东周时期文化遗迹 13 个、汉时期文化遗迹 25 个、宋时期文化遗迹 2 个。向家湾遗址地层堆积的态势是东北高西南低，可分 6 层：第①层：耕土层，厚约 15 ~ 30 厘米。第②层：近现代文化层，厚约 10 ~ 55 厘米，出土瓷片、碎砖、油布、玻璃碎片，也出土有豆柄、鬲足、罐沿、鼎足等遗存，宋时期文化遗存开口此层下。第③层：为汉代文化地层，厚约 0 ~ 30 厘米，汉墓多开口于此层下，一般土坑墓出土双耳罐、蒜头壶、壶、仓、灶、釜等，砖室墓多出土铜钱、银簪、灶、罐和壶等。第④层：为东周时期文化层，厚约 25 ~ 40 厘米，东周墓多开口此层下，一般出土陶器的基本组合为鬲、盂、豆、罐或鼎、敦、壶。另有鼎、壶、盆。石器有大、小型的斧、锛、凿等。第⑤、⑥层为新石器时期文化层，厚约 20 ~ 50 厘米。早期灰坑、墓多开口此层下，一般出土厚胎红陶杯、罐、器座、鼎、带流盆、钵等。

发掘仅仅揭露了该遗址的一处“废弃品堆积区”以及部分“墓葬区”，而向家湾遗址的“居住区”、“作坊区”是否保存，有待于我们进一步的工作探寻。（郭长江）

荆州市套嘴新石器时代遗址

发掘时间：2010年3月20日～7月18日
工作单位：湖北省文物考古研究所

遗址位于湖北省荆州市纪南镇鲁垱村十一组，套嘴又名“丁嘴子”。西面濒临海子湖，是一处向湖面突出的高台地，南水北调中线引江济汉工程渠线从遗址中部穿过。

2004年10月配合该工程沿线文物调查时发现了套嘴遗址。遗址中心地理坐标为北纬30°25′7.3″，东经112°15′42″，海拔高程31米。根据勘探结果在遗址西南部发掘1500平方米。

遗址地层堆积共分6层。遗迹有房址、灰坑、灰沟和瓮棺。发现长方形房址1处、灰坑37个、灰沟2条、瓮棺16座。陶片以泥质灰陶居多，褐陶次之。纹饰以篮纹、网格纹、方格纹为主，少量绳纹。陶器主要有鼎、釜、高领罐、橄榄形罐、敛口罐、瓮、簋、甑、缸、圈足盘、豆、钵、碗、杯和纺轮等。石器主要有斧、铲、凿、锛和刀等。

套嘴遗址位于鄂西东边，它处于鄂西地区与汉东地区古代文化交流的接触地带。从总体上观察，它所出土的陶器与汉东地区的石家河文化类型比较接近，与鄂西地区季家湖文化类型差别较大。这对于研究江汉地区古代文化交流与融合具有重要价值。（胡文春）

荆州市魏家草场新石器时代至清代遗址及墓地

发掘时间：2010年4月～9月
工作单位：荆州博物馆

为配合南水北调中线引江济汉工程，对魏家草场遗址及墓地进行了抢救性考古发掘。魏家草场遗址及墓地位于湖北省荆州市荆州区郢城镇郢北村七组，东北距楚故都纪南城遗址约1千米，南距汉代郢城遗址约1.7千米，遗址中心地理坐标为北纬30°24′08.4″、东经112°12′42.1″，海拔高程27～29米。

发掘面积约2100平方米，清理东周至清代墓葬44座（包括竖穴土坑墓42座、砖室墓2座）、灰坑12个、坑1个、房址2座，出土198件文物及较多的新石器时代陶片、石器等。

清代墓葬5座，出土陶算、枕瓦、铜钱等文物6件；明代墓葬24座，出土陶枕瓦、枕砖、地券、八卦砖、釉陶罐、屋、瓷碗、铜镜、棺部件、金挖耳及剔牙、银簪、石墓志等文物90件；宋墓1座，出土陶砖3件；唐墓1座，出土铜钱2件；东汉墓1座，出土铜镜、环、钱4件。东周墓葬13座，出土陶鼎、敦、壶、豆、罍、勺、铜剑、镞、带钩、砝码、铃、漆耳杯、木梳等文物93件。

发掘的灰坑中，有明代灰坑5座、宋元时期灰坑1座、汉代灰坑1座、东周时期灰坑5座。另有清代坑1座，新石器时代房址2座。

据考古发掘所得堆积层次及出土遗物推断，荆州魏家草场遗址及墓地时代为新石器时代屈家岭文化时期至清代，遗址堆积厚、遗物多，古墓葬密集，遗存主要时代为新石器时代、东周时期及明代，为研究该遗址及墓地的演变及内涵提供了较为全面的资料。尤以新石器时代文化层堆积范围较大，局部堆积较厚，发现2座房址，出土大量陶片，是荆州近年来发现的少数新石器时代遗存之一，通过科学发掘，可深入探索古代先民在濒湖平原的聚落结构、生产生活、人地关系等重要课题。

此外，发掘的明代正德至嘉靖年间辽王后裔之益阳辅国将军复斋及其三位夫人家族墓规模较大、排列有序、形制独特、随葬品精美、史料信息珍贵，具有较高的文物保护和研究价值。（杨开勇）

丹江口市熊家庄青铜时代遗址

发掘时间：2010年6月~8月

工作单位：湖北省文物考古研究所

遗址位于丹江口市石鼓镇熊家庄村熊家庄、盐店门一带，隶属五、八组。中心地理坐标为北纬32°45′05″，东经111°27′20″，海拔高程169~172米。2004年3月底，丹江口市博物馆调查发现此遗址。2010年对该遗址做了全面的调查勘探，发现该遗址范围西到村庄，北至小河，东至谢家庄洼地，遗址现存面积约为4万平方米。

遗址尽管分布范围大，但堆积不厚，遗物较少。南、北区略有差异。在勘探的基础上，选定了2个发掘点，分别位于遗址的南北区域，12个10米×10米探方，1个5米×10米探方，其中南区（A区）4个10米×10米探方，1个5米×10米探方，北区（B区）8个10米×10米探方，实际发掘面积1250平方米。A区熊家庄（熊家庄村8组）共分5层：①~③层厚1~1.5米，为晚期堆积，④、⑤层厚约20~50厘米，为东周时期文化堆积。B区盐店门（熊家庄村5组）共分5层：①~②层为晚期堆积，厚约20~80厘米，③层为东周时期文化堆积，④层为二里头时期堆积，可能为二里头四期遗存。遗迹和遗物主要见于③层下和④层下，灰坑多位于③层下，⑤层为二里头时期堆积，部分出土物可能会早到二里头二期。本次发掘共清理灰沟11条、灰坑45个、房基1座、灶3个、窑址2座、瓮棺葬3座、井3个。B区的遗迹较为丰富，以灰坑居多，另见有灰沟、灶、井、房址、灰沟、瓮棺。出土遗物有鼎、尊、罐、甑、盘、盆、釜、碗、豆、鬲、钵等多种陶器，并出土许多石器，包括石斧、石锛、穿孔石刀、石凿、石球和石镞等，另外还发现了纺轮等小件器物。

通过发掘，我们对这两期文化遗存有了一个初步的认识。东周时期文化遗存，主要有柱足鬲、素面豆、夹砂罐等，可能属于春秋时期文化遗存。而二里头时期文化遗存，应属于二里头第四期文化遗存，主要有扁足盆型鼎、大口尊、深腹罐、圈足豆等。不过部分出土物很可能早到二里头二期，具体有待于整理阶段的进一步认识。这次发掘我们仅仅揭露了该遗址的一处“废弃品堆积区”以及部分“居住区”，而熊家庄遗址的“墓葬区”、“作坊区”是否保存，有待于我们进一步的工作探寻。（郭长江）

房县孙家坪西周遗址

发掘时间：2010年10月~12月
工作单位：湖北省文物考古研究所

遗址位于房县榔口乡玉堤村四组孙家坪自然湾，为马栏河南岸的一处二级台地。孙家坪遗址分布面积为2500平方米。

为配合“谷竹高速”的工程建设，对孙家坪遗址及其周边位置进行了大规模勘探，确定了该遗址的中心区域与一般区域。对该遗址进行抢救性发掘。在遗址的中心区域布5米×5米探方5个，发掘面积为125平方米。

本次发掘出土有大量陶片和数件石器。陶器主要为日用生活用具，陶质以夹砂红陶和夹砂红褐陶为主，其次为夹砂灰陶，只有极少量泥质黑陶。纹饰方面，出土陶片大多饰中粗绳纹，只有少量饰附加堆纹、凹弦纹和细绳纹。陶器器形几乎全部为鬲，可见少量甗，此外还有零星细柄豆、双耳罐和鬶。石器主要为生产工具，有石刀和石斧。石刀多为穿孔石刀，磨制精美，刃部锋利。石斧个体较小，宽度远大于长度，磨制成双面刃，一面刃部明显，一面不明显。

遗迹方面，本次发掘过程中清理灰坑 12 座、墓葬 1 座，以及 30 余个与房屋建筑有关的柱洞。除 H1 以外的所有灰坑，皆开口于④层下，打破⑤层打破生土。H4 为一形制独特的长方形积石坑，功用不详。M1 开口于③层下，打破④层打破⑤层，为长方形土坑竖穴墓，葬式为仰身直肢，墓葬方向 205°，头向西南。发现墓主残存头盖骨、左肩胛骨、左股骨头、下颌碎块及下肢骨残块，推测其为少年个体。墓底平铺石板和石块，出土数枚铁质棺钉及 1 片汉代陶罐残片，推测墓葬时代为汉。柱洞皆开口于④层下，大多打破⑤层打破生土。多数柱洞内皆有柱础石和红烧土硬基础，未发现房屋垫土及活动面。

孙家坪遗址的绝大多数陶片皆出土于第④层。H6 为典型灰坑，坑内堆积分为两层，出土了大量陶器残片，以鬲足和鬲口沿占大宗。鬲足既有类似于郧县辽瓦店子遗址和十堰张湾区大东湾遗址西周早期陶鬲的扁足；又有夹砂红陶、柱状、饰绳纹直至底部的鬲足。据此推测孙家坪遗址的时代为西周中期到晚期。

孙家坪遗址的发掘，填补了房县地区周代文化面貌的空白，为研究鄂西北汉水中游地区周文化的源流及发展面貌提供了个案材料，对于早期楚文化的探索也有积极意义。据《房县志》记载："周宣王（前 827 ~ 前 782）封尹吉甫为太师食邑于房，死后藏于房县青峰山。"孙家坪遗址西去 3 千米即为青峰山，该遗址的发掘，从考古学的角度，为《房县志》的记载提供了材料支持。（陶洋　宋博　艾志忠）

竹山县李家坪东周遗址

发掘时间：2010 年 8 月 ~ 10 月

工作单位：湖北省文物考古研究所

李家坪位于竹山县潘口乡悬鼓洲村二组，堵河南岸的鹰岩渡口北边，二者相隔小冲沟，北纬

32°13′06.81″，东经 110°12′13.43″，海拔高程 256～270 米。

为配合“竹山小旋水电站”工程的建设，对该遗址进行抢救性发掘。遗址由于常年被河水的冲刷破坏较严重，遗址现保存面积为 3500 平方米，工程从遗址的东面穿过，涉及面积为 500 平方米。

发掘共布正南北方向 5 米×5 米探方 2 个，发掘面积共计 50 平方米。地层堆积共四层，其中③、④层出土有部分陶片。陶器主要为生活用具，陶质以夹砂陶为主，其次为泥质陶，有少量泥质红陶。纹饰以绳纹为主，少量素面。陶器器形主要有鬲、豆等。本次发掘过程中清理墓葬 1 座、灰坑 4 个。

本次发掘共清理遗迹单位 5 个，墓葬 1 座（编号 M1），为长方形土坑竖穴墓，开口④层下，同时打破 H1、H4 及生土。出土器物 11 件，分别有鼎、敦、豆、盘、匜，该器物组合为典型楚墓。灰坑 4 个均开口于④层下，平面为圆形和不规则形。

通过本次发掘，我们对李家坪遗址的文化面貌有了较为深刻的认识，判断其为东周时期遗址，这对于充实该地区的周文化发展序列具有一定的价值。（黄玉洪）

竹山县轻土坝东周汉代遗址

发掘时间：2010 年 7 月～8 月

工作单位：湖北省文物考古研究所

轻土坝遗址位于湖北省竹山县潘口乡旋鼓洲村四组。遗址处于堵河南岸三面环水，地形西高东低，现为台地。

为配合“竹山小旋水电站”工程的建设，对轻土坝遗址进行抢救性发掘。遗址保存面积 1000 平方米。工程涉及面积 300 平方米，破坏较大。共布正南北方向 5 米×5 米探方 6 个，发掘面积共计 150 平方米。地层堆积共分为 6 层。

本次发掘出土较多绳纹筒瓦及部分陶片、石器。绳纹筒瓦集中出在③层，陶片多出于④、⑤层，主要为生活用具，陶质以夹砂陶为主，其次为泥质陶，有少量泥质红陶。纹饰方以绳纹为主，少量素面。陶器器形主要有绳纹筒瓦、鬲、豆等。根据出土遗物看时代应为东周。

另发现汉代水渠 1 处，开口于③层下打破④层。由石块、砾石铺砌而成，平面呈长条形。

通过此次发掘工作，我们还

进一步了解了轻土坝遗址的分布状况、文化内涵和保存状况。对于充实该地区的东周、汉代文化发展序列具有一定的参考价值。(黄玉洪)

沙洋县黄歇东周墓群

发掘时间：2010 年 11 月 ~12 月
工作单位：湖北省文物考古研究所

墓群位于荆门市沙洋县后港镇黄歇村十组。一号墓位于黄歇村东周墓群南部一条南北走向的自然岗地中部，东、南两面为长湖，北临灌溉渠，东南距严仓墓群约 9 千米，北距黄歇冢约 600 米，西北距后港镇约 4 千米，东北距沙洋县约 17 千米。封土中心地理坐标为北纬 30°30′11.4″，东经 112°33′26″，海拔高程35 ~ 40 米。

为了配合南水北调引江济汉文物保护工程，对墓群进行了抢救性发掘，发掘面积 2400 平方米。清理出战国中晚期中型楚墓(M1)及车马陪葬坑 1 座，宋墓(M2)1 座。

一号墓为土坑竖木椁墓，平面呈“甲”字形。该墓地面保留有封土，直径 18 ~27、高 5.5 米。墓口东西长 18.6、南北宽 16.2 米。墓坑东部设有墓道，长 12.3 米。墓坑设 7 级台阶。坑内填五花土，在椁室四周填有一层 0.46 米厚的青灰土，坑内填土较硬，未发现夯筑痕迹。椁室保存较好，椁东西长 4.3、南北宽 2.86、高 2.18 米。由头箱、边箱、棺室三部分组成，葬具为一椁二棺，主棺内骨架保存完好。在封土顶部发现一古代盗洞，盗墓贼由头箱与边箱交界处进入椁室。该墓虽然早期被盗，但仍出土一批精美文物。生活器有铜盆、撮箕、勺、匕，青铜礼器仅残留鼎足、鼎耳；乐器有漆瑟；漆木器有漆案、几、猪形盒、豆、耳杯、酒具盒，木俑；竹器有竹笥、席、长柄扇；兵器有戈、盾、镞、箭箙；装饰品有玉璧、佩饰、带钩；车马器有车軎、马衔、马镳、伞；丝织品有衣服、鞋；文字方面有竹简、文字、漆字以及椁板上刻划的文字和符号等。

车马坑位于一号墓的西侧，相距 12.8 米。平面呈南北长方形，坑口南北长 16.2、东西宽 4.5 米。在坑口西壁中轴线南侧设有象征性坑道，东西长 1、南北宽 0.9 ~1 米。坑内葬 5 车 8 马。其中 1、2 号车配 2 马，3 号车配 4 马，4、5 号车无配马

(未发现马痕)。除1号车保存较好外，其他车保存较差。

二号墓位于一号墓的东南。坑口平面近方形，南北向。墓口南北长3.1~3.4、东西宽2.48、深0.3米。坑内填小花土，土质较硬。坑内左、右并列一长一短的两具棺，右棺北端向外伸出，作斜边波折状弧形，用红漆描边，棺外髹黑漆，棺内髹红漆。左棺北部发现两枚牙齿，出土瓷碗、盏、碟；石砚；铜镜、铜笄、耳勺、铜钱及漆木器等。右棺北部出土铜镜、笄、瓷碗、盏、碟及墓志铭等。

通过本次发掘，进一步了解黄歇村墓群的文化内涵，墓葬年代包涵战国中晚期楚墓和宋墓。这批文物的出土，为研究古代丧葬制度补充了新的实物资料。双手合立俑与丝织鞋在楚墓中属首次发现，对研究战国时期楚国的纺织技术及楚、汉文化的发展与继承有着重要意义。(黄文新)

丹江口市高家湾东周遗址

发掘时间：2010年5月~6月
工作单位：湖北省文物考古研究所

高家湾遗址位于十堰丹江口市六里坪镇蒿口村三组。遗址东临小溪河，南部为蒿口泰山庙古戏楼，此处为遗址的最高点。遗址中部有一通村大路穿过，北边缘为高家湾。

为配合西气东输工程的建设，对该遗址进行了抢救性发掘。共布正南北方向5米×5米探方6个，发掘面积共计150平方米。

遗址西部、南部均被破坏，保存面积1000平方米。西气东输的管道经过遗址中部，大约涉及面积300平方米，破坏较大。调查中采集到新石器小石斧、陶鬲足、夹砂褐陶、夹砂红陶。另有陶片若干，有绳纹、附加堆纹。

本次发掘出土部分陶片及少量石器。陶器主要为生活用具，陶质以夹砂陶为主，其次为泥质陶，有少量泥质红陶。纹饰以绳纹为主，少量素面。陶器器形主要有鬲、豆、罐等。

遗迹方面共清理遗迹单位8个，灰坑5个、长方形坑3个。灰坑形状为圆形和不规则形，剖面均为锅底形。坑壁未见有人工加工痕迹。灰坑内堆积较浅，为黑灰土，较松散，含有较多的草木灰及烧土颗粒。坑内所出陶片较少，可见有鬲足、豆柄等，未见有完整可修复器物。长方形坑在清理中坑内堆积较纯净未见有包含物，用途现不详。

通过本次发掘，我们对高家湾遗址的文化面貌有了较为深刻的认识，判断其为东周时期遗址。我们还进一步了解了高家湾遗址的分布状况、文化内涵和保存状况，对于充实该地区的东周文化发展序列也具有较高的参考价值。（黄玉洪）

郧县杨溪铺战国两汉遗址及汉代六朝墓地

发掘时间：2010 年 11 月 ~ 2011 年 1 月

工作单位：南京大学历史系

遗址位于郧县杨溪铺镇杨溪村二组，汉江北岸的二级台地上，遗址高程 146 ~ 149 米，中心地理坐标为北纬 32°49′42″，东经 110°52′23″。

本遗址为南水北调中线工程丹江口水库淹没区文物保护项目，发掘面积为 2000 平方米。包含地层 4 层，分别为耕土层、现代扰乱层、明清文化层和战国至汉代文化层。共发现墓葬 50 座、灰坑 19 座、房址 2 座、灶址 4 座、窖 1 座、沟 4 条、特殊遗迹 1 处、棚 2 处。其中房址、墓葬和特殊遗迹较为重要。

房址为带基槽、柱洞、窖穴的三间形制，曲尺形，基槽转角处设置柱洞并加宽，东部被东汉晚期至六朝时期的墓葬 M14、M16 打破。北部一间较大，面阔 10、进深 4 米，南部两间偏东，面积较小，面阔 4 米余。西南角分布有窖穴一座，直径 1、深 0. 8 米。F1 结构完整，堆积层次分明，可分为倒塌堆积和居住面。出土物较为丰富，有陶鬲、陶甗、陶盆、陶罐、板瓦、筒瓦、铁器等，窖穴内则包含有较多的动物骨骼和鱼骨，从出土物分析，时代应为东周。

特殊遗迹是由大小不等的白色石子平铺而成，总体形状为半环形条带状，石子直径小者不足 1、大者超过 20 厘米。石层厚度自 5 厘米至 100 厘米不等。总周长 65 米，宽度最窄 40、最宽 600 厘米。石子平面深浅不一，深者距现在地表 180、浅者 50 厘米，依当时地表情况而铺设，并没有刻意铺平地表。条带的边缘也有若干分叉向外延伸。从整体形状看，形似某种长身动物，可能为特意铺设的象征性设施。年代大致为战国至汉代。

墓葬包括汉代墓葬、六朝时期家族墓地、唐宋时期家族墓葬等，各时期墓葬均有不同的墓向相区别。墓葬形制的变化反映了时代的变迁和文化内涵的变迁。

与此遗址相邻的青龙泉遗址发现有西汉和唐宋时期的墓葬，但唯独六朝时期墓葬少见。本遗址大量六朝时期家族墓葬的发现似乎可以说明当地人口受自然环境的影响而发生的迁徙现象，对于认识这一地区的自然环境的变迁及对人类生存的影响和六朝时期南北政权的更迭及文化的交融有着重要意义。（赵东升）

房县营盘战国至汉代墓地

发掘时间：2010 年 11 月 ~12 月
工作单位：湖北省文物考古研究所、房县博物馆

营盘墓地位于房县盆地北缘，南距县城 3 千米处。调查、勘探显示，整个山冈（吴家梁子）上均有汉代墓砖分布，以冈埠南部最为密集，故选择在此发掘。发掘区中心位置地理坐标为北纬 32°04′45.54″，东经 110°45′10.80″，海拔高程 449 米。此次发掘面积 600 平方米，清理墓葬 14 座，出土文物 108 件（套），以陶器为主，铜器少量。

战国墓 1 座，墓坑的绝大部分和墓道不存，有二层台。人骨保存股骨以上部分，头南脚北，在人骨的西侧放置有鼎、敦、壶、豆等 7 件（套）随葬品。

西汉墓 4 座，墓坑可分为土坑、岩坑两类，带墓道，平面为“凸”字形，东西向。墓坑底部有二层台。人骨腐蚀较严重，葬式可分为单人葬和多人合葬。随葬品有鼎、壶、盒、罐、井、灶、铜钱等。

东汉墓 9 座，由墓道、墓室构成，平面形状有“刀”形、“凸”字形，东西向。墓坑系较规整的长方形竖穴土坑，墓道设在墓坑的东部，保存不全。墓室为单室砖室，部分墓葬保留有较为完整的券顶。随葬品置于墓室前部，有罐、井、灶、仓、铜钱等。M2 出土的纪年砖有模印“元和二年”（85）的字样。

此次发掘的墓葬从战国中期至东汉晚期，前后延续 600 年左右，墓地沿用时间较长。在布局上，两汉墓葬均为东西向，间距很小，呈“一”字形排开，北部偏中的墓葬时间偏早，越往两边时间越晚。墓葬排列有序，表明墓地经过严格规划，很可能是汉代（以东汉为主）的一处家族墓地。

营盘墓地的发掘为研究鄂西北地区古代丧葬习俗，特别是墓葬形制、茔域布局提供了资料，对研究房县盆地汉代经济水平、人口状况也有重要意义。（罗运兵　向其芳）

荆州市嵠峨山楚墓

发掘时间：2010 年 10 月 ~ 12 月
工作单位：荆州博物馆

嵠峨山位于荆州古城西门外太湖港南岸。为配合逸居园小区工程建设，勘探面积约 10000 平方米，发掘小型战国楚墓 15 座，出土文物 111 件。

墓葬大多保存较好，按葬具情况可分三类：单棺、一棺一椁、一棺一椁双头箱（即在椁室头箱外再接出一头箱）。随葬器物从质地上可分为陶器、铜器、铁器、漆木器、玉石器、丝织品。从用途上可分为礼器、兵器、生活用品、装饰品等。陶器数量最多，有鼎、鬲、敦、簠、壶、豆、樵壶、罍、匜等。铜器有剑、匕首、戈、矛、镜、勺等。漆木器数量也较多，有耳杯、盒、几、瑟、篦、虎座鸟架鼓、镇墓兽等，大多保存完整、彩绘鲜艳，还有 1 件立于平板之上的木飞鸟，在造型上有别于楚墓中常见的虎座飞鸟。玉石器有 1 件圈点纹璧，1 枚紫水晶珠和 2 枚玛瑙环。此外，M19 出土的 1 件保存完好的木柄铁斧，较为少见。

嵠峨山楚墓 2010 年的考古发掘，与以往的考古工作紧密相连，出土了大量造型独特而精美的文物，使嵠峨山墓地的文化面貌得以翔实完整地揭示，为墓葬分布、时代特征、内在联系、发展演变等内涵的研究提供了珍贵的资料。（刘建业）

荆门市严仓无名冢楚墓地

发掘时间：2010 年 10 月 ~ 2011 年 1 月
工作单位：湖北省文物考古研究所

为配合南水北调引江济汉工程，对荆门严仓无名冢墓地进行了发掘，发掘面积为 2800 平方米。共清理墓葬 2 座。M2 的墓坑主要分布在 T0404 内，有较完整的封土，封土分布到四周各方，封土底部长 3500、宽 2420、高 370 厘米，主要为灰白土和黄花土。墓口长 1360、宽 1140 厘米，墓底长 456、宽 306 厘米，墓口距椁盖板 620 厘米，墓口距墓底 800 厘米；墓道长 1053、宽 270 ~ 510、底宽 198 厘米。有三级台阶，椁室为长方形，长 450、宽 275、深 175 厘米，由墙板、挡板、底板和盖板组成，分为头箱、边箱和棺室三部分。头箱在东，长205、宽60厘米，边箱在南，长310、宽20厘米。棺室在北，长310、宽180厘米。棺室内置重棺，外棺为方形，内棺为悬底弧棺。该墓共发现5个盗洞，其中1个打穿头箱和棺室。出土遗物包括铜器、玉器、漆木器和陶器。铜器有铜带钩2件、铜环2件、铜铺首1件、铜鱼22件、铜车軎2件。玉器有玉璧1件、玉璜2件、玉珠3颗、玉佩1件。漆木器包括木虎座鸟架鼓1件、漆盒1件、木斗1件、木俑2件、木勺2件、漆耳杯3件、漆木豆1件、木俎1件。陶器有陶鬲、陶鼎、陶敦等。

M3的墓坑主要分布在T0601内，封土分布到四周各方，中部封土多为后期破坏，但四周保留有厚薄不匀的封土，北部封土保留较高，约80厘米；东、南、西三面均只保留有极薄的封土，厚25厘米，墓有2个盗洞。M3为“甲”字形长方形竖穴土坑墓，墓口长660、宽540~552厘米，墓底长332、宽170厘米。墓道口长812、宽156~300、底宽160厘米。墓道上部有两排脚窝，共14个。有一级台阶，台阶宽60~70、高75~105厘米。墓口到椁盖板深506厘米，至墓底深586厘米。墓底用熟土二层台建成椁室，台宽25、高76厘米。其上盖有5块椁盖板，长160、宽35~43、厚5厘米。内置重棺，均为方棺。棺内出土文物4件，为铜剑（带鞘）、铜削刀（带鞘）、铜镜、骨牒。

该墓地紧邻严仓墓群，通过发掘，获得了一批楚墓的资料，对研究该墓地的墓葬排列、埋葬习俗以及楚文化的研究，都提供了新的资料。（宋有志）

武当山柳树沟秦汉墓群

发掘时间：2010年4月16日~5月15日

工作单位：湖北省文物考古研究所

墓群位于武当山旅游经济特区柳树沟村三组。西南距离武当山旅游经济特区约10千米，中心地理坐标北纬32°32′24″，东经111°08′04.8″，海拔高程为137~148米。

该墓群于1994年11月中国社会科学院考古研究所和丹江口市博物馆调查时发现。2010年对柳树沟墓群中的2座有封土堆的中型墓进行抢救性发掘。发掘面积共2148.75平方米，共清理墓葬9座，其中秦人墓3座，出土陶器6件。器形有罐、钵。秦末汉初墓6座，出土陶器19件、铜器4件、铁器2件。器形有陶鼎、壶、罐、釜、甑、匜，铜鼎、盒、盆、半两钱，铁鼎。

M1是该墓地规模最大的一座墓，地面尚保留有封土，椁室四周有积炭。封土南北长35、东西长35.2、现存高3.6米。墓口平面为长方形。墓壁上部较斜，下部略内收，坑壁较光滑，不见加工痕迹。墓口南北长9.1、东西宽7~7.2米。墓底较平。内填黄褐色花土，土质较紧密，未发现夯打痕迹。墓底长4.4、宽3.36、深9.2米。由于M1两个盗洞均到达墓底，致使墓内陪葬器物基本盗尽。仅发现少量铜鼎、盘、鍪、盒、半两钱；铁鼎、釜；陶罐、甑等。

M2与M3为夫妻合冢墓，M2封土被M3打破，形成南北并穴合葬。封土北部为M3封土，南部为M2封土。M3封土叠压在M2封土之上。封土平面近“8”字形，南北长15.8、现存高0.8米。M2为土坑竖穴木椁墓。墓口大底小，四壁较斜，墓底较平。东西长4.02、南北宽3.34米，墓口距地表深0.85米。墓底东西长2.8、南北宽1.5、深4.4米。坑内填浅黄、黑色小块五花土。墓坑西南部发现一古代盗洞。坑底东端出有陶壶和釜等。

柳树沟墓群自战国中期开始，秦、汉、宋及明清一直在沿用。本次发掘秦人墓和秦末汉初墓，棺椁均已腐烂，部分墓葬尚保存有人骨架，为仰身直肢。从牙齿的磨损程度观察，墓主人死亡年龄20~40岁，生前患有龋齿、牙周病、氟斑牙病。

根据叠压打破关系，或以周边地区器物的对比，本次发掘的9座墓葬年代可分为两个阶段：第一阶段陶双耳罐、圜底釜、敛口平底钵等，都具有关中地区文化特色，属于关中秦文化范畴，与秦人南侵有关。第二阶段陶假圈足壶、翻卷圜底釜、甑等，仍以关中地区秦文化面貌为主，但包含了少量南方文化因素，是秦拔郢后形成的一种混融性地域文化。秦文化由北向南逐渐发展，反映出秦拔郢后一个区域文化的演变过程，为研究汉水流域秦文化的丧葬习俗增添了一批新的实物资料。（黄文新）

丹江口市舒家岭西汉明清墓群

发掘时间：2010年4~7月

工作单位：湖南省文物考古研究所

舒家岭墓地位于丹江口市牛

河乡舒家岭村，牛河与汉江的交汇处北岸，地理位置为北纬32°35′35″，东经111°21′32″。该墓地原为汉江北岸的一条低矮山梁，20世纪50年代丹江口水库建成后，墓地大部分时间被淹没在水下，只在春夏季节水位较低时露出水面。本次发掘完成调查勘探面积57300平方米，发掘面积近4000平方米，发掘墓葬47座，其中西汉墓37座、明清墓10座，出土各类器物300多件，其中陶器263件，铜器39件，铁器5件，银器2件，墓志铭砖1件。

此次发掘的墓葬形制比较简单，基本上都是竖穴土坑墓，时代以西汉为主。西汉墓葬许多存在两两并向排列的情况，出土器物多为陶器，组合以鼎、盒、壶、钫为主，此外还有罐、鍑、甑、盆、钵、鬲、猪、筒瓦等器物。器物以灰陶为主，器形高大，胎质厚实，火候较高。明清墓葬多为小型竖穴土坑墓，随葬器物较少，仅部分墓葬有少量的装饰品，有一座墓出土了砖质墓志。

此次发掘仅仅完成了梁子上一个山包的发掘工作，墓地其他区域的发掘工作有待来年进行。（高成林）

襄阳市王坡西汉墓地

发掘时间：2010年10月~12月
工作单位：湖北省文物考古研究所

墓地位于襄阳市襄州区北部，樊城区西北约10千米处，地处古邓城正北约4千米，为古邓城的一处重要墓地。地理坐标北纬32°08′11″~32°09′69″，东经112°04′65″~112°05′41″，海拔高程78~112.28米，墓地面积约20万平方米。南段属樊城区牛首镇马棚村四组（王坡），中段属樊城区牛首镇李冲村一组（张家岗），北段属襄州区伙牌镇南王村七、八组（祖师殿）。

为配合西气东输二线工程的建设，对该墓地进行了抢救性发掘，共发现墓葬60余座（包括6座已遭盗掘的墓葬），全部分布于王坡墓地南段即马棚村四组（王坡）西北约300米处一片南北走向的岗地上。

经过两个月的考古发掘，我们共清理墓葬12座，出土陶器、铜器、玉器和铁器共计46件，初步判断这批墓葬的时代皆为西汉。其中，有7座墓葬为南北向，5座为东西向。设生土二层台的墓葬有7座；单棺墓7座，一棺一椁墓5座。初步研究发现，几乎所有的单棺墓皆设生土二层台。人骨保存状况差，偶尔可见少量牙齿腐痕和残存下肢骨，故绝大多数墓葬葬式不明。

通过此次发掘，我们获取了一批翔实的考古资料，它所反映出的葬制葬俗以及社会文化面貌，为探索邓国历史文化、建立本地区秦汉文化的分期序列及研究楚、秦、汉文化的演进历程和多种文化的交流提供了材料支撑。（陶洋　郝军宏　姜波）

郧县韩家洲汉代墓群

发掘时间：2010 年 11 月 10 日 ~ 2011 年 1 月 8 日

工作单位：湖北省文物考古研究所、郧县博物馆

墓群位于郧县城关镇西约 30 千米处的柳陂镇韩家洲村（原属西流村）二组，地理坐标为北纬 32°47′40″，东经 110°39′10″。墓群南北两侧为江汉河道，西南为江汉最大支流堵河和汉江交汇处。韩家洲是一处孤立于汉江之中的孤洲，古时称“大孤山”。相传西汉时期韩信之母葬于此地，在韩家洲西部岗地上现存一高出地面约 5 ~ 6 米，直径约 30 米的圆形封土堆，封土堆上植有柏树，现为省级文物保护单位。时至今日，此地居住的村民相传为韩信的后裔。

韩家洲遗址，东西长约 1000、南北宽约 100 ~ 300 米，海拔高程 238 米。南、西、北三面较陡，东部较缓，顶部较开阔而高低起伏不平。

韩家洲墓群为南水北调中线郧县水库淹没区文物保护工作的项目，发掘共布 10 米 ×10 米探方 17 个，10 米 ×5 米探方 8 个，发掘面积 2100 平方米。共清理两汉墓葬 49 座。墓葬均为南北向，成排分布，有带墓道的洞室墓、长方形竖穴土坑墓、砖室墓和石室墓。大部分墓葬被盗，砖室墓和石室墓被破坏至底。

墓葬出土铜器、铁器、陶器等 460 余件，其中铜器 300 余件，有扁壶、烙斗、铃、带钩、花饰、五铢、半两、大泉五十、刀币等；铁器 4 件，有釜等；陶器 160 余件（完整器 20 余件），有鼎、壶、罐、甑、盆、盒、盂、熏炉、钵、灶、仓等。

通过发掘，我们发现有些随葬品具有秦的遗风，说明两汉时秦对此地的影响依然存在并得以延续，这对研究汉水流域、尤其是鄂西北的丧葬习俗等具有重要意义。（付守平　吴琳）

郧县上庄汉代遗址

发掘时间：2010 年 8 月 ~ 10 月
工作单位：湖北省文物考古研究所

上庄遗址位于郧县五峰乡西峰村三组。北临汉水，地处西峰梁子东坡山前平缓的台地上。东北距郧县城关约 85000 米，南距五峰乡约 2 千米。地理坐标为北纬 110°22′25″，东经 32°50′38″，海拔高程 172.5 ~ 193 米。

2009 年 3 月，郧县博物馆在第三次文物普查时发现该遗址，面积约 8 万平方米。为了配合南水北调工程，对上庄遗址进行了抢救性发掘，发掘面积 1296 平方米。

地层堆积分五层：第①层为现代地表层，第②层为近现代的扰乱层，第③ ~ ⑤层为汉代文化层。揭露遗迹 20 座，其中包括台基址 1 座、窑 1 座、灰坑 5 座、坑 9 座、瓮棺 5 座。除窑为明代外，其余均为汉代遗存。地层与遗迹单位出土陶、铜等质地的小件 33 余件。

从目前发掘的情况看，该遗址地层堆积较单一，其文化内涵以汉代遗存为主，还包含少量南北朝时期及清代遗物。汉代陶器以泥质灰陶为主，还有少量灰黑陶，纹饰以绳纹为主，弦纹次之，还有少量波折纹、划纹等。以双耳罐、折腹盆、甑为主要器形，还有少量的广肩罐、钵、灶、器盖以及筒、板瓦、瓦当等。铜器仅见镞和钱币（“五铢”、“大泉五十”、“货泉”）等。在部分陶器口沿上还发现有“安居寺”、“铜盅一杈”、“周”、“王”、“张”、“商”、“吉”、“尹”等刻划陶文。发现一处高台式包台建筑，其规模之大、结构特殊极其少见。晚期地层中还包含有六朝时期瓷盏及清代的青花瓷碗。

此次发掘明确了上庄遗址的主要分布范围及其文化内涵，对研究汉水流域汉文化面貌、建筑布局及其陶文风格具有重要的考古学术价值。（黄文新）

浠水县胡家湾宋至明清墓葬

发掘时间：2010 年 11 月 11 日 ~ 27 日
工作单位：湖北省文物考古研究所、浠水县博物馆

墓葬位于湖北省黄冈市浠水县清泉镇白鸡庵山林场一带，地

处浠水河右岸，三台公社下游 2.5 千米处。地理坐标为北纬 30°23′47″，东经 115°10′41″。发掘涉及四处墓葬和一个山寨寨址，其中有 1 座宋代墓、2 座明代墓、1 座清代墓、寨址为明清时期。

1. 磨山墓葬

位于马畈村二组西，发现墓葬 1 座（M1）。为双室券顶砖室墓，墓向 270°。墓室平面呈长方形，通长 2.56、宽 2.04、高 0.93 米，前端遭损毁。单砖墙墓壁均用条形方砖错缝纵砌，圆拱形券顶为楔形砖错缝砌成，砖缝均抹以白膏泥，两墓室中间为紧挨着的双砖墙，未用横砖相嵌，中间靠上留一通气孔。墓门均已毁。生土为墓底，不甚平坦，铺有少量的白膏泥和木炭屑。墓室内未设龛。有大量的铁质棺钉，棺木已腐朽不见痕。人骨架保存不完整，为仰身直肢，双臂拢放于身上。左、右两室均发现有用白膏泥制的梭形枕，右室多两片枕瓦，此外未发现有其他随葬品。从墓葬形制及墓砖规格来看，此墓年代应该为清朝，墓主人应该为夫妻。

2. 虎形地墓葬

位于马贩村七组虎形地，背靠白鸡庵山。发现墓葬 1 座（M1）。为双室券顶砖室墓，墓向 270°。墓室总体呈长方形，墓前附属构筑向两侧伸出，墓葬通长 3.48、宽 3.65、高 1.18 米。单砖墙墓壁砌砖为较大的条形方砖错缝纵砌，圆拱形券顶为楔形砖错缝砌成，砖缝及墓壁外面均抹以白膏泥；两墓室中间为紧挨着的双砖墙，最前面砌以横砖，墙中间未留通气孔。右室封门明显较左室封门靠里。该墓的前面筑有近凹槽形前室，所放置随葬品已不见。墓底为生土，不甚平坦，铺有少量的白膏泥和木炭屑。墓室内未设龛。墓室内有铁质棺钉两种，一为四棱形直钉，另一为四棱形弯钉且钉尾处带圆铁环，该类钉估计起吊装用，棺木已腐朽不见痕。人骨架保存不完整，为仰身直肢，双臂拢放于身上。左右两室均发现有用白膏泥梭形枕，未发现有其他随葬品。从墓葬形制及墓砖规格来看，此墓年代应该为明朝，墓主人应该为夫妻，但右室的墓主人很年轻，该墓经历较长时间的祭拜和修缮。这主要是从墓前附属结构经多次修缮；同时墓前还保留有一较粗大的柏树桩，应为纪念所留而得出的结论。这种带前室的墓葬形制在浠水尚属首次发现，这对于研究当地明清葬制及民俗学具有重要的意义。

3. 邱家湾墓葬

位于马贩村五组邱家湾村后，背靠白鸡庵山。其后也是邱家湾邱氏宗族墓地所在。发现墓葬1座（M1）。为单室券顶砖室墓，墓向正北。墓室仅存后部，想来其原始平面也应该呈长方形，墓葬残长1.61、通宽1.65、残高1.28米。墓壁为较大的条形方砖错缝纵砌，每隔两层砖的高度不规则地砌以横砖，拱形券顶下部为方砖呈阶梯状逐渐向中间砌筑，在中间顶应该以楔形砖砌成（因为现场还散落有少量楔形砖），砖缝均抹以白膏泥。除了墓室头龛位置为双砖墙，其余的都是单砖墙。内壁有3个头龛，龛的顶缘以两片弧形瓦对支形成一个弧尖状，这种形制也是本地第一次发现；墓底为生土，不甚平坦，铺有少量的白膏泥。墓室内未发现有任何葬品。从墓葬形制、墓砖规格以及头龛的形制来看，此墓年代应该为明朝早期，同时，据村民反映，该墓地以前有很多墓，现场发现仅挨着M1就有两座墓的墓圹及残壁，由此推断，该墓地应该是一处家族墓地

4. 壕子地墓葬

位于马贩村七组壕子地，东北距白鸡庵约1000米。发现墓葬1座（M1）。为单室券顶砖室墓，墓向正北。墓室保存较好，仅前面封门上部稍有破损，平面呈长方形，墓葬通长1.6、通宽0.76、通高0.76米。墓室的砌砖无论是券顶、墓壁还是墓底垫砖都用的是楔形砖，同时砖缝均未抹以白膏泥；墓砖砌法均为整齐的并联砌筑；楔形砖铺底；墓室设一很浅的头龛，头龛里侧垫一近正方形薄砖，像墓志砖，但无字。除北壁为双砖墙外，其余的都是单砖墙。在墓葬清理过程中，我们发现墓室中有一些棺钉和红色漆皮，部分红色漆皮保存较好，可以看出当时的棺材的做工比较讲究，棺木已经腐朽不见，骸骨也大多腐朽，从所存的骨头上看，墓主人是一个小孩，在骸骨下面垫有一层厚厚的草灰，此外再无其他随葬品。这个墓葬比较独特：首先砌砖不用更为紧凑的错缝砌筑法；其次砖缝之间不抹上三合土以加固；再次所有的墓砖都用楔形砖。从这三点上看，其做法都比较随意和粗糙。但小孩墓却单独筑一砖室，同时用上做工非常讲究的棺材，这说明墓主人的身份不会是一般的老百姓，而应该是大户人家的少爷之类。从墓葬形制、墓砖规格以及头龛的形制来看，此墓年代应该为宋代。

5. 白鸡庵山寨

位于湖北省黄冈市浠水县清泉镇马贩村白鸡庵山，西为

水库塘。该寨址东北高、西南低。寨墙外设一周壕沟，东西长约800、南北宽约600米。地表现为山林和水库，没有平整过土地。调查时在地表发现有部分寨址基墙和寨门。考古发掘解剖部分寨墙发现，寨墙墙基宽约3.6、残高约2.3米，寨墙大部分为就地取土夯成寨墙主体，再在外侧筑以石头外墙以加强其防护性。山寨寨门有三个，分别为东、南和西门，其中南门已经破坏。根据当地县志记载，山寨为明清时期土匪寨子。

在浠水核电项目的考古发掘中，发现的多座宋至明清墓葬多角度展示了当地宋至明清时期平民墓葬形制及特色，具有较高的考古研究价值。（陆成秋）

武当山遇真宫

发掘时间：2010年4月~12月

工作单位：湖北省文物考古研究所

对遇真宫东宫、中宫以及宫外附属建筑设施（金水桥、神道、水井等）进行勘探、解剖、发掘。此次工作调查、勘探约10万平方米，解剖、发掘7300平方米。

今年考古工作主要分三块：1. 外围调查、勘探及解剖，对遇真宫宫墙外的排水渠、神道、会仙桥及成鲜厂等建筑遗迹设施进行调查、勘探及解剖后对其建筑遗迹单位的分布范围、保存现状进行了资料记录。2. 东宫考古发掘，通过对东宫的解剖与发掘，清理出遇真宫东宫内的建筑遗迹设施。建筑遗迹包括有院落、房屋、青石甬路、卵石甬路、影壁、水井、排水渠等遗迹单位。从建筑格局来看，东宫内主要建筑布局为一个大型四合院，并在此基础上进行扩建新的建筑遗迹设施；在清理遗迹单位的同时出土有大量包括灵官、瓷碗、瓷盘、瓦当、滴水、陶吻在内的陶（瓷）制、铜制、石制遗物。3. 对遇真宫中宫前院进行解剖，了解中宫内的遗迹单位保存状况，在结束后对遇真宫整体进行三维激光扫描。

通过此次考古发掘，结合2005年至2006年的西宫考古发掘，目前对遇真宫整体建筑格局及周边附属建筑分布已经基本了解，为遇真宫未来保护工作提供科学依据。（康豫虎）

湖　南　省

澧县优周岗新石器时代遗址

发掘时间：2010 年 3 月~12 月

工作单位：湖南省文物考古研究所、澧县文物处

遗址位于常德市澧县县城东约 6 千米处，地处澧阳平原中东部，涔水与澹水之间。遗址主体为一高出周围平原 2.5 米的龟背形岗地。因高速公路从遗址西部穿过，故进行了抢救性发掘，全年完成发掘面积 2700 平方米，揭示出一批汤家岗文化至石家河文化时期的新石器时代遗存。

汤家岗文化遗存仅见一半地穴式房址，略呈方形。地穴底部立柱犹存，西侧偏南部见三级台阶，应是门户所在。在地穴底部出土一较完整、带刻划与压印纹之泥质红陶釜。

大溪文化遗存较为丰富，发现两处半地穴式建筑遗迹及一批房址。最重要的是发现了一座用纯净白土堆积而成的圆形台基，台基上见有一批密集分布，彼此间存在叠压打破关系的浅坑状遗迹，其内包含物为兽骨、红烧土块及陶器残片。兽骨以牛骨为主，有少量猪骨与鹿骨及鹿角，另外见有两块象骨。部分兽骨上见有人为修饰与加工痕迹，并在圆形台基偏南部一浅坑状遗迹中见一插有木柄的牛顶骨。判断此台基及其上的兽骨坑等，皆为大溪文化宗教活动类遗存。在位于台基之南的半地穴式建筑遗迹内部填土中见一残破之木雕人面相。

屈家岭文化遗存，主要包括遗址西部外围低洼泽地中大量淤泥类堆积，泽地近遗址中心岗地一侧呈坡状倾斜堆积的大量生活废弃类遗存，2 座堆筑于低洼泽地淤泥类堆积之上具有较大规模的建筑台基，2 座土坑墓与 3 座瓮棺葬，以及一批灰坑、灰沟等。另在遗址西南角揭示出一段在此时期淤平的大型沟状遗迹，根据勘探情况，判断是流经遗址西南部古河道的一段。屈家岭文化遗存中最为丰富的是其遗物，包括大量的陶器、石器及竹木器。陶器以泥质黑陶和灰陶为主，亦见有较多夹砂红陶、红褐陶及少量泥灰红陶。多素面，纹饰主要见弦纹。器类有豆、壶、罐、圈足盘、碗、簋、缸、陶球等，石器有斧、锛、凿及砾石

等，竹木器见有船桨、木锥、苇席，建筑构件等。

石家河文化遗存相对较少，仅见少量地层及一批柱洞遗迹。遗物见有陶器和石器。陶器以泥质灰陶和泥质红陶为主，多素面。器类有豆、罐、盘、盆、壶、鬶等，石器有斧、铲、石环等。

优周岗遗址发掘揭示出的这一大批新石器时代遗存时间跨度长，内涵丰富，对长江中游地区考古学分期与文化谱系研究，新石器时代人类居址形态，聚落演变以及大溪文化时期先民们精神信仰、宗教观念等研究提供了一批很好的材料。（赵亚锋）

望城县高砂脊战国至明清墓葬

发掘时间：2010 年 6 月 ~ 12 月

工作单位：湖南省文物考古研究所

遗址位于望城县高塘岭镇胜利村高砂脊组，沩水与湘江的交汇处，是一处商周时期的古文化遗址。该遗址因 20 世纪 70 年代农民取土时出土一件商周时期的铜甗而被发现。

为配合湘江长沙综合枢纽工程的施工，发掘面积近 3000 平方米。本次发掘的位置属高砂脊遗址地势较高的部分。由于东周至明清时期这里变为一片墓地，加上建国后又平整土地，修建房屋，对商周时期的文化层破坏较大，因此，在此次发掘中，商周文化层只在部分探方有零星发现，主要遗迹是战国至明清时期的墓葬。共清理战国、汉晋、宋至明清时期的墓葬 115 座，陶窑 1 座。

此次发掘的战国墓葬以小型为主，皆为竖穴土坑墓，随葬品极少，一般仅有 1 至 2 件陶罐，只有 1 座墓葬出土了鼎、豆、壶陶器组合及 2 件铜戈。汉晋墓葬皆为砖室墓，破坏比较严重，随葬器物一般较少，只有少数几座汉墓出土了一些模型明器和印纹硬陶罐。宋墓多为小型竖穴土坑墓，随葬器物较少，一般只有 1 至 2 件质地较差的瓷器或铜镜等。明清墓葬多为小型竖穴土坑墓，一般没有随葬器物，只有少数墓葬出土有青花瓷碗、玉镯等物，还有一座墓葬出土了 1 件天启年间的墓志。此次发掘虽然没有发现商周时期文化遗存，但汉晋至明清时期遗存却有一些意外的收获，为研究沩水下游的文化变迁提供了资料。（高成林）

花垣县下瓦场汉代遗址

发掘时间：2010 年 11 月~12 月
工作单位：湖南省文物考古研究所、花垣县文物局

遗址位于花垣县团结镇马道子村五组，处于石灰岩性质的犀牛包北部山坡较为平坦的台地上，遗址前则为自西向东流淌的花垣河。为配合湘西自治州竹篙滩水利枢纽工程的建设，对下瓦场遗址进行了抢救性考古发掘。受台地面积及山势的影响，发掘时分别在山坡台地上（Ⅰ区和Ⅱ区）和其下的花垣河一级阶地（Ⅲ区）上布方，方向北偏东 15°，共发掘 5 米×5 米探方 10 个。

遗址堆积均由南向北顺山势呈斜坡状堆积，因底部石灰岩山体高低不平而使得地层堆积的厚度亦厚薄不均，最薄处约 20、最厚处约 120 厘米。文化层可分为 6 层，第②、③层为清代地层，出土有“道光通宝”铜钱和少量青花瓷片；第④~⑥层为主体文化堆积，出土有大量的方格纹硬陶片，部分器表施有釉色，但多已脱落，主要器类为罐、钵和碗，另有铜器饰件和玉器饰件各 1 件、铁刀 2 把、数件打制石器和磨制石器。发现遗迹现象主要为灰坑、灰沟和柱洞。其中一个灰坑内（H1）含有较多的红烧土粒和炭末颗粒，在其周围放置有多块大河卵砾石，出土有陶片和动物骨骼碎片，可能为火塘遗迹。从该文化层中出土的五铢钱（残）和硬陶片特征观察，主体文化层堆积应为汉代。

因石灰岩山体坡地栽种树木及水土流失等原因，遗址破坏较大，且因是坡状分布，产生的次生堆积较多。发掘Ⅲ区从发掘情况观察，汉代的文化层堆积位于最下面，其上则为花垣河所携带沉积后形成的粉沙堆积，因此推测现今花垣河的一级阶地主要形成于汉代以后，为河流淤积而成的堆积阶地。

下瓦场遗址的发掘为我们认识湘西地区汉代山地居民的生产、生活提供了重要的材料。（李意愿）

衡茶吉铁路汉晋及宋元明清墓群

发掘时间：2010 年 3 月~7 月
工作单位：湖南省文物考古研究所、株洲市文物局、炎陵县文物局、茶陵

县文物局、攸县文物局、郴州市文物处、安仁县文管所、衡阳市文物处

本次发掘的范围为衡茶吉铁路（湖南段）主线及配套工程文竹至茶陵联络线，共计203.1千米。此次发掘均为墓葬，为明清、宋代、汉晋三个时期。

明清墓葬主要见于炎陵县沔渡镇仓背村砖下组。均为砖室墓葬，共21座。长1.8～2、宽0.6～0.8米，方向基本一致。呈三排台阶状平行分布，各墓间距0.5～1米，很少有打破关系。在发掘现场还见有少量青石质墓碑残段，为清嘉庆、道光年间，综合诸方面因素分析该处应为一清代中晚期家族合葬墓地。

宋代墓葬见于炎陵县沔渡镇仓背村砖下组、摇钱湾组，茶陵县火田镇芙江村麻土屋组。以砖室墓居多，土坑墓1座，墓葬多位于近山脚处。砖墓墓底使用青灰薄砖，以两排横砖作为棺床，头部设龛放置器物，有盖罐、壶、碗等。土坑墓出有多角坛、盘口罐。从砖室墓葬的分布来看，多位于北宋赵玉牒墓附近，估计为同一时期。

汉晋墓葬多见于茶陵县火田镇芙江村麻土屋组、马江镇玄武村岭背组。为较大型砖室墓，由墓道、甬道、墓室和排水沟组成。麻土屋墓使用榫卯结构墓砖，砖侧模印半圆形花纹，出有罐、盆、壶、钵等东汉常见器物。从该种墓砖的使用范围来看，仅见于茶陵县东部，应受江西地区影响。岭背墓使用常见的汉砖，砖侧模印斜交叉十字、斜交叉铜钱等花纹，出有鼎、壶、罐、钵和器盖、罐、钵等两类器物，大致可分为东汉、西晋两个时期。（袁伟）

醴陵至茶陵高速公路汉晋墓葬及宋代窑址和墓葬

发掘时间：2010年8月～11月

工作单位：湖南省文物考古研究所、株洲市文物局、醴陵市文物局、攸县文物局、茶陵县文物局

醴陵至茶陵高速公路工程位于湖南省株洲地区境内，涉及醴陵、攸县、茶陵三县，全长117千米。本次发掘共清理一批汉晋、宋代墓葬和1处宋代窑址。

汉晋墓葬，主要分布于攸县莲塘坳乡春洲村和酒埠江镇色江村，有砖室、土坑墓两种，以砖室墓葬居多。

攸县酒埠江镇色江村墓葬时

代较早，为东汉晚期。砖室墓多由墓道、甬道、墓室、排水沟组成，个别墓葬设有棺床。土坑墓多由墓道、墓室两部分组成，随葬品以硬陶居多，还有少量软陶。砖室墓以M21为例：长7.6、宽2.5米，由墓道、甬道、墓室三部分组成。墓室后部设有棺床，高出墓室平面约0.15米。墓砖侧面模印“叶脉夹铜钱纹”，出有纪年铭文砖“建宁三年中作”。该墓被盗，仅出少量硬陶残片，可辨认的有罐、仓、灯等。土坑墓由墓道、墓室、排水沟组成。以M22为例，长5.8、宽2.9米，平面“凸”字形。经清理，发现为男女合葬，男左女右排列。左边放置铁剑2把、陶壶、铜镜；右边放置玉石璧、陶罐、陶壶、陶钵、铜镳壶、铜镜、铁釜。墓室前部设有排水沟，延伸至墓道口。

攸县莲塘坳乡春洲村墓葬时代较晚，为西晋时期。墓葬形制基本相同，但有些变化。砖室墓多由墓道、封门墙、甬道、墓室、排水沟组成，少数墓葬还有砖柱、祭台、棺床等结构。多出硬陶罐、壶、灯、灶、井、囷、畜圈和瓷碗、盏等器物，烧成温度较东汉时期明显增高。

宋代墓葬见于攸县莲塘坳乡春洲村，为砖室墓，使用素面青灰薄砖，出有陶、瓷罐等。

宋代窑址位于攸县酒埠江镇色江村燕子岭，本次发掘出龙窑两座及丰富的窑外堆积。瓷器以青瓷为主，酱釉瓷为辅，另有极少量黑釉瓷。器类多为日常生活用品，以罐类居多，多为硬陶，未施釉；其次为瓮，再次为壶，多为执壶，另有碗。其他器形有盏、碟、擂钵等。目前所见窑具有支座、垫圈、支钉、匣钵等。碗为叠烧，碗内及底多见5~6枚支钉（痕）。从罐的内壁来看，为轮制拉坯；擂钵内壁有竹片刷痕。窑址西面山脚下百米处有水塘，曾出瓷土。根据目前调查情况，攸县新市等地发现有同时期、相同产品窑址。该窑址应为地方品种民窑，局限于株洲地区。在接近龙窑Y1的地层出有“崇宁重宝”铜钱，为北宋徽宗时期发行，该窑址使用时间上限当不超过徽宗时期，即北宋末年。(袁伟)

临武县杨家山东汉墓

发掘时间：2010年7月14日~8月12日

工作单位：湖南省文物考古研究所、临武县文管所墓群位于郴州市临武县武水镇杨家山村东，西距临武县城约5千米。墓葬分布于山坡的顶部和西缘，少数有封土堆，部分被盗，分布面积约4000平方米。为配合桂阳至临武段高速公路建设，对其进行了抢救性发掘，共清理古墓葬3座，均为砖室墓，编号M1～M3。

M1～M3无论从墓向、形制结构还是随葬品特征来看都差别不大，应为同一时期的家族墓。下面以M2为例做详细介绍。

M2长方形竖穴土坑券顶砖室墓，保存完整，方向87°。墓长4.58、宽2、高2.1米。墓门长1.28、宽0.8米，左右门框单砖纵向叠砌而成，墓门券顶由双砖纵向错缝砌成。墓门底部低于墓室底部0.1米。墓室分前、后室，前室长1.64、宽0.8米；后室高出前室0.1米，后室长3.22、宽1.64米，后室底部前后端均摆放多块墓砖，应起垫高棺木之作用。随葬品多位于前室左上角和后室左下角，从随葬品及垫高棺木之墓砖的摆放位置可推断下葬时棺木应位于后室右部。墓室后端墙中部左右两侧各有1块突出的半截墓砖，推测为简易的灯台。墓壁、墓底及封门砖均涂抹一层厚约0.12米的石灰粉，起防潮作用，封门砖外侧的石灰层中还随葬1件铁匕首。M2封门砖及墓壁均采用单砖错缝平铺叠砌而成，墓底单砖纵横错缝平铺，距墓底0.96米处起券，券顶为楔形砖砌成。墓砖规格有两种，平砖长37.5、宽18、厚5.5厘米，封门砖、墓壁及墓底均采用该规格墓砖砌成；楔形砖长36.5、宽18.5、厚4～5厘米。墓砖纹饰均为单侧模印菱形纹。葬具及人骨架均已腐朽无存，发现随葬品23件，有陶器、铁器和五铢钱，陶器有模型器和实用器两种，模型器有陶猪、羊、陶仓、猪圈等，实用器有鼎、罐、壶等。

从这批墓葬的形制结构及出土物特征初步推断该墓群的年代应为东汉晚期。M1、M2均发现有用石灰涂抹墓壁及墓底的现象，这种埋葬习俗在湖南各地的唐宋墓中较常见，而少见于东汉墓，此次发现为研究这一埋葬习俗的起源提供了考古资料。（王良智）

长沙唐代铜官窑遗址

发掘时间：2010年3月16日～12月31日

工作单位：湖南省文物考古研究所、中国社会科学院考古研究所、湘潭市博物馆、怀化市文物处、衡阳市文物处、衡山县文物管理所、衡东县文物局、中方县文物管理所、南京大学历史系、武汉大学历史学院、长沙铜官窑遗址管理处

2010 年考古工作包括发掘与勘探两大内容：一是对谭家坡 1 号龙窑遗址和陈家坪窑区的考古发掘；二是长沙铜官窑遗址及其周边地区的考古勘探。考古发掘在传统发掘方法的基础上利用数字考古设备与技术全程跟踪采集各类原始数据，主要使用了全站仪、立体影像仪、三维激光扫描仪，并建立考古地理信息系统。考古勘探则根据文物埋藏特征，在遗址区域内对地下文物进行了无损伤的考古物探，主要使用了三种探测技术：磁法、多频电磁法、高密度电阻率法。

通过发掘获取了类型全面的文物标本，揭露了一批与制瓷工艺流程有关的遗迹，是很好的展示本体，并基本掌握了长沙铜官窑窑炉构造特征，此外在陈家坪窑区发现了 1 处可能与窑神信仰有关的唐代大型建筑遗址。通过勘探发现了石渚湖南面窑区的存在，确查了 76 处窑址，对墓葬区、生活区、交易区的范围进行了重新划定，框定了石渚湖的大致范围。这些成果将是全面复原长沙铜官窑遗址唐代原始地貌与人文景观的依据。（张兴国）

桂阳县刘家岭宋代壁画墓

发掘时间：2010 年 7 月 17 日~8 月 23 日

工作单位：湖南省文物考古研究所

墓葬位于桂阳县城西刘家岭，在县廉租房建设工地动土过程中发现，并进行了抢救性发掘。墓葬为一座土坑竖穴券顶砖室墓。坐南朝北，方向 29°。墓由墓道、甬道、墓室三部分组成。墓道为土坑竖穴，长约 7 米。墓道底部后端一段平坦。在距甬道约 2.4 米位置两侧各一柱洞，由柱洞位置往前修有七级台阶。甬道和墓室均为土壁墓圹内砖构券顶。墓口宽 4 米，墓口下有生土台阶。墓坑通深 3.2 米。甬道较短，南北向券顶。甬道内靠近墓室门前有砖砌供案，甬道两侧壁下部各有 2 个小龛。在墓道与甬道、甬道与墓室之间都有墓门。墓室为东西向券顶。墓室后端下部砌 1 大龛，墓室前端墓门两侧下部各 1 小龛，两长壁下

部各6个小龛。墓室内砌有棺床，棺床上置木棺，棺床边缘砌砖椁。棺内人骨架保存尚完好，但因棺内积水，人骨架位置有所漂移、散乱。头南足北。墓室和甬道外部通长6.1、通宽2.9、墓通长约13米。

墓中出土随葬品不多，仅在甬道内的供案上放置陶熏、青白瓷杯各1件。墓室后端壁龛内放置釉陶堆纹罐、牛角坛各1件。砖椁后端顶部放置青瓷盏1件。棺内墓主人头端出土铜镜一面，头骨两侧出土银簪2件、银钗1件以及银“开元通宝”冥币1枚。另在釉陶罐内、棺内及棺床上零散出土铜钱62枚。

壁画和地画都画在用石灰浆粉刷的地仗层上，地仗层厚约1厘米左右。壁画位于甬道的东、西两壁墓室门两侧及墓室的四壁及券顶。地画位于墓室内棺床上。壁画因自然酥粉、起甲、脱落以及券顶挖开后的人为扰乱，损坏较严重。甬道西壁右侧一女子俯身作挽袖状。女子左下侧一男子，头戴巾帻，亦俯身，左下部可见桌子、屏风等物。从人物姿态及画中物品分析，应为庖厨、备宴一类主题。甬道东壁可辨认有左右侍立的3个女子，左边一人双手捧盘，盘内盛梳妆用具，中一人一手握一如意状物，右一人所持何物不清。墓室门两侧为门神。

墓室壁画保存要较甬道内壁画好。其中东、西两壁壁画构图、布局相似。西壁上部画一条青龙，东壁上部则画白虎，青龙、白虎下均为执兵器站立一排的18个武士。武士所执兵器有刀、枪、剑、矛、弓箭等。墓室北挡墓门两侧的下部各有一执仪仗的武士，其上沿门框呈弧形分布7个持笏仙姑。墓室南挡壁画内容的主题应为“引魂升天”图。上方并列太阳、月亮，月亮中有很清晰的桂花树下玉兔捣药。太阳、月亮下左右相对画7个飞天仙儿。飞天仙儿下又有左右相对的6个持笏男性仙人。仙人下方平壁龛的上端以横栏花边隔开天地两界。横栏上方有3个舞蹈仙人，为女性；横栏下方在壁龛两边各有2人，左两人奏乐，右两人舞蹈，似都为男性。墓室券顶壁画主要是牡丹、瑞草以及凤凰、鸟雀，洋溢着华贵、祥瑞之气。

地画在墓室内棺床上。其步骤是先在棺床上用石灰浆粉刷地仗层，然后在地仗层上绘画，绘好后在画上涂抹一层油脂。然后在油脂上浇灌一层4厘米厚的石灰浆，棺木置于石灰浆上。这样既不使棺木直接与地画接触以损伤地画，又不使地画与上覆石灰层粘连，从而较好地将地画保存了下来。地画以缠枝花草绘出边框，边框内主题纹饰为两个相连的菱形开光，菱格也由缠枝花草的边框形成。在前部菱格内画两只飞翔的凤凰，后部菱格内画双狮衔球。在边框与主题纹饰间填三角形卷草纹。

该墓中不见墓志或买地券，墓葬的相对年代，则可以通过出土钱币作一个大致推断。出土钱币除少数几枚唐代钱币外，绝大多数都是北宋钱币。其中年代最晚者为铸造于北宋晚期徽宗崇宁年间（1102～1106）的“崇宁重宝”，因而推测该墓的时代为北宋晚期。墓主性别通过对人骨架分析为女性。

壁画墓主要流行于中国的北半部，南方也有发现，但数量不多。湖南的壁画墓从目前的发现看，主要分布于中、南部，其中经发掘的只有两座，刘家岭壁画墓是我省发掘的第二座壁画墓，也是目前发现的规模最大、壁画内容最丰富的一座。该墓的发掘，大大丰富了南方壁画墓的资料。（谭远辉）

益阳市张天坪宋元遗址

发掘时间：2010年7月~8月

工作单位：湖南省文物考古研究所、益阳市文物处、桃江县文物管理所

为配合从二连浩特至广州高速公路在湖南境内常德至安化（梅城）段的基础建设工程，对张天坪遗址进行了抢救性考古发掘，共发掘5米×5米探方14个。

张天坪遗址地处洢水支流的二级阶地上，位于益阳市安化县仙溪镇大桥村，距仙溪镇约2千米。遗址因农民平整土地、耕作等原因破坏较大。地层堆积共5层，厚30～90厘米，由西南向东北部略呈坡状堆积。第④、⑤层为主要文化堆积，发现多个遗迹现象，灰沟3条、灰坑3个、柱洞多个。出土遗物多为瓷器残片，少量器物可以复原，器物可辨类型有缸、罐（系罐）、壶（带流执壶）、碗、钵、盏和盆等生活日用器皿。大部分器物制作较为粗糙，器表未施釉色，部分施褐色釉，另有少量为米黄色、灰白色和豆青釉色瓷片。

从出土瓷器特征观察，该遗址年代为宋元时期。灰坑等遗迹现象表明此遗址应是居住址，但延续时间不长。（李意愿）

醴陵市唐家坳宋元龙窑

发掘时间：2010 年 8 月 ~ 2011 年 1 月

工作单位：湖南省文物考古研究所、益阳市文物局、怀化市文物局、衡阳市文物局、株洲市文物局、醴陵市文物局

窑址位于醴陵市枫林市乡唐家坳村，为配合浏阳到醴陵高速公路建设工程，对唐家坳窑址进行了抢救性考古发掘。

唐家坳窑址马冲窑坐落在呈南北走向，海拔高度为 153.2 米的缓坡上，方向 345°，斜坡式龙窑残长 38.5 米，窑头位于山坡北端最低处，已缺失，窑尾位于山坡南端基本保存完整，窑尾与窑头实际落差为 8.5 米，窑炉内宽 2.2 ~3 米。出烟室置于窑的尾部山坡的高处，窑底部铺有大量垫烧具，出烟室结构保存完整，保存有挡烟墙并残存有二砖高。

窑门皆开置于西侧窑墙，现存 7 处，窑门外两侧置有用砖和匣钵砌成的类似于柴房和杂屋的设施，基本保存完整的有 4 个，这在湖南省同期窑址中为罕见。该窑目前出土比较完整和已修复原的器物种类达 53 种。这些器物的造型特征，除了出土量最多的碗、盏、盘、碟、壶等日常器皿外，还有一批一般民窑中少见或不见的仿古器形，如鬲式瓷炉、鼎式瓷炉、仿博山炉式砚滴，梅瓶、鸳鸯、顽童牧牛摆件、象棋、仕女头像、佛像、观音等等。

马冲砖室结构窑的发现，标志着湖南瓷业生产的一次重大革命，因为砖窑比直接修造在第四纪网纹土上的土窑更加密封，对控制窑的火焰，还原气氛是有利的，因此烧造出的产品合格率更高，报废的产品更少，烧出的瓷器更加精美莹润。根据醴陵县志载：“雍正七年（1729），广东兴宁移民廖仲威在沩山开设瓷厂……此为醴陵制瓷之始。”从我们这次发掘的实物资料可以证明，将醴陵的制瓷史推进了 700 余年。（胡建军）

永顺县老司城明清遗址

发掘时间：2011 年 5 月 ~12 月

工作单位：湖南省文物考古研究所、湘西州文物局、永顺县文物局

遗址位于永顺县城以东19.5千米的灵溪河畔，地属灵溪镇司城村，为历史上永顺土司数百年政治、军事、文化的中心，也是湘鄂渝黔土家族地区规模最大、保存情况最好的土司城址。

2011年为配合《老司城遗址本体保护维修工程方案》的编制，第三次对老司城遗址进行考古发掘，发掘工作已取得多项重要收获。

城址布局。通过历年的调查与勘探，基本上弄清了城址各个功能区的分布情况，宫殿区与衙署区处于城址的中心，其周围分布有街道区、宗教区、墓葬区等功能区。“宫殿区”和“衙署区”的名称是袭用民间相传的称号。宫殿区共有四门，大西门为正门，西北角、西南角、东南角各有1门。发掘区位于宫殿区东南部，建筑墙体、道路、水沟互相叠压，从早到晚至少有四次建筑过程。经过勘探，目前已基本确定了宫殿区主体建筑和主干道的大体位置。

宫殿区西城门。大西门位于宫殿区西侧，门道由卵石砌成的路面、台级与红石条砌成的路面、台级组成，下接右街的卵石街道，上与宫殿区内的道路相接，门道两侧的城墙以红砂岩错缝平铺叠砌包边，内侧发现有排水沟，西北部城墙保存完整，最高处高达6米，尽显土司宫城的恢宏气势。大西门左侧还发现1处门楼建筑。

南城墙及排水系统。通过清理南城墙区域的后期废弃堆积，呈现出清晰的城墙、卵石环城道路、环城墙内侧排水系统、水沟上的石桥、城内建筑的保坎等丰富的遗迹，基本弄清了这一区域城址的基本结构。

紫金山墓地。紫金山墓地位于老司城东南郊，是明代永顺土司的王室墓地。现已探明墓地面积约1500平方米，有土司及眷属墓葬30余座，这次对其中暴露于地表、已遭盗掘的8座墓葬进行发掘清理。整个陵园的地表由墓葬封土、拜台、“八字”山墙、花带缠腰过道、南北神道及石像生、照壁等遗迹组成，这一发现对于复原明代土司王室陵园整体面貌具有重要价值。

这次发掘的彭世麒夫妻合葬墓制作精致、装饰华美，堪称明代土司陵墓的精品之作。彭世麒、彭宗舜、彭翼南都是永顺土司中功勋卓著的人物，多次征战，屡建奇功，他们曾带领士兵抗击倭寇，立下过赫赫战功，是土家民族的英雄。墓地出土的彭世麒、彭宗舜、彭翼南及一些土司眷属的墓志铭，还是研究土司社会的珍贵史料。

专题调查。通过对永顺土司核心区域的专题调查，目前发现土司时期的各类遗址已达60多处，包括烽火台、军事关卡、土司庄园、古墓群、宗教遗址、石刻题铭等，对永顺老司城相关遗址的内涵和空间分布有了更全面的认识。在对永顺土司辖下三州六洞区域的调查中，通过对九龙蹬古城堡、龙潭城等重要遗址的调查与试掘，也取得许多重要收获。

据清代《永顺县志》记载，土司彭福石宠于南宋绍兴五年（1135）袭职后，常感晢下州受辰州约束，于是迁其治于灵溪之福石郡，即今老司城，现老司城后山称为福石山。

通过解剖宫殿区南城墙，发现在城墙填芯土中有灰砖、瓦当和明代早期的瓷片，在城墙下的文化层中，第①层包含有明代早期青花瓷片，第②~⑧层，不见青花瓷片，只出宋元时期的白瓷片以及花纹砖、筒瓦等建筑构件，这种情况也曾出现在宫殿区G4、F16的底部。这再次表明，在明代修建宫殿城墙以前，老司城已经有很长的居住过程，而且有高规格建筑的存在。地方史志上彭福石宠于南宋绍兴五年（1135）修建老司城的记载，很可能是信史。

根据目前的考古资料，老司城宫殿区城墙以及L1、G4、G10、F16等遗迹的建筑年代约在明代早期。宫殿区发掘的F2及其保坎、G10的上层卵石、石桥Q1、Q2等遗迹的建筑年代约在明代中晚期。

雍正六年（1728），末代土司彭肇槐自愿改土归流，老司城从此废弃。

土司制度是中国西南地区一个重要的政治制度，永顺老司城遗址城市分区明确，城市功能齐全，充分反映了永顺土司的历史图景，是微观研究中国土司制度、复原土司社会内部结构和中国城市发展史不可多得的实物案例。

老司城遗址是土家族历史文化的见证，是八百年民族变迁和家国盛衰的实物载体，也是研究土家族历史文化、中央与少数民族关系的重要物证。老司城建立在一个地势极为峻峭的山地，依山傍水、因地制宜、魅力独具，体现了自然地形和军事防御功能的完美统一，老司城基础设施保存完整，地上地下遗存丰富多样，城墙、砖雕、建筑、街坊重叠变幻，且与周边瑰丽的山水风光融为一体，极具多元立体的展示价值。发掘后的庞大废墟，将具有惊人的视觉冲击力，其观赏性、真实性、完整性为中国现存城市遗址中所罕见。（柴焕波）

广　东　省

增城市浮扶岭新石器时代至元明墓地

发掘时间：2009 年 8 月～2010 年 9 月

工作单位：广州市文物考古研究所、增城市博物馆

墓地位于增城市增江街白湖村，是珠江三角洲北部山地丘陵地带增江中游流域的一个小山冈，平面形状大致呈“凹”字形，海拔最高 33.5 米，四周都是平地农田。从地表调查采集的文化遗物分布情况看，商周至西汉的文化遗存分布于浮扶岭南半大部，东北部则发现有石构唐宋墓葬，整个遗址面积近 10 万平方米。配合增（城）从（化）高速公路建设，对浮扶岭遗址公路施工范围内的区域进行了抢救性勘探和发掘，揭露面积约 15000 平方米，清理新石器时代晚期至元明时期的墓葬 525 座、明代砖瓦窑址 1 座，出土珍贵文物 2000 余件（套）。考古发掘表明，浮扶岭遗址作为专门的墓葬埋藏区延续时间近 4000 年，早到新石器时代晚期，晚到近现代，西周至春秋阶段是其高峰期。年代跨度长，墓葬数量多，分布密集，内涵丰富，是广东省继博罗横岭山之后的又一重大考古发现。

发掘清理的墓葬和遗物以西周中晚期至春秋早中期居多，硬陶夔纹（双“F”纹）瓮和罐、原始瓷豆为其特点；其次是战国晚期到西汉早期，“米”字纹和方格纹硬陶罐或瓮是其典型特征；相当于新石器时代晚期或夏商之际的墓葬数量较少，以夹砂陶豆和泥质曲折纹圈足罐为代表。三个阶段墓葬的分布区域、排列疏密和方向略有不同。分布于浮扶岭中南坡坡脚位置的 M511 则是发掘区规模最大的墓葬，底铺石子，上置木椁，有典型的越人墓特征，墓葬规模和残存的随葬器物都彰显墓主人的身份在整个墓地非同一般，时代大致在秦至南越国早期阶段，这也是目前所见岭南地区规模最大的铺石子木椁墓。（张强禄）

韶关市圆墩岭夏商时期遗址

发掘时间：2010 年 8 月～12 月
工作单位：广东省文物考古研究所

遗址位于韶关市武江区龙归镇圆岗墩村南的一处台地上。中心点坐标北纬 24°43′26.4″，东经 113°27′25″，海拔高程 60～80 米。龙归河及南水河（北江两支流）在遗址北部自西向东流过，并在遗址附近合流，于附近的白土镇注入北江。

为配合高速公路建设，对圆岗岭遗址进行抢救性发掘，共发掘探方、沟近 100 个，揭露面积 2000 多平方米，发现夏商时期大型壕沟 1 条，小型壕沟 3 条，以及唐宋墓葬 5 座，明清墓葬 7 座。其中夏商时期大型壕沟为本次抢救性发掘的主要收获，本次发掘所涉及的部分，位于圆墩岭的北坡，长约 300、宽约 4、深 2 米余，沟壁斜直，沟底较平；为了了解环形壕沟的分布状况，发掘工作期间，考古队在遗址所在土丘上进行了比较密集的钻探，钻探结果显示：该壕沟沿圆墩岭顶部呈环形分布，基本为闭合的环形壕沟，壕沟的分布形态依地势呈长圆角三角形，总长度约 800 米。如此规模和形态的环形壕沟在广东省夏商时期还是第一次发现；钻探还表明，在环形壕沟所包围的土丘顶部之东端有约 1500 平方米范围堆积较厚，文化层厚度达 1 米余。

此次发掘还出土了较为丰富的陶器和石器等遗物，其中已经复原陶器 5 件，石器标本中包括一件鱼钩石范在内共 300 余件。

根据遗迹单位的打破关系以及环壕内出土的遗物判断，它的年代在石峡文化之后，而早于通常认为的石峡中层遗存，在距今约 4000～3500 年之间，其文化性质当属“虎头埔文化”。该遗址的资料不仅填补了石峡文化晚期至石峡中层遗存之间时间上的空白，还对研究早期几何纹陶的发展传播具有重要的意义，环形壕沟的发现，更为研究聚落形态提供了不可多得的资料，具有相当重要的学术价值。（李岩）

博罗县曾屋岭春秋墓地

发掘时间：2010 年 9 月～2011 年 1 月
工作单位：广东省文物考古研究所、惠州市博物馆、

博罗县博物馆

墓地位于博罗县福田镇联和村委会冲径村曾屋岭东麓，揭露面积2300平方米。发现春秋时期长方形竖穴土坑墓85座，出土青铜鼎、剑、矛、戈、斧、刮刀30多件以及陶瓷器100多件。

发掘分为南、北两个工作区，分别发掘春秋墓72座和13座。墓葬都是长方形竖穴土坑墓，长2.2～3.7、宽0.65～1.3、深0.5～3.2米，墓长超过3米的约达百分之四十。大部分长宽比约3:1，只四分之一长宽比约4:1。墓向大致呈南北向，与地势走向相异而与等高线基本平行，排列有序，鲜见打破现象。葬具痕迹不存。填土黄色，与周边土色甚为接近。少数墓葬具有二层台和腰坑。随葬品陶器组合为3豆，3豆1簋，或5豆1簋，罐类多打碎混于填土中，只个别墓葬中部有2个陶罐。所有陶器都是泥质陶，火候普遍较高，部分豆的陶质比较粗糙，以灰色为主，也有黄白色的。纹饰简单，豆类素面或加弦纹、水波纹等，个别器物外底有刻划符号；罐类纹饰则较丰富，有方格纹、夔纹、方块凸点纹、回纹、云雷纹等。17座墓葬随葬青铜器，已发现青铜器鼎2、剑7、矛3、戈1、镞5、斧2、刮刀9、残器2。出土青铜器最多的是M16。铜剑都是短剑，最有特点的是M70出土1件人像剑首短剑，该短剑上的人像为裸体男性，头顶套1个箍箍，扁圆脸，嘴、眼眶凹陷，鼻梁低矮，大耳贯孔，粗脖子，瘦窄体，双手执于胸前，腰扎腰带，下体男性性器官粗壮而凸出。这种人像短剑，在广东是第一次发现，过去曾在北江流域的清远发现人像匕首，但两者造型有较大差异。该剑与内蒙古昭乌达盟宁城南山根出土的青铜剑从整体看较为相似。曾屋岭短剑长多在50厘米以内。青铜器多数属武器类，容器发现较少，鼎的个体较小，器壁较薄，具有明显本地铸造的特征。经过初步的比较研究，曾屋岭可分为两期，约相当于横岭山三、四期，也即春秋中、晚期。（冯孟钦 郭顺利 刘志远）

广宁县龙嘴岗战国墓地

发掘时间：2010年4月～6月

工作单位：广东省文物考古研究所、广宁县博物馆

龙嘴岗地处肇庆市广宁县南街镇城南村，为地势狭陡的山前侵蚀台地，相对高度约30米，

西距北江支流绥江约2千米。墓地曾于1995、1996和2005年进行过三次抢救发掘。2010年发掘区域位于紧邻1995、1996年发掘区的坡顶中南部，发掘面积近800平方米，共清理新石器时代晚期灰坑1个、战国晚期墓葬17座，出土青铜器、陶器、原始瓷器与石器等各类珍贵文物350余件，其中仅青铜器即有200余件，本次考古发掘获得丰硕成果。

17座战国墓葬在平面布局上与之前所发现的19座墓葬南北相连，36座墓葬沿龙嘴岗中部坡顶至台地南端的山脊呈西南至东北走向带状分布，彼此无打破关系。墓葬形制皆为竖穴土坑墓，墓圹平面多呈窄长形，少数墓葬有二层台与柱洞，中部发现腰坑并置陶器者则有3座。墓葬中人骨无存，墓主性别、年龄与葬式等情况不明，亦未发现明确葬具，仅有少数墓葬局部可见棺椁残痕。

龙嘴岗墓地发现有不同时期的文化遗存：表土层与H1出土的陶鼎、釜、矮圈足器以及石镬、石锛等磨制石器代表着较早阶段文化遗存，其年代范围为新石器晚期至商周时期；而墓葬形制、随葬器物等与广宁铜鼓岗墓地以及近邻的封开、四会、罗定等地所发现的战国时期墓葬资料较为接近，龙嘴岗墓葬年代应为战国晚期，最晚可能进入西汉早期。

本次考古发掘出土文物资料丰富了龙嘴岗墓地的文化内涵，有助于完善本地区新石器时代晚期至战国秦汉时期的文化序列，通过本次发掘，进一步确认了广宁龙嘴岗战国墓地的分布范围与平面布局，墓葬资料所反映的墓地布局、墓葬形制、随葬品组合与丧葬习俗等信息，对于研究绥江流域战国时期文化遗存的性质、族属、丧葬制度等问题以及粤西乃至整个岭南地区战国秦汉时期社会历史具有重要意义。（刘锁强）

广州市华侨外国语学校汉晋隋唐清墓葬

发掘时间：2009年12月~2010年2月

工作单位：广州市文物考古研究所

为配合华侨外国语学校的教学楼建设工程，对工程建设范围进行分区分期考古勘探和发掘。本次共清理汉墓5座、晋墓1座、隋唐砖室墓8座、唐代土坑墓2座、清代土坑墓1座，出土各类文物标本102件（套）。

西汉墓5座，均为长方形竖穴木椁墓，棺椁及骨架已朽无存。出土随葬器物共63件，有陶五联罐、四足四联盒、三足盒、碗、罐、瓮、钫、壶、瓿、盉等，另有滑石炉1件及铜镜、铜洗、铜带钩各1件。这批墓葬年代不晚于西汉中期。

晋代砖室墓1座，长方形券顶。墓坑长5.31、宽1.88、残深0.65～0.93米，前端中部有斜坡式墓道，残长0.78米，坡度2°。墓壁单隅。墓室分甬道和主室，底用残断砖平顺铺砌。墓砖多为青灰、灰黄色平砖。部分表面饰三线菱格纹。墓内随葬铜、釉陶器11件，器形有铜镜、盛、四耳罐、罐、碟和盆等。此墓年代当在两晋之际。

隋唐墓葬10座，其中砖室墓8座。M6保存较好，为长方形券顶砖室墓。墓坑长3.94、宽1.75、残深1.15～1.62米。墓坑前端中部有斜坡式墓道，长2.18米，坡度8°。墓室分前室、过道和后室。墓壁单隅。过道砌三级台阶。墓室后壁保存完好，以两行双层砖凸砌隔为上、中、下三部分，上部中间砌有一后龛，叠涩顶；中部无装饰；下部用平砖经雕刻后砌成并列2个壶门，十分精美。

清代土坑墓1座，出土铜带饰1件、铜钱1枚，均锈蚀严重，铜钱表面字迹不清。（张希）

广州机务段生活小区西汉至五代墓葬

发掘时间：2009年6月～2010年7月

工作单位：广州市文物考古研究所

墓葬位于广州历史城区西北郊，本次考古勘探发现并清理西汉南越国至五代时期古墓葬72座，出土各类随葬器物460余件（套）。

西汉墓28座。均为长方形竖穴单室墓，规模不大，随葬器物不多，以陶器为主，器形有瓮、瓿、罐、小瓿、三足小盒、三足小罐等。可分为普通单室（9座）、底铺小石（5座）、带柱洞（12座）、带柱洞底铺小石（2座）等类型。带柱洞墓一般在墓坑两侧壁设两到三对柱洞，柱洞截面呈方形或长方形，洞底深于墓坑底。M64为结构保存最完整的1座带柱洞墓。墓坑长3.32、宽1.6、残深1.4米。墓口以下0.54米四壁有生土台，宽0.12～0.22米，台面四角有“井”字形凹槽，台面以下墓壁两侧有三对柱洞至墓坑底，每对柱洞之间有枕沟。墓内随葬陶器17件，器形有鼎、罐、盆、瓿、甑、碗等。从发掘情况判断，此墓为四壁立柱，顶部架梁后再盖板形成封闭椁室，这与普通单室墓的完全由木板构筑的椁室有明显区别。M71为底铺小石单室墓，墓内随葬器物7件，1件铜矛保存完好。

东汉墓8座。包括砖室墓、砖木合构墓和竖穴木椁墓三种类型，砖室墓多被盗扰，随葬器物几乎不存。M7为长方形砖木合构墓，墓坑前端中部有斜坡式墓道。墓室分前、后室。前室低于后室0.3米，侧壁、后壁和底部局部铺砖。墓内随葬陶、铁、铜、玛瑙质地器物45件，器形有仓、灶、井、碗、罐、壶、灯、纺轮等。

晋、南朝砖室墓30座。M3仅存砖砌排水沟，砖侧边有“咸和七年”铭文。M67为“中”字形砖室券顶墓，墓向145°。墓坑全长6.36、宽1.5～2.7、残深2.36米，墓室分甬道、前室与后室，券顶大部分保存，后室上部有一盗洞。墓壁单隅。墓砖多为青灰色，大部分表面饰网格纹，有少量几块墓砖侧边有“咸康年九月……”铭文，可知此墓为东晋时期。墓内残存滑石猪和青釉瓷虎子、罐、碗等器物，虎子保存完整，造型美观。M16为南朝砖室墓，墓坑长9.7、宽2.7～2.9、残深1.4～2.58米，前端中部有斜坡式墓道，底有砖砌排水沟。墓室平面呈“土”字形，墓壁双隅，砌于铺地砖上，内分甬道、前室、过道与后室，结砌十分讲究。

唐五代墓6座。M30保存最完整，为长方形砖室单隅券顶墓，墓向113°。墓坑长3.54、宽2、残深1.86米，前有斜坡式墓道，墓道口近封门处设砖砌祭台。墓室分前、后室，后室砌棺床。墓壁单隅，两侧墓壁中上部砌壁龛。墓内随葬青瓷、石、铜质文物5件，其中一件端砚保存完好，长17.2厘米，为广州地区考古发掘第二大者。M56为长方形砖木合构墓，底以拆来的残断隋墓墓砖平铺，上铺一层木炭。头部设土壁头龛，内置青瓷四耳盖罐1件，棺室一侧随葬黑釉瓷罐8件，中部随葬“开元通宝”铜钱一串。

此次清理的72座墓葬，年代跨度大，墓葬形制和随葬器物均十分丰富，进一步丰富了广州各历史时期的考古资料，具有重要的历史和研究价值。（马建国 易西兵）

广州市东风东路汉六朝隋唐明清墓葬

发掘时间：2010 年 3 月～10 月
工作单位：广州市文物考古研究所

墓葬位于广州历史城区东郊。本次考古勘探并清理西汉南越国至明清墓葬 120 座，唐末五代至北宋水井 11 眼，另有灰沟 1 条、灰坑 2 个，出土各类器物 845 件（套）。

西汉墓 37 座。除 2 座为西汉晚期外，其余均为西汉南越国时期。南越国墓均为小型单室墓，仅一座（M40）有斜坡式墓道。可分为普通单室、带生土二层台、有柱洞带生土二层台、底铺小石、底有腰坑等类型，以普通单室墓居多。M29 单棺单椁，已朽不存。随葬铜洗、铜鼎、带盖铜器、玉璧、米字纹陶瓮各 1 件，玉璧保存完好，表面饰谷纹，为近年广州考古发掘少见。M69 墓坑四壁有生土二层台，台面四角有“井”字形沟槽，生土台面以下深 66 厘米，应为棺室。推测此墓以墓坑作四壁，上部架木枋后再盖板一层，形成椁室。M56 墓坑长 3.34、宽 1.5、残深 0.74 米。其椁应为两侧架柱，上部以梁架支撑，再盖板形成椁室，这与普通单室墓所见完全以板构筑椁室的情况明显不同。

东汉墓 24 座。分砖室墓和竖穴木椁墓两种，砖室墓 14 座，有单室、双室和多室墓等，但多遭严重盗扰。6 座长方形竖穴假双层分室木椁墓保存最好，随葬器物也相对丰富。M20 随葬的陶楼、M21 随葬的铜镜、M79 随葬的铜镜、石黛砚都十分难得。M99 部分椁板尚存，前室和器物箱之间隔板基本完整，隔板正中有门洞相通，这为复原假双层分室墓的结构提供了重要实证。

本次发掘中，有 7 座砖室墓和 1 座砖木合构墓，根据墓葬结构和随葬器物，推测为三国时期。砖室墓均用青灰色残砖或完整的梯形砖结砌墓室，用砖与东汉和两晋时期墓有明显区别，随葬器物虽然残存不多，但其风格也是介于东汉和两晋之间。M63 为砖木合构墓，残深不足 20 厘米，墓坑壁侧立数块残砖构成墓室，随葬釉陶碗、罐、铜钱、小铜钟等器，铜钱为“大泉五百”钱，为此墓的断代提供了重要材料。

晋墓 11 座。以砖室墓居多，M22、M33、M34、M37 等墓保存较好，随葬滑石猪和青釉瓷鸡首壶、碗、钵、盘、三足砚、盒等器物。

南朝晚期至隋代砖室墓21座。多数亦遭盗扰，M73为隋代砖室墓，有砖砌排水沟，墓室分前室、过道和后室，过道砌5级台阶，前室随葬青釉瓷灯、唾壶、杯等共6件器物，均保存完好，施釉泛青黄色，十分精美。

唐墓5座。均遭严重盗扰，随葬器物几乎不存。1座宋瓮棺墓，墓坑圆形，中间放置陶瓮一件，旁随葬高圈足陶瓶2件。13座明清墓有灰砂墓和土坑墓，随葬器物极少。

此外，还清理唐末五代至北宋时期水井11眼，以及灰坑2个、灰沟1条，表明至迟在唐末，这一地带已是人类居住生活之地，反映了广州城郊人文地理环境的变迁。总之，本次考古发掘的文化遗存，对于探索广州地区古墓葬的分期、分区，广州历史城区近郊的人类活动变迁均具有重要意义。（易西兵）

广州市大田山东汉墓

发掘时间：2009年12月～2010年1月

工作单位：广州市文物考古研究所

墓葬位于广州市黄埔区东北大田山南麓，共清理东汉砖室墓4座、清代土坑墓4座，出土重要文物标本140余件（套）。

4座东汉砖室墓呈梯形分布，间距12～35米不等。墓室平面均呈“十”字形，由甬道、前室、主室及左右侧室（或耳室）组成，前室在正中，下部方形，上部结砌圆锥形穹隆顶，其余各室与其相接，平面为或长或短的长方形，券顶。墓室长度9.2～9.7、宽度8.5～10.5米，规模较大。主室或侧室的后壁底部均设券拱形壁龛。各墓均遭盗扰，M2、M3被洗劫一空，M1、M4尚遗留部分随葬品。从墓葬形制及出土遗物分析，这4座墓年代接近、风格相似，极有可能为家族墓葬。

M1规模最大，结构最精，遗物最丰。方向288°。墓坑南北长15.3、东西宽13.8米。墓室由西甬道、前室、南耳室、东主室及北侧室组成，用砖讲究，结砌规整，保存较好。此墓特别之处在墓的南端及西端，各有一条斜坡墓道通向墓室，表明此墓经前后两次、从不同的方向下葬，这种葬制在广州尚属首次发现。以往发掘过的汉代砖室合葬墓，仅见二次下葬时将原墓道挖开的迹象，未见有修筑二条不同方向墓道的。

虽经早期盗扰及现代施工破坏，M1尚遗留随葬品110余件（套），包括一批形态各异的陶俑及车、屋、井、灶、牲畜圈等模型明器，以及温酒樽、直身罐、案、耳杯等陶器和铜削刀、铁矛等金属器，显示出墓主身份非同一般。墓中出土的10余件随葬陶俑，有裸身的，有着衣的；有立姿，有跪姿；头顶有缠巾的，有戴斗笠的；有抱婴的，有劳作的，肩扛手提的物件无一相同，从一个侧面反映出汉代广州地区的服饰与生产活动。

此次发掘墓葬为研究广州地区古代墓葬分布、丧葬习俗提供了宝贵的实物资料。（邝桂荣）

广州市茅岗小学东汉墓

发掘时间：2010年8月

工作单位：广州市文物考古研究所

茅岗小学东汉墓位于广州市黄埔区茅岗路东侧。配合茅岗小学田径场改造工程进行勘探，并开展了抢救性发掘。墓葬均为东汉时期，保存较好，出土随葬器物共59件。

M1为长方形竖穴木椁墓，墓室长4.4、宽2、残深0.5～0.6米。墓坑前端中部有斜坡式墓道，墓道残长0.16、宽1米。墓室内棺椁及骨架已朽无存，随葬器物34件，均为陶器，有壶、罐、盂、囷、碗、卮、盒、鼎、瓮、甗等。

M2为长方形砖室墓，分前、后室，棺椁及骨架已朽无存。前室西侧大部及后室西侧前端为防空洞地陷坑所破坏。墓坑前端中部有斜坡式墓道，墓道长6.3、宽1.2米。墓室内长5.2、宽2.7米，墓壁为双隅平铺错缝叠砌。前室较短，底无铺砖，比墓道底低1.1米，前后室交界处有一东西向沟槽，深0.7米，并向东延伸至东壁下，向西被防空洞地陷坑打破。前室东壁下开一小龛，内无器物。后室较前室高出近40厘米，底部用砖平顺铺砌成棺床，西侧放置器物。墓室后壁保存较好，为平砖单隅错缝垒砌，其后有一生土台。随葬器物共25件，计陶碗、盂、四系罐、灶、仓、屋，铜碗，铜钱，琉璃珠等。墓砖多为青灰、灰黄色平砖。部分表面饰有四线菱格纹，另有圆弧与“十”字形纹组合纹饰，该纹饰为广州地区东汉砖室墓中首见。（关舜甫）

连州市龙头山南朝墓

发掘时间：2010 年 6 月
工作单位：广东省文物考古研究所

墓葬位于连州市九陂镇四联村三家自然村西南部龙头山北坡，北距连州市区约 7 千米，西与 G107 接近，湟川河、三江河分别从东西面流过。

村民修建乡村公路时发现，并及时进行了抢救性发掘。该墓为长方形砖室墓。墓坑为竖穴土坑。墓壁两侧分别砌筑壁柱，并券拱。墓砖部分一侧印有叶脉纹（鱼骨纹）、菱格纹、叶脉纹加圆圈纹、条纹等，部分正面印有绳纹。发现较多“元嘉廿五年七月”（448）纪年砖，这对判断该墓葬始建年代具有重要意义。

未发现棺木及人骨架等，其葬式、葬具不详。随葬品残存 2 件滑石猪及 2 片青瓷片。根据墓葬的结构及墓砖、出土器物特征初步分析判断该墓的年代应为南朝时期。（尚杰）

遂溪县骑岭南朝至唐代遗址

发掘时间：2010 年 7 月~9 月
工作单位：广东省文物考古研究所、湛江市博物馆、遂溪县博物馆

为了配合工程项目而实施了本遗址的发掘。遗址位于遂溪县遂城镇铺塘村委会简涙水村骑岭，西南距县城 4 千米。共布 10 米 ×10 米探方 16 个，发掘面积 1600 平方米。另扩方约 10 平方米，总计 1610 平方米。发掘分为北区和南区。发现灰坑 55 个（其中袋状窖藏坑 42 个），沟 2 条，房屋 2 座，大量的柱洞以及以陶罐、陶钵和瓷碗为主的一批陶瓷器。文化堆积总体上看比较简单，分为 4 层，第②层包含物比较丰富，第③和第④层比较纯净。第②~④层为唐初至南朝晚期文化层。本遗址发掘的重要意义表现在以下几方面：

第一，发现了南朝晚期到唐初多组陶瓷器共存关系，已经初步排出骑岭遗址的年代序列，初步分为三期，第一期约当南朝晚期，第二期约当隋，第三期约当唐初，并且初步摸索出若干陶器的变化规律，为认识粤西南该时期这批独具特色陶器的年代找到

了关键钥匙。

第二，骑岭遗址的发掘揭示了同是俚人文化，但海陆有别。

第三，水波纹四系罐是上述区域汉唐时期最普遍的器物，这种器物在今天的海南黎族地区仍在制造与使用，根据骑岭遗址的发掘，可以清楚，海南黎族仍在制造和使用的陶罐具有明显的唐代风格。另外，黎族的水波纹陶罐是用来挑水的，其作用相当于汉族所用的水桶，因此，骑岭遗址的资料，既是俚黎关系研究的重要资料，也是一批可借以进行民族考古学研究的不可多得的资料。

第四，骑岭遗址发现了部分瓷器残次品，充分说明了俚人已经掌握制瓷技术，这刷新了我们关于俚人文化和社会发展程度的认识。

第五，发现了干栏式建筑遗迹。和过去一样，发现大量柱洞却难于找出规律，这次发掘幸在T1309分出柱洞围成的两个长方形单位，四角、两长边中间及房子中央各有1柱洞，分别编为F1和F2。F1长3.75、宽约2.1米，面积约8平方米，房子应属干栏式建筑。F2略小于F1。

第六，骑岭遗址的袋状窖藏坑规模较大而规整。

总之，这是自2007年在信宜、高州发现历史时期这种新的文化类型以来又一次重要考古发现，为我们认识粤西南地区俚人遗存的文化特质和年代提供了重要的资料和参照系。（冯孟钦）

吴川市马飘岭南朝至唐代遗址

发掘时间：2010年7月~9月

工作单位：广东省文物考古研究所、湛江市博物馆

遗址地处南海之滨的雷州半岛东北端，位于湛江市吴川市塘缀镇山路村西南，为一处相对高度10余米、地势低缓的侵蚀台地，南距鉴江10千米左右。本次考古发掘面积近1500平方米，发掘取得了丰富的成果，共清理灰坑31个、灰沟2条，其年代范围为南朝至唐代，出土陶器、青瓷器、石器等各类珍贵文物120余件。

本次考古发掘所发现灰坑多为袋状坑，出土有较多陶器与青瓷器，部分坑内堆填大量贝壳或陶瓷碎片。此类袋状坑为粤西地区南朝至唐代遗址中习见，是该时期当地土著居民用以储存粮食的窖藏坑。马飘岭遗址出土的四系陶罐、陶盆、陶钵、甑形器及

青瓷碗、青瓷豆等文化遗物也与邻近的信宜、高州等地同时期遗址出土遗物较为接近，属于同一考古学文化，反映出南朝至唐代北至西江南岸，南达雷州半岛的粤西南地区土著文化的强势。同时，部分袋状窖藏坑内大量堆填贝壳等现象是本次考古发掘新发现，有助于进一步了解袋状坑的功用与当时土著居民的饮食情况。

马飘岭遗址的发掘为研究古代土著俚人物质生活与社会习俗提供了新的材料，对于研究粤西地区南朝隋唐时期社会历史具有重要意义。（刘锁强）

佛山市西华寺南汉遗址

发掘时间：2010 年 12 月 ~ 2011 年 2 月

工作单位：广东省文物考古研究所、佛山市南海区文体局

西华寺遗址位于佛山市南海区里水镇草场行政村石门山南麓，为配合武广高速铁路佛山段区工程项目建设，对西华寺遗址进行了第二次发掘，发掘区分布在原大佛殿及左偏房的基址范围，布设 10 米 × 10 米探方 3 个，发掘面积 250 平方米。遗址保存有南汉、宋、明等时期的文化堆积，发现各时期的建筑遗迹如房子铺砖地面、垫土、墙基、磉墩、柱坑等，其中以南汉和明成化年间所建规格最高，规模最大。遗物中较重要者有青釉瓷佛塔、莲花纹瓦当、兽面瓦当、莲瓣柱础石、石经幢构件、碑刻、青（白）瓷器、石杈、铜钱等；出土 1 件残碑石，上刻有“玉清宫使德陵使”等字，说明西华寺在南汉时期很可能是一座规模很大的官寺。西华寺所在地名为石门山，于宋、元、清曾多次入选羊城八景，是保留有确切纪年的历史建筑遗址，为研究岭南古代佛寺建筑提供重要资料，具有较高的宗教史和考古价值。（郭顺利 邱立诚）

仁化县石马龙地明墓

发掘时间：2010 年 8 月 ~ 10 月

工作单位：广东省文物考古研究所

墓葬位于广东省仁化县周田镇平甫村石马龙自然村东南面石马龙地，西临浈江，南距国道 323 约 200 米。为配合赣韶铁路工程建设而进行抢救性发掘。据

出土的墓碑、墓志铭记载，石马龙地明墓为明代奉政大夫邓光祚及其妻刘氏合葬墓。该墓为广东明清时期常见的“凤”字形“抄手墓”，墓葬封土无存，垄环、护岭情况不详。墓室为砖砌长方形双室，墓室前设享堂、月池、神道等。石马龙地明墓未出土随葬品，仅有少量遗物发现。主要有墓碑、墓志铭、石羊、石马等。

该墓附属设施比较复杂，除设享堂、月池并铺设排水暗沟外，墓葬前方还铺设神道，放置神兽，建造规格较高。但发掘情况表明，上述设施大多仅存残迹，保存状况极差，而墓葬封土荡然无存，神兽也残失过半。墓室结构虽尚完整，惜未见任何随葬器物，葬具葬式无从考证，惟墓葬碑铭保存较好，为准确判断墓主身份及墓葬年代提供了依据。（邓宏文 毛远广）

海 南 省

西沙群岛海域水下考古调查

调查时间：2010 年 4 月～5 月
工作单位：中国国家博物馆水下考古研究中心、海南省文物局

本年度工作主要围绕西沙群岛海域永乐群岛进行，包括华光礁、北礁、盘石屿、银屿、石屿、珊瑚岛等岛礁，还调查了宣德群岛的赵述岛、浪花礁。这是继 2009 年西沙群岛海域宣德群岛之后又一次大规模的水下考古调查工作。

本次水下考古工作，一共调查了 42 处水下文化遗存，新发现遗址 32 处，取得了丰硕成果。其中，北礁海域调查的 27 处遗址中，新发现地点达 19 处，包括了 3 处沉船遗址和 15 处水下遗物点。调查工作中，还进行了出水文物的初步保护与整理，规范了各类遗迹、遗物的记录，这既保证了水下考古工作的科学性与规范性，又加深了对所发现遗存的认识。

此次调查的 42 处水下遗存，其时代跨度大，涵盖了北宋至清代各个时期，以北宋晚期至南宋早期、元代、明代中期、明代晚期、清代中晚期几个阶段的遗存尤为集中。在这些水下遗址中，发现并出水了一大批瓷器、碇石、石构件、铜钱等各类遗物

标本。

（1）出水了大量瓷器标本，时代包括北宋、南宋、元、明、清，序列清晰明确；窑口丰富，特征鲜明，著名的有龙泉窑、景德镇窑、德化窑、漳州窑。此外，还有潮州窑、奇石窑、闽清窑、磁灶窑、安溪窑、华安窑等闽粤地区窑场的产品。

尤为重要的是，石屿二号沉船遗址发现的元代青花瓷器，器类多样，有碗、杯、瓶、罐等；青花纹样丰富，有鸳鸯莲池纹、缠枝菊纹、莲瓣纹等，线条流畅，为典型的元青花风格。这是我国水下考古工作中首次发现元青花，弥足珍贵。

（2）北礁礁盘附近，发现了3处碇石遗物点，每处有3～4块碇石，相距不远。碇石皆作长条形，大小、长短不一，特色鲜明，是我们研究古代航海技术的重要资料。

（3）此次调查发现的几处清代中晚期沉船遗址，均有大量石质建筑构件，大多散落于礁盘外侧的海沟内，分布相对较为集中。石构件的形制多样，类别丰富，有石条、石柱、石板等，部分柱头还雕人物类石刻，极富特色。

（4）还发现了3处铜钱遗存地点，多数锈蚀粘连，采集到“皇宋通宝”、“熙宁重宝”、“元丰通宝”、“崇宁重宝”、“洪武通宝”、“永乐通宝”等铭文铜钱数枚。

这些重要发现，为探讨宋代以来海上“丝绸之路”兴衰及其航线、古代航海技术、外销商品种类等问题提供了丰富而重要的实物资料，并为进一步的调查工作与深入研究奠定了基础。

（赵嘉斌　孟原召　符洪洪）

儋州市洋浦神头港烽堠遗址

发掘时间：2010年3月～4月
工作单位：海南省文物考古研究所

对“海南洋浦30万吨级原油码头及配套储运设施工程”建设用地进行考古调查和勘探中，发现一处烽堠遗址，随即进行发掘清理。

该处烽堠（编号2010HY1F）位于儋州市三都镇社兰村，地理坐标北纬19°48′30.8″，东经109°11′14.4″，海拔高度约为40米。

在烽堠北部开东西长10、南北宽5米的探方T1进行局部发掘。出土遗物包括施绿釉、青釉和白釉的陶片、筒瓦、板瓦陶、残铁片等。

烽堠整体是由土石混合构筑的、上小底大的圆台形基础和基础上面简单的土木建筑（供守望用的房屋和燃烟放火的设施等）组成。由于毁坏，建筑的全部迹象荡然无存，所以，详细情况不明。在遗址的南北两侧，发现各有一条通道，便于出入其间。北侧通道属台阶坡道，保留三个台阶，用较为规整的石块筑起，东西宽约1.3、南北残长约2.4米；南面通道为小型石块铺砌的长方形坡道，宽约1.4、长约3米。

通过发掘，初步掌握了该烽堠的基本修筑过程：①前后经两次修建，间隔很短。第一次，其高度和平面规模较小，较为简易，使用不久即毁；第二次在原基础上有所扩大，高度和规模均有增加。②修筑程序上，先将自然台地顶部修整削平，四周用天然石块将土台垒砌加固，再用土及小碎石填塞缝隙，人工踩踏垫实，形成烽堠基础。③在踩踏面之上，铺垫小型河卵石，形成烽堠内部地面。④在踩踏面之上修葺简易建筑，便于驻军使用。

根据相关文献记载和出土遗物比对分析，此烽堠年代应为明代中后期所建，这与当时的葡萄牙、荷兰、西班牙等欧洲殖民主义者以及日本倭寇对大明王朝的侵略、掠夺等历史事件有着密不可分的联系。（何国俊 王明忠）

儋州市洋浦水下考古调查

调查时间：2010年8月
工作单位：海南省文物考古研究所

所在海域位于洋浦开发区公堂下村以西、神尖角西南，离岸范围200～1000米，水深8～15米。海底为沙底，表层有浮泥，地形平缓，有少量死珊瑚和礁石。由于周边工业、渔业生产活动，水质较差，悬浮物较多，能见度不足1米。

陆地线索调查。通过走访本地村镇码头，排除了该海域存在已知水下遗迹或沉船事件，也未见打捞过陶器、瓷器或其他有价值的文物。

海岸滩涂踏查。本海域属北部湾全日潮，潮差较大，落潮时大片滩涂出露。据此对滩涂区域进行了实地拉网式搜索，未发现陶器、瓷器或其他有价值的文物。

局部重点潜水探摸。使用水肺潜水装备，执行免减压潜水方案，按规程和海况制定潜水计划，遵循潜伴制度，设立潜水长和应急潜水员，在每天平潮期下水作业。探摸方式主要为以既定点为中心直径 40 米的水底圆周搜索。累计调查海域面积 25000 余平方米，潜水作业 30 余人次，作业时间 900 余分钟。排查水下文物疑似点 3 处。

此次调查，排除了工程建设海域可能有水下文物埋藏的情况。通过周密的组织实施，锻炼了水下队伍，探索了工作方法，积累了宝贵经验和资料，是我省第一次将大型基本建设项目当中的文物保护工作延伸至水下。（韩飞　李钊）

广西壮族自治区

合浦县凸鬼岭汉代墓地

发掘时间：2010 年 7 月～8 月

工作单位：广西文物考古研究所、合浦县博物馆

合浦县凸鬼岭齿轮厂内发现 12 座古墓，对其进行抢救性发掘，清理出木椁墓 8 座、砖室墓 3 座和石室墓 1 座。

木椁墓均为长方形竖穴式，单室，墓向不一，6 座带有墓道，2 座没有墓道。M6 为异穴合葬墓，两墓均有墓道和墓室，墓室相通，仅底部略有一条约宽 0.6、高 0.45 米的生土间隔。M7 墓室两侧壁留有生土二层台。有些墓室底部有明显的椁木条痕，两侧有枕木沟。棺具和人骨架均已腐朽，残余灰迹。出土随葬器物 150 余件，陶器类有瓮、罐、鼎、壶、井、灶、仓、屋、灯、提筒、盂、樽、釜、碗、耳杯、盆等；铜器有镜、鼎、樽、钱、盒、耳杯、灯、盆、碗、壶、扁壶、鐎壶、提梁壶、熏炉、灶、釜、印章等；铁器有剑、削、锄刃等，其他还有滑石器、琉璃珠、玛瑙珠等器物。

砖室墓中，有 2 座已遭到严重破坏，从残存的部分可知为直券顶单室墓，底砖铺成“人”字形，封门和后壁砖墙均为单隅结砌，但墓壁一为两顺一丁起砌，一为单隅错缝平铺叠砌，墓砖的规格、呈色和纹饰也有差别。M1 为横直券顶多室墓，由墓道、甬道、前室、后室和侧室几部分组成，后室后壁设有一壁龛，墓道较短，墓室底部分三级，铺“人”字形地砖。除侧室外，墓壁均为两顺一丁起砌，起券时改为双隅结砌，而侧室做

法较为粗简，是在填土基础上单隅叠砌，至起券时外加一隅。残存遗物甚少，有陶盆、罐，以及陶盂、陶器盖和陶屋等器物残件，盆和罐为高温釉。

石室墓似为1座异穴合葬墓。两墓穴大小相若，约长2.5、宽1、深1米，两者并行排列，相距0.8米。墓壁用约长0.7、宽0.3、厚0.14米的条石叠砌，顶部用四块大石板卯合封盖，石块均经过人工修凿，较为规整。墓底垫有一层灰沙。棺具已腐朽，仅存铜棺钉。右侧墓穴内残存有墓主的骸骨。

综合墓葬形制和出土器物，并参照历年来在合浦所发掘的古墓资料，我们初步认为，8座木椁墓的年代为西汉晚期至东汉早期，3座砖室墓的年代为三国至晋，石室墓的年代则为明代。此次发掘的12座墓葬，对丰富以汉墓为主的合浦古墓葬群的资料、研究其发展演变序列很有助益。(蒙长旺)

钟山县铜盆两汉及清代墓地

发掘时间：2010年3月~7月
工作单位：广西文物考古研究所、钟山县文物管理所

铜盆墓地位于钟山县红花镇铜盆村背后的山坡上，海拔高度250米至270米不等，属钟山县文物保护单位莲花—古楼墓群的一部分。

为配合贵阳至广州高速铁路建设，对墓地进行了考古发掘，本次发掘共清理墓葬61座，出土文物498件套，时代包括西汉、东汉及清代三个时期。

西汉墓33座，这些墓葬所处位置一般相对略高，且较密集，绝大部分分布于海拔260米以上的山坡上。形制有“凸”字形和长方形两种，其中长方形墓葬3座，这类墓葬规模均不大，墓室狭长，长度一般在4米左右，墓室两侧多有对称柱洞，随葬品稀少，除纺轮和环首铁刀之外基本无其他器物随葬；“凸”字形墓葬共30座，均有斜坡墓道，规模相对较大，墓室长度一般在4米左右，宽度多接近3米，底部一般设纵向枕木沟，也有少数设横向枕木沟的。棺椁葬具均已朽，从发掘情况看，应为一棺一椁。在这类墓葬中还发现5座双并列墓道同穴合葬的形式。随葬品以陶器为主，基本不见青铜器及铁器随葬，陶器种类单一，组合简单，基本以瓮、罐、壶为主，其余诸如鼎、盒、

钫、篚、魁、樽、熏炉及模型明器等两广汉墓常见之物则少见或不见。

东汉墓8座，这一时期墓葬所处位置相对略低且较分散，均为带墓道竖穴土坑墓，与西汉时期墓葬相比，在墓葬形制方面有了一些明显变化，如西汉墓墓底普遍设置的枕木沟的方式在这一时期墓葬中已经消失，墓室前端开始普遍设置器物坑，墓道变得更短更窄，棺底一般铺有一层较薄的木炭。在随葬品方面，陶器数量有所增加，但种类单一，青铜器依然罕见，器物组合仍以瓮、罐、壶为主，新出现了双耳罐、直身罐等器形，同时素面陶器开始增多，施釉现象更为普遍。

清代墓12座，均为长方形竖穴土坑墓，形制基本相同，一般在墓口中部两侧各放置1个带把陶罐，陶罐上盖青花瓷碗，墓底中部一般放置1青花瓷碗，部分墓葬头部垫有瓦片。

此外，有8座未见随葬品，这类墓葬规模有大有小，形制与西汉时期墓葬基本相同，个别墓葬底部放置有小砾石。时代大多属于西汉时期，但也不排除个别墓葬为东汉墓的可能。

本次发掘墓葬数量较多，对于研究这一地区墓葬类型及文化遗物的演变，了解这一地区汉代政治、经济、文化面貌及文化发展历程具有较为重要的参考价值。（谢广维）

贵港市马鞍岭与梁君垌汉晋墓地

发掘时间：2010年8月~10月
工作单位：广西文物考古研究所

马鞍岭、梁君垌东西毗邻，分别隶属于贵港市贵城镇登龙桥村和三合村，位于市火车站东北面，黎湛铁路北侧，东南距罗泊湾一号汉墓2.3千米。为配合新建南宁至广州铁路建设，对沿线的15座古墓进行抢救性发掘，清理出汉晋土坑墓3座、砖室墓11座和近代墓葬1座。

土坑墓的墓道较短，墓室均为长方形竖穴，但坑底有分级与不分级的区别。坑底分级的有2座，其墓室分为前后两部分，前后大小约等，后部比前部高出约0.4米，棺床置于后部一侧。棺具和人骨架已腐朽，伴出铜泡钉和铁棺钉、挂钩等套件。

砖室墓有穹隆顶合券顶和直券顶两种形制。墓葬平面布局和规格多样，但一般都有墓道、甬道、前室和后室这几部分，部分墓葬带有侧室或耳室。墓壁有双隅和单隅两种结砌法，以单隅错缝平铺叠砌的墓葬多趋于粗简。

墓室底部多分级，底砖平铺成“人”字形或横竖错列状。

随葬品200余件，多出于土坑墓中，砖室墓遭盗扰严重，所遗器物不多。陶器有屋、仓、灶、井、鼎、罐、壶、簋、魁、樽、卮、提筒、盆、盒、碗、釜、盂、耳杯、灯、熏炉、案、俑、牛车、船等器类，铜器有镜、钱、削、碗、印章、带钩等，铁器有剑、钩、码钉等，其他还有银指环、黛石、滑石猪、玛瑙耳珰、玉盖等器物。

此次发掘的汉晋墓葬，为研究岭南地区的汉晋历史充实了重要的实物资料。陶船、牛车、各类人俑和动物俑等器物，在广西同时期的考古发现中较为罕见，是一批难能可贵的考古资料，对研究古代的水陆交通、出行、服饰和家畜驯养等方面具有重要的意义。(蒙长旺)

永福县窑田岭宋代晚期窑址

发掘时间：2010年1月~11月
工作单位：广西文物考古研究所、桂林市文物工作队、永福县文物管理所

为配合湘桂铁路提速扩能改造工程永福段建设，对永福县窑田岭窑址开展抢救性考古发掘工作。发掘地点为永福镇南雄村南面约2千米的洛清江东岸的方家寨和塔角。共划分5个发掘区，其中Ⅰ~Ⅲ区为方家寨，Ⅳ、Ⅴ区为塔角，总发掘面积7185平方米。

共揭露出11座斜坡式宋代龙窑，其中Ⅰ区3座，Ⅱ、Ⅲ、Ⅳ、Ⅴ区各2座，但Ⅴ区仅发掘2座龙窑的窑尾。除龙窑外，在Ⅲ区还发现1处宋代作坊遗迹及4座明清时期的葫芦形窑。除窑床外，各区均揭露出大量灰坑、柱洞、灰沟，Ⅲ区发现1处作坊遗迹。龙窑建造方式为斜坡地上挖槽建造，打破生土。龙窑仅残剩窑床，最长残存46.5米，最短残存30多米，窑床坡度介于10°~13°，方向以地形而定，窑床前窄后宽，窑尾比较平缓。Ⅲ、Ⅴ区窑尾为垫高加长，Ⅰ区龙窑保存相对完整，其余发掘区所见较少保存；窑壁多形成较厚窑汗，且经过多次修补加工。窑床两侧密集分布的大小、形状、深浅不一的灰坑，同时也见有柱洞。作坊由淘洗池、贮泥坑、排水设施组成，淘洗池大致成长方形，斜壁，平底，最宽5.5、最窄1.8米，东西长11.3、深0.8~1.3米，上宽下窄，其西南角有排水沟相连，池内底部存留大量灰白色的瓷土。排水沟平面略

呈弧形，残长 13、深 0 ~ 0.8 米，沟的西南端被阶梯式码头破坏至底部，中部有两块大石头横砌，把沟一分为二，沟的北侧底部侧放有匣钵，相互套连在一起，均为半个，且匣钵底部已被敲掉，形成北高南低，底部所见填土为灰白色细沙。

各发掘区均出土大量瓷器和窑具，但完整器不多。瓷器总特征主要为胎质呈灰色，清脆，内全釉，外釉不及底，圈足较小，挖足较浅。产品类型多样，制作精致，有碗、碟、盏、盘、壶、罐、瓶、杯、灯、炉、腰鼓等。瓷器釉色方面，主要为青釉，也有酱釉、铜红釉等；青釉的釉色丰富，有翠青、翠绿、洗绿。装饰方面主要为印花的缠枝或折枝的菊花、牡丹为主，其中又以菊花为主，也有贴花、刻花、镂空。装烧工艺采用匣钵叠烧法，一钵多器，器与器之间有支烧具隔离。窑具有印模、碾轮、轴顶帽等。

根据出土有“崇宁四年”“绍圣五年”印模年号可知，其年代大致属于宋代晚期，而所见铜红釉产品和腰鼓是该窑址重要器物代表。(何安益)

北部湾海域水下文物普查

调查时间：2010 年 7 月 26 日 ~ 8 月 13 日

工作单位：中国国家博物馆水下考古中心、广西壮族自治区文物考古研究所

本年度对以防城港、北海为中心的北部湾海域的 4 处水下文物线索点进行了水下考古探摸。

其中，防城港江山乡白龙炮台海域的两处水下遗物线索点，分别发现有清代的 1 门铁炮和多件变体“寿”字纹青花瓷盘，铁炮全长达 283 厘米，这可能与附近作为边防设施的白龙炮台有着密切关系。北海市的冠头岭、侨港镇海域则分别为铁炮、瓷瓶遗物线索，铁炮长 92 厘米；瓷瓶为五彩，口部用不明胶体封住，胶体内裹 1 枚清代光绪年造的大清铜币，瓶内所装物品主要有水晶、翡翠粒和红枣、榄、草果以及玉米、小麦等粮食，并有两张书写梵文经文的纸张，用途颇为特殊，尚待进一步研究。

本次调查工作历时两周，共潜水 53 人次、潜水 1412 分钟，完成了 4 个地点 32900 平方米海域面积的搜索，并对各线索点所采集的文物进行了初步整理。(赵嘉斌　孟原召　李珍)

重 庆 市

巴南区熊家湾新石器西周及明清遗址

发掘时间：2010年3月~5月
工作单位：重庆市文物考古所

熊家湾遗址位于巴南区花溪镇光明村原畜牧场境内，地处长江右岸第二级阶地，中心地理坐标为北纬29°28′40.2″，东经106°31′04.7″，高程196米，南隔冲沟与小河口遗址相望。

本次发掘面积为2000平方米，共发现了25座灰坑、3座陶窑、5条灰沟，其中3座灰坑、2座陶窑属于新石器时代晚期的玉溪坪文化，1座灰坑属于西周时期，余皆属于明清时期。出土了较多新石器时代晚期、西周和明清时期遗物。

熊家湾遗址的发掘明确了重庆主城区新石器时代晚期属于玉溪坪文化，大量遗存的出土为研究这一时期的陶器制作工艺、经济模式、聚址选择以及宗教信仰等奠定了基础。（方刚 代玉彪）

涪陵区易村新石器时代商周及汉晋明清遗址

发掘时间：2010年4月1日~6月21日
工作单位：重庆市文物考古所

遗址群位于重庆市涪陵区江北街道办事处点易村一组至五组范围内涪（陵）丰（都）北线公路至长江北岸沿线临江台地上，隔长江与涪陵主城区相望。地理坐标范围为北纬29°43′16.3~37.9″，东经107°23′20.3~58.3″，海拔高度160~236米。为配合涪陵长江北岸移民安置区护岸及基础设施配套工程建设，对调查发现的土地堡遗址、八角亭渡口遗址、太极亭墓地、转转堡墓地等重要的遗址与墓葬进行了抢救性考古发掘，发掘面积3180平方米。出土遗迹和遗物较为丰富，发现灰坑5个、灰沟3条、窑炉13座、墓葬29座，出土文物标本400余件。

发现少量早期遗存。土地堡遗址清理出新石器时代晚期的1

个灰坑，出土有大量陶片、石器等。陶器多为夹砂褐陶，纹饰以素面为主，另有少量细绳纹、瓦楞纹、附加堆纹等，可辨器物以罐类为主，另有少量壶、盏；石器以磨制为主，均为斧、锛、凿等小件器物，另有相当数量的石核、石片和少量打制石器。从文化面貌上看，与玉溪坪文化完全相同，同属渝东新石器时代文化系统。

八角亭渡口遗址的一冲沟内，出土了一批商周时期的陶片，以夹砂红褐陶为主，可辨器物有罐、盆等，器表饰绳纹和方格纹及素面。出土遗物文化面貌受成都平原十二桥文化的影响，同时又有极其浓厚的峡江地区土著文化因素。

发现大量窑炉。八角亭渡口遗址发现窑炉 13 座，其中汉至六朝窑炉 9 座，明清窑炉 4 座。9 座汉代窑炉形制相似，出土器物以灰陶为大宗，有陶垫等窑具，钵、罐、盆、壶等实用器及筒瓦、板瓦等建筑构件；明清窑炉出土器物较少，主要为小青灰砖及柿蒂纹瓦当。汉代窑炉在重庆地区一直少有发现。

发现大量汉至六朝时期墓葬。分为土坑、砖室、崖墓三大类，以砖室墓居多。出土器物以陶器为主，有钵、罐、壶、盆、甑、人物俑、动物俑、陶房陶塘模型等，另有少量青铜器、五铢钱及铁器出土。

在既往的考古工作中，涪陵地区发现的新石器时代遗址较少，土地堡遗址新石器时代文化遗存的发现，对涪陵地区史前文化的研究无疑是一个很好的补充。汉代窑炉的发现表明，该地区在当时很可能是一处较成规模的手工业生产地，对研究汉代涪陵地区乃至重庆地区的制陶业生产制度、体系、制陶工艺、烧造技术、产品的流通，进而进一步探讨区域经济、手工业技术及发展史具有重要意义。（周勇　李大地）

武隆县蒋家坝商周秦汉及唐宋遗址

发掘时间：2010 年 5 月~7 月

工作单位：重庆市文物考古所

遗址位于武隆县江口镇银厂村一社，地处乌江左岸一级台地之上。现存面积约 20000 平方米，本次发掘面积 1000 平方米。

遗址包含商周、秦汉、唐宋三个时期的遗存。商周遗存分布于发掘区南部，包含房址 4 座、灰坑 11 个，以 1 号房址最具特点，现存柱洞 15 个，柱洞内可见有炭屑、红烧土块、石块等，呈两组四列状分布，应为干栏式建筑遗迹。出土遗物以陶器为主，夹砂红、褐陶，器形有罐、盆、钵、甑等，另有少量石器、青铜构件、动物骨骼等。秦汉遗存包含遗物丰富，陶器以泥质灰陶为主，表面施抹断绳纹、弦纹等，器形以罐、盆最为常见。唐宋遗存除文化层外以 M1 为代表，被破坏较为严重，仅余墓圹，人骨腐朽严重。随葬品有开通元宝、铜簪等。

商周遗存是本次发掘的主要收获，在文化上应属十二桥文化石地坝类型，该遗址的发掘进一步拓展了该类型的分布范围，对完善乌江流域商周文化序列有重要的参考价值。此外，该遗址上游有酉阳邹家坝与清源、彭水徐家坝与共和，下游有武隆黄草与盐店嘴等遗址，在乌江流域文化传播中扮演重要角色，对乌江下游先秦时期的文化框架、交流与传播等方面的研究意义重大。（范鹏　白九江）

丰都县洋房子战国汉代遗址

发掘时间：2010 年 3 月~4 月
工作单位：重庆市文物考古所

遗址位于丰都县湛普镇石燕村六社，长江右岸临江台地上，为配合项目建设，对该遗址进行了抢救性发掘。

遗址在考古工作队进场前已遭到施工破坏，可进行考古发掘面积已非常有限。本次发掘共布 5 米×5 米探方 11 个，经扩方后发掘面积为 289 平方米。遗址地层堆积东厚西薄，被近现代建筑扰乱严重。地层堆积可分 4 层，第③、④层出土较多汉代陶片。发掘战国墓葬 1、汉代墓葬 2 座，出土陶器 22、铜器 2、铁器 1 件。战国墓葬为竖穴土坑墓，保存较好，随葬品有青铜剑、矛、陶圜底罐、陶釜、陶钵、铁锸等。汉墓有砖室墓 1 座，遭到严重破坏，仅剩墓底，墓底铺砾石，仅见少量红陶片；另清理土坑墓 1 座，东部被近现代建筑破坏，随葬品有陶罐、盆、盒、钵、壶、井、釜、勺、铜钱等，根据墓葬形制和出土器物，推测该墓为西汉中晚期墓葬。

遗址内发现的战国至汉代墓葬为研究丰都战汉时期墓葬制度、人类活动等提供了新的实物资料。（于桂兰　白九江）

北碚区庙嘴西汉墓地

发掘时间：2010 年 10 月~11 月
工作单位：重庆市文物考古所

庙嘴墓地位于北碚区东阳街道黄桷社区，地处嘉陵江左岸一级台地西部，地理坐标为北纬 29° 48′ 58. 21″，东经 106° 26′ 58. 58″，海拔高程 212 米。墓地分布面积 1000 平方米。

庙嘴墓地发掘土坑墓 17 座，主体年代在西汉早中期，个别墓葬或可至战国晚期至秦。部分墓葬可见二层台，可分辨出清晰的棺椁范围。葬具为木质棺椁，个别墓葬墓底有青膏泥分布。出土器物计 110 余件，可分为铜器、铁器、陶器、漆木器。铜器有柳叶剑、铜矛、印章、钱币、铜刀、铜铃、铜环。铁器有铁剑、铁削、铁刀。陶器有圜底罐、平底罐、釜、壶、豆、钵等。

庙嘴墓地的发掘，填补了重庆嘉陵江流域西汉早期墓葬的考古空白，扩大了嘉陵江流域汉代墓葬分布范围，对于研究嘉陵江流域的墓葬制度、丧葬习俗、社会生活、经济结构等具有非常重要的意义。

据文献记载，战国至汉，嘉陵江流域先后为板楯蛮、賨人活动的区域。板楯蛮、賨人很可能是巴人的支系。庙嘴墓地出土的柳叶剑、青铜矛为典型巴式器物，个别墓葬出土的半两钱具有秦钱的特征。这对于研究嘉陵江流域板楯蛮、賨人的流徙、发展具有重要意义。

在墓葬中发现了巴人传统特征的器物。M 1 出现的蒜头壶、青膏泥则为秦人葬俗的例证。中原汉文化的陶器在庙嘴墓地中也有大量的出现。庙嘴墓地出现不同文化因素的现象，反映了作为嘉陵江流域下游的巴地在西汉早期文化因素的碰撞情况，同时也可以看出晚期巴文化逐渐消融、汉文化逐渐在本地兴起的现象。（陈东　白九江）

巫山县巫山古城汉墓

发掘时间：2010 年 8 月~10 月
工作单位：重庆市文物考古所

考古发掘分老年大学和师范学院两处地点。其中老年大学点清理墓葬 3 座；师范学院点发掘清理墓葬 2 座，灰坑 2 座，合计清理墓葬 5 座，灰坑 2 座，共计编号遗物 54 件，另有大量的筒瓦等建筑残构件出土。

本次发掘收获以师范学院M1最为重要。该墓为带斜坡墓道的长方形竖穴土坑墓，整座墓葬平面为凸字形，由斜坡墓道、甬道和墓室组成。墓道平面长方形，长1.7、宽0.8～1、深0～0.7米。甬道呈长方形，直壁平底，且其底部的北、东、西三面均留有生土二层台，甬道长1.7、宽1.3～1.5、深0.8米。墓室呈长方形，直壁，壁面可见加工痕迹，以不规则的石板铺地，长3.6、宽2.7～2.8、深0.6～2.2米。M1墓葬形制保存较好，器物组合完整，出土了“大泉五十”、“货泉”及“五铢”等铜钱，时代约当新莽至东汉早期。（汪伟　牛英彬）

丰都县卡子堡东汉墓群

发掘时间：2010年3月～4月

工作单位：重庆市文物考古所

墓群位于丰都县名山镇农花村十一社，地处赤溪河与长江交汇处的二级台地上，属于三峡库区消落区。本次工作仅对墓群中已暴露出的两座墓葬进行发掘，发掘面积182平方米，出土陶器148、铜器37件。

两座墓葬均为竖穴土坑砖室墓，M1局部叠压于M2的封土下，位于M2南面。M1由短墓道、封门、甬道和墓室组成，方向与M2相反。M2为带封土竖穴土坑砖室墓，斜坡式双墓道，墓道之间有一道生土墙相隔，自甬道起整个墓圹为一个整体，由墓道、甬道、共用的横置前室、后室组成，墓葬讲究前后左右对称，前室靠南中部有一略呈椭圆形腰坑；仅右甬道、前室纵向铺地砖，其余均无铺地砖，左后室底有两道凹槽，推测为当时搁放枕棺木用；甬道和后室均为双层券顶，前室为单层券顶，券顶外顶部均铺有一层木炭。两座墓葬均遭到不同程度盗扰，由于长江水位上涨对台地的破坏，导致墓葬东端被破坏，墓室内填塞大量淤泥。出土了一批陶器，以灰陶为主，红陶次之，另有少量釉陶，可辨器形有陶钵、陶瓮、陶俑、陶狗、陶猪、陶马、陶鸡、镇墓兽、陶房、陶方井、碓房、摇钱树座，釉陶壶、灯、博山炉、耳杯，铜钱、铜镜、车軎、盖弓帽、铜洗残片等，陶器上多涂朱。

卡子堡墓群两座墓葬的发掘，丰富了丰都东汉中晚期墓葬的实物材料，尤其是M2的双墓道带甬道、横置前室、后室的墓

葬在重庆发现非常少，为重庆地区汉代墓葬形制提供了新的材料，具有重要的意义。（于桂兰　白九江）

璧山县丁家汉代石棺墓

发掘时间：2009 年 11 月～2010 年 1 月

工作单位：重庆市文物考古所

在对璧山县丁家镇进行系统的考古调查中，新发现了棺山坡、插旗山、罗家坡、小河坝 4 处石棺墓群，并对其中的 6 座墓葬进行抢救性清理，出土各类石棺 8 具。

石棺墓可分为崖墓和石室墓两类。崖墓的形制为西南地区较为常见的长墓道、多重门楣的形式，墓室内包含的石棺有崖棺和整石石棺两种。崖棺发现 2 具，分别位于插旗山 M1 墓室右部和后部，制作较为粗糙，表面亦无画像。形制皆为长方形，中空，靠墓壁一侧以及底部同墓室相连，尺寸长 190～230、宽 60～70、高 45～50 厘米。整石石棺发现 1 具，位于棺山坡一号墓墓室中央，长方形，中空，长 210、宽 55、高 65 厘米，棺身外表面画像丰富，题材以双阙、伏羲女娲和各类人物为主。

石室墓平面为“凸”字形，券顶，仅见有整石石棺，分别出土于罗家坡 M1、小河坝 M1～M3 墓室内，共发现 5 具（小河坝 M3 内 2 具）。石棺形制较为统一，皆为长方形内部中空，长 200～220、宽 50～60、高 60～65 厘米，棺身及棺盖皆有画像，题材多样，可见有伏羲女娲、双阙、柿蒂纹、胜纹、钱纹、羽人以及执剑、执胜、杂技等各类人物。

汉代石棺是反映巴蜀地区汉代历史与文化的独特载体，通过其制作程序及雕刻手法的研究加深了目前对我国汉代的石质加工水平和雕刻水平的认识。其表面丰富的画像题材为解读当时人类的社会生活、宗教信仰、思想崇拜等方面提供了极具价值的实物资料。同时，汉代石棺的产生、发展和消亡也是当时社会变迁、经济发展和丧葬理念的反映。（范鹏　邹后曦）

涪陵区群沱子汉至六朝及明清墓群

发掘时间：2010 年 3 月 8 日～4 月 15 日

工作单位：重庆市文物考古所

墓群位于涪陵区江东街道办事处群沱子居委辖区。墓群中心地理位置为北纬 29°41′50.2″，东经 107°24′47.1″，海拔高度为 2450～2830 米。墓群地形基本呈西南低、东北高，可分为台地、缓坡地及陡坡三种地貌。为配合涪陵江东堤防工程拆迁安置小区工程建设，对群沱子墓群进行了抢救性发掘。

发掘面积 800 平方米。可分为群沱子墓地、枷担丘墓地和罗盘丘墓地 3 处文物点，共计清理墓葬 11 座，其中汉至六朝时期砖室墓 8 座、石室墓 1 座，明清时期土坑竖穴墓 2 座。出土一批遗物，主要为陶器，少量五铢钱及铁器。出土的陶器主要分为罐、盆、钵、壶、甑等实用器和人物俑、动物俑、陶房和陶塘模型等明器两大类，铁器锈蚀严重。（周勇　李大地）

忠县船舶产业基地汉至六朝遗址与墓群

发掘时间：2010 年 7 月～11 月

工作单位：重庆市文物考古所

为配合忠县船舶产业基地工程建设，进行了文物调查，并对重点文物分布区进行了钻探工作，发现文物点 14 处，以汉至六朝时期为主。其中 8 处为此前已发现的汉至六朝墓地，属将军村墓群；另外 6 处为新发现文物点。本年度重庆市文物考古所对该工程一期建设涉及的文物点进行了抢救性考古工作。本次考古工作勘探面积 30000 平方米，发掘面积 6500 平方米。清理汉至六朝时期墓葬 60 座，分土坑、砖室、石室墓三类。其中土坑墓有长方形、长条形、近方形等；砖（石）室墓有“凸字”形、刀把形、长方形等。同时，发掘汉代遗址 1 处，清理该时期的灰坑 5 个、灰沟 1 条、窑 1 座。出土陶器、铜器、铁器和瓷器等文物 1000 余件。

通过本次考古工作，进一步弄清了将军村墓群的分布范围，丰富了该墓群的文化内涵。新发现了团团包、王家河包、陈家河包 3 个汉至六朝时期的墓地，与已发现的将军村墓群的10处墓地沿长江一字展开，被冲沟隔断形成既相联系又相对独立的整体，显然是将军村墓群的重要组成部分。（李大地）

巴南区粮食局宋清墓葬

发掘时间：2010年9月~10月

工作单位：重庆市文物考古所、巴南区文物管理所

对墓葬进行了抢救性考古发掘，发掘面积为200平方米，共发现宋墓1座，清代墓塔3座，

宋代墓葬为单室券顶石室墓，条石构筑，墓底砌铺地石，四周有排水沟，墓壁嵌长方形墓志铭1方，为“宋故判官陈公□□”小篆阴刻碑记。出土文物较为丰富，有影青瓷碟和涂山窑兔毫瓷碗和釉滴瓷盏等。

清代墓塔为三级六棱石塔，塔枋雕刻有精美的卷草和狮子等与佛教文化有关的高浮雕图案。地宫有双室和单室两类，出土清代青花龙纹将军罐、青花缠枝纹罐、观音白瓷罐等一批文物，瓷器均作为盛放骨殖的葬具使用。

本次发掘进一步丰富了重庆地区宋代丧葬习俗的实物资料，同时为探讨清代佛教僧侣阶层的丧葬制度及墓塔营造工艺提供了重要的参考资料。（黎明　代玉彪）

渝中区老鼓楼宋至清代遗址

发掘时间：2010年4月~7月

工作单位：重庆市文物考古所

老鼓楼遗址位于重庆市渝中区望龙门街道办事处巴县衙门片区，为第三次全国文物普查中新发现的文物点。为配合主城区危旧房改造工程，对遗址开展了抢救性发掘，发掘面积2000平方米。

发现宋元、明、清及近代时期的房址、道路、水井、灰沟、礌石堆等遗迹30处，出土陶瓷器、坩埚、礌石、钱币等各类遗物1200余件，以瓷器为主，可辨器形有碗、盘、杯、碟、盏、灯、勺等。

其中，一号房址（F1）为一处保存较好的夯土包砖式高台建筑基址，现存平面略呈方形，东西宽24.7、南北残长24.3米，护坡墙及条石基础残高近10米。建筑内部以夹小型

鹅卵石的黄灰沙土层层夯筑，四周砌筑护坡墙体。护坡墙基础以大型长条石块丁砌，护坡墙体以青砖一丁一顺或一丁两顺错缝砌筑。四面护坡墙及基础均由下至上层层收分，墙体坡度79°左右。部分筑墙砖上发现有“淳祐乙巳东窑城砖”、“淳祐乙巳西窑城砖”等阴、阳模印铭文字样。高台建筑东、北侧发现有结构规整的石构排水设施。另外，在高台建筑南部发现有已坍塌的疑似“楼道”遗迹，砖壁有明显的火烧痕迹。

老鼓楼遗址发现的高台建筑基址护坡墙层层收分、内部夹鹅卵石夯筑的建筑特征，与奉节永安镇及合川钓鱼城发现的同类宋元遗迹较为一致，护坡墙上发现的“淳祐乙巳”纪年铭文砖则进一步缩小了遗址的年代范围。综合建筑特征、出土遗物、纪年铭文等因素，推断其年代为南宋淳祐五年（1245）左右。根据文献记载，结合遗址的地望及官式建筑风格分析，该遗址应是余玠治蜀时期的四川制置司及重庆府衙治所。而大量的明清至近代房址、道路、水井等遗存也反映了遗址所在区域宋代以来一直是重庆的政治中心，堆积丰富，兴废频繁，文化延续性较强。

老鼓楼遗址保存较好、纪年明确，是重庆地区已发现的等级最高、价值较大的宋代建筑遗存，填补了重庆城市考古的相关空白，为重庆城市沿革变迁、川渝地区古代建筑的研究提供了实物材料，对于研究宋蒙战争及宋末山城防御体系亦具十分重要的意义。（袁东山　蔡亚林）

开县清代文峰塔和乌杨古刹遗址

发掘时间：2010 年 11 月~12 月
工作单位：重庆市文物考古所

文峰塔遗址位于开县汉丰镇中原村一社宝塔窝，乌杨古刹遗址位于开县丰乐镇乌杨村二社回龙阁。为配合环汉丰湖人文修复项目，对文峰塔遗址和乌杨古刹遗址进行考古发掘，发掘面积共计1200平方米。

文峰塔遗址由庙和塔两部分组成，文峰塔基座呈规则的六边形，每边长5.6米；文峰塔庙分前后两殿，前殿正门外现存有6步宽2米的石梯，前殿近门处有3通石碑，正对山门石碑书有遒劲的“文峰塔”3字，两侧分别为文峰塔序和文峰塔纪两通石碑，记载了文峰塔建于嘉庆九年（1804），石碑后侧为长方形天井，天井后侧为正殿，前殿与后殿之间有并列的3道石门，前殿正门、“文峰塔”石碑、后殿居中石门及文峰塔塔门成中轴线布局，后殿呈长方形，两侧有对称石门。

乌杨古刹由庙、塔、水池、凉亭、讲经台和后花园几部分组成。塔基座呈规则的六边形，每边长6.6米。庙正殿大门、讲经台、塔的中心成中轴线布局，大殿上方的横梁上记录了该庙建于光绪二十八年（1902）。

通过考古发掘，弄清了文峰塔、乌杨古刹遗址的基本形制和布局，为二者的修复奠定了坚实基础。（刘继东　代玉彪）

四　川　省

简阳市龙垭旧石器时代遗址

发掘时间：2010年7月~9月

工作单位：四川省文物考古研究院、简阳市文物管理所

遗址位于简阳市简城镇龙垭村，地处沱江二级支流康家河的一级缓坡状阶地上。是新发现的一处旧石器时代晚期的遗址，受村民建房破坏影响，进行了抢救性发掘，实际发掘面积87平方米。

出土哺乳动物骨骼、牙齿、角化石标本近180余件，另有数千计的动物骨骼化石碎块，这些化石不少于6个属、15个种，主要有东方剑齿象、中国犀、鹿、牛、羊、猪、獾、竹鼠等。

遗址出土石制品700余件，大部分选用材质较好的石英砂岩的砾石打制，另有少量花岗岩、燧石、泥质砂岩和硅化木等，总体体现出南方砾石工业传统特征。主要有石核、石片、砍砸器、锛形器、刮削器、尖状器和石球等。制作技术以锤击法为主，另有少量砸击法。选材多以具有一定厚度的砾石进行打片，形体较大。石制品台面部分多为砾石自然面，着力点位于台面中间，台面略有倾斜，较厚钝，也有部分经过修整。大部分石片劈裂面近端半锥体及放射线清晰，远端薄锐，多平直。石器多为弧刃和直刃，刃缘多为从劈裂面向背面单向加工。少量石器的把握部位经过修整，以利于把握。

龙垭遗址石制品以大型砾石石器工业为主，与东方剑齿象一

大熊猫动物群的多种动物化石伴出，同时发现钻孔技术，其年代可能处于旧石器时代晚期。

龙垭遗址是在中国西南新发现的一处重要的旧石器时代晚期遗址，该遗址地层清晰，出土遗物丰富，对研究古人类在该地区生存、演化的历史和探讨四川盆地的环境变迁具有重大的科学研究价值。（陈苇）

汉源县富林旧石器时代遗址

发掘时间：2009 年 12 月～2010 年 1 月；2010 年 5 月～6 月

工作单位：四川省文物考古研究院、汉源县文物管理所

遗址位于汉源县富林镇农政村六组，地处大渡河与其支流流沙河交汇处的北岸二级阶地上。为配合瀑布沟水电站工程建设，对富林遗址进行了两次抢救性考古发掘，实际发掘面积 270 平方米。

出土哺乳动物骨骼化石 20 余块，石制品近 300 余件，石制品碎屑数以千计，木炭标本近 10 个。这些遗物均出自杂色粉砂层，距地表深度 4～6 米。

遗址出土骨骼化石量少且碎小，仅能辨认出鹿。石制品较为丰富，主要以燧石打制，另有片麻岩、石英、花岗岩和硅质岩等。石片占绝大多数，部分有使用痕迹，另有部分石核、近似石叶的长石片、石砧等，石器主要有刮削器、边刮器、尖状器、端刮器等。剥片技术常见锤击法，砸击法较少。该遗址主要特点是获取小型石片并以小型石片加工制成刮削器等，属典型小石器传统，其年代位于旧石器时代晚期最后阶段。

此次发掘进一步丰富了富林文化的实物资料，出土的骨骼化石及木炭等标本有助于后期研究中判定富林文化的绝对年代。（陈苇）

洪雅县王华新石器时代遗址

调查时间：2010 年 12 月

工作单位：成都文物考古研究所、眉山市文物局、洪雅县文物管理所

遗址位于眉山市洪雅县止戈镇八角庙村四组，为八角庙、中心、五龙三村的交界地带。地理坐标为北纬 29°53′

56.5″，东经 103°20′55″，海拔高度为453米。2010年的调查对遗址的分布范围有了更为准确的认识，并新采集到泥质灰陶钵口沿残片、打制石砍砸器等遗物。根据陶片判定遗址的年代不晚于汉代。遗址出土的双肩石器是青衣江流域先秦时期考古学文化的代表性因素，但形制与雅安、云南等地新石器及青铜时代遗址出土的典型双肩石器还有一定差异，打制石砍砸器、刮削器、磨制石斧等器形则为新石器时代遗址所常见。表明遗址的文化内涵还较为丰富，具体情况有待于进一步考古工作来明晰。（陈剑）

屏山县石柱地新石器时代至秦汉遗址

发掘时间：2010年5月～12月

工作单位：四川省文物考古研究院、宜宾市博物馆、屏山县文物管理所

石柱地遗址位于宜宾市屏山县楼东乡田坝村七、八组，地处金沙江北岸一至五级台地。为配合向家坝水电站建设，对该墓地进行了两次考古发掘，发掘面积4000平方米。两次发掘共清理新石器时代、商周时期、汉代、明清时期各类遗迹280余个，出土铜器、陶器、铁器、石器等小件器物千余件。

新石器时代遗存清理房址3座、灰坑5座。房址均为地面建筑。无基槽，由柱洞组成的干栏式建筑。出土遗物主要为陶器和石器。陶器的陶质有夹砂陶和泥质陶，以夹砂陶为主。可辨器形有宽折沿花边口绳纹罐、盘口器、侈口折沿罐、器盖、圈足器、网坠等。纹饰有绳纹、细线纹、附加堆纹、刻划纹等纹饰。石器主要为磨制石器，有石凿等。

商周时期遗存清理房址5座、墓葬1座、灰坑及灰沟80余个。房址均为地面建筑。出土遗物主要为陶器和石器。陶器的陶质以夹砂陶为主，另有少量的泥质陶。纹饰以素面和绳纹为主。可辨器形有尖底罐、尖底杯、圜底钵、尖底盏、小平底罐、高领器、圈足器、网坠、纺轮等。石器以磨制石器为主，另有少量的打制石器。

战国秦汉时期遗存发掘墓葬61座、灰坑等遗迹30余个。墓葬形制多样，有长方形

竖穴土坑墓、圆形土坑墓、砖室墓、石室墓、瓮（瓦）棺葬等。随葬品有陶器、铁器、铜器、石器等。陶器可辨器形有罐、瓮、甑、釜、豆、单耳罐等；铜器有铜钱、铜矛、铜镜残片等；铁器有铁剑、铁斧、铁叉等；另有玛瑙串珠等随葬品。

石柱地遗址是川南地区发现比较集中的一处汉代墓地，为川南和金沙江流域秦汉文化交流的研究提供了重要的资料；发现的商周时期遗存，为川南地区首次发现规模较大的商周遗存，出土遗物与成都平原十二桥文化相似，对于研究蜀文化的南迁以及与成都平原、峡江地区之间的关系有着重要意义。（李万涛）

汉源县麦坪新石器时代至商周遗址

发掘时间：2009 年 9 月~2010 年 4 月
工作单位：四川省文物考古研究院、汉源县文物管理所

遗址位于汉源县大树镇麦坪村，地处大渡河中游南岸的二级、三级阶地。为配合瀑布沟水库建设，进行了连续性大面积的发掘，发掘取得了多项重要的考古发现。

商周时期的考古遗存发现有房址、灰坑、墓地等，出土有石器、陶器、玉器和铜器等。从出土器物分析，商周遗存呈现出了两种不同的文化因素。一是蜀文化因素，典型器物有陶小平底罐、尖底杯、高柄豆等，与成都平原的十二桥遗址及三星堆遗址出土的同类器物基本相同。二是本地文化因素，以墓葬内出土器物为代表，典型器物为陶尖底罐、侈口大罐、器座、铜镯、铜环等。

商周墓地主要位于遗址的中部偏东区域，共揭露墓葬 80 余座。大部分随葬器物、器物组合都不见于目前的考古发现，极具特色，表现出了一种全新的文化面貌。

新石器时代晚期的遗存发现了丰富的遗迹现象并出土了大量的遗物。遗迹主要有房址、土坑墓、石棺葬、窑址、灰坑、灰沟等。房址仍以木骨泥墙式建筑占绝大多数，次之为干栏式建筑，新发现有窝棚式建筑的房址 3 座。木骨泥墙式建筑往往在区域范围内密集分布，平面多见长方形。还发现有同一层位下开口的多座房址相互

打破的关系，也发现有两座房址共用墙基和在废弃房基上重建的现象。墓葬有两种形制。一种为石棺葬，发现数量近30座。随葬器物以陶器为主，少数墓葬发现随葬有骨器、细石器等。陶器有提梁罐、侈口罐、长劲罐、尊形器等。这是目前四川地区发现的最早的石棺葬。另一种墓葬为狭长形的土坑竖穴墓，共发现有50多座，墓葬分布集中、排列整齐。该遗址应是大渡河中游区域一处新石器晚期的大型中心聚落遗址。

麦坪遗址的文化堆积厚、保存好，出土遗迹、遗物数量丰富。其文化面貌整体风格明显有别于周边同时文化，具有强烈的地域特征，可命名为“麦坪文化”。这种独特的文化面貌目前仅见于大渡河中游。麦坪遗址的发现与研究，将有利于构建、补充、丰富大渡河中游及邻近地区的考古学文化区系类型体系，有利于四川乃至西南地区考古学文化区系类型的建立。同时也有助于对横断山区先秦文化的交流、民族的形成、发展、演变等重要课题进行深入的探讨研究。（刘化石）

白鹤滩水电站淹没区考古调查

调查时间：2010年9月~10月

工作单位：四川省文物考古研究院、凉山州博物馆

白鹤滩水电站位于凉山彝族自治州宁南县与云南省巧家县交界的金沙江峡谷，上游与乌东德梯级电站相接，下游尾水与溪洛渡梯级电站相连，是金沙江下游（雅砻江口至宜宾）河段4个梯级开发的第二级，距宁南县城75千米。为配合水电站建设，对电站淹没区（四川境内）进行全面的考古调查，在淹没区内共发现23处文物点，其中古代聚落遗址5处、清代墓群10处、大型清代建筑基址2处、清代寺庙基址2处和地面建筑4处。

5处遗址主要分布在宁南县境内，处在金沙江支流黑水河和支鲁沟的两岸的坡地上。遗址堆积较厚，最厚达2米以上。采集的遗物主要是陶片，以夹细砂黑褐陶为主，少量夹细砂红陶、褐陶、灰陶等，以素面为主，纹饰有少量附加堆纹、细绳纹等。器形主要是罐。从采集遗物判断，其年代在新石器时代晚期至商周。这批遗址的发现对完善金沙江流域的考古学文化面貌提供了宝贵的资料。

清代遗存主要包括10处清代墓葬和洼乌街清代遗址群，清

代墓葬为移民墓葬，墓碑碑文清楚，详细记载着移民的来源、时间、形式等内容，对研究“湖光填四川”的历史具有重要的作用，洼乌街大型遗址群包含了“六宫四庙”，也是金沙江流域移民的产物。洼乌街街道本身尚存，两侧建筑已毁，但其布局尚在。同时洼乌街亦是会理巡检司所在地，对了解清代的移民政策提供了重要资料。

4 处地面建筑主要包括“南华宫、字库、万寿宫”，这批地面建筑保存较好，建筑形制各异，反映了不同地方移民的建筑风格。（陈卫东）

双流县三官堂商周至明清遗址

发掘时间：2009 年 11 月 ~ 2010 年 12 月

工作单位：成都市文物考古研究所、双流县文物管理所、四川大学历史文化学院考古系

遗址位于四川省成都市双流县黄水镇长沟村九组，处于川藏路和大件路之间，以南约 130 米处为白河，据小地名将遗址命名为三官堂遗址。遗址西南角基点地理坐标为北纬 30°32′17″，东经 103°53′54.1″，海拔 463.6 米。2009 年的考古踏查发现了这处商周遗址，并于当年 11 月进行了钻探和试掘。2010 年在以前工作的基础上进行正式发掘。

本次发掘共布 10 米 × 10 米的探方 6 个，发掘面积为 600 平方米。本遗址地层序列十分完整，根据土质土色和包含物共分七层，包含商周、战国、汉代、唐宋、明清等不同时期的丰富遗存。

商周时期遗存和战国时期遗存为本次发掘的主要成果。遗迹现象十分丰富，共清理商周到汉代遗迹有灰坑 71 个、灰沟 11 条、墓葬 1 座、窑址 1 座。出土大量遗物，有陶器、瓷器、石器及铁农具、钱币等，尤其是商周至汉代时期完整器 38 件以及数以千计的陶片，陶器以夹砂陶为主，泥质陶和细泥陶亦占有一定的比例。夹砂陶中以灰黑陶和黄褐陶为多，灰陶、灰黄陶和红褐陶次之；泥质陶以灰黑陶为主；细泥陶以灰陶和灰黑陶为主，另有少量灰白陶和黄褐陶。陶片多素面无纹，少量有纹饰，纹饰中有绳纹、弦纹、网格纹、重菱纹、刻划纹等。陶器主要器类有鼎、釜、器盖、钵、尖底杯、大口杯、深腹杯、小平底罐、盆、甑、器座、簋形器、圈足杯、高

领罐、瓮、镂孔形器，另外可辨器形有大量罐类、圈足器、灯形器等。瓷器多为唐宋时期邛窑系瓷器、明清青花瓷等，以本地产品为主，瓷器器类包括碗、盘、碟、杯、罐等，以青黄釉、米黄釉、酱釉为主。石器有石锛、石戈。铁器有铁锸、铁铲。钱币有秦半两钱、汉五铢钱。根据陶器器物组合和形制分析，初步推断主体遗存的时代为商代晚期至汉代，个别单位可晚至东汉末年。

本遗址的商周遗存对于进一步弄清三官堂商周遗存分期序列、了解社会组织结构和遗存所反映的宗教意识有重要的意义，对于与四川盆地其他商周遗址的关系、与周邻文化的关系的进一步研究作用巨大，为完善四川盆地先秦考古学文化序列等学术问题提供了新的资料和证据。战国遗存也是这次发掘的重要成果之一，出土了大量遗迹和丰富的遗物，证实了三官堂遗址从商周到汉代一直未中断。战国时期的遗址在成都平原发现非常少，本遗址战国时期的地层和遗迹遗物的发现为战国时期古蜀文化的研究提供了大量实物资料，为古蜀文化完整年代序列的建立提供了重要资料。(黄伟)

双流县长沙商周及战国遗址

发掘时间：2010 年 10 月~12 月
工作单位：成都文物考古研究所

遗址位于双流县城区西部彭镇长沙村三组，东与双流体育中心隔路相望，西约 500 米处为双流绕城路、约 1500 米处为杨柳河，南为长沙村村委会，北约 200 米处为双流县白河路四段，东南约 4000 米处为牧马山，中心位置坐标为北纬 30°34′20.8″，东经 103°53′24.4″。为配合双流县国家羽毛球训练基地的修建，在此处进行了抢救性发掘，共布 10 米×10 米探方 10 个，实际发掘面积 810 平方米。

遗址地层堆积较厚，包含商周、战国、汉代、唐宋、明清等不同时期丰富的考古遗存。遗迹单位仅有灰坑和灰沟两种，但数量较多，其中灰坑 80 个、灰沟 10 余条，绝大部分灰坑和灰沟为战国时期遗迹，少量灰坑和 1 条灰沟为商末周初时遗迹。

在战国时期的灰坑中，出大量陶片，绝大部分为夹砂褐陶，少量泥质灰陶；夹砂陶中，黄褐色居多，次为灰黄、灰褐、红褐，有零星的灰黑陶，部分饰有绳纹，少量饰有“X”形戳印纹；可见器形以绳纹陶釜、甗为主，较多陶罐、圈足豆、陶鼎、陶盆，零星陶尖底器、陶盖钮、陶高柄豆、铜箭镞、石锛等。战国时期灰沟中出少量陶片，以夹细砂褐胎陶为主，部分饰绳纹。

商末周初时期的灰坑出较多陶片，以夹细砂褐胎陶为主，素面陶占绝大多数，可见器形有敛口绳纹罐、小平底罐、高柄豆、盖纽等。

本次发掘，最大的收获就是发现了原生的战国时期文化堆积。战国时期遗址在成都平原较为少见，且大多被后期的水力搬运等扰动，属于原生堆积的就更为少见了，本处的战国时期遗址为原生堆积，为成都平原战国时期的考古学文化研究提供不可多得的、可靠的实物资料。（刘雨茂　姜铭　李国　邱艳）

屏山县沙坝战国至西汉墓地

发掘时间：2010 年 6 月~10 月
工作单位：四川省文物考古研究院、宜宾市博物馆、屏山县文物管理所

墓地位于宜宾市屏山县楼东乡沙坝村三组，主要分布于金沙江北岸三、四级台地，面积约 20000 平方米。为配合向家坝水电站建设，对该墓地进行了第一次发掘，发掘面积 3000 平方米，共发现战国晚期至西汉早期墓葬 27 座。出土陶器、铁器和铜器等各类文物 200 多件。

本次发掘的墓葬均为竖穴土坑墓，墓葬长度在 2 ~6 米之间。葬式主要包括两种，一为仰身直肢葬，头向一般朝向金沙江；另一种为二次葬，包括单人葬和二人合葬。二者均未见葬具。随葬器物一般摆放在墓坑的两端，种类较为丰富。铜器包括釜、甑、柳叶形剑、戈、钺、斤、带钩、印章、环、箭镞和半两钱等，铁器主要为削和锸，陶器包括罐、釜、小口瓮、豆、器盖和料珠等。

蜀国灭亡后，蜀人的一支极有可能沿岷江而下抵达早已有根基的僰地。此前在峨眉符溪和犍为金井等地已经发现属于战国晚期的蜀人遗存，本次在屏山沙坝墓地发现的这批墓葬，带有典型的蜀文化风格，证明蜀人曾南迁至此。《史记·三代世表》正义引谱记：“残丛国破，子孙居姚巂等处。”姚为今云南姚安，巂为今四川西昌。在云南水富县的张滩墓地也曾发现有蜀人的墓地。由此可见，沿岷江而下，达僰地，在此渡金沙江，后溯江而上，抵云南中部，是蜀人南迁的重要路线之一。（刘志岩）

青川县乔庄初中战国至汉代墓地

发掘时间：2010 年 3 月~6 月

工作单位：四川省文物考古研究院、青川县文物管理所

对青川县乔庄镇初级中学“5·12”地震灾后原址重建工作中发现的墓葬进行了抢救性发掘，共发掘战国至汉代墓葬 34 座。

墓葬均已受到不同程度的破坏和扰动，墓葬逐层排列，且坑位有序，排列较为整齐，多数相互距离在 3 至 5 米之间，无打破或叠压关系。根据墓葬葬具的有无等形制差异，在形制上至少可分为甲、乙二类。

甲类墓：有木质葬具，共 31 座。现存墓口呈长方形或梯形，墓向多数限于 320° 至 350° 之间，葬具四周填充大量膏泥。其中 21 座单棺单椁，现存墓口宽度在 1.5 ~3.5、长度在 2.4 ~4.5 米，木棺多位于椁室一侧，另一边留出或用木板隔出相对较大的空间放置随葬品，部分墓葬棺椁两侧有二层台，椁室及二层台之上覆盖有 2 至 4 层桦树皮。10 座为单棺无椁，现存墓口宽度在 1 ~1.5、长度在 1.5 ~2.4 米，无二层台。随葬品均放置于棺首或棺尾之外。

乙类墓：无葬具，共 3 座，现存墓口宽度不超过 1.2、长度不超过 2.4 米，墓向在 250° 左右，未发现葬具及随葬品，墓穴内填充的膏泥较少。

随葬器物较少，多数墓葬均仅出土 1 至 2 件。按质地可分为漆器、铜器、玉器、陶器等。漆器约占出土随葬品总数的 50%，但保存较差，绝大多数仅余痕迹，尚可辨出器形者有奁、耳杯、盒等，多为木胎，也有在木胎上缠贴麻布再髹漆的做法，漆色有红、黑两色。铜器有带钩、环及桥形饰件。陶器约占出土随葬品总数的 30%，以平底罐居多，另有陶鼎、侈口圜底釜、敞口平底壶、蒜头圈足壶等，以轮制为主，纹饰以绳纹居多。

根据墓葬形制及随葬器物，并结合地形地貌等情况初步分析，乔庄初中墓地与紧邻的青川县郝家坪战国墓群应属同一墓地，年代为战国中晚期至西汉时期。（万靖）

彭山县武阳城遗址

调查时间：2010 年 12 月

工作单位：成都文物考古研究

所、眉山市文物局、
彭山县文物管理所

武阳故城遗址位于彭山县城东北的江口镇（今属武阳乡）平茯村与五一村交界的牧马山尾二级台地上。地理坐标为北纬30°14′54″，东经103°54′38″，海拔高度432.1米。《华阳国志》、《方舆胜览》、《蜀中广记》、《彭山县志》等书籍记载有秦时始建武阳县的记载。

故城遗址平面呈三角形，北连牧马山，西南距武阳江（今南河）故道10~80米，东距锦江（今府河）约1000米，高出水面约10米，隔南河与犍为郡城相对，隔府河与彭亡聚（今江口镇）相望。今测城遗址南北长约400、东西长约2000米，城东西各有陶窑1座，城东南百米处为屠宰房。至今当地尚有水码头、堆栈、城墙碥、城墙田、巷子口、盐井田等小地名称谓。四川省博物馆1962年曾在城址附近征集到1件新莽时西顺郡铜板，模铸有“西顺郡秦苻郎车山官”及刀刻“重七十一斤”“第二百三八”铭文。2007年公布为四川省文物保护单位。本年度的调查采集到大量陶瓦、圆形云纹瓦当、文字瓦当、板瓦之类建筑材料，及瓮、罐、钵、碗、盘之类生活器皿。还发现部分夯土城墙遗迹。初步判定城址的年代下限不晚于西汉。遗址内还发现东汉砖室墓，出土花纹砖。遗址内另发现有唐宋时代窑址，包括上下2处窑包。采集瓷片丰富，包括碗、盘、罐、支钉、垫圈、垫筒等器形，尤其是瓷排水管较有特色。（陈剑）

眉山市肖家碥汉至宋代遗址

发掘时间：2010年12月~2011年1月

工作单位：四川省文物考古研究院

遗址位于眉山市东坡区思蒙镇铧头村二组，思蒙河右岸的二级台地上。遗址南北长约300、东西宽约150米，面积约为45000平方米。为配合成都—绵阳—乐山城际铁路客运专线的建设，对该遗址进行了考古发掘。发掘面积1500平方米。

发掘点位于遗址的东部，主要为铁路建设占地范围内。遗址的主体遗存为宋代和汉代的遗存。宋代遗迹主要发现有房址、灰坑、灰沟和墓葬等。出土瓷器以地方窑的黄褐色瓷为主，同时发现有少量的白瓷和青瓷残件，可辨器形有碗、罐、盘、瓶、瓦等。清理宋代砖室墓4座，随葬品均位于人体头部，有碗、执壶、瓷碟等。汉代遗存主要为4个地层以及少量的灰坑、灰沟等遗迹，出土有较多的瓦残件和少量汉砖、陶器等。

值得关注的是该遗址的发掘中出土有先秦时期的陶片和磨制石器。石器以锛、斧为主，包含少量石锄、石铲、研磨器等。与成都平原出土的同类石器基本相同，完全不同于青衣江流域的有肩石器。这是思蒙河流域首次发现有早期石器出土。

此次发掘为该区域目前为止所进行的最大的一次考古发掘，所发现的汉代至宋代的遗存为该区域相关时期的历史研究提供了丰富的实物资料。（刘化石）

雅江县呷拉汉至明清遗址

发掘时间：2010年9月~10月
工作单位：四川省文物考古研究院、日本九州大学

遗址发掘面积300平方米，共清理石棺墓1座、汉代到明清房址3座、灰坑4处、柱洞16个。出土有汉代到明清时期陶片、铁器等遗物，可辨器形有双耳罐、盘口器等，另外采集器物2件。

此外，在调查时发现3处石棺葬墓地，分别为脚泥堡石棺墓地、跑马地石棺墓地、湾地沟石棺墓地，共采集器物10余件；其中脚泥堡石棺墓地清理石棺墓1座，破坏严重，无随葬品。

此次调查发现的3处石棺葬墓地，特别是湾地沟石棺墓地地处雅砻江流域的一条小支流，以前没有发现过石棺葬，这些发现丰富了雅砻江流域石棺葬的材料。采集的双耳罐、单耳罐、铜戈等器物，与岷江上游石棺葬既有联系又有区别，对于研究岷江上游与雅砻江中上游石棺葬之间的关系，特别是对研究公元前后，岷江上游地区的石棺葬缘何迅速地占领大渡河中上游地区和雅砻江中上游地区提供了新的材料。（李万涛）

广汉市瓦店汉唐宋遗址

发掘时间：2010年2月~3月
工作单位：四川省文物考古研究院

瓦店遗址位于广汉市向阳镇瓦店村九社，为了配合成都—绵阳—乐山城际铁路客运专线建

设，对该遗址进行了抢救性发掘，发掘面积1500平方米，共清理汉代灰坑27个、唐宋时期墓葬7座。

汉代灰坑形状多为圆形、长方形，包含物以板瓦、筒瓦、瓦当为大宗，并出大量陶罐、甑、钵、鼎、盖、瓮、盆、釜等器物残片，部分器物可修复。有3座长方形坑形制较规整，坑壁略经加工，坑底有大量草木灰，部分坑底有烧土，结合整个工地的情况，初步推测其用途为制陶烧窑所用泥料坑。

清理的7座唐宋时期墓葬，竖穴土坑墓两座，均未出器物；小型砖室墓5座，随葬品有釉陶四系罐、釉陶四系壶、釉陶碗等，其中两墓随葬有开元通宝。（雷雨）

大邑县响台山汉唐宋墓地

发掘时间：2010年10月~2011年1月

工作单位：成都文物考古研究所、大邑县文物保护管理所

为配合大邑县安仁镇新河小区的建设工作，对响台山墓地进行了抢救性发掘。响台山位于大邑县安仁镇五星村五组，为一高出周围的土墩，发掘面积约1000平方米，清理了19座墓葬（含施工方机器破坏的3座），编号10DAXM1~M19。

汉墓12座，其中土坑墓4座。

有一座土坑墓被施工方毁坏，仅在墓室残存的一角发现一件陶壶和铁锸，未编号。M15和M19局部被破坏。土坑墓平面基本成“凸”字形，前接斜坡墓道。M19墓室较大，四壁下有熟土二层台，二层台高约50厘米。除M17被盗严重外，其他几座墓葬出土较多的器物，以陶器为主，有罐、盆、灶、井、甑、房、瓮、耳杯、钵、釜等，耳杯上还漆绘有动物等形象；铁器有锸、釜、三脚架等；铜器仅发现残构件和五铢钱；漆器多已毁坏，留有腐朽痕迹。葬具应为木质，均已腐朽，从腐朽的情况来看，应是木棺，M19可能有椁，葬具上刷红漆。从出土器物和钱币来看，土坑墓的时代为西汉中晚期。

砖室墓8座，其中1座破坏严重，仅存排水沟，未予编号。墓葬时代差别较大，M5、M6、M7、M8、M9时代不会晚于东汉早期，M4为东汉中晚期。M4是这次发现最大的墓葬，长约15米，墓室规模较大，建造讲

究。平面近“凸”字形，由墓道、甬道、前室、双后室组成，南后室大部分被破坏。墓道为斜坡式，后接封门，在封门前有1陶罐，内装云母片、骨头和灰烬，应为祭祀遗迹。封门内位甬道、墓道相接处。甬道内中部有一次临时性封门墙，用单砖砌筑，建于墓内淤土上。前室平面呈长方形，后接对称双后室，两后室各自封门，之间有一方形通道。墓底均铺三层砖。墓壁多用长方形砖砌筑，局部用楔形砖，券顶用楔形砖，券顶上覆盖一层弧形榫卯砖。M6、M8属于同圹异室，中间用夯土墙隔开。墓内出土陶俑、罐、房、瓮、五铢钱以及腐烂仅剩残部的漆器。葬具有两类，早期砖室墓用木棺，晚期的多用陶棺，M4中至少有3具陶棺。墓砖形制较多，有长方形、扇形、榫卯弧形、楔形等；早期墓砖多为素面，券顶多用扇形砖，很少装饰花纹，即使有花纹也是简单的几何纹；晚期墓砖形制复杂，花纹复杂，有钱纹、龙纹、复合纹等。

唐宋时期墓葬均为砖室墓，有双室夫妻合葬墓，也有很小的火化墓。M20位于响台山北约100米，为双室夫妻合葬墓，各自有墓道，素面砖铺地，有多个壁龛，券顶，两墓室之间有一方形通道。墓内出土多件俑和1块墓志，墓志已残碎。该时期的墓葬出土器物以瓷器为主，器形有罐、盏、碗、俑等，有些墓内出土有石质墓志。

此次最为重要的发现是复原汉代墓地形成过程。墓地实际上有7次大的修筑行为，我们将其形成的封土编号为FT1～FT7。FT1时代最早，位于墓地的西北部，先夯筑一平台建造M17，然后封土，形成了FT1，后来的砖室墓M10也是利用FT1作为夯土台进行修建；FT2叠压于FT1上，平面呈长方形，夯台上修建土坑墓M15，M15上面逐层封灰黄色花土；FT3位于FT2的东面，独自修建，时代应该晚于FT2，上面建造M19；FT4平面也是呈长方形，利用FT3、FT4，在两个封土堆中间修建，上面建造M6、M7、M8；FT5位于南部，独自修建，也是先修建一个平面呈长方形的夯台，在夯台上修建砖室墓M5，然后封土，最外层铺筑一层青膏泥；第六次修建时利用FT1、2、3、4、5，叠压于这几个封土上修建FT6，以修建M4，平面呈长方形，规模最大，夯筑最为讲究，其建筑方法是一边修墓墙一边夯筑封土；最后一次修建，叠压在FT3、4、5、6上修建FT7，平面也是呈长方形，上面修建了一座砖室墓，但仅残存排水沟。于是，响台山汉代墓地最终形成。至唐宋以后，又有人利用此墓地不断修建墓葬，直至现代。

通过此次发掘发现了多座墓葬，进一步补充了汉唐墓葬资料，更重要的是复原了该墓地的建造过程，对于了解成都平原汉代墓地的形成具有重要的意义。（索德浩）

双流县山坡岭汉代墓地

发掘时间：2009 年 8 月～2010 年 6 月

工作单位：成都文物考古研究所、双流县文物管理所

山坡岭墓地位于双流县东升镇青桐村四组，西南距双流城区约 2 千米，东北距成都市区 10 千米，中心地理坐标北纬 30°34′09″，东经 103°57′25″。为配合双流国际机场新航站区的建设，对墓地开展了正式的考古发掘，此次发掘面积约 2000 平方米，共清理出汉、唐、宋及明清时期墓葬 35 座。这批墓葬以汉代墓葬为主体，共五组 29 座，每一组有彼此独立的茔域范围，且朝向趋同，代表了一个家族墓地的概念。

第 I 组墓葬：位于发掘区中部和北部，共 12 座，均为砖室墓，年代跨度从王莽至东汉中晚期，分别编号 M1、M2、M3、M4、M5、M7、M12、M13、M14、M15、M16、M17。其中 M1 年代最早，相当于王莽之际，为带斜坡墓道的单室砖墓，墓道平面呈长方形，底为斜坡状，砖砌封门。墓室平面呈长方形，券顶用扇形砖横联，葬具有 3 具瓦棺，棺内人骨无存，葬式不明。出土陶器、铁器、钱币等遗物 20 余件。

第 II 组墓葬：位于发掘区南部，共 9 座，包括砖室墓和土坑墓两种类型，年代跨度从西汉中晚期至东汉初，分别编号 M11、M19、M20、M21、M28、M29、M30、M31、M32。其中 M30 年代最早，约在西汉中期偏晚（武帝元鼎四年至昭宣之际），为竖穴式土坑木椁墓。封土大部分被破坏，平面轮廓可辨为方形。墓圹及椁室均呈长方形，椁室内南部残存木棺 1 具，棺内人骨无存，葬式不明。出土遗物有陶器、铜器、漆器、钱币 4 类，部分陶器上带有漆绘装饰。

第 III 组墓葬：位于发掘区中部偏南，共 4 座，包括土坑墓和砖室墓两种类型，年代在西汉

中晚期，分别编号 M10、M25、M26、M27。其中 M27 年代最早，约在西汉中期偏晚（武帝元鼎四年至昭宣之际），为竖穴式土坑木椁墓。封土保存较完好，立面为双重覆斗形。墓圹及椁室均呈长方形，椁室内西部保存有 3 具木棺，棺内人骨无存，葬式不明。出土遗物有陶器、铜器、铁器、石器、钱币 5 类，部分陶器上带有漆绘装饰。

第 IV 组墓葬：位于发掘区中部，仅 M18 一座，为竖穴式土坑木椁墓，墓葬年代在西汉中期偏晚（武帝元鼎四年至昭宣之际）。封土保存较完好，立面为双重覆斗形。墓圹及椁室均呈长方形，椁室内分箱成东、西两部分，西部放置 2 具木棺，棺内人骨保存差，仅发现有零星的牙齿，葬式不明。出土遗物有陶器、铜器、铁器、玉器、竹编器、钱币 6 类，部分陶器上带有漆绘装饰，玉器出土于北棺内，一套共 9 件，可辨有心形玉佩、玉璜、玉环、舞人形佩玉、爪形佩玉等。

第 V 组墓葬：位于发掘区北部，共 3 座，包括土坑墓和砖室墓两种类型，年代约在西汉中晚期，分别编号 M33、M34、M35。其中 M35 年代最早，约在西汉中期偏晚（武帝元鼎四年至昭宣之际），为竖穴式土坑木椁墓。封土保存较完好，立面呈双重覆斗形，墓圹及椁室均呈长方形，椁室内西侧放置 2 具木棺，人骨保存状况差，仅北棺内可辨别痕迹，为仰身直肢葬。出土遗物有陶器、铜器、铁器、钱币 4 类，包括 1 枚铜印章，出土于北棺人骨右肩部附近，为龟纽覆斗形，印面刻“王君之印”4 字。

在第 V 组墓葬的南侧揭露一处房屋建筑址，编号 F1，平面轮廓呈长方形，墙体使用土坯垒砌，房屋内地表及墙体外侧散落大量绳纹瓦和卷云纹瓦当等遗物，屋内中部偏西处发现有一处灶膛，西墙外侧清理出一条用筒瓦构筑的排水管道。从 F1 在整个墓地中的方位看，其正好处于该组墓葬封土的正前方，直线距离仅 2～3 米，可能属于墓前的“祠堂”建筑或其他具有祭祀性质的附属设施。

山坡岭墓地以彼此并存的家族势力为单位进行埋葬，延续时间较长，墓葬间主从关系分明，排列亦有序可寻，可以肯定是当时广都县境内世家豪族的重要墓区。它们的发掘对于今后研究和探索成都平原汉代墓葬的形制演变、随葬品组合与文化因素以及背后所展现的家族墓地的丧葬礼仪制度都有着重要的参考意义。（易立　陈云洪　李国）

荥经县高山庙西汉墓群

发掘时间：2010 年 2 月～5 月
工作单位：四川省文物考古研究院、荥经县博物馆

墓群位于雅安市荥经县古城村，小地名为高山庙的缓坡地带。在经过县城国道 108 线实施改道建设施工中发现墓葬，随即进行了抢救性发掘。共清理墓葬 11 座，其中砖室墓 1 座、土坑墓 1 座、土坑木椁墓 9 座。

墓葬分布较为集中，方向多为东西向，1 座为南北向。墓圹规格一般为宽 2.5、长 4.5 米，墓坑深 2～4 米。多数墓葬为一棺一椁。有的墓葬有头箱、边箱或足箱。绝大部分墓葬早年已被盗掘，随葬品不多。陶器主要有罐、壶、瓮；铜器有盆、钫、镜、铃、剑、带钩、半两钱；漆木器有圆盒、双耳长盒、木璧和彩绘陶壶等近百件。

荥经古城村高山庙西汉土坑墓从墓葬形制、出土器物所表现的特点看，其墓葬的时代应在西汉初年。从所处地点看，比邻全国重点文物保护单位——严道古城遗址。这批墓葬的发现对了解秦汉时期严道古城聚落的分布、墓葬主人与严道古城之间的关系提供了一批新的考古资料。（黄家祥）

广汉市王家河湾东汉墓地

发掘时间：2009 年 12 月～2010 年 1 月
工作单位：四川省文物考古研究院

墓地位于广汉市新丰镇同善村一社王家河湾东侧台地，为配合成都—绵阳—乐山城际铁路客运专线建设，对该墓地进行了抢救性发掘，清理东汉砖室墓 3 座。3 座砖室墓的方向基本一致，均呈西北—东南走向，且均遭严重盗扰。

M1 位于台地北缘，早期严重毁坏，仅存墓室南侧部分砖壁，残长 6.1 米。

M2 平面呈长方形，墓圹长 4.64、宽 3 米，台阶状墓道。墓圹底部南北两侧铺有卵石垫层，卵石层上砌墙砖。被盗扰严重，仅出土少量残陶片及铜五铢钱。残存墓砖花纹有朱雀纹及钱纹两种。

M3 位于 M1、M2 之间，为“凸”字形竖穴土坑砖室墓。砖

室全长9.2、宽3.6米。被盗扰严重，仅出土少量五铢钱及摇钱树枝残片、鎏金耳杯扣等遗物。残存墓砖有钱纹、朱雀纹、车马纹及人物画像砖等。

该墓地虽被盗扰严重，但M3形制颇大，墙砖使用大量侧面画像砖铺砌，出土的平面画像砖纹饰亦较为精美。（雷雨）

绵阳市沙坪山东汉崖墓群

工作时间：2009年11月~2010年1月

发掘单位：四川省文物考古研究院、绵阳市博物馆

沙坪山崖墓群位于绵阳市新皂镇石梯子村11组。为配合成都—绵阳—乐山城际铁路客运专线建设，对该墓群进行了发掘，共清理崖墓10座，出土各类器物100余件。

清理的10座墓葬均处于沙坪山的西北角。墓葬坐东朝西。墓葬形制可分为单室墓和双室墓两种，两种形制的墓葬均带有长方形墓道，墓道较长，排水系统发达，附属设施主要有灶、壁龛等，少量的墓葬可见浮雕。

单室墓8座，均由墓道、甬道和墓室3部分组成，墓道平面呈长方形，长3~6米，墓道和甬道的下方均设有排水系统，排水系统系用可分为3种，即用筒瓦扣合、鹅卵石铺垫和竹筒3种形式。封门一般采用砖或者石块，甬道一般较小，呈长方形，长、宽、高1米左右。墓室平面呈长方形，一般一侧凿出台阶，放置棺床。随葬品主要是各种人物俑、动物俑、罐等。部分墓葬的前室浮雕有马、动物等。

双室墓：2座。均由墓道、甬道和前、后墓室四部分组成，墓道平面呈长方形，长6~8米，墓道和甬道的下方均设有排水系统，排水系统系用可分为两种，即用筒瓦扣合和鹅卵石铺垫。封门一般采用砖或者石块，甬道一般较小，呈长方形，长、宽、高1米左右。前、后墓室平面呈长方形，前室下部一般凿出三级台阶。随葬品主要是各种人物俑、动物俑、罐等。其中M2前室左、右两侧浮雕有双鱼、双龟等。

根据墓葬形制、出土器物分析，这批崖墓的年代在东汉时期。（陈卫东）

绵阳市桐子梁东汉及六朝崖墓群

发掘时间：2009 年 11 月～2011 年 6 月

工作单位：四川省文物考古研究院、绵阳市博物馆

墓群位于绵阳市涪城区新皂镇石梯子村二组桐子梁山山腰两侧。墓地东西长约 500、南北宽约 80 米，分布面积约 4 万平方米。为配合成都—绵阳—乐山城际铁路客运专线建设，对桐子梁崖墓群进行了抢救性发掘，共发掘墓葬 123 座。

墓地沿桐子梁山形南、北两侧依次展开，山体南麓错落布列 4 排，高差近 20 米，计 101 座，山体北麓呈“一”字形布列一排，高差 10 余米，计 22 座。从墓葬的整体布局、墓葬形制、出土物综合分析，墓地可以分为两大时期：东汉和六朝时期。

以东汉时期崖墓为主，分布在墓地西部和中部，在桐子梁山南北两侧山麓分布有 100 余座墓葬。这部分墓葬，平面长 5～15 米，大多由墓道、封门、甬道、墓门、主室、棺床、壁龛、灶台等组成，分单室和双室两种，绝大多数为单室墓。部分墓葬在墓室两侧浅浮雕有动物、花卉等图案，也有部分墓葬在墓室两侧和顶部有墨线或深浮雕并施彩绘的仿木结构建筑。墓葬特点是主室与甬道、墓道呈一条直线，主墓室两边是棺床、灶台等附属设施，墓门前凿有排水沟，墓底后高前低，便于排水，形制规整对称。

墓葬随葬器物以陶器为主，也发现有铁器、铜器等。陶器可分为：罐、壶、盆、碗等生活日用器，仓、灶、井、田、房等陶明器；大量陶俑，包括人物俑、伎乐俑、家禽家畜俑等。大多数陶俑勾勒得惟妙惟肖、生动活泼。铜器有鍪、镜、摇钱树、半两钱、五铢钱等，铁器有釜一类的生活器，也有刀、剑等兵器。

六朝时期崖墓共发掘 10 余座，分布在墓地东部，体形较小，平面长 3～6 米，由墓道、墓门、主室等组成。主室可分为横穴和竖穴两种。随葬器物以陶器、瓷器为主，瓷器有瓶、杯、碗等。陶器有罐、碗等，也发现有铜盆、铁削等。

桐子梁崖墓群是近年来四川地区发掘的规模较大的崖墓群，是目前唯一对汉代崖墓群的整体揭露。墓葬依山势在山麓两侧分 4 排布列，墓与墓之间，间距大致相同，排列密集，相互之间打破关系较少，似在下葬之前已经过统一规划。（郭富）

罗江县米家山东汉三国崖墓群

发掘时间：2009 年 12 月～2010 年 1 月

工作单位：四川省文物考古研究院

墓群位于罗江县万安镇斑竹村五组，为配合成都—绵阳—乐山城际铁路客运专线建设，对该遗址进行了抢救性发掘，清理东汉至三国时期崖墓 6 座，出土各类遗物 100 余件。

墓葬均为单室墓，一般由墓道、甬道、灶台、墓室、耳室和壁龛组成。M1、M6 形制相对较大，墓室全长近 11、宽 3.8～4 米，墓底呈二级台阶将墓室分为前、中、后三厅。其余四座墓葬形制较小，长 6.85～7.55、宽 2.25～3.75 米。墓道大多被破坏，保存状况不一，其中 M3 墓道保存较好，长 8.7 米。这 6 座墓葬的墓室后壁均凿有后龛，其形状基本相同，呈斗状内收。

6 座墓葬均遭受程度不同的盗扰，残存随葬品以陶器为主，可辨器形有罐、盆、甑、釜、钵等，还出土有舞俑、抚琴俑、吹箫俑、庖厨俑、侍俑、执镜俑、说唱俑等，以及大泉五十、东汉五铢、直百五铢、剪轮五铢等钱币。其中 M1 出土的簪花舞俑在四川地区极其少见，造型精美。（雷雨）

成都市琉璃场唐宋窑址

发掘时间：2010 年 7 月～9 月

工作单位：成都文物考古研究所

琉璃场窑址位于成都市锦江区柳江社区、琉璃场老镇片区（原胜利乡琉璃村），南临三环路南一段，东临锦华路（新成仁公路），西靠府河，北距成昆铁路约 500 米，其间为老成仁公路（琉璃路）南北向穿越。这一带属于龙泉山脉与成都平原的交界区域，地势以延绵的浅丘为主，窑址及窑业堆积就分布于这些浅丘之上。

关于琉璃场窑的历史文献记载极少，民国《华阳县志》山水条记载："马家坡之南约二里曰祝王山……屋宇参差，仿佛城郭。向此之北，即琉璃厂。明世官烧琉璃地也"。1955 年在成都外西瘟祖庙清理了一座明嘉靖二十一年（1542）蜀藩太监丁祥墓，据其墓志铭载："（丁祥）至正德初，侍于今上，尤重其能，屡命于琉璃厂董督陶冶……"该窑于 20 世纪

30年代逐渐引起学术界关注，原华西大学博物馆的美国学者David Crockett Graham（葛维汉）在1933年对该窑进行过一次发掘，相关资料1939年发表于《华西边疆研究学会杂志》第11卷上。

为配合成都市中锦建设投资有限公司的开发建设，同时为了解和揭示琉璃场窑的文化内涵，对成都市针织器材厂内的窑址区进行了正式的考古发掘，厂区位于琉璃场老镇的西南角，东临老成仁公路，往西百余米有一条名为“洗瓦堰河”的沙河支流。此次发掘共布10米×10米及7米×7米探方8个，加上局部扩方，实际揭露面积600余平方米，清理出龙窑遗迹1处、挡墙1道及灰坑11个，并出土大量瓷器和窑具标本。

整个发掘区的地层堆积可分为6层，第①层为现代层，多为现代建筑垃圾；第②、③、④层为北宋晚期至南宋时期堆积；第⑤、⑥层为晚唐五代堆积。

龙窑1座，编号Y1。位于TS1W3和TS1W4内，方向东偏北10°，现存燃烧室和窑室两部分，窑室仅保存前段，中段及后段均被破坏。燃烧室平面呈略带弧度的长方形，长2.06、宽1.5～1.84米，窑室平面呈长条形，前窄后宽，残长4.9、宽1.8～2.54米，窑床为西高东低的斜坡状，坡度约20°。燃烧室的券顶部分保存较完好，主要使用楔形耐火砖横联建造，砖与砖之间填塞瓷片及窑具残片起到加固的作用，窑室与燃烧室之间有一道宽约20厘米的隔墙，主要使用长方形耐火砖错缝平铺垒筑，隔墙体两侧与券拱之间的部分用已烧制成型的罐、支柱等器物重叠放置，器物间的空隙留出用以传导火力和热量。根据地层叠压关系及窑内出土遗物推断该窑的年代约在南宋中后期。

挡墙1道，编号DQ1。位于TN1W4、TS1W3和TS1W4内，揭露部分围绕Y1燃烧室和窑室之外，距Y1最近处0.19、最远处2.62米，由此推断DQ1应属于Y1的附属设施。墙体东西走向两段长3.06～3.14、南北走向一段长约5.4、宽0.1～0.3、残高0.52～1.26米，修筑挡墙的材料比较杂乱，有长方形青砖、耐火砖、红砂石、匣钵、支柱和垫板等。

灰坑11个，编号H1～H11。H10位于TN2W3西北角，年代在晚唐五代之际，揭露部分平面呈扇形，弧壁锅底。坑内堆积可分为2层，上层为青灰色土，土质带黏性，夹杂少量瓷器残片；下层为暗黄色黏性土，夹杂较多的瓷器和窑具残片。瓷器以青釉和酱釉为主，可辨有碗、盘、碟（灯盏）、炉、罐、壶、研磨盘、钵等，窑具包括支钉、支柱、匣钵等。

发掘中出土了大量的标本，以陶瓷器具占大宗，大体上属于唐、宋两个时段，包括瓷器产品、窑具和制瓷工具3大类，另有少量的铜器和钱币（开元通宝）。唐代遗物中窑具发现有支柱、五齿支钉、六齿支钉、匣钵等，产品类型有穿带瓶、罐、注壶、“风”字砚、炉、碗、灯盏、盘、盆、器盖、钵、研磨器、玩具模型等，胎体较粗糙，一般呈黑灰或暗紫色等，釉色以青釉和酱釉为主，有的胎面釉下带有彩绘纹饰，碗、盘类容器的装烧主要采用支钉间隔法。宋代遗物中窑具发现有支柱、支钉、垫圈、垫饼等数种，产品类型有罐、注壶、瓶、陶球（可能为玩具）、炉、碗、灯盏、碟、钵、盆、匜、镳斗、器盖、省油灯等，另有少量匍匐俑、武士俑、神怪俑等丧葬明器，胎体粗糙，一般呈暗红色、暗紫色，装饰技法有彩绘、剔花、刻划花、化妆土堆线等，碗的圈足底部常刻有各种文字符号，有“利”、花卉、双重菱形、双竖线、方孔钱纹等。碗、盘类容器的装烧主要采用石英砂粒垫隔法，其次为支钉间隔法。

根据考古发掘和对出土物的初步整理研究，基本上明确了针织厂地点琉璃场窑的烧造年代集中于晚唐五代和北宋晚期至南宋，属于窑场生产过程中最繁盛的两个阶段，然而北宋早中期遗物却极为罕见，几成缺环。南宋龙窑残迹的发现表明该窑仍属于南方龙窑的技术系统，而这一时期装烧工艺上发生的重要变革是对匣钵的舍弃和石英砂粒垫隔法的普遍应用。南宋时期除大量烧造日常生活用具外，还出现了少量的镇墓俑等丧葬明器，为成都平原南宋墓葬中常见的釉陶俑找到了窑口归属。通过此次发掘，充分地展现了琉璃场窑的文化内涵，对琉璃场窑业的发展史有了进一步的认识，为四川地区陶瓷史的研究提供了新的基础材料。

（易立　杨洋　张雪芬）

贵　州　省

锦屏县培芽新石器时代遗址

发掘时间：2010年5月~7月　　工作单位：贵州省文物考古研究

所、锦屏县文物管理所

培芽遗址位于清水江支流亮江西岸一级阶地之上，行政隶属于三江镇亮江村。在配合贵州省清水江流域梯级电站建设中，对亮江流域进行的较为系统的考古调查工作时发现。试掘表明，该遗址地层堆积共分5层，第③、④、⑤层为新石器时代堆积，各层堆积均很纯净，未见遗迹现象，出土物全为打制的石制品。根据土质土色的对比，可将断面上采集的陶片归入第③层，这为我们判断遗址的时代提供了重要依据。

发掘共出土石制品100余件。据初步观察的结果来看，制作石器的原料主要为磨圆度较好的河滩砾石。石制品的类型有石核、石片、断块、石器等。石核10余件，有单、双、多台面之别，双台面的最多，其次为单台面的，多台面的较少，石核上保留的石片疤多在2个以上。石片20余件，依石片台面的存在形式，见有零台面、自然台面、有疤台面等，以零台面者居多。依据石片台面、劈裂面、背面等的特征来看，大多与锐棱砸击法和锤击法打片产生的特征类似。石器50余件，类型有砍砸器、刮削器、盘状器等，砍砸器和刮削器数量最多，其他种类很少见。砍砸器占石器总数的半数以上，依刃口数量，有单刃和双刃之别，单刃的最多；刃缘形态有直、凸、凹刃等，以凸刃的为主；刮削器是数量第二多的石器类型，多以石片为素材加工而成，以单刃的为主，并以凸刃的居多；从修理方法看，正向、反向、错向、两面加工均有使用，但以反向为主。整体而言，石器多系单刃工具，并以凸刃的为主体；加工石器的毛坯以较大型的砾石、石核等块状毛坯为主，以石片为毛坯加工的石器较少且多是厚大的石片。从修理方法来看，多系硬锤技术直接修理；从修理方式来看，有正向、反向、错向和两面加工等，以正向加工为主。

该遗址的石器工业属于典型的我国南方地区的砾石石器工业传统，是南方地区旧石器时代砾石石器工业在新石器时代的延续和发展，并且明显与贵州西南部的同期石器工业属于不同的技术系统，而与湖南沅水流域和贵州清水江流域（沅水上游干流）等地的一些史前遗址的石器工业有着较多的联系。培芽遗址的发现和试掘，在一定程度上丰富了清水江流域新石器时代遗址的分布范围和文化内涵，对于我们认识这一时期该流域的古文化面貌和石器工业提供了新的资料，具有积极的学术意义。（张改课　王新金　肖航）

贞丰县洒若桥新石器时代遗址

发掘时间：2010 年 1 月
工作单位：贵州省文物考古研究所、贞丰县文物管理所

遗址位于黔西南州贞丰县鲁容乡洒若村，在北盘江东岸、洒若河北岸，处于北盘江与洒若河交汇的三角洲一级阶地上，面积约 500 平方米。

在遗址中发现并采集到各类文化遗物 60 余件，含打制石器 46 件，磨制石器 7 件，陶片 4 件，螺壳 5 件。石制品中有坑疤砾石 3 件、石核 12 件、石片 7 件、砍砸器 17 件、刮削器或磨制器毛坯 7 件、磨刃器 7 件、陶片 4 件和螺壳 5 件等。

遗址的文化特性为石制品以砾石为原料，单台面石核数量多于双台面石核，采用锐棱砸击法技术打片，石片均为零台面石片。刮削器以零台面石片经二步修理而成；砍砸器以砾石断块加工为主，兼石片砍砸器。器物组合以砍砸器为主，兼少量刮削器，其中砾石石核、零台面石片与砾石断块砍砸器等类型，与距该遗址约 5 千米的孔明坟遗址文化内涵及器物类同。特别是小型长、薄、扁砾石和石片经周边二步修理，再在一端稍磨一刃的这类器物在孔明坟遗址出现不少，说明在北盘江流域这一时期，这类打制再磨制的石器或毛坯出现率高而且使用普遍。出现的磨制石器数量占一定比例，而且磨制石器中绝大多数器物只在一端一侧稍稍磨一点刃口即可，通体磨光的器物目前未见。发现的陶片少而破碎，质地较差、火候较低，纹饰仅见绳纹。

总之，所获器物形态特征与类型组合、打片方法与修理技术等方面所具备的特性，与贵州境内的猫猫洞文化、安龙观音洞遗址、贞丰孔明坟遗址的文化性质类似。因此，该遗址的文化时代应在孔明坟遗址、安龙观音洞遗址文化时代的范围，即新石器时代早、中期。这批材料，对盘江流域文化传播与发展进一步研究与探讨，有一定的研究价值和学术意义。（王新金　陆永富　李文鑫）

铜仁市锦江流域先秦及宋代遗址

发掘时间：2010 年 3 月~5 月
工作单位：贵州省文物考古研究

所、铜仁市文物局

为配合水电站改扩建工程的建设，对铜仁市境内处于水淹区范围内的磨刀湾、笔架冲、方田坝遗址进行了抢救性发掘和试掘，累计发掘面积400余平方米，清理出先秦时期至宋代前后的灰坑、灰沟、窑址、灶址等遗迹；出土石制品、陶器、瓷器、铜器等大量遗物。

磨刀湾遗址位于环北办事处鱼梁村鱼梁组磨刀湾，锦江北岸一级阶地之上，遗址高出现锦江水面约5米，发掘面积60余平方米。遗迹方面，主要有灰坑和灰沟各1个，均叠压于第⑧层下，属于西周至春秋时期的遗存。遗物有石制品21件，除2件以燧石岩块为原料外，其余皆以河滩磨圆度较好的砾石为原料。依加工方法，可分为打制和磨制两种。打制石器16件，有石核、石片、断块、砍砸器、刮削器、石锛毛坯等类型。磨制石器5件，多系局部磨光，类型有石锛、石锛毛坯、石凿毛坯等，形状以梯形和长方形为主，皆无段无肩。陶器以器物的残片为主，多系手制，火候较低。陶质以夹粗砂陶居多；陶色多不纯正，以灰褐、黄褐、黑褐等色占多数。多见素面陶，带纹饰者较少；纹饰以方格纹最为常见，其次为篦划纹，也有绳纹、线纹、弦纹、水波纹、刻划纹、戳印纹等，但都较为少见。有时是数种纹饰同施一器，且成组分布。器类主要为圜底器，以罐类为主体。

笔架冲遗址位于谢桥办事处大坳村笔架冲组蛤蟆口，锦江南岸一级阶地之上，高出现锦江水面5 ~7米，与磨刀湾遗址隔江相望，发掘面积300余平方米。该遗址的考古学遗存分属于西周至春秋时期、宋代前后等不同时期，以宋代前后的遗存最为丰富。西周至春秋时期的遗迹仅有灰坑1座。遗物主要为陶器残片，多为夹粗砂陶，陶色以黑褐、红褐、灰褐等色为主，火候较低，纹饰见有方格纹、篦划纹、戳印纹、弦纹等，器形方面主要有花边口沿罐、圜底罐类。宋代前后的遗存颇为丰富，遗迹有灰坑、灰沟、窑址、灶址等。出土有石器、陶器、瓷器、铜器等遗物。宋代前后的遗存尤其以烧制网坠的窑址、支座，储存网坠的灰坑和大量的网坠等的发现尤为重要，显示出宋代前后渔业生产在这一地区的繁荣。

方田坝遗址位于铜仁市坝黄镇坪茶村锦江北岸一级阶地之上，是一处面积较大、遗迹遗物较为丰富的先秦时期遗址。遗迹主要是灰坑，多呈不规则椭圆形。遗物主要有石制品和陶器两大类，以陶器为大宗。石制品30

余件，以打制石器居多，磨制石器较少。打制石器主要有石片、砍砸器、石锛和石斧等。石片主要为零台面石片，也有少量的自然台面和有疤台面石片。砍砸器、石锛、石斧等均是以砾石为素材加工而成，周身可见修理痕迹，基本上都属于砾石石器，少见石片石器。磨制石器多为斧、锛等工具，大多呈长方形或梯形，无段，无肩；多是在打制的基础上，施以局部磨光而成，磨制的部位多集中在刃部和两个侧棱。通体磨光的石器标本也有发现，但数量极少。陶器数量众多，但与磨刀湾、笔架冲等遗址的西周至春秋时期遗存面貌差异较大。总的来看，陶器可分为两大类。一类是夹细砂的红褐陶和灰褐陶，数量较多，大多均有纹饰，纹饰多是近似于线纹的细绳纹、交错绳纹等，器类主要有各种罐类，尤以平底罐为多；此外还有圈足器。另一类为泥质黑皮陶，数量较少，以素面为主，器类主要有罐、豆等。此两种陶器多出自同一遗迹单位之中。

本次发掘是首次在贵州省锦江流域进行的较为系统的科学发掘工作，为了解先秦时期这一地区人类的生活习俗、文化面貌、石器工业以及锦江流域考古学文化序列和文化类型的建立提供了重要的资料，也为今后考古研究工作的深入开展提供了坚实的基础。（张改课　李飞　詹艳军）

兴义市阿红战国至西汉遗址

发掘时间：2010 年 10 月~11 月
工作单位：贵州省文物考古研究所、兴义市文物管理所

遗址位于黔西南布依族苗族自治州兴义市万屯镇阿红村，为配合贵州省晴隆至兴义高速公路建设项目抢救性发掘，发掘面积 600 平方米。

遗址出土物有陶器、石器、青铜器及少量动物牙齿。陶片大多数为夹砂陶，泥质陶数量少，陶片的陶质较硬，火候较高，陶色不均匀，往往一块陶片兼有几种陶色。总体来看，以灰褐色和黄褐色数量最多，其次是灰白色，红陶数量最少，但都为泥质或夹细砂，可辨器形多为子母口器物口沿或器盖。纹饰以绳纹最多，其次为刻划方格纹，素面最少，另有极少量席纹。陶片厚度差异很大，较厚者可厚达 1 厘米多，较薄者不到 0.4 厘米。较厚陶片的特征明显，多为素面或饰粗绳纹，夹粗砂；较薄陶片多饰细绳纹，夹细砂或泥质。同一块

陶片往往厚度不均，初步观察，陶器内壁往往分布有圆滑凹坑，应为捏制陶器时手指所留。肩部以上，特别是口沿部分则厚度均匀，弧形齐整，推测当时制作陶器时，陶器肩部以上直至口沿，应该已经使用轮制或慢轮修整。肩部以下至底部可能以捏制为主，陶器各部分做成后进行拼接，再对外表面进行平整处理。可辨器形的陶片出土较少，从少量出土的陶器口沿可以断定器物的一些普遍特征，如高领器盛行，多为方唇，直口和敞口器居多，另有少量子母口器形，可以确定的陶器底部发现极少，仅有1件平底器的器底，由此推测，绝大多数陶器应为圜底器。

石器多为穿孔石刀，皆残，与铜鼓山出土穿孔石刀极为相似，另出土有1件砾石石锤，使用痕迹明显。铜器残片仅出土3件，皆残，除1件可确定为铜镯残段外，其余2件功用不明。

陶器的总体特征与普安铜鼓山遗址最为接近，再加上穿孔石刀等作为辅助，可以确定此遗址为“铜鼓山类遗存”，应该代表了一支还未知其完整面貌的考古学文化。（周仕敏　张合荣　张兴龙）

兴义市老坟山汉晋墓地

发掘时间：2010 年 11 月～2011 年 1 月

工作单位：贵州省文物考古研究所、兴义市文物管理所

墓地位于黔西南布依族苗族自治州兴义市万屯镇阿红村，为配合晴兴高速公路基础建设项目，共发掘墓葬53座。

墓葬分为土坑墓和石板墓两种形制，土坑墓仅有 2 座，M7 和 M28，其余皆为石板墓。所有墓葬长 2～2.5 米，宽 0.5～0.8 米，深约 0.7 米。所有构建墓葬的石板，皆为天然石板，未发现人工加工的痕迹，部分墓葬被耕作破坏，仅余墓底，基本构建方法为，先挖一长方形土坑，在土坑的底部和四壁皆贴有石板，将死者和随葬品放入后，用土掩埋，部分墓葬在填土中也发现有随葬品，应为填土时放入，上加盖板。未发现其他葬具，石板构成的石框既非椁，也非棺，因此，此类墓葬称为石板墓较为合适。

老坟山墓群墓葬的大致方向为东西方向，与老坟山的坡度走势保持垂直，头向或向东，或向西，以向西的墓葬居多。墓葬分

布规律性强，分布均匀，墓葬方向、位置都经过严格规划。墓地二次葬较为普遍，M13除墓主人外，在墓坑的一端发现有另外一个个体，经鉴定，个体为未成年人的长骨。M11、M15都有类似的现象。M15发现有猪下颌陪葬、M17发现有牛下颌陪葬、M37发现有狗陪葬，可见该墓群有家畜陪葬的习俗。

出土器物丰富的墓葬有M33、M15、M27、M4。随葬品陶器数量少，仅14件，其余大宗为玉石器，包括几种类型，玦、璜、串饰（料珠、石珠、骨珠、铜珠等）。陶器主要有4种器形：单耳圜底罐、方格印纹硬陶罐、盘口圜底罐、双系罐，除方格印纹陶为泥质灰陶，烧制火候较高。

综合该墓群的葬俗葬式、陪葬品、墓主人体质特征等因素，加之与周边已发掘汉墓进行比对，可初步确定老坟山石板墓的年代早至东汉中晚期，晚至魏晋，为当地的土著民族墓葬，与2007年北盘江畔发掘的浪更燃山汉墓的年代和族属类似。（张兴龙　张合荣　周仕敏）

云　南　省

景谷县怕叠史前遗址

发掘时间：2010年1月~4月
工作单位：云南省文物考古研究所、普洱市文物管理所、景谷县文物管理所

遗址位于普洱市景谷县碧安乡平掌村委会怕叠小组南面，地处澜沧江支流小黑江北岸二级台地之上，于2002年对糯扎渡水电站淹没区进行的文物考古调勘中发现。因地处水电站淹没区内，对其进行抢救性考古发掘，发掘面积3000平方米。

遗址内遗迹现象较少，本次发掘仅清理发现一座窑址和少量柱洞遗迹。窑址保存较好，其平面形状近靴形，外顶斜平，内顶为拱形，顶部和窑壁烧结成坚硬的红烧土。窑体由火膛、烟道（孔）、火门等组成，结构简单，属小型陶窑。窑内堆积呈灰褐色，质地硬密，包含较多的红烧土块和少量炭屑及石块。

遗址内出土各类遗物1000余件。出土器物以石器居多，同时伴出较多的石料、石片及少量

陶片等。出土的石器按制作方法可分为打制石器和磨制石器，前者数量较多，后者数量相对较少。器类有石斧、石锛、石铲、石环、石镯、石箭镞、砺石、研磨器及圆饼形器等。出土的陶片较为破碎，烧制火候低，为夹砂红褐陶，素面，可辨器形者为罐类。

怕叠遗址发掘所获的考古学材料和澜沧江中下游流域已发掘地点出土资料既有相似性，亦有不同点。出土的遗物对于我们进一步深化了解和认识澜沧江中下游流域的史前人类文化面貌具有重要价值和意义。(康利宏)

镇沅县庄房新石器时代遗址

发掘时间：2010 年 1 月~5 月
工作单位：云南省文物考古研究所、普洱市文物管理所、镇沅县文物管理所

遗址位于普洱市镇沅县振太乡秀山村庄房社，地处四十八道河与澜沧江交汇处的江边台地之上，于 2002 年对糯扎渡水电站淹没区进行的文物考古调勘中发现。因地处水电站淹没区内，对其进行抢救性考古发掘，发掘面积 5000 平方米。

遗址内清理发现 10 座灰坑、2 个柱洞、3 座土坑墓和 1 座火葬墓等遗迹现象。

遗址内出土早期各类遗物 530 余件，另还有一定数量的明清遗物。出土的器物有石器、陶网坠、砺石和相当数量的陶片、瓷片。石器按制作方法可分为打制石器和磨制石器，器类有石斧、石锛、圆形石饼等，其中以打制的石斧为多，占绝对数量；磨制的石器只占少量，但磨制的工艺不差。

此次发掘发现打制和磨制石器出在同一地层，以打制工艺为主。从出土的石器种类和陶器分析，当时居民主要以捕鱼、打猎和采集为生，食物的来源充足。庄房遗址的发掘收获对于我们进一步深化了解和认识澜沧江中下游早期文化面貌具有重要价值和意义。(闵锐)

永胜县枣子坪新石器时代遗址

发掘时间：2010 年 3 月~7 月
工作单位：云南省文物考古研究所、丽江市博物院、永胜县文物管理所、

吉林大学边疆考古研究中心

枣子坪遗址位于丽江市永胜县金沙江河谷一级台地上，因地处鲁地拉水电站淹没区内，对其进行抢救性考古发掘，发掘面积5300平方米。

遗址内清理发现房屋、灰坑、墓葬、灰沟、灶等遗迹现象。出土大量的陶器、石器、青铜器和骨器等遗物。出土器物有石器、陶器、瓷器和铜器等，其中以陶器和石器居多。石器器类有石斧、石锛、石刀、石凿、石箭镞、纺轮等，还有大量加工这些石器的石核和石块等原料。陶器以陶片为主，有部分完整的器物，器类主要有陶罐、陶釜、陶壶、陶钵、陶豆等，陶片的颜色多为褐色和红褐色，也有灰陶和黑陶等；纹饰有刻划纹、绳纹、篦纹、剔刺纹、乳丁纹、附加堆纹等。清理的房屋遗迹中既有明清时期的房屋基址，又有新石器时期的房屋基址，明清时期的房址主要为以石质为基础的地面起建的房屋；新石器时期的房屋既有半地穴式房屋也有地面起建的房屋。墓葬既有竖穴土坑墓，也有石棺墓。

枣子坪遗址的发掘，是金沙江中游地区规模较大的一次正规发掘，出土的文化遗物丰富，将填补金沙江中游古代文化的空白，对研究这一地区的史前文化编年和谱系，尤其对研究横断山区古代文化的交流和人群的迁徙具有重要价值。（蒋志龙）

永胜县堆子新石器时代至汉代遗址

发掘时间：2010年4月~9月

工作单位：云南省文物考古研究所、丽江市博物院、永胜县文物管理所

遗址位于丽江市永胜县涛源镇涛源村委会的堆子地，地处金沙江左岸的二级台地上，地理坐标北纬26°13.2′，东经100°33.8′，海拔约1200米。该遗址在1973年首次发现。因电站建设，对其进行抢救性考古发掘，发掘涉及面积10000平方米。

此次发掘区共揭露早期房屋基址18座、墓葬140座、灰坑38个，并出土陶器、石器、铜器、铁器等大量遗物。依据层位关系和类型学分析，该遗址初步分为四个阶段：

第一阶段：④层，基本在整个发掘区都有分布，仅有少部分缺失。出土陶器以夹砂灰陶、褐陶为主，纹饰多见细绳纹，少量素面、方格纹、附加堆纹等，可辨器形主要有花边口沿器、侈口

器、平底器等。石器以斧、锛、凿等为多，骨器仅见有骨锥等。

第二阶段：早期竖穴土坑墓和房屋基址。早期竖穴土坑墓多开口于③层下，平面形状为长方形，长128～290、宽50～97、深31～140厘米。方向基本正南北，其中7座填土上部或中部有石板铺盖。多为单人俯身直肢，头向北，个别二次葬，随葬陶器组合为罐、壶、钵，有的还随葬有骨簪、骨戒指、骨耳饰等。

房屋基址多为半地穴式，平面形状为圆角方形，方向基本正方向，边长220～440、残存深度10～30厘米，房址壁面和底面均经火烧过，烧结厚度1～4厘米，起到了很好的防潮效果，基址中部有两个较大的柱洞，排列方向与房基一致，基址周边发现有零星柱洞，有的柱洞壁面经火烧过。另有1座为干栏式，仅见排列比较规律的柱洞，柱洞壁面多为烧结面。

第三阶段：③层，多分布在发掘区西北部。出土遗物丰富，陶器多为素面夹砂灰陶，可辨器形有罐、盆、豆、纺轮等；石器数量较多，有斧、锛、凿、刀、针、箭镞、璧、环、镯、研磨器等；骨器有锥、饰件等；铜器有针、铜渣等；另外还有少量的牙饰件、贝饰件等。

第四阶段：石棺墓、石构墓、瓮棺墓和晚期竖穴土坑墓。石棺墓平面形状为长方形，墓坑内以自然石板竖置围成长方形，长168～320、宽54～192、深60～127厘米，石板与墓坑壁有一段距离，且有石块夹在中间起到支撑作用，上部不平整处用自然小石块堆砌，底部亦有若干厚度5厘米左右的石板铺垫，上部多有盖板，但大部分已被破坏。石棺墓方向多为东西向稍偏南，多为二次葬，骨架数量不等，多的可达十多具甚至数十具，其中M11为一次葬，M15为一次葬与二次葬的结合。出土器物有陶罐、陶豆、铜手镯、铜铃、铁器、贝币、绿松石饰件等，其中陶罐以双耳或单耳罐居多。

石构墓按平面形状分为刀形和长方形两种，多用自然石块贴近墓坑壁堆砌而成。刀形以M1为代表，墓室呈长方形，长294、宽120、深164厘米，墓道开于墓室短边一侧，墓道长104、宽53、深50厘米，多为二次葬，仅见少量的头骨、肢骨、肋骨等，出土器物多为小型双耳陶罐和纺轮等。长方形墓底部多有石板铺垫，上部应该有盖板，但已被破坏。出土器物多为双耳或单耳陶罐，有的双耳陶罐的耳为双重耳，另外还出土有陶纺轮、铜刀、铜矛、铜剑、铜箭镞、铜饰件、绿松石、贝币、骨饰件等。

瓮棺墓可分为单罐平放、单罐竖放、双罐竖放和双罐两口相套平放四种。单罐平放的瓮棺墓墓坑平面形状多为近椭圆形，长径60～120厘米，葬具为陶罐或双耳陶罐，罐高40～60厘米，有的罐口用石板遮挡。单罐竖放的瓮棺墓墓坑平面形状多为圆形或椭圆形，直径或长径50～130厘米，葬具为双耳陶罐、陶釜等，罐或釜高30～60厘米，口部多有石板封盖。双罐竖放的瓮棺墓以M23为代表，墓坑平面形状为椭圆形，长132、宽90厘米，葬具为陶罐，罐口有石板封盖，随葬品多为双耳陶罐；双罐两口相套平放的瓮棺墓分无随葬品和有随葬品两种，墓坑平面形状多为椭圆形，长100～148厘米，葬具为大小两个陶罐，有的带双耳，平放并两口相套，随葬品多为陶罐或单耳陶罐，其中M134随葬有陶豆。葬具陶罐内多见有小孩骨骼，并发现有铜手镯、绿松石饰件等。

晚期竖穴土坑墓平面形状为长方形，长134～328、宽40～116、深20～130厘米，方向与石棺墓、石构墓和瓮棺墓基本一致，呈东西向稍偏南，多为单人仰身直肢，也有二次葬，随葬品少或没有，仅见有陶罐、铜器和绿松石饰件等。

根据揭露的遗迹和出土的遗物与周边遗址进行比较，初步推测堆子遗址的时间跨度为新石器时代晚期至汉代。该遗址为金沙江中游地区的早期考古学文化研究建立了一个标尺。（董义理）

滇池史前聚落遗址区域系统调查

调查时间：2010年5月～6月
工作单位：云南省文物考古研究所、美国密西根大学、晋宁县文物管理所

本年度又进行了滇池史前聚落遗址区域系统调查的第二次田野工作。本次系统调查的区域位于滇池西南岸、南岸及西岸，涉及昆明市晋宁县昆阳镇、古城镇、昆明市西山区和海口镇4个行政区划。调查面积共计100余平方千米。

调查采取地毯式全面踏查与重点钻探相结合的方法，利用高精度google卫星地图、GPS定位仪和UTM坐标系统对发现的遗物采集点及遗址进行定位、测量和记录，对重要遗址或地点进行钻探及地层取样。

在室内整理阶段，运用图像处理软件对遗址地形、规模、空间分布规律进行图像分析；对调查中采集的土样进行浮选，运用门式色表、医学显微镜、电子秤等工具对浮选出的标本及采集到的遗物（主要是陶片）进行陶质、陶色、包含物成分及比重、器形、纹饰、制作方法、数量、重量等方面的分析。

调查发现，遗址主要分布在滇池沿岸的冲积平原以及滇池出海口（螳螂川沿岸）的洪积地带；而在滇池西岸的海口至西山龙门一线，因地势陡峭，遗址稀少。遗址形态以贝丘堆积为主，部分规模较大的贝丘遗址，如西南岸的太史村、墩子、兴旺、渠西里、中谊村、古城村，西岸的白塔村、老街、大营庄、天子庙等十余处地点，螺壳堆积较厚，但后期多遭破坏，现在地表仍可见较多散碎陶片；根据钻探结果，部分遗址埋藏在表土层 2 ~ 3 米以下，保存完好；在老街遗址的螺壳堆积层中发现了火候较高的灰陶片、瓷片等，说明滇池区域的贝丘遗址有可能一直延续到了汉晋时期；滇池西岸部分遗址采集到的陶片在陶质、陶色及器形方面表现出一定的地域特殊性。

滇池区域的史前聚落以青铜时代的数量最多，其次是青铜时代至汉代的遗址，汉代遗址最少。就聚落规模而言，面积在 10000 平方米以下的小型聚落占大多数，这些聚落在空间分布上表现出一定的规律性。

滇池西南及西岸的聚落遗址与东岸、东南岸在空间分布、规模、聚落形态及文化特征等方面有何异同；是否属于同一个文化区系抑或存在更细致的分区；大型聚落之间、大型聚落与中小型聚落之间的相互关系及历史变迁；聚落与滇池区域生态环境的关系等问题，有待后期的系统整理与研究。

中美联合开展的云南滇池区域史前聚落遗址区域系统调查是这一调查方法在云南的首次尝试，取得了较好的效果。调查获得的一系列重要材料及其提供的诸多信息将极大地推动云南滇池地区史前聚落考古研究走向深入。（周然朝　蒋志龙）

个旧市麻玉田青铜时代遗址

发掘时间：2010 年 3 月 ~ 4 月
工作单位：云南省文物考古研究所、红河州文物管理所、个旧市文物管理

所、元阳县文物管理所

遗址位于个旧市保和乡白巫山村委会麻玉田村南元江边二级台地上，在 2006 年 3 月对马堵山水电站淹没区进行的文物考古调查中发现。发掘分东、西两个区进行，发掘面积共计 1325 平方米。通过发掘确定东区为居址，西区为墓地，两个区内文化遗存均受到严重破坏。

东区居址地层堆积分为 5 层，第④层为古代居址层，但因扰动，所存地层较薄，遗迹破坏严重。第⑤层是接近生土的过渡层。在第④、⑤层发现柱洞、火塘等遗迹。出土早期少量遗物陶片，陶片为夹细砂褐陶，火候不高。纹饰有戳印锯齿纹、篮纹、弧形划纹、戳印菱形纹、拍印细小的方格纹等。在晚期地层中出土有 1 件通体磨光石镯残件，2 件梯形石锛，2 件陶纺轮等早期遗物。

西区墓葬集中分布在小土丘上，墓葬分布密集，清理墓葬 21 座，均为小型长方形竖穴土坑墓。墓葬方向在 120° 左右，仅两座墓的方向差异较大。未见葬具。个别墓葬的人骨上方有一层黑色灰烬，可能为某种覆盖物或是墓主身着的衣物。墓中人骨保存情况好坏不一，葬式均为仰身直肢葬，部分墓主双手或单手放置于腹部。在西区墓地范围内还发现有柱洞，似与墓地有某种关系。墓葬内出土的随葬器物以陶器为主，有 6 座墓葬发现有青铜器，其中 2 座只见青铜碎屑，器形未知，另外 1 座在填土中出土 1 枚铜箭镞。绝大部分墓葬都随葬有 1 件或几件陶器，陶器被打碎散落在骨架两侧和填土中。器形为黑褐色夹砂陶圜底釜，器形小，手制，胎薄，有的表面经过磨光，其中一件口沿唇部有锯齿纹，与遗址的同类陶片相似，口沿和器身分开制作拼接而成。青铜器有铜矛 3 件，另外还有斧、锄、箭镞各 1 件。

该遗址出土文物表现的文化有别于已发现的云南其他考古学文化，它们和以前元江流域发掘、采集的资料共同构成了一种新的考古学文化类型，对揭示滇南青铜时代的文化面貌，建立云南青铜时代考古学文化的框架体系有重要的意义。（杨镜皿）

个旧市黑蚂井汉代墓地

发掘时间：2010 年 3 月 ~ 5 月；10 月~11 月

工作单位：云南省文物考古研究所、红河州文物管理

所、个旧市博物馆

墓地位于个旧市卡房镇龙树脚村委会黑蚂井村民小组北面的老硐坡，个旧市博物馆于1988年首次发现，分别于1989年、1994年、1995年进行过三次考古发掘。近年来随着个旧市矿业的发展，黑蚂井墓地面临严重威胁，特分两期对墓地进行了抢救性发掘，发掘面积17000平方米。

两期发掘共发现墓葬30座，出土器物700余件（套）。墓葬按尺寸可分为大、中、小型墓，均为竖穴土坑墓，大部分的墓坑壁经过拍打修整，其中大型墓均带墓道。墓葬出土的随葬品十分丰富，按质地可以分为陶器、铜器、铁器、银器、锡器、骨器、玉器以及漆木器（难以取出），以陶器和青铜器为主。陶器按器形种类大致可以分为单耳陶罐、印纹陶罐、釉陶罐、陶尊、陶盂、陶井模型、陶灶模型等；青铜器按器形大致分为铜鼎、铜壶、铜提梁壶、铜釜、铜钵、铜碗、铜尊、铜盆、铜三足盘、铜博山炉、铜鐎斗、铜灯、铜拈灯、铜镜、铜奁、铜铃、铜带钩、铜剑、环首铜刀、铜箭镞、铜耳勺、铜饰品以及铜钱币等；其他质地的随葬品有铁刀、环首铁刀、铁剑、铁三脚架、铁钩、铁针、银指环、银镯、银戒指、锡饼、骨管、玛瑙串珠饰、水晶珠饰、漆木盘、漆木耳杯等。

此次发掘发现的古墓葬，规模大、规格高，甚至有的大墓还带有数米长的墓道，出土的随葬器物的组合体现出多元文化的特点，说明在汉代时该地区采矿业很繁荣和发达，使得该地区在很早就成为史料记载的矿产区，黑蚂井墓地的形成应该与矿业经济相关。（杨镜皿）

盐津县柿子汉代崖墓

发掘时间：2010年3月~4月
工作单位：云南省文物考古研究所、昭通市文物管理所、盐津县文物管理所

柿子崖墓位于盐津县柿子乡水平村的公路边，高出公路路面9米。2009年下半年当地砖厂在炸石取土过程中发现此墓葬，现在建的柿子至凤翥二级公路经过该地点，将对墓葬造成破坏。

此次发掘共清理崖墓7座，发掘面积400平方米。所有墓葬在早期就被盗过，有的器物残片被带到墓门外。出土的器物100余件，包括陶器、铁器、铜器。

陶器有陶俑、陶罐、房屋构件、水田模型残件等，铁器有铁剑、铁斧，铜器有铜俑残件、摇钱树残件、锥斗、带钩、钱币等。（杨镜皿）

大理市龙首关唐至明清城址

发掘时间：2010年3月~6月

工作单位：云南省文物考古研究所、大理州文物管理所、大理州博物馆、大理市文物管理所

龙首关又名龙口城、上关城，位于大理市喜洲镇上关村西侧的苍山云弄峰麓、洱海北端的山海之间的狭窄缓坡上，是南诏进入大理坝子后新筑的第一座城池，于公元737年建成，以后为历代所沿用直至民国，一直是大理坝子北端的关隘要塞。为配合214国道大理古城至江尾段的改扩建，对龙首关城址进行了全面的考古调查、勘探，在梯形城址内进行了重点区域2500平方米的发掘。

经过三个半月的调查勘探及发掘，对梯形城址内公路所经区域地下文物的埋藏情况有了大致的了解（均为清代），对龙首关城址各道城墙的走向、结构、构筑方式、质地及时代（南城墙西段为南诏国时期、北城墙西段为大理国时期、梯形城址为元代）等也有了新的认识，在西北角处当地人名为“祭堆”的山坡上新发现了一小段孤立的西北东南向的南诏（唐代）城墙。

城墙平面轮廓大致呈东西向“贝”字形，全城平面面积约328000平方米，各道城墙的平面总长度共约3600米，城址的最高处在苍山脚的城址西北角称为“祭堆”的城墙的最上端，最低处则为洱海畔的东城墙，两者之间的高差近200米。

在对始筑于元代的梯形城址内进行的发掘中发现了大量清代晚期的石墙基建筑遗存、铺石路面遗存、筒瓦引水管、不明性质的规则长条形沟、灰坑、柱洞等遗迹，明、清时期又进行过维修加固。出土遗物主要为明清时期的砖瓦、陶片及钱币等。

各个时期不同的城墙构筑方式、夯面铺新鲜树叶做墙筋、蜂窝状夯面、马鞍形夯窝、城墙外侧再用土夯筑护坡斜面、城址内46条不明性质的规则长条形沟等，这些在云南首见，从唐代以来各个大的历史时期的城墙可谓是云南各个历史时期城墙不同构筑方式的博物馆，为云南城址考古研究提供了新颖珍贵的资料。（何金龙）

永胜县倮倮坪清代墓地

发掘时间：2010 年 8 月 ~ 9 月
工作单位：云南省文物考古研究所、丽江市博物院、永胜县文物管理所

墓地位于丽江市永胜县涛源乡金江村委会江东组村北约 600 米的二级与三级台地的过渡缓坡地带。因鲁地拉电站建设，在淹没区范围内进行抢救性发掘，清理墓葬 22 座。

墓葬均为长方形竖穴土坑单室墓，墓室长约 1.7 ~ 2.2、宽 0.6 ~ 0.8、深 0.4 ~ 2 米，上部多有与墓室大小相近的封土堆，残存高度 0.1 ~ 0.5 米，周边残留围砌的一层或两层自然石块。葬具应为木棺，多朽烂，仅见铁棺钉，骨骼保存较好，葬式多为仰身直肢，墓葬方向多与山体坡向一致，头朝上坡方向，面向上，随葬器物有瓷碗、瓷罐、铜或玉戒指、耳饰件等。其中瓷罐多葬于身体下面，且有一石块封盖，瓷碗多放置于头前方，头下多枕有陶瓦。

依据出土器物及附近两座有墓碑的晚清墓葬推测该墓地年代为清代。（董义理）

西藏自治区

加查县达拉岗布寺

发掘时间：2010 年 9 月 ~ 11 月
工作单位：西藏文物保护研究所

达拉岗布寺位于山南地区加查县加查镇计村一组东北约 4 千米的达拉岗布山南坡，地处雅鲁藏布江北岸。西南距加查县城约 20 千米，南距江边约 5 千米。寺院与计村相对高差为 950 米，并与林芝地区朗县隔江相望。地理坐标为北纬 29°07′24.32″，东经 92°48′29.26″，海拔 4189 米。

达拉岗布寺在 20 世纪末期曾发生过多起盗掘现象，本年度为配合达拉岗布寺应急抢险维修工程方案的科学编制，对该寺的曲康萨玛大殿遗址进行了发掘，并对寺院其他建筑进行了初步的考古调查和测绘，发掘面积约 1500 平方米，获得了一批重要资料。

此次田野工作主要是针对曲康萨玛大殿进行了考古发掘。据

《达布拉吉历辈法主简传》载：曲康萨玛由达拉岗布寺第四任法主堪布·多哇增巴（1134～1218）始建于1178年，1180年竣工。大殿的女儿墙由拉亚巴·强久欧珠和嘎瓦·参巴钦波两位上师修建。12世纪末，贡德温波修建了大殿西面6柱面积的金顶。15世纪，第12任法主岗涅确杰（1451～1502）将金顶扩建为12柱面积。第七世活佛洛珠嘉措（1893～1943）于20世纪40年代对大殿进行了一次全面维修。

曲康萨玛大殿平面呈长方形，坐西朝东，门向120°。东西长46.1、南北宽32.22米，占地面积为1486平方米。大殿原高二层，现仅存四周殿墙，墙厚1.49～1.74、残高8～13米。其底层墙体为石材不规则的毛石砌筑而成，外抹厚约0.1～0.15米的灰黄色细泥为墙皮；二层墙体石料为修整较规则的块石，运用块石与片石层层交替叠加的方式砌建。西墙和北墙墙面上见有底层与二层相交之间的一排长方形椽孔，同时北墙墙面上还可见位于椽孔之下的5个梁孔。发掘前殿内遍布倒塌堆积，地表生长着大量低矮灌木，以及荨麻、狗尾草等草本植物与柳树、桃树等乔木，内部布局完全不清。

此次发掘清理，共清理房屋5间、天井1间、门道1处，基本清楚了殿内各单元建筑的平面布局、柱网分布、墙体结构、门窗位置、椽梁架构等情况。大殿门外有一长方形门道，面阔6.05、进深7.84米。门道南北两侧各有一栋高二层的门房，现有门房为20世纪80年代利用原建筑基础改建而成。整个大殿为一座天井式建筑，中间部分系带回廊的天井，四周环绕5间殿堂。天井的正后部（西部）为集会殿，其位于大殿东西向轴线上，并与殿门相对，可见它在平面布局中的重要位置。天井南北两侧各有东西纵列的两间佛殿，两两相对，相对的佛殿平面形制基本一致。根据各佛殿内主供像的不同，其殿名亦不一样，南侧佛殿由东至西依次为强巴佛殿和达布廓娃朗松殿，北侧佛殿由东至西依次为达布拉吉护法神殿和噶举祖师殿。

曲康萨玛大殿内5间殿堂的隔墙均为地面起建，南北向隔墙均紧贴殿墙内壁砌筑，东西向隔墙亦紧贴南北向隔墙墙面砌建。墙厚约0.67～0.69、残高约0.03～4米。这些隔墙多根据原殿内立柱的走向砌筑，故存在较多夹墙柱；另外南北向隔墙高均不及顶，且多用两种材料砌墙，下层为石砌，上层用土筑。由此判断目前清理出的大殿布局并非殿堂早期形制，早期大殿应仅为一间面阔6柱，进深7柱的大开间，后期对大殿内部结构进行了一次较大修整，故改建成现今看到的在天井四周布置佛殿的布局形式。

大殿现存立柱均为稍加修斫的圆木，尚保持着原木料的自然形态，且柱身下均置一石质柱础，为一块平整的片石。殿址的活动面除集会殿为木板铺垫，天井为石块铺地外，其余均为阿嘎土地面。大殿四面殿墙下原均置有几乎与一层屋顶等高的木质经书架，故而殿墙四壁上未见壁画。另外各小殿内还发现有佛台、须弥座式佛座、佛塔基址等遗迹，其筑造材料或为石砌，或为土筑，或为土石材同用。

出土遗物有铜合金、陶、瓷、铁、骨、石、木器，以及钱币、贝类、泥塑和擦擦等，其中以钱币、铜合金器居多。钱币除1枚“顺治通宝”和1枚印度银币外，均为1918～1949年西藏生产的铜币与银币，面值有五分、七分五厘、一钱、新一钱、五钱等。铜合金器多为佛教造像、噶当塔、酥油灯、净水碗等。陶器以陶罐为主，另有少量筒瓦、板瓦、塔饰等建筑构件。瓷器主要为1件青白釉高足碗，偶见几片青花瓷片、白釉暗花瓷片、绿釉黄彩瓷片。铁器主要为铠甲片、盔甲片、刀、钉等。骨器以嘎巴拉碗、墨绘头盖骨、胫骨号、骨雕饰片等为主。石器有石刻护法神像、石雕佛像与护法神像等佛教遗物，石臼、穿孔石器等生产工具，以及绿松石、蜜蜡等饰件。木质器物主要以托木、木柱、椽木等建筑构件为主，另见高僧像、金刚橛、经夹板等。贝类主要为右旋海螺与海贝两大类。

此次调查与发掘，基本搞清了达拉岗布寺曲康萨玛大殿的结构布局，对寺院建筑群的整体布局与历史沿革亦有一个全面的了解，为达拉岗布寺应急抢险维修工程方案的编制提供了科学、翔实的实证。同时，丰富的遗迹与遗物，为诠释西藏寺院建筑结构的时代特征，以及西藏佛教文化的发展演变具有重要意义，也为更加全面地了解达拉岗布寺历史、文化面貌等提供了第一手资料。（杨曦）

亚东县清朝海关遗址

发掘时间：2010年10月~11月
工作单位：西藏自治区文物保护研究所

遗址位于西藏自治区亚东县

下亚东乡仁青岗村西约 2.1 千米，亚东曲左岸泥石流冲积扇前端平缓坡地上，地理坐标为北纬 27°25′29.1″，东经 88°54′23.3″，海拔 3063 米。发掘对遗址残存 6 座房屋废址及驿道进行清理。

西南—东北走向的中锡驿道从遗址中部穿过，驿道东南侧由西南向东北依次为 F1、F2，坐东南向西北；驿道西北侧从东北向西南依次为 F3、F4、F5、F6，坐西北向东南。占地面积约 3600 平方米。

所有建筑均仅存石砌残墙，墙厚 0.7～0.9、残高 0～3 米。建筑平面多为长方形，但其大小、布局却各有不同。

F1 长 13.6、宽 5.6 米，室内地面铺设石板，西北墙体辟大门，门宽 1.6 米，门前建有门道，门道两旁为门廊。东南墙体辟有一道窄门。

F2 长 23、宽 5.6 米，其东南墙体辟有三道窄门，当为三开间布局，西北侧墙体大多被后期人类活动破坏，高 0.8、厚 0.53、残长 3 米，墙体中央处发现两个直径分别为 1 米和 1.2 米的圆坑，圆坑间中点极为 F2 的中分线，故推测此二圆坑遗迹当与大门有关。

F3 长 19.2、宽 10.6 米，墙厚 0.85、残高 0.2～3 米。以中后部的一道石坎将室内分为前、后两室，前室地面前低后高，以石板铺地，门宽 2.3 米，辟于东南墙体中央。后室高出前室 0.85 米，其前端以石块砌筑成坎，进深 6 米，原地面平铺石板，现仅存少量铺地石板。

F4 西北外墙体长 15.6、东南外墙体长 15.65 米，东北外墙体宽 11.4、西南外墙体宽 11.2、墙厚 0.8、墙体残高 0～2.8 米。室内发现残留石柱础 8 个，呈四开三进布局。

F5 为海关主体建筑，也是最大的一座建筑，坐西北向东南，长 32、东西宽 19 米，建筑面积 628 平方米。大门辟于东南墙体中央，门宽 4 米。东北、西北、西南三面建有内外双层墙体，墙体间空隙东西两侧宽 2.3、2.4 米，北侧宽 4.6～4.8 米，内墙间前部为庭院，后部有房屋建筑 1 座，长 12.1、宽 5.8 米。F5 大门外东南 7.5 米处建有照壁 1 堵，长 6、宽 1.55、残高 0.75 米。

F6 平面为梯形，西南—东北走向。长 21.8～22.7、宽 11.1～11.2 米，墙体垮塌严重，残高 0.1～2、墙厚 0.75～0.8 米。室内地面西北高、东南低，发现柱础石 5 个，呈六开间布局。西北墙体（后壁）辟 6 道窄门，第一、二、四、五道门的门内地面西北侧贴墙各置柱础石一个，由此将室内分为六个开间

（第三道门旁柱础石缺失），每个开间后壁各有一道小门。进间开间情况不明，室内总进深为9.4米，推测可能有三个进间。

驿道从遗址中间穿过，在遗址区内地面铺石块，宽约7.5～10米。

出土遗物有陶器、瓷器、铁器、玻璃器、钱币等，其中以瓷器、铁器标本较多。瓷器多为青花瓷，另见有粉彩、釉里红等。年代款识见有宣德、康熙、同治、光绪等，另发现有“仿古若深珍藏”、“玩玉”、“景德镇制”等款识。另外，发现一件款识为“MADE IN HOLLAND”的青花瓷碗以及1件原产于日本的葵口白瓷盘。铁器多为马蹄铁，另有铁钉、铁片等。陶器为当地民用的带耳罐，应为炊具。玻璃残片多为容器，另有厚薄不一的窗户玻璃残片。钱币标本有印度卢比、藏币等。此外，发现有毛主席像章、解放军帽徽五角星等。

发掘期间，对遗址周边与海关遗址有关联的一些遗存进行了调查与复查。新发现哨所及关墙遗址2处、马厩遗址2处，复查英商代理处遗址1处。

哨所及关墙遗址位于紧邻海关遗址的亚东曲上游南北两岸山脊上，共同构成了拱卫海关之屏障。北岸哨所及关墙遗址位于紧邻海关的上游西侧山脊上，山墙宽约1.1米，顺山脊西南侧从上而下修建，墙体西南侧陡峭、东北侧平缓，紧邻关墙内侧分别建有上、下两座哨所，上、下哨所间另建有防御平台8处；南岸哨所及关墙亦建于山脊上，且大致与北岸哨所及山墙呈一字布局，南岸山腰仅建有哨所1座，其下建关墙，墙体上发现有三角形射击孔3个。关墙延长线下之河边台地上建有截面呈梯形的土筑城墙一堵，为西北—东南走向，残长30米，西侧高约2.5、东侧高约3.8米。

马厩遗址在亚东河南北两岸各发现一处，两马厩隔河相望，均位于哨所及山墙遗址西南侧河边平地上。南岸马厩遗址位于城墙西侧约60米，现存2座建筑遗迹；北岸马厩遗址呈东西向分布，现存4座建筑遗迹。

英商代理处遗址位于海关遗址西南约600米的上游地带，地处则里拉曲与乃堆拉曲交汇处名叫“古孜”的平坝上，西靠帮加拉山，海拔3110米。遗址东西长约42、南北宽约39米，总面积约1600平方米，被杂草和灌木丛遮蔽。现存4座石砌房屋建筑废址。据考证，该遗址始建年代与海关遗址大致相同，即1894年。1906年，因在今亚东县驻地另建英商代理处，此处建筑遂遭废弃。

这些新发现及复查的建筑遗存与海关遗址构成了一个整体，为研究19世纪末、20世纪初中国西藏地区的政治、经济、军事、文化等诸多方面提供了可资深入研究的宝贵资料。（陈祖军）

陕 西 省

洛南县孟洼旷野旧石器地点

发掘时间：2010年10月~11月

工作单位：陕西省考古研究院、中国科学院古脊椎动物与古人类研究所、洛南县博物馆

孟洼旷野旧石器地点位于洛南盆地西部、南洛河干流与南部支流县河之间二级阶地“四十里梁塬”地带的永丰镇李村大队贾渠地点（野外地点编号：95LP04）西北约500米。

发掘面积430平方米。出土各类石制品700余件，另外还在公路开挖剖面及滑坡体中采集石制品100余件。石制品包括石核、石片、工具和碎片屑（块）等。工具中既含有重型的工具，如砍砸器、手镐、薄刃斧、石球等，又包含轻型的工具，如刮削器和尖状器等。部分石制品出土时还可以原地拼合起来，说明遗址中相当一部分的石制品为原位加工后废弃，并被快速掩埋起来。

本次发掘是第一次对洛南盆地旷野旧石器地点系统的清理工作。第一次从地层关系上证明了阿舍利类型石器工业的典型器物如薄刃斧等在洛南盆地出现的年代不晚于第二级阶地上部黄土堆积物的形成时代。孟洼地点出土石制品将对洛南盆地遗址的年代研究和石器工业性质的确定产生重要的影响。

近年来黄土地层及其年代学研究证实洛南盆地中南洛河及其支流第二级河流阶地的旷野旧石器遗址延续的年代不晚于距今15万年。（王社江）

无定河流域区域系统调查

调查时间：2010年10月22日~11月1日

工作单位：陕西省考古研究院、榆林市文物考古勘

探队

配合榆林市横山县王圪堵水库的建设，对水库移民区内的无定河南岸开展了小范围的区域系统调查工作。

本次调查每组成员按照预先设定的工作方案确定调查网格，并采集、记录地表暴露遗迹、遗物，填写相关表格。对于暴露遗迹、遗物较多的断面，在重点观察的基础上，单独记录，填写断面观察记录表、绘图、照相，并进行铲刮及局部清理，然后依照层位关系按堆积单位采集，以便为其文化性质及年代判断提供有力证据。由于本地区地貌复杂多样，在平缓地带严格按照20米间隔直线踏查，山地则以20米为距“之”字形踏查。本次调查中遗物采集方法采用“系统抽样”和“目的抽样”的方法，每个遗址均等距在3米半径圆圈内采集全部标本，同时在遗址范围内进行抽样采集标本。每个遗址或采集点均记录详细的GPS数据、遗址范围、保存情况、地形地貌、文化遗存、遗迹断面等资料，并及时填写《区域系统调查记录表》《考古遗址勘查记录表》及《考古调查断面清理记录表》。

本次调查共发现古代遗存51处（不包括明长城遗址），包括仰韶晚期遗址19处、采集点6处，龙山时期遗址9处、采集点7处，商周时期遗址10处、采集点4处，汉代遗址4处、墓葬（群）4处、采集点7处，南北朝时期遗址2处，唐代以及宋元时期遗址3处、采集点4处。上述各时期文化遗存，以仰韶晚期遗存发现最为丰富，共25处。本次调查过程中试掘清理的灰坑、房址均为该时期遗存，与在无定河流域发掘的大古界、杨界沙等遗址的文化面貌基本一致。这类仰韶晚期遗址时代及文化性质当与内蒙古中南部仰韶晚期遗存的文化面貌相似，接近于“海生不浪类型”。

通过本次调查，我们获得了对无定河流域新石器时代晚期至唐宋时期人类活动规律的初步认识，并积累了在沙漠地带进行全覆盖式区域系统调查的宝贵经验。（无定河流域考古调查队）

潼关县南寨子新石器时代遗址

发掘时间：2010年6月~9月
工作单位：陕西省考古研究院

为配合西气东输二线管道工程的建设，对潼关县南寨子遗址进行发掘和大范围考古调查。南寨子遗址面积在100万平方米以上，遗址南部主要为庙底沟文化遗存，同时还有汉至明清时期的堆积。北部有少量半坡文化遗存。我们对遗址进行了无人机航拍，弄清了遗址的范围、周边的地理环境等信息，并对北部发现的半坡文化墓地进行了小范围发掘。目前已发掘的4座墓均为长方形竖穴土坑多人合葬墓。墓葬上部均遭破坏，仅留底部，人骨和随葬品基本保存完好。如M3为6人合葬墓，均为仰身直肢葬，随葬品放置于小腿下部，有陶罐、陶钵、陶盆、尖底瓶、石铲、石磨棒等。（王炜林　郭小宁）

白水县下河新石器时代遗址

发掘时间：2010年8月~11月

工作单位：陕西省考古研究院

遗址位于白水县雷村乡下河西村，发现于1988年的全省文物普查。2005、2006年对遗址及周边区域进行了调查和发掘，获得重要发现。

本年度下河遗址共揭露1100平方米，发现了仰韶中期向晚期过渡阶段的两座大型房址。两座房址平面均为五角形，与泉护村F201及灵宝西坡F106相近。F1残存面积约230平方米，火塘直径180、深200厘米，房址经一次修葺，地面分为上下两层。F2残存面积120平方米，分为两期房址，上层房址火塘直径110、深70厘米，下层房址火塘直径约140、深100厘米。房址墙体分内外两层，宽50~70厘米，地面均为料姜石烧制而成的白灰地面，柱洞分为墙柱和房内立柱。经调查，附近仍有3座此类白灰地面的大型房址。（王炜林　张鹏程）

蓝田县新街新石器时代遗址

发掘时间：2009年8月~2010年6月

工作单位：陕西省考古研究院

新街遗址位于蓝田县华胥镇下家寨村西南，东西长约600米，南北宽约500米，总面积约30万平方米。该遗址的文化内涵主要为仰韶时代晚期和龙山时代晚期，共发现上述时期的房址3座、陶窑9座、灰坑401座、灰沟33条、驴骨坑1座，同时出土了大量的生产工具、日用陶器以及装饰品等。另外，还发现商代灰坑2座、汉代灰坑3座。

仰韶晚期的F3为圆角方形地面建筑，四面墙基槽保存完整。室内长8.5、宽8米，总面积约68平方米。房址室内东北角保留有大面积白灰地面，房址中部有一圆形灶址，房址的东、西两侧有门，东侧门道宽1.1米，门外有完整的地坪，西侧门道宽0.9米，门外似有较平整的小院。值得注意的是，在该房址室内中北部发现有一个长方形竖坑，坑内埋有一具完整的驴骨架，推测应系该房址的奠基坑。

仰韶晚期灰坑等遗迹单位中出土了大量遗物。工具类主要有石斧、石铲、石刀、石锛、石楔、石凿、石钻、石钻帽、石抹子、石杵、石球、石网坠和砥石等，还有打制陶刀、陶纺轮、陶轮盘、陶挫以及骨铲、骨锥、骨镞、骨针等。日用陶器主要有羊形鼎、盆形鼎、鸟形壶、钵、碗、盆、甑、带流盆、尖底瓶、小口平底瓶、漏斗、釜、灶、罐、瓮、缸、器盖和器座等。装饰品主要有玉笄、石笄、陶笄、骨笄、玉环、石环、陶环、蚌饰、绿松石珠、鱼形骨坠等。此外，还发现多件陶塑艺术品，其中圆雕或浮雕人像6件、圆雕熊头像1件、圆雕鸟头1件、浮雕鹿形遗物1件。

该遗址仰韶晚期与龙山早期遗迹、遗物的大量发现，为进一步揭示这两种遗存的文化面貌及之间的文化关系提供了实物资料。仰韶晚期“板砖”和龙山早期“条形砖”的发现，对于我国砖的起源研究具有实证意义。大量仰韶晚期玉制品以及治玉工具的出土，为研究先民何时认识和开发利用蓝田玉提供了实物佐证，同时也为史前时期制玉工艺研究增添了重要的标本。（杨亚长　邵晶）

榆林市杨界沙与大古界及王阳畔仰韶文化遗址

发掘时间：2010年6月~10月

工作单位：陕西省考古研究院、榆林市文物考古勘探队

为配合陕西榆林无定河拦河工程王圪堵水库的建设，对水库淹没区、坝址区、移民区进行考古发掘。本次共发掘杨界沙、大古界及王阳畔3个遗址，发掘总面积约3260平方米。

杨界沙遗址位于无定河河道南约1.9千米处，坐落在杨界沙头道梁、二道梁的西坡，遗址范围约8万平方米。本次发掘面积

约2080平方米，共发现房址32座，灰坑93个。房址集中分布在头道梁、二道梁向阳的西南山坡地带，平面多呈“凸”字形，还发现个别为前庭后室“吕”字形。门道多为长方形，朝向西南。地面都涂抹一层厚度约0.3～1厘米的白灰面，有的则是双层或三层白灰面。主室中部多发现圆角方形灶坑。灰坑多为圆形袋状，口小底大，还有圆形桶状、长方形袋状、长方形桶状。出土文物有陶器、石器、骨器、玉器。陶器可见器形有喇叭口尖底瓶、夹砂侈口斜沿鼓腹罐、直壁缸、瓮、盆、折腹钵、盘等。石器有石斧、石刀、石锛、石磨棒、石凿等，还发现有少量细石器。骨器有骨簪、骨笄、骨锥等。玉器有玉环。

大古界遗址文化面貌与杨界沙遗址相似。

王阳畔遗址位于无定河河道南约1千米处，坐落在王阳畔村东南瓦渣梁的西坡，遗址范围约15万平方米。发掘面积约550平方米，发现房址7座、灰坑62个、墓葬3座。房址大多已破坏，只残留主室地面，门道多朝西北，主室中部多发现圆角方形火塘。灰坑多为椭圆形或圆形袋状坑，口小底大；还发现一定数量的长方形或椭圆形平底坑。可见器形有双鋬鬲、斝、瓮、筒形罐、夹砂罐、盆、折腹钵等。石器有石斧、石刀、石锛、石磨棒、石凿等。骨器有骨簪、骨笄、骨锥、骨匕等。墓葬共发现3座，均为长方形土坑竖穴墓，东西向，仰身直肢葬，未发现随葬品。

以杨界沙遗址和大古界遗址为代表的仰韶晚期遗存，与2001年度发掘的靖边五庄果梁遗址文化面貌基本相似。其与关中地区仰韶晚期遗存相比，虽有相似之处，但亦具有较为明显的地域差别。与内蒙古中南部仰韶晚期文化比较而言，其文化面貌更为接近，接近于“海生不浪类型”。杨界沙及大古界遗址的大规模发掘为研究陕北地区仰韶晚期文化性质、聚落布局、人地关系等提供了丰富的材料。

王阳畔遗址常见的双鋬鬲、甗、斝、筒形罐、高领折肩罐、三足瓮等器物与寨峁遗址、新华遗址早期同类遗存相似，其相对年代当属龙山晚期早段。而大量器类上所饰压印“之”字纹，或是受东北地区文化因素影响的结果。（孙周勇　杨利平）

高陵县杨官寨仰韶文化遗址

发掘时间：2010 年 1 月～12 月
工作单位：陕西省考古研究院

遗址位于高陵县杨官寨村东侧，南距西安市 25 千米，其南距泾河仅 800 米，东南 4 千米为泾渭之汇。遗址面积 90 余万平方米，文化内涵主要是庙底沟文化和半坡四期文化遗存，是仰韶时期一处特大型聚落遗址。

本年度杨官寨遗址的考古主要是在 2009 年度工作的基础上继续对北区庙底沟环壕聚落的布局进行进一步探索。重点发掘了环壕西南角的 A 地点及环壕东北角内侧区域。环壕西南角 A 点发掘面积 1000 平方米，发现庙底沟期房址 2 座、灰坑 5 个、瓮棺葬 2 个、陶窑 3 座、灶 4 个，确认环壕自西门址延伸至此并拐至西南角 B 点。环壕东北角发掘面积 500 平方米，发现庙底沟期房址 6 座、灰坑 5 个、瓮棺葬 2 个、陶窑 1 座、灶 2 个。

发掘确认了环壕的范围和面积。环壕西南角 A 点的 G8－3 段内同样出现了如同环壕 G8－2 段和 H776 段内器物集中分布的现象，这一现象对进一步认识环壕的功能具有重要意义。在环壕聚落东北角内侧发现的多座房址表明，这一区域应该是聚落的一处集中居住区，为了解环壕聚落的内部结构提供了重要信息。

7 月，对环壕东北角的 T4937、T5037 两探方进行了发掘。9～10 月，又对遗址西南角 A 地点 T0208、T0209 两探方进行了发掘。

此外，对环壕西门址进行了保护回填，并对门道北侧 H776 段的堆积进行土样提取和浮选。（王炜林　张伟）

华县泉护村仰韶文化遗址

发掘时间：2009 年 10 月～2010 年 4 月
工作单位：陕西省考古研究院、渭南市文物考古研究所

为做好西潼高速公路改扩建过程中的文物保护工作，对泉护村遗址进行了考古发掘。

泉护村遗址位于华县柳枝镇泉护村及其周围。在建的高速公路从遗址区中间穿过。此次在建设区内共布 5 米×5 米探方 53 个，加上扩方面积 30 平方米，共计 1355 平方米。

发掘庙底沟时期灰坑95个、房址2座、灶3个、陶窑3座、沟1条、墓葬9座，其中西周墓葬4座、战国墓葬4座、时代不明墓葬1座。出土遗物包括仰韶文化庙底沟类型的大量陶片、陶器、石器和骨器。陶器以红陶为主，灰陶次之。器类有重唇口尖底瓶、葫芦口瓶、瓮、灶、罐、盆、钵、器盖等。西周墓葬出土有铜鼎、铜戈、陶鼎、陶鬲、陶罐等。

本次发掘出土了大量完整的陶器、动物骨骼及石器，进一步丰富了泉护村遗址的文化内涵。大量土样的提取为今后科技考古的开展提供了保证。另外，我们利用全站仪和RTK，对遗址及周边的地形进行测绘，将遗址所有发掘信息纳入GIS地理信息系统中，为了解遗址的整体情况和安排下一步的勘探、发掘工作建立平台。（胡松梅　杨岐黄）

铜川市上安龙山文化遗址

发掘时间：2010年4月~6月
工作单位：陕西省考古研究院、
　　　　　铜川市考古研究所

为配合包茂高速公路铜川至黄陵段复线的建设，对公路穿越的耀州上安遗址进行了考古调查与发掘。

遗址位于铜川市耀州区石柱镇上安村三组以西约0.5千米的黄土台塬上，三面环沟，各类遗迹散布于坡地之上。在公路路基范围内布方9个，发掘面积近700平方米。发掘清理灰坑10个、窑洞式白灰面房址1座、近代灰沟1条。另外，在公路建设修筑的便道断面上清理窑洞式房址4座、灰坑葬1座。

发现的灰坑多为圆形袋状，房址均依靠断崖修建，窑洞结构为房内有圆形灶坑，其中1座窑洞内有圆形袋状窖穴，1座房址可见二次修缮痕迹。另外值得注意的是，本次揭露的1座灰坑葬中还集中出土了14具头骨或人骨架。

出土遗物以陶、石、骨、角等器物为大宗。其中，陶器以泥质灰陶和夹砂灰陶为主，另有部分泥质红陶、夹砂红陶、黄褐陶以及黑皮褐胎陶等。纹饰有绳纹、篮纹、刻划纹、方格纹、麻点纹、附加堆纹等；器形有鬲、斝、罐（无耳、单耳、双耳、三耳）、盉、瓮、盆、豆、器盖、环等；骨器有镞、铲、簪、匕等；石器有斧、刀、铲、石璧、刮削器等。从出土器物分析，上安遗址的主要文化遗存与客省庄二期文化相近，其时代约相当于龙山文化晚期。它的发现为铜川地区龙山晚期文化的研究增添了新的资料。（张建林　王志友　马志军　张汉文）

吴起县新寨龙山文化至夏初遗址

发掘时间：2010年8月~10月

工作单位：陕西省考古研究院、延安市文物考古研究所、吴起县文管所

为配合延志吴高速公路建设，对吴起县新寨遗址进行了考古发掘。遗址位于吴起县西北新寨乡新寨村树洼自然村西侧，属于洛河上游，面积30~50万平方米，以龙山时代至夏初的遗存为主。本次发掘共布10米×10米探方4个，发掘面积400平方米，发现灰坑6座、房址1座、烧土面3处，获取了大量陶片、石器、骨器和炭样、土样标本。遗址地层堆积较为简单，文化层之下为生土。灰坑分圆形筒状和圆形袋状两种，筒状者底部或坑口边往往有烧土面，填土经过夯打，夯土之上放置玉琮等玉礼器，填土中夹杂极少龙山时代中晚期至夏初的陶片，且这一区域所在的山梁独立于居址之外，可能为该聚落祭祀遗存。袋状灰坑均位于居址区，往往与房址相伴，应为日常生活设施。暴露在梯田断面上的房址多为半地穴式或窑洞式，有些房址地面涂抹1厘米厚的白灰面。

本次出土的陶器主要以T4F1为例作扼要介绍。F1出土器物主要包括3件陶鬲、1件高领罐、3件圜底瓮、1件三足瓮、1件双耳罐以及夹砂罐等。从F1出土的器物特征来看，具备龙山时代晚期至夏代初期的基本特征，特别是单把鬲成熟的尖角裆形态、较高的实足跟、足跟外的杆状物压槽以及加固足跟的绳索勒痕，表明该陶鬲已经接近夏代初期，大体与神木新华遗址早期遗存的年代相当或略早。在文化因素构成方面，新寨遗址体现出多谱系交汇的综合特征，表明这一地区在甘青宁与河套地区、关中与北方地区文化传递路径中的枢纽地位。应该指出的是，白于山地区、洛河流域应成为今后探究北方地带文化传播、迁徙及聚合问题的重要区域。（马明志）

西安市老牛坡夏商遗址

发掘时间：2010 年 1 月～11 月
工作单位：陕西省考古研究院

老牛坡遗址位于西安市灞桥区洪庆街道办燎原行政村范围内，地势东高西低，依灞河流向呈西北—东南分布。对西安至商洛高速公路穿越老牛坡遗址路段发现的夏商文化遗存进行了考古发掘，发掘面积约 5800 平方米，揭露出灰坑 129 座、陶窑 4 座、墓葬 25 座、房子 8 座、灶坑 5 个、坑 3 座、沟 2 条，出土陶、石、玉、骨、蚌、铜等各类文物 600 多件，取得了丰硕的成果。根据形状、大小及与相邻遗迹现象的关系判断，这些灰坑有的为陶窑的操作间，有的可能为废弃后的半地穴式房子。比较规整的小型灰坑多为窖穴类性质。陶窑均为竖穴式，由窑室、窑箅、火眼、火膛及操作坑等部分组成，有的火眼上还残留着控制火候的塞土块。

本次发掘发现商代墓 20 座、夏代墓 4 座、清代墓 1 座，均为小型墓葬。商代墓中有随葬品的仅有 5 座，均为陶器，组合为鬲、豆、罐或鬲、罐，有的仅有 1 件陶鬲。墓葬底部带有腰坑，内有殉狗。葬式以仰身直肢葬为主，另有 2 座俯身葬和 1 座乱葬墓。墓葬没有发现葬具痕迹，大小仅能容身，绝大多数墓葬也没有随葬品，推测这些墓葬的主人地位可能比较低下。夏代墓葬 4 座，均有随葬品，数量 2～8 件不等。其中 M6 出土 6 件陶器和 2 件石器，M24 出土 2 件彩绘陶器。

房址绝大多数为半地穴式，有的房子还残存着进入房间的斜坡台阶，有的房子内带有储藏生活用品的小窖穴，有的地面残留有踩踏面。地面房子只有 1 座，残甚，仅存 2 个较大的柱础石磉和几个小柱洞，应是 1 座较大的房屋建筑。发现的 3 座坑，其中 1 座出有较多的卜骨、人头骨和动物骨，另外还有 1 具完整的中年女性的骨架，在其盆骨下方发现 1 枚铜镞，可能与这位妇女的死因有关。从出土文物和较多个体的人头骨来看，推测该坑为祭祀性质的坑。另两座坑较大，形制、大小、深度、方向基本相同，长方形竖穴土坑，口大底小。其中 1 座中层出有 1 具完整的马骨架，底层有数块大河卵石；另 1 座底部布满大河卵石，并有 2 个大柱洞。发现的一条南北向的沟，残长 70 余米，形成时代应不晚于夏代。该沟内共出土石璧10余件，应具有特殊含意，对该沟的性质和用途值得深入思考。

老牛坡遗址是陕西规模最大的一处商代遗址，同时也是商王朝在西部疆域最大的一处“根据地”。本次发掘较多商代半地穴式房子的发现，基本可以确定这里就是老牛坡遗址商代晚期平民、手工业者及地位低下的人群居住区，为了解老牛坡遗址商代聚落布局提供了重要资料。另外，本次在老牛坡遗址发掘出的相当于夏代的墓葬、灰坑及长沟，是目前发现的分布最西的夏文化遗存，说明夏王朝的势力范围已到达了关中中部地区，为研究夏文化的分布范围及夏代的政治疆域提供了宝贵的实物资料。（岳连建　王志友　丁岩等）

淳化县枣树沟脑西周墓地

发掘时间：2010年5月~11月
工作单位：西北大学文化遗产学院、陕西省考古研究院、淳化县博物馆

墓地位于淳化县润镇梁家村南部，通神沟东侧台塬之上。墓地南北长约350、东西宽约240米，总面积逾8万平方米。

此次发掘共清理墓葬25座，集中于墓地的东南一角，均为长方形土坑竖穴墓，大多口小底大，呈覆斗形，墓葬间排列较整齐，多朝向西北。墓葬可分小型、中小型和中型三类。小型墓葬共4座，墓室面积在1.5平方米以下，无葬具，随葬品也较少，最多随葬2件陶器。中小型墓共15座，墓室面积在2~5平方米，多有一重木椁作为葬具，无棺，随葬品较丰富，随葬有陶器（陶鬲、陶罐）、玉器（戈、鱼、璜、串饰等）和蚌器（戈、鱼）及少量漆器。中型墓共6座，墓室面积介于6~11平方米，多有一棺一椁，部分墓葬椁盖板和二层台上有殉人现象，殉人个数1~3人不等。墓内随葬品丰富，主要有陶、瓷、玉、蚌、铜、角器等，陶器以2件陶鬲和1件罐组合居多，少数墓葬随葬有三足瓮和原始瓷豆，玉器主要有戈、鱼、璜、串饰、柄形器等，蚌器主要为戈、圭和鱼，铜器有铜扣、铜戈、铜銮等，角器主要为角镳。另外各墓还发现有较多漆器，但保存均欠佳。此外，M37（中型墓）东发现有殉马坑1座，圆角方形，内殉马4匹，两两一组，并排放置，两匹马头朝北，两匹朝南，马骨保存完好，排列整齐。

从随葬品组合和陶器形制

看，该墓地年代为西周中晚期。墓地内殉马坑和铜銮、铜戈、玉戈、玉圭等大量遗存显示出这是一处等级较高的西周墓地，其发现对西周时期古“豳”地区周代社会和文化研究具有极其重要的意义。（王振）

澄城县居安东周墓地

发掘时间：2009年4月~2010年8月

工作单位：陕西省考古研究院、澄城县文体事业局

居安墓地位于澄城县善化乡居安村东，西北距王官城遗址约1.5千米。对1座面临盗掘的小型墓葬进行了抢救性发掘，出土青铜器（鼎3、甗1、盖盆1、短剑1）、陶器（大喇叭口罐4）、石器（石璧3、圭8）等20余件。从出土器物看墓葬时代应为春秋中期。

随后，又对居安墓地进行了全面调查与勘探，墓地南北长约500、东西宽约400米，除墓地北面为自然沟壑外，其余三面为人工沟槽（沟宽约8米）。发现古代墓葬及车马坑近600座。其中车马坑一般规模较大，稍浅，深度大约在5~6米；墓葬规模相对较小，稍深，深度8~12米。墓葬形制有竖穴土坑墓和竖穴墓道偏洞式墓两类。它的发现，对于判定王官城遗址的性质和探索关中东部地区东周“城”与“墓地”之间的分布模式有重要意义。

另外，对面临盗掘的4座墓葬进行了抢救性发掘，出土铜器（盒、铃等6件）、石器（圭、璧等4件）、陶器（鼎、簋、壶、盒、盘、甗、豆、杯等）30余件。从目前的勘探和发掘情况看，居安墓地的时代大致在春秋中晚期至战国早期。（侯宁彬　孙秉君　刘军）

陕西省长城资源调查

调查时间：2010年3月~11月

工作单位：陕西省考古研究院、渭南市文物保护考古研究所、延安市文物研究所

调查区域主要在渭南市，并对延安市、铜川市境内魏长城进行了复查。渭南市和黄龙县境内的长城总长度为115千米，形成调查登记表134份，包括墙体登

记表79份、单体建筑登记表11份、相关遗存登记表44份。分为黄龙山南麓长城、合阳—澄城县南部长城和华阴市长城三部分。

通过此次调查以及与其他时代长城进行比对，发现陕西魏长城叠压于红垆土层之上，单体建筑少，瓦片分布与单体建筑位置重合，瓦多外饰绳纹、内饰布纹或菱格纹。夯窝直径约5厘米。

此次调查取得对魏长城的突破性认识：各段长城自成体系，分别是魏国在不同的形势下修建用以防御秦国的设施。1. 最初华阴长城为阻断关中向东的通道；魏国利用洛河防秦，但并没有“滨洛”长城；黄陵—宜君长城阻断关中北上通道。2. 秦国东地渡洛，然后东地至河，魏国修建黄龙山南麓长城和合阳—澄城长城防御秦国北上和南下。3. 魏纳阴晋后，退守陕东与河西南部。4. 魏纳河西地后退守上郡，修建富县长城做重点防御。5. 魏献上郡十五城后，彻底退守河东陕东。（岳连建　李恭　刘军　于春雷）

凤翔县秦雍城遗址

发掘时间：2010年1月~12月
工作单位：陕西省考古研究院、宝鸡先秦陵园博物馆

遗址位于凤翔县的南部，是春秋至战国中期秦国的都城，秦国从德公元年（前677）至献公二年（前383），在此建都长达300余年。

今年秦都雍城考古主要围绕“秦雍城道路与排水系统的调查与发掘”及“雍城秦公十二号陵园37号墓葬墓上建筑考古发掘”项目做前期准备工作。

关于秦都雍城的道路与排水系统，早年已有学者对其进行过初步调查，并获得了一些线索，本次工作除对前期资料进行梳理外，主要想通过系统调查和局部勘探的方法对道路及排水系统的时代、类别做出判断，最后通过当时秦道路的布设来研究雍城的总体布局，此项工作的开展对于秦雍城乃至东周列国城址的综合研究具有重要意义。

为研究秦雍城陵园制度，探讨秦公大墓的礼仪建筑内涵，2010年向国家文物局申请发掘秦公十二号陵园M37墓上建筑项目获得批准，但由于宝鸡先秦陵园对其未来展示和保护的措施尚未完善，因此2010年发掘工作没有正式实施。目前仅对大墓周边约12000平方米进行了详细

勘探，为正式发掘做了前期准备工作。（田亚岐）

咸阳市战国秦汉邰城遗址

发掘时间：2010年5月~9月
工作单位：陕西省考古研究院

为配合杨凌“古邰国遗址公园”的建设规划，在梳理以往考古工作背景的基础上，采取“聚落结构调查法”，两度对邰城及其周邻10余处遗址进行了详细的考古调查。累计调查面积达30余平方千米，获得了大量各时期的陶器标本，主要为史前、商周、春秋战国及秦汉时期遗存。其中，战国秦汉时期遗存最为重要，墓葬数量多，尤其是砖、瓦、排水管等遗物的发现，说明建筑规格较高，且具有一定的规模。

在田野调查的基础上，初步构建了“邰城遗址群田野考古调查GIS”，为动态分析区域聚落兴衰演变、结构布局等提供了技术支撑。

调查初步确认了战国秦汉邰城的位置和范围，获得了有关布局结构的重要线索。以法禧村为中心，包括周邻的疙瘩庙、尚德、殿背湾、杜家坡等遗址，战国秦汉时期为同一聚落，其规模结构与县治相符。墓地主要分布在同期聚落西、北两面，紧邻“石家—尚德—殿背湾—疙瘩庙”诸村村南，东西长约2、南北宽约0.3千米。居址遗存位于墓地以南，渭河以北，殿背湾—永安村与尚德—小村南北两线之间，面积约1.5平方千米。以往曾在此范围发现城墙、铸铁作坊及大型建筑等，或为县治所在。同时，调查成果为制定该遗址保护规划提供了科学依据。（王占奎 种建荣 严静 张燕）

西安市湾李战国秦汉及唐墓地

发掘时间：2010年9月~12月
工作单位：陕西省考古研究院、临潼区文管会

墓地位于西安市临潼区新丰镇湾李村南部的台地上，北依渭河，东临戏水。该墓地于2007年和2009年为配合郑西高铁和西潼公路的建设分别进行了两次发掘，发掘面积30余万平方米，发掘墓葬800余座。是一处战国至汉初的秦人墓地，并在西汉末年至东汉、唐代仍有沿用。此次发掘范围位于该墓葬群的西北侧。截至目前，已发掘战国、

秦、汉、唐代古墓葬共计130座，出土陶、铜、铁、石等各类器物500余件。其中以秦墓资料尤为重要。

这批秦墓形制有竖穴土圹墓和竖穴墓道洞室墓两种类型，多为东西向，葬式大部分为蜷曲特甚的屈肢葬，少数为直肢葬。各类墓葬间基本无打破关系。竖穴土圹墓多带生土二层台，二层台上横向搭有棚木，有的还发现有立柱；单棺或棺、椁齐备；随葬品多置于头端，除盆、罐、釜、鬲等日用陶器外，有的墓葬还随葬有鼎、壶等铜礼器。竖穴墓道洞室墓有直线型洞室和偏洞室两类，直线型洞室占多数，洞室多留有封门痕迹，随葬品多位于洞室一侧的头龛中，主要为陶器。

该墓地位于文献中所记的骊邑、新丰、戏邑的分布范围内，此次发掘进一步丰富了新丰湾李墓地的资料，为墓葬分布、墓地规划及墓地归属等问题的研究提供了新的素材，并对探讨秦汉时期平民墓地的规划具有重要意义。（胡松梅　杨岐黄　陈刚）

咸阳市尚德战国秦汉墓地

发掘时间：2010年6月~12月
工作单位：陕西省考古研究院

为配合西安宝鸡高速铁路客运专线建设，对沿线所涉9处遗址（或墓地）实施了抢救性发掘工作。其中，重点发掘了杨凌区柔谷乡的尚德墓地。主要收获有三项：

其一，共发掘墓葬300余座，除个别唐墓外，其余均为东周、秦汉时期的中小型墓。形制分为竖穴墓、竖穴直线洞室墓、斜坡墓道洞室墓三类，以前两类为主。葬式包括屈肢葬和直肢葬两类，后者占大多数。多数有木质葬具，或单棺、或一棺一椁，另见1例瓮棺葬。出土陶、铜、铁、石、骨等不同质地随葬品1000余件（组）。所获陶器最为丰富，既多见一般的日用生活陶器，也有不少精美的彩绘陶礼器。陶礼器墓多伴出日用陶器，但多数日用陶器墓未随葬陶礼器。日用陶器的常见组合有罐釜、罐釜盆甑、罐釜盆、釜盆甑、罐盆甑灶等。铁器以釜、灯较多，铜器有铜鍪、铜镜、带钩、铜铃、铜璜及铜钱等。另有3枚质地不同的印章、2件青釉陶器、1件塑衣仕女俑、2件陶狗、1件陶鱼。

其二，在探方发掘区内，发现了多道封闭或半封闭的围沟，或纵横交错相连，或互有打破关系。综合分析，初步判断这些围沟应为其所围墓葬的围墓沟。若此，这当是继山西侯马乔村、河南三门峡发现秦墓围墓沟之后，在关中地区首次公布此类中小型秦墓的茔界方式，为探讨秦墓此类葬俗的渊源提供了新资料。

其三，发现了6座烧制陶器和3座烧制砖瓦的陶窑，清理了前者5座，后者2座及附近灰坑30余座。依层位关系与出土陶器特征判断，这些陶窑及灰坑年代为春秋早期。由此表明，春秋早期这里乃聚落内部的一处制陶作坊区，战国中晚期转化为墓地，西汉时期部分区域又转换为砖瓦作坊。

通过此次发掘，对尚德墓地的形成过程、布局结构及不同时期功能性质转换分析，为厘清不同时期聚落的内部结构、判断聚落性质提供了有力的依据，进而推动相关历史与社会组织结构问题的深入探讨。尚德墓地东南紧邻之法禧村周围，以往发现有大量的战国秦汉时期居址遗存，历来被认为战国秦汉的斄城所在地，亦与文献记载斄城地望不悖。惜其结构不清，性质难断。该墓地自战国晚期短时期内形成如此大的规模，当属移民及其后裔葬地，而东汉墓葬仅有零星发现，恰与秦孝公始置斄城，西汉沿袭，东汉斄县并入眉县的历史背景相吻合。从空间格局看，亦与秦咸阳墓地位于城外的西、北部特点相类。由此，或为寻找确认秦汉斄城具体位置、研究其规划与布局结构等问题提供重要线索。（王占奎　种建荣　严静　张燕）

咸阳市国际机场战国至唐代墓群

发掘时间：2010年1月~12月

工作单位：陕西省考古研究院、咸阳市文物局

墓葬分别位于咸阳市渭城区底张镇布里村、西蒋村、北杜镇边方村及周陵镇大石头村，共60余座，共出土文物1300余件。重要发现有十六国墓、北周墓、唐代围沟墓、唐代双室砖墓、战国秦墓等。

布里墓群及边方墓群共发现唐代围沟墓6座，其中，围沟呈“凸”字形的2座，直线型的4座。以M118为例，围沟平面呈“凸”字形，南北长120、东西长101.5米。南围沟中间突出一块，应是象征大门的位置，故南围沟长129.6米。围沟总长471.1米。围沟上口宽2.3、下口宽1.8、深1.2~1.6米。沟两壁做工粗糙、未经铲平修整。出土有墓志盖一块，上书“大唐

故归州刺史赠左骁卫大将军滕州都督驸马都尉执失府君之墓志铭”可知，该墓墓主为唐代突厥族的首领执失思力。

西蒋墓群发现唐代双室砖墓1座，编号为M151，系斜坡墓道多天井双室砖券墓，是机场二期工程考古发掘中唐代墓葬中最大的一座。地面保存有封土，墓前发现有石刻。封土为四边形，底边边长28、高11米。平面略呈一个“干”字形，坐北向南，方向180°。该墓总长74.2米，墓道开口距现存地表0.68米，墓室底距现存地表12.5米。由墓道、过洞、天井、壁龛、甬道、前、后墓室、后甬道等部分组成。

墓道和墓室均绘有壁画，因盗扰破坏较严重，墓道绘有青龙、白虎、出行仪仗、祥云等。第二过洞保存一幅牛拉车图的大部分，其余壁画已不存。该墓前、后室修造时为大开挖，土圹竖穴呈圆角方形，其前室土圹开口边长为11.6×11.2米，后室为8.6×13.4米。土圹四壁从开口至墓底逐渐倾斜内收。在前后室的顶部，穹隆顶外圈上部垫厚约0.1米的活土踩实后，用条砖堆砌成盝顶形砖墩，盝顶下部四壁用条砖丁顺错杂平砌4~6层，四周逐层叠涩回缩成台阶状，共11~13层。似乎象征佛塔的造型，这也是唐代砖室墓结构中的首次发现。

大石头墓群位于咸阳市渭城区周陵镇大石头村村西，共发现古墓葬41座，已发掘32座，墓葬时代主要为战国秦、汉，个别为唐代。

战国秦墓中，M360的发现较为重要。M360为竖穴洞室墓，墓向坐南朝北。竖穴墓道上口长4.4、宽3、深4.1米。墓室长1.9、宽1.5米。在墓道西侧底部近墓室部位发现一个小龛，龛内出土有铜鼎1件、铜锺1件、漆器1件。在铜鼎内发现有带骨头的液体，经初步鉴定，骨头为未成年的雄狗半只。铜锺内有液体，疑似为酒，目前正在做进一步的测试。除此之外，在墓室口部还发现有陶壶1件，漆器残痕1处。铜鼎内带骨头的液体在陕西是第一次发现，为研究战国秦人的饮食文化提供了重要资料。

（刘呆运　李明）

秦直道遗址

发掘时间：2010年1月~11月

工作单位：陕西省考古研究院、延安市文物研究所、富县文物旅游局、

甘泉文物旅游局

2010年秦直道考古调查完成延安市富县、甘泉县的工作。覆盖范围为道路两侧各1千米，总计调查直道路线约150千米，发现秦汉建筑遗址6处、墓葬群5处，绘制道路柱状剖面图14张，采集文物标本100余件。

依据河流沟壑、地形地势分界，富县境内葫芦河以北的秦直道被分为4段，葫芦河以南的直道被分为3段，总计7段。主体线路曲折北行，穿越南村沟、葫芦河、埝沟，皆行经山脊之上，地表植被为低草或密林，长约125千米，最宽处61、最窄处12米，部分路段被完全冲毁。

甘泉县境内秦直道以安家沟为界分为两段，全长34千米，道路呈西南—东北走向，除在方家河附近下山、上山外，基本行走于山脊之上，堑山、堙谷、凿石开路迹象明显。道路保存基本完整，局部略有中断，另有2处路面被冲毁约三分之二。

道路两侧共发现6处建筑遗址与5处墓葬群。建筑遗址周边均分布有大量外饰粗、细绳纹，内饰布纹或大麻点纹的筒瓦、板瓦残片，其时代当为秦汉时期。其中安三遗址采集的羊角云纹瓦当，与陕西眉县成山宫出土的同类瓦当相似，但内区也为羊角云纹。从5个墓葬区采集的器物来看，富县大麦秸1、2号墓葬区、石猴子遗址墓葬的时代推测为战国晚期至秦。甘泉墩梁段1号墓葬区、安家沟2号墓葬区除了采集到陶器外，还采集到1枚五铢铜钱，时代当为西汉或稍晚。这些发现说明，秦直道的使用或利用不仅限于秦代，在秦之后相当长时期内仍在使用，而且沿路还分布有附属建筑或聚落。

为了解决秦直道在兴隆关一带的走向问题，秦直道考古队还对黄陵兴隆关和甘泉方家河的秦直道及其附属设施进行了小规模发掘，本次共发掘探沟11条，解剖烽燧2个，发掘面积约250平方米。主要收获是发现了秦直道的四叠层路面。此次，围绕兴隆关发掘了8条探沟，其中，兴隆关以南4条，以东2条，以北2条。

通过发掘获知，秦直道在兴隆关以南仅一条线路，一直从秦沿用至唐宋或更晚；在兴隆关以北则向东行穿越子午岭，继而北行，且一直沿用至西汉晚期；东汉开始，东线废弃，改从兴隆关直向北行，且一直沿用至唐宋；而所谓的西线则与秦直道无关。

此次考古调查和发掘，还在黄陵兴隆关以东发现了秦直道上最宽的堑山路面，宽度达66米。

对两座方形和圆形烽燧的解剖，搞清了秦直道沿线烽燧的形制和使用方式。对甘泉方家河直道的发掘，解决了秦直道下山、过洛河的线路问题，即：不是在圣马桥直接过河或向下游延伸过河，而是围绕圣马桥墩台下坡并转弯180°后从上游过河，而圣马桥墩台或可认为是中国古代道路交通转盘的首次发现。（肖健一　张在明）

秦始皇帝陵一号坑

发掘时间：2010 年
工作单位：秦始皇陵兵马俑博物馆

对一号坑第三次发掘项目续延发掘。地点位于一号坑北侧中段，原编号 T23 方，具体区域包括 Q8～Q103 个隔墙和 G9、G10 过洞。出土小件器物包括车马器、兵器、生产工具等共计 310 余件（组）；揭露陶马 3 组 12 匹；陶俑编号 120 余件。

遗迹包括战车 2 乘、鼓 2 处、兵器柲 10 处、弓弩箭菔 12 处、漆盾 1 处、箧迹 3 处，另有建筑材料朽迹如木、席、夯窝等多处。

漆鼓鼓壁残高 23、鼓面直径 61 厘米，等距离分布 3 枚铜环，鼓面皮质绘彩，以骨钉与壁连接。完整弩韬 1 件，总长 150 厘米，平畦多纬织物组织结构，表面髹漆，边缘地区存白色缝合线迹。弓弩有清晰竹木制檠，以护弓干。漆盾位于 G9 二号车右侧，是 30 年来兵马俑陪葬坑发掘出的第一件盾牌。从出土位置推测应属车右配置使用的“孑盾”。形状为弧肩、曲腰、平底、皮质。背朝上，包边、素色髹漆，木质握手。正面边栏绘制多层几何纹一周，线条隐约，用色有红、绿、白、天蓝等。通高 71.2、底宽 47、肩最宽处 40、腰宽 32.8～42.6、盾厚 0.8 厘米。陶俑包括 6 件军吏俑，其中 G9∶9 的高级军吏俑位于 G9 中部第一辆木车残迹之后。该俑多部位受毁且移位，可谓身首异处，有明显地被毁瞬间的早晚顺序。这是一件穿着鱼鳞甲、头戴褐冠的高级军吏陶俑，属于一号车配备的车左身份。

另有陶质甲丁模具 1 件，形体类似陶俑手指。此器物虽然“貌不惊人”，但对研究陶俑制作工艺等问题有重要的意义。出土铁削刀 2 件，原应属于工匠随身携带的物品，其中 1 件为银柄铁首。两种材料的合体制作工艺方式有待进一步检测。

陶俑彩绘问题在本次发掘中备受外界关注。通过清理，在两过洞中都发现了面积不同的陶俑残存彩绘，颜色包括绿、红、蓝、雪青、紫等。陶俑个体因“人”施彩，小小的甲钉包括了天蓝、枣红、淡紫等数种。“人”的肤色也有粉白、粉红等区别。眼睛彩绘中有红色眼仁、褐色瞳仁、黑色瞳孔等不同部分。对于脱落在土层上的彩绘，利用薄荷醇加固等方面尽力提取，开展回贴。（许卫红）

秦始皇帝陵陵寝建筑

发掘时间：2010 年

工作单位：秦始皇陵兵马俑博物馆

秦始皇帝陵内城封土北侧建筑群南北长 692、东西宽 228 米。南起原封土北侧 3 米处，北至内城北墙；建筑群东西两侧的墙垣北与内城北墙相连，与西内城墙、内城南北向隔墙平行，距城垣 6 米左右；建筑群的北墙垣与东西墙垣相连，与内城北墙平行，距内城北墙 18 ~ 20 米。建筑遗存分为两类：第一类为大型的夯土台基式建筑，位于建筑群的南端；第二类为院落式建筑，目前明确的院落建筑共有 10 排，分布于第一类建筑北侧。从结构上看这一大型陵墓建筑群南部的大型台基式建筑为台、殿，北部的为宫室建筑，总体上为秦始皇帝陵的陵寝建筑。

该区域建筑遗存的勘探为秦始皇陵园地面建筑特别是礼制性建筑提供了第一手资料，有利于我们对秦始皇陵陵墓制度的进一步研究。（张卫星）

秦始皇帝陵

发掘时间：2010 年 1 月~12 月

工作单位：陕西省考古研究院

秦始皇帝陵园位于距西安市 30 多千米的临潼东区骊山北麓。2010 年秦始皇帝陵园考古勘探主要围绕“秦始皇陵遗址公园”建设项目展开，本年度主要勘探区域位于内城垣南墙以南及内城垣以内西北部区域，同时，在工程建设区域进行勘探，为遗址公园建设提供科学依据。共完成 34 万平方米的考古勘探，内城垣以南勘探发现古墓葬 6 座；内城垣以内西北部区域为秦始皇帝陵园陵寝建筑遗址区，通过本年度考古勘探，探明了这一区域地下建筑遗址的分布范围、内涵及具体形制结构，为遗址公园建设及后续展示利用提供了科学依据。该建筑遗址位于秦始皇帝陵园内城西北部，东侧以内城以内东北小城的西墙为界，距内城东北小城6米；南界到陵墓封土北侧的寝殿建筑遗址；西侧以内城西墙为界，距内城西墙6米；北侧以内城北墙为界，距内城北墙18米。本次勘探部分南北长约598、东西宽约241米，面积约15万平方米。建筑遗址在东、西、北三侧各有一道宽3米的夯土墙，将整个建筑围就在独立的墙垣内，在内城西北部形成一个相对独立的南北向长方形建筑群。建筑遗址的北侧夯土墙中部有一现宽约2.6米的门道通向内城北墙西侧门址，北侧为九个南北向通道连接起来的东西对称的建筑遗存，最南侧为主体建筑、侧殿及廊道式建筑等结构形式组成的复杂的建筑结构，建筑基址周围用细夯土墙围就共同组成十进式的规模庞大、结构复杂、布局严谨的礼制建筑群。

通过本年度考古勘探，丰富了秦始皇帝陵园内地下文化遗存，尤其是这一规模庞大的礼制建筑群的发现，丰富了秦始皇帝陵园陵寝结构的内涵，对于研究中国古代帝王陵墓陵寝制度具有极为重要的意义。（孙伟刚　张仲立）

关中地区秦汉离宫别馆调查

调查时间：2010年3月~12月
工作单位：中国国家博物馆考古部田野考古中心、陕西省考古研究院

对陕西咸阳、西安、渭南地区秦汉时期的离宫别馆及相关遗址进行了田野调查，共调查了咸阳市10个区县和西安市9个区县。此外，还调查了宝鸡岐山县和渭南澄城县的个别遗址。调查西安市高陵县和阎良区，并完成对渭南地区11个区县的调查。

这次调查时间较长，覆盖地域较广，共调查秦汉时期宫殿遗址42处，包括乾县的西关（梁宫）、瓦子岗（梁山宫）、南孔头，礼泉县的石坡村，兴平县的侯村（黄山宫）、汤坊、窦马，武功县的瓦子釭、阎家村、文家台，岐山县的王家村，旬邑县的沟垴头，咸阳渭城区的毛王，渭南澄城县的良周，西安市未央区的建章宫、阿房宫前殿、“上天台”、后围寨、“好汉庙”、阎新寺，长安区的纪阳寨、“磁石门”、“烽火台”、东马坊、豫章

观、南丰镐、大原村、贾里村、长里村、客省庄（宣曲宫），灞桥区的新寺，临潼区的椿树，阎良区的冉村，周至县的竹园头（长杨宫）、西临（五柞宫）、西峪，户县的丈八寺（萯阳宫），蓝田县的鼎湖宫，渭南市临渭区的靳尚（步寿宫）、张胡（步高宫），韩城的扶荔宫、白水县的武庄等宫殿遗址。

结合前两年的资料，我们认识到关中地区秦汉离宫别馆从北向南有三条分布带：北面的一条西起尚家岭、梁山宫，向东有南孔头秦宫殿遗址，再向东有沟垴头、汉甘泉宫、舍车宫、谷口宫，以及更靠东的良周宫殿（貌宫）、扶荔宫。这些宫殿极有规律地分布在北山边缘地带，它们不仅仅是供皇帝游乐的行宫，还是与匈奴作战的前线指挥中心以及军事重镇，对帝国的北部边防起到了极为重要的支撑作用；中间的一条沿渭河南北两岸分布，西起成山宫、平阳封宫，向东有瓦子缸、阎家村、黄山宫、汤坊，再向东有阿房宫遗址群以及昆明池周围宫观等，位于秦汉都城附近；南面的一条沿南山北麓分布，西起长杨宫、五柞宫、西峪宫殿遗址，向东有萯阳宫、鼎湖宫、步高宫、步寿宫等，大多属于秦汉上林苑内的宫室，专供皇帝休憩、游乐、田猎之用，性质较为单纯。

关中秦汉离宫别馆疏密不等地分布于当时内史或京畿之地的各县境内，为了解当时内史或三辅诸县县治的所在地，探讨文献记载的离宫别馆地望有很大帮助。因此，这次我们还同时调查了与秦汉县治有关的遗址，共计18处。包括乾县的好畤、垚上、郭村，兴平县的南佐，杨凌区的法禧村，旬邑县的马家堡，西安长安区的苗驾庄村，雁塔区的北沈家桥村、杜城村，户县的东韩村、南关，临潼区的刘家寨、沙河、芷阳故城，韩城的夏阳故城、富平的频阳故城、蒲城的重泉故城、华阴的宁秦故城等。这些调查对研究关中秦汉政区的历史地理沿革有重要意义。（梁云　游富祥　田亚岐）

千阳县尚家岭秦汉建筑遗址

发掘时间：2010年1月~6月

工作单位：陕西省考古研究院、宝鸡市文物考古研究所、千阳县文化馆

本遗址属于陇汉高速公路配合建设项目。遗址总面积约22000平方米，本次发掘1350

平方米，揭露战国晚期至西汉时期建筑基址两处及局部外围墙，出土了大量砖、瓦、瓦当等建筑材料，是继陇县磨尔塬、凤翔孙家南头、宝鸡魏家崖等处秦汉大型聚落遗址之后，在汧河流域又一次重要的考古发现。

尚家岭遗址位于千阳县城以东10千米处的南寨镇冯家堡村，东为汧河支流涧口河，南临蜿蜒开阔的汧河河湾台地。其中Ⅰ区夯土建筑规模较大，夯土台基东西长32、南北宽17.7米，建筑基址南北进深15、东西跨距30.7米。经复原，在建筑主体的四面应各有一排以卵石为基础支垫的木柱柱网结构，与其他三面不同的是，在Ⅰ区建筑基址北侧台阶外侧另有陶质明柱础一排。2006年村民取土时发现一组陶井圈，经本次考古发掘确认，井圈所在的位置位于Ⅰ区夯土基址中部偏西，根据当地的水文情况等，推断此“井”当为存放食物以取得冷藏效果的陶“冰鉴”。Ⅱ区位于整个遗址西部，由南侧围墙、附属夯土建筑和主体夯土建筑三部分组成。从发掘情况判断，两区应为同一建筑格局的组成部分，从规模上看，Ⅰ区建筑系主体，Ⅱ区则为附属。

从出土大量的葵纹瓦当、素面半瓦当、大夔凤纹瓦当以及方形回纹空心砖、板瓦、筒瓦等判断，尚家岭秦汉建筑的始建年代应为战国晚期，至西汉早、中期被毁弃。尚家岭遗址的规模宏大、等级较高，出土的大夔凤纹瓦当、“冰鉴”等文物也印证了这一点。其所处的位置在古代陇东至关中地区东西通行大道沿线，也正好处在千河水道与回中道之间，秦代至西汉时期，两代皇帝西行巡察与郊祀活动主要是这条线路，因此推断尚家岭宫殿遗址为沿途一处重要的，具有离宫性质的建筑。另外，尚家岭建筑可能还有驿站、仓储码头的多重用途。（田亚岐）

西安市尤家庄秦汉墓群

发掘时间：2010年1月~8月

工作单位：陕西省考古研究院

本墓群位于西安北郊尤家庄中登城市花园建筑区，共发掘古代墓葬286座，其中秦墓37座、西汉墓246座和明代墓3座。出土遗物共约1300件。

秦墓形制主要为竖穴墓道土洞室。出土遗物主要是陶罐、陶鼎、陶盒、陶壶、陶盆、铜镜和铜带钩。

西汉墓形制主要分长方形竖

穴墓道土洞室、竖穴墓道砖室墓两种。出土遗物铜器类有盆、铜镜、带钩、印章、环首刀、弩机、车马器、刷柄饰、铃、环及“半两”、“五铢”、“货泉”、“大泉五十”等钱币；铁器类有剑、环首刀、釜、灯、镦、棺钉等；铅器类有饼、当卢、车軎、衔镳、盖弓帽、弩机等；玉器和料器类有蝉（口琀）、窍塞、环、笄、耳珰、串珠等；石器类有磨石等；骨器类有串饰等。

秦墓形制及出土遗物的时代特征较为清晰，对研究秦王朝在渭河南岸的营建活动具有重要的参考价值。西汉墓规模小、分布集中，随葬品较为丰富，在某种程度上反映了长安城周围的人口密度及百姓生活的富裕程度。（王望生）

乾县秦汉墓群及唐至五代窑址

发掘时间：2010 年 5 月~12 月
工作单位：陕西省考古研究院、咸阳市文物考古研究所、茂陵博物馆

对西平铁路建设过程中发现的兴平市北吴、陈王墓群，乾县漠西夹道墓群、乾县冯北遗址和墓葬进行了考古发掘，共发掘战国、秦汉、唐宋各个时期墓葬 130 余座、窑址 1 座，出土文物数百件，取得了重要收获。

北吴取土场区域发掘墓葬共 78 座，绝大多数为空心砖墓，根据墓葬形制和器物组合关系分析，这批墓葬大致可分为三期。第一期墓葬大多为竖穴墓道平顶空心砖墓，随葬器物为鼎、盒、豆、壶等仿铜陶礼器，时代在西汉早期晚段到西汉早中期之际；第二期墓葬大多为竖穴墓道人字顶空心砖墓，多出鼎、罐、仓、灶、奁等，尤其是该时期盛行的壶、仓，出土数量较大，部分器物施酱黄色釉，时代约相当于西汉中晚期；第三期墓葬竖穴墓道和斜坡墓道并存，大多是空心砖和条砖组合使用的砖室墓，时代应在西汉晚期至王莽时期。这批墓葬的发现极大地丰富了陕西地区空心砖墓的资料。

陈王墓群坐落于兴平市南市镇陈王村南侧台地上，西南距茂陵约 4 千米，共发掘汉代大中小型墓葬 33 座，出土器物 248 件，以陶器为主，此外还有少量铜车马器和玉器。这批墓葬形式多样，竖穴墓 2 座、竖穴墓道洞室墓 21 座、斜坡墓道洞室墓 1 座、空心砖墓 6 座、长斜坡墓道带耳室 2 座、长斜坡墓道竖穴墓 1 座，年代跨越整个西汉时期，对研究汉代墓葬形制的演变提供了

系统资料。

夹道村秦墓位于乾县县城西南、漠谷河西岸，4座秦墓均为竖穴土坑墓，东西向、屈肢葬，随葬陶器有鼎、簋、鬲、盂、豆、罐等。夹道秦墓的发掘填补了这一地区的空白，扩大了关中秦墓的分布范围，同时为秦人“东进”的研究提供了新资料。根据这几座墓葬的年代及地理位置来看，很有可能与战国秦置“好畤邑”有关。

另外，在乾县冯市镇冯北村还发掘汉代墓葬1座、唐至五代陶窑1座。陶窑为横穴式结构，由窑门、火膛、窑室和烟道组成，全长5.6米。窑室后壁刻有“双线”，应系陶窑烟道的“设计位置”。根据现场采集标本判断，陶窑应以烧制砖瓦等建材为主，兼烧少量生活用器，其时代为唐末至五代时期。（田亚岐　王东　耿庆刚）

眉县尧上汉代遗址

发掘时间：2010年3月~2011年1月

工作单位：陕西省考古研究院、眉县文化馆

为配合西宝高速公路扩建工程，对眉县尧上遗址进行了发掘，发掘面积2000余平方米，普探面积约70000余平方米。共清理灰坑193座、瓮棺葬3座、成人墓葬1座、水井8眼、壕沟3条、陶窑2座。

尧上遗址内灰坑分布密集，有复杂的叠压打破关系。灰坑形制大致可以区分为两种，一种是比较规范的方形或者长方形坑，坑壁处理规整、光滑。大部分为平底状灰坑，最深者可至9米。坑内出土了大量罐、釜、盆、钵、甑、井圈、食槽等日用生活陶器残片及筒瓦、板瓦、瓦当等建筑材料。另一类灰坑的平面形制为不规则形、圆形及椭圆形，坑底形状多样，锅底状较多，显示出较大的随意性，同样出土有建筑材料以及日常生活用具等器物残片。在个别灰坑中还发现了一批范的残片，包括瓦当范、人物俑范、青铜器范模具、瓦唇外模以及一些铸铜陶范残块、陶拍、陶托垫、支垫等生产工具。此外，在发掘区西部的个别灰坑内还出土了大量经过加工的动物骨骼废料，或与制骨活动有关。

尧上遗址出土了数量庞大、种类繁多的板瓦、筒瓦以及回纹铺地砖及空心砖。板瓦、筒瓦外饰细绳纹、粗绳纹、交错绳纹等多种，内为素面或饰布纹、麻点纹、方格纹、粗绳纹及细绳纹等。值得注意的是，本次发掘还发现了一些带有陶文的陶器残片，分别刻有“南舍”、“虀亭”“日利”以及“霸陵过氏□”等陶文。本次发掘出土瓦当数百面，多已残损。瓦当以图案瓦当居多。当面多以双线和单线十字分格，内区多饰方格纹、乳丁纹、曲尺纹等，外区间缀以卷云纹、连云纹、蘑菇云纹，还出土有“长乐未央”、“千秋万岁”及“利”等文字瓦当。这些瓦当与关中地区出土的秦汉瓦当有许多共同点，但也表现出一定的地域差异。

上述建筑材料的集中出土及陶文暗示着当年这一区域或周围可能存在着大型建筑遗址。

根据出土的砖瓦及陶器特征初步判断，尧上遗址的年代大概为战国晚期至东汉晚期，其地理位置与文献记载的两汉时期眉县县治大致相符。《水经注》载“渭水又东径郿县故城南”。唐代《元和郡县图志》载“郿县故城在今县东北15里，董卓坞在县东北十六里”。唐代以后的郿县县治在渭河以南，斜水之东，与今日眉县县城基本为同一地点，那么位于其东北15里的郿县故城就应该偏东，或与我们现在发掘区域吻合。

通过对尧上遗址及附近的调查、钻探与发掘，对研究秦汉时期的中小型聚落的特征，辨析汉代普通人群的物质遗存，了解秦汉时期普通人群使用的日常生活器物的特征及建筑材料特点提供了重要实物资料，也为我们确认秦汉时期该区域城址的地理位置提供了有力的证据。（孙周勇 李坤）

咸阳市西汉帝陵

发掘时间：2010年1月~12月
工作单位：陕西省考古研究院、咸阳市文物考古研究所、茂陵博物馆

2010年西汉帝陵考古主要对汉惠帝安陵、汉哀帝义陵、汉高祖长陵、钩弋夫人云陵展开了大规模的考古调查、勘探和测绘工作，对汉武帝茂陵的2座外藏坑进行了考古发掘。目前，安陵、义陵的各项工作已经结束，茂陵外藏坑的发掘工作将在年底前完成，长陵、云陵的工作正在紧张进行中。

安陵调查区域10余平方千米，普探面积逾250万平方米，

详探约150万平方米。确定了安陵陵园和陵邑的形制与范围，发现外藏坑168座、建筑遗址2处，探明陪葬墓50余座。安陵陵区由陵园、陵邑、陪葬墓区三部分组成。安陵陵园位于整个陵区西南，陵邑在陵园北侧，陪葬墓位于陵园东侧。

义陵调查范围约6平方千米，普探面积300余万平方米，详探120万平方米。确定了义陵陵园、汉哀帝陵园、傅皇后陵园的范围和布局，发现建筑遗址9处、外藏坑17座、古墓葬300余座，确定为汉墓者20座。

茂陵外藏坑MDNK26的工作已经结束，MDNK15的工作正在进行。MDNK15由斜坡通道与坑体两部分组成。该坑清理长度10米，出土马骨18具。预计将在年底之前完成全部发掘工作。MDNK26由斜坡通道、坑体及洞室三部分组成。斜坡通道位于坑体南端中部，坑体平面为长方形，四壁向下内收，坑体东、西两壁下部各开挖10个窑洞，相对错位排列。每个窑洞内放置两匹马骨，大多数窑洞内放置1件陶俑，Y20内放置2件。经鉴定，K26出土的马骨均为成年雄性个体。

2010年西汉帝陵一系列考古工作为全面了解、掌握西汉早期安陵，晚期义陵的范围、布局、结构，及西汉帝陵制度的深入研究奠定了基础，为西汉帝陵的保护提供了可靠的资料。本次考古工作利用现代测量、计算机等科技手段，建立了汉惠帝安陵、汉哀帝义陵的GIS地理信息系统，为这些田野考古成果后期的资料整理、推广使用奠定了基础；茂陵外藏坑的发掘为了解西汉中期帝陵外藏坑的结构、内涵提供了重要资料。（焦南峰　岳起　杨武站　王东　赵旭阳）

西安市凤栖原西汉家族墓园

发掘时间：2010年1月~12月
工作单位：陕西省考古研究院

2010年在对前期发掘资料进行初步整合的基础上，基本明确了凤栖原西汉家族墓地的内涵和相关情况，并确认该墓园为西汉中期大司马卫将军张安世家族所属。

主要发掘了M25、M8主椁室及4座从葬坑，发掘总面积约800平方米，发现漆、木、革器等痕迹多处，出土各类遗物600多件（套），主要有青铜器、铁器、原始瓷器、陶器等。

2010年的核心工作为大墓M8主椁室内填土的清理。发现了大量的砖块堆积以及大量的火烧灰烬。

从葬坑K1内发现大量俑所配置的武器，包括铁剑、弩机、铜镞等。比较重要的是，在坑的前端部位发现了1枚“步兵都尉”铜印，该枚印的出土揭示了坑内“兵卒”可能为“步兵都尉”所属领。从葬坑K2的坑北填土已基本清理完备，目前进入遗迹、随葬器物的清理阶段。初步推断，该坑的随葬器物内容基本同于K3，主要为木俑。从葬坑K3主要随葬木俑，木俑均已朽，仅存痕迹，目前已对所有遗迹进行了整体打包，准备进入实验室二次发掘，以获取更为科学、准确、详细的信息。从葬坑K1、K5、K6坑内均出土有1枚高级军官铜印，由此推测，大型墓葬M8的每一座从葬坑均为一位高级军官所属，这些高级军官应为当时的国家军队最高首领——大司马卫张安世将军的部下。

有明晰时代脉络和墓主的“列侯”级西汉家族墓园的发现，在陕西乃至全国极为罕见，它的发现不仅丰富了汉代高等级贵族墓葬的研究资料，同时对于汉代社会丧葬礼仪制度的研究也有重要的参考价值。（丁岩）

蓝田县支家沟汉墓

发掘时间：2009年8月~2010年7月

工作单位：陕西省考古研究院

为配合西安至商州高速公路建设，发掘了蓝田华胥镇支家沟村的一座大型汉墓。该墓地处灞河东北岸之二级台地上，北为骊山山脉，南与白鹿原隔灞河相望。墓葬为长斜坡墓道竖穴土圹墓，平面略呈“甲”字形，方向160°；由墓垣、封土、墓道、前室、封门、后室等几部分组成。

墓园东西宽约110米，南北分布范围不详；封土为覆斗形，残存边长24~29米不等，现高约10米，系逐层夯筑而成。墓道总长33、宽3.9~10米，东西两壁共有壁龛5个，出土有制作精美的双鱼罐等陶器；前室上部分为木椁室，平面近方形，南北长8、东西宽6.7、深1.4米，出土有马骨、车马饰等。木椁室之下为夯土，系逐层平夯而成，深2.7米，夯土之下东、西两壁各有3个壁龛，壁龛内出土物包括陶方仓、陶茧形壶、陶方壶、陶牛、铁釜、木器漆残片、动物骨骼、铜甗、陶俑、陶猪、陶马、陶羊、铜带钩等。主墓室位于前室之后，东西宽20.3、南北进深19、深约17米。支家沟汉墓系一座西汉时期大型的高等级贵族墓，其墓葬形制以长斜坡墓道、前后室、多壁龛为其主要特征，出土器物以陶器为主。此外，还有不少车马器。支家沟汉墓的发掘为高等级大型汉墓的研究提供了新的资料。（杨亚长　段毅　路智勇）

西安市珠江新城汉墓群

发掘时间：2009年10月~2010年7月

工作单位：西安市文物保护考古所

珠江新城汉墓群位于西安市未央区辛家庙街道办井上村东北，属西安市北部汉代古墓葬密集区。为配合西安珠江新城经济适用房小区Ⅱ期工程的建设，对该汉墓群进行了发掘清理，共清理墓葬108座，出土各类文物1070件。

该批汉墓的墓葬形制主要有竖穴土圹墓、竖穴墓道砖室墓、长斜坡墓道土洞墓、长斜坡墓道砖室墓等，封门主要为土坯和砖块两种。绝大多数墓葬可见木棺痕迹，葬式主要为直肢葬。随葬品以陶器为主，兼有玉、铜、铁等器物。多数墓葬在墓道口有小龛，随葬品主要放置于小龛内，没有小龛的墓葬，随葬陶器则多位于棺旁，铜镜一般位于死者胸前，身旁或放置有铜、铁剑或铜印，在头、胸、手部一般都放置有铜钱，主要为五铢和小五铢两种。

珠江新城汉墓群是西安市北部汉代古墓葬密集区的又一次重要发现。通过对该墓群的发掘，我们得出了以下几点初步认识：首先，该墓群墓葬以小型墓葬为主，仅有个别中型墓葬，出土器物均为汉墓中常见的随葬品，少量墓葬随葬有铜或铁剑，个别墓葬出土有铜印，根据印文判断均为私印，同时该墓群墓葬分布相对较有序，仅有个别墓葬间存在打破关系，说明这应该是汉长安城东一处有专人管理的平民或下级官员的墓地；其次，该墓地存在打破关系的墓葬，通过墓葬形制和出土器物形制判断基本属于同一时期，因而发现的这组有打破关系的墓葬，对细化西安地区汉代墓葬的分期具有重要的意义；第三，在该墓群的墓葬中，发现有许多应该是同茔异穴的合葬和二次葬的现象，这些发现对我们深入探讨两汉时期合葬及二次葬的习俗增加了更为丰富的资料。（张翔宇　柴怡）

西安市枣园苏村汉至唐代墓地

发掘时间：2010 年 7 月~11 月
工作单位：陕西省考古研究院

为配合西安至安康铁路增建二线工程配合建设项目，对发现的古墓葬进行了发掘。墓葬位于西安市灞桥区枣园苏村东，今西康铁路与西安绕城高速公路东段之间的狭窄地带。目前，已发掘20座古墓葬中，汉墓12座、隋墓1座、唐墓7座。

12座汉墓中10座为竖穴墓道单室土洞墓，2座为长斜坡墓道砖室墓，其中一座为多砖室墓，均为中小型汉墓，大多历经盗扰，随葬品出土较少，可见的随葬品主要有泥质灰陶罐、陶盒、陶灶、铜带钩、铜匙、铜钗、铜簪、五铢铜钱等。其中的M2和M8两座汉墓形制较大，出土随葬品也相对较多。M2为一座长斜坡带生土二层台墓道的单室土洞墓，总长24、墓道宽2、墓室3米见方、深达10.5米，出土随葬品计有泥质灰陶罐4、陶盒1、铜簪3、铜钗2件。M8总长18、墓道宽1、墓室总长7、宽3、距现地表深9米，系一多室砖墓，由一前室和两个侧室组成，出土随葬品有陶盆、陶罐、陶盒、陶灶、陶勺、陶猪、陶狗各1件及陶鸡2件。

隋墓1座，编号M7，形制较为独特，墓葬全长37米，由长斜坡墓道、2个天井、2个过洞和平面近圆形的单室土洞组成，墓室长3.4、宽3.05、深距现地表8.5米。整个墓室平面可分为两部分，北面为夯土筑成的半月形棺床，南面放置随葬品，出土有平背陶俑1件、泥质灰陶罐2件、陶饼饰2件、北周布泉和隋五铢各1枚。

发掘的7座唐墓中4座出土有墓志、3座为竖穴墓道土洞墓，其余均为长斜坡多天井多过洞的洞室墓。本次发掘的3座竖穴墓道洞室墓，均遭盗扰，随葬品出土极少，仅出土有墓志1合、开元通宝铜钱9枚、带钩1件、残罐1件；4座长斜坡多天井的唐墓，M3、M5和M18出土有墓志，M6有壁画残迹，在第四过洞处发现有刻画于土壁上施彩的立体波折纹，较为少见，出土有武士俑、风帽俑、陶罐、开元通宝铜钱及石刻经幢等。

综上所述，今灞桥区枣园村一带自汉代以降，乃至于唐代，均为一处重要的葬地，本次发掘的一批唐代墓葬表明，该墓地在唐代沿用时间较长，从初唐到中晚唐各时期的墓葬均有分布，对

研究西安城郊汉唐墓葬提供了新的重要考古资料。（刘呆运　段毅　路智勇）

西安市三爻汉唐墓群

发掘时间：2009 年 12 月~2010 年 1 月
工作单位：陕西省考古研究院

陕西省直机关三爻小区住宅楼项目中发掘汉墓 5 座、唐墓 10 座，出土各类文物 334 件。

汉墓均为穹隆顶斜坡墓道砖室墓，少数墓葬还带有天井，出土器物主要有陶器、瓷器、铁器、铜器等类，其中青瓷壶的发现在同时期墓葬中较为少见。从墓葬排列和出土遗物初步推断，5 座墓葬为东汉晚期家族墓。

唐墓均为中小型刀把式竖穴墓道土洞墓。墓葬排列较为分散。其中 2 座墓葬出土有墓志，从志文得知属于唐代晚期。10 座唐墓主要出土有陶罐、陶俑、三彩器、铁器和铜器等遗物。种类有陶幞头立俑、仕女俑、胡人乐俑、生肖俑、天王俑、镇墓兽、马、骆驼、牛、羊、猪、鸭、鸡、罐、塔式罐等。（王望生）

西安市夏殿东汉墓群

发掘时间：2010 年 3 月~5 月
工作单位：陕西省考古研究院

该墓地位于西安市长安区韦曲街道办事处夏殿村西面，共计 10 余座古墓葬。其地势沿东南向西北渐缓，属于长安凤栖原的范围。观山悦小区 4 号基槽相对于 2009 年在此地所发掘的北周、唐代墓葬群及元代墓葬群位置偏西北，本年度发掘范围内多为东汉时期墓葬。墓葬多坐北朝南，形制多为斜坡墓道砖室墓或土洞墓，部分墓葬的墓室中带有侧室。出土随葬品多为灰陶家畜俑、陶质明器、陶器等，种类有陶鸡、陶狗、灶、壶、仓、匜、井、案、甑、耳杯、罐、碟、陶奁等共 174 件（组）。

其中，M53 为坐西朝东的斜坡墓道前后砖室多人合葬墓，保存较为完整，随葬品组合关系清晰，位置明确，其墓葬从封门至甬道、前后墓室、侧室均使用模印花纹砖砌成，墓室后室葬有 2 人，北侧室内葬有 1 人，出土有陶俑、陶独角兽、陶狗、陶家畜俑及成组的陶仓、陶井、陶罐、陶壶等，并有彩绘的陶奁、陶勺，以及铜镜2枚、铜弩机、五铢钱若干。

该墓葬随葬的陶跽坐俑、陶独角兽及陶狗的造型较为特殊，之前曾在西安市世家星城169号汉墓及卫光电子一号汉墓中有同类型的随葬品出土，具有较明显的道教文化特征，已有别于东汉墓葬中随葬器物的组合关系。另外，M53的随葬品制作精良，不同于东汉晚期随葬品粗糙简陋的时代特点，初步推测墓葬的建造始于东汉中期，经过较长的时间后仍在使用，其中新出现的器类及其组合关系或可为曹魏时期墓葬的分期提供新的参考。（李举纲　袁明　杨洁）

神木县杨城东汉墓群

发掘时间：2010年10月~12月
工作单位：陕西省考古研究院、神木县文体局

杨城村墓群位于神木县店塔镇杨城村西北的杨城山上，西距麟州故城约500米。本年度对其中的48座墓葬进行了抢救性发掘。

墓葬分为竖穴土坑墓和圆顶洞室墓两类。前者占大多数。墓葬多单人葬，有少量双人合葬墓，单人葬墓主头右侧多放置动物骨骼，应为随葬肉类遗留。出土器物以五谷罐为主，少数墓葬出土有铜盆、铜灯等遗物；圆顶洞室墓为宋金时期墓葬，多被盗掘，圆形墓室后部有棺床，少数墓葬装饰有壁画，内容为木构建筑。出土遗物有金代耀州窑酱釉碗、罐残片等。

通过发掘可知，宋代麟州城所在周边地区东汉时期应为匈奴族占领。（邢福来）

靖边县大夏统万城遗址

发掘时间：2010年9月~10月
工作单位：陕西省考古研究院、榆林市文物局、靖边县文体广电局

统万城位于靖边县东北约80千米处，是我国东晋时匈奴族首领赫连勃勃建立的“大夏国”都城，俗称“白城子”。

2010年统万城考古工作的目标是寻找城内道路交汇点。共布10米×10米探方7个，发掘面积约700平方米。发现蒙元时期建筑基址一组，主要遗迹有残墙、土炕等，破坏严重，布局不

清。另有1座用竖立的板瓦砌成的圆形地面，估计其上应为圆形帐篷。发现的建筑材料均为统万城宫殿等建筑坍塌后的残砖断瓦，说明宋代统万城遭焚毁后，这一带仍有少量居民（牧民）生活。

另外，还对与统万城密切相关的巴拉素白城台遗址进行了调查和局部勘探。白城台遗址位于统万城东北约46千米，城垣颜色与统万城相似，据考证为赫连勃勃之父刘卫辰所建。大夏国建立后，白城台与统万城形成掎角之势，拱卫大夏政权的首都。20世纪80年代考古工作者曾对此做过调查。本次调查发现，城垣走向及轮廓大致清楚，除西门外，其他3座城门已被沙漠覆盖。经钻探得知，白城台城垣为方形，四面各有1门，4门均位于城垣中部，城内地层已遭农田基建破坏，局部区域20厘米以下即为纯沙层。与统万城相比，城垣走向基本一致，如东垣均为西南—东北走向。白城台面积较小，也没有发现外郭城、护城壕，只相当于统万城西城的规模。采集的遗物与统万城相似，均为唐宋时期的瓷片。（邢福来）

高陵县贾蔡佛教洞窟

发掘时间：2010年6月~7月

工作单位：西安市文物保护考古所、高陵县文化馆

位于西安市高陵县张卜乡贾蔡村一队以北的奉正塬南部边缘，北临“汉唐古道”即当地人所称之“凤凰嘴”，南邻贾蔡村一队村民家，南距渭河约800米。向南有唐代东渭桥，向北有东渭仓。

该佛教洞窟平面呈不规则长方形，由东北角、西北、中南部、中北部的四个小洞窟组成，分别向南偏东方向延伸，其中靠近西壁处有三根土柱。土洞窟整体长约6、宽3.2米。洞窟墙壁残高1.6米，柱子直径0.24~0.3、残高1.6~1.68米。洞窟墙壁夯筑而成，表面有一层厚约0.3米的草拌泥。

遗物主要有陶器11件，可辨器形有罐、盆、钵。善业泥200件，质地为泥质灰陶，个别为泥质红陶，形制为长方形，模制，长度3~4.3、宽度2.3~3.2、厚度0.43~1.26厘米；善业泥土块4件，均为若干善业泥呈横排贴附于草拌泥块之上；泥制彩塑佛像残件19件，包括佛头、背光及衣饰部分等；铜制品17件，其中五铢钱16枚，铜构件1件；孙道茂保定四年

(564)造像碑1通，四面体造像碑，由碑盖、碑身和碑座三大部分构成，其中碑盖已残，碑身、碑座保存较好，碑身四面开龛，浮雕佛像，龛外线刻各式花卉、佛像及供养人像，碑座四面线刻供养人像，书写供养人名称、年代。

该土洞窟位于塬畔，内部为相连的4个小洞窟组成，根据地理位置及内部结构，推测该洞窟原来应为一开凿于塬畔的佛教洞窟，因为地理变化造成其深埋地下。此次在洞窟中发现的四面体造像碑有明确纪年，为研究同时期的造像碑提供了参考标准；发现的善业泥数量较大，形制规整，且有部分标本直接贴附于洞窟墙壁的草拌泥上，推测是作为佛教洞窟中的装饰，与佛教石窟寺中绘制于洞窟墙壁上的造像用途相同，此类模式善业泥的发现也为确认国内出土善业泥的用途提供了另一条线索。（张翔宇 赵晶）

西安市西魏北周长孙氏家族墓

发掘时间：2010年6月~7月

工作单位：西安市文物保护考古所

在配合国家民用航天产业基地尧柏水泥工地基建工作中，发现了分别属于西魏和北周时期的两座长孙氏家族墓葬。

M1为一座长斜坡墓道土洞墓，由长斜坡墓道、天井、过洞、甬道、封门、前室和后室组成。墓道位于墓室以南，3个天井，3个过洞，甬道口和墓室口有两重封门。前室与后室之间有甬道相连接。前甬道内出土有两合青石墓志，大量的陶俑和少量的陶器则分别被摆放于前室和后室。出土文物80余件，陶俑主要有：武士俑、风帽俑、笼冠俑、兜鍪俑、小冠俑、胡俑、女立俑、鼓吹骑马俑、甲骑具装俑、执箕女俑、载物马、陶鸡、陶狗等；陶器种类主要有陶罐、陶碗、陶瓶、陶豆、陶砚、陶仓房、陶井等。由于该墓曾被盗掘，出土器物摆放十分凌乱，骨架已朽不可辨。据墓志载，墓主为长孙俊和夫人娄贵华。

M2为一座长斜坡墓道土洞墓，由长斜坡墓道、天井、过洞、甬道、封门和墓室组成。墓道位于墓室以南，3个天井，3个过洞，甬道口条砖纵砌封门。甬道内出土一合青石墓志。墓室西半部用砖修砌一棺床，有二次加工痕迹。由于该墓葬被严重盗扰，故随葬品破坏严重，出土器物约20余件组，摆放十分凌乱：墓室东半部出土陶罐和小冠俑，墓室西半部棺床上出土有青瓷四系罐、青瓷盂、铜镜、铁剑、铜钗、铜钱、铁环、玉串珠等。骨架已朽不可辨。据墓志载，墓主长孙绍远，西魏时曾任司徒府参军事、东阿县伯、安城县侯、司徒右长史、车骑大常卿、中书令等职，后袭爵上党王冯翊郡公；北周时曾任大司乐、京兆尹、少保、大将军、河州刺史等职。死于北周武帝保定五年（565），年60岁。安葬于文宣王长孙稚墓地。

据《魏书》卷二五可知，长孙俊与长孙绍远为同父异母兄弟。长孙氏家门异常显赫，其高祖上党靖王长孙道生、曾祖上党康王长孙旃、祖上党定王长孙观、父上党文宣王长孙稚，北魏至西魏时期均是朝廷重臣。长孙氏上可追溯到拓跋氏先祖，其与拓跋氏同为一脉。

该墓虽未出土墓志，但从出土的陶俑的型式以及甲骑具装俑、骑马鼓吹倚仗俑来看，时代大致属于西魏初年，推测墓主可能是随魏武帝入关，奔赴长安，于西魏立国的大统元年（635）薨亡的文宣王长孙稚。（张全民　郭永淇　辛龙）

高陵县高刘北周至明清遗址

发掘时间：2010年7月~9月

工作单位：西安市文物保护考古所

该遗址位于西安市高陵县高刘村东，为配合工业园的规划与建设，对该遗址进行了考古勘探和发掘。

此次发掘面积1170平方米，共清理道路遗址1处、古墓葬7座，其中北周墓葬1座，元代墓葬1座，明、清墓葬5座。共出土器物39件，其中银器7件、瓷器13件、陶器1件、铜钱3枚、砖雕15件。其中北周墓葬为1座长方形竖穴墓道土洞墓，墓内未见随葬品，仅发现“五行大布”1枚。元墓1座，长方形竖穴墓道砖室墓，条砖券顶，长条砖封门。木棺仅存棺痕，墓志位于墓室口封门顶部。出土青瓷盏、青瓷瓶、青瓷盘及瓷罐、陶罐等。明墓5座，为长方形墓道砖室墓，其中M2及M6的墓葬形制较特殊，墓道近正方形，或代表庭院，墓道东、南、西三壁用白灰涂平，东、西两壁做出门及窗的形状，象征厢房。墓室封门以长条砖封门，并用条砖砌出拱形墓室门，墓室门两侧有一副七言对联，其中右侧对联残存一字，左、右对联下方各有一雕花方砖，上雕一朵莲花。墓室条砖砌出拱顶，条砖铺地，木棺被盗扰，葬式不详。出土有银器及陶器若干。

还发掘道路遗址一处，道路呈东南—西北走向，遗址表面有路土堆积及车辙遗迹。道路宽约10.4米，踩踏形成的堆积厚约0.2~0.8米，车辙痕迹呈鳞片状，宽约0.2~0.6米。遗迹表面及堆积中发现有陶片、瓷片、瓦片等，并出土有铜钱1枚，为“元丰通宝”，判断时代为明代。（张翔宇　柴怡）

隋文帝泰陵

发掘时间：2010年5月~6月

工作单位：陕西省考古研究院

隋文帝泰陵为杨坚与独孤皇后的合葬墓，位于咸阳城西75千米处三畤原上，杨陵区五泉乡双庙坡村。

为配合隋文帝泰陵保护规划的制定，对陵园遗址和“隋文帝祠”遗址进行了考古调查和勘探，取得重要收获。通过全面勘探，探明陵园遗址周围有平面呈长方形的城垣，南北长628.9、东西长592.7、墙基宽约4.4米，陵园总面积37274.03平方米。陵园四面各辟一门，南门门址保存较完整，门外分别有一对门阙，门阙平面呈梯形。陵园外环绕有围沟。陵园中部偏东南部筑有覆斗状封土，封土顶部南北33、东西42米，底部南北153、东西155米。基础部分呈倒“凸”字形，覆盖墓道。封土南侧有两条墓道，相距23.8米，均为7天井、7过洞，西侧墓道（包括天井、过洞）南北长78.7、宽3.4~5.6米，东侧墓道略短，也稍窄。

“隋文帝祠”遗址周围有长方形垣墙，南北长384、东西长354米，面积135936平方米，其中南墙宽10.1、东墙宽16.4米，南北两面的垣墙分布有马面6处、南墙4处、北墙2处，南墙正中保存有门址。

此次调查和勘探进一步确认了陵园遗址和“隋文帝祠”遗址的准确位置和布局、范围；探明了主要建筑基址（门址、门阙、角阙等）的结构；探明了陵墓玄宫墓道部分的结构，探出两个墓道，证实泰陵确为文献所载的“同茔而异穴”。（张建林）

蒲城县唐代景陵

发掘时间：2010 年 6 月~11 月
工作单位：陕西省考古研究院、蒲城县文物局

2010 年唐代帝陵的考古调查与发掘工作主要围绕唐宪宗景陵进行。景陵为唐宪宗李纯的陵墓，位于蒲城县城西北约 8 千米的金帜山，依山建陵，坐北朝南，围绕陵山四周修建有夯土城垣，城垣四角有角阙，四面各有门址，门前有石狮和三出门阙；南门神道两侧列置翁仲、仗马、鸵鸟、翼马、华表等石刻；北门神道两侧列置仗马 3 对；陵山西南约 3 千米有下宫遗址；南神道正南 2 千米有鹊台遗址。这些遗址以陵山为中心构成了景陵陵园的完整结构。

2010 年景陵的田野考古工作以考古发掘为主，同时对景陵陵园区域内的广阔地域进行了详细的踏勘调查。共完成考古调查面积 20 平方千米，在陵区内角阙、门址附近采集各类建筑材料标本 20 余件。完成考古发掘面积 700 平方米，出土文物 200 余件。种类包括筒瓦、板瓦、瓦当、条砖、方砖、鸱尾等各类建筑材料，及铜钱、瓷碗、瓷盏、陶盏、陶罐等生活用品。

本次发掘发现唐、宋两期建筑基址。唐代建筑为下宫大殿基址，平面为长方形，东西宽 34、南北进深 24 米；宋代建筑为宋代在唐代建筑基址上新建的“唐宪宗庙”建筑基址，建筑平面大致呈“凸”字形，由于晚期修建梯田埂，建筑东侧已遭毁坏，东西残宽 27、南北进深 16.7 米。

通过这次发掘，首次了解了唐陵下宫遗址内大殿建筑的平面布局和基础结构，并且验证了宋代在下宫立碑、翻修、重建的史实，也为下阶段对其他唐陵下宫遗址的考古勘探提供了重要参考。（张建林　张博　田有前）

西安市韩家湾唐代墓群

发掘时间：2010 年 4 月
工作单位：陕西省考古研究院

墓群位于西安市长安区韦曲街道办事处韩家湾村，属于黄河上游开发有限公司光伏电池配合建设项目，共发掘 11 座唐墓及 1 座十六国墓葬。其中三座唐墓出土有墓志，分别为 M1（载初

元年，690），M9（乾符五年，878），M11（贞观十七年，公元643）；此次发掘的三座唐代早期壁画墓（M1、M10、M11）较为重要。

三座唐代壁画墓中，M1、M11均出土有明确纪年及墓主身份的墓志，其中M1为斜坡墓道多天井土洞墓，坐北朝南，由斜坡墓道、2个壁龛、3个天井、3个过洞、甬道、砖封门及土洞墓室组成，墓室底铺砖，无棺床；该墓早年被盗扰，墓顶已坍塌，甬道及墓室内原均有壁画，因墓顶坍塌脱落严重，画面已漫漶不清，仅见白色壁面上存红色边框；在其东西2小龛及墓室内出土彩绘陶俑42件（组）、塔式罐、陶钵、铜钵、铁剪、铅器、贝壳、墓志等。

此外，M9被盗掘严重，但出土有墓志1合，明确记载墓主为河东裴氏，乾符五年葬；该墓墓室四壁各有浅龛3个，推测其中原放置有易朽质的12辰俑。墓室中还出土具有镇墓五方石性质的石球5件，石质文武官俑各一件，为研究晚唐习俗提供了新的资料。（李岗　李举纲　袁明　杨洁）

西安市东兆余唐代墓

发掘时间：2010年12月

工作单位：西安市文物保护考古所

为配合工地建设，在长安区东兆余村村北抢救性发掘了2座并排相邻的唐代墓葬（M15、M16），两墓各出土墓志一合，随葬品十分丰富。

M15位于M16西侧，方向正南，由长斜坡墓道、5个天井、5个过洞、土坯封门、甬道和墓室组成。墓道总长19.5、宽1.2米，甬道长1.1、宽0.8米。墓室长3.4、宽3.1、墓底距地表深9.5米，墓顶、墓壁已塌，残高0.6米。单人仰身直肢葬，木棺长2.3、宽0.6米。随葬器物有镇墓兽、武士俑、风帽俑、小冠俑、骑马俑、陶骆驼、陶狗、陶猪、陶鸳鸯、带盖陶罐、帷帐座、木俑（仅存陶靴）、陶磨、开元通宝等。

M16由长斜坡墓道、3个天井、3个过洞、甬道及墓室组成，和M15形制相似，深度相同，而尺寸略小。出土物有镇墓兽、武士俑、风帽俑、陶马、陶狗、陶鸡、琉璃球、陶灯盏、开元通宝等。

根据墓志记载，两墓主人系夫妻关系，男主人生前任殿中侍御医，姓蒋名少卿，出身南朝官宦世家，曾祖蒋天宝曾任南齐桂州刺史，祖父蒋硕尚曾任南梁散骑常侍右军将军，父亲蒋子翼历任陈鄱阳王国常侍、隋永和令。蒋少卿生前医术精湛，晓因果，明佛理，懂养生，于人与自然的规律融会贯通，寂静自居，安贫乐道，喜怒不形于色，为后世所敬仰。唐高宗显庆二年（657），以80岁高龄去世。夫人先祖是西晋永嘉时南渡的北方侨姓贵族，历代均在南朝为官，生于隋文帝开皇九年（589），卒于唐高宗咸亨四年（674），享年85岁。上元二年（675）葬于蒋少卿墓东。其长子监门将军蒋俨历任右屯卫兵曹参军、殿中少监、太子右卫副率、检校太常卿、义兴县子、历右卫大将军、太子詹事等职，为一“良吏”而见于《旧唐书·列传》。

M15是西安发现的第一座唐代“殿中侍御医”纪年墓，为研究我国古代医疗官署的设置提供了重要的证据。同茔异穴夫妻合葬墓的发现为我们研究唐代墓葬的埋葬方式提供了新的材料。墓室中出土的镇墓兽、男女立俑、骑马俑等反映了盛唐时期陶俑制作的工艺水平，为研究盛唐考古学文化提供了宝贵的实物资料。（杨军凯　郭永淇）

西安市东兆余唐代壁画墓

发掘时间：2010年9月

工作单位：西安市文物保护考古所

壁画墓位于西安市长安区东兆余村村北。该墓是一座坐北朝南、梯形竖穴墓道、土圹穹隆顶砖式，方向180°，由墓道、甬道及墓室三部分组成。

墓道长3.4、南宽1、北宽1.64、南深5.5、北深6.6米，墓道底部东、西两壁壁面光滑，先抹一层草拌泥，然后其上用白灰简单粉刷，之后两壁各绘有一只瑞虎；封门至于墓道北端，底部条砖立卧，上部单砖错缝平砌，呈半弧状；长方形拱顶甬道，南半部为土洞，北半部为砖拱，东壁设有一壁龛。甬道通长4.35、宽1.55、洞高1.65米。甬道通体草拌泥涂抹，白灰粉饰且有壁画：砖拱部分大体脱落仅残留少许痕迹，土洞部分东西壁各绘有对称的两个文吏，稍有残缺；墓室是先开挖竖穴土圹，然后在其内筑砌砖室。墓室土圹平面正方形，边长6、深7.2米，穹隆顶墓室平面略呈方形，边长4米，四周微弧，顶高4.35米，底部设有壁龛。西半部设棺床，表面方砖平铺，长 4、宽 1.5、高 0.2 米。东半部砖铺地，多被撬。墓室曾被多次盗扰，仅余塔式罐、石香熏、玉饰等残片。东、西、北壁被红色仿木边栏各分为三个部分，每栏内单笔勾绘仙鹤1只，加上南壁1只，共10幅仙鹤。有的喙衔仙草，有的回首翘望，形象生动、栩栩如生。

墓志被置于墓室内，志盖碎为几块，志身完好。据墓志记载，墓主人郭仲文，字翊周，尚父子仪之曾孙，驸马都尉太常卿郎赠太尉钊之长子，授朝议大夫行尚书考功员外郎、金吾大将军赐绯鱼袋。唐武宗会昌二年（842）9月1日终于长兴里之私第，享年47岁，其年11月12日葬于万年县义善乡先茔之旁。据绯鱼袋可证实郭仲文官阶为正五品下。（杨军凯　郭永淇　辛龙）

合阳县南蔡北宋砖雕墓

发掘时间：2010 年 5 月
工作单位：陕西省考古研究院、
　　　　　合阳县博物馆

墓葬位于合阳县王村镇南蔡村北约 300 米处。在取土时发现 4 座古代墓葬，进行了抢救性发掘，并对砖厂所占约 5000 平方米的取土场进行了勘探，发现 5 座竖穴土坑墓。

根据发掘资料，墓葬均为竖井墓道砖室墓，正南北向，墓室南侧带有长方形竖穴墓道，墓道带有脚窝，砖室平面为八边形，东西长约 2.45 米，攒尖顶，顶部用两块莲花砖拼合封顶，砖上刻有浅槽以镶嵌铜镜。M1 墓室内部用砖砌成，呈仿木结构，其斗拱形式为一斗三升。屋顶下镶嵌两排砖雕画面，共 7 边（正南为封门），每边每排 3 幅，每排 21 幅，共计 42 幅，每幅砖雕高 0.3、宽 0.26 米。上排砖雕内容为佛教题材，下排为世俗画面，其中一座墓葬砖雕还施彩绘。砌砖一般经打磨、对缝，建造极其精美。墓门一般用长条砖封堵，高 1.58、宽 1.25 米。墓葬均为合葬墓，或葬 2 人、或葬 4 人，但人骨均已朽没，仅存朽痕。墓葬多已被盗，随葬品较少，或仅存一枚铜镜，或仅存少量铜钱。

据 M2 出土的宋代熙宁通宝及 M1、M2 出土的牡丹纹铜镜推断，这批砖雕墓葬的年代约为北

宋时期。(孙秉君　程蕊萍)

蓝田县五里头北宋吕氏家庙建筑址

发掘时间：2010 年 7 月~12 月
工作单位：陕西省考古研究院、西安市文物保护考古研究所

为了对蓝田五里头北宋吕氏家族墓地有一个全面的了解，2010 年对吕氏家庙遗址进行了考古发掘，共发掘 700 平方米，发现 6 层建筑遗迹，包括房屋 13 座，时代从明代中期一直延续到近现代，出土大量不同时期的砖瓦、滴水、瓦当等建筑材料残件。北宋遗存叠压于最下层，从探沟中仅可见条砖、土墙、红烧土、地面等遗迹或遗物，其规模形制有待进一步发掘证实，目前发掘工作正在进行中。墓地可能是北宋文坛名士及金石学家吕大临与其兄弟大忠、大防、大钧等家族成员墓茔。(张蕴　卫峰　刘思哲　王久刚)

西安市宋代县官墓葬

发掘时间：2010 年 6 月
工作单位：西安市文物保护考古所

为配合西安航天产业基地建设，对雁塔南路考古工地的一座宋代县官墓葬进行了发掘，出土了一批有特色的文物。

该墓为东西向，墓道在西，墓室在东，为一座单室土洞墓，由墓道、砖封门、墓室和小龛组成。墓道长 2.5、宽 1.25 米。砖封门，长条青砖纵砌。土洞墓室，平面长方形，长 3.8、宽 2.2、洞室残高 2 米。墓底距地表深 6 米。墓室北部有凌乱的下肢骨，葬式不详。墓室东部和南部放置有一些随葬品，墓室东壁有一方形小龛，进深 0.8 米，其内放置一合石墓志。

发掘出土了一些比较精致的生活用品，其中有 4 件白瓷莲花座盏托，与之相配的有影青六曲瓷盏、白瓷六瓣葵口盏、白瓷圆口小底盏。墓中还出土了茶叶末釉瓷瓶、骨梳、金珠、铜镜、铜钱、石砚台、墓志等文物。其中出土铜钱将近 300 枚，种类、版别多样，宋钱有皇宋通宝、太平通宝、淳化元宝、至道元宝、咸平元宝、景德元宝、祥符元宝、天禧通宝、天圣元宝、治平元宝、熙宁重宝、熙宁元宝等种类，钱文有真、篆、草等书体。此外还有

汉五铢、唐开元通宝等前朝的铜钱。

根据墓志记载，墓主人姓范，名天祐。他出身官宦世家，曾祖范谏曾获赠右骁骑将军，祖父范祚曾任监察御史和武功县令，父亲范守恭曾任右侍禁、渭州买马。范府君曾任彭州永昌县尉（地处今四川郫县）、普州安居县事（地处今四川遂宁）等职，死于宋皇祐元年（1049），享年61岁。他死后，在至和年间（1054～1056），因为族人“忤权力”，与官府作对，因此受到牵连，官籍被剥夺。熙宁八年（1076）安葬于宋永兴军万年县洪固乡，即目前的发掘地点。

该墓墓葬结构完整，出土器物种类多样，是一座典型的宋代纪年墓，反映了宋代文化对隋唐文化的继承和融汇，为研究宋代考古学文化的发展提供了丰富的实物资料。（张全民　郭永淇）

明秦藩王陵

调查时间：2010年2月~11月
工作单位：陕西省考古研究院、西安市长安区文物局

为了给明秦藩王陵保护规划的制定提供科学依据，对明秦藩王陵进行了详细的考古调查与勘探。主要涉及愍王朱樉、隐王朱尚炳、康王、简王四个陵园。目前愍王朱樉、隐王朱尚炳两个陵园的野外调查与勘验工作已完成，康王、简王两个陵园由于征地、建筑垃圾等问题，工作还在进一步协调中。

愍王朱樉陵，位于长安区大兆乡大府井村东北约50米，现已探明陵园平面呈纵长方形，东西长约430、南北宽约370米。陵园墙体仅存地基部分，墙基厚3.6～3.8米。陵墙外侧发现踩踏土，墙体内侧有较多的瓦片堆积。在南墙与东墙拐角发现有建筑遗迹，西南角遭晚期砖瓦窑破坏。据目前调查勘探资料，陵园开有南、东和西三个门。其中南门位于南墙中部，东西长23、南北宽12米。

陵园内发现11座墓葬，现存封土者6座，封土被夷平者5座，皆南北向，墓道居南，墓室居北。主墓M1位于园内中部偏北，其东南有陪葬墓5座，西南有陪葬墓5座。主墓前发现神道碑龟形基座与一号建筑基址。一号建筑基址由前、后、东、西四部分组成，长67、宽60米，各部分有通道相连。一号基址南为神道，长约120、宽约19米。

两侧依次树立华表1对、石虎1对、石羊1对、麒麟1对、石马2对、文官俑1对、武官俑1对、石狮1对。

隐王朱尚炳陵园平面形状、布局与愍王陵园接近，只是规模略小。神道两侧仅存6对石刻。目前已对康王陵园内保存的7座、简王陵园保存的14座石刻进行了绘图、照相、文字记录，其他工作尚未开展。（肖健一　程根荣）

潼关古城遗址

发掘时间：2010年1月~4月
工作单位：陕西省考古研究院

为配合潼关古城遗址西门遗址保护方案的实施，对潼关古城瓮城西城墙及瓮城南门遗址进行了考古发掘，发掘面积约160平方米。

瓮城现存城墙高约6米，依据现地面残存遗迹复原，其东墙长69.5、南墙长52、西墙长56.9、北墙长52米，仅开南门，门道宽约14.7米，现可见墙基厚度约13.8米。城墙夯层明显、夯窝清晰，系大板块夯筑而成，夯段长3.35~3.4、宽约1米，夯土内夹杂较多的青灰色砖瓦残块、沙石及少量黑、白釉粗瓷、青釉瓷片。

为了解瓮城城墙基址规模及瓮城南墙门道的形制结构，考古队分别在瓮城西城墙中部、瓮城门道东侧、门道南侧墙体与古城西城墙之间的夹角处、门道西侧位置布方进行发掘。通过发掘，初步判断墙体以及墙外包砖、门道等遗存的时代应为明代。发掘所知的瓮城遗址墙基以及门道的形制规模等数据资料不仅对于该遗址下一步的保护展示方案的编制有着重要的参考价值，同时对于研究明清时期关隘城址的形制布局等也有着重要的意义。（李岗　曹龙　夏楠）

渭北山东村调查

调查时间：2010年5月~8月
工作单位：陕西省考古研究院

关中东部临潼、阎良等县区现有数以百计的村落为山东移民所建，据说从清代后期开始形成。对于如此大规模的移民活动，除了清末编著的《临潼县志》等方志简单提到外，其他文献均没有记述。鉴于这一近代汉民族内部大范围长距离迁徙活动，具有民族学、民俗学、社会学、考古学、历史学等方面的研究价值，为了记录这一重要文化遗产，对此进行了较系统的考察，调查了阎良区、富平县和蒲城县的数十个山东村。

今年“山东村”移民调查的工作重心在咸阳市三原县、西安市临潼区和阎良区。这次调查对工作重心有所调整，旨在检验前期各阶段调查的结论，搞清楚山东村的分布范围，了解山东村的大致生活情况，分析移民来陕的早晚关系、宗教信仰等情况。与此同时，还对三原大程乡的太合村教堂、徐木乡的福音村学校、阎良区振兴街道办谭家村的手工织布、关山镇长山村焦云龙后裔进行了专题调查。

咸阳市三原县的调查工作历时 17 天，主要在大程、徐木、城关、安乐、陂西、渠岸、高渠等十个乡镇开展。此区域山东村主要集中分布在清峪河和石川河两岸。

三原县山东村共有 30 余个，遍布三原各个乡镇，有人口近 6 万。基本涉及三原县内的每一个山东村。由于自然条件相对较好，保留的山东物质及非物质资料较少，只能确定山东村的分布情况，其他发现较少；山东认同感很少，年龄七十岁以上的很多人也都不知道祖籍在山东何处。

西安市临潼区的调查工作历时 21 天，主要在徐杨街道办和栎阳街道办，以及雨金、新市、交口等 6 个街办开展。该区山东村主要集中分布在渭河以北，清峪河以南、以西，隔清峪河与阎良区相望。

临潼区山东村共有 30 余个，分布在临潼区的 6 个街道办，有人口近 3 万。与三原的情况相似，临潼区的自然条件相对较好，保留的山东物质、非物质资料较少，只能确定山东村的分布情况，其他发现较少。临潼的山东村和本地村庄混杂的情况比较突出，纯粹的山东村都比较小。不过，多数村庄的老人对清末回民起义还略知一二。（丁岩　马永赢）

甘　肃　省

临潭县磨沟马家窑文化遗址

发掘时间：2010 年 9 月~11 月　　工作单位：甘肃省文物考古研究

所、西北大学文化遗产与考古研究中心

遗址位于磨沟村北，坐落在洮河西南岸、磨沟河西岸、磨沟遗址的东部，地理坐标为北纬34°40′85″，东经103°51′44″，海拔高度2200米。本次揭露面积700余平方米。遗址的主体部分被叠压在磨沟村庄下，发掘区位于遗址的北部边缘，文化堆积保存虽然较差，但揭露出一些重要的遗存，有马家窑时期的壕沟2条、陶窑作坊区、窖穴、灰坑，汉代早期的自然冲沟、墓葬等遗存40余处。马家窑早期的陶窑区，由陶窑、临时居住区和取土区组成。窑址大多坍塌，只有一座保存较好。在窑址附近的灰坑内出土大量的陶片，陶片泥质和夹砂陶均有，制法为泥条盘筑法和捏塑法，泥质陶以彩陶为主，器形以钵、小口长颈瓶、折沿盆和罐为大宗，纹饰有平行弦纹、漩涡纹、弧线三角纹、圆圈网格纹、鸟翼纹等图案，图案的随意性强，且内彩发达。还有少数灰陶，器形有钵、盆、尖底瓶、陶盘、甑等。夹砂陶以灰陶为主，纹饰以粗、细绳纹为主、亦有斜行网格纹、附加堆纹、戳印纹及刻划纹等，器形有缸、瓮、深腹罐等。除陶器外亦有石器，其中石英、玛瑙、水晶的石叶、石核占相当数量；骨器有磨制精致的锥、针、笄及骨柄石刃刀等。

临潭磨沟马家窑文化遗址出土的陶器器形特征及纹饰的特点不仅有石岭下文化的文化特点也有仰韶晚期和马家窑文化的风格，其年代为马家窑文化早期的遗存。此次发掘丰富了洮河上游流域马家窑文化内涵，对研究洮河流域马家窑文化的分布及其文化特点提供了新的资料，也为磨沟遗址文化序列的建立提供了依据。（毛瑞林）

永靖县坟台新石器时代遗址

发掘时间：2010年11月23日~12月13日

工作单位：甘肃省文物考古研究所

坟台遗址位于临夏回族自治州永靖县西河镇红城寺村南部的台地上。为配合兰新高速铁路设基本建设，对该遗址部分区域进行了发掘。

本次发掘共清理遗迹2处，分别命名为H1、H2。其中H1为方形灰坑；H2为圆形灰坑，南侧有3级台阶。两座灰坑均出土一定数量的马厂类型彩陶陶片。

本次发掘对研究河湟流域史

前文化的分布具有较为重要的意义。（赵雪野　王山　王永安）

临潭县磨沟齐家文化遗址

发掘时间：2010 年 4 月~12 月
工作单位：甘肃省文物考古研究所、西北大学文化遗产学院

遗址位于磨沟村北，坐落在洮河西南岸、磨沟河西岸、磨沟遗址的东部。2010 年继续以磨沟齐家文化墓地发掘为主要工作对象，共清理墓葬 283 座。齐家文化墓葬结构为竖穴偏室墓和竖穴土坑墓。其中一些墓葬确认有坟丘存在，高度不及 1 米，涉及前述两类墓葬，有的坟丘下部或底部发现有碎石堆。竖穴偏室墓普遍设有头龛，墓道头脚两端靠近偏室一侧多设有封门槽，有的保留有封门板的痕迹。埋葬方式甚为复杂，既有单人葬，也有合葬；既有一次葬，也有典型的二次葬、扰乱葬及人骨推挤现象等；还发现有个别火葬瓮棺。尤其在解剖清理墓道及偏室的基础上，获得了有关埋葬过程与方式的重要堆积证据。这些证据证实即便是单人葬竖穴偏室墓，也可能存在多次使用过程，亦即至少包括二次扰乱的使用过程。在多次使用过程中，至少采取了两种不同的墓道封闭措施，一是在墓道中部设置棚架设施，再在其上填土封闭；二是直接填埋墓道下部，偏室墓的填埋厚度一般及于偏室口以上。

同时，在遗址东部进行了小规模发掘，发现有灰坑、灰沟和陶窑等遗迹。其中，陶窑结构为竖穴式，窑室和火膛系利用人工断面一次性修建而成，顶部逐渐收缩成圆形烟孔状，窑箅完全系重新修建；火门之上不留窑室前壁，作为入窑口，陶坯入窑后另行封闭，起窑时再破除之。陶窑周围还有取土场及下部埋置的陶缸等，应是较为完整的制陶作坊遗存。出土有大量陶器残片，器形和彩陶纹饰既包含仰韶文化中晚期的一些特征，如卷沿曲腹盆、重唇口尖底瓶（口沿）、宽沿浅腹盆、平唇或敞口尖底瓶（口沿）等，尖底瓶表面饰细线纹，盆类饰弧线三角或曲线波浪纹等；也包含一些典型马家窑文化的特征，如敞口、平底彩陶瓶等，彩陶纹样包括圆圈网格纹、曲线纹等，纹样布局存在不对称现象。初步判断应属马家窑文化早期遗存，但保留有明显的仰韶文化因素，似乎表明这一地区的文化演变特点较为特殊。（钱耀鹏）

张掖市黑水国青铜时代遗址

发掘时间：2010 年 6 月~11 月
工作单位：甘肃省文物考古研究所、中国社会科学院考古研究所、北京科技大学

遗址位于张掖市明永乡下崖村西北 3 千米处，地处黑河流域中段西侧的冲积扇台地上，发掘 150 平方米。此次发掘共发现遗迹单位 54 处，其中房址 11 座、灰坑 23 个、烧烤坑 7 处、沟 5 条、独立墙体 1 段、墓葬 7 座，获取各类遗物 1000 余件。

房址包括地面式土坯建筑、地面式立柱建筑、半地穴式建筑三大类。土坯建筑的发现在河西地区尚属首次，建筑为多室结构，以土坯砌墙，有大型承重柱础，局部以土坯平铺地面。遗址还发现有矿石、铜渣、炉壁、鼓风管等各类冶金遗物，为全面揭示河西地区乃至中国早期冶金技术的研究提供了翔实资料。还发现有小麦、大麦、小米等农作物和动物骨骼等，为我们了解当时的生业形态、饮食结构、早期农作物及河西地区农业起源的研究提供了新资料。此外，遗址发现的绿松石、玛瑙、水晶、煤精、珍珠、蚌壳制品等为研究早期河西走廊地区玉器生产、玉料来源等问题提供了丰富资料。

此次发掘获得了较为完整的地层序列，四坝文化、“过渡类型”、齐家文化、马厂晚期文化遗存均有发现，这为四坝文化的来源研究、“过渡类型”遗存的内涵研究以及二者与马厂文化、齐家文化的关系等诸方面研究提供了翔实的资料和地层证据，并为进一步建立和完善黑水河流域甚至河西走廊地区早期文化序列提供了新材料。（陈国科）

清水县李崖西周遗址

发掘时间：2010 年 8 月 7 日 ~10 月 15 日
工作单位：早期秦文化联合考古队

李崖遗址位于天水市清水县永清镇牛头河与樊河交汇处的一、二级台地上，隔牛头河南岸即清水县城。遗址范围西以白土崖村西的冲沟为界，东至樊河西岸，南至牛头河北岸，东北以陈家庄子南的冲沟为界，总面积超过 100 万平方米。遗址地势平坦

开阔，北高南低，海拔 1370～1424 米。

在二级台地上发掘了北魏时期的清水县城，发现夯土建筑基址和大量的灰坑（A、B、C 发掘点）。另外，在二级台地铁路经过的梯地断崖处清理了一座西周时期的残半灰坑（D 发掘点）及一座汉墓（E 发掘点）。在一级台地上发掘了 4 座西周时期的秦墓和 20 余座灰坑（F、G 发掘点）。A～C 点在遗址二级台地上，发掘出北魏时期的一道夯土墙基和一座方形建筑，还解剖了一段城墙。D 点亦在二级台地，清理了 1 个西周灰坑。E、H 点在一、二级台地交界处，前者发掘一座汉墓，后者清理 1 座西周残墓和 1 个残灰坑。F、G 点在一级台地，在 F 点发掘 3 座西周墓葬和若干同时期灰坑，在 G 点发掘 1 座西周墓、1 个马坑及若干灰坑。其中 F 发掘点的 3 座墓均东西向，头向西，M5、M7 仰身直肢葬，M6 仰身屈肢葬，墓均带腰坑，M5 腰坑内殉狗。陶器组合为鬲、簋、盆、罐，从其葬式和随葬器物推测似为西周中期或偏晚的秦人墓葬。

从钻探和发掘的情况看，李崖遗址的时代除北魏城址外，主要集中在西周中晚期，基本不见东周时期的遗物。遗址规模在整个牛头河流域以周代文化为主的遗址中是绝无仅有的。因此其很可能就是文献记载中的秦人先祖非子封邑之所在。（侯红伟）

张家川县马家塬战国墓地

发掘时间：2009 年～2010 年
工作单位：早期秦文化联合考古队

墓地由 58 座墓葬和祭祀坑组成，面积约 2 万平方米。墓地的布局以 M6 为中心，其余墓葬呈半月形分布在北部和东西两侧。

2009 年发掘 6 座墓，出土了大量精美器物和随葬车辆、殉马等。车辆髹黑漆朱绘，有金、银、铜饰件及料珠等装饰物。

M4 为中型墓，台阶式竖穴偏洞室墓，台阶数不明。

车坑呈长方形。随葬马车 1 辆，整体髹漆，车衡、车轭有黑底朱绘痕迹。车舆有车耳，车毂为黑漆朱彩。车前系有 4 匹全躯服马和骖马，杀殉，趴卧葬式。车衡架在马颈上，马络饰穿系清晰。

洞室于车坑北壁东部掏挖而成。单室，墓室东、西两侧由 3 根立柱支撑室顶横木（仅见 3

根）。墓顶早期坍塌。室内葬车1辆。整体髹漆，车辀昂起于北壁上，辀身黑底朱绘，辀首朱绘虎头；车舆由金箔虎、银箔羊、银箔方形花饰、铜泡、嵌金铁条装饰；车轮用三角形银花饰装饰，并且有伞盖痕迹，整车装饰华丽。葬具为木棺，在墓室东侧，墓主头北脚南。木棺东侧随葬器物有青铜壶、带盖铜鼎、陶鬲和陶罐。

M57为次中型墓，八级台阶式竖穴偏洞室墓。

车坑呈长方形，随葬马车2辆。1号车车辀向东昂起，整体髹漆，车辀有黑底朱绘痕迹。车舆用料珠、铜泡、锡质方形花装饰；2号车车辀向东昂起，有伞盖，轮辐约38根。东侧车衡下葬有马头骨。

洞室位于车坑北壁东部掏挖而成。单室，券顶，北壁开龛一个。墓主女性，仰身直肢，头东脚西，骨质保存相对较好。棺具为木棺，弧形盖，有黑漆朱绘。

墓室北壁龛内出土器物有蟠螭纹铜壶1件。墓主随身佩饰有金耳坠、金扇形头饰、金腰带、金首铜柄铁刀、玻璃态蛇纹蜻蜓眼，还有大量玻璃态管形珠和贝串饰。

2010年发掘了2座，编号M9和M10。

M10为小型墓，三级台阶式竖穴偏洞室墓。

车坑呈长方形，随葬马车1辆，未髹漆。车舆左右侧板装饰铜花饰，车舆后铜门饰完整。车轮铜饰完整，车体完好，未挤压变形。

洞室于车坑北壁东部掏挖而成。单室，券顶，墓室盗扰，仅出土2件陶器，蛇纹铲足鬲和壶。（赵吴成）

秦安县王洼战国墓群

发掘时间：2009年8月~11月；
　　　　　2010年7月~10月

工作单位：甘肃省文物考古研究

墓群位于秦安县五营乡王家洼村北部，属县级文物保护单位，近年来遭盗掘情况极为严重，故对其进行了抢救性发掘。共发掘墓葬10座。

发掘清理的墓葬中有8座为竖穴土洞墓，均由墓道和墓室两部分组成，其余两座为竖穴土圹墓。墓道平面呈矩形，东、西两侧有1～6级不等的台阶，或东侧无台阶。墓室多位于墓道东北角，为近长方形拱顶土洞，与墓道夹角接近于垂直。2009年发掘3座墓葬墓道内均随葬马车至少1辆，为单辕双轮马车，车衡及车辕下一般随葬有4～7具马头骨，其中3号墓马头上覆盖完整的马头饰1套。2010年发掘的7座墓葬墓道内均未随葬马车，仅有马、牛等动物骨骼。墓主人葬式为单人仰身屈肢葬或直肢葬，葬具为木棺1具。随葬品发现有铜壶、陶壶、陶鬲、箭囊等。多数墓葬因盗扰，破坏比较严重。

从目前已发掘清理的墓葬来看，该墓群的性质与张家川马家塬墓群极其相似，这两者应该都是戎人贵族墓葬，但分属两个不同支系。王洼墓群的发现与发掘，对于研究战国时期秦国戎人贵族墓葬以及戎人分布情况、文化发展等信息具有极为重要的价值。（赵雪野　王山）

酒泉市野猪沟汉墓群

发掘时间：2010年8月~9月

工作单位：甘肃省文物考古研究所

汉墓群位于酒泉市肃州区上坝镇上坝村东侧野猪沟河两岸。为配合兰新高速客运铁路工程，对该墓区进行抢救性发掘。

共清理汉代砖券洞室墓3座。其中M1前室较大，呈长方形，后室为砖券洞室，但被早期洪水沟冲去一半，仅清理出随葬品陶壶、陶仓和铜扣器口圈各1件。M2位于M1的北部约40米处，M3位于M1的东侧5米处，均属前后室相统一的小型砖券墓。但两座小型墓中所出随葬品却比较多，有陶壶、陶罐、陶仓、陶灶、陶井、陶盒、铜带饰等。（赵建龙）

玉门市白土梁汉代墓地

发掘时间：2010年7月~8月

工作单位：甘肃文物考古研究所

墓地位于玉门市清泉乡白土梁村东侧，骟马河西岸，兰新铁路北侧，国道312线南侧。为了配合新建兰新铁路第二线双线工程（甘肃酒泉段），对工程所涉及的玉门清泉白土梁墓地进行了清理发掘。发掘区域地理坐标为北纬39°54′，东经97°45′，海拔1815米。

共发掘清理汉代墓葬16座。其中竖穴土坑墓15座，竖穴石板墓1座。在竖穴土坑墓中，M2与M16为双人合葬，其他为单人葬。竖穴石板墓M15为双人合葬。从墓葬方向看，这16座墓葬中，14座为南北向，葬式为头北脚南，另有2座为东西向，葬式为头东脚西。这批墓葬墓室长方形，有的墓葬有二层台，上有放置木板或木柱的痕迹。墓室内有木制棺椁，单人葬为一椁一棺，双人葬为一椁二棺。多数墓葬的棺置于椁室南侧，随葬品置于椁室北侧。较特殊者为M1棺置于椁室东侧，随葬品置于椁室西侧。M2椁室西侧有四个用夯土分割成的小边箱，其中一个边箱内有动物骨骼。M15形制较大，有长方形斜坡墓道，墓室四周砌以石板，封门为两块较大的石板，该墓随葬器物丰富，部分器物放置在西侧棺的盖部。

这批墓葬共出土器物127件，其中陶器64件、铜器20件、漆器25件，另还有一些泥制品、丝织品等。出土陶器有罐、壶、盆、瓶、灶、甑、釜等，为汉代常见器形。铜器有铜鼎、铜镜、带钩、五铢钱等，M15出土铜印章1枚，文为“王世之印”。漆器有耳杯、盘、盒、奁等器物，但保存较差。泥制品为青土灯、泥坐等，丝织品较残，此外还有一些金属条状物品等。另9月初，又在遗址东南部又补充发掘了石室汉墓2座，出土陶、铜、骨器10余件。该批汉墓的清理发掘，丰富了河西走廊汉墓资料，为研究河西汉代丧葬习俗等提供了重要的实物。（马智全　刘兵兵　赵建龙）

民乐县八卦营汉代墓群

发掘时间：2010年10月25日~12月4日

工作单位：甘肃省文物考古研究所、洛阳津月文物钻探发掘队

墓群位于民乐县南约16千米处的永固镇八卦营村东部的小山坡上，属省级文物保护单位。为配合兰新高速客运铁路线工程，对张掖地区民乐县段所涉及的八卦营汉墓群进行了抢救性发掘。共发掘清理西汉至西晋时期的墓葬98座，还有近代墓3座。墓葬多为竖穴土坑和竖穴土洞室墓，而中型墓多有棺有椁，小型墓多单棺或无棺。共出土陶、铜、骨、漆器等300余件。从随葬的陶器看，该墓群在汉代的墓葬中共存有红色夹砂陶器，造型酷似辛店、齐家或马厂类型而无花纹，疑与当地的月氏族文化有

着密切的关系。根据其“县志”记载：原永固城为月氏族东王城，被匈奴所占，杀月氏王，以其头颅为饮器，冒顿单于置此为单于王城，为其夏季避暑的行宫（月氏王头颅饮器20世纪40年代还存放在永固城隍庙内）。而浑邪王只得在单于王城东南5千米处另建新城居住（今八卦营）。汉武帝太初三年，在今永固城设张掖属国都尉管理当地的少数民族。东汉时八卦营城为张掖属国侯官城，今出土有“部曲将印”和“骑部曲督”铜印为证。所以，当引起考古或学术界的高度关注。（赵建龙）

酒泉市侯家沟魏晋墓群

发掘时间：2010年8月~9月

工作单位：甘肃省文物考古研究所

墓群位于酒泉市肃州区西峰寺乡侯家沟村委会南约2千米的沙石戈壁滩上，兰新高速客运铁路线东西向穿插其间，对其进行了抢救性考古发掘。

侯家沟墓群属区级文物保护单位，东西长约2千米，南北宽约2千米。铁路路基穿跨墓区约2千米距离。其路基宽约31、南侧便道宽7、北侧便道宽约5米，方向西偏南20°。在桩号DK694西100米处有一片防沙林带的西边，呈南北向（南偏西25°）与路基交叉。路基北300米处有一道向西延伸的侯家沟防洪坝，西段则距路基较远。古代魏晋墓群与现代墓群则混杂分布在这片戈壁沙滩上，受影响的墓葬分布1000多米，共清理墓葬9座，其中较大型的砖券洞室墓3座（M1、M2、M5），其余均是沙砾洞室墓。近方形墓室，覆斗式墓顶，向东开设有一条宽0.8、长7~15米的斜坡形墓道。无论大小均于早期被盗，出土遗物很少，有些甚至没有随葬品，仅有残朽的棺木和零散的骨骸。部分墓葬中也只能捡到几片残破的陶罐碎片而已。这次发掘的9座墓，一般是两座为一组的家族式墓地，共出随葬器物50余件。（赵建龙）

合水县唐代魏哲墓

发掘时间：2010年6月~7月

工作单位：甘肃省文物考古研究

所、合水县博物馆

墓葬位于合水县城东南25千米的肖嘴乡肖嘴村。村民在挖地基建盖民房时发现，经清理，此墓为唐魏哲之墓，编号2010HXXM1。墓葬为长斜坡墓道单室砖墓，坐北朝南，方向160°。墓葬由墓道、天井、过洞、甬道、墓室等组成，整个平面呈刀形。因墓道接近公路，故未全部清理，从清理部分看，墓葬水平总长度约23.5米，墓门底距现地表深9.1米。

墓道平面略呈梯形，3个天井，3个过洞。甬道长方形，分两部分，前部为土洞，后部砖砌。地表无砖。墓室平面近方形，穹隆顶。长宽各约4、高3.56米。南壁东侧开门。西壁下砌一棺床，上置人骨。四壁均白粉打底，上绘制壁画，但因墓室十分潮湿，壁画多已脱落，可辨识的仅有树木等。

随葬品破坏严重，出土了陶器、铜器、琉璃器等。甬道口放置墓志1合，墓门两侧各1陶罐，左侧出土有陶俑1件。其他遗物主要集中置于墓室东部。

该墓中出土大量的玻璃器，六瓣瓜棱形，翠绿色，外表面瓜棱相交处镶有铜条。

墓志置于砖甬道内，接近墓室口。出土时盖身相扣。墓志青石质，正方形，边长67厘米。志盖，盝顶，厚10厘米，顶面中央篆刻“大唐故绮将军墓志铭”三行九字。字周围及四斜刹刻卷草纹。四边阴线刻十二生肖及装饰纹样。正面中间起首刻鼠，顺时针雕刻。

根据墓志记载，墓主人为唐初右监门卫将军魏哲。唐高宗总章二年（669）春三月乙未薨于安东都护府之官第，越咸亨元年冬十一月壬寅，与夫人马氏、王氏祔于宁州襄乐县。《全唐文》194卷中有唐代大文豪杨炯为其撰写的《唐右将军魏哲神道碑》。

该墓有明确纪年，且是陇东地区正式发掘的唐墓，较为重要，丰富了甘肃唐墓资料。（吴荭　张存良）

镇原县下头唐墓

发掘时间：2010年7月~8月

工作单位：甘肃省文物考古研究所

下头墓群位于镇原县平泉镇上刘行政村，武亭村六组，为配合国家重点项目西气东输二线工程的建设，对镇原县施工管道作业带内发现的古墓葬进行了抢救性发掘。坐标北纬35°30′32″、东经107°06′58″，海拔1423米。

M2为竖穴土洞墓，由墓道、墓门及墓室三部分组成，方向20°。墓道位于墓门北侧，平面呈长方形竖井状，填土为灰褐色土和五花土并有少量的灰陶残片、铁钉及木炭。墓道长3.1、宽1.8米。墓道南端与墓室连接处未发现封门所用的材料和遗留痕迹，但塌陷痕迹较为明显。墓室平面呈长方形，券顶，长3.3、宽2.2、墓室残高1.2米。墓室顶部坍塌，从塌陷痕迹可见起券位置较为明显，墓室距地表深8.5米。

墓室因早期进水导致棺木严重腐朽，仅存朽木痕迹。结构较为明显，棺木痕迹残长2.3米，头箱外宽1.4、内宽1.2米，棺木中间隔一挡板，脚箱外宽1、内宽0.8米。棺木上镶铁钉，铁钉间距0.4米，铁钉数量较多，棺内有大量淤泥，棺木外壁装饰红绿相间的彩绘图案，因室内进水无法完整保留，清理后进行照相提取资料。

棺内放置两具骨架。位于棺内右侧人骨，头朝东北，仰面偏右，下颚骨残，仰身直肢葬，双臂伸直，双手放置于盆骨左右两侧，盆骨略残，双腿伸直，腓骨及脚趾骨大部分缺失，其右手指间夹1枚铜钱，上铸“开元通宝”四字。葬式为仰身直肢。另外，在棺外右侧中部放置泥质灰陶罐1件。东侧人骨面向西，下颚骨残，头朝东北，仰身直肢葬，面向右，双臂伸直，双手放置于盆骨左右两侧，盆骨残损严重，双腿伸直，腓骨及脚趾骨缺失，系夫妻合葬墓。

此次发掘下头墓葬规模很小，且随葬器物颇少。从M2所出的铸“开元通宝”铜钱及灰陶罐的器形来判断，应为唐代墓葬。（岳晓东　周静）

镇原县井坬宋墓

发掘时间：2010年7月~8月

工作单位：甘肃省文物考古研究所

井坬墓群位于镇原县平泉镇上刘行政村井洼自然村，为配合国家重点项目西气东输二线工程的建设，对施工管道作业带内发现的1座古墓葬进行了发掘清理。地理坐标为北纬35°36′38.8″，东经106°58′00.4″，海拔1515米。

井坬墓群为竖穴土坑墓，墓室顶部坍塌，方向11°。该墓由墓道、墓门、甬道及墓室四部分组成。墓室呈长方形，为南北向，墓室距地表深1.7米，墓室南北长2.4、东西宽2米。棺木已朽，骨骸基本呈粉末状，在清理中未发现陪葬品。

此次发掘的镇原县井坬墓葬随葬器物颇少。从该墓出土的瓷片及陶片来看，其年代大致应在宋代。（岳晓东　周静）

青 海 省

乐都县马家台魏晋墓

发掘时间：2010 年 6 月~10 月
工作单位：青海省文物考古研究所

墓地位于乐都县碾伯镇七里店东村马家台村村南。为配合兰州—新疆的高速铁路工程建设施工，对该墓地进行考古勘探和考古发掘。

M1 地表有封堆，封堆东西宽 18.5、南北长 29.5、封堆残高 6.4 米，M1 为竖穴土坑砖室墓，墓葬由斜坡墓道、照墙、甬道、前室单穹隆顶、后室双穹隆顶组成。墓道长 12.5、宽 1.9~2.6 米；墓室长 10.2、宽 6.1、深 5.9 米，总长 22.7 米。

发掘出土了较为丰富的文物，陶器有陶井、陶仓、陶仓盖、陶灶、陶甑、盘口壶、三足陶盆、陶罐。铜器有五铢钱、铺首等、摇钱树（残片）、铜制桥形纽的印章“诏假司马”（重要出土物）、铜刀、铜俑。砖雕有（主要分布在照墙上）菱形网格纹、仿斗拱、力士。配饰有料珠、玛瑙珠、萤石挂件；金饰品（两件）。共出土文物 90 余件。

据墓葬形制和出土器物的特征，该墓可能为魏晋南北朝时期遗物。公元 4 世纪初，西晋中央政权开始分裂，北方的少数民族在多年的混战中，汉族与氐族的上层贵族，先后以姑臧为中心，在河西走廊建立前凉、后凉地方封建割据政权，并控制了青海东部地区。该墓地的发掘为这一地区提供了重要的考古资料。（胡晓军）

新疆维吾尔自治区

和静县小山口新石器时代及汉晋墓地

发掘时间：2010 年 8 月~11 月
工作单位：新疆维吾尔自治区文

物考古研究所

墓地位于巴音郭楞蒙古自治州和静县哈尔莫墩乡西南约18～19千米处。墓葬地处开都河北岸二级台地上，地势较为平坦，地表为戈壁洪积砾石。为了配合和县小山口二、三级水电站建设项目，对工程所涉及的古墓葬进行了考古发掘，共发掘古墓葬453座。出土各类随葬品共计428件。

本次发掘编号为Ⅱ、Ⅲ号墓地，其中Ⅱ号墓地位于整个墓地的最西部，墓葬分布最为密集，依据现代沟壑，Ⅱ号墓地又可分为A、B、C三区。Ⅲ号墓地位于整个墓地的中部及东部。依据出土器物组合及器物特征可分为三期。

早期墓葬发掘量最大，均集中于本次发掘的Ⅱ号墓地，墓葬地表以卵石立砌而成的平面呈椭圆形的石围为最多，石围绝大多数仅一层，有少量的墓葬，地表有石堆或石围石堆。均竖穴土坑墓，墓室口部一般有竖向的棚木，棚木多不完整，在棚木上铺有一层芨芨草，有的在墓室口部芨芨草上有少量的卵石，墓室平面大多呈东西向长径的椭圆形。以单人屈肢二次扰乱葬为主，少量的合葬墓，一次葬最少，均脚向西，凡是扰乱葬的墓葬，棚木均不完整，且一般上身被扰。随葬品所处位置不定。以陶器、铜器、料珠为主，有的在墓室内还随葬有羊骨。陶器有陶罐、双系罐、陶杯、钵等，以平底器为主，少量的圜底器，侈口，有夹砂灰陶及红陶，仅1件彩陶，有的器物在周身或颈部压印有“>”形纹或内填斜线的倒三角纹。铜器有铜刀、铜耳环，均青铜质，铜刀均弧背、直刃，柄身分界明显。

中期墓葬主要集中于Ⅲ号墓地西部，在Ⅱ号墓地C区亦有少量分布，地表有的有圆形或椭圆形石围，但大多不完整，均竖穴石室墓，竖穴平面略呈圆形，均四面砌石，大多数砌石从墓口砌至墓底，个别墓葬仅一层砌石，个别墓葬最下部一层立砌，有的墓葬在墓地砌一个壁龛，砌石均紧贴墓壁。以合葬墓为主，以侧身屈肢为多，同一墓室中有一次葬也有二次葬，随葬品主要有陶器、铜器以及料珠。陶器主要葬于墓主头端，有单耳带流罐、单耳带流杯、双系罐、勺杯等，以平底器为主，均夹砂红陶，素面，有的在陶土中夹有云母，铜器有铜刀。

晚期墓葬位于Ⅲ号墓地中部及东部，地表均有平面略呈圆形的土石封堆，有的在封堆下有内石围，墓室以单室为主，个别双室。有竖穴土坑墓、竖穴木棺墓，其中竖穴土坑墓分为两种，一种为普通的竖穴土坑墓，另一种为在竖穴四周立砌一层卵石，底部为生土，有的在口部铺盖有一层卵石，形成类似石棺的墓室，木棺有箱式棺、槽形棺，棺板之间未见榫卯及棺钉。平面呈东西向长径的圆角长方形，大多一次葬，二次葬次之，仰身直肢为主，单人葬占绝大多数，合葬墓较少，墓主均头东脚西，随葬品较少，有陶器、铜器、铁器及羊骨。陶器均夹砂灰陶，器形有陶罐，器表有的有一周刻划的线纹，铁器有铁带扣、铁刀等。

早期墓葬出土器物与于田流水墓地、曲惠新塔拉遗址较为相似，年代距今3000年前后。中期墓葬出土器物与察吾呼沟口墓地、拜勒其尔墓地、哈不其罕墓地出土器物基本一致，属于察吾呼文化的范畴。晚期墓葬出土器物的特征与尼雅遗址、山普拉等墓地较为一致，年代上相当于中原地区的汉晋时期。（田小红　吴勇　胡望林）

尼勒克县汤巴勒萨依青铜铁器时代及唐以后墓地

发掘时间：2010年5月~6月
工作单位：新疆维吾尔自治区文物考古研究所

墓地位于尼勒克县喀拉托别乡喀尔沃依村东，唐布拉大桥南侧、喀什河上游南岸、汤巴勒萨依沟口东侧的河谷阶地上。地理坐标北纬43°41′48.5″，东经83°41′52.4″，海拔1811.5米。

为配合新疆伊犁喀什河萨里克特水电站工程建设，对墓地进行了抢救性考古发掘，共发掘墓葬26座。

从发掘情况来看，墓葬地表封堆可分为两种，即土堆墓葬和石堆墓葬，从文化内涵看，明显存在巨大差异，大致可分为三个时期，早期墓葬属于青铜时代，中期墓葬属于早期铁器时代，晚期墓葬可能已晚到唐代以后。中期墓葬大部分经过二次盗扰，出土遗物较少，晚期墓葬则基本无随葬品。

青铜时代墓葬的发现和发掘，是该次考古发掘的重大收获。汤巴勒萨依墓地东部墓葬（7座），从墓葬形制、葬式葬俗和随葬品来看均属于典型的安德罗诺沃文化遗存。墓葬为土封堆，墓室为竖穴土坑，有单人葬，也有双人合葬，个别火葬。墓主均侧身屈肢，一般随葬2~3件陶器。出土的缸形罐从陶器的质地和形制看属于安德罗诺沃文化的典型器物，喇叭口铜耳环、铜质串珠等也是该文化的典型器物。人骨鼻梁高挺，属典型的欧罗巴人种。该批墓葬为研究伊犁地区早期青铜时代文化乃至整个新疆、中亚地区的早期青铜文化提供了极为宝贵的资料。（阮秋荣）

特克斯县库克苏河西2号墓群

发掘时间：2010年7月~8月
工作单位：新疆维吾尔自治区文物考古研究所

墓群位于伊犁特克斯县乔拉克铁热克乡阿特恰比斯村东约3千米处，阔克苏河沟西侧台地上，北距特克斯河约5.5千米，墓葬数量约200座。地理坐标北纬43°08′28.3″，东经081°52′59.5″，海拔1298.6米。为配合新疆伊犁特克斯县库什塔依水电站工程建设，对受工程建设影响的墓群进行了抢救性考古发掘，共发掘墓葬93座。

根据墓葬地表封堆情况可分为石堆墓和土堆墓两种类型，其中大部分为石堆墓，土堆墓数量较少。墓葬形制较为复杂多样，有竖穴土坑、竖穴偏室、竖穴石室（带墓道）等，葬式除了早期墓葬外大部分为仰身直肢，头西脚东，但也有少量屈肢葬。存在少量的石质和木椁葬具。根据出土文物和墓葬形制可以判断墓葬在时代上延续较长。出土的陪葬品种类多样，为陶器、铜器、骨器、铁器、石器等40余件。

青铜时代墓葬的发现和发掘，是该次考古发掘的重大收获。在库克苏河西2号墓地共发掘了7座安德罗诺沃文化的墓葬，从墓葬形制、葬式葬俗和随葬品来看发掘墓葬属于典型的安德罗诺沃文化。墓葬封堆可分为两种，一种为纯土堆，一种是在土堆上覆盖一层卵石（形似石堆墓），墓室为竖穴土坑（个别在墓室西部有斜坡墓道），有单人葬，也有双人合葬，墓主均侧身屈肢，头西脚东，面部朝北，随葬品放置在墓主周围，一般随葬2~4件陶器。陶器以折肩圈足为特点，基本不见金属器。

出土的缸形罐从陶器的质地和形制看属于安德罗诺沃文化的典型器物，与2010年6月在尼勒克唐布拉墓地发掘的安德罗诺沃文化墓葬存在明显地域差异。在新疆地区也是首次发掘该类型的墓葬，为研究伊犁地区早期青铜时代文化乃至整个新疆、中亚地区的早期青铜文化提供了极为宝贵的资料。（阮秋荣）

阜康市白杨河春秋至唐代墓地

发掘时间：2010 年 4 月~5 月
工作单位：新疆维吾尔自治区文物考古研究所

为配合昌吉州阜康市白杨河水库的施工建设，对白杨河水库工程坝址、导流洞及淹没区域所涉及白杨河古墓群进行了抢救性考古发掘，共计发掘墓葬 53 座。

白杨河古墓群位于昌吉州阜康市东 50 余千米，沿白杨河沟两侧（主要分布在白杨河西岸台地上）成带状分布，据初步调查统计墓葬数量 120 余座，分布态势呈现大片分布、小片集中。均为石堆墓葬，地表石堆为圆形、长方形或椭圆形，用较大的砾石夹土堆积而成。圆形石堆直径为 5~20 米，其中个别石堆外围有石圈。

根据墓葬形制可以将此次发掘的墓葬分为 4 类，竖穴土坑墓、竖穴石棺墓、竖穴偏室墓和洞室墓。其中竖穴土坑墓和洞室墓数量较多，其文化内涵差异较大，时代差距也较大。葬式葬俗以单室单人葬为主，葬式以仰身直肢为主，屈肢葬较少，发现 1 例覆身葬，墓向一般为东西向，其中洞室墓的葬式均为南北向。在没有经过盗扰的墓葬中大多有随葬遗物，此次出土文物共计 50 余件套，按质地分有陶器、鎏金器、银器、铜器、铁器等。

M2、M11 在地表墓室西北放置 1 件或 2 件陶器，墓葬形制与吉木萨尔县大龙口墓地发掘的地资料显示出相同的考古文化内涵，其年代早至春秋时期。M12、M13 等洞室墓出土具有明显纪年标志的“开元通宝”铜钱，晚期遗存的上限年代应在唐代。

沿天山北麓分布有众多的考古遗存，但大都缺乏考古发掘，特别是阜康市的考古发掘资料极为有限。此次的考古发掘能在很大程度上弥补这一地区的考古学资料、补充史料所不足，能够与阜康周围诸如奇台、木垒、呼图壁、吉木萨尔等已做过考古发掘进行对比，从而对这一地区的考古学文化有比较全面的了解。（阮秋荣）

阜康市臭煤沟墓地

发掘时间：2010 年 6 月
工作单位：新疆维吾尔自治区文

物考古研究所

为了配合晋泰实业有限公司三煤矿建设，发掘了昌吉洲阜康市臭煤沟古墓葬21座。墓地位于五工乡，北距上斜沟村约5千米，地理坐标北纬44°05′29.8″，东经88°32′36.9″。

整个墓地呈南北向长条形，墓葬地表均有平面略称圆形的土石封堆，直径100~300厘米，墓葬形制有竖穴土坑、竖穴偏室、竖穴石棺及竖穴石室。

竖穴土坑墓共8座，主要位于发掘区域的北部，墓室平面均呈东西向圆角长方形，个别墓葬在墓室口部铺一层石板，墓室普遍较浅，浅的在20厘米，最深不过110厘米，以单人仰身直肢为主，均头西脚东，其次为二次葬，有个别的屈肢葬，仅一座合葬墓。

竖穴石室墓，共8座，主要位于墓地的南部及中部，平面呈东西向圆角长方形，有的在墓室内有大量填石，石棺由数块石板拼合而成，底部均为生土，口部铺盖一层或两层石板，以单人仰身直肢葬为主，有少量的二次扰乱葬及屈肢葬。

竖穴偏室墓共4座，与竖穴石棺墓及竖穴土坑墓交错分布，竖穴平面呈东西向圆角长方形，偏室均开口于竖穴南壁，有二次葬也有仰身直肢葬。

竖穴石室墓仅1座。位于墓地南部，平面略呈方形，仅在墓室口部立砌一周石板，墓室内未见人骨及随葬品。

随葬品主要有陶器、铜器、铁器、骨器。陶器主要放置于墓主头端，有夹砂红陶及夹砂灰陶，器形主要有单耳罐、单耳杯、钵、壶，均素面，有的在口沿处有一周附加堆纹或穿孔，有的在器腹有对称的月牙形錾或乳丁。铜器主要有铜刀、铜饰件。铁器主要有铁剑、铁刀等。

从陶器特征与纹饰上看，这批器物与苏贝希文化极为相似，未见彩陶的总体风格又显示其时代当处于苏贝希文化的晚期，另外在一座石棺墓中出土1件漆器残片，预示石棺墓的年代的上限到了汉代。值得注意的是所出土的铁器均位于竖穴石棺墓中，似乎石棺墓与竖穴土坑墓之间有时代上的差异。（胡望林）

阜康市西沟墓地

发掘时间：2010年9月~10月

工作单位：新疆维吾尔自治区文物考古研究所

墓地位于昌吉州阜康市上户

沟乡西沟村。为配合工厂建设，对两处墓地进行了调查与抢救性发掘。

一号墓地位于中泰化学煤焦化厂厂房以南约1000米的河漫滩台地之上，共发掘墓葬3座，遗址1处。

墓葬均分布于此台地的北部，形制基本相同。墓葬在地表之上均存有高大的土石封堆。墓室位于封堆下的中部位置，仅M2、M3存在有墓室，M1在封堆下未发现有墓室，仅发现有一截肢骨残片。M2、M3均为长方形竖穴土坑墓，墓室直接构筑于生土之上，平面形状大致呈圆角长方形，墓内填大量的黄土，混合有少量的卵石。骨骼保存较差，仅在M2墓室填土中发现少量人骨残片。M3墓室内未发现人骨。墓葬内随葬器物极少，仅在M2的封堆中出土陶罐1件，已残。在M3墓室填土内发现泥制灰陶片1件。

遗址位于河漫滩台地南端的一处山坡之上，北距墓葬分布区约1千米。遗址堆积依据山势呈斜坡状，东面山坡处堆积较薄，西面山脚处堆积较厚。堆积可分为3层，第①层为表土层。第②层为洪积层。第③层为文化层。遗址内仅发现遗迹1处，即裸露于地表的卵石垒砌而成的建筑遗迹，编号为2010CFXF1。F1为一呈弧形的卵石堆砌而成的墙体，卵石呈南北向依山势纵立而成，出土遗物均为陶片，均出土于第③层，在卵石堆积的南部东侧较为集中。陶质均为夹砂红陶，器形有陶罐。纹饰有戳印纹与刻划纹。

二号墓地位于中泰化学煤焦化厂厂房以西约3 000米的两座相邻的山坡之上，共发掘墓葬20座，遗址1处。

墓葬依山势分布于两座南北相连的山坡之上，以北侧山坡分布较为密集。发掘的20座墓葬中，依其墓葬形制及随葬器物的差异，将墓葬分为早晚两期。早期墓葬共6座，均为竖穴土坑墓，多分布于山坡东部低地处。墓葬在地表之上均存有封堆。墓室均位于封堆之下，平面形状大致呈圆角长方形，墓内填大量的黄土，质地坚硬，夹杂少许卵石。墓内骨骼保存较差，均为单人葬，葬式多为仰身直肢葬，仅M18为侧身屈肢葬。随葬品一般置于墓主头骨顶端的一侧，均为陶器，仅M20、M25出土少量的铁器。6座墓共出土陶器9件，铁器3件。陶器均为夹砂红陶，器形有陶罐、单耳罐、单耳杯，部分单耳罐罐体饰有黑彩。铁器器形主要为带扣、铁刀。

晚期墓葬共14座，墓葬形制多为竖穴偏室墓，仅1座为竖穴土坑墓。墓葬多分布在山坡坡脊的顶部与中部，呈线状排列。多数墓葬已遭盗掘。墓葬在地表之上存有封堆，竖穴偏室墓由墓道与墓室两部分构成，墓道均为平面形状呈圆角长方形的竖穴土坑。墓室则开凿于墓道的长壁一侧，多凿于北壁之上。墓室平面形状亦呈长方形，径深约 50～60 厘米，长度基本同于墓道，顶部呈斜坡状。部分墓室墓底低于墓道底部。墓内填有大量的黄色黏土，夹杂少量卵石，部分墓葬竖穴墓道中填有大量的卵石。墓道内一般殉马 1 匹，仅 M22 殉马 2 匹，上下叠压。在马骨的头部、背部以及尾部发现有马具及铜饰件。墓主葬于墓室之内，均为单人葬，葬式多为仰身直肢葬，仅 M7 为侧身直肢葬。墓主多头西脚东。在部分墓葬人骨周围发现有棺木痕迹。随葬品以铜器、铁器为主，铜器主要以戒指、手镯、腰带、腕带等铜饰件为主，其中 M3 出土瑞兽葡萄镜残片 1 块，四周打磨光滑。铁器主要以铁刀、铁箭镞为主。部分墓葬墓主身侧随葬有箭箙，惜已残朽，无法提取。

遗址位于两处山坡之间的山坳内，山坳的沟底有一流水冲刷而成的小沟。地表上散有大量的夹砂红陶片，在水沟底部发现有大量的石器。共发掘 216 平方米。地层堆积顺山势呈斜坡状，堆积可分为 2 层，第①层为表土层。第②层为文化层。共发现遗迹 22 处，均为灰坑，堆积浅薄，主要以灰烬与红烧土为主，包含少量陶片、羊骨等。

一号墓地所发现墓葬在新疆阿勒泰地区、甘肃马鬃山地区以及俄罗斯外贝加尔地区均有发现，有学者认为此类墓葬与原匈奴文化有关。遗址年代与性质尚待进一步研究。

二号墓地早期墓葬在墓葬形制以及随葬器物的特征与纹饰上均与鄯善地区苏贝希墓地相似，应属于苏贝希文化的范畴。晚期墓葬中出土有葡萄瑞兽镜残块 1 枚，且墓葬形制及随葬品与乌鲁木齐市南郊盐湖南岸的一座唐墓极为相似，推测其年代亦为唐代，而殉马是突厥武士墓葬的重要葬俗，因此，我们推测，该批墓葬受突厥风俗影响较大。（党志豪　胡望林）

哈密市艾斯克霞尔南铁器时代墓地

发掘时间：2010 年 11 月～12 月

工作单位：新疆维吾尔自治区文物考古研究所

墓地因位于哈密艾斯克霞尔

墓地以南的南湖戈壁而命名，地处哈密五堡乡西南32千米，艾斯克霞尔墓地东南14千米处的南湖戈壁深处。地理坐标北纬42°37′06.9″，东经92°38′44.7″，海拔高度为220米。

共计发掘墓葬151座。墓地北、东、南三面有古河道环绕，墓葬被掩埋于堆积层下。墓地已有部分墓葬遭到盗掘，为了保存本地区完整的考古学文化资料，对墓地进行了抢救性考古发掘。墓地墓葬分布集中、布局规整、随葬品丰富，出土文物近千件，以陶器和木器为主，另有铜器、铁器、骨角器、织物、石器和金器。

本次考古发掘中有墓葬的地面结构，即墓垣和祭台发现。墓葬依据有无地面建筑分为墓垣墓和无墓垣墓。墓葬墓口多有铺草和盖木，椭圆形墓室，多二次葬，侧身屈肢为主要葬式。

根据墓葬形制和出土器物推断这批墓葬为早期铁器时代文化遗存。这批墓葬的发掘与先期哈密地区已完成的考古发掘，为构建哈密地区考古学文化框架奠定了基础。（王永强）

尼勒克县铁列克布拉克墓地

发掘时间：2010年6月
工作单位：新疆维吾尔自治区文物考古研究所

墓地位于尼勒克县克令乡阔依塔斯村喀什河北岸铁列克布拉克泉水附近的山前台地草场中。地理坐标北纬为43°42′57.5″，东经83°46′33″。

为配合工程建设，对受工程建设影响的墓群墓葬进行了抢救性考古发掘，发掘墓葬11座。墓葬封堆表面均覆盖厚0.1~0.2米的草被，草层之下封堆为规整的近圆形石堆，墓室结构主要为竖穴土坑。葬式葬俗较为统一，仰身直肢，头西脚东，单人葬为主。出土的陪葬品较为贫乏。就墓葬形制、丧葬习俗及随葬品等文化内涵看与以往喀什河流域基本一致，年代大致在公元前后。（阮秋荣）

尼勒克县铁列克萨依墓群

发掘时间：2010年9月
工作单位：新疆维吾尔自治区文物考古研究所

墓群位于尼勒克县克令乡克

令村克令次生林场东南约5千米处、喀什河南岸铁勒克萨依沟内（尼勒克县马场羊队）。地理坐标北纬43°43′39″、东经82°31′5.5″，海拔1308.9米。墓群地处喀什河南岸、阿布热勒山北麓铁勒克萨依沟西山坡上。在东西长约700、南北1100米范围内分布着66座墓葬。

为配合新疆伊犁尼勒克联华矿业有限公司铁热克铜选矿工程建设，对受工程建设影响的墓葬进行了抢救性考古发掘，发掘墓葬12座。

根据墓葬地表封堆情况可分为石堆墓和石圈石碓墓两种类型，其中主要是石圈石堆墓，墓室结构主要为竖穴偏室，另外发现1座石棺墓，1座洞室墓，1座竖穴土坑墓。葬式葬俗较为统一，仰身直肢，头西脚东，单人葬一次葬为主，仅有一座双人合葬。出土的随葬品较为贫乏，计出土陶器近5件，其中一件为伊犁地区常见的彩陶，另有铜耳环、料珠项链、铁器等20余件遗物。就墓葬形制、丧葬习俗及随葬品看，应是公元前后的文化遗存。(阮秋荣)

新源县别斯托别墓地

发掘时间：2010年10月

工作单位：新疆维吾尔自治区文物考古研究所

墓地位于伊犁新源县新源镇别斯托别村南200米，地理坐标北纬43°25′11.3″，东经83°16′0.1″，海拔960.8米。

为配合新疆伊犁新源县新源镇城市开发建设，对受城市建设影响的别斯托别村墓地进行了抢救性考古发掘，发掘墓葬3座。呈南北链状分布。墓葬间距20米左右，均为大型墓葬。M1封堆直径30、残高1米，M2直径42、高3米，M3直径30、残高约2米。

M1墓室位于封堆下中部，竖穴土坑，东西向，长约6、宽3、深3.5米。墓室四周留一圈二层台，其上铺南北向横木。墓底葬3个个体，其中两个个体因盗掘，骨殖散乱不全，另一个体葬于墓底东部北壁，呈仰身直肢，头西脚东。因盗掘严重(直接从墓室上方下挖)，仅在墓室填土中发现3枚骨镞，在墓底出土4件残铜器。

M2封堆周缘建有宽约3米的规整石环圈。墓室为竖穴土坑，南北向，长约6.2、宽5.8、深4.2米。距墓口2米墓室四周留一圈二层台，其上铺东西向横木。墓底葬4个个体，其中两个个体因盗掘，骨殖散乱不全（主要是上半身），另2个体葬于墓底东部东壁和墓底南部南壁，呈仰身直肢，一个头西脚东，一个头北脚南。因盗掘严重（直接从墓室上方北部下挖），墓底出土有残铜镜、铜簪、金手链、3件陶器、铁刀、化妆用具和少量的金饰件，共计约20件（组）。

M3为双石圈墓，封堆周缘建有宽约3米的规整石环圈，墓口外围也有直径10米的石环圈。墓室平面为东西向竖穴土坑，长约6.1、宽3、深3.5米。在墓口中部葬4个个体，1人侧身屈肢，3人为俯身葬，应是殉葬行为。距墓口2米墓室四周留一圈二层台。在墓室西壁二层台上发现一个直径在1.5米左右的盗洞，墓底被盗掘一空，仅有零星人骨。

发掘证明墓葬地表封堆规模较大，墓室规格较高，所葬个体较多，明显存在主从关系，存在杀殉现象。3座墓葬形制虽有不同，但大体文化内涵相近。从出土的随葬品看，陶器为手制，夹砂红陶，器形有圜底陶壶、单耳陶罐等，与近年在伊犁地区出土的有很大的相似性，初步推断是汉代前后乌孙遗存。（阮秋荣）

布尔津县山口电站汉晋墓地

发掘时间：2010年7月
工作单位：新疆维吾尔自治区文物考古研究所

墓地位于布尔津县城东北直线距离44千米，处于布尔津河西岸的二级台地上，喀拉莫尤勒山脉腹地，坐标北纬48°02′39.4″，东经087°09′51.3″，海拔650~680米。

为了配合阿勒泰地区布尔津县山口电站工程建设，对水库淹没区的30座墓葬进行了抢救性发掘，出土一批陶器、铁器和铜器。墓葬形制依据墓室及葬具特点分为地面石棺墓、地面石围墓、竖穴土坑墓和竖穴石棺墓。竖穴土坑墓多数葬1人，竖穴石棺墓为合葬。根据墓葬形制和出土器物推断这批墓葬的年代为汉晋时期。

阿尔泰山由于其独特的地理位置，本地区范围内的文化遗存存在着共性而又各有特色，此次墓葬的发掘对于研究本地区与周边地区的文化交流有重要意义。（王永强　于志勇）

塔城地区白杨河汉晋墓地

发掘时间：2010年9月~10月

工作单位：新疆维吾尔自治区文物考古研究所

墓葬分布于白杨河河谷两岸，河谷东岸属塔城地区和风县，西岸属塔城地区额敏县。地理坐标东北：北纬46°32′00.9″，东经84°50′32.7″，海拔高度为953米；西南：北纬46°30′03.8″，东经84°53′08.3″，海拔高度为917米。

为了配合塔城白杨河水利枢纽工程建设，对水库淹没区的51座墓葬进行了抢救性发掘，出土一批陶器、铜器、铁器和木器。墓葬断续分布在河岸二级或三级台地上，一处台地上多则10余座，少则两三座，形成大分散、小聚集的分布特点，墓葬附近多岩画分布。墓葬形制地面分为石堆墓和石圈墓，根据墓室形制可分为偏室墓、竖穴土坑墓和竖穴石棺木棺墓，多数被扰，少随葬品。

根据墓葬形制和出土器物推断这批墓葬的年代为汉晋时期。白杨河地区墓葬的发掘丰富了本地区的历史文化内容，墓葬和岩画的发现对今后的研究也有重大意义。（王永强）

阿勒泰市克孜加尔水利枢纽汉晋至隋唐古墓群

发掘时间：2010年6月~7月

工作单位：新疆维吾尔自治区文物考古研究所

此次是对墓群的第二次考古发掘，墓葬位于首次发掘的3号点，坐标北纬47°34′42″，东经88°16′47.6″，海拔高度为633米。

为配合阿勒泰市克孜加尔水利枢纽工程建设，对水库淹没区的32座墓葬进行了抢救性发掘，出土一批陶器、铁器和铜器。

墓葬形制依据墓室及葬具特点分为竖穴土坑墓和竖穴石棺墓两类，以二次扰乱葬为主。

根据墓葬形制和出土器物推断，参考2009年的考古发掘出土文物及测年，竖穴土坑墓和竖穴石棺墓的年代在汉晋至隋唐时期。此次发掘对于研究我国北疆地区铁器时代考古学文化有重要意义。（王永强　于志勇）

库车县友谊路晋十六国墓葬

发掘时间：2010 年 3 月~7 月
工作单位：新疆文物考古研究所

为配合友谊路古墓博物馆建设，对建设中新发现的 5 座墓葬进行了发掘。墓葬位于库车县友谊路南端古墓博物馆建设区域内北、东部，分布比较集中，M12、M13、M14 和 M15 四座墓呈南北向排列。

墓葬均为砖室墓，可分为斜坡墓道单室穹隆顶墓和斜坡墓道前后双室穹隆顶墓，其中前者 3 座，后者 2 座。墓葬由斜坡墓道、墓门、甬道、墓室、耳室等部分组成，均用青砖和红砖砌成。M11 墓室为正方形，长宽均为 246 厘米，M12、M13、M14 墓室也为正方形，长宽约 330、高约 276 厘米。这 5 座墓葬均为多人多次葬；在 M12 墓室铺地砖之下，新发现有殉葬坑，内清理出骨骼散乱的男性个体，头骨和肢骨残缺，出土五铢钱多枚，反映出特殊的埋葬仪礼。根据墓葬封门的情况和墓室骨骼埋葬情况看，M12、M13、M14 明显曾经历了两次以上的埋葬过程。

各墓葬出土随葬品丰富，有陶、铜、铁、骨、金银、玉器、漆器等。陶器占大多数，器形有大口罐、多系罐、单耳罐、细颈执瓶、灯盏等。在 M11、M12 墓室出土的 4 件釉陶器保存较好。极为罕见器形有大双耳壶、碗、模压莲瓣纹双耳罐。钱币有货泉、大泉五十、五铢钱、剪轮五铢、龟兹小钱等。其中 M14 前室后部，发现不少“货泉”、“大泉五十”钱币。

库车县友谊路砖室墓的发现对深化认识 3~4 世纪为主要阶段的龟兹绿洲城邦历史、文化研究，探讨晋十六国时期中原王朝经营西域的历史，准确阐明汉晋时期中原王朝与西域绿洲城邦国家之间政治、经济、文化关系及丝绸之路历史，具有重大历史考古价值。（摘自《中国文物报》2010 年 8 月 27 日）

巴里坤县石人子沟遗址

发掘时间：2010 年 6 月~11 月
工作单位：西北大学文化遗产学院、哈密地区文物局、巴里坤县文物局

本次共发掘石围居址 3 座、中小型墓葬 6 座以及 1 座直径 20

米的大型墓葬的封堆，发掘面积共计2000平方米，出土了大量骨器、陶器、石器、铁器、青铜器等，从功能上包括箭镞、骨甲片等武器；削刀、锥、石球、石磨盘等工具；动物纹饰牌、带钩、料珠等服饰及装饰品。

通过本年的考古工作，丰富了我们对石人子沟遗迹面貌与文化特征的认识。石围居址以方形或长方形为主，多为半地穴式，地面经过平整、地表有用青石围砌而成的灶，墙体采用卵石和沙土混合砌筑而成，高1～1.5米。墙体内侧四壁有柱洞多处，居址中部也有柱洞，居址内部多发现有倒塌的圆木木柱残件以及压在屋顶上的土坯。由此推测这类居址可能为轻结构棚顶、类似现代游牧民“冬窝子”的半地穴式季节性营地。墓葬地表都有圆形封堆，封堆上层为圆形卵石，下层为青沙土；原始地表下为西北东南向竖穴土坑，中小型墓葬等级高者，填土中墓室上部多见牛、羊等动物牺牲；葬具以石椁为主，等级高者为松木木椁；单人葬流行、少数墓坑多次使用，葬两至多人，墓主人上身肢骨被扰乱的现象常见，随葬陶器以夹粗砂红陶器居多，常见平底陶钵、直口平底陶釜、喇叭口双錾或双立耳罐、单耳罐等；武器常见骨角制三翼箭镞以及三翼铁镞；此外还有铁锥、镳、衔、羊距骨、金箔饰片等生活用品及装饰品。

此次发掘进一步丰富了石人子沟遗址的考古资料，完善了石人子沟遗址考古学文化序列，为揭示该遗址考古学文化内涵、为文物保护、编制科学合理的遗址保护规划提供了依据。（马健）

阿勒泰地区古墓葬

发掘时间：2010年5月

工作时间：新疆维吾尔自治区文物考古研究所

对阿勒泰地区阿勒泰市阿拉哈克乡、阿拉希力克乡和布尔津县阔斯托克乡、杜来提乡境内的古墓葬进行了考古抢救性发掘，共发掘墓葬17座。

除两座石棺墓以外，其余墓葬地表均有平面呈圆形或椭圆形的土石封堆，有个别墓葬在石堆外围有圆形的石围。依据墓葬形制分为石棺墓，共3座，其中竖穴石棺墓2座、地面石棺墓1座；竖穴木棺墓，共2座，其中有一座为双室，木棺有箱式棺和槽形棺两种，竖穴土坑墓1座。其余墓葬在揭掉地表封堆后，未发现有墓室，仅在一座无墓室的封堆下发现有残陶罐1件。竖穴土坑墓和竖穴木棺墓填土内一般包含有大量的石块。除一座墓葬中殉人外，其余墓葬均为单人二次葬。随葬品7件，主要有铜箭镞、陶罐、石罐、勺形石器以及金箔片。

本次发掘对于研究阿勒泰地区古代人群的埋葬习俗、经济生活等提供了重要的实物资料。（于志勇　吴勇　胡望林）

文物展览　学术动态

国内展览

父亲的草原 母亲的河——蒙古族文物精品展在台湾展出 为了增进海峡两岸的文化交流和民间的互动，内蒙古博物院与台湾财团法人蒙藏基金会联合举办的“父亲的草原 母亲的河——蒙古族文物精品展”于2009年12月至2010年4月在台北蒙藏文化中心展出。

展览共展出文物119件（套），汇集了内蒙古地区出土及传世的众多珍贵文物，种类繁多，极富时代和地域特色，形象展现了蒙古民族形成和发展的历史脉络，以及多姿多彩的蒙古民族、民俗风情。展览为台湾观众领略蒙古民族蓬勃向上、生生不息的律动，进一步认知中华文明的多元一体提供了难得的机会。（苏妮汗）

聚珍荟宝——馆藏珍玩展在浙江省博物馆展出 2010年2月5日，“聚珍荟宝——馆藏珍玩展”在浙江省博物馆孤山馆区国际交流馆二楼展厅展出。该展览是馆藏杂项文物的萃集，分为玉器类（包括玛瑙、水晶）、金银器类、文房类（包括竹刻臂搁、笔筒、砚台、墨块等）以及杂项类（包括象牙、犀角雕、核雕、木雕、雕漆、鼻烟壶等）等四部分，共展出文物73组（86件）。其中，明柳如是写经白端砚、明犀角夔龙杯、清染牙“白菜叫蝈蝈”以及清雕朱漆波涛鱼纹圆盒都是难得一见的珍品。（范珮玲）

黄金辽原——内蒙古博物院精品特展在台湾展出 为进一步加深海峡两岸的文化交融，全面展示祖国优秀的文化遗产，内蒙古博物院携手台湾时艺多媒体传播股份有限公司，于2010年2月至5月在台北故宫博物院举办了“黄金辽原——内蒙古博物院精品特展”，展出精品文物118件（套），其中一级文物53件，创大陆赴台展一级文物数量之最。

展览以陈国公主墓、吐尔基山墓、耶律羽之墓出土的精品文物为主要展示内容，旨在通过这些精美的文物向观众介绍中国古代北方草原游牧民族——契丹民族的文化遗存。展览以其雍容华贵与强烈的视觉震撼为台湾观众带来了一场极尽奢华的黄金盛宴，吸引了近60000台湾民众前来参观，其中包括台湾地区领导人马英九

及立法院院长王金平等，让台湾同胞充分领略了草原文化的博大精深及中华文明的流光溢彩。（苏妮汗）

雅俗之间——吉州窑瓷器特展在浙江省博物馆展出 2010年3月19日至6月20日，浙江省博物馆从江西省博物馆引进的“雅俗之间——吉州窑瓷器特展”。展览精选了150余件（套）吉州窑瓷器及其相关文物，较为全面地展示了吉州窑的制瓷成就和辉煌历史。该展览共分四个章节，分别为：绚烂缤纷的黑釉瓷；秀丽典雅的彩绘瓷；朴拙传神的雕塑瓷；青釉、白釉、绿釉瓷等。缘于吉州窑瓷器的产生与发展，与宋代茶文化之间有着密不可分的关系，浙江省博物馆策划了一个别开生面的展览开幕式，举办了“茶器 茶香 茶语迎宾茶会”。茶会上，江西省博物馆馆长彭明瀚先生与大家一起轻松而又不失学术地漫谈了“吉州窑与茶文化”。浙江省博物馆还邀请到了中国茶叶博物馆茶艺表演队为茶会助兴，以江西景德镇新仿的吉州窑茶具表演、复原了宋代茶道，使观众更加深切地体会中华陶瓷文化的博大精深。（沈琼华）

地涌天宝——雷峰塔及唐宋佛教遗珍特展在浙江省博物馆展出 “地涌天宝——雷峰塔及唐宋佛教遗珍特展”于2010年4月28日至8月27日在浙江省博物馆武林馆区地下一层展出。展览以2009年10月3日至2010年3月14日浙江省博物馆和中台山博物馆在台湾南投县中台山博物馆联办的“地涌天宝——浙江省博物馆藏雷峰塔天宫地宫出土文物展”的96件（组）藏品为基础，新增馆藏及外借的佛经、铜镜、佛像、碑刻等展品，共计128件（组），是一次浙藏佛教文物的精品盛会。

杭州雷峰塔、金华万佛塔、瑞安慧光塔、丽水碧湖塔是浙江唐宋时期佛塔考古的重要发现，出土的众多瑰宝，以佛教造像、经卷、阿育王塔和七宝供养品最引人注目，构成了浙江省博物馆独具时代和地域特色的佛教艺术宝库。展览分4个单元：1. 佛国寻踪——吴越国的历史与佛教；2. 皇妃探秘——杭州雷峰塔遗址及地宫发掘；3. 宝塔涌出——吴越国王钱（弘）俶造八万四千阿育王塔及吴越国民间造阿育王塔；4. 法宝流布——浙藏敦煌写经及浙江唐宋佛塔出土写经、刻经。这次展览首次公开展示了2006年温州平阳宝胜寺双塔出土的陶佛像及碑刻，还重点展示了馆藏唐宋时期刻本佛经。（陈平）

歌舞升平——丝绸之路上的乐舞文物特展在广州市博物馆展出 2011年5月9日至8月9日，为了配合广东省第九届艺术节的开幕，广州博物馆与内蒙古博物院、宁夏固原博物馆联合举办了“歌舞升平——丝绸之路上的乐舞文物特展”。展出文物精品共计200多件（套），展厅面积800平方米。展览分为三部分：“草原丝绸之路”、“陆上丝绸之路”、“海上丝绸之路”。

“草原丝绸之路”上的匈奴、突厥、契丹、女真、蒙古等北方游牧民族、“海上丝绸之路”上的南越先民和通过“陆上丝绸之路”来到中国的西域各族人民，自古就能歌善舞，留下了大量与音乐和舞蹈相关的文物史迹，这些民族曼妙的歌舞和独具特色的民族乐器被一一带到中国，为促进中国乐舞文化的发展、推进世界乐舞文明的融合做出了巨大的贡献。展览系统地展示了中华民族古老的乐舞文化，使人们深入地了解中华文明深厚的历史文化底蕴和中外文化交流、多民族文化融合交流历程。精品文物有内蒙古博物院藏三彩胡人舞狮纹砚洗、宁夏固原博物馆藏鎏金银壶、广州博物馆藏通草画等 。

出席展览开幕式的有广州市文化局副局长陈玉环、内蒙古博物院副院长付宁等人。（杜汉超）

篆分意度——馆藏清代名家篆隶书法作品展在浙江省博物馆展出 2010 年 5 月 28 日至 9 月 15 日，“篆分意度——馆藏清代名家篆隶书法作品展”在浙江省博物馆武林馆区三层书画展厅展出，该展览精选了浙江省博物馆清代 54 位篆隶名家的 68 件作品，足窥清代篆隶书法演进与发展之一斑。

在清代碑学书法兴起的过程中，隶书充当了先锋的角色。清初隶书的代表人物当推郑簠、金农。金石学的兴起，为书法的变革提供了文化基础，学者在研究古文字的过程中，对古老的篆书一体产生了浓厚的兴趣。在清代篆书发展进程中，具有里程碑意义的大家当推邓石如。此后，杨沂孙以金文入篆，又为篆书的发展另辟一新境。（桑椹）

上海博物馆馆藏欧洲玻璃陶瓷展在内蒙古博物院展出 2010 年 6 月 10 日至 9 月 10 日，内蒙古博物院举行“上海馆藏欧洲玻璃陶瓷展”，展览了上海博物馆馆藏的一百余件欧洲玻璃、陶瓷器精品。

展览通过玻璃和陶瓷两大门类，折射出欧洲自 19 世纪至 20 世纪初的艺术风尚。第一单元为欧洲玻璃器，展示 19 世纪末至 20 世纪初，法国玻璃器、比利时玻璃器造型流畅、光色粲然、层次丰富、纹饰简洁，引导着欧洲玻璃器的主流。

第二单元为欧洲陶瓷器，欧洲瓷器在 18 至 20 世纪初，逐渐摆脱中国和日本瓷器的风格，造型典雅，工艺精湛，开创欧洲陶瓷的新天地。

此展览有助于我们了解欧洲近代玻璃陶瓷工艺的发展以及艺术家的审美历程，反映东西方文化交流与融合的载体——工艺美术方面的成就。（杜汉超）

百万年的文化根系——浙江旧石器考古成果展在浙江省博物馆展出 2010 年 6 月 12 日至 8 月 15 日，为配合第五个中国文化遗产日，浙江省博物馆与浙江省文物考古研究所、长兴县博物馆等举办了“百万年的文化根系——浙江旧石器考古成果展”。该展览共展出文物 123 件，并把展览内容分为 6 个单元：1. 旧石器文化概论；2. 人类的发展简述；3. 旧石器的种类与打制方法；4. 长江下游地区旧石器文化的特色；5. 长江下游地区旧石器晚期文化中的动物种群、人工骨制品及发现的意义；6. 浙江地区的旧石器考古的全面展开。

近十年来浙江的旧石器考古调查与发掘工作取得了丰硕成果，已发现 80 多处旧石器地点。这些发掘点主要分布在浙北的苕溪流域和浙中的钱塘江流域，有长兴、安吉、湖州、德清、临安、浦江等市县，一举填补了浙江旧石器时代文化空白。根据勘察情况，重点发掘了安吉上马坎、长兴七里亭、银锭岗、合溪洞等遗址。发掘情况表明，从早更新世的晚段到晚更新世，人类一直在浙江大地上生息繁衍，浙江的文化根系可达百万年。浙江旧石器遗址的发现在中国旧石器研究领域占据了极为重要的学术地位。（顾幼静）

“十一五”基本建设考古成就展在陕西历史博物馆展出 2010年6月12日至7月20日，陕西省文物局在陕西历史博物馆举办“十一五”基本建设考古成就展。举办这次展览是为了展示“十一五”期间全省基本建设文物保护工作成果和有关部门为保护文物做出的突出贡献，通过展览营造“文化遗产人人保护，保护成果人人共享”的良好社会氛围。

“十一五”期间，陕西文物部门与相关行业密切合作，签署基本建设考古调查勘探协议589项、发掘协议211项，涉及线路里程2814千米、面积3864万平方米、遗址434处，出土各类文物8万余件。大批古遗址、古墓葬等珍贵文物得到有效保护，一些重大考古发现填补了陕西乃至全国的考古空白，2008年、2009年连续两年分别有两项考古入选“全国十大考古新发现”。展览按照项目划分为能源、交通、园区等5个单元，展出的珍贵文物135件（组）全部来自陕西省考古研究院。众多文物属首次面世，涵盖了“十一五”期间重大基本建设项目。（秦造垣）

异彩纷呈——浙江省博物馆藏瓷特展在浙江省博物馆展出 2010年6月25日至11月14日“异彩纷呈——浙江省博物馆藏瓷特展”在浙江省博物馆开展。展览以馆藏非浙江窑口生产的高古名瓷和明清瓷器为遴选对象，这是浙江省博物馆瓷器藏品中的极为重要的组成部分。长期以来，因为各种因素的制约，以上展品鲜有机会集中展示。展览在对这些藏品进行认真的梳理与遴选后，编排了高古名瓷、日月菁华、清风拂面三个单元，以雅俗共赏的形式向社会大众集中展示，弥补了浙江省博物馆长年以来瓷器类展览仅有青瓷展览一枝独秀的缺憾，也为广大收藏爱好者提供了一次学习与鉴赏的机会。

海贸遗珍——18、19世纪清代广州外销艺术品展览在内蒙古博物院展出 2010年7月14日至10月15日，为加强地处祖国边疆的内蒙古与南部沿海城市广州的文化交流，让内蒙古人感受清代广州外销艺术品的独特魅力，真实再现18、19世纪广州作为口岸城市辉煌的对外贸易历史和东西方文化汇聚的社会景象。内蒙古博物院与广州博物馆联合举办了“海贸遗珍——18、19世纪清代广州外销艺术品”展览。广州市文化局副局长、广州市博物馆馆长、内蒙古自治区文物处及内蒙古博物院领导出席了开幕式。

展厅面积600平方米，共展出文物120余件。展览分为两部分：第一单元标题为南粤广州、“一口通商”，展示明清时期，广州以“一口通商”

的独特地位而一枝独秀，成为东西方商品贸易、文化交流的重要门户。第二单元标题为外销珍品、琳琅满目，展示18世纪以来，广州手工艺人创作和生产出各种具有浓厚传统文化色彩而略带欧洲艺术风格的外销艺术品，如：牙雕、刺绣、丝织、漆器、珐琅器、彩瓷、外销画等。

为增加展览的展示效果，还出版了精美的《海贸遗珍》图录一册。（杜汉超）

考古中华——中国社会科学院考古研究所成立60周年成果展在北京开幕　2010年7月29日，“考古中华——中国社会科学院考古研究所六十年成果展”在首都博物馆开展。此次展览是为纪念中国社会科学院考古研究所成立六十周年而举办，由中国社会科学院考古研究所和首都博物馆联合承办。

中国社会科学院考古研究所副所长白云翔主持开幕式，王巍所长、首都博物馆馆长郭小凌致辞，国家文物局和北京市文物局与考古研究所有关领导共同为开幕式剪彩。此次展览是对中国社会科学院考古研究所60年创业历程的检阅，也是我国考古学研究成果面向社会公众的首次系统的展示。

首届全国（宁夏）穆斯林书画艺术展在宁夏博物馆展出　中国书画艺术历史悠久，源远流长，各民族为其发展和传承都做出了杰出的贡献。中国穆斯林书画作为其重要的一个组成部分，不仅保留了中国传统书画的艺术形式，还根据自身的特点，有新的突破和发展。为展示穆斯林书画的艺术特色，由宁夏伊斯兰教协会和宁夏博物馆联合举办的《首届全国（宁夏）穆斯林书画艺术展》于2010年8月8日至9月18日宁夏博物馆展出。

本次展览从征稿开始，到作品登记、装裱，直到成功开幕，经过了五个月的精心筹备，征集到改革开放以来中国穆斯林的优秀书画作品共计300余幅，作者有全国各地各行各业的穆斯林群众。参展作品内容丰富，涵盖了汉文书法、阿文书法、绘画、经字画、篆刻等诸多艺术门类。这次展览充分发掘、弘扬了中国穆斯林优秀传统文化，唱响了和谐社会的赞歌，受到社会各界及穆斯林群众的广泛好评。

从此次展出的作品中，评选出一等奖3个、二等奖9个、三等奖14个，比较全面、客观、真实地反映了穆斯林书画艺术当前的发展趋势和发展水平。获奖选手还为观众现场书写了阿文书法。（宋晓春）

丝绸之路——大西北遗珍展在陕西历史博物馆展出　首次由西北五省区文博单位共同举办的“丝绸之路——大西北遗珍”大型联合展览2010年8月16日在陕西历史博物馆开幕，中国博物馆协会理事长张柏出席开幕式并讲话。

“丝绸之路——大西北遗珍”展出西北五省区22家文博单位多年来出土的丝绸之路文物精品241件（组）。这次展出文物的等级之高、数量之多、器物之美在同类展览中实属罕见，展品包括固原李贤墓出土的鎏金银壶瓶、琉璃碗两件国宝级文物，新疆伊犁昭苏波马古墓出土的金器、青海都兰热水出土的丝绸、甘肃省庆城出土的胡人俑、陕西历史博物馆新征集的陀罗尼经咒、宁夏西夏王陵出土的迦陵频伽等100多件（组）一级精美文物。

展览内容分丝路萌芽（春秋战国时期）、丝路开启（两汉时期）、丝路畅通（魏晋南北朝时期）、丝路繁荣（隋唐时期）和丝路佛道五部分。展示了丝路兴衰的全貌，突出了丝路上的杰出人物，塑造了丝路英雄群体像，反映了西北五省区丝路文物资源的互补性，体现了历史厚重感与时代感、现场感与整体感的有机结合。各部分展览既独立成章又相互联系，较全面地反映我国西北地区自春秋战国时期至宋元时期丝绸之路的发展脉络和丝路文化。

“丝绸之路——大西北遗珍”展于2010年11月16日结束，该展览是西北五省区博物馆合作的首次成功尝试。（秦造垣）

走向辉煌——元代精品文物特展在内蒙古博物院展出 2010年8月17日至10月15日，为迎接第七届内蒙古草原文化节的举办，配合中国政府向联合国教科文组织遗产中心申报元上都遗址为世界文化遗产项目的工作，内蒙古博物院举办“元代精品文物”展览。

内蒙古自治区党委常委、宣传部部长乌兰，内蒙古自治区副主席、自治区公安厅厅长赵黎平，自治区政协副主席肖黎声等人出席开幕式。

展厅面积900平方米，本次展览共展出文物100余件。展览分三部分。第一单元为走进城市，通过展示以元上都考古发掘出土的建筑构件，揭开元上都这座早于大都建造草原城市的神秘面纱。

第二单元为走向繁荣，展示在元上都建立后，作为元代两都之一，元王朝实现政治一统、经济文化繁荣的盛况。

第三单元为交融魅力，展示元上都在东西方、南北文化交流中所处的重要位置及取得的巨大成就。

本展览展出文物既有内蒙古博物院的旧藏，又有近几年新发掘的元代文物精品，较全面地展示元上都作为陪都的繁荣昌盛。配合展览出版《走向辉煌——元代文物精品特展》图录一册。（杜汉超）

青铜时代——中原夏商周文物展在浙江省博物馆展出 2010年9月10日至11月9日，浙江省博物馆从河南博物院引进了“青铜时代——中原夏商周文物展”。此次展览，汇集多年来河南出土的夏商周时期文物精品111件（组），分4个单元：1. 禹夏故土；2. 殷商王都；3. 西周封邑；4. 东周列国。着重反映了三代的礼制与文化，展示了在这个重要历史时期的政治生活和社会面貌。通过这个展览，可追忆华夏民族曾经拥有的辉煌，增进越地人对中原文化的认知。

青铜器是夏商周三代最具象征意义的实物载体，其形制之严谨，种类之多样，纹饰之华美，铸造之精湛，令世人为之目眩，成为古代中国文明的象征。青铜文明，自夏代翻开新的一页，商人礼乐祀戎，周人范铸纪铭，历经东周繁华绚丽的新阶段，到秦汉时期逐渐退出礼制的中心。三代

青铜文明转化成更加深入思想与文化底蕴的典范，使中华文化之美，深藏在一器一物之间。（董淑燕）

六安最新出土战国两汉青铜兵器展在中国科学技术大学博物馆展出 中国科学技术大学博物馆、安徽省文物考古研究所、六安市文物管理局三家单位经过协商，于2010年9月18日至10月20日在中国科学技术大学博物馆共同举办“六安最新出土战国两汉青铜兵器展”。本次展出的展品是从安徽省文物考古研究所2006年以来在六安城区周边发掘出土的战国晚期至西汉早期墓葬随葬品中精选出来的，以剑、戈、矛、镞、弩机等青铜兵器为主。这批丰富的墓葬材料，为我们研究六安两汉时期该地区的社会政治、经济发展状况提供了珍贵的实物素材。

中国科学技术大学副校长陈晓剑教授，安徽省考古学会会长、安徽省文物局副局长杨立新研究员，安徽省博物馆学会会长、安徽省博物馆书记胡新民研究员，安徽省考古研究所李宏所长等领导与科大师生100多人出席了开幕式。

展览举办期间，当地报刊、网络等媒体进行了大量的宣传报道，各界人士慕名而来，反响强烈。除了自发前来参观的本校师生、考古爱好者、社会人士之外，校博物馆还接待了许多有组织的团体，如解放军电子工程学院专门组织一批师生、《合肥晚报》的“博物馆发现之旅”活动组织大批积极报名的市民前来参观，展览深受好评。（张居中　汪喆）

伊朗《古兰经》书法艺术展在宁夏博物馆展出 2010年9月25日至10月8日，作为“首届中国·阿拉伯国家经贸论坛”的活动内容之一，为了进一步拓展中伊两国在文化艺术领域多方位的交流与合作，由伊朗伊斯兰共和国驻中国大使馆文化处、宁夏博物馆共同主办的伊朗《古兰经》书法艺术展在宁夏博物馆开展。

开幕式由宁夏博物馆馆长李进增主持。伊朗驻华大使馆文化参赞巴胡达里、伊朗驻华大使馆文化专员阿里扎德、自治区文化厅副厅长陶雨芳、自治区伊斯兰协会副会长马成才、自治区文物局局长卫忠、南关清真寺管委会主任保金贵阿訇参加了开幕剪彩仪式。

伊朗文化艺术丰富多彩、独具魅力，尤其书法艺术精美细腻，别具一格。伊斯兰进入伊朗初期，库法体备受推崇，广泛用于书写《古兰经》、清真寺建筑装饰、宫廷文献和雕刻碑文，打印钱币以及向邻国及各部落致书、缔约等。伊朗最古老的《古兰经》就是伊斯兰教历3世纪后期用库法体书写的。其后，伊朗书法家融合阿拉伯书法，经过几个世纪的发展，又自创了新的书法，自成一派，逐渐在书法界赢得很高声誉，并在传播语言中发挥了重大作用。

伊朗驻中国大使馆文化处为此次展览提供了80多件展品，其中包括来自伊朗的金属和编织工艺品，不同版本、质地的《古兰经》以及表现伊朗书法艺术的珍贵图片、实物等。此次展览的举办使众多宁夏观众和广大穆斯林群众，领略了伊朗的书法艺术和发展历史，增进双方在文化领域的

交流，进一步拓展了交流与合作空间。(纳蕾)

大夏遗珍——西夏精品文物展在山西省博物院展出 为迎接国庆佳节，由宁夏博物馆与山西博物院共同举办的“大夏遗珍——西夏精品文物展”于9月28日在山西博物院开展，为期两个月。这是宁夏文物首次在山西省展出。

此次展览共展出西夏精品文物130余件，包括一级文物38件，其中《吉祥遍至口和本续》被列为中国64件禁止出国展出文物之一，而重达188千克的国宝级文物“鎏金铜牛”则是宁夏博物馆的镇馆之宝。这些精美文物为山西观众展示了一个马背民族的文明，揭开贺兰山下盛极一时的西夏王朝的神秘面纱。

自开展以来，该展览受到当地市民的热情关注，参观人数已经接近每天4000人的接待上限。展览不仅给山西观众了解西夏文化提供了一个窗口，同时也对进一步增进宁夏与山西两地之间的文化交流，起到了重要作用。(王舒)

三秦瑰宝——陕西出土周秦汉唐文物展在深圳展出 2010年9月29日至2011年2月20日，为纪念深圳特区成立三十周年，深圳博物馆联合陕西历史博物馆、陕西省考古研究院、西安博物院、西安碑林博物馆、秦始皇兵马俑博物馆、咸阳博物馆、宝鸡青铜器博物馆、周原博物馆、扶风博物馆等陕西各大文博单位，历时半年策划，汇集各单位周秦汉唐时期112组近三百件艺术珍品，特别为深圳市民推出“三秦瑰宝——陕西出土周秦汉唐文物展”，集中展示了三秦大地灿烂的古代文明。通过此展，观众可切身感受到开放与包容对于一个国家、名族发展的深远影响，近距离领略到中国古代文物炫目的光彩与魅力，堪称又一文化盛典。(秦造垣)

渭水之滨 秦陇一脉关中—天水先秦文化巡礼展在秦始皇兵马俑博物馆展出 2010年9月30日，由陕西省文物局、甘肃省文物局主办，秦始皇兵马俑博物馆承办的“渭水之滨 秦陇一脉．关中—天水先秦文化巡礼”展览在秦俑博物馆文物陈列厅隆重开幕，展期半年。展览共集陕西、甘肃两省18家文博单位的224件(组)文物，类别涵盖陶器、青铜器、金器、玉器。时代上起新石器时期，下至秦朝，展品种类之全、等级之高、跨越时期之长、反映内容之广为近年少有。

此次展览是为了深入宣传关中—天水经济区建设，发挥文化事业对经济与社会发展的促进作用而特意筹办的，也是陕西、甘肃两地文博界发挥文物资源优势，提升地区文化形象，激发经济区建设豪情的给力之作。(秦造垣)

法门寺地宫与唐代文物大展在台湾展出 2010年10月28日下午，备受台湾各界关注和民众期待的“法门寺地宫与唐代文物大展”开幕仪式在台北历史博物馆隆重举行，陕西省文物局代表团和台湾“立法院长”王金平等社会各界人士共400多人出席开幕式。此次展览由陕西省文物局、台湾财团法人向阳公益基金会主办，陕西省文物交流中心、台北历史博物馆、高雄科学工艺博物馆承办。

展品共120件（组），其中一级文物66件（组），占展品总数的55%。在展品中，有61件（组）是从法门寺地宫出土的2499件文物中精选出来的珍品，这些展品颇具代表性，能基本反映法门寺地宫文物的大致形貌。其余59件（组）来自陕西历史博物馆、陕西省考古研究院、西安碑林博物馆和西安博物院等单位珍藏的金银器、青铜器、佛教造像、唐墓壁画等珍贵文物。法门寺地宫出土珍宝如此大规模地集中出展尚属首次。展览于2011年4月24日结束。（秦造垣）

塞上古韵——宁夏文物特展在宁夏博物馆展出 2009年11月8日，作为第四届福建艺术节的重要活动之一的“塞上古韵——宁夏文物特展”在福建省博物院隆重开幕。宁夏回族自治区政府主席助理田明、宁夏文化厅厅长杨玉经、宁夏博物馆馆长李进增等出席了开幕仪式。

该展览由宁夏回族自治区文化厅和福建省文化厅联合主办，由福建博物院、宁夏博物馆和宁夏固原博物馆共同承办。此次展出的文物主要以宁夏岩画、宁夏历史文物和宁夏回族民俗文物三大部分、极具宁夏地方历史和地域民族特色的文物为主，共展出宁夏博物馆和宁夏固原博物馆馆藏珍贵文物238件，其中国家一级文物25件。

闽宁两地相距遥远，该展览不仅成为福建观众了解宁夏的一个生动窗口，而且对进一步增进两地文化交流、加深两省区的友谊、促进两省区的共同发展，起到重要的作用。

该展览于2010年2月28日结束。配合此次展览还出版了《塞上古韵》图录。（宋晓春）

古雅风韵——中国古代书画艺术典藏大展在浙江西湖美术馆展出 “古雅风韵——中国古代书画艺术典藏大展”是“杭州工商信托——第二届中国（杭州）艺术品收藏与鉴赏高峰论坛”系列活动的核心项目，也是新中国成立以来规模最大的一次民间古代书画藏品展览。展览于2010年11月19日至28日，在浙江省博物馆所属的浙江西湖美术馆展出，共展出150件古代书画作品，囊括了宋、元、明、清各朝各画派画家的精品力作，展出的名作主要来自于国内外私人收藏，特别是南宋马远的《王宏送酒图》和朱玉的《灯戏图》更可谓是稀世国宝。还有沈周的《丹桂图》、文徵明的《春到寒林图》、仇英的《秋郊图》、董其昌的《风亭秋影图》、蓝瑛的《溪山垂钓图》等，这些主要来自私人收藏。（王小红）

山东博物馆新馆系列文物展 2010年为配合新馆开馆，山东博物馆举办了一系列文物展览，包括“山东历史文化展”、“汉代画像艺术展”、“佛教造像艺术展”、“孔子文化大展”、“明代鲁王展”、“馆藏书法展”、“馆藏绘画展”、“山东考古展”等。展出各类文物4500余件。

“山东历史文化展”是大型地方通史展，分为史前、夏商周、秦汉—明清三大部分。引入了数字化技术、多媒体展示等辅助手段，以崭新的展示效果展现山东的历史文化。

山东汉代画像石是中国汉代画像石艺术的杰出代表，“汉代画像艺术展”将馆藏汉画像石精品通过不同的展示手法一一呈现。

“佛教造像艺术展”选取近几十年来出土的部分造像精品，着重展示山东佛教艺术独创性。展览有两大主题，一是石雕造像文物，从艺术方面展示山东北朝时期造像的辉煌成就和独树一帜的造像风格。二是佛塔、经幢、造像题铭等其他佛教文物，从宗教信仰方面展示山东佛教的历史沉浮。

“孔子文化大展”分为四个单元：孔子生平、孔子思想及影响、万世师表、孔子思想对世界的影响。展览包括文物、图片、复原景观、模型、多媒体等多种表现形式。

“明代鲁王展”展出的是明朝第一代鲁王朱檀墓出土文物。1970～1971年，山东省博物馆对位于九龙山南麓的鲁荒王陵进行了考古发掘，出土大量珍贵文物，包括冕冠佩饰、家具服装、笔墨纸砚、琴棋书画和彩绘木俑等。这些文物反映了明朝时期高超的工艺制作水平，有非常重要的资料价值。

“馆藏书法展”、“馆藏绘画展”展出了山东博物馆收藏的历代名家书法、绘画精品。

“考古成果展”展示了寿光双王城古代盐业遗址、高青陈庄西周城址、沂水刘家店子春秋贵族墓、临淄淄河店二号战国墓、日照海曲漆木器和丝织品以及山东汉代考古成就等重要考古成果。（卫松涛）

国外展览

成吉思汗——中国古代北方草原游牧文化展在日本展出 由内蒙古博物院与日本东映株式会社联合举办的“成吉思汗——中国古代北方草原游牧文化展览”历时近两年，于2010年5月在日本山梨县立博物馆顺利落下帷幕。展览自2008年8月开幕以来，先后在日本大阪、广岛、冈山、札幌、福冈、新泻、名古屋、东京和山梨等地巡回展出。

展览共展出精品文物120件（套），从政治、经济、文化、军事等多方面生动立体地展示了古代中国北方草原游牧民族形成和发展的历史脉络，及其独具特色的文明创造，尤其是13世纪以来成吉思汗及其子孙建立的不朽业绩。展览吸引了近26万名日本观众前来观看，为日本观众打开了一扇通向中国北方草原民族及游牧文化的窗口。（苏妮汗）

大遣唐使展在日本奈良展出 为纪念平城京迁都1300周年，2010年4月2日至6月20日，“大遣唐使展”开幕式在日本奈良国立博物馆隆重举行。陕西省文物局代表团出席了开幕式。此次展览由奈良国立博物馆、《读卖新闻》大阪本社、NHK奈良放送局共同主办。奈良县知事荒井正吾先生参加开幕式并致辞。日本著名演员中野良子等诸多社会名流也参加了开幕式。此次展览展品共259件(套)，其中200余件（套）来自日本博物馆及寺院收藏；5件（套）来自美国大都会博物馆和波士顿美术馆等美国著名博物馆；我方参展展品共41件（套），其中一级品8件（套），分别来自陕西历史博物馆、西安博物院、陕西省考古研究院、西北大学、法门寺博物馆、西安碑林博物馆。日本《读卖新闻》、NHK、《奈良新闻》等多家媒体进行了广泛报道。开幕仪式热烈而隆重，观众冒雨排起了长队。展览首次汇集中美日三个国家博物馆收藏的珍贵文物，集中展现了唐代中日文化交流的历史，备受日本各界关注。(秦造垣)

平城迁都1300纪念特展——大唐皇帝陵在日本奈良展出　为配合中国陕西省与日本奈良县两省县友好关系的缔结和日本平成京迁都1300周年的纪念活动，进一步加深中日两国人民之间的理解与友谊，陕西省文物局委托陕西省文物交流中心，与奈良县橿原考古学研究所共同筹划举办的《平城迁都1300纪念特展——大唐皇帝陵》，2010年4月24日至6月20日在奈良县立橿原考古学研究所附属博物馆举行。展品主要由陕西省考古研究院20世纪90年代考古新发掘的唐代帝王贵族陵墓出土的80件（套）珍贵文物组成，包括陶器、玉器、铜器、玻璃器、银器、壁画等，反映了唐代高超的制造工艺、帝王贵族华美洒脱的审美情趣和宏富博大的精神追求。(秦造垣)

中国秦兵马俑展在加拿大多伦多展出　2010年6月26日至2011年1月2日由陕西省文物局主办，陕西省文物交流中心承办的“中国秦兵马俑展”，在加拿大多伦多皇家安大略博物馆举行。展览期间共吸引了总计35万余参观。此次展品主要来自于秦始皇帝陵博物院、陕西省考古研究院、汉阳陵博物馆等省内14家文博单位，展品共120套244件。展览将于2011年6月26日在蒙特利尔闭幕，并结束在加拿大为期一年的巡展。(秦造垣)

中国的兵马俑展在瑞典展出　为庆祝中瑞建交60周年，由瑞典东方博物馆和陕西省文物局联合举办的“中国的兵马俑展”2010年8月27日在瑞典东方博物馆隆重开幕。瑞典国王卡尔·古斯塔夫十六世及王后西尔维亚、瑞典文化大臣莱娜·阿德尔松·利列罗特、中国驻瑞典大使陈明明和由中国国家文物局副局长顾玉才率领的国家文物局代表团、陕西省文物局局长赵荣率领的陕西省文物局代表团参加了开幕式。

“中国的兵马俑展”的展品来自于秦始皇陵博物院、陕西省考古研究院、汉阳陵博物馆和咸阳博物馆等陕西省11家文物收藏单位，单件文物总数达300多件，其规模之大是近几年外展中少有的。这些文物以公元前12世纪秦汉帝陵出土的文物为主，其中相当数量的文物是陕西省近年来的最新考古发现和从未在海外展出的展品。展览于8月28日正式对外开放，2011年1月16日闭幕。(秦造垣)

丝绸之路展在比利时展出　2009年10月23日，为配合中比两国政府

2009年合作开展的"欧罗巴利亚中国艺术节"，由中国文化部、国家文物局与比利时欧罗巴利亚国际协会共同举办，中国文物交流中心承办的"丝绸之路展"在比利时布鲁塞尔皇家艺术和历史博物馆举行了隆重的开幕仪式。展览至2010年2月7日结束。

本次展览以丝绸之路为主题，共展出新疆博物馆、内蒙古博物馆、甘肃省博物馆、陕西历史博物馆、青海省博物馆、国家博物馆和宁夏博物馆等多家博物馆馆藏文物精品136件(组)。为展示宣传丝绸之路文化遗存、促进丝绸之路申报世界文化遗产的工作、弘扬中华文化的博大精深起到积极作用。(金飞尧)

秦始皇及其地下大军展在澳大利亚展出 2010年12月1日下午，陕西省文物局与澳大利亚新南威尔士艺术博物馆共同主办的"秦始皇及其地下大军"展览开幕式在悉尼新南威尔士艺术博物馆一楼大厅盛大举行，澳大利亚新南威尔士州总督玛丽·巴希尔夫人、中国驻澳大利亚大使陈育明及夫人、中国驻悉尼总领事胡山及夫人和陕西省文物局代表团团长张自鸣及澳大利亚当地各界人士共1700余人参加了开幕式。此次展览是中澳文化年活动的组成部分。展出的文物展品共计120件（套)，其中包括各种类别的秦兵马俑和铜车马、青铜水禽等。其他展品以近年来陕西省重大考古发现出土的文物为主，分别来自秦始皇帝陵博物院、陕西历史博物馆、陕西省考古研究院、宝鸡市文物旅游局等陕西省内多家文博单位馆藏珍品。

这次展览的最大亮点是设计展陈形式独特新颖，特别是采用了高科技反光材料对秦兵马俑坑出土的铜车马和青铜水禽等珍贵文物进行重点展示，通过灯光反射达到了上下四层的立体展示效果。展览于2011年3月13日闭幕。(秦造垣)

学术会议

中国考古学会第十三次年会在武汉召开 2010年11月25日至26日，中国考古学会第十三次年会在武汉顺利召开。会议由湖北省文物考古研究所、湖北省博物馆承办，湖北省文物局、重庆市文物局协办，中国考古学会第五届理事会的约50名理事及各团体会员的代表共120多人参加了会议。中国考古学会理事长张忠培、副理事长王巍、秘书长陈星灿、名誉理事石兴邦以及国家文物局副局长童明康、文物保护司司长关强、湖北省省委常委宣传部部长尹汉宁、省文化厅厅长杜建国等领导出席了开幕式。大会由王巍主持，张忠培致开幕词，尹汉宁、童明康做了重要讲话。

本次年会的中心议题是三峡考古发现与研究暨纪念夏鼐先生诞辰100

周年。三峡抢救性考古发掘和文物保护工程于 1992 年正式开始实施，2009 年圆满结束，是我国建国以来规模最大、影响最广、涉及考古工作单位最多的一项文物保护工程。17 年间，峡江地区先后汇集了来自全国各地的 110 余支专业队伍，累计完成考古勘探面积 1621 万平方米、考古发掘面积 189 万多平方米，出土文物 24 万余件。此次年会将三峡地区考古发现与研究作为主题进行专门讨论，既是总结三峡地区考古工作的成果，也是推进三峡地区考古研究和文物保护的深入开展。

会议收到论文或论文提要 62 篇。其中 41 篇涉及三峡地区文物保护工作和考古发掘收获、峡江地区古代文化的发展进程，以及对峡江地区城镇发展、生产生活方式的研究成果。会议分为三组进行学术交流讨论，并推选了余西云、孙智彬、张昌平、袁东山、孙国平、向桃初等 6 位代表在 11 月 26 日下午的大会上进行演讲。孟华平、水涛、郭伟民则分别在大会上汇报了分组交流讨论的情况。王巍作了大会总结讲话。

11 月 26 日上午召开了中国考古学会第五届理事会第二次会议。王巍副理事长报告了第五届理事会成立两年来学会开展相关学术活动的情况以及经费使用情况。会议还商议了 2011 年召开中国考古学会第十四次年会的时间、地点、中心议题，以及增补理事等事项。

会议期间，代表们参观了湖北省博物馆。会后，部分代表分别考察了荆州熊家大冢、三峡大坝、秭归凤凰山古建筑群以及武当山古建筑群。(谷丛)

2010 年湖南考古汇报会在南昌召开　2011 年 1 月 8 日，来自湖南省各地州市文物考古部门的同仁在岳麓书院明伦堂内齐聚，共同出席一年一度的湖南考古汇报会。本次湖南考古汇报会是由湖南省文物局主办、湖南省文物考古研究所和湖南大学岳麓书院联合承办的。大会特别邀请到了中国社科院考古研究所所长、博士生导师王巍到会场做主旨演讲。出席汇报会的还有湖南省文物局副局长江文辉、文物处处长熊建华、湖南大学岳麓书院院长朱汉民、湖南省文物考古研究所所长郭伟民及全体业务人员、湖南省其他各地州市文物考古部门的相关代表等，此外部分考古志愿者代表到会旁听。

特邀嘉宾王巍作了题为《中国文明起源研究新进展》的报告。他汇报了中国文明和国家起源研究中正在进行的工作、所使用的方法、研究的方向以及目前工作的新进展、新成绩。之后由湖南省文物考古研究所、湘西自治州文物局、株洲市文物局、岳阳市文物管理处、长沙市考古研究所、常德市文物局等省内各地市州的相关代表 11 人依次进行了发言。他们的汇报涉及 2010 年湖南省各地文物考古部门所做的重要调查和发掘工作。(乔卓俊)

第十届“考古论坛暨 2010 年中国考古新发现”在北京召开　2010 年 1 月 11 日由中国社会科学院主办、中国社会科学院考古研究所和考古杂志社承办的第十届“中国社会科学院考古学论坛·2010年中国考古新发现”在中国社会科学院学术报告厅举行。

此次论坛邀请了中国社会科学院考古研究所等单位的六位学者就江苏苏州市木渎春秋城址、浙江东苕溪中游商代原始瓷窑址群、山西翼城县大河口西周墓地、新疆鄯善县吐峪沟石窟寺遗址、湖南永顺县老司城遗址、广东汕头市“南澳Ⅰ号”明代沉船6项考古新发现作学术讲演，并邀请了6位知名学者对考古新发现进行评论并组织讨论。出席会议的还有国家文物局和中国社会科学院等部门的有关领导，以及在京的考古研究机构、高等院校、博物馆和有关出版单位的专家及学者共计200余人，与会学者围绕报告内容展开了热烈讨论。（摘自中国考古网）

江苏张家港市东山村遗址考古成果论证会在张家港召开 2010年1月23日，江苏省文物局和南京博物院在张家港市召开了“江苏张家港市东山村遗址考古成果论证会”。国家文物局文物保护与考古司司长关强、国家文物局考古专家组成员徐光冀和中国社科院考古所、上海博物馆、浙江文物考古研究所、安徽文物考古研究所的专家学者在实地参观考古发掘现场后，对该遗址的学术价值和意义给予了充分肯定。与会学者普遍认为东山村遗址在中华文明探源或文明复杂化进程中处于重要的位置，将改变中国考古界对长江下游尤其是环太湖流域文明起源研究的认识。（费玲伢）

夏鼐先生百年诞辰纪念座谈会在北京召开 为纪念夏鼐先生诞辰100周年，2010年2月9日下午，由中国社会科学院主办，考古研究所承办的“夏鼐先生百年诞辰纪念座谈会”在考古研究所八楼报告厅召开。会议由考古研究所书记齐肇业主持，中国社会科学院常务副院长王伟光、国家文物局局长单霁翔、考古研究所所长王巍、夏鼐先生家属北京大学城市与环境学院教授夏正楷分别致辞。出席本次会议的有来自中国社会科学院、中国科学院、国家文物局、故宫博物院、辽宁省文化厅、北京大学、中央美术学院、北京科技大学、文物出版社、中国文物报社等单位的近六十位同行专家学者、夏鼐先生家属及家乡代表。（摘自中国考古网）

黄河三角洲盐业考古国际学术研讨会在寿光召开 2010年4月24日至26日，由山东省文物局和北京大学中国考古学研究中心联合主办的“黄河三角洲盐业考古国际学术研讨会”在山东省寿光市隆重召开。这次国际学术研讨会是国际盐业考古学界的又一次重要的学术盛会，也是第一次在中国举办的盐业考古国际学术研讨会。此次大会以2002年来在山东省北部莱州湾沿岸盐业考古遗址调查和寿光双王城商周制盐遗址的发掘为契机，将鲁北—莱州湾地区所发现的制盐遗址群放在全球视野下予以对比和研究，以期将方兴未艾的中国盐业考古研究推向一个更高的水平。参加此次国际学术研讨会的代表有60余位，分别来自国内外20多家考古学研究机构和高校。与会代表对盐业考古的很多问题进行了深入探讨。会议论文既有对世界各地最新盐业考古发现报道和个案的研究，也有全球视野下对盐业考古所取得成果及发展前景的宏观回顾和展望，有些学者还在总结世界各地所发现的盐业遗存及相关研究的基础上，对今后盐业考古的研究方法和理论提出了富有创见的构想。(温成浩)

中国与太平洋：早期海洋文化国际学术论坛在厦门召开 2010年5月20日，由厦门大学人文学院和中国百越民族史研究会联合主办的“中国与太平洋：早期海洋文化”国际学术论坛在厦门大学举行。来自澳大利亚、美国、台湾以及厦门大学人文学院历史系、人类学系的十余位学者参加了会议。会议共收到论文12篇。

与会学者分别从考古学、民族学、语言学、历史学等多学科角度，探讨亚太海洋地带的史前考古新发现、早期海洋文化的发生与南岛语族起源等问题。主要内容包括：从田野考古发现、民族志材料、比较语言学等方法探讨台湾在“南岛语族”来源与海洋传播中的文化史地位，从区域民族史角度探讨华南百越土著在中华民族“多元一体”格局中的特殊性、海洋性及其与南岛语族的密切关系，从史前环境变迁、陶瓷贸易等角度分析中国东南海洋文化的发生、泛太平洋航海史，用生物考古、同位素分析等探索华南史前土著与“南岛语族”特殊的经济生活形态。

国际太平洋印度洋史前学会（IPPA）秘书长、国立澳大利亚大学考古学与人类学学院教授彼得·贝尔伍德(Peter Bellwood)、国际太平洋印度洋史前学会第十七届大会主席、台湾“中研院历史语言研究所”副所长臧振华教授分别作了《东南亚新石器时代的文化来源》、《台湾东海岸八仙洞洞穴遗址的考古新发现》等精彩演讲。(佟珊)

吉林大学哲学社会科学跨学科论坛在吉林大学边疆考古研究中心召开 2010年5月21日下午，由吉林大学社会科学处、吉林大学文学院、吉林大学边疆考古研究中心联合举办了吉林大学哲学社会科学跨学科论坛(第六场)。

本场论坛围绕着“文理交叉、学科重组：分子考古学研究的进展及其带来的启示”这一主题进行了广泛而深入的讨论。(刘艳)

首届“女性考古与女性遗产”学术研讨会在南京召开 2010年6月13日至15日，由南京大学历史学系主办、南京大学文化与自然遗产研究所承办的首届“女性考古与女性遗产”学术研讨会在南京大学召开。本次会议旨在考古学科和遗产学科框架内，架构一个“女性考古”及“女性遗产”的研究方向，以求改变相关学科中传统的“男性偏见”，拓展和完善相关学科现有的学科结构体系。来自全国各高校、考古研究所和博物馆的专家学者，南京大学历史学系文物、考古专业和非物质文化遗产研究生班部分师生，《东南文化》编辑部、南京电视台等共60余人参加了此次会议。

会议论文内容涉及理论研究、女性考古、女性遗产、杰出女性和女神研究五个方面。作为第一次专题性的女性考古与女性遗产会议，目的不在于解决问题，而主要在于提出问题，探讨问题，把问题引向更多的学术人士，更广泛的学术领域及更深的学术层面，更重要的是，让年轻的学者和研究生们，能够具有强烈的学术创新意识，把中国考古学和文化遗产学科在全球化、国际化背景下，不论是实践还是理论上，都提升到世界级水平，南京大学今后将进一步致力于搭建“女性考古与女性遗产”的学术交流平台。（彭友琴）

东北及内蒙古东部考古的过去、现在与未来学术研讨会在长春召开 2010年6月18日至20日，由中国考古学会主办、吉林省文物考古研究所承办的“东北及内蒙古东部考古的过去、现在与未来”学术研讨会在吉林省长春市隆重召开。中国考古学会理事长张忠培、副理事长王巍、国家文物局文物保护与考古司司长关强、中国社会科学院考古研究所及故宫博物院从事东北考古研究的专家、东北三省及内蒙古地区考古所领导以及吉林大学边疆考古研究中心的部分师生参了此次会议。三省一区一校的18位学者结合会议的主题就本地区已经开展与正在开展的考古工作进行了汇报，并对本地区未来要开展的考古工作进行了展望。本次会议汇报的内容主要包括：东北三省及内蒙古东部地区考古学文化的时空框架与序列谱系（旧石器时代—辽金元时期）、高句丽、渤海考古学研究的回顾与展望、蒙古国游牧文化遗存概述，以及考古参与下的大遗址保护工程的现状等问题。张忠培对大会进行了总结。关强代表国家文物局从行政管理层面对三省一区一校的考古工作提出了指导性意见。（余静）

考古学的过去、现在和未来——中国与世界国际学术研讨会在北京召开 2010年7月28至30日，为纪念中国社会科学院考古研究所所成立六十周年，“考古学的过去、现在和未来——中国与世界”国际学术研讨会在北京召开。来自中国、美国、英国、日本、韩国、俄罗斯、加拿大、澳大利亚、法国、德国及中国香港、台湾、澳门等国家和地区的学者参加了会议。与会学者围绕着旧石器时代向新石器时代的过渡、中国农业的起源、中国文明的起源、中国古代王国和帝国的形成与发展特点、中国古代城市的产生和发展、古代手工业生产和发展、古代手工业生产组织与技术、欧亚大陆古代人群迁徙与文化交流以及近年来逐渐受到世界关注的中国大遗址和文化遗产保护模式等热点问题开展多角度、深层次的探讨。

湘赣粤桂考古峰会暨湖南省考古学会第十一次年会在永州召开 2010年8月16日至18日，由湖南省文物局和永州市人民政府主办，湖南省考古学会、湖南省文物考古研究所、永州市文化局与永州市文物处共同承办的“湘赣粤桂考古峰会暨湖南省考古学会第十一次年会”在湖南省永州市零陵区隆重召开。来自多家单位的150余名代表参加了本次大会。

年会还邀请了中国考古学会理事长张忠培、北京大学考古文博学院院长赵辉、北京大学考古文博学院李伯谦等考古界知名学者，开幕式上，永州市市委常委、宣传部长董石桂，湖南省文物局副局长何强、国家文物局文物保护与考古司司长关强，湖南省考古学会理事长袁家荣等分别致词。

会议围绕着南岭地区在考古学上的重要性这个学术重点，从多方面进行了探讨。12名代表就湖南永州潇湘上游商周遗址群、湘桂粤赣交界地区的考古新发现与新思考、区域考古合作、岭南地区晚更新世晚期古人类的技术与行为、史前南方文化的交流与传播、从出土铜器看湖南与岭南的交通、考古与文化遗产保护等方面分别作了主题发言。（乔卓俊）

南宝力皋吐遗址学术讨论会在扎鲁特旗召开 2010年8月22至24日，南宝力皋吐遗址学术讨论会在内蒙古扎鲁特旗召开。来自中国社科院考古研究所，北京大学，吉林大学，吉林、辽宁、四川及河南等省考古研究机构的学者以及通辽市和扎鲁特旗主要领导共60余人与会。研讨会由内蒙古文物考古所和扎鲁特旗人民政府筹备。会议推动南宝力皋吐文化类型的研究和确立。

会议期间，各位专家实地考察了南宝力皋吐遗址。（吉平）

全国第十一届考古与文物保护化学学术研讨会在长春召开 2010年8月29至30日，“全国第十一届考古与文物保护化学学术研讨会”在吉林大学召开。此次研讨会由中国化学会应用化学委员会考古与文物保护化学科学委员会主办，吉林大学边疆考古研究中心、中国科学院长春应用化学研究所、秦始皇兵马俑博物馆承办，吉林省文物考古研究所协办。来自国内各科研院所等48个单位的近百名代表齐聚长春。

学术报告内容广泛，涉及漆、木器类、纸质、纺织类、金属类、陶瓷器、砖、石类、遗址保护、壁画、泥塑类等方面。并由文物出版社出版论文集《文物保护研究新论（二）》。（刘艳）

蒙元历史与元上都考古学研究学术研讨会在呼和浩特召开 为增强蒙元历史的学术交流，深化元上都遗址的考古学研究，全面推动2012年元上都遗址申报世界文化遗产工作，2010年9月16至18日，由内蒙古考古博物馆学会和内蒙古大学联合举办的“蒙元历史与元上都考古学研究学术研讨会”在呼和浩特市顺利召开。会议期间，共有来自内蒙古大学、内蒙古师范大学、内蒙古博物院、赤峰学院、内蒙古文物考古研究所及部分盟市博物馆的60余位代表参会，并有50余名高等院校文博专业的同学列席会议。

与会代表围绕蒙元历史与元上都考古学研究进行了积极深入的探讨，共有21名代表发言。（郑承燕）

第六届世界遗产论坛在澳门召开 2010年9月16至18日，由南京大学文化与自然遗产研究所、世界遗产论坛组委会、澳门世界遗产促进会、华夏遗产网等联合主办的第六届世界遗产论坛在澳门特区召开。南京大学、中山大学、澳门科技大学、台湾中华世界遗产协会、澳门历史学会等相关科研机构和国内各世界遗产地管理机构派代表出席。论坛由南京大学文化与自然遗产研究所所长贺云翱教授主持。

本次论坛的主题是“多元文化与

世界遗产旅游发展”，涉及世界遗产与多元文化的关系、世界遗产的申报价值、世界遗产与环境保护的关系、世界遗产旅游本质与文化多样性的结合等论题，与会的考古学、历史学、世界遗产等领域的专家学者各抒己见，讨论热烈。

论坛期间，还同时举行了“2010年最受关注的中国世界遗产评选活动”的颁奖仪式，此项活动旨在调动社会公众关心保护中国世界遗产的积极性，普及世界遗产知识，推动中国世界遗产事业的发展。评选活动分为网络组和专家组两个组别，经过两个多月的调查评审，共评选出包括“最受关注的世界文化遗产”在内的十四项大奖。（增威）

汉代城市和聚落考古与汉文化国际学术研讨会在内黄召开 2010年9月17日至19日，由中国社会科学院考古研究所、河南省文物局、安阳市人民政府主办，河南省文物考古研究所、郑州大学历史学院和内黄县人民政府承办的“汉代城市和聚落考古与汉文化国际学术研讨会”在河南省内黄县隆重召开，与会者来自全国各省、市、自治区、香港特别行政区的考古文博单位和有关高校，以及美国、法国、德国、日本、韩国、越南六个国家的专家学者，共计130余人。

与会代表还召开了关于曹操高陵的专家座谈会，深入讨论了汉代帝陵制度与高陵的关系、高陵出土的石牌、瓷器、瓦鼎等文物与墓主身份的确定等问题，进一步明确了安阳西高穴二号墓就是曹操高陵（赵海洲）。

大明宫——世界的遗产国际学术研讨会在西安召开 2010年9月18至20日，由中国社科院考古研究所、英国牛津大学和西安曲江大明宫遗址区保护改造办公室等单位联合举办的“大明宫——世界的遗产”国际学术研讨会在西安隆重召开，来自国内外的文化遗产保护及考古学领域的50位专家学者济济一堂，围绕大明宫遗址的考古和保护，从多个方面和角度进行了广泛探讨。（摘自中国考古网）

欧亚考古学国际学术研讨会在西安召开 2010年9月18日，由西北大学主办、中国社会科学院考古研究所和新疆文物考古研究所协办的“欧亚考古学国际学术研讨会——从青铜时代到早期铁器时代”在西北大学隆重举行。

来自哈佛大学、耶鲁大学及俄罗斯、乌兹别克斯坦等研究机构的22位国外知名学者和北京大学、清华大学、中国社会科学院等国内大学及科研单位的40多位专家学者出席了本次学术研讨会。大会共安排18次专题会议，有30余位专家学者发表了学术报告，报告从欧亚草原区域古代埋葬习俗、社会形态、科学技术、文化交流等角度出发，介绍了近年来欧亚考古的新发现、新资料、新成果，探讨了欧亚考古的研究现状和发展趋势。会后与会代表赴陕西秦始皇兵马俑、汉阳陵、历史博物馆及新疆进行实地考察。

本次会议的召开加强了国际间的合作和交流，推动了欧亚考古研究的发展。（王建新）

三江并流地区考古暨民族关系学

术研讨会在迪庆召开　2010 年 10 月 10 日至 12 日，由云南省文物考古研究所、迪庆藏族自治州文化局、云南省博物馆和云南大学西南边疆少数民族研究中心主办，迪庆藏族自治州文物管理所和迪庆藏族自治州博物馆承办的“三江并流地区考古暨民族关系学术研讨会”在迪庆藏族自治州香格里拉县召开，来自北京、四川、重庆、广州、贵州、湖南和云南的科研院所及高校的考古学者共计 100 余人出席了本次会议。

与会学者围绕三江并流地区的考古新发现、民族关系研究、茶马古道研究、非物质文化遗产保护四个议题进行交流讨论，内容涉及三江并流地区的哺乳动物化石与旧石器考古新发现、石棺葬文化、滇西北与川西及黔北地区的青铜文化、民族源流、民族关系、宗教格局与传播、茶马古道线性文化遗产的保护与研究、金沙江岩画的发现与研究、石质文物的保护、尼西制陶文化的传承、藏学与东巴文化研究等，共 40 余位学者出席了会议。（杨镜皿）

关中—天水经济区秦文化学术研讨会在西安举行　2010 年 10 月 18 日，由陕西省考古研究院、甘肃省文物考古研究所和中国文物报社联合主办的“关中—天水经济区”秦文化学术研讨会在西安举行。陕西省文物局局长赵荣、甘肃省文化厅副厅长杨惠福、中国社会科学院考古研究所副所长白云翔、中国文物报社总编张自成及来自国家博物馆、北京大学、吉林大学、西北大学等 15 家单位共 40 余位学者出席了会议。会议由陕西省考古研究院院长王炜林主持。会议推动了两省在文物领域及秦文化研究等方面的合作。（陕西省考古研究院）

2010 年文化遗产国际学术研讨会在山东召开　2010 年 10 月 27 日至 29 日，“2010 年文化遗产国际学术研讨会（Heritage Values in China：Identifying, Evaluating and Treating Impacts to Cultural Relics）”在济南和曲阜两地举行。此次会议由山东大学、加拿大皇家安大略博物馆、美国佛罗里达州立大学和美国国家公园管理局的学者倡议发起，由山东大学东方考古研究中心和博物馆主办和承办。来自美国、加拿大、澳大利亚、韩国以及中国大陆、香港特别行政区高校与科研机构的 30 余位学者参加了本次学术研讨会。

主要包括三个主题，即“大视野中的文化遗产管理与保护”、“中国物质文化遗产——科学与管理”、“文化遗产与当代社会”，涉及内容广泛，引起学者的热烈讨论与交流。与会学者普遍认为，在新的社会背景下，中国与世界其他国家和地区一样，面临着经济发展对文化遗产保护与管理带来的许多新挑战。对此，从业人员应积极采取措施，并切实加强区域及国际合作。（陈雪香）

闽粤赣跨界地带青铜文化高峰论坛在厦门召开　2010 年 11 月 5 日至 7 日，由厦门大学人文学院主办的“闽粤赣跨界地带青铜文化高峰论坛”在厦门大学召开。国家文物局、福建省文物局、北京大学考古文博学院、厦门大学人文学院历史系以及闽、粤、赣三省考古文博机构的 20 余位领导、专家、学者，以浮滨文化的发现与研究为切入点，交流闽粤赣跨界地带青铜时代的考古工作与学术研究成果，研讨未来的工作方向与合作机制。国家文物局文物保护与考古司关强司长、福建省文物局郑国珍局长、北京大学考古文博学院李伯谦教授等参加了会议并先后作了讲话和学术演讲。

与会学者都希望在田野发掘与调查的基础上，完善闽粤赣跨界地带的青铜文化谱系，分析该地区文明的产生模式、融入中原文明的过程及青铜文化的去向等问题，设立跨省、跨部门“大课题”计划，在基建考古中贯彻跨界意识、课题意识等。本次会议的召开为闽粤赣跨界地带青铜时代考古工作协调、资料共享及进一步的深入研究奠定了基础。（佟珊）

老司城考古发掘暨国家考古遗址公园建设研讨会在永顺召开　2010年11月21日，由湖南省文物局主办，湖南省文物考古研究所、永顺县委、县政府联合承办的“老司城考古发掘暨国家考古遗址公园建设研讨会”在永顺县召开。

会议特邀请国家文物局专家组成员及来自中国社会科学院考古研究所、北京大学考古文博学院、中国国家博物馆、吉林省文化厅、陕西省考古研究院、江苏省考古研究所、中国文物报社等单位及省内专家代表10余人前往老司城考古发掘现场进行考察座谈。

大会主要围绕老司城遗址“如何发掘、如何保护、如何展示”等核心问题，展开全方位、多角度、有针对性的探讨。专家们一致认为：一、老司城遗址完整地再现了土司王朝的历史风貌，是南方地区最具典型代表的少数民族古代文化遗存，具有十分重要的历史价值和现实意义；二、此次配合遗址本体保护方案和考古遗址公园规划进行的考古发掘工作是一项难度大、任务重、起点高的工作。对于该遗址的考古工作必须制定出近期和长期规划，有计划按步骤地进行；三、老司城遗址的考古工作与大遗址保护工作是相辅相成的，要做到有机结合，完整统一。考古工作是基础，遗址公园的建设是文物保护的有效措施之一；四、《老司城遗址本体保护方案》和《老司城国家考古遗址公园规划》的编制要具有前瞻性、科学性和示范性；五、老司城遗址公园的建设具有得天独厚的自然条件，要与周边优美的山水风光紧密结合，形成人文观景和自然观景和谐统一，将老司城遗址公园的建设做成一个国家大遗址保护的典范工程。（于冰）

浙江省旧石器考古学术研讨联谊会在长兴召开　2010年11月25日至27日，浙江省旧石器考古学术研讨联谊会在长兴县举行。来自中国科学院古脊椎动物与古人类研究所、浙江省文物考古研究所、浙江省出土旧石器的市县博物馆的专业人员共20余人参加了联谊会。会议期间，中国科学院古脊椎动物与古人类研究所的专家进行了专题讲座，与会人员考察了长兴合溪洞遗址、银锭岗遗址，就浙江旧石器考古工作进行了热烈交流，此外，还专程前往安吉县溪龙乡的张森水纪念园缅怀张先生，大家对张先生为浙江旧石器考古工作作出的巨大贡献致以深深的敬意。（徐新民）

古代东亚土墩遗存及其社会——中韩土墩墓比较研究学术研讨会在南京召开　2010年12月16日至19日，由南京博物院和韩国湖南文化财研究院联合举办的“古代东亚土墩遗存及其社会——中韩土墩墓比较研究学术研讨会”在南京召开，来自韩国湖南文化财研究院、大东文化财研究院、忠清南道历史文化研究院、全北大学校博物馆和北京大学、南京大学、中央民族大学、上海博物馆、安徽省文物考古研究所、浙江省文物考古研究所、南京博物院的专家学者30余人参加研讨。研讨会收到研究论文10余篇，从不同的角度对古代东亚土墩遗存及其社会进行了深入探讨。论文涉及20世纪60年代以来中韩土墩遗存的发掘调查成果、中国土墩墓和石室土墩墓的起源、中韩土墩墓的比较、中国石室土墩墓遗存性质乃至汉代遗存、马韩土墩墓与唐墓的形制、结构、演变的比较等。（费玲伢）

中原古都与历史文化学术研讨会在郑州召开　2010年12月26日至28日，由郑州大学主办，郑州大学历史学院承办的“中原古都与历史文化”学术研讨会在郑州大学召开。来自全国各省、市高校和科研单位的专家学者30余人参加了这次学术研讨会。研讨会上，专家学者围绕中原古都的自然地理、人文环境；中原古都的区位优势及其对周围的影响；全球视野下的中原文明；历史研究的方法论等问题展开了深入而热烈的讨论，达成了不少共识，推动了中原历史文化研究的进一步发展，为中国古代史学科的发展积累了宝贵经验。（赵海洲）

对外学术交流

中国社会科学院考古研究所

出访

1月23～28日，应日本青森县教育委员会教育长田村充治的邀请，中国社会科学院考古研究所所长王巍赴日本参加由青森县、北海道、岩手县和秋田县联合举办的题为“北海道、北东北为中心的绳文时代遗迹群”学术研讨会，并在会上作了题为《从东亚看绳文文化》的讲演。

1月28～2月1日，应日本福冈县政府的邀请，中国社会科学院考古研究所所长王巍赴日本参加由日本福冈县政府举行的题为“与宗像·冲之岛相关的遗产群”国际学术会议，并在会上作了题为《中国在信仰方面的文化遗产》的讲演。

4月28～5月4日，应美国布朗大学久考斯基考古和古代世界研究所的邀请，中国社会科学院考古研究所副所长陈星灿赴美国参加该所举行的题为“中国考古学理论的位置”的学术会议，并在会上作了题为《区系类型理论与中国文明起源》的讲演。

5月15～30日，应俄罗斯科学院考古研究所、德国考古研究院欧亚所和英国伦敦大学的邀请，中国社会科学院考古研究所书记齐肇业等赴上述三国进行了学术访问。此次学术访问是福特基金研究项目《文化遗产保护与当代中国社会》课题的欧洲调研部分。访问期间对当地文化遗产保护工作进行了实地考察，与当地文博考古机构进行了深入的交流，寻求进一步开展学术合作与交流的机会。

4月21～24日，应日本独立行政法人文化财机构奈良文化财研究所的邀请，中国社会科学院考古研究所所长王巍和科研处处长丛德新赴日本出席该所举办的“大极殿复原工程完成庆典大会”。

4月25～5月2日，应韩国东亚细亚文化财研究院的邀请，中国社会科学院考古研究所副所长白云翔赴韩国进行学术访问。此次访问主要是商讨双方开展学术交流与合作事宜，并在该所作了题为《韩国三韩时代遗存中的汉朝文物及其认识》的讲演。

10月22～25日，应日本长崎县埋藏文化财中心的邀请，中国社会科学院考古研究所副所长白云翔赴日本参加题为“遥远的魏志·倭人传之路”国际学术研讨会，并在会上作《魏志·倭人传时代的洛阳》的讲演。

11月1～7日，应日本奈良县立橿原考古学研究所的邀请，中国社会科学院考古研究所所长王巍赴日本参加该所举行的第29届公开演讲会。此次演讲会的主题是“东亚王墓论坛”，他在会上作《中国坟丘墓与王墓》的讲演。此外，在访问日本期间他应邀赴日本明治大学参加了国际学术会议。

11月26～12月3日，应日本爱媛大学东亚古代铁文化研究中心的邀请，中国社会科学院考古研究所副所长白云翔赴日本参加题为“三国志·魏的世界——曹操高陵的发现及其意义”的国际学术研讨会，在会上作题为《三国时代考古及其新进展》的讲演。

来访

1月31～2月8日，应中国社会科学院考古研究所的邀请，英国阿伯丁大学 Keith Dobney 教授一行16人来华进行学术访问，就中欧生物考古学研究进行深入的讨论。

2月24日，斯洛伐克共和国副总理杜尚·恰普洛维奇一行8人到中国社会科学院考古研究所访问，中国社会科学院副院长李扬会见并与客人座谈，参加会见的有中国社会科学院考古研究所所长王巍、中国社会科学院国际合作局局长杨扬、中国社会科学院考古研究所副所长陈星灿等。

3月4～6日，应中国社会科学院考古研究所的邀请，奥地利维也纳 Kunsthistorisches 博物馆钱币部主任 Michael Alram 来华进行学术访问。此次访问主要是参加中国社会科学院国际科学院联盟课题子课题《古代中国与地中海世界》，并在考古所作了题为《米索不达米亚平原与巴克利亚地区文化互动的比较研究》的讲演。

3月4～6日，应中国社会科学院考古研究所的邀请，日本国立历史民俗博物馆西本丰弘教授一行3人来华进行学术访问。此访主要是参观考古所科技考古中心动物考古实验室的动物标本，讨论开展合作的事宜。

3月3～10日，应中国社会科学院考古研究所的邀请，日本奈良县立橿原考古学研究所的桥本裕行总括研究员一行3人来华进行学术访问。此访主要是到洛阳、郑州、安阳等地参观有关考古遗址和博物馆。

7月27～8月2日，应中国社会科学院考古研究所的邀请，日本奈良文化财研究所所长田边征夫等49人来华参加庆祝中国社会科学院考古研究所成立60周年暨国际学术研讨会。

8月23～30日，应中国社会科学院考古研究所的邀请，日本九州大学宫本一夫教授等35人来华参加题为“东亚早期东西方文化交流——北方草原大通道”国际学术研讨会。此次会议由鄂尔多斯市政府、中国社会科学院考古研究所、英国剑桥大学考古系和鄂尔多斯市文化局联合举办，在内蒙古鄂尔多斯市举行。

9月1～20日，应中国社会科学院考古研究所的邀请，德国考古研究院的安德里亚斯·赖内克教授来华进行学术访问。此次来华访问主要是到考古所访问，并与有关学者进行学术交流，他还到河南安阳内黄参加由考古所与河南省文物局等单位联合主办的“汉代城市和聚落考古与汉文化国际学术研讨会”，并到贵阳、云南等地参观考察。

9月17～19日，应中国社会科学院考古研究所的邀请，日本奈良县立橿原考古学研究所寺泽薰教授等19人来华参加题为“汉代城市和聚落与汉文化国际学术研讨会”。此次会议由考古所与河南省文物局等有关单位联合主办，在河南省内黄县举行。

12月13～12月24日，应中国社会科学院考古研究所的邀请，日本奈良文化财研究所难波洋三部长等3人来华参加《中日合作汉魏洛阳故城调查、发掘和研究》项目。

国家博物馆 6月27～7月3日，中国国家博物馆水下考古研究中心赴韩参加中韩两国水下考古学发展与现状的学术研讨会，并考察了韩国新安沉船遗址、遗物及出水文物的保护技术与方法。

9月25～30日，中国国家博物馆水下考古研究中心赴法参加中法水下考古“让娜·伊丽莎白”号沉船的短期合作发掘，并就两国水下考古成果与现状、出水文物保护技术等问题进行了专题研讨，对今后双方在水下考古学领域的长期合作进行了初步协商。

内蒙古博物院 12月，纽约大都会博物馆举办了元代艺术与考古学术研讨会。内蒙古博物院副院长傅宁应邀赴美参加该研讨会，并在会上作了题为《内蒙古近年来发现的元代流散文物举隅》的学术报告。报告中，傅宁分别从元代流散文物发现的主要区域、类别及主要特征等方面对元代流散文物进行了阐述。（苏妮汗）

9月22～10月6日，应美国耶鲁大学及布莱恩特大学的邀请，内蒙古博物院院长塔拉赴美国对这两所高校进行学术访问。塔拉院长应邀分别出席了耶鲁大学东亚研究委员会及巴德研究中心共同举办的学术会议及布莱恩特大学中美研究所举办的座谈会，并在会议上就《从辽代墓葬出土文物看辽代宗教崇拜》、《再现辽王朝》及《内蒙古最新考古发现》发表了学术演讲。（苏妮汗）

9月10～11月22日，应美国梅隆基金会博物馆的邀请，内蒙古博物院保管研究部主任于宝东经由国家文物局选派，赴美国参加梅隆文化交流项目，期间分别到华盛顿史宾森尼研究院、纽约大都会博物馆等三十多家博物馆进行研修。同时，深入博物馆内部进行考察、调研、信息搜集工作，通过笔记、拍照等方式收集了大量有关中国文物的信息。（苏妮汗）

吉林省文物考古研究所 9月4～9日，吉林省文物考古研究所所长宋玉彬应俄罗斯科学院远东分院远东民族历史·考古·民族研究所邀请赴俄罗斯符拉迪沃斯托克出席“渤海国的历史与考古研究——纪念克拉斯基诺城址发掘30周年国际学术会议”，并以《渤海瓦当纹饰的文化因素分析》为题进行了学术讲座。（宋玉彬）

10月20～26日，应韩国先史文化研究院邀请，吉林省文物考古研究所所长宋玉彬、文保中心主任赵海龙对韩国进行为期七天的学术考察。（赵海龙）

11月25～12月2日，应日本金泽学院大学小岛芳孝教授邀请，吉林省文物考古研究所所长宋玉彬、馆员梁会丽参加了在日本金泽举行的“环日本海世界的古代史”学术研讨会。会上，宋玉彬作了题为《近十年来中国吉林省渤海·金代考古学研究的主要成果》的学术演讲，梁会丽作了题为《东辽河下游的青铜时代文化》的学术演讲。（梁会丽）

12月20～28日，吉林省文物考古研究所邀请俄罗斯科学院远东分院远东民族历史·考古·民族研究所副所长A·Л·伊夫里耶夫先生一行5人来我国访问。该团先后参观了八连城城址、西古城城址、龙头山墓地、六顶山墓地、延边州博物馆、和龙市博物馆、吉林市博物馆、吉林省博物院、辽阳市博物馆、本溪市博物馆及辽宁省博物馆。双方就共同关心的学术课题进行了交流，并就以后的学术交流及合作项目交换了意见。（余静）

南京博物院 3月13～18日，应韩国湖南文化财研究院林永珍院长的邀请，南京博物院考古研究所所长林留根、副所长田名利、周润垦赴韩国考察，并就双方的合作进行磋商。在湖南文化财研究院分别作了题为《江南土墩墓的新发现和研究》、《从宜兴紫云山土墩墓的发掘看句容金坛土墩墓的向心结构》、《中国江苏省梁王城遗址六朝文化遗存的发现及其意义》的学术演讲。考察期间参观了韩国首尔国立中央博物馆、韩屋村等博物馆和遗址。

浙江省博物馆 3月9日，韩国国立光州博物馆馆长李源福一行访问浙江省博物馆。同行的申大坤、金正现、李文信3名学者对该馆进行了为期10天的学术访问。

11月6～15日，浙江省博物馆陶瓷部主任沈琼华、历史部陈平2人赴韩国国立光州博物馆进行学术访问。作为《古代浙江输出青瓷研究》课题的调查项目，研究人员沿韩国西海岸线参观了一些博物馆和遗址。此外与国立光州博物馆馆长李源福先生就借展文物情况、文物保险、文物运输、人员组织、相关资料等达成了意向。（沈琼华）

成都市文物考古研究所 12月31日，加拿大麦吉尔大学关玉琳（Gwen P. Bennett）博士、美国哈佛大学人类学系付罗文（Rowan K. Flad）博士、台湾大学人类学系陈伯桢博士、美国密歇根大学人类学博物馆的提姆西·郝思利（Tim J. Horsley）博士4位学者，应邀来成都文物考古研究所举行学术报告会。（陈剑）

陕西省考古研究院 3月16～19日，美国阿肯色州立大学教授、美国考古学会主席威廉姆·勒普教授及加州大学洛杉矶分校白冉·波恩特博士一行2人至陕西省考古研究院交流演讲，并考察了凤栖原家族墓地、新街遗址、杨官寨遗址及泾渭基地。（马金磊）

3月22日，英国剑桥麦克唐纳研究所利弗休姆基金项目研究成员克里斯·西塔博士到陕西省考古研究院进行学术访问，同时在该院举行了关于动物考古学研究的演讲。（马金磊）

4月7～9日，新加坡亚洲文明博物馆副馆长陈慧心女士一行3人到陕西省考古研究院进行学术交流，就文物保护相关方面的问题做了深入讨论。

4月21～25日，陕西省考古研究院王炜林院长赴日本奈良县参加橿原考古学研究所附属博物馆“大唐皇帝陵——中国陕西新出土唐代文物展”开幕式，并在大阪博物馆作了题为

《陕西史前考古研究》的演讲。

5月7～13日，陕西省考古研究院张建林副院长率学术代表团参加日本橿原考古学研究所主办的“玄宗皇帝与圣武天皇的时代”国际研讨会，并以《唐代帝陵陵园形制的发展与演变》为题发表演讲，张蕴研究员以《唐让皇帝惠陵的等级讨论》为题发表演讲。

6月25日，美国加州大学洛杉矶分校罗泰教授和俄勒冈大学艾金斯教授在陕西省考古研究院进行学术交流，罗泰教授以《西方关于中国青铜器铸造工艺的争论》、艾金斯教授以《东北亚地区的史前聚落研究》为题发表演讲。

9月1～10日，韩国国立庆州文化财研究所一行6人来我院进行学术访问，学艺研究室室长朴钟益先生就韩国庆州近几年进行的考古调查、发掘工作的成果作专题演讲。

11月17日，俄罗斯科学院新西伯利亚考古研究所代表团娜达莎博士一行4人来陕西省考古研究院进行学术访问。

11月22～27日，应韩国国立庆州文化财研究所的邀请，陕西省考古研究院代表团院党委书记陈显琪、行政办公室主任李举纲、隋唐考古部副部长邢福来、文物保护部部长赵西晨、人事科科员高大璐一行5人赴韩国庆州、济州进行学习交流。代表团分别以《陕西文物考古工作基本情况》、《统万城遗址近年考古发掘》、《陕西省考古研究院文物保护新成果》、《2009年中国重要考古发现——元代刘黑马家族墓》为题发表演讲。

北京大学考古文博学院 2009年12月10日～2010年1月，李水城教授邀请付罗文博士、关玉琳博士等访问北京大学，并前往四川郫县合作进行区域考古调查。

2009年12月29日～2010年6月3日，周双林副教授赴美国史密森协会塞克勒博物馆，进行科学分析和文物保护方面的合作交流。

3月12日～17日，赵辉教授、刘绪教授、权奎山教授赴日本金泽大学进行学术访问。

4月12～29日，李水城教授邀请法兰西国立考古博物馆 Laurent Olivier 教授（铁器部主任）等3人访问北京大学，前往山东省寿光市双王城制盐遗址参加考古发掘。

5月3日，韦正副教授参加韩国金海仁济大学“海外重要学者讲座”，并作《中国三国时代的考古学》演讲。

7月，秦大树教授前往马来西亚参加由马来西亚信息与文化部主办的“布樟河谷及东南亚早期文明国际学术研讨会”，并发言。

9月，张晓梅副教授参加美国材料研究学会（MRS）组织的2010秋季“Materials Issues in Art and Archaeology IX.”会议，并作了会议邀请发言。论文题目：Research on the Corrosion of Bronze Weapons from the Pits of the Terracotta Warriors。

10月15日，林梅村教授应法国远东学院北京中心主任吕敏（Marianne Bujard）教授邀请，在北京故宫博物院中法汉学讲座上作《普陀山访古——康熙皇帝拆迁明故宫建普陀山法雨寺调查》讲演。

12月8~18日，林梅村教授、齐东方教授、杨哲峰副教授、魏正中副教授应意大利亚非学院（Istituto Italiano per l´Africa e l´Oriente）达仁利（Francesco D’arelli）教授邀请出访意大利，在罗马访问意大利亚非研究院、参观罗马古迹和当地博物馆，后赴那不勒斯，访问庞培古城和当地博物馆，继而作学术报告。

吉林大学边疆考古研究中心 2月19~2月24日，应日本国奈良女子大学文学部国际社会文化学科相马秀广教授之邀，吉林大学边疆考古研究中心汤卓炜教授作为中日合作项目参加者之一，赴日本奈良女子大学参加题为“高解像度卫星图像解译古灌溉渠网及古耕地复原的谱系分类”的国际学术研讨会。会上汤卓炜教授作了题为《西夏农业经济存续的社会生态环境背景》报告。会后走访了新泻大学博物馆，并拜访了新泻大学白石典之教授，商讨了中日蒙合作开展蒙古国境内若干遗址环境考古研究的可行性。（汤卓炜）

4月26日晚，美国纽约大都会博物馆（The Metropolitan Museum of Art）亚洲部中国艺术主任孙志新（Jason Zhixin Sun）博士在吉林大学为广大师生作了题为《美国的中国玉器收藏和研究》的报告。（段天璟）

4月28~6月13日应韩国考古环境研究所所长李弘锺教授之邀，吉林大学边疆考古研究中心汤卓炜教授作为客座研究教授，赴韩国高丽大学校忠清南道燕岐郡鸟致院邑分校所在地的韩国考古环境研究所，进行为期一个半月的客座研究。（汤卓炜）

4月29~5月4日，应韩国金海市金锺侃市长邀请，吉林大学边疆考古研究中心主任朱泓教授赴该市出席第16届加耶史国际学术会议，并以《喇嘛洞三燕文化居民族属问题的生物考古学考察》为题发表了大会主题发言。（朱泓）

5月19日，吉林大学边疆考古研究中心的陈全家教授，应韩国先史研究院李隆助院长的邀请，赴韩国首尔市忠州郡庆州丹阳县参加“垂杨介和她的邻居们”第15届国际学术研讨会，并在会上以《延边地区近几年旧石器遗址的新发现与研究》为题发作了大会发言。（陈全家）

8月10日，应吉林大学展涛校长的邀请，美国耶鲁大学人类学系、中国国家友谊奖2008年获得者文德安教授、加拿大西蒙佛雷泽大学考古学系杨东亚副教授、加拿大皇家安大略博物馆东亚部主任、多伦多大学沈辰研究员在吉林大学边疆考古研究中心会议室为广大师生带来精彩的学术报告。（刘艳）

8月23~28日，吉林大学边疆考古研究中心周慧教授、汤卓炜教授、蔡大伟副教授一行三人以ICAZ会员的身份应邀赴法国巴黎出席国际动物考古学委员会（International Council for Archaeozoology，简称ICAZ）主持召开的第11届国际会议（11th International Conferrence，Paris）。（蔡大伟）

10月28日，吉林大学文学院副院长、边疆考古研究中心史前研究室主任赵宾福教授应邀赴韩国首尔参加韩国檀国大学校东洋学研究所举办的“东北亚地区的文明发展进程与交流”

国际学术研讨会，赵宾福教授作了《辽西地区汉以前文化发展序列的建立及文化传承与交流关系的探讨》的大会主题发言。(赵宾福)

11月2日，赵宾福教授赴忠州参加了韩国忠州大学博物馆举办的“韩国中原文化的对外交流与影响”国际学术讨论会，并在会上作了《中国东北地区旧石器时代文化遗存的发现与认识——兼谈与韩国中原地区旧石器文化的关系》的大会主题演讲。(赵宾福)

11月20日，吉林大学边疆考古研究中心井中伟副教授应邀参加美国哥伦比亚大学早期中国讲座（Early China Seminar），并发表了题为《商周时期的辍策与镝衔：中原与北方草原青铜文化交往的新证据》的学术演讲。(井中伟)

12月5~8日，杜德兰教授应邀对中心进行了访问。6日下午在中心举办了题为《长江下游地区公元前5世纪的图像和考古学遗存：一个文化传统的综合考察》的演讲。(刘艳)

山东大学历史文化学院考古学系

3月13~16日，应山东大学学术研究部和东方考古研究中心的邀请，美国考古学会主席、阿肯色大学教授威廉姆·勒普先生及加州大学洛杉矶分校冉·波恩特博士一行来山大访问，并分别作了题为《看到过去：记录及可视化世界遗产的新方法》与《未来考古学的可持续发展》的学术报告。(王芬)

4月28~5月8日，山东大学立青学术讲座教授、加拿大安大略博物馆东亚部主任、多伦多大学考古中心及东亚系教授沈辰博士应邀来山东大学进行学术访问，期间带来三次精彩的学术讲座，内容涉及旧石器时代考古的基本概念与问题、中国旧石器时代考古的环境变化与文化发展、石器技术与人类行为等领域。沈辰博士是东方考古研究中心聘任的第9位山东大学立青学术讲座教授。(黄苑)

4月30~5月3日，应布朗大学约克瓦斯基考古及古代史研究院（Joukowsky Institute for Archaeology and the Ancient World）的邀请，方辉教授赴美参加了题为“理论定位”（The Location of Theory）的国际学术研讨会。方辉教授提交了题为《论历史地理学在聚落考古上的应用》的论文，并参加了中国考古分会场的讨论。会后，方辉教授还应邀访问了耶鲁大学人类学系、波士顿大学东亚考古研究中心和加州大学洛杉矶分校寇岑考古研究院。(朱晓芳)

7月15~27日，美国科学院院士、密歇根大学人类学系教授Henry T. Wright到我校进行学术访问及合作研究。访问期间，Henry T. Wright教授参加了山东大学2010年度首届南山论坛——“多学科视野下的考古学”，并作了主题为《文明起源和社会复杂化进程区域研究的报告》。26日，应山东省文物局邀请，Henry T. Wright教授参观了山东省博物馆，并前往“齐鲁文博讲坛”作关于《文化遗产、古迹保护与公民意识》的专题学术讲座，通过论述美国、中东地区以及中国保护文化遗产古迹的做法，提出了比较系统的古代遗址保护和文物标本信息收集、储存等方面的建议意见。(李慧冬)

9月10~10月5日，多伦多大学密西沙加校区人类学系主任 Gary W. Crawford 教授对山东大学进行学术访问。此次受聘我校短期流动岗教授，面向本科生和研究生分别开设了两门课程，即《东亚考古》、《农业起源》。授课期间，Crawford 教授还与考古系教师座谈，并指导青年教师和研究生到遗址进行田野采样和开展实验室工作。此外，Crawford 教授作为山东大学外国专家代表还参加了山东省政府的2010年国庆招待会活动。(陈雪香)

11月21~12月3日，应东方考古研究中心邀请，伦敦大学学院考古研究院副教授 Dorian Q. Fuller 博士来我中心植物考古实验室进行学术交流。Fuller 博士受聘于山东大学流动岗位特聘教师，开设了植物考古专题系列讲座，并在植物考古实验室中为研究生讲授植物遗存鉴定方法和分析手段。此外，Fuller 博士在校期间还实地参观考察了章丘西河、长清月庄两个后李文化的遗址，指导学生辨识现代植物和进行植物考古野外采样。(王海玉)

12月5~10日，方辉教授应邀访问英国杜伦大学，并顺访牛津大学和伦敦大学学院。方辉教授参观了杜伦大学的考古实验室，与几位教授进行了交流，并就双方教师及学生交流达成合作意向。应罗森教授和江雨德博士之邀，方辉教授对牛津大学进行访问，并在墨顿学院作了题为《大辛庄遗址考古新发现及商王朝对东方的经略》的学术报告。方辉教授顺访伦敦大学学院考古研究院，与阿琳·若森教授、洛伊斯·马丁教授进行座谈。(王迪)

四川大学历史文化学院考古系

4月21~27日，四川大学考古系白彬教授应邀赴美国亚利桑那州立大学出席“唐代的宗教铭刻研究”国际会议，并以参会论文《近年来甘肃敦煌魏晋十六国墓葬新出斗瓶文字的初步整理与研究》为题作大会发言。(四川大学考古系)

南京大学文化与自然遗产研究所

2010年3月，贺云翱教授应韩国高丽大学和韩国湖西考古学会之邀，首赴韩国大田市参加“中国南北朝建筑文化与百济”国际学术讨论会，在会上作《六朝都城佛寺和佛塔的初步研究》的学术报告。

6月，应南京大学文化与自然遗产研究所贺云翱教授邀请，韩国文化财厅文化财委员柳宗昌先生来华访问。柳宗昌先生曾任韩国中央地方检察院总检察长、北京奥运会法律特别顾问，在亚太地区有“缉毒教父”之称，他同时长期致力于东亚地区瓦当文化艺术的研究，现任韩国文化财厅文化财委员、韩国国立中央博物馆赞助会会长、韩国柳琴瓦当博物馆馆长。

9月，贺云翱教授应韩国国立扶余博物馆之邀，赴韩国参加“百济瓦砖和古代东亚的文化交流”国际学术讨论会，在会上作了《中国六朝瓦当研究的最新进展及其分析》的学术报告，并在韩国中央文化财研究院作《3~6世纪中国瓦当文化的区系类型初论》的学术报告。

12月，贺云翱教授应韩国圆光大学之邀，赴韩国参加“益山历史遗迹区与世界文化遗产”国际学术讨论会，在会上作《中国南朝都城与百济文明》的学术报告，期间还应全罗北道文化财研究院之邀作《3~6世纪东亚地区的瓦当体系及其文化意义》的学术报告。在韩国期间，贺云翱教授考察了百济汉城、熊津、泗沘及益山等多处百济都城考古遗址。（文浩）

南开大学历史系考古专业 2010年8月31日，南开大学历史学院文物与博物馆学系袁胜文副教授受韩国高等教育财团资助，赴韩国首尔大学进行为期一年的合作研究，任东洋史研究所客座研究员，研究课题为《十五至十七世纪中国与朝鲜半岛的瓷业交流》。（刘尊志）

考　古　教　学

2010 年毕业本科生人数

北京大学考古文博学院考古与博物馆专业　21 人
北京大学考古文博学院文物保护专业　11 人
吉林大学文学院考古学专业　19 人
吉林大学文学院博物馆学专业　19 人
山东大学历史文化学院考古学系　10 人
西北大学文化遗产学院考古学系考古学专业　34 人
西北大学文化遗产学院文物保护学系文物保护专业　32 人
四川大学历史文化学院考古学系　16 人
郑州大学历史学院考古系考古专业　19 人
南京大学考古学与博物馆学专业　12 人
南京师范大学社会发展学院文物与博物馆学系　15 人
厦门大学人文学院历史系考古专业　15 人
武汉大学历史学院考古学系考古学专业　24 人
南开大学历史学院文物与博物馆学系考古学及博物馆学专业　16 人
复旦大学文物与博物馆学系博物馆学专业　38 人

2010 年毕业硕士研究生

北京大学考古文博学院

专业方向：新石器时代考古
张依萌：《关中及周边地区仰韶文化人文地理格局及其变迁》
指导教师：张　弛

专业方向：商周考古
白文亮：《郑州地区西周时期考古学文化研究》
指导教师：刘　绪、雷兴山
田　伟：《从“轻吕”到“龙泉”——试论两周时期的剑》
指导教师：刘　绪
朱　嵩：《中原地区商周时期“原始瓷器”研究》
刘庆华：《中国公众考古学的初步探索》
罗汝鹏：《“封建亲戚，以蕃屏

周”的考古学释读》
指导教师：徐天进

专业方向：汉唐考古
王　璞：《南北朝时期墓葬仪卫图像研究》
指导教师：齐东方
章珠裕：《汉代铅釉陶的分区与分期》
指导教师：杨哲峰

专业方向：陶瓷考古
梁寿子：《明代早期景德镇御窑青花瓷器的初步研究》
牛健哲：《邢窑的初步研究》
指导教师：权奎山
喻　珊：《出土定窑瓷器研究》
指导教师：秦大树

专业方向：中外文化交流考古
喻　婷：《1555 年以前中国瓷器外销欧洲考》
罗　帅：《贝格拉姆宝藏与汉代东西文化交流》
指导教师：林梅村

专业方向：佛教考古
陈晶鑫：《栖霞山唐——五代石窟的分期》
李　澜：《南京栖霞山唐代洞窟初探》
指导教师：李崇峰

专业方向：博物馆学
张恩君：《博物馆观众服务满意度研究》
刘佳莹：《结构主义叙事学视角下的博物馆展览陈列研究——以历史类展览陈列为对象》
刘鹏程：《标签与展品位置关系对参观效果的影响：认知心理学视角》
韩　晓：《市场营销语境下的博物馆产品研究》
指导教师：宋向光

专业方向：文物研究
杨立民：《史前古玉的分类研究》
指导教师：张　辛

专业方向：科技考古
薛轶宁：《云南剑川海门口遗址植物遗存初步研究》
指导教师：秦　岭

专业方向：文物保护
卞　景：《一本清代档案的劣变原因分析和保护研究》
赵作勇：《天然表面活性剂在丝织品清洗中的应用》
指导教师：张晓梅
杨　琴：《大足千手观音风化砂岩加固保护材料研究》
指导教师：周双林
朱博雅：《龙门石窟潜溪寺石刻造像表面清洗研究》
指导教师：胡东波

吉林大学文学院考古与博物馆系

专业方向：新石器时代考古
付永平：《沈阳市区新乐上层文化考古的新发现及相关问题探讨》
指导教师：赵宾福

专业方向：秦汉考古

覃　杰：《广州汉代墓葬用俑情况略谈》

李砚卓：《战国秦汉时期丝织品的发现与研究》

指导教师：滕铭予

专业方向：宋元明考古

初　蕾：《沈阳故宫收藏的清代后妃朝褂研究》

指导教师：冯恩学

专业方向：魏晋隋唐、高句丽考古

陈　爽：《高句丽兵器研究》

指导教师：魏存成

专业方向：陶瓷考古

赵　磊：《天津地区出土瓷器初步研究》

张　浩：《唐代陶瓷中的外来文化因素》

赵　旻：《唐至元陶瓷枕的形制研究》

指导教师：彭善国

专业方向：文物研究

郑　伟：《沈阳故宫博物院院藏清代青花瓷器初步研究》

李　霞：《清代乾隆仿生瓷初步研究》

指导教师：吕　军

专业方向：博物馆学

迪茹茜：《关于博物馆作为教育和学习园地的研究》

指导教师：吕　军

刘晓天：《明清宫廷绘画初探》

指导教师：张文立

费雅楠：《天津文庙博物馆的保护与利用》

潘盈盈：《试论金融博物馆——兼谈沈阳金融博物馆的发展方向》

指导教师：史吉祥

专业方向：文化遗产

李国艺：《珠海文化遗产保护与开发利用模式初探——以唐家湾镇为例》

王冰河：《国保单位的保护与利用——以吉林阿什哈达摩崖石刻为例》

指导教师：李伊萍

山东大学历史文化学院考古学系

专业方向：新石器时代考古

张小雷：《两城镇遗址龙山文化陶器的生产及相关问题初步研究》

指导老师：栾丰实

专业方向：环境考古

王子孟：《洛阳盆地二里头文化期聚落形态考察》

指导老师：王　青

专业方向：植物考古

王传明：《山东高青陈庄遗址炭化植物遗存分析》

指导老师：靳桂云

研究方向：夏商周考古

朱晓琳：《沂源东安故城调查与浮来、盖邑考略》

彭　峪：《湖南地区出土东周青铜兵器研究》

指导老师：任相宏
王绍东：《甲骨卜辞所见商王国对外战争过程及行为的研究》
指导老师：方　辉

专业方向：文化遗产保护
郑　滨：《1860～2009中国文物保护历程研究》
指导老师：方　辉

专业方向：博物馆学
王晓妮：《新形势下山东地区中小型博物馆现状及发展研究》
指导老师：于海广

西北大学文化遗产学院考古学系、文物保护学系

专业方向：新石器时代考古
马峻华：《沣河流域新石器时代遗址分布与自然环境关系研究》
指导教师：张宏彦
权　敏：《陕西发现龙山时代至夏时期玉器的初步研究》
指导教师：刘云辉、张宏彦
朱芸芸：《磨沟齐家文化墓地墓道埋人现象初步研究》
周　静：《磨沟齐家文化墓地分期分区及相关问题研究》
刘文科：《黄河流域史前男女合葬墓研究》
指导教师：钱耀鹏
习　朝：《陕西地区先秦时期陶甗的初步研究》
张　鑫：《甘青地区史前墓葬中出土的石质工具初步分析》
指导教师：陈洪海

专业方向：商周考古
郭军涛：《礼县地区中小型秦墓的分期及相关问题研究》
胡　刚：《早期楚文化的初步研究》
景　闻：《商、西周青铜器写实动物纹饰研究》
指导教师：赵丛苍
雷　少：《关中地区西周墓地等级现象的初步研究》
指导教师：张天恩、钱耀鹏
周艳明：《高家堡铜器群综合研究》
指导教师：曹　玮、赵丛苍

专业方向：秦汉考古
白茚俊：《陕北榆林地区汉代城址研究》
李　卓：《新疆伊犁地区早期铁器时代的封堆墓研究》
孔令侠：《八墙子岩画研究》
指导教师：王建新
赵景龙：《东天山地区无封堆石结构墓葬及相关问题研究》
指导教师：焦南峰、王建新

专业方向：隋唐考古
杨昔慷：《海兽葡萄镜的初步研究》
林　洪：《北朝至隋唐时期墓门门砧石狮研究》

指导教师：王维坤
何　伟：《略论宁夏地区唐代汉族墓葬分期》
朱　超：《隋唐长安城给排水系统研究》
杨宏军：《西安地区唐墓壁画所见男性服饰研究》
指导教师：冉万里

专业方向：考古人类学
邓普迎：《陕西临潼新丰镇秦文化墓葬人骨研究》
指导教师：陈　靓

专业方向：文化遗产保护规划研究
赵　戈：《凤翔木版年画保护对策研究》
白　莹：《西安市工业遗产保护利用探索——以大华纱厂为例》
曹　楠：《城市建设区内大遗址保护与城市建设之间关系》
刘卫红：《大遗址土地用途分区分类管制研究》
指导教师：王建新
张　韵：《我国大遗址管理机构现状及功能研究》
指导教师：葛承雍、王建新
芦佳洁：《安阳殷墟遗产旅游开发策略研究》
指导教师：赵　荣、王建新
杨丙君：《陕北地区秦汉长城保护管理研究》
指导教师：张庭皓、王建新
晁　舸：《文化遗产名实问题初步研究》
指导教师：李颖科、王建新

专业方向：文物保护技术
严　静：《中国古建油饰彩画颜料成分分析及制作工艺研究》
指导教师：王丽琴
刘　佳：《高寒地区濒危露天石质文物保护的探索》
蒋淑杰：《协助界定考古地层边界的测试报警系统的开发研究》
指导教师：刘　成

四川大学考古学系
专业方向：汉唐考古
党志豪：《河湟地区汉晋墓葬研究》
胡松鹤：《四川宋代装饰墓研究》
刘兵兵：《武威五坝山汉墓的初步研究》
指导教师：白　彬
张　琴：《灵魂的居所——汉墓装饰空间嬗变之初探》
纪　闻：《汉墓祭祀空间的初步研究》
程嘉芬：《魏晋隋唐时期北方地区考古材料中所见毡帐形象初步研究》
指导教师：霍　巍
邱　艳：《四川盆地隋唐五代墓葬研究》
谢莉亚：《陕北晋西地区汉代画像装饰墓研究》
指导教师：黄　伟
刘　敏：《三峡地区六朝墓葬初步研究》
指导教师：李永宪

专业方向：西南考古

王占奎:《金沙遗址商周时期陶器分期研究》
指导教师:李永宪
龙红梅:《云贵高原早期铁器研究》
尹又相:《四川盆地西南缘早期蜀文化初步研究》
牛英彬:《川西高原石棺葬中外来文化因素分析》
指导教师:李映福
李 侠:《成都金沙遗址石器微痕分析》
指导教师:李永宪

南京大学历史系考古学与博物馆学专业

专业方向:青铜时代考古
白国柱:《五担岗遗址水井陶器分期及相关问题》
陈学强:《汉东地区西周考古学文化研究》
范雯静:《祭祖建筑起源考》
指导教师:水 涛

专业方向:战国秦汉考古
吴 昊:《汉代丝织品纹样研究——以鲁南、苏北地区为例》
指导教师:刘兴林

专业方向:汉唐考古
宾 娟:《汉魏晋南北朝镇墓兽初步研究》
指导教师:张学锋

专业方向:隋唐考古
漆跃文:《江淮地区隋唐五代墓葬研究》
刘可维:《偃师杏园唐墓家族世系研究》
指导教师:张学锋

专业方向:文化遗产
曹 琼:《中外文化交流影响下的明清瓷器》
毛 敏:《南宋建康城空间布局研究初探》
指导教师:贺云翱

郑州大学历史学院考古系

专业方向:新石器考古
郑万泉:《沟湾遗址仰韶文化研究》
李小彬:《枣园类型研究》
指导教师:靳松安

专业方向:夏商周考古
赵俊杰:《豫东地区夏商时代文化研究》
李 昶:《论岳石文化的南渐》
李 晶:《先商文化类型研究》
宋泽群:《商文化东渐研究》
指导教师:张国硕

专业方向:秦汉考古
朱 津:《汉墓出土陶灶研究》
岳亚莉:《豫北地区战国墓研究》
雷晓伟:《汉代“物勒工名”制度的考古学研究》
武 庄:《中山国灵寿城初探》
杨晓静:《两京地区新莽墓葬研究》
王 凯:《郑韩故城手工业遗存的考古学研究》
居方方:《岭南地区西汉中小型墓葬研究》

张家升:《徐州汉画像石墓研究》
董守贤:《汉代铁质农具研究》
指导教师:韩国河

专业方向:隋唐考古
孙　锦:《河南地区出土唐三彩研究》
周　伟:《十六国墓葬初步研究》
倪纪文:《两湖地区隋唐墓葬研究》
指导教师:李　锋

专业方向:宋元考古
叶俊峰:《东南地区两宋墓葬研究》
指导教师:陈朝云

专业方向:历史文化遗产保护与研究
赵　荦:《新石器时代中国玉文化的区域差异与特征》
指导教师:王　琳
贾　宾:《登封南洼遗址二里头文化制陶工艺研究》
欧阳晏晏:《猴加官研究》
郑晓旭:《中国土木结构建筑特征早期发展演变研究》
李媛苑:《旅游开发与文化遗产保护的关系——以鹤壁大伾山风景区为例》
指导教师:朱君孝
黄　腾:《杨郎文化的考古学研究——兼论与周边同时期考古学文化的互动》
朱东亮:《确山铁花的研究与保护》
周　苏:《北魏中晚期云冈、龙门石窟的比较研究——兼论其文化融合》
李　丹:《毛庆沟考古学文化及相关问题研究》
指导教师:孙　危
陈东强:《临汝窑青瓷研究》
指导教师:许俊平
寿佳琦:《汴绣的传承与发展》
指导教师:姚智辉
范文娟:《嵩山古建筑群研究》
指导教师:任　伟

厦门大学人文学院历史系考古专业

专业方向:海洋考古
陈丽君:《从闽粤沿海沉船看明郑时期的海洋文化》
指导教师:吴春明

专业方向:东南区考古
赵菲菲:《台湾原住民人体装饰艺术的民族考古学研究》
指导教师:钟礼强

专业方向:新石器时代考古
危长福:《黄河中下游龙山文化房屋形态研究》
指导教师:吴春明、王新天

武汉大学历史学院考古学系

专业方向:新石器时代考古
张大可:《良渚古城西墙葡萄畈段出土遗存研究》
易珊珊:《郧县梅子园2006年发掘龙山时代遗存研究》
左志强:《后冈一期文化初步研究》
指导教师:陈冰白
李　俊:《两广地区新旧石器过

渡时期遗存分析》
向其芳：《石家河遗址群初步研究》
指导教师：余西云

专业方向：楚文化考古
祁　慧：《陕南地区东周墓葬研究——以丹凤古城墓地为例》
指导教师：王　然

专业方向：战国秦汉考古
徐　娜：《南阳汉墓研究》
指导教师：徐承泰

专业方向：宋元考古
刘佳妮：《中原北方地区辽宋金元壁画墓的研究》
指导教师：贺世伟

南京师范大学社会发展学院文物与博物馆学系

专业方向：新石器时代考古
孙丙丽：《中原地区史前城址研究》
指导教师：裴安平
姜莎莎：《大汶口合葬墓研究》
指导教师：王根富
夏　勇：《论豫东、鲁西南地区王油坊类型的分期及相关问题》
指导教师：汤惠生

专业方向：秦汉考古
刘　涛：《徐州地区汉代中小型墓葬研究》
指导教师：王根富

专业方向：博物馆学
姜立君：《当代中西博物馆比较研究》
指导教师：周裕兴

专业方向：六朝考古
肖　娜：《长江下游吴晋墓葬模型明器灶的研究——兼及其他明器》
指导教师：周裕兴

南开大学历史学院文物与博物馆学系

专业方向：中国古代陵墓制度研究
韩　佺：《清代后妃墓葬制度研究》
指导教师：刘　毅

专业方向：中国古代陶瓷器研究
刘　旸：《元代至明万历时期景德镇窑彩绘瓷器莲瓣纹研究》
指导教师：刘　毅

专业方向：博物馆学研究
徐丽伟：《当代中国博物馆社会化状况探究》
指导教师：黄春雨

专业方向：博物馆学研究
赵志强：《中国生态博物馆发展思考》
指导教师：黄春雨

专业方向：中国古代陶瓷器研究
刘净贤：《中国古代盏托类器物研究》
指导教师：袁胜文

专业方向：中国古代书画研究
胡海兵：《文征明的艺术创作与

吴中区域文化》
指导教师：郭长虹

暨南大学历史系考古专业

专业方向：汉唐考古
饶　晨：《欧亚草原的东西方文化交流——以垂带纹器研究为线索》
王晓娟：《北朝联珠纹样探微》
何　培：《唐代以前的梯形棺》
指导教师：王银田

专业方向：岭南考古
黄小茜：《利用考古材料剖析六朝岭南人口分布格局及相关问题》
指导教师：赵善德

山西大学考古及博物馆学系

专业方向：商周考古
武俊华：《论东太堡文化》
郝丽君：《天马——曲村遗址两周墓葬陶器研究》
指导教师：赵瑞民
张　丽：《晋国青铜器鸟类形象的艺术特征》
指导教师：石金鸣

专业方向：汉唐考古
王瑞华：《北齐壁画中的服饰研究》
指导教师：渠传福
秦艳兰：《云冈石窟泥塑的调查与初步研究》
指导教师：张庆捷
郭家龙：《神人抱鱼铜带钩研究》
尚　珩：《明大同镇长城防御体系研究》
指导教师：郎保利

专业方向：艺术考古
乔　倩：《西周——春秋时期晋国用玉制度研究》
王潇慧：《古代人形玉器研究》
指导教师：孔富安

专业方向：博物馆学
郑　媛：《公众考古在文化遗产保护中的应用》
指导教师：宋建忠

复旦大学文物与博物馆学系

专业方向：考古学及博物馆学
沈辛成：《天父二分与图腾之死——中国上古宗教的后过程考古学试读》
指导老师：陈　淳
周　畅：《战国秦汉青铜灯具的初步研究》
指导老师：高蒙河
曹　默：《博物馆儿童教育活动执行过程的分析——以上海地区博物馆为例》
指导老师：陈红京
蒋　晟：《博物馆商品营销研究》
指导老师：陆建松
李海燕：《韩国出土新罗木简研究》
指导教师：吕　静

专业方向：文物学
李彤彤：《乾隆朝宫廷景泰蓝初步研究》
李银芬：《王琦瓷绘艺术初探》
指导教师：胡志祥

陈　洁：《明清基督宗教纹饰瓷器研究》
指导老师：刘朝晖

2010年毕业博士研究生

北京大学考古文博学院

专业方向：旧石器时代考古
曲彤丽：《织机洞遗址石器工业研究：晚更新世技术和人类行为的演变》
指导教师：王幼平

专业方向：新石器时代考古
闫亚林：《西北地区史前玉器研究》
崔天兴：《东胡林遗址石制品研究》
指导教师：赵朝洪

专业方向：夏商周考古
颜孔昭：《中原地区西周墓葬性别研究》
指导教师：李伯谦
冯　峰：《东周丧葬礼俗的考古学观察》
常怀颖：《夏商时期古冀州之域的考古学研究》
指导教师：刘　绪

专业方向：科技考古
黄　维：《马家塬墓地金银制品技术研究——兼论先秦两汉金银工艺》
指导教师：吴小红

吉林大学文学院考古系

专业方向：商周考古
谢尧亭：《晋南地区西周墓葬研究》
指导教师：林　沄
王乐文：《江北地区楚墓研究》
指导教师：王立新

专业方向：先秦两汉中国北方考古
霍东峰：《环渤海地区新石器时代考古学文化研究》
指导教师：朱永刚

专业方向：魏晋隋唐考古
吴松岩：《早期鲜卑墓葬研究》
指导教师：魏存成

专业方向：魏晋隋唐高句丽考古
郑元喆：《高句丽山城研究》
指导教师：魏存成

专业方向：宋元考古
陈章龙：《北方宋墓装饰研究》
指导教师：冯恩学

专业方向：东北考古
赵永军：《金代墓葬研究》
指导教师：朱永刚

专业方向：体质人类学
刘　宁：《新疆地区古代居民的人种结构研究——以楼兰、乌孙、车师、回鹘为例》
张林虎：《新疆伊犁吉林台库区

墓葬人骨研究》

原海兵：《殷墟中小墓人骨的综合研究》

指导教师：朱　泓

山东大学历史文化学院考古系

专业方向：夏商周考古

李　栋：《先秦礼制建筑考古学研究》

指导教师：于海广

西北大学文博学院考古学系

专业方向：史前考古

种建荣：《周公庙遗址商周时期的聚落与社会》

指导教师：张宏彦

专业方向：隋唐考古

席　琳：《青藏高原及周边地区吐蕃时期毗卢遮那（朗巴朗增）题材石刻造像研究》

指导教师：张建林、王建新

专业方向：科技考古

贾腊江：《秦早期青铜器科技考古研究》

凌　雪：《秦人食谱研究》

指导教师：赵丛苍

专业方向：文化遗产保护与研究

陈稳亮：《大遗址保护与区域发展的协同——基于〈汉长安城遗址保护总体规划〉的探索》

指导教师：王建新

张　抒：《中国传统节日文化研究》

指导教师：李颖科、王建新

四川大学历史文化学院考古系

专业方向：古文字研究

苗利娟：《商代铜器铭文的综合整理与研究》

指导教师：彭裕商

专业方向：汉唐考古

乔　栋：《中原地区魏晋墓葬研究》

秦　臻：《汉代陵墓石兽研究》

张新宇：《宋代漏泽园遗迹研究》

指导教师：霍　巍

2010年出站博士后：

专业方向：西南考古

马　冬：《青海夏塔图吐蕃王朝时期棺板画艺术研究》

合作导师：霍　巍

出站时间：2010年5月

专业方向：史前考古

张　苹：《从美石到礼玉：史前玉器的符号象征系统与礼仪化进程研究》

合作导师：霍　巍

出站时间：2010年10月

南京大学历史系考古学与博物馆学专业

专业方向：汉唐考古

朱　笛：《服饰史探微——以环钏、服色、发饰、足饰为例》

指导教师：张学锋

专业方向：佛教考古

司开国：《唐宋南方民间佛教造

像研究——以四川、云南、浙江的观音、地藏、沙门天王、罗汉为例》
指导教师：水　涛

郑州大学历史学院考古系

专业方向：夏商周考古
韩香花：《史前至夏商时期中原地区手工业研究》
李丽娜：《龙山至二里头时代城邑研究》
指导教师：张国硕

补遗

2009 年出站博士后
专业方向：秦汉考古
朱君孝：《二里头文化陶器产地及若干问题研究——以登封南洼遗址为中心的考察》
合作导师：韩国河

厦门大学人文学院历史系考古专业

专业方向：民族考古学与东南文化
何国俊：《岭南新石器时代考古学文化因素初步分析》
指导教师：吴春明

南开大学历史学院文物与博物馆学系

专业方向：中国古代陶瓷器研究
臧天杰：《陶瓷堆塑瓶（罐）类明器综合研究》
指导教师：刘　毅

专业方向：中国古代陶瓷器研究
熊　寰：《中日瓷器装饰比较研究——以 17 世纪初至 19 世纪中叶景德镇与肥前瓷器为例》
指导教师：刘　毅

专业方向：古代陵墓制度研究
张阮映娥（越南）：《越南阮朝帝王陵墓制度研究——兼与中国清朝帝王陵墓对比研究》
指导教师：刘　毅

补遗

2009 年出站博士后：
专业方向：秦汉考古
刘尊志：《汉代帝王陵墓考古学研究》
合作导师：刘　毅

复旦大学文物与博物馆学系

专业方向：考古学及博物馆学
陈　虹：《华北细石叶工艺的文化适应研究——晋冀地区部分旧石器时代晚期遗址的考古学分析》
指导教师：陈　淳
俞文君：《人物纪念馆展览内容设计研究》
傅玉兰：《博物馆群运作模式研究——以英国、澳门及国内博物馆群为案例》
指导老师：陆建松

专业方向：文物学
辛　勋：《论朝鲜后半期书法艺术的发展——兼论韩中书法交流》

指导教师：沃兴华

翁玉玟：《中国古建园林的保护管理——以上海曲水园为例》

指导老师：蔡达峰

2009～2010 年度开设的硕士研究生专业课程

北京大学考古文博学院

考古学理论与方法　张　弛　36 学时
考古文献研读（上）　赵　辉　36 学时
农业的起源与动物驯化　李水城　51 学时
西周墓葬研究　徐天进　32 学时
商周青铜器研究　孙　华　54 学时
殷周金文通论　董　珊　32 学时
中国城市考古　孙　华　34 学时
战国秦汉考古研究　赵化成　54 学时
魏晋南北朝隋唐考古研究　齐东方　48 学时
汉唐边疆考古　杨哲峰　54 学时
宋元明考古研究专题　秦大树　51 学时
陶瓷考古研究　权奎山　54 学时
佛教考古导论　李崇峰　48 学时
《魏书释老志》研读　杭　侃　48 学时
中国文化与古代文物研究　张　辛　54 学时
博物馆管理　宋向光　36 学时
博物馆展览策划与推广　杭　侃　32 学时
不可移动文物保护专题　周双林　48 学时
金属文物材料与腐蚀　胡　钢　64 学时
GIS 考古与空间分析　张　海　48 学时
植物考古学　秦　岭　32 学时
文物建筑保护及规划实践　徐怡涛
田野考古实习
博物馆实习
实习与实验
学术讲座

吉林大学文学院考古与博物馆系

史前考古埋藏学　陈全家　60 学时
考古制图的数字化处理　林雪川　60 学时
中国收藏史　史吉祥　60 学时
植物考古　汤卓炜　60 学时
汉唐时期东北考古　魏存成　60 学时
文物保护材料学　王蕙贞　72 学时
有机质类文物保护　王蕙贞　60 学时
无机质类文物保护　王蕙贞　72 学时
防腐防霉杀菌概论　王蕙贞　60 学时
古代建筑保护与维护　王蕙贞　60 学时
旧石器考古　陈全家　72 学时
动物解剖学　陈全家　72 学时
人体形态学　方　启　60 学时
宋辽考古　冯恩学　72 学时
商周青铜器　林　沄　72 学时
文物研究专题　吕　军　72 学时
文物鉴定方法论　吕　军　72 学时
战国秦汉时期北方边疆考古　潘　玲　72 学时
蒙古考古　潘　玲　60 学时
陶瓷考古研究　彭善国　60 学时

宋元文献 彭善国 72学时
秦汉魏晋南北朝史料学
沈 刚 60学时
博物馆学理论与方法
史吉祥 72学时
环境考古方法论 汤卓炜 72学时
第四纪环境学 汤卓炜 72学时
战国秦汉考古研究 滕铭予 72学时
魏晋隋唐考古 王培新 72学时
中国北方青铜时代考古学文化
杨建华 72学时
古人类学 张全超 72学时
人种学 张全超 72学时
博物馆学史 张文立 72学时
新石器时代考古泛论
赵宾福 72学时
苏秉琦与区系类型理论
赵宾福 60学时
东北燕秦汉考古 朱永刚 72学时
东北新石器与青铜时代考古
朱永刚 72学时
古病理学 Christine Lee 60学时
考古DNA原理与方法
蔡大伟 72学时
新石器时代考古专题
陈国庆 72学时
日本考古学 陈国庆 60学时
动物考古学 陈全家 72学时
地貌与第四纪 陈全家 72学时
遗址过程研究 陈胜前 60学时
考古学文化研究 段天璟 60学时
外国旧石器 方 启 60学时
金元考古 冯恩学 72学时
夏商周考古 井中伟 72学时
文化人类学 李伊萍 60学时
区域史前考古格局与谱系
李伊萍 60学时
文物专题研究（陶瓷）
吕 军 72学时
文物识鉴学 吕 军 60学时
陶瓷工艺基础 彭善国 72学时
博物馆观众研究 史吉祥 72学时
汉代考古学 滕铭予 70学时
计算机考古 滕铭予 60学时
韩国、朝鲜考古 王培新 60学时
人体测量学 魏 东 60学时
北方青铜器 杨建华 72学时
欧美博物馆史 张文立 72学时
考古学方法论 赵宾福 72学时
考古论文设计与写作
赵宾福 60学时

山东大学历史文化学院考古学系

考古学理论与方法 栾丰实
方 辉 48学时
田野考古发掘 方 辉
栾丰实等 48学时
新石器时代考古专题研究
栾丰实
王 青 32学时
中国文明起源研究 栾丰实 32学时
文化人类学 栾丰实
王 青 32学时
中国古代城市考古研究
栾丰实
崔大庸 32学时
夏商周考古专题研究
方 辉
任相宏 32学时
战国秦汉考古专题 任相宏
崔大庸 32学时
汉代画像石研究 杨爱国 32学时
先秦文献选读 任相宏 32学时
古文字学与考古研究
方 辉 32学时
专业英语 方 辉 32学时

植物考古研究　靳桂云　32学时
环境考古研究　王　青　32学时
外国考古学研究　王　青　32学时
博物馆学与文化遗产保护　于海广　32学时
文化遗产保护与管理研究　于海广、崔大庸　32学时
石质类文物保护　刘　成　36学时
金属类文物保护　刘　成　36学时
现代仪器分析化学　刘　成　36学时
文物保护文献阅读　王丽琴　36学时；刘　成　54学时
彩绘文物保护专题　王丽琴　36学时
文物保护技术概论　刘　成　36学时
中国古建发展史　刘　成　36学时

西北大学文博学院考古学系

考古学理论与方法　陈洪海　36学时
中国考古学　陈洪海　36学时；赵丛苍　36学时；王维坤　36学时；段清波　72学时
史前考古文献导读　张宏彦　54学时
商周考古文献导读　赵丛苍　54学时
秦汉考古文献导读　王建新　54学时
隋唐考古文献导读　冉万里　54学时；王维坤　54学时
史前考古专题研究　陈洪海　36学时
商周考古专题研究　赵丛苍　36学时
秦汉考古专题研究　王建新　36学时
隋唐考古专题研究　冉万里　36学时；王维坤　36学时
田野考古实践　钱耀鹏　4个月
聚落考古研究　钱耀鹏　36学时
环境考古研究　张宏彦　36学时
佛教考古学　冉万里　36学时
西北古代游牧民族考古　王建新　36学时
丝绸之路考古　冉万里　36学时
人类学　陈　靓　36学时
文化遗产管理　王建新　36学时
文物现代分析技术　刘　成　36学时
文物保护技术与实践　王丽琴　36学时；刘　成　108学时

四川大学历史文化学院考古学系

考古研究方法论（上）　李永宪　32学时
考古研究方法论（下）　霍　巍　32学时
美术考古概论　李永宪　32学时
田野考古调查与发掘　白　彬、于孟洲　68学时
汉唐考古研究　白　彬、黄　伟　68学时
考古文献研读　黄　伟、李映福　68学时
博物馆学与文化遗产研究　黄　伟　68学时

南京大学历史系考古专业

考古学理论与方法　周学鹰、周　言、王晓琪　60学时
考古学纵论　周学鹰、周　言、王晓琪、张　敏　60学时
中国考古学史　贺云翱　60学时
夏商文化研究　水　涛　40学时
西方考古学理论　黄建秋　40学时
夏商周边疆地区青铜文化　水　涛　40学时

汉唐文物资料研究　张学锋　40 学时
先秦两汉农业考古研究
　　刘兴林　40 学时
战国秦汉考古专题　刘兴林　40 学时
古建筑鉴定与分析学
　　周学鹰　40 学时
古代建筑营造法　周学鹰　40 学时
商周金文研究　周　言　40 学时
先秦文献研读　周　言　40 学时

郑州大学历史学院考古系

中国考古学 I　朱君孝　72 学时
中国考古学 II　孙　危　72 学时
新石器时代考古研究
　　靳松安　72 学时
夏商周考古研究　张国硕　72 学时
秦汉考古研究　韩国河　72 学时
隋唐考古研究　李　锋　72 学时
宋元考古研究　陈朝云　72 学时
中国古代墓葬研究　李　锋　72 学时
古代陵寝制度研究　韩国河　72 学时
中原地区史前文化研究
　　靳松安　72 学时
先秦城市研究　张国硕　72 学时
宋元城市考古　陈朝云　72 学时
北方民族考古　孙　危　72 学时
博物馆学专题　徐　玲　72 学时
文化遗产学　朱君孝　72 学时
科技考古　朱君孝　72 学时
文物保护技术　姚智辉　72 学时
陶瓷鉴定　许俊平　72 学时
玉器鉴定　王　琳　72 学时

厦门大学人文学院历史系考古专业

考古学理论与方法　庄景辉　56 学时
华南及东南亚民族考古
　　吴春明　40 学时
环中国海海洋考古　吴春明　40 学时
考古学史与学术动态
　　钟礼强　56 学时
中国东南区史前文化
　　钟礼强　40 学时
环境考古　蔡保全　40 学时
聚落考古学　焦天龙　40 学时
考古学概论　吴春明　56 学时
环中国海海洋考古　吴春明　56 学时
聚落考古学　焦天龙　40 学时
华南及东南亚民族考古
　　吴春明　40 学时
中国考古　吴春明　56 学时
田野考古实践　钟礼强　40 学时

武汉大学历史学院考古与博物馆学系

新石器时代考古　陈冰白　36 学时
商周考古　张昌平　36 学时
楚文化考古　王　然　36 学时
秦汉考古　徐承泰　36 学时
文化人类学研究　余西云　36 学时
中国古代青铜器　张昌平　36 学时

南开大学历史学院文物与博物馆学系

文物考古与中国社会史研究
　　刘　毅　60 学时
中国古代物质文化史专题研究
　　刘　毅　40 学时
博物馆历史与理论　黄春雨　40 学时
考古学理论与方法　程平山　60 学时
中国古代玉器研究　袁胜文　40 学时
田野考古学　刘尊志　40 学时

暨南大学历史系

中国考古学（一）　赵善德　60 学时
中国考古学（二）　王银田　60 学时
古代城址　王银田　40 学时
海上丝绸之路考古　赵善德　40 学时
古代文献　刘正刚　40 学时

山西大学考古及博物馆学系

考古学理论与方法研究 郎保利 36学时

史前考古研究专题 石金鸣 宋建忠 36学时

先秦时代考古研究专题 赵瑞民 54学时

北朝考古研究专题 李 君 36学时

中西文化交流考古学 张庆捷 36学时

科技考古学 孔富安 36学时

南京师范大学社会发展学院文物与博物馆学系

考古学研究 裴安平 60学时

考古学理论与方法 王根富 60学时

博物馆学研究 周裕兴 60学时

美术考古 汤惠生 60学时

长江中下游地区考古 周裕兴 裴安平 王根富 60学时

复旦大学文物与博物馆学系

专业外语 各导师 36学时

青瓷谱系研究 朱顺龙 36学时

中国书法美学 沃兴华 54学时

文物研究法 高蒙河 54学时

民居研究 蔡达峰 54学时

文化遗产领域实务与规范 杨志刚 54学时

博物馆学的理论与实践前沿 陆建松 54学时

展示规划设计研究 陆建松 36学时

中国文化遗产事业导论 杨志刚 54学时

明清江南家具的风格及其人文精神研究 朱顺龙 36学时

器物类型学 高蒙河 36学时

2009~2010年度开设的博士研究生专业课程

吉林大学文学院考古系

宋元考古最新进展 冯恩学 72学时

北方青铜文化文献导读 杨建华 72学时

东北燕秦汉考古 朱永刚 72学时

夏商周考古文献导读 王立新 72学时

人类起源论 朱 泓 72学时

东北考古学专题研究与学科最新进展 朱永刚 72学时

汉以前东北考古区系类型 朱永刚 72学时

北方青铜器文献导读 杨建华 72学时

中国北方青铜时代考古研究专题与学科最新进展 杨建华 72学时

科技考古研究专题与学科最新进展 张全超 72学时

先秦历史文献导读 林 沄 72学时

山东大学历史文化学院考古学系

考古学理论 栾丰实 方 辉 48学时

田野考古发掘 方 辉 栾丰实等 32学时

新石器时代考古专题研究 栾丰实 王 青 32学时

中国文明起源研究 栾丰实 32学时

文化人类学 栾丰实

王　青　32 学时
夏商周考古专题研究
方　辉
任相宏　32 学时
夏商周考古动态研究
方辉
任相宏　32 学时
战国秦汉考古专题
任相宏
崔大庸　32 学时
魏晋南北朝隋唐考古专题
刘凤君
崔大庸　32 学时
汉唐考古专题　崔大庸　32 学时
先秦礼制研究　于海广　32 学时
古文字学与考古研究
方　辉　32 学时
专业英语　方　辉　32 学时
植物考古专题　靳桂云　32 学时
环境考古专题　王　青　32 学时
美术考古专题　刘凤君　32 学时
博物馆学与文化遗产保护
于海广　32 学时

西北大学文博学院考古学系

考古学理论与方法　王建新
赵丛苍
王　巍
钱耀鹏
王维坤　36 学时
考古学专题研究　王建新
赵丛苍
王　巍
钱耀鹏
王维坤　36 学时
考古文献阅读　王建新
赵丛苍
王　巍
钱耀鹏
王维坤　36 学时
田野考古实践　王建新
赵丛苍
钱耀鹏
王维坤　4 个月
文化遗产研究与保护理论方法
王建新
单霁翔
赵　荣　36 学时
文化遗产研究与保护实践
王建新　36 学时
文化遗产管理　王建新
单霁翔
赵　荣　36 学时
西部游牧民族考古文化
王建新　36 学时
文物保护学理论与方法
王丽琴　54 学时
文物保护实践　王丽琴　72 学时
文物保护文献阅读与研究
王丽琴　54 学时

南京大学历史系考古专业

古文字专题研究　范毓周　40 学时
文物考古研究　黄建秋　40 学时
中国青铜时代考古专题
水　涛　40 学时
汉唐基础史料学　张学锋　40 学时

郑州大学历史学院考古系

三代文明研究　张国硕　72 学时
夏商周考古专题　张国硕　72 学时
秦汉考古专题　韩国河　72 学时

厦门大学人文学院历史系考古专业

考古学概论　吴春明　56 学时
环中国海海洋考古　吴春明　56 学时

聚落考古学　焦天龙　40学时
华南及东南亚民族考古
吴春明　40学时
中国考古　吴春明　56学时
田野考古实践　钟礼强　40学时

南开大学历史学院文物与博物馆学系

唐宋元瓷器专题研究
刘　毅　40学时
中国古代帝王陵墓研究
刘　毅　40学时

本年逝世的考古学家

赵其昌

吴梦麟　刘精义

享誉首都文博界的前辈考古学家，曾在明定陵考古发掘与研究中发挥作用，后任首都博物馆馆长的赵其昌先生，因病于2010年12月14日在北京逝世，享年84岁。

赵其昌1926年生于河北省安国县郑各庄，曾就读于北京河北中学，1953年北京大学历史系考古专门化首届毕业生。随后即被分配至北京市的文物系统工作，先后在北京市文物调查研究组、北京市文物工作队和首都博物馆任职，为首都的考古文物工作和博物馆建设辛勤地奋斗终生。他虽曾身处逆境，但勇于克服重重困难，恪守实事求是的原则，严谨治学，笔耕不辍，在各项工作和学术研究中作出了重要贡献。其中最突出的是明定陵的发掘与研究。

1956年初国务院首次批准进行中国古代帝王陵墓——北京明十三陵有计划发掘的时候，赵其昌正当风华正茂的而立之年。他在长陵发掘委员会的领导和夏鼐先生的主持下，作为发掘队唯一的大学本科毕业生，和考古所田野考古经验丰富的白万玉一道，具体负责日常的发掘业务。在长达两年多的时间里，从全面勘察明十三陵的基础上选择定陵为发掘对象，到详细勘察定陵、确定开掘地点和工作程序，再到进入地下玄宫后的精心清理，他废寝忘食，殚精竭虑，事无巨细，勤恳工作。虽然发掘中遇到复杂情况，夏鼐先生总是及时亲临现场，但平时的大量发掘业务始终由赵其昌与白万玉带领大家具体处理，圆满地完成了这项我国考古学史上前所未有的繁难发掘任务。无奈由于历史的原因，定陵发掘甫告结果，整理资料尚未着手，赵其昌便被下放到农村劳动，随后又经历了“文化大革命”。直到二十年后的1979年，在夏鼐的督促和筹划下，方才将“定陵发掘报告”列入国家“六五”期间社会科学规划重点项目，并且由中国社会科学院考古研究所派遣得力人员，参与发掘报告的编写及照相绘图工作。令人惋惜的是，包括万历帝后尸骨在内的某些重要资料，已经在“动乱”中遭到损毁，造成无法挽回的损失。经过十来年的努力，由赵其昌主编、考古所王岩参与编写的发掘报告《定陵》，于1990年由文物出版社出版后，立即受到国内外学术界的广泛好评，1993年获得中国社会科学院首届1977~1991年优秀科研成果奖，1995年获得夏鼐考古学研究成果奖。

赵其昌为了做好明定陵的发掘与研究，他曾遵照明陵发掘的最初倡议人吴晗先生的提议，利用发掘之余的有限时间，与刘精义挑灯夜战，从卷帙浩瀚的《明实录》中摘录有关明陵和北京的史料，并陆续送请吴晗过目。当年已经积稿数尺，不幸因吴晗在“文革”中遭受迫害而全部散失。1980年着手编写发掘报告后，他又约请王岩等同志合作，重新进行摘录。1989年，这部前后历时三十余年，总计二百万字的《明实录北京史料》终于完成，被列入北京市哲学社会科学规划，由北京古籍出版社出版，为北京地区的历史研究作出又一重要贡献。

赵其昌曾致力于北京地区历史地理的研究，根据实地考察，探索古代蓟城（特别是前期蓟城）的地理位置；根据北京城乡出土墓志等石刻资料，考证唐幽州村乡、唐辽昌平乡里，以及金中都城坊等，取得了令人信服的成果。还曾发表过一系列关于北京文物史迹的文章，提出延庆县发现的古崖居应为五代时期“奚王牙帐”的独到看法。他的各方面论作，于2008年汇编为《京华集》出版。

赵其昌于1985年12月参加中国共产党，生前担任过许多社会兼职。主要有：第六、七届北京市政协委员，第八、九届北京市政协文史资料委员会特邀委员，北京市对外友协理事，中国博物馆学会理事，北京市博物馆学会常务理事，北京史研究会副会长，明十三陵明代帝陵研究会名誉会长等。

考古学文献资料目录

中国社会科学院考古研究所
考古资料信息中心

考古学书目

壹 总类

一 考古学通论

中国考古发现与研究（1949～2009） 刘庆柱主编 人民出版社 2010年4月 581页 插图90幅 16开
本书介绍新中国成立以来中国考古学的研究与发展情况，包括中国古人类学与旧石器考古研究60年、中国新石器时代考古研究、夏商周考古、秦汉考古、三国魏晋南北朝至元明考古、科技考古、石窟寺考古、古文字学研究、陶瓷考古九项内容。

2009中国重要考古发现 国家文物局主编 文物出版社 2010年4月 181页 插图507幅 16开
本书收录上海青浦福泉山遗址吴家场地点、江苏邳州梁王城遗址大汶口文化墓地、杭州余杭玉架山良渚文化环壕聚落遗址等36项考古发现。

考古学概论（21世纪史学系列教材） 马利清主编 中国人民大学出版社 2010年11月 416页 插图48幅 16开

考古学思想史（第2版）（国外经典史学教材译丛） （加拿大）布鲁斯·G·特里格（Bruce G. Trigger）著 陈淳译 中国人民大学出版社 2010年12月 632页 插图50幅 16开
本文译自《A History of Archaeological Thought》，在1989年第1版的基础上进行更新及增加而成。

考古学家邹衡 李维明著 科学出版社 2010年12月 161页 插图164幅 16开

邹衡传：热爱大地的智者（大家丛

书） 郭梅、王红蕾著 江苏人民出版社 2010 年 10 月 139 页 插图 20 幅 32 开

张颔传 韩石山著 三晋出版社 2010 年 4 月 459 页 插图 117 幅 照片 3 幅 16 开

斯坦因西域考古记（西域探险考察大系）（英）奥里尔·斯坦因著 向达译 新疆人民出版社 2010 年 2 月 327 页 插图 155 幅 32 开

丝绸之路（西域探险考察大系）（瑞典）斯文·赫定著 江红、李佩娟译 新疆人民出版社 2010 年 2 月 309 页 插图 31 幅 32 开

文明的见证 畅海桦著 科学出版社 2010 年 10 月 193 页 插图 110 幅 16 开

中国古代陵墓（中国历史文化大讲堂·文博系列） 刘毅著 南开大学出版社 2010 年 5 月 195 页 插图 114 幅 16 开

中国的帝王陵（中国读本） 黄景略、叶学明著 中国国际广播出版社 2010 年 10 月 157 页 插图 32 幅 32 开

金陵全书·乙编（史料类） 南京出版社 2010 年 12 月 四册合订 文 605 页 16 开

第一册：梁代陵墓考（清末民初）张璜撰 文 1～106 页 图版 38 幅

第二册：南朝太学考 （民国）柳诒徵撰 文 109～169 页

第三册：六朝陵墓调查报告 （民国）中央古物保管委员会编辑委员会编 文 173～476 页 图版 132 幅

第四册：建康兰陵六朝陵墓图考（民国）朱偰著 文 479～605 页 图版 109 幅

三峡湖北库区墓葬初步研究（长江三峡工程文物保护项目报告，戊种第五号） 朱世学、周百灵编著 科学出版社 2010 年 8 月 505 页 插图 358 幅 16 开

本书研究了三峡湖北库区新石器时代至明时期墓葬 79 座，对每座墓葬的形制、随葬器物、年代进行研究，介绍同一时期墓葬的总体特征和相关认识。附录：三峡湖北库区出土墓葬索引。

文野互动：民族考古文集 胡鸿保、林春著 中央民族大学出版社 2010 年 7 月 463 页 插图 73 幅 32 开

龟兹文明：龟兹史地考古研究（西域历史语言研究丛书） 张平著 中国人民大学出版社 2010 年 10 月 365 页 插图 203 幅 16 开

踏古寻幽：一个考古人的穿越之旅 曹兵武著 译林出版社 2010 年 11 月 178 页 插图 68 幅 32 开

法国中国学的历史与现状（海外中国学史研究丛书/朱政惠主编）（法）戴人编 耿昇译 上海辞书出版社 2010 年 12 月 742 页 16 开

本书包括法国的中国学研究史、法国对中国学各学科的研究等专栏，有法国对丝绸之路的研究、法国对中国考古和艺术史的研究、法国的敦煌学研究等内容。

补 遗

新中国的考古发现和研究（中国社会科学院文库，历史考古研究系列） 中国社会科学院考古研究所编著

方志出版社 2007年4月 目录26页 文650页 插图104幅 彩版24页 图版216页 16开

本书介绍了新中国成立后的考古调查发掘与研究工作的成果，资料起止时间为1950~1980年，个别资料截至1981年。

丛山峻岭中的"绿洲"——安宁河谷文化遗存调查研究 刘弘著 巴蜀书社 2009年7月 257页 插图54幅 照片19幅 32开

西域考古文存（欧亚历史文化文库） 王炳华著 兰州大学出版社 2009年8月 532页 彩图88幅 插图12幅 16开

关于考古学的100个故事（人文社会科学通识文丛/廖进总主编） 李永毅编著 南京大学出版社 2009年6月 304页 插图154幅 16开

追梦中原：从嘎仙洞到龙门石窟的鲜卑人 黄雪寅著 内蒙古大学出版社 2008年1月 244页 插图149幅 16开

江汉文化与荆楚文明（早期中国文明丛书） 刘彬徽著 江苏教育出版社 2008年8月 711页 插图160幅 彩版42幅 16开

二 考古学方法

考古学家工作揭秘（科学家工作大揭秘）（The reveal of scientist's working） （英）理查德·斯皮尔伯利（Richard. Spilsbury）、路易斯·斯皮尔伯利（Louise. Spilsbury）著 万颖慧译 湖北美术出版社 2010年10月 32页 插图24幅 16开

植物考古学：理论·方法和实践 赵志军著 科学出版社 2010年7月 243页 图版28页 插图34幅 16开

本书第一部分：植物考古学理论与方法，收录研究论文7篇；第二部分：植物考古实践——浮选结果分析报告，收录报告12篇。附录：2000~2009年发表的主要文章。

补 遗

田野考古工作规程 国家文物局编 文物出版社 2009年4月 66页 32开

三 论文集

中国考古学会第十一次年会论文集（2008） 中国考古学会编 文物出版社 2010年10月 272页 插图93幅 16开

本文集收录2008年10月在北京召开的以"改革开放30年来的中国考古学"为议题的会议论文26篇。

中国考古学会第十二次年会论文集（2009） 中国考古学会编 文物出版社 2010年10月 376页 插图152幅 16开

本文集收录2009年8月在哈尔滨召开的以"东北考古和考古学文化区、系、类型理论与实践"为议题的会议论文32篇。

古代文明（第8卷） 北京大学中国考古学研究中心、北京大学震旦古代文明研究中心编 文物出版社 2010年11月 336页 插图149幅 16开

中国聚落考古的理论与实践（第一辑）：纪念新砦遗址发掘30周年学术研讨会论文集 中国社会科学院

考古研究所、郑州市文物考古研究院编　科学出版社　2010年12月　493页　照片24幅　插图203幅　16开

本文集收录2009年在新密市召开的会议论文35篇，分为理论与方法、新发现与新探索、聚落研究与文明化进程、新砦专题研究四个专栏，另有综述1篇、会议致辞2篇。

考古学集刊（17）　刘庆柱主编　科学出版社　2010年3月　215页　彩版2页　图版32页　插图137幅　16开

本集收录山东平度东岳石遗址发掘报告、2004年秋季周原老堡子遗址发掘报告及汉长安城城门遗址的发掘与研究、二里头文化“常旜”及相关诸问题、老堡子遗址商代遗存的年代与性质研究等。

纪念徐中舒先生诞辰110周年国际学术研讨会论文集　四川大学历史文化学院编　巴蜀书社　2010年12月　522页　插图117幅　16开

论裴李岗文化：纪念裴李岗文化发现30周年暨学术研讨会　河南省文物考古学会、郑州市文物局、郑州市文物考古研究院、新郑市文物局编　科学出版社　2010年5月　304页　照片49幅　插图69幅　16开

本文集收录2007年在新郑召开的会议论文23篇、会议纪要1篇、讲话3篇、新闻聚焦5篇、附录5篇。

史前研究（2009）：首届国际河姆渡文化节——国际遗址博物馆馆长河姆渡峰会暨史前遗址博物馆专业委员会第七届学术研讨会纪念文集　西安半坡博物馆、河姆渡遗址博物馆编　宁波出版社　2010年2月　399页　照片16幅　插图57幅　16开

本文集收录论文62篇，致辞、讲话9篇。

东方考古（第7集）　山东大学东方考古研究中心编　科学出版社　2010年12月　439页　图版11幅　插图166幅　16开

本集收录史前考古、聚落与社会、环境考古、丧葬礼俗、动植物考古研究等文章27篇，发掘简报3篇：安徽固镇县垓下遗址发掘的新进展、山东枣庄偪阳故城遗址调查、山东青州新发现的战国墓葬。

北京历史文化论丛（第四辑）（北京文物与考古系列丛书）　北京市文物研究所编　上海古籍出版社　2010年11月　456页　彩版102幅　插图277幅　16开

本书收录研究论文25篇、考古简报15篇。

海岱考古（第3辑）　山东省文物考古研究所编　科学出版社　2010年6月　444页　彩版4页　图版36页　插图331幅　16开

本辑收录4篇发掘报告及5篇论文。

明长陵营建600周年学术研讨会论文集　中国明史学会、北京十三陵特区办事处编　社会科学文献出版社　2010年2月　772页　插图12幅　照片15幅　16开

丰宁考古、文物与民俗文集　白瑞杰主编　中国农业出版社　2010年3月　342页　插图65幅　32开

青岛考古（一）　青岛市文物保护考

古研究所编著　科学出版社　2011年5月　224页　彩版44页　插图139幅　16开

本书收录2005年以来青岛地区黄岛唐家莹遗址、台头遗址、胶南海青廒上村西汉墓等考古发掘报告8篇及北阡考古发掘记等研究论文8篇。

文物研究（第17辑）　安徽省文物考古研究所、安徽省考古学会编　科学出版社　2010年9月　332页　彩版13页　插图198幅　16开

本辑收录安徽及河南地区发掘简报13篇，考古学研究论文10篇，考古学理论技术方法、古建保护与文物科技、文物研究方面的论文共13篇。

南京博物院集刊（11）：南京博物院建院七十五周年纪念文集　南京博物院编　文物出版社　2010年12月　260页　插图87幅　彩插4页（22幅）　16开

湖南省博物馆馆刊（第六辑）　陈建明主编　岳麓书社　2010年3月　631页　彩图152幅　插图490幅　16开

本辑收录研究文章82篇，分为马王堆汉墓研究、考古发现与研究、文物研究与鉴赏、历史文化研究、文物保护及博物馆学研究6方面内容。

江西省博物馆集刊（一）　江西省博物馆编　文物出版社　2010年1月　321页　彩图23幅　插图142幅　16开

本辑收录江西古陶瓷鉴赏与研究、考古发现与研究、藏品鉴赏与研究、博物馆工作、文物科技保护、历史文化研究方面的研究论文39篇。附：江西省博物馆主要论文、著作目录（1999.10～2009.6）。

辽宁考古文集（二）　辽宁省文物考古研究所编　科学出版社　2010年7月　473页　彩版7页　图版4页　插图272幅　16开

本书收录简报22篇、论文21篇。

辽宁省博物馆馆刊（2010）　辽宁省博物馆编　辽海出版社　2010年11月　584页　插图248幅　16开

本辑含考古发现与研究、古代缂丝、刺绣研究、文物鉴赏与研究、历史研究、博物馆学研究、文物保护与保护技术研究、回忆与怀念等专题，收录文章64篇。

吐鲁番学研究：第三届吐鲁番学暨欧亚游牧民族的起源与迁徙国际学术研讨会论文集　新疆吐鲁番学研究院编　上海古籍出版社　2010年5月　926页　插图400幅　16开

本文集系2008年10月于吐鲁番召开的第三届学术会议文集，分为考古卷及历史、宗教、语言卷，收录论文90篇。

出土文献研究（第九辑）　中国文化遗产研究院编　中华书局　2010年1月　373页　图版12页　插图33幅　16开

本辑收录简、竹书、帛书、文书及墓志等方面的研究文章35篇。

边疆考古研究（第9辑）　教育部人文社会科学重点研究基地、吉林大学边疆考古研究中心编　科学出版社　2010年12月　420页　彩版7页　图版8页　插图174幅　16开

本书收录考古调查报告及研究论文32篇，内容涉及早期墓葬、石器、

壁画、铁器及古代人类、古代文化与环境等内容。

东北亚考古学论丛　田立坤主编　辽宁省文物考古研究所、日本奈良文化财研究所编　科学出版社　2010年1月　292页　图版22页　插图249幅　16开

本文集是辽宁省考古研究所与日本奈良文化财研究所合作研究的“三至六世纪中日古代遗迹出土文物比较研究”的成果集，收录论文20篇，涉及石棚、辽东与三燕及高句丽的关系、中国古代北方民族及辽西地区出土文物比较研究等内容。

东北亚考古资料译文集（5）　杨志军主编　《北方文物》编辑部编辑　2004年5月　293页　插图118幅　16开

新疆考古论集（欧亚历史文化文库/余太山主编）　孟凡人著　兰州大学出版社　2010年9月　514页　插图74幅　16开

东南考古研究（第四辑）　邓聪、吴春明主编　厦门大学人文学院历史系考古教研室、香港中文大学中国考古艺术研究中心编　厦门大学出版社　2010年3月　437页　图版14页　插图177幅　16开

本辑收录东亚玉器研究新视野、史前白陶专论及东南考古再观察3方面的文章42篇。

南方民族考古（第6辑）　霍巍、王毅主编　四川大学博物馆、四川大学考古学系、成都文物考古研究所编　科学出版社　2010年1月　468页　图版16页　插图230幅　16开

本辑收录中国南部及东南亚地区民族考古、出土文物研究、科技考古、墓葬、道教造像等方面的研究文章15篇，四川及中印边境的考古调查和发掘简报4篇，同时收录俞伟超先生2001年四川大学考古系的演讲1篇。

故宫学刊（总第5辑）　李文儒主编　郑欣淼等著　紫禁城出版社　2010年2月　834页　插图447幅　16开

故宫学刊（总第6辑）　李文儒主编　郑欣淼等著　紫禁城出版社　2010年8月　380页　插图117幅　16开

谢辰生文博文集　谢辰生著　彭卿云主编　文物出版社　2010年9月　481页　照片16幅　16开

东方博物（第34辑）　浙江省博物馆编　浙江大学出版社　2010年4月　128页　插图247幅　16开

东方博物（第35辑）　浙江省博物馆编　浙江大学出版社　2010年6月　128页　插图212幅　16开

东方博物（第36辑）　浙江省博物馆编　浙江大学出版社　2010年9月　128页　插图207幅　16开

东方博物（第37辑）　浙江省博物馆编　浙江大学出版社　2010年12月　127页　插图212幅　16开

北京文博（总59期）　陈晓苏主编　北京燕山出版社　2010年3月　103页　插图102幅　16开

北京文博（总60期）　陈晓苏主编　北京燕山出版社　2010年6月　103页　插图77幅　16开

北京文博（总61期）　陈晓苏主编　北京燕山出版社　2010年10月　103页　插图86幅　16开

北京文博（总62期） 陈晓苏主编 北京燕山出版社 2010年12月 103页 插图104幅 16开

上海文博论丛（第31辑） 陈燮君主编 上海辞书出版社 2010年4月 97页 插图154幅 16开

上海文博论丛（第32辑） 陈燮君主编 上海辞书出版社 2010年6月 97页 插图169幅 16开

上海文博论丛（第33辑） 陈燮君主编 上海辞书出版社 2010年11月 97页 插图92幅 16开

上海文博论丛（第34辑） 陈燮君主编 上海辞书出版社 2010年11月 152页 插图122幅 16开

深圳文博论丛（2010） 深圳博物馆编 文物出版社 2010年8月 361页 插图201幅 16开

苏州文博论丛（2010：总第1辑） 苏州博物馆编 文物出版社 2010年12月 241页 插图120幅 16开

西域文史（第五辑） 朱玉麒主编 科学出版社 2010年12月 354页 图版4页 插图84幅 16开

本辑收录论文21篇，内容涉及考古、佛教、历史等学科。

百越研究（第二辑） 陆勤毅、吴春明主编 安徽大学出版社 2010年12月 327页 插图94幅 16开

河洛文化论丛（第5辑） 洛阳历史文物考古研究所编 国家图书馆出版社 2010年6月 398页 插图36幅 32开

动物考古（第1辑）：2007年中国郑州动物考古国际学术研讨会论文集 河南省文物考古研究所编著 文物出版社 2010年1月 251页 插图75幅 16开

第十二届中国古脊椎动物学学术年会论文集 董为主编 海洋出版社 2010年9月 307页 插图111幅 16开

本书收录与会论文29篇，公布了古人类研究、史前考古、地质与古环境等研究资料。

补 遗

夏鼐先生纪念文集：纪念夏鼐先生诞辰一百周年 中国社会科学院考古研究所编 科学出版社 2009年12月 425页 插图7幅 照片24幅 16开

蒋赞初先生八秩华诞颂寿纪念论文集 《蒋赞初先生八秩华诞颂寿纪念论文集》编委会编 学苑出版社 2009年9月 431页 照片4幅 插图279幅 16开

本文集收录蒋赞初先生研究文章6篇，其他作者研究性文章、怀念性文章40篇及蒋赞初学术年谱。

史前研究（2006）：中国博物馆学会史前遗址博物馆专业委员会第六届学术研讨会暨三星堆祭祀坑发现二十周年纪念文集 西安半坡博物馆、三星堆博物馆编 陕西师范大学出版社 2007年10月 672页 插图141幅 16开

本书分史前文化及博物馆学研究、三星堆相关文化研究两编，收录论文98篇。

四 文物与博物馆事业

Ⅰ 历史图谱、博物馆陈列说明和藏品图录

中华文明：古代中国陈列文物精粹（古代中国） 中国国家博物馆编

中国社会科学出版社 2010年6月 899页 彩版927幅 8开

楚风汉韵：长沙市博物馆藏镜 长沙市博物馆编著 文物出版社 2010年12月 235页 图版182组 16开

本图录收录战国至明清时期的铜镜182枚，对直径、重量、纹饰及铭文等都有介绍。

日照博物馆馆藏文物集 董书涛主编 齐鲁书社 2010年11月 177页 图版177幅 16开

丝绸之路：大西北遗珍 《丝绸之路：大西北遗珍》编辑委员会编著 文物出版社 2010年8月 277页 彩版235幅 16开

海外庋藏中国青铜器金银器铜镜精品集（汉英对照） 施万逸编 文物出版社 2010年12月 序、目录36页 322页 图版334幅 8开

本图录收录文物精品316件。

清风雅雨间：雅安文物精粹 雅安市博物馆、四川省文物考古研究院编著 文物出版社 2010年9月 199页 彩版230幅 16开

本图录收录陶器、石器、青铜器、瓷器、书画、印等。

济宁文物珍品 济宁市文物局编 文物出版社 2010年9月 286页 图版392幅 16开

本书收录陶瓷器、青铜器、织绣服饰、玉石器、书画古籍、佛教文物以及骨器、竹木雕等器物。

补 遗

西汉南越王博物馆珍品图录 西汉南越王博物馆编 文物出版社 2007年7月 158页 图版158幅 16开

Ⅱ 博物馆事业

博物馆法规文件选编 国家文物局、中国博物馆协会编 科学出版社 2010年10月 544页 16开

博物馆灾害风险管理（文化遗产保护手册；4） 联合国教科文组织著 民族出版社译 民族出版社 2010年3月 48页 32开

博物馆安全保障（文化遗产保护手册；1） 联合国教科文组织著 民族出版社译 民族出版社 2010年3月 41页 32开

工艺品藏品备案（文化遗产保护手册；3） 联合国教科文组织著 民族出版社译 民族出版社 2010年4月 35页 32开

手稿维护与处理（文化遗产保护手册；2） 联合国教科文组织著 民族出版社译 民族出版社 2010年4月 43页 32开

历史的见证：有关文物返还问题的文献作品选编 （澳）林德尔·V.普罗特（Lyndel V. Prott）主编 国家文物局博物馆与社会文物司（科技司）译 译林出版社 2010年11月 387页 彩图9幅 插图22幅 16开

本书译自《Witnesses to History: Documents and writings on the return of cultural objects》，2009年联合国教科文组织（UNESCO）出版。

博物馆技术论文集（中日韩合作丝绸之路沿线文物保护修复技术人员培养计划丛书） 詹长法、冈田健主编 文物出版社 2010年12月 143页 彩图8幅 插图125幅 16开

五 科技考古

中国文物保护技术协会第六次学术年会论文集 中国文物保护技术协会、新疆文物古迹保护中心编 科学出版社 2010年6月 408页 插图359幅 16开

本文集收录2009年6月在乌鲁木齐召开的会议论文64篇，涉及青铜器、书画、古船、瓷器、纸绢和壁画等内容。

文物科技研究（第7辑） 中国文化遗产研究院编 科学出版社 2010年11月 214页 插图252幅 图版27幅 16开

本辑收录2009年11月由国家文物局科学技术司主办、中国博物馆学会藏品保护专业委员会承办的“馆藏文物保护科学与技术研讨会”论文13篇，同时收录铁质、木质、砖石文物保护等文章9篇。

文物保护技术（1981～1991） 中国文物保护技术协会编 科学出版社 2010年12月 454页 插图7幅 照片1幅 16开

本书是中国文物保护技术协会1981～1991年编辑、印刷的内部刊物《文物保护技术》（1～6）83篇论文的汇编，内容涵盖古建筑、壁画、纸质、丝织品文物、金属文物、石质、玻璃和竹木漆器等各类文物的保护研究，以及综合类文物保护等内容。

文物保护研究新论（二）：全国第十一届考古与文物保护化学学术研讨会论文集 中国化学会应用化学委员会考古与文物保护化学科学委员会、秦始皇兵马俑博物馆、中国科学院长春应用化学研究所、吉林大学边疆考古研究中心编 文物出版社 2010年8月 353页 插图74幅 16开

本文集收录与会论文77篇及论文摘要16篇，内容涉及漆器、木器、纺织品、铁器、青铜器、古建遗址和壁画等。

汉唐墓葬壁画保护与修复 陕西省考古研究院编著 三秦出版社 2010年4月 80页 插图67幅 16开

六 文化遗产调查及法规文件

文化遗产研究（第1辑） 中国社会科学院考古研究所文化遗产保护研究中心编 科学出版社 2010年11月 472页 插图391幅 16开

本书收录学科建设，考古遗址保护、管理和利用，考古现场保护与实验室研究，文物保护修复研究，文物研究，文物包装运输等方面的论文共38篇。

河北文化遗产（全国重点文物保护单位） 河北省文物局编 文物出版社 2010年11月 目录、前言43页 文403页 图版551幅 16开

本书按照古遗址、古墓葬、古建筑、石窟寺及石刻、近现代重要史迹及代表性建筑分类介绍河北省170处全国重点文物保护单位。

河北省明长城资源调查报告：涞源卷（上册） 河北省文物局、河北省古代建筑保护研究所、河北省长城资源调查队编 文物出版社 2010年12月 677页 插图674幅 16开

四川省全国重点文物保护单位保护规划文本集（第一册） 四川省文物管理局编 四川文艺出版社 2010

年1月 3册（上册：632页 插图342幅；中册：664页 插图298幅；下册：687页 插图296幅） 16开

广东文化遗产（全国重点文物保护单位） 广东省文物局编 文物出版社 2010年10月 目录、前言、概述37页 文249页 插图327幅 16开

本书分为古遗址、古墓葬、古建筑、石窟寺、石刻、近现代重要史迹及代表性建筑五部分，介绍了68处全国重点文物保护单位。

郑州市城市快速轨道交通文化遗产环境影响评估报告（中国·郑州考古；十二） 郑州市文物考古研究院编著 科学出版社 2010年11月 216页 插图215幅 16开

文物保护科技法律文件选编 国家文物局编 文物出版社 2010年12月 283页 16开

本书分为科技法律法规、科研项目管理、科技成果管理、科研机构管理、科技人员管理及其他六部分内容。

七 文物保护与修复

中华人民共和国文物保护标准汇编（一） 国家文物局编 文物出版社 2010年11月 526页 插图111幅 16开

文物保护工程勘察设计方案案例（第一辑） 河南省古代建筑保护研究所编 235页 彩版18页 附图102幅 8开

本书介绍了河南、西藏、宁夏、湖南四省14个古建筑勘察及修缮设计方案。

文化遗产保护关键技术研究（“十一五”文化遗产保护领域国家科技支撑计划重点项目论文集） 科技部社会发展科技司、国家文物局博物馆与社会文物司（科技司）编 文物出版社 2010年11月 496页 插图265幅 16开

大遗址保护关键技术研究与开发（I）（“十一五”文化遗产保护领域国家科技支撑计划重点项目论文集） 科技部社会发展科技司、国家文物局博物馆与社会文物司（科技司）编 文物出版社 2010年11月 614页 插图306幅 16开

大遗址保护关键技术研究与开发（II）（“十一五”文化遗产保护领域国家科技支撑计划重点项目论文集） 科技部社会发展科技司、国家文物局博物馆与社会文物司（科技司）编 文物出版社 2010年11月 662页 插图552幅 16开

大遗址保护洛阳高峰论坛文集 国家文物局编 文物出版社 2010年10月 150页 插图58幅 照片8幅 16开

土遗址保护研修报告（中日韩合作丝绸之路沿线文物保护修复技术人员培养计划丛书） 詹长法、冈田健主编 文物出版社 2010年12月 327页 彩图17幅 插图270幅 16开

北京文物保护报告（北京文物与考古系列丛书） 刘乃涛、董育纲著 上海古籍出版社 2010年7月 201页 彩版123幅 16开

本书介绍北京城市建设中文物及遗址保护情况，包括海淀区地铁四号线圆明园站正觉寺遗址保护、石景

山区飞碟靶场明代石质宦官墓保护、东城区东方广场旧石器古人类遗址保护等内容。

守望大三峡：三峡工程文物保护与管理　吴宏堂、王风竹著　文物出版社　2010年11月　277页　插图456幅　16开

新昌董村水晶矿摩崖题记保护工程报告　中国文化遗产研究院等编著　文物出版社　2010年12月　118页　插图133幅　16开

田野考古出土动物标本采集及实验室操作规范（中华人民共和国文物保护行业标准）　中华人民共和国国家文物局主编　文物出版社　2010年9月　6页　插图1幅　16开

古代壁画地仗层可溶盐分析的取样与测定（中华人民共和国文物保护行业标准）　中华人民共和国国家文物局主编　文物出版社　2010年9月　7页　插图1幅　16开

古代壁画脱盐技术规范（中华人民共和国文物保护行业标准）　中华人民共和国国家文物局主编　文物出版社　2010年9月　7页　插图7幅　16开

古代建筑彩画病害与图示（中华人民共和国文物保护行业标准）　中华人民共和国国家文物局主编　文物出版社　2010年9月　13页　插图32幅　16开

长城资源要素分类、代码与图式（中华人民共和国文物保护行业标准）　中华人民共和国国家文物局主编　文物出版社　2010年9月　14页　插图5幅　16开

砂岩质文物防风化材料保护效果评估方法（中华人民共和国文物保护行业标准）　中华人民共和国国家文物局主编　文物出版社　2010年9月　11页　插图1幅　16开

馆藏纸质文物保护修复档案记录规范（中华人民共和国文物保护行业标准）　中华人民共和国国家文物局主编　文物出版社　2010年9月　11页　16开

馆藏纸质文物病害分类与图示（中华人民共和国文物保护行业标准）　中华人民共和国国家文物局主编　文物出版社　2010年9月　10页　插图2幅　16开

馆藏纸质文物保护修复方案编写规范（中华人民共和国文物保护行业标准）　中华人民共和国国家文物局主编　文物出版社　2010年9月　13页　16开

文物保护工程文件归档整理规范（中华人民共和国文物保护行业标准）　中华人民共和国国家文物局主编　文物出版社　2010年9月　25页　插图4幅　16开

陶质彩绘文物保护修复档案记录规范（中华人民共和国文物保护行业标准）　中华人民共和国国家文物局主编　文物出版社　2010年9月　13页　16开

陶质彩绘文物保护修复方案编写规范（中华人民共和国文物保护行业标准）　中华人民共和国国家文物局主编　文物出版社　2010年9月　15页　16开

陶质彩绘文物病害与图示（中华人民共和国文物保护行业标准）　中华人民共和国国家文物局主编　文物出版社　2010年9月　9页　插图14幅　16开

补　遗

但留形胜壮山河：城墙科学保护论坛论文集　杨新华主编　衣志强、姜继荣、张国祥副主编　凤凰出版社　2008 年 7 月　337 页　插图 206 幅　照片 15 幅　16 开

本文收录 2007 年“城墙科学保护论坛暨中国古都学会城墙保护专业委员会首届学术研讨会”与会论文 49 篇、附录 10 篇。

八　工具书

中国考古学年鉴（2009）　中国考古学会编　文物出版社　2010 年 10 月　805 页　32 开

中国敦煌学论著总目　樊锦诗、李国、杨富学编　甘肃人民出版社　2010 年 1 月　1135 页　16 开

本目录收录 1900 ~ 2007 年底发表的汉文著述 18690 篇（种），包括论文、译文、书评与报道、书刊等。

中国文物地图集：重庆分册　国家文物局主编　文物出版社　2010 年 6 月　2 册（上册：361 页　地图、文物图 63 幅　图版 469 幅　下册：486 页）　16 开

本书少数资料收集时间截至 2005 年，个别到 2007 年，对原地名调整的以 2007 年为限，收录文物点 5614 处，包括古遗址、古墓葬、古建筑等。附光盘 1 张。

中国文物地图集：宁夏回族自治区分册　国家文物局主编　文物出版社　2010 年 11 月　518 页　图版 256 幅　地图、文物图 46 幅　16 开

本书收录资料截至 2007 年底，收录不可移动文物 3015 处，包括古遗址、古墓葬、古建筑、石窟及岩画、石刻、近现代史迹等。附光盘 1 张。

中国文物地图集：西藏自治区分册　国家文物局主编　文物出版社　2010 年 12 月　407 页　图版 105 幅　地图、文物图 24 幅　16 开

本书收录的文物单位是以 1984 ~ 1992 年西藏自治区文物普查的田野资料为依据，并增补了 1992 年以后的相关资料，收录文物单位 1302 个。附光盘 1 张。

补　遗

中国文物地图集：辽宁分册　国家文物局主编　西安地图出版社　2009 年 7 月　2 册（上册：439 页　地图、文物图 84 幅　图版 621 幅；下册：614 页）

中国文物地图集：四川分册　国家文物局主编　文物出版社　2009 年 9 月　3 册（上册：558 页　地图、文物图 170 幅　图版 634 幅；中册：1 ~ 708 页；下册：709 ~ 1296 页）　16 开

本书收录资料截至 2007 年。附光盘 1 张。

中国文物地图集：浙江分册　国家文物局主编　文物出版社　2009 年 12 月　2 册（上册：470 页　图版 620 幅　地图、文物图 115 幅；下册：880 页）　16 开

本书收录的行政区划及文保单位级别和数量等资料截至 2006 年年底。

19 ~ 20 世纪俄罗斯远东南部地区考古学：主要作者生平及著作目录索引　（俄罗斯）克柳耶夫编著　宋玉彬、刘玉成、张桂兰、解峰、杨春译　张桂兰、余静、冯恩学、李有骞校　文物出版社　2010 年 10 月　568 页　16 开

贰　田野考古资料

一　调查发掘报告

耿马石佛洞（中国田野考古报告集；云南省文物考古研究所田野考古报告，第11号）　云南省文物考古研究所、中国社会科学院考古研究所、成都文物考古研究所、临沧市文物管理所、耿马傣族佤族自治县文化体育局编著　文物出版社　2010年7月　目录19页　文396页　彩版24页　图版91页　插图241幅　插表29幅　16开

本报告公布了2003年发掘该遗址的资料。同时收录1983年第一次试掘该遗址的资料及相关研究。

黄梅塞墩（中国田野考古报告集；考古学专刊，丁种第八十三号）　中国社会科学院考古研究所编著　文物出版社　2010年7月　目录22页　文349页　彩版36页　图版218页　插图275幅　附图3幅　16开

本报告公布了湖北省1986～1988年三次发掘黄梅塞墩新石器时代遗址的成果，共计发现墓葬188座、坑穴18座，出土器物900多件。

高陵东营：新石器时代遗址发掘报告（陕西省考古研究院田野考古报告，第六十二号）　陕西省考古研究院、西北大学文化遗产与考古学研究中心编著　科学出版社　2010年12月　200页　彩版20页　插图127幅　16开

本书介绍了2001～2002年发掘清理该遗址的资料，发掘面积约2000平方米，包括新石器时代灰坑71个、房址7座、陶窑6座，战国至清代墓葬66座，出土了仰韶、龙山及战国时期的陶器、石器、骨器等。

邱承墩：太湖西北部新石器时代遗址发掘报告（太湖西北部新石器时代遗址考古报告之三）　南京博物院、江苏省考古研究所、无锡市锡山区文物管理委员会编著　科学出版社　2010年1月　目录16页　文238页　图版53页　插图558幅　16开

本报告公布了该遗址2003～2005年的发掘资料。共计发掘2015平方米，清理墓葬22座、房址2座、祭台2座。

垣曲上亳（黄河小浪底水库山西库区考古报告之三）　山西省考古研究所编著　王晓毅、王小娟主编　科学出版社　2010年9月　目录13页　文310页　图版30幅　插图208幅　插表10幅　16开

本报告公布了上亳遗址2002～2003年的发掘资料。发掘2750平方米，清理房址1座、陶窑2座、墓葬2座、灰坑142个，出土陶器及少量石、骨、蚌器。

灵宝西坡墓地　中国社会科学院考古研究所、河南省文物考古研究所编著　文物出版社　2010年7月　目录16页　文311页　彩图33幅　彩版96页　插图83幅　16开

本报告公布了西坡墓地2005～2006年的发掘资料。共计发掘约2990平方米，清理庙底沟时期墓葬34

座。此次发掘入选 2006 年度全国十大考古新发现，是国家科技支撑计划“中华文明探源及其相关文物保护技术研究”项目、中国社会科学院重点课题项目。

巴史：以三峡考古为证（长江三峡工程文物保护项目报告，戊种第七号） 余西云著 科学出版社 2010 年 12 月 311 页 插图 247 幅 16 开

本书以三峡地区先秦时期考古资料为基础研究巴人历史及巴文化。

西拉木伦河流域先秦时期遗址调查与试掘（西拉木伦河考古，一） 内蒙古自治区文物考古研究所、吉林大学边疆考古研究中心编著 朱永刚、王立新、塔拉主编 科学出版社 2010 年 7 月 目录 28 页 文 181 页 彩版 36 页 插图 105 幅 16 开

本书公布了 2002～2003 年在克什克腾旗、林西县、巴林右旗 23 个遗址地点的调查资料以及林西县井沟子西梁新石器时代遗址、克什克腾旗关东车铜器时代遗址的内容。代序 1：西拉木伦河流域先秦时期文化遗存的序列编年与谱系。附录 1. 林西县井沟子西梁新石器时代遗址出土动物遗存鉴定报告 2. 林西县井沟子西梁新石器时代遗址石制品原料鉴定报告 3. 林西县井沟子西区墓葬与克什克腾旗关东车遗址孢粉鉴定报告。

楼家桥、查塘山背、尖山湾（浦阳江流域考古报告之二） 浙江省文物考古研究所、诸暨博物馆、浦江博物馆编著 文物出版社 2010 年 12 月 目录 18 页 文 329 页 彩版 38 页 图版 34 页 插图 238 幅 附录插图 9 幅 16 开

本报告公布了发掘楼家桥遗址 1200 平方米、查塘山背遗址 1400 平方米以及尖山湾遗址 250 平方米的成果。附录：杭州市萧山区茅草山遗址发掘报告。

哈克遗址：2003～2008 年考古发掘报告（中国田野考古报告集；考古学专刊，丁种第八十五号） 中国社会科学院考古研究所、内蒙古自治区文物考古研究所、内蒙古自治区呼伦贝尔民族博物馆、内蒙古自治区呼伦贝尔市海拉尔博物馆编著 文物出版社 2010 年 10 月 目录 10 页 彩版 12 页 图版 32 页 插图 118 幅 16 开

本报告公布了哈克遗址历次调查发掘材料和研究成果，哈克遗址位于现呼伦贝尔市海拉尔区哈克镇哈克村一组海拉尔河左岸，发掘面积 252 平方米，清理遗迹 21 处，出土遗物 11000 多件。

科尔沁文明：南宝力皋吐墓地 内蒙古自治区文物考古研究所、扎鲁特旗人民政府编著 文物出版社 2010 年 8 月 文 237 页 彩版 192 幅 插图 69 幅 16 开

本报告公布了 2006～2008 年发掘该墓地 10000 余平方米的成果，清理新石器时代晚期墓葬 395 座，出土陶器、玉石器、骨角器等随葬品 1500 余件。

巴东红庙岭（长江三峡工程文物保护项目报告，乙种第十四号） 林邦存主编 国务院三峡工程建设委员会办公室、国家文物局编 科学出版社 2010 年 7 月 目录 14 页

文408页 彩版6页 图版46页 插图284幅 16开

本报告公布了1998~2005年五次发掘该遗址的资料，共计发掘12000平方米，清理新石器时代至唐宋时期墓葬130座，另外还有房址、灰坑及灰沟等遗迹，出土陶器、石器等遗物。

秭归东门头（长江三峡工程文物保护项目报告，乙种第十九号） 国务院三峡工程建设委员会办公室、国家文物局编著 孟华平主编 科学出版社 2010年12月 目录19页 文462页 插图164幅 彩版16页 图版80页 16开

本报告公布了1997~2002年6次发掘该遗址的资料。共发掘9200平方米，清理新石器时代至清代的房址33座、窑8座、墓葬12座、灰坑16条、沟5条，并发现城墙、道路等活动遗迹。

大连土羊高速公路发掘报告集 韩建宏主编 大连市文物考古研究所编著 科学出版社 2010年1月 目录9页 文115页 彩版8页 图版64页 插图77幅 16开

本报告是2006年高速公路工程所经路段抢救性考古发掘成果报告集，收录韩家坟青铜时代遗址发掘报告、前牧城驿汉墓发掘报告、沙子岗汉墓发掘报告、楼上遗址发掘报告、西甸子辽代遗址发掘报告。

福建晋江流域考古调查与研究（福建文物考古报告，6） 福建晋江流域考古调查队编著 科学出版社 2010年6月 目录28页 文353页 图版8页 插图552幅 插表5幅 16开

本报告公布了2005年调查石狮市、晋江市、惠安县、南安市、安溪县等10个市县以及试掘翠屏山遗址，发掘蚁山、音楼山遗址的资料。同时收录2006年发掘尾山仔遗址、2007年二次高速公路调查发掘资料及庵山遗址发掘的部分资料。

奉节宝塔坪（长江三峡工程文物保护项目报告，乙种第十七号） 冯恩学主编 重庆市文物局、重庆市移民局编 科学出版社 2010年8月 目录17页 文358页 彩版40页 图版24页 插图392幅 16开

本报告公布了2000~2005年五次发掘该遗址的资料。共计发掘13008平方米，共清理战国至明清墓葬243座，其中2000~2003年（第1~3次）的部分发掘资料曾以简报形式发表。

奉节新浦与老油坊（长江三峡工程文物保护项目报告，乙种第十六号） 陈国庆主编 重庆市文物局、重庆市移民局编 科学出版社 2010年8月 目录8页 文132页 图版36页 插图90幅 16开

本报告公布了1994~2001年对新浦遗址六次共7036.5平方米的发掘资料，各阶段发掘资料曾以简报等形式发表过；公布老油坊遗址1994~2001年三次共1169.5平方米的发掘资料，各阶段资料均已发表过。

安阳殷墟小屯建筑遗存（中国田野考古报告集；考古学专刊，丁种第八十二号） 中国社会科学院考古研究所编著 文物出版社 2010年7月 目录11页 文172页 彩版19页 图版28页 插图70幅 附图4幅 16开

本报告公布了1975年至1996年先后在安阳市小屯村北地和东北地的发掘资料。分为三部分：一、丁组大型建筑基址的发现与发掘；二、甲组基址再发掘的新收获；三、小屯村北地下式房址的发掘。

林西井沟子：晚期青铜时代墓地的发掘与综合研究（西拉木伦河考古，二） 内蒙古自治区文物考古研究所、吉林大学边疆考古研究中心编著 王立新、塔拉、朱永刚主编 科学出版社 2010年8月 目录9页 文384页 图版23页 插图165幅 16开

本报告是2002～2003年发掘该遗址的资料。发掘1870平方米，清理墓葬58座、灰坑9个、房址1座。上编：井沟子遗址发掘报告；下编：井沟子类型遗存的多学科综合研究7篇。

坐果山与望子岗：潇湘上游商周遗址发掘报告 湖南省文物考古研究所编著 科学出版社 2010年7月 2册 目录30页 文647页 彩版36页 图版132页 插图507幅 插表41幅 16开

本报告是2008年对该遗址抢救性发掘的资料。揭露约1000平方米，清理灰坑16个、柱洞108个，出土打制、磨制石斧、锛、凿、铲、钺、刀、球等各类工具及青铜器、玉器、骨器等。

周原：2002年度齐家制玦作坊和礼村遗址考古发掘报告 （陕西省考古研究院、北京大学考古文博学院、中国社会科学院考古研究所）周原考古队编著 科学出版社 2010年12月 2册 目录26页 文785页 彩版76页 图版48页 插图479幅 附录插图15幅 附表9幅 16开

本报告是周原遗址2002年度下半年制玦作坊的发掘资料，共揭露灰坑97个、房址5座、储藏坑1座、墓葬41座。附录5：1.周原新出西周甲骨文研究 2.周原遗址齐家制玦作坊出土石料岩矿鉴定报告 3.2002年度周原遗址齐家制玦作坊植物遗存的鉴定 4.周原遗址齐家制玦作坊出土动物骨骼研究报告 5.齐家制玦作坊植物遗存^{14}C测年报告。

霍邱堰台：淮河流域周代聚落发掘报告 安徽省文物考古研究所编著 科学出版社 2010年12月 目录14页 文493页 彩版28页 图版60页 插图234幅 附录插图8幅 插表27幅 16开

本报告公布了2004年霍邱堰台遗址2770余平方米的发掘成果。附录4：1.堰台遗址古环境背景及其对人类活动的影响 2.堰台周代遗址人骨研究 3.堰台遗址出土的动物骨骼研究报告 4.堰台遗址浮选结果分析报告。

洛阳瞿家屯发掘报告 洛阳市文物工作队编著 文物出版社 2010年3月 目录20页 文237页 彩版32幅 图版103幅 插图281幅 16开

本报告公布了2004～2005年该遗址的发掘资料。揭露10000平方米，清理了93座两周墓葬，另发掘了战国中晚期夯土建筑基址等遗迹。

凤阳大东关与卞庄 安徽省文物考古研究所、凤阳县文物管理所编著

科学出版社　2010年8月　目录11页　文239页　彩版64页　图版20页　插图167幅　16开

本报告收录了1991年对凤阳大东关的考古调查资料；同时公布了2007年清理卞庄墓群的成果，此次抢救性发掘清理春秋至明清时期墓葬28座，发现9具人骨架，墓葬大部分被施工破坏盗掘。

沅水下游楚墓　湖南省常德市文物局编著　文物出版社　2010年7月　3册　目录36页　文1052页　彩版71页　图版216页　插图657幅　16开

本报告集收录20世纪50年代以来沅水下游地区楚墓发掘资料。正文三编，第一编：总述，介绍了地理位置及楚墓发掘整理概况，介绍纳入本报告的48处墓地；第二编：墓葬资料，介绍收入的楚墓1395座，通过对墓葬随葬品组合、墓葬规模等将墓葬分为三大组五大类；第三编：综合论述，对出土的8681件器物分类介绍（其中形态明确的为5208件），研究其分期与年代、演变规律，对出土器物进行科学分析。

朝阳袁台子：战国西汉遗址和西周至十六国时期墓葬　辽宁省文物考古研究所、朝阳市博物馆编著　文物出版社　2010年10月　目录12页　文256页　彩版16页　图版40页　插图380幅　16开

本报告公布了1979年10月至11月发掘袁台子遗址955平方米的资料。发现发掘墓葬162座，并发现新石器时代、青铜时代、战国及汉代文化遗存。

梁带村芮国墓地：2007年度发掘报告（陕西省考古研究院田野考古报告，第59号）　陕西省考古研究院、渭南市文物保护考古研究所、韩城市景区管理委员会编著　文物出版社　2010年6月　目录19页　文259页　彩版199页　插图215幅　16开

本报告公布了该遗址的发掘清理资料。共清理墓葬36座、马坑2座，出土青铜器、玉石器、骨蚌器、陶器、漆木器等各类文物1171件（组）。

军都山墓地：葫芦沟与西梁垙（北京文物与考古系列丛书）　北京市文物研究所编著　文物出版社　2010年1月　2册　目录29页　文850页　彩版24页　图版114页　插图327幅　附表85幅　16开

本报告公布了1985～1986年两次发掘该遗址的资料。揭露4260平方米，发现并发掘古墓葬188座、西汉祭祀遗迹1处、汉代灰坑31座，出土陶器、青铜器、石器、玛瑙、绿松石制品及骨器等文物4118件。

巴东旧县坪（长江三峡工程文物保护项目报告，乙种第十五号）　王然主编　国务院三峡工程建设委员会办公室、国家文物局编著　科学出版社　2010年7月　2册　目录37页　文817页　彩版32页　图版184页　插图678幅　16开

本报告公布了2001～2003年发掘该遗址的资料。揭露28875平方米，清理灰坑、陶窑、建筑基址等遗迹，出土陶瓷器、瓦当、钱币、石器、铜器及金银器等器物。附录3：1. 湖北巴东旧县坪遗址发掘考证

2. 六朝至宋代巴东发展初探 3. 旧县坪遗址出土瓷器的科学分析。

唐县高昌墓地发掘报告（南水北调中线一期工程文物保护项目报告，河北省考古发掘报告，第 2 号） 河北省文物研究所（王会民）主编 南水北调中线干线工程建设管理局、河北省南水北调工程建设委员会办公室、河北省文物局编著 文物出版社 2010 年 10 月 目录 19 页 文 290 页 彩版 8 页 图版 84 页 插图 292 幅 16 开

本报告以 1990、2002、2003 ~ 2004 年三次调查为基础，公布了 2006 年 5 ~ 10 月对高昌墓地 5000 平方米的发掘成果，勘探出战国、汉代、宋代、清代及年代不明的墓葬 131 座，出土随葬品 710 件（套）。

姜女石：秦行宫遗址发掘报告 辽宁省文物考古研究所编著 文物出版社 2010 年 11 月 2 册 目录 28 页 文 472 页 图版 266 页 插图 362 幅 附表 30 幅 16 开

本报告是 1982 ~ 1999 年调查发掘姜女石遗址群 40000 平方米的成果，公布了石碑地遗址、止锚湾遗址、黑山头遗址、瓦子地遗址、周家南山遗址、大金丝屯遗址发掘资料。

南越国宫署遗址：岭南两千年中心地（岭南文库） 南越王宫博物馆编 广东人民出版社 2010 年 9 月 300 页 图版 494 幅 16 开

本书研究了南越王宫、南汉王宫、名城广州两千年及广州古代水井。

狮子山楚王陵 徐州汉文化风景园林管理处、徐州楚王陵汉兵马俑博物馆编 南京出版社 2010 年 12 月 228 页 插图 577 幅 16 开

本书介绍了狮子山楚王陵、西汉楚王陵墓、陵园遗址、展馆以及汉文化景区发展建设内容。附录 6:1. 大汉楚王国的建置与沿革 2. 徐州地区的西汉楚王墓群 3. 全国发现汉代诸侯王陵统计表 4. 全国发现西汉诸侯王陵分布图 5. 20 世纪中国 100 项考古大发现 6. 狮子山楚王陵考古大事记。

永城黄土山与酂城汉墓 河南省文物考古研究所、永城市文物旅游管理局编著 大象出版社 2010 年 8 月 目录 11 页 文 213 页 彩版 80 页 图版 66 页 线图 87 幅 16 开

本报告公布了 1973 年发掘清理酂城 1 ~ 4 号汉墓、出土 57 块画像石的资料；1999 年黄土山二号汉墓抢救性发掘资料，出土陶器、铁器、玉石器、木漆器等文物 1200 余件；2003 年对墓葬的发掘与测绘资料。

西汉帝陵钻探调查报告 咸阳市文物考古研究所编著 文物出版社 2010 年 10 月 目录 14 页 文 216 页 彩版 63 页 插图 122 幅 16 开

本书公布了 2001 年 7 月 ~ 2005 年 10 月对位于咸阳塬上的 8 座西汉帝陵（除汉景帝阳陵）进行考古调查、钻探的资料。

余杭义桥汉六朝墓 杭州市文物考古所、余杭区博物馆编 文物出版社 2010 年 8 月 目录 15 页 文 197 页 彩版 106 页 插图 81 幅 16 开

本报告公布了 2007 年该遗址的发掘资料。揭露 1500 余平方米，清

理汉六朝时期墓葬60座，出土文物522件（组），采集文物63件。附录中介绍此次发掘的战国墓1座、宋朝墓2座、明清时期墓葬1座。

东平后屯汉代壁画墓　山东省文物考古研究所、东平县文物管理所编著　文物出版社　2010年11月　目录14页　文124页　彩版90页　插图90幅　16开

本报告公布了2007年该遗址的发掘资料。发现墓葬18座，发掘15座（其中有3座壁画墓），包括砖椁墓、石椁墓、石室墓、砖石混筑墓等，出土陶器、铜器等随葬品283件。

邳州山头东汉墓地　南京博物院、邳州博物馆编著　科学出版社　2010年4月　目录20页　文205页　图版156页　插图123幅　16开

本报告公布了2006～2007年山头墓地的发掘资料。共揭露5500平方米，发掘汉代墓葬45座、明清墓葬2座、隍壕1条。

丰台王佐遗址（北京文物与考古系列丛书）　北京市文物研究所编著　科学出版社　2010年5月　目录12页　文268页　彩版60页　插图211幅　16开

本报告公布了2007年王佐遗址的发掘资料。共揭露2600平方米，清理汉、隋唐、辽、清时期墓葬80座，窑址8座，出土陶瓷器、金银器、玉器、铜器等文物360余件及铜钱若干。

百泉、郭柳与山彪（南水北调中线工程文物保护项目，河南省考古发掘报告，第2号）　河南省文物局编著　科学出版社　2010年1月　目录24页　文296页　彩版28页　图版40页　插图239幅　16开

本报告是2006年发掘百泉和郭柳以及2007年发掘山彪共三处墓地的报告集，共清理东汉至清时期墓葬127座。

汉魏洛阳故城南郊礼制建筑遗址：1962～1992年考古发掘报告　中国社会科学院考古研究所编著　文物出版社　2010年7月　目录21页　文456页　彩版4页　图版196页　插图274幅　16开

本报告公布了灵台、明堂、辟雍、太学遗址的考古发掘资料。附表19幅。附图：1. 辟雍碑正面拓本 2. 辟雍碑背面拓本。附录：汉魏石经研究目录。

秭归陶家坡（长江三峡工程文物保护项目报告，乙种第十八号）　国务院三峡工程建设委员会办公室、国家文物局编著　黄大建、袁虹主编　科学出版社　2010年12月　目录7页　文143页　插图164幅　彩版8页　图版27页　16开

本报告公布了2004～2007年四次发掘该墓地的资料。共揭露5500平方米，发现汉至明清墓葬93座，出土随葬品200余件。

大兴北程庄墓地：北魏，唐、辽、金、清代墓葬发掘报告（北京文物与考古系列丛书）　北京市文物研究所编著　科学出版社　2010年12月　233页　彩版88页　插图213幅　16开

本报告公布了2008年发掘大兴新城北区16号地2310平方米的成果，清理墓葬48座，出土陶器、瓷器、

铜器、铜钱、铁器、骨器和玻璃珠饰品等遗物。

北京亦庄X10号地（北京文物与考古系列丛书） 北京市文物研究所编著 科学出版社 2010年12月 目录11页 文180页 彩版96页 插图146幅 16开

本报告公布了2007年发掘亦庄X10号地的资料。揭露3000平方米，发掘古墓葬64座、汉代井1眼、窑址8座、唐代窑址2座。

密云大唐庄：白河流域古代墓葬发掘报告（北京文物与考古系列丛书） 北京市文物研究所编著 上海古籍出版社 2010年11月 目录11页 239页 彩版36页 图版32页 插图191幅 拓片3幅 16开

本报告公布了2007年发掘该遗址的资料。揭露8280平方米，清理汉至清代墓葬122座，出土各类文物（不计铜钱）296件（套）。

扬州城：1987～1998年考古发掘报告（中国田野考古报告集；考古学专刊，丁种第八十四号） 中国社会科学院考古研究所、南京博物院、扬州文物考古研究所编著 文物出版社 2010年7月 目录18页 文289页 图版195页 插图256幅 16开

本报告公布了蜀冈上城址的考古勘探与试掘、蜀冈下城址的考古勘探、蜀冈下城墙的考古发掘、蜀冈下城址内遗址的考古发掘资料。

包头燕家梁遗址发掘报告 塔拉、张海斌、张红星主编 内蒙古自治区文物考古研究所、包头市文物管理处编著 科学出版社 2010年12月 3册 目录32页 文805页 图版10页 彩版292页 插图598幅 16开

本报告公布了2006年燕家梁遗址抢救性考古发掘的资料，此次发掘共揭露20000余平方米，发现灰坑、灰沟、房址、窖藏、窑址等遗迹，出土各类器物万余件。

鲁谷金代吕氏家族墓葬发掘报告（北京文物与考古系列丛书） 北京市文物研究所编著 科学出版社 2010年1月 目录9页 文230页 彩版23页 图版9页 插图102幅 16开

本报告公布了2007年发掘该遗址的资料。共发掘1240平方米，发现墓葬62座，出土陶瓷器、金银器、骨器、铁器等随葬品200余件、不同时期铜钱100余枚。

盐池冯记圈明墓 宁夏文物考古研究所、中国丝绸博物馆、盐池县博物馆编著 科学出版社 2010年11月 目录10页 文212页 彩版96页 拓片4幅 插图72幅 16开

本报告公布了1999年3座明代砖室墓发掘资料，出土精美丝织品以及两具完整的男女尸骨。

江西明代藩王墓 江西省博物馆、南城县博物馆、新建县博物馆、南昌市博物馆编 文物出版社 2010年1月 目录10页 文197页 彩版82页 图版50页 插图39幅 16开

本报告公布了20世纪50年代以来江西境内发现的52座宁藩王系墓、淮藩王系墓、益藩王系墓及随葬品等资料。部分资料已经发表或出版。

湖北库区考古报告集（第5卷）（长江

三峡工程文物保护项目报告，甲种第十号） 国务院三峡工程建设委员会办公室、国家文物局编著 沈海宁主编 科学出版社 2010年6月 567页 图版18页 插图564幅 16开

本书收录了巴东及秭归地区的孔包墓群、缆子杆遗址等30个墓群及遗址的发掘报告和简报。

湖北库区考古报告集（第6卷）（长江三峡工程文物保护项目报告，甲种第十二号） 国务院三峡工程建设委员会办公室、国家文物局编著 沈海宁主编 科学出版社 2010年12月 658页 插图663幅 大16开

本书收录吴家坝遗址、红庙岭遗址、雷家坪遗址、杜公祠墓地、焦家湾墓群、王家湾墓群、高栀子遗址、云盘遗址、九红岩化石点、东瀼口墓地、李家街遗址、白水河遗址、天登包墓群、向家坪墓群、下滩沱遗址、塔子沟墓葬、甲沟遗址、永家坪遗址、天灯堡遗址、咤神庙遗址、庙湾遗址、树坪墓群、何家屋场墓群、古夫墓群、平邑口墓群发掘报告及简报33篇。

湖北省南水北调工程重要考古发现Ⅱ 湖北省文物局主编 文物出版社 2010年11月 271页 插图996幅 16开

重庆库区考古报告集·2002卷（长江三峡工程文物保护项目报告，甲种第十一号） 王川平主编 重庆市文物局、重庆市移民局编 科学出版社 2010年11月 3册 1852页 彩版126页 图版24页 插图1500幅 16开

本报告集收录考古报告67篇。

重庆公路考古报告集（重庆文物考古报告系列） 重庆市文物考古所、重庆文化遗产保护中心编 科学出版社 2010年1月 373页 图版32页 插图364幅 16开

本书公布了重庆公路建设过程中发现的汉代至明清时期的遗址及墓葬的发掘简报及考古调查报告18篇。

广西考古文集（第四辑） 广西文物考古研究所编 科学出版社 2010年12月 430页 彩版28页 插图175幅 16开

本文集收录发掘报告14篇、论文8篇。

郑州文物考古与研究（二）（中国·郑州考古，十三） 郑州市文物考古研究院编著 科学出版社 2010年11月 2册 1171页 彩版56页 插图859幅 16开

本书公布了继2003年出版的《郑州文物考古与研究（一）》之后郑州市文物考古研究院考古工作者的新成果和新资料，收入田野发掘简报和报告46篇，研究性文章61篇。

洛阳考古集成·补编（二） 洛阳市文物钻探管理办公室、洛阳师范学院河洛文化国际研究中心编 国家图书馆出版社 2010年5月 453页 插图755幅 16开

本报告集收录发掘（试掘）报告、简报、墓葬清理及专题研究53篇，分为原始社会卷、秦汉魏晋南北朝卷、隋唐五代宋元金明卷。

成都考古发现（2008） 成都文物考古研究所编著 科学出版社 2010年12月 495页 图版18页 插图433页 16开

本书是成都文物考古研究所2008～2009年度考古报告集，收录四川地区遗址调查、发掘简报及发掘报告20篇。

印记与重塑：镇江博物馆考古报告集（2001～2009） 镇江博物馆编 杨正宏主编 江苏大学出版社 2010年6月 311页 彩版39幅 图版66幅 插图301幅 拓片6幅 16开

本书公布了凤凰山、三城巷、十亩山、葛城、土墩墓等遗址的发掘简报（报告）35篇。附录：镇江博物馆近十年重要考古发现。

大运河两岸的历史印记：楚州、高邮考古报告集（南水北调东线工程文物保护项目江苏省考古发掘报告，2） 林留根主编 南京博物院编著 科学出版社 2010年4月 144页 图版156幅 插图161幅 16开

本书收录唐至明清时期遗址及墓葬发掘简报8篇，古生物化石地点发掘简报1篇。

北京寺庙宫观考古发掘报告（北京文物与考古系列丛书） 北京市文物研究所编著 科学出版社 2010年1月 目录6页 彩版60页 插图104幅 16开

本书是北京地区佛教、道教和伊斯兰教建筑及遗址调查发掘报告集，共收录7个佛教建筑、3个道教建筑及1个清真寺遗址的考古调查和发掘资料。

安徽繁昌窑遗址发掘与研究 安徽繁昌窑遗址考古队（杨玉璋、张居中、李广宁、徐繁）著 中国社会科学出版社 2010年4月 170页 彩版159页 插图110幅 表格19幅 16开

繁昌窑遗址是繁昌县城关镇及其附近地区分布的众多瓷窑遗址的统称。本书公布了2002年9～11月繁昌柯家冲窑址的发掘资料。揭露516平方米，出土瓷器、窑具标本8万余件，揭露龙窑窑炉1座、作坊基址1处、淘洗池遗迹2处以及排水沟、灰坑、墓葬等遗迹。

云南考古：1979～2009 杨帆、万扬、胡长城编著 云南人民出版社 2010年1月 目录19页 文453页 彩版48页 插图320幅 16开

本书公布了改革开放30年云南地区新石器时代至元明清时期的考古发现和发掘成果。

补 遗

黄河小浪底水库考古报告（二） 河南省文物管理局编 中州古籍出版社 2006年12月 目录20页 文285页 彩版10页 图版86页 插图228幅 16开

本书收录了1996年发掘孟津妯娌新石器时代遗址和寨根新石器时代遗址的成果。

少陵园西周墓地（陕西省考古研究院田野考古报告第55号） 陕西省考古研究院编著 科学出版社 2009年1月 2册 目录32页 文806页 彩版24页 图版48页 插图672幅 16开

本报告公布了该遗址2004～2005年的发掘资料。揭露西周墓葬429座、殉马坑3座、仰韶时期灰坑12座。

二 出土文物图录

三星堆与金沙：古蜀文明史上的两次高峰 四川广汉三星堆博物馆、成都金沙遗址博物馆编著 四川人民出版社 2010年4月 154页 彩版140幅 16开

三秦瑰宝：陕西出土周秦汉唐文物展 深圳博物馆编 文物出版社 2010年9月 209页 图版198幅 16开

物华天宝：吴越国出土文物精粹 朱晓东编著 文物出版社 2010年9月 186页 图版393幅 插图24幅 16开

本书收录晚唐及五代吴越国钱宽、水丘氏、吴随□、钱元瓘、康陵墓出土文物及临安其他钱氏墓出土、采集文物246件。

海曲华风：渤海上京城文物精华 李陈奇、赵哲夫著 文物出版社 2010年12月 325页 16开

本图录收录渤海上京城及周边历年征集、采集和发掘的文物精品，以出土文物为主。

大漠遗珍 丝路传奇：新疆出土文物精粹 重庆中国三峡博物馆编 四川美术出版社 2010年9月 121页 插图178幅 16开

补 遗

襄汾出土文物（丁陶文化精品选编） 中共襄汾县委、襄汾县人民政府编辑出版 2008年12月 211页 图版227幅 8开

襄汾国宝（丁陶文化精品选编） 中共襄汾县委、襄汾县人民政府编辑出版 2008年12月 173页 图版225幅 8开

叁 考古学分论

一 新石器时代

中国考古学·新石器时代卷（中国考古学，九卷本） 任式楠、吴耀利主编 中国社会科学院考古研究所编著 中国社会科学出版社 2010年7月 目录16页 文850页 彩版32页 插图253幅 16开

本书含绪论及中国新石器时代的自然环境、早期文化、中期文化、黄河流域和北方地区新石器时代晚期文化、长江流域和华南地区新石器时代晚期文化、黄河流域和北方地区新石器时代末期文化、长江流域和华南、西南地区新石器时代末期文化、中国新石器时代居民种系研究、中国新石器文化总考察和文明起源探讨等内容。

重庆地区的新石器文化：以三峡地区为中心（三峡考古研究丛书） 孙华主编 白九江著 巴蜀书社 2010年9月 343页 插图88幅 16开

从柳湾墓地到河湟地区史前考古学研究（无锡市文化遗产保护和考古研究所科研成果丛书·第2号） 刘宝山著 三秦出版社 2010年6月 432页 插图178幅 16开

本书有绪论，内容8章：1. 马家窑文化和齐家文化的发现与研究 2. 柳湾墓地概况及环境研究 3. 柳湾墓地分期布局研究 4. 从埋葬制度

看人口和社会结构 5. 农业起源问题与柳湾墓地经济研究 6. 彩陶 7. 原始社会习俗与信仰崇拜 8. 文化交流与人群迁移。

青墩考古（江海文化丛书/姜光斗主编） 王其银、李春涛编著 苏州大学出版社 2010年12月 246页 插图47幅 32开

山西浮山桥北及乡宁内阳垣先秦时期人骨研究（考古新视野丛书） 贾莹著 文物出版社 2010年12月 266页 图版9页 插图57幅 32开

补 遗

中华文明起源研究：虞朝、良渚文化考论 陈民镇著 安徽大学出版社 2010年7月 337页 插图10幅 32开

西安半坡遗址（中国文化知识读本） 于元编著 吉林文史出版社 2009年12月 120页 插图119幅 16开

河姆渡遗址（中国文化知识读本） 李忠丽编著 吉林文史出版社 2009年12月 120页 插图112幅 16开

环珠江口沙丘遗址的形成环境以及人地关系：以澳门黑沙遗址为例（香港大学饶宗颐学术馆学术论文/报告系列，四） 香港大学饶宗颐学术馆 陈德好著 2008年7月 44页 插图5幅 32开

南海北岸史前渔业文化 肖一亭著 中国评论学术出版社 2009年8月 288页 插图81幅 16开

二 夏商周时代

峡江地区夏商时期考古学文化研究（长江三峡工程文物保护项目报告，戊种第四号） 于孟洲著 科学出版社 2010年7月 222页 插图80幅 16开

本书研究了峡江地区夏商时期遗存的分类及其文化归属、考古学文化（或遗存）的分期与年代、谱系关系、经济形态与族属等问题。

广汉三星堆（中国重大考古发掘记） 陈显丹著 生活·读书·新知三联书店 2010年4月 189页 插图346幅 16开

从三星堆到金沙 辽宁省博物馆编 辽宁人民出版社 2010年8月 117页 插图175幅 16开

商代都邑（商代史·卷五） 王震中著 中国社会科学出版社 2010年10月 513页 彩图27幅 插图229幅 16开

西南文化创世纪：殷代陇蜀部族地理与三星堆、金沙文化（中华学术丛书） 饶宗颐著 上海古籍出版社 2010年11月 269页 插图43幅 32开

古应国访问记（考古中国） 王龙正等著 中国国际广播出版社 2010年8月 241页 插图114幅 彩图10幅 16开

周文化及相关遗存的发掘与研究 胡谦盈著 科学出版社 2010年11月 330页 图版19页 照片13幅 插图131幅 表7幅 16开

炮声惊醒虢国墓（考古中国） 刘社刚著 中国国际广播出版社 2010年8月 216页 16开

楚文化的西渐：楚国经营西部的考古学观察（三峡考古研究丛书） 朱萍著 巴蜀书社 2010年11月

338页 插图32幅 16开

内蒙古和林格尔县土城子遗址战国时期人骨研究 顾玉才著 科学出版社 2010年10月 158页 插图12幅 图版8页 16开

补 遗

三代都址考古纪实：丰、镐周都的发掘与研究 胡谦盈著 中国社会科学出版社 2009年12月 168页 插图101幅 照片1幅 16开

三 秦汉及汉以后各代

中国考古学·秦汉卷（中国考古学，九卷本） 刘庆柱、白云翔主编 中国社会科学院考古研究所编著 中国社会科学出版社 2010年7月 目录25页 文1027页 彩版32页 插图388幅 16开

本书含绪论和秦代都城、行宫与直道、秦始皇陵、秦代官吏与贫民墓葬、秦各项统一措施、汉代都城、秦汉地方城邑与长城、汉代帝陵与王侯大墓、汉代官吏与贫民墓葬、秦汉时期的农业、工商业、简牍、帛书和铭刻、边远和少数族地区的考古学文化、中外交流及同周边地区的联系等内容。

三峡地区秦汉墓研究（三峡考古研究丛书） 蒋晓春著 巴蜀书社 2010年9月 273页 插图34幅 16开

西汉南越国考古与汉文化 中国社会科学院考古研究所、广州市文物考古研究所编 科学出版社 2010年9月 472页 照片2幅 插图154幅 16开

本书收录了2008年12月在广州召开的“西汉南越国考古与汉文化国际学术研讨会”会议论文37篇，同时收录会议讲话及纪要7篇。

西汉诸侯王陵墓制度研究（国家社会科学基金青年项目） 刘瑞、刘涛著 中国社会科学出版社 622页 插图237幅 插表39幅 16开

染山汉墓 滕州市汉画像石馆编 齐鲁书社 2010年11月 78页 图版20页 插图29幅 16开

曹操高陵考古发现与研究 河南省文物考古研究所编 文物出版社 2010年11月 267页 插图6幅 彩版30幅 16开

本文集收录了截至2010年10月中旬公开发表在《考古》、《文博》、《中国文物报》等专业或权威学术报刊上的研究文章53篇。

曹操高陵：中国秦汉史研究会、中国魏晋南北朝史学会会长联席会议 李凭主编 浙江文艺出版社 2010年10月 文127页 插图7幅 照片47页

北朝研究（第7辑） 中国魏晋南北朝史学会、大同平城北朝研究会编 科学出版社 2010年4月 274页 插图41幅 16开

打开北朝之门（考古中国） 潘伟斌著 中国国际广播出版社 2010年8月 192页 插图114幅 16开

辽宋西夏金代通史：文物考古史料卷 漆侠主编 人民出版社 2010年12月 198页 图版18幅 16开

辽金历史与考古（第2辑） 刘宁主编 辽宁教育出版社 2010年5月 409页 彩版3页 插图91幅 16开

补 遗

秦汉人的居住环境与文化（高校社科文库） 黄宛峰著 光明日报出版社 2009年10月 202页 插图19幅 16开

日落黑城：大漠文明搜寻手记（草原文化寻踪丛书） 刘兆和著 内蒙古大学出版社 2009年1月 264页 插图157幅 16开

肆 考古学专论

一 甲骨卜辞 （附：古文字研究）

甲骨学导论（中国社会科学院研究生重点教材系列） 王宇信、魏建震著 中国社会科学出版社 2010年6月 457页 插图136幅 16开

甲骨金文拓本精选释译 马如森著 上海大学出版社 2010年11月 198页 插图79幅 16开 附图1册

甲骨拼合集 黄天树主编 学苑出版社 2010年8月 661页 图版326幅 16开

本书附录1. 殷墟龟腹甲形态研究 2. 关于卜骨的左右问题 3. 甲骨形态学 4.《甲骨文合集》同文表 5.《甲骨文合集》索引表 6. 2004～2010年甲骨新缀号码表。

古文字形体考古研究 邵英著 科学出版社 2010年5月 239页 插图37幅 16开

本书是教育部哲学社会科学重大课题攻关项目"中国早期文字与文化研究"成果之一。

古文字研究（第28辑） 中国古文字研究会、中华书局编辑部编 中华书局 2010年10月 625页 插图190幅 16开

本文集收录《从双墩文化刻画符号看中国文字起源的多元性》、《古汉字形训与构形制约》、《论殷墟大司空村出土的刻辞甲骨》、《试释甲骨文的"股"》、《说甲骨文中"兮"字的一种异体》等文章100篇。

古文字考释提要总览（第2册） 刘志基主编 上海人民出版社 2010年5月 部首索引23页 笔画索引23页 文1152页 16开

本书所收材料的时间下限为2009年9月。

出土文献与古文字研究（第3辑） 刘钊主编 复旦大学出版社 2010年7月 513页 插图6幅 16开

本辑收录论文32篇。

古汉字与华夏文明（北京大学震旦古代文明研究中心学术丛书之二十三） 葛英会著 上海古籍出版社 2010年11月 358页 插图81幅 16开

本文集分汉字的起源与造字原理的阐述、出土资料研究及商周礼制研究等三部分内容，共收录论文37篇。

汉语古文字字形表 徐中舒主编 中华书局 2010年10月 650页 16开

《古玺文编》校订 吴振武著 人民美术出版社 2010年11月 391页 照片2幅 16开

增订汉印文字徵（罗福颐集） 罗福

颐著　罗随祖整理编辑　增订本　紫禁城出版社　2010年6月　2册　748页　16开

本书版本：1930年蟫隐楼线状影印出版，名为《玺印文字徵》，1978年文物出版社再版，名为《汉印文字徵》，1982年文物出版社出版《汉印文字徵》《补遗》。

隋唐石刻与唐代字样（中国石刻丛书/臧克和主编）　刘元春著　南方日报出版社　2010年8月　320页　16开

魏晋南北朝石刻文字（中国石刻丛书/臧克和主编）　郭瑞著　南方日报出版社　2010年8月　343页　插图10幅　16开

补　遗

甲骨文医学资料释文考辨与研究　彭邦炯编著　人民卫生出版社　2008年1月　511页　插图11幅　图版865幅　16开

本书分为释文与考辨、殷商生育与疾病研究、选片图版三部分。

古文字学纲要　陈炜湛、唐钰明编著　第2版　中山大学出版社　2009年12月　247页　插图195幅　16开

本书是在1988年初版的基础上修订增补而成，增加了殷墟花园庄东地甲骨文，山东、陕西出土的卜骨的论述以及甲骨卜辞，并对原书部分内容进行修改。

古文字与古代史（第二辑）（"中研院"历史语言研究所会议论文集之九）　李宗焜主编　"中研院"历史语言研究所　2009年12月　470页　插图120幅　图版12幅　16开

本辑收录"第二届古文字与古代史学术讨论会"会议论文19篇。

考古发现与《楚辞》校读（中国语言文字研究丛刊．第4辑）　徐广才著　线装书局　2009年12月　384页　16开

二　商周铜器及铭文

故宫青铜器图典（故宫经典）　故宫博物院编　紫禁城出版社　2010年6月　319页　彩版262幅　12开

本书收录故宫博物院现藏商至明清时期青铜器，有铭文的附铭文拓本（或照片）和释文。

中国古代青铜器国际研讨会论文集　本书编辑委员会编　2010年11月　307页　插图176幅　16开

本文集收录2009年在香港中文大学文物馆召开的会议论文21篇。

重修宣和博古图　（宋）王黼编纂　牧东整理　广陵书社　2010年11月　602页　插图885幅　32开

秦始皇陵出土青铜器　何宏著　西北大学出版社　2010年9月　118页　插图72幅　32开

中国青铜古都——大冶　政协大冶市委员会编　文物出版社　2010年7月　351页　图版34幅　插图26幅　16开

本书分为文物保护与考古调查、专家学者点评研究、历史渊源三部分，收录文章及讲话47篇。

宣和博古图：近千件御藏古器的再现与考证（深入阅读中国古代物质文化书丛）　（宋）王黼撰　江俊伟译注　重庆出版社　2010年10月　587页　插图879幅　16开

本书是对《宣和博古图》的整理，对原书正文采取今译的方式，图片

采用原书图片，但在各类器物下，设有分类彩色插页，并介绍历代器物造型、纹饰等方面的不同特点。

补　遗

河间金石遗录　田国福主编　河北教育出版社　2007年12月　353页　图版321幅　16开

本书收录河间境内出土及所存的先秦至民国时期的玺印、陶文、碑刻、墓志、金文等文献资料。

安徽寿县朱家集出土青铜器铭文集释　程鹏万著　黑龙江人民出版社　2009年11月　407页　图版125幅　16开

本书是作者硕士论文的修订本，分为概述、铭文研究集释、朱家集铜器文字编、铜器铭文著录简目与青铜器器图等内容。

豫南及邻境地区青铜文化（中国语言文字研究丛刊．第4辑）　李维明著　线装书局　2009年12月　2册　658页　插图90幅　16开

本书含导读、龙山文化、二里头文化、商文化、西周文化、东周文化及文化与社会七章。附录4：1. 1993～1994年豫南及邻境地区考古调研纪要；2. 豫南及邻境地区考古学文化研究参考文献简目（石器时代～夏、商、西周时期）；3. 豫南及邻境地区先秦史大事表略；4. 豫南及邻境地区新石器时代至东周时期碳十四测年数据。书后有关键词索引。

寒金冷石文字　王献唐编　张书学、李勇慧编校整理　影印本　青岛出版社　2009年7月　739页　拓片1308幅　16开

本书收录金文（包括“鉨印”“泉币”）、石文、陶文（包括“砖瓦”）三类。

三　简牍、帛书
（附：出土文书及写本）

清华大学藏战国竹简（壹）　清华大学出土文献研究与保护中心编　李学勤主编　中西书局　2010年12月　文280页　2册　彩版392幅　6开

本辑收录竹简9篇，介绍竹简的图版、释文、字形表及竹简信息表，图版分原大图版（包括竹简的正、背面图版）和在原大图版后按两倍比例放大的图版（包括竹简的正面影像和竹简背面文字的局部影像），原大图版和放大图版序号相同，所收竹简按记述内容的时代编排。

简帛（第5辑）　武汉大学简帛研究中心主办　上海古籍出版社　2010年10月　537页　插图29幅　16开

本辑是2009年在武汉大学召开的第四次“中国简帛学国际论坛”会议文集，收录与会论文23篇，约稿和投稿16篇。收录林沄先生报告《说厚》和李学勤先生报告《楚文字研究的历史和意义》。

岳麓书院藏秦简（壹）　朱汉民、陈松长主编　上海辞书出版社　2010年12月　2册　8开

第一册：精装本　220页　彩版302幅　图版600幅　插图38幅

第二册：放大本　78页　图版304幅

秦简逐字索引（简帛逐字索引大系）　张显成主编　四川大学出版社　2010年12月　487页　16开

本书包含《睡虎地秦简》逐字索

引、《放马滩秦简》逐字索引、《周家台秦简》逐字索引、《龙岗秦简》逐字索引及散见秦简逐字索引五种及秦简逐字索引总检字表。

楚帛书诂林　徐在国编著　安徽大学出版社　2010年6月　971页　插图38幅　16开

本书所收资料截止日期为2007年。

简帛与学术（中西学者视野中的出土文献与文化资源）　臧克和著　大象出版社　2010年4月　249页　插图51幅　16开

新获吐鲁番出土文献研究论集（西域历史语言研究丛书）　荣新江、李肖、孟宪实主编　中国人民大学出版社　2010年11月　529页　插图3幅　16开

本书收录研究出土文书、墓砖等方面的论文23篇。

出土文献与传世典籍的诠释：纪念谭朴森先生逝世两周年国际学术研讨会论文集　复旦大学出土文献与古文字研究中心编　上海古籍出版社　2010年10月　614页　照片7幅　插图40幅　16开

东亚资料学的可能性探索（简帛研究文库）　（韩）权仁瀚、金庆浩、李承律编　广西师范大学出版社　2010年10月　246页　插图49幅　32开

四　古代碑刻、墓志（含经幢）

庐山历代石刻　陶勇清主编　江西美术出版社　2010年5月　221页　图版279幅　16开

本书收录庐山唐至现当代石刻279件，标注石刻出处与长宽大小、作者及作者简介等内容。

固原历代碑刻选编　宁夏固原博物馆编　宁夏人民出版社　2010年4月　283页　图版167幅　16开

本书收录固原地区前秦至民国年间80篇碑刻资料，涉及固原历史沿革、文化教育、风俗、古迹等内容。

蓬莱宿约：故宫藏黄易汉魏碑刻特集　秦明编著　紫禁城出版社　2010年4月　207页　16开

碑刻文献论著叙录：北魏～2009（中国石刻文献研究丛刊）　曾晓梅编著　线装书局　2010年10月　3册　目录28页　文1402页　16开

本书收录北魏至公元2009年的石刻著录及研究论著，收录一部分金石兼论著作，提要内容包括书名、作者、卷次、主要内容及对该书的评价等。书后附索引及参考书目。

彭州博物馆藏李宗昉集北朝隋唐碑拓　刘雨茂、荣远大、丁武明编　四川美术出版社　2010年1月　298页　拓片312幅　8开

故宫博物院藏历代墓志汇编　郭玉海、方斌主编　故宫博物院编　紫禁城出版社　2010年7月　655页　3册　拓片415幅　8开

昭陵墓志通释　胡元超著　三秦出版社　2010年12月　723页　图版134幅　16开

本书收录了作者对昭陵陪葬墓出土的42方墓志的考证、注释成果，并附有白话意译及拓片照相资料，以墓志主人入葬年代为序编排。

补　遗

古代石刻通论（中国考古文物通论）　徐自强、吴梦麟著　紫禁城出版社　2003年8月　517页　图版146幅　16开

本书在《石刻学概论》（讲义）基

础上修改、充实而成。

洛阳古代铭刻文献研究　赵振华著　三秦出版社　2009 年 12 月　784 页　插图 181 幅　16 开

本书收录研究论文 83 篇，墓志碑刻研究分为综合论述篇、汉魏晋北朝篇，唐代墓志研究分官吏平民篇、民族异域篇，唐代墓志经幢研究之宗教阶级篇，五代宋金元碑志研究篇，其他铭刻文献研究篇及铭刻鉴赏辨伪篇。

分水访碑录　王顺庆著　浙江大学出版社　2009 年 11 月　248 页　照片 119 幅　插图 284 幅　16 开

湖湘碑刻（一）（湖湘文库，乙编）　刘刚主编　湖南美术出版社　2009 年 8 月　314 页　插图 423 幅　16 开

湖湘碑刻（二）：浯溪卷（湖湘文库，乙编）　浯溪文物管理处编　湖南美术出版社　2009 年 1 月　335 页　插图 341 幅　16 开

五　古代玉器

辉煌十年 继往开来：1999 ~ 2008 中国玉文化玉学学术成果精粹　杨伯达、曾卫胜主编　地质出版社　2010 年 12 月　402 页　图版 4 幅　插图 121 幅　照片 12 幅

玉甤：浙江慈溪许氏藏皇宋修内司暨古代玉器珍品　浙江省博物馆编　文物出版社　2010 年 9 月　283 页　彩版 345 幅　8 开

本书收录新石器时代至明清玉器 150 件。

中国传世玉器全集（汉英对照）　古方主编　科学出版社　2010 年 4 月　8 册　16 开

第一册：新石器时代、商、西周、春秋、战国　248 页　彩版 250 幅

第二册：战国（续）、秦汉、魏晋南北朝、隋唐、宋　256 页　彩版 271 幅

第三册：宋、辽、金、元、明　256 页　彩版 279 幅

第四册：明　256 页　彩版 264 幅

第五册：明、清　256 页　彩版 282 幅

第六册：清　256 页　彩版 264 幅

第七册：清　256 页　彩版 299 幅

第八册：清　256 页　彩版 284 幅

红山文化玉器鉴赏　郭大顺、洪殿旭主编　文物出版社　2010 年 12 月　227 页　彩版 148 幅　插图 46 幅　16 开

本书内容分为考古发掘品、有出土单位的收集品、遗址收集品、有出土地点的收集品、有出土地区的收集品、其他珍贵收集品及资料部分共 7 个单元，收录玉器标本 178 件，其中有 30 件列入资料部分。

良渚文化的玉器（中国文化知识读本）　魏永康编著　吉林出版集团有限责任公司、吉林文史出版社　2010 年 1 月　120 页　插图 121 幅　16 开

六　古代货币

补　遗

五铢图考　杜维善著　上海书画出版社　2009 年 12 月　2 册（806 页）　图版 4219 幅　20 开

半两钱制度研究　石俊志著　中国金融出版社　2009 年 12 月　324 页　32 开

七 玺印、封泥

古玺印考略（罗福颐集） 罗福颐著 罗随祖重订 重印本 紫禁城出版社 2010年10月 410页 插图800幅 16开

本书原名《古玺印时代鉴别例证》，1976年成稿，后更名《古玺印考略》，内容有所增补，并于1987年在日本影印出版，2005年改版重订，此次即以1987年本为底本重印。

苏州博物馆藏玺印（苏州博物馆馆藏文物系列丛书） 苏州博物馆编著 文物出版社 2010年12月 220页 图版513幅 16开

本书收录战国至近现代苏州博物馆藏官印、私印511方，其中官印17方，私印331方，杨澥印章52方，柳亚子印章95方，吕凤子印章16方。

西泠印社（总第27辑）：黄易研究专辑 西泠印社编 荣宝斋出版社 2010年9月 95页 插图94幅 16开

印学研究（第2辑）：陶文研究专辑 吕金成主编 山东大学出版社 2010年12月 308页 插图338幅 32开

补 遗

印学研究（第1辑）：山东印学研究专辑 吕金成主编 山东大学出版社 2009年12月 306页 插图183幅 32开

八 铜镜

皖江汉魏铜镜选粹 铜陵市文物管理局编 黄山书社 2010年8月 176页 彩版87幅 16开

南阳出土铜镜 南阳市文物考古研究所编著 文物出版社 2010年12月 目录17页 文382页 插图248幅 图版116页 16开

本书公布了南阳地区1995年至2010年间墓葬出土的战国秦汉至明代500面铜（铁）镜的研究资料和图版。

补 遗

辽金铜镜 沙元章著 黑龙江省美术出版社 2007年11月 绪论12页 目录7页 249页 跋1页 后记4页 图版346幅 16开

九 瓦当、砖刻

禹王城瓦当：东周秦汉时期晋西南瓦当研究 张童心、黄永久编著 上海古籍出版社 2010年12月 282页 彩图15幅 插图347幅 18开

古剡汉六朝画像砖 张恒、陈锡淋著 浙江人民出版社 2010年6月 207页 插图646幅 16开

东汉刑徒砖捃存 王木铎、王沛著 国家图书馆出版社 2010年8月 231页 图版221幅 8开

本书收录了汉魏洛阳故城东汉刑徒墓地出土及其附近采集的墓砖，墓砖以砖主姓名命名。

六朝画像砖研究 姚义斌著 江苏大学出版社 2010年11月 267页 插图104幅 32开

汉画像砖造型艺术 李国新著 河南大学出版社 2010年7月 234页 插图573幅 16开

十 铜 鼓

粤桂铜鼓（岭南文化知识书系） 蒋廷瑜著 广东人民出版社 2010年11月 106页 插图63幅 32开

伍 美术考古

一 通 论

艺术史研究（第12辑） 中山大学艺术史研究中心编 中山大学出版社 2010年12月 358页 彩版6页 插图235幅 图表27幅 16开

本书收录研究文章13篇，书评1篇。

艺术的发生 邓福星著 生活·读书·新知三联书店 2010年12月 295页 图版108幅 插图25幅 16开

艺术与科学（卷十） 李砚祖主编 清华大学出版社 2010年9月 167页 插图211幅 图表17幅 16开

藏传佛教艺术发展史 谢继胜主编 谢继胜、熊文斌、罗文华、廖旸等著 上海书画出版社 2010年12月 1055页 2册 图版586幅 插图123幅 8开

汉藏佛教美术研究（2008） 谢继胜主编 首都师范大学出版社 2010年8月 512页 插图289幅 16开

本书收录研究论文12篇，2008甘肃永登鲁土司属寺考察报告专辑6篇，访谈与书评3篇。附录一：青海瞿昙寺回廊佛传壁画线图36幅；附录二：甘肃永登妙音寺佛传壁画线图2幅。

丝绸之路艺术研究（丝绸之路研究丛书） 仲高著 新疆人民出版社 2010年12月 348页 插图196幅 16开

中国古代装饰品研究：新石器时代~早期青铜时代 秦小丽著 陕西师范大学出版社总社有限公司 2010年12月 210页 插图95幅 16开

敦煌的历史和文化（中国读本） 宁可、郝春文著 中国国际广播出版社 2010年9月 207页 插图39幅 16开

黄泉下的美术：宏观中国古代墓葬（开放的艺术史丛书） （美）巫鸿著 施杰译 生活·读书·新知三联书店 2010年11月 270页 插图195幅 16开

补 遗

道教美术新论：第一届道教美术史国际研讨会论文集 李淞主编 山东美术出版社 2008年11月 486页 插图522幅 16开

重屏：中国绘画中的媒材与再现 （美）巫鸿著 文丹译 上海人民出版社 2009年12月 265页 插图197幅 16开

本书译自《The Double Screen：Medium and Representation in Chinese Painting》。

二 古代雕塑和石刻艺术

绵阳龛窟：四川绵阳古代造像调查研究报告集 于春、王婷著 文物出

版社 2010年9月 目录15页 文242页 图版103页 插图160幅 16开

本书分为上下编，上编：收录调查报告9篇，附录1篇；下编：收录研究论文5篇。

云冈石窟佛教故事雕刻艺术 赵昆雨著 江苏美术出版社 2010年8月 139页 插图116幅 16开

中国汉画研究（第3卷） 朱青生主编 广西师范大学出版社 2010年8月 434页 图版12幅 插图337幅 16开

本书收录报告6篇，研究论文5篇，方法研究2篇。

汉画像石造型艺术 杨絮飞著 河南大学出版社 2010年7月 215页 插图415幅 16开

图绘天地：汉画艺术的表现性 黄雅峰著 西泠印社出版社 2010年5月 317页 插图259幅 16开

三峡湖北段沿江石刻（长江三峡工程文物保护项目报告，丙种第二号） 国务院三峡工程建设委员会办公室、国家文物局编著 科学出版社 2010年12月 215页 图版255幅 示意图54幅 16开

本书4章：1. 总述：长江三峡湖北段沿江石刻综述 2. 巴东段石刻 3. 秭归段石刻 4. 宜昌段石刻。

曹操高陵新出土石刻选 郑志刚、尚晓周编著 河南美术出版社 2010年4月 30页 图版38幅 16开

刻在石头上的世界：画像石述说的古代中国的生活和思想（世说中国书系） （日）林巳奈夫著 唐利国译 商务印书馆 2010年9月 239页 插图105幅 32开

本书译自东方书店1992年版《石に刻まれた世界—画像石が语る古代中国の生活と思想》。

关中隋唐西方净土造像图像志研究 白文著 三秦出版社 2010年9月 262页 插图157幅 16开

补 遗

秦始皇刻石考（文史哲学集成，321） 吴福助著 （台北）文史哲出版社 1994年7月 124页 插图19幅 32开

中国古代陵墓雕塑（中国文化知识读本） 李明望编著 吉林出版集团有限责任公司吉林文史出版社 2009年12月 120页 插图120幅 16开

三 石窟寺

宾阳洞：龙门石窟第104、140、159窟 刘景龙编著 文物出版社 2010年12月 244页 插图5幅 彩版189幅 拓片41幅 图版16幅 8开

本书收录内容为概说、图版、拓片、龛像位置图、内容著录和碑刻题记录文。

石窟寺研究（第一辑） 中国古迹遗址保护协会石窟专业委员会、龙门石窟研究院编 文物出版社 2010年11月 284页 图版3幅 插图199幅 16开

本辑收录文章20篇，分为石窟研究和保护两个专栏，涉及石窟寺考古、寺院遗址考古、佛教艺术及石窟寺保护科技等内容。

敦煌与隋唐城市文明（世博丛书/陈燮君主编） 樊锦诗主编 上海教育出版社 2010年6月 284页

插图 162 幅　16 开

陇上学人文存：段文杰卷　范鹏总主编　段文杰著　杜琪、赵声良编选　甘肃人民出版社　2010 年 9 月　329 页　照片 1 幅　插图 108 幅　32 开

本文收录作者多年在敦煌石窟、壁画及其艺术价值等方面的研究论文 17 篇。附录：段文杰年表、段文杰论著目录。

麦积山石窟研究　麦积山石窟艺术研究所编　文物出版社　2010 年 3 月　403 页　照片 3 幅　插图 353 幅　16 开

本书收录中国大陆及台湾地区以及日本作者撰写的研究论文 18 篇。

洛阳周围小石窟全录：汉英对照　杨超杰著　外文出版社　2010 年　1～5卷　16 开

第一卷：偃师水泉寺石窟；新密香峪寺石窟；登封石窟；渑池石佛寺石窟　序文 21 页　文 170 页　插图 61 幅　图版 180 幅

第二卷：义马鸿庆寺石窟；伊川吕寨石窟；嵩县铺沟石窟；伊川鸦岭石窟；孟津谢庄石窟　序文 21 页　文 162 页　插图 52 幅　图版 204 幅

第三卷：万佛山石窟；宜阳虎头寺石窟；新安西沃石窟；偃师李村石窟　序文 21 页　文 174 页　插图 60 幅　图版 215 幅

第四卷：荥阳王宗店石窟；巩县石窟（上）　序文 21 页　文 152 页　插图 52 幅　图版 118 幅

第五卷：巩县石窟（下）　序文 21 页　文 186 页　插图 1 幅　图版 431 幅

北魏洛阳石窟文化研究　贺玉萍著　河南大学出版社　2010 年 8 月　305 页　插图 32 幅　16 开

法国敦煌学精粹（法国汉学研究丛书Ⅰ）　郑炳林主编　耿昇译　甘肃人民出版社　2010 年 12 月　3 册　888 页　32 开

四　古代建筑

华夏营造：中国古代建筑史（全国高等美术院校建筑与环境艺术设计专业教学丛书）　王其钧编著　第 2 版　中国建筑工业出版社　2010 年 7 月　244 页　插图 532 幅　16 开

本书是在 2005 年 8 月中国建筑工业出版社第 1 版的基础上改写而成的。

中国建筑史论汇刊（第三辑）　王贵祥主编　贺从容副主编　清华大学出版社　2010 年 9 月　531 页　插图 251 幅　测绘图 15 幅　16 开

本辑设有纪念李诫逝世九百周年、古代建筑法式制度、古代营邑立城与制里割宅、古代园林、园林史及其他、古代建筑测绘实例五个专栏，收录研究文章 17 篇。

中国历代建筑典章制度　刘雨婷编　同济大学出版社　2010 年 9 月　2 册（上册　248 页　插图 24 幅；下册　289 页　插图 40 幅）　16 开

本书收录先秦至清代文献中有关建筑职官及其品秩、职掌、建筑典章制度和相关则例的记录。

古建筑保护论文集（中日韩合作丝绸之路沿线文物保护修复技术人员培养计划丛书）　詹长法、冈田健主编　文物出版社　2010 年 12 月　145 页　彩版 13 幅　插图 158 幅

16 开

本文集收录古建筑研究保护论文 11 篇。

古代建筑保护技术及传统工艺科学化研究（“十一五”文化遗产保护领域国家科技支撑计划课题成果论文集） 科技部社会发展科技司、国家文物局博物馆与社会文物司（科技司）编 文物出版社 2010 年 11 月 2 册 781 页 插图 548 幅 16 开

本文集收录文章 69 篇，分 4 部分：1. 古代建筑保护技术信息系统研发 2. 古代建筑虚拟修复及 Web 表现技术研究 3. 古代建筑琉璃构建保护技术及传统工艺科学化研究 4. 古代建筑油饰彩画保护技术及传统工艺科学化研究。

中国古塔集萃（传世浮屠） 张驭寰著 天津大学出版社 2010 年 3 月 3 卷 16 开

第一卷：213 页 插图 213 幅

第二卷：286 页 插图 276 幅

第三卷：215 页 插图 198 幅

本书收录了 29 个省、自治区、直辖市的 469 座古塔，介绍了塔的地理位置、建造时间、形制、装饰等内容。

湖北古塔（湖北古代建筑丛书） 湖北省古建筑保护中心、李德喜、谢辉编著 中国建筑工业出版社 2010 年 12 月 222 页 插图 590 幅 16 开

本书介绍了古塔的类型与用途、材料与结构、佛教源流与古塔、古塔碑文与辞赋、古塔纵览等内容。

东方建筑遗产（2010 年卷） 保国寺古建筑博物馆编 文物出版社 2010 年 11 月 202 页 插图 150 幅 16 开

本集分遗产论坛、建筑文化、保国寺研究、建筑美学、佛教建筑等 7 个栏目，收录文章 20 篇。

文物建筑（第 4 辑） 河南省古代建筑保护研究所编 科学出版社 2010 年 12 月 207 页 彩图 2 幅 插图 115 幅 16 开

本辑收录论文 27 篇，分为文物建筑研究、文化遗产保护、历史文化名城研究、民居建筑研究、文物建筑摄影和文物建筑鉴赏几个栏目。

殷墟宫殿区建筑基址研究 杜金鹏著 科学出版社 2010 年 11 月 445 页 插图 235 幅 16 开

筑城史话 杨秀敏编著 百花文艺出版社 2010 年 8 月 367 页 插图 280 幅 16 开

先秦至五代成都古城形态变迁研究 张蓉著 中国建筑工业出版社 2010 年 11 月 324 页 插图 144 幅 16 开

明代宫廷建筑史（明代宫廷史丛书/李文儒主编） 孟凡人著 紫禁城出版社 2010 年 9 月 534 页 插图 67 幅 16 开

四川古建筑测绘图集（第 1 辑） 四川省文物考古研究院编 科学出版社 2010 年 12 月 302 页 照片 37 幅 插图 359 幅 16 开

本书收录四川地区实测的寺、塔、亭、阁、阙、桥等 25 座古代建筑。

都江堰二王庙震后抢险保护勘察报告（北京清华城市规划设计研究院、清华大学建筑设计研究院）文化遗产保护研究所编著 文物出版社 2010 年 11 月 378 页 插图 185 幅 图版 55 幅 实测图 105 幅 16 开

广州光孝寺建筑研究与保护工程报告 程建军、李哲扬著 中国建筑工业出版社 2010年12月 282页 插图662幅 照片1幅 16开

围龙屋建筑形态的图像学研究（岭南建筑丛书第二辑） 吴卫光著 中国建筑工业出版社 2010年12月 206页 插图333幅 16开

佛教建筑：佛陀香火塔寺窟（中国古建筑之美） 中国建筑工业出版社编 中国建筑工业出版社 2010年1月 198页 插图102幅 32开

补 遗

名师论建筑史 王明贤主编 中国建筑工业出版社 2009年11月 264页 插图146幅 16开

单士元集（第1卷）：明北京宫苑图考 单士元著 紫禁城出版社 2009年12月 351页 插图38幅 照片102幅 32开

五 陶瓷与窑址

中国陶瓷艺术（中国文化与文明） 李知宴主编 权奎山、贺利、李纪贤等著 李建、陆鹏亮、倪亦斌等译 外文出版社、耶鲁大学出版社 2010年12月 671页 插图629幅 8开

本书11章，介绍了新石器时代至清初的陶瓷史及外贸和鉴定等内容。其他还有中国历代纪年表、中国历代部分帝王年表、中国政区图、注释、窑址分布图、海外授权图片目录、索引等。

中国古陶瓷研究（第16辑） 中国古陶瓷学会编 紫禁城出版社 2010年9月 566页 彩图19幅 插图877幅 16开

本文集收录论文44篇，主要探讨磁州窑窑址的调查与试掘、磁州窑的研究、藏品介绍、磁州窑系、磁州窑与其他瓷窑器物的比较等相关内容。

古陶瓷研究论集 宋良壁著 岭南美术出版社 2010年4月 353页 插图453幅 照片41幅 彩版66幅 16开

故宫陶瓷图典（故宫经典） 故宫博物院编 紫禁城出版社 2010年6月 318页 彩版523幅 12开

本书收录故宫博物院所藏新石器时代至清代的陶瓷精品285件。

匋雅 （清）寂园叟撰 杜斌校注 山东画报出版社 2010年10月 240页 插图53幅 32开

本书原名《古瓷汇考》，又名《瓷学》、《寂园志第一种》。

青瓷风韵 李刚著 中国书店 2010年9月 273页 图版536幅 16开

先秦东江三角洲陶器研究 娄欣利著 科学出版社 2010年11月 174页 彩版8页 插图57幅 16开

婺州窑韵 雷国强、邵文礼、陈新华编著 中国书店 2010年11月 235页 图版305幅 插图26幅 8开

宋代青白瓷的历史地理研究（考古新视野丛书） 黄义军著 文物出版社 2010年9月 321页 插图45幅 32开

帝王与宫廷瓷器 刘伟著 紫禁城出版社 2010年9月 2册 531页 插图578幅 图版33幅 16开

中国南方原始瓷窑业研究 王屹峰著 中国书店 2010年9月 287页

插图456幅 16开

器形、纹饰与晚明社会生活——以景德镇瓷器为中心的考察（美术文化研究丛书） 肖丰著 华中师范大学出版社 2010年8月 294页 插图143幅 16开

明代宫廷陶瓷史（明代宫廷史丛书/李文儒主编） 王光尧著 紫禁城出版社 2010年9月 333页 插图99幅 16开

河北陶瓷（河北民俗文化丛书/李恩佳、常素霞主编） 申献友编著 科学出版社 2010年10月 142页 插图296幅 16开

湖南陶瓷 周世荣编著 中南大学出版社 2010年4月 455页 图版51页 插图127幅 32开

古越瓷韵：浙江出土商周原始瓷器集粹 浙江省文物考古研究所编著 文物出版社 2010年11月 文7页 图版255页 16开

镇江出土陶瓷器 杨正宏、肖梦龙、刘丽文主编 文物出版社 2010年11月 214页 图版242幅 16开

东莞市博物馆藏陶瓷 东莞市博物馆主编 文物出版社 2010年9月 167页 插图14幅 图版119幅 16开

中国当阳峪窑（中国古瓷窑大系） 北京艺术博物馆编 中国华侨出版社 2010年11月 397页 图版195组（393幅） 插图302幅 12开

补 遗

中国古陶瓷研究（第15辑） 中国古陶瓷学会编 紫禁城出版社 2009年10月 635页 彩图14幅 插图683幅 16开

本文集收录文章47篇。

2007’中国越窑高峰论坛论文集 沈琼华主编 文物出版社 2008年5月 235页 插图245幅 16开

此论坛于2007年10月23日~24日，由浙江省博物馆与绍兴市人民政府在绍兴举办，收入学术论文22篇。

冯先铭谈宋元陶瓷（大家研究与鉴定/李季主编） 冯先铭著 冯小琦选编 紫禁城出版社 2009年12月 266页 插图216幅 16开

本书收录论文15篇，在冯先铭先生《中国古陶瓷论文集》的基础上重新编排、增删形成。

宋代陶模 魏跃进著 河南大学出版社 2009年9月 321页 图版259幅 16开

青花瓷器鉴定 李辉炳著 紫禁城出版社 2009年12月 2册 435页 图版466幅 16开

德化瓷（非物质文化遗产丛书/王文章主编） 陈建中、陈冬珑著 浙江人民出版社 2009年12月 215页 插图228幅 16开

六 古代绘画

洛阳古代墓葬壁画 洛阳市文物管理局、洛阳古代艺术博物馆编 中州古籍出版社 2010年12月 475页 2册 彩版558幅 16开

本书辑录了洛阳地区发现的西汉至元代43座墓葬中的壁画图像资料。

洛阳汉代墓室壁画研究 刘兰芝著 中州古籍出版社 2010年9月 160页 彩版63幅 插图70幅 16开

新疆佛教壁画的历史学研究（西域历

史语言研究丛书/沈卫荣主编） 贾应逸著 中国人民大学出版社 2010年7月 461页 图版50幅 插图152幅 16开

原始体育形态岩画 崔凤祥、崔星著 人民体育出版社 2010年9月 355页 彩图72幅 插图1082幅 16开

具茨山岩画 刘五一编著 中州古籍出版社 2010年3月 178页 插图210幅 16开

中国古代木刻画史略（新原点丛书） 郑振铎著 上海书店出版社 2010年7月 245页 插图256幅 16开

中国美术小史：唐宋绘画史（民国学术丛刊） 滕固著 沈宁编 吉林出版集团有限责任公司 2010年12月 606页 插图98幅 16开

千年丹青：细读中日藏唐宋元绘画珍品（细读丛书） 上海博物馆编 北京大学出版社 2010年10月 313页 插图199幅 16开

补 遗

中国墓室壁画史 贺西林、李清泉著 高等教育出版社 2009年12月 480页 插图473幅 12开

本书介绍了汉至明清时期的墓室壁画。

中国寺观壁画全集（6）：明清寺院圆觉、诸天图（中国美术分类全集） 中国寺观壁画全集编辑委员会编 廖旸本卷主编 广东教育出版社 2009年12月 187页 插图12幅 彩版219幅 16开

本集收录北京、山西、安徽、四川等地的现存明清佛教中十二圆觉、释梵诸天以及善财童子五十三参等题材的壁画，含专论、图版和图版说明。

七 古代书法

中国书法全集 刘正成主编 荣宝斋出版社 2010年1月 540页 16开

第16卷：三国两晋南北朝编·北朝造像题记卷（一） 宫大中本卷主编 文1～266页 插图34幅 拓图238幅

第17卷：三国两晋南北朝编·北朝造像题记卷（二） 宫大中本卷主编 文267～540页 插图34幅 拓图215幅

淳化阁帖辨正 曹大民著 上海古籍出版社 2010年8月 122页 图版246幅 16开

汉石经斋文存（海豚书馆） 徐森玉著 徐文堪编 海豚出版社 2010年9月 2册 262页 插图52幅 32开

碑帖的鉴定与考辨 上海书画出版社编 上海书画出版社 2010年8月 438页 插图328幅 32开

补 遗

中国书法全集（第92卷）：篆刻编·先秦玺印卷 刘正成主编 徐畅本卷主编 荣宝斋出版社 2003年2月 294页 彩版30幅 插图47幅 拓图1750幅 16开

八 古代工艺美术

中国传统器具设计研究·卷三 王琥主编 江苏美术出版社 2010年1月 361页 插图718幅 16开

中国传统器具设计研究·卷四 王琥

主编　江苏美术出版社　2010年1月　354页　插图598幅　16开

中国古代珠子　朱晓丽著　广西美术出版社　2010年5月　329页　插图280幅　16开

敦煌丝绸艺术全集·法藏卷　赵丰主编　东华大学出版社　2010年9月　305页　插图71幅　图版152组　16开

叠彩：抱一斋藏中国漆器　林业强主编　香港中文大学文物馆　2010年11月　247页　插图163幅　彩版119幅　16开

本书所收漆器系胡世昌个人收藏品，同时收录李经泽和胡世昌的漆艺论文11篇。

中国髹漆工艺与漆器保护　张飞龙著　科学出版社　2010年4月　目录14页　文638页　图版177幅　插图422幅　16开

龙凤趣谈（文史中国）　刘德增著　中华书局、上海古籍出版社　2010年4月　107页　插图70幅　32开

补　遗

中国刺绣史　孙佩兰著　北京图书馆出版社　2007年5月　338页　插图170幅　16开

本书介绍刺绣起源、商周至近代的刺绣史以及刺绣名家、少数民族刺绣、刺绣与中外文化交流、刺绣品的收藏与保管等内容。

敦煌历代边饰·圆光合集（敦煌图案）　杨东苗等编绘　浙江古籍出版社　2008年6月　131页　彩版108幅　12开

敦煌历代精品藻井100图　杨东苗等编绘　浙江古籍出版社　2008年6月　145页　彩版97幅　12开

陆　古代科学技术

技术与发明（我们的国家）　江晓原著　复旦大学出版社　2010年8月　173页　插图76幅　32开

中国道教科学技术史·南北朝隋唐五代卷　姜生、汤伟侠主编　科学出版社　2010年5月　1207页　彩版44幅　插图208幅　16开

宫廷与地方：十七至十八世纪的技术交流　故宫博物院、柏林马普学会科学史所编　紫禁城出版社　2010年9月　353页　插图60幅　16开

补　遗

彩图本中国古天文仪器史　潘鼐主编　山西教育出版社　2005年8月　307页　插图503幅　16开

本书介绍了中国古天文仪器概论以及圭表、日晷、漏刻、观测仪、浑象、简平仪、宇宙结构模型、天文仪器的制作等内容。

造纸术的发明：源流、外传、影响（四大发明及其西传东渐）　张玉亮编著　贵州科技出版社　2008年10月　174页　插图123幅　16开

柒　古代文化生活

中国音乐文物大系Ⅱ：广东卷　《中国音乐文物大系》总编辑部编　孔义龙、刘成基本卷主编　大象出版社　2010年9月　342页　图版

765 幅 8 开
本卷分乐器、图像、南越王墓专辑三章。

中国舞蹈通史——先秦卷 刘青弋主编 孙景琛著 上海音乐出版社 2010 年 12 月 156 页 图版 33 幅 插图 53 幅 16 开

中国舞蹈通史——秦汉卷 刘青弋主编 彭松著 上海音乐出版社 2010 年 12 月 188 页 图版 36 幅 插图 209 幅 16 开

中国舞蹈通史——魏晋南北朝卷 刘青弋主编 彭松著 上海音乐出版社 2010 年 12 月 223 页 图版 35 幅 插图 169 幅 16 开

中国舞蹈通史——隋唐五代卷 刘青弋主编 王克芬著 上海音乐出版社 2010 年 12 月 254 页 图版 20 幅 插图 62 幅 16 开

中国舞蹈通史——宋辽西夏金元卷 刘青弋主编 董锡玖著 上海音乐出版社 2010 年 12 月 209 页 图版 26 幅 插图 227 幅 16 开

中国舞蹈通史——古代文物图录卷 刘青弋主编 刘恩伯著 上海音乐出版社 2010 年 12 月 463 页 图版 1159 幅 16 开

中国古代服饰（中国读本） 戴钦祥、陆钦、李亚麟著 中国国际广播出版社 2010 年 8 月 164 页 插图 56 幅 16 开

中国床榻艺术史（六朝松艺术文库） 尹文著 东南大学出版社 2010 年 5 月 142 页 插图 308 幅 彩图 23 幅 16 开

敦煌壁画家具图像研究（敦煌学研究文库） 杨森著 民族出版社 2010 年 12 月 397 页 线图 125 幅 32 开

中国宋代家具：研究与图像集成 邵晓峰著 东南大学出版社 2010 年 2 月 486 页 彩图 101 幅 插图 277 幅 附图 1006 幅 16 开

宋朝汴河船：《清明上河图》船舶解构 陈守成著 上海书店出版社 2010 年 7 月 117 页 图版 105 幅 插图 104 幅 24 开

中国古代体育简史（文史中国） 刘秉果著 中华书局、上海古籍出版社 2010 年 3 月 128 页 插图 124 幅 32 开

战国秦汉简帛文献所见巫术研究（教育部哲学社会科学研究重大课题攻关项目“中国早期文字与文化研究”成果之一） 吕亚虎著 科学出版社 2010 年 12 月 401 页 插图 17 幅 16 开

补 遗

唐代服饰时尚 纳春英著 中国社会科学出版社 2009 年 8 月 314 页 插图 135 幅 16 开

捌 宗教遗迹与遗物

中国古代佛教文物（中国历史文化大讲堂．文博系列） 隋璐著 南开大学出版社 2010 年 7 月 214 页 插图 219 幅 16 开

古都遗珍：长安城出土的北周佛教造像 中国社会科学院考古研究所编著 文物出版社 2010 年 7 月 150 页 图版 84 页 插图 87 幅 16 开

映现吴越：虎丘塔文物　钱玉成、耿明著　古吴轩出版社　2010 年 5 月　150 页　图版 44 幅　插图 27 幅　16 开

白象慧光·温州白象塔·慧光塔典藏大全（温州市文化遗产丛书）　温州博物馆编著　金柏东主编　文物出版社　2010 年 6 月　297 页　图版 261 幅　8 开

北京地区基督教史迹研究　吴梦麟、熊鹰著　文物出版社　2010 年 9 月　200 页　图版 24 页　插图 147 幅　16 开

济南县西巷佛教地宫初论（香港大学饶宗颐学术馆学术论文/报告系列，二十六）　高继习著　香港大学饶宗颐学术馆　2010 年 12 月　158 页　插图 55 幅　32 开

兖州佛教历史文化研讨会论文集　黄夏年主编　科学出版社　2010 年 10 月　463 页　照片 11 幅　插图 29 幅　16 开

本书收录论文 46 篇。

从缘起到广布：古印度佛教艺术　白文著　陕西师范大学出版总社有限公司　2010 年 9 月　201 页　插图 179 幅　16 开

补　遗

中国佛教的佛舍利崇奉和朝阳辽代北塔：中国朝阳第二届佛教文化论坛论文集　杨曾文、肖景林主编　宗教文化出版社　2009 年 6 月　350 页　插图 19 幅　照片 29 幅　16 开

西域佛教考论（宝庆讲寺丛书）　霍旭初著　宗教文化出版社　2009 年 6 月　597 页　插图 158 幅　32 开

犍陀罗：来自巴基斯坦的佛教文明（巴基斯坦）穆罕默德·瓦利乌拉·汗著　陆水林译　张超因摄　五洲传播出版社　2009 年 9 月　412 页　插图 291 幅　16 开

玖　历史地理与名胜古迹

《大明混一图》与《混一疆理图》研究：中古时代后期东亚的寰宇图与世界地理知识（南京大学韩国学研究丛书）　刘迎胜主编　凤凰出版社　2010 年 12 月　245 页　插图 68 幅　32 开

五台山佛光寺　张映莹、李彦主编　文物出版社　2010 年 11 月　306 页　图版 203 幅　16 开

唐都长安（大长安书系）　张永禄著　三秦出版社　2010 年 6 月　342 页　插图 116 幅　16 开

北京历史地理与古代都城文献研究（北京市文物局青年科研丛书）　陈倩著　北京燕山出版社　2010 年 11 月　191 页　插图 16 幅　32 开

明长陵　胡汉生著　北京燕山出版社　2010 年 12 月　267 页　彩版 14 幅　插图 116 幅　32 开

荆楚历史地理与考古探研（珞珈史学文库）　徐少华著　商务印书馆　2010 年 11 月　416 页　插图 1 幅　16 开

疆域与人口（我们的国家）　葛剑雄著　复旦大学出版社　2010 年 8 月　174 页　插图 24 幅　32 开

实证上海史：考古学视野下的古代上海　陈杰著　上海古籍出版社　2010 年 8 月　264 页　插图 232 幅　18 开

古都南京（中国古都系列丛书） 韩品峥、杨新华、韩文宁著 杭州出版社 2010年11月 248页 插图212页 16开

补 遗

1609中国古地图集：《三才图会·地理卷》导读（中国古代科技经典导读） 王逸明编著 首都师范大学出版社 2009年9月 269页 彩图9幅 插图252幅 16开

荆楚历史地理与长江中游开发：2008年中国历史地理国际学术研讨会论文集 徐少华主编 晏昌贵副主编 湖北人民出版社 2009年7月 606页 插图55幅 16开

湖南方志图汇编（湖湘文库，乙编） 刘昕、刘志盛编 湖南美术出版社 2009年2月 383页 图版370幅 16开

紫禁城（发现之旅）（法）吉勒·贝甘（Gilles Beguin）、多米尼克·莫雷尔（Dominique Morel）著 李圣云译 上海人民出版社 2007年9月 143页 插图150幅 32开

拾 中外关系与中外文化交流

丝路考古两题（香港大学饶宗颐学术馆学术论文/报告系列，二十二） 王炳华著 香港大学饶宗颐学术馆 2010年12月 204页 彩图55幅 插图8幅 32开

丝绸之路：内陆欧亚考古与历史（欧亚历史文化文库） 刘文锁著 兰州大学出版社 2010年8月 410页 图版101幅 插图21幅 16开

丝绸之路人口研究（丝绸之路研究丛书） 袁祖亮、袁延胜、朱和平著 新疆人民出版社 2010年12月 245页 插图49幅 16开

“草原丝绸之路”学术研讨会论文集 张柱华主编 甘肃人民出版社 2010年9月 445页 照片1幅 插图3幅 16开

隋唐帝国与东亚（欧亚历史文化文库/余太山主编） （日）崛敏一著 韩昇、刘建英编译 增订本 兰州大学出版社 2010年4月 175页 16开

唐代长安与西域文明（湖湘文库） 向达著 湖南教育出版社 2010年10月 621页 插图45幅 16开

山东半岛与古代中韩关系 刘凤鸣著 中华书局 2010年12月 427页 32开

补 遗

南京城市规划史稿：古代篇·近代篇（人居环境科学丛书） 苏则民编著 中国建筑工业出版社 2008年11月 350页 插图108幅 16开

（编辑：王景霞）

考古学论文资料索引

（刊后第一个数字是期号，第二个是页码；2010 年）

壹　总论

一　综述

古物　李济　东南文化 1:79～82

现有考古学体系的反思——2001 年 4 月 8 日在四川大学考古系的演讲　俞伟超　南方民族考古第六辑：1～10

中国考古学思想发展史上的一场革命——重读苏秉琦考古学文化区、系、类型理论札记（提纲）　李伯谦　南方文物 3:1～3

考古学知识导论　杨晶　故宫学术讲谈录第一辑：131～149

考古学文化“系统”初论　杨杰　中国文物报 7 月 23 日 7 版

哈里斯矩阵：考古学地层观念的革命　汤惠生　南京博物院集刊 11:4～12

原始艺术考古理论与方法刍议　何驽　古代文明研究通讯 44:10～14

谈考古科技与科学考古学　陈淳　南方文物 4:1～7

小议民族考古学　关舜甫　内蒙古文物考古 2:121～125

史前考古遗存的“性别代码”——欧美性别考古学研究进展　李宁利　考古与文物 4:16～20

美国性别考古的研究及启示　陈淳　东南文化 6:39～47

岛屿、岛港考古与历史重建——以西沙、东沙与澎湖马公为例　陈信雄　福建文博 4:5～20

论“美术考古学”一词的由来　郑岩　美术研究 1:16～25

“天下之是非”焉能混同“人人之是非”——为“美术考古学”定义与郑岩先生商榷　邵学海　美术研究 4:68～73

景观考古学——理论、方法与实践　张海　南方文物 4:8～17

水下考古：探寻中国海洋文明　杨雪梅　人民日报 5 月 28 日 17 版

考古研究的经验主义与理性主义　陈淳　南方文物 1:13～18

时间预算与狩猎采集技术　罗宾·托伦斯著　陈虹、潘艳译　陈淳校　南方文物 1:147～153

炊煮活动在西南亚的出现　凯瑟琳·怀特著　夏伙根译　靳桂云校　南方文物 1:154～157

石器时代的研究与进展：狩猎采集群

的技术转变 （加）布莱恩·海登（B. Hay Den）著 陈虹译 陈淳校 南方文物3:135~145

欧洲的中石器时代 道格拉斯·普赖斯著 潘艳译 陈淳校 南方文物4:159~164

磨制石器类型学的分类原则与术语界定——以大辛庄商代石器为例 钱益汇 考古与文物1:26

“生器”的概念与实践 巫鸿 文物1:87~96

公众考古学初探 李琴、陈淳 江汉考古1:38~43

试论在中国建立“公众考古学”的必要性 郑媛 文物世界4:49~53

考古教育：在提高中普及——复旦大学开展公众考古教育实践的尝试 贾博宇等 中国文物报6月25日7版

公共考古的开展及其意义 刘国祥 中国文物报6月25日7版

国外公共考古学研究现状综述 魏峭巍 南方文物3:110~114

影像世界中的考古学 王齐 中国文物报4月30日7版

考古博物馆的新尝试——兼谈学科知识普及与学科博物馆的建立 麻赛萍 中国文物报5月5日6版

七叶树果实的食用习俗与石锤及石砧 桥口尚武著 刘恒武译 南方文物2:124~129

一篇讲稿透露出的人类学宗教观 王铭铭 南方文物3:17~28

认知、证成与呈现——论人类学“四重证据法” 唐启翠 社会科学战线6:136~141

二 考古学史与考古学家传记

民国时期考古学史研究述评 徐玲 江汉考古3:56~64

民国时期考古学学科生成环境论析 徐玲 历史教学（高校版）2:10~16

20世纪中国考古学史研究述评 陈洪波 中原文物6:32~39

中国现代考古学的学术流派及其嬗变 陈洪波 复旦学报3:134~140

中国新石器时代考古报告中遗物分类思想的演变及其背景分析 刘斌、张婷 文物10:52~59

文物考古基本方针的形成和完善 彭常新 中国文物报5月14日5版

1898至1909俄国考察队在吐鲁番的两次考察概述 张惠明 敦煌研究1:86~91

日本大谷大学图书馆藏“霍恩勒文库”附新疆考古通信研究 王冀青 西域文史第五辑：219~242

西北艺术文物考察团兰州考察活动综述 李娜 丝绸之路14:41~43

1963年广汉月亮湾遗址发掘的回忆——纪念四川大学考古专业创建五十周年 宋治民 四川文物4:92~96

寻找中原文明起源的线索——灵宝西坡遗址考古发掘亲历记 马萧林 寻根5:114~118

创新发展 构筑辉煌——“南海Ⅰ号”整体打捞及保护 卜工 中国文物报11月5日6版、7版

碎片之谜 王仁湘 中国文物报8月6日8版

从凝望到屹立——三代考古人情缘和成长的故事 田建文 南方文物1:132~134

邹衡先生与“郑亳说”创建历程 李

伟明 南方文物 1:135~140

传道授业教泽惠远——在邹衡先生教导下成长 李维明 南方文物 4:93~100

文物的出土与科学的扎根 杨姿 读书 1:152~158

古文生新辉，天下遍桃李——古文字学研究生培养六十年 王宇信 南方文物 3:4~16

记第五期考古工作人员训练班 赵信 中国文物报 1月29日3版

陈介祺与陶文的发现、收藏及研究 陆明君 印学研究第二辑——陶文研究专辑:119~130

陈介祺的几方陶文题跋 徐在国 印学研究第二辑——陶文研究专辑:131~136

简帛学研究的开山之作——读《流沙坠简》并论王国维先生简帛文书研究的贡献 何立民 南方文物 3:29~39

罗越与中国青铜器研究 缪哲 读书 11:126~132

叶昌炽与甘肃金石学研究 马洪菊 甘肃社会科学 2:204~207

《中国金石学概要》与马衡先生的学术贡献 朱天曙 社会科学论坛 2:86~96

夏鼐先生百年诞辰纪念：夏鼐先生与中国考古学 王仲殊 考古 2:3~5

夏鼐先生百年诞辰纪念：夏鼐与中国现代考古学 徐苹芳 考古 2:5~11

夏鼐先生百年诞辰纪念：夏鼐——诲人不倦的导师 任式楠 考古 2:11~13

夏鼐先生百年诞辰纪念：我心中的夏鼐先生 刘庆柱 考古 2:13~16

夏鼐先生百年诞辰纪念：夏鼐先生与中国考古学 王巍 考古 2:16~18

高山仰止：深切怀念夏鼐先生 严文明 古代文明研究通讯 44：1~4

高度与情结——夏鼐关于夏商文化问题的思想轨迹 许宏 南方文物 2:1~6

夏鼐先生与中国科技考古——读《夏鼐文集》有感 袁靖 南方文物 4:18~25

从往来书信看傅斯年与夏鼐的关系：两代学术领袖的相知与传承 李东华 古今论衡 21:3~31

一个世纪的伟大——写在夏鼐先生诞辰一百周年之际 高启新、黄飞虎 浙江文物 2:27~28

学习夏鼐先生 继续拓展中国考古学之路——在夏鼐先生诞辰百年纪念座谈会上的发言 张忠培 中国文物报 4月16日3版

牢记夏鼐先生的亲切教诲 赵信 中国文物报 7月16日3版

考古学家、古陶瓷专家朱伯谦先生逝世 中国文物报 6月9日2版

纪念夏鼐先生一百周年诞辰——缅怀夏鼐 中国文物报 2月5日5版

回忆随同夏鼐去定陵 李遇春 中国文物报 2月12日3版

永远的导师——苏秉琦与北京大学考古专业 严文明 中国历史文物1:4~7

苏秉琦与中国考古学学科理论建设 郭大顺 中国历史文物 1:8~15

苏秉琦学术遗产与辽西史前玉器研究 杨晶 中国历史文物 1:16~19

苏秉琦与中国考古学派 赵宾福 中国历史文物 1:20~25

苏秉琦考古公众化思想的形成与发展 高蒙河、麻赛萍 中国历史文物1:26~31

科学巨匠的风范——纪念苏秉琦诞辰一百周年 张星德 中国历史文物

1∶32～35

功高德昭 风范长存——纪念苏秉琦先生百年诞辰暨牛河梁遗址发现30周年并《苏秉琦文集》出版　张文彬　中国文物报5月21日3版、5月26日3版

学者徐苹芳的古代城市探索　许宏、吕世浩　中华文化遗产3∶96～103

追忆考古学家俞伟超先生　赵春青　中国文物报1月29日3版

一次峰回路转的调动　马文宽　中国文物报7月30日3版

李花无言谢春风——安志敏先生关怀裴李岗文化琐忆　崔耕　论裴李岗文化——纪念裴李岗文化发现30周年暨学术研讨会∶11～16

安志敏1978年5月3日—5月19日河南考察日记　安志敏　论裴李岗文化——纪念裴李岗文化发现30周年暨学术研讨会∶229～237

纪念曾昭燏女士诞辰一百周年暨逝世四十五周年　罗宗真　南京博物院集刊11∶250～251

深切怀念考古学前辈尹焕章先生　胡继高　南京博物院集刊11∶254

忆尹焕章先生　梁白泉　南京博物院集刊11∶255～256

师恩难忘　秦浩　南京博物院集刊11∶257～258

考古战线上的实干家——忆恩师尹焕章　钱峰　南京博物院集刊11∶259～260

怀念王世襄先生　田家青　文物天地2∶60～69

文博名家 鸿儒哲匠——追思王世襄同志和我在四川李庄中国营造学社时期的一段往事和情谊　罗哲文　中国文物报1月20日3版

得道书留箧 忘机酒满尊——王世襄先生的快意人生　自庶　中国文物报1月20日3版

我与王世襄先生的交往　郭永尧　中国文物报1月27日4版

痛悼英年早逝的同学樊力　梦古　中国文物报10月22日3版

从追寻符号的魅力到探索中国古代文明——李学勤先生访谈录　陈颖飞　中国文化研究秋之卷∶1～17

谈饶宗颐教授在甲骨学研究上的贡献　刘钊　中国图书评论3∶116～118

在大众视野中做研究 有一种特别惬意的感觉　孙漪娜　中国文物报9月17日8版

筚路蓝缕，开拓创新——李仰松先生访谈录　李仰松、梦古　南方文物2∶26～32

以“常识”打底的专深之研究——读孙机先生著作散记　扬之水　南方文物3∶40～43

一个勇于探索的学人——记民族考古学家汪宁生先生　王永平　社会科学战线2∶227～231

尽职尽责、无私奉献于文博事业的老兵——记邯郸市文物保护研究所张沅先生　薛玉川　文物春秋3∶78～80

陆地考古和水下考古的“双料精兵”　文冰　中国文物报6月25日3版

明华印象　张宏明　中国文物报10月15日8版

补　遗

卅年考古大揭秘∶1978年以来中国考古学之辉煌　王巍　艺术家2009年407∶226～229

三　考古学方法与现代考古学技术

让材料牵着鼻子走　田建文　北方文物2∶54～60

漫谈历史时期考古学的方法——从安阳西高穴汉魏大墓的墓主推定说开去　许永杰　东南文化 3:28~36

有关考古领域科技发展的几点思考　陈建立等　南方文物 2:7~13

科技考古的发展要突出“四化”——科技考古漫谈·七　袁靖　中国文物报 6 月 25 日 7 版

遗址的探查与发掘

田野考古中的次生堆积和文化层缺失　张之恒　江汉考古 2:57~60

周公庙遗址田野考古工作的理念与方法——2007~2008 年度中国田野考古一等奖获奖项目介绍　种建荣、雷兴山　考古与文物 2:109~112

周公庙遗址田野考古工作的理念与方法　雷兴山、种建荣　中国社会科学院古代文明研究中心通讯 19:59~63

唐陵大遗址考古的思路与方法——2007~2008 年度中国田野考古一等奖获奖项目介绍　陕西省考古研究院唐陵考古队（张建林、张博）　考古与文物 1:103~106

勾股定理在考古发掘布方中的应用　刘玉成、张迪　博物馆研究 2:80~81

考古测量的误区——磁偏角　尚杰、姚金隆　江汉考古 2:103~107

拓片制作在岩画普查中的应用　王浩　内蒙古文物考古 2:143~145

遥感技术在考古中的应用综述　邓飚等　遥感学报 14 卷 1:187~206

遥感技术在新疆文物普查工作中发挥实效　三普办　中国文物报 1 月 29 日 3 版

考古发掘现场智能预探测系统的设计与应用　王珏瑶等　文物保护与考古科学 1:8~12

γ 能谱测量探测良渚古遗址的影响因素分析及数据处理　王祝文等　吉林大学学报（地球科学版）40 卷 2:439~446

实验室微型发掘方法及探讨　杨忙忙、张勇剑　中国文物保护技术协会第六次学术年会论文集:354~359

实验室微型发掘方法在北周武帝孝陵发掘中的应用　杨忙忙、张勇剑　文物保护与考古科学 3:49~54

秦直道考古调查方法探索　肖健一　中国文物报 10 月 22 日 3 版

地球物理技术在成都平原考古工作中的作用　提莫西·郝思利著　陈伯桢译　南方民族考古第六辑:279~294

和田古代遗址的重新定位——斯坦因地图与卫星图像的勘定与解读　西村阳子、北本朝展　唐研究（第十六卷）:169~223

用地理信息系统看新疆史前时代遗址的分布　（日）后藤健　吐鲁番学研究——第三届吐鲁番学暨欧亚游牧民族的起源与迁徙国际学术研讨会论文集:272~276

山东龙山城墙解剖经验略谈　孙波　文物研究第 17 辑:232~239

解剖性发掘及其聚落考古研究意义　钱耀鹏　中国聚落考古的理论与实践（第一辑）——纪念新砦遗址发掘 30 周年学术研讨会论文集:124~133

解剖性发掘及其聚落考古研究意义　钱耀鹏　中原文物 2:23~29

测绘技术在文物普查中的应用解析　吐鲁番地区文物普查工作队（徐佑成）　中国文物报 4 月 16 日 5 版

年代测定

中国部分地区地质和考古样品 ^{14}C 年代测定报告　刘光联等　第十一届

中国古脊椎动物学学术年会论文集:249~270

旧石器时代考古断代误区　李珺等　文物春秋 4:3~7

江苏三处旧石器遗址中发现的火山玻璃　房迎三等　第四纪研究 2:385~392

放射性碳素测定年代报告（三六）　中国社会科学院考古研究所等 考古 7:73~76

试论甑皮岩遗址贝壳年代系列的可靠性——兼论甑皮岩贝壳年代处理模式在华南地区参照性问题　漆招进　史前研究（2006):72~82

龙山文化末期泾河特大洪水事件光释光测年研究　葛本伟等　第四纪研究 2:422~429

河南虞城县马庄新石器时代遗址的碳十四测年　中国社会科学院考古研究所考古科技实验研究中心碳十四实验室等　考古 12:88~91

东龙山遗址夏代早期文化的^{14}C~AMS年代学研究　余华贵、祝一志　考古与文物 4:110~112

罗布泊新发现古城与5个考古遗址的年代学初步研究　吕厚远等　科学通报 55 卷 3:237~245

^{14}C测年用于西高穴墓葬的年代测定　张雪莲　中国文物报 2 月 3 日 2 版

热释光前剂量激活法与熄灭法测定瓷器年代结果比较　夏君定等　文物保护与考古科学 4:35~41

热释光与古陶瓷传统断代方法的优劣比较　思明　收藏 5:40~47

中亚壁画的放射性碳测年和艺术史纪年　（日）岩井俊平著　许利平译　吐鲁番学研究 2:93~102

补　遗

水洞沟遗址地层划分与年代测定新进展　刘德成等　科学通报 2009 年 54 卷 19:2879~2885

古陶瓷热释光测定年代的研究和进展　王维达　中国科学.E 辑 2009 年 39 卷 11:1767~1799

古代环境分析

古代气候事件与古代文化间关系的再思考——以全新世大暖期的赤峰地区为例　滕铭予　边疆考古研究第 9 辑:238~246

三峡动物群与古环境　武仙竹、肖琳　动物考古第 1 辑:190~198

古环境的复原及全新世时期的上辽河流域　贾伟明　华夏考古 4:136~145

史前文化迁徙的环境思考　李占扬、许萍　华夏考古 3:147~152

榆林地区全新世聚落时空变化与人地关系　胡珂等　第四纪研究 2:344~355

中坝和中堡岛遗址文化堆积连续性的自然及人类活动因素　史威等　地球科学进展 25 卷 5:523~532

楼兰佛塔剖面 10.84kaB.P. 以来的环境变迁　贾红娟等　第四纪研究 1:175~184

长江三角洲地区全新世环境变化与人类活动的影响　王伟铭等　第四纪研究 2:233~244

江苏宜兴骆驼墩遗址地层全新世沉积环境研究　李兰等　第四纪研究 2:393~401

殷墟文化发生的环境背景及人类活动的影响　许清海等　第四纪研究 2:273~286

早期农业聚落的野生食物资源域研究——以长江下游和中原地区为例　秦岭等　第四纪研究 2:245~261

古地形的分析在考古学中的应用 李弘钟著 成璟瑭译 中国文物报4月16日7版

古代动物分析

中外动物考古发展历程的回顾与展望 汤卓炜、索罗蒂斯 动物考古第1辑:57～69

动物考古学中的昆虫研究 尤悦 南方文物4:70～72

中国绵羊起源的分子考古学研究 蔡大伟等 边疆考古研究第9辑:291～300

家猪起源与古代DNA研究 崔银秋等 边疆考古研究第9辑:301～304

根据牙齿估计出土动物死亡的年龄和季节 安尼·派克—泰 动物考古第1辑:32～47

野猪和家猪:鉴别的途径与方法 皮特·罗利—康威等 动物考古第1辑:70～115

论中国古代家猪的鉴定标准 袁靖等 动物考古第1辑:116～123

中国古代家养动物的动物考古学研究 袁靖 第四纪研究2:298～306

中国古代群体性葬猪现象研究新视角——现代野猪群组研究的启示 马萧林 动物考古第1辑:124～133

家养还是野生——LEH病理观察方法再检验 罗运兵 动物考古第1辑:134～145

日本的人与猪——从文献和考古学观察历史 松井章 动物考古第1辑:146～151

模拟史前景观下被捕食动物的分布 艾瑞思·波克 动物考古第1辑:199～211

埋藏过程对考古出土动物遗存量化的影响 林彦文 动物考古第1辑:212～217

古代植物分析

关中盆地6000～2100cal. aB. P. 期间黍、粟农业的植硅体证据 张健平等 第四纪研究2:287～297

中国北方现代粟、黍及其野生近缘种的淀粉粒形态数据分析 杨晓燕等 第四纪研究2:364～371

碳同位素在史前粟黍鉴定中的应用初探 安成邦等 第四纪研究2:410～414

甘肃河西走廊早期冶炼活动及影响的炭屑化石记录 孙楠等 第四纪研究2:319～325

亚热带稻作区表土孢粉研究及其考古学应用 杨士雄等 第四纪研究2:262～272

几种禾本科植物淀粉粒形态比较及其考古学意义 葛威等 第四纪研究2:377～384

食物加工过程中淀粉粒损伤的实验研究在考古学中的应用 葛威等 考古7:77～86

淀粉粒分析揭示浙江跨湖桥遗址人类的食物构成 杨晓燕、蒋乐平 科学通报55卷7:596～602

青海卡约文化丰台遗址灰坑古代淀粉粒揭示的植物利用情况 李明启等 第四纪研究2:372～376

石制品植物残留物分析的实验室方法——以水洞沟石制品处理为例 关莹等 人类学学报4:395～404

二里头遗址出土陶容器内残余物的碳同位素分析 赵春燕等 中国社会科学院古代文明研究中心通讯20:45～50

考古遗址出土种子和果实研究方法 靳桂云等 海岱考古（第三辑）:415～437

再谈植物遗存与作物加工方式 傅稻

镰、张海　中国文物报1月8日7版

吉林省白城市孙长青遗址浮选结果分析报告　杨春等　北方文物4:48~51

吉林省德惠市李春江遗址浮选结果分析报告　杨春等　北方文物4:52~53

晋东南古建筑木结构用材树种鉴定研究　殷亚方等　文物世界4:33~36

人骨元素分析

古人骨DNA分析在考古学研究中的应用　朱泓　中国文物报1月15日4版

线粒体DNA确定一未知古人类　陈淳、陈虹　人类学学报3:302

利用齿冠测量值判断古人骨是否血亲的新方法　黄建秋　中原文物2:103~110

中国全新世人群颞下颌关节尺寸的时代变化　李海军等　人类学学报4:416~424

北京周口店田园洞人骨的C、N和S稳定同位素分析　胡耀武、同号文　中国科学基金24卷2:103~105

广东湛江鲤鱼墩遗址人骨的C、N稳定同位素分析:华南新石器时代先民生活方式初探　胡耀武等　人类学学报3:264~269

上海松江区广富林遗址良渚时期人骨微量元素的初步研究　张全超等　东南文化1:31~36

内蒙古察右前旗庙子沟遗址新石器时代人骨的稳定同位素分析　张全超等　人类学学报3:270~275

山西芮城清凉寺新石器时代墓地人口构成研究　陈靓、薛新明　西北大学学报（哲学社会科学版）6:37~40

山西芮城清凉寺墓地出土人骨的稳定同位素分析　凌雪等　第四纪研究2:415~421

宝鸡建河墓地出土战国时期秦人骨的稳定同位素分析　凌雪等　考古与文物1:95~98

陕西凤翔孙家南头秦墓出土人骨中C和N同位素分析　凌雪等　人类学学报1:54~61

新疆哈密天山北路墓地出土人骨的稳定同位素分析　张全超等　西域研究2:38~43

古代人骨能告诉我们什么？　张君　中国文物报1月22日4版

西高穴大墓人骨谈——人骨的元素分析及其在考古学研究中的应用　赵春燕　中国文物报1月22日4版

大同南郊北魏墓群人骨的稳定同位素分析　张国文等　南方文物1:127~131

新疆汉晋时期古尸人发中多元素ICP-AES法的同时测定　张全超等　吉林大学学报（理学版）48卷4:704~706

成分分析

烷烃的检测与分析及其在考古学中的应用　翁屹等　考古与文物6:99~103

考古样品烷烃分析方法探讨　崔品等　南方文物4:149~152

古建油饰彩画的制作技术分析研究　周文晖、王丽琴　文物保护与考古科学3:1~9

莫高窟早期三窟壁画和彩塑制作材料研究　范宇权等　敦煌研究6:28~33

莫高窟第3窟壁画制作材料与工艺的无损检测分析　赵林毅等　敦煌研究6:69~73

莫高窟194窟漫漶壁画多光谱成像调查与研究　柴勃隆等　敦煌研

究 6:74~76

甘肃嘉峪关戏台建筑彩画胶结材料的氨基酸分析　杨璐等　兰州大学学报（自然科学版）46 卷 2:125~128

文物颜料中胶结材料的分析研究　王丽琴等　中国文物保护技术协会第六次学术年会论文集:321~325

中国古代彩绘类文物常用胶料的红外光谱特性研究　杨璐等　中国文物保护技术协会第六次学术年会论文集:326~329

天梯山石窟 9 窟彩塑与壁画地仗矿物及颜料分析　陈庚龄　文物保护与考古科学 4:91~96

炳灵寺石窟 171 窟大佛发髻上蓝色颜料的分析与讨论　闫海涛、周双林　中国文物保护技术协会第六次学术年会论文集:317~320

"钟离君柏"墓出土彩绘陶器颜料的光谱分析　杨玉璋等　光谱学与光谱分析 30 卷 4:1130~1133

秦俑彩绘相关问题研究　张益、张志军　文博 4:70~75

山东青州西汉彩绘陶俑紫色颜料研究　张治国等　文物 9:87~93

满城汉墓彩陶红色涂层的分析　王景勇等　文物春秋 5:57~60

马王堆汉墓漆器颜料分析测试研究报告　王宜飞　湖南省博物馆馆刊第六辑:554~561

汉代陶俑彩绘颜料表征分析　张虎勤等　文物保护与考古科学 1:20~25

西藏贝叶经中"白色粉状物"的初步分析研究　马燕如、卫国　文物保护与考古科学 4:86~89

道教人物画像颜料的原位无损分析　何秋菊等　文物保护与考古科学 3:61~68

进口蓝色颜料 Smalt 在故宫建福宫彩画中的使用和保存状况的研究　雷勇等　故宫博物院院刊 4:140~156

古代墓葬随葬品的荧光 X 射线检测报告　肥塚隆保等著　李光明译　东北亚考古学论丛:262~292

便携式 X 荧光光谱仪在莫高窟壁画原位无损检测的初步应用　崔强等　敦煌研究 6:77~81

能量色散 X 射线荧光探针用于古陶瓷的工艺与产地研究　李清临等　理化检验（化学分册）46 卷 8:861~864

我国古代不同时期铅釉陶表面腐蚀物的分析研究　朱铁权等　光谱学与光谱分析 30 卷 1:266~269

陶瓷标准样品元素分布均匀性的 μ-XRF 检验　李丽等　核技术 33 卷 3:165~169

陶器岩相分析在史前陶器产地和交流研究中的应用　段天璟　边疆考古研究第 9 辑:305~315

平顶山应国墓地出土原始瓷的制作工艺和产地　朱剑等　光谱学与光谱分析 30 卷 7:1990~1994

隋代邢窑粗白瓷胎料配方研究　朱铁权等　岩石矿物学杂志 29 卷 3:313~318

古今名钧瓷鉴别的 INAA 和 BP 神经网络研究　李国霞等　原子能科学技术 44 卷 3:372~375

上林湖越窑青瓷胎釉化学组成的 EDXRF 分析　熊樱菲等　文物保护与考古科学 4:28~34

EDXRF 探针技术在古陶瓷工艺研究中的应用　李清临等　武汉大学学报（理学版）56 卷 1:26~30

EDXRF 对故宫博物院藏宋代官窑瓷器

的无损分析 李合等 故宫博物院院刊5:137~145
磁州窑炉上村窑址白地黑花、酱花瓷的初步分析 李融武等 中国古陶瓷研究第十六辑:199~204
新发现曹村窑三种釉色陶瓷的初步分析 李国霞等 中国古陶瓷研究第十六辑:525~532
宋代西村窑瓷器微聚焦X射线探针无损分析研究 朱铁权等 中国陶瓷9:74~77
汝官瓷、钧官瓷和刘家门窑民钧瓷的判别分析研究 刘建立等 中国陶瓷10:75~77
繁昌窑青白瓷化学组成分析及其衰落原因考察 杨玉璋等 考古与文物2:105~108
安徽繁昌窑青白瓷化学组成的WDXRF分析研究 杨玉璋等 光谱学与光谱分析30卷8:2295~2298
故宫博物院藏宋代官窑瓷器釉的颜色无损测定 丁银忠等 故宫博物院院刊5:146~152
对故宫博物院藏宋代官窑青瓷的拉曼光谱无损分析 赵兰等 故宫博物院院刊5:153~164
湖北蕲春罗州城宋代陶瓷分析与研究 王洪敏等 江汉考古1:113~119
宋代西村窑与耀州窑青瓷胎釉化学组成特征 朱铁权等 岩矿测试29卷3:291~295
几件院藏南宋官窑的初步检测 陈东和、沈建东 故宫文物月刊1:72~79
不同保存环境下铁质文物中氯含量的分析 成小林等 中国历史文物5:25~31
西夏名窑——宁夏灵武窑出土瓷器研究 宋燕等 中国陶瓷11:71~77
红绿彩瓷之釉上彩的XAFS研究 汪丽华等 核技术33卷4:246~252
明代御窑遗址出土低温色釉及釉上彩瓷器的分析研究 张红燕、胡东波 文化遗产研究(第1辑):357~391
明代御窑遗址出土孔雀绿釉、洒蓝釉、瓜皮绿釉瓷器分析 张红燕、胡东波 文物保护与考古科学4:14~27
故宫博物院藏宋代官窑及明清仿官窑瓷器的显微特征 段鸿莺等 故宫博物院院刊5:165~183
故宫博物院藏明清仿官窑青瓷的初步研究 李媛等 故宫博物院院刊5:184~194
江阴高城墩遗址出土良渚文化玉器的无损分析研究 顾冬红等 文物保护与考古科学4:42~52
徐州狮子山楚王陵出土金缕玉衣和镶玉漆棺的玉料组分特征及产地来源研究 谷娴子等 文物保护与考古科学4:54~63
SDS~PAGE分析辽宁法库叶茂台出土辽代丝绸的老化特征 陈华锋等 文物保护与考古科学4:9~13
湖北省出土战国玻璃制品的科技分析与研究 干福熹等 江汉考古2:108~116
北京故宫和辽宁黄瓦窑清代建筑琉璃构件的比较研究 李合等 文物保护与考古科学4:64~70
合肥出土东汉墓葬蜡质文物鉴定 路文举等 南方文物1:124~126
河南洛阳龙门石窟潜溪寺岩体构造特征分析研究 张兵峰 文物保护与考古科学4:77~85
中国早期黄铜混合矿冶炼工艺的模拟探索 凡小盼等 南方文物4:143~148

尉迟寺遗址文化层铅的地球化学特征及原始冶金文明矿料示踪　徐利斌等　土壤学报 47 卷 2:193～205

火焰原子吸收光谱法测定云冈石窟风化岩石中钙铜铁锰　刘月成等　冶金分析 30 卷 2:38～41

宋代铁钱的中子衍射研究　黄维等　北京大学学报（自然科学版）46 卷 2:245～250

重庆大足千手观音造像多层金箔成分分析　田兴玲等　黄金 31 卷 4:4～7

铜同位素分析法在考古研究中的应用探讨　汪常明、金正耀　文物保护与考古科学 1:83～88

锶同位素分析技术在研究古人类和动物迁移活动中的应用及其新进展　赵春燕　中国文物报 12 月 24 日 7 版

宣汉罗家坝出土部分青铜器的合金成分和金相组织　宋艳　四川文物 6:83～93

古麋地出土青铜器合金技术与金相组织分析　罗武干等　自然科学史研究 29 卷 3:329～338

蚌埠双墩 1 号春秋墓出土部分青铜器产地分析　胡飞等　文物研究第 17 辑:253～260

利用同墓葬出土泥芯、陶器示踪青铜器铸造地初探——以湖北襄樊部分东周墓为例　黄凰等　文物保护与考古科学 3:30～35

四川凉山州盐源县出土青铜器分析报告　崔剑峰等　南方民族考古第六辑:217～234

张家川马家塬战国墓地出土金属饰件的初步分析　邵安定等　文物 10:88～96

云南祥云县大波那木椁铜棺墓出土铜器研究　李晓岑、韩汝玢　考古 7:87～92

重庆云阳李家坝遗址出土汉代鎏金青铜器的扫描电镜分析　杨小刚等　电子显微学报 29 卷 4:350～353

南阳汉代铜舟科学分析　何堂坤、刘绍明　中原文物 4:92～94

加热过程中古代铜镜表面“锡汞齐”相变分析　张少昀、秦颖　光谱学与光谱分析 30 卷 10:2838～2841

汉阳陵文物表面硫酸盐形成原因微生物学证据　李冬娟等　微生物学通报 37 卷 9:1272～1277

湖北省鄂州五里墩出土孙吴时期“红色粉状物”的测试分析　李小莉等　文物保护与考古科学 1:46～48

焦山古炮台夯土成分分析及建造工艺研究　袁润等　文物保护与考古科学 2:18～22

昆明呈贡天子庙和呈贡石碑村出土铜铁器的科学分析　李晓岑等　文物保护与考古科学 2:60～64

郑庄秦石料加工场遗址出土铁器的初步研究　刘江卫等　中原文物 5:100～103

补　遗

严和店窑汝瓷和钧台窑钧官瓷的 EDXRF 分析　温昶等　原子核物理评论 2009 年 26 卷 4:356～359

龙泉大窑枫洞岩窑址出土的明代青瓷 EDXRF 研究　彭勃等　硅酸盐学报 2009 年 37 卷 11:1903～1908

拉曼光谱技术在中国古玉、古玉器鉴定和研究中的应用　赵虹霞、干福熹　光谱学与光谱分析 2009 年 29 卷 11:2989～2993

用于无损检测古玉材质的新方法漫反射红外光谱　刘卫东等　应用激光

2009 年 29 卷 6:540 ~ 544

玉石及中国古代玉器的 PIXE 分析　张朱武等　核技术2009年32卷11:833 ~ 838

湖南沅水流域战国时期楚墓出土古代玻璃器的成分分析　崔剑锋等　硅酸盐学报 2009 年 37 卷 11:1909 ~ 1913

计算机技术的应用

数字技术之于文物修复的意义研究　孙霖楠　博物馆研究 1:52 ~ 59

甲骨文计算机辅助缀合系统设计　王爱民等　计算机工程与应用 46 卷 21:59 ~ 62

文化遗址的三维真实感建模与虚拟展示技术　刘军、耿国华　计算机工程 36 卷 20:286 ~ 290

浅谈计算机平面制图软件在考古绘图中的运用　许姗　海岱考古（第三辑）:438 ~ 444

电脑软件在考古绘图中的应用　陈新勇　吐鲁番学研究 2:132 ~ 138

岩画线描图的绘制方法　柳辉　中国文物报 5 月 21 日 7 版

白龙洞古人类遗址三维数字模型的建立与初步分析　武仙竹等　第四纪研究 2:402 ~ 409

古代造像野外调查方法探索——数字技术在中小型造像调查中的应用　于春　四川文物 5:32 ~ 34

红外热像技术在莫高窟第 98 窟壁画空鼓灌浆检测中的初步应用　张艳杰等　敦煌研究 6:82 ~ 87

姜寨一期文化遗迹属性数据的关联规则挖掘研究　毕硕本等　地理与地理信息科学 26 卷 1:48 ~ 50

基于 OpenGL 的姜寨自然景观三维可视化研究　毕硕本等　武汉理工大学学报 32 卷 16:76 ~ 79

一种基于形状和颜色特征的建筑彩画检索方法　毕学刚等　文物保护与考古科学 1:1 ~ 7

沧州铁狮子健康监测数据采集系统的研究与应用　范峰等　文物保护与考古科学 1:13 ~ 19

沧州铁狮子结构健康监测数据管理及集成系统的研究与应用　范峰等　文物保护与考古科学 2:69 ~ 73

汉代铸钱过程的计算机模拟试验　廉海萍、杨弋涛　文物保护与考古科学 3:21 ~ 29

“海南省文物古迹浏览和古城遗址三维仿真系统”研究取得重要突破　潘先若　中国文物报 1 月 6 日 2 版

三维激光扫描技术为云冈石窟研究与保护注入新活力　宁波　中国文物报 3 月 12 日 6、7 版

校验软件提升了三普数据采集软件的应用效率　赵静　中国文物报 5 月 7 日 3 版

“十一五”国家科技支撑计划项目“大遗址保护关键技术研究与开发”课题——“空间信息技术在大遗址保护中的应用研究（以京杭大运河为例）”　清华大学等　中国文物报 5 月 28 日 4 版

GIS 在石窟寺考古研究中的应用——以山西省中小型石窟及摩崖造像的 GIS 分析为例　余雯晶　中国文物报 12 月 10 日 7 版

补　遗

基于 .NET 的考古遗址空间信息系统的设计与实现　刘军、耿国华　计算机工程与设计 2009 年 30 卷 23:5404 ~ 5407

其　他

国外切割痕迹研究方法述评及其在湖

北白龙洞的初步应用　王运辅等　第十一届中国古脊椎动物学学术年会论文集:195~211

微痕考古研究领域的初步探索　李禹阶等　第十一届中国古脊椎动物学学术年会论文集:183~193

虎头梁遗址尖状器功能的微痕研究　张晓凌等　人类学学报4:337~354

微痕观察初步确认灵井许昌人遗址旧石器时代骨制工具　李占扬、沈辰　科学通报55卷10:895~903

微痕分析确认万年前的复合工具与其功能　张晓凌等　科学通报55卷3:229~236

北京平谷上宅遗址骨柄石刃刀的微痕分析:来自环境扫描电镜观察的证据　崔天兴等　中国科学:地球科学40卷6:737~744

穆斯堡尔谱技术在考古研究中的应用　梁明亮等　文物保护与考古科学3:81~86

文物摄影经验浅谈　潘维　成都文物1:73~76

文物摄影小常识　陈兴华　中国文物报5月7日3版

浅谈遥感技术航拍摄影在考古中的应用　高丁丁　文物世界4:59~60

浅谈文物摄影数字化技术的发展趋势　王宇新　中国文物报9月10日7版

浅谈文物数据库照片的拍摄方法与技巧　白晓波　中国文物报6月18日7版

微炭屑的几种统计方法比较及其对人类活动的指示意义　李宜垠等　第四纪研究2:356~363

最少个体数统计法在磨制石器研究中的应用　黄可佳　中国文物报10月15日7版

应用于考古数据处理的决策树算法研究　毛延辉等　殷都学刊1:25~28

中国考古学中的学术自由、政治思想正确和早期文明:关于夏——二里头关系的讨论　(澳)刘莉著　付永旭译　星灿校　中国文物报1月8日7版

“三普”文物图纸绘制要规范　王平　中国文物报1月15日7版

南庄头遗址早期陶器烧成温度研究　周理坤等　岩矿测试29卷2:148~152

指纹分析与古代陶器研究　秦戈　中国文物报12月10日7版

民具研究的理论与方法　孟和套格套　内蒙古文物考古1:95~99

东南亚青铜时代的断代:文化内涵的重要作用　查尔斯·海汉姆著　王剑雄、钟治译　吕红亮校　南方民族考古第六辑:151~162

补　遗

西汉时期的博山炉:一种类型学和图像学的分析方法　艾素珊著　李莎译　民族艺术2009年4:88~105

切割痕迹揭示马鞍山遗址晚更新世末人类肉食行为　张乐等　科学通报2009年54卷19:2871~2878

四　文物保护与修复

综　述

试论文保类考古　杜金鹏　考古5:60~66

浅析故意损毁文物罪构成中的单位主体　张春雷　中国文物报5月28日3版

内涵、基础、程序、建议:有关文物埋藏区的探讨　张治强　中国文物

报12月10日5版
山东省文物保护条例　中国文物报12月10日4版
为黄帝陵保护管理提供有力保障——《陕西省黄帝陵保护管理办法》　庞博　中国文物报4月30日3版
《历史文化名城名镇名村保护条例》——中国历史文化遗产保护的新阶段　谢广山　文物世界5:50～52
考古出土植物遗存的遗产属性及相关问题　吴文婉、张继华　南方文物4:171～173
关于古墓葬所有权的法律检寻　常文鹏　中国文物报2月5日3版
关于古代墓葬的若干思考　刘朴　中国文物报7月30日3版
文物保护工程若干基本问题的思考之一——什么是文物保护工程　陈学斌　中国文物报7月30日6版
文物保护工程若干基本问题的思考之二——文物保护工程的类型　陈学斌　中国文物报8月13日6版
文物保护工程若干基本问题的思考之三——文物保护工程实施基本流程中的问题　陈学斌　中国文物报8月27日6版
与时俱进的东方文物修复保护理念　杜侃　中国文物保护技术协会第六次学术年会论文集:376～378
多学科在文物保护中的应用　张新田　史前研究（2006）:288～295
守护千年古道 再书世纪新篇　单霁翔　中华文化遗产4:8～15
关于文物保护单位“两线”划定工作的实践与思考　束有春　东南文化2:19～22
文保单位“两线”划定工作的实践与思考　束有春　中国文物报9月24日5版
文物保护单位保护规划中保护范围和建设控制地带的划定和分级　王涛　东南文化2:23～26
考古遗产的空间界定与本体保存　王刃余　文化遗产研究（第1辑）:117～135
中国文化遗产保护管理的政策思考　陆建松　东南文化4:22～29
国内外世界遗产原真性与完整性研究综述　张成渝　东南文化4:30～37
文化遗产保护学刍议　郑子良、刘禄山　东南文化5:7～11
文化遗产诠释与展示的国际理念和规范——从“适用于考古发掘”到“遗产地诠释与展示”　孙燕　东南文化6:23～26
不可移动文物保护材料研究中的问题和发展趋势　张秉坚等　文物保护与考古科学4:102～109
当前不可移动文物保护急需的人才　晋宏逵　东南文化5:1
南水北调中线工程文物保护工作取得阶段性成果　徐光冀　中国文物报3月5日5版
文化遗产保护的机遇与挑战——做好湖北省南水北调工程文物保护工作　沈海宁　中国文物报3月5日9版
南水北调中线工程河南省文物保护工作概述　陈爱兰　中国文物报3月5日10版
保护文化遗产 传承古代文明——河北省南水北调文物保护工作概述　河北省文物局南水北调文物保护办公室　中国文物报3月5日11版
南水北调文物保护工作的几点体会　河北省文物局南水北调文物保护办公室　中国文物报3月5日11版
北京十年（2000～2009年）地下文物

保护工作回顾——纪念第五个中国文化遗产日　北京市文物局　中国文物报6月9日3版

安徽固镇县级文物保护工作的探索实践　汪支边　中国文物报4月9日3版

守望民族根脉 共栖精神家园——山西重点工程建设文物保护工作扫描　许高哲　中国文物报9月10日3版

大运河作为文化线路的认识与分析　陈怡　东南文化1:13～17

隋唐大运河线性文化遗产特点及保护方式初探——以安徽段大运河为例　王晶　东南文化1:18～22

关于"病害调查"的若干思考　杨刚亮　中国文物报9月17日4版

从兵马俑第三次发掘看考古发掘现状　林弘　丝绸之路18:32～33

欧洲文物保护理念的借鉴　常洁　中国文物报8月13日7版

补　遗

文化传承与可持续发展:古城保护的扬州模式之启示　徐善登　城市问题2009年11:36～40

基于博弈论的大遗址保护区政府与居民搬迁行为分析　郑育林等　西北大学学报(自然科学版)2009年39卷6:1052～1055

金属器的保护

金属文物用封护剂性能研究　王菊林等　中国文物保护技术协会第六次学术年会论文集:330～335

氟碳涂料在铁质文物封护中的应用研究　马立治等　文物保护与考古科学2:27～32

北京延庆馆藏铁质文物的科学保护　张治国等　中国文物保护技术协会第六次学术年会论文集:3～11

明代古桥构件束腰铁锭的科学保护　张月玲　中国文物保护技术协会第六次学术年会论文集:31～36

古代铁器的检测与保护科学　松井敏也著　柏艺萌、赵代盈译　万欣校　博物馆研究3:80～84

三种铁质文物脱盐处理对表面锈层影响的对比研究　邵安定　考古与文物1:99～102

氯离子选择性电极测定铁器碱性脱盐溶液中氯离子的含量　成小林等　文物保护与考古科学3:10～14

青铜器传统修复技术科学化的思考　王五胜、霍海峻　中国文物保护技术协会第六次学术年会论文集:22～24

青铜器翻模技术的研究　宋颖、王际　中国文物保护技术协会第六次学术年会论文集:25～30

对青铜器保护修复理念、原则的探讨　陈仲陶　文物保护与考古科学3:87～91

青铜文物修复理念和原则探讨　余伟、李军　南京博物院集刊11:216～217

略谈青铜器修复与保护　刘根亮　天津文博第七辑:291～295

安阳博物馆馆藏青铜器保护与修复　王浩天等　文化遗产研究(第1辑):290～310

兽面纹簋的修复　钱青　中国文物保护技术协会第六次学术年会论文集:18～21

简介三星堆祭祀坑青铜大型人面具的修复　杨晓邬　史前研究(2006):456～458

从战国青铜甗的保护实践谈文物保护原则在实践中的应用　赵凤燕、马燕如　中国文物报9月24日6版

扶风县馆藏唐清晖镜的保护修复与分

析研究　张勇剑等　中国文物保护技术协会第六次学术年会论文集：12～17

X光拍照技术在青铜器保护中的应用　赵亚军　陇右文博2：74～76

西汉星云镜铸造工艺模拟实验　张少昀等　江汉考古4：104～108

磁性二氧化硅复合纳米粒子的合成及其与青铜器的相互作用研究　汪绒等　化学学报68卷17：1726～1734

鄂尔多斯博物馆馆藏北魏鎏金带饰的保护　张恒金等　内蒙古文物考古1：107～113

六朝初期铜鎏金铺首衔环保护与研究　吕良波　文物保护与考古科学3：76～80

一件金菊花碗的修复与铭文研究　张孜江　中国文物报8月27日7版

工作台案上的发现——记赵振茂先生破解修复战国青铜错金银器金银纹饰制作方法之谜　赵玉中　中国文物报8月27日7版

古代赤金器的传统修复技术　赵玉中　中国文物报6月4日7版

四川邛崃一批出土银元的分析与除锈保护　杨颖东、王宁　文物保护与考古科学3：69～75

人才培养在一线——2010馆藏金属文物保护培训班简述　马燕如　中国文物报8月13日6版

石质文物的保护

环境因素对露天石质文物的危害——以集安市高句丽王城、王陵和贵族墓葬为例　冯楠等　边疆考古研究第9辑：316～324

高句丽石质文物风化的保护方法研究　王蕙贞等　文博6：76～81

三维激光扫描技术在石质文物劣化过程实验中的应用　汤众、孙澄宇　东方建筑遗产2010年卷：53～56

湖北武当山遇真宫石质构件病害调查研究　杨予川　文物建筑（第4辑）：128～134

宁波地区露天梅园石质文物病害机理研究　金涛　文物保护与考古科学2：48～52

石质文物修复中的一些操作技巧　杨刚亮　中国文物报4月23日7版

微电极测深系统在石质文物表层劣化检测中的应用研究　李宏松等　工程勘察38卷5：78～83

有机硅在石质文物保护中的研究进展　韩涛、唐英　涂料工业40卷6：74～79

岩画病害的红外热成像检测技术初探　吴育华、刘善军　文物保护与考古科学2：12～17

岩画渗水病害的红外热成像检测研究　吴育华、刘善军　工程勘察38卷5：31～35

花山岩画保护与水硬性石灰的应用研究　王金华等　中国文物报11月26日4版

浅谈大足石刻的装饰艺术　陈卉丽　中国文物保护技术协会第六次学术年会论文集：292～297

安岳石窟经目塔5.12汶川大地震后抢救性修缮——兼论三维激光扫描、计算机模拟技术在文物保护中的运用　张荣　文物保护与考古科学2：40～47

水岩作用对云冈石窟石雕风化破坏的化学效应研究　黄继忠等　敦煌研究6：59～63

浙江余杭凝灰岩摩崖石刻造像风化产物研究　徐飞等　中国文物保护技术协

会第六次学术年会论文集:267～279

孟子故里摩崖石刻保护及研究　田霞　中国文物报8月13日7版

梵天寺经幢岩石超声波裂化研究　张兵峰　中国文物报6月4日7版

地震灾区砖石结构文物修复的抗震措施——以绵阳南塔为例　黄石林　中国文物报5月21日7版

龙兴寺石造像和香山汉墓陶俑的预防性保护与修复　周庆喜、付卫杰　中国文物报2月26日7版

馆藏石刻翁仲造像抢救性修复的研究　李钢　成都文物2:46～51

当前岩土质文物古迹保护的若干问题（上、下）　黄克忠　中国文物报1月8日4版

古建筑的保护

不可移动与可移动文物抗震防震方法研究　周乾　故宫学术讲谈录第一辑:429～488

汶川地震古建筑木结构震害研究——已加固构架　石志敏等　中国文物保护技术协会第六次学术年会论文集:228～241

汶川地震导致的古建筑震害　周乾等　文物保护与考古科学1:37～45

宁波地区地震活动性特征及对保国寺古建筑的影响探讨　沈惠耀　东方建筑遗产2010年卷:117～122

保国寺大殿材质树种配置及分析　符映红　东方建筑遗产2010年卷:123～127

嘉木样活佛府室内外装修类型制作工艺及修缮技术　王昌辉　古建筑保护论文集:50～58

塔尔寺嘉木样活佛古建筑雕刻艺术与保护修复技术浅谈　万康成　古建筑保护论文集:59～73

嘉木样活佛院排水现状及问题　冶飞　古建筑保护论文集:74～80

嘉木样活佛院区域环境的综合保护　李建宁　古建筑保护论文集:136～143

居庸关修复工程概要　高小华　明长陵营建600周年学术研讨会论文集:702～713

登封少溪桥勘察报告　周鼎、肖海博　文物建筑（第4辑）:135～147

河南禹州“义兴公”建筑群的维修保护　鲍玮、郭江涛　文物建筑（第4辑）:148～154

北京智化寺藏殿防水保护研究　王丹　中国文物保护技术协会第六次学术年会论文集:140～150

塔尔寺建筑屋面构造及运用　刘健、路霞　中国文物保护技术协会第六次学术年会论文集:216～227

济南府学文庙大成殿落架大修加固项目金属构件的应用　陈宾　中国文物保护技术协会第六次学术年会论文集:151～162

吴哥古迹保护的中国特色　姜怀英　中国文物保护技术协会第六次学术年会论文集:242～246

砖石结构古建筑修缮中的规范应用问题　张金凤　文物保护与考古科学2:79～86

古建筑的白蚁防治与保护　舒而勤　福建文博1:43～44

陕西省榆阳区明长城主要病害及保护对策　徐路等　内蒙古文物考古2:129～135

布达拉宫300年来首次修缮揭秘　闫振堂　收藏1:58～61

法门寺明代古塔塔刹修复与科学保护　曹光新　丝绸之路18:29～32

太原纯阳宫九窑十八洞的修缮保护

张建华　文物世界3:78～80

任重道远——山西南部早期建筑保护工程　山西省文物局　中华文化遗产2:44～49

南部工程实施档案记录——平顺九天圣母梳妆楼实践　郑宇　中华文化遗产2:50～55

西溪二仙庙保护勘查技术　张荣　中华文化遗产2:61～65

建国后太庙的修缮和整治　贾福林　中国文物报12月17日7版

开封延庆观玉皇阁整体顶升技术　陈平　中国文物报5月21日7版

“十一五”国家科技支撑计划项目“古代建筑保护技术及传统工艺科学化研究”课题——古代建筑琉璃构件保护技术及传统工艺科学化研究　故宫博物院、中国科学院上海硅酸盐研究所　中国文物报8月20日4版

太和殿维修工程施工纪实（2006年～2008年）　故宫古建修缮中心太和殿维修工程项目部　中国文物报8月27日7版、9月10日7版、9月24日7版、10月8日7版、10月22日7版

南水北调中线拆迁清代民居的保护构想　赵德才　中国文物报5月7日6版

如何走出古建类文物保护的误区　王飞　中国文物报3月19日4版

古建筑防虫防腐的思考　史振钧　中国文物报2月26日7版

辽宁义县奉国寺殿宇驱除蝙蝠纪实　刘俭　中国文物报12月3日7版

简谈几种悬塑的结构造型与特征　梁锐荣、滑辰龙　中国文物报12月17日7版

泰顺泗溪镇汤构庭墓调查报告　钱冶　中国文物报5月21日5版

我国文物古建筑保护维修机制需要调整　马炳坚、李永革　中国文物报2月5日4版、2月12日6版、2月26日6版

壁画的保护

北方地区寺庙、殿堂壁画可溶盐活动规律的实验室模拟研究　王永进等　文物保护与考古科学3:15～20

内蒙古地区壁画保护修复的回顾与展望　杜晓黎　内蒙古文物考古1:100～106

甘肃武山水帘洞石窟群壁画保存现状及保护对策　王万福等　敦煌研究6:17～22

新疆和田托普鲁克墩1号佛寺壁画修复　何林、殷弘承　中国文物保护技术协会第六次学术年会论文集:247～251

西安曲江翠竹园西汉壁画墓霉菌分析研究　赵凤燕等　文博5:82～84

敦煌壁画的盐害与日常维护　苏伯民　敦煌研究6:14～16

基于马尔可夫采样的敦煌壁画修复　杨筱平、王书文　计算机应用30卷7:1835～1837

引起莫高窟第351窟壁画疱疹病害发生的水分来源分析及疱疹病害初步模拟实验　陈港泉　敦煌研究6:54～58

唐墓壁画环境监测与分析研究　杨忙忙　考古与文物3:108～112

馆藏唐代壁画画面霉斑清洗剂的筛选实验研究　严淑梅等　文物保护与考古科学2:53～59

唐乾陵永泰公主墓、章怀太子墓主室天象图的抢救修复　陕西师范大学

历史文化遗产保护教育部工程研究中心、乾陵博物馆　中国文物报7月30日7版
布达拉宫壁画“补色”修复探析　赵俊荣　敦煌研究2:27～31
北宋富弼墓壁画的揭取及修复保护　杨蕊　文物保护与考古科学1:70～76
扎塘寺壁画价值评估与针对性保护构想　滕磊、高峰　中国文物保护技术协会第六次学术年会论文集:133～139
古建筑壁画保护及修复——以嘉木样活佛府为例　宋耀春　古建筑保护论文集:111～135
浅析塔尔寺油饰彩画的保护方法及修缮工艺——以嘉木样活佛院为例　裴强强　古建筑保护论文集:81～110
西安鼓楼油饰彩画主要病害分析　王丽琴等　文物保护与考古科学1:26～31
故宫建福宫区主轴线建筑油饰彩画保护修复设计研究　杨红　中国文物保护技术协会第六次学术年会论文集:196～215
杭州孔庙大成殿彩绘保护性修复　杨鸣　东方博物第三十四辑:63～71
漫谈颐和园的彩画与保护　刘瑗、李粮企　中国文物报10月8日7版
“十一五”国家科技支撑计划“古代建筑保护关键技术研究”课题——“古代建筑油饰彩画保护技术及传统工艺科学化研究”　西安文物保护修复中心等　中国文物报9月3日4版
古代建筑油饰彩画保护技术及传统工艺科学化研究　中国文物报11月19日11版
古代壁画脱盐关键技术研究　中国文物报11月19日13版
四川广汉龙居寺中殿壁画制作工艺分析研究　胡东波、朱博雅　文化遗产研究（第1辑）:408～431
河南文物建筑历史遗存彩画抢救调查（一）——洛阳山陕会馆的彩画艺术　陈磊、杨豫川　中国文物报9月10日7版
河南文物建筑历史遗存彩画抢救调查（二）——武陟嘉应观彩画调查研究　陈磊、杨豫川　中国文物报9月24日7版
考古发掘现场保护的新理念新实践——陕西省考古研究院壁画墓的整体搬迁与技术研究　中国文物报2月26日5版
多学科介入西域考古的合作研究与保护　孙秀丽　中国文物报3月19日5版

补　遗

湿度对古建油饰彩画的影响　何秋菊　西北大学学报（自然科学版）2009年39卷5:769～772
西藏古建筑空鼓病害壁画灌浆加固效果初步检测　汪万福等　岩石力学与工程学报2009年28卷增2:3776～3781

石窟寺的保护

天梯山石窟的自然病害　赵旭峰　陇右文博2:77～78
试论天梯山石窟现状及保护　卢秀善　丝绸之路16:36～37
潜溪寺石窟治水工程与龙门石窟保护　王金华、李随森　中国文物报7月23日4版
云冈石窟凝结水监测研究　中国文物报11月19日16版

补　遗

敦煌莫高窟底层洞窟岩体内水汽与盐分空间分布及其关系研究　郭青林等　岩石力学与工程学报2009年28卷增2:3769~3775

云冈石窟立柱岩体长期强度研究　杨晓杰等　岩石力学与工程学报2009年28卷增2:3402~3408

敦煌莫高窟保护工程施工振动对洞窟文物的影响　张明泉等　岩石力学与工程学报2009年28卷增2:3762~3768

漆木器的保护

考古出土木质文物变定的产生、回复及其永久性固定　李玲　中国文物保护技术协会第六次学术年会论文集:84~88

蓬莱三艘古船保护进程中的保护技术探究　袁晓春　中国文物保护技术协会第六次学术年会论文集:89~93

置换填充法稳定浙江安吉出土饱水木俑的研究　卢衡等　中国文物保护技术协会第六次学术年会论文集:94~101

宁波保国寺大殿木构件含水率分布的初步研究　王天龙等　东方建筑遗产2010年卷:111~116

吉林帽儿山饱水木质文物的保护研究　张璐、姜晓光　博物馆研究4:84~89

对出土饱水糟朽漆器脱水定型的实验研究——兼论饱水残破漆器的修复　冯宗游、冯莹　文物保护与考古科学2:74~78

简论出土古代饱水木质文物保存状况检测方法　王晓琪　苏州文博论丛第1辑:90~94

从新发现的东汉简谈饱水简牍的出土应急保护　金平　中国文物报10月22日7版

"活性碱"对出土干缩变形木质文物的润胀复原研究　陈家昌等　功能材料41卷8:1450~1453

一件木质漆盒的保护修复　张芳　文博4:81~84

改性MDI型聚氨酯文物保护材料耐光性能研究　杨璐等　文物保护与考古科学1:32~36

抗菌剂壳寡糖、儿茶素和纳米氧化锌对冻干前处理古木微生物作用的研究　李东风等　文物保护与考古科学1:60~64

甘肃武威磨嘴子出土汉代木牛车抢救性复原修复　陈庚龄、田小龙　文物保护与考古科学1:77~82

武威磨嘴子汉墓新近出土木质文物的抢救保护与修复　卢燕玲　文物保护与考古科学4:97~101

九连墩墓地出土典型干缩变形器物综合分析　夏璐　中国文物报6月18日7版

补　遗

冻干法保存饱水木质文物研究进展　吴东波等　真空2009年46卷6:67~70

纸质文物的保护

浅谈纸质档案类文物库房温湿度的调节　马金香、张艳红　中国文物保护技术协会第六次学术年会论文集:350~353

纸质文物变色原因及脱色方法研究进展　徐文娟、诸品芳　文物保护与考古科学2:92~96

试论馆藏纸绢文物的现状与保护　肖敏　中国文物保护技术协会第六次学术年会论文集:80~83

由明人绢本设色人物轴的修复谈及绢本书画的修复保护　杨旭　中国文

物保护技术协会第六次学术年会论文集:45~47

浅谈书画装裱中绫绢材料的托染 冀宁 中国文物保护技术协会第六次学术年会论文集:40~44

中国古代书画修复三题 徐建华 故宫学术讲谈录第一辑:279~290

中国书画修复的误区 沈亚洲 中国文物保护技术协会第六次学术年会论文集:48~53

弗利尔博物馆书画修复的革新与启发 刘德龙 东方博物第三十七辑:121~123

走进书画殿堂 略述保护方法 陈淑英 文物世界2:73~76

安阳博物馆古代书画修复浅识 魏文革、张珺 文化遗产研究（第1辑）:392~401

对书画藏品保护的几点浅见 吴春龙 中国文物保护技术协会第六次学术年会论文集:37~39

明代人李成《千岩雪霁图》的修复 左鹏 中国文物保护技术协会第六次学术年会论文集:54~56

清《盛字军小站屯田图》保护与修复 张章 天津文博第七辑:322~326

传统书画装裱修复黏合剂的测定与分析 王敏英 中国文物报1月15日7版

现代纳米微粒改善传统装裱浆糊性能的研究 徐飞等 南京博物院集刊11:201~211

α-淀粉酶改性淀粉的制备及在书画装裱中的应用研究 季慧等 文物保护与考古科学2:65~68

装裱用浆糊制作应用小技巧 黄瑛 中国文物报8月13日7版

北京妙应寺白塔“密封册”修复研究报告 司志文 文化遗产研究（第1辑）:333~356

谈博物馆拓本的保护 钟学利 天津文博第七辑:296~299

中山大学图书馆馆藏碑帖的整理与保护 程焕文 中山大学学报6:62~71

纺织品的保护

壳聚糖加固脆弱纺织品的研究进展 郑冬青、奚三彩 南京博物院集刊11:212~215

试论纺织品文物保护中的水质问题 路智勇、惠任 文物保护与考古科学2:87~91

国外纺织品文物保护修复与研究现状 路智勇 文物保护与考古科学3:92~96

东周纺织织造技术挖掘与展示——以出土纺织品为例 周旸等 中国文物报11月19日14版

馆藏出土毛织品文物的保护技术 木娜瓦尔·哈帕尔 中国文物保护技术协会第六次学术年会论文集:57~59

巨幅刺绣修复探索 张清等 中国文物保护技术协会第六次学术年会论文集:60~64

临时加固技术在糟朽丝织品文物揭展中的应用研究 魏彦飞、邱祖明 中国文物保护技术协会第六次学术年会论文集:65~69

丝素蛋白戊二醛对脆弱丝绸织物加固的工艺条件研究 郑海玲等 中国文物保护技术协会第六次学术年会论文集:70~79

残损五彩诰命的修复与保管 刘泽信 天津文博第七辑:305~309

乳酸菌发酵液对古代丝织品清洗效果研究 邱祖明等 江汉考古4:100~103

古代丝织品的丝素蛋白加固保护　周旸等　文物保护与考古科学3:44~48

谢家桥一号汉墓出土“锦缘绢地乘云绣荒帷”的修复　楼淑琦　文物保护与考古科学3:55~60

江西省明代藩王墓出土丝绸文物的清洗与保护　熊贤礼　江西省博物馆集刊（一）:225~233

Fe、Cu对丝绸保存状况的影响　张晓梅等　文物保护与考古科学4:1~8

新丝固旧丝 丝丝得长安——糟朽丝织品文物的丝蛋白复合体系加固技术　赵丰、胡智文　中国文物报5月21日6版

陶瓷器的保护

浅谈彩绘文物保护实践的经验教训　何伟俊　中国文物保护技术协会第六次学术年会论文集:345~349

新石器时代夹砂陶器综合处理　刘博等　中国文物保护技术协会第六次学术年会论文集:102~106

西安半坡博物馆馆藏陶器保存现状及存在的问题　张新田　史前研究(2009):214~215

国宝群鹿纹陶壶的修复　王仙波　中国文物报2月12日7版

从三彩马的修复谈秦汉至唐时期马尾的绾结　刘义茂　南京博物院集刊11:218~220

涿州汉墓出土彩绘陶器的保护修复　王景勇　中国文物保护技术协会第六次学术年会论文集:107~111

一件青州香山汉墓出土陶质彩绘骑俑的保护修复　姚政权、秦亚　文物研究第17辑:261~268

西汉彩绘兵马俑风化褪色、龟裂起甲等病害治理　陕西师范大学历史文化遗产保护教育部工程研究中心、咸阳博物馆　中国文物报7月2日7版

吐鲁番阿斯塔那古墓出土的彩绘泥塑文物的修复与保护　孙广明　中国文物保护技术协会第六次学术年会论文集:122~127

磁州窑白地黑花瓷器修复中的几个问题　吕淑玲　中国文物保护技术协会第六次学术年会论文集:115~118

浙江省博物馆藏白象塔北宋彩塑的保护修复　樊再轩等　敦煌研究6:23~27

南宋官窑陶卣的修复研究　楼署红　东方博物第三十四辑:59~62

一件元青花龙纹大罐的修复　蒋道银、袁郁　中国文物报10月8日7版

元代青白釉兽足香炉的修复　李奇　中国文物报3月26日7版

智化寺明代佛像修复与保护　杨志国　中国文物保护技术协会第六次学术年会论文集:189~195

山西介休后土庙彩塑修复材料的室内筛选研究　李燕飞等　敦煌研究6:34~40

故宫馆藏官窑瓷器实物资料的修复与保护　恽小钢　中国文物保护技术协会第六次学术年会论文集:119~121

清粉彩人物瓷瓶的修复——传统笔绘技法在现代修复中的应用　纪东歌　文化遗产研究（第1辑）:402~407

常用清洗材料对瓷器的影响研究　胡东波、张红燕　文物保护与考古科学1:49~59

遗址的保护

中国大遗址保护的问题　张忠培　文化遗产研究（第1辑）:26~36

新时期大遗址考古工作探讨　杜金鹏　文化遗产研究（第1辑）:82~86
大遗址保护与考古遗址公园建设　杜金鹏　东南文化1:9~12
再论文保类考古——基本理念探讨　杜金鹏　文化遗产研究(第1辑):74~81
大遗址考古发掘与保护的几个问题　傅清远　文化遗产研究(第1辑):37~42
立足遗址“核心价值”，大力推广文化景观建设——对我国古遗址保护工作的几点建议　唐际根　文化遗产研究（第1辑）:110~114
我国大遗址考古与考古遗址管理中的“遗址本位”理念缺失（附:大明宫考古遗址公园建设所见问题）　王刃余　文化遗产研究（第1辑）:136~152
试论考古遗址保护与展示　王晓梅　文化遗产研究（第1辑）:153~168
遗址保护规划与城镇发展规划的协调浅议——以黄国故城保护规划为例　汤羽扬、部华　文物建筑（第4辑）:90~95
城市周边大遗址保护规划思考——以山阳故城保护规划为例　张亳　文物建筑（第4辑）:96~101
大遗址本体保护与边缘村镇建设关系初步探讨——以大地湾为例　程晓钟　史前研究（2009）:39~44
大遗址价值评价体系与保护利用模式初探——以昙石山遗址保护与利用规划为例　王银平　东南文化6:27~32
城市中大遗址保护现状与对策的思考——以郑州商城遗址为例　马玉鹏　文物建筑（第4辑）:113~117
关于大遗址保护的几点思考　裴静蓉　文物世界6:62~63
大遗址保护重在和谐共生　龚良　中国文物报6月4日6版
我国大遗址保护与利用相关问题的研究　郑育林　西北大学学报（哲学社会科学版）3:40~46
大遗址在西安城市新定位下的作用探讨　朱晓渭　西北大学学报（哲学社会科学版）6:14~17
大遗址保护特区研究之一——关于建立大遗址保护特区的可行性分析　郑育林　中国文物报3月19日3版
大遗址保护特区研究之二——关于大遗址保护特区的基本构想　郑育林　中国文物报3月24日3版
大遗址保护特区研究之三——关于大遗址保护特区实现路径的设计　郑育林　中国文物报3月26日3版
考古与遗址博物馆:国际视野　布莱恩·艾格罗夫　史前研究(2009):16~21
基于空间数据库的大遗址文化遗产保护　柳泽等　清华大学学报（自然科学版）50卷3:338~341
土遗址的处理加固与保护　李存信　文化遗产研究（第1辑）:240~254
土建筑遗址表部土体收缩特征曲线测定　刘平等　岩石力学与工程学报29卷4:842~849
土遗址保护中的多学科应用　俞长海　丝绸之路6:28~30
温度作用下高陡濒危古遗址载体变形响应　张景科等　兰州大学学报（自然科学版）46卷3:1~7
二〇〇九大遗址保护:为有源头活水来　孙漪娜　中国文物报1月22日5版
新疆大遗址病害类型及成因分析　梁涛　中国文物保护技术协会第六次

学术年会论文集：182～188

尊严还给运河 成果惠及百姓——领导、专家纵论济宁南旺枢纽工程大遗址保护和利用　济宁市文物局　中国文物报8月6日4版

若问古今兴废事 请君只看洛阳城——洛阳大遗址保护模式初识　中国文物报8月20日5版

四羊方尊故里宁乡——探索大遗址保护发展新模式　中国文物报10月15日5版

初见成效的湖南大遗址保护　熊建华、陈利文　中国文物报12月31日3版

“十一五”国家科技支撑计划项目“大遗址保护关键技术研究与开发”课题——文物出土现场移动实验室研发　敦煌研究院等　中国文物报3月5日4版

白鹤梁题刻原址水下保护工程研究与实践　中国文物报11月19日9版

尼雅——丹丹乌里克：中外合作与学科沟通的范例　孙秀丽　中国文物报3月19日5版

庞贝遗址的“原真性”保护策略与启示　陈家昌　中国文物报1月15日6版

地中海地区考古遗址的保护与展示——保护性建筑设计　扎克·阿斯兰著　张瑾译 中国文物报5月7日7版

布拉丁古罗马别墅遗址的保护大棚　郭大顺　中国文物报12月22日4版

关于建设国家考古遗址公园的一些意见——在“2009大遗址保护·良渚论坛”上的发言　张忠培　东南文化1：6～8

新疆首座遗址博物馆建设施工中对文物本体的保护　冶飞　中国文物保护技术协会第六次学术年会论文集：379～382

集安高句丽国家考古遗址公园　集安市文物局　中国文物报11月13日9版

认识中华文明史 从安阳殷墟开始——安阳殷墟国家考古遗址公园　中国文物报11月13日9版

大遗址保护与城市建设和谐发展——隋唐洛阳城国家考古遗址公园　中国文物报11月13日11版

重科学、重投入、重持续、重民生——良渚国家考古遗址公园　中国文物报11月13日12版

坚持科学发展 谋求多方共赢——鸿山国家考古遗址公园　中国文物报11月26日9版

历史文化与现代文明交相辉映——金沙国家考古遗址公园　中国文物报11月26日10版

三星堆国家考古遗址公园　中国文物报11月26日11版

圆明园国家考古遗址公园　中国文物报11月26日12版

周口店国家考古遗址公园　中国文物报11月26日12版

PS表面防风化工艺研究　李璐等　文物保护与考古科学4：71～76

PS材料加固遗址土试验研究　和法国等　中南大学学报（自然科学版）41卷3：1132～1138

试论史前遗址的保护与发展——以周口店遗址为例　宋冬勇　史前研究（2009）：27～32

柳州史前遗址的保护与旅游发展的几点思考　李刚　史前研究（2009）：

50～56

运用科学发展观谋划柳州史前文化遗产的保护与利用　易浩等　史前研究（2009）：63～69

关于柳湾遗址保护和利用的思考　俞长海　史前研究（2009）：45～49

成都市新都区新石器时代晚期土坑墓提取与保护　李钢、王波　文物保护与考古科学1：65～69

利用切割法搬迁新石器时代房址的一次成功尝试　张喜斌、韩炳华　中国文物报10月8日3版

生物病害对唐皇城含光门土遗址的危害及防治措施研究　黄四平等　文物保护与考古科学2：6～11

文化遗产保护和社区参与研究——以高昌故城为例　张铭心、徐婉玲　中央民族大学学报（哲学社会科学版）3：35～42

土蜂对高昌故城造成的病害分析　杨华　吐鲁番学研究——第三届吐鲁番学暨欧亚游牧民族的起源与迁徙国际学术研讨会论文集：338～343

浅谈高昌故城遗址的主要病害及保护措施　陆继财　中国文物保护技术协会第六次学术年会论文集：261～266

交河故城保护加固　李最雄　吐鲁番学研究——第三届吐鲁番学暨欧亚游牧民族的起源与迁徙国际学术研讨会论文集：313～323

吐鲁番台藏塔遗址保护研究　梁涛　吐鲁番学研究——第三届吐鲁番学暨欧亚游牧民族的起源与迁徙国际学术研讨会论文集：324～333

江苏徐州龟山汉墓墓道的修缮保护　郑冬青等　中国文物保护技术协会第六次学术年会论文集：163～170

绍兴印山越国王陵墓室主体结构的加固与保护　杨隽等　中国文物保护技术协会第六次学术年会论文集：176～181

江阴黄山小石湾炮台遗址修复用灰土最佳配方筛选研究　张慧、万俐　文物保护与考古科学2：23～26

明长陵保护策略初探　霍春龙　明长陵营建600周年学术研讨会论文集：718～725

昌吉州文物遗址点保存现状及存在问题　杜淑琴　中国文物报10月8日3版

是谁，在践踏文化遗存的尊严——镇江市双井路宋、元仓储被毁的历史投影　丹青　中国文物报8月6日5版

留取秦朝本色——访秦始皇帝陵博物院院长吴永琪　张伟　中国文物报9月29日3版

保护遗址 传承文明 改善民生 和谐发展——首批国家考古遗址公园负责人谈大遗址保护　中国文物报11月26日5版

补　遗

中国南方大型古遗址主要环境地质病害及其防治对策研究　刘佑荣等　岩石力学与工程学报2009年28卷增2：3795～3800

土遗址墙体含水量与电阻率关系研究　周仲华等　岩石力学与工程学报2009年28卷增2：4054～4058

唐大明宫遗址的历史底蕴和保护的若干问题　李春林　理论导刊2009年12：125～128

其　他

小议博物馆文物在陈列、展览中的环境保护　张钰　史前研究（2006）：

296～299

故宫乾隆花园室内文物共存环境检测与评价研究　王时伟等　中国文物保护技术协会第六次学术年会论文集：283～291

谈文物环境保护　陈新民　中国文物报3月26日7版

馆藏文物保存环境应用技术研究　中国文物报11月19日10版

如何做好文物藏品在利用过程中的保护　姚书文　中国文物保护技术协会第六次学术年会论文集：308～311

克孜尔石窟安防系统工程报警技术性能指标的精确实现　赵永升　中国文物保护技术协会第六次学术年会论文集：336～344

饱和盐溶液静态湿度发生器法对湿度仪表检校的探讨　靳海斌　东方博物第三十七辑：124～127

绍兴印山越国王陵木炭加固实验探究　范陶峰等　中国文物保护技术协会第六次学术年会论文集：171～175

展示装置材料与文物安全　张建雄　中国文物报8月25日8版

便携式拉曼光谱用于文物及文物保护材料光老化作用的快速评价　罗曦芸等　光谱学与光谱分析30卷9：2405～2408

文物藏展常用木材挥发性酸快速检测评价方法研究　徐方圆等　文物保护与考古科学2：1～5

丙烯酸酯改性明胶古墨锭修复胶的试验研究　邱建辉等　文物保护与考古科学2：33～39

考古现场文物应急处置与保护初步探讨　王学荣　文化遗产研究（第1辑）：232～239

考古现场出土脆弱质遗迹遗物应急处置保护　李存信　文化遗产研究（第1辑）：255～269

文物出土现场保护移动实验室研发　中国文物报11月19日12版

浅谈文物的包装与运输（附：目前普遍使用的文物运输包装材料）　王杰星　文化遗产研究（第1辑）：454～463

砚的保护、养护与修复　于子勇　中国文物保护技术协会第六次学术年会论文集：112～114

第四纪哺乳动物化石标本的修复与保管　陈惠珍　福建文博2：85～87

金属配合物溶胶对金沙遗址出土潮湿古象牙加固的研究　陈家昌等　材料导报24卷10B：62～65

汶川地震可移动文物震害研究　周乾、闫维明　文物保护与考古科学3：36～43

马王堆古尸“三级”保护模式的建立与应用　王晓晟　中国文物报11月19日15版

层流技术在马王堆古尸保存室的应用　王慧等　湖南省博物馆馆刊第六辑：64～66

浙江省长兴县江家山遗址出土人体骨架的保护修复　郑冬青等　湖南省博物馆馆刊第六辑：546～553

文物医院与文物保护修复档案　宋纪蓉　故宫学刊第五辑：814～822

植物抗菌剂与物理灭菌技术在文物保护中的应用展望　刘莺等　中国文物保护技术协会第六次学术年会论文集：398～407

植物精油在控制藏品害虫中的作用　王春等　中国文物保护技术协会第六次学术年会论文集：394～397

二氧化碳杀虫方法　张晋平　中国文物报9月24日7版

余杭文物考古调查前置预审实践　裘建青　中国文物报9月24日3版

对文博修复人才短缺的思考　吴春龙　中国文物报6月4日7版

贰　考古学分论

一　综　述

中华古代文明产生的特色及其对我们的启示（三）——人口的增长，粮食问题的解决，主要依赖于农业生产的发展　吴汝祚　中国社会科学院古代文明研究中心通讯19:64～70

中华古代文明产生的特色及其对我们的启示（四）——“人为贵”的人本主义思想的萌发　吴汝祚　中国社会科学院古代文明研究中心通讯20:1～4

龙形器与龙的崇拜　朱乃诚　寻根1:22～30

浅析我国史前时期的石器制作艺术　史建兴　史前研究(2006): 141～145

环渤海地区史前文化的关系与文明试论　杨治国　文物世界1:42～45

临夏远古文化漫谈　曹丽娟　陇右文博2:58～62

甘肃大地湾遗址距今6万年来的考古记录与旱作农业起源　张东菊等　科学通报55卷10:887～894

嫩江流域夏至东汉时期的五支考古学文化　张伟　北方文物2:29～37

中国青铜时代起始时间考　蒋晓春　考古6:76～82

冀西北、京津唐地区夏商西周北方青铜文化的演进　蒋刚　考古学报4:455～480

关于夏商周时期城郭筑造问题的几点思考　刘继刚　中州学刊3:176～178

岭南商周时期埋葬习俗的若干问题　杨建军　江汉考古2:71～81

商周墓葬等级序列比较　张明东　中国历史文物1:36～42

公元前1千纪东北亚墓葬的头向　赵镇先　内蒙古文物考古2:76～84

土墩墓研究中的几个问题　杜佳佳、王根富　南方文物4:120～132

辽北战国汉时期多民族文化交汇的考古学考察——铁岭邱台遗址例说　周向永　辽宁考古文集（二）:356～364

两广地区出土战国秦汉铁器辨析（上）　李龙章　深圳文博论丛·2010年:47～58

郧县乔家院墓地东周—汉代居民牙齿的形态观察与测量　周蜜、黄玉洪　江汉考古3:106～112

丹江库区龙口墓群出土人骨的初步研究　周蜜、李永宁　江汉考古1:108～112

先秦墓祭制度再研究　董坤玉　考古7:57～64

从考古发现看先秦时期城市的给水与排水　刘继刚　中原文物4:52～55

先秦时代的“海贝之路”　李凯　青海社会科学1:146～150

关于辽宁燕秦汉至魏晋时期考古的若干问题（代序）　郭大顺　辽宁考古文集（二）: Ⅰ～Ⅴ

辽北地区燕秦汉时期遗存的发现与研究　裴耀军　辽宁考古文集（二）:331～346

从出土文物看秦汉三国时期蜀郡工室、工官　罗开玉　长江文明第六辑:29～39

中国北方地区仿木构墓葬发现与研究综述　赵明星　中州学刊2:189～192

洛阳古代重要墓葬略说　吕九卿　河洛文化论丛（第五辑）:42～73

东北考古的大检阅、大总结　张忠培　中国文物报11月13日7版

2009中国考古记忆：亮点频出　李政　中国文物报1月22日5版

精诚团结 开拓创新——重庆市文物考古所（重庆文化遗产保护中心）成立十周年纪念专刊　中国文物报11月26日6版、7版

解读历史 仰望先祖——江苏建国60年来考古出土的精品文物一瞥　杨海涛　收藏家2:3～10

基本建设考古的“江苏模式”　吕春华　中国文物报8月13日3版

河北省考古工作取得丰硕成果　张建勋　中国文物报1月29日3版

历史的责任 历史的收获　韩立森　中国文物报5月28日6版

释读埋藏于河北地下的史书　张忠培　中国文物报5月28日6版

60年艰苦磨砺 河北考古结硕果　徐光冀　中国文物报5月28日6版

穿越绚丽历史时空 见证燕赵大地灿烂文明——河北考古60年　河北文物研究所　中国文物报5月28日6版、7版

保护文化遗产 传承历史文明——商丘文物事业六十年纪事　李景曾等　中国文物报1月8日3版

建国60年甘肃考古发现成果综述　徐丽娟　丝绸之路4:16～17

二　人类起源及旧石器时代

综　述

旧石器时代人类用火遗迹的发现与研究　武仙竹等　考古6:57～65

旧石器时代中国南方砾石工业初探　刘礼堂等　武汉大学学报（人文科学版）63卷5:631～635

什么是旧石器　赵静芳　中国文物报4月2日6版

中国旧石器时代　赵静芳　中国文物报4月16日6版

石球的再研究　陈哲英　史前研究(2006):8～10

从更新世“过渡区”动物群的时代分布分析秦岭上升的阶段性　胡松梅　史前研究（2006）:29～35

晚更新世中国细石器遗址的分布特征　朱之勇　第十一届中国古脊椎动物学学术年会论文集:173～182

人类起源

中国人祖先起源研究新进展　高星、王春雪　中国文物报10月15日7版

华北地区

对华北地区旧石器两大文化传统的反思　邵文斌　中原文物1:17～20

泥河湾盆地细石器技术、年代及相关问题　王幼平　古代文明(第8卷):2～15

泥河湾盆地东谷坨遗址古人类生存环境探讨　裴树文等　科学通报2009年54卷19:2895～2901

华北细石器文化起源传播的环境背景分析　邵文斌　农业考古1:17～19

呼伦贝尔辉河水坝遗址的细石器工艺探讨　刘景芝　人类学学报3:242～252

试论晋南地区细石器文化　邵文斌　史前研究（2006）：36～52

关于许家窑—侯家窑遗址的调查研究　卫奇　文物春秋6：3～11

周口店遗址：揭开人类童年之谜　杨海峰　光明日报6月25日9版

东北地区

海林炮台山旧石器遗址发现的石器研究　陈全家等　边疆考古研究第9辑：9～24

黑龙江省海林市杨林南山旧石器遗址石器研究　田禾等　北方文物3：3～12

哈尔滨阎家岗遗址的地质背景　于汇历等　人类学学报4：445～453

从旧石器时代的文化遗存看哈尔滨人类文明的曙光　黄澄　黑龙江史志12：29～31

辽东半岛的旧石器文化　王丽等　人类学学报1：44～53

华东地区

江苏旧石器时代考古20年回顾　房迎三、沈冠军　东南文化6：48～55

再论南京直立人的高耸鼻梁和气候适应　张银运、刘武　人类学学报2：150～158

华中地区

郧西人遗址动物群与古环境　武仙竹等　第十一届中国古脊椎动物学学术年会论文集：103～112

湖北郧西黄龙洞更新世晚期人类牙齿磨耗与使用痕迹　刘武等　人类学学报1：1～14

湖北郧西黄龙洞遗址的植硅体分析　吴妍等　第十一届中国古脊椎动物学学术年会论文集：213～220

华南地区

海南的旧石器考古　李钊等　第十一届中国古脊椎动物学学术年会论文集：167～172

桂北洞穴遗址中化学沉积物发育及其对古人类、古文化演化的影响　元令　史前研究（2006）：83～89

柳州白莲洞遗址出土动物群的研究　李刚　史前研究（2006）：53～57

白莲洞遗址、庙岩遗址与仙人洞遗址的研究——华南地区旧石器时代向新石器时代过渡的典型案例透析　蒋远金　史前研究（2006）：58～67

解析白莲洞遗址中石器时代文化的信息　罗怡倩　史前研究（2006）：152～156

浅析白莲洞遗址的石器工业　蒋远金等　史前研究（2009）：145～153

珍贵的古椎动物化石——龙骨　谓知　中国文物报6月4日8版

西南地区

云南保山老虎洞旧石器遗址石器研究　朱之勇、吉学平　边疆考古研究第9辑：1～8

三峡库区池坝岭遗址石制品拼合研究　马宁等　人类学学报2：123～131

青藏高原旧石器若干问题的讨论　汤惠生　青海民族大学学报（社科版）36卷1：96～103

三峡地区旧石器时代人工用火遗迹的重要发现　武仙竹、肖琳　重庆师范大学学报（哲社版）3：95～98

补　遗

观音洞遗址古人类剥坯模式与认知特征　李英华等　科学通报2009年54卷19：2864～2870

西北地区

补　遗

水洞沟遗址采集的鸵鸟蛋皮装饰品研究　王春雪等　科学通报 2009 年 54 卷 19:2886～2894

三　新石器时代

综　述

华南新旧石器时代过渡机制探析　邵文斌　史前研究（2009）:80～88

南方地区新石器时代早期经济初探　彭舟　江西省博物馆集刊（一）:71～78

关于新石器时代的三次“革命”　钱耀鹏　华夏考古 1:139～146

东灰山、三星村、平洋等墓地与新石器时代几处墓地人口平均寿命比较　辛怡华　华夏考古 4:58～70

良渚与陶寺——中国历史南北格局的滥觞　宋建忠　文物 1:44～48

距今五千年前后文化迁徙现象初探　许永杰　考古学报 2:133～170

试论我国早期居所的起源　阎小红　史前研究（2006）:210～213

论中国黄河流域和长江流域史前居民获取肉食资源方式的差异　袁靖　中国社会科学院古代文明研究中心通讯 20:51～53

新石器时代石环加工初探　李海祥等　文物春秋 2:3～8

国外磨制石斧石锛研究述评　黄建秋　东南文化 2:113～117

试析陶器磨光工艺的功能　宾娟　中国文物报 6 月 2 日 3 版

从远古陶器看史前艺术及美的产生　刘姗姗　史前研究（2006）:226～230

史前遗址器物穿孔探源　陈远琲　史前研究（2009）:216～224

关于中国骨器研究的几个问题　马萧林　华夏考古 2:138～142

中国新石器时代遗址出土的龟鳖类　范方芳、张居中　动物考古第 1 辑:48～56

试论中国家养黄牛的起源　吕鹏　动物考古第 1 辑:152～176

中国家养黄牛的起源及其在宗教仪式中的应用　吕鹏　中国社会科学院古代文明研究中心通讯 20:57～62

文化生态史观视野下的文明化进程——中原地区与太湖地区的比较研究　陈杰　中原文物 1:21～30

海岱和太湖地区宗教信仰与礼制的比较分析　王芬　江汉考古 1:44～54

从胶东半岛和福建沿海的比较看贝丘遗址消亡原因　曲晓雷、陈智扬　福建文博 2:6～11

聚落考古

关于聚落考古的方法问题　严文明　中国社会科学院古代文明研究中心通讯 19:6～9

关于聚落考古的方法问题　严文明　中国文物报 4 月 16 日 7 版

关于聚落考古的方法问题　严文明　中原文物 2:19～22

关于聚落考古的方法问题　严文明　中国聚落考古的理论与实践（第一辑）——纪念新砦遗址发掘 30 周年学术研讨会论文集:9～14

关于深化史前聚落考古研究需要探索的一个问题　朱乃诚　中国聚落考古的理论与实践（第一辑）——纪念新砦遗址发掘 30 周年学术研讨会论文集:24～29

史前聚落群聚形态研究论纲　裴安平　中国聚落考古的理论与实践（第

一辑)——纪念新砦遗址发掘30周年学术研讨会论文集:30~41

中国的区域系统调查方法辨析　朔知　中国文物报3月5日7版

中国的区域系统调查方法辨析　朔知　中原文物4:29~40

中国的区域系统调查方法辨析　朔知　中国聚落考古的理论与实践(第一辑)——纪念新砦遗址发掘30周年学术研讨会论文集:42~65

区域聚落考古的比较分析　戴向明　中国文物报3月19日7版

区域聚落考古的比较分析　戴向明　中国聚落考古的理论与实践(第一辑)——纪念新砦遗址发掘30周年学术研讨会论文集:66~78

聚落考古研究中的环境考古问题　夏正楷、张俊娜　中国聚落考古的理论与实践(第一辑)——纪念新砦遗址发掘30周年学术研讨会论文集:20~23

聚落考古研究中的环境考古学问题　夏正楷　中国社会科学院古代文明研究中心通讯19:10~12

聚落考古研究中的环境考古学问题　夏正楷　中国文物报3月5日7版

郑州市聚落考古的实践与思考　张松林　中国聚落考古的理论与实践(第一辑)——纪念新砦遗址发掘30周年学术研讨会论文集:199~247

地层学在聚落考古中的运用和发展　王芬　中国历史文物4:21~28

环境、文化及保存状况与聚落形态研究　约翰·宾里弗著　李慧冬译　王青校　南方文物4:165~170

欧洲区域聚落形态研究　迈克尔·加拉蒂著　陈淳译　南方文物2:113~123

文明起源研究

解盐与中国早期国家的形成　陈星灿等　中国盐业考古(第二集)——国际视野下的比较观察:42~65

早期文化演进研究中的两对概念问题　易建平　中国社会科学院古代文明研究中心通讯20:23~32

关于文明形成的判断标准　李伯谦　中国文物报2月5日7版

关于文明形成的判断标准问题　李伯谦　古代文明研究通讯44:5~9

关于文明形成的判断标准问题　李伯谦　中国聚落考古的理论与实践(第一辑)——纪念新砦遗址发掘30周年学术研讨会论文集:15~19

“限制理论”与中国古代文明诞生　吴文祥　华夏考古2:143~152

试论汉字起源于中原地区　李立新　中州学刊5:186~189

20世纪炎黄文化研究的考古学回顾与思考　张宏彦　西北大学学报(哲学社会科学版)5:133~137

黄帝文化与具茨山文化圈　尹全海、张新斌　中州学刊5:180~185

河洛文化形成的文明要素　刘玉珍　河洛文化论丛(第五辑):22~30

试论中国早期文明的产生——以湖南城头山地区古代文明化进程为例　袁建平　中原文物5:22~27

良渚、陶寺与二里头——早期中国文明的演进之路　韩建业　中国聚落考古的理论与实践(第一辑)——纪念新砦遗址发掘30周年学术研讨会论文集:455~466

良渚、陶寺与二里头——早期中国文明的演进之路　韩建业　考古11:71~78

云南文明起源的考古学观察　王蓓蓓

四川文物 6:26～30

从古文字中的“王”字看古代王权　石兰梅　中国上古史研究专刊（第二期）:27～45

跨越重点 引领未来——试论文明探源工程　孟宪民　东南文化 6:33～38

黄河中游地区

东胡林 4 号人牙齿形态特征观察　薛进庄、郝守刚　人类学学报 3:253～263

新石器时代黄河流域文化格局的变迁与筒形罐系统的文化趋势　闫亚林　中原文物 3:14～22

裴李岗文化发现三十年——在新郑市举办的裴李岗文化发现 30 周年纪念暨学术研讨会上的发言　李友谋　论裴李岗文化——纪念裴李岗文化发现 30 周年暨学术研讨会:23～30

裴李岗文化研究的展望　李绍连　论裴李岗文化——纪念裴李岗文化发现 30 周年暨学术研讨会:31～35

论裴李岗文化在中华文明形成中的地位——为纪念裴李岗文化发现 30 周年而作　赵世纲　论裴李岗文化——纪念裴李岗文化发现 30 周年暨学术研讨会:36～56

试论裴李岗文化与周边地区同时期文化的关系及其发展去向　栾丰实　论裴李岗文化——纪念裴李岗文化发现 30 周年暨学术研讨会:57～68

说裴李岗文化　许顺湛　论裴李岗文化——纪念裴李岗文化发现 30 周年暨学术研讨会:69～72

试论裴李岗文化　郑杰祥　论裴李岗文化——纪念裴李岗文化发现 30 周年暨学术研讨会:73～75

河南裴李岗文化几个相关问题的思考　杨育彬　论裴李岗文化——纪念裴李岗文化发现 30 周年暨学术研讨会:76～82

裴李岗文化是中原地区新石器时代早期文化——纪念裴李岗文化发现 30 周年　曹桂岑　论裴李岗文化——纪念裴李岗文化发现 30 周年暨学术研讨会:92～104

裴李岗文化聚落形态探析　蔡全法、蔡强　论裴李岗文化——纪念裴李岗文化发现 30 周年暨学术研讨会:105～114

裴李岗文化与裴李岗文化时代　张松林　论裴李岗文化——纪念裴李岗文化发现 30 周年暨学术研讨会:115～118

试论裴李岗文化的分期和类型　靳松安　论裴李岗文化——纪念裴李岗文化发现 30 周年暨学术研讨会:156～184

论裴李岗文化的研究与开发——纪念裴李岗文化发现 30 周年　赵舒琪　论裴李岗文化——纪念裴李岗文化发现 30 周年暨学术研讨会:191～194

浅谈裴李岗遗址的发现与研究　郭宗岭　论裴李岗文化——纪念裴李岗文化发现 30 周年暨学术研讨会:195～198

裴李岗文化聚落研究　杨肇清　论裴李岗文化——纪念裴李岗文化发现 30 周年暨学术研讨会:83～91

裴李岗文化聚落再研究——从莪沟北岗、贾湖、唐户遗址谈起　杨肇清　中国聚落考古的理论与实践（第一辑）——纪念新砦遗址发掘 30 周年学术研讨会论文集:376～389

试析新郑裴李岗文化　王君、李景英　论裴李岗文化——纪念裴李岗文化发现 30 周年暨学术研讨会:212～216

伊洛地区裴李岗至二里头文化时期复

杂社会的演变——地理信息系统基础上的人口和农业可耕地分析　乔玉　考古学报 4:423~454

裴李岗文化时期的农作物与农耕文明　贾兵强　农业考古 1:20~24

河南新郑唐户遗址裴李岗文化聚落考古新发现与初步认识　信应君　中国聚落考古的理论与实践（第一辑）——纪念新砦遗址发掘 30 周年学术研讨会论文集:176~183

河南新郑唐户遗址裴李岗文化聚落考古新发现与初步认识　信应君　中国社会科学院古代文明研究中心通讯 19:13~20

唐户遗址很可能是少典、黄帝都邑　刘文学　论裴李岗文化——纪念裴李岗文化发现 30 周年暨学术研讨会:185~190

论贾湖遗址的环境与生业　张居中　论裴李岗文化——纪念裴李岗文化发现 30 周年暨学术研讨会:119~135

渭河流域老官台文化的分期研究　郭小宁　考古与文物 6:38~44

初识北旺新石器遗址——北旺遗址与北福地一期文化关系探析　刘化成、陈卓然　文物春秋 4:8~13

自然环境变迁与大地湾遗址文化演变关系初步探讨　程晓钟等　史前研究（2006）:118~121

从大地湾遗址浅析我国古代房屋建筑发展演变的历史　汪国富　史前研究（2006）:214~220

浅谈大地湾原始绘画与陶塑艺术　张正翠、王爱燕　史前研究（2009）:251~255

大地湾居住遗址的复原推测及初步研究　程晓钟　考古与文物 3:42~45

论渭河流域新石器时代晚期的聚落级差　管小平　四川文物 4:35~38

渭河流域仰韶文化聚落状况观察　张天恩　中国聚落考古的理论与实践（第一辑）——纪念新砦遗址发掘 30 周年学术研讨会论文集:102~112

初期仰韶文化研究　韩建业　古代文明（第 8 卷）:16~35

河南仰韶文化聚落研究　李昌韬等　中国聚落考古的理论与实践（第一辑）——纪念新砦遗址发掘 30 周年学术研讨会论文集:390~419

河南仰韶时代人口规模及相关问题的初步研究　王建华　华夏考古 4:49~57

中原地区几处仰韶文化时期考古遗址的人类食物状况分析　张雪莲等　人类学学报 2:197~207

孟津新发现的仰韶文化大石刨考识　李鑫、李德方　中原文物 5:54~56

龙凤呈祥——仰韶文化“鸟龙”彩陶盆　李宝宗　中国文物报 6 月 23 日 8 版

仰韶文化“鸟龙”纹彩陶钵纹饰释读及其重要意义　王先胜　中国文物报 8 月 25 日 4 版

半坡人的经济生活及其生产工具　申芝茹　史前研究（2006）:207~209

半坡史前聚落居民营造技术初探　张青　史前研究（2006）:221~225

对半坡遗址环壕认识的两次转变　马雨林　史前研究（2009）:210~213

仰韶文化半坡类型早期彩陶鱼纹纹饰新释　唐延青　丝绸之路 14:35~37

渑池笃忠遗址仰韶文化晚期人骨研究　孙蕾、武志江　华夏考古 3:100~109

中国史前的艺术浪潮——庙底沟文化彩陶艺术的解读　王仁湘　文物 3:46~55

运城盆地区域聚落考古的主要收获

戴向明　中国社会科学院古代文明研究中心通讯 19:27～30

西坡墓地 M27 出土植物遗存的几点认识　王树芝　中国文物报 4 月 2 日 7 版

盘状器功能的再探讨　席会坤　中国文物报 4 月 30 日 7 版

河南鹤壁市刘庄遗址浮选结果分析　王传明等　华夏考古 3:90～99

妯娌遗址古人类体质特征的观察与思考　李德方　河洛文化论丛（第五辑）:74～79

猫、鼠与人类的定居生活——从泉护村遗址出土的猫骨谈起　王炜林　考古与文物 1:22～25

郑州西山古城及其周边同时期遗址的考察　索全星　中国聚落考古的理论与实践（第一辑）——纪念新砦遗址发掘 30 周年学术研讨会论文集:420～436

龙山时代聚落形态研究　韩翀飞　华夏考古 4:81～89

中原龙山城址的年代与兴废原因探讨　魏兴涛　华夏考古 1:49～60

新密古城寨龙山文化大型建筑基址研究　杜金鹏　华夏考古 1:61～69

博爱西金城龙山文化城址的多学科研究实践与探索——兼议新形势下一线考古工作者的身份定位与转变　王青　华夏考古 3:60～66

河南博爱县西金城遗址 2006～2007 年浮选结果分析　陈雪香等　华夏考古 3:67～76

博爱西金城遗址出土圆田螺的采集季节分析　王良智　华夏考古 3:77～84

山台寺龙山文化研究　中国社会科学院考古研究所、美国哈佛大学皮保德博物馆中美联合考古队（高天麟）　考古 10:52～60

河南禹州瓦店遗址出土植物遗存分析　刘昶、方燕明　南方文物 4:55～64

神木石峁遗址陶器分析　阎宏东　文博 6:3～9

三析王城岗城堡遗址　董琦　中国历史文物 2:4～9

四析王城岗城堡遗址　董琦　中国历史文物 5:41～46

对《三析王城岗城堡遗址》相关问题的讨论　方燕明　中国历史文物 5:32～40

王城岗遗址出土木炭指示的古气候　王树芝、方燕明　中国社会科学院古代文明研究中心通讯 20:39～44

山西芮城清凉寺史前墓地反映的社会变革　薛新明、杨林中　中国聚落考古的理论与实践（第一辑）——纪念新砦遗址发掘 30 周年学术研讨会论文集:113～123

清凉寺史前墓地反映的社会变革　薛新明、杨林中　中国社会科学院古代文明研究中心通讯 19:45～51

临汾龙山文化陶寺类型聚落群研究　许顺湛　中原文物 3:34～39

陶寺出土铜齿轮形器功能辨析　何驽　中国文物报 3 月 19 日 7 版

王湾三期文化的南渐及其相关问题　靳松安　中原文物 1:31～38

新砦考古的回顾与展望　赵春青　中国社会科学院古代文明研究中心通讯 19:52～58

黄河下游地区

大汶口—龙山文化聚落形态的考察　何德亮　中国聚落考古的理论与实践（第一辑）——纪念新砦遗址发掘 30 周年学术研讨会论文集:343～356

海岱地区史前白陶初论　栾丰实　考

古4:58~70

试论河洛与海岱地区史前文化交流的格局、途径与历史背景　靳松安　中州学刊3:170~175

论龙山时代河洛与海岱地区的文化交流及历史动因　靳松安　郑州大学学报（哲学社会科学版）43卷3:158~163

改革开放以来皖北地区考古收获和意义　张莉、王吉怀　文物研究第17辑:20~34

从房址和陶鼎看北辛文化的成因　方拥　中国历史文物4:4~10

大汶口遗址——东方文明的曙光　何德亮　史前研究（2006）:109~117

大汶口文化的历史地位——纪念大汶口遗址发掘50周年　何德亮　史前研究（2009）:173~183

尉迟寺遗址“尉迟寺类型”墓葬分析　霍东峰　史前研究（2006）:231~239

尉迟寺遗址中“尉迟寺类型”遗存的分期与年代　霍东峰　华夏考古4:71~80

城墙顶上的房屋——垓下遗址排房的发现及其功能的初步分析　王志　中国聚落考古的理论与实践（第一辑）——纪念新砦遗址发掘30周年学术研讨会论文集:263~270

安徽固镇垓下遗址自然变形遗迹的发现及特征初探　姚大全等　地震地质32卷2:244~251

辽东半岛四平山积石冢探讨　刘俊勇、黄子文　辽宁师范大学学报（社会科学版）33卷3:107~110

平凡中创造神奇：大汶口文化骨雕筒　庄英博　中国博物馆2:68~69

八角星纹彩陶豆　徐波　中国博物馆2:66~67

山东龙山文化城址略论　孙波　中国聚落考古的理论与实践（第一辑）——纪念新砦遗址发掘30周年学术研讨会论文集:357~375

山东龙山文化城址略论（简稿）　孙波　中国社会科学院古代文明研究中心通讯19:37~44

山东龙山文化居民的生存环境　罗鹭凌　史前研究（2009）:119~123

精美绝伦的龙山文化蛋壳黑陶杯　纪东　中国博物馆2:70~71

定格时代的记忆——龙山文化橙黄陶乳丁纹鬶　王平　中国博物馆2:61~63

解读禹会村（上）　王吉怀　中国文物报1月29日3版

解读禹会村（下）　王吉怀　中国文物报2月12日3版

补　遗

苏北梁王城遗址黄泛层初步研究　黄铿等　地层学杂志2009年33卷4:398~406

长江中游地区

汉水中游地区新石器时代聚落的调查与收获　张弛、樊力　中国聚落考古的理论与实践（第一辑）——纪念新砦遗址发掘30周年学术研讨会论文集:287~303

长江中游新石器时代城址聚落的新发现与新思考　刘辉　中国聚落考古的理论与实践（第一辑）——纪念新砦遗址发掘30周年学术研讨会论文集:248~262

长江中游史前城址的分类研究　裴安平　中国社会科学院古代文明研究中心通讯19:21~26

江汉平原北部汉水以东地区新石器晚期文化兴衰与环境的关系　史辰羲

等　第四纪研究 2:335～343

汉水中游地区史前腰坑与瓮棺　李英华　江汉考古 1:55～64

岳阳史前考古概述　郭胜斌等　湖南省博物馆馆刊第六辑:67～77

等级—规模的空间情景——澧阳平原几处新石器时代聚落考察　郭伟民　中国聚落考古的理论与实践（第一辑）——纪念新砦遗址发掘 30 周年学术研讨会论文集:304～325

河南淅川马岭遗址聚落考古的探索　余西云、赵新平　中国聚落考古的理论与实践（第一辑）——纪念新砦遗址发掘 30 周年学术研讨会论文集:184～190

河南淅川马岭遗址聚落考古的探索　余西云、赵新平　华夏考古3:55～59

淅川沟湾遗址仰韶文化环壕聚落的发现及其意义　靳松安、张萍　中国聚落考古的理论与实践（第一辑）——纪念新砦遗址发掘 30 周年学术研讨会论文集:191～198

略论淅川沟湾遗址的仰韶文化遗存　靳松安　华夏考古 3:49～54

屈家岭文化溯源辨　王劲　江汉考古 4:63～75

试论重庆老关庙遗址土坑墓的年代和性质　赵宾福　江汉考古 4:76～80

从孝感叶家庙遗址浮选结果谈江汉平原史前农业　吴传仁等　南方文物 4:65～69

关于哨棚嘴文化的几个问题　江章华　四川文物 2:24～32

从环境史视角看石家河古城崛起的背景　黄尚明　江汉考古 3:65～71

重庆峡江地区中坝文化研究　于孟洲　考古与文物 3:22～31

长江下游地区

环太湖流域新石器时期遗址数量变化与环境的关系　黄莉　史前研究（2009）:103～118

全新世早期中国长江下游地区橡子和水稻的开发利用　刘莉等　人类学学报 3:317～336

地理空间的闭合与区域社会的统合——以环太湖地区史前社会演进过程中的地理要因分析为中心　刘恒武　考古与文物 3:32～37

试论史前吴地文化之影响　林锡旦　江南大学学报（人文社科版）9 卷 3:46～50

苏州史前文化概述　丁金龙　苏州文博论丛第 1 辑:5～8

江苏新石器时代彩陶与彩陶系研究　费玲伢　东南文化 6:98～103

试论跨湖桥文化的来源和对外影响——兼论新石器时代中期长江中下游地区间的文化交流　韩建业　东南文化 6:62～66

河姆渡文化在中华文明研究中的作用与地位　黄渭金、王海明　史前研究（2009）:162～172

河姆渡干栏式建筑的思考和探索　牟永抗　史前研究（2006）:11～28

河姆渡遗址制陶工艺考察　黄渭金　史前研究（2006）:132～140

对河姆渡遗址第一期文化“三叶纹”、“五叶纹”陶块的几点看法　熊巨龙　史前研究（2006）:166～170

河姆渡遗址陶器容量的测量与研究　黄渭金　史前研究（2009）:225～235

浙江余姚田螺山遗址古人类活动的环境背景分析——植硅体、硅藻等化石证据　王淑云等　第四纪研究2:326～334

中国新石器时代考古遗址湿地植物遗存与人类生态环境——兼论马家浜文化发展　孔昭宸等　中国社会科学院古代文明研究中心通讯20:33～38

略论环太湖西部马家浜文化的变迁——兼谈马家浜文化的分期、分区和类型　田名利　东南文化6:67～74

祁头山遗址　唐汉章　江阴文博1:71～74

草鞋山遗址崧泽文化墓地的发现及M16出土“碟形器”功能探讨　孙明利　苏州文博论丛第1辑:26～30

崧泽文化大墓的启示　李伯谦　古代文明研究通讯44:15～19

崧泽文化聚落形态分析　王芬　华夏考古1:70～82

从东山村遗址看长江下游社会复杂化进程　林留根　东南文化6:82～86

江苏江阴南楼遗址、佘城遗址房址初探　刁文伟　无锡文博3:25～30

邱承墩越国特大型贵族墓之下的秘密　胡晓明、朱华彦　无锡文博3:31～33

平湖朱皇庙遗址出土图画陶罐刍析　杨根文　东方博物第三十五辑:80～82

以薛家岗早期墓葬出土的陶鬶为例——兼谈马家浜至崧泽早期长江中下游鬶的源流　卜工　文物研究第17辑:35～46

长江中、下游联系纽带上的孙家城遗址的文化变迁　金晓春　中国文物报8月20日7版

良渚聚落模式的探索——以浙北地区为例　方向明　中国聚落考古的理论与实践（第一辑）——纪念新砦遗址发掘30周年学术研讨会论文集:326～342

良渚文化衰亡之我见　臧振　苏州文博论丛第1辑:17～25

良渚文化兽面纹构造辨析　顾幼静　东方博物第三十七辑:86～90

高城墩遗址　唐汉章　江阴文博2:62～64

从卞家山遗址出土的头盖骨谈头盖杯风俗以及与猎头风俗的关系　孙海波　史前研究（2006）:203～206

好川文化陶器与良渚文化陶器的比较研究　吕晓南　中国陶瓷3:74～77

论好川文化陶器造型　舒锦宏　中国陶瓷6:78～81

闽台及两广地区

两翼—中轴：岭南新石器时代文化空间格局的演变　何国俊　东南文化6:75～81

试论西江中游新石器时代的经济类型和演变　陈洪波　广西考古文集（第四辑）:331～347

广西贝丘遗址新探　闫少朋　史前研究（2009）:197～206

试论广西新石器时代打制石器　李大伟、谢光茂　广西考古文集（第四辑）:348～365

谈华南穿孔石器的功能　韦军　史前研究（2006）:122～131

树皮布·竹布·蕉布：古代岭南土著社会制布文化考述——从环珠江口史前“树皮布文化”说起　向安强　农业考古1:301～311

柳州白莲洞遗址和鲤鱼嘴遗址的地层特征研究　陈坚　史前研究（2009）:89～92

柳州鲤鱼嘴遗址经济形态研究　闫少朋　史前研究（2006）:90～97

从出土器物浅谈白莲洞遗址古人类文

化的社会形态　罗怡倩　史前研究（2009）：124～127

从甑皮岩遗址出土文物看甑皮岩先民对美的理解和运用　史习刚　史前研究（2009）：242～250

甑皮岩遗址蚌壳类文化遗存研究　张树春　史前研究（2009）：193～196

广西邕宁顶蛳山史前屈肢葬与肢解葬的考察　覃芳　南方文物2：74～80

顶蛳山遗址出土蚌刀的动物考古学研究　吕鹏、傅宪国　南方文物4：48～54

广西革新桥新石器遗址动物遗骸的鉴定与研究　宋艳波、谢光茂　动物考古第1辑：218～231

甑皮岩遗址第五期干栏陶纹辨识　漆招进　史前研究（2009）：236～241

柳州史前台地遗址研究　潘晓军　史前研究（2006）：68～71

大龙潭人生业模式的环境考古学分析　蒋远金、覃芳　史前研究（2009）：70～79

先秦东江流域三组文化遗存分析与综合　娄欣利　文物11：55～62

从石峡考古看岭南早期古文化的土著性及多元文化的融合　何国俊　中国社会经济史研究2：89～93

昙石山文化研究的若干问题　林恭务、朱燕英　史前研究（2009）：154～161

论台湾高山地区的史前聚落——以曲冰遗址为例　陈仲玉　东南文化2：70～76

从惠来遗址出土遗物和古土壤形态探讨台中盆地史前环境　屈慧丽等　考古人类学刊72：35～66

广西石铲发现之研究　刘文　史前研究（2009）：207～209

西南地区

成都平原社会复杂化进程区域调查　成都平原中美考古联合调查队（李水城）　中国聚落考古的理论与实践（第一辑）——纪念新砦遗址发掘30周年学术研讨会论文集：95～101

嘉陵江流域新石器时代遗址的地理考察　赵炳清等　西南史地第一辑：30～40

考古学所见西藏文明的历史轨迹　霍巍　民族研究3：58～67

龙门山地区史前遗址分布的地质学观察——5·12汶川特大地震对四川史前考古的几点启示　陈剑　中国聚落考古的理论与实践（第一辑）——纪念新砦遗址发掘30周年学术研讨会论文集：134～164

龙门山地区史前遗址分布情况——5·12汶川大地震对四川史前考古的几点启示　陈剑　成都文物4：12～26

试论云南地区打制双肩石器　陈娜　四川文物1：31～38

西北地区

吐鲁番盆地的史前遗存与环境分析　艾克拜尔·尼牙孜、哈里·买买提　吐鲁番学研究2：7～12

简论史前青海先民的经济活动及其与生态环境之关系　崔永红　青海社会科学1：125～129

远古的舞动——青海彩陶的渊源及当代价值　李学武　美术研究1：108～109

新石器时代的青铜器　杜廼松　中国文物报3月24日4版

马家窑文化的分期、分布、来源及其与文化的关系　丁见祥　古代文明（第8卷）：36～87

马家窑涡文彩陶瓮用途蠡测——兼谈瓮棺葬俗的几个问题　庞耀先、庞

萍 丝绸之路8:13～17
浅析马家窑文化彩陶几何纹纹饰 唐延青 丝绸之路10:27～29
青海彩陶上的史前"维纳斯"——柳湾"裸体人像彩陶壶"解读 柳春诚 青海社会科学4:146～149
上孙家寨彩陶盆舞蹈图案新论 邵明杰 四川文物2:44～47
甘青彩陶的一束绚丽奇葩——金山区博物馆馆藏彩陶精选 奚吉平、孙维昌 上海文博论丛2:44～50
甘肃西山坪遗址岩石磁学性质及其研究意义探讨 李续彬等 地球物理学进展25卷2:500～511
宗日文化遗址动物骨骼的研究 安家瑗、陈洪海 动物考古第1辑:232～240
青海同德宗日遗址出土铜器的初步科学分析 徐建炜等 西域研究2:31～37
关于磨沟齐家文化墓地发掘的几点思考 闫亚林 考古与文物4:21～25
甘肃临潭磨沟墓地不是齐家文化的遗存 叶茂林 中国文物报10月15日7版
浅谈武威皇娘娘台三人合葬墓 王欢 陇右文博1:65～66
小米能否制作面条的实验研究——兼论喇家面条的成分 葛威等著 葛威译 刘莉校 南方文物4:26～32

东北及内蒙古地区

中朝邻境地区的新石器文化比较研究 赵宾福 边疆考古研究第9辑:25～48
史前时期西辽河流域聚落与环境研究 韩茂莉 考古学报1:1～20
内蒙古敖汉旗新石器时代聚落形态研究 邱国斌 内蒙古文物考古2:18～46
内蒙古自治区东南部新石器时代遗址分布 李少兵、索秀芬 内蒙古文物考古1:52～61
东北地区新石器时代筒形罐研究综述 郭明 辽宁考古文集(二):295～303
敖恩套布和西固仁茫哈遗址复查与遗存辨析 朱永刚、王立新 边疆考古研究第9辑:325～342
哈克文化在呼伦贝尔史前诸考古学文化中的特殊地位 赵越 文化学刊2:104～108
兴隆洼文化是否饲养家猪 朱乃诚 中国社会科学院古代文明研究中心通讯20:54～56
内蒙古白音长汗二期乙类遗存房址居住面上遗存分析 胡保华 内蒙古文物考古2:47～55
红山文化渊源探讨 陈国庆 边疆考古研究第9辑:49～55
红山文化与西辽河流域文明起源的模式与特征 刘国祥 内蒙古文物考古1:43～51
内蒙古敖汉旗红山文化西台类型遗址简述 杨虎、林秀贞 北方文物3:13～17
试论巫觋集团在红山文化中晚期的神权地位 杨福瑞 北方文物1:64～67
红山巫师:被完整考古资料形成物证链锁定的阶层 李世龙 学术交流5:179～183
史前信仰中神龙形象来源刍议 郭静云 中原文物3:23～33
牛河梁遗址所见东北南部早期聚落演变与文明进程——编写《牛河梁遗址发掘报告》体会之三 郭大顺 中国聚落考古的理论与实践(第一辑)——纪念新砦遗址发掘30周年学术研讨会论文集:273～286
牛河梁遗址所见东北南部早期聚落演

变与文明进程 郭大顺 中国文物报2月5日7版
浅谈新乐遗址在辽河流域史前文化研究中的地位 周阳生 史前研究(2006):103~108
沈阳新乐遗址古环境与经济研究 刘艳华、刘翠红 史前研究(2009):93~102
新乐遗址出土的史前木雕品用途再探 周阳生、陈俏蕾 史前研究(2009):256~263
小河沿文化的时空框架 张星德、马海玉 北方文物3:18~24
大南沟石棚山墓地的社会学考察 陈畅 边疆考古研究第9辑:56~67

补 遗

史前辽东半岛经济形态研究 刘俊勇 辽宁师范大学学报(社科版)2009年32卷6:110~119
辽东半岛新石器文化的主要发现及其特征 王丽、傅仁义 沈阳师范大学学报(社科版)2009年33卷6:119~121

四 夏文化探索

新砦聚落考古的回顾与展望——纪念新砦遗址发掘30周年 赵春青、张松林 中国聚落考古的理论与实践(第一辑)——纪念新砦遗址发掘30周年学术研讨会论文集:469~476
新砦聚落考古的回顾与展望——纪念新砦遗址发掘30周年 赵春青、张松林 中原文物2:30~35
新砦遗址和夏代"启室" 郑杰祥 中国聚落考古的理论与实践(第一辑)——纪念新砦遗址发掘30周年学术研讨会论文集:486~488
晋中、晋南夏文化聚落群 许顺湛 中国聚落考古的理论与实践(第一辑)——纪念新砦遗址发掘30周年学术研讨会论文集:437~454
"黄台"、"黄水"与"启都"新论 蔡全法 中国聚落考古的理论与实践(第一辑)——纪念新砦遗址发掘30周年学术研讨会论文集:477~485
花地嘴遗址聚落问题的初步研究 顾万发 中国聚落考古的理论与实践(第一辑)——纪念新砦遗址发掘30周年学术研讨会论文集:489~493
数学计算模型与二里头早期国家的疆域 张海 中国聚落考古的理论与实践(第一辑)——纪念新砦遗址发掘30周年学术研讨会论文集:79~92
陶寺文化性质与族属探索 张国硕 考古6:66~75
东下冯文化的源流及相关问题 于孟洲、夏微 文物世界1:46~50
从方城八里桥遗址看曲烈的封地 李迎年 寻根1:124~127
寻找夏代早期的城址 方燕明 寻根3:13~21
夏族起源、活动区域与禹都阳城探索 陈隆文 殷都学刊4:44~54
试析"夏王朝否定说"形成的原因 张国硕 华夏考古4:90~95
二里头:华夏王朝文明的开端 许宏 寻根3:4~12
二里头文化"常旜"及相关诸问题 冯时 考古学集刊17:149~204
二里头文化时期江淮分水岭地区的考古学文化遗存浅析 段天璟 江汉考古2:61~70
二里头遗址文化分期再检讨——以出土铜、玉礼器的墓葬为中心 许宏、赵海涛 南方文物3:44~52

浅谈夏后皋墓位于崤山之原因　姚会强、司志民　丝绸之路8:28～29

论我国早期国家阶段青铜礼器系统的形成　方辉　文史哲1:73～79

试论社会有序性的需求是夏国家建立的根本原因　徐昭峰　四川文物4:39～44

五　殷　商

豫东与鲁西商文化遗存的启示　徐基　中国历史文物4:14～20

关于殷墟文化考古分期的几个问题　范毓周　中原文物4:41～51

关于围坊三期文化和张家园上层文化的再认识　蒋刚、王志刚　考古5:67～78

商代艺术风格中有关东夷文化因素的分析　楚小庆　东南文化5:116～119

商王朝的东方　庞晓霞　中国社会科学院古代文明研究中心通讯20:16～22

商代邑聚蓄水设施考察　张兴照　殷都学刊2:16～20

论郑州商都时期先民对环境的保护及其初步治理　徐岩　河南工程学院学报（社会科学版）25卷1:60～62

京当类型商文化与郑家坡类遗存关系再检讨　徐良高　考古9:46～54

试论南关外期文化及其相关问题　徐昭峰　中国历史文物2:10～19

殷商起源于保定西部安阳盆地考　王天峰　殷都学刊4:35～43

从酒台遗址发现论商族的起源地　林玉贵　山东大学学报（哲学社会科学版）2:138～142

鹤壁刘庄下七垣文化墓地的葬俗葬制　赵新平　华夏考古3:85～89

墓葬所见岳石文化与下七垣文化关系举例　方辉　中国历史文物4:11～13

城固宝山商时期遗存相关问题的探讨　豆海峰　考古与文物4:32～40

试论洹北商城的布局、年代和性质　侯卫东　文物研究第17辑:47～56

洹北商城宫殿区一、二号夯土基址建筑复原研究　唐际根等　考古1:23～35

商汤都亳研究综述　刘琼　南方文物4:101～119

“丕山”所在与商都亳邑　郑杰祥　中国历史文物6:52～56

郑州出土商周时期“乇”声字辞与汤亳再探　李维明　故宫博物院院刊1:6～12

小双桥与郑州商城遗址白家庄期商文化的比较　韩香花　中国历史文物2:20～28

郑州商城社祭遗址新探　郑杰祥　中原文物5:28～32

关于郑州商城小型房基的几点认识　袁广阔、朱光华　中原文物5:33～38

郑州商城布局及外廓城墙走向新探　刘彦锋等　郑州大学学报（哲学社会科学版）43卷3:164～168

从合水固城看义渠戎兴衰　寇正勤　陇右文博1:36～42

老堡子遗址商代遗存的年代与性质研究　付仲杨　考古学集刊17:205～215

殷墟乙七基址研究　杜金鹏　“中央研究院历史语言研究所”集刊第八十一本第一分:151～192

铜绿山古矿冶遗址研究综述　刘建民　湖北师范学院学报(哲社版)30卷1:99～102

殷墟铁三路制骨作坊遗址出土制骨遗存的分析与初步认识　李志鹏等

中国文物报9月17日7版

商文化墓葬中随葬的狗牲初步研究　李志鹏　中国社会科学院古代文明研究中心通讯20:67～70

商墓中毁器习俗与明器化现象　郜向平　考古与文物1:42～49

殷墟花园庄东地M60的葬俗及其性质　唐锦琼　考古3:80～90

殷墟大司空M303出土的植物叶片研究　王树芝等　考古10:86～92

殷墟妇好墓主身份辨——与张素凤、卜师霞商榷　韩江苏　中原文物1:99～104

殷墟王陵年代探论　范毓周　文史哲1:80～86

中国古代的蒸煮器——甗　刘爱红　中国文物报9月8日3版

殷墟王陵区早期盗掘坑的发生年代与背景　井中伟　考古2:78～90

试析昌平张营遗址早期青铜时代遗存　豆海锋、王立新　北方文物3:25～32

商文化手工业作坊内的祭祀（或巫术）遗存　谢肃　江汉考古1:65～72

六　西　周

论西周王朝对安徽江淮的经略　徐峰　南京博物院集刊11:32～35

西周钟镈组合与器主身份、等级研究　常怀颖　考古与文物2:51～59

晋南已发现的西周国族初析　张天恩　考古与文物1:50～56

周原遗址先周果蔬储藏坑的发现及相关问题　孙周勇　考古10:69～75

堰台遗址聚落形态考察　王峰　中国历史文物6:17～23

对陈庄西周遗址的几点认识　方辉　中国文物报3月5日7版

扑朔迷离的西周王陵　李自智　收藏6:40～43

略论丰镐地区西周时期车马埋葬的特点　张礼艳　中国历史文物5:47～56

周原遗址西周时期人群构成情况研究——以墓葬材料为中心　马赛　古代文明（第8卷）:138～162

西周手工业者“百工”身份的考古学观察——以周原遗址齐家制玦作坊墓葬资料为核心　华夏考古3:118～133

少陵原墓地的墓向“同轴对立”现象　赵昊　文博5:9～14

少陵原墓地的墓向“同轴对立”现象　赵昊　古代文明研究通讯44:23～30

天马—曲村墓地用鼎簋礼的考察　谢尧亭　文物世界3:18～24

芮国史事与考古发现的局部结合　张天恩　文物6:35～42

虎与虢国　李清丽　中国文物报6月25日6版

西周陶大口尊类型及其分布特征　孙战伟　文博6:23～28

原始青瓷尊　马起来　中国文物报3月17日8版

考古所见楚对鄂东铜矿的争夺与控制　朱继平　中国历史文物6:63～69

安徽霍山戴家院遗址自然变形遗迹的发现及其特征初探　姚大全等　地球物理学进展25卷2:454～459

七　东　周

从出土之乐县（悬）礼器考察东周“乐坏”的意义　李美燕　湖南省博物馆馆刊第六辑:143～149

洛阳中州路发掘的两点思考　薛豫晓　成都文物1:21～24

燕文化进入前的辽西　乔梁　内蒙古文物考古2:63～75

战国—秦汉时期河套地区城址的分布

及类型研究　王晓琨　东北史地5:64~68

从考古发现看洛阳东周王城的城市布局　聂晓雨　中原文物3:51~55

浅谈东周王城对我国早期都城规划理论的影响　聂晓雨、吴迪　河洛文化论丛(第五辑):114~120

娘娘寨城址性质问题试探　马世之　中原文物5:39~42

中山国灵寿城人口问题初探　曹迎春　文物春秋2:12~17

长江三峡地区东周时期埋葬习俗考古文化的研究　杨华　史前研究(2006):653~672

毛庆沟墓地年代学研究　陈畅　考古与文物1:69~73

甘肃马鬃山区石板墓初步研究　席琳　考古与文物2:80~85

张家川墓葬草原因素寻踪——天山通道的开启　杨建华　西域研究4:51~56

内蒙古凉城县小双古城墓地女性墓葬的社会地位试析　杨建华、曹建恩　内蒙古文物考古1:62~69

凉城县小双古城墓地殉牲研究　陈全家等　内蒙古文物考古2:56~62

蚌埠双墩与凤阳卞庄两座墓葬年代析论　徐少华　文物8:79~83

河套东部地区东周墓葬出土工具武器研究　邵会秋、曹建恩　中国历史文物1:43~53

曾侯乙墓漆书“日辰于维”天象考　武家璧　江汉考古3:90~99

曾侯乙墓若干漆木器定名及用途补议　陈春　江汉考古4:96~99

安徽铜陵出土青铜人面牌与雕题习俗　朱华东　中国历史文物2:29~33

从一件战国红陶罐看先秦时期乡里制度　赵金　中国文物报6月25日6版

从索离沟的考古发现看古索离国的地望　李延铁、于建华　北方文物2:38~45

秦文化

非子封邑的考古学探索　梁云　中国历史文物3:24~31

西汉水上游地区秦早期都邑考　郭军涛、刘文科　四川文物3:51~56

长安神禾原战国秦陵园年代述考　丁岩　文博2:13~16

洛阳地区秦墓探析　刘建安　华夏考古1:86~94

晋文化

唐、晋、晋国、晋文化　田建文　古代文明研究通讯44:20~22

齐文化

桐林(田旺)文化遗址本源考辨　王秀亮　管子学刊1:117~120

齐国铭陶十三器　吕金成、李宁　印学研究第二辑——陶文研究专辑:87~99

楚文化

从楚文化遗存的分布特点看早期楚文化的中心区域　笪浩波　华夏考古1:95~104

楚文化与中原文化关系论略　陈绍辉　殷都学刊2:124~128

楚文化与中原文化关系略论　陈绍辉　长白学刊4:151~154

双联钻卜甲卜骨与春秋早期楚文化面貌问题　何晓琳　江汉考古3:72~76

楚国城址的发掘与研究　杨权喜　湖南省博物馆馆刊第六辑:150~159

纪南城与楚郢都　尹弘兵　考古9:55~65

楚丹阳秭归说辨析　徐少华　湖南省博物馆馆刊(第六辑):160~170

楚都丹阳地望探索的回顾与思考　徐

少华　荆楚历史地理与长江中游开发——2008 年中国历史地理国际学术研讨会文集：51～63

关于楚晚期都城寿春的几个问题　张钟云　中国历史文物 6：57～62

楚墓的考古发现与研究　高崇文　古代文明（第 8 卷）：163～203

春秋晚期楚墓出土铜剑探源　高至喜　东南文化 5：57～60

熊家冢楚墓墓主身份蠡测　徐文武　江汉论坛 3：67～72

江陵雨台山墓地埋葬规律探讨　余静、滕铭予　华夏考古 2：56～68

襄樊余岗墓地楚式青铜礼器分期研究　王先福　江汉考古 3：77～89

"鐈"字考释兼论楚系鼎制　刘彬徽　湖南省博物馆馆刊（第六辑）：198～203

试论楚墓的用鼎制度　张闻捷　江汉考古 4：87～95

楚式"镇墓兽"特征综论　丁兰　江汉考古 1：98～107

从"万物有灵观"看楚国镇墓兽　蔡庆昱　高等函授学报（哲社版）23 卷 2：87～88

虎座鸟架悬鼓的造型装饰艺术探析　陈振裕　湖南省博物馆馆刊第六辑：232～245

从峡江地区楚文化遗存看东周时期的巴楚关系　赵炳清　考古 4：79～86

世界体系理论观点下的巴楚关系　陈伯桢　南方民族考古第六辑：41～68

破解南窑庄窖藏之谜　纪仲庆　南京博物院集刊 11：36～40

补　遗

楚凤造型艺术在楚文化中的映射　范铁明、李文娟　美苑：鲁迅美术学院学报 2009 年 5：77～80

楚式镇墓兽鹿角研究　黄莹　江汉论坛 2009 年 12：71～76

吴越文化

吴越贵族墓葬的甄别研究　张敏　文物 1：61～72

吴越系青铜短剑的发现及其初步研究　朱华东　考古与文物 6：45～49

考古学上的吴文化　李伯谦　苏州文博论丛第 1 辑：1～4

山东地区吴文化遗存分析　刘延长等　东南文化 5：51～56

吴文化考古：新的突破 新的期待　中国文物报 6 月 11 日 12 版

吴国姑苏台考　吴奈夫　苏州大学学报（哲社版）31 卷 5：159～163

舒城九里墩春秋墓的年代与族属析论　徐少华　东南文化 1：45～48

太湖流域早期的青铜文化交流——以苏州地区周代青铜兵器为例　李岩　社会科学战线 8：122～127

衡阳赤石春秋墓葬群的分期与年代　陈锐　湖南省博物馆馆刊第六辑：130～142

越国贵族墓葬制葬俗初步研究　陈元甫　东南文化 1：49～55

从绍兴博物馆新征集青铜镇看陶瓷半球形器的用途　刘侃、陈元甫　东南文化 5：66～70

八　夏商周时期周边地区青铜文化

东北及其周边地区

先秦时期内蒙古中南部地区居民的迁徙与融合　张全超、朱泓　中央民族大学学报（哲学社会科学版）3：87～91

试论夏家店下层文化石城　徐昭峰

中原文物 3:40~45

夏家店下层文化卜骨的初步研究　徐昭峰　文物春秋 4:14~18

夏家店下层文化类型辨析——基于二里头文化类型的对比研究　徐昭峰　东北史地 2:10~16

夏家店上层文化的青铜钉齿马具——北方草原与中原青铜文化交往的新证之一　井中伟　边疆考古研究第 9 辑:75~84

内蒙古赤峰市上机房营子遗址夏家店上层文化时期人骨研究　张全超、陈国庆　北方文物 2:25~29

完美再现青铜时代的"东方庞贝城"——内蒙古二道井子遗址发掘纪实　曹建恩等　中华文化遗产3:78~87

猪与中国古代社会的礼仪经济:大甸子遗址个案研究　罗运兵　中国社会科学院古代文明研究中心通讯20:63~66

河北丰宁东沟道下墓葬的新启示　邵会秋、熊增珑　文物春秋 6:16~20

吉林省集安市临江墓东侧青铜时代房址出土石制品初步研究　王志刚　北方文物 4:23~25

关于双砣子一、二期文化的三点新认识　赵宾福　东北史地 6:3~8

辽西地区青铜时代考古学文化与生态环境　汤卓炜　边疆考古研究第 9 辑:247~257

从马城子文化看辽东地区的早期青铜文化　张春梅、赵希英　文化学刊 4:89~95

从考古发现看沈阳地区青铜时代早期的手工业　张树范　东北史地4:10~15

辽东石棚渊源研究　范恩实　北方文物 1:29~36

辽宁海城析木城石棚的性质与年代初探　王成生　辽宁考古文集(二):314~321

辉发河上游的典型石棚墓概说　于晓辉　东北史地 6:9~12

与石棚有关的几个问题的探讨　华玉冰　东北亚考古学论丛:1~19

喀左铜器群再分析:从器物学模式到行为考古学取向　徐坚　考古与文物 4:26~31

岱海地区战国对称图案牌饰研究　陈畅　华夏考古 4:96~100

群鹿纹陶壶的发现及其价值　王仙波　丝绸之路 8:32~33

东南地区

殷商时期的长江下游　张敏　南京博物院集刊 11:20~31

马桥文化再认识　曹峻　考古11:58~70

论马桥文化的起源　焦天龙　南方文物 1:70~75

试谈马桥文化的泥质红褐印纹陶　曹峻　南方文物 1:76~80

九龙江流域商周时期古文化分期初探——兼谈浮滨类型的年代　干小莉　考古学报 1:21~42

试论可乐文化　杨勇　考古 9:73~86

广东早期青铜文化试析　杨杰　华夏考古 3:110~117

江西新干大洋洲陶器的类型学研究——兼谈该遗存的年代　彭明瀚　江西省博物馆集刊(一):3~12

大洋洲青铜器反映的鱼水文化　王宁　江西省博物馆集刊(一):129~142

试论吴城文化的分期与年代　罗祎玑　深圳文博论丛·2010 年:59~79

越族文化习俗初论　董忠耿　文物研

究第 17 辑：57 ~ 68

西南地区

三峡地区夏商时期的文化面貌与居民来源——以何光嘴遗址为核心　尹弘兵　湖南省博物馆馆刊第六辑：526 ~ 532

三峡地区夏商时期青铜器研究　唐小勇　文物世界 2：10 ~ 14

从清源遗址看乌江流域商周时期的考古学文化　李映福、陈芳　考古 5：79 ~ 91

鄂西峡江地区朝天嘴文化研究　于孟洲　考古 3：57 ~ 70

先秦成都平原的历史与文明（上）　段渝　成都文物 3：1 ~ 9

先秦成都平原的历史与文明（下）　段渝　成都文物 4：1 ~ 11

金沙遗址聚落形态的初步认识　周志清　中国聚落考古的理论与实践（第一辑）——纪念新砦遗址发掘 30 周年学术研讨会论文集：165 ~ 175

金沙遗址的初步分析　江章华　文物 2：39 ~ 47

金沙遗址出土石人像身份辨析　施劲松　文物 9：61 ~ 65

古蜀大社（明堂·昆仑）考——金沙郊祀遗址的九柱遗迹复原研究　杨鸿勋　文物 12：80 ~ 87

"三星堆学"刍议　赵殿增　史前研究（2006）：440 ~ 444

三星堆文化峡江类型刍议　孙智彬　史前研究（2006）：466 ~ 475

公元前 5 ~ 前 2 世纪成都平原的社会认同与墓葬实践　孟露夏著　祁郁译　吕红亮校　南方民族考古第六辑：99 ~ 112

四川成都商业街大墓的初步分析——成都商业街大墓发掘简报读后　孙华　南方民族考古第六辑：69 ~ 98

"羊首龙"与"禹兴于西羌"　林向　史前研究（2006）：377 ~ 383

想象历史的方法——从成都平原商周时期出土的象牙说起　周志清　华夏考古 1：147 ~ 152

古蜀象牙祭祀考　段渝　史前研究（2006）：547 ~ 550

殷商王朝与古蜀国的祭祀习俗比较　杨善清　史前研究（2006）：518 ~ 535

商、蜀先民贝随葬与贝祭祀习俗　杨艳梅　史前研究（2006）：586 ~ 589

蜀文化研究之反思——为纪念三星堆祭祀坑发现二十周年而作　宋治民　史前研究（2006）：551 ~ 578

对三星堆祭祀坑出土的铜"兽首冠人像"等器物的研究　胡昌钰、孙亚樵　史前研究（2006）：398 ~ 405

三星堆古蜀王国的山崇拜　张肖马　考古与文物 5：44 ~ 50

早蜀文明的虎崇拜　周志清　史前研究（2006）：579 ~ 585

三星堆"铜神坛"的复原　孙华　文物 1：49 ~ 60

再论三星堆器物坑的年代和性质　孙华　史前研究（2006）：384 ~ 397

三星堆祭祀坑发现的重要意义　陈德安　史前研究（2006）：501 ~ 502

三星堆—金沙商周礼乐文明研究——祭祀礼仪　幸晓峰　史前研究（2006）：423 ~ 431

三星堆二号坑反映出的宗教观念　张肖马　史前研究（2006）：432 ~ 439

三星堆文化玉石器综论　何岵　史前研究（2006）：406 ~ 422

三星堆遗址仁胜村土坑墓出土玉石器初步研究　肖先进、吴维羲　四川文物 2：33 ~ 43

三星堆系青铜容器产地问题　江章华　史前研究（2006）：476～482

三星堆出土青铜面具考　何英德　史前研究（2006）：487～492

三星堆出土青铜雕像与面具研究　黄剑平　史前研究（2006）：590～606

三星堆铜鸡考　张耀辉　史前研究（2006）：619～625

三星堆青铜大立人像鉴赏　崔云凤　史前研究（2006）：540～546

三星堆青铜人像雕塑艺术研究　范小平　史前研究（2006）：445～455

三星堆遗址出土的一件石刻作品及相关问题　王方　史前研究（2006）：483～486

从青铜器图形符号看三星堆文化对晚期巴蜀文化的影响　杨剑、刘明芬　史前研究（2006）：59～465

廪君蛮、板楯蛮及其与巴人的关系　杨勇　长江文明第六辑：1～6

巴文化基本问题述略　艾露露　长江文明第五辑：77～95

关于羊子山土台遗址和几件出土文物的历史价值问题　李复华　四川文物1：43～46

试论滇国出土文物图像中的怪兽形象　樊海涛　四川文物4：46～52

西喜马拉雅地区立石遗迹初论　吕红亮　考古与文物5：35～43

补遗

三星堆文化造型艺术中的"升腾之象"　李社教　湖北师范学院学报（哲学社会科学版）2009年29卷6：17～19

西北地区

新疆东部地区古文化探微　张凤　西域研究2：44～52

吐鲁番盆地青铜时代至初铁器时代与地区的文化交流　李肖　吐鲁番学研究——第三届吐鲁番学暨欧亚游牧民族的起源与迁徙国际学术研讨会论文集：3～20

中亚天山、费尔干纳与帕米尔地区的早期铁器时代研究——与新疆地区的文化交往　杨建华、张盟　边疆考古研究第9辑：85～104

新疆洋海古人类牙齿人类学研究报告　韩康信　吐鲁番学研究——第三届吐鲁番学暨欧亚游牧民族的起源与迁徙国际学术研讨会论文集：299～305

新疆哈密拜其尔墓地出土古代人类体质特征初步研究　魏东等　边疆考古研究第9辑：258～270

吐鲁番胜金店墓地考古发现与研究　张永兵　吐鲁番学研究——第三届吐鲁番学暨欧亚游牧民族的起源与迁徙国际学术研讨会论文集：54～60

About Cultural Contacts in Altai in Bronze Age（阿尔泰地区青铜时代的文化交流）　Kubarev Vladimir　吐鲁番学研究——第三届吐鲁番学暨欧亚游牧民族的起源与迁徙国际学术研讨会论文集：21～29

苏贝希文化木器和木材加工工艺　祖力皮亚·买买提　吐鲁番学研究——第三届吐鲁番学暨欧亚游牧民族的起源与迁徙国际学术研讨会论文集：412～419

东灰山——四坝文化的一朵奇葩　周荣　陇右文博2：54～57

从考古发现的权杖流变谈四坝文化权杖相关问题　庞耀先、庞萍　丝绸之路2：9～16

九　秦　代

岭南战国秦汉墓中的"柱洞"　郑君

雷　四川文物 4:53～62
文物见证——秦统一文字、货币、度量衡　王伟　收藏 6:83～89
"骊山之作未成"的考古学观察　张卫星　文物 6:43～48
秦始皇陵鱼池遗址的考察与再认识　张卫星、陈治国　文博 4:17～21
试论秦始皇陵园选址的相关问题　朱学文　考古与文物 6:50～55
秦汉帝陵陵寝制度及其象征研究的思路探析——以秦始皇陵的研究为例　张卫星　中原文物 3:67～73
由秦俑二号坑形制所引起的思考　申茂盛　文博 4:36～38
秦始皇陵 K0006 陪葬坑性质蠡测　王勇、叶晔　文博 5:19～21
也谈秦俑二号坑出土的绿面俑　朱学文　文博 4:27～30
秦帝国地下的辉煌——秦始皇帝陵园出土陶俑　孙伟刚　收藏 6:66～75
大堡子山秦陵乐器坑所出铜虎性质刍议　祝中熹　丝绸之路 2:5～8
秦墓出土的陶囷模型研究　武丽娜　农业考古 1:217～220
从秦俑坑出土箭镞看镞的发展演变　何宏　文博 5:15～18
秦俑坑出土刻铭纪年兵器初探　蒋文孝　中国历史文物 3:32～38
秦汉陶仓上的动物造型及其审美意蕴　周俊玲　四川文物 5:35～40

一〇　汉　代

边疆和边界：汉帝国的南部边陲　安赋诗著　赵德云译　南方民族考古第六辑:135～150
汉世"胡奴"考　王子今　四川文物 3:57～61
岭南移民与汉文化的扩张——考古资料与文献资料的综合考察　王子今　中山大学学报 4:110～116
丝绸之路对两汉之际西域的影响——以考古学为视角　肖小勇　西域研究 4:57～65
汉长安城城门遗址的发掘与研究　王仲殊　考古学集刊 17:106～148
西出嶲唐无故人——论保山汉营古城址应即嶲唐城并为"南丝路之阳关"　何金龙　边疆考古研究第 9 辑:188～199
吉林省九台境内山城城址初探　王义学、姚启龙　东北史地 1:20～22
三峡地区秦汉墓分布与都邑关系初探　蒋晓春　长江文明第六辑:19～28
汉代墓葬的布局与设计　杰西卡·罗森著　邓菲译　艺术史研究第十一辑:61～70
中国砖石建筑溯源——对汉代画像砖石墓葬的再认识　张卓远、王伟　文物建筑（第 4 辑）:38～52
汉墓神画中伏羲、女娲图像的配置及样式源流考　王元林　文物研究第 17 辑:69～78
汉代壁画墓的分区与分期研究　黄佩贤　考古与文物 1:74～80
《辽阳壁画墓群》学习笔记　郭大顺　东北亚考古学论丛:20～34
中原地区汉末至曹魏时期的墓葬等级与葬俗变迁的阶段性　赵俊杰　中州学刊 4:175～178
大连营城子地区汉代墓葬及相关问题探讨　张翠敏　辽宁考古文集（二）:391～399
营口汉墓的分布、结构及葬俗特点　王辉　辽宁考古文集（二）:400～404
试论汉墓天井出现的原因　周津任　中国文物报 12 月 24 日 7 版

从“制器尚象”观念看汉代墓葬形制的变化 李虹 求索4:218~220

北方地区西汉早期墓葬研究 蒋璐 边疆考古研究第9辑:126~137

宗庙道、游道、衣冠道——西汉帝陵道路再探 焦南峰 文物1:73~77

西汉帝陵分布及相关问题浅析 刘尊志 中原文物5:43~48

京冀地区两汉诸侯王墓墓葬形制分析研究 相军 北京文博2:72~76

东汉诸侯王墓葬制度探析 张玉霞 中州学刊4:179~181

岭南腰坑葬及其族属研究 洪德善 四川文物4:63~72

试论贵州地区“石棺葬”的族属与源流 李飞 四川文物2:48~54

浅谈区域性汉墓的考古学研究——以徐州地区汉墓为例 刘尊志 南方文物4:133~137

试论徐州狮子山汉墓墓外设施与墓主问题 刘尊志 南方文物4:74~79

徐州地区西汉墓葬的分期和文化因素分析 宋蓉 华夏考古4:101~113

论徐州西汉墓的保护与防盗 马永强、孙爱芹 南京博物院集刊11:65~68

也谈北洞山西汉楚王墓的墓主和时代 刘照建、边策 东南文化3:59~62

西汉楚王刘注墓薄葬刻石浅析 孟强 中国文物报2月17日7版

试论马王堆一号汉墓用鼎制度 张闻捷 文物6:91~96

震惊世人的发掘:马王堆汉墓 郑燕玲 中国档案7:82~83

长沙西汉渔阳墓相关问题刍议 宋少华 文物4:59~63

长沙出土漆器铭文“门浅”考释及相关问题探讨 李鄂权 中国文物报6月23日7版

湖南资兴西汉墓越文化因素的探讨 卓猛 四川文物6:44~50

“霍去病墓”的再思 贺西林 考古与艺术史的交汇——中国美术学院国际学术研讨会论文集:105~114

巢湖放王岗、北头山西汉墓墓主问题探析 郝明华 南京博物院集刊11:41~44

巢湖北山头汉墓出土玉卮及相关问题 杨玉彬 文物研究第17辑:86~100

“共府”不是“共王府”——浅议安徽六安双墩1号墓墓主 全洪 中国文物报3月19日7版

成都跃进村I型木椁墓年代考辨 苏奎 考古与文物5:57~60

河北定县“石立方”汉代墓葬建筑探析 张卓远 文物春秋2:18~21

大葆台汉墓选址研究 赵妍 首都师范大学学报（社科版）2:25~29

由广州南越王墓所见文化遗存透视岭南文化变迁 夏增民 华夏考古1:105~109

曹操高陵的考古发现与研究 刘庆柱 中原文物4:8~12

曹操高陵的考古确认与释疑 刘庆柱 学术研究7:122~127

曹操“七十二疑冢”辨疑 王子今 文博1:11~15

曹操究竟有没有疑冢? 朱启新 中国文物报2月26日3版

曹操西陵在邺地问题的研究——兼析“魏武王常所用挌虎大戟”等石牌刻铭的真实性 马爱民 文博6:39~44

西高穴大墓出土石牌的辨识与断代 赵超 中国文物报2月5日3版

安阳西高穴2号墓出土石牌应名

"楬" 黄潇 中国文物报12月10日6版

关注曹操高陵石牌"猎"字 邹德祥 中国文物报10月27日7版

对曹操高陵石牌"猎"字的解释不能以偏概全 朱绍侯 中国文物报12月22日7版

曹操墓出土"常所用"兵器考 武家璧 中原文物4:13~16

说"常所用" 刘瑞 中国文物报10月15日6版

曹操与曹操墓 朱绍侯 史学月刊5:5~10

高陵一号墓墓主的第四种推测:曹冲 吴金华 文汇报6月19日8版

关于曹操墓的几点看法 陈长琦 学术研究7:127~129

关于曹操高陵的几个问题 潘伟斌 学术研究7:129~131

安阳西高穴墓地应是曹操高陵 焦南峰 中国文物报1月13日3版

从汉魏时期都城形制的变化谈一点对西高穴大墓的看法 钱国祥 中国文物报1月27日4版

另一个视角的曹操墓 李占扬、潘伟斌 寻根5:4~11

有关河南安阳"曹操高陵"的几个问题 韩国河 中国文物报2月12日3版

曹操与曹魏高陵的几点认识 李凭 中国文物报3月3日3版

曹魏高陵考古补议 陈长琦 中国文物报3月10日3版

从"曹操墓"谈当时的夫妻合葬制 王素 中国文物报4月2日7版

曹操高陵出土的"七女为父报仇画像石"内容解析 徐龙国 中国文物报7月23日6版

"称国号以自表"与曹操身份相符 王冰 中国文物报9月10日3版

"魏武王"称谓的合理性 王子今 中国文物报11月13日7版

高陵揭秘(上) 袁祖亮 读书9:36~46

高陵揭秘(中) 袁祖亮 读书10:104~110

高陵揭秘(下) 袁祖亮 读书11:83~93

西高穴大墓是否为曹操墓:高陵地望、朝向与墓葬类型之推证 牛润珍 中国人民大学学报24卷4:127~133

谈唐河针织厂汉画像石墓的年代问题 张勇 中原文物6:47~52

山东滕州第九中学画像石墓年代再思考 杨爱国 中原文物6:62~67

四川省三台县东汉崖墓 Susan N-Erickson著 夏笑容等译 四川文物2:55~67

陕西勉县红庙"元兴元年"纪年砖室墓应为东汉中期 何志国 考古与文物1:81~82

邳州东汉缪宇墓出土铜像辨析 沈利华 苏州文博论丛第1辑:74~76

新疆巴里坤黑沟梁墓地与东黑沟墓地的考古类型学比较研究 磨占雄 考古与文物5:51~56

山西省右玉县善家堡墓地文化因素分析 姚妍晶 内蒙古文物考古2:85~93

磴口县纳林套海汉墓人骨研究 张全超等 内蒙古文物考古2:136~142

汉代"建筑明器"的性质与分类 周学鹰、宋远茹 华夏考古4:114~1221

峡江地区汉晋墓葬出土陶屋模型探析 武玮 四川文物6:57~64

东汉时期洱海地区房屋建筑工艺管窥

李雁芬　中国文物报4月2日6版

汉代中原楼阁建筑文化缩影——河南出土汉代陶仓楼艺术探源　成文光　美术研究4:105~109

焦作出土汉代陶仓楼的艺术特征　成文光　中原文物4:63~66

河南焦作出土的二联仓、三联仓陶仓楼　韩长松等　中原文物2:76~81

焦作李河汉墓出土七层连阁彩绘陶仓楼试析　韩长松等　中国历史文物1:54~60

焦作汉代陶仓楼装饰艺术　成文光　装饰1:118~119

汉墓“虎食鬼魅”画像试探——兼谈汉代墓前石雕虎形翼兽的起源　王煜　考古12:67~80

四川长宁“七个洞”崖墓画像考辨　牛天伟　考古11:91~96

论摇钱树与多枝灯的关系　何志国　考古1:81~89

四川西昌马道出土的一株东汉摇钱树　刘弘　南方民族考古第六辑:235~246

北京大葆台汉墓出土猫骨及相关问题　王子今　考古2:91~96

汉阳陵帝陵陵园外藏坑出土的动物骨骼及其意义　胡松梅、杨武站　考古与文物5:104~110

汉代墓葬出土鸱枭俑（壶）浅析　张抒　考古与文物2:86~89

济源西窑头村M10出土陶塑器物赏析　李彩霞　中原文物4:101~104

略谈敦煌出土的汉代至唐代镇墓兽神物　萧巍　丝绸之路6:18~20

渝东地区东汉墓砖考释　石磊、高嵘　中国历史文物3:39~45

稚拙大气的南阳汉代陶狗　刘红玉　收藏3:32~33

枚与衔枚　朱启新　中国文物报2月5日6版

汉代的缝衣钢针　谓知　中国文物报7月16日8版

汉环首钢铁刀　张美娇、孙凯　浙江文物5:26

关于甘肃武威雷台出土铜奔马的年代　孙机　南方文物3:66

马超飞鹰——国宝铜奔马新名称考证　杨诗兴等　丝绸之路4:5~8

小议郑州“河一”铁官铭画像灰陶灶　张勇　华夏考古1:129~132

浅说敦煌地区出土的灶　萧巍　丝绸之路8:30~31

朝阳袁台子发现汉魏慕容鲜卑牌饰陶范　于俊玉、孙玉铁　辽宁考古文集（二）:253~256

论矩形透雕阶梯纹青铜牌饰　潘玲　考古7:65~72

匈奴饰牌类型辨析　朱和平、谭嫄嫄　中原文物1:45~51

辽东地区东汉时期长颈瓶的源流及其相关问题　梁振晶　辽宁考古文集（二）:414~420

营口地区东汉文字砖反映的汉代丧葬礼俗　阎海　辽宁考古文集(二):421~425

海外藏几件西王母题材汉代艺术品　王苏琦　南方民族考古第六辑:247~254

沛县栖山石椁墓中的“西王母”画像管见　刘辉　四川文物1:64~68

汉代艺术中的羽人及其象征意义　贺西林　文物7:46~55

汉代及以前有关灵魂升天的艺术作品探索　黄尚明　武汉大学学报（人文科学版）63卷4:452~457

山东出土汉代灯具研究　宋叶、刘晓

婧　文物世界4:23~28

汉代宫廷香薰活动及香薰器具的艺术成就　韩波　艺术百家26卷5:217~221

释"便椁"、"便房"与"便殿"　高崇文　考古与文物3:46~52

"便房"新解　萧亢达　考古与文物3:53~57

此"便房"非彼"便房"——谈汉唐文献里便房　程义　中国文物报9月17日6版

中国古代之"冲"小考——兼论汉景帝阳陵所出"攻城破门器"的命名　史党社、田静　考古与文物4:56~58

中江县塔梁子崖墓M3部分壁画榜题再释　宋治民　四川文物2:68~70

汉代墓室壁画形态中的"频闪效应"　王伟　四川文物4:73~75

拒斥与接受:出土东汉佛教题材画像的整理与研究　刘克　东南大学学报(哲社版)12卷2:73~79

河西走廊古城堡遗址考证及其保护与开发　强向前、杨路军　丝绸之路12:20~25

汉晋南朝时期湖北与江东地区经济之比较——以出土谷仓模型为基础的探讨　滕雪慧　农业考古1:223~229

补　遗

宁夏地区汉代墓葬反映的历史问题　杜林渊、张小兵　宁夏大学学报(人文社会科学版)2009年31卷6:98~101

秦汉时期甘肃漆器艺术的装饰风格与特色　曾明等　华南理工大学学报(社科版)2009年11卷6:56~58

一一　三国两晋南北朝

三国两晋南北朝城市考古的主要收获和初步认识　贺云翱　南京博物院集刊11:45~64

曹魏邺城与西高穴曹魏大墓　朱岩石　中国文物报1月20日2版

曹魏薄葬考　李梅田　中原文物4:17~20

曹魏皇室世系考述　韩昇　复旦学报3:11~19

曹操墓和曹休墓的比较与研究　严辉　中国文物报9月17日5版

曹氏家族墓向与曹魏代汉的思想基础　蔡运章　中国文物报9月17日7版

三国时期墓葬特征述论　韩国河、朱津　中原文物6:53~61

襄阳地区汉末魏晋墓葬初探　韦正　古代文明(第8卷):204~219

南京东晋温峤家族墓地的墓主问题　韦正　考古9:87~96

河西魏晋墓壁画少数民族形象初探　李怀顺　华夏考古4:122~125

南方地区吴晋墓葬出土木方研究　白彬　华夏考古2:72~81

吴晋时期堆塑罐功能探析　寻婧元、朱顺龙　东南文化4:84~89

魂兮归来谷物盈仓——论吴晋越窑谷仓的文化功能及其消失　沈芯屿　考古与艺术史的交汇——中国美术学院国际学术研讨会论文集:403~420

北京地区魏晋北朝墓葬述论　胡传耸　文物春秋3:6~12

武威雷台墓车马队列中牛车的位置及墓葬断代　谢晓燕　四川文物4:83~85

山东省临沂市洗砚池晋墓墓主考　相启春　中国文物报4月30日7版

东晋宣城内史桓彝墓考辨　杨恩玉　东南文化1:56~59

最后归宿还是暂时居所?——南京地区东晋中期墓葬观察　耿朔　南方文物4:80~87

什邡新出土虎钮錞于　杨剑、李灿　四川文物 2:78

北票喇嘛洞墓地出土鎏金铜人面饰考　黑崎直著　朴文英译　东北亚考古学论丛:122～128

关于三燕地区出土的马具——以鞍具和镳衔为中心　花谷浩著　李勇军译　东北亚考古学论丛:198～212

论喇嘛洞墓地出土的马具　田立坤　文物 2:69～76

喇嘛洞铁工初论——兼议中国慕容鲜卑、朝鲜三国时期和日本古坟时代铁器葬俗的一致性与差异性　万欣　东北亚考古学论丛:67～84

关于慕容鲜卑墓地选址的基本数据收集与研究　金田明大著　李勇军译　东北亚考古学论丛:118～121

高桥鞍的复原及有关问题　田立坤　东北亚考古学论丛:85～102

“畏兽”寻证　孔令伟　考古与艺术史的交汇——中国美术学院国际学术研讨会论文集:421～447

六朝文化研究续议　李良芳、胡阿祥　东南文化 1:62～68

汉水中游三座南朝画像砖墓的初步研究　韦正　艺术史研究第十一辑:99～130

从华府到洞天:东晋南朝墓葬形制解读　张从军　民俗研究 1:76～84

南京麒麟铺石兽墓主问题研究补正　杨晓春　东南文化 3:63～65

略论三峡地区六朝隋唐墓所见的多人葬习俗　贺世伟　考古与文物 4:63～72

记一件带有图像榜题的六朝青瓷谷仓罐——兼谈同心鸟图像的源流　谢明良　故宫学术季刊 3:1～48

大同操场城北魏太官粮储遗址初探　张庆捷　北朝研究（第七辑）:84～92

大同操场城北魏太官粮储遗址初探　张庆捷　文物 4:53～58

大同古城的历史变迁　张志忠　北朝研究（第七辑）:110～121

浅谈大同操场城北魏一号遗址的性质　曹臣明　北朝研究（第七辑）:122～126

平城考古七十年　王银田　北朝研究（第七辑）:98～109

北魏平城考述　殷宪　北朝研究（第七辑）:50～83

北京地区魏晋北朝墓葬述论　胡传耸　北京文博 1:65～73

试论北朝圆形石质墓的渊源与形成　倪润安　北京大学学报（哲学社会科学版）3:57～63

北魏洛阳时代墓葬文化分析　倪润安　故宫博物院院刊 4:96～128

拓跋—北魏墓葬研究的学科背景与核心问题　倪润安　内蒙古文物考古 1:70～76

北魏永固陵陵寝制度的几点认识　王雁卿　北朝研究（第七辑）:127～137

丹扬王墓主考　王银田　文物 5:44～50

The Tomb of the Sogdian Master Shi: Insights into the Life of a Sabao（粟特人史君墓：萨宝生活管窥）　于爱博　吐鲁番学研究——第三届吐鲁番学暨欧亚游牧民族的起源与迁徙国际学术研讨会论文集:387～393

北朝晚期汉地粟特人葬具与北魏墓葬文化——以北齐安阳石棺床为主的考察　林圣智　“中央研究院历史语言研究所”集刊第八十一本第三分:467～512

东魏北齐墓葬壁画中的莲花纹　王银田、王晓娟　北方文物 1:37～42

北朝联珠纹装饰纹样的组合　闫琰

文物世界 2:21 ~22

宁夏固原北朝丝路遗存显现的外来文化因素 马莉 丝绸之路 6:34 ~36

固原北朝、隋唐墓地及其普遍价值 马建军 丝绸之路 2:28 ~30

朝鲜境内发现的高句丽山城 魏存成 边疆考古研究第 9 辑:155 ~169

高句丽平壤期王陵考略 赵俊杰 边疆考古研究第 9 辑:138 ~154

4 ~7 世纪大同江、载宁江流域封土石室墓调查与研究成果综述 赵俊杰 东北史地 1:14 ~19

高句丽千里长城调查要报 张福有等 东北史地 3:3 ~16

关于高句丽的西北国境防御线千里长城研究 （韩）崔成泽著 包艳玲译 历史与考古信息 · 东北亚 1:8 ~10

浅析高句丽古坟壁画中建筑形象 张明皓 北方文物 3:43 ~48

抚顺施家墓葬人骨研究 方启等 边疆考古研究第 9 辑:271 ~284

辽宁抚顺施加高句丽墓地人骨微量元素的初步研究 张全超等 边疆考古研究第 9 辑:285 ~290

鄯善吐峪沟 81SATM2 陶棺人颅 王博 吐鲁番学研究——第三届吐鲁番学暨欧亚游牧民族的起源与迁徙国际学术研讨会论文集:306 ~312

罗布淖尔考古与楼兰—鄯善史研究 王炳华 西域文史第五辑:1 ~20

补 遗

汉江流域高句丽“堡垒”的建筑形制研究 郑元喆 延边大学学报（社会科学版）2009 年 42 卷 6:85 ~91

一二 隋唐五代

隋唐笼形镂雕熏炉考略——兼为一件西安碑林馆藏石刻正名 杨洁等 文博 5:35 ~40

隋唐大运河通济渠（汴河）唐宋沉船与沿岸古文化遗存 张辉、宫希成 中国历史文物 6:24 ~32

新和县克孜勒协海尔古城调查与研究 张平 吐鲁番学研究——第三届吐鲁番学暨欧亚游牧民族的起源与迁徙国际学术研讨会论文集:201 ~208

唐代县令墓研究 齐东方 古代文明（第 8 卷）:220 ~254

平江杜甫墓的考古学观察——兼说耒阳、巩县、偃师杜甫墓 郭城等 湖南省博物馆馆刊第六辑:102 ~106

三峡地区唐宋墓出土下颌托考 吴小平、崔本信 考古 8:91 ~96

乌鲁木齐萨恩萨依墓地出土头骨的人种学研究 付昶等 人类学学报 4:405 ~415

盛唐时期北方墓葬内石刻概论 黄江河 河洛文化论丛（第五辑）:331 ~341

唐康子相墓出土的陶俑与墓志 曹建强、马旭明 中原文物 6:107 ~109

唐宋墓葬中的观风鸟研究 耿超 华夏考古 2:112 ~119

汉唐博山炉设计考略 杨海霞 齐鲁艺苑 5:21 ~23

浅析唐代玛瑙器皿 董洁 文博 5:71 ~74

唐代铜鱼符 田茂磊 中国文物报 3 月 3 日 8 版

柳林滩出土石犀管窥 左启 中国文物报 8 月 6 日 6 版

唐代东园秘器 徐志卿 文物世界 3:34 ~38

巍巍乾陵 大唐气象——唐文化艺术的典范 白如冰 收藏 6:116 ~129

唐贞顺皇后（武惠妃）石椁浮雕线刻画中的西方艺术 葛承雍 唐研究

（第十六卷）：305～324

李寿石墓门与石墓门装饰艺术的发展 尹夏清 文艺研究 1：150～152

生死之间——贵州的岩洞葬 李飞 四川文物 5：20～25

鸳鸯瓦冷霜华重 翡翠衾寒谁与共——西安曲江观山悦天水赵氏夫人墓的发掘札记及墓志品读 杨洁、张彦 四川文物 5：41～45

走近永陵——前蜀王建墓设计方案与思想考论 王玉冬 艺术史研究第十一辑：227～272

五代吴越国墓葬制度研究 郑以墨 东南文化 4：66～73

五代闽国刘华墓再探讨 崔世平 东南文化 4：74～78

五代王处直墓壁画的空间配置研究：兼论墓葬壁画与地上绘画的关系 郑以墨 美苑：鲁迅美术学院学报 1：72～76

五代王处直墓壁画形式、风格的来源分析 郑以墨 南京艺术学院学报（美术与设计版）2：24～31

“江南地下宫殿”南唐二陵 60 年风雨新生路 中国文物报 12 月 1 日 6 版、7 版

关于渤海和高句丽继承性问题的补论 （韩）宋基豪著 陈爽、顾聆博译 历史与考古信息·东北亚 1：1～7

蛟河七道河村渤海遗址属性辨析 彭善国 东北史地 3：17～18

靺鞨陶器的分区、分期及相关问题研究 乔梁 边疆考古研究第 9 辑：170～187

二十四块石的发现与研究 王志刚等 东北史地 3：19～23

西藏那曲察秀塘祭祀遗址哺乳动物遗存及其意义 胡松梅、张建林 动物考古第 1 辑：241～251

补 遗

浅谈渤海考古研究的几个阶段 裴红善 黑龙江史志 2009 年 21：10

一三 宋辽金及以后各代

长江下游宋代墓葬综述 沈如春 苏州文博论丛第 1 辑：38～45

峡江地区宋代墓葬初论 吴敬 江汉考古 1：73～83

宋代墓葬年代学研究方法初探 吴敬 南方文物 4：138～142

福建宋代葬俗的考古学观察 吴敬 福建文博 4：21～26

宋代厚丧薄葬和葬期过长的考古学观察 吴敬 贵州社会科学 8：126～129

墓与塔——宋墓中仿木建筑雕饰的来源 韩小囡 中原文物 3：95～100

蓝田五里头 北宋“考古学家”的家族墓地 张蕴 中华文化遗产 2：78～85

北宋帝陵石像生研究 孟凡人 考古学报 3：323～360

考古鼻祖吕大临家族墓地出土文物 张蕴 收藏 7：26～31

杨粲墓中异于汉俗的雕像 曾春蓉 贵州民族研究 1：205～208

论南宋时期川南墓葬石刻艺术的历史文化价值 龙红、王玲娟 中国文化研究春之卷：66～71

川南泸县宋墓石刻图像的“框形结构” 朱晓丽、张春新 西南大学学报（社科版）36 卷 1：188～189

泸县宋墓石刻武士像背景“留白”的审美内涵分析 朱晓丽、张春新 重庆大学学报（社科版）16 卷 3：142～145

川南泸县南宋墓葬石刻“勾栏”造型艺术研究 张春新、屈婷 民族艺

术研究 23 卷 4:38~43

宋元时期堆塑瓶小议 王羿云 中国文物报 12 月 10 日 6 版

行走在宋人的童趣世界——西安出土的宋金陶塑玩具 杜文 收藏 7:39~49

南宋修内司款虎形铜并环小记 曹锦炎 故宫文物月刊 332:86~89

杭州出土的两批宋代青铜器 何秋雨 东方博物第三十七辑:5~9

绍兴二十五年砖跋 王光明 苏州文博论丛第 1 辑:210~211

呼伦贝尔辉河流域古城群落遗址考 松迪、丽娜 北方文物 4:81~85

大辽祖陵探秘 董新林 中华文化遗产 1:70~79

吐尔基山辽墓墓主人及其相关问题再探讨 都兴智 东北史地 2:3~7

关于内蒙古吐尔基山辽墓墓主人身份的推测 王大方 东北史地 2:8~9

黄金贵族——内蒙古三大辽墓及其黄金陪葬品 周维强 故宫文物月刊 324:38~53

三江平原北部女真陶器的编年研究 乔梁 北方文物 1:43~49

论辽代陶瓷鸡冠壶的实用性 刘辉、刘丹 北方文物 3:49~52

浅谈契丹之犬 梁娜 内蒙古文物考古 2:94~100

释鲁之死考述 杨军 内蒙古文物考古 1:77~81

乾隆皇帝御题玉卮的契丹字铭文 金适 东北史地 1:5~6

西夏王陵鎏金铜牛石马和辽兴平公主墓葬考 黄震云 东北史地 5:60~63

从金陵考古发现看金代女真人的汉化问题 吴敬 边疆考古研究第9辑:222~228

山西晋南墓葬戏曲砖雕浅探 田银梅 文物世界 3:58~59

汤原县振丰村遗址出土金代文物初探 钱霞 丝绸之路 18:24~26

蒙元时期蒙古人壁画墓的确认 张晓东、刘振陆 内蒙古文物考古 1:82~89

试从甘肃漳县的元墓群看元代的民族矛盾 包鹏 丝绸之路 4:21~24

三皇庙铜祭器及其相关问题 杭侃、彭明浩 古代文明 (第 8 卷):267~284

北京延庆县大庄科乡出土元代铁镞研究 程瑜等 北京文博 1:58~64

天祝青铜牦牛 谓知 中国文物报 8 月 27 日 8 版

南京明代通济门瓮城遗址的历次考古发掘与认识 骆鹏 苏州文博论丛第 1 辑:53~58

消失的古代王国——古格故城遗址 张建林 收藏 1:44~51

明长陵陵园形制布局的主要特点和艺术特色 孟凡人 明长陵营建 600 周年学术研讨会论文集:539~546

明代亲王陵墓玄宫制度研究 刘毅 华夏考古 3:134~146

明代江西宗藩墓葬玄宫制度浅论 韩佺 南方文物 4:88~92

浅谈潞王次妃赵氏墓建筑结构与形式 王峰 中原文物 3:101~105

广东东莞陈莲峰墓群及广府民系丧葬习俗 赖旻 南方文物 2:148~151

云南盐津“僰人悬棺”考察记——兼辨川滇间“僰人悬棺”的族属 林向 四川文物 1:82~84

试论江南明墓出土之模型明器 夏寒 江汉考古 2:95~102

九龙山麓鲁王墓 明初亲王第一陵——鲁荒王朱檀墓出土物简介 于秋伟 收藏家 11:55~60

明定陵出土丝织纹样（上） 王秀玲 收藏家4:11~16
明定陵出土丝织纹样（中） 王秀玲 收藏家5:47~52
明定陵出土丝织纹样（下） 王秀玲 收藏家6:49~54
通化大泉源酒业“宝泉涌酒坊”小考 王志敏 东北史地1:23~24
天津蓟县明清时期居民牙齿形态特征研究 李法军等 第十一届中国古脊椎动物学学术年会论文集:145~166

补遗

金代“建元收国”石尊考略 王禹浪、王宏北 黑龙江民族丛刊2009年6:84~88
后金冶铁、炒金炼银及烧造业遗址考证——兼论建州女真手工业的发展 赵维和、王丽 满族研究2009年3:29~35
湟源县南古城筑者考 崔永红 青海民族学院学报（社科版）2009年35卷4:82~85

一四 其 他

从半坡彩陶的纹饰说到唐代铜镜纹饰的分形制图思想 尹春洁 殷都学刊2:29~32
史前信仰中神龙形象来源刍议 郭静云 殷都学刊3:66~75
考古发现的牛文化 张玉霞 寻根2:91~93
浅议堆塑罐 李彤彤 中国陶瓷6:87~90
马面溯源 姜念思 辽宁考古文集（二）:304~308
丝绸之路上的鸭头勺 高启安 西域文史第五辑:43~63
车马坑的考古发现与研究 刘允东 文物世界1:16~19
试论湖北的“寄死窑”与胶东半岛的“丘子坟” 杨治国等 文物世界3:64~65
墓葬资料中所见二十四孝之发展演变 卫文革 文物世界5:44~49
战国楚占卜制度与商占卜制度之比较 于成龙 殷都学刊4:9~20
从“响堂山石窟”探析中国忍冬装饰纹样的起源 聂书法、高剑军 装饰4:112~113
建筑基址之外的夯土遗迹的性质确认 徐昭峰等 中国文物报2月5日7版
香港的考古遗迹与海岸线变化 李浪林 荆楚历史地理与长江中游开发——2008年中国历史地理国际学术研讨会文集:462~473
中国、韩国、日本出土马胄和马甲 神谷正弘著 朴文英译 东北亚考古学论丛:213~246
“Handedness”的考古学释读 袁俊杰 中国文物报11月13日7版

叁 考古学专论

一 甲骨文

甲骨学百年的展望 朱岐祥 中国上古史研究专刊（第二期）:127~139
建国六十年来甲骨学研究的回顾与展望 李学勤 殷都学刊1:1~8
近两年来的甲骨学研究 刘源 史学史研究3:75~83
殷墟甲骨卜辞分期分类研究综述 王

建军　中州学刊1:156~160

谈谈《连山》和《归藏》　宋镇豪　文物2:48~58

说“𠣏（𠣗匀𠣊）”及相关诸字（上）　施谢捷　出土文献与传世典籍的诠释——纪念谭朴森先生逝世两周年国际学术研讨会论文集:47~66

试说东周文字中部分“婴”及从“婴”之字的声符——兼释甲骨文中的“瘿”和“颈”　冯胜君　出土文献与传世典籍的诠释——纪念谭朴森先生逝世两周年国际学术研讨会论文集:67~79

古文套字“弁”“冠”“免”考——兼论楚简“卞”字之来由　邱德修　出土文献与传世典籍的诠释——纪念谭朴森先生逝世两周年国际学术研讨会论文集:173~195

“字排特征”的观察对殷墟甲骨文字体分类研究的重要性　崎川隆　古文字研究第二十八辑:116~122

释“帝”——兼说黄帝　罗琨　古文字研究第二十八辑:66~72

生命崇拜与“帝”崇拜——一种对商人形成中的宇宙意识的探寻　陈洪杏　殷都学刊1:13~17

从殷墟卜辞的“族”说到周初金文中的“三族”　刘源　古文字研究第二十八辑:85~91

殷墟甲骨文所见的商代军礼　郭旭东　中国史研究2:47~70

卜辞“𠂤方”及其地理考　马保春　荆楚历史地理与长江中游开发——2008年中国历史地理国际学术研讨会文集:15~22

从花东子组卜辞中的人名看其时代　赵鹏　中国社会科学院历史研究所学刊第六集:1~27

从花东甲骨看殷商时期甲骨占卜中的若干问题　章秀霞　中州学刊6:171~174

甲骨文与《商颂》　江林昌　福州大学学报(哲学社会科学版)24卷1:38~47

甲骨文金文中所见商周礿祭　张俊成、陈永红　求索9:249~251

甲骨文所见商代族氏联合与联盟关系研究　雒有仓　殷都学刊2:1~6

说甲骨文中的巴方——兼论巴非姬姓　杜勇　殷都学刊3:1~5

论商代“大子”的身份演变　毕经纬　殷都学刊1:9~12

商代的市舆次　连劭名　殷都学刊2:7~9

卜辞的“省田”与“观猎”　常耀华　殷都学刊4:1~8

利用缀合更正卜辞释文举例　林宏明　古文字研究第二十八辑:164~168

《英藏》2674“家谱刻辞”辨伪　曹定云　古文字研究第二十八辑:169~179

周原出土甲骨文　曹玮　收藏6:59~65

论殷墟大司空村出土的刻辞甲骨　刘一曼　古文字研究第二十八辑:17~24

《小屯南地甲骨》2667版与历草类　刘风华　古文字研究第二十八辑:123~130

新缀甲骨二十则　蔡哲茂　古文字研究第二十八辑:131~152

《甲骨文合集》新缀十二组　蒋玉斌　古文字研究第二十八辑:153~158

黄组龟腹甲新缀七组　门艺　古文字研究第二十八辑:159~163

甲骨新缀四则　刘影　故宫博物院院刊1:13~17

背甲新缀十一则　宋雅萍　故宫学术季刊3:139～156

殷墟甲骨文疑难辞例考释六则　齐航福　中原文物5:92～95

说厚　林沄　简帛（第五辑）:99～107

释宾　罗小华　简帛（第五辑）:117～121

释“匽”　裘锡圭　古文字研究第二十八辑:25～35

殷墟甲骨文“臀”字补论　张新俊　古文字研究第二十八辑:49～58

说甲骨文中“兮”字的一种异体　周忠兵　古文字研究第二十八辑:59～65

“衍”字补释　孙亚冰　古文字研究第二十八辑:77～84

甲骨文金文“鄂”字考辨——湖北省简称鄂字溯源　罗运环　古文字研究第二十八辑:92～99

再谈甲骨金文中的“沂”字　李学勤　湖南省博物馆馆刊第六辑:119～120

释甲骨文“鲁”字　郭静云　古文字研究第二十八辑:41

殷商的上帝信仰与“帝”字字形新解　郭静云　南方文物2:63～67

释甲骨文中的“[illegible]”　张玉金　古文字研究第二十八辑:36～40

也谈甲骨文中的“何”和“此”　张玉金　中国语文3:270～276

试释甲骨文的“股”　何景成　古文字研究第二十八辑:42～48

试释甲骨文的“华”和“茜”字　何景成　殷都学刊4:21～26

释甲骨文、金文与传世典籍中跟“眉寿”的“眉”相关的字词　沈培　出土文献与传世典籍的诠释——纪念谭朴森先生逝世两周年国际学术研讨会论文集:19～45

殷卜辞中“大示”问题再研究　胡辉平　考古3:71～79

殷墟卜辞中的“多毓”问题　刘桓　考古10:61～68

殷周时期的“举族”及其相关问题　王建军　考古与文物1:57～62

殷墟卜辞中的“归”　连劭明　四川文物4:45

略论甲骨文中的“邦”、“封”及相关问题　李忠林　考古与文物5:84～88

说“雷”及雷神　方辉　南方文物2:68～72

甲骨文“圉”字考——兼论古代监狱名称的演变　温慧辉　古汉语研究1:56～58

释琮及相关诸字　王兰　古汉语研究2:74～76

释“辛”　汪宁生　社会科学战线2:221～226

释“怒”　杨泽生　中山大学学报6:39～52

“颁（编）益（佾）韶”与殷商古乐——兼释“弦”　孙广明　殷都学刊4:27～34

花东子卜辞所见攺祭材料的整理与研究　王建军　中原文物2:54～59

楚文字研究的历史和意义　李学勤　简帛（第五辑）:91～97

谈谈殷墟卜辞中的“于”　裘锡圭　罗杰瑞先生七秩晋三寿庆论文集:421～451

金文叠音词语探析　王秀丽　江汉考古4:125～132

古文字诠释的一种新方法——以𠧪（[illegible]）字为例　（日）高嶋谦一　南方文物2:60～62

说甲骨卜辞中的“伯廋”　王进锋

中国历史地理论丛2:114~115
从假设句的否定形式看甲骨文中的“勿”、“弜”与“不”、“弗”之别　龚波　中国语文2:162~167
甲骨文声符与古埃及圣书字音符表音准确度的差异　陈永生　中国海洋大学学报（社会科学版）1:89~92
甲骨文与玛雅文象形字取象方式比较　侯霞　中国海洋大学学报（社会科学版）3:57~61
简论甲骨文字频的两端集中现象　刘志基　语言研究30卷4:114~122
关于甲骨文声符形化字的讨论　杨军会　宁夏大学学报（人文社科版）32卷4:1~6
论甲骨文“美”与中国人原初审美观念　倪祥保　社会科学战线6:25~28
甲骨文会意字的象似性　杨增宏　安徽大学学报（哲社版）34卷5:85~88
甲骨文鬼神名词语法研究　林春香　殷都学刊2:75~78
甲骨文中的颜色形容词　刘书芬　殷都学刊3:19~23
银雀山汉简异构字探析　黄文杰　中山大学学报3:50~60
楚系简帛中的“由”　陈斯鹏　中山大学学报6:56~61
“蔑曆（历）”新说　朱其智　中山大学学报6:53~55
西周甲骨文中的动词　蒋书红　殷都学刊3:24~28
战国金文研究概述　樊俊利　山西大学学报1:50~55

补　遗

殷商刻辞甲骨与档案之辨析：以《库、方二氏藏甲骨卜辞》第1506片甲骨为例　张全海　档案学研究2009年5:10~12
《殷墟花园庄东地甲骨》中的“疾”字　喻遂生　兰州学刊2009年10:158~160
罗振玉的甲骨文考释与义近形符通用　谭飞　汉字文化2009年6:26~30

二　青铜器与铭文研究

综　述

简释商周青铜礼器纹饰之饕餮　尹世丹　辽宁考古文集（二）:309~313
马承源先生的中国青铜器研究　李朝远　上海文博论丛1:17~25
饮食之下的青铜器　张翀　苏州文博论丛第1辑:59~65
浙江出土青铜器研究　俞珊瑛　东方博物第三十六辑:27~39
皖南出土青铜句鑃的类型和年代分析　冯伟　东方博物第三十六辑:48~55
开展对中国南方古代青铜器研究的若干思考　彭适凡　南方文物1:19~26
古代青铜礼器浅析　李志鹏　中国文物报10月13日5版
读《首阳吉金》　李零　中国古代青铜器国际研讨会论文集:295~307
商周青铜器铭文的若干制作方式——以曾国青铜器材料为基础　张昌平　文物8:61~70
商周青铜器铭文“舟”与舟人族系研究　雒有仓　古文字研究第二十八辑:198~205
簠字构形分析与簠形状之争议　麦里筱　古文字研究第二十八辑:265~270
金文所见周代史事与思想意识　连劭名　周秦汉唐文化研究第七辑:32~73
商周金文考释四则　周宝宏　古文字

研究第二十八辑：249～255

金文中的“陶”与“陵” 张永山 古文字研究第二十八辑：271～274

铜料名称“镛铝”考 李建西、李延祥 江汉考古2：124～130

彝铭渊雅说钟鼎 游国庆 故宫文物月刊322：62～75

深圳博物馆藏青铜器精品赏析 蔡明、黄诗金 文博4：52～58

深圳博物馆藏小型青铜器 黄诗金 收藏家6：11～14

青铜器与古代礼乐文明——深圳博物馆藏青铜礼器 蔡明 收藏家8：38～42

安徽省博物馆藏青铜器赏珍 马起来 收藏3：72～75

洛阳市博物馆藏青铜器 刘航宁、晏桃风 收藏家1：15～20

吉金存国史 青铜铸辉煌——陕西商周青铜器鉴赏 吴镇烽 收藏6：44～53

夏、商殷

夏代青铜器 杜廼松 中国文物报4月7日4版

商代青铜器（上） 杜廼松 中国文物报5月5日4版

商代后期青铜器（下） 杜廼松 中国文物报5月12日7版

皖南出土商代青铜容器的年代与性质 张爱冰、陆勤毅 考古6：83～92

商代洛阳青铜器探讨 张剑 河洛文化论丛（第五辑）：80～97

论陕西城固出土商殷青铜器特点及与周边关系 苟保平 史前研究（2006）：649～652

从殷墟出土铜铙看南方铜铙的年代 向桃初 考古与文物2：40～50

试论宁乡出土殷商青铜器的造型与装饰艺术 朱和平、邓昶 文物世界6：3～8

试论商代青铜器造型和装饰艺术中的崇神思想 杨远 河南师范大学学报（哲社版）37卷2：178～181

略论商周时期青铜卣的起源问题——以罐形卣为例 马军霞 考古与文物2：60～63

试探镶嵌铜牌饰与商周青铜器在“礼”上的融合 傅晓霞 文物世界5：18～19

试析三星堆面具的宗教信仰因素 张伟生 黑龙江教育学院学报29卷3：19～22

铸鼎象物：艺术想象与政治指向 许志刚 辽宁大学学报（哲学社会科学版）38卷1：62～67

国博近年征集入藏的商代青铜器 姜玉涛 收藏家2：47～50

𦊓册诸器梳理 周亚 中国古代青铜器国际研讨会论文集：1～12

有关不对称形铜钺起源问题的新线索 豆海峰、刘莲芳 文博5：28～34

生命之源——新干青铜器群立鹿造型意义探赜 周广明 南方文物1：98～103

虎人铜卣及相关虎人图像解析 张朋川 艺术百家3：98～110

虎食人卣与妇好圈足觥的图像叙事——殷周青铜器的神话学解读 叶舒宪 民族艺术2：99～108

试论殷商时期的鸟兽形青铜酒器 苏强 收藏家10：17～23

一件独特的青铜铙 马起来 收藏10：82

记保罗·辛格医生所藏第二件镶嵌铜牌饰 王青 中国文物报9月17日7版

从出土实物和模拟实验看商周青铜器纹饰技术的发展脉络　佘玲珠等　南方文物 4:153～157
浅谈商周青铜器上的人物形象　杨远　四川文物 3:31～34
商周象纹青铜器初探　马强　中原文物 5:57～65
商代青铜神秘纹样——“人虎母题”新论　卢昉　文物世界 5:13～17
湖南商代青铜容器的动物纹饰与祭祀文化　郑曙斌　收藏家 7:25～30
从青铜器纹饰看商代晚期宗教崇拜对象地位的转变　吴伟华　齐鲁艺苑 1:7～10
商代铭文青铜斝的时代　严志斌　古文字研究第二十八辑:184～192
金文所见商周之际诸兄地位的变迁——商周文化比较研究之三　张懋镕　古文字研究第二十八辑:193～197
读金札记二则　赵莹　古文字研究第二十八辑:261～264
首阳斋藏子范鬲铭补释　施谢捷　中国古代青铜器国际研讨会论文集:283～290
商代金文中之“女子”铭辞说略　陈英杰　考古与文物 4:105～109
谈谈“小子野簋”铭的真伪及相关问题　葛亮　文博 4:22～26
三件古蜀族文物铭文考释:兼论古蜀族与彝族的语言文字及族源的亲缘关系　钱玉趾　西南民族大学学报(人文社科版) 31 卷 7:1～5
跋落照堂藏端方砵拓十鬲——落照堂藏拓之四　张长寿、闻广　文物5:38～43
商代舌族地理蠡测　苗丽娟　中国历史文物 2:57～62
青铜器中的古莱国与中原王朝　孙进　烟台大学学报(哲社版)23卷2:94～99

西　周

双房文化青铜器的型式学与年代学研究　赵宾福　考古与文物 1:31～41
制服与作器——丧服与礼器饰群党、别亲疏相互对应的综合考察　贾海生　考古学报 3:265～310
西周青铜器　杜廼松　中国文物报 11 月 8 日 7 版
周秦之间的承袭和发展——从范季融先生收藏的秦器谈起　曹玮　中国古代青铜器国际研讨会论文集:261～268
秦式铜鍑及相关问题——从新见的垂鳞纹铜鍑谈起　高西省　中国古代青铜器国际研讨会论文集:269～282
试析铜鍑器耳突起装饰的象征意义　郭物　考古与文物 2:64～68
由眉县单氏家族铜器再论膳夫克铜器的年代附带再论晋侯苏编钟的年代　夏含夷　中国古代青铜器国际研讨会论文集:165～178
晋侯苏编钟的形制特征及来源问题　高西省　文物 8:71～78
亦谈晋侯稣编钟铭文中的历法关系及所属时代　叶正渤　中原文物 5:66～69
论早期甬钟起源于湘江中下游地区　高至喜　湖南省博物馆馆刊第六辑:124～129
皖南出土甬钟年代分析　冯伟　文物研究第 17 辑:305～311
首阳斋藏◇刀鼎　张长寿　中国古代青铜器国际研讨会论文集:37～42
略说首阳斋收藏的西周编钟　王世民　中国古代青铜器国际研讨会论文集:161～164

首阳斋藏逨钟及其相关问题　马今洪　中国古代青铜器国际研讨会论文集：179～192

湖南宁乡青铜器群的再思考　李先登　湖南省博物馆馆刊第六辑：121～123

论西周时期◆━族铜器群　胡嘉麟　中国古代青铜器国际研讨会论文集：43～56

滕州庄里西滕国墓地出土鬳器研究　朱凤瀚　中国古代青铜器国际研讨会论文集：17～28

记新发现的几件西周铜器　吴婉莉　考古与文物4：41～44

洛阳西周原始青瓷概述　缪韵　四川文物3：35～45

何簋与何尊的关系　李学勤　出土文献研究（第九辑）：1～3

晋伯卣及其相关问题　李伯谦　中国古代青铜器国际研讨会论文集：29～36

三论西周方座簋　张懋镕　苏州文博论丛第1辑：66～69

繁昌汤家山出土青铜器的年代及其相关问题　张爱冰、陆勤毅　文物12：52～60

浅谈扶风五郡出土“琱生尊”的器形及相关问题　种建荣、杨晓芳　文博6：10～14

季姬方尊再探　韦心滢　中原文物3：56～61

青铜器上的重环纹源流探析　傅玥　云南民族大学学报（哲学社会科学版）27卷3：119～123

晋国青铜器鸟纹饰及造型中的“回首”　张丽　文物世界3：25～27

The Bronzes of Ying and Their Inscriptions　Lothar von Falkenhausen　中国古代青铜器国际研讨会论文集：89～160

读金文札记两则　李家浩　古文字研究第二十八辑：246～248

金文札记二则　谢明文　古汉语研究3：22～24

首阳斋藏金两议　张懋镕　中国古代青铜器国际研讨会论文集：65～70

读金随札——内史亳同　王占奎　考古与文物2：34～39

内史亳丰同的初步研究　吴镇烽　考古与文物2：30～33

金文字体与铜器断代　刘华夏　考古学报1：43～72

论西周金文父祖宗亲辈分称谓　杜廼松　故宫博物院院刊3：140～149

从青铜器铭文看周代的赐“膰”礼　景红艳　考古与文物2：69～71

西周金文与献俘礼　翟胜利　文物春秋6：12～15

西周金文中俘获及其相关问题研究　商艳涛　古文字研究第二十八辑：236～240

西周金文中与俘获相关的几个问题　商艳涛　华夏考古2：130～137

“汉阳诸姬”之唐、沈二国考　赵燕姣、李华丽　文博6：29～34

由新见青铜器看西周早期的鄂、曾、楚　李学勤　文物1：40～43

琱生三器铭文研究　冯时　考古1：69～77

扶风任家村西周遗宝离合记　吴镇烽、李娟　文博1：24～30

平顶山市西高皇鱼塘捞出的一批应国铜器　平顶山市文物管理局（郑永东等）　中原文物2：66～70

芮伯簋铭文研究　冯时　中国古代青铜器国际研讨会论文集：57～64

天亡簋与太公望　杨亚长　文博1：86～87

五年师旋簋蠡测　李凯　华夏考古2:127～129
利簋铭文新释　张富祥　山东大学学报（哲学社会科学版）2:132～137
甗铭妙古老·籀篆出摩登——细说卯𠨍甗　游国庆　故宫文物月刊325:100～107
说何尊的“復……自天”及相关问题　涂白奎　考古与文物1:91～94
师永盂新释　白于蓝　考古与文物5:29～34
周朝册命典礼的真实再现——青铜颂簋　钟宁　中国博物馆2:72～74
紷镈铭中子仲姜得名之义及其与器主人的关系　贾海生　文献3:176～178
周天子尊诸侯之称与《柞伯簋》相关问题　涂白奎　史学月刊10:22～27
邢侯簋与西周服制——兼论西周邢国始封地望及有无“迁封”问题　周书灿　四川文物3:46～50
㝵簋、㝵尊非同人之器辨　王宏　殷都学刊2:21～24
射壶铭文考释　朱凤瀚　古文字研究第二十八辑:224～235
《曶壶》与周代司徒军事执掌新论　张磊　中国历史文物2:63～69
闻尊铭文考释　蒋书红　中国历史文物3:68～73
觋公簋铭文“唯王廿又八祀”与西周年表　尹松鹏　中国历史文物5:57～62
论师酉盘铭文中的“弁狐”族　何景成　中国历史文物5:63～68
上博藏西周寓鼎铭文新释——兼为春秋金文、战国楚简中的“羹”字祛疑　郭永秉　出土文献与传世典籍的诠释——纪念谭朴森先生逝世两周年国际学术研讨会论文集:81～97
四十二年逨鼎与周伐猃狁问题　田率　中原文物1:39～44
略论“姬凫母温鼎”中的人物关系及婚姻制度　黄国辉　中国史研究1:173～176
郜召簠及相关问题初探　耿超　中原文物3:62～66
近出囿卑盉铭文考释　王长丰　中原文物6:68～70
周公摄政与相关铜器铭文　叶正渤　古文字研究第二十八辑:206～211
“仲催父鼎”补释及其相关历史问题　陈絜　古文字研究第二十八辑:212～217
新见颂父铺与西周杜国古史探论　邓佩玲　古文字研究第二十八辑:218～223
父丁母丁鸟纹戈研究　李学勤　中国古代青铜器国际研讨会论文集:13～16
再议曶簋　陈佩芬　中国古代青铜器国际研讨会论文集:71～76
曶簋铭文中的“赤金”及其相关问题　汪涛　中国古代青铜器国际研讨会论文集:77～88
秦公器与秦子器——兼论甘肃礼县大堡子山秦墓的墓主　陈昭容　中国古代青铜器国际研讨会论文集:229～260
“周代杜撰夏王朝说”考辨　张国硕　中原文物3:46～50
陈庄金文卜辞小笺　孙敬明　中国文物报4月2日7版
再谈西周金文“叚”表示情态的用法　沈培　中国古代青铜器国际研讨会论文集:193～228
西周金文字频特点成因初探　刘志基　语言科学9卷1:80～90
西周铜器铭文中所见封建制的萌芽

王瑞英　求索1:227～229

重释金文“摄”字　刘桓　古文字研究第二十八辑:284～288

琱生诸器“[illegible]”、“[illegible]”字余释　罗卫东　古文字研究第二十八辑:289～293

西周金文几个疑难字的再研究　董莲池　古文字研究第二十八辑:275～283

释西周金文中“服”字义——兼说周代存在“服”制　张利军　考古与文物6:91～98

两周铜器铭文“倗友”考　寇占民　东南文化5:95～98

西周金文“白金”初探　李建西　考古与文物4:96～101

释磬　吴红松　考古与文物6:92～93

西周金文与“修辞立其诚”的原始意义　查屏球　学术探索3:125～133

西周铜驹尊　谓知　中国文物报1月1日8版

新见西周董国青铜器　王晓林　中国文物报4月16日6版

东　周

中国财税博物馆藏滕侯赇之歌钟考　陈阳　东方博物第三十六辑:18～26

古人拟古:近年西方学者看东周青铜器　苏芳淑　故宫学术讲谈录第一辑:351～359

宁夏中卫出土的东周青铜器　张伟宁　文物9:75～76

太原出土春秋吴国铜器及相关问题　李夏廷　上海文博论丛3:58～63

桐柏出土养国青铜器选萃　唐新　收藏8:88～93

故宫博物院藏辉县琉璃阁甲乙墓青铜器　李琴　中原文物6:71～75

论梁带村新发现春秋时期青铜镀形器　高西省、叶四虎　中国历史文物6:33～38

山东泰安出土“商丘叔”簠考　郑清森　中国历史文物6:39～43

云南古代的不对称形铜钺　文国勋　四川文物6:31～36

浅析青铜错银双翼神兽　杨洁　文物世界1:68～70

错金银双头神兽　尹伊　收藏家7:69～71

战国双首错金银∽形龙云纹异兽　贾文熙　收藏家7:72

中原制造——关于北方动物纹金属牌饰　罗丰　文物3:56～63

赵卿墓高柄足小方壶　康艳　文物世界2:19～20

战国中晚期嵌绿松石金属丝鸟兽尊　吕世浩　故宫文物月刊324:14～25

不幸而幸 妙趣横生——春秋子仲姜盘传奇　郭艳艳　收藏2:124～125

周代铜器上錾刻图画综合研究　徐婵菲　河洛文化论丛(第五辑):131～156

春秋战国楚国青铜器纹饰研究——以蟠绕龙纹为例　刘晶晶　湖北师范学院学报（哲学社会科学版）30卷3:54～56

鸟虫书铭文考释（二则）　曹锦炎　古文字研究第二十八辑:321～325

魏韩兵器考释三篇　吴良宝　湖南省博物馆馆刊第六辑:194～197

首见燕王哙铭文兵器　韩自强、刘海洋　古文字研究第二十八辑:345～346

战国兵器铭文研究二则　陆德富　考古与文物4:45～51

越王州句戈铭文考释　孔令远　考古8:87～90

司马楙编镈考释　张振谦　古文字研究第二十八辑：341～344

首阳斋藏商鞅铍小考　刘钊　中国古代青铜器国际研讨会论文集：291～294

也谈"郳始鬲"　李鲁滕　海岱考古（第三辑）：390～394

楚国申氏两簠读释　李学勤　江汉考古2：117～118

试说青铜器铭文的吕王　李学勤　文博2：3

青铜器铭文中的食官考　罗红侠　文博4：59～63

三晋彝器铭文札记两则　秦晓华　江汉考古2：119～120

春秋金文研究综述　杨秀恩　汉字文化2：69～73

齐国铜器铭文分期研究　张俊成　殷都学刊4：55～58

鲍子鼎铭文补说　侯乃峰　中国历史文物2：70～72

鲍子鼎铭文补释——兼论邿子姜首盘铭文中的"及"　程燕　中国历史文物2：73～74

赵孟介壶新研　吴毅强　考古与文物1：63～68

从称谓角度说"秦子"　石党社、田静　中国历史文物4：67～72

出土战国文献中的虚词"既"　张玉金　殷都学刊3：29～32

战国出土与传世文献的第二人称代词　邹秋珍　殷都学刊3：33～37

金文札记四则　王兰　古文字研究第二十八辑：256～260

曾姬无卹壶铭"吾宅"二字补释　程鹏万　古文字研究第二十八辑：336～340

释楚文字的"鬼"和"鉅"　禤健聪　考古与文物4：102～104

秦汉及以后

云南古代贮贝器艺术　樊海涛　长江文明第六辑：7～18

略论秦陵出土青铜器的历史价值　何宏　文博1：3～9

秦汉时期徐州地区的日用青铜器　尹钊等　收藏4：94～95

咸阳出土秦汉铜灯　张文玲　收藏10：78～80

泌阳秦墓青铜器　韩越　收藏12：77～79

昭宫铜鼎铭文考释　蔡运章　古文字研究第二十八辑：332～335

从青铜弩机铭文看秦兵器生产标准化的局限性　李秀珍、高俊　文博2：43～46

六博棋局的演变　黄儒宣　中原文物1：52～60

广西合浦出土汉代青铜器的初步研究　富霞　广西考古文集（第四辑）：372～402

首都师范大学博物馆藏汉代铜匜　袁广阔、马保春　文物8：90～92

记喇嘛洞出土的一件元康三年"铜鲁镂"　刘宁　辽宁考古文集（二）：431～439

咸阳博物馆收藏的汉代带尺铜熨斗　王英　文物8：93～94

新见西汉马病以家钫铭文考释　田炜　古文字研究第二十八辑：556～559

洛阳发现两件西汉有铭铜弩机及相关问题　赵晓军等　华夏考古1：115～120

西安北郊枣园南岭M1西汉墓铜器上的铭文　王望生　文博1：9～10

满城汉墓出土铜器铭文研究　周筠、陈静　文物春秋3：51～57

赤壁出土铜鼎铭文考释　蔡丹、胡涛　江汉考古 2:121~123

东汉“五利后”铭文解考辨　周克林　求索 2:214~216

青神县馆藏的一组明代青铜器　鲁树泉　四川文物 6:73~74

补　遗

岭南地区出土的西汉中晚期青铜器初探　曲用心　广西社会科学 2009 年 11:98~102

略论岭南东汉时期青铜器的考古发现、分布及成因　曲用心　学术论坛 2009 年 32 卷 10:98~102

其他古文字研究

从双墩文化刻画符号看中国文字起源的多元性　王蕴智　古文字研究第二十八辑:1~7

河南境内远古符号的发现与汉字起源　王蕴智　论裴李岗文化——纪念裴李岗文化发现 30 周年暨学术研讨会:148~155

陶寺毛笔朱书文字考释　朱冰　中国文物报 12 月 24 日 6 版

徶有土田考　何琳仪、王文静　考古与文物 3:101~103

徶有土田考　何琳仪、王文静　南方文物 1:60~62

商周考古所见族徽文字与族氏关系研究　雒有仓　文物世界 4:11~15

论石鼓文年代　高明　考古学报 3:311~322

秦系文字的时间序列与石鼓文的勒制年代　倪晋波　扬州大学学报（人文社会科学版）14 卷 2:123~128

《读古陶文记》笺证　徐在国　出土文献与传世典籍的诠释——纪念谭朴森先生逝世两周年国际学术研讨会论文集:149~167

陶文论著目　徐在国　印学研究第二辑——陶文研究专辑:267~308

山东地区东周陶文的发现与研究　郝导华　海岱考古（第三辑）:395~414

陶文概说——兼论东周时期陶器印迹的艺术风格　徐畅　印学研究第二辑——陶文研究专辑:1~65

新泰齐国官量陶文的发现与初步探索　王恩田　印学研究第二辑——陶文研究专辑:66~75

新泰“立事”陶文研究　卫松涛、徐军平　印学研究第二辑——陶文研究专辑:76~86

新泰陶文考　张振谦　河北大学学报（哲社版）35 卷 4:16~19

释玺印及陶文中的“昆阳坤（市）”　方勇　考古与文物 3:106~107

秦陶文考释五则　单晓伟　中国历史文物 3:74~78

广西贵县罗泊湾二号汉墓出土陶盆上戳印文的释读问题　蓝日勇　广西考古文集（第四辑）:366~371

后千甓亭藏邺城陶文略述　衣雪峯　印学研究第二辑——陶文研究专辑:100~118

大明宫太液池出土“左策”铭文砖考释　贾志刚　丝绸之路 24:45~50

苏州林屋洞出土玉简铭文初探　陈小三　东南文化 4:90~91

三　简牍、帛书、文书、写本

论简帛辨伪与流失简牍抢救　胡平生　出土文献研究（第九辑）:76~108

简帛《五行》篇“不仁思不能清”章补释　廖名春　出土文献研究（第九辑）:109~118

秦汉简《日书》校读札记　周波　出土文献与传世典籍的诠释——纪念

谭朴森先生逝世两周年国际学术研讨会论文集:395~403

日书《死失图》的综合考察——从汉代日书对楚秦日书的继承和改造的视角　凡国栋　简帛研究·2007:59~75

中国日用类简牍形制的几个有关问题　李解民　简帛研究·2007:181~193

韩国古代木简里中国古代木简的残影　(韩)金庆浩　简帛(第五辑):511~525

从新出简牍再探秦汉的大内与少内　陈治国、张立莹　江汉考古3:132~135

楚　简

新出土文献与大禹治水分州——以《古史辨》为中心的讨论　晏昌贵　荆楚历史地理与长江中游开发——2008年中国历史地理国际学术研讨会文集:499~509

楚简中从"大"声之字的读法　董珊　古代文明(第8卷):285~312

车舆名试说(二则)　陈伟　古文字研究第二十八辑:384~388

论战国楚系文字中省体之"鲦"字及相关问题　魏宜辉　古文字研究第二十八辑:535~539

读楚简札记　李锐　古文字研究第二十八辑:547~550

楚简考释中的相关语法问题试探　巫雪如　简帛(第五辑):179~194

楚系简帛中字形的习用读法和词的习用字形　陈斯鹏　文史2:5~24

楚简所记楚人祖先"娧(鬻)熊"与"穴熊"为一人说——兼说上古音幽部与微、文二部音转　李家浩　文史3:5~44

试释战国竹简中的"薦"字并论周代的薦祭　晁福林　中国史研究2:71~88

谈包山楚简263号所记的"席"　李家浩　出土文献研究(第九辑):4~10

包山楚简120—123号简补释　李守奎　出土文献与传世典籍的诠释——纪念谭朴森先生逝世两周年国际学术研讨会论文集:203~212

包山司法简致命文书的特点与138—139号简文书内容的性质　李守奎　古文字研究第二十八辑:389~395

包山二号楚墓遣册研究二则　刘国正　考古9:66~72

包山楚简选释三则　罗小华、李汇洲　江汉考古1:120~122

郭店、《礼记》本《缁衣》比较——兼论传世本之形成与《子思子》的关系　黄羽璿　简帛(第五辑):297~308

郭店简《缁衣》"人苟言之"之"人"旁点号解说——兼论古代涂抹符号之演变　虞万里　出土文献与传世典籍的诠释——纪念谭朴森先生逝世两周年国际学术研讨会论文集:213~224

试释楚简《缁衣》中与"表"字相当的字　孟蓬生　古文字研究第二十八辑:419~425

郭店简"訇"、上博简"訇"字新释　廖名春　出土文献与传世典籍的诠释——纪念谭朴森先生逝世两周年国际学术研讨会论文集:225~228

郭店简《老子》与今传本对读随记(二)　彭裕商　古文字研究第二十八辑:396~399

释郭店楚简《老子》中的"御"字　牛新房　古文字研究第二十八辑:400~403

由郭店《老子》的几条简文谈幽、物

相通现象及相关问题　史杰鹏　简帛（第五辑）：123～139

郭店竹简《穷达以时》篇14、9号简再读　李天虹　古文字研究第二十八辑：404～408

"𣪘"、"㪔"考辨——释"𧮫"及其相关诸字　林清源　汉学研究1：1～34

郭店竹简《唐虞之道》"瞽瞍"补释　刘洪涛　江汉考古4：109～111

利用郭店楚简校读古书二例　白于蓝　华南师范大学学报（社科版）2：109～112

楚简簿记与楚国量制研究　董珊　考古学报2：171～206

望山遣册记器简琐议　刘国胜　考古与文物3：104～105

试析望山M2遣策与青铜礼器的对应问题　傅玥　江汉考古1：91～97

上海博物馆藏战国竹书《楚辞》　曹锦炎　文物2：59～62

有易氏历史的再发现——《楚辞·天问》"汤谋易旅，何以厚之"句试解　代生　文物春秋2：9～11

上博三《彭祖》补释　王晶　华夏考古1：136～138

上博（三）《彭祖》简序编排小议　杨芬　江汉考古1：123～125

战国楚竹书《彭祖》补释　林志鹏　江汉考古1：126～129

《上海博物馆藏战国楚竹书（四）》所见官名辑证　吴晓懿　简帛（第五辑）：239～249

上博藏简《用曰》篇新释六则　王辉　中国历史文物6：79～83

上博藏楚竹书《用曰》篇试读一则　程少轩、蒋文　东南文化5：99～102

上博六《用曰》研读　何有祖　考古与文物5：94～96

《上博六·景公疟》重编新释与版本对比　梁静　中国历史文物1：70～81

《上海博物馆藏战国楚竹书（六）》研究二题　单育辰　宁夏大学学报（人文社科版）32卷4：12～14

读上博楚竹书《吴命》札记　陈伟　出土文献与传世典籍的诠释——纪念谭朴森先生逝世两周年国际学术研讨会论文集：319～322

上博七《吴命》9号简"望日"补说　冯胜君　古文字研究第二十八辑：461～463

说上博《吴命》"先人"之言并论楚简"害"字　禤健聪　古文字研究第二十八辑：464～470

上博藏竹书《吴命》"先王姑姊大㚸"考辨　侯乃峰　中国史研究3：5～12

试说竹书《凡物流形》"俯而寻之"　刘信芳　出土文献与传世典籍的诠释——纪念谭朴森先生逝世两周年国际学术研讨会论文集：323～326

试说竹书《凡物流形》"俯而寻之"　刘信芳　江汉考古3：123～124

上博七《凡物流形》下半篇试解　顾史考　出土文献与传世典籍的诠释——纪念谭朴森先生逝世两周年国际学术研讨会论文集：333～359

《凡物流形》两处编联的文献验证　曹峰　湖南省博物馆馆刊第六辑：187～193

上博简第七册释读拾遗　陈伟武　古文字研究第二十八辑：443～448

谈上博七《凡物流形》中的"詧"字　徐在国　古文字研究第二十八辑：449～451

上博七《凡物流形》释读札记（二

则） 宋华强 古文字研究第二十八辑:452～456

上博竹书《凡物流形》释读札记（六则） 宋华强 简帛(第五辑):259～275

上博七《凡物流形》、《吴命》札记 单育辰 简帛（第五辑):277～283

读上博楚简书《武王践阼》、《凡物流形》札记 陈伟 出土文献研究(第九辑):17～21

读上博（七）札记 史德新 中国历史文物1:82～84

《凡物流形》甲乙本字迹研究 李松儒 简帛（第五辑):285～295

上博藏楚竹书《凡物流形》篇补释二则 邬可晶 东南文化5:103～105

上博简《容成氏》所记桀纣故事考释两篇 郭永秉 简帛（第五辑):225～238

《容成氏》杂谈（三则） 单育辰 简帛研究·2007:37～43

《容成氏》研究综述 孙飞燕 中国史研究动态7:12～17

楚竹书《容成氏》补议 牛新房 中国历史文物4:73～77

上博简《容成氏》武王伐纣“誓词”新释 范常喜 中国历史文物6:70～74

上博简《孔子诗论》第二十三简论析 张朵 中州学刊4:205～207

上博简《孔子诗论》第九简新论 徐正英 中州学刊6:194～198

楚简逸诗《交交鸣鶩》考论 曹建国 考古与文物5:89～93

上博楚简《鲁邦大旱》的思想史坐标 陈侃理 中国历史文物6:75～78

上博简《慎子曰恭俭》疏解 李锐 出土文献与传世典籍的诠释——纪念谭朴森先生逝世两周年国际学术研讨会论文集:309～317

楚竹书《融师有成》新证 连劭名 古文字研究第二十八辑:435～437

释上博简《鲍叔牙与隰朋之谏》中的“迫倚” 史杰鹏 古文字研究第二十八辑:438～442

楚竹书《问日》章新释 杨泽生 古文字研究第二十八辑:457～460

上海博物馆藏楚竹书新证 连邵名 湖南省博物馆馆刊第六辑:179～186

上博楚简所载季札相关资料之评析 徐敏 江阴文博1:34～36

释“朴” 邢文 出土文献与传世典籍的诠释——纪念谭朴森先生逝世两周年国际学术研讨会论文集:169～172

说“聿”及其相关诸字 何家兴 简帛（第五辑):109～112

释“关” 肖从礼 简帛(第五辑):113～115

上博竹书字词考释三题 苏建洲 简帛研究·2007:44～51

试说《武王践阼》的机铭 刘洪涛 简帛（第五辑):251～257

读《君人都何必安哉》札记 陈伟 简帛研究·2007:1～5

上博楚简书体特征个案分析 陈松长、吴振红 湖南大学学报（社科版）24卷4:23～27

荆门左塚楚墓漆梮文字释补 陈伟武 出土文献与传世典籍的诠释——纪念谭朴森先生逝世两周年国际学术研讨会论文集:197～201

楚竹书《周易》符号命名管见 单周尧 出土文献与传世典籍的诠释——纪念谭朴森先生逝世两周年国际学术研讨会论文集:265～271

新蔡楚简零释　张新俊　简帛（第五辑）:215～224

“刓”字读法试解　顾史考　古文字研究第二十八辑:496～503

释“卜缶”　广濑薰雄　古文字研究第二十八辑:504～509

释“𡚸”　白于蓝　古文字研究第二十八辑:514～520

据新出楚简校读《左传》（二则）　宋华强　文史3:249～252

楚简释读与《方言》补例试说　刘信芳　文献3:83～95

也说清华楚简《保训》的“中”字　王辉　古文字研究第二十八辑:471～474

清华战国楚简《保训》所见商代先祖史迹传说　沈建华　古文字研究第二十八辑:475～481

清华简《保训》“假中于河”解　徐义华　古文字研究第二十八辑:482～491

清华简《保训》篇“咸顺不成”解　房振三　古文字研究第二十八辑:492～495

关于清华简《保训》的著作年代问题　杜勇　天津师范大学学报（社科版）4:20～26

清华简《保训》篇解读　廖名春、陈慧　中国哲学史3:5～13

《保训》疑伪新证五则　姜广辉　中国哲学史3:30～34

清华简《保训》献疑　丁进　中国哲学史3:39～44

“保训”释疑　姚小鸥　中州学刊5:157～159

清华简所见古饮至礼及《郘夜》中古佚诗试解　陈致　出土文献与传世典籍的诠释——纪念谭朴森先生逝世两周年国际学术研讨会论文集:469～494

清华简九篇综述　李学勤　文物5:51～57

清华楚简“武王八年伐郘”刍议　沈建华　考古与文物2:102～104

清华简《郘夜》与尊隆文、武、周公——兼论战国楚地之《诗》学　刘成群　东岳论丛31卷6:57～62

由清华简《（耆）夜·乐诗》看周公的巫祝身份　付林鹏　中国文物报8月20日6版

“清华简”《夜·乐诗》管窥　王鹏程　中国文物报4月30日6版

补遗

释《上博五·三德》简十六　王晶　贵州师范大学学报（社会科学版）2009年6:112～113

秦　简

从出土秦汉律看中国古代的“礼”、“法”观念及其法律体现——中国古代法律之儒家化说商兑　杨振红　中国史研究4:75～106

从秦汉竹简看中国古代循实断案原则的形成与发展　王长江　中原文物2:71～75

战国时代秦国之户籍制度　蔡宜静　中国上古史研究专刊（第二期）:105～126

云梦睡虎地77号西汉墓出土简牍的清理与编联　熊北生　出土文献研究（第九辑）:37～41

睡虎地77号汉墓出土的伍子胥故事残简　刘乐贤　出土文献研究（第九辑）:42～45

睡虎地秦简《法律答问》第25～28号补说　杨华　古文字研究第二十八辑:567～571

睡虎地秦墓竹简《徭律》补说　彭浩　简帛（第五辑）:1～9

睡虎地77号西汉墓出土简牍札记　何有祖　简帛（第五辑）:401～402

睡虎地秦简《为吏之道》校读札记　白于蓝　江汉考古3:125～131

睡虎地秦简《编年记》性质探测　曹旅宁　史学月刊2:29～33

睡虎地秦简"关市律"辨正　陈松长　史学集刊4:16～20

睡虎地秦简异构字探析　黄文杰　学术研究6:148～158

天水放马滩秦简乙种《日书》分篇释文（稿）　晏昌贵　简帛（第五辑）:17～41

《天水放马滩秦简》识小　吕亚虎　简帛（第五辑）:43～50

谈谈放马滩简的一组地名　程少轩　古代文明研究通讯44:31～37

放马滩秦简乙360～366号"墓主记"说商榷　孙占宇　西北师大学报（社科版）47卷5:46～49

试论里耶秦牍与秦代文书学的几个问题　黎明剑、马增荣　简帛（第五辑）:55～76

里耶秦简"赀赎文书"的书手探析　林进忠　湖南大学学报（社科版）24卷4:28～35

释里耶秦简"端行"　王子今　中国文物报3月5日6版

岳麓书院藏秦简《为吏治官及黔首》略说　陈松长　出土文献研究（第九辑）:30～36

岳麓书院秦简校读　陈伟　简帛（第五辑）:11～16

岳麓书院所藏秦简《数》书释文校补　许道胜、李薇　江汉考古4:112～124

从用语"術"字的多样表达看岳麓书院秦简《数》书的性质　许道胜、李薇　史学集刊4:21～28

岳麓书院藏秦简所见秦郡名称补正　王伟　考古与文物5:97～101

关于"质日"简的名称与性质　苏俊林　湖南大学学报（社会科学版）24卷4:17～22

岳山秦牍《日书》考释八则　杨芬　简帛（第五辑）:51～54

秦"祠先农"简再探　史志龙　简帛（第五辑）:77～89

汉　简

北京大学新获"西汉竹书"概述　北京大学出土文献研究所（韩巍）　国际汉学研究通讯（第一期）:111～115

汉简"薄土"考辨　王晖　古文字研究第二十八辑:603～610

西北汉简所见边塞戍所的请销假制度　赵宠亮　文博1:16～20

马王堆三号墓出土遣策释文订补　陈松长　出土文献与传世典籍的诠释——纪念谭朴森先生逝世两周年国际学术研讨会论文集:387～394

马王堆一号汉墓遣册"级绪巾"补说　范常喜　华夏考古2:69～71

银雀山汉简《五音之居》与古代的风占术　连劭名　出土文献研究（第九辑）:125～131

银雀山汉简校释　白于蓝　考古12:81～87

银雀山汉简《定心固气》与孟子思想　连劭名　华夏考古1:110～114

银雀山竹简《吴问》考辨　郝进军　四川文物1:69～76

遗落在竹片上两千年的墨痕：银雀山汉墓竹简　李慧芹　中国博物馆2:78～79

从出土简牍文献看中国早期的正负数概

念　邹大海　考古学报 4:481～504

张家山汉简《二年律令》所见“及”、“若”、“或”、“与”诸词含义与用法研究　鲁家亮　简帛（第五辑）:369～399

《二年律令》所见汉初的行书制度　连劭明　文物春秋 3:3～5

从张家山汉简《二年律令》推论汉初女性社会地位　夏增民　浙江学刊 1:85～90

谈张家山汉简《史律》的“上计六更”　彭浩　出土文献研究（第九辑）:171～180

日本张家汉简法律文献研究论著目录（1985.1～2008.7）　李力　简帛研究·2007:328～350

张家山汉简律令所见葬俗制度及其在汉魏时期的演进　于凌　中州学刊 4:182～184

张家山二四七汉墓遣册补正　田河　社会科学战线 11:84～89

简牍资料所见西汉前期的“卒更”　陈伟　中国史研究 3:23～36

武威汉代医简考释二则　陈魏俊　四川文物 3:68～69

广州南越国公署遗址出土西汉木简考释　何有祖　考古 1:78～80

阜阳汉简考释两篇　郭永秉　文史 4:243～248

松柏木牍与汉初法律的实施　曹旅宁　湖南省博物馆馆刊第六辑:288～294

论松柏 1 号墓出土的记更数的木牍　广濑薰雄　出土文献与传世典籍的诠释——纪念谭朴森先生逝世两周年国际学术研讨会论文集:407～415

松柏一号墓 35 号木牍与西汉南郡属县　李炳泉　中国历史地理论丛 4:90～101

释孔家坡汉简《日书》中的几个古史传说人物　刘乐贤　中国史研究 2:105～112

沅陵虎溪山汉简选　张春龙　出土文献研究（第九辑）:46～48

日照海曲简《汉武帝后元二年视日》研究　刘绍刚、郑同修　出土文献研究（第九辑）:49～59

水泉子汉简七言本《苍颉篇》蠡测　张存良　出土文献研究（第九辑）:60～75

荆州新出简牍释解　胡平生　湖南省博物馆馆刊第六辑:281～287

刍议天长纪庄西汉木牍　杨以平、王震　文物研究第 17 辑:314～321

敦煌一棵树汉代烽燧遗址出土的简牍　杨俊　敦煌研究 4:88～92

居延新简《女子齐通耐所责秦恭鼓事》残册复原与研究　赵宠亮　简帛（第五辑）:403～413

居延汉简所见“明府”称谓　王子今　简帛研究·2007:89～98

敦煌居延汉简《急就章》残简辑订　何双全　文献研究（第一辑）:94～100

敦煌悬泉汉简中的“大宛”简以及汉朝与大宛关系考述　张德芳　出土文献研究（第九辑）:140～147

悬泉汉简拾遗（二）　初世宾　出土文献研究（第九辑）:181～209

敦煌汉简风雨诗新探　董珊　出土文献与传世典籍的诠释——纪念谭朴森先生逝世两周年国际学术研讨会论文集:417～421

敦煌悬泉汉简所见人名综述（四）——以中央机构为中心的考察　张俊民　简帛研究·2007:99～128

从汉代书论窥探敦煌汉简的“民间性” 史忠平、马国俊 山西师大学报（社会科学版）37卷3:77~79

敦煌悬泉汉简所见河西的羌人 高荣 社会科学战线10:100~106

敦煌悬泉置遗址F13出土部分简牍文书性质及反映的东汉早期历史 李永平 敦煌研究5:105~109

长沙东牌楼东汉简牍《光和六年监临湘李永、例督盗贼殷何上言李建与精张诤田自相和从书》释读及相关问题研究 叶玉英 出土文献与传世典籍的诠释——纪念谭朴森先生逝世两周年国际学术研讨会论文集:423~433

说长沙东牌楼简所见“津史” 王子今 湖南省博物馆馆刊第六辑:295~298

东牌楼简“中仓租券签牌”考释 庄小霞 简帛（第五辑）:415~427

说东牌楼汉简《桂阳大守行丞事南平丞印缄》 孙闻博 文物10:84~87

补　遗

敦煌悬泉汉简所见“適”与“適”令 张俊民 兰州学刊2009年11:14~19

《敦煌汉简》所见西汉日历简释读订误 刘飞飞 语文学刊2009年12B:27

凤凰山十号汉墓据“算”派役文书研究 杨际平 历史研究2009年6:51~62

三国简

2006~2008年走马楼吴简研究综述 孙东波 湖南省博物馆馆刊第六辑:306~311

长沙走马楼三国吴简名刺性质初探 龙臻伟 出土文献研究（第九辑）:232~240

走马楼吴简所见“叛士”探讨 黎石生 湖南省博物馆馆刊第六辑:299~305

走马楼三国吴简少数民族问题述略 骆黄海 湖南省博物馆馆刊第六辑:312~320

走马楼吴简所见孙吴县名考 李鄂权、管震 湖南省博物馆馆刊第六辑:321~328

长沙走马楼三国竹简所见入皮簿格式复原与相关问题探讨 沈刚 简帛研究·2007:194~203

走马楼竹简“邪”“耶”称谓使用的早期实证 王子今 文物5:58~62

走马楼简牍所见“私学”身份探析 李迎春 考古与文物4:52~55

走马楼吴简所见“私学”考 邓玮光 东南文化3:66~72

长沙走马楼竹简所见“地僦钱”拾遗 沈刚 中国历史文物4:78~84

长沙走马楼三国竹简纳布记录析论 沈刚 史学月刊10:28~33

从《长沙走马楼三国吴简》看三国吴的家庭结构 贾丽英 中国史研究3:171~174

长沙吴简中的“月旦簿”与“四时簿” 王素 文物2:63~68

吴简户籍文书的编制方式与格式复原新解 沈刚 人文杂志2:129~137

嘉禾吏民田家莂编连初探 凌文超 简帛研究·2007:225~245

帛　书

长沙子弹库楚帛书的方向 黄儒宣 简帛（第五辑）:361~368

《马王堆汉墓帛书》札记（三则） 蔡伟 出土文献与传世典籍的诠释——纪念谭朴森先生逝世两周年

国际学术研讨会论文集:405~406

马王堆汉墓帛书《杂疗方》校释札记 刘钊 古文字研究第二十八辑:580~586

马王堆帛书《周易》经文照片校正 魏慈德 古文字研究第二十八辑:578~593

帛书《五行》篇"酉下子轻思於翟"段新释 廖名春 古文字研究第二十八辑:594~602

马王堆帛书《刑德》研究述评 于兵 湖南省博物馆馆刊第六辑:5~15

马王堆帛书《战国纵横家书》校补 萧旭 湖南省博物馆馆刊第六辑:16~20

马王堆汉墓帛书《天文气象杂占》"云气占"试考 王树金 湖南省博物馆馆刊第六辑:21~28

帛书《天文气象杂占》"列国云占"探考 王树金 出土文献研究(第九辑):132~139

马王堆汉墓帛书《十大经》补释二则——外一篇:说古文献中以"坐"为"跪(诡)"的现象 邬可晶 简帛(第五辑):429~442

《导引图》题记"鹞北"浅议 王卉 湖南省博物馆馆刊第六辑:37~39

文书与写本

敦煌通俗字书与《新撰字镜》比较研究 张磊 敦煌研究3:115~118

中国古代下达文书的书式 (日)角谷常子 简帛研究·2007:165~180

温县盟书WT5K14盟书补释:说"羄"字 魏克彬(Crispin Williams) 出土文献与传世典籍的诠释——纪念谭朴森先生逝世两周年国际学术研讨会论文集:99~129

侯马与温县盟书中的"岳公" 魏克彬 文物10:76~83

侯马盟书研究综述 张道升 社会科学论坛7:161~165

敦煌遗书所见"素像"考 白雪涛、杨军辉 敦煌研究4:109~112

《佛说续命经》研究 李小荣 敦煌研究5:71~78

《降魔变文》校注商补 俞晓红、詹绪左 安徽师范大学学报(人文社会科学版)38卷1:111~117

吐鲁番新获高昌郡文书的断代与研究——以《新获吐鲁番出土文献》为中心 王素 故宫学刊第五辑:700~711

吐鲁番考古与高昌历史研究 王素 故宫学术讲谈录第一辑:55~68

吐鲁番文书所见《谥法》残本略考 戴卫红 吐鲁番学研究1:54~68

关于俄藏编号SJ Kr. 4638回鹘文文书的几个问题 张铁山、李雪 吐鲁番学研究1:69~78

中古时期吐鲁番地区汉文文学的传播与接受——以吐鲁番出土文书为中心 朱玉麒 中国社会科学6:182~194

唐代前期西州老年人口试探——基于对吐鲁番出土相关文书的考察 王春花 西域研究4:77~85

唐代乡里制在于阗的实施及相关问题研究——以新出贞元七年和田汉文文书为中心 张铭心、陈浩 西域研究4:1~10

从敦煌判文残卷看唐代判文体的发展 谭淑娟 郑州大学学报(哲社版)43卷2:111~112

黑城出土西夏榷场文书考释 杜建录 中国经济史研究1:114~120

黑城出土柬帖文书刍议 兰天祥 宁

夏社会科学 2:112～114

近十年以来黑水城汉文文书研究综述　翟丽萍　中国史研究动态 4:2～8

黑水城 F116:W434 元末签补站户文书试释　杜立晖　宁夏社会科学 4:113～117

《瘗鹤铭》金山本考识　潘美云　东南文化 3:73～76

《秦将赋》残象描写的历史文化背景　严宇乐　敦煌研究 1:96～102

S.2687 写本与莫高窟第 61、55 窟的关系　陈菊霞　敦煌研究 3:97～100

莫高窟北区出土回鹘蒙古文卖身契约残片　敖特根　敦煌研究 1:111～116

敦煌本回鹘文《阿毗达磨俱舍论实义疏》研究　萨仁高娃、杨富学　敦煌研究 1:117～124

敦煌本《修文殿御览》录校补正　徐建平　敦煌研究 1:92～95

敦煌残卷《王文宪集序》校考　郭殿忱　敦煌研究 2:90～92

敦煌本《类林》的作者及成书年代　沙梅真　敦煌研究 2:98～105

"粉堆"人名研究及 S.4505V 的年代考证　沙梅真　社会科学家 1:37～39

敦煌本《笔势论》残卷研究　蔡渊迪　敦煌研究 3:111～114

敦煌本《汉将王陵变》人物论析　高国藩　艺术百家 26 卷 1:188～194

敦煌写本功德记读校札记　杨晓宇　甘肃社会科学 2:184～186

敦煌写本重文号研究　张涌泉　文史 1:107～127

敦煌写本 S.1438 背《书仪》残卷与吐蕃占领沙州的几个问题　陆离　中国史研究 1:87～100

敦煌写本《阴处士碑》校诠　邓文宽　出土文献研究（第九辑）:267～285

《唐五代佛寺辑考》续补——以敦煌吐鲁番文献为中心　李军、赵青山　西北大学学报（哲学社会科学版）4:63～69

敦煌博物馆藏古藏文文献　杨俊　陇右文博 2:47～49

新疆与敦煌发现的突厥卢尼文文献　（俄）克里亚施托尔内著　杨富学、王立恒译　吐鲁番学研究 2:82～92

新疆吐火罗语写本及其佛教文献　（法）皮诺著　耿世民译　西域文史第五辑:65～73

补　遗

法藏敦煌《汉书》节钞本残卷研究　易平　北京师范大学学报（社会科学版）2009 年 6:16～23

敦煌本《王梵志诗》残片考辨五则　张新朋　敦煌学辑刊 2009 年 4:61～64

五份新见藏文注音西夏文残片校释　戴忠沛　宁夏社会科学 2009 年 6:95～99

四　碑　刻

综　述

北京地区道教考古中石刻的发现与初步研究　孙勐　文物春秋 1:6～9

邛崃历代碑刻考　古元忠　成都文物 1:25～34

邛崃历代碑刻考（续）　古元忠　成都文物 2:22～28

左权县碑碣石刻概述　姜杉　文物世界 5:35～39

无锡碑刻艺术的历史渊源与传承保护　梁溪清　无锡文博 2:51～55

酒泉地区现存碑文价值探究　胡静　丝绸之路 14:32～34

《文物春秋》诸碑录文疑义之商榷

侯丽娟、苏禄煊　文物春秋 1:62～67

汉　代

从"汉故幽州书佐秦君阙"残石谈墓碑的起源　张云燕　北京文博 2:49～53

始刊玄石 旌勒君美——汉《麃孝禹碑》　卫松涛　中国博物馆 2:75～77

东汉建宁三年残碑考　武成　全国首届碑帖学术研讨会论文集:42～48

东汉《熹平石经》残石　陆泰龙　历史文物 8:54～59

景云碑额图像考　曾繁模　长江文明第五辑:26～35

肥致碑碑额"㠁"字释读平议　黄展岳　中国文物报 1 月 20 日 7 版

读《肥致碑碑额"㠁"字释读平议》　刘桓　中国文物报 3 月 17 日 7 版

三国、两晋、南北朝

毕家滩《晋律注》相关问题研究　张俊民、曹旅宁　考古与文物 6:67～72

从北魏《刘根造塔碑记》到龙门三十品之佚名造像题记　宫万琳　河洛文化论丛（第五辑）:196～202

"大代持节豳州刺史山公寺碑"考释　高然、苑黎　考古与文物 3:71～78

北魏崔浩石经石史考　王志刚　史学史研究 3:20～24

补　遗

神化的碑文及新样的造像:山西芮城县西魏《蔡洪造太上老君像碑》的识读　李淞　南京艺术学院学报（美术与设计版）2009 年 6:1～5

隋、唐、五代

简述与房山石经有关的几处刻经　徐自强、吴梦麟　全国首届碑帖学术研讨会论文集:49～55

龙门出土李元珪纪德幢、尼澄璨尊胜幢读后　郑霞　敦煌研究 2:38～42

乾陵唐杨再思墓碑简考　刘向阳　考古与文物 4:85～91

皇唐三阶大德禅师造像碑　李翎　中原文物 3:91～94

邴法敬造像碑研究　王景荃　中原文物 5:74～82

晋祠藏《郭公庙碑铭》　贾莉莉　文物世界 1:32～34

武周时期石塔铭考释　林章芹　文物春秋 6:70～72

晚唐高骈开凿安南"天威遥"运河事迹释证——以裴铏所撰《天威遥碑》为中心的考察　王承文　"中央研究院历史语言研究所"集刊第八十一本第三分:597～650

西藏洛扎吐蕃摩崖石刻与吐蕃墓地的调查与研究　霍巍、新巴·达娃扎西　文物 7:56～62

河北正定巨碑考证　樊志勇　文物世界 2:23～27

补　遗

莫高窟第 196 窟"甘州萨保"题记考述:兼论唐宋之际粟特民族的"伊斯兰化"　邵明杰　山西师大学报（社科版）2009 年 36 卷 5:65～69

莫高窟第 196 窟"甘州（菩）萨保"题记新考　邵明杰　民族研究 2009 年 6:99～101

莫高窟第 196 窟前室北壁题记《毘尼心》考释　释慧谨　敦煌学辑刊 2009 年 4:68～75

宋、辽、金、元

繁峙大观圣作之碑　刘彦佐　文物世界 5:40～41

浅析“盘山祐唐千像寺创建讲堂碑” 黄立志 天津文博第七辑:275~279

辽《建冢塔记》残碑考释 金永田 北方文物2:96~98

辽上京松山州刘氏家族墓地经幢残文考释 李俊义、庞昊 北方文物3:87~92

西夏碑（石）刻述要 陈永耘 文博5:23~27

西夏仁孝敕建黑水河桥汉藏文碑 陶琦 陇右文博1:35

保定西夏文经幢《尊胜陀罗尼》的复原与研究 李杨 宁夏社会科学3:115~120

承天寺西夏断（残）碑新证 赵涛 宁夏社会科学5:93~98

金完颜希尹神道碑研究述略 穆崟臣、穆鸿利 北方文物2:81~85

四面雕菩萨石经幢 刘汝国、张超 中国文物报5月5日3版

莆田《祥应庙记》碑考 刘元妹、陈豪 福建文博2:69~77

广西永福百寿图意象分析 邱明波 南方文物2:130~132

重庆南川龙岩城摩崖碑抗蒙史事考 唐冶泽 四川文物3:70~79

南宋《褒先寺安公劄付碑》浅析 唐云梅、苏珂 四川文物2:81~85

“仪制令”碑浅谈 刘雄虎 中国文物报12月22日8版

张成墓碑考略 崔世浩 辽宁考古文集（二）:460~465

北京国子监一方元代进士题名刻石初探 邢鹏 北京文博1:45~51

一通记录那摩国师行状的重要佛教碑刻 刘友恒 文物春秋3:61~66

补 遗

秦州北宋《闵雨碑》校考 汪明 敦煌学辑刊2009年4:65~67

明、清

略谈户县文庙明代卧碑的社会功用及相关问题 党小娟等 文博4:48~51

邯郸市博物馆藏《白衣大悲五印心陀罗尼经》碑 陈慧、李海祥 文物春秋3:67~69

正定藏三方“容膝”刻石 杨双秋 文物春秋5:61~65

明代辽阳碑志略探 李路华 东北史地4:43~44

华鸿山先生祠堂碑刻 徐志钧 无锡文博3:56~57

青海发现明代修筑长城题记考辨 闫璘 丝绸之路22:18~21

珠海竹仙洞摩崖石刻群及相关问题的探讨 杨建军 南方文物2:136~140

同和岭修道碑与毋丘俭纪功碑 耿铁华 东北史地2:17~24

传拓清代《荡平岭碑记》杂识 于丽群 东北史地2:30~31

康熙书朱熹诗碑 王丽娟、郭志雨 中原文物4:111~112

黄陵县发现乾隆年间平定准噶尔告成碑 魏迎春、郑炳林 敦煌学特刊1:156~162

重庆彭水“象鼻塞碑”考释 王希辉 黑龙江民族丛刊3:82~85

御制台省箴碑文考议 李正华 收藏家6:55~59

山西宁武现存护林碑刻探析 董常保 文物世界3:49~51

清代山西碑刻中乡规民约的“约”与“罚” 郭春梅 文物世界6:38~40

《无锡青水港疏浚告示碑》简介 谈福兴 无锡文博3:34

补 遗

郑和《布施锡兰山佛寺碑》碑文考 吴

之洪　黑龙江史志 2009 年 20:65～66

靖州“群村永赖”碑考　胡彬彬　民族研究 2009 年 6:80～87

附　墓志及地券

魏晋南北朝时期墓葬习俗的变化与墓志铭的流行　朴汉济著　李椿浩译　故宫学刊第六辑:267～288

洛阳出土墓志研究　赵君平　全国首届碑帖学术研讨会论文集:56～82

一支洛阳月氏胡人家族的汉化经历——以《支彦墓志》与《支敬伦墓志》为中心　毛阳光　华夏考古 4:126～131

买地券中的“盗葬”考　陈杏留、蔡子鹤　文物春秋 6:35～36

汉、三国、晋、南北朝

论马王堆 3 号汉墓“告地书”　傅敏怡著　李婧嵘译　湖南大学学报(社科版) 24 卷 4:42～47

东汉雒阳县男子□□卿买地铅券研究　赵振华、董延寿　中原文物 3:74～79

南京滨江开发区吴墓出土“建衡元年”买地券补释　张学锋　东南文化 1:60～61

新见郑孙买地券考略　马瑞、宗鸣安　中国历史文物 6:44～45

东晋南朝出土墓志资料概述　朱智武　南京理工大学学报(社科版) 23 卷 3:107～112

德清县博物馆藏宗悫墓志铭辨伪　陶渊旻　东方博物第三十五辑:105～108

韩国非济武宁王陵出土墓志略论　邵磊　苏州文博论丛第 1 辑:164～172

《申洪之墓志》补释　罗新　出土文献研究(第九辑):332～344

北魏《罗宗夫妇墓志》考释　凌文超　出土文献研究(第九辑):367～373

《北魏元瓒墓志》及其相关问题　缪韵　河洛文化论丛(第五辑):182～188

魏孝文帝撰《冯熙墓志》考述　赵君平　河洛文化论丛(第五辑):189～195

《北魏延和二年张正子为亡父母合葬立镇墓石》浅识　张丽华　全国首届碑帖学术研讨会论文集:83～86

新见北齐《高涣墓志》考略　王连龙　中国历史文物 5:84～88

《北齐尔朱世邕墓志铭》考释　陈瑞青、吴玉梅　文物春秋 1:68～72

北齐逄哲墓志出土地点辨正　李森　文物春秋 4:59～61

郑邕墓志铭考——兼论荥阳郑氏祖茔在开封　张武军　殷都学刊 4:59～62

北魏《元天穆墓志》考释　赵兰香　中国历史文物 5:77～80

《杨机墓志》释文校正　章红梅　中国历史文物 5:81～83

新见北齐燕继墓志考析　李森　中国文化研究冬之卷:136～142

唐、五代

唐代崔偃、崔异、郑恒墓志与清河崔氏家传文化　赵振华　出土文献研究(第九辑):345～358

新见唐代《李神德墓志》考释　陈康　出土文献研究(第九辑):359～366

出土郑道邕后裔墓志考　柳金福　河洛文化论丛(第五辑):313～330

新见唐代郭晞夫妇墓志及相关问题　赵力光、王庆卫　唐研究第十六卷:225～248

读固原南郊隋唐史氏家庭墓志劄记　赵和平　唐研究(第十六卷):343～357

新出唐志与中古龙门净土崇拜的文化生态——以萧元礼墓志记事为缘起　张乃翥　唐研究(第十六卷):507～520

新征集唐《罗州玠墓志》志主的胡人身份浅析　呼啸　文博 3:46~49

唐《韩秀实墓志》及其他　陈根远　文博 4:31~35

唐王崇俊墓志铭读考　陈晓捷　文博 4:43~47

唐高丽遗民《高铙苗墓志》考略　张彦　文博 5:46~49

墓志所见唐代比丘尼与家人关系　刘琴丽　华夏考古 2:108~111

唐公士念公夫妇墓及墓志考释　马东海　考古与文物 1:83~86

反映唐代义商与唐人财富观的三方墓志　龚静　考古与文物 2:96~101

内容有涉大明宫的三方唐代墓志　胡明塋　考古与文物 5:77~83

一方佐证李唐祖籍在河北隆尧的唐代墓志　宋孟寅　文物春秋 3:58~60

唐代元云墓志浅说　吴磬军、刘德彪　文物春秋 6:73~75

《大唐故上骑都尉□君墓志铭》考略　王丽敏、贾小玲　文物春秋 6:76~78

唐代韦孝謇墓志及墓券释补　尚磊明　中国历史文物 2:75~80

《唐代墓志汇编》释文校补　赵黎明　中国历史文物 2:85~88

墓志所见晚唐内侍省官员与"赐紫绯"　张苹、马冬　中国历史文物 6:46~51

唐代至后梁时期卢真启墓志考　罗火金、张长杰　中原文物 1:66~71

唐顾师闵墓志考释　郭宏涛、邓洪彬　中原文物 2:88~90

唐李元轨墓志所涉北门学士问题献疑　梁尔涛　中原文物 6:92~95

唐李他仁墓志研究中的几个问题　拜根兴　陕西师范大学学报（哲社版）39 卷 1:41~48

唐禄赞萨逻墓志考释　李宗俊　民族研究 3:68~73

唐慕容曦皓墓志考释　孙瑜　山西师大学报（社科版）37 卷 3:84~87

石刻资料与西南民族史地研究:《唐南宁州都督爨守忠墓志》解读　郭声波、姚帅　中南民族大学学报 30 卷 4:85~89

新见唐《赵勔墓志》　张婷　中国文物报 5 月 5 日 3 版

西安新出权德舆撰文《韦渠牟墓志》　杨焱　中国文物报 11 月 8 日 7 版

唐代刘自政墓中铁券考辨——兼与赵超先生商榷　洪海安　甘肃社会科学 3:85~87

五代墓志俗字考辨　周阿根　学术界 9:140~146

补　遗

《大唐故临川郡长公主墓志铭》考释　王兰　黑龙江史志 2009 年 22:47~48

《石彦辞墓志》文句正读和史事索隐　虞万里　史林 2009 年 6:63~72

宋、辽、金

两方宋明墓志铭考释　曹俊华　南方文物 2:141~143

宋胡献卿墓志考释　程义　苏州文博论丛第 1 辑:173~177

宋《郑荣墓志》疏考　刘莲芳　文博 2:24~27

新见北宋李颀墓志考释　李森　考古与文物 3:79~86

连庠墓志研究　萧鲁阳　中州学刊 4:189~193

一方珍贵的北宋篆书墓志　董韶军　中国文物报 12 月 8 日 5 版

王蘧墓志及相关问题　杨超等　中原文物 4:77~82

关于新发现宋建炎元年戚安墓券的重要

认识 王科社 丝绸之路8:18~25

《宣以回纥国国信使墓志》考释 都兴智 北方文物3:83~86

契丹小字《耶律宗教墓志铭》考释 刘凤翥 文史4:201~228

对完颜希尹墓地出土"铁券"性质的新认识 冯恩学 边疆考古研究第9辑:207~211

明、清

明赠征士郎中书舍人柳公合葬墓志铭考释 王进 东方博物第三十五辑:107~110

望城蚂蚁山明墓墓志考释 张永珍 湖南省博物馆馆刊第六辑:468~472

明《太医院医士李思讷墓志铭》考释 严建蔚、姚晨辰 苏州文博论丛第1辑:178~182

明《戚畹赵君伯容墓志铭》考释 龚巨平 苏州文博论丛第1辑:183~186

南京溧水明武煦夫妇墓志 陈钦龙、张九文 苏州文博论丛第1辑:191~194

殷尚质墓志考略 杨新 天津文博第七辑:229~233

江宁区博物馆藏明陈瑄家族墓志考 杨李兵 东南文化2:65~69

对《南京邓府山明代福清公主家族墓》的补充 邵磊 南方文物2:133~135

明奉圣夫人李氏及其子吕俊墓志考 杨光 文物春秋5:66~71

明大学士张瑞图及夫人墓志铭浅析 黄江华 福建文博4:73~76

南京出土明初勋贵及其家族成员墓志考 邵磊 文献3:121~137

湖北荆门市博物馆藏何绍基书墓志铭 龙永芳、刘刚 湖南省博物馆馆刊第六辑:488~491

《清故处士金君墓志铭》考释 姚晨辰 苏州文博论丛第1辑:195~198

清刘讷庵墓志铭考释 许平 苏州文博论丛第1辑:199~205

清台湾府知府蒋元枢墓志铭文与史事订补 李峰 文物世界5:32~34

新发现马济胜墓志铭小考 陈良军 中国文物报10月15日6版

柘城明清杜氏 郑清森 寻根4:126

五 玉 器

综 述

中国玉文化的特质及其普世价值 赵朝洪 名家论玉(三)——2010海拉尔"中国玉文化名家论坛"文集:63~70

古玉通论 郑德坤 名家论玉(三)——2010海拉尔"中国玉文化名家论坛"文集:1~5

关于玉器功能研究的若干浅见 蔡庆良 故宫学术讲谈录第一辑:339~350

先秦礼玉与礼玉系统管见 张懋镕 中国上古史研究专刊(第二期):47~58

关于"玉石之路"问题的探讨 闫亚林 考古与文物3:38~41

浅谈中国玉文化 栗扬 黑龙江史志8:57~58

山东古代玉器浅谈 肖贵田、李梦 收藏家8:33~37

玉器中的吉祥文化 李凤仙 文物世界4:63~66

玉鱼刍议 张青筠 上海文博论丛2:42~43

玉虎四题——虎年说玉虎 穆朝娜 文物春秋5:13~20

说"珽"之形制 顾莉丹、汪少华 南方文物3:67~74

说“璧” 叶康宁、叶寅生 文物世界6:48~50

试探玉璧的渊源用途与鉴定 宋康年 中国文物报11月8日8版

再议考古出土的玉柄形器 石荣传 四川文物3:22~30

小孤山遗址玉制品及东北地区玉器起源问题的思考 傅仁义、周晓晶 中国文物报12月24日7版

关于加强中国古代玉器科技研究的建议 甘福熹 中国文物报4月9日4版

新石器时代

呼伦贝尔地区哈克文化玉器 刘景芝、赵越 名家论玉（三）——2010海拉尔“中国玉文化名家论坛”文集:37~43

刍议徐夷玉文化板块——兼释大汶口文化刘林、花厅遗址出土玉器的功能及其占有者的身份 杨伯达 南京博物院集刊11:157~169

江阴地区史前玉器的发现与研究 翁雪花 史前研究（2009）:264~270

对呼伦贝尔民族博物馆馆藏红山文化玉人面像的探讨 于明 名家论玉（三）——2010海拉尔“中国玉文化名家论坛”文集:44~48

红山兽首玦研究 刘晓溪 东北史地1:7~13

三件红山玉巫人评述 徐琳 收藏家4:35~38

崧泽文化玉器及其相关问题的研究 方向明 东南文化6:87~97

简论晋南地区龙山时代的玉器 栾丰实 文物3:37~45

浅谈齐家文化玉器 魏元彪 陇右文博2:34~35

论良渚文化的特殊玉器 罗晓群 史前研究（2006）:146~151

良渚文化玉琮功能之讨论 薛琳 无锡文博2:23~26

关于良渚文化玉琮的思考与探究 陈淑英 文物世界3:14~17

论良渚文化玉器主体纹饰在中国传统纹饰发展中的影响 王淑兰 新美术31卷4:103~104

余杭万陈M28:4玉三叉形器图像释读 吕芹 东方博物第三十五辑:75~79

石家河文化玉器赏析（上） 院文清 收藏家7:51~57

石家河文化玉器赏析（下） 院文清 收藏家8:72~76

新石器时代的玉器琐谈 乔万宁 收藏家6:40~42

对一件玉人面像的探讨 于明 文物天地7:102~103

史前动物型玉器刍议 曹平 收藏家11:56~60

南阳黄山遗址独山玉生产工具的断代释考 江富建 农业考古1:189~192

补 遗

红山文化“勾云形玉器”为“鸮形玉牌”说——玄鸟原型的图像学探源续篇 叶舒宪、祖晓伟 民族艺术2009年4:74~81

红山文化“勾云形”类玉器文化意义再探讨 倪玉湛 艺术百家2009年6:184~188

夏、商、周

三星堆出土玉石器研究综述 陈显丹 史前研究（2006）:511~517

三星堆遗址仁胜村土坑墓出土玉石器初步研究 肖先进、吴维羲 史前研究（2006）:626~641

试论商代巫玉的源流 张闻捷 南方文物1:63~69

山东出土商周玉器 李惠新 收藏9:101~105

新郑出土商周玉器精粹　王聪、肖丽媛　收藏11:84~86
陕西出土的古代玉器——春秋战国篇　刘云辉　四川文物5:1~19
三门峡虢国墓地M2001出土玉器研究　李玲　福建文博4:89~92
強国墓地出土动物玉雕　袁锦岚　收藏2:102~106
虢季墓出土龙纹玉饰　贺旭辉、杨峰涛　收藏3:59~61
虢季墓中出土玉器　常军　收藏9:92~100
陕西出土的西周合雕像生玉器　刘云辉　收藏5:80~88
山西西周墓葬出土玉鱼的探讨　马金花　文物世界5:72~77
龙凤玉佩话呈祥　王惠霞　中国文物报4月14日8版
浅谈洛阳出土东周玉器　邢富华　河洛文化论丛（第五辑）:121~130
桐柏月河一号墓玉器与东周文化交流　石荣传　东南文化5:71~77
战国S形龙佩的思考　褚馨　中国历史文物2:34~41
楚文化玉龙形态探究　张茵凝　中国文物报10月15日6版
中山国王䰽墓及其陪葬墓出土玉器研究　常素霞　文物春秋4:19~27

补　遗

中山国玉器　周南泉　团结报2009年11月5日8版

汉及以后

战国汉代的长袖舞玉佩　傅举有　湖南省博物馆馆刊第六辑：210~231
气韵豪放 巧夺天工——陕西出土汉代玉器精品　刘云辉　收藏6:103~115
古朴大气 活泼柔美——徐州两汉楚王玉器鉴赏　王恺、贾飞　中国文物报11月24日5版
汉代的螭虎纹玉雕艺术　傅举有　中国文物报9月1日5版
山东即墨出汉玉璧考　王灵光　中国文物报5月12日8版
馆藏汉代玉枕　李永乐　收藏2:107~113
宋代人形器——玉雕童子　张晓梅　无锡文博3:69~70
尚真、崇玄——南宋玉器精神之体现　郭淑苹　故宫文物月刊331:46~63
近百年来辽金元玉器研究的回顾与展望　田广林等　名家论玉（三）——2010海拉尔“中国玉文化名家论坛”文集:551~562
西安出土元代玉器　王蔚华　收藏3:62~71
巧夺天工——明清时期的苏州玉雕　古方　收藏家11:8~12
明清时期的玉器摆件　张广文　文物天地4:22~29
明清宫廷玉佩饰的风格演变　杨捷　文物天地4:30~36
从江西出土的组玉佩论及明代的组玉佩形制　陈建平　江西省博物馆集刊（一）:151~159
明早期玉器的艺术特色　徐琳　文物天地10:54~59
明代胡人戏狮纹玉带板及相关问题的探讨　穆朝娜　文物春秋1:10~16
上海出土明代玉器珍品鉴赏　孙维昌　收藏家11:25~30
明清玉器审美探寻　唐毅　中国文物报9月22日3版

六　货　币

综　述

陕西出土发现二则　党顺民　中国钱

币 1:36～38

钱币学概述　戴志强　中国钱币 3:3～15

商、周

邯郸市博物馆藏先秦半两钱币　李海祥、王静　文物春秋 6:66～69

东周耸肩尖足空首布研究中的一些问题——兼论大英博物院所藏的三枚空首布　汪涛、汪海岚　出土文献与传世典籍的诠释——纪念谭朴森先生逝世两周年国际学术研讨会论文集:131～139

洛阳新发现一批大型空首布及其相关问题　刘余力　华夏考古 1:83～85

中山灵寿城址出土空首布及相关问题研究　胡金华　中国钱币 1:6～11

青州西辛古墓出土齐刀币范的认识　庄明军、辛建立　中国钱币 1:33～35

河南通许出土一批魏国布币　李合群　文物 7:86～87

怀远出土的楚金币——郢爰　陈立鼎　文物研究第 17 辑:312～313

从出土天平看楚国的黄金货币化　袁常奇　中国钱币 1:25～28

张家川县出土“钻孔”半两　马聪　中国钱币 1:43～45

战国秦铸币浅说　戎畋松　收藏 7:150～154

晋系货币地名试释三则　秦晓华　古文字研究第二十八辑:379～383

秦汉、三国、晋、南北朝

洛阳发现两枚“大尹”半两铜钱　赵晓军、周建亚　中国钱币 1:41～42

蒲江县出土的窖藏“蜀汉五铢”钱　曾咏霞、夏晖　中国钱币 1:18～24

汉魏以来之泥冥钱　陆锡兴　南方文物 3:75～78

四铢半两钱的特征和纹记　马鸣远　中国钱币 1:12～17

新莽币制及酒泉出土新莽钱币钱范赏析　赵建平、段应君　陇右文博 2:36～38

トルファン五銖銭と中原五銖銭　(日)冈内三真　吐鲁番学研究——第三届吐鲁番学暨欧亚游牧民族的起源与迁徙国际学术研讨会论文集:115～123

东汉五铢钱的分期研究　徐承泰、范江欧美　文物 10:60～70

东汉末年异品钱　王泰初　收藏 4:133～134

龟兹铜钱的新发现及相关问题浅议　邱德美　新疆钱币 2:1～4

洛阳地区西晋墓出土钱币初探　张鸿亮、韩占坡　中原文物 2:82～87

十六国时期的金属货币　刘驰　中国史研究 4:107～128

唐、五代

论流入中国的波斯萨珊银币的功能——以吐鲁番出土银币为例　杨洁　中国社会经济史研究 2:7～11

开元通宝铅质大钱　王舒乙　收藏 12:104

高昌回鹘狮子王印章和银币考　储怀贞等　新疆钱币 1:6～8

焉耆出土的红铜开元和乾元钱及其相关问题探讨　李江霖、李霭然　新疆钱币 1:5～8

宋及以后

契丹小字民俗钱　(德国)布威纳　中国钱币 1:64

崇宁通宝异品　潘世杰　收藏家 9:88

女真大字背文的大定通宝铜钱考　刘华为　东北史地 2:28～29

金朝“崇庆元宝”篆书钱赏析　赵清

山 中国文物报6月2日3版

南宋“安庆府城内爪贴”铅锡质钱牌 姚悦 收藏2:136

南宋珍泉“绍兴通宝”瘦金体旋读试样钱 钟旭洲 收藏3:118~119

“福圣宝钱”改译“禀德宝钱”之我见 牛达生 陇右文博1:27~30

“福圣宝钱”改译“禀德宝钱”之我见 牛达生 中国钱币2:7~10

大朝通高银钱漫谈 叶伟奇 收藏2:136

明“天顺通宝”光背大钱考 雷星岩 中国钱币3:47~48

郑和下西洋与“永乐通宝” 叶伟奇 收藏4:132

雍正通宝宝晋局铸钱 任建民 收藏2:137

乾隆朝湖北宝武局试铸八分重铜钱考 王德泰、强文学 中国钱币3:49~52

清代库车局及其铸钱研究——清代新疆铸钱局研究之三 王永生 中国钱币3:53~60

晚清时期的新疆铜元 沈飞 收藏4:140

七 铜 镜

试论东亚古代铜镜铸造技术的两个传统 白云翔 考古2:63~77

楚式铜镜及其思想文化初论 邱东联、潘钰 湖南省博物馆馆刊第六辑:204~109

楚式铜镜及其反映的思想文化（上、下） 邱东联、潘钰 中国文物报4月30日6版、6月25日6版

战国镂空夔龙纹镜 李建廷 收藏10:81

西安尤家庄秦墓出土铜镜的初步研究 马利清、宋远茹 考古与文物2:72~79

安吉出土汉代铜镜研究 程永军 东方博物第三十四辑:85~90

武义出土历代铜镜综述 沈秋英 东方博物第三十四辑:91~98

古鉴亦广告——中国古代具有广告标识性质的铜镜浅说 董波 南方文物4:188~190

由铜镜吉语铭文看汉代广告 尹钊等 收藏8:94~95

汉代元气纹规矩镜中的道与气 张宏林 收藏家9:41~45

汉唐铜镜的时代风格与工艺特点 孔祥星 文物天地11:40~45

试论博局镜的命名问题 赵战护 文物春秋6:21~27

汉博局禽兽镜中的西王母物像 杨玉彬 收藏2:118~121

汉禽兽镜中的羽人形象 杨玉彬 收藏5:92~98

汉禽兽镜图式中的熊 杨玉彬 收藏10:74~77

汉代宇宙模式镜 孙立谋 收藏11:76~80

西汉铺首衔环钮变形草叶纹铜镜考 李梦璋 湖南省博物馆馆刊第六辑:402~406

南越王墓出土的铜镜纹饰研究 尹春洁 华南理工大学学报（社科版）12卷4:100~112

徐州地区出土的三角缘神兽镜——兼论洛阳发现、日本爱知县东之宫古坟出土的同类镜 杨金平 文博2:28~32

一面带界栏的同向式三角缘神兽镜 王趁意 中原文物4:67~69

湖南省博物馆藏变形四叶纹铜镜研究 邓秋玲 湖南省博物馆馆刊

第六辑:407~416

馆藏三段式神人纹铜镜图像考　乔文杰　深圳文博论丛·2010年:174~180

乐亭县文物管理所藏铜镜选介　刘静敏　文物春秋5:78~80

浔城铜镜添风采　杨莉娜、易承平　南方文物4:181

鄂州三国佛像镜的学术意义　何志国　民族艺术2:109~112

关于喇嘛洞出土的铜镜　森下章司著　李贤淑译　东北亚考古学论丛:129~134

隋唐墓出土的"古镜"——兼论隋唐铜镜图文的复古问题　范淑英　故宫博物院院刊6:104~105

隋纪年墓出土铜镜的制作年代与历史价值　陈根远　考古与文物3:58~63

唐诗所见唐代铜镜的流通及与考古资料的印证　范淑英、杨兵　考古与文物3:64~70

两件馆藏唐代海兽葡萄镜　邵凤芝　四川文物2:79~80

狩猎纹镜与唐代狩猎之风　董波　收藏2:122

唐宋铜镜上的球类运动及其渊源　董波　文物天地11:50~52

唐镜中的花卉纹饰　张景丽　收藏9:83~87

唐镜开创了中国铜镜史上的新时代　傅举有　中国文物报1月20日5版

浅谈两面唐代铜镜　董文莉　中国文物报10月27日8版

"都省铜坊"铜镜小考　周利宁　江阴文博2:19~21

辽代双龙纹镜　李建廷　收藏8:96

平泉县博物馆藏辽金时期铜镜　王烨　文物春秋4:62~65

宋元赣镜天下行:江西宋元时期铜镜　王宁　南方文物4:182~187

馆藏宋金人物故事镜　庞文龙　收藏8:98

宋代江阴人铸造的青铜铭文镜　顾锐　江阴文博1:57~58

从双剑桃形铜镜探讨道教与镜文化的互动　沈莉　江阴文博2:13~18

图像与文本的重合——读宋代铜镜上的启门图　韩小囡　美术研究3:41~46

湖南省博物馆征集的宋代铜镜　袁鑫　湖南省博物馆馆刊第六辑:441~453

桃形竖钮类铜镜的内涵及定名　翁雪花　江阴文博1:21~27

敦煌市博物馆藏"十二生肖·二十八星宿"铜镜　周生霞　陇右文博1:23~24

防制假的明代仿镜　顾锐　江阴文博2:22~23

故宫收藏的乾隆款仿汉唐铜镜　江英　文物天地5:76~79

补　遗

出土秦镜与秦人毁镜习俗蠡测　马利清　郑州大学学报（哲社版）2009年42卷6:146~152

八　度量衡

山西羊头山黍样实测度量衡标准考　赵晓军　文物世界1:35~38

从临淄战国墓出土的刻铭谈齐国的度量衡问题　李鸿雁　文博6:35~38

连云港双龙汉墓汉尺考　马振林　苏州文博论丛第1辑:70~73

江西南昌新出土的一把晋尺　何莉　南方文物3:162

馆藏元代铜权小考　蔡明　深圳文博论丛·2010年:191~194

元至正四年曹州水患救灾用铜权 吴佩英 收藏2:123

元代铜权砝码 袁克林、袁愈书 收藏3:76~77

九 玺印与封泥

商代晚期苑囿之官禽氏铜印考实 张光远 故宫文物月刊323:106~117

玺印人名考（两篇） 田炜 出土文献与传世典籍的诠释——纪念谭朴森先生逝世两周年国际学术研讨会论文集:141~147

介绍两枚楚官玺 黄锡全 古文字研究第二十八辑:358~364

楚玺考释二则 萧毅 古文字研究第二十八辑:365~369

战国官玺考释两则 程龙东 印学研究第二辑——陶文研究专辑:234~238

战国古玺所见官名研究三则 田炜 中山大学学报5:64~68

三晋古玺考释两则 秦晓华 考古与文物5:102~103

《古玉印集存》释文校订 程燕 古文字研究第二十八辑:370~378

关于秦印姓名的初步考察 刘钊 出土文献与传世典籍的诠释——纪念谭朴森先生逝世两周年国际学术研讨会论文集:361~385

新见秦汉官印二十例 施谢捷 古文字研究第二十八辑:560~566

从秦官印和封泥看浙江、江东在秦代的隶属关系 孙慰祖 中国文物报9月17日6版

江苏徐州黑头山西汉墓出土印章的几点认识 吕健、杜益华 湖南省博物馆馆刊第六辑:274~280

汉阳陵馆藏“熊相胜胡”铜印印文的姓名学探析 闫华军 文博1:21~23

“夜郎王印”刍论 罗青松 贵州文史丛刊3:87~90

南京博物馆藏魏晋南北朝印章 朱敏 收藏家6:15~22

关于“□北郡开国公章”的印文与断代 马洪等 博物馆研究2:82~83

金代“北库合同”印考 辛蔚 北方文物3:79~82

东夏国铜官印初探 张丽萍 博物馆研究1:47~51

西北师范大学博物馆馆藏西夏印考释 李怀顺 丝绸之路20:18~19

“太原郡王”印考辨 马洪 东北史地2:25~27

故宫与印章学 罗随祖 故宫学术讲谈录第一辑:409~427

新见李自成时期两方官印及其相关问题 陈根远 中原文物2:97~102

明代民族与宗教的实物见证——从一方狮钮象牙僧印谈起 彭晓静、张海娟 中国文物报9月1日6版

三方南明“永历”年款官印浅析 赖建泓 福建文博2:64~66

再谈乾隆皇帝的“石渠继鉴”玺 郭果六 故宫文物月刊328:64~71

乾隆宝玺及其时代特点 郭福祥 文物天地4:37~39

中国西藏文化博物馆展品中的三枚清代摄政王印章初考 邹西成 中国藏学2:104~107

河南博物院藏明清时期的印章 李玲 中原文物4:86~88

关于《河南博物院藏明清时期的印章》的几个问题 邱登成 中原文物5:104~105

秦封泥与秦陶印迹的比较研究 王东明 印学研究第二辑——陶文研究

专辑:145～161

里耶秦封泥初探　朱晨　印学研究第二辑——陶文研究专辑:172～177

秦简封泥所见秦厩官名初探　吴晓懿　中国历史文物3:79～82

补　遗

清代官印的特点及其所反映的职官制度变化　杜家骥　历史教学(高校版)2009年11B:5～9

一〇　铜　鼓

江阴博物馆馆藏青铜鼓小考　文伟　江阴文博1:55～56

古代铜鼓上太阳纹饰产生的历史渊源及文化内涵　李永强　艺术探索24卷4:35～36

一一　兵　器

古代刀的演进　张洪安　体育文化导刊1:110～115

试论新疆出土的青铜时代至早期铁器时代的铜镞　(日)田中裕子　吐鲁番学研究——第三届吐鲁番学暨欧亚游牧民族的起源与迁徙国际学术研讨会论文集:99～106

青海出土直内卷角铜钺的年代及其他　张文立　边疆考古研究第9辑:68～74

略论商周时期兵器上的乳钉纹　韩金秋、杨建华　文物春秋5:3～12

国博收藏的商代青铜兵器　苏强　文物天地9:82～87

三叉式护手剑与中国西部文化交流的过程　杨建华　考古4:71～78

吴王僚剑是"剑"还是"铍"　吴镇烽　无锡文博2:27～28

攻吴王者彶叡虘剑的两点考证　蔡卫东　无锡文博2:29～34

河南出土楚国青铜兵器述略(上)　王蔚波　收藏家11:24～28

皖南出土青铜戈及初步研究　管丹平、朱华东　东方博物第三十六辑:40～47

《考工记》"戈体已倨已句二病"新探　姚智辉、范云峰　中原文物2:60～65

秦汉时期中原与中亚地区单兵制式化装备比较研究试析　李韬　吐鲁番学研究——第三届吐鲁番学暨欧亚游牧民族的起源与迁徙国际学术研讨会论文集:137～174

古代东方和西方的铠甲系统——参观"秦汉——罗马文明展"札记　杨泓　文物3:64～70

秦兵器及虎符选介　王辉　收藏6:76～82

从出土数量的变化看我国秦汉时期铁兵器的发展　于敏、潜伟　丝绸之路18:11～14

三国神兵(一、二、三)　皇甫江　文物天地7:99～101、8:114～116、9:98～101

三燕及日本出土铁制刀剑的比较研究　丰岛直博著　李贤淑译　东北亚考古学论丛:177～184

宁夏盐池县馆藏铁质火筒的时代及价值探析　张志军　文物世界2:46～50

补　遗

吴越式青铜剑起源与发展初论:以吴越早期剑为中心　朱华东　安徽史学2009年6:117～119

一二　服　饰

中国古代北方民族的冠　毛利光俊彦著　李贤淑译　东北亚考古学论丛:135～154

服装虽细事 头衣非等闲——从出土文物看新疆古代的帽子　阿迪力·阿布力孜　中国文物报10月27日5版

古代辫发小考　朱笛　东南文化2：83～87

长江下游新石器时代玉耳珰初探　费玲伢　东南文化2：77～82

玉带钩的演变与特征　施俊　天津文博第七辑：215～221

带钩起源的服饰背景　马振凯　齐鲁艺苑3：35～37

玉钩初出良渚——钩扣约束录（3）　王仁湘　中国文物报3月5日6版

古代革带佩钩之法——钩扣约束录（4）　王仁湘　中国文物报4月2日6版

另类佩钩法：钩环配——钩扣约束录（5）　王仁湘　中国文物报4月16日6版

是扣还是钩？——说玉带钩中的扣形钩——钩扣约束录（6）　王仁湘　中国文物报7月23日6版

钩弋夫人：荣辱系一钩——钩扣约束录（7）　王仁湘　中国文物报11月13日6版

虢国贵族妇女组合佩饰　胡凤英　收藏10：86～91

东周时期"被发"的考古学解读　王方　东南文化5：78～83

秦错银龙纹带钩　王亚庆　中国文物报9月8日3版

3～7世纪高昌服饰文化研究综述　李宁、曹洪勇　吐鲁番学研究2：110～117

湖北竹山县博物馆收藏的一件西汉金带扣　杨海莉、李强　文物9：77

从汉墓出土"遣策"看西汉服饰　徐蕊　中原文物5：70～73

古代妇女的假发　朱启新　中国文物报9月日17：6版

汉代戒指的考古学考察　巩文　四川文物1：47～57

新疆出土三角形及长方形衣饰研究　万芳、李甍　西域研究3：97～104

条纹裙相关问题刍议　卓文静　西域研究3：105～111

鲜卑的金属带具　町田章　东北亚考古学论丛：155～168

关于辽宁省出土的三燕金属带具　小池伸彦著　李勇军译　东北亚考古学论丛：169～176

关于东亚甲胄的谱系　小林谦一著　李光明译　东北亚考古学论丛：185～197

中国中古时期妇女帔帛服饰谈　黄良莹　历史文物3：68～82

集安高句丽壁画的服饰审美剖析　崔龙国　东北史地2：35～37

考古所见晋唐时期间裙研究　万芳　考古与文物2：90～95

乡土奇葩：常州梳篦艺术　孙发成　寻根3：137～141

"敷搭双肩下垂式"与"钩纽式"佛衣在北朝晚期的兴起　费泳　考古与文物5：71～76

龙门石窟北魏佛衣类型　陈悦新　文物7：77～85

栖霞山石窟南朝佛衣类型　陈悦新　华夏考古2：82～91

莫高窟隋代菩萨造像服饰演化探析　葛英颖、邱高兴　社会科学战线4：242～244

古代壁画临摹与历史服饰图像解读——关于榆林窟第16窟回鹘天公主供养像的案例分析　田俐力等　东华大学学报（社会科学版）10卷1：15～21

敦煌供养僧服考论（一）——僧装的类型变化　蔡伟堂、卢秀文　敦煌研究 5:25～29

敦煌壁画中的女性发髻　王羲芝　历史文物 9:64～71

吐鲁番出土文物所见唐代女子发式　阿迪力·阿布力孜　中国文物报 3月 31 日 5 版

唐代的男装女子像——以墓葬壁画和石椁线画为中心　傅江　艺术史研究第十一辑:209～226

唐代女性头面妆饰文化研究　王麟越　长江文明第五辑:41～57

唐五代西北平民服饰浅谈　叶娇　求索 8:230～232

契丹金冠型式研究　卢昉、王江鹏　四川文物 5:50～53

金钗两臂垂　朱笛　中国文物报 4 月 30 日 6 版

桃源县文物管理所藏金银器选介　王英党、张翔　湖南省博物馆馆刊第六辑:454～455

从宁夏盐池冯记圈明墓出土的丝织品看明代服饰　王萍　中国文物保护技术协会第六次学术年会论文集:298～299

明代帝后与宗室服饰述论　王熹　故宫学刊第六辑:69～90

明代金银首饰的类型与样式　扬之水　故宫学术讲谈录第一辑:389～407

试析清代帝后服饰的特点　严勇　故宫学刊第五辑:689～699

细密温润的清中期碧玉龙凤环探讨　乔万宁　中国文物报 8 月 25 日 4 版

一三　其　他

战国汉代的玻璃剑饰（上）　傅举有　收藏家 5:29～34

战国汉代的玻璃剑饰（下）　傅举有　收藏家 6:29～32

汉代丝绸上的茱萸纹与穗云纹　展梦夏　装饰 2:118～119

轻如烟雾 灿若云霞——中国古代丝制品的发现与欣赏　李鹏超　收藏 3:90～96

丝缕中的装饰艺术——敦煌藏经洞刺绣艺术品再识　李茹　丝绸之路 10:23～26

厕筹杂考　王志轩　华夏考古 1:133～135

会川伯赵安铁券考略　杨斌　丝绸之路 4:14～15

古代铁旗杆考　徐春燕　中原文物 6:96～101

补　遗

中国古代灯具形制和照明燃料演变关系考　张磊　南京艺术学院学报（美术与设计版）2009 年 6:190～194

以豆形灯为例论坐姿方式的变化对于古代灯具设计的影响　王强、吴文苑　装饰 2009 年 12:110～112

肆　田野考古

二〇〇九全国十大考古新发现　中国文物报 6 月 11 日 6 版、7 版

一　北京市

北京窦店战国墓葬发掘简报　北京市文物研究所（刘乃涛等）　文物春秋 5:31～34

北京窦店发现战国早期古墓　京宣

中国文物报10月8日4版

北京亦庄X10号地发掘简报 北京市文物研究所、大兴区文物管理所（张治强等） 文物春秋6:37~50

房山长阳1号地汉墓 北京市文物研究所（张智勇、韩鸿业） 文物春秋2:45~52

北京昌平沙河镇发现西晋、元明清墓葬群 于璞、韩鸿业 中国文物报7月2日4版

北京马驹桥物流基地E-04地块发掘简报 山西大学（郭力展） 文物春秋5:35~44

大兴新城北区12号地唐代墓葬发掘简报 北京市文物研究所（冯双元等） 文物春秋4:35~41

北京大兴新发现唐代窑址及清代墓葬 中国文物报10月8日4版

北京大兴区杨各庄墓地发掘简报 北京市文物研究所（刘乃涛） 文物春秋3:26~32

北京市通州区大稿村明清墓葬发掘简报 北京市文物研究所（胡传耸、刘风亮） 北京文博1:31~36

二 天津市

天津蓟县西关汉墓2006年发掘简报 天津市文化遗产保护中心、蓟县文物管理所（相军） 内蒙古文物考古1:1~11

三 河北省

泥河湾盆地中部东坡旧石器时代早期遗址的发现 刘扬等 人类学学报2:115~122

泥河湾盆地东端2007年新发现的旧石器地点 裴树文等 人类学学报1:33~43

泥河湾盆地三棵树旧石器遗址2008年试掘报告 侯亚梅等 人类学学报3:227~241

1997年河北徐水南庄头遗址发掘报告 河北省文物研究所等（李君等） 考古学报3:361~392

廊坊北旺遗址发掘报告 廊坊市文物管理处（刘化成、陈卓然） 文物春秋1:17~29

景县西周庄遗址试掘简报 衡水市文物管理处（王晓岩、王耀宗） 文物春秋5:28~30

南程遗址发掘简报 河北省文物研究所等（魏曙光、张春长） 文物春秋2:34~44

河北张家口宣化战国墓发掘简报 张家口市宣化区文物保管所（王继红） 文物6:21~30

河北省临漳县邺城遗址赵彭城北朝佛寺遗址的勘探与发掘 中国社会科学院考古研究所等（朱岩石等） 考古7:31~42

河北磁县发现北齐皇族高孝绪墓 张晓峥、张小沧 中国文物报1月15日4版

裴家堡遗址发掘报告 河北省文物研究所、昌黎县文物保护管理所（赵战护） 文物春秋3:33~39

涿州交渠辽金遗址发掘简报 河北省文物研究所等（张兆峰） 文物春秋4:42~48

蓟县鼓楼遗址发掘简报 相军 文物春秋3:40~46

河北隆化县新发现一处元代瓷窑址 高伟、霍广平 中国文物报9月29日2版

四 山西省

山西吉县柿子滩遗址第九地点发掘简报 柿子滩考古队（石金鸣、宋艳花） 考古10:7~17

岢岚县窑子坡遗址的发掘 张润英、张喜斌 文物世界3:11~13

山西平榆发现仰韶晚期遗址和东汉墓葬 王京燕、畅红霞 中国文物报10月22日4版

山西河曲坪头遗址的发掘与收获 杜萍等 中国文物报12月3日4版

山西绛县柳庄夏商遗址发掘报告 山西省考古研究所等（王晓毅等） 华夏考古2:12~23

山西左权县石匣墓地的发掘及主要收获 王俊、张光辉 中国文物报9月24日4版

山西北赵晋侯墓地一号车马坑发掘简报 山西省考古研究所、北京大学考古文博学院（吉琨璋等） 文物2:4~22

山西垣曲古城东关的东周水井 张素琳 文物春秋1:30~34

太原市龙山童子寺遗址发掘简报 中国社会科学院考古研究所边疆考古研究中心等（李裕群、阎跃进） 考古7:43~56

山西大同南郊区田村北魏墓发掘简报 大同市考古研究所（古顺芳） 文物5:4~18

山西怀仁北魏丹扬王墓及花纹砖 怀仁县文物管理所（安孝文、李丽娟） 文物5:19~26

山西朔州水泉梁北齐壁画墓发掘简报 山西省考古研究所等（刘岩等） 文物12:26~42

山西太原晋源镇三座唐壁画墓 太原市文物考古研究所（裴静蓉） 文物7:33~45

山西屯留西李高唐墓发掘简报 山西省考古研究所（郭智勇、杨林中） 文物世界5:9~12

2008年山西汾阳东龙观宋金墓地发掘简报 山西省考古研究所、汾阳市文物旅游局（王俊） 文物2:23~38

岚县北村金墓发掘简报 山西省吕梁市文物技术开发中心（刘吉祥） 文物世界5:3~5

五 内蒙古自治区

内蒙古金斯太洞穴遗址发掘简报 王晓琨等 人类学学报1:15~32

科左中旗白菜营子遗址复查与遗存试析 朱永刚等 内蒙古文物考古2:1~8

二〇〇九赤峰市巴林右旗塔布敖包遗址发掘成果 姚崇新 中国文物报7月30日4版

内蒙古赤峰市魏家窝铺遗址二〇一〇年考古发掘 曹建恩等 中国文物报10月22日3版

内蒙古赤峰市哈拉海沟新石器时代墓地发掘简报 内蒙古文物考古研究所（张亚强） 考古2:19~35

内蒙古赤峰市二道井子遗址的发掘 内蒙古文物考古研究所（曹建恩等） 考古8:13~26

昭苏河流域石砌建筑调查简报 吕富华 边疆考古研究第9辑:364~380

凉城县草号沟墓地调查简报 内蒙古文物考古研究所（党郁、孙金松） 内蒙古文物考古2:9~12

内蒙古南宝力皋吐鲜卑墓地发掘简报 内蒙古文物考古研究所、通辽民族博物馆（吉平） 华夏考古2:3~11

内蒙古“三普”获两项重要新发现　王大方　中国文物报6月4日3版

辽祖陵“黑龙门”遗址等获重要考古发现　董新林等　中国文物报12月31日4版

赤峰市敖汉旗白塔村辽代墓葬　内蒙古文物考古研究所（宋国栋、岳够明）　内蒙古文物考古1:12～19

2009年呼和浩特市脑包沟辽墓发掘简报　内蒙古文物考古研究所（张亚强、程国锋）　内蒙古文物考古1:20～23

巴林左旗十三敖包镇辽代窖藏钱币　刘林海、孟令婧　内蒙古文物考古1:24～36

巴林右旗巴根吐金界壕发掘简报　内蒙古文物考古研究所、巴林右旗博物馆（武成、吉平）　内蒙古文物考古1:37～42

多伦县汇宗寺考古发掘纪要　杨星宇、吴克林　内蒙古文物考古2:13～17

六　辽宁省

2008年辽宁水下考古前期陆上调查简报　冯雷　辽宁考古文集(二):284～291

辽宁大凌河上游流域考古调查简报　辽宁省文物考古研究所等（吕学明等）　考古4:24～33

辽宁长海县广鹿岛小珠山贝丘遗址发掘与收获　傅兵兵、金英熙　中国文物报3月12日4版

大西沟门遗址发掘简报　熊增珑　辽宁考古文集（二）:257～268

西丰县振兴镇诚信村石棺墓2006年清理简报　许超、张大为　东北史地4:16～21

辽宁本溪县新城子青铜时代墓地　辽宁省文物考古研究所等（王来柱、华玉冰）　考古9:3～17

朝阳北票章吉营子乡大凌河南岸考古调查　于俊、蔡强　辽宁考古文集（二）:13～26

朝阳吴家杖子墓地发掘简报　田立坤等　辽宁考古文集（二）:27～40

康平五棵树沙场墓地调查清理报告　裴耀军、许志国　辽宁考古文集（二）:41～56

沈阳宫后里遗址及相关发现　刘长江　辽宁考古文集（二）:57～65

阜新两座汉代城址调查　郭添刚、王义　辽宁考古文集（二）:94～100

凤城刘家堡子西汉遗址发掘报告——兼论汉代东部都尉治武次县址之地望　冯永谦、崔玉宽　辽宁考古文集（二）:101～122

朝阳松树嘴子汉城址调查　杜守昌、张丽丹　辽宁考古文集（二）:133～137

辽宁台安县孙城子汉代城址调查　方天新　辽宁考古文集（二）:138～141

沈阳上伯官城址和墓葬的调查及其研究　佡俊岩　辽宁考古文集(二):193～197

盖州农业村汉墓群发掘简报　崔艳茹、魏耕耘　辽宁考古文集(二):123～132

新宾旺清门镇龙头山石盖墓　肖景全　辽宁考古文集（二）:142～164

盖州沙沟子汉墓发掘简报　魏耕耘等　辽宁考古文集（二）:165～172

辽宁省辽阳市肖夹河墓地发掘简报　辽宁省文物考古研究所（白宝玉、徐政）　北方文物1:12～19

沈阳小东汉墓葬群勘探调查与发掘　刘焕民　辽宁考古文集(二):173～192

辽宁北票市大板营子墓地的勘探与发掘 万欣 辽宁考古文集(二):225~252

辽宁北票金岭寺魏晋建筑遗址发掘报告 辛岩等 辽宁考古文集(二):198~224

营口市青石岭镇高句丽山城考察报告 王禹浪、王海波 黑龙江民族丛刊2009年5:88~91

营口地区盖州市万福镇贵子沟村赤山山城考察报告 王禹浪、王文轶 黑龙江民族丛刊4:67~70

沈阳市石台子高句丽山城蓄水设施遗址 辽宁省文物考古研究所、沈阳市文物考古研究所(刘明等) 考古12:41~55

朝阳白石水库管理局住宅楼唐墓 寇玉峰等 辽宁考古文集(二):269~277

辽宁朝阳新华路辽代石宫发掘简报 辽宁省文物考古研究所(白宝玉、吴鹏) 文物11:42~54

辽宁法库县叶茂台23号辽墓发掘简报 辽宁省文物考古研究所、沈阳市文物考古研究所(李龙彬、沈彤林) 考古1:49~68

辽宁省康平县辽墓发掘简报 王允军 博物馆研究4:71~74

朝阳市西三家辽墓发掘简报 辽宁省文物考古研究所 白宝玉 文物春秋1:35~40

千山灵岩寺窖藏出土的铁器和瓷器 王莉 辽宁考古文集(二):278~283

七 吉林省

吉林省和龙西沟发现的旧石器 陈全家等 北方文物2:3~9

延边和龙石人沟旧石器遗址2005年试掘报告 陈全家等 人类学学报2:105~114

石人沟林场旧石器地点试掘报告 陈全家等 人类学学报4:373~382

我国长白山地区发现东北亚迄今规模最大的旧石器时代遗址 赵海龙 中国文物报12月17日4版

吉林省镇赉县白沙滩旧石器遗址出土的石器和动物化石 吉林省文物考古研究所、镇赉县博物馆(于丹等) 北方文物4:3~6

吉林省镇赉县乌兰吐北岗遗址发掘简报 吉林省文物考古研究所、镇赉县博物馆(王聪等) 北方文物4:7~12

吉林兆南四海泡子四处遗址调查与初步认识 王立新、豆海锋 边疆考古研究第9辑:343~363

吉林省集安市临江墓东侧青铜时代房址考古发掘报告 吉林省文物考古研究所(王志刚等) 北方文物4:13~22

吉林省通化市桦树河口遗址发掘报告 吉林省文物考古研究所等(李东等) 北方文物4:26~35

吉林省柳河县宝善遗址考古发掘简报 吉林省文物考古研究所(李光日等) 北方文物4:36~39

吉林省柳河县辉发河上游发现古采石场遗址 于晓辉 博物馆研究3:85

吉林省通化市自安山城调查报告 通化市文物保护研究所(王志敏等) 北方文物3:33~38

2008年集安市洞沟古墓群考古发掘报告 吉林省文物考古研究所、集安市博物馆(王志刚等) 边疆考古研究第9辑:381~420

集安麻线上活龙山西墓群调查与研究

尚武　东北史地 4:22 ~ 25

永安遗址两座砖雕墓的考古发掘　吉林省文物考古研究所（蒋刚等）　中原文物 2:13 ~ 18

吉林省白城市孙长青遗址发掘简报　吉林省文物考古研究所等（徐坤等）　北方文物 4:41 ~ 47

吉林白城永平金代遗址　李丹等　中国文物报 1 月 1 日 4 版

1979 ~ 1980 年完颜希尹家族墓地的调查与发掘　庞志国　东北史地 4:62 ~ 66

吉林省榆树市上台子墓群发掘报告　吉林省文物考古研究所、榆树市博物馆（解峰等）　北方文物 1:20 ~ 28

八　黑龙江省

黑龙江省宾县索离沟遗址发掘简报　黑龙江省文物考古研究所（李延铁等）　北方文物 1:3 ~ 11

黑龙江省泰来县佰大街遗址发掘简报　黑龙江省文物考古研究所（魏明江、赵永军）　北方文物 3:39 ~ 42

黑龙江省绥滨县四十连遗址发掘报告　黑龙江省文物考古研究所（谭炜）　北方文物 2:10 ~ 16

黑龙江省哈尔滨市阿城区发现汉代博局图石刻　韩锋、那海洲　北方文物 4:40

黑龙江省哈尔滨市阿城区赵家崴子遗址发掘报告　黑龙江省文物考古研究所（姜晓宇）　北方文物 2:17 ~ 22

黑龙江省双城市金代银器窖藏　姜勇　北方文物 3:53

黑龙江省讷河市都拉本浅清代墓葬　黑龙江省文物考古研究所（魏笑雨、赵哲夫）　北方文物 2:23 ~ 24

九　上海市

二零零九年广富林遗址发掘又获重要成果　广富林考古队　中国文物报 4 月 16 日 4 版

刘行明兵部左侍郎张任家族墓调查清理纪实　何继英　上海文博论丛 1:26 ~ 31

一〇　江苏省

南京汤山驼子洞堆积 2007 年发掘简报　董为、房迎三　第十一届中国古脊椎动物学学术年会论文集:43 ~ 51

2009 年江阴祁头山遗址抢救性考古发掘简报　高振武、周利宁　江阴文博 1:2 ~ 5

江苏张家港市东山村新石器时代遗址　南京博物院等（周润垦等）　考古 8:3 ~ 12

江苏张家港东山村遗址 M91 发掘报告　南京博物院、张家港博物馆（朱晓汀等）　东南文化 6:56 ~ 61

张家港市东山村遗址抢救性考古发掘取得重大收获　南京博物院等　中国文物报 1 月 29 日 4 版

无锡市锡惠名胜区入口公园考古勘探调查报告　无锡市文化遗产保护和考古研究所　无锡文博 2:19 ~ 22

江苏兴化市“三普”工作获重要成果——发现江淮东部最大的新石器时代遗址、良渚文化北上遗存和早期兴化城址　兴化市第三次全国文物普查办公室　中国文物报 7 月 2 日 4 版

江苏丹阳葛城遗址考古勘探与发掘简报　南京博物院等（陈刚等）　东

南文化 5:30 ~ 35

江苏丹阳神河头遗址发掘简报　南京博物院、丹阳市文化局（陈刚等）　东南文化 5:36 ~ 41

江苏丹徒薛家村大墩、边墩土墩墓发掘简报　镇江博物馆（李永军）　东南文化 5:42 ~ 50

江苏镇江大港双墩 2 号墩发掘报告　江苏镇江博物馆、南京博物院（何汉生）　南方文物 4:40 ~ 44

江苏江阴周庄 JZD3 东周土墩墓　周庄土墩墓联合考古队（左骏等）　文物 11:4 ~ 16

江苏徐州市汉代采石遗址发掘简报　徐州博物馆(刘尊志)　考古11:28 ~ 39

徐州拖龙山五座西汉墓的发掘　徐州博物馆(刘尊志等)　考古学报 1:101 ~ 132

江苏扬州西汉刘毋智墓发掘简报　扬州市文物考古研究所（束家平、薛炳宏）　文物 3:19 ~ 36

江苏徐州黑头山西汉刘慎墓发掘简报　徐州博物馆（吕健、耿建军）　文物 11:17 ~ 41

江苏徐州小长山汉墓 M4 发掘简报　徐州博物馆（郑洪全、耿建军）　中原文物 6:4 ~ 9

金城遗址在第三次文物普查中的考古调查收获　王霞　苏州文博论丛第 1 辑:31 ~ 37

江苏淮安山头遗址墓地发掘简报　江苏省淮安市博物馆（胡兵等）　考古与文物 6:18 ~ 29

江苏镇江市铁瓮城遗址发掘简报　铁瓮城考古队(刘建国等)　考古 5:36 ~ 53

镇江铁瓮城南门遗址发掘报告　镇江古城考古所、镇江博物馆（刘建国等）　考古学报 4:505 ~ 549

江苏江都大桥窖藏青铜器　夏根林　东南文化 1:37 ~ 40

江苏句容春城南朝宋元嘉十六年墓　镇江博物馆、句容市博物馆（何汉生、翟中华）　东南文化 3:37 ~ 43

江苏徐州市楚岳山庄北齐墓发掘简报　徐州博物馆(吕健)　中原文物 3:4 ~ 8

张家港市黄泗浦遗址:再现长江入海口唐宋时期的港口集镇　南京博物院等　中国文物报 4 月 23 日 4 版

江苏仪征都市枫林唐宋墓群发掘简报　仪征博物馆（郭菲等）　东南文化 4:38 ~ 44

江苏淮安翔宇花园唐宋墓群发掘简报　淮安市博物馆（胡兵等）　东南文化 4:45 ~ 53

镇江双井路改造工程发现宋元清时期运河重要遗迹　李政　中国文物报 1 月 27 日 2 版

大运河历史文化遗产的重大考古发现　王书敏等　中国文物报 5 月 7 日 4 版

2007 ~ 2010:南京大报恩寺遗址北区考古工作取得重要收获　祁海宁等　中国文物报 12 月 8 日 6 版、7 版

南京江宁区将军山北宋名臣王安石家族墓地　马涛等　中国文物报 1 月 29 日 4 版

江苏南京南宋周国太夫人墓　南京市博物馆、江宁区博物馆（马涛等）　东南文化 4:54 ~ 59

江苏淮安楚州区河下遗址龙泉窑瓷片堆积坑发掘简报　南京博物院、淮安市楚州博物馆（陈锦惠等）　东南文化 2:27 ~ 37

明代宦官杨庆墓的考古发掘与初步认识　邵磊　东南文化2:52~64

江阴市长泾镇东舜湖壹号别墅建筑工地明墓发掘简报　高振威、周利宁　无锡文博4:22~25

无锡市新动物园工地清代墓葬发掘报告　无锡市文化遗产保护和考古研究所　无锡文博1:40~43

宜兴新安窑发掘出绞胎紫砂器　顾篔　南京博物院集刊11:44

一一　浙江省

浙江长兴合溪洞旧石器时代遗址　徐新民、梁奕建　中国文物报3月26日4版

龙游发现青碓新石器时代早期遗址　蒋乐平　浙江文物5:14

浙江余杭玉架山发现良渚文化环壕聚落遗址　楼航等　中国文物报2月26日4版

2009年海宁小兜里遗址良渚墓葬的发掘收获　浙江省文物考古研究所、浙江海宁市博物馆（方向明等）　南方文物2:38~48

浙江湖州钱山漾遗址第三次发掘简报　浙江省文物考古研究所、湖州市博物馆（丁品）　文物7:4~26

浙江余杭临平茅山遗址　丁品等　中国文物报3月12日4版

湖州妙西独山头土墩墓发掘简报　浙江省文物考古研究所、湖州市博物馆（程厚敏）　东方博物第三十六辑:72~80

安吉三官土墩墓发掘简报　浙江省文物考古研究所（刘建安）　东方博物第三十六辑:81~86

温州瓯海杨府山出土三件西周青铜鼎　温州市瓯海区文博馆（施成哲）　东方博物第三十六辑:6~10

仙居湫山乡出土一批窖藏青铜器　张峋　东方博物第三十六辑:11~17

湖州发现少量楚国货币　刘建平　中国钱币1:40

上虞董村牛山战国墓清理　王晓红　东方博物第三十六辑:87~93

温岭元宝山发现西汉东瓯国墓葬　叶艳莉　东方博物第三十六辑:94~98

宁波北仑陈华汉墓群发掘的初步成果　曹栋洋、陈钰　中国文物报7月30日4版

奉化中心粮库古代墓葬和窑址的发掘　宁波市文物考古研究所、奉化市文物保护管理所（李永宁等）　东方博物第三十五辑:83~93

湖州长超山发现孙吴时期纪年墓　湖州市博物馆（陈云、陈月勇）　东方博物第三十七辑:91~93

浙江温州市瓯海区发现东晋纪年墓　施成哲　考古6:93~96

诸暨东蔡官山六朝墓发掘简报　浙江省文物考古研究所（祝利英）　东方博物第三十五辑:94~101

兰溪出土的宋元明清铜器　戴志坚　东方博物第三十七辑:10~13

东阳郭宅塘头窖藏出土青铜器　卢淑珍　东方博物第三十七辑:14~16

瓯海南村发现一座明代纪年砖室墓　施成哲　东方博物第三十五辑:102~104

一二　安徽省

马鞍山采石河流域区域系统调查初步报告　中国科学技术大学科技史与科技考古系等（代诗宝、张居中）　东南文化1:23~30

安徽省固镇垓下遗址发掘的主要收获 安徽省文物考古研究所（贾庆元、王志） 中国社会科学院古代文明研究中心通讯19:31~36

安徽固镇县垓下发现大汶口文化晚期城址——城墙顶上的排房、城内的台基、史前地震现象、汉代沟槽和车辙印展现了垓下城址数千年的兴衰史 安徽省文物考古研究所 中国文物报2月5日10版

禹会遗址2009~2010年发掘的新收获和对相关问题的思考 张莉等 中国社会科学院古代文明研究中心通讯20:5~15

禹会遗址2010年春季发掘的新收获 张莉等 中国文物报10月8日4版

蚌埠禹会村遗址揭露出大型礼仪性基址 王吉怀等 中国文物报1月22日6版

安徽霍邱堰台周代遗址发掘简报 安徽省文物考古研究所（王峰） 中国历史文物6:4~16

安徽蚌埠双墩一号春秋墓发掘简报 安徽省文物考古研究所、蚌埠市博物馆（阚绪杭等） 文物3:4~18

安徽蚌埠市双墩三号战国墓 安徽省文物考古研究所、蚌埠市博物馆（周群等） 考古9:18~23

安徽淮北相城战国至汉代大型排水设施发掘简报 淮北市博物馆（杨忠文、解华顶） 中原文物2:4~12

安徽六安双墩一号汉墓发掘简报 安徽省文物考古研究所、安徽省六安市文物局（汪景辉等） 文物研究第17辑:107~123

安徽天长三角圩27号西汉墓发掘简报 天长市文物管理所、天长市博物馆（杨以平等） 文物12:17~25

沿江高速公路安徽铜陵段墓葬发掘报告 安徽省文物考古研究所（高一龙） 文物研究第17辑:208~226

安徽淮北煤师院工地汉墓发掘简报 淮北市博物馆（杨忠文、王玲玲） 文物研究第17辑:177~190

宁连高速公路天长市釜山取土场西汉墓群发掘简报 天长市博物馆、天长市文物管理所（杨以平等） 文物研究第17辑:191~198

安徽长丰县王大包汉墓发掘简报 安徽省文物考古研究所（张辉） 文物研究第17辑:199~207

安徽马鞍山上湖村东晋墓发掘简报 安徽省马鞍山市博物馆（费小路） 考古与文物6:31~33

安徽马鞍山市上湖东晋墓群发掘简报 马鞍山市博物馆（费小路） 文物研究第17辑:159~165

安徽马鞍山市九井山东晋墓发掘简报 马鞍山市博物馆（江晨、张后武） 文物研究第17辑:166~169

安徽马鞍山市寺门口东晋墓发掘简报 马鞍山市博物馆、马鞍山市文物局（张后武、粟中斌） 文物研究第17辑:170~176

安徽怀宁县团山清墓发掘简报 怀宁县文物管理所（何张俊） 文物研究第17辑:227~231

一三　福建省

闽侯县石山遗址2004年考古发掘简报 福建博物院、福建省昙石山遗址博物馆（林凤英等） 福建文博1:1~11

厦深铁路漳州段文物调查 郑美清、阮永好 福建文博3:96~97

龙厦铁路漳州段文物调查 阮永好、

郑美清　福建文博3:98~99

福建南靖县圩后沟山遗址发掘简报　福建博物院、漳州市文物管理委员会办公室（黄运明等）　福建文博3:14~18

国电漳州核电厂工程文物调查　阮永好　福建文博3:101

福建泉州南安丰州发现两座六朝墓　泉州市博物馆（范佳平、黄伟）　东南文化3:44~47

福建福州外兰尾山五代墓葬简报　林桂枝　南方文物3:62~64

厦漳跨海大桥文物调查　阮永好、郑东　福建文博3:100~101

厦门曾山遗址的考古发掘　靳维柏　中国文物报2月5日12版

二零零九年福建水下文物普查新发现　羊泽林等　中国文物报3月26日4版

清流县城出土窖藏古钱简报　清流县博物馆（张云等）　福建文博4:1~4

福建平潭九梁Ⅰ号沉船遗址水下考古调查简报　福建沿海水下考古调查队（邓启江）　福建文博1:13~18

漳州岱山院遗址发掘简报　福建博物院、漳州市文物管理委员会办公室（羊泽林等）　福建文博3:1~13

蓝田开发区明清墓葬清理简报　漳州市文物管理委员会办公室（阮永好）　福建文博3:19~22

鑫荣花苑二期工地银元窖藏清理简报　漳州市文物管理委员会办公室（阮永好）　福建文博3:23~31

一四　江西省

江西靖安老虎墩遗址　王新天　中国文物报3月26日3版

江西宁都湖坊下坑里遗址发掘简报　江西省文物考古研究所、江西宁都县博物馆（余江安等）　南方文物4:34~39

江西南昌市星辉加油站东晋墓发掘简报　江西省文物考古研究所、江西南昌市博物馆（李育远、李国利）　南方文物1:51~54

江西高安市华林造纸作坊遗址发掘简报　江西省文物考古研究所、高安市博物馆（王意乐等）　考古8:53~71

江西高安发现时代最早、遗迹现象最全造纸作坊　肖发标　中国文物报1月22日8版

江西宜春市袁州区樟树村纪年隋墓清理简报　江西宜春市博物馆（黄学敏、张庆久）　南方文物1:55~57

江西吉安县墩厚镇招仙观遗址发掘简报　江西省文物考古研究所、江西吉安县博物馆（谢小林）　南方文物3:54~61

江西进贤白崖山红石场遗址　文先国、章文杰　中国文物报7月30日4版

江西新余出土北宋墓葬　徐若华　南方文物4:45

江西南城县黎家山古墓群和金斗窠古村落遗址发掘简报　江西省文物考古研究所等（王意乐等）　南方文物2:49~57

一五　山东省

临沂地区一处重要古文化遗址：山东苍山后杨官庄遗址2010年考古发掘成果　何德亮等　中国文物报8月13日4版

山东济宁玉皇顶遗址发掘报告　山东

省文物考古研究所等（孙波等） 海岱考古（第三辑）：1～97

济宁玉皇顶遗址中的动物遗骸 钟蓓 海岱考古（第三辑）：98～99

山东滕州市西康留遗址调查、钻探、试掘简报 山东省文物考古研究所、滕州市博物馆（王守功等） 海岱考古（第三辑）：114～161

枣庄建新遗址2006年发掘报告 山东省文物考古研究所等（何德亮等） 海岱考古（第三辑）：162～223

枣庄建新遗址2006年动物骨骼鉴定报告 宋艳波、何德亮 海岱考古（第三辑）：224～226

山东省临沭县东盘遗址考古发掘取得重要成果 刘延常 中国文物报10月8日4版

山东平度东岳石遗址发掘报告 中国社会科学院考古研究所山东队等（宋爱华等） 考古学集刊17：1～49

山东阳信县李屋遗址商代遗存发掘简报 山东省文物考古研究所等（燕生东等） 考古3：3～17

山东寿光市双王城盐业遗址2008年的发掘 山东省文物考古研究所等（燕生东等） 考古3：18～36

济南大辛庄遗址139号商代墓葬 山东大学历史文化学院考古系、山东省文物考古研究所（陈雪香等） 考古10：3～6

济南大辛庄遗址考古发掘再获重要发现 方辉、刘秀玲 中国文物报9月24日4版

滕州前掌大村南墓地发掘报告（1998～2001） 滕州市博物馆（李鲁滕） 海岱考古（第三辑）：227～375

胶东地区两周考古的新进展——山东龙口归城遗址调查获得丰厚成果 唐锦琼 中国文物报6月18日4版

山东高青县陈庄西周遗址 山东省文物考古研究所（高明奎等） 考古8：27～34

山东高青陈庄西周遗址考古发掘获重大成果 郑同修等 中国文物报2月5日9版

山东东营市南河崖西周煮盐遗址 山东大学考古系等（王青等） 考古3：37～49

山东潍坊发现大型东周盐业遗址群 燕生东等 中国文物报6月18日4版

山东淄博市临淄区国家村战国及汉代墓葬 山东淄博市临淄区文物局（王会田、武晓颜） 考古11：3～27

山东青州西辛战国陪葬墓发掘简报 青州市博物馆（庄明军、李宝垒） 文物7：27～32

2009年度山东东平陵故城考古发掘的主要收获 赵化成等 中国文物报7月16日4版

山东日照海曲西汉墓（M106）发掘简报 山东省文物考古研究所（郑同修等） 文物1：4～25

山东沂南清理一批汉代墓葬 张子晓等 中国文物报12月17日4版

山东烟台牟平汉墓出土画像砖 张凌波 考古与文物6：109

山东金乡光善寺塔出土22件唐代珍贵文物 中国文物报12月3日2版

山东胶州古板桥镇考古发现宋代建筑基址 王磊、林玉海 中国文物报8月27日4版

济南郎茂山路元代家族墓发掘简报 济南市考古研究所（李铭、郭俊峰） 文物4：36～44

山东省菏泽沉船考古发掘获重要收获

孙明、高本同　中国文物报12月3日4版

一六　河南省

许昌灵井旧石器时代遗址2006年发掘报告　河南省文物考古研究所（李占扬）　考古学报1:73~100

灵井遗址新材料及初步研究　李占扬、张双全　第十一届中国古脊椎动物学学术年会论文集:73~83

河南洛阳新发现的黄土旧石器地点　刘富良、杜水生　华夏考古1:44~48

中原地区旧、新石器时代过渡的重要发现——新密李家沟遗址发掘收获　北京大学考古文博学院、郑州市文物考古研究院　中国文物报1月22日6版

河南新郑市唐户遗址裴李岗文化遗存2007年发掘简报　郑州市文物考古研究院等（信应君等）　考古5:3~23

河南新郑唐户遗址裴李岗文化考古新发现及其意义　信应君　论裴李岗文化——纪念裴李岗文化发现30周年暨学术研讨会:17~22

新郑唐户遗址发现裴李岗文化大面积居址　张松林等　论裴李岗文化——纪念裴李岗文化发现30周年暨学术研讨会:238~241

河南淅川县沟湾遗址仰韶文化遗存发掘简报　郑州大学历史学院考古系、河南省文物管理局南水北调文物保护办公室（靳松安）　考古6:7~21

河南淮滨县黄土城地区区域考古调查简报　河南省文物考古研究所、武汉大学考古学系（任新雨等）　华夏考古4:15~31

2002~2003年河南偃师灰嘴遗址的发掘　中国社会科学院考古研究所河南第一工作队（陈星灿等）　考古学报3:393~422

河南偃师市灰嘴遗址西址2004年发掘简报　中国社会科学院考古研究所河南第一工作队（陈星灿等）　考古2:36~46

河南偃师市灰嘴遗址2006年发掘简报　中国社会科学院考古研究所河南第一工作队（李永强等）　考古4:3~13

河南渑池笃忠遗址2006年发掘简报　河南省文物考古研究所（武志江）　华夏考古3:3~18

河南博爱县西金城龙山文化城址发掘简报　河南省文物管理局南水北调文物保护办公室、山东大学考古系（王青、王良智）　考古6:22~35

河南郾城县庙岗遗址调查简报　河南省文物考古研究所等（蔡全法）　华夏考古4:3~14

河南安阳市洹北商城遗址2005~2007年勘察简报　中国社会科学院考古研究所安阳工作队、中加洹河流域区域考古调查课题组（唐际根等）　考古1:3~8

河南安阳市洹北商城宫殿区二号基址发掘简报　中国社会科学院考古研究所安阳工作队（何毓灵、唐际根）　考古1:9~22

河南新乡市杨村商代遗址试掘简报　傅山泉、明永华　中原文物4:21~28

河南淅川县下王岗遗址西周遗存发掘简报　中国社会科学院考古研究所山西队、河南省文物局南水北调办公室（高江涛、何努）　考古7:3~16

洛阳老城北大街西周墓　洛阳市文物工作队（俞凉亘）　文物8:4~7
河南新郑市铁岭墓地M458发掘简报　郑州市文物考古研究院、河南省文物管理局南水北调办公室（郝红星等）　文物研究第17辑:124~130
新郑铁岭墓地M429发掘简报　郑州市文物考古研究院、河南省文物管理局南水北调办公室（郝红星等）　中原文物1:4~8
新郑铁岭墓地M550发掘简报　郑州市文物考古研究院、河南省文物管理局南水北调办公室（郝红星等）　中原文物5:4~10
洛阳西工区春秋墓发掘简报　洛阳市文物工作队（程永建）　文物8:8~28
河南洛阳市润阳广场东周墓C1M9934发掘简报　山西大学历史文化学院、洛阳市文物工作队（刘斌等）　考古12:23~32
豫南地区楚长城资源调查与试掘　李一丕等　中国文物报5月21日4版
河南辉县市古共城南城墙发掘简报　新乡市文物考古研究所、辉县市文物局（李慧萍）　华夏考古2:24~29
河南淅川县马川墓地东周墓葬的发掘　河南省文物管理局南水北调文物保护办公室等（刘文阁）　考古6:36~56
洛阳市西工区三座战国墓出土文物　洛阳市文物工作队（安亚伟、商春芳）　中国历史文物4:29~39
河南民权牛牧岗遗址战国西汉墓葬发掘简报　郑州大学历史学院考古系等（张国硕、刘余力）　文物12:4~17
河南内黄三杨庄汉代聚落遗址第二处庭院发掘简报　河南省文物考古研究所、内黄县文物保护管理所（刘海旺等）　华夏考古3:19~31
河南禹州市新峰墓地M10、M16发掘简报　许昌市文物工作队（张广东等）　考古9:24~36
河南焦作白庄汉墓M121、M122发掘简报　焦作市文物工作队（韩长松等）　中原文物6:10~27
河南南阳市永泰小区汉画像石墓　南阳市文物考古研究所（蒋宏杰等）　华夏考古3:32~37
河南省南阳市万家园汉画像石墓　南阳市文物考古研究所（蒋宏杰等）　中原文物5:11~16
洛阳邙山陵墓群考古新发现——连霍高速改扩建发掘东汉帝陵陵园遗址和曹魏贵族墓　史家珍、严辉　中国文物报9月10日4版
河南偃师市吴家湾东汉封土墓　洛阳市第二文物工作队、偃师市文物局（李继鹏等）　考古9:37~45
南阳市拆迁办M3东汉墓发掘简报　南阳市文物考古研究所（蒋宏杰等）　中原文物6:28~31
河南新郑市文化路汉墓发掘简报　河南文物考古研究所（韩越）　华夏考古2:30~34
河南郑州市鸿城服饰广场3号东汉墓发掘简报　郑州市文物考古研究院（张文霞等）　文物研究第17辑:131~138
河南安阳市西高穴曹操高陵　河南省文物考古研究所、安阳县文化局（潘伟斌、朱树奎）　考古8:35~45
安阳西高穴曹操高陵发掘获重要成果　潘伟斌　中国文物报1月8日5版
曹操高陵考古发掘主要收获　河南省文物局（祝贺）　中原文物4:4~7

河南偃师市首阳山西晋帝陵陪葬墓　洛阳市第二文物工作队、偃师市文物局（严辉等）　考古2:47~62

河南洛阳市邙山“大汉冢”东汉陵区西晋纪年墓　洛阳市第二文物工作队（张鸿亮等）　考古10:25~30

洛阳吉利区西晋墓发掘简报　洛阳市文物工作队（程召辉）　文物8:29~47

河南卫辉市大司马村晋墓发掘简报　河南省文物管理局南水北调文物保护办公室、四川大学考古系（于孟洲等）　考古10:31~51

河南郑州市上街区四座晋墓　郑州市文物考古研究院（张文霞、毛长立）　文物研究第17辑:139~151

河南省洛阳市汉魏故城发现北魏宫城三号建筑遗址　中国社会科学院考古研究所、日本独立行政法人国立文化财机构奈良文化财研究所联合考古队（钱国祥等）　考古6:3~6

河南安阳县东魏赵明度墓　孔德铭等　考古10:93~96

河南安阳固岸墓地发掘记　潘伟斌　河南文史资料2:102~118

河南安阳市置度村八号隋墓发掘简报　安阳市文物考古研究所（孔德铭等）　考古4:48~57

河南荥阳唐代邛州刺史赵德明墓　郑州市文物考古研究院（刘良超等）　文物12:43~51

河南郑州市永威鑫城唐墓发掘简报　郑州市文物考古研究院（张文霞、姜楠）　文物研究第17辑:152~158

河南新乡市凤泉区王门唐墓发掘简报　新乡市文物考古研究所（傅山泉、赵昌）　华夏考古2:35~43

河南新乡市仿木结构砖室墓发掘简报　新乡市文物考古研究所（傅山泉、申文）　华夏考古2:44~55

河南荥阳市薛村遗址唐代纪年墓　河南省文物局南水北调文物保护办公室等（楚小龙等）　考古11:52~57

洛阳出土的一方唐代山水禽兽纹铜镜　侯秀敏　文物世界2:62

河南林州市北宋雕砖壁画墓清理简报　林州市文物保护管理所（张增午、张振海）　华夏考古1:38~43

河南林州市李家池宋代壁画墓清理简报　林州市文物管理所（张增午、张振海）　华夏考古4:32~39

许昌文峰路金墓发掘简报　许昌市文物工作队（张广东）　中原文物1:9~16

河南登封市观星台元代大殿基址发掘简报　郑州市文物考古研究院、登封市文物管理局（郝红星等）　华夏考古4:40~48

关于对明潞简王陵次妃赵氏墓遗址清理的调查报告　王明宏、苏东鹏　明长陵营建600周年学术研讨会论文集:670~676

洛阳明清墓出土陶俑　洛阳市文物工作队（梁淑群、张剑）　中国历史文物4:48~57

一七　湖北省

湖北建始高坪洞穴调查及其试掘简报　裴树文等　人类学学报4:383~394

湖北建始杨家坡洞发掘简报　湖北省文物考古研究所（陆成秋等）　江汉考古4:9~17

湖北丹江南水北调旧石器遗址考古发掘　方启、陈全家　中国文物报9月10日3版

南水北调中线工程湖北郧县肖沟旧石

器遗址　中国文物报 12 月 31 日 3 版

湖北丹江口库区考古新发现　杜杰　中国文物报 3 月 5 日 9 版

湖北随州新石器时代遗址调查　湖北省文物考古研究所（刘辉）　江汉考古 1:3 ~ 14

湖北钟祥崔家台新石器时代遗址调查简报　钟祥市博物馆（孟世和）　江汉考古 2:3 ~ 9

湖北郧县青龙泉遗址 2008 年度发掘简报　武汉大学考古学系、湖北省文物考古研究所（陈冰白等）　江汉考古 1:15 ~ 31

2008 年湖北省丹江口市观音坪遗址发掘报告　湖北省文物考古研究所、十堰市博物馆（黄文新等）　江汉考古 2:10 ~ 45

湖北郧县张家坪遗址发掘简报　湖北省文物考古研究所、湖北省文物局南水北调办公室（郭长江）　江汉考古 3:3 ~ 19

湖北大冶蟹子地遗址 2009 年发掘报告　湖北省文物考古研究所、黄石市博物馆（罗运兵等）　江汉考古 4:18 ~ 62

湖北十堰琞河口遗址 2008 年发掘简报　吉林大学边疆考古研究中心等（邵会秋等）　四川文物 6:22 ~ 25

巴东红庙岭遗址第一、二次发掘报告　湖北省文物考古研究所（张杰、林邦存）　湖北库区考古报告集第六卷:148 ~ 187

秭归树坪墓群 2004 年发掘报告　武汉大学考古系、秭归县屈原纪念馆（蔡金英等）　湖北库区考古报告集第六卷:563 ~ 578

秭归独石子遗址发掘简报　宜昌博物馆（李孝配）　湖北库区考古报告集第五卷:174 ~ 189

秭归大沱湾遗址发掘简报　宜昌博物馆（李孝配等）　湖北库区考古报告集第五卷:190 ~ 201

秭归何家岭、沙包岭墓地发掘简报　潜江市博物馆（罗正松等）　湖北库区考古报告集第五卷:402 ~ 433

秭归陶家坡遗址发掘报告　秭归县屈原纪念馆（余波、周昊）　湖北库区考古报告集第五卷:434 ~ 454

宜昌伍相庙遗址 2001 年度发掘简报　宜昌博物馆（向光华）　湖北库区考古报告集第五卷:559 ~ 567

秭归油厂夏商时期遗址与六朝墓葬发掘简报　岳阳市文物考古研究所、秭归县文物局（罗仁林等）　湖北库区考古报告集第五卷:207 ~ 228

秭归何家坡遗址发掘简报　秭归县文物局（余波、周昊）　湖北库区考古报告集第五卷:284 ~ 301

秭归何家坪遗址 2007 年发掘报告　襄樊市文物考古研究所（王志刚等）　湖北库区考古报告集第五卷:477 ~ 513

秭归白水河遗址发掘简报　宜昌博物馆（王超）　湖北库区考古报告集第六卷:441 ~ 462

秭归缆子杆遗址发掘简报　宜昌博物馆（赵德祥）　湖北库区考古报告集第五卷:157 ~ 173

襄樊邓城黄家村遗址 2005 年东区周代遗存发掘简报　襄樊市文物考古研究所（王先福、范文强）　江汉考古 3:33 ~ 44

巴东吴家坝遗址（南区）2006 年发掘报告　荆州博物馆（王从礼）　湖北库区考古报告集第六卷:1 ~ 72

巴东吴家坝遗址 2006 年发掘报告　长沙市文物考古研究所、巴东县文物保护管理所（何佳）　湖北库区考古报告集第六卷:73~98

巴东吴家坝遗址 2006 年发掘报告　怀化市博物馆（向开旺）　湖北库区考古报告集第六卷:99~124

巴东吴家坝遗址 2006 年发掘简报　岳阳市文物考古研究所、巴东县博物馆（欧继凡、郭姗）　湖北库区考古报告集第六卷:125~144

巴东雷家坪遗址 2005 年发掘简报　吉林大学边疆考古研究中心（冯恩学）　湖北库区考古报告集第六卷:258~263

巴东宋家榜遗址发掘简报　黄冈市博物馆（刘焰、董志伟）　湖北库区考古报告集第五卷:72~85

巴东高桅子遗址 2006 年发掘简报　恩施自治州博物馆（朱世学、胡家豪）　湖北库区考古报告集第六卷:342~356

秭归李家街遗址发掘　湖北省博物馆（戴修政、院文清）　湖北库区考古报告集第六卷:378~440

秭归庙湾遗址发掘简报　宜昌博物馆（乔峡）　湖北库区考古报告集第六卷:559~562

巴东红庙岭遗址第三次发掘　湖北省文物考古研究所（林邦存）　湖北库区考古报告集第六卷:188~215

巴东红庙岭墓地 2007 年发掘报告　武汉市盘龙城遗址博物馆筹建处（韩用祥）　湖北库区考古报告集第六卷:216~242

巴东王家湾墓群 2007 年发掘简报　恩施自治州博物馆（朱世学、胡家豪）　湖北库区考古报告集第六卷:293~341

湖北郧县白鹤观遗址东周墓发掘简报　湖北省文物考古研究所（陆成秋、张君）　江汉考古 3:20~33

湖北荆门严仓墓群 M1 发掘情况　宋有志　江汉考古 1:132

荆门严仓发掘甲字形大墓及车马坑　湖北省文物考古研究所　中国文物报 2 月 5 日 9 版

荆州川店楚冢调查与研究　邓启江、贾汉清　江汉考古 4:133~143

秭归兵书宝剑峡悬棺清理简报　秭归县屈原纪念馆（余波等）　湖北库区考古报告集第五卷:138~156

秭归香溪几处遗址墓葬 2007 年的发掘　黄冈市博物馆（洪刚等）　湖北库区考古报告集第五卷:353~388

巴东雷家坪遗址 2006 年发掘简报　恩施自治州博物馆（朱世学、胡家豪）　湖北库区考古报告集第六卷:243~257

巴东焦家湾墓群 2008 年发掘简报　恩施自治州博物馆（朱世学、胡家豪）　湖北库区考古报告集第六卷:278~292

秭归何家屋场墓群发掘简报　秭归县博物馆（周吴、余波）　湖北库区考古报告集第六卷:587~620

秭归王家岭古墓群 2007 年度发掘报告　长沙市文的考古研究所、秭归县文物局（师磊、雷永利）　湖北库区考古报告集第五卷:330~352

巴东云盘遗址考古发掘简报　随州市博物馆（后加升）　湖北库区考古报告集第六卷:357~371

巴东杜公祠墓地发掘简报　荆州博物馆（王从礼）　湖北库区考古报告集第六卷:264~277

巴东孔包墓群2007年发掘报告　荆州博物馆（杨开勇、朱江松）　湖北库区考古报告集第五卷:1~26

巴东老茗田墓地2002年发掘简报　荆州博物馆（杨开勇、肖玉军）　湖北库区考古报告集第五卷:58~71

巴东店子坪墓群发掘简报　黄石市博物馆（蔡维等）　湖北库区考古报告集第五卷:94~98

巴东孔包河遗址墓葬2001年度发掘报告　南京大学历史学系考古教研室（张义中等）　湖北库区考古报告集第五卷:99~135

巴东镇江寺墓地发掘简报　湖北省文物考古研究所（宋有志）　湖北库区考古报告集第五卷:136~137

秭归天灯堡遗址、墓葬发掘报告　宜昌博物馆（赵德祥）　湖北库区考古报告集第六卷:476~494

秭归永家坪遗址发掘简报　宜昌博物馆（乔峡）　湖北库区考古报告集第六卷:495~499

秭归下滩沱遗址发掘简报　宜昌博物馆（向光华）　湖北库区考古报告集第六卷:524~529

秭归咤神庙遗址发掘简报　宜昌博物馆（乔峡）　湖北库区考古报告集第六卷:543~558

秭归小幺姑沱遗址发掘简报　荆州博物馆（丁家元）　湖北库区考古报告集第五卷:389~401

秭归郑家湾遗址发掘简报　宜昌博物馆（向光华）　湖北库区考古报告集第五卷:455~465

秭归陈家坪遗址发掘简报　宜昌博物馆（向光华）　湖北库区考古报告集第五卷:466~476

秭归天登包墓群2004年发掘简报　厦门大学考古队（常浩、吴春明）　湖北库区考古报告集第六卷:463~475

秭归八字门墓群发掘简报　湖北省博物馆、黄石市博物馆（曲毅）　湖北库区考古报告集第五卷:235~265

秭归台子湾墓群发掘简报　益阳市文物管理处、秭归县文物局（周创华等）　湖北库区考古报告集第五卷:266~283

兴山古夫墓群2007年发掘报告　兴山县文物管理所（刘道霖、向光华）　湖北库区考古报告集第六卷:621~647

兴山平邑口墓群发掘简报　黄石市博物馆（黄功扬、程波）　湖北库区考古报告集第六卷:648~658

湖北襄樊樊城菜越三国墓发掘简报　襄樊市文物考古研究所（刘江生）　文物9:4~20

秭归大麦沱、王家滩、杨家包、徐家屋场墓地2007年第一次发掘简报　鄂州市博物馆三峡考古队（胡莎可、徐劲松）　湖北库区考古报告集第五卷:514~558

武汉江夏龙泉南朝墓发掘报告　武汉市文物考古研究所、武汉市江夏区博物馆(祁金刚等)　江汉考古1:32~37

湖北襄樊市韩岗南朝“辽西韩”家族墓的发掘　襄樊市文物考古研究所（王志刚）　考古12:33~40

秭归向家坪墓群发掘简报　荆门市文物考古研究所（龙永芳）　湖北库区考古报告集第六卷:530~542

秭归何家屋场墓群发掘简报　黄石市博物馆（胡新生等）　湖北库区考古报告集第六卷:579~586

巴东杨家包墓群发掘简报　黄石市博物馆（蔡维等）　湖北库区考古报告集第五卷:86～93

湖北郧县前房遗址发掘简报　山东大学东方考古研究中心等（王芬、栾丰实）　考古5:54～59

湖北郧县后房村唐代崖墓群的调查与发掘　山东大学东方考古研究中心等（王芬、栾丰实）　考古1:36～48

秭归县甲沟遗址发掘简报　宜昌博物馆（向光华）　湖北库区考古报告集第六卷:500～513

秭归塔子沟墓葬发掘及遗址调查简报　宜昌博物馆（赵德祥）　湖北库区考古报告集第六卷:514～523

秭归三溪墓群发掘简报　宜昌博物馆（李孝配等）　湖北库区考古报告集第五卷:229～234

秭归乌龟包墓群发掘简报　宜昌博物馆（李孝配）　湖北库区考古报告集第五卷:302～329

湖北十堰焦家院墓地宋墓发掘记述　郭立新　中国文物报8月13日4版

武汉江夏二妃山明景陵王朱孟炤夫妻墓发掘简报　武汉市文物考古研究所、武汉市江夏区博物馆（祁金刚等）　江汉考古2:46～56

湖北省郧西县观沟口墓地发掘简报　湖北省文物考古研究所、重庆师范大学历史与文博学院（蒋刚、武仙竹）　四川文物3:9～21

巴东吴家坝墓地发掘报告　武汉大学考古系（蔡金英等）　湖北库区考古报告集第六卷:145～147

巴东东瀼口墓地发掘简报　武汉大学考古系（向其芳）　湖北库区考古报告集第六卷:374～378

巴东堰塘湾遗址发掘报告　武汉大学考古系（蔡金英等）　湖北库区考古报告集第五卷:27～36

巴东杨家包、下滩坪、秦家沱墓地2007年度考古报考　十堰市博物馆（祝恒富、刘志军）　湖北库区考古报告集第五卷:37～57

秭归正午溪遗址发掘简报　宜昌博物馆（乔峡）　湖北库区考古报告集第五卷:202～206

一八　湖南省

湖南长沙望城坡西汉渔阳墓发掘简报　长沙市文物考古研究所、长沙简牍博物馆（宋少华、李鄂权）　文物4:4～35

长沙“12·29”古墓葬被盗案移交文物报告　长沙市文物考古研究所（何佳、雷永利）　湖南省博物馆馆刊第六辑:329～368

湖南衡阳市兴隆村两座东汉砖室墓　衡阳市文物处（唐先华等）　考古4:38～47

长沙城区惊现万枚东汉简牍　吴文峰、师磊　中国文物报6月25日1版

益阳市赫山区农机局唐墓　熊有志　湖南省博物馆馆刊第六辑:107～109

湖南省临湘市龙窖山古文化遗址调查简报　岳阳市文物考古研究所等（汪松桂）　湖南省博物馆馆刊第六辑:94～101

湖南省临湘市龙窖山石窝及其周围石冢、土坑、砖室墓发掘简报　湖南省文物考古研究所等（罗仁林等）　湖南省博物馆馆刊第六辑:78～93

一条轰动性考古新闻的前前后后——湖南永州鬼崽岭石像群真

相解析 甄湘 中国文物报10月1日5版

湖南老司城遗址:"挖"出来的民族团结"活化石" 明星、帅才 中国文物报11月5日1版

湖南永顺老司城考古发掘取得多项重要收获 柴焕波 中国文物报11月19日4版

湖南麻阳发现窖藏金银器 朱卫红 湖南省博物馆馆刊第六辑:473~474

一九 广东省

广东广宁龙嘴岗战国墓地2010年抢救发掘成果 刘锁强 中国文物报7月16日4版

粤西南骑岭遗址俚人考古又有新收获 冯孟钦 中国文物报12月3日4版

佛山老城区现存冶铸遗址调查报告 申小红、万涛 成都文物4:33~43

蔚蓝色下升起更深的蓝——记明代沉船"南澳一号"青花瓷出水 于明山 中国陶瓷艺术版·试刊号:36~38

明代沉船"南澳Ⅰ号"出水800余件文物 赖少芬、陈洪镔 中国文物报5月5日1版

"南澳Ⅰ号"出水文物新品种 广宣 中国文物报5月26日1版

"南澳Ⅰ号"首次出水霁蓝釉瓷器 中国文物报7月14日2版

拾贝南澳 孙漪娜 中国文物报7月23日5版

二〇 海南省

2010年西沙群岛水下考古调查再获丰硕成果 孟原召、符洪洪 中国文物报6月4日4版

二一 广西壮族自治区

广西考古六十年概述 韦江 广西考古文集(第四辑):307~330

百色田东百渡旧石器遗址发掘简报 谢光茂等 人类学学报4:355~371

百色六怀山旧石器时代遗址发掘简报 中国科学院古脊椎动物与古人类研究所等(裴树文等) 广西考古文集(第四辑):3~19

百色六合遗址发掘简报 右江民族博物馆等(黄胜敏等) 广西考古文集(第四辑):20~35

田东坡洪遗址A区发掘简报 柳州市博物馆等(闫少朋) 广西考古文集(第四辑):36~62

百色南半山旧石器时代发掘报告 广西壮族自治区自然博物馆、广西文物考古研究所(王頠等) 广西考古文集(第四辑):63~82

田阳那满旧石器时代遗址发掘报告 广东省文物考古研究所、广西文物考古研究所(邱立诚) 广西考古文集(第四辑):83~116

田阳那哈遗址A区发掘报告 梧州市博物馆等(周学斌等) 广西考古文集(第四辑):117~149

田阳那哈遗址B区发掘简报 桂林市文物工作队等(贺战武等) 广西考古文集(第四辑):150~174

田阳那赖遗址B区发掘报告 柳州白莲洞博物馆等(蒋远金) 广西考古文集(第四辑):175~212

桂平大塘城遗址汉墓发掘报告 广西文物考古研究所、桂平市博物馆(谢广维等) 广西考古文集(第四辑):213~254

荔浦笔村一座东汉墓葬的清理　广西文物考古研究所（蒋廷瑜）　广西考古文集（第四辑）:255～257

全州至兴安高速公路沿线两晋南朝墓发掘报告　广西文物考古研究所等（谢广维、熊昭明）　广西考古文集（第四辑）:258～275

梧州木铎冲古墓葬发掘报告　广西文物考古研究所、梧州市博物馆（谢光茂、周学斌）　广西考古文集（第四辑）:276～287

梧州凤凰山发现的古墓葬　广西文物考古研究所、梧州市博物馆（周学斌、谢光茂）　广西考古文集（第四辑）:300～304

二二　重庆市

重庆考古60年（代序）　邹后曦　重庆公路考古报告集:i～xxxv

重庆奉节发现晚更新世洞穴遗存　余卫东、陈厚清　中国文物报11月26日2版

奉节三塘旧石器地点发掘报告　河北省文物研究所等（李君等）　重庆库区考古报告集2002卷·上:229～234

忠县中坝遗址2000年度发掘简报　四川省文物考古研究院、忠县文物保护管理所（孙智彬）　重庆库区考古报告集2002卷·下:1556～1616

2000年度涪陵蔺市遗址发掘报告　重庆市文物考古研究所、涪陵区博物馆（黄海等）　重庆库区考古报告集2002卷·下:1633～1715

丰都秦家院子发掘报告　重庆市文物考古所、丰都县文物管理所（李大地等）　重庆库区考古报告集2002卷·中:1239～1282

万州冯家河遗址发掘报告　重庆市文物考古研究所、万州区博物馆（向渠奎、岳宗英）　重庆库区考古报告集2002卷·上:536～547

丰都石地坝遗址第四次发掘报告　重庆市文物考古所、丰都县文物管理所（李大地等）　重庆库区考古报告集2002卷·中:1201～1224

巫山涂家坝遗址发掘报告　中山大学人类学系等（王宏等）　重庆库区考古报告集2002卷·上:112～153

奉节刘家院坝遗址发掘报告　吉林大学边疆考古研究中心、奉节县白帝城文化管理所（赵宾福等）　重庆库区考古报告集2002卷·上:154～166

万州大坪墓群发掘简报　重庆市文化局等（盛定国等）　重庆库区考古报告集2002卷·中:792～841

云阳赵家嘴遗址发掘报告　成都市文物考古研究所等（宋建民、胥泽蓉）　重庆库区考古报告集2002卷·上:286～318

云阳马沱墓地发掘报告　郑州市文物考古研究所、云阳县文物保护管理所（张建华等）　重庆库区考古报告集2002卷·上:373～406

万州武陵墓群发掘报告　重庆市文物考古研究所、万州区博物馆（彭学斌）　重庆库区考古报告集2002卷·上:596～623

忠县罗家桥遗址发掘报告　成都市文物考古研究所、忠县文物管理所（谢涛等）　重庆库区考古报告集2002卷·中:956～978

涪陵吴家石梁（大院子）墓群发掘报告　重庆市文物考古研究所、涪陵区博物馆（黄海等）　重庆库区考古报告集2002卷·中:1308～1338

涪陵小田溪墓群发掘简报　重庆市文物考古研究所、重庆市文物局（方刚）　重庆库区考古报告集2002卷·中:1339~1376

忠县㽏井沟遗址群崖脚（半边街）墓地1999年度发掘简报　北京大学考古文博学院三峡考古队、重庆市忠县文物保护管理所（唐飞等）　重庆库区考古报告集2002卷·中:1413~1484

万州包上秦汉墓第二次发掘报告　湖北省荆州市博物馆等　重庆库区考古报告集2002卷·上:740~758

云阳县江口汉墓群发掘报告　重庆市文物考古所、云阳县文物管理所（朱寒冰等）　重庆公路考古报告集:93~186

巫山耳石窝遗址　重庆市考古研究所等（李孝配等）　重庆库区考古报告集2002卷·上:1~4

巫山汪家沟遗址　重庆市考古研究所等（李孝配等）　重庆库区考古报告集2002卷·上:5~7

巫山麦沱墓地第四次发掘报告　湖南省文物考古研究所等（尹检顺）　重庆库区考古报告集2002卷·上:72~111

云阳石家包10号、11号岩坑墓发掘报告　重庆市文物考古研究所等（何汉生）　重庆库区考古报告集2002卷·上:319~334

云阳张家嘴墓群发掘简报　西安半坡博物馆、云阳县文物管理所（王志俊、何周德）　重庆库区考古报告集2002卷·上:335~372

云阳打望包墓地发掘报告　南京大学历史系考古专业等（刘兴林）　重庆库区考古报告集2002卷·上:407~426

云阳洪家包墓地发掘报告　成都市文物考古研究所等（唐光孝）　重庆库区考古报告集2002卷·上:427~466

云阳营盘包墓群发掘报告　福建省博物馆、云阳县文物保护管理所（陈兆善等）　重庆库区考古报告集2002卷·上:467~512

2000年云阳巴阳镇佘家嘴墓葬发掘报告　厦门大学三峡考古队等（钟礼强、吴孙权）　重庆库区考古报告集2002卷·下:1522~1555

万州老棺丘古墓群发掘报告　云南省文物考古研究所、重庆市文化局三峡文物保护办公室领导小组（徐文德、蒋志龙）　重庆库区考古报告集2002卷·上:548~562

万州金狮湾墓群（二期）发掘报告　南京市博物馆、南京市文物研究所（岳涌）　重庆库区考古报告集2002卷·上:624~669

万州胡家坝汉魏墓葬发掘报告　南京师范大学文博系等（李一全、汤惠生）　重庆库区考古报告集2002卷·上:670~739

万州礁芭石墓地第二次发掘报告　广东省文物考古研究所等（邓宏文）　重庆库区考古报告集2002卷·中:842~888

石柱砖瓦溪遗址发掘报告　山西省考古研究所等（谢尧亭、王金平）　重庆库区考古报告集2002卷·中:905~955

忠县瓦窑古墓群发掘报告　长沙市文物考古研究所、忠县文物保护管理所（何佳）　重庆库区考古报告集2002卷·中:979~1026

九龙坡区陶家大竹林画像砖墓发掘简

报　重庆市文物考古所、九龙坡区文物管理所（林必忠、刘春鸿）　重庆公路考古报告集：1～19

重庆合川市南屏东汉墓葬群发掘简报　重庆市博物馆、合川市文物保护管理所（王豫）　重庆公路考古报告集：20～44

永川区永寒公路（青峰至来苏段）考古发掘简报　重庆市文物考古所、永川区文物管理所（白九江、邹后曦）　重庆公路考古报告集：45～57

丰都县迎宾大道沿线古墓发掘简报　重庆市文物考古所、丰都县文物管理所（白九江等）　重庆公路考古报告集：58～80

丰都县产业大道工程考古发掘清理简报　重庆市文物考古所、丰都县文物管理所（汪伟等）　重庆公路考古报告集：81～92

丰都大湾墓群发掘报告　重庆市文化局等（王力军等）　重庆库区考古报告集2002卷·中：1123～1200

丰都糖房遗址发掘报告　内蒙古文物考古研究所、丰都县文物管理所（塔拉等）　重庆库区考古报告集2002卷·中：1225～1238

巫山下猫儿坪遗址发掘简报　重庆市考古研究所等（乔峡、刘继东）　重庆库区考古报告集2002卷·上：8～11

奉节安坪遗址发掘报告　吉林大学边疆考古研究中心等（陈国庆等）　重庆库区考古报告集2002卷·上：167～173

奉节和尚坪遗址发掘报告　吉林大学边疆考古研究中心、奉节县白帝城文物管理所（段天璟等）　重庆库区考古报告集2002卷·上：174～178

奉节头堂包遗址发掘报告　吉林大学边疆考古研究中心、奉节县白帝城文物管理所（段天璟等）　重庆库区考古报告集2002卷·上：179～191

奉节周家坪墓地　武汉大学考古系等（徐承泰、熊跃泉）　重庆库区考古报告集2002卷·上：192～212

奉节丰获汉代墓地发掘报告　江西省文物考古研究所、奉节县文物管理所（赖祖龙等）　重庆库区考古报告集2002卷·上：213～228

万州庙梁墓群2001年度发掘报告　重庆市博物馆、万州区博物馆（向渠奎等）　重庆库区考古报告集2002卷·下：1725～1746

万州中嘴遗址发掘报告　广西壮族自治区文物工作队等（蒋远金、闫少鹏）　重庆库区考古报告集2002卷·中：779～791

石柱中间包汉代至东晋墓群与明代窑址发掘简报　辽宁省文物考古研究所、石柱县文物管理所（陈山、李维宇）　重庆库区考古报告集2002卷·中：889～904

忠县松江古墓群发掘简报　长沙市文物考古研究所、忠县文物管理所（何佳）　重庆库区考古报告集2002卷·中：1027～1035

云阳旧县坪遗址发掘简报　吉林省文物考古研究所三峡队、重庆云阳县文物保护管理所　重庆库区考古报告集2002卷·上：256～258

云阳旧县坪遗址1999年发掘报告　吉林省文物考古研究所三峡工作队、云阳县文物管理所（刘景文）　重庆库区考古报告集2002卷·中：1377～1412

忠县洋渡沿江汉墓发掘报告　重庆市

文物考古所、忠县文物管理所（袁东山、封剑平） 重庆库区考古报告集2002卷·中:1036~1051

忠县花灯坟墓群乌杨阙发掘简报 重庆市文物考古研究所、忠县文物管理所（李大地、邹后曦） 重庆库区考古报告集2002卷·中:1059~1077

忠县下白桥溪墓地勘探发掘报告 湖南省岳阳市文物考古研究所、重庆市忠县文物保护管理所（欧继凡等） 重庆库区考古报告集2002卷·中:1052~1058

涪陵横梁子墓群发掘报告 重庆市文物考古所、涪陵区博物馆（黄海等） 重庆库区考古报告集2002卷·中:1283~1307

重庆万州区青龙嘴墓地考古发掘简报 青海省文物考古研究所等（刘宝山） 华夏考古1:3~37

丰都杜家坝一号墓2000年度发掘报告 重庆市博物馆等（王力军、刘军社） 重庆库区考古报告集2002卷·下:1617~1632

重庆巫山江东嘴晋墓的发掘 南京大学历史系考古专业（刘兴林、夏寒） 江汉考古3:45~55

云阳龙安遗址发掘报告 内蒙古文物考古研究所、包头市文物管理处（张海斌） 重庆库区考古报告集2002卷·上:513~517

云阳伍家湾遗址发掘报告 内蒙古文物考古研究所、包头市文物管理处（张海斌、王晓玲） 重庆库区考古报告集2002卷·上:518~535

云阳巴阳镇佘家嘴遗址2000年发掘报告 厦门大学三峡考古队、重庆市文化局“三峡办”、云阳县文物保护管理所 钟礼强 重庆库区考古报告集2002卷·下:1485~1521

万州下中村遗址发掘报告 重庆市文物考古研究所、万州区博物馆（彭学斌、肖娟） 重庆库区考古报告集2002卷·中:759~778

丰都麻柳嘴遗址发掘简报 河北省文物研究所等（刘连强、李君） 重庆库区考古报告集2002卷·中:1078~1085

丰都镇江镇观石滩遗址发掘报告 宁夏文物考古研究所、丰都县文物管理所（朱存世） 重庆库区考古报告集2002卷·中:1086~1122

江津区侯石坝宋墓发掘简报 重庆市文物考古所、江津区文物管理所（朱寒冰、林必忠） 重庆公路考古报告集:187~192

丰都沙溪嘴遗址2001年度发掘报告 成都市文物考古研究所等（宋建民、胥泽蓉） 重庆库区考古报告集2002卷·下:1747~1822

合川钓鱼城古战场遗址取得重要发现 袁东山、蔡亚林 中国文物报2月5日12版

南川区钟家塝墓群发掘简报 重庆市文物考古所、南川区文物管理所（方刚、赖东） 重庆公路考古报告集:193~197

渝中区两路口劳动村元墓发掘简报 重庆市文物考古所（白九江） 重庆公路考古报告集:198~202

北部新区蹇氏家族墓地调查、勘探、试掘简报 重庆市文物考古所（燕妮等） 重庆公路考古报告集:203~221

潼南县崇龛梁家嘴墓群考古发掘简报 重庆市文物考古所、潼南县文物管理所（林必忠、刘春鸿） 重庆

公路考古报告集:222~242

江津区塘白路工程考古发掘简报　重庆市文物考古所、江津区文物管理所（朱寒冰等）　重庆公路考古报告集:243~247

江津区四面山旅游公路调查报告　重庆市文物考古所、江津区文物管理所（林必忠等）　重庆公路考古报告集:282~289

永川区钟家祠堂明墓群发掘简报　重庆市文物考古所、永川区文物管理所（燕妮等）　重庆公路考古报告集:248~255

永川区烂屋基明代墓群发掘简报　重庆市文物考古所、永川区文物管理所（陈东等）　重庆公路考古报告集:256~267

永川区凌阁堂壁画墓发掘清理简报　重庆市文物考古所、永川区文物管理所（汪伟等）　重庆公路考古报告集:268~281

重庆市24条（县际）高等级公路考古调查报告　重庆市文物考古所（于桂兰、林必忠）　重庆公路考古报告集:304~371

巫山大昌古城遗址发掘报告　中山大学人类学系等（王宏等）　重庆库区考古报告集2002卷·上:12~71

奉节陈家坪遗址发掘报告　吉林大学边疆考古研究中心等（陈国庆等）　重庆库区考古报告集2002卷·上:235~255

奉节观武镇遗址2001年度发掘报告　洛阳市文物工作队等（潘付生、李德方）　重庆库区考古报告集2002卷·下:1716~1724

黔江至石柱公路建设工程考古调查报告　重庆市文物考古所等（于桂兰等）　重庆公路考古报告集:290~303

二三　四川省

20世纪80年代的四川考古　赵殿增　四川文物1:85~90

瀑布沟水电站工程淹没区考古项目：基本建设和考古发掘的双赢典范　李珍萍　中国文物报7月9日5版

四川什邡桂圆桥遗址:成都平原目前最早的新石器时代遗址　雷雨等　中国文物报2月12日4版

成都平原区域考古调查（2005~2007）　成都平原国际考古调查队（傅罗文等著　陈伯桢、林永昌译）　南方民族考古第六辑:255~278

成都市新都区褚家村遗址发掘简报　成都文物考古研究所、新都区文物管理所（王波、陈云洪）　四川文物4:20~30

成都市新都区褚家村遗址发掘报告　成都文物考古研究所、新都区文物管理所（陈云洪等）　成都考古发现（2008）:32~74

川南地区的一处重要遗址——宜宾向家坝库区叫化岩遗址　刘志岩、李万涛　中国文物报1月22日8版

四川茂县波西遗址2008年的调查　成都文物考古研究所等（陈剑等）　成都考古发现（2008）:1~24

成都新津宝墩遗址发现外城城墙　江章华等　中国文物报2月26日4版

成都高新西区顺江小区三期新石器遗址发掘简报　成都文物考古研究所（周志清、刘雨茂）　成都考古发现（2008）:25~31

四川马尔康县哈休遗址2006年的试掘　阿坝藏族羌族自治州文物管理

所等（陈剑等） 南方民族考古第六辑：295～374

三星堆遗址一、二号祭祀坑发掘日记 陈显丹 史前研究（2006）：503～510

金沙遗址“龙嘴 B 延线”地点发掘简报 成都文物考古研究所（周志清、吴楠） 成都考古发现（2008）：141～150

金沙遗址星河路西延线地点发掘简报 王林、周志清 成都考古发现（2008）：75～140

成都高新西区富通光缆通信有限公司地点古遗址发掘简报 成都文物考古研究所（周志清、刘雨茂） 成都考古发现（2008）：151～179

成都郫县“蓝光绿色饮品二期”发掘简报 成都文物考古研究所（周志清等） 成都考古发现（2008）：180～193

四川如阳实业发展有限公司商住楼地点古遗址发掘简报 成都文物考古研究所（周志清） 成都考古发现（2008）：194～205

四川茂县城关粮站石棺葬墓群发掘取得重要收获 陈卫东等 中国文物报 2 月 12 日 4 版

成都郫县西华大学艺术中心古遗址发掘简报 成都文物考古研究所、郫县博物馆（周志清等） 成都考古发现（2008）：206～212

四川会理县雷家山一号墓的发掘 成都市文物考古研究所等（周志清等） 考古 4：14～27

成都下东大街遗址战国时期文化遗存清理简报 成都文物考古研究所（易立） 四川文物 6：11～21

2009 年度会理县新发乡考古调查简报 成都文物考古研究所等（周志清等） 成都考古发现（2008）：213～230

泸县出土画像石棺 泸州市博物馆（徐华、索德浩） 四川文物 6：94～96

四川汶川县布瓦石棺葬 2009 年的调查 汶州县文管所等（陈剑等） 成都考古发现（2008）：231～248

大邑斜江学校遗址发掘简报 成都文物考古研究所、大邑文物保护管理所（索德浩、刘雨茂） 成都考古发现（2008）：271～291

成都市青羊区金沙村汉代廊桥遗址发掘简报 成都文物考古研究所（唐飞） 成都考古发现（2008）：249～270

成都市青白江区大同磷肥厂工地汉墓发掘报告 成都文物考古研究所、青白江区文物保护管理所（陈云洪、刘雨茂） 成都考古发现（2008）：292～367

2008 年度永陵公园古遗址发掘简报 成都文物考古研究所（周志清等） 成都考古发现（2008）：368～410

新津天威多晶硅废渣场东汉崖墓发掘简报 郑卫、陈远福 成都文物 1：18～20

都江堰渠首出土的汉碑、石像 何江涛 成都文物 3：33～40

蒲江县鹤山镇齐心村发现两座汉代砖室墓 成都市文物考古工作队、蒲江县文物管理所（龙腾） 成都文物 4：44～45

四川武胜山水岩崖墓群发掘报告 四川省文物考古研究院等（陈祖军、刘敏） 四川文物 1：3～26

中日合作炉霍呷拉宗遗址考古发掘获重要收获 陈卫东等 中国文物报

3月12日4版

四川昭觉县古文化遗存的调查和清理 凉山彝族自治州博物馆等（赵德云等） 南方民族考古第六辑:375~388

郫县安德镇红专村唐宋遗址发掘简报 成都文物考古研究所（刘雨茂、易立） 成都考古发现(2008):455~469

绵阳市西山玉女泉摩崖造像调查报告 四川省文物考古研究院等（于春、丁建国） 四川文物4:3~19

大邑县石虎村唐宋遗址考古发掘简报 刘雨茂、易立 成都文物1:13~17

新津美好老君山185住宅基建工地唐末五代时期砖室墓发掘简报 新津县文物管理所（郑卫等） 成都文物3:10~13

成都市清安街城墙遗址发掘简报 成都文物考古研究所（易立） 成都考古发现（2008）:411~435

四川石棉三星遗址宋代遗存发掘简报 四川省文物考古研究院等（陈卫东） 四川文物2:19~23

成都市龙泉驿区十陵镇大梁村宋墓发掘简报 成都文物考古研究所、龙泉驿文物管理所（刘雨茂、易立） 成都考古发现（2008）:470~488

四川叙永天池宋墓清理简报 四川省文物考古研究院等（任江等） 四川文物2:3~18

四川华蓥许家堝宋墓清理简报 四川省文物考古研究院等（任江、苏珂） 四川文物6:3~10

成都凤凰山明蜀王妃墓 成都文物考古研究所、金牛区文物管理所（谢涛） 成都考古发现（2008）:489~485

大竹县出土的明代铜器 大竹县文物管理所（余和平） 四川文物4:31~34

二四 贵州省

贵州天柱史前遗址群考古发掘取得重要收获 于孟洲、白彬 中国文物报6月18日4版

毕节青场瓦窑商周遗址发掘主要收获 张合荣 贵州文史丛刊1:43~47

贵州铜仁锦江流域首次进行考古发掘 张改课等 中国文物报12月31日4版

二五 云南省

云南澄江县学山遗址试掘简报 吉林大学边疆考古研究中心等（吴敬等） 考古10:18~24

云南省昭通市水富县张滩土坑墓地试掘简报 云南省昭通市文物管理所、云南省水富县文化馆（丁长芬） 四川文物3:3~8

云南威信金竹石室墓发掘简报 云南省文物考古研究所等（肖明华、余腾松） 四川文物1:27~30

二六 西藏自治区

西藏第三次全国文物普查新发现文物点3000多处 边巴次仁 中国文物报2月24日1版

古水水电站西藏境内淹没区考古调查简报 哈比布 西藏研究2:41~51

中印边境古寺热尼拉康与普日寺考古调查简报 四川大学中国藏学研究所、四川大学考古学系（张长虹、霍巍） 南方民族考古第六辑:389~408

西藏自治区昌都地区芒康县盐井盐田调查报告 西藏自治区文物保护研

究所等(哈比布等) 南方文物1:84~97

二七 陕西省

2009年陕西省考古研究院考古调查发掘新收获 陕西省考古研究院(王炜林等) 考古与文物2:3~13

洛宁县发现黄土石器工业 杜水生等 考古与文物2:14~17

2005年陕西扶风美阳河流域考古调查 周原考古队(徐良高等) 考古学报2:207~228

牛头河流域考古调查 早期秦文化联合考古队(梁云等) 中国历史文物3:4~23

陕西华县梓里遗址发掘纪要 西北大学考古学专业77级华县梓里实习队(张宏彦) 文物10:34~42

陕西乾县河里范遗址发掘简报 陕西省考古研究院、咸阳市文物考古研究所(田亚岐等) 考古与文物1:3~13

姜寨遗址发掘简报 巩启明 中华文化遗产1:86~95

2005年安康郭家湾新石器时代遗址发掘简报 陕西省考古研究院、安康市汉滨区文管所(孙伟刚等) 考古与文物5:3~9

2002~2005年半坡遗址考古新发现 何周德 史前研究(2006):98~102

商洛东龙山遗址I区发掘简报 陕西省考古研究院、商洛市博物馆(杨亚长、王昌富) 考古与文物4:3~15

陕西淳化枣树沟脑遗址2008年度发掘的主要收获 王振、陈洪海 西北大学学报(哲学社会科学版)6:32~36

2004年秋季周原老堡子遗址发掘报告 中国社会科学院考古研究所周原考古队(付仲杨等) 考古学集刊17:50~105

陕西韩城梁带村芮国墓地西区发掘简报 陕西省考古研究院等(张天恩、吕志荣) 考古与文物1:14~21

陕西韩城梁带村墓地北区2007年发掘简报 陕西省考古研究院等(张天恩等) 文物6:4~20

雍城秦公陵园考古工作获得重要新发现 田亚岐等 中国文物报1月22日7版

陕西千阳尚家岭秦汉建筑遗址发掘简报 陕西省考古研究院等(田亚岐等) 考古与文物6:3~17

陕西千阳尚家岭发现秦汉建筑遗址 田亚岐等 中国文物报6月4日4版

2009年度秦始皇帝陵园考古勘探简报 陕西省考古研究院(张仲立、孙伟刚) 考古与文物5:10~15

秦始皇帝陵园北门勘探简报 秦始皇帝陵博物院、秦始皇兵马俑博物馆(张卫星等) 文物6:31~34

2009年秦俑一号坑第三次发掘的主要收获 许卫红 中国文物报5月7日4版

2009年度秦始皇帝陵园考古勘探取得重要收获 张仲立、孙伟刚 中国文物报6月4日4版

陕西凤翔西白村秦汉墓葬发掘简报 陕西省考古研究院等(田亚岐等) 文博4:3~12

陕西富县秦直道考古取得突破性成果 陕西省考古研究院秦直道考古队 中国文物报1月1日4版

“十一五”西汉帝陵大遗址考古新收获 陕西省考古研究院(焦南峰

等） 中国文物报4月2日5版

西安曲江翠竹园西汉壁画墓发掘简报 西安市文物保护考古所（程林泉等） 文物1:26～39

陕西扶风纸白西汉墓发掘简报 陕西省考古研究院（孙周勇、刘军） 文物10:43～51

长安凤栖原西汉家族墓 张仲立等 中国文物报4月16日4版

西安市电子三路西京社区东汉墓清理简报 陕西省考古研究院（李举纲等） 文博4:13～16

西安曲江雁南二路西晋墓发掘简报 西安市文物保护考古所（张小丽、翟霖林） 文物9:21～29

西安韦曲高望堆北朝墓发掘简报 西安市文物保护考古所（张全民、郭永淇） 文物9:30～43

陕北富县发现一批北朝至宋代佛教造像 张建林、田有前 中国文物报2月26日4版

西安南郊隋苏统师墓发掘简报 陕西省考古研究院（李举纲、袁明） 考古与文物3:3～6

西安南郊傅村隋唐墓发掘简报 陕西省考古研究院（段毅、孙安娜） 考古与文物3:7～21

新发现的唐武令璋石椁和墓志 王勇刚等 考古与文物2:20～29

唐韦皇后家族墓地考古勘探追记 安士心 中国文物报1月15日12版

西安南郊孟村宋金墓发掘简报 陕西省考古研究院（马志军、高明韬） 考古与文物5:16～23

陕西蓝田县五里头北宋吕氏家族墓地 陕西省考古研究院（张蕴、刘思哲） 考古8:46～52

神木县麟州古城考古调查——航空拍摄与传统方式的考古调查与勘探相结合 肖健一、康宁武 中国文物报10月22日5版

韩城盘乐村宋墓发现精美壁画 孙秉君等 中国文物报3月26日4版

西安南郊下殿村金代墓葬发掘简报 陕西省考古研究院（李举纲等） 考古与文物5:24～28

西安南郊潘家庄元墓发掘简报 西安市文物保护考古所（张小丽） 文物9:44～60

西安长安区发现元代汉人世侯刘黑马家族墓葬——迄今为止陕西地区发现最大规模的一组元代家族墓葬 李举纲等 中国文物报1月15日4版

陕西府谷县明代孤山堡古城考古收获 陕西省考古研究院、榆林市文物保护研究所（闫宏东） 考古与文物6:34～37

陕西彬县东关村明代石室壁画墓的发掘 刘卫鹏 苏州文博论丛第1辑:46～52

周至佛坪厅故城遗址一期考古调查简报 西安市文物保护考古所、周至佛坪厅故城保管所（张小丽等） 文博5:3～8

二八 甘肃省

河西走廊史前考古调查报告 李水城等 考古学报2:229～264

甘肃卓尼县寺下川遗址发掘简报 甘肃省文物考古研究所（魏美丽、赵雪野） 考古与文物2:18～19

张家川石川遗址调查 王文斌 陇右文博1:3～4

对张家川第三次文物普查的一些认识 王文斌 陇右文博2:29～33

甘肃肃北马鬃山古玉矿遗址调查简报　甘肃省文物考古研究所等（陈国科等）　文物10:27～33

张家川马家塬战国墓地2008～2009年发掘简报　早期秦文化联合考古队、张家川回族自治县博物馆（赵吴成、王辉）　文物10:4～26

张家川县川王乡高崖村战国墓葬清理简报　张家川回族自治县博物馆（苏银花）　陇右文博2:3～5

金塔县新发现汉代长城及烽火台、城障遗址　陶玉乐　陇右文博1:52～57

宁县梁高等几座汉墓的清理　张宝玺　陇右文博1:5～14

甘肃武山发现"风云雷雨坛"古城遗迹　甘肃省武山县文物局　中国文物报6月4日4版

张家川回族自治县南川村砖墓发掘情况及相关问题　马悦　陇右文博1:15～17

武威市发现一批窖藏古钱币　宁生银　陇右文博2:39～44

东乡红塔寺石窟壁画调查简报　张有财　陇右文博2:26～28

二九　新疆维吾尔自治区

新疆罗布泊地区又发现100多处新遗址　毛咏　中国文物报2月24日1版

新疆洛浦县山普鲁乡出土的人物纹栽绒毯　祁小山　西域研究3:125

新疆库车友谊路晋十六国砖室墓考古发掘新收获　田小红、吴勇　中国文物报8月27日4版

2009年吐鲁番阿斯塔那古墓群1区410号墓葬清理简报　新疆吐鲁番学研究院（丁兰兰、王龙）　吐鲁番学研究1:1～5

2006年阿斯塔那古墓第Ⅱ区607号墓清理简报　新疆吐鲁番学研究院、新疆维吾尔自治区博物馆（张永兵、鲁礼鹏）　吐鲁番学研究2:3～6

唐代安西都护府渭干河西岸遗址群的调查与研究　邢春林　新疆师范大学学报（哲学社会科学版）31卷1:115～123

新疆策勒达玛沟拓普鲁克墩遗址群3号建筑遗址：塔克拉玛干地区首次发现的起居、学习、论经的综合性建筑　巫新华　中国文物报12月17日4版

三〇　香　港

香港屯门扫管笏遗址发掘简报　香港古物古迹办事处、中国社会科学院考古研究所（傅宪国、梁中合）　考古7:17～30

香港屯门扫管笏遗址发掘获得重要成果　傅宪国　中国文物报2月12日4版

伍　美术考古

一　通　论

考古学与艺术史——两个"共生"的学科　曹意强　考古与艺术史的交汇——中国美术学院国际学术研讨会论文集:3～9

二　雕　塑

漫话中国古代雕塑　杨泓　考古与艺术史的交汇——中国美术学院国际学术研讨会论文集:45～59

关于中国早期雕刻传统的思考——考古艺术史笔记 李零 考古与艺术史的交汇——中国美术学院国际学术研讨会论文集:60~72
中国古代石雕论——石兽、石人与石佛 石松日奈子著 杨效俊译 考古与文物6:79~91
天下莫能与之争美——陕西汉代石雕艺术 张彦 收藏6:98~102

补 遗

汉女无言殊可爱——论汉代雕塑中的流动美 万秦文 南京艺术学院学报:美术与设计版2009年6:101~102

画像石·画像砖

简谈徐州汉画像石装饰之美 孟祥勇 美苑:鲁迅美术学院学报3:94~95
江苏泗洪曹庙出土的东汉画像石 尹增淮、江枫 文物6:66~74
河南汉画像石的艺术精神及价值 张宽武 中原文物1:61~65
南阳汉代画像石艺术 唐新 收藏11:100~105
汉画像石文字相关问题论析 欧阳摩一 四川文物1:58~63
安徽萧县新出土的汉代画像石 周水利 文物6:59~65
《山西吕梁地区征集的汉画像石》补释两则 崔建华 文物世界1:20~21
陕北汉代画像石概观 郑红莉 收藏7:54~56
陕北画像石的出现和地域特色形成原因初探 于悦 天津文博第七辑:249~257
汉画像中鱼鸟图式的程式化探讨 邢鹏飞 艺术探索24卷2:35~37
汉画像石"车马出行图"之帝国想象 吴旻旻 汉学研究4:1~40
汉画像石"驯象图"试考 郑红莉 考古与文物5:61~66
再论汉画像石上的象纹 郑彤 华夏考古1:121~128
汉画像石"嫦娥奔月"图的造型艺术与宗教意蕴 赵红 古代文明4卷1:106~111
汉画像石"嫦娥奔月"图的造型艺术与宗教品质 赵红 四川文物6:39~43
汉画像石"嫦娥奔月"图的造型艺术与宗教品质 赵红 中国文化研究冬之卷:143~148
试论汉画像石中乐舞图像的来源与变化——从乐舞祠西王母说起 武红丽 美苑:鲁迅美术学院学报1:77~80
汉画像石中的犁作图综合述评 周昕 农业考古1:196~199
汉画像石的羽人造型释疑 龚钢 社会科学辑刊4:250~254
南阳汉画像中鼗鼓的图像学解读 郭学智 民族艺术3:108~111
汉画像石中"树"的图像 高明 文艺研究9:135~137
汉代画像石之"庖厨图"分析 于秋伟 中国博物馆2:105~110
汉画像石中的"鱼车图" 宋艳萍 四川文物6:51~56
虎年释虎——南阳汉画像石中虎形象浅探 孙绪静 文物世界1:71~74
乐山崖墓画像中的孝子图释读 唐长寿 长江文明第五辑:36~40
连云港孔望山摩崖造像图像学意义探析 王睿 考古与艺术史的交汇——中国美术学院国际学术研讨会论文集:115~139
史博馆藏汉画像砖拓片概介 陈鸿琦、黄春秀 历史文物9:52~63

郑州汉代画像砖二题　张秀清　中国文物报8月18日5版

浅析魏晋时期画像石《皋陶治狱图》的艺术特色　张春宇、刘振永　江苏教育学院学报(社科版)26卷3:114~116

补　遗

汉代画像石彩绘的造型特点与文化内涵　郑立君　艺术百家2009年6:169~176

沂南汉画像石墓设计文化研究　张适　艺术百家2009年6:177~183

汉画像石"水陆攻战图"的类型学解析　黄鑫　解放军艺术学院学报2009年4:　49~52

造　像

6世纪末至7世纪初的四川造像　王剑平、雷玉华　麦积山石窟研究:388~402

北朝道教造像再研究　张勋燎　南方民族考古第六辑:163~206

金铜造像

浅说古代金铜佛像及鉴定　陈淑英　中国文物报6月2日4版

论武汉莲溪寺吴永安五年墓出土的鎏金铜牌菩萨像　何志国　南京艺术学院学报(美术与设计版)1:35~38

一件北魏刻铭铜造像　郭宝存等　文物春秋5:76~77

隋代三件阿弥陀佛整铺造像之解析　李柏华　文博2:57~64

陕西三原县发现唐五代鎏金佛道铜造像　冉万里、刁通源　收藏家1:65~66

湖北十堰市郧西县文管所收藏的两尊六臂鎏金药师佛像　杨海莉、屈胜明　江汉考古1:130~131

法门寺唐"捧真身菩萨"艺术原型再探　葛承雍　考古与文物1:87~90

南越国宫署遗址出土的一件唐代铜佛像　温敬伟　中国文物报4月30日6版

南诏大理国及其造像　陈浩　收藏家3:25~30

银川出土佛像年代考　李进兴　中国文物报3月19日6版

藏传佛教造像流派　金申　收藏1:96~104

陕西历史博物馆藏明清青铜造像　张晓艳　收藏2:114~117

骑犼观音金铜像考述　钱屿　收藏家3:50~52

补　遗

中国初期金铜佛及其来源　何志国　民族艺术2009年4:82~87

试论藏传佛教铜佛像外部特征与其制作工艺　袁凯铮　西北民族大学学报(哲学社会科学版)2009年5:82~89

石刻造像

神王浮雕石佛座拓本考释　李裕群　文物7:66~76

佛教雕塑背光图像的象征意义　封钰、韦妹华　东南文化2:118~122

执雀外道非婆薮仙辨　王惠民　敦煌研究1:1~7

佛名与忏仪——以张荣迁碑和陈海龙碑为中心　王静芬著　张善庆译　敦煌研究2:6~16

四川成都出土南朝石刻造像存疑——兼谈平杨府君阙龛像　王玉　华夏考古2:92~107

北朝望族所捐建之贾智渊造像　张琳　中国博物馆2:82~84

陕西户县现存两尊北朝佛教石刻及相

关问题　党小娟等　文博1:68～71

从北魏永安二年张昙祐等造像上的线刻画看石刻线画的发展　赵超　考古与文物6:73～78

山东的维纳斯女神:蝉冠菩萨像　肖贵田　中国博物馆2:85～87

试析北魏几件造像的艺术特点　李慧、柴华　文博6:55～58

青州七级寺与北魏高浮雕贴金彩绘佛菩萨三尊像　李丽君　中国文物报4月16日6版

为"上博"二佛像还原貌　王樾　中国文物报5月5日4版

中山大学图书馆藏北齐卢舍那法界人中像及相关问题　姚崇新、刘青莉　艺术史研究第十一辑:161～208

北周观世音菩萨石造像　汪明　丝绸之路2:21～23

福地石窟的飞天　刘政　中国文物报9月24日8版

隋代汉白玉造像　王文耀、付梅林　收藏12:66～67

长安佛韵 盛世华章——西安碑林佛教造像艺术　赵力光　收藏6:130～136

关于荥阳大海寺遗址出土唐代石刻菩萨像的再认识——读《河南佛教石刻造像》收获　李静杰　中原文物4:70～76

浅析五重舍利宝塔的内容和制作年代　金申　历史文物7:54～65

浅析西夏力士碑座的艺术风格　杨蕤、董红征　四川文物5:54～57

泉州老子像是元代的杰作　温玉成、李晓敏　中原文物5:83～87

隆兴寺残石罗汉像整理记略　张锦栋、杜平　文物春秋4:66～72

大足石刻北山288号、290号龛林俊像及碑文研究　方珂　文物世界6:17～20

木　雕

太阴寺金代雕塑艺术　刘变琴、刘卓　文物世界2:58～61

木雕罗汉像　吕海萍　中国文物报7月7日8版

华戎兼采 舞动四方——焦作市博物馆藏胡腾舞蹈木俑初探　郭建设、郭颖　收藏家2:65～69

泥塑造像

南京红土桥出土的南朝泥塑像及相关问题研讨　王志高、王光明　东南文化3:48～58

由山西寺庙佛教彩塑看唐宋雕塑艺术的差异　高鹏　文物世界4:43～45

关中唐代地藏菩萨造像研究　白文　西北大学学报(哲学社会科学版)4:37～43

明代北京大慧寺彩塑内容考辨　王敏庆　文博2:65～75

介休后土庙小型彩塑真武形象初考　王学凯　文物世界5:29～31

陶　俑

关中西部汉唐陶俑考古学观察　陈亮　文物世界3:66～72

试论两汉墓葬出土陶俑的分类　赵耀双　天津文博第七辑:189～214

香山汉墓和杨家湾汉墓出土彩绘陶俑制作工艺研究　吴红艳　文博6:82～85

东魏北齐墓葬陶俑的分区特征　魏青利、司红伟　文物研究第17辑:101～106

湖南省博物馆藏隋唐生肖俑及其研究　廖丹　湖南省博物馆馆刊第六辑:417～424

唐代题字陶俑探秘　梅则文、廖永民

收藏 12:29～32

考古资料所见的唐代胡人女性　杨瑾　文博 3:26～31

唐代狩猎俑中的胡人猎师形象研究　葛承雍　故宫博物院院刊 6:126～143

敦煌胡俑与丝路贸易　苏惠萍　丝绸之路 2:39～40

洛阳唐代胡俑　李华峰　中国文物报 11月24日8版

深圳博物馆藏唐代彩绘人物俑赏析　张珑　深圳文博论丛·2010年:186～190

关于成都地区宋代墓葬出土陶俑的几点认识　吴敬　四川文物 6:65～67

补　遗

吐鲁番出土彩绘泥俑的艺术风格:以骑马女俑造型为例　王志炜　艺术百家 2009年6:212～216

陵墓雕刻

霍去病墓及其石雕研究的回顾及思考　沈琍　考古与文物 6:60～66

霍去病墓雕的美学意义　朱连城　南方文坛 3:126～128

从长安铜飞廉到洛阳石翼兽——对中国古代有翼神兽问题的一个讨论　林通雁　美术研究 3:47～54

东汉墓前石兽与石雕工匠　秦臻　文物世界 3:28～33

腰刀与发辫——唐陵陵园刻蕃酋像中的突厥人形象　张建林　吐鲁番学研究——第三届吐鲁番学暨欧亚游牧民族的起源与迁徙国际学术研讨会论文集:175～177

黔西北清代敖家茔地石刻艺术的文化特征　杨再伟　装饰 7:82～85

补　遗

从物质材料的角度论霍去病墓石刻的美学特征　张西昌　西安文理学院学报（社会科学版）2009年12卷4:10～12

三　石窟寺艺术

从题材特征分析明清时期道教石窟的世俗化倾向　迟广超　艺术探索 24卷1:10～12

陕北陇东北魏中晚期之际部分佛教石窟造像考察　李静杰　麦积山石窟研究:328～346

浅析金塔寺石窟艺术　吴开东　丝绸之路 4:80～81

浅谈金塔寺佛教艺术　李娜、汪旻　丝绸之路 22:26～28

关于罗寄梅拍摄敦煌石窟图像资料　梁红、沙武田　文物世界 6:29～37

简述仙人崖石窟艺术　屈梅英　丝绸之路 16:38～39

甘肃省陇南境内石窟寺概述　史轲　丝绸之路 2:24～27

敦煌莫高窟佛龛形制概述　宋莉　丝绸之路 20:11～12

敦煌早期和晚期石窟中几何图案建筑装饰的特色　高阳　装饰 10:79～81

莫高窟西魏北周装饰图案研究　李敏　敦煌研究 1:14～18

莫高窟第76窟八塔变中三佛图像辨析　贺小萍　敦煌研究 1:8～13

古代佛教法供养与敦煌莫高窟藏经　张先堂　敦煌研究 5:1～11

敦煌出土胎藏大日八大菩萨像　田中公明著　刘永增译　敦煌研究 5:59～67

莫高窟吐蕃期洞窟第154窟:主尊彩塑造像的性质与定名考　沙武田　装饰 4:52～56

麦积山石窟——云海中微笑的众佛及

其系谱　东山健吾著　官秀芳译　麦积山石窟研究:1～43

麦积崖开创年代与相关问题——兼论早期佛教艺术　初世宾、初昉　麦积山石窟研究:44～67

麦积山北魏晚期洞窟分期研究——兼论与洛阳石窟造像的关系　李裕群　麦积山石窟研究:128～148

麦积山石窟における北魏后期・西魏における石窟の变迁とその背景　小泽正人　麦积山石窟研究:149～173

麦积山石窟における影塑使用の开始时期にっぃての一考察　(日)熊坂聪美　麦积山石窟研究:86～109

麦积山石窟における北魏中期、后期窟の研究——影塑を中心として　村井惠　麦积山石窟研究:210～238

麦积山石窟第74窟现状调查及研究　马千、张萍　丝绸之路16:32～35

麦积山石窟北周窟についての一考察　八木春生　麦积山石窟研究:239～261

麦积山石窟塑像的源流辨析　李京龙　南京艺术学院学报(美术与设计版)5:44～45

麦积山早期洞窟的弥勒造像与信仰　王裕昌、魏文斌　敦煌研究3:34～41

麦积山石窟交脚与半跏思惟菩萨对称构图的研究　魏文斌　麦积山石窟研究:68～85

有关麦积山石窟交脚菩萨像与半跏思惟菩萨像尊格问题的再思考　潘亮文　麦积山石窟研究:110～127

麦积山石窟北朝供养人调查　孙晓峰　麦积山石窟研究:174～198

麦积山"法生碑"及相关问题的初步探索　董广强　麦积山石窟研究:199～209

麦积山石窟的七佛窟　张宝玺　麦积山石窟研究:262～275

北朝泾州地区部族、世族石窟的甄别、分期与思考　暨远志　麦积山石窟研究:347～387

南、北石窟寺七佛造像空间布局之渊源　董华锋、宁宇　敦煌学辑刊1:99～109

北石窟寺北朝、隋代窟龛与造像　张乃辉　丝绸之路20:13～15

北魏洛阳石窟分布规律试探　杨超杰、连颖俊　文物世界4:37～39

河南渑池石佛寺石窟调查　杨超杰　中原文物5:17～21

龙门石窟的彩色艺术　白洁　文物世界5:59～60

龙门石窟妇女造像及相关问题　杨超杰　中国历史文物4:40～47

龙门石窟中武周时期的禅窟研究　袁德领　敦煌研究1:51～56

试释云冈石窟的分期——《云冈石窟卷》画册读后　宿白　文物7:64～65

云冈石窟的宝盖龛和宝盖　王雁卿、马志强　北朝研究(第七辑):222～243

北朝时期佛教石窟造型及装饰的混合风格——以云冈石窟佛教雕塑艺术为例　温都苏　艺术探索24卷1:5～7

须弥山石窟及其价值　代学明　丝绸之路20:16～17

山西吉县挂甲山摩崖造像调查简报　山西省考古研究所、吉县文物管理所(闫雅梅、王俊)　考古11:40～51

新发现的塔什库尔干河谷大像窟相关问题解析　王征　新疆师范大学学

报（哲社版）31卷1:124~132

台台尔石窟调查简报 新疆龟兹研究院（赵莉、台来提·乌布力） 吐鲁番学研究1:6~20

库车玛扎伯哈石窟调查简报 新疆龟兹研究院(苗利辉) 吐鲁番学研究1:21~36

托乎拉克艾肯石窟考古勘查简报 新疆龟兹研究院（李丽） 吐鲁番学研究1:37~53

库木吐喇第75窟研究——兼述供养人的族属 贾应逸、吕明明 吐鲁番学研究2:39~49

西天山南北地区归属喀喇汗王朝的时间及相关历史——兼论龟兹石窟的始毁年代 李树辉 社会科学战线6:90~97

广西桂林伏波山摩崖造像 桂林市文物工作队（苏勇） 广西考古文集(第四辑):288~299

论安岳华严洞石窟造像艺术的美学特征及价值 袁恩培、张磊 东南大学学报(哲学社会科学版)12卷2:68~72

唐代麟游慈善寺第一窟的三佛构成 白文 四川文物5:46~49

营山县太蓬山石窟内容总录 蒋晓春等 敦煌研究1:39~50

营山县太蓬山石窟初步研究 蒋晓春、邵磊 敦煌研究4:56~66

四川太蓬山石窟佛教刻经初探 邵磊、蒋晓春 中国历史文物5:4~10

浅谈巴中石窟观音菩萨造像 何汇 中原文物3:80~90

虚实观与中国石窟——以大足石刻为例 李耘燕 西南民族大学学报(人文社科版)31卷9:278~280

大足宝顶山雷音图龛研究 彭冰 美苑:鲁迅美术学院学报2:24~28

大足石刻:世界石窟造像的瑰宝 黎方银 光明日报6月4日9版

大足石刻女性造像形象考察 王天祥、何江 民族、艺术研究23卷3:59~62

延安地区的宋代佛教石窟造像艺术 崔彬 文艺研究8:149~151

陕西钟山石窟3号窟的内容与艺术特色 胡同庆 文博1:57~67

梁侯寺考——兼说涅河两岸的石窟和寺庙 李零 中国历史文物3:54~67

阿尔寨石窟 李少兵、索秀芬 内蒙古文物考古2:101~113

武威亥母洞寺石窟遗址调查报告 梁继红、高辉 陇右文博2:6~25

甘肃合水安定寺石窟调查简报 董广强、魏文斌 敦煌研究4:48~55

杭州飞来峰“西遊记图”与“白马驮经图”浮雕再探讨 常青 艺术史研究第十一辑:329~343

巴中朝阳洞摩崖造像 汪信龙 四川文物1:91~95

炳灵寺文殊题材与文殊信仰初探 王玲秀 丝绸之路12:26~29

炳灵寺第129窟罗汉像探析 赵雪芬 丝绸之路22:22~25

补 遗

论昙曜五窟佛造像的衣线美 刘文东 新疆师范大学学报（哲学社会科学版）2009年30卷4:104~109

庆阳北石窟寺的研究现状与尚未解决的问题 崔惠萍等 敦煌学辑刊2009年3:66~76

敦煌李贤及其功德窟相关问题试论 李茹 敦煌学辑刊2009年4:112~126

四 古代建筑

综述与专题研究

论中国古代建筑的造型 王耘 东北师大学报（哲社版）1:127~130

中原地区古代建筑的发展演变及其价值特点 汪培梓 文物建筑（第4辑）:75~80

川西平原先秦时期建筑初论 王林 成都文物3:14~27

古代建筑研究方法刍议——以四川地区为例 姚军 考古与文物5:67~70

浅说古代干栏 陈远璋 广西考古文集（第四辑）:403~414

中国佛塔发展浅述 张雪芬 成都文物1:9~12

关于中国的石造宝箧印塔 佐藤亚圣 东方建筑遗产2010年卷:85~89

西域回字形佛寺源流考 陈晓露 考古11:79~90

春秋战国时期之瓦当艺术比较与思考 阮宾 美术研究4:110~111

屋檐上的艺术——临淄齐国瓦当鉴赏 何德亮 历史文物5:36~51

秦汉瓦当趣谈 金鉴 寻根2:52~57

朝阳老城北大街出土的3~6世纪莲花瓦当初探 万雄飞、白宝玉 东北亚考古学论丛:61~66

关于渤海莲花纹瓦当对高句丽继承性的探讨 （韩）金希燦著 包艳玲译历史与考古信息·东北亚2:17~30

汉代城墙浅议 王银田、何培 中原文物2:50~53

山东汉代画像石中"楼阁建筑"形制与功能的考证 张力智 艺术史研究第十一辑:71~97

汉代"虹"形梁的特征与意义 季宏、王琼 文物世界6:9~12

汉代建筑用砖的规格化设计：兼论汉代器物设计中的标准化问题 许大海 南京艺术学院学报（美术与设计版）5:46~49

渤海的建筑构件 （韩）社会科学院考古研究所（包艳玲） 历史与考古信息·东北亚2:1~16

宋元东亚建筑之柱间联系构件举要——以中国大陆江南、福建建筑及日本列岛大佛样、朝鲜半岛柱心为例 谢鸿权 东方建筑遗产2010年卷:59~69

关于宋式建筑的几个大木构件问题的探讨 贾洪波 故宫博物院院刊3:91~109

西夏王陵出土的陶瓷建筑构件 温涛、高林鹏 收藏11:41~42

元、明、清官式旋子彩画分析断代 张秀芬 中国文物保护技术协会第六次学术年会论文集:383~393

大同长城的概念和范围 刘媛 文物世界5:61~64

东北燕秦汉长城的考古调查与研究 冯永谦 辽宁考古文集（二）:66~93

辽北燕秦汉长城及相关遗迹遗物的发现和研究 许志国 辽宁考古文集（二）:347~355

浅谈鞍山地区的辽东镇长城 郭东升 辽宁考古文集（二）:466~469

辽宁明长城保存状况及保护对策 吴炎亮 中国文物报7月30日3版

陕西早期长城资源调查问题与经验总结 陕西省长城资源调查队 中国文物报6月4日3版

陕北地区秦昭王长城构筑方式及防御设施 张海报 文博1:44~48

论陕北地区战国秦长城的后世沿用问题　王晓博　文博1:49～53

湟中县发现的明代修筑长城题记考释　闫璘　青海民族大学学报（社科版）36卷1:107～110

在实践中学习——陕西明长城资源调查问题经验总结　陕西省长城资源调查队　中国文物报3月26日3版

北京·河北·山西·辽宁

金章宗西山八大水院考（上、下）　苗天娥、景爱　文物春秋4:28～34、5:21～27

精美的门楼会唱歌　马垒　中国文物报1月1日8版

定州文庙考　贾敏峰　文物春秋2:53～61

武安地区的山寨遗址　刘朴、李蕾　文物春秋4:49～52

正定"三世中丞"石牌坊考述　郭玲娣、崔伟丽　文物春秋5:45～50

热河文庙与避暑山庄——兼谈文庙的保护与利用　田淑华、邱珊珊　文物春秋2:29～33

沙河清代中期至民国题记民居　梁纪想等　文物春秋6:51～58

清东陵段长城断开的历史考据　李寅　文物春秋3:22～25

玉田王氏宗祠　张景宇　文物春秋4:53～55

邢台古戏楼综述　张明　文物春秋5:51～56

平顺龙门寺——深山里的古建博物馆　马晓　中华文化遗产2:38～43

定襄关王庙彩绘初探　史晓霞　文物世界2:28～31

山西南部早期建筑——奏响中国土木工程保护华章　周学鹰、张伟　中华文化遗产2:22～37

山西东南地区宋代建筑特色探析——以晋城二仙庙为例　贺婧、朱向东　文物世界3:39～41

浅析万荣稷王庙正殿的建筑特点及价值　贾红艳　文物世界2:32～35

浅析常家庄园门墩石装饰艺术　刘卓　文物世界6:41～43

辽宁奉国寺大雄殿建筑年代问题　刘振陆、王亚平　文物建筑（第4辑）:14～20

庄河青堆子天后宫考　张翠敏　东北史地4:26～28

试析沈阳故宫的文德坊和武功坊　李兴华　文物春秋1:49～54

上海·江苏·浙江·福建·江西

上海真如寺大殿纯度分析　巨凯夫　东方建筑遗产2010年卷:39～52

南京独龙阜东出土南朝石塔构件的初步研究　贺云翱　华夏考古4:132～135

江苏吴地最大的明清古牌坊群——江苏常熟虞山仲雍墓、言子墓牌坊　金其桢　无锡文博3:53～55

浙东老桥调查回眸　杨古城　东方建筑遗产2010年卷:71～83

甬上砖雕艺术与人物像之研究　余如龙　东方建筑遗产2010年卷: 131～136

福建漳州城明代功名坊建筑探略　陈建标　南方文物4:174～177

福建明清名人墓道坊调查　陈建标　福建文博2:26～31

福州古民居建筑断代分析　邱守廉　福建文博2:19～25

陈氏大厝——孝子坊　苏闽曙　福建文博2:32～35

连城清代木雕花板调查　杨芳　福建文博2:59～63

品德为先、耕读与儒商并重的竹桥古村　吴泉辉　南方文物 2:146～147

河南·湖北·广东

洛阳潞泽会馆建筑研究　陈磊　文物建筑（第 4 辑）:29～37

豫南地区歇山顶建筑浅议　王歌　文物建筑（第 4 辑）:71～74

世界文化遗产武当山古建筑群的形成与特点　祝笋　江汉考古 4:144～148

湖北三峡库区的旧式桥梁　胡涛、税世纲　江汉考古 3:140～144

广州谭氏宗祠的建筑分析　胡晓宇　文物建筑（第 4 辑）:7～13

四川·西藏·陕西

明教寺觉皇殿及其附属建筑物　黄建光　成都文物 4:66～70

2009 年西藏恰芒波拉康调查成果　夏格旺堆等　中国文物报 7 月 16 日 4 版

陕西千阳尚家岭秦汉建筑遗址初识　田亚岐　考古与文物 6:56～59

耀州文庙大成殿　王建域　文物建筑（第 4 辑）:1～6

宁夏·甘肃·青海

宁夏固原早期丝绸之路遗址——回中宫、瓦亭驿、朝那古城、固原古城　苏银梅　文博 3:61～64

宁夏境内的西夏古塔建筑　牛达生　寻根 6:58～67

宁夏彭阳明代砖塔　陈凤娟　文物 11:81～83

甘肃永登连城鲁土司属寺考察报告　罗文华、文明　故宫博物院院刊 1:60～84

青海乐都瞿县寺隆国殿大木结构研究补遗　李越等　故宫博物院院刊 4:47～66

中国传统屋面在塔尔寺与地方建筑的结合及运用　路霞　古建筑保护论文集:33～49

塔尔寺木构架顶升工艺流程及技术要点　李全武　古建筑保护论文集:18～27

塔尔寺建筑大木结构体系及榫卯特征——以嘉木样活佛府邸、遍知殿为例　曹龙古　建筑保护论文集:28～32

试析嘉木样活佛府的建筑特色　李光明　古建筑保护论文集:1～10

试析青海嘉木样活佛府的建筑特色　李光明　文物建筑（第 4 辑）:21～28

补　遗

循化孟达天池古建筑遗墟及地理文化考辨　吴引水、吴均　青海民族研究 2009 年 20 卷 4:58～60

五　陶瓷与窑址

综　述

关于建立古瓷谱系的思考　霍华　南京博物院集刊 11:170～173

也谈“窑系”　白宪波　南方文物 3:115～119

陶瓷业窑神再研究　刘毅　文物 6:49～58

中国古代青瓷中心产区早期龙窑研究　王屹峰　东方博物第三十四辑:27～39

瓯江两岸的古代瓷窑　吴志标　浙江文物 2:34～36

宜兴历代窑址概述　黄兴南　无锡文博 1:44～50

宜兴青瓷杂谈　周小东　无锡文博 1:64～68

近年来古代龙泉青瓷研究综述　张建平、李岩　中国陶瓷 8:74~77

德清古代窑业的考古发现与研究综述　袁华　东方博物第三十四辑:20~26

山西黑釉瓷概述　王轶鸿　文物世界 6:57~61

试析闽南地区宋元时期陶瓷器的装饰工艺　孟原召　福建文博 2:36~46

宋元时期闽南沿海区域的陶瓷业　郑晓君　福建文博 2:47~55

窑址采集红绿彩标本及红绿彩瓷对比研究　刘伟　文物世界 4:16~22

台湾考古出土历史时期陶瓷的年代与特征　卢泰康　故宫文物月刊 326:56~67

大坌坑遗址出土十二至十四世纪中国陶瓷　王淑津、刘益昌　福建文博 1:45~61

马祖东莒岛蔡园里遗址的陶瓷器　陈仲玉、游桂香　福建文博 2:1~5

中国青花瓷题材的伊斯兰青花瓷器　沃尔特·丹尼著　赵琳译　陈淳校　南方文物 1:118~123

婴戏纹在陶瓷装饰艺术中的演变　邬德慧、王雪艳　中国陶瓷 1:69~71

陶瓷装饰中龙文化元素的运用　万芬等　中国陶瓷 11:65~67

玉壶春瓶略论　任志录　故宫学刊第五辑 11:754~799

虎年说虎枕　孔超　中国文物报 2 月 5 日 6 版

紫砂壶的断代与鉴赏　周兰　文物世界 2:77~80

史前至两汉

观象制器:关于远古彩陶器形的文化说解　龙红、陈鹏　民族艺术研究 23 卷 3:54~58

和谐之陶——先秦理性精神之陶器观　何毅华、王崇东　中国陶瓷 2:54~56

解读德清瓷之源　施兰　收藏家 3:11~16

鸿山贵族越墓出土精美原始瓷的器质和产地探析　吴隽等　中国科学:技术科学 40 卷 7:847~852

鄂东楚墓出土原始瓷和印纹硬陶器现象与民族文化融合　丁兰　中南民族大学学报（人文社会科学版）30 卷 4:76~79

胶州赵家庄汉代墓地出土原始青瓷器应为江浙越人产品　王磊、林玉海　中国文物报 9 月 15 日 7 版

陕西甘泉出土的汉代复色釉陶器　王勇刚等　文物 5:63~77

汉代铅釉陶发展综述　王熠、田卫丽　文博 2:17~23

罕见的西汉“大富”铭陶器　吴磬军　收藏 10:56~58

粤北地区的汉代彩陶艺术　黄振伟　艺术百家 3:228~230

鸱枭形陶尊　金勇　中国文物报 3 月 31 日 7 版

三国两晋南北朝

三国西晋时期越窑青瓷的生产工艺及相关问题——以上虞尼姑婆山窑址为例　郑嘉励、张盈　东方博物第三十五辑:6~17

婺州窑瓷堆塑造型辨析　赵伟乾　新美术 31 卷 3:67~69

汉晋时期“四系罐”的北渐三部曲——兼谈洛阳曹休墓的新发现　杨哲峰　中国文物报 8 月 6 日 7 版

浅议六朝青瓷鸡首壶的文化内涵　袁荣　文物世界 1:75~78

镇江博物馆藏六朝青瓷　张剑　收藏

12:24~28

浙江余杭临平山出土的两晋瓷器　盛正刚　南方文物2:154~155

魏晋写照——荆州八岭山西晋墓陶瓷　赵晓斌　收藏12:20~23

试论早期白瓷中的西域要素　董波　中原文物6:81~91

西安北魏韦氏纪年墓出土瓷器及相关问题探讨　魏女　考古与文物3:92~95

辽西地区鲜卑墓出土陶器的考察　金田明大著　李光明译　东北亚考古学论丛:247~261

北齐邺城地区的明器生产及其系谱——以陶俑和低温铅釉陶为中心　小林仁著　刘晶晶译　中国古陶瓷研究第十六辑:505~524

再论集安国内城遗址出土青瓷器的时代与窑口　马健　考古与文物3:87~91

隋唐五代

唐宋官用越窑烧造相关问题再议　陆明华　2007'中国·越窑高峰论坛论文集:45~54

审其名实慎其所谓——"越窑"考古学定位思考　任世龙　2007'中国·越窑高峰论坛论文集:10~15

越窑研究综述　沈岳明　2007'中国·越窑高峰论坛论文集:1~9

论"越窑"与"越窑系"　周少华　2007'中国·越窑高峰论坛论文集:16~22

刍议上虞窑在越窑系统中的地位　马志坚　2007'中国·越窑高峰论坛论文集:23~28

浙江地区原始青瓷窑场与越窑场兴衰的社会机制　王光尧　2007'中国·越窑高峰论坛论文集:37~44

越窑与其他瓷窑、工艺品间的交流　冯小琦　2007'中国·越窑高峰论坛论文集:89~115

越窑青瓷的兴衰初探　董忠耿　上海文博论丛2:21~26

探寻传说中的"秘色瓷"　严叶敏　文物天地1:87~91

唐代越窑秘色瓷的秘色涵义初探　权奎山　2007'中国·越窑高峰论坛论文集:123~127

越窑秘色瓷的出现与发展　李喜宽著　申浚译　名家论玉（三）——2010海拉尔"中国玉文化名家论坛"文集:160~168

黑石号出土的越窑瓷器与唐代越窑的外销　陈克伦　名家论玉（三）——2010海拉尔"中国玉文化名家论坛"文集:169~176

越窑的外销及相关问题　秦大树、谷艳雪　名家论玉（三）——2010海拉尔"中国玉文化名家论坛"文集:177~206

试述4~11世纪越窑青瓷在东北地区的流布　彭善国　名家论玉（三）——2010海拉尔"中国玉文化名家论坛"文集:229~236

福建地区的越窑系青瓷　粟建安　2007'中国·越窑高峰论坛论文集:79~88

台州窑业在越窑体系中的地位　蔡小辉　2007'中国·越窑高峰论坛论文集:116~122

长沙窑与磁州窑釉下彩绘装饰的异同　刘伟　华夏考古2:120~126

唐风胡韵长沙窑　周世荣　收藏2:36~41

如何看待长沙窑　吴跃坚　收藏2:42~43

别开生面的长沙窑釉彩装饰工艺 于文荣 收藏2:54~55

长沙窑纪年瓷研究 刘美观 收藏2:56~58

青瓷装饰艺术奇葩——谈唐长沙窑模印贴花 李效伟 收藏2:56~61

"盛唐气象"和"韵外之致"——略论唐代长沙窑瓷器的审美特征 汪小玲 江阴文博1:28~33

重庆万州唐永徽五年墓出土的湘阴窑青瓷雕塑及其意义 傅裕 湖南省博物馆馆刊第六辑:425~433

试论唐代邢窑的青瓷工艺——以几件邢窑青瓷标本为例 陈力子 文物世界5:23~25

洪州窑贡瓷探谜 高学训 收藏家7:61~64

邛窑陶瓷艺术的语言特点 王崇东、何毅华 中国陶瓷5:84~88

唐宋时期的黑釉耀瓷 杨瑞余、刘政 收藏家11:77~82

唐三彩彩釉工艺与唐代染缬工艺之关系问题的初步探讨 方忆 故宫博物院院刊2:66~85

唐长安地区出土三彩及其特征 禚振西 收藏6:137~143

浅识我馆新入藏的几件唐三彩 董杰 深圳文博论丛·2010年:181~185

白釉绿彩器的产生、发展与流向 易立 四川文物4:86~91

浅论唐青花的起源——从河南巩义窑出土唐青花塔形罐谈起 沈伟 中国陶瓷10:62~65

唐青花初议 陆明华 苏州文博论丛第1辑:77~81

唐宋时期南北方窑业技术交流刍议——以窑炉为中心 李钰 中国古陶瓷研究第十六辑:533~546

对"官"、"新官"及"易定"款瓷器的再认识 乔纪军 文物春秋3:16~21

珠江三角洲地区唐代制瓷业的考古学观察 刘大川 东南文化4:60~65

隋唐时期山东制瓷业 武健 中国文物报8月6日6版

隋唐大运河安徽段遗址出土瓷 高波 收藏10:52~55

上海出土的唐宋元明瓷器珍品鉴赏 孙维昌 收藏家8:3~7

从千峰翠色,走向雨过天青——五代秘色之巅"柴窑"探秘 孙海芳 2007'中国·越窑高峰论坛论文集:61~71

"东窑"出上林湖——从新发现的两件五代越窑墓志罐谈起 蔡乃武 2007'中国·越窑高峰论坛论文集:72~78

五代邛窑绿釉模印莲花纹盘 张天琚 收藏3:31

吴越王家族墓葬出土越窑瓷器研究 刘毅 2007'中国·越窑高峰论坛论文集:128~141

读《广州南汉德陵、康陵发掘简报》后引发的一些思考与收获 马文宽 名家论玉(三)——2010海拉尔"中国玉文化名家论坛"文集:207~228

宋、辽、金、西夏

北宋官窑研究现状的省思 谢明良 故宫学术季刊4:1~44

略谈宋代官窑瓷器研究中存在的问题 吕成龙、丁银忠 故宫博物院院刊5:6~15

"官窑"三题 沈岳明 故宫博物院院刊5:16~25

北宋官窑研究现状的省思 谢明良

故宫博物院院刊5:26~54

北宋官窑与"京师"及"惟用汝器"——北宋官窑研究序说 (韩)李喜宽著 崔海莲译 故宫博物院院刊5:55~72

关于定窑的分期问题 黄信 文物世界4:57~58

中国名瓷——汝窑青瓷 鲜明 成都文物1:44~49

中国名瓷——钧窑瓷器 鲜明 成都文物3:64~67

中国名瓷——定窑瓷器 鲜明 成都文物2:32~40

汝窑与北宋汴京官窑——从汝窑址考古资料看宋代官窑的出现及官窑制度的形成 王光尧 故宫博物院院刊5:90~100

"澄泥为范"说汝窑 (日)小林仁著刘晶晶译 故宫博物院院刊5:73~89

汝窑、张公巷窑与南宋官窑的比较研究——兼论张公巷窑的时代及性质 唐俊杰 故宫博物院院刊5:101~110

再说汝州张公巷、文庙窑址 朱文立 收藏3:21~23

对汝州张公巷窑址的几点认识 赵文军 收藏9:53~55

20世纪汝窑考古的重大发现 赵青云 收藏9:29~33

汝窑与汝窑艺术 林俊 收藏9:43~47

从汝窑遗址引出的三大悬疑 郑志海、虞天识 收藏9:48~52

清凉寺窑址发掘资料研读 秦大树 收藏9:40~42

再论汝窑与高丽青瓷 成耆仁 历史文物10:62~71

宋汝窑、官窑与龙泉窑器形比较 杨文剑 中国陶瓷6:82~86

内窑、续窑和哥哥洞窑续论 李刚 东方博物第三十四辑:40~48

南宋官窑"宝用"铭瓷及相关问题 余佩瑾 故宫文物月刊333:62~71

南宋官窑陶质祭器器物属性探析 沈一东 东方博物第三十四辑:49~58

南宋前期官窑新探 (韩)李喜宽著 崔海莲译 东方博物第三十五辑:26~38

再寻南宋修内司窑 陈跃书 收藏10:59~61

镇江出土磁州窑系瓷器研究 刘丽文、刘敏 中国古陶瓷研究第十六辑:333~340

浅析宁波出土的磁州窑(系)制品 林浩 中国古陶瓷研究第十六辑:341~352

磁州窑系之河南诸窑 王少宇 中国古陶瓷研究第十六辑:361~374

关于磁州窑几个问题的探讨 周丽丽 中国古陶瓷研究第十六辑:53~80

磁州窑的生产方式初探——考古发现的窑业遗迹所体现的生产模式 秦大树 中国古陶瓷研究第十六辑:117~136

磁州窑瓷器烧造相关问题的认识 陆明华 中国古陶瓷研究第十六辑:81~94

从文字装饰看古代磁州产品的生产和销售 黄晓蕙 中国古陶瓷研究第十六辑:163~172

观台磁州窑白地黑花瓷器研究 胡朝晖 中国古陶瓷研究第十六辑:189~198

磁州窑白地黑花与景德镇元青花——从纹饰细节的对比看二者之间的关

系 穆青、穆俏言 中国古陶瓷研究第十六辑:473～490
宋元饮酒风尚对磁州窑的影响 程宜 中国古陶瓷研究第十六辑:147～161
磁州窑书法艺术欣赏 叶喆民 中国古陶瓷研究第十六辑:173～181
磁州窑装饰艺术 王莉英 中国古陶瓷研究第十六辑:183～188
磁州窑瓷器装饰之美 赵学峰 文物天地12:18～23
论宋元磁州窑瓷画艺术及其流变 沈芯屿 中国古陶瓷研究第十六辑:293～299
宋金元磁州窑白地黑花瓷枕的发展演变 马小青 中国古陶瓷研究第十六辑:225～233
磁州窑系瓷枕制作工艺初探 陈馨 考古与文物3:96～100
论磁州窑白地黑彩长方形画枕开光的起源——兼谈该类瓷枕的年代上限问题 胡听汀、甘菲 中国古陶瓷研究第十六辑:245～258
河南林州馆藏磁州窑瓷枕及年代 张增午、张振海 中国古陶瓷研究第十六辑:319～332
磁州窑系婴戏图枕及卧童形象枕研究 刘渤 中国古陶瓷研究第十六辑:259～272
论宋磁州窑瓷枕上的风俗画 李纪贤 中国古陶瓷研究第十六辑:235～244
关于红绿彩“持荷童子”的几点认识 李达、李六存 中国古陶瓷研究第十六辑:205～216
议磁州窑童子持莲纹 霍华、刘金祥 中国古陶瓷研究第十六辑:217～224
析北京艺术博物馆藏磁州风格的瓷器 杨俊艳 中国古陶瓷研究第十六辑:309～318
简谈重庆、四川仿磁州窑系绘花艺术 董小陈、陈丽琼 中国古陶瓷研究第十六辑:451～460
磁州窑与雷州窑瓷器比较与赏析 冯素阁 中国古陶瓷研究第十六辑:491～504
特色与艺术的结晶——雷州窑瓷器菊花纹装饰研究 王嫚 中国陶瓷9:49～52
雷州窑彩绘瓷器研究 黄静 中国古陶瓷研究第十六辑:433～450
陕西出土耀州窑青瓷考察记——关于柴窑产地的讨论 中国古陶瓷学会(陆明华) 中国文物报8月4日5版
耀州窑:窑火不熄的千年窑场 禚振西 收藏7:32～38
吉州窑与建窑黑釉产品的比较——兼论两者在宋代的社会地位 唐维 博物馆研究3:64～68
南宋吉州窑瓷的最新发现 赵荣华、赵照 收藏家3:43～49
吉州窑刻划花、印花装饰的工艺特征 张会安 中国陶瓷:68～70
吉州窑剪纸贴花工艺初探 彭明瀚 湖南省博物馆馆刊第六辑:434～440
秦窑探寻 刘雁翔 中国陶瓷5:89～93
宋代钧瓷的艺术特征及其设计探析 王庆斌 民族艺术3:80～82
北京出土“尚食局”铭定瓷 白庆林 文物天地3:99～101
定州静志寺净众院塔基出土定窑瓷器精粹 崔永超 收藏家3:31～36
越窑衰落原因的探索 林士民 2007’中国·越窑高峰论坛论文集:29～36
宋金介休窑瓷器装饰——以画、剔、

元、明、清

彭城窑瓷器浅识　刘志国　中国古陶瓷研究第十六辑:107～116
东北地区出土元代瓷器初探　秦晓杰、彭善国　内蒙古文物考古2:114～120
试论元代青花瓷的类型与分期　范勇　长江文明第五辑:66～76
元代青花的审美特征看青花瓷的发展趋势　徐玉玲等　中国陶瓷2:71～74
元青花装饰纹饰风格及其形成背景　施茜、王一伟　中国陶瓷2:75～78
鱼跃春池水藻翻——元青花上的鱼藻纹　方忆　东方博物第三十五辑:51～61
元代景德镇浮梁瓷局所辖窑场性质辨　陈力子　中国文物报6月25日6版
磁州窑"滏源王家造"枕　王兴　中国古陶瓷研究第十六辑:273～280
罕见的元末明初青花大罐　耕生　收藏4:26
常德出土的几件元青花瓷　王永彪　收藏4:27～28
元代青花釉里红楼阁式谷仓赏析　王宁　收藏家1:81～85
元代龙泉窑青釉镂空梅瓶　韩彦卿　陇右文博2:50
浅析平和漳州窑的兴衰原因　杨征　福建文博3:70～73
未识庐山真面目的横峰窑　尹青兰　江西省博物馆集刊(一):48～53
浅析明、清青花瓷的特点　林弘　丝绸之路16:27～28
浅说明代官窑瓷器中的伊斯兰要素　翁宇雯　故宫文物月刊326:24～33
正德时期受伊斯兰文化影响的宫廷瓷器　刘伟　故宫博物院院刊2:86～101
从北京出土状况看"官钧"与明代社会的关系　黄清华　文物天地3:94～98
北京地区的永宣时期官窑遗瓷(上、下)　王志军　文物天地11:83～91、12:76～81
明代青花之最——永乐、宣德青花瓷　徐巍　文物天地6:59～63
永宣名瓷誉满天下　吕成龙　文物天地10:40～45
清宫旧藏明代龙泉窑青瓷概论　黄卫文　东南文化2:46～51
晚明福建瓷器窑业的发展　陆明华　南方文物1:104～109
新安沉船与福建陶瓷　李榕青　南方文物1:110～117
明嘉靖与清光绪官窑青花瓷赏鉴　陈淑英　中国文物报7月7日7版
明清瓷器"婴戏图"的艺术特色　张天羽、李晓　文物天地6:68～70
浅析明清时期陶瓷器上鱼纹装饰的特征　王嫚　中国陶瓷5:80～82
明代青花瓷上花鸟画的艺术特征　王淑君　齐鲁艺苑1:22～24
明洪武釉里红瓷器又现扬州　周长源　收藏家2:71～72
含山出土的弘治年青花人物罐　郑宏　文物研究第17辑:326～327
承德避暑山庄藏明青花瓷赏珍　沈云伟　收藏4:29～33
凝白如脂德化瓷　王健丽　收藏家7:21～24
醴陵窑的釉下彩瓷器　叶佩兰　中国文物报12月22日5版
清代早期民窑青花瓷的特征　宋康年　中国文物报1月20日5版
读清宫窑器手札三题　韩祥　南京博物院集刊11:182～186
恬澹悦心的雍正官窑瓷器　梁晓新　文物天地3:84～87

论乾隆御题诗文挂瓶及其文化特征 高晓然 文物世界3:3~10

浅谈嘉庆粉彩瓷器 陈潇 收藏家9:79~82

同治大婚瓷研究 董健丽 故宫博物院院刊3:117~127

关于叶形盘——从台湾高雄县左营清代凤山县旧城聚落遗址出土的青花叶纹盘谈起 谢明良 故宫文物月刊326:34~55

清代瓷器上的耕织图 卢侃 收藏12:33~36

水晕墨章 钩绰纵掣——清代与民国墨彩瓷器鉴赏 万建怀 南方文物3:163~165

清代紫砂的考古发现 黄健亮 收藏3:14~20

补 遗

浅谈康熙彩瓷对雍正彩瓷的影响 龚华 中国博物馆2009年4:114~117

康熙古彩瓷"刀马人"图式探微 刘乐君 艺术评论2009年12:111~114

惟妙惟肖的乾隆仿生瓷 刘晓晨 满族研究2009年3:68~72

窑址的调查与发掘

河北临漳县发现北朝窑址 王建保等 中国文物报8月13日4版

磁州窑窑址考察与初步研究 王建保 中国古陶瓷研究第十六辑:7~16

峰峰矿区临水古瓷窑遗址调查 庞洪奇 中国古陶瓷研究第十六辑:17~42

河北省临漳曹村窑址初探与试掘简报 李江 中国古陶瓷研究第十六辑:43~52

定窑燕川古窑址调查 田宝玉 中国古陶瓷研究第十六辑:547~566

定窑遗址考古发掘取得重要成果 韩立森等 中国文物报1月22日7版

隆化兴州窑考古取得阶段性成果 郭济桥等 中国文物报7月2日4版

山西夏县师冯汉代窑址发掘简报 山西省考古研究所等(张童心等) 考古4:28~37

山西大同北魏西册田制陶遗址调查简报 王银田等 文物5:27~37

浙江长兴:发现龙山西周早期印纹陶礼器窑址 郑建民等 中国文物报12月17日4版

德清亭子桥战国窑址发掘的主要收获 陈元甫等 东方博物第三十四辑:6~19

考古随笔:南宋修内司官窑的考古发现 杜正贤 故宫博物院院刊5:131~136

山东淄博磁村窑址调查 董健丽 中原文物3:9~13

"邓窑"寻踪 李伟男等 中国文物报3月3日5版

修武当阳峪窑考古发掘与初步研究 赵志文 中国古陶瓷研究第十六辑:353~360

丰都石板溪窑址2001年度发掘报告 成都市文物考古研究所等(唐光孝、宋建民) 重庆库区考古报告集2002卷·下:1823~1852

窑坝窑址发掘简报 重庆市文物考古所等(李龙彬、朱寒冰) 重庆库区考古报告集2002卷·上:574~576

滩垴窑址发掘简报 重庆市文物考古所等(李龙彬、朱寒冰) 重庆库区考古报告集2002卷·上:577~580

插柳子窑址发掘简报 重庆市文物考古所等(顾罡等) 重庆库区考古报告集2002卷·上:581~588

方家岭窑址发掘简报 重庆市文物考

古所等（顾罡等） 重庆库区考古报告集2002卷·上:563～573

屋基坪窑址发掘简报 重庆市文物考古所等（李龙彬、朱寒冰） 重庆库区考古报告集2002卷·上:589～595

四川崇州公议镇天福窑址考古调查简报 成都文物考古研究所、崇州市文物管理所（刘雨茂等） 成都考古发现（2008）:436～454

2007年四川都江堰玉堂窑遗址17号窑包试掘简报 成都文物考古研究所、都江堰市文物局（黄晓枫等） 南方民族考古第六辑:409～456

贺兰山腹地的两处西夏瓷窑遗址 王建保 中国文物报12月31日4版

藏品介绍

商代云雷纹印纹陶壶形盉小记 姜江来 浙江文物2:26

浅析陕西历史博物馆馆藏汉灯 高嵘 文博4:64～66

上虞博物馆藏的青瓷堆塑罐 楼海燕、陈晓敏 东方博物第三十五辑:72～74

西晋越窑青瓷堆塑谷仓罐 浙江文物2:26

唐长沙窑青釉斑彩鸡形壶 钟惠咏 中国文物报5月5日3版

漫话唐长沙窑犀牛瓷枕 王健丽 中国文物报12月22日8版

唐代寿州窑珍品——黄釉乳丁纹豆 李全立 中国文物报2月3日8版

从秘色瓷的涵义看故宫博物院收藏的几件越窑秘色瓷 吕成龙 名家论玉（三）——2010海拉尔“中国玉文化名家论坛”文集:152～159

冰清玉洁的越窑青瓷——中国国家博物馆藏越窑瓷器 耿东升 名家论玉（三）——2010海拉尔“中国玉文化名家论坛”文集:142～151

吉林省博物院藏宋瓷赏析 高雪 收藏家7:45～48

旅顺博物馆藏磁州窑瓷枕艺术风格与时代特色 孙传波 收藏家2:37～42

鸿禧美术馆藏磁州窑瓷器 舒佩琦 中国古陶瓷研究第十六辑:301～308

南宋龙泉窑粉青釉凤耳瓶 松阳博物馆 浙江文物4:26

旅顺博物馆藏漳州窑五彩大盘——兼论漳州彩绘对日本彩瓷的影响 孙传波 收藏家9:29～34

辽宁省博物馆藏辽金瓷器集萃 李慧净 收藏8:28～34

辽阳金正隆五年瓷质“明堂之券” 彭善国、徐戎戎 文物12:88～91

清宫茶器—紫砂壶 高晓然 南方文物1:160～161

富丽华美 色彩斑斓——旅顺博物馆清代珐琅器精品展 杨煜 收藏家6:3～7

厦门华侨博物院收藏的三件国宝级文物 赵宏伟 文物世界3:73～75

清代彩瓷遗珍——济南市博物馆藏瓷器精品鉴赏 张雯 收藏家9:61～66

清代陶瓷九巧攒盘浅赏 张丽虹 中国文物报3月3日8版

落霞余晖——海南省博物馆收藏的几件光绪官窑瓷器 高文杰 中国文物报4月14日5版

蓝釉瓷盂 张萍 中国文物报11月8日8版

洛阳博物馆藏陶瓷珍品赏析 刘航宁等 收藏家10:61～68

沧州市博物馆馆藏瓷器选介 刘金霞 文物春秋1:73～75

西域藏珍——西藏博物馆的藏品特色 达瓦扎巴 收藏1:69～72

六 绘 画

从"装堂花"到"折枝花"——考古材料所见晚唐花鸟画的转型 刘婕 考古与艺术史的交汇——中国美术学院国际学术研讨会论文集:382~402

敦煌唐代壁画山水与同期中原山水画之比较研究 钱玲 天津文博第七辑:234~248

岩 画

岩画学是多学科综合研究的一门新兴学科——对中国岩画研究的反思 李仰松 史前研究(2006):3~7

论岩画阐释中的多元视界 杨超 东南文化1:100~105

象数符号与上古岩画中的网格图案初探 仲几吉 东南文化1:106~111

中国早期岩画的发现与研究 邵学海 湖南省博物馆馆刊第六辑:110~118

中国岩画线条的审美特征 朱媛 北京理工大学学报(社科版)12卷3:128~131

中国岩画中的透视现象 朱媛 兰州学刊2:204~207

中国岩画中的原始体育文化考释 童永生 成都体育学院学报36卷10:24~29

阴山地区虎岩画刍议 张文静 内蒙古社会科学31卷5:52~56

阴山格尔敖包沟岩画新发现 巴彦淖尔市博物馆、巴彦淖尔市文物工作站(赵占魁) 文物8:48~60

远古的呼唤 历史的交融——宁夏岩画述略 陈永耘 福建文博1:68~70

贺兰山岩画人面式样结构的建构、功能和意义 王毓红、冯少波 宁夏社会科学1:131~135

贺兰山岩画的存在论分析 王毓红、冯少波 四川文物4:76~82

西夏党项族尚武精神在岩画中的演绎 祁跃等 黑龙江民族丛刊2:95~101

西喜马拉雅岩画欧亚草原因素再探讨 吕红亮 考古10:76~85

试论左江岩画中月芒星、祭月、祀月与"月"字的起源 李远宁、黄春荣 学术论坛33卷9:192~195

补 遗

贺兰山史前射艺岩画类型分布考察 崔凤祥、崔星 山西师大体育学院学报2009年24卷4:1~3

狩猎岩画原始体育文化考略 崔凤祥、崔星 西北民族大学学报(哲学社会科学版)2009年6:96~101

狩猎岩画与原始体育文化 崔凤祥、崔星 黑龙江民族丛刊2009年5:119~124

新疆弓箭岩画研究 彭金城 体育文化导刊2009年11:107~109

壁 画

压在"画框"上的笔尖——试论墓葬壁画与传统绘画史的关联 郑岩 考古与艺术史的交汇——中国美术学院国际学术研讨会论文集:82~104

拒斥与接受:出土东汉佛教题材画像的整理与研究 刘克 南京艺术学院学报(美术与设计版)1:39~43

汉代生活的真实写照:东平汉代墓室壁画 于秋伟 中国博物馆2:80~81

新疆民族地区古龟兹壁画中裸体艺术的表现形式与美学特征 杨熹发 中南民族大学学报(人文社科版)

30卷5:152~156
从克孜尔石窟壁画看龟兹地区粟特艺术的传播 郭萍 西域研究4:124~127
马蹄寺石窟群千佛洞地神图像研究 姚桂兰、张善庆 敦煌研究5:53~58
北魏坐榻维摩画像源流考释 邹清泉 敦煌研究4:67~73
虎头金粟影:维摩画像研究献疑 邹清泉 故宫博物院院刊4:129~139
论敦煌艺术的继承与创新(上、下) 胡同庆 敦煌研究3:11~18、3:9~17
试论敦煌早期壁画的线描艺术 沈淑萍 敦煌研究2:32~37
敦煌莫高窟若干经变画辨识 王惠民 敦煌研究2:1~5
敦煌橦技小考 李金梅、丛振 敦煌研究4:44~47
敦煌莫高窟隋朝建筑图像解读 王洁、陈世钊 敦煌研究4:18~26
敦煌莫高窟第61窟屏风画《佛传·涅槃图》榜题研究 公维章 敦煌研究4:27~33
莫高窟吐蕃期洞窟第359窟供养人画像研究——兼谈粟特九姓胡人对吐蕃统治敦煌的态度 沙武田 敦煌研究5:12~24
敦煌壁画中古老的"夯土版筑"建筑图像研究 李旭东 陇右文博1:67~68
论莫高窟第290窟中佛传故事画的艺术特征 宋红 美术研究3:122~124
敦煌莫高窟第61窟《五台山图》的创作年代 公维章 敦煌学辑刊1:90~98
吐蕃统治时期传入敦煌的中土图像:以五台山图为例 赵晓星 文艺研究5:118~126
莫高窟吐蕃样式壁画与绢画的初步分析 谢继胜、赵媛 西北民族大学学报(哲社版)4:65~73
敦煌壁画中蒙古族供养人半臂研究 董晓荣 敦煌研究3:27~33
关于榆林窟第25窟壁画藏文题记释读的两个问题 陆离 西北民族大学学报(哲社版)4:54~57
麦积山第5窟壁画遗迹的初步观察 李志荣 麦积山石窟研究:289~301
宁夏北朝隋唐墓壁画研究 姚蔚玲 宁夏社会科学3:129~131
河西高台县墓葬壁画祥瑞图研究——河西高台县地埂坡M4墓葬壁画研究之一 郑怡楠 敦煌学辑刊1:110~126
北京地区唐墓壁画的分期与时代特征 于璞 文物春秋6:30~34
唐太清宫图像系统考 张晓雄 前沿2:159~161
墙壁上的史诗——大昭寺壁画艺术 叶星生 收藏1:116~119
大云院五代壁画浅探 郭兰莹 文物世界5:69~71
"装堂花"新探:以南唐二陵装饰画为例 孙彦 南京艺术学院学报(美术与设计版)1:44~46
从三座壁画墓的发现看辽东、三燕、高句丽壁画墓之间的关系 辛占山 东北亚考古学论丛:35~47
简析西安东岳庙主殿壁画艺术 高明 世界宗教研究2:132~137
隆兴寺摩尼殿壁画初探(下) 刘友恒等 文物春秋1:41~48
夏鲁寺壁画中多闻子图像考察 贾玉

平　西藏研究 3:64～72

勉世与娱情——宋金墓葬壁画中的一桌二椅到夫妇共坐　张鹏　美术研究 4:55～64

辽南区汉人墓葬壁画题材研究　霍杰娜　古代文明（第8卷）1:255～266

山西屯留宋村金代壁画墓题记考释　李浩楠　北方文物 3:76～78

辽代佛教题材壁画考论　张国庆　东北史地 1:67～75

兴化寺壁画与晋南寺观壁画群的几个问题　孟嗣徽　故宫学术讲谈录第一辑:105～130

奉国寺大雄殿的元、明时期壁画　张晓东　边疆考古研究第9辑:229～237

明清时代的三铺孔雀明王壁画——兼及对图像配置的探讨　廖旸　美术研究 1:26～41

太原永宁寺明代壁画阿弥陀佛四十八愿图像考察　李静杰等　故宫博物院院刊 1:19～59

汾阳圣母庙壁画主神考——兼论山西后土信仰的地方特色　武丽敏　文物世界 6:25～28

巧夺天工的新津九莲山观音寺壁画　李豫川　成都文物 4:62～65

陕西佳县白云观头天门壁画的初步考察　胡春涛　四川文物 5:26～31

补　遗

汉代墓室壁画形态中的"频闪效应"　王伟　河南师范大学学报（哲社版）2009年36卷6:263～264

宋辽金元墓葬中女孝子图像的解读　万彦　艺术探索2009年23卷5:17～19

敦煌莫高窟第290窟佛传故事画的图式艺术及其源流试释　李茹　敦煌学辑刊2009年3:77～83

敦煌壁画中的骑射文化演变与民族原创研究　高守清　西北民族大学学报（哲学社会科学版）2009年5:46～50

敦煌莫高窟第9窟甬道供养人画像年代再探　张景峰　兰州学刊 2009年11:20～26

关于龟兹供养人像的考察（下）——以克孜尔供养人像为中心展开　中川原育子著　彭杰译　新疆师范大学学报（哲学社会科学版）2009年30卷4:113～122

麦积山石窟《法华经》变相及其弘法思想　项一峰、刘莉　敦煌学辑刊 2009年4:76～92

瓜州石窟群唐玄奘取经图研究　郑怡楠　敦煌学辑刊2009年4:93～111

其　他

析论两地帛画的地域文化　游振群　湖南省博物馆馆刊（第六辑）:40～46

逝者的"面具":再论北周康业墓石棺床画像　郑岩　美苑:鲁迅美术学院学报 2:7～14

《韩熙载夜宴图》年代再考——从家具制式说起　蔺明林　文化遗产研究（第1辑）:432～438

金代衍庆宫功臣像研究　张鹏　美术研究 1:42～50

清代保定古莲花池图概述　柴汝新　文物春秋 3:70～74

七　书　法

曾侯乙墓竹简书法艺术特征浅析　陈松长、吴振红　上海文博论丛 2:16～20

马王堆帛书书法艺术特征　唐金岳　湖南省博物馆馆刊第六辑:47～55

汉阙书艺研究　邓代昆　成都文物1：1～8

八　工艺美术

漆　器

由甘肃省博物馆藏漆器引发的思考　韩爱丽　陇右文博2：51～53

战国秦汉与宋代实用漆器比较研究　吴映月　南京艺术学院学报（美术与设计版）2：53～55

巴蜀地域出土漆器实物及铭文对古文献的印证和补充　聂菲　史前研究（2006）：642～644

湖南楚墓出土漆器分区及相关问题探讨　聂菲　湖南省博物馆馆刊第六辑：246～269

湖南出土两件针刻铭文漆器的初步探讨　后德俊　湖南省博物馆馆刊第六辑：270～273

汉漆器云气纹饰的审美特征　刘牧、辛艺华　装饰5：72～73

（焒）丽夺目的戗金漆箱　李宁　中国博物馆2：94～95

关于汉代的陶胎漆器　王京燕、畅红霞　文物世界4：29～32

简析长沙市博物馆2009年度征集的一批西汉漆耳杯　邱东联等　湖南省博物馆馆刊第六辑：369～379

对长沙谷山被盗汉墓漆器铭文的初步认识　何旭红　湖南省博物馆馆刊第六辑：380～391

从汉代元始年漆器款识的行文方式看“泪工”的职性　谢震　湖南省博物馆馆刊第六辑：392～401

浅析西汉多子奁盛行的原因　刘芳芳　中国文物报12月10日6版

五杯盘　朱启新　中国文物报1月8日6版

小议盛妆器的演变　刘芳芳　中国文物报8月20日6版

宋代漆器押字初探　陆锡兴　湖南省博物馆馆刊第六辑：456～460

从吐尔基山辽墓看辽代漆器　张亚强　故宫文物月刊324：78～83

空前绝后的永宣漆器　张丽　文物天地10：60～63

金银器

金沙太阳神鸟金箔制作研究　王仁湘　南方民族考古第六辑：207～216

中外交流与品味变异之轨迹——中国早期黄金焊珠工艺初探（上、下）　李建纬　历史文物2：69～79、3：52～62

银装素裹，巧夺天工——江西古代银器　胡海燕　南方文物1：162～163

两汉时期出土的金丝与金粒细工装饰品　巩文　中国文物报12月24日6版

汉代铜鎏金镶嵌剑璏　王奉扬、王宏　收藏12：80

大唐奇珍——陕西出土的唐代金银器　谭前学、尹夏清　收藏6：150～159

浅谈河北宽城唐鎏金鹿纹菱花形银盘的艺术内涵及制作工艺　杜利　丝绸之路2：31～33

河南博物院藏唐代银器赏析　陈娟　中原文物5：106～108

福州出土宋代金银器赏析　叶燕婷　福建文博1：62～64

湖北省蕲春县博物馆馆藏宋代金器　段涛涛、王宏彬　江汉考古2：139～142

辽代金银器中的汉风　扬之水　收藏家11：61～68

北亚草原民族金银器艺术——以契丹民族为主　李建纬　故宫文物月刊

324:54~65
蒙元帝国的黄金艺术　肖志华　文物天地 9:88~95
明崇祯四年青铜鎏金佛塔　陈慧霞　故宫文物月刊 327:66~85
清代鎏金银抓周筛 吴德宏 收藏 8:99

家　具

从椅子看辽代家具风格的多元化　曾分良　北方文物 2:46~51
明代经典家具中的传统文化　沈勤　收藏家 4:43~47
颐和园藏明清古典家具　周尚云　收藏家 2:58~64
论苏州徽作维扬木器与苏作家具　沈勤　收藏家 8:63~71
山西寺庙风格家具浅识　蔺明林　文化遗产研究（第 1 辑）:439~453
木中翘楚 精工巧雕——浅赏清嘉庆鸡翅木框嵌黄杨木雕寿屏　欧阳桂兰　福建文博 2:67~68

文房四宝

我国陶瓷砚的发展及其艺术特色　谢志明　中国陶瓷 6:67~68
考古所见先秦两汉古砚漫谈　石明秀　寻根 5:92~94
先秦的砚——文房四宝起源研究之七　高蒙河　中国文物报 7 月 23 日 6 版
汉研与汉砚——文房四宝起源研究之八　高蒙河　中国文物报 8 月 6 日 6 版
研和砚的谱系——文房四宝起源研究之九　高蒙河　中国文物报 9 月 17 日 6 版
先秦的墨与天然颜料——文房四宝起源研究之五　高蒙河　中国文物报 3 月 19 日 6 版
秦汉时期的人工墨——文房四宝起源研究之五　高蒙河　中国文物报 4 月 2 日 6 版
东汉易砚的发现及其传承初探　潘新宇　文物春秋 6:28~29
汉代的毛笔——文房四宝起源研究之三　高蒙河　中国文物报 1 月 8 日 6 版
硬笔——文房四宝起源研究之四　高蒙河　中国文物报 3 月 5 日 6 版
汉纸——文房四宝起源研究之十　高蒙河　中国文物报 12 月 24 日 6 版
文房四宝——“砚滴”　赵鑫　中国文物报 2 月 17 日 8 版
论宋代端砚的制式、纹饰和风格特征　梁善　艺术探索 24、4:20~21
西夏炭窑烽款澄泥砚　杭天　收藏 11:43~44
錾刻“卍”字莲花纹铜笔洗　王军、马来富　收藏 12:81
上海博物馆藏清代著录砚　华慈祥　收藏家 4:32~34
玉文具与文人情怀　于平　北京文博 2:44~48

纺织工艺

唐系翼马纬锦与何稠仿制波斯锦　赵丰　文物 3:71~83
明代提花丝绸研究　阙碧芬　故宫学术讲谈录第一辑:151~165
明定陵出土丝织品特点　姚丽荣　明长陵营建 600 周年学术研讨会论文集:629~634
中国丝绸博物馆藏织绣珍品　金琳　收藏 3:97~103

其　他

湖南出土的战国秦汉玻璃璧　傅举有　上海文博论丛 2:27~38
汉代以前的中国玻璃工艺　李会　四川文物 5:88~91
朝阳北塔发现的古玻璃器　郎成刚

辽宁考古文集（二）:455～459

简述不同时期珐琅器的艺术特色　郭桂珍　文物世界3:62～63

沈阳故宫藏珐琅器　李理、沙海燕　收藏家7:33～41

沈阳故宫藏牙角器赏析　栾晔　收藏家9:12～16

流光溢彩话角杯　张孜江　文物天地9:79～81

竹忆江南——宁波博物馆藏明清竹刻艺术展　应宗华　收藏家5:17～22

陆　古代科学技术

一　天文与历法

凌家滩长方形玉版“式图”探微　陈镍　考古与艺术史的交汇——中国美术学院国际学术研讨会论文集:140～177

论秦简“日夕分”为地平方位数据　武家璧　文物研究第17辑:1～11

二　冶　铸

试论中国青铜时代锡矿的来源　廖苏平　江西省博物馆集刊（一）:110～112

中西方失蜡法之同异——兼评“先秦不存在失蜡法”一说　华觉明　考古4:87～96

二里冈文化至殷墟文化时期青铜器范型技术的发展　张昌平等　考古8:79～86

二里岗铜容器的“一带双纹”现象　常怀颖　文物6:84～90

商晚期圆形鼎的范铸模拟实验研究　董亚巍　四川文物5:73～87

西周早期圆形尊的范铸模拟实验研究　董亚巍　中原文物1:80～87

蚌埠双墩1号墓青铜器群范铸工艺的研究　董亚巍等　文物研究第17辑:240～252

许公宁蟠虺纹透空饰件复制研究　陈洪良等　中国文物报1月1日7版

鞍山地区出土战国秦汉时期铁器的初步探讨　富品莹、路世辉　辽宁考古文集（二）:322～330

战国中山国金银错工艺赏析　刘卫华　收藏家1:29～36

广西北流铜石岭遗址冶炼技术分析李永春等　有色金属62卷2:116～122

唐代金银平脱工艺浅析　申永峰、刘中伟　中原文物2:91～96

宋代青铜器的成型工艺——以浙江为例　俞珊瑛　故宫文物月刊332:74～85

通过模拟实验浅谈古代金珠焊缀工艺　孟丹　中国文物保护技术协会第六次学术年会论文集:368～375

德兴市银山银矿遗址初步研究　刘茜、刘诗中　江西省博物馆集刊（一）:113～125

银河觅踪——江西古代银场　海妍　南方文物3:151～152

广西兴业三处冶铁遗址考察　于永平等　有色金属62卷3:163～169

三　纺织技术

李家坝青铜器上残留织物纤维的初步研究　金普军等　农业考古4:209～212

鄯善洋海墓地出土毛织衣物的特点　贾应逸等　吐鲁番学研究——第三

届吐鲁番学暨欧亚游牧民族的起源与迁徙国际学术研讨会论文集：231～240

TAM170出土丝织品的分析与研究　赵丰等　吐鲁番学研究——第三届吐鲁番学暨欧亚游牧民族的起源与迁徙国际学术研讨会论文集：241～267

论西域出土的楚式刺绣　周利群　西域文史第五辑2∶31～41

四　古代农业

浅谈中国古代农业文明中龙图腾崇拜现象　黄飞　农业考古4∶100～103

甑皮岩遗址原始农业的新探讨——兼谈广西新石器时代遗址的稻作农业　陈远琲　史前研究（2006）∶157～165

裴李岗文化时期的农作物与农耕文明　王星光、贾兵强　论裴李岗文化——纪念裴李岗文化发现30周年暨学术研讨会∶136～147

略论裴李岗文化“台地农业”　黄富成　论裴李岗文化——纪念裴李岗文化发现30周年暨学术研讨会∶199～206

从裴李岗遗址的石器分类谈中原地区原始农业的发展　王惠霞　论裴李岗文化——纪念裴李岗文化发现30周年暨学术研讨会∶207～211

山东济宁玉皇顶遗址植硅体分析及仰韶时代早期粟作农业研究　靳桂云等　海岱考古（第三辑）∶100～113

滕花落古稻田与黄淮地区稻作文明　林留根　南京博物院集刊11∶13～19

广东曲江马坝石峡遗址古稻研究　张文绪等　梁家勉先生诞辰100周年纪念文集∶98～104

商代稻作与水利　张兴照　农业考古4∶26～33

从《诗经》和考古资料看商周时期的农耕信仰习俗　王志芳　农业考古4∶104～107

汉代华北的耕作与环境：关于三杨庄遗址内农田垄作的探讨　韩同超　中国历史地理论丛1∶40～49

再论吐鲁番文书中葡萄名称问题——与刘永连先生商榷　陈习刚　古今农业2∶57～75

农业起源

西方农业起源理论评述　张修龙等　中原文物2∶36～45

农业起源与新旧石器时代的过渡性特征——论环境失调是农业起源的根本动力　刘宝山　苏州文博论丛第1辑∶9～16

山西是原始农业的起源中心　王纶等　农业考古4∶21～25

植物考古和采集经济向农业的转变　M. K. Jone、S. Colledge著　王晓妮译　靳桂云校　海岱考古（第三辑）∶376～389

从英德牛栏洞看农业起源与陶器起源的关系　张镇洪　梁家勉先生诞辰100周年纪念文集∶92～97

农业工具

敦煌曲辕犁新考　郝二旭　敦煌研究2∶60～66

中国传统犁及其技术传播　（日）渡部武著　张力军、王琳译　古今农业3∶62～66

“铚”、“鋻”小议　万欣　辽宁考古文集（二）∶426～430

汉代铁犁安装和使用中的有关问题　刘兴林　考古与文物4∶59～62

西汉铁官“大器”问题探讨　黄富成　中原文物6∶76～80

五　畜牧业

动物骨骼数量分析和家畜驯化发展初探　黄蕴平　动物考古第1辑：1～31

考古遗址出土家养黄牛遗骸的判断标准　吕鹏　文物研究第17辑：269～293

从考古资料和民族志资料看中国史前人类的捕鱼方法　石磊　史前研究(2006)：195～198

六　古代水利

中国古代的水利设施及其特征　王双怀　陕西师范大学学报（哲学社会科学版）39卷2：109～117

“坎儿井”普查与保护断想——写在“坎儿井专项调查”结束时　王龙　中国文物报7月16日3版

中国古代城市的防洪排涝　杭侃　中国文物报9月3日5版

明水利规程铁牌略考　杨海东　陇右文博1：25～26

七　古代交通及交通工具

越窑青瓷的海外输出与浙东海上交通的变迁　刘恒武　西北大学学报（哲学社会科学版）4：57～62

五尺道：从历史深处走来——五粮液“五尺道—石门道—盐道考古探险考察”活动纪实　李政　中国文物报4月30日5版

从青铜车器窥视先秦马车之发展　李成　文博6：15～22

商周时期车子衡末饰研究　马永强　考古12：56～66

甘肃马家塬战国墓马车的复原——兼谈族属问题　赵吴成　文物6：75～83

甘肃马家塬战国墓马车的复原（续一）　赵吴成　文物11：84～96

秦汉时期的马车形制研究　赵海洲　中原文物4：56～62

独轮车至晚在秦代已经发明　赵宠亮　中国文物报7月23日7版

东汉铜轺车　谓知　中国文物报1月15日8版

两件楼兰文书所含运输工具略述　王昕　出土文献研究（第九辑）：325～331

从仙槎到楼船——浅谈中国海船起源　刘大川　深圳文博论丛·2010年：98～103

张仙人俑与旱罗盘　谓知　中国文物报2月12日8版

八　制盐业

大力加强对民族盐业文化遗产的挖掘与保护　李水城　南方文物1：81～83

天一生水，润下作咸：“有滋味”的盐业考古　李水城　中华文化遗产3：20～31

浸润着咸味的历史印迹　王仁湘　中国文物报3月26日5版

盐业·盐业遗址·盐业考古　付永敢等　中国文物报6月25日5版

渤海南岸地区商周时期盐业遗址群结构研究——兼论制盐业的生产组织　燕生东　古代文明（第8卷）：88～137

山东寿光市双王城遗址古代制盐工艺的几个问题　崔剑锋等　考古3：50～56

殷都制盐业的探索　刘媛　中原文物2：46～49

夙沙部落的踪迹——关于山东寿光商周制盐遗迹的思考　王仁湘　中国文物报4月16日7版

专业化与生产：若干基本问题以及中坝制盐的讨论　傅罗文著　吕红亮译　南方民族考古第六辑：11～40

中坝遗址与南英格兰埃塞克斯红丘出土制盐陶器的比较　巴盐著　陈玭译　李水城校　中国盐业考古（第二集）——国际视野下的比较观察：320～347

从煎煮到曝晒——再谈帝国时代的中国海盐生产技术　傅汉斯著　林圭侦译　王刃余、李水城校　中国盐业考古（第二集）——国际视野下的比较观察：20～41

九　其　他

中国古代生态学萌芽趣谈　郝黎　中国文物报6月18日8版

我国古代的风向仪——相风乌　谓知　中国文物报5月21日8版

从出土文献看上古医事制度与正负数概念　邹大海　中国历史文物5：69～76

中国史前酿酒刍议　宋澎　史前研究（2006）：171～175

马王堆汉墓《地形图》《驻军图》再探讨　张京华　湖南省博物馆馆刊第六辑：29～36

对回鹘文印刷文献进行图像分析的初步结果：断代和印刷方法的新探索　孙飞鹏、阿不都热西提·亚库甫　吐鲁番学研究——第三届吐鲁番学暨欧亚游牧民族的起源与迁徙国际学术研讨会论文集：277～286

我国单曲柄辘轳出现的年代考　史晓磊、张柏春　农业考古4：164～168

柒　古代文化生活

一　音　乐

神奇的远古贾湖骨笛　曹汉刚、祝荣　收藏家3：67～70

先秦竹类乐器考　叶敦妮　中国音乐1：34～43

先秦乐悬中镈的编列分析　王友华　中国音乐1：44～51

殷墟出土乐器调查与分析　张伟　交响29卷1：67～75

关于殷墟出土磬的几点探讨　张伟　中国音乐学1：80～84

长安马王村编钟的音乐学研究　王清雷　文物9：78～86

从曾侯乙墓的发掘看民族音乐考古的渊源与意义　孔晓飞　农业考古4：130～133

曾侯乙墓十弦琴弦轸调弦方法考辨　李光明　音乐研究4：48～52

句鑃浅谈　刘宝山　东南文化5：61～65

试论安徽枞阳旗山战国墓出土铜句鑃　郑玲、叶润清　文物12：61～65

补　遗

台湾音乐文物考察述略　王清雷　天津音乐学院学报2009年4：36～43

二　舞　蹈

论汉画像舞蹈形象的身体语言特征　沈阳　北京舞蹈学院学报1：15～21

歌舞升平——丝绸之路上的乐舞文物　黄庆昌　收藏家5：43～46

龟兹舍利盒乐舞图新议　扬之水　文物9:66~74

三　戏　剧

雅安墓刻戏曲雕刻的情色风貌　张敏　民族艺术研究23卷2:104~108

玲珑精致的戏曲木雕　黄晓曦　福建文博1:65~67

补　遗

中山大学藏药槽形戏剧石雕试解　康保成、姜兴发　文化遗产2009年4:126~130

四　体　育

原始形态体育器械的考古学分析——史前劳动工具与原始形态的体育器械　崔乐泉　南方文物3:82~92

南阳汉画体育研究　邓凤莲　体育文化导刊7:113~117

六朝时期的博弈之俗　罗卫忠　南方文物2:156~158

论古代角抵、相扑活动的表演性和娱乐性——兼谈敦煌壁画中相关画面的定名　胡同庆　历史文物6:44~51

论敦煌古代的游戏、竞技与娱乐　李重申、李金梅　南方文物3:98~106

一盘棋引发的命案——浅谈六博棋　郑彤　中国文物报8月6日6版

从宋代陶模造型管窥宋代游戏风俗　魏跃进　中原文物1:105~109

中国古代高尔夫球的东传与捶丸图纹日本铜镜的发现　薛寒秋、薛翘　南方文物3:107~109

西夏岩画党项族军事体育活动考析　崔凤祥、崔星　军事体育进修学院学报29卷1:22~25

西藏寺院壁画中的体育文化初探　余静芳　体育文化导刊5:135~137

五　饮食文化

中国史前箸和面条的出现及其意义　王颖娟　史前研究(2006):190~194

环珠江口地区先秦夔纹大陶罐　容达贤　深圳文博论丛·2010年:80~90

从考古发现略论汉唐时期祖国内地饮食文化在西域的传播　贺菊莲　丝绸之路2:17~20

汉代河西地区的饮食消费初探　魏晓明　农业考古4:249~254

汉代画像石艺术中酒的民俗文化价值研究　张宛艳　农业考古4:259~261

盛世华宴——马王堆汉墓与汉代饮食　于兵　收藏家11:35~42

略论马王堆汉墓遣策记载的食物　郑曙斌　湖南省博物馆馆刊第六辑:56~63

大同地区出土的汉代铜酒具　李晔　文物世界2:3~7

江西玉山渎口窑出土茶具特征与唐宋饮茶风俗　刘茜　南方文物2:159~160

关于瓷研磨器的思考　王霞　东方博物第三十五辑:62~65

西夏时期武威的酿酒业　张寿龄　陇右文博1:31~34

浅谈陶瓷酒器的演变与发展　夏雅君等　中国陶瓷7:90~93

一盘二盏——闲论一种酒器习尚　蔡玫芬　故宫文物月刊327:106~119

溯源探秘问酒香——古井贡酒酿造遗址探访录　张猛、张伟　中国文物报1月15日10、11版

闽台传统蔗车初探　郑宏　福建文博 4:96～100

试论乾隆时期御用茶器的艺术特色　高晓然　文物世界 1:3～8

捌　少数民族考古及民族志

匈奴族组合动物风格纹饰特征解析　赵媛　艺术探索 24 卷 2:43～47

两汉时期匈奴和鲜卑考古遗存的对比分析　潘玲　辽宁考古文集（二）: 405～413

从出土资料谈汉代羌族史的两个问题　汪桂海　西域研究 2:1～7

吐鲁番交河沟西墓地突厥因素略论　陈凌　吐鲁番学研究——第三届吐鲁番学暨欧亚游牧民族的起源与迁徙国际学术研讨会论文集:190～200

古代车师—焉耆、龟兹语——“吐火罗语”的发现与研究　耿世民　吐鲁番学研究 1:88～97

The Culture of Central Tien - Shan Nomads, Semirechie and Future Trends of Comparative Research（天山中部和七河流域的游牧民族文化和比较研究的展望）　Kubatbek Tabaldiev　吐鲁番学研究——第三届吐鲁番学暨欧亚游牧民族的起源与迁徙国际学术研讨会论文集:107～109

中国东北地方青铜器文化和朝鲜、涉貊　（韩国）宋镐晸　吐鲁番学研究——第三届吐鲁番学暨欧亚游牧民族的起源与迁徙国际学术研讨会论文集:110～114

浅析东胡与东胡特色——以东胡青铜短剑和青铜饰牌为例看神秘的东胡　李垚　文物世界 1:9～15

从东团山遗址出土陶器为例试析汉文化对夫余文化的影响　于丽群等　东北史地 6:13～15

夫余文化遗存的发现、基本面貌及命名之我见　董学增　东北史地 4: 3～9

呼伦贝尔地区两汉时期考古遗存的分组与演变关系　倪润安　边疆考古研究第 9 辑:105～125

清代贵州民族墓葬类型及其特点——以竹枝词为分析文本　严奇岩　贵州民族研究 1:177～184

华南“洞蛮”聚落人文的民族考古考察　佟珊　南方文物 2:81～88

“南蛮蛇种”文化史　吴春明、王樱　南方文物 2:89～102

“岛夷卉服”、“织绩木皮”的民族考古新证　吴春明　厦门大学学报（哲学社会科学版）1:71～77

云南树皮布民族学调查的启示　邓聪　南方民族考古第六辑:113～134

考古学上的氏族公社文化与广西残存氏族习俗　谢利民　史前研究（2006）:199～202

玖　宗教遗迹与遗物

一　原始宗教

巫与文明　林明昊　文物研究第 17 辑:12～19

东夷人的鸟图腾崇拜及影响　王瑞霞

中国文物报3月19日6版

商与蜀先民的太阳神崇拜　杜久明　史前研究（2006）:536~539

两汉龙穿璧纹与伏羲、女娲交尾的相关性　陈超　文物研究第17辑:79~85

略论中国上古鬼神观念与两汉时期鬼神信仰的关系　黄剑华　长江文明第五辑:9~25

二　佛　教

汉画像石中新发现的佛教故事考　魏翔、陈洪　东南文化4:79~83

孙吴佛教流传考　屈大成　东南文化3:86~90

试谈南朝墓葬中的佛教因素　韦正　东南文化3:91~100

六朝都城佛寺和佛塔的初步研究　贺云翱　东南文化3:101~113

北齐佛装新样"偏衫"考——试论法上僧服改制的内容及意义　王振国　艺术史研究第十一辑:131~159

五台山文殊信仰的体现　张映莹　文物世界1:51~56

唐代佛教植物装饰纹样的艺术特色　李元　文物世界6:13~16

安阳修定寺塔唐代浮雕图像分析　李静杰　故宫学刊第五辑:488~557

四川重庆唐代石刻佛像序列考察　陈红帅　故宫学刊第五辑:558~669

佛塔与法身——五重佛舍利塔的佛像构成　白文　文物世界2:36~42

法门寺地宫八重舍利宝函上的毗卢遮那佛的图像研究　白文　文物世界1:22~31

山东兖州兴隆塔地宫出土遗物与新疆于阗佛教关系考　贾应逸　新疆师范大学学报（哲学社会科学版）33卷1:105~114

吐鲁番柏孜克里克出土三页回鹘文《佛说天地八阳神咒经》残页研究　张铁山　吐鲁番学研究2:26~33

于阗僧人法藏与兖州宋代金棺刍议　温玉成　世界宗教研究2:40~44

辽宁省大连市地区辽金佛教遗迹考略　刘俊勇　东北史地2:51~54

高昌回鹘与西夏佛教艺术关系考　陈爱峰　吐鲁番学研究2:50~62

关于洛杉矶县立博物馆收藏的一件唐卡的几个问题　张良仁　艺术史研究第十一辑:379~390

"曾有西风半点香"——对波纹源流考　扬之水　敦煌研究4:1~8

三　道　教

四川隋唐时期的道教造像　雷玉华、王剑平　成都文物2:1~5

天社山老子庙易卦排列之研析　王锦生、王丰林　成都文物2:6~16

宋真宗天禧二年林屋洞道教投龙遗物简介　程义　中国道教1:37~39

晋城玉皇庙星象塑像艺术赏析　于晋红、岳海民　文物世界2:8~9

山西平遥清虚观道教文化探析　刘卫涛　文物世界6:51~56

嘉靖瓷器中的道教因素浅见　夏爱华　中国文物报8月4日5版

四　其他宗教

莆田发现的摩尼教遗物　游国鹏、刘元姝　福建文博4:101~102

刺桐基督教与摩尼教遗迹概述　（澳大利亚）刘南强著　李静蓉译　海交史研究2:75~88

刺桐叙利亚文基督教碑铭选读 （澳大利亚）兰斯·埃克尔斯等著 李静蓉译 海交史研究 2:89~108

刺桐基督教石刻图像研究 （澳大利亚）肯·帕里著 李静蓉译 海交史研究 2:113~125

高昌故城北茔院出土木案研究 李春长 吐鲁番学研究 2:13~25

新教在华传教活动北移探析 李浩、栾晓光 南方文物 3:128~133

伊斯兰教传入泉州后的汉化 姚乐音 南方文物 3:124~127

元代亦集乃路伊斯兰社会探析——以黑城出土文书、文物为中心 陈玮 西域研究 1:9~16

拾 历史地理与名胜古迹

甲骨卜辞田猎地“衣”之地望考——兼论衣、殷、郼之地理纠葛 朱彦民 中国历史地理论丛 2:104~113

周代邓国地望考 王先福 荆楚历史地理与长江中游开发——2008 年中国历史地理国际学术研讨会文集: 23~32

曾国的疆域及中心区域——先秦时期历史地理的考古学研究个案 张昌平 荆楚历史地理与长江中游开发——2008 年中国历史地理国际学术研讨会文集:33~50

应国历史与地理问题考述 李乔 中原文物 6:40~46

“舜耕历山”在山西考辨 赵建斌 文物世界 2:51~57

越国古都诸暨考略 钱汉东 中国文物报 7 月 28 日 3 版

“江胡”与“州陵”——岳麓书院藏秦简中的两个地名初考 陈伟 中国历史地理论丛 1:116~119

怀仁战国古城考——浅谈汉代雁门郡所辖劇阳城、阴城的地理位置及始建年代 李丽娟、安孝文 文物世界 2:15~18

从考古资料看西汉辽东等五郡郡治及都尉治的地望 王成生 辽宁考古文集（二）:365~390

金陵与畿上塞围——左云北魏遗存初识 魏坚 边疆考古研究第9辑: 212~221

济宁太白楼 张中堂 中国文物报 12 月 31 日 8 版

法兴寺的建筑空间布局特征研究 朱向东、王峰 文物世界 4:40~41

论芦苞祖庙的艺术特色与存在价值 李平心 文物世界 4:46~48

明代大同代王府考析 丰驰 文物世界 3:42~45

千古六安南门塔 吴云峰 文物研究第 17 辑:302~304

平顺龙门寺历史沿革考 宋文强 文物世界 3:52~57

铁笼山史迹考实 马建营 陇右文博 2:63~66

黑瓦白墙的水墨之梦——赏徽派建筑瑰宝西递、宏村 张玲 文物世界 5:53~58

清末民初的正定古迹老照片 张永波 文物春秋 2:69~72

拾壹 中外关系与文化交流

中日文化交流史迹考察四篇 徐博晨 福建文博2:12~18

中日文化交流的见证——“鉴真”、“空海”肖像及“诸尊佛龛木雕像” 李柏华 中国文物报10月13日5版

道术东传——谈日本飞鸟·藤原宫出土的一件符咒木简 赵超 出土文献研究(第九辑):241~251

五女山城与日本古坟出土的铁镞比较研究 李新全 东北亚考古学论丛:48~60

吴越土墩墓与马韩坟丘墓的构造比较 林永珍、孙璐 东南文化5:110~115

从海上交通看中国与百济的关系 周裕兴 东南文化1:70~78

韩国国立中央博物馆藏高丽遗址出土中国瓷器 金英美 文物4:77~95

古代东亚诸国单层方塔研究——兼探6~7世纪中韩日文化交流 苏铉淑 文物11:71~80

从韩国漆研究所藏中国漆器看中韩文化交流 李宗宪、长北 湖南省博物馆馆刊第六辑:461~467

磁州窑白地褐彩、白地剔花技术在邻国的运用 程庸 中国古陶瓷研究第十六辑:281~292

论浙东越窑青瓷的海外输出 刘恒武 周秦汉唐文化研究第七辑:213~225

阿富汗巴米扬与新疆热瓦克佛塔比较研究——以近年法国考古发掘为基点 埃莉诺·布法罗著 陈玉珍译 吐鲁番学研究1:117~128

Out of the East: Chinese and Eastern Eurasian Components in the Tillya Tepe Assemblage found in northern Afghanistan(走出东方:阿富汗北部蒂利亚·特贝遗址所见中国东部和欧亚大陆东部的因素) Karen S. Rubinson 吐鲁番学研究——第三届吐鲁番学暨欧亚游牧民族的起源与迁徙国际学术研讨会论文集:88~91

从青铜至铁器时代的考古发现看四川与越南的文化交流——越南考察心得 雷雨 史前研究(2006):493~500

从早期蜻蜓眼式玻璃珠的传入看汉以前的中外交通 李会、郑建国 四川文物2:71~77

甘肃地区先秦时期的文化交流与融合 李晓青 文博3:17~22

从甘肃出土文物看东西方文化交流 贾建威 文博3:13~16

Things of Chinese import in ancient Turkic burials of Altai: To the archaeological evidence of trade and cultural relationship between Ancient Turks and China(阿尔泰地区突厥古墓所见中国遗物:古突厥与中国贸易与文化联系的考古学证据) Kubarev Gleb 吐鲁番学研究——第三届吐鲁番学暨欧亚游牧民族的起源与迁徙国际学术研讨会论文集:67~73

古代突厥与中国之间贸易与文化关系的考古证据 库巴列夫·格列布著 邓永红、古丽努尔译 吐鲁番学研究1:129~134

汉式铜镜在中亚的发现及其认识　白云翔　文物1:78~86

新疆地区发现的希腊—罗马文化遗存　玛依努尔·吾甫尔　文博5:41~45

目前发现入华胡人石质葬具图像中反映的酒文化　张桢　文博3:38~45

中国古陶瓷对中欧文化交流的作用　黄玉梅　中国陶瓷11:68~70

大航海时代东西方文明的冲突与交流——15~16世纪景德镇青花瓷外销调查之一　林梅村　文物3:84~96

明代青花瓷西传的历程:以澳门贸易为中心　万明　海交史研究2:42~55

从利玛窦看中西文化交流　施劲松、王齐　南方文物3:120~123

拾贰　学术消息与文博工作

一　学术会议

中国考古学年会第十三次年会综述　凡国栋　江汉考古4:6~8

中国考古学会第十三次年会开幕词　张忠培　江汉考古4:3~5

在“南水北调中线工程考古发现与研究学术研讨会”上的讲话　张忠培　华夏考古3:38~43

回首峡江考古十七年——中国考古学会召开第十三次年会 总结三峡地区考古与文物保护工程成果　孙漪娜　中国文物报12月1日1版

“中国社会科学院考古学论坛·2009年中国考古新发现”纪要　李学来　考古8:72~78

第九届中国社科院考古学论坛举办　孙漪娜　中国文物报1月15日2版

“南水北调中线工程考古发现与研究学术研讨会”纪要　张志清、梁法伟　华夏考古3:44~48

首届“女性考古与女性遗产”学术研讨会纪要　彭友琴　东南文化6:121~122

欧亚考古学国际学术研讨会在西安召开　庞博　中国文物报10月22日1版

交流学术 以合作促发展——记中欧生物考古学合作研究第一次学术研讨会　尤悦　中国文物报7月23日7版

从美国到全球的考古学——美国考古学年会（SAA）第75届年会观感　关莹　南方文物2:161~164

解放思想，开拓创新，携手共创大遗址保护的美好明天——在大遗址保护工作会议暨首批国家考古遗址公园授牌仪式上的讲话　单霁翔　中国文物报12月29日1版

在大遗址保护工作会暨首批国家考古遗址公园授牌仪式上的总结讲话　童明康　中国文物报12月29日3版

大遗址保护与考古遗址公园建设——考古遗址公园专家座谈会发言摘要　中国文物报10月13日3版

上海举办博物馆文物保存环境国际学术研讨会　吴来明、黄河　中国文物报12月29日2版

全国第十一届考古与文物保护化学学术研讨会在长春召开　王亮　中国文物报9月8日2版

第八届全国文物修复技术研讨会在安

阳召开　郭桂香　中国文物报9月22日2版

专家为老司城考古发掘和考古遗址公园建设建言献策　李政　中国文物报12月1日2版

中意两国文物专家研讨唐墓壁画保护修复技术　庞博　中国文物报5月5日2版

检视我国科技考古研究的新进展　吴妍　中国文物报10月29日5版

全国第十届科技考古学术讨论会在京召开　李政　中国文物报8月11日1版

搭建平台 交流学术 统一规范 提高水平——记第一届全国动物考古学研讨会　袁靖等　中国文物报3月5日7版

国际动物考古学会第11届世界大会在巴黎召开　李志鹏、吕鹏　中国文物报9月15日2版

2009边疆民族考古与民族考古学论坛会议纪要　郭物　中国文物报2月5日7版

“边疆民族考古与民族考古学论坛·2009”会讯　胡昌国、杨洪　中国历史文物1:87

谱写三峡文物保护与考古研究的新篇章　张忠培　中国文物报12月3日3版

西部考古协作会暨三峡文化遗产保护学术研讨会在渝举行　李政　中国文物报12月8日2版

斯人已逝，风范长存——“纪念文博大家曾昭燏百年诞辰”研讨会纪要　张平凤　南京博物院集刊11:244~245

导言【中国盐业考古（第二集）——国际视野下的比较观察】　李水城、罗泰著　罗钰译　苏洲校　中国盐业考古（第二集）——国际视野下的比较观察:2~17

中外专家汇聚山东寿光研讨盐业考古发展　王润　中国文物报4月30日2版

陕西省考古研究院召开年度业务成果汇报会　文宣　中国文物报1月22日2版

安徽省考古学会召开第十一次年会　程蓓　中国文物报11月26日2版

“江苏省第三次全国文物普查十大新发现”揭晓　张俊梅　中国文物报1月20日2版

江苏召开全省考古工作会议　吕春华　中国文物报9月1日2版

湖北盘点二〇〇九年度南水北调工程考古工作　杜杰　中国文物报1月15日2版

河北省文物局组织召开“河北省南水北调田野考古汇报会”　张文瑞　中国文物报4月9日2版

中国南方考古工作经验交流会召开　李政　中国文物报5月26日2版

“东北及内蒙古东部考古的过去、现在与未来”学术研讨会在长春召开　余静　中国文物报6月30日2版

区域考古合作模式的有益探索——记“湘赣粤桂考古峰会”暨“湖南省考古学会第十一次年会”　李政　中国文物报8月27日3版

群贤毕至 共襄盛举 深入研讨 助推发展——中国·湖北“郧县人”头骨化石发现20周年国际学术研讨会发言摘要　方周圆等　中国文物报7月9日6版、7版

“郧县人”头骨化石发现20周年国际学术研讨会隆重召开　周兴明　江

汉考古2:123

“郧县人”头骨化石发现20周年国际学术研讨会在湖北郧县召开 仪明洁 人类学学报3:292

夏鼐先生百年诞辰纪念座谈会纪要 付兵兵 考古5:92~96

专家学者纪念夏鼐先生百年诞辰 冯朝晖 中国文物报2月17日1版

史前文化遗产国际高峰论坛在桂林举办 周海 中国文物报11月26日2版

纪念裴李岗文化发现30周年暨学术研讨会会议纪要 论裴李岗文化——纪念裴李岗文化发现30周年暨学术研讨会:1~2

河南新郑举行纪念裴李岗文化发现30周年研讨会 张俊梅、刘涛 论裴李岗文化——纪念裴李岗文化发现30周年暨学术研讨会:219~220

专家论证东山村遗址考古发掘成果 李政 中国文物报1月27日1版

垓下史前城址考古发掘成果专家谈 中国文物报2月5日11版

南宝力皋吐遗址学术讨论会在扎鲁特旗召开 孙秀丽、李政 中国文物报8月27日3版

马家浜遗址发现五十周年活动巡礼——马家浜文化国际学术研讨会在嘉兴举行 中国文物报1月15日9版

考古学家聚首良渚 热议大遗址考古与保护——良渚论坛·2010大遗址考古与保护学术研讨会召开 李政 中国文物报10月20日2版

中国聚落考古的理论与实践——纪念新砦遗址发掘30周年学术研讨会在河南新密市召开 谷丛 中国社会科学院古代文明研究中心通讯19:1~5

中国聚落考古的全面检验与广泛交流——“中国聚落考古的理论与实践暨纪念新砦遗址发掘30周年学术研讨会”综述（代前言） 赵春青、张松林 中国聚落考古的理论与实践（第一辑）——纪念新砦遗址发掘30周年学术研讨会论文集:ⅰ~ⅷ

中国聚落考古学研究的全面检验和广泛交流 中国文物报2月5日7版

商周文明学术研讨会在北师大召开 方同 中国文物报5月26日2版

中国百越民族史研究会第十四届年会综述 纪丹阳、陈立柱 南方文物2:165~166

高青陈庄遗址专家座谈暨成果发布会召开 汪海涛 中国文物报4月21日2版

“高青陈庄西周遗址发掘专家座谈会”侧记 王戎 东岳论丛31卷7:190~192

“2009中国镇江吴文化国际学术研讨会”纪要 江苏省吴文化学会 东南文化1:125~126

苏州发现超大型城址 古城考古取得阶段性成果 李政 中国文物报6月25日7版

“三峡考古发现与巴文化研究学术研讨会”综述 罗玲 重庆师范大学学报（哲社版）2:82~84

大渡河中游先秦区域文化与成都平原汉代家族墓地——成都文物考古研究所举办学术沙龙侧记 陈剑、邱艳 成都文物3:68~71

2010长江·三峡古文化学术研讨会暨中国先秦史学会第九届年会综述 吴倩 长江文明第六辑:121~124

“关中——天水经济区秦文化学术研讨会”纪要 陕西省考古研究院秦汉研究部（耿庆刚） 考古与文物 6:104～108

“关中——天水经济区”秦文化学术研讨会在西安召开 秦榛 中国文物报10月22日2版

追溯华夏文明正源 还原帝国辉煌历程——关中—天水经济区秦文化考古工作综述 王炜林等 中国文物报10月29日6版、7版

汉唐西域考古——尼雅—丹丹乌里克遗址国际学术研讨会综述 于志勇 西域研究2:112～115

汉唐文明下的龟兹文化学术研讨会综述 苗利辉、张惠玲 西域研究4:134～136

国内外百余考古学家研讨汉代城市和聚落考古 孙波 中国文物报9月24日2版

《鲁中南汉墓》与“山东地区汉代墓葬研讨会” 李繁玲 南方文物2:167～168

山东省文物考古所举办全省汉代墓葬研讨会 李涛、李振光 中国文物报1月22日2版

洛阳邙山陵墓群考古新发现成果重大 李政 中国文物报5月21日4版

学者研讨中国“汉三颂” 中国文物报12月24日7版

中国社科院考古所公共考古论坛聚焦“曹操高陵” 孙漪娜 中国文物报1月15日1版

曹操高陵考古发现学术研讨会综述 戴卫红 中国史研究动态7:17～19

安阳曹操高陵保护方案专家座谈会召开 张俊梅 中国文物报12月29日2版

加强基础研究 回归学术探讨——曹操高陵考古发现专家座谈会发言摘要 中国文物报10月1日6版、7版

史学专家齐聚安阳研讨曹操高陵 王润 中国文物报4月7日2版

蒙元历史和元上都考古学研究学术研讨会召开 王大方 中国文物报9月24日2版

蒙元历史和元上都考古学研究学术研讨会召开 方文 中国文物报10月1日2版

新资料·新视野·新方法——藏彝羌走廊暨中国西部石棺葬文化研讨会综述 陈剑 成都文物1:69～72

石棺葬文化研究的新视野：藏彝羌走廊暨中国西部石棺葬文化研讨会综述 陈剑 中华文化论坛1:183～187

宁夏2009年丝绸之路国际学术研讨会综述 马晓玲 考古3:91～96

“纪念王懿荣发现甲骨文110周年国际学术研讨会”综述 徐昭峰 中国史研究动态1:14～17

“第四届西藏考古与艺术国际学术讨论会”综述 何芳、张雅静 故宫博物院院刊1:132～144

第四届西藏考古与艺术国际学术讨论会综述 贾维维、石岩刚 中国藏学1:128～130

中国北方草原石窟群——“阿尔寨石窟专家论证会”回顾 王大方 内蒙古文物考古2:146～148

宋代官窑及官窑制度国际学术研讨会综述 项坤鹏 故宫博物院院刊6:144～150

磁州窑的历史地位应该重新审视——“中国古陶瓷学会2010年会暨磁州窑学术研讨会”综述 阮富春 中国文物报11月8日6版

瓯窑学术研讨会在瑞安召开　李政　中国文物报12月22日2版

中国红绿彩瓷器专题学术研讨会纪要　黄阳兴　文物8:95~96

学者专家聚首深圳 研讨中国红绿彩瓷器　李政　中国文物报1月15日1版

洪武瓷研究进入一个新阶段——"2010年南京明洪武国际学术研讨会"侧记　阮富春　中国文物报12月1日3版

材料、视角、问题、方法——中国古代墓葬美术研究国际学术讨论会综述　王雪峰　美术研究1:51~53

湖北长城资源确认工作考古发掘选点专家讨论会召开　鄂文　中国文物报12月29日2版

"船与人:亚洲古船历史学与考古学比较研究的新视角国际学术研讨会"纪要　孟原召　中国历史文物1:85~86

古井贡酒作坊遗址考古发掘初步成果论证会　中国文物报1月15日11版

补　遗

"2009年全国博士生学术论坛（传承与发展:百年敦煌学）"会议综述　张园园　敦煌学辑刊2009年3:161~168

二　文博展览

记中国社会科学院考古研究所成立60年成果展　朱乃诚　收藏家9:3~11

考古中华——解读中国社会科学院考古研究所成立六十周年成果展　李梅　收藏家10:9~16

中国社科院考古研究所60年成果展在首博举办　李政　中国文物报7月30日2版

广东省博举办社科院考古所六十年成果展　王小迎　中国文物报11月26日2版

三　博物馆介绍

首都博物馆——京韵京味与现代理念的完美结合　中国文物报11月3日13版

伪满皇宫博物院　中国文物报11月3日14版

良渚博物院　中国文物报11月3日15版

浙江自然博物馆　中国文物报11月3日18版

广东省博物馆　中国文物报11月3日17版

广州西汉南越王博物馆　中国文物报11月3日19版

四川博物院　中国文物报11月3日10版、11版

四　学术信息

2009年度全国十大考古新发现揭晓　李政、孙秀丽　中国文物报6月11日1版

六十春秋路坎坷 探古求源硕果多——中国社会科学院考古研究所喜庆60华诞　李政　中国文物报7月30日1版

文保科技创新成果五年检阅——2009年度文物保护科学和技术创新奖评审活动综述　郭桂香　中国文物报11月5日5版、8版

继往开来 开拓创新——庆祝中国社会科学院考古研究所科技考古中心成立十五周年　中国文物报12月24日5版

中山大学南中国海考古研究中心成立　陈靖云　中国文物报6月4日3版
内蒙古自治区第三次全国文物普查"二十大"新发现　张文平　中国文物报9月3日6版、7版
多瑙河畔的皮特雷特　王鹏、黄超　中国文物报5月7日3版

拾叁　书刊评介

一　总　述

新中国考古学开创之作　元尚　中国文物报7月7日8版
新中国考古六十年辉煌成就的展示　白云翔　中国文物报2月5日8版
南水北调工程中的汉丹遗珍　张忠培　中国文物报3月19日8版
特色鲜明 引人入胜——读《考古中国》丛书有感　张自成　中国文物报10月15日8版
耕耘与收获——读陈星灿《20世纪中国考古学史研究论丛》　陈洪波　中国文物报3月5日8版
陶瓷考古、研究与鉴赏的巨作——评《中国出土瓷器全集》　秦大树　考古7:93~96
面向社会公众的考古新作　杨秀侃　中国文物报4月16日8版
新方法·新材料·新学问　袁靖　中国文物报3月19日8版
关于^{14}C测年及科技考古的一些积累和思考　仇士华、蔡莲珍　中国文物报1月8日8版
理论走向实践：评《古陶瓷热释光测定年代研究》　吴婧玮　文物保护与考古科学1:7
一个正在形成的考古学分支——读《杨鸿勋建筑考古学论文集（增订版）》　李栋　东南文化1:121~124
北京考古回顾与反思的结晶之作　葛承雍　中国文物报4月2日8版
《河北重要考古发现》前言　张立方　文物春秋1:3~5
多维视野中的巴蜀考古——写给《童心求真集——林向考古文物选集》的话　施劲松　四川文物3:80~87
金相玉质 含英嘴华　刘玉堂　中国文物报7月9日8版
长长"长编"路 累累考古果　杨继东　中国文物报3月5日8版
纳百家之言 览文博之美——《湖南省博物馆馆刊》第5辑评介　高至喜　中国文物报5月5日7版
凝练穿越时空的文化透镜——从《忧郁的热带》看列维·施特劳斯及其结构主义人类学　曹兵武　南方文物1:31~34
神往史情思交汇的地方　曹兵武　中国文物报11月26日8版
留住我们共同的历史记忆　水涛　中国文物报12月24日8版
规模最大 内容最完备 准确性最高——《长江三峡工程淹没及迁建区文物古迹保护规划报告》　文犀　中国文物报10月1日4版
溯申城远史 探海派之源——《实证上海史——考古学视野下的古代上海》评介　张童心、董文兵　中国文物报11月13日8版
醴泉有源 芝草生根　五华　中国文物报3月19日8版

《红叶集》解读与评述　杨育彬　华夏考古 4∶146～150

寻找华人的根　冯好　中国文物报 10 月 29 日 8 版

用学术理想支撑起一片纯净蓝天　霍巍、王毅　中国文物报 4 月 2 日 8 版

珍贵的文化财富　单霁翔　中国文物报 10 月 1 日 8 版

人生的足迹 事业的见证　彭卿云　中国文物报 10 月 1 日 8 版

童心塑达人 学问求放心　王仁湘　中国文物报 4 月 30 日 8 版

文如其人 事如其人　金冲及　中国文物报 10 月 1 日 8 版

一生贡献考古 倾心探索文明　张宏明　中国文物报 4 月 16 日 8 版

两位智者的对话录　宋建忠　中国文物报 9 月 3 日 8 版

二　史前考古

北京猿人新传——读《龙骨山——冰河时代的直立人传奇》　陈淳　江汉考古 2∶131～138

考古改变思想——学习《中国远古时代》随笔　高蒙河　中国文物报 12 月 10 日 8 版

中国陶器研究新方向的实例——读《陶器生产、聚落形态与社会变迁——新石器至早期青铜时代的垣曲盆地》　张小雷　中国文物报 12 月 24 日 8 版

中国新石器时代考古研究的一个方向标——重读《西安半坡》有感　朱乃诚　南方文物 1∶27～30

史前社会研究的考古学个案　赵辉　中国文物报 8 月 20 日 7 版

三　夏商周考古

考古学如何走近公众——读《最早的中国》　秦戈　南方文物 2∶108～111

简评《商文明的形成》　徐良高　文物 9∶94～96

评《西周的灭亡：中国早期国家的地理和政治危机》　徐峰　考古 1∶90～96

精烹细调 可以嘴嚼　张良仁　中国文物报 4 月 30 日 8 版

开山典谟 垂范后世——苏秉琦先生的《斗鸡台沟东区墓葬》编后　黄曲　中国文物报 7 月 9 日 8 版

重“走”洛阳中州路——检视《洛阳中州路（西工段）》历史的多面性　郭晓涛　南方文物 2∶20～25

六盘山区域周秦考古的重要收获　李永平　中国文物报 3 月 5 日 8 版

南境楚文化研究的基石　高成林　中国文物报 11 月 26 日 8 版

拼辍历史碎片 复原远古社会——读王仁湘、张征雁《金沙之谜——古蜀王国的文物传奇》　霍巍　中国文物报 8 月 6 日 8 版

若问古今兴废事 请君只看洛阳城——《洛阳王城广场东周墓》读后　杨育彬　中原文物 3∶109～111

“快餐时代”的一品高汤——读李维明博士新著《豫南及邻境地区青铜文化》　许宏　中国文物报 7 月 23 日 8 版

“类型学”和“情景分析”是考古学器物研究的基本方法——读《中国北方先秦时期青铜镞研究》想到的　许永杰　中国文物报 9 月 3 日 8 版

单种器物的谱系研究——读《中国北方先秦时期青铜镞研究》　刘业沣

北方文物 4:103～108

陕北青铜器研究与文物保护的新成果 杨建华 中国文物报 6 月 25 日 8 版

一部系统、全面的车马埋葬研究论著——吴晓筠《商周时期车马埋葬研究》 李伯谦 中国文物报 1 月 8 日 8 版

先秦社祀综合研究的补白之作 徐义华 中国文物报 5 月 28 日 8 版

四 秦汉及以后

秦汉考古学学科体系的最新归纳——读《中国考古学·秦汉卷》 刘瑞 中国文物报 12 月 10 日 8 版

《西安尤家庄秦墓》简介 宋远茹 考古与文物 2:79

石寨山文化研究的阶段性总结——《晋宁石寨山——第五次发掘报告》 宋小军、周高亮 中国文物报 2 月 5 日 8 版

一本能据之复原遗存原状的好报告——《渤海上京城——1998～2007 年考古发掘报告》 张忠培、王培新 中国文物报 2 月 5 日 8 版

重大收获 丰硕成果 朱国忱 中国文物报 6 月 25 日 8 版

感谢虎丘塔 徐刚毅 中国文物报 9 月 22 日 4 版

展“孔望”之美 聚众家之言 石峰 中国文物报 11 月 13 日 8 版

古建筑维修和建筑考古调查——《朝阳北塔》阅读札记 李志荣 文物 7:88～96

《藏传佛教寺院美岱召五当召调查与研究》出版发行 包博文 内蒙古文物考古 1:114

系统整理上海明墓资料 深入研究上海埋葬习俗 宋建 中国文物报 4 月 2 日 8 版

《上海明墓》评介 张童心、王斌 上海文博论丛 2:66～69

五 古文字及文书

会当凌绝顶——重读郭老的《卜辞通纂》 刘正 南方文物 2:14～19

学问深沉转邃密，著书淑世兼益人——读王宇信先生新著《中国甲骨学》有感 朱彦民 南方文物 2:103～107

二十世纪中国甲骨学通论的力作——王宇信先生《中国甲骨学》评介 王晖 文博 2:77～78

20 世纪中国甲骨学通论的力作——王宇信先生《中国甲骨学》评介 王晖 殷都学刊 1:149～150

读《简牍帛书通假字字典》琐言 侯乃峰 中华读书报 3 月 17 日 15 版

《楚地出土战国简册（十四种）》评介 颜世铉 古今论衡 21:155～164

石鼓文谜底的疑点与契合点：姚大荣《石鼓文足征记》研究 王春晓 贵州文史丛刊 3:62～68

张家山汉简法律思想研究的新收获——读《张家山汉简法律思想研究》 付粉鸽 西北大学学报（哲学社会科学版）2:175～176

荣新江、李肖、孟宪实（主编）《新获吐鲁番出土文献》简评 王丁著 栾树、李刚译 吐鲁番学研究 1:135～140

细节的力量——《新获吐鲁番出土文献》读后 赵红 西域研究 1:126～129

乐为景碑撰新传——《景教与〈景教碑〉》评介　殷小平　考古与文物4:92~95

《辽代石刻文续编》读后　乌拉熙春　中国文物报10月20日4版

读李卫《辽金钱币》有感　戴志强　中国钱币2:3~6

《敦煌学教程》评介　王立恒　陇右文博1:94~95

李正宇与敦煌学研究:《敦煌学导论》评介　郝军　出版发行研究3:60~61

总结百年敦煌学 开拓研究新天地——评《百年敦煌学:历史·现状·趋势》　明成满　社会科学战线9:280~282

继承人类古代文明遗产，谱写中西文化交流篇章——《丝绸之路研究丛书》(第二版)出版简述　张田　西域研究1:130~131

六　美术考古

墓室壁画的绘画史意义——读《永生之维——中国墓室壁画史》　徐涛　考古与文物5:111~112

从断代研究到通史综合——读《永生之维——中国墓室壁画史》　杨爱国　中国文物报7月23日8版

高句丽美术考古的最新成果——初评《高句丽古墓壁画研究》　刘亚非、黄千　社会科学战线7:278~279

现代学术与中国艺术史——评李清泉《宣化辽墓:墓葬艺术与辽代社会》　王玉冬　美术研究1:65~72

一部全面系统的中国纹样史书　陆晔　中国文物报12月10日8版

七　其他

考古骗局与奥秘的解读　潘艳　中国文物报10月29日8版

考古学与历史学的完美结合　漆跃文　中国文物报5月28日8版

考古者是不幸的侦探　张玥　中国文物报4月16日8版

莫道桑榆晚 为霞尚满天——祝贺佟柱臣先生考古研究新著《中国辽瓷研究》　靳枫毅　中国文物报10月15日8版

一部研究近代磁州窑的力作　张沅　文物春秋4:79~80

学识 人品 精神——读宋良璧《古陶瓷研究论集》　冯素阁　中国文物报9月15日7版

《苏州博物馆藏瓷器》读后　王光尧　中国文物报10月29日8版

冰肌玉骨 绚丽多姿——读《东莞市博物馆藏陶瓷》　陈华莎　中国文物报11月26日8版

三峡历史文化研究的一朵奇葩——读陈丽琼、董小陈《三峡与中国瓷器》　曾海龙　中国文物报12月24日8版

继往开来 群策群力 重建玉文化玉学丰碑(上、下)——《中国文物学会玉器研究委员会1999~2008学术成果综述》前言　杨伯达　中国文物报9月8日4版、9月15日7版

从《河南佛教石刻造像》的出版谈佛教造像资料的整理与研究　马世长　中国文物报4月16日8版

洛阳佛教文化聚珍　袁锦世　中国文物报11月13日8版

考源大晟乐钟型态,解疑宋代黄钟律高:评《大晟钟与宋代黄钟标准音高研

究》 王安潮 黄钟1:187~191

方寸间有历史 笔墨端具匠心——读《先秦玺印图说》有感 磨占雄 中国文物报12月22日6版

凝结于方寸之地的财富与艺术:关于扬之水的《奢华之色:宋元明金银器研究》(卷一) 赵园 读书8:130~133

长城保护管理和执法的调查总结——《河北省长城保护管理和执法情况调查研究报告》序 李晓东 中国文物报5月21日6版

博物馆展览与运输中的藏品预防性保护 段勇 中国文物报9月17日4版

补 遗

扣燕瓦之声,播燕文化之韵:读吴磐军《燕下都瓦当文化考论》 刘德彪 社会科学论坛2009年11A:158~160

残页做出大文章:评《俄藏黑水城所出〈宋西北边境军政文书〉整理与研究》 史金波 安徽史学2009年6:120~121

《楚地出土战国简册(十四种)》评介 冯胜君 中国史研究动态2009年12:28~31

俄藏黑水城汉文文献研究的里程碑:评孙继民《俄藏黑水城所出〈宋西北边境军政文书〉整理与研究》 冯金忠、宋燕鹏 宁夏社会科学2009年6:150~152

墓室千秋丹青——柿园梁王墓四神壁画 汤淑君、刘治中 中国博物馆2009年4:109~113

(编辑:丁翠萍、辛爱罡)

新发表古代铭刻资料简目

（原形字用“□”号代替。期刊名称后的数码依次为期和页，中国文物报后的数码依次为期和版）

一　甲骨文

西周

数字卦卜甲一片（残）。

（2008 年 10 月至 2010 年 2 月山东高青县花沟镇陈庄遗址发现　考古 8:33 ~ 34）

二　金　文

殷商

簋

器内底铭 1 字：“丙”。

（陕西岐山县凤鸣镇出土）

爵

鋬内壁铭 3 字：“□父丁”。

（湖北鄂州征集　广东深圳博物馆藏　文博 4:54）

西周

卣

器底铭 2 行 10 字：“豊肇作文祖甲　齐公隮彝”。

簋

器底铭 2 行 9 字：“豊肇作厥祖甲　宝隮彝”。

（以上 2008 年 10 月至 2010 年 2 月山东高青县花沟镇陈庄遗址发现　考古 8:33）

觚

圈足内壁铭 4 行 14 字：“成王赐内　史亳豊祼　弗敢虒乍　祼同”。

（传出山西　陕西西安私人收藏　考古与文物 2：30、封三，2、3）

卣

器盖内侧铭 2 行 7 字：“嵛族卂作　宝尊彝”。

（2007 年夏河南洛阳市老城北大街北端墓葬发现　文物8：6 ~ 7）

盉

器盖内铭 4 行 33 字（重文二）：“囿冄曰余小子無薦于　公室享其余自我　考尊般盉雩子₌孙₌　其万年永保用享”。

（2010 年山西出土　中原文物 6：68 ~ 69）

尊

器铭 9 行 73 字（重文二）：“隹十月初吉辰才庚午师　多父令闻于周曰余学　事女毋不善肙朕采　□

田外臣僕女毋又一不　闻蔑历易马乘盠　亘二闻拜稽首扬 对朕皇尹休用乍朕　文考宝宗彝孙₌　子₌其迈年永宝”。

（张光裕介绍从乐堂藏品《古文字学论稿》安徽大学出版社，2008 年，5 页）

鼎（残）

器内壁铭 4 行 33 字（重文二）：“□□□□吉丁卯应　□□□□□剌且釐　□□□□□眉寿　□□□₌□₌其永宝用”。

盨（2 件）

器内底同铭 2 行 10 字：“应侯乍旅盨　其迈年永宝”。

（以上 2000 年 9 月河南平顶山市新华区西高皇鱼塘内发现　中原文物 2∶66～69）

鬲

颈部内侧铭 1 行 24 字（重文二）：“虢中之嗣或子硕父乍季嬴羞鬲其迈年子₌孙₌永宝用享”。

（河南三门峡虢国墓地出土　广东深圳博物馆藏　文博 4∶52）

鼎

口沿内侧腹壁铭 5 行 25 字：“毕白克肇乍　朕丕显皇且　受命毕公鬻　彝用追享于　子孙永宝用”。

（2007 年 3～11 月陕西韩城市梁带村墓葬发现　文物 6∶7、17）

春秋

鼎

器腹内壁存铭 4 行：“唯正月初▨亥王▨伯▨铸□□□宝”。

（2008 年 1～3 月河南洛阳市润阳广场基建工地墓葬发现　考古 12∶24、图版壹）

鼎

腹内壁铭 4 行 18 字（重文二）：“虢季乍隮　鼎季氏其　万年子₌孙₌　永宝用享”。

（2007 年陕西韩城市梁带村芮国墓地发现　考古与文物 1∶15、17）

鎛

3 号鎛鉦部铭 1 行 6 字：“滕侯赇之歌钟”。

（2002 年中国财税博物馆征集　《东方博物》第三十六辑：24）

鉴

器内壁铭 3 行 13 字：“攻吴王夫差择其吉　金自作御鉴”。

鼎

器内壁有铭 2 行，字迹漫漶，隐约似有“吴王”2 字。

（以上 1994 年山西太原市南郊金胜村墓葬发现　上海文博 3∶59）

战国

壶

器底铭 1 字：“井”。

（2000 年 9 月河北张家口市宣化区春光乡万字会村墓葬发现　文物 6∶26）

汉

量

柄身背面铭 2 行 10 字：“私府大半升乙二斤六两”。

带环铜附件

纽梁一侧铭 2 字：“中厨”。

（以上 1997 年 8 月陕西西安市北郊枣园南岭墓葬发现　文博 1∶9～10）

弩机

弩机郭后端、牛的长齿及后端一铜枢上铭：“河内工官㝩　三千九百廿三号”，分两行或一行刻写；郭身铭（合文一）：“三十八”。

弩机

弩机郭后端、牛的长齿、牙、悬刀、两铜枢上分别铭：“河内官㝩　四千一百八十四号”；二铜枢盖帽上均铭：“八”，郭身铭（合文一）：“三十八”。

（以上近年河南洛阳市出土　洛阳都城博物馆征集　华夏考古1:115～118）

鼎

器腹外壁铭3行14字：“六斤十二两　沙羡一斗宿寺御　一升”；器底铭1行4字：“沙羡一斗”。

（1983年湖北赤壁市赤壁镇金銮山墓葬发现　2009年10月湖北省文物保护中心剔锈见字　江汉考古2:121）

匜

器外腹部下方铭2行8字：“代匜容二斗　重三斤”；外腹部上方铭1行4字：“今倍成侯”；腹部另侧铭有1字，待考。

（近年首都师范大学历史博物馆收藏　文物8:90～92）

壶（22件）

部分壶肩或腹部铭：“共府第六”、“共府第八”、“共府第九”、“共府第十”、“沈氏容十升重卌十斤第二”、“樊氏容十升重卌八斤十四两”等。

（2006年3月至2007年1月安徽六安市金安区三十铺镇双墩行政村长岗自然村东北墓葬发现　《文物研究》（第17辑）:114）

熨斗

器内底铭：“长宜子孙”。

（陕西咸阳博物馆藏　文物8:93～94）

三国

盘

外底铭:“永初二年八月八日张氏作三涑用”。

盘

外底铭：“董府敬”。

盘

外底朱书：“董□”。

洗

内底中部铭：“富贵宜固”。

锁（2件）

一面铭：“严氏作”。

（以上2008年10月湖北襄樊市襄樊区菜越居委会墓葬发现　文物9:16～17）

南朝

碗

圈足内侧铭：“王”。

盘

口沿外侧铭：“殷上”。

（以上1993年9月江苏江都市大桥镇果园场窖藏发现　东南文化1:38）

宋

簋

器外底铭4行15字（重文二）：“齐侯乍樊　姬宝般其　万年子=孙=　永保用”。

（1986年浙江金华市东阳市郭宅乡塘头村窖藏发现　《东方博物》第三十七辑：14～15）

元

权

权身正面铭:“大德十年”;另面铭:“官造”。

(浙江金华市兰溪市博物馆藏 《东方博物》第三十七辑:10、12)

明

爵(J104)

前流外壁铭2字:“正殿”;后尾外壁铸刻3行15字:“弘治乙丑知大竹县事洮 阳刘永成造”。

爵(J095、J080)

前流外壁铭2字:“东哲”;后尾外壁铸刻3行15字:“弘治乙丑知大竹县事洮 阳刘永成造”。

爵(J094)

前流外壁铭2字:“西哲”。

爵(J087)

前流外壁铭2字:“东配”。

爵(J100)

前流外壁铭2字:“东庑”;后尾外壁铸刻3行15字:“弘治乙丑知大竹县事洮 阳刘永成造”。

爵(J019)

前流外壁铭2字:“东庑”;后尾外壁铸刻3行15字:“弘治乙丑知大竹县事洮 阳刘永成造”。

爵(J091)

前流外壁铭2字:“西配”。

爵(J006)

前流外壁铭2字:“西庑”;后尾外壁铸刻3行15字:“弘治乙丑知大竹县事洮 阳刘永成造”。

爵(J071)

后尾外壁铸刻2字:“黄记”。

爵

后尾外壁铸刻15字:“弘治乙丑知 大竹县事洮 阳刘永成造”。

炉

腹外壁前铭3字:“正殿铏”;腹外壁后铭:“弘治乙丑知大竹县洮阳刘永成造”。

炉(13件)

腹外壁后铭15字:“弘治乙丑知大竹县洮阳刘永成造”。

炉

腹外壁前铭3字:“正殿登”。

炉

腹外壁前铭:“西哲”、“弘治乙丑知大竹县洮阳刘永成造”。

炉

腹外壁铭2字:“颜登”。

炉

腹外壁前铭2字:“颜铏”。

炉

腹外壁铭2字:“曾登”。

炉

腹外壁前铭2字:“曾铏”。

炉

腹外壁前铭2字:“思登”。

炉

腹外壁铭2字:“思铏”。

炉

腹外壁铭2字:“孟登”。

炉

腹外壁铭2字:“孟铏”。

(以上1987年四川大竹县川主乡梯子村六组村窖藏发现 四川文物4:31~33)

熏炉

底部铭:“大明宣德年制”。

香炉

外壁底心铭:“大明宣德五年监督工部官臣吴邦佐造”。

(以上浙江金华市兰溪市博

物馆藏　《东方博物》第三十七辑：12）

清

砝码匣

匣正面铭：“江南苏州府正堂曹”，下为曹氏花押；背面铭：“奉江苏布政司丁较准枫镇买卖商牙一体遵行拾两不许轻重违者禀究”；左侧面横向铭：“奉宪颁行”；右侧面铭：“康熙拾捌年叁月拾玖日给陈瑞生造”。匣内装砝码三枚，一枚刻“叁两”，一枚刻“贰两”，另枚无字。

（浙江金华市兰溪市博物馆藏　《东方博物》第三十七辑：13）

附：金银器刻铭

宋金器

簪身铭5字：“王七郎铺记”。

簪身尾部有铭文（文字待隶定）。

钗身尾部铭3字：“十赤金”。

钗身铭4字：“马一郎记”。（1对）

钗身铭3字：“许二记”。

钗身铭3字：“许二记”。

耳环坠部铭1字：“春”。（1对）

金块阳面居中铭4字：“周五郎记”；两侧铭3字：“周五郎”。

金块阳面居中铭4字：“邓七铺记”。

金块阳面居中铭4字：“十分赤金”；两侧铭：“赤金”、“十分赤”。

（以上1985年10月湖北蕲春县罗州城遗址发现　1991年蕲春县博物馆收藏　江汉考古2：139～142）

金银锭

锭面錾刻：“上戍六二十四客善匠王库伥禋”、“金源”、“觉笾秤”、“行人郑公甫”、“琸州邢家真花锭银”、“上京”、“裴元”、“伍拾两”及6个押记和1个“7”形符号。

锭面右侧錾刻：“伍拾两”，左侧錾刻：“行人李甲”，另有数个押记和1个“7”形符号。

锭面尚可辨识：“行人”及“朱琦”字样。

（以上2002年5月29日黑龙江双城市东官镇东利村窖藏发现　北方文物3：53）

清银器

簪背戳印：“聚盛”。（2件）

簪背戳印：“太兴”。

簪头环首部嵌：“寿”。

簪背戳印：“万太”。

（以上2008年4～5月吉林榆树市新立镇柞树村上台子组东南墓葬发现　北方文物1：25～27）

清金银器

银簪簪首铭：“寿”。（2件）

银簪簪首铭：“福”。（3件）

银簪簪体一面铭：“取□”。

银簪簪体一面铭：“□元”。

包金银押发背铭：“宝和”、“足纹”。

（以上2007年11月19～26日北京通州区梨园镇大稿村墓葬发现　北京文博1：32～34、36）

清银器

扁方簪体背面铭：“元央三足纹”。

簪首中部铸：“福”。

簪首中部铸：“寿”。

扁方簪体背面铭：“国华”。

扁方簪背面铭："德兴"。

（以上2007年5月13日至6月19日北京海淀区青龙桥新村开发区墓葬发现　北京文博2:38、40~41）

三　玺　印

（凡未注明质料者均为铜质）

东周

印面为两个巴蜀符号

印面为巴蜀符号。

万岁

（以上1989年4~5月云南昭通市水富县张滩坝墓葬发现　四川文物3:8）

汉

刘慎　臣慎（双面印）（玉）

平阳君印　萧真（双面印）（玉）

东宫府印

刘慎

臣慎

（以上2006年6月江苏徐州市东郊上店子村北侧黑头山墓葬发现　文物11:28、30~32、38）

公孙（昌?）印

元宜自至　柏事不间　愿君自发　封完言信

（2002年3~6月山东日照市西郊十里堡村海曲县故城墓葬发现　文物1:14）

刘毋智（玉）

（2004年9月5日江苏扬州市邗江区杨庙镇杨庙村王家庙组砖瓦厂内墓葬发现　文物3:33）

熊相胜胡

（陕西汉阳陵考古陈列馆藏　文博1:21）

篆书2字，不识

（2007年6月河南禹州市梁北镇南新峰墓地发现　考古9:35）

三国

曹休

（2009年2月至2010年5月河南洛阳市邙山陵墓群发现　中国文物报1861:4）

明

鲁山县信

款记："鲁山县信"、"礼部府造"、"永昌元年拾贰月日"、"安字叁拾玖号"。

（私人收藏　中原文物2:97、99）

灌顶净觉祐善大国师（象牙）

（2009年9月甘肃定西市岷县博物馆征集　中国文物报1858:6）

附：汉封泥

汉

六安飤丞

（2006年3月至2007年1月安徽六安市金安区三十铺镇双墩行政村长岗自然村东北墓葬发现　《文物研究》（第17辑）：120）

四　墓　志

南北朝

东魏赵明度墓志（有盖）

盖称："魏博陵赵府君墓志铭"。

首题："魏故宁远将军太常博士领鼓吹丞博陵太守赵府君明度墓志铭"。

天平三年（536年）四月二十五

日卒。

次年十月十五日葬。

（2007 年 6 月河南安阳县安丰乡洪河村墓葬发现　考古10:95、96）

北齐尔朱世邕墓志（盖佚）

首题："大齐天保六年岁次乙亥正月壬午朔四日乙酉故尔朱使君墓志铭"。

天保六年（555 年）正月四日葬。

（河北私人收藏　文物春秋1:69）

北齐献武帝高欢之子高涣墓志

无首题。

天保十年（559 年）六月廿七日卒。

乾明元年（560 年）四月十六日再葬。

（2010 年河北临漳县古邺城遗址发现　私人收藏　中国历史文物 5:85）

隋

隋苏统师墓志（有盖）

无盖称。

志铭："大业四年（608 年）三月廿八日京兆郡武功县苏统师权瘗于此"。

（2009 年 2 月 14～18 日陕西西安市长安区韦曲街办韩家湾村墓葬发现　考古与文物 3:6）

唐

唐康子相墓志（有盖）

盖称："康君墓铭"。

首题："唐故陪戎校尉康君墓志"。

显庆二年（657 年）二月十八日卒。

（河南洛阳市墓葬发现　中国农业博物馆征集　中原文物6:108～109）

唐赵德明墓志（有盖）

盖称："大唐故邛珉二州刺史赵府君墓志之铭"。

首题："大唐故邛州刺史赵府君墓志铭并序"。

咸亨三年（673 年）四月十一日卒。

咸亨四年（674 年）十一月十五日合葬。

（2009 年 3 月河南荥阳市广武镇白寨村西墓葬发现　文物12:48～50）

唐高铙苗墓志（有盖）

盖称："大唐故左领军员外将军墓志"。

首题："大唐故左领军员外将军高铙苗墓志"。

咸亨四年（673 年）十一月十一日卒。

（2008 年陕西西安碑林博物馆藏　文博 5:46）

唐念子夫妇墓志（有盖）

无盖称。

首题："大唐故公士念府君墓志铭并序"。

墓主垂拱二年（686 年）十月十八日卒。

夫人张氏景龙三年（709 年）四月廿四日卒。

景云元年（710 年）十月八日合葬。

（2002 年 10 月 4 日宁夏固原市古雁岭墓葬发现　考古与文物1:85）

唐温神智墓志（有盖）

盖称："温君墓志"。

首题："唐故上柱国吏部常选温□□□夫人王氏杨氏墓志铭"。

景龙二年（708 年）十□月廿五日卒。

杨氏开元六年（718 年）七月廿日卒。

开元十八年（730 年）五月十九日合葬。

（2001 年 6 ~ 9 月山西太原市晋源镇赤桥村北墓葬发现　文物 7∶36、41）

唐赵勔墓志（有盖）（拓片）

盖称："大唐故赵府君之墓志"。

首题："大唐故吏部常选赵君墓志铭并序"。

开元二年（714 年）卒。

（私人收藏　中国文物报 1824∶3）

唐乐平郡张君墓志（有盖）

盖称："张君墓志"。

首题："唐乐平郡张君墓志铭并序"。

天宝五年（746）卒。

铭记县志沿革。

（1998 年山西左权县国税局办公楼建设工地出土　文物世界 5∶35）

唐武令璋墓志（有盖）

盖称："唐故府君武公之墓志"。

首题："唐故壮武将军行右司御率府副率使执节银川郡诸军事兼银川太守充押本郡吐蕃党项使沛县开国男赐紫金鱼袋上柱国武公之墓志铭并序"。

天宝七年（748 年）十二月六日卒。

天宝十三年（754 年）闰十一月十一日葬。

（陕西靖边县红墩界乡圪洞河村北山梁墓葬发现　2002 年春陕西志丹县杏河镇派出所收缴　2006 年 9 月志丹县文物管理所收藏　考古与文物 2∶25 ~ 27）

唐韩秀实墓志（残）

首题："[唐][故]朝散大夫陕府左司马翰林待诏武阳县男韩公墓志铭并序"。

建中三年（782 年）十一月十一日卒。

建中四年（783 年）二月二十六日迁葬。

其大弟韩秀弼撰序　二弟韩秀荣撰铭并书丹

（近年出土　藏于民间　文博 4∶31、34 ~ 35）

唐王崇俊墓志（有盖）

盖称："大唐故王府君墓志铭"。

首题："唐故鄜坊节度都营田使兼后军兵马使军前讨击使同节度副使云麾将军试鸿胪卿兼试殿中监太原县开国子食邑五百户上柱国王府君墓志铭并序"。

贞元八年（792 年）七月七日卒。

（陕西宜君县博物馆藏　文博 4∶43 ~ 44）

唐石解墓志（盖佚）

首题："唐故衡王府长史致仕石府君墓志铭并序"。

元和三年（808 年）六月六日卒。

同年十一月与夫人合葬。

唐上[官]希歇墓志（盖佚）

首题："大唐故通直郎行巴州司户参军上[官]君墓志铭并序"。

天宝元年（742 年）七月廿六日卒。

唐赵惠满墓志（有盖）

盖称："大唐故赵府君墓志铭"。

首题："唐故处士赵府君墓志铭"。

天宝二年（743年）二月十四日卒。

（以上陕西西安市大唐西市博物馆藏　考古与文物2:96～101）

唐元云墓志

首题："唐故承务郎试藁城县丞河南元府君墓志铭并序"。

元和元年（806年）八月十日卒。

元和二年（807年）八月廿九日葬。

（民间收藏　文物春秋6:74）

唐□君约墓志

首题："大唐故上骑都尉□君墓志铭"。

永淳元年（682年）十二月卒。

（2010年6月河北曲阳县杨家庄村发现　文物春秋6:77）

唐顾师闵墓志（盖佚）

首题："大唐故京北府咸阳县摄宣歙池等州观察判官吴郡顾君墓志"。

元和八年（813年）三月四日卒。

（1990年河南偃师市邙山发现　中原文物2:89）

唐明皇长孙李琮哀册

首题："大唐赠靖德太子哀册文"。

天宝十一年（752年）五月二日卒。

唐韦氏崔氏成简合祔墓志（有盖）

盖称："唐故韦府君崔夫人合祔墓志"。

首题："唐故剑南西川南道运粮使检校尚书户部员外郎兼侍御史赐绯鱼袋京兆韦府君夫人博陵崔氏合祔墓志铭并序"。

崔氏元和十四年（819年）正月四日卒。

唐李宗闵之妻韦氏墓志

首题："唐右补阙陇西李公之妻京兆韦氏墓志铭并序"。

元和十年（815年）十月卒。

（以上陕西西安市大唐西市博物馆藏　考古与文物5:77～83）

唐宋华墓志（有盖）

盖称："大唐故宋府君墓志铭"。

首题未详。

元和十五年（820年）七月六日卒。

（2005～2006年河南荥阳市王村镇薛村北墓葬发现　考古11:55～567）

唐张府君墓志（有盖）

盖称："唐故张公夫人墓之铭"。

首题："唐故张府君墓志铭并序"。

墓主卒年未详。

其妻贾氏卒年未详。

大和元年（827年）四月十八日合葬。

（2006年3月河南新乡市市区东部新乡电视台8号家属楼墓葬发现　华夏华古2:45、47）

唐张宗武砖墓志（有盖）

无盖称。

志文墨书。

首题："唐文清张君彭□刘氏墓志铭"。

大和四年（830年）正月十四日卒。

（2006年3月河南郑州市淮河路鑫城小区建设工地墓葬发现 《文物研究》（第17辑）：156～158）

唐罗州玠墓志（盖佚）

首题："大唐故右神策军马军大将军押衙银青光禄大夫检校太子宾客上柱国罗府君墓志铭并序"。

咸通三年（862年）二月五日卒。同年三年廿二日迁葬。

（2009年陕西历史博物馆征集 文博3:46）

唐李伦墓志

首题："唐故陇西李府君铭志文并序"。

大中十二年（858年）仲冬上旬三日葬。

（1990年河北任县新市村发现 文物春秋3:59）

唐裴诠墓志（拓片）

首题："唐故晋绛检察院殿中侍御史裴府君墓志铭"。

卒年不详。

（传2010年初陕西长安县引镇发现 《陕西历史博物馆馆刊》（第17辑）：159～160）

五代十国

后梁卢真启墓志（有盖）

盖称："梁故范阳卢府君墓志"。

首题："梁故将仕郎检校尚书工部员外郎守河南府巩县令卢府君权苗墓志"。

乾化元年（911年）五月八日卒。

（2008年11月河南焦作市中站区文化体育局保存 中原文物1:67）

五代闽王绍仙墓志

额称："两衙都督大德赐紫太原王君塚铭"。

首题："大闽国故左右两衙都监大德赐紫王君塚铭并序"。

通文三年（938年）十二月十一日卒。

（1975年2月26日福建福州市西门外兰尾山墓葬发现 南方文化3:64）

宋

宋李颀墓志（有盖）

盖称："宋故文学李君墓志盖"。

首题："宋故将仕郎青州文学李君墓志铭并序"。

墓主庆历五年（1045年）五月二十三日卒。

夫人刘氏皇祐元年（1049年）四月二十九日卒。

皇祐三年（1051年）二月十五日合葬。

（2008年春山东青州市云门山北麓发现 考古与文物3:79～81）

宋郑荣墓志（拓片）

首题："宋故赠太子左清道率府率荥阳郑君墓志铭"。

治平四年（1067年）五月二十日卒。

（1990年陕西延安市杜甫川马家湾建材场山上出土 文博2:24）

宋解宾王墓志（有盖）

盖称："宋故尚书刑部侍郎解公墓志铭盖"。

首题："宋故朝散大夫守尚书刑部侍郎致仕平阳郡开国侯食邑一千二百户护军赐紫金鱼袋解公墓志铭并序"。

熙宁六年（1073年）十月二十二日卒。

（山东蓬莱市登州博物馆藏　中国文物报1885:5）

宋赵武墓志（有盖）

盖称："宋故供备赵公墓志铭"。

首题："宋故供备库副使银青光禄大夫检校太子宾客兼御史大夫上骑都尉天水县开国□食邑七百户赵公墓志铭并序"。

元祐三年（1088年）十月六日卒。

（2004年山西左权县万寿街住宅小区出土　文物世界5:36）

宋王蘧墓志（拓片）

首题："宋故中奉大夫提奉杭州洞宵宫上柱国临城县开国伯食邑九百户赐紫金鱼袋王公墓志铭"。

大观四年（1110年）八月二十二日卒。

（2010年河北临城县文物保护管理所征集　中原文物4:78）

宋刘伉墓志（拓片）

额称："成忠郎刘公墓"。

首题："宋故成忠郎刘公墓志铭并序"。

绍兴二十五年（1155年）六月十八日卒。

（江西金溪县文物管理所藏　南方文物2:141）

宋杨善庆圹志

额称："宋周国太夫人杨氏圹志"。

无首题。

咸淳六年（1270年）七月初三日卒。

（2000年2月下旬江苏南京市南郊江宁开发区墓葬发现　东南文化4:57~58）

辽

辽墓志（残）

志石残为若干碎块，上刻契丹小字。

（2004年10月~11月辽宁法库县叶茂台镇墓葬发现　考古1:65）

辽"宣以回纥国国信使"墓志（残）

首题："大契丹国故□□太尉徒都□□□□□□□□□氏墓⌀"。

卒年未详。

（1989年内蒙古自治区巴林右旗羊场乡墓葬发现　北方文物3:83~84）

明

明吕俊之母李氏墓志（有盖）

盖称："奉圣夫人吕母李氏墓志铭"。

首题同。

宣德十年（1435年）八月十九日卒。

同年十一月初三日葬。

明吕俊墓志（有盖）

盖称："大明故昭勇将军都指挥佥事吕公墓铭"。

首题同。

正统十三年（1448年）卒。

张濬撰　赵昂书　何友篆

（以上1975年河北廊坊市王寨村发现　文物春秋5:66~68）

明陈佐墓志（有盖）

盖称："大明故□江伯陈□墓志铭"。

首题："大明故平江伯陈公墓志铭"。

正统元年（1436年）八月卒。

明陈佐妻马氏墓志

志石残损，仅存一小块，其上存志文七十余字。

明陈鞠庄墓志（有盖）

志盖残。

盖称："明故处士陈公□□铭"。

志石残损。

首题未详。

成化二年（1466年）三月卒。

明陈母唐氏墓志

首题："明故太淑人陈母唐氏墓志铭"。

成化二十三年（1487年）卒

（以上2003年夏江苏南京市江宁开发区发现　东南文化2：65～68）

明杨庆墓志（有盖）

盖称："大明故都知监太监杨公墓志"。

首题："大明故都知监大监杨公墓志铭"。

宣德五年（1430年）三月二十四日卒。

（2005年10月江苏南京市江宁经济技术开发区正德学院内墓葬发现　东南文化2：56、60～61）

明柳信墓志

首题："明赠征士郎中书舍人柳公合葬墓志铭"

成化五年（1469年）六月二十九年卒。

志石左下角有苏璠题跋一则。

（浙江瑞安市文物馆藏《东方博物》第三十五辑：107～109）

明江贵墓志（拓片）

徐琼撰文　洪钟撰盖。

林元甫书丹

首题："明故奉政大夫南京工部营缮司郎中江公墓志铭"。

弘治四年（1491年）四月二十六日卒。

（江西金溪县文物管理所藏　南方文物2：142）

明夏铠墓志（有盖）

盖称："大明处士怡桂夏君墓志铭"。

志文漫漶不清。

首题未详。

弘治十七年（1504年）十二月卒。

（2009年11月底江苏江阴市长泾镇泾南村东舜湖壹号别墅建筑工地墓葬发现　无锡文博4：24）

明侯南江圹志

额称："明故城南侯公南江先生圹志"。

首题同。

隆庆二年（1568年）十二月廿六日卒。

（2009年2月5日浙江温州市瓯海区梧田南村墓葬发现　《东方博物》第三十五辑：102、104）

明刘文炤墓志（有盖）

盖称："显考文林郎刘公显妣孺人郝氏合葬墓志铭"。

首题未详。

卒年未详。

（2009年山西左权县华能电厂工地发现　文物世界5：38）

清

清张九如暨妻贾氏合葬墓志（有盖）

盖称："资政大夫九如张公及元配贾淑人合葬墓志铭"。

首题："清进士出身资政大夫太原湖广湖北等处承宣布政使张九如及原配贾淑人合葬墓志铭"。

康熙二十九年（1690年）三月

十三日卒。

康熙三十年（1691年）十一月初四日与夫人贾氏合葬。

（20世纪60年代河南洛阳市西工区苗沟墓葬发现　中国历史文物4:56）

清李维新夫妻合葬墓志

额称："皇清敕封登仕郎雍鲜李公暨原配侯孺人合葬墓志铭"。

首题同。

墓主乾隆四十九年（1784年）四月二十五日卒。

侯氏乾隆四十二年（1777年）七月十四日卒。

（2008年9月陕西西安市南郊凤栖原上墓葬发现　《陕西历史博物馆馆刊》（第17辑）:165、169）

附：买地券

十六国前秦郑孙买地券（陶）

券文6行，80字。

建元七年（371年）三月十二日卒。

（近年发现　中国历史文物6:44）

金王氏买地券（瓷）

额称："明堂之券"。

正面券文12行，背面文字漫漶不清。

正隆五年（1160年）七月廿七日立券。

（辽宁辽阳地区发现　1999年辽宁省博物馆收藏　文物12:88~89）

金王立买地券（2方）

券文朱书15行，凡245字。

明昌六年（1195年）五月十二日买券。

（2008年6~12月山西汾阳市东观龙墓地发现　文物2:30、32）

明劳仪买地券

券文20行，凡380字。

万历六年（1578年）二月十日卒。

万历十二年（1584）三月八日立券。

明许成之买地券

券文22行，凡432字。

万历九年（1581年）十二月二十四日立券。

（以上2008年4~7月江苏淮安市经济开发区山前村墓葬发现　考古与文物6:27~28）

明买地券

券石完全风化，仅可辨"合同"2字。

明杨庆买地券

券文16行，共183字。

（以上2005年10月江苏南京市江宁经济技术开发区正德学院内墓葬发现　东南文化2:56、59）

五　碑　刻

汉碑

额称："建安四年正月中旬故监北江塴太守守史郭择赵汜碑"。

建安四年（199年）正月立石。

（2005年3月4日四川都江堰市都江堰渠首外江索桥桥基发现　成都文物3:39）

唐白敏中神道碑

额称："唐故太傅致仕赠太尉太原白公神道碑"。

首题："唐故开府仪同三司守太

傅致仕赠太尉上柱国太原郡开国公食邑☐”。

咸通三年（862 年）立石。

（近年发现 《陕西历史博物馆馆刊》（第 17 辑）：153～155）

唐郭敬之郭公庙碑

首题：“有唐故中大夫使持节寿州诸军寿州刺史上柱国赠太保郭公庙碑铭”。

郭敬之为郭子仪之父，卒于天宝三年春正月十日。

颜真卿撰并书。

碑文记郭氏出姬周虢叔，代为太原著姓。

（1978 年秋山西太原府西街西口发现 现藏太原市晋祠博物馆 文物世界 1：32～34）

宋碑

额称：“大观圣作之碑”。

碑阳正文 20 行，满行 71 字。

蔡京题额 李时雍书丹

（山西繁峙县城南一旧城遗址高台上发现 文物世界 5：46）

宋析城山圣旨碑

碑铭：“政和六年四月一日敕中书省尚书省三月二十九日奉圣旨析城山商汤庙……”碑文 193 字。

（山西阳城县析城山商汤庙内发现 文物世界 1：66）

宋褒先寺安公劄付碑

碑体风化较重，个别字漫漶不清。

嘉定四年（1211 年）立石。

（2003 年四川华蓥市安丙故宅褒先寺内发现 四川文物 2：81）

辽建冢塔记残碑

大安三年（1087 年）立石。

（1986 年内蒙古赤峰市巴林左旗福山地乡大新庄村发现 北方文物 2：96～97）

元碑（残）

仅残存下半，至正四年（1344 年）立石。

（1975 年山西武乡县北良侯村发现 中国历史文物 3：59）

元山昭懿圣母庙记碑

元统二年（1334 年）勒石。

元古箕许氏创修茔原记碑

至正四年（1344 年）立石。

明新修十八盘并天井郊城堡图碑

约洪武二十年（1387 年）勒石。

明重修武安王庙工竣记碑

万历三十四年（1606 年）立石。

明重修瓮洪山资寿禅寺记碑

正统十四年（1499 年）立石。

明赠山西辽州贰守王公遗爱碑

景泰三年（1452 年）立石。

明重修寿圣寺记碑

成化三年（1467 年）立石。

明重修武军山寿圣寺功德记碑

弘治六年（1493 年）立石。

明续造藏经文记碑

正德八年（1513 年）立石。

明重修资寿寺记碑

嘉靖二十一年（1542 年）立石。

（以上山西左权县发现 文物世界 5：36～38）

明碑（残）

额称：“重修石佛寺记”。

成化二年（1466 年）立石。

明重修石佛禅寺工讫记碑（残）

万历五年（1577 年）立石。

（以上河南渑池县西北坡头乡西石佛寺石窟发现 中原文物

5:19~20）

明碑

额称："大明敕谕"。

内容为明代成化至正德年间大觉寺所有的田产及明代皇帝下令保护大觉寺田产的敕谕。

正德四年（1509年）九月立石。

（北京海淀区西北郊阳台山东麓大觉寺内发现　北京文博3:42~43）

明张任碑

内容为皇帝对张任的任命。

万历七年（1579年）十二月立石。

明张任墓碑

内容为皇帝对张任的特赠。

万历九年（1581年）三月立石。

（以上2009年4~8月上海宝山区刘行镇王宅村相家桥墓葬发现　上海文博1:31）

明白衣大悲王印心陀罗尼经碑

（2004年6月河北涉县涉城镇城西街发现　邯郸市博物馆藏　文物春秋3:68）

明碑（陶）（残）

碑文朱书，漫漶不清。

明墓碑（残）

仅存："□□岁次乙亥十日□□"、"□□胡公讳德源□□"、"孤子师曾师习□□"。

（以上2003年8~10月江西吉安县墩厚镇南街村委观前村招仙观遗址发现　南方文物3:56~57）

清重修圣泉记碑记

顺治九年（1652年）立石。

清重修普照禅林碑记

顺治十八年（1661年）立石。

清创修九江南楼碑记

康熙五十四年（1715年）立石。

清重修紫薇观碑记

乾隆三年（1738年）立石。

清重修观音堂碑记

嘉庆五年（1800年）立石。

清论定寨濠地铭记

嘉庆十年（1805年）立石。

清寿圣寺增修碑记

嘉庆十八年（1813年）立石。

清重修昭懿圣母庙碑记

道光十年（1830年）立石。

清重修三泉寺碑记

道光二十年（1840年）立石。

清创修文昌阁碑记

道光二十二年（1842年）立石。

清重修天门寺碑序

道光二十二年（1842年）立石。

清重修关帝庙碑记

咸丰十一年（1861年）立石。

清重修寿圣寺碑记

同治元年（1862年）立石。

清告示碑

光绪八年（1882年）立石。

清重修关帝庙碑记

光绪二十八年（1902年）立石。

（以上山西左权县发现　文物世界5:39）

清碑

额称："为坶塍碑记"。

乾隆七年（1742年）立石。

清碑

额称："遵依藩宪批定分沌碑记"。

嘉庆二十二年（1817年）十二月立石。

（以上浙江长兴县老坶门发现　《东方博物》第三十六辑：

60~63）

清碑

额称："奉宪永行严禁"。

乾隆三十一年（1766年）八月十一日立石。

（上海市嘉定区孔庙东角门壁间发现　上海文博2:40）

清碑

碑文为满、汉文合璧。

首题："太子太保兵部尚书和硕额驸一等忠勇公福隆安碑文"。

乾隆四十九年（1784年）十二月立石。

（2005年6月北京朝阳区通惠河北路清和硕和嘉公主园寝内发现　北京文博4:31）

清兴复十方童子禅寺记碑

乾隆二十三年（1758年）立石。

清风峪村职员裴大功重修童子寺碑记碑

嘉庆十年（1805年）立石。

（以上2002~2006年山西太原市龙山童子寺发现　考古7:45）

清石佛寺大殿金妆神像并建僧房序碑

乾隆十五年（1750年）立石。

清修桥修庙碑

乾隆五十六年（1791年）立石。

清禁损伐柏树碑

道光二十三年（1843年）立石。

清重修石佛寺碑记碑

（以上河南渑池县西北坡头乡西石佛寺石窟发现　中原文物5:19~20）

清无锡青水港疏浚告示碑

道光二十五年（1845年）三月立石。

（江苏无锡市碑刻陈列馆藏　无锡文博3:34）

清墓碑

道光三十年（1850年）正月立石。

（2009年9月江苏无锡市新动物园建设工地墓葬发现　无锡文博1:40）

清碑（2通）

碑身中部铭："祖考潘公老□翁老大人神主"，左部刻人名。

碑身中部铭："清上寿恩深显祖媲母许老夫太神主"，左部刻人名。

（2007年8月13日安徽怀宁县三桥镇南方村团山祖墓葬发现　《文物研究》（第17辑）：231）

附一：造像铭

北魏造像铭

足床三面铭："维大代太和十三年岁在己巳七月壬寅朔"发愿文70字。

（1961年6月27日河北平泉县商业局供销燃料库经理部第一库收购　现藏河北省文物保护中心　文物春秋5:77）

北魏造像铭

碑身两侧楷书题记30字，正光六年（525年）雕造。

（1989年山西左权县县城花园路东段出土　存山西左权县拐儿镇豆垴村经阁寺　文物世界5:35）

北魏造像铭

碑下部四周铭："……大魏永兴二年岁次癸丑……"发愿文和供养人题名400余字。

北周造像铭

座铭："……大象二年十月八

日……”造像题记244字。

（以上陕西户县文庙存　文博1:68~69）

北齐造像碑铭

碑身有“大齐河清四年正月八日”纪年。

（2008年山西武乡县故城镇大云寺发现　中国历史文物3:64）

北齐至金摩崖造像铭

第一组三号龛题记：“……妻范氏……郭进……贸……年……维那郑迪”。

第二组一号龛：“天和元年四月……造”。左下角题记165字。二号龛下部题记：“南山庄王氏男李左通　舍己财重妆　佛一会□□……皇统七年　九月十五日父李□□□”。三号龛下部题记：“维大宋慈州邑众柴林等各施□财□补装□福重修佛堂彩画尊□熙宁二年岁次己酉五月二十日乙酉……柴林杨因崔兴郑田郑宗……王文水杨宗李恩杨兴……李昱刻”。三号龛右下方题记：“之为父……使归以解脱者……自□开……圣像……我思□善教目舍……”。

第三组龛左上方题记《太宗赞》含题33字。龛左侧有“维大金乙丑皇统五年”题记56字。龛右侧题记《唐太宗赞》含题33字。

第四组二号龛左侧题记：“张自然　观音　大哉观音无量圣人玉像金容　云化真身丝衣绰绰璎珞纷纷常现苦海救度迷津有念即应　供养福臻酤为众生接引沉沦　升天降地无间通神”。二号龛左下方题记：“……州成……待……皇……观音……”。

第五组一号龛左侧题记：“大隋开皇二年大象主□ 十一月十四日发愿□□□　心主徐州募人都□□□□　石圣忠将军董太□□□□□州人等敬都□□造　五年象都□□□　□二□隆上都邑主　为□王□主州都邑主　郡长长师僧父母女祖先銮门　生父母□□□属造□□□□　兼同……”。二号龛左上方题记37字。

（以上2007年山西临汾市吉县挂甲山发现　考古11:41~50）

明造像铭

18号像存造像铭46字。

80号像存“大明万历七年十月十四日”造像铭48字。

4号像存“万历七年七月吉日”造像铭32字。

11号像存“万历八年九月初七日立”造像铭57字。

29号像存“万历七年七月吉日完”造像铭58字。

24号像存“万历八年正月吉日立”造像铭43字。

26号像存“万历八年正月吉日立”造像铭31字。

20号像存“大明万历八年二月吉日”造像铭80字。

38号像存“万历八年九月上旬七日同立”造像铭62字。

5号像存“万历八年二月七日完”造像铭86字。

12号像存造像铭117字。

28号像存“万历八年四月十七日完”造像铭72字。

13号像存“万历七年七月吉日立”造像铭44字。

33 号像存“万历七年十月”造像铭 63 字。

39 号像存“万历七年二月”造像铭 38 字。

16 号像存“万历八年二月”造像铭 97 字。

55 号像存“万历八年正月”造像铭 37 字。

56 号像存“万历九年四月”造像铭 41 字。

57 号像存“正德十四年十一月”造像铭 65 字。

（以上 2001 年 8 月河北正定县隆兴寺发现　文物春秋4: 66 ~ 72）

明造像铭

像两侧分别铭：“达摩祖师”、“祥东普门一盏”。

弘治年间雕刻。

（山西左权县拐儿镇豆堖村经阁寺存　文物世界 5:38）

清摩崖造像铭

3 号龛存“祖籍江西人氏住居广县……”题记一则。

13 号龛存“……大清乾隆四十二年季冬日下浣吉日”题记约 245 字。

15 号龛存“……嘉庆戌寅孟夏……”题记 112 字。

16 号龛存题记 2 则，一则存 72 字；另则铭：“……大清乾隆四十六年季”题记 218 字。

17 号龛存题记 2 则，共约 131 字。

18 号龛存“……大清光绪二十二年岁次丙申九月吉旦”题记 203 字。

19 号龛外顶铭：“土地堂”，两柱刻：“天恒日月神”、“人间当方地”。

21 号龛存“……大清光绪二十五年岁次乙亥二月十九日”题记 153 字。

22 号龛存题记 1 则。

（以上 2009 年 5 月 6 日四川巴中市凤仪山朝阳洞石窟发现　四川文物 1:92 ~ 94）

清石窟造像铭

2 号龛窟外存“乾隆十年重修……”题记 41 字。

（河南渑池县西北坡头乡西石佛寺石窟发现　中原文物5: 19）

附二：题记刻铭

东汉画像石题榜

第 5 石刻：“令”。

第 8 石刻：“此人马禽狩鸡犬皆食太仓饮大湖”。

（1984 年春江苏泗洪县曹庙乡祝圩村发现　文物 6:68 ~ 69）

三国魏石牌铭

62 块，分为圭形、六边形两类。圭形石牌分别刻有“魏武王常所用挌虎大戟”、“魏武王常所用挌虎短矛”等；六边形石牌分别刻有“黄绫袍锦领袖一”、“镜台一”、“书案一”、“渠枕一”、“香囊卅双”、“胡粉二斤”等。

（2008 年 12 月河南安阳县安丰乡西高穴村曹操高陵出土　考古 8:40　又见中原文物 4:4 ~ 7）

西晋墓室题记

墓室底部砖侧铭：“游击”。

（2002 年 7 ~ 9 月河南偃师市首阳山镇香峪村北四方砖厂基建工地墓葬发现　考古 2:53）

唐石塔铭

塔门门楣两侧刻："天皇供养"、"天后供养"；塔门右壁刻："维大周延载元年七月一日……造塔题记219字。"

（2006年河北省博物馆收藏 文物春秋6:70~71）

唐宋石刻

透明岩第7号龛、第8号龛、第13号龛题刻《金刚经》3方。

透明岩第8号龛右侧龛壁铭《梁朝傅大士颂金刚经》经文2行。

透明岩东壁第53号龛外右侧石壁上铭《法华经》1则，其间又铭李忠彦诗句。

（以上四川南充市营山县太蓬乡太蓬山石窟发现 中国历史文物5:5~9）

宋石刻

刊录敕赐大云寺庙额牒文。

治平元年（1064年）立石。

（2008年山西武乡县故城镇大云寺发现 中国历史文物3:63）

宋吕大临石墩铭（1对）

腹壁铭："嗟乎吾弟任重 而道远者夬 宋左奉议郎秘 书省正字吕君 与叔石墩元祐八 年癸酉十一月辛 巳从兄大圭铭"。

宋石钟铭

立面刻："林钟"。

（以上2006年12月至2009年12月陕西蓝田县五里头村吕氏家族墓地M1、M2发现 考古8:51）

辽石铭

石铭"佛舍利铭记"22行352字。统和二年（984年）四月十一日记。

（2004年10月辽宁朝阳市新华路出土 文物11:48、53）

金墓室题记

匾额铭："王立之墓"。

金墓室题记

西北壁铭："香积厨"。

东北壁铭："茶酒位"。

（以上2008年6~12月山西汾阳市东观龙墓地发现 文物2:30~31）

元建筑题记

屋脊存泰定元年（1324年）题记约70字。

（2008年8月山西武乡县北良侯村福源院西配殿琉璃屋脊发现 中国历史文物3:61）

明石刻

罗家坵门两侧砌石铭："万历元年立□□□□……"题记1则。

（浙江长兴县罗家坵门发现《东方博物》第三十六辑:60）

明石牌坊铭

牌坊正中铭："三世中丞"，背面人像之左右两侧铭记牌坊监造官员的职衔、姓名及建造时间"万历十九年七月吉日造"。间枋两面花板上分别雕刻"赠通议大夫都察院右副都御使许瓒"、"赠通议大夫都察院右副都御使许金"、"赠巡抚山西宣府通议大夫右副都御使许守谦"。

（2001年7月31日河北正定县南门外护城河石桥发现 现存于隆兴寺龙腾苑内 文物春秋5:46~47）

清石刻

下吴坵门上部石梁铭："光绪念（廿）四年春季告成……"题记

55 字。

东斗抖门上部石梁铭："东抖门"、"清朝嘉庆七年建造"。

薛家抖门上部石梁及侧壁砌石铭："乾隆四十三年建造"、"咸丰八年重建"。

汤家抖门上部石梁铭："道光辛巳道光元年季春重建"。

罗家抖门西侧砌石铭："（大）清（康）熙十年三月立重修会……"、"……大清乾隆乙酉年谷旦"。

下潘抖门北端出口处上部分别铭："道光十年重修"、"雍正五年岁在丁未"。

（以上浙江长兴县罗家抖门发现 《东方博物》第三十六辑:60）

清墓室题记

墓室顶部铭："附潘考坟"，石椁正面石板铭："潘坟"。

墓室顶部铭："潘祖妣坟"。

（以上 2007 年 8 月 13 日安徽怀宁县三桥镇南方村团山组墓葬发现 《文物研究》（第 17 辑）: 228～230）

清石刻

石牌坊中门横额铭："金枝毓德"。

（2005 年 6 月北京朝阳区通惠河北路清和硕和嘉公主园寝内发现 北京文博 4:32）

六 有铭砖

汉有铭砖（2 块）

砖铭："永平九年十日造"。

砖铭："永元十六年八月造"。

（以上 2009 年 3 月四川蒲江县鹤山镇齐心村墓葬发现 成都文物 4:44）

汉有铭砖

砖铭："十五"。

砖铭："元和四年七月廿日"。（30 块）

砖铭："永元三年八月一日"。（30 块）

（以上 2004 年 11 月湖南衡阳市雁峰区岳屏乡兴隆村七组墓葬发现 考古 4:39～41、43）

西晋有铭砖

砖铭："百十"、"十"、"百□"、"百平"等。

（2006 年 10 月河南洛阳平吉利区河阳家园住宅区建设工地墓葬发现 文物 8:45）

西晋有铭砖

砖铭："元康八年五月十五日刘长明妻石好年卅四"。

（2007 年 5～7 月初河南洛阳市孟建县送庄镇三十里铺村东南邙山"大汉冢"陵区发现 考古 10:27）

东晋有铭砖

砖铭："泰（太）和二年□岁□丁□□□□日己未作:"、"大泉五百" "五五"、"□□年八月四日作"、"大泉当千"、"□□字□□□□第三□□□□□□泰（太）和二年□月六日□永宁□□到三月十四日□□到三月十九日中丧"、"□□汉光武大将军之后□姓也出自□同□□地东□□□墓□□祖□□"、"□□□□沣之□临江之□□罗祖之□神柩□曹君□□□始墓今移□□□□"、"□□变□会□□□□为□"、"晋故杨州临海郡

□□史永嘉郡□史□君之灵道□□□□□□□□□□□□□"。

(2009年3月25日浙江温州市瓯海区南白象街道金竹村墓葬发现 考古6:94~95)

晋至南朝有铭砖

砖铭:"丁田子"。

(2006年12月至2007年4月浙江奉化市西坞街道泉溪村南中心粮库建设工地墓葬发现 《东方博物》第三十五辑:88、90)

六朝有铭砖

砖铭:"大吉宜子孙"(2块)"富贵"(5块)。

(2005~2006年江苏镇江市铁瓮城遗址发现 考古5:45)

六朝有铭砖

砖铭:"富贵"。

砖铭:"十"。

砖铭:"十十"。

砖铭:"七□□"。

砖铭:"七枚"。

(以上2004年2~10江苏镇江市青云门路北端鼓楼岗铁瓮城南门遗址发现 考古学报4:526)

北魏有铭砖

砖铭:"丹扬王墓砖"。

(1993年5月下旬山西朔州市怀仁县大运公路东侧墓葬发现 文物4:22、封三:1)

南朝宋有铭砖

砖铭:"乖阔欠每委积"。

砖铭:"以我惜迟后出告"。

砖铭:"元嘉十六年太岁巳"。

(1984年3月江苏句容市春城镇袁相村黎甲组墓葬发现 东南文化3:37~38)

南朝宋有铭砖

砖铭:"孝建元年岁在午八月四日韩法立为祖公母父母兄妹造"。

砖铭:"韩"。

砖铭:"辽西韩"。

(2009年6月湖北襄樊市团山镇邓城村韩岗墓葬发现 考古12:35)

隋有铭砖

砖铭:"开皇十八年"。

砖铭:"八月四日壬寅"。

砖铭:"太岁戊年"。

砖铭:"大吉"。

砖铭:"矞天字"。

砖铭:"斩草"。

砖铭:"□墓也"。

(以上2009年8月16日江西宜春市袁州区樟树村墓葬发现 南方文物1:54、57)

唐及五代有铭砖

砖铭:"官"。

砖铭:"官上"(2件)。

砖铭:"官记"。

砖铭:"官三"(2件)

砖铭:"官窑三"。

砖铭:"官窑"。

砖一端铭:"官丘",其左下角铭"官"。

砖铭:"二"。

砖铭:"上"。

砖铭:"丘"。

砖铭:"宅窑"。

砖铭:"嘉兴县窑户周□"。

砖铭:"润州"。

砖铭:"□五□"。

(以上2004年2~10月江苏镇江市青云门路北端鼓楼岗铁瓮

城南门遗址发现　考古学报4：522、533～535）

宋有铭砖

砖铭：“官”。

砖铭：“尔”。

（2004年2～10月江苏镇江市青云门路北端鼓楼岗铁瓮城南门遗址发现　考古学报4：539）

明有铭砖

砖铭：“官”。

砖铭：“官造”。

（2002年5月8日湖北武汉市江夏区流芳街佛祖岭村墓葬发现　江汉考古2：49）

七　陶　文

大汶口文化晚期陶符

陶片上有一似“山”字形刻画符号。

（2009年11月3日河南郸城县巴集乡段寨村西北发现　中原文物3：112）

战国瓷铭

句鑃残片上戮印2字

（2007年10月至2008年3月浙江德清县经济开发区龙胜村亭子桥窑址发现　《东方博物》第三十四辑：15）

汉陶文

仓（2件）

器肩墨书：“……鞴（?）……千石……”、“……粟……”。

（2008年11月陕西西安市南郊曲江新区翠竹园小区基建工地墓葬发现　文物1：28）

汉陶文

熏炉上腹部墨书：“苍颉”。

（2004年9月5日江苏扬州市邗江区杨庙镇杨庙村王家庙组砖瓦厂内墓葬发现　文物3：22、27）

汉陶文

壶身肩部戳印：“外市”。

（2007年10～12月河南民权县双塔乡牛牧岗村北牛牧岗遗址发现　文物12：15）

汉陶文

瓮肩部铭2字：“南周”。

（2005年7～8月河南郑州市管城区建设工地墓葬发现　《文物研究》（第17辑）：133～134）

汉陶文

陶房房顶铭：“死人更衣”。

（2006年3月至2007年1月安徽六安市金安区三十铺镇双墩行政村长岗自然村东北墓葬发现　《文物研究》（第17辑）：114）

汉陶文

釜残余口沿铭：“中食□”

（2004年5月江苏徐州市市区南部汉代采石遗址发现　考古11：35）

汉陶文

耳杯内底铭：“中”。

耳杯台足铭：“田”。

（2009年4月辽宁辽阳市太子河区肖夹河村南墓葬发现　北方文物1：13、15）

汉陶文

罐腹铭：“五十七升”。

（1998年11月至1999年1月江苏徐州市拖龙山墓葬发现　考古学报1：110）

东汉至南朝瓷铭

罐肩阴刻：“苑”、“什”。

（2011年重庆万州区新乡镇合作村大地嘴遗址青龙嘴墓葬发现　华夏考古1:19）

西晋陶文

罐腹壁铭朱书文字，多漫漶不清。

（2007年6月陕西西安市南郊曲江区雁南二路墓葬发现　文物9:26）

六朝陶文

板瓦瓦面上戳印：“官”（4件）。

板瓦瓦面上戳印：“官瓦”（3件）。

（以上2004年2~10月江苏镇江市青云门路北端鼓楼岗铁瓮城南门遗址发现　考古学报4:529~530）

唐瓷铭

钵底阴刻：“官”字款。

（2007年10月河南新乡市凤泉区宝山西路墓葬发现　华夏考古2:53）

唐及五代陶文（共25件）

瓦面戳印：“官”（4件）。

瓦面戳印：“官瓦记”（2件）。

瓦面戳印：“官瓦”（3件）。

瓦面戳印：“供宅用”。

瓦面戳印：“大”。

（以上2004年2~10月江苏镇江市青云门路北端鼓楼岗铁瓮城南门遗址发现　考古学报4:536~537）

晚唐五代宋元明瓷器铭

有：“卅一□”、“五”、“九”、“福”、“尚文堂制”、“万福攸同”、“寿”、“子”“方”、“火”、“周□□□□子”等。

（2007年9~10月江西高安市华林造纸作坊遗址发现　考古8:64~70）

唐宋瓷铭

盒底多模印：“张”、“王”戳记。（4件）

（2005年9~11月、2008年8月江苏仪征市万年路以东石碑村墓葬发现　东南文化4:42）

宋瓷铭

碗圈足内墨书：“后”。

（2008年6~12月山西汾阳市东观龙墓地发现　文物2:36）

宋瓷铭

洗内底褐彩草书：“万事皆道”。

瓷器残片上可辨识有：“寿”、“曲”、“大吉”。

（2008年5月浙江温州市百里坊附近建筑工地发现　《东方博物》第三十五辑:20~21、23~24）

金瓷铭

盘足底有一墨书花押。

（2007年9~10月河南许昌市文峰路中段墓葬发现　中原文物1:12）

金瓷铭

碗足内墨书：“寺”。

盘圈足内墨书2字，不识。

枕底墨书：“三佰”。

（2008年6~12月山西汾阳市东观龙墓葬发现　文物2:29、33）

元瓷铭

碗底墨书：“谢”。

碗外底墨书：“留”。

（2004年2~10月江苏镇江市青云门路北端鼓楼岗铁瓮城南门遗址发现　考古学报4:542）

明板瓦铭

瓦上铭："周□□□□字"。

（2009年10~12月江西高华市华林区东溪行政村周岭自然村华林造纸作坊遗址发现 考古8:70）

明瓷铭

盘内底刻1字："天"。

碗内底刻1字："初"。

碗内底印2字："清禄"。

盏托杯内底刻1字："吉"。

罐腹部有"山"、"福"2字。

（以上2008年12月至2009年1月江苏淮安市楚州区河下遗址发现 东南文化2:29、31、34、35）

明陶泥片铭

一面印："泉"；另面印："李玉泉造"。

（2008年12月至2009年1月江苏淮安市楚州区河下遗址发现 东南文化2:35）

明清瓷铭

器盖顶内墨书："蔡九"。

碗内底绘："福"。

碗内底饰："梧桐叶落天下尽秋"。

碗外底款："大明年造"。

碗内底款："白玉斋"。

碗内底书："贵"。

杯腹部绘梵文。

（以上2004年2~10月江苏镇江市青云门路北端鼓楼岗铁瓮城南门遗址发现 考古学报4:543~544）

明清瓷銘

碗（07GHT3①13：2）外底墨书："九"。

碗（07GHH7：3）足底墨书："五"。

碗（07GHH7:5）外底墨书："卅一□"。

碗（残）（采集:1）外底款："尚文堂制"。

碗（07GHT7①:2）外底款："万福攸同"。

碟（07GHT1①：1）内底墨书："寿"。

杯（07GHT10①：1）内底錾刻："东卫十"。

杯（09GHT0108①：1）内底錾刻："子"；外底有四字款，不能辨识。

烛台（7GHF1：20）一面刻："方"。

烛台（07GHT4②:7）一侧面刻："火"。

（以上2009年10~12月江西高华市华林区东溪行政村周岭自然村华林造纸作坊遗址发现 考古8:64~65、69）

明清瓷铭

杯内底錾刻："仲仕"。

盘内底錾刻："茂"。

碗内底錾刻："十子"。

杯内底有："大明宣德年制"款。

杯外底有："玉堂佳器"款。

杯内底錾刻："三"。

罐、瓶、壶、碗、盘、盏等器多残存底足，其上錾刻有字，可辨识的有："招财进宝"、"囍"、"美"、"兆"、"流"、"母"、"知"、"天"、"二"、"瑞"、"未"、"积"、"表"、"浪"、"壬"、"光日"、"业"、"名"、"仁"、"共"、"耕"、"米"、"千"、"馥"、"莫"、"吾"、"友"、"正"、"仲远”、“利”、“振”、“春”。

平底盖盖面中间楷书：“仙”字。

瓶腹部一面书：“姑苏阊门吊桥”；另面楷书；“老松寿堂”。

（以上 2009 年 2 ~ 4 月江西南城县新丰街镇杨桥村墓葬发现　南方文物 2∶52 ~ 56）

明清瓷铭

碗内底戳印“吉”字款。

碗内底褐彩书：“吉”字款。

杯外底心有“豆腐干”款。

砂钵外底戳印：“小尹立”长方形章。

（以上 2005 年 8 ~ 10 月江西吉安县墩厚镇南街村委观前村招仙观遗址发现　南方文物3∶57 ~ 58、60）

清瓷铭

罐盖浮雕：“囍”，器肩部浮雕 4 字：“五子登科”。

（2009 年 9 月江苏无锡市新动物园建设工地墓葬发现　无锡文博 1∶42）

附一：瓦当铭

汉瓦当（15 件）

有：“长乐未央”。

（2001 年初山西夏县师冯村师冯窑址发现　考古 4∶31 ~ 32）

汉瓦当

有：“福□□□”。

（1998 年 11 月至 1999 年 1 月江苏徐州市拖龙山墓葬发现　考古学报 1∶103、106）

北魏瓦当（残）

有：“万岁富贵”、“大代万岁”、“□□□贵”、“□□富□”、“□□万□”、“□代□□”、“□代万□”等。

（2004 年山西大同市大同县册田乡册田村西册田遗址发现　文物 4∶30 ~ 34）

附二：杂器铭

西汉木铭

外藏椁南档板铭：“高成□□”；东侧下板铭：“高成□□”；西侧下板铭：“高成□□”；底板西块板铭：“高成□下”。

（2004 年 9 月 5 日江苏扬州市邗江区杨庙镇杨庙村王家庙组砖瓦厂内墓葬发现　文物 3∶19、25）

西汉棋子铭（骨质）

棋子两面同刻：“青龙”、“小岁”、“德”、“皇德”、“司陈”、“白虎”。

（2006 年 6 月江苏徐州市东郊上店子村北侧黑头山墓葬发现　文物 11∶38、40）

西汉木器铭

封泥匣上墨书：“张皇”。

封泥匣上墨书：“车□”。

（2004 年 9 月 5 日江苏扬州市邗江区杨庙镇杨庙村王家庙组砖瓦厂内墓葬发现　文物3∶30 ~ 31）

西汉漆器铭

耳杯底刻划：“吴家”、“千二”、“丨”、“∠”、“一”、“郃阳侯家”（9 件）。

（2004 年 9 月 5 日江苏扬州市邗江区杨庙镇杨庙村王家庙组砖瓦厂内墓葬发现　文物 3∶24、27）

西汉葬具铭

椁板刻位置和编号，有“西北禺己一”、“己二”、“己三”、“己四"、"己五"、"己六"、"己七"、"己八"、"己九"、"己十"、"己十一"、"己十二"、"己十三"、"己十四"、"己十五"、"己十六"、"己十七"、"西南禺甲一"、"西北禺丙一"、"西一"、"二"至"十七"、"北户"、"南户"、"樫"、"陈路郙匽"、"刑户一"、"西南禺甲一"、"甲二"、"甲三"、"甲四"、"甲五"、"甲六"、"户南乙一"、"乙二"、"乙三"、"乙四"、"乙五"、"乙六"、"户北丙一"、"丙二"、"丙三"、"丙四"、"丙五"、"丙六"、"西北禺丁一"、"丁二""丁三"、"丁四"、"丁五"、"丁六"、"戊一东"、"戊二"、"戊三"、"戊四"、"戊五"、"戊六"等。

题凑题记："鱼阳是凑广一尺……广一尺八寸。"等

西汉漆器铭

耳杯外底铭："渔阳"（2件）。

盘外底铭："渔阳"。

西汉木骰子

球形十八面，一面刻"酒来"，对面刻"骺"，余面刻数字"一"至"十六"。

西汉木楬（8件）

其上墨书隶字，内容为衣物疏及赗赙赠物。

西汉木签牌（2件）

其上墨书隶字。

西汉木封泥匣

篆文"长沙后府"。

（以上1993年2~7月湖南长沙市望城坡西汉渔阳墓发现　文物4:7~33）

西汉竹简

39枚，其中一枚残简上书："天汉二年城阳十一年"。

（2002年3~6月山东日照市西郊十里堡村海曲县故城墓葬发现　文物1:24）

汉漆器铭

部分残漆器片书有："日"、"吉"、"明"等字。

（2006年3月至2007年1月安徽六安市金安区三十铺镇双墩行政村长岗自然村东北墓葬发现　《文物研究》（第17辑）：116）

西晋漆器铭

漆片上朱书；"泰始二年造朱淶工"。

（2002年7~9月河南洛阳市偃师市首阳山镇香峪村北四方砖厂基建工地墓葬发现　考古2:50）

唐宋石砚

砚背刻划1字："昊"。

（2005年9~11月、2008年8月江苏仪征市万年路以东石碑村墓葬发现　东南文化4:43）

宋玉简（大理石磨制）（残）

简正面铭："嗣天子臣……天□三年岁次戊□九月庚申朔十日……"告文136字；背面铭："入内内侍省内西头供奉官臣王　从政"。

简残存："谨依旧式诣……奉……源观道场内吉时拜上"。

（1982年江苏苏州市金庭镇东郊湖滨林屋洞发现　东南文化1:43）

宋漆器

盘圈足内铭："西任"；圈足外底铭："辛巳杭州王上年皿（?）"。

盘圈足内铭："任"。

（2006 年 10 月江苏淮安市楚州区翔宇花园住宅小区建设工地墓葬发现　东南文化 4∶48）

宋鹅卵石铭

鹅卵石一侧上有朱书 1 字：“黄”。

（2000 年 2 月下旬江苏南京市南郊江宁开发区墓葬发现　东南文化 4∶57）

金砚铭（澄泥质）

砚背有一戳记：“泽州路家丹粉箩土澄泥砚记”。

（2008 年 6～12 月山西汾阳市东观龙墓地发现　文物 2∶33）

明封册（木）

木册两版，正面楷书，每版 4 纵列，两版连续：“维永乐九年岁次辛卯八月庚寅朔越二十二日辛亥皇帝制曰朕惟太祖高皇帝之制诸王支子皆封郡王必选贤女以为之配弟楚王第八子孟□已封为景陵王尔贲氏襄阳卫指挥佥事贲玉之女结为婚姻特授以银册立尔为景陵王妃尔尚恪遵妇道内助家邦敬哉”。

（2004 年 5 月 8 日湖北武汉市江夏区流芳街佛祖岭村墓葬发现　江汉考古 2∶53）

清棺饰铭

棺身前部金漆楷书：“过学生登仕郎霈苍赵公之墓”。

（2009 年 9 月江苏无锡市新动物园建设工地墓葬发现　无锡文博 1∶41、43）

（编辑：金文馨）